甘肃年鉴

2015 GANSU YEARBOOK

甘 肃 省 人 民 政 府　主管
甘肃省地方史志办公室　主办

飞天出版传媒集团
甘肃文化出版社

图书在版编目（CIP）数据

甘肃年鉴. 2015 / 甘肃省地方史志办公室主编. -- 兰州：甘肃文化出版社，2016.5
ISBN 978-7-5490-1066-0

Ⅰ.①甘… Ⅱ.①甘… Ⅲ.①甘肃省—2015—年鉴 Ⅳ.①Z524.2

中国版本图书馆CIP数据核字（2016）第121771号

甘肃年鉴 2015
甘肃省地方史志办公室 | 主编

责任编辑 | 周乾隆
封面设计 | 大雅文化

出版发行 | 甘肃文化出版社
网　　址 | http://www.gswenhua.cn
投稿邮箱 | press@gswenhua.cn
地　　址 | 兰州市城关区曹家巷 1 号 | 730030(邮编)

营销中心 | 王　俊　　贾　莉
电　　话 | 0931-8454870　　8430531(传真)

设计制版 | 兰州大雅文化艺术有限公司(0931-4679978)
印　　刷 | 上海雅昌艺术印刷有限公司
开　　本 | 889 毫米 ×1194 毫米　1/16
字　　数 | 1360 千
印　　张 | 37.25
插　　页 | 10
版　　次 | 2016 年 5 月第 1 版
印　　次 | 2016 年 6 月第 1 次
印　　数 | 1~2 500 册
书　　号 | ISBN 978-7-5490-1066-0
定　　价 | 420.00 元

《甘肃年鉴》编辑委员会

甘肃政区图

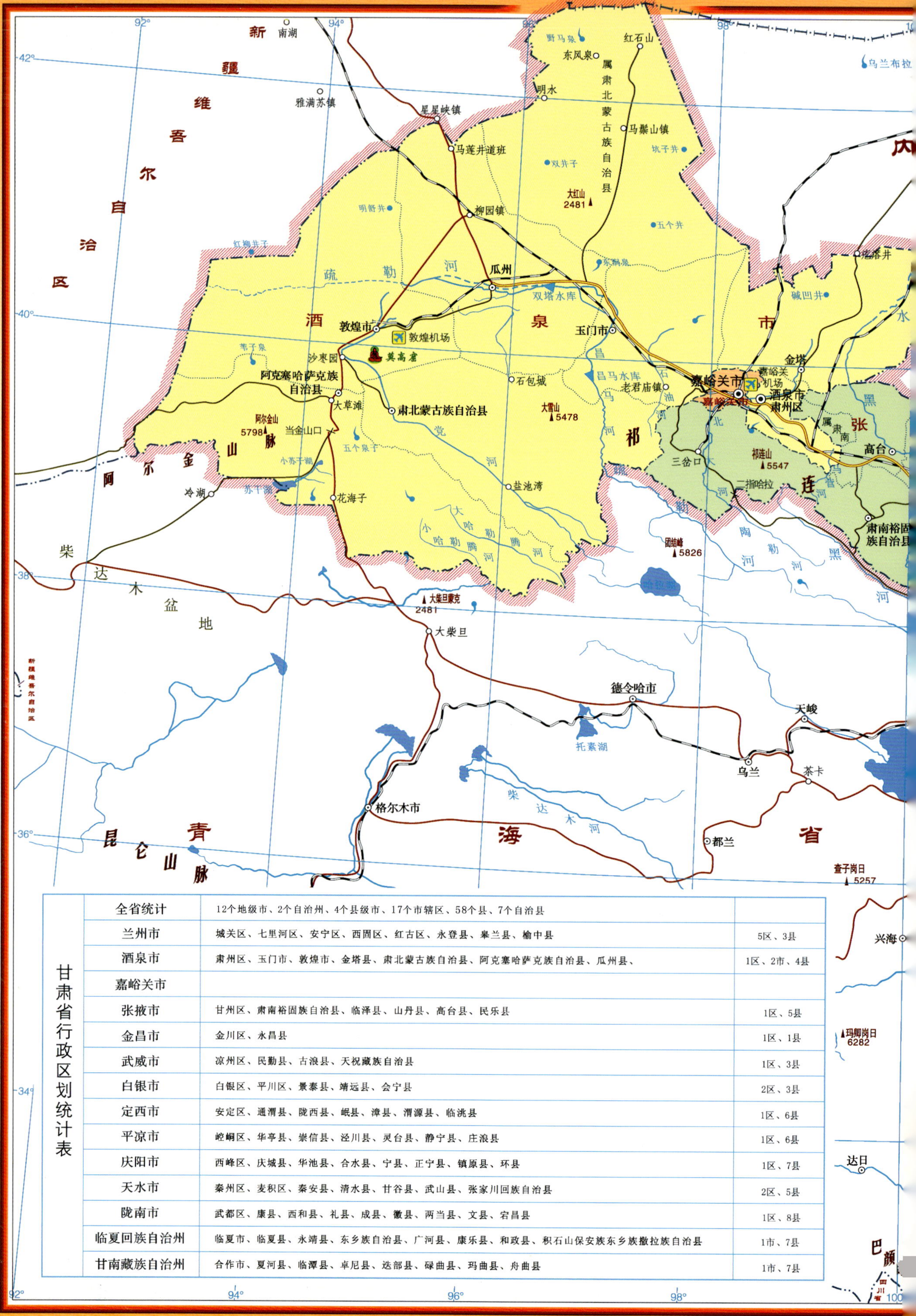

甘肃省行政区划统计表			
	全省统计	12个地级市、2个自治州、4个县级市、17个市辖区、58个县、7个自治县	
	兰州市	城关区、七里河区、安宁区、西固区、红古区、永登县、皋兰县、榆中县	5区、3县
	酒泉市	肃州区、玉门市、敦煌市、金塔县、肃北蒙古族自治县、阿克塞哈萨克族自治县、瓜州县、	1区、2市、4县
	嘉峪关市		
	张掖市	甘州区、肃南裕固族自治县、临泽县、山丹县、高台县、民乐县	1区、5县
	金昌市	金川区、永昌县	1区、1县
	武威市	凉州区、民勤县、古浪县、天祝藏族自治县	1区、3县
	白银市	白银区、平川区、景泰县、靖远县、会宁县	2区、3县
	定西市	安定区、通渭县、陇西县、岷县、漳县、渭源县、临洮县	1区、6县
	平凉市	崆峒区、华亭县、崇信县、泾川县、灵台县、静宁县、庄浪县	1区、6县
	庆阳市	西峰区、庆城县、华池县、合水县、宁县、正宁县、镇原县、环县	1区、7县
	天水市	秦州区、麦积区、秦安县、清水县、甘谷县、武山县、张家川回族自治县	2区、5县
	陇南市	武都区、康县、西和县、礼县、成县、徽县、两当县、文县、宕昌县	1区、8县
	临夏回族自治州	临夏市、临夏县、永靖县、东乡族自治县、广河县、康乐县、和政县、积石山保安族东乡族撒拉族自治县	1市、7县
	甘南藏族自治州	合作市、夏河县、临潭县、卓尼县、迭部县、碌曲县、玛曲县、舟曲县	1市、7县

比例尺 1：4 250 000 0 42.5 85 127.5 170 212.5千米

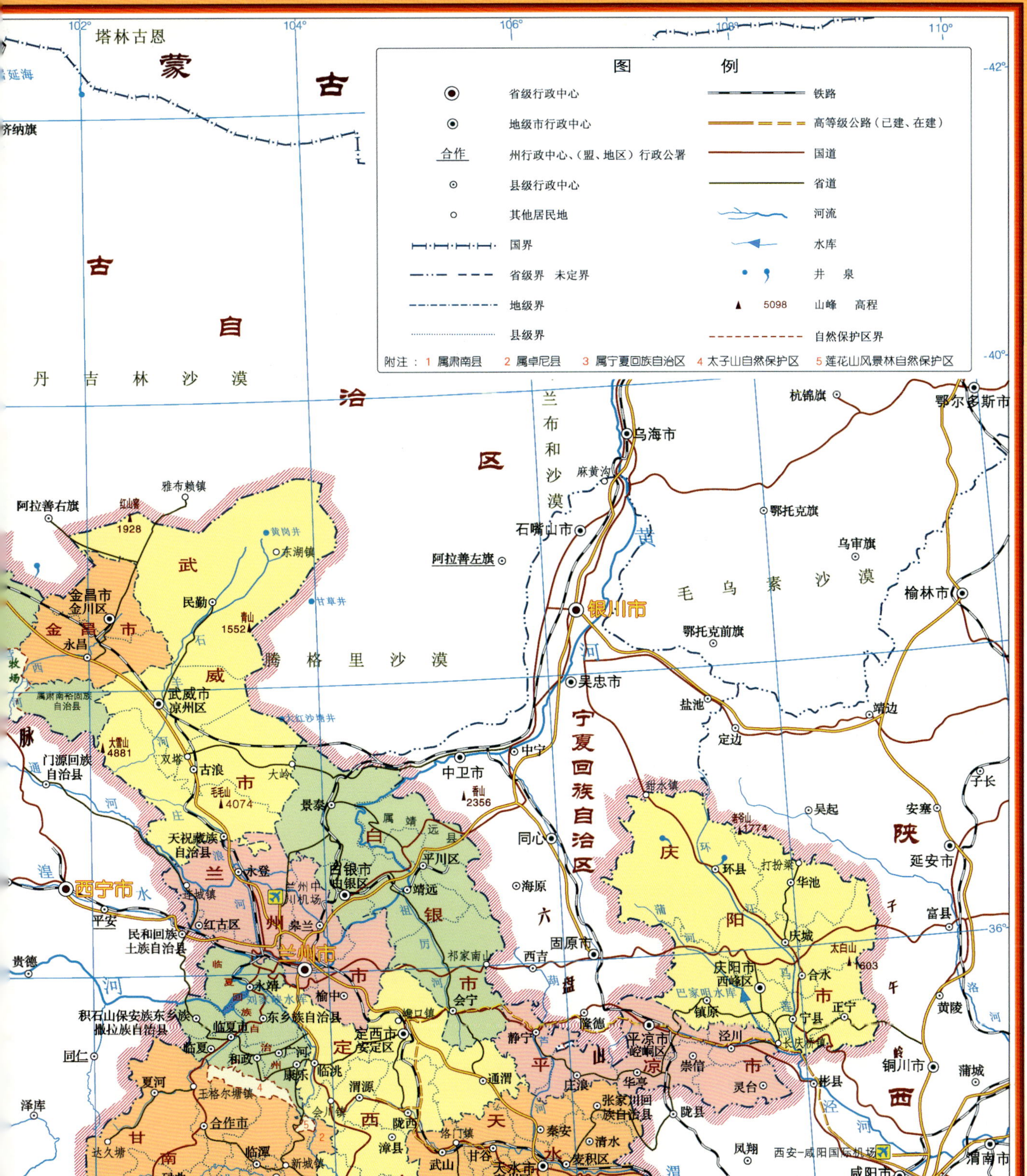

图 例
省级行政中心
地级市行政中心
合作 州行政中心、（盟、地区）行政公署
县级行政中心
其他居民地
国界
省级界 未定界
地级界
县级界
铁路
高等级公路（已建、在建）
国道
省道
河流
水库
井 泉
5098 山峰 高程
自然保护区界
附注： 1 属肃南县 2 属卓尼县 3 属宁夏回族自治区 4 太子山自然保护区 5 莲花山风景林自然保护区
蒙 古 自 治 区
塔林古恩
延海
济纳旗
丹 吉 林 沙 漠
兰布和沙漠
乌海市
杭锦旗
鄂尔多斯市
麻黄沟
鄂托克旗
石嘴山市
阿拉善左旗
乌审旗
毛 乌 素 沙 漠
榆林市
银川市
鄂托克前旗
吴忠市
盐池
定边
靖边
雅布赖镇
阿拉善右旗
红山窖 1928
黄岗井
东湖镇
甘草井
武威市
民勤
青山 1552
腾 格 里 沙 漠
大红沙海井
金昌市
金川区
金昌市
永昌
武威市
凉州区
属肃南裕固族自治县
大雪山 4881
双塔
古浪
大岭
门源回族自治县
毛毛山 4074
中宁
中卫市
香山 2356
宁夏回族自治区
景泰
白银市
靖远县
同心
天祝藏族自治县
兰州市
永登
白银市
白银区
平川区
靖远
海原
六盘山
西宁市
平安
连城镇
兰州中川机场
红古区
皋兰
民和回族土族自治县
固原市
西吉
贵德
兰州市
临夏
永靖
刘家峡水库
东乡族自治县
榆中
会宁
祁家南山
积石山保安族东乡族撒拉族自治县
临夏市
临夏
和政
广河
康乐
临洮
定西市
安定区
定西市
翟口镇
通渭
静宁
隆德
平凉市
崆峒区
华亭
庄浪
张家川回族自治县
泾川
崇信
灵台
平凉市
同仁
夏河
王格尔塘镇
合作市
会川镇
渭源
陇西
泽库
达久塘
碌曲
临潭
卓尼
新城镇
漳县
洛门镇
武山
甘谷
天水市
秦州区
秦安
清水
麦积区
牛背
麦积山石窟
宝鸡市
凤翔
西安-咸阳国际机场
咸阳市
西安市
渭南市
蓝田
周至
秦岭
甘南藏族自治州
岷县
礼县
西和
江洛镇
两当
凤县
玛曲
迭部
代古寺
宕昌
舟曲
戈藏佳则 4374
成县
徽县
嘉陵
若尔盖
陇南市
武都区
望关
康县
略阳
2377
九寨沟
文县
白水江
碧口镇
宁强
汉中市
城固
石泉
安康市
阿坝
红原
四川省
陕西省
湖北省
庆阳市
甜水镇
吴起
安塞
子长
延安市
环县
打扒梁
华池
庆城
庆阳市
西峰区
巴家咀水库
镇原
合水
太白山 1603
宁县
正宁
长庆桥镇
彬县
铜川市
蒲城
黄陵
富县
子午岭
甘肃省
黄河
渭河
泾河
洮河
白龙江
汉江
嘉陵江
102°
104°
106°
108°
110°
42°
40°
36°
34°

甘肃地势图

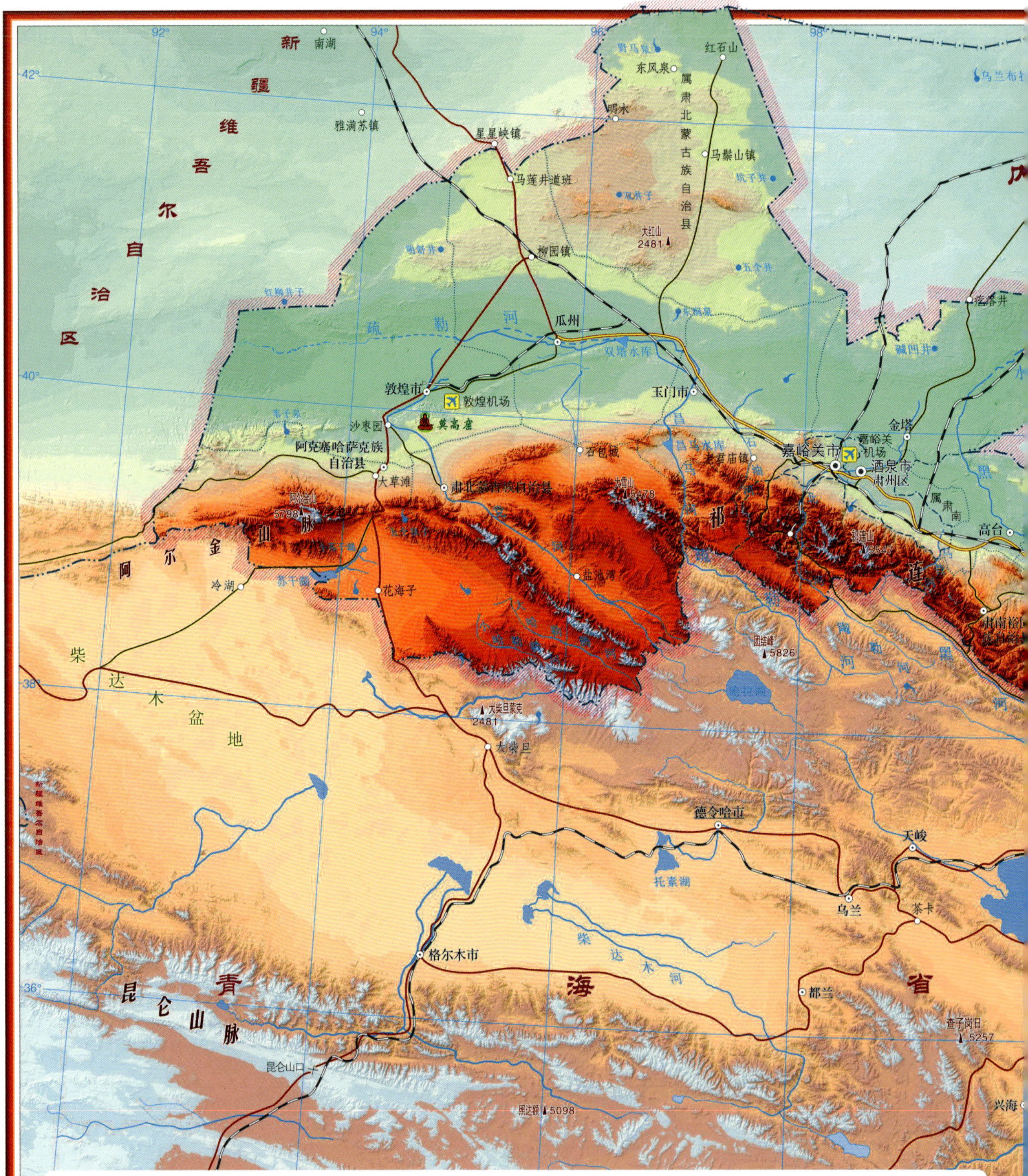

陇南山地	陇中黄土高原	甘南高原	河西走廊	祁连山地	北山山地
这里重峦叠嶂，山高谷深，植被丰厚，到处清流不息。这一区域大致包括渭水以南、临潭、迭部一线以东的山区，为秦岭的西延部分。山地和丘陵西高东低，绿山对峙，溪流急荡，峰锐坡陡，恰似江南风光，又呈五岭逶迤。南疆的“纤秀”，北国的“粗犷”，在这里得到了完美的融合。	位于甘肃省中部和东部，东起甘陕省界，西至乌鞘岭畔。这里曾经孕育了华夏民族的祖先，建立过炎黄子孙的家园，亿万年地壳变迁和历代战乱，灾害侵蚀，使它支离破碎，尤以定西中部地区成了祖国最贫瘠的地方之一，但蕴含着无尽的宝藏。这里有苍松翠柏，有潺潺溪流，有丰富的石油、煤炭，也有闻名遐迩的名山大川。黄河从这里穿流而过，造就了多少天险飞渡，雄关要塞，峪口大峡。	它是“世界屋脊”青藏高原东部边缘一隅，地势高耸，平均海拔超过3000米，是个典型的高原区。这里草滩宽广，水草丰美，牛肥马壮，是甘肃省主要畜牧业基地之一。	斜卧于祁连山以北，北山以南，东起乌鞘岭，西迄甘新交界，是块自东向西、由南而北倾斜的狭长地带。海拔在1000～1500米之间。长约1000千米，宽由几千米到百余千米不等。这里地势平坦，机耕条件好，光热充足，水资源丰富，是著名的戈壁绿洲。有着发展农业的广阔前景，是甘肃主要的商品粮基地。	在河西走廊以南，长达1000多千米，大部分海拔在3500米以上，终年积雪。冰川逶迤，是河西走廊的天然固体水库，植被垂直分布明显，荒漠、草场、森林、冰雪，组成了一幅色彩斑斓的立体画面。	这块东西长1000多千米，海拔在1000～3600米的地带，人们习惯称之为北山山地，这里地近腾格里沙漠和巴丹吉林沙漠。风高沙大，山岩裸露，荒漠连片，一块块山间平原，是难以耕作之地，人烟虽然稀少，却能领略“大漠孤烟直，长河落日圆”的塞外风光。

比例尺　1：4 250 000　0　42.5　85　127.5　170　212.5千米

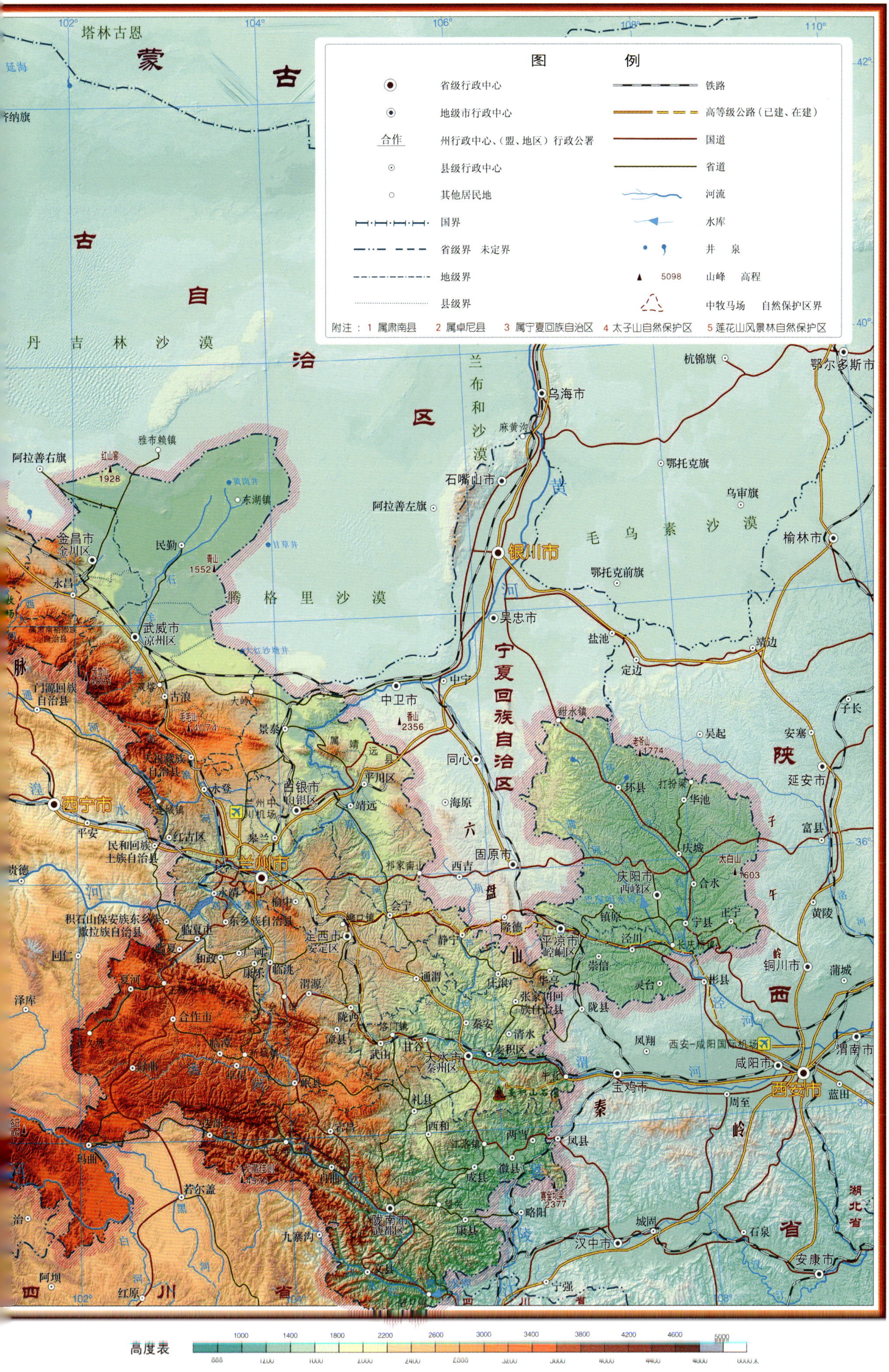

图 例
省级行政中心
地级市行政中心
合作
州行政中心、（盟、地区）行政公署
县级行政中心
其他居民地
国界
省级界 未定界
地级界
县级界
铁路
高等级公路（已建、在建）
国道
省道
河流
水库
井 泉
5098
山峰 高程
中牧马场 自然保护区界
附注：1 属肃南县 2 属卓尼县 3 属宁夏回族自治区 4 太子山自然保护区 5 莲花山风景林自然保护区
蒙
古
自
治
区
塔林古恩
丹 吉 林 沙 漠
腾 格 里 沙 漠
兰布和沙漠
毛 乌 素 沙 漠
宁夏回族自治区
陕
西
湖北省
四 川
省
阿拉善右旗
雅布赖镇
红山窑
1928
东湖镇
民勤
青山
1552
阿拉善左旗
金昌市
金川区
永昌
武威市
凉州区
古浪
景泰
白银市
白银区
靖远
平川区
中卫市
中宁
同心
海原
西吉
固原市
六
盘
山
乌海市
麻黄沟
石嘴山市
银川市
吴忠市
鄂托克旗
鄂托克前旗
杭锦旗
鄂尔多斯市
乌审旗
榆林市
盐池
定边
靖边
吴起
安塞
延安市
子长
富县
环县
华池
庆城
庆阳市
西峰区
合水
宁县
正宁
镇原
泾川
灵台
崇信
平凉市
崆峒区
华亭
张家川回族自治县
庄浪
静宁
隆德
会宁
定西市
安定区
通渭
秦安
清水
天水市
秦州区
麦积区
甘谷
武山
漳县
陇西
渭源
临洮
康乐
和政
临夏市
永靖
东乡族自治县
榆中
兰州市
皋兰
红古区
永登
民和回族土族自治县
西宁市
平安
贵德
门源回族自治县
积石山保安族东乡族撒拉族自治县
回仁
泽库
夏河
合作市
临潭
卓尼
岷县
礼县
西和
成县
徽县
两当
凤县
宝鸡市
凤翔
岐山
西安-咸阳国际机场
咸阳市
西安市
渭南市
蓝田
周至
铜川市
黄陵
蒲城
彬县
太白山
1603
老爷山
1774
汉中市
城固
略阳
康县
武都
陇南市
文县
宁强
碌曲
若尔盖
九寨沟
阿坝
红原
石泉
安康市
秦
岭
黄
河
渭
河
泾
河
102°
104°
106°
108°
110°
42°
40°
36°
34°
高度表
1000
1400
1800
2200
2600
3000
3400
3800
4200
4600
5000

2015年1月28日，省委书记、省人大常委会主任王三运在甘肃省第十二届人民代表大会第三次会议上

2015年1月28日，省长刘伟平在甘肃省第十二届人民代表大会第三次会议上作政府工作报告

2015年1月27日，省政协主席冯健身在政协甘肃省第十一届委员会第三次会议上作常委会工作报告

编辑说明

一、《甘肃年鉴》是甘肃省人民政府主管、甘肃省地方史志办公室主办的系统记述甘肃全省自然、社会、经济、政治、文化等各方面情况的大型年度资料性文献。

二、《甘肃年鉴》的编辑坚持以邓小平理论、“三个代表”重要思想、科学发展观和习近平系列讲话精神为指导，紧紧围绕省委、省政府中心工作，突出时代特点和地方特色，全面、客观、真实、系统地记述全省各地、各部门、各行业基本情况，反映全省改革发展进程，为推进全面小康社会建设、构建社会主义和谐社会、促进甘肃经济社会又好又快发展和海内外各界了解甘肃、研究甘肃提供基本资料和历史借鉴。

三、《甘肃年鉴》（2015）采用分类编辑法。内文分为类目、分目、子目、条目四个结构层次，以条目为表现基本形式。全书条目的标题统一用黑体加【】表示。

四、《甘肃年鉴》（2015）记述2014年度的甘肃省情。设特载、专记、大事记、省情概览、政治、军事政法、经济、经济管理与监督、国土管理城乡建设与环境保护、社会事业、社会服务与管理、市（州）县（市、区）概况、国民经济和社会发展统计资料、年度人物与先进单位和附录15个类目。全书有34分目、177子目、1481条目。

五、《甘肃年鉴》（2015）所载内容和数据，由省上各部门、单位、社会团体、行业组织、企事业单位和市县政府提供。全省经济社会发展统计资料由省统计局提供，甘肃政区图和甘肃地势图由省测绘地理信息局提供。

六、《甘肃年鉴》（2015）附电子版（光盘），插装于封三。

七、《甘肃年鉴》的编辑出版得到全省各级党政领导的热情关心和社会各界的大力支持，在此谨表示衷心的感谢。

八、由于编者水平有限，缺漏错讹之处在所难免，敬请广大读者指正。

目 录
MAIN CONTENTS

特 载

专 记

大事记

省情概览

政 治

中国共产党甘肃省委员会

政协甘肃省委员会

民主党派与工商联

社会团体

军事　政法

军　事

政 法

交通运输和旅游业

通信　邮政

经济管理与监督

经济管理

国土管理　城乡建设与环境保护

国土管理

城乡建设

文化 卫生 人口与计划生育 体育

科学技术奖获奖名单

甘肃省人民政府机构设置表

在金融工作座谈会上的讲话

中共甘肃省委书记 王三运

（2014 年 4 月 4 日）

今天上午我们召开金融工作座谈会，专门把各家金融单位负责同志和部分在甘挂职金融干部请来，主要是想就深化金融体制改革、服务地方经济社会发展这个主题，听一听大家的真知灼见，共同探讨贯彻落实党的十八届三中全会精神、进一步加快金融改革创新，为甘肃经济社会持续健康发展提供金融支撑的措施和办法。

刚才，大家结合各自工作实际，站在全局的高度，站在甘肃的角度，就金融工作怎样支持和助推转型升级、富民兴陇大业都有很深的思考、很好的打算、很多的创新，讲得有见地、有高度、也有深度，而且非常务实管用。下面，结合调研和座谈的情况，我讲三点意见。

第一，金融服务发展功不可没。金融是现代经济的核心和血脉，是推动区域经济发展的主要引擎。我们在实践中深切感到，一个地方的经济社会发展越来越离不开金融的支撑，金融业的发展程度同时也反映着一个地方市场经济的活跃程度和发展水平。近年来，特别是去年以来，在银地企各方面的共同努力下，我省金融业发展呈现出创新活力不断激发、规模效益快速提升、服务能力显著增强的良好态势，为全省经济社会持续健康发展作出了重大贡献。突出表现在三个方面：

*一是金融总量大幅增长。*从信贷投放看，去年新增贷款1610亿元，比上年增加152亿元，创下我省年度贷款增量新高，全省贷款余额8822亿元，同比增长23%，高于全国9个百分点，增幅居全国第三；从资金利用效率看，全省存贷比达到73%，高于全国1.5个百分点，资金外流的趋势得到有效遏制；从直接融资看，共完成649亿元，超过“十一五”时期574亿元的融资总额，位居全国第22位，同比增长12%。

*二是聚焦发展持续发力。*金融机构紧紧围绕省委省政府的战略部署，紧盯转型升级、富民兴陇的重点难点和薄弱环节，千方百计增加有效投入，大力支持“3341”项目建设工程和“1236”扶贫攻坚行动，努力破解融资难题。我觉得金融单位从领导到干部，都能对省委省政府重大决策部署认真理解、消化、融入、落实，这是金融工作能够与地方紧密配合、取得巨大成绩的重要方面。去年，全省固定资产贷款余额达到3006亿元，同比增长18.1%，增幅位居全国前列。主要是金融单位对特色优势产业的支持持续强化，制造业贷款达1399亿元、同比增长27.1%，服务业贷款3012亿元、同比增长31.6%；对“三农”发展的支持持续强化，涉农贷款余额在到333.7亿元、同比增长26.2%，其中“双联惠农贷款”余额67.4亿元，“牛羊蔬菜贷款”余额61.09亿元；对中小企业的支持持续强化，尤其是小微企业贷款余额达1840亿元、同比增长43.4%，高于全省贷款增速21个百分点；对地方金融工作的支持持续强化，中央金融机构来我省挂职的61名干部，充分发挥自身优势，做了大量卓有成效的工作，既有力推动了我省金融发展，也帮助我们培养了一大批亟需的金融人才。

*三是金融创新步伐加快。*全省共完成债券融资422亿元，同比增长49%，有4个市州成功发行城投债，打破了只有兰州市发行的历史；与国开行达成金融扶贫战略合作协议，打造了金融扶贫的重要平台，去年率先试点的7个县区已签约29亿元项目贷款；省股权交

易中心正式挂牌运营，帮助省内企业完成122.21亿元的股权质押贷款。特别是省农行依托“金穗惠农通”工程，打造“融通”平台，为全省70%的行政村、90%的农户提供普惠金融服务；依托互联网和电子银行，打造特色农产品销售平台和农业生产资料购销平台，为农民对接市场、销售产品、增加收入提供了有力支撑。

我感到，在过去的一年里，我省金融工作能取得这样显著的成绩，一是得益于金融机构干部职工的大力支持和艰苦努力，面对市场资金面趋紧、股票市场低迷等诸多不利因素，全省金融单位急地方之急、谋地方之需，积极创新金融服务、金融产品，不断为我省发展开辟新的融资渠道，在此向大家表示衷心的感谢！二是得益于各级党委政府的高度重视和共同推进，省委省政府连续两年召开全省金融工作会议，开展多层次的银政企对接，颁发省长金融奖，特别是出台了一系列推动金融创新发展的政策措施，在全省营造了重视金融、发展金融、运用金融、支持金融的良好环境。三是得益于经济社会的持续发展和大力支撑，随着我省“3341”项目建设工程的深入实施，特别是经济、文化、生态三大战略平台的全面推进，为金融发展提供了一批大项目、好项目，也促进了经济与金融的良性互动。

第二，金融改革创新潜力很大。无论从十八届三中全会对深化金融体制改革的政策导向来看，还是从全省金融业自身的发展现状和建设幸福美好新甘肃的金融需求看，我省金融改革创新都大有文章可做、大有潜力可挖。具体来说，主要体现在“三个大”上：

*一是政策机遇大。*十八届三中全会“决定”对完善金融市场体系作出了重大部署，为我们深化金融改革创新提供了重要遵循、指明了方向路径、带来了难得机遇。比如，提出允许具备条件的民间资本已发起设立中小型银行等金融机构，这有利于我们激活民间资本，大力发展服务中小微企业的地方金融机构。比如，推进利率市场化，会倒逼银行创新产品和服务，开展差异化经营，更好满足市场主体的金融需求。再比如，发展惠普金融，有助于我们健全全金融市场功能，让金融更加公平公正地服务发展、惠及民生。

*二是发展差距大。*存在差距，也是潜力所在。尽管近年来我省金融发展比较快，但总的来看，地方金融工作起步晚、起点低，金融体系还不够健全、金融要素不够活跃、创新发展格局尚未形成，无论是政策扶持、资金支持还是人才保障、体制机制，还都存在不成熟、不完善、不到位的问题，金融服务经济社会发展的能力需要进一步提升。目前，全省仅有甘肃银行、兰州银行两家城市商业银行，兰州银行的存款刚过千亿元，甘肃银行离千亿元还有一定差距，已成立的村镇银行、担保公司同全国平均水平相比，规模都普遍偏小；全省还没有一家地方法人保险机构，保险资金外流问题十分突出。另外，银监会正在一些省市试点发展的消费金融公司，广州、河北等地推进的小额再贷款公司，广西等省市设立的金融控股公司，江苏、安徽等省设立的风险补偿基金等金融模式，在我省都还是空白。

*三是融资需求大。*一方面，我省经济社会欠发达，亟需解决发展资金短缺的瓶颈制约。比如，我省的城镇化率只有40.2%，我们加快推进以人为核心的新型城镇化，仅就棚户区改造来说，到2015年改造18.44万户，概算投入就达310亿元；再比如，在扶贫开发方面，需要新建和改建农村公路4.5万公里，投资规模达354亿元。另一方面，随着我省经济社会转型升级步伐的不断加快，特别是“3341”项目建设工程的深入发展，一大批项目将陆续实施，对金融的需求日益增多。比如，今年省里确定了160个省列重大项目，投资需求达9044亿元，年计划完成投资1487亿元。

面对金融改革创新的难得机遇，面对金融发展滞后的严峻现实，面对经济社会发展对金融的强劲需求，我们要悉心研究中央政策，始终坚持问题导向，以创新的智慧、独到的眼光、扎实的作风，加快金融改革发展，力求实现“三大新突破”：

*一是力求在做大金融总量上实现新突破。*一方面，切实发挥好银行业融资的主渠道作用，强化银政企合作，进一步提高项目谋划、报批、实施和建设水平，增强金融与地方发展的契合度，为扩大间接融资提供优质载体，不断保持信贷投放快速增长的良好态势。另一方面，着力提升直接融资水平，加强首发上市企业的培育和推荐工作；积极推动地方投融资公司改革发展，做实资产，做实现金流，提高规模化融资能力。

*二是力求在完善金融体系上实现新突破。*重点要在“三个加快”上着力：加快金融开放合作步伐，继续深入推进“招行引资”工作，积极引进各类金融机构特别是股份制商业银行在我省设立分支机构，鼓励银行业金融机构向下延伸机构网点、下沉服务重心，增强服务基层的能力。加快地方性金融机构发展步伐，积极稳妥推进农信社商业化改革，尽快完成甘肃银行增资扩股工作，抓紧设立地方法人保险机构，同时大力发展村镇银行、小额贷款公司和担保公司。加快发展区域性资本市场，引进和培育各类股权投资基金，大力发展中小企业集合债和私募债，不断提高省股权交易中心对中小企业的融资服务能力。

*三是力求在推进金融创新上实现新突破。*当前，要着力突出三个方面的创新。一要推进制度创新，完善金融机构公司治理，形成有效的决策、执行、制衡机制，切实把公司治理的要求落实到日常经营管理和风险控制中。二要推进机制创新，整合财政项目扶持资金，促进财政资金与金融资金的有效融合，不断放大财政资金的使用效益；加快建立贷款损失风险补偿机制，对投向农户和小微企业贷款的损失给予一定比例的补偿，帮助金融机构分担信贷风险。三要推进产品创新，加快金融产品和服务模式创新，拓展金融市场发展的深度和广度，丰富金融市场层次和产品。同时，要把防范风险贯穿于金融创新的全过程，抓好地方债务风险防范，

坚决打击非法集资，确保区域金融安全稳定运行。

第三，金融发展环境无比优化。现在，金融单位和地方越来越成为密不可分的经济共同体、命运共同体。作为地方党委政府，必须进一步增强领导金融工作的能力、提升服务金融发展的水平，巩固和发展银地合作共赢的良好态势。

一是氛围要营造好。各级党委政府特别是党政“一把手”要充分认识金融工作的极端重要性，切实做好重视金融、理解金融、推进金融的各项工作。所谓重视金融，关键是要真正从战略高度认识金融，在战略全局思考金融，以战略举措发展金融；所谓理解金融，关键是要深入学习金融政策，系统研究金融运作机制，找准金融发展与地方发展的结合点；所谓推进金融，关键是要细化目标，实化举措，明确责任，跟进督查，把相关的工作一项一项落到实处。尤为重要的是，要抓住完善引导激励机制、解决实际突出问题等关键环节，以管用的方法和务实的行动支持金融发展。比如，在引导激励方面，这两天调研中的一些金融单位的同志反映，希望在财政资金、公共资金存储上给予倾斜支持。前段时间在京拜访中央金融单位时，总行有关领导同志也谈到了这个问题，都比较关注。应当说，各金融单位都是甘肃发展的大功臣，我们不能厚此薄彼，高看了这家，慢待了那家。省政府金融办有关单位，要参考各金融单位在甘基金的投放量、对甘总体支持力度等指标，抓紧研究制定一个各方面都能接受的科学公平的资金存储办法。再比如，有金融单位反映，我们有些地方党委政府说一套做一套，在向银行争取贷款的时候异常热情，在协调还款的时候却推三阻四，这是不应该的，也是不能允许的。习近平总书记提出领导干部要做到“三严三实”，其中一条就是做人要实，包括诚信问题。无论是领导还是干部都要讲诚信、讲信用，不能搞两个面孔，作为一级党委和政府更应该讲信用。

二是决策要执行好。我们地方与金融单位的合作，不是一锤子买卖，而是要长期共赢。这既取决于我们的决策能否为金融发展提供足够的空间，也要看我们的决策能不能执行到位，让金融单位在甘肃发展得舒心放心，有信心。总体上看，各家金融单位对我们的决策执行力是赞许有加的，但也有一些情况值得我们高度重视，尤其是由于体制机制不顺、部门利益掣肘、协调推动还不够等原因，导致我们既定的合作事项未能有效落实，影响了工作的整体进度和效果。去年，省政府同国开行签署了800亿元的扶贫开发协议，已在临潭等7个县开展试点，实际效果和群众反映都比较好，双方计划今年在58个贫困县全部推开。但截至目前，51个县的项目规划、实施方案和项目实施管理办法都还没有出台，导致国开行相应评审工作无法开展，造成扶贫资金延后下拨。有关方面要站位全省发展的大格局，跳出部门利益的小圈子，切实把解决这一问题摆上重要日程，抓住资金整合到位、项目规划到位两个关键，认真研究，抓紧做好相关工作。

三是对接要开展好。这两年，在我们的积极争取下，各金融单位普遍扩大了对甘肃信贷规模，但由于对接平台实力不足、项目储备不够等原因，导致出现有规模、无渠道，有资金、无项目等情况。下一步，我们一方面要抓好平台的对接，有效承接资金。政府投融资平台，使我们对接金融、承接资金的重要渠道，特别在是高等级和等级公路的建设、民航机场建设、重要旅游资源开发等方面，起着十分重要的投融资保障作用。从目前的情况看，现有的省公航旅、省国投等投资金融平台功能还比较有限，如公航旅注册资金只有800个亿，但融资额度已经达到700多亿，进一步扩大融资的空间比较小，必须解决好虚拟功能突出、实体功能不足的问题。有关部门要按照股权多元化、运作市场化、经营企业化的发展方向，紧紧围绕“三增两提一降”，即增加资本金规模、增加现金流量，提高盈利水平、提高支持重点领域能力，降低负债率，进一步提升融资平台的经营能力、管理水平和整体实力。另一方面要抓好项目的对接，高效使用资金。按照“3341”项目建设工程确定的重点领域和主攻方向，对项目库中的现有项目特别是重大项目一一进行梳理，成熟的项目要抓紧同金融单位对接，争取达成融资协议，尽快开工建设；不成熟的项目要积极向金融单位开展咨询，不断完善和深化项目前期工作，创造条件尽快立项，以积极主动的态度和作为吸引更多资金落地。

总的来说，多年来各金融单位倾力支持甘肃经济社会发展，付出了大量心血，做出了重大贡献。希望大家进一步发扬成绩，找准市场定位，创新金融产品，改进服务方式，不断开创金融与地方良性互动的双赢局面。我们也会全力以赴支持在甘各类金融机构加快发展，竭尽所能帮助各家金融单位再创新的辉煌。

在全省党的群众路线教育实践活动总结大会上的讲话

中共甘肃省委书记　王三运

（2014年10月9日）

同志们：

昨天上午，中央召开党的群众路线教育实践活动总结大会，习近平总书记出席大会并发表重要讲话，系统总结了全党教育实践活动取得的5个方面重大成果，深刻阐述了教育实践活动积累的6个方面宝贵经验，并就新形势下坚持从严治党提出了8个方面的明确要求，讲话高屋建瓴、立意深远、内涵丰富，具有很强的思想性、理论性、针对性和指导性，充分彰显了以习近平同志为总书记的党中央坚持党要管党、从严治党的鲜明态度，体现了我们党适应时代发展要求、保持党的先进性和纯洁性的高度自觉，丰富和发展了我们党治国理政和党的建设的理论宝库，是新时期指导我们党推进作风建设和党的建设的重要文献，为我们加强党的建设、弘扬优良作风、永葆政治本色，指明了前进和努力的方向。

昨天下午，省委已经召开常委扩大会议，专题传达学习了习总书记重要讲话精神，并对全省贯彻落实工作作出初步安排，下一步还要就深入贯彻重要讲话精神、持续加强作风建设和党的建设，研究制定具体的意见。今天我们召开视频会议，主要就是认真学习贯彻习总书记在中央教育实践活动总结大会上的重要讲话精神，对我省党的群众路线教育实践活动进行深入总结，对巩固和拓展教育实践活动成果、推进作风建设和党的建设进行部署，进一步凝聚广大干部群众的智慧和力量，激发全省上下的热情和干劲，奋力推进全面建成小康社会、建设幸福美好新甘肃的宏伟事业。

第二批教育实践活动开展以来，中央第五巡回督导组在李传卿组长的带领下，先后深入到我省市县乡各级党组织进行了六轮巡回督导，做了大量卓有成效的指导和督促检查工作，并多次召开情况反馈会，向我们及时通报情况、提出意见要求，为我省教育实践活动的健康深入开展付出了很大心血、作出了重要贡献。在此，让我们以热烈的掌声，向李传卿组长、向中央第五巡回督导组的各位领导和同志，表示崇高的敬意和衷心的感谢！

等会，李传卿组长还要作重要讲话，我们一定要抓好贯彻落实。下面，我代表省委，讲三个方面的意见。

一、正确认识活动取得的实际成效

根据中央的统一部署，从去年7月开始，我们自上而下分两个批次，在全省7.89万个单位、170多万名党员中，深入组织开展以为民务实清廉为主要内容的党的群众路线教育实践活动，目前各项工作整体已经到了收官阶段。一年多来，我们认真学习贯彻习总书记系列重要讲话精神，按照俞正声主席指导我省第一批教育实践活动的有关要求，全面落实中央教育实践活动的工作安排，以“照镜子、正衣冠、洗洗澡、治治病”为总要求，着眼以严的标准、严的措施、严的纪律反对和纠正“四风”，组织动员全省各级各方面在准确把握中央要求中严格程序和标准、在准确把握自身实际中明确方向和重点、在准确把握科学方法中找准路径和抓手、在准确把握重点任务中强化举措和力度，抓紧抓实抓牢活动各个环节，聚焦聚神聚力推进各项工作，纠中有建、抑中有扬、破中有立，有效促进了党员干部作风明显好转、党群干群关系更加密切，达到了补精神之“钙”、除“四风”之害、祛行为之垢、立为民之志的预期目的，取得了重大成果。

一是党员干部思想得到深刻洗礼。我们坚持把这次活动作为一次回归党的优良传统的“思想整风”，一以贯之地抓好学习教育这项工作，组织动员广大党员干部深入学习习总书记系列重要讲话精神和中央规定的必读书目，深刻领悟焦裕禄精神和“铁人”精神，使大家普遍接受了一次马克思主义群众观的再教育，思想灵魂受到深刻的砥砺和洗礼，修养境界得到明显的锻炼和提升。尤为可贵的是，在教育实践活动中涌现出了临洮县县长柴生芳同志这样信念坚定、勤奋敬业、躬身为民，在甘肃乃至全国引起强烈反响的优秀代表和重大典型，这是全省干部的光荣！全省各级党组织和广大党员干部以多样的方式、务实的行动，宣传柴生芳同志的先进事迹，学习柴生芳同志的高尚品格，凝聚起了强大的正能量。一些干部“领导就得骑马坐轿”的特权意识式微了，“千里当官为了吃穿”的庸俗观念不见了，“有权不用过期作废”的错误认识转变了，“为人民服务”的宗旨强化了，“公款姓公、公权为民”的理念深入内心了，进一步增进了同群众的感情、拉近了同群众的距离。

二是党内政治生活得到明显净化。我们认真落实习总书记关于规范党内生活的重要指示，重拳破除各种潜规则，铁腕治理各种坏风气，使守底线、重原则、讲党性成为党内政治生活的新常态。在教育实践活动中，各级普遍开了一个高质量的专题民主生活会或组织生活会，广大党员特别是领导干部以整风精神拿起批评与自我批评这一有力武器，勇于亮自己的丑、揭别人的短，开展批评直奔主题、直指要害、直戳痛处，有缺点就直接谈缺点，有看法就直接说看法，有些意见是相当尖锐的，摒弃了以往组织生活中出现的浮浅化、形式化、庸俗化现象，真正过了一次“辣味”浓厚、刺刀见红、严肃严格的政治生活，切实体现了党内生活的政治性、原则性和战斗性。特别是省委常委会带头传导压力，常委同志沉下身去精心指导，两个批次联系点的专题民主生活会都开成了样板，为各级党组织过好党内政治生活树立了榜样和标杆。不少同志发自肺腑地说，这样的生活会确实是多年未见了，虽然听意见的时候脸上火辣辣、背上汗津津，但听了以后却是心里热乎乎、全身暖洋洋，知道了自己的缺点是什么、该往哪个方向努力，达到了“团结—批评—团结”的目的。

三是“四风”蔓延势头得到有效遏制。各级党组织紧密结合中央八项规定和省委“双十条”规定的贯彻执行，结合中央第一巡视组反馈意见的整改落实，聚焦查摆出的“四风”突出问题，坚持两个批次上下联动、各个部门横向互动，出重拳、用重典，深入开展“专项整治月”等活动，以定期检查、明察暗访等多种形式，集中整治文山会海、检查评比泛滥，门难进、脸难看、事难办，乱收费、乱罚款、乱摊派，公款送礼、公款吃喝、奢侈浪费，超标配备公车、多占办公用房、新建滥建楼堂馆所，以及落实惠民政策缩水走样、拖欠克扣群众钱款财物、党政领导干部在企业兼职等影响恶劣的作风现象和问题，彰显了动真碰硬的决心和力度，见到了立竿见影的成果和效应，进一步挤压了歪风邪气滋生蔓延的空间。活动开展以来，全省审批事项减少22.8%，会议和文件同比减少28.4%和23.4%，“三公”经费支出减少30.4%，清退拍卖公车1174辆，调整清理办公用房65.6万平方米，查处各类违规违纪人员5263人，全省上下新风正气扑面而来。

四是人民群众关切得到及时回应。各级坚持把人民群众对美好生活的向往作为价值追求和努力方向，积极顺应群众的期盼和诉求，以解决联系群众“最后一步路”、服务群众“最后一公里”问题为重点，结合开展“双联”行动和先锋引领行动，采取了一系列为民利民便民富民措施，推广了逐村建立“为民服务室”这一有效模式，构建了市县乡村四级为民服务平台，累计帮助群众兴办实事15.5万件、化解矛盾纠纷3.01万件。同时，各级严肃查处侵害群众权益、损害群众利益的现象和行为，全面开展城乡低保清理核查工作，清除不符合低保条件的对象11.9万户、34.9万人，补充新增符合低保条件对象10.02万户、37.7万人，查处优亲厚友等问题398起，处理相关责任人101人；深入开展扶贫资金运行管理核查工作，查处了一批滞留闲置、挤占挪用、擅自调项等方面的突出问题，涉及资金1.88亿元，责任追究121人，切实维护了人民群众的切身利益。群众评价说，教育实践活动劲吹新风，办事更方便快捷了，服务更热情周到了，惠民政策的落实更公平公正了，以前无人过问的难题现在有人主动上门解决了。

五是作风刚性约束得到切实强化。各级党组织坚持把建立健全制度作为整治和纠正“四风”的治本之策，向实处使劲、往细处着力、从严处较真，按照于法周延、于事简便、精准有效的原则，加强相关的规章制度建设，通过建制度、立规矩堵塞漏洞、治理源头，巩固教育实践活动的成果，强化推进作风建设常态化的保证，进一步扎紧了管作风、抓作风、改作风的制度“笼子”。就全省第二批活动单位来讲，截至目前共废止制度8417条、修订5.71万条、新建2.63万条，初步建立了便于执行、便于监督、便于检查、便于问责的制度体系。比如有的地方建立了民生电子服务平台制度，有的地方实行了为民服务代办制度，有的地方探索出了“3+5群众工作法”等等，这些都具有重要的借鉴意义和推广价值。很多党员干部和普通群众都认为，活动最深刻的影响就是惩治不正之风和腐败现象的制度网络越织越密、越织越紧，党员干部按规矩办事用权的意识越来越强。

六是党的基层基础得到不断夯实。教育实践活动的开展，为加强基层党组织建设提供了有利契机。我们把加强基层党组织建设作为活动的重要内容，树立强基固本、重视基层的鲜明导向，按照因地制宜、分类施策、标本兼治的思路，督促和约束各级认真落实党建工作责任制，努力把每个基层党组织建设成为坚强战斗堡垒。一年多来，我们针对查摆出的3461个软弱涣散组织，以“四个强起来”为目标，采取“一支部一对策”的办法进行集中整顿，目前已成功转化3402个，转换率达到99.6%；针对基层党支部书记整体薄弱的状况，一方面调整撤换基层组织负责人153名，另一方面选派2234名优秀年轻干部到基层组织担任“第一书记”，有效改善了基层队伍结构；针对村干部能力不足的问题，举办了1127期培训班，集中轮训了4.4万名干部，进一步提升了基层组织开展工作、带动致富的能力；针对机关党员干部联系群众不紧密的实际，组织全省29万多名干部到社区报到、开展志愿服务，拉近了党群干群关系。所有这些，都对提高基层党组织的影响力、凝聚力和战斗力起到了重要的推动作用。

总的来看，全省各级推进教育实践

活动态度是积极的、措施是有力的、成效是明显的，得到了人民群众的广泛认可。大家普遍反映，机关形象好转了、文件会议减少了、群众办事方便了，特别是广大干部找回了群众观点、站稳了群众立场、强化了宗旨意识，进一步掌握了贯彻群众路线的工作方法。在看到成绩的同时，我们也要清醒地认识到，教育实践活动取得的成果还是初步的，基础还不牢固，习总书记指出"四风"问题有所收敛但树倒根存，目前仅仅停在"不敢"上，"不想"的自觉尚未完全形成；有些问题的整改还没有完全到位，一些深层次的问题还没有从根本上破解；有的地方联系服务群众机制不畅、能力不强，贯彻群众路线到不了末端等问题，在我省都有不同程度的存在和体现。从我们督导和检查的情况看，还有一些问题需要引起高度重视：一是各地取得的成效不平衡，即使同一地区、同一部门，活动成效也各有不同，切忌感觉太好、估计过高；二是一些问题目前虽已得到解决，但作风问题具有顽固性、复杂性和多变性，一有机会就会反弹回潮，切忌掉以轻心、麻痹大意；三是一些单位和党员仍有"闯关"思想，认为教育实践活动告一段落，就可以松一松、停一停、歇一歇了，对此要及早提醒和纠正，切忌松劲懈怠、急于收场；四是一些单位制度建设过多过杂，重点不突出、操作性不强，缺乏执行落实的保障机制，必须来一次全面系统地梳理和审查，切忌标准不清、刚性不足。对这些问题，有关方面和单位要切实负起责任，在后续工作中有针对性地加以改进，对今后的作风建设建立起长效机制，确保整个活动善始善终、善做善成，确保作风建设持续不断、深入扎实地开展下去。

二、倍加珍惜探索积累的宝贵经验

一年多来，我们在以习近平同志为总书记的党中央的坚强领导下，以雷霆之势进一步涤荡了"四风"，以全省之力进一步增进了群众福祉，取得的成效有目共睹，积累的经验弥足珍贵，得到的启示尤为深刻。这些经验和启示是多方面的，从进一步加强新形势下的作风建设和党的建设来看，必须牢牢把握和运用好"八个高度重视"：

第一，高度重视各级党委的领导作用，筑牢作风建设的主心骨。党要管党、从严治党，首要的一条就是抓作风，如果各级党委不重视作风建设，任凭不正之风侵害党的肌体，党就会面临失去民心、丧失力量的危险。教育实践活动之所以见到明显成效，最根本的一条就是各级党委认真履行了抓作风建设的主体责任。活动开展以来，省委带头并指导各级党委制定了符合中央要求和地方实际的活动方案，在活动每个环节特别是在学习教育如何深化、听取意见如何拓展、谈心谈话如何求真、对照检查如何到位、开展批评如何深刻、即知即改如何见效、建章立制如何务实等方面，形成了科学有效的推进办法和举措，全过程盯紧抓牢，保证了教育实践活动不虚不空不偏。通过这次集中性的活动，我们进一步认识到，在作风建设上，什么时候党委真正重视了、下功夫抓了，就能真正见到效果，必须当好一个地区、一个系统、一个部门作风建设的掌舵者和主心骨。

第二，高度重视领导干部的示范作用，树立作风建设的风向标。各级领导特别是一把手亲自抓、作表率是这次活动取得成效的关键，也是我们今后抓作风建设必须坚持的重要工作方法。在教育实践活动中，省委常委和各级党委班子成员，一方面当好受教育的主体，以普通党员身份把自己摆进去，带头在各个环节示范到位，发挥了领头人的正面带动作用；另一方面当好抓活动的主体，在抓好本级活动的同时，悉心指导自己的联系点，力争把各自联系点打造成示范点。无论是第一批活动还是第二批活动，省委常委到各自联系点调研指导工作都在4轮以上，并全程参加了联系点的专题民主生活会，起到了传导压力、拧紧螺丝的重要作用。这次我们开展活动的一大特色和亮点，就是抓"一把手"、"一把手"抓。第二批活动一开始，我们就分两期举办了市委书记、县委书记专题培训班，我结合自己抓第一批活动的心得经验和需要注意的事项，面对面地跟大家座谈、提出要求，使市县"一把手"能够尽快掌握方法、进入角色、少走弯路。实践证明，只要各级领导干部真正带头了、真正担当了，风向标才能立得正、才能引导得好。

第三，高度重视从严较真的把关作用，防止作风建设的表面化。上面松一寸，下面就会散一尺。教育实践活动一开始，省委就反复强调，一定要坚持"严"字当头、"实"字为先，动真格、打硬仗，坚决防止以新的形式主义反对形式主义，坚决防止活动走过场、变了味，尤其是在撰写对照检查材料、开展批评和自我批评上，我们明确提出要见人、见事、见思想，不结合实际不能过关，不举出例子不能过关，对照检查不像自己更不能过关，给各级树立了硬杠杠、戴上了紧箍咒，防止了一团和气、蜻蜓点水。各级督导组认真履行职责，以严肃的态度指导、以优良的作风督导，敢唱"黑脸"、敢当"包公"，探索实施了"听、查、问、看、帮"有机结合、"十查十看"审核把关对照检查材料等一系列务实管用的督导方法，向被督导单位提出了许多好的意见和建议，强化了对各级活动的有效引导和强力约束。

第四，高度重视着眼问题的导向作用，找准作风建设的着力点。我们抓住问题导向这个"牛鼻子"，认真对照习总书记列举的25种"四风"表现，综合运用群众提、自己找、上级点、互相帮、集体议等方式发现作风问题，注重从典型案例、重大事件、信访积案中查找作风问题，累计查摆出"四风"问题75万多条，勾画出了个人的"自画像"、班子的"集体照"、地区和部门作风的"全景图"，为进一步改进作风树立了精确的靶心、指明了努力的方向，这是教育实践活动得以健康深入开展的重要前提和基础。事实证明，问题导向这一方法和经验是行之有效的，我们只有戴着放大镜不断地去发现和辨识，才能把不易看到的问题看清楚，才能把易出大问题的小事情看明白，才能把需要纠正的缺点和错误看透彻，从而有的放矢地去改进我们的作风和工作。

第五，高度重视人民群众的监督作用，坚持作风建设的硬标准。《史记》说“人视水见形，视民知治不”，说的是人从水中就可以知道自己的形象，观察人民就能知道治理的好坏。我们改进作风要依靠人民，推动作风建设要发动群众力量，检验活动成效要由人民群众评判、以群众满意为最终标准。教育实践活动中，各级党组织牢牢把握开门搞活动这一重要原则，广泛深入动员广大群众参与到活动中来，千方百计打消部分群众的心理负担和疑虑，真心实意欢迎群众提意见，坦荡真诚接受群众监督，特别是在整改落实环节，各级各单位都把改什么、怎么改、什么时间完成、达到什么目的，通过各级各类媒体及时向社会公布，以实际行动取信于民，既赢得了群众的支持，也强化了外部的推动力。可以说，党员干部作风改进有成效，人民群众功不可没。面对作风建设的长期性任务，我们要把听取群众意见、确保群众满意作为开展群众工作的重要内容和标准，进一步加强对群众的引导，激发群众关心党的形象、关心党的事业、关心党员干部健康成长的责任感，集中各方面的智慧和力量推动党员干部作风实现新的更大转变。

第六，高度重视知行之间的互促作用，增强作风建设的自觉性。这个自觉包括思想自觉和行动自觉两个层面。我们讲知行合一，“知”和“行”是相辅相成的，只有把道理真正弄懂了，行动才能自觉持久；只有行动上落实了，对道理的领悟才能更深入。转变作风既需要提高认识，更需要付诸实践。活动中我们认真贯彻中央的部署和要求，一方面强调把学习教育贯穿始终，一方面强调把解决问题贯穿始终，做到教育和实践两手抓、两结合、两促进，既为解决实际问题增添了动力、破除了思想障碍，也为增强党性提供了现实教材、树立了标尺标杆，使教育实践活动真正成为知行互促、知行一体的过程。实践告诉我们，无论是抓作风建设也好还是干其他工作也好，如果光有“知”没有“行”，这个“知”也不会起多大作用；反之，如果光有“行”没有“知”，或者知其然而不知其所以然，这个“行”也是难以为继的。希望全省广大党员在“知”和“行”两个方面持续努力，不断深化对“四风”危害性、改进作风重要性的认识，不断增强落实作风建设要求的行动自觉，真正在坚持党的群众路线方面做到知行合一。

第七，高度重视开展批评的砥砺作用，确保作风建设的生命力。批评与自我批评是我们党的优良传统，是我们党极具活力的“生命要素”，任何时候都不能轻视这一武器的作用和威力。古语讲“非我而当者，吾师也；是我而当者，吾友也；谄谀我者，吾贼也”，说的就是掏心见胆于人还是阿谀奉承于人，从一个侧面反映着人与人之间是什么样的关系，具体到党内生活就体现着党员之间有没有真正的同志之谊、战友之情。专题民主生活会和组织生活会的问题能够找得准，关键是自己找的同时同事之间要相互点、相互帮，我们一些领导同志之所以平时感觉良好，就是因为“不识庐山真面目，只缘身在此山中”，有时自己认为做得对的事，换个角度来看、放到全局来看就不一定是对的，需要组织和同志的提醒和批评；同志之间的相互帮助也不能仅仅停留在你好我好大家好上，而是要在关键的时候真诚地、善意地咬咬耳朵、拉拉袖子，这才是真正的同志之情。各级党组织要认真总结这次教育实践活动民主生活会和组织生活会的做法经验，进一步严肃党内政治生活，完善和落实党内政治生活的各项规定，持之以恒地用好批评与自我批评这一武器，营造良好的政治生态，让广大党员干部在严格的党内生活中坚强党性、百炼成钢。

第八，高度重视基层组织的能动作用，探索作风建设的好做法。全省有近8万个基层组织、170多万名党员，作风建设的情况错综复杂，需要解决的问题千差万别，抓作风建设不能大而化之、笼而统之，搞“一刀切”、“一锅煮”。我们从这一实际和考虑出发，坚持把分类指导作为开展活动的有效途径，一方面针对基层特点，对不同层级、不同领域、不同对象分类制定实施方案，明确具体任务和措施，有针对性地加以指导和推进；另一方面鼓励和支持各级各单位结合自身特点，创新拓展活动方式，谋划设计活动载体。各地所采取的编印专门教材、帮助农村党员深化学习，制作多种“体检表”、引导党员干部查找“四风”，设置公开“亮相台”、督促党员干部改进作风等特色做法，既体现中央的精神和省委的要求，又突出地方的特点和活动的实践，确保了教育实践活动始终沿着正确的轨道向纵深推进。随着形势的发展和任务的变化，我们要进一步引导和鼓励基层勇于探索、积极创造，不断形成好做法好经验，为推动全省各项工作作出贡献。

三、持续抓好党建工作的着力重点

政贵有恒，治须有常。改作风、抓党建，既要看一时之变，更要追求长久之态。如果来得猛、去得快，甚至雨过地皮湿、风过仍照旧，不但会导致新的形式主义，使教育实践活动成效大打折扣，最终也会凉了人心、伤了民心，损害党的事业发展。全省各级党组织和广大党员干部要始终牢记习总书记“作风建设永远在路上”的殷殷教导，时刻铭记习总书记“不管党、不抓党就有可能出问题，甚至出大问题”的深刻警示，高度警惕我们党面临的“四大考验”和“四大危险”，自觉践行“三严三实”的具体要求，继续打好整改工作的攻坚战、继续打好从严治党的持久战、继续打好成果拓展的整体战，不断开创全省作风建设新局面，不断提升党的建设科学化水平，努力为各项事业发展提供坚强有力的政治和组织保障。

继续打好整改工作的攻坚战，就是要聚焦查摆出的“四风”问题，着眼兑现作出的庄严承诺，切中作风之弊的要害，把准作风建设的命脉，抓住作风改进的关键，推进落实教育实践活动各项后续工作。

一要盯紧整改方案的落实。具体

就是要坚持“三个保持不变”，即整改责任主体保持不变、整改时限保持不变、标准要求保持不变，确保各项整改任务不折不扣落到实处；坚持“四个一起解决”，即坚持现实问题和历史遗留问题一起解决、共性问题和个性问题一起解决、班子问题和班子成员个人问题一起解决、作风问题和党性问题一起解决，对照整改方案逐一整改、达标销号，不达目的不罢休；坚持“四个坚决有力”，即对整改态度不积极、工作责任不落实的要坚决有力追责，对整改标准打折扣、整改过程走过场的要坚决有力纠正，对问题较复杂、推进难度大、一时未见成效的要坚决有力攻坚，对中央确定的21项专项整治任务和省委部署的三大专项整治工作要坚决有力落地。各级党组织要紧扣这“三个保持不变”、“四个一起解决”、“四个坚决有力”，进一步完善督促检查的机制和措施，引导和约束各单位以坚守如初、始终如一的劲头抓好整改落实，让人民群众真正看到我们持续不断、抓铁有痕改进作风的决心、诚意和行动。

*二要盯紧建章立制的深化。*总的目标是，制度的标准要定得高一些，既要站得住行得通、经得起推敲和检验，也要界线明、内容实，可监督、可检查、可追究、可问责，绝不能含含糊糊、模棱两可，使规章制度成为“稻草人”；制度的“笼子”要扎得紧一些，注重制度的系统性、严密性和操作性，绝不能“牛栏关猫”，让“猫”来去自如；制度的执行要抓得严一些，坚持制度面前人人平等、执行制度没有例外，对于踩“红线”、闯“雷区”的要零容忍，发现一起查处一起，有效防止“破窗效应”，绝不能弹性执行和选择性执行制度，切实维护制度的严肃性权威性。总的原则是，坚持解决问题与制度设计相结合，坚持注重治标与强化治本相结合，坚持健全制度与回应民意相结合，坚决有效地防止“空”的现象、“虚”的弊端和“浮”的问题，坚决有效地堵塞“四风”滋生蔓延的制度漏洞。总的方法是，已经建立的要与时俱进、拓展内涵，尚未成熟的要加强研究、探索总结，亟待规范的要深化实践、抓紧建立，努力形成更加科学完备的制度体系。各级要按照这三个方面的要求，认真梳理汇总本地区本系统建章立制的具体情况，管用的制度要及时推广普及，有缺陷的制度要及时督促完善。

*三要盯紧总结评估的开展。*我们进行总结和评估，目的是要客观全面地了解掌握教育实践活动开展和党员干部作风改进情况，这一点要牢牢把握好。各级各单位一定要高度重视活动总结的综合性和纵深化，既要总结经验也要总结教训，既要挖掘规律也要查缺补漏，真正使总结的过程成为对既有工作回头看的过程，成为对下步工作再督促的过程。需要强调的是，在活动成效评估工作上，我们一定要把群众满意度作为根本标准和首要标准，以虚怀若谷的态度、宽广坦荡的胸襟接受群众特别是服务对象评议，实事求是地评估本地区、本部门、本单位开展活动情况，绝不能用自我感觉代替群众评价，绝不能盲目攀比测评结果、片面追求得“高分”，一旦发现弄虚作假的必须坚决予以查处。

继续打好从严治党的持久战，就是要认真学习领会和贯彻落实习总书记强调的8项重点工作，切实履行好地方党委的职责，确保做到真管真严、敢管敢严、常管常严。

*一是管党治党的责任要落实到位。*习总书记明确指出，“不明确责任、不落实责任、不追究责任，从严治党是做不好的”。从我省来看，这些年我们抓党建工作取得了明显成效，但也存在不少突出问题，如有的基层组织涣散、有的领导班子软弱、有的领导干部松懈，特别是一些同志包括少数党委书记在抓党建上抱有功利主义思想，认为抓党建是虚活、苦活，出了力难见效，甚至辛辛苦苦工作反倒落个得罪人、丢选票的下场，所以对党建工作重视不够。习总书记强调，党委书记最大的政治责任是抓党建，我们必须深刻领会总书记这一重要指示，把从严治党的各项要求抓得紧而又紧、落得实而又实。一方面，要抓好领导班子和领导干部政绩考核评价体系的完善，进一步加大党建工作的考核权重，对党建工作不履责、不尽责的要坚决查处、严肃处理；另一方面，要抓好日常工作的监督检查，组织专门工作小组，抽调精干办事力量，定期不定期对各地各部门党建工作情况进行摸底督促，引导和约束各级切实增强管党治党意识、承担管党治党责任。特别是要加强对各级党委书记、党组书记的监督考评，对那些党建工作不合格的书记要坚决予以调整，这要成为今后干部考核的一条硬杠杠。

*二是队伍建设的责任要落实到位。*我们加强党员干部队伍建设、强化党员干部教育管理，总的就是要坚定理想信念、加强道德养成、规范权力行使、培育优良作风，使各级干部自觉履行党章赋予的各项职责，严格按照党的原则和规矩办事。具体就是要以严的纪律约束干部，纪律面前绝不允许有特殊党员，执行纪律绝不允许有特殊空间，尤其要坚决打破说情风、关系网、利益链，严肃查处那些顶风违纪的党员干部，发挥党纪法规的震慑作用；要以严的标准要求干部，对照习总书记提出的“信念坚定、为民服务、勤政务实、敢于担当、清正廉洁”五条标准，统筹推进干部思想建设、能力建设和作风建设，选好干部用好人，努力打造一支高素质的党员干部队伍；要以严的制度管理干部，根据形势的发展变化，进一步完善干部管理各项规定，既重激励又重约束，把哪些能做、哪些不能做搞得清清楚楚、明明白白，使干部心有所畏、言有所戒、行有所止。

*三是作风建设的责任要落实到位。*就是要按照习总书记“在抓常、抓细、抓长上下功夫”的重要指示和要求，以锲而不舍、驰而不息的精神持久抓，以抓铁有痕、踏石留印的劲头深入抓，以咬定青山、久久为功的态度认真抓，积小成为大成、积小胜为大胜，彻底地走出“改回来又退回去”的怪圈。我们推进作风的持续改进，一方面要着眼从根本上解决问题，进一步形成更多管长远、

管全局的体制机制创新和规章制度建设成果，特别是如何规范和约束权力运行、如何构建服务管理体系、如何整合人财物资源、如何保障公平公正公开、如何提高管理效率和服务质量，这些都是我们今后制度建设的重点；另一方面要扎实开展专项治理工作，抓住那些显性的或隐性的作风问题坚持不懈地抓好整治，深入持久地解决好突出问题，一个节点一个节点扭住不放，一个问题一个问题加以解决，不搞“下不为例”式的宽容放纵，不搞“网开一面”式的法外开恩，对顶风违纪、敢碰“红线”的现象一查到底、从严处理；深入持久地维护好群众利益，坚持抓细抓早抓小，只要是有利于群众的事再小也要办，只要是危害群众利益的事再小也要除，尤其要高度警惕发生在群众身边的不正之风，真正做到让歪风邪气无处藏身；深入持久地保持好工作劲头，牢记“日日行，不怕千万里；常常做，不怕千万事”的道理，始终抱着对群众的那股亲劲、抓工作的那股韧劲、干事业的那股拼劲，确保作风建设力度不减、温度不降，以过硬作风和良好形象进一步赢得人民群众的信任和支持。

*四是党风廉政建设的责任要落实到位。*各级党委要深入贯彻习总书记系列重要讲话精神和王岐山同志有关讲话要求，全面落实省委十二届八次全委会议的安排部署，紧紧围绕构建和实施“3783”主体责任体系，紧密结合各自实际谋划新办法、探索新模式、积累新经验，坚决做到守土有责、守土负责、守土尽责。各级党员领导干部要始终彰显担当责任的勇气、率先垂范的正气、嫉恶如仇的锐气，拿出共产党员应有的胆识和魄力，面对大是大非敢于果断亮剑，面对矛盾压力敢于迎难而上，面对歪风邪气敢于坚决斗争，影响和带动一个地方、一个部门党风政风的不断好转。

继续打好成果拓展的整体战，就是要紧紧围绕党的中心工作来推进作风建设，注重把作风建设的成果体现到推动各项工作、造福人民群众的方方面面，以改革发展稳定的实际成效检验作风建设成果。

*一是要以好的作风促进经济转型发展。*准确把握我们面临的加快发展和转型升级双重任务，积极顺应我国经济发展的“新常态”，按照省委关于保持经济增长合理区间的部署和要求，统筹做好稳增长、扩总量和转方式、调结构的各项工作，哪一个方面都不可偏颇。当前要紧紧抓住国家建设“丝绸之路经济带”的重大机遇，大力实施“3341”项目建设工程，增强工作的主动性、积极性和创造性，加大机遇转化力度，加大项目落地力度。现在已经是第四季度，各项工作都到了冲刺阶段，各地各部门要对照全年目标任务，做好对接梳理工作，采取有针对性的措施加以推进，千方百计保持来之不易的发展势头。

*二是要以好的作风加快深化改革进程。*随着全面深化改革进入攻坚期和深水区，我们遇到的都是最难啃的硬骨头，这个时候尤其需要有直面问题、迎难而上的勇气，有锐意创新、开拓进取的精神，不断攻克改革中的壁垒、突破发展中的瓶颈。各级各方面都要进一步增强责任意识、担当意识，紧盯各自的“改革方案”和“工作台账”，着眼当前和长远，统筹全局和重点，区分轻重和缓急，一项一项地干、一件一件地抓，该破题的要尽快破题，该实施的要加快实施，该试点的要抓紧试点，蹄疾步稳地推进全面深化改革各项工作。

*三是要以好的作风提升民生工作水平。*人民群众的生产条件得不到改善、生活水平得不到提升，我们改作风、抓工作就没有了落脚点。各级党组织和广大党员干部要把人民群众对美好生活的向往作为始终秉持的价值追求，既敢于对形式主义、官僚主义做减法，又善于在服务群众、为民解忧方面做加法，全力兑现教育实践活动中作出的承诺，全力办好关系人民群众生产生活的实事，全力解决就业增收、社会保障、污染治理等群众关注的难题，尤其要进一步组织实施好“1236”扶贫攻坚行动和“双联”行动，以实实在在的作为维护群众利益、增进群众福祉。

*四是要以好的作风维护社会和谐稳定。*作为多民族多宗教省份和防范暴恐活动的前沿阵地，我们维护社会和谐稳定的任务十分繁重。当前既要高度重视防范处置面上的稳定风险，深入开展矛盾纠纷排查调处，最大限度减少不和谐不稳定因素；也要高度重视防范处置藏区的稳定风险，切实加强宣传教育、依法管理、寺管会建设等重点工作，多措并举保持藏区和谐稳定；更要高度重视防范处置涉疆的稳定风险，把服从国家大局、服务新疆稳定作为义不容辞的政治责任，进一步细化实化工作措施，全力以赴为全省社会和谐稳定、为国家稳定大局作出应有贡献。

同志们，党的群众路线教育实践活动即将收尾，但作风建设永远不会收场。让我们紧密团结在以习近平同志为总书记的党中央周围，一心一意谋发展、聚精会神抓党建，持之以恒地打好作风建设这场硬仗，奋力谱写全面建成小康社会、建设幸福美好新甘肃的新篇章！

省人大常委会工作报告

2015年1月30日在省第十二届人民代表大会第三次会议上
省人大常委会副主任　孙效东

各位代表：

我受省人大常委会委托，向大会报告工作，请予审议。

2014年的主要工作

过去一年，在省委的坚强领导下，常委会紧紧围绕全省改革发展稳定大局，坚持党的领导、人民当家做主和依法治国有机统一，履行宪法法律赋予的各项职责，贯彻省十二届人大二次会议的各项决议，为推动人民代表大会制度与时俱进和全省经济社会平稳健康发展做出了积极努力。

一、加强和改进立法工作，充分发挥地方立法的引领保障作用

常委会全年共制定、修改地方性法规8件，审议批准兰州市和民族自治地方的法规、自治条例、单行条例6件，完成了年度立法计划。

（一）围绕经济战略平台建设，加强经济领域立法。修订《甘肃省道路运输条例》，审议批准《甘肃省东乡族自治县农村公路条例》，为加强道路建设管理、保障道路运输安全、维护道路运输市场秩序、促进道路运输业健康发展起到了积极作用。同时，对《甘肃省无线电管理条例（草案）》进行了调研、论证和初审。

（二）围绕文化战略平台建设，加强文化领域立法。常委会发挥立法主导作用，组织起草《甘肃省非物质文化遗产条例（草案）》，并进行了一审。审议通过了《甘肃省风景名胜区条例》。文化领域的这些立法，对华夏文明传承创新区和丝绸之路经济带甘肃黄金段建设，将起到积极推动作用。

（三）围绕生态战略平台建设，加强生态领域立法。修订《甘肃省农村能源条例》，制定《甘肃省辐射污染防治条例》和《甘肃省河道管理条例》，批准《兰州市南北两山绿化管理条例》《甘肃省肃南裕固族自治县草原条例》。这些条例的制定与实施，为促进农村能源科学利用、有效防控辐射污染、加强河道管理维护、搞好国土绿化和草原生态建设，提供了重要法制保障。

（四）围绕改善和保障民生，加强民生领域立法。国家计划生育政策调整后，及时修正《甘肃省人口与计划生育条例》，对我省实施“单独两孩”政策作出法律规定。针对兰州城区集中供热存在的突出问题，顺应群众期盼，审查批准了《兰州市供热用热条例》。此外，还审查批准了《兰州市爱国卫生条例》《甘肃省临夏回族自治州教育条例》。

（五）围绕廉政和国防建设，加强预防职务犯罪和民兵预备役立法。从加强反腐败制度建设的现实需要出发，适时把修订《甘肃省预防职务犯罪工作条例》，由预备项目调整为当年立法项目并颁布实施。着眼推进国防后备力量建设，审议通过了《甘肃省民兵预备役工作条例》。

二、加强和改进监督工作，着力保障经济社会平稳健康发展

常委会把促进经济社会发展计划有效执行作为监督重点，听取审议“一府两院”专项工作报告19项，对6部法律法规的实施情况进行了检查，对138件规范性文件进行了备案审查。

（一）加强计划预算执行监督。适时听取审议2014年上半年发展计划及财政预算执行情况的报告、2013年全省及省级财政决算草案的报告、2013年全省政府非税收入收支管理情况报告。适应发展新常态，审查批准了2014年地方政府债券收支安排及省级财政预算调整方案、2014年部分主要经济社会发展指标调整议案。重视审计监督，先后听取并审议了2013年度省级预算执行及其他财政收支的审计工作报告、审计决定落实情况的专项报告。在专题调研的基础上，听取审议了省政府2011年以来全省罚没收入收支管理情况的报告。

（二）促进经济社会转型发展。听取和审议省政府关于全省新型城镇化试点的报告，有针对性地提出加快编制省域城镇体系规划、推进城镇特色风貌建设、重视中小城镇建设等意见。开展专利法和我省专利条例实施情况的检查，听取和审议常委会的执法检查报告和省政府关于全省科技创新工作的报告，提出了加强知识产权保护、健全创新激励机制、促进科技成果转化、深化科技体制改革等意见。

（三）推动民生建设不断进步。紧紧围绕就业这个民生之本，在听取和审议省政府关于全省就业工作报告的基

础上，专门召开联组会议，首次采取网络直播的形式，就全省就业问题开展专题询问，在社会上产生了良好反响。集中两个多月时间，对农产品质量安全法、甘肃省农产品质量安全条例和废旧农膜回收利用条例的实施情况进行检查，提出了加强监管体系建设、健全经费保障机制、加大监管和执法力度等意见。听取审议了全省地震重点监视防御区防震减灾工作情况的专项报告，围绕大气污染防治组织开展了陇原环保世纪行活动。

（四）保障司法行为规范公正。围绕加强依法治理和建设法治甘肃，在深入调研的基础上，听取并审议省法院、省检察院关于规范司法行为工作情况的报告和省法院关于全省法院民事执行工作情况的报告，提出了推进司法体制改革、加强队伍建设、提高办案质量等意见。

与此同时，高度重视人民来信来访工作，全年共受理来信1527件，接待来访987人次，并积极督促有关方面妥善解决了一批事关群众切身利益的问题。

三、加强和改进调研工作，努力服务全省改革发展稳定大局

常委会组成调研组，由领导带队，组织开展了多项专题调研。调研报告经常委会审议后上报省委，并转送省政府研究办理。

（一）着眼推进全面小康社会建设，专题对农村经营体制改革情况开展调研。采取上下联动、点面结合的方式，集中对农村土地承包经营、土地流转、新型经营主体培育发展、经营体制机制创新和产业结构调整等问题，进行深入调查研究，并形成专题报告，提出工作建议。同时，还就城镇空间布局、农业转移人口市民化和农民收入问题进行调研，有针对性地提出了大力发展现代农业、积极培育发展特色优势产业、进一步落实惠农政策、强化农民技能培训和劳务输转等对策建议。

（二）着眼推进生态屏障建设，专题对陇东黄土高原生态安全屏障保护建设情况开展调研。常委会组织力量，专题对陇东黄土高原生态安全屏障保护建设，以及平庆煤电化工和石油化工基地建设情况进行调研，针对陇东地区生态环境存在的突出问题，提出了加强流域综合治理、扶持重点生态工程项目、加大油区矿山环境恢复治理力度、加快陇东电力外输通道建设、制定出台资源开发生态补偿费征收管理办法等方面的意见建议。

（三）着眼推动现代服务业发展，专题对生产性服务业发展情况开展调研。围绕加快发展方式转变、推动产业结构转型升级，先后深入兰州、白银、天水、酒泉、嘉峪关等地和省直有关部门，专题对生产性服务业发展情况进行调研，提出了加快发展现代物流、金融保险、电子商务、信息中介等生产性服务业的意见建议。

四、加强和改进代表工作，积极创造代表依法履职环境条件

常委会高度重视代表工作，积极探索做好代表工作的有效方式和途径，代表工作取得新进展。

（一）深入开展双联“人大代表在行动”活动。紧紧围绕省委“联村联户、为民富民”行动这一中心任务，继续推进双联“人大代表在行动”活动，及时召开全省双联“人大代表在行动”暨代表履职工作推进会，总结典型经验，表彰先进模范，安排部署工作。全省各级人大精心组织，狠抓落实，着力构建长效机制，持续推进活动深入开展，代表参与率由2013年的76.6%提高到85%，活动成效明显提升。

（二）积极推进“人大代表之家”创建工作。在试点的基础上，狠抓“人大代表之家”创建工作。通过各级人大上下协作、互联共建，全省已建成“人大代表之家”1900多个，为代表深入学习交流、广泛联系选民、更好履职尽责创造了条件。同时，通过积极协调，在各级政府的支持下，适当调高了人大代表活动经费的保障标准。

（三）着力提升代表履职能力。采取走出去与请进来、边学习与边实践相结合的方式，重点围绕学习贯彻党的十八届三中、四中全会精神，围绕熟悉宪法法律及人民代表大会制度的相关知识，先后举办代表学习培训班3期，培训代表300多人次。特别是针对湖南衡阳贿选案，制定出台加强省人大代表选举工作意见，组织代表开展学习讨论，进一步增强了代表的政治意识、大局意识和法纪观念。邀请代表列席常委会会议、参加省人大组织的各种调研视察、执法检查活动。常委会还召开全省人大代表工作座谈会，就进一步做好代表工作进行总结交流和安排部署。

（四）不断提高代表建议办理质量。针对代表建议办理存在的问题，修订完善办理工作制度，组织代表视察重点办理工作事项，办理效率与办理质量明显提高。首次专题听取审议部分承办单位办理情况的报告，并进行满意度测评。截至7月底，省十二届人大二次会议期间代表提出的691件建议全部办理完毕。其中，所提问题得到解决或正在解决的589件，占80.3%；常委会领导和各专门委员会重点督办的14件代表建议已全部落实。常委会还组织协调在甘全国人大代表，积极向全国人代会提出议案和建议138件。其中，将甘肃列为国家中医药产业发展综合试验区和在兰州新区布局建设国家级现代石油化工产业基地两项建议，被列为全国人大常委会重点督办建议。对我省全国人大代表闭会期间提出的制止在祁连山自然保护区采矿探矿的建议，配合全国人大进行了专项督办。

五、加强和改进自身建设，不断提升履职能力水平

常委会注重理论学习，坚持改革创新，健全完善制度，狠抓作风转变，自身建设不断得到加强。

（一）适应发展新常态，强化理论学习和业务培训。着眼建设学习型、服务型、创新型和效能型机关，严格落实学习制度，不断丰富学习内容，积极创新学习方式，着力增强学习实效。全年举办各类辅导讲座、专题报告和集中学习30多次，常委会组成人员依法履职能力进一步增强，机关干部的服务保障水平

不断提高。

（二）坚持改革创新，努力推进人大工作与时俱进。按照省委全面深化改革的总体部署要求，研究制定实施方案，对民主法制领域涉及人大工作的改革事项进行深入调研，结合实际提出具体的改革意见和措施，全面完成各项年度改革任务。同时，对如何做好新形势下的人大工作，从理论与实践密切结合的基础上，提出了一些具体意见和建议。

（三）弘扬宪法精神，广泛开展国家宪法日等宣传活动。在首个国家宪法日，专门召开座谈会，省委书记、省人大常委会主任王三运作重要讲话，就学习贯彻党的十八届四中全会和习近平总书记重要批示精神，着力增强宪法意识、弘扬宪法精神、维护宪法权威、监督宪法实施提出明确要求。在人民代表大会成立60周年之际，举行庆祝大会，举办人大发展历程展和知识竞赛、有奖征文、专题讲座等系列活动，对宪法和人民代表大会制度进行了广泛深入宣传。

（四）积极探索实践，着力加强基层人大建设。在泾川县和兰州城关区开展加强乡镇、街道人大工作试点的基础上，召开全省乡镇（街道）人大工作座谈会，制定印发指导规范乡镇（街道）人大工作的系列制度文件，有力地推动了我省乡镇（街道）人大建设。同时，组织全省86个县（市、区）人大常委会主任参加全国人大集中培训，举办全省市州人大常委会秘书长培训班。各专门委员会也采取不同形式，加强业务工作的深入研讨与交流。

（五）狠抓整改落实，切实加强机关作风建设。常委会狠抓党的群众路线教育实践活动后续整改工作，不断巩固拓展教育实践活动成果。按照省委“3783”党风廉政建设主体责任体系要求，制定具体实施意见，认真抓紧工作落实。常委会机关继续深入开展联村联户行动、效能风暴行动、不作为慢作为专项整治和“素质提升年”、省级文明单位创建活动，干部队伍作风大为改进，服务保障水平明显提升。

此外，常委会认真履行重大事项决定权和人事任免权，全年共作出决定决议16件，任免国家机关工作人员132人次。

各位代表，一年来，省人大常委会各方面工作都取得了新的进展和成绩，这是省委正确领导的结果，是全体代表和常委会组成人员共同努力的结果，也是省政府、省政协、法检两院、全省各级人大和社会各界大力支持的结果。在此，我代表省人大常委会表示衷心的感谢！

各位代表，在总结回顾工作的同时，我们也清醒地认识到，常委会工作还存在一些不足和差距，主要是：围绕全省改革发展大局，在主动作为、充分发挥作用上还需要进一步加强；地方立法的主导作用发挥不够，立法质量有待进一步提高；宪法法律赋予的监督手段运用不够，监督实效有待进一步增强；服务保障代表的工作还不够到位，依法履职能力有待进一步提升。对这些问题，我们将在今后工作中努力加以解决。

2015年的主要任务

今年是全面深化改革的关键之年，是全面推进依法治国的开局之年，也是全面完成“十二五”规划的收官之年，改革发展的任务重大而艰巨。省人大常委会工作的指导思想是：全面贯彻党的十八大和十八届三中、四中全会精神，高举中国特色社会主义伟大旗帜，以邓小平理论、“三个代表”重要思想、科学发展观为指导，深入学习贯彻习近平总书记系列重要讲话精神，认真落实省委十二届九次全委会议精神，切实履行宪法和法律赋予的职权，以对人民高度负责的态度，主动适应新常态，全面推进深化改革和依法治省，进一步坚定信心、锐意进取、开拓创新、扎实工作，为建设幸福美好新甘肃、努力与全国一道全面建成小康社会而奋斗。

一、全面深化改革，力求与时俱进

坚持党的领导、人民当家做主和依法治国有机统一，自觉把中央和省委的决策部署贯彻到人大工作的全过程、落实到依法履职的各方面，确保在思想上、政治上、行动上与中央和省委保持高度一致。认真贯彻落实中央全面深化改革和全面推进依法治国的决定及省委的两个实施意见，努力完成民主法制领域涉及人大的年度改革任务，制定出台省人大常委会贯彻落实省委依法治省意见的实施办法。认真做好省委人大工作会议筹备，推动全省各级人大工作当中一系列具体问题的有效解决。

二、改进立法机制，提高立法质量

坚持党委对地方立法工作的领导，在充分征求意见的基础上，适时调整本届常委会后三年的立法规划，合理确定立法项目。制定出台常委会立法规划年度计划编制办法、地方性法规草案起草的若干规定。健全完善公众参与立法，立法项目论证、评估、协商等制度。按照改革于法有据的要求，做好地方性法规的“立改废释”。进一步完善地方立法体制机制，充分发挥人大主导作用，突出创制性立法，推进科学立法、民主立法。今年拟制定、修订农村饮用水管理、社会救助和敦煌历史文化名城保护等12件法规，做好祁连山国家级自然保护区管理等6件法规预备项目的准备。及时审批兰州市和民族自治地方的法规、条例，适时开展赋予设区市立法权的工作，配套进行市州人大立法工作培训。

三、加大监督力度，增强监督实效

围绕“3341”项目建设工程、“1236”扶贫攻坚行动、丝绸之路经济带甘肃黄金段建设和就业、教育、医疗、社保等重点民生问题，不断创新监督方式，加大监督力度，增强监督实效。听取和审议省政府关于计划预算执行、国企改革、国有资产监管、农村金融创新、行政执法、法律援助和公安机关执法规范化建设等情况的专项报告，听取和审议省法院、省检察院关于推进司法公开等工作情况的专项报告，对其中社会关注的热点问题开展专题询问。进一步加强和改进执法检查，对森林法、水污染防治法和清真食品条例等法律法规的实施情况进行重点检查。围绕“十三五”规划编制和重大项目建设，深入开展专题调研。进一步加强和改进规范性文件备案审查工作。

四、创新思路举措，服务代表履职

认真落实有关代表工作的法律法规和政策规定，为代表履行职权搞好服务保障。继续深化双联“人大代表在行动”活动，更加充分地发挥代表在扶贫攻坚中的积极作用。进一步建好“人大代表之家”，为代表学习与工作全方位提供服务保障。健全完善代表参与常委会工作的长效机制，组织人大代表积极参与立法、检查、调研、视察等活动。进一步完善制度机制，提高代表建议办理质量。强化代表培训工作，不断增强培训的针对性和实效性。

五、加强学习提高，搞好自身建设

着眼新形势新要求，主动适应新常态，始终把思想政治建设放在首位，深入学习贯彻习近平总书记系列重要讲话精神，认真学习和模范遵守宪法法律，坚定道路自信、理论自信、制度自信，增强依法履行职权的自觉性。进一步加强常委会领导班子和机关干部队伍建设，健全完善常委会议事制度和工作制度，着力推进常委会工作科学化、规范化、制度化。践行“三严三实”要求，严守政治纪律、政治规矩。继续在全机关扎实开展“双联”行动、效能风暴行动和“素质提升年”活动。加强与市州、县区人大的工作联系，努力形成合力推动工作。

各位代表，我们在新的一年里，面对新形势、新任务，务必要有新状态、新作为。让我们紧密团结在以习近平同志为总书记的党中央周围，在省委的坚强领导下，进一步凝心聚力，提振信心，扎实工作，锐意进取，努力为建设幸福美好新甘肃、与全国一道全面建成小康社会做出积极贡献！

政府工作报告

2015 年 1 月 28 日在省第十二届人民代表大会第三次会议上

省长　刘伟平

各位代表：

现在，我代表省人民政府，向大会报告政府工作，请予审议，并请省政协各位委员提出意见。

2014年工作回顾

过去的一年，面对严峻复杂的国内外经济形势和艰巨繁重的改革发展稳定任务，在党中央国务院的亲切关怀下，在省委的坚强领导下，我们深入贯彻党的十八大和十八届二中、三中、四中全会精神，认真落实省十二届人大二次会议确定的经济社会发展任务，牢牢把握稳中求进工作总基调和“三期叠加”的阶段性特征，一手抓“3341”项目工程建设，一手抓“1236”扶贫攻坚行动，统筹推进稳增长、促改革、调结构、惠民生、防风险各项工作，完成了省人大常委会批准调整后的各项预期目标。全省实现生产总值6835.27亿元，增长8.9%；固定资产投资7759.6亿元，增长21.1%；社会消费品零售总额2410.4亿元，增长12.6%；进出口总额86.5亿美元；一般公共预算收入672亿元，增长13.6%；城镇居民人均可支配收入20804元，增长9.7%；农民人均纯收入5736元，增长12.3%；城镇登记失业率2.19%；人口自然增长率6.2‰；居民消费价格总水平涨幅2.1%；单位生产总值能耗和主要污染物排放完成国家下达的控制指标。特别是结构调整取得了重大突破，三次产业结构调整到13.2∶42.8∶44，第三产业比重10年来首次超过第二产业；财政收入和城乡居民收入增幅均超过经济增长增幅，呈现出速度、质量、效益良性发展的好局面。

一年来，我们主要做了以下工作：

一、扎实推进改革开放，发展动力进一步增强

2014年是全面深化改革的元年。我们按照省委的统一部署，认真谋划和落实各项改革举措，进一步激发市场活力和发展动力。

简政放权力度加大。把转变政府职能和简政放权作为“先手棋”，整合组建省卫生计生委、省新闻出版广电局，省政府组成部门和直属机构各减少1个，指导市县完成政府机构改革任务。对省发展改革委、省交通运输厅、省农牧厅、省商务厅4部门“三定”方案作了调整优化。省级政府部门取消、调整和下放行政审批事项185项，对保留的事项减要件、减程序、减环节、压缩审批时限，平均办结时限缩短三分之一左右。发挥市场配置资源的决定性作用，完善省市两级公共资源交易体制机制，增强了招投标领域的透明度。推进工商登记制度改革，全省新增市场主体19.27万户，总量达到111.2万户，其中新增私营企业4.41万户，新增户数比上年增长90%。

国资国企改革稳步推进。按照以管资本为主加强国有资产监管的要求，制定国资国企改革意见和21项配套制度，以国资改革带动国企改革。按功能定位

推进分类监管。选择5户省属企业分别在推进政企分开、理顺管理体制、健全现代企业制度、完善法人治理结构、规范发展混合所有制经济等方面进行改革试点，探索实践可复制可推广的成功经验。其余30户省属企业已制定“一企一策”改革实施方案。省直部门管理企业改制脱钩工作有序推进。

非公有制经济加快发展。出台30项支持非公有制经济跨越发展的政策措施，落实中小微企业税收减免政策，省级推出首批100个引入非公资本投资的混合所有制经济项目，组织开展民企陇上行活动，非公有制经济增加值占生产总值比重达到41%。

财税金融改革深入实施。全面公开财政预决算、部门预决算和“三公”经费预决算，全省“三公”经费支出下降30%。支持经济社会事业发展的省级财政专项由500项整合压减到227项。落实“营改增”试点政策，减轻市场主体税负10.3亿元，减负面达到98%。启动煤炭资源税从价计征改革。制定普惠金融发展规划，实现金融服务乡镇全覆盖，行政村覆盖率达到16.83%。全年实现直接融资603.32亿元。

城乡一体化改革步伐加快。在15个县和30个建制镇开展省级新型城镇化试点。出台户籍制度改革实施意见，合理确定了大中小城市及建制镇落户条件。48个乡撤乡改镇。全面实施城乡统一的居民养老保险制度，在1市4县区开展医疗保险城乡统筹试点。全面启动城乡居民大病保险工作。出台政策措施，保障进城务工人员随迁子女平等接受义务教育。农业转移人口落户城镇13万人，全省城镇化率达到41.4%，比上年提高1.3个百分点。

农村改革继续深化。扎实开展土地经营权确权登记试点、土地承包经营权入股试点等各项农村改革，3个整县推进、28个整乡推进、55个整村推进试点任务全面完成。农村宅基地和集体建设用地使用权确权登记发证工作有序推进，农村宅基地使用权权属调查375万宗、调查率77.8%，集体建设用地调查6.12万宗、调查率75.28%。积极推进农村土地流转，新增土地流转面积238万亩，新增集体林权流转面积71.46万亩。启动4个县草地农业发展试点工作，在农牧互补、草畜良性互动和农业结构调整方面取得初步成效。培育新型农业经营主体，家庭农场发展到3627个，农民合作社发展到4.3万个。庆阳国有林场改革试点任务基本完成。

科技体制机制不断创新。兰白科技创新改革试验区获科技部批准，兰州新区科技创新城建设有序推进。出台科技成果奖励、科技成果登记管理、专利权质押融资等政策措施，新组建20家省级工程技术研究中心、7个省级农业科技园区。全年取得有效发明专利3252件，技术合同交易额达到115亿元。

社会事业领域改革统筹推进。促进教育公平，义务教育就近入学、职业院校分类招考、高校考试招生等改革稳步推进。省广电网络股份有限公司、甘肃新华书店飞天传媒股份公司完成股份制改造。在41个试点县深入推进公立医院综合改革，国家中医药综合改革试点示范省建设稳步推进，有效缓解了人民群众就医难就医贵的问题。顺利实施“单独两孩”政策。完善社会救助办法，在5个县区开展“救急难”试点，全省投入临时救助资金2.12亿元，惠及29.9万人次。

对外开放成效明显。出台丝绸之路经济带甘肃段建设总体方案，兰州新区综合保税区获批建设，武威保税物流中心封关运营，开通兰州至迪拜、第比利斯、新加坡3条国际航班和中欧货运班列“天马号”（武威至阿拉木图）。“丝绸之路（敦煌）国际文化博览会”列入国家“一带一路”建设战略规划，成功举办“亚洲合作对话丝绸之路务实合作论坛”、“中国—中亚合作对话会”、第二十届“兰洽会”、第四届敦煌行·丝绸之路国际旅游节、第三届中国·嘉峪关国际短片电影展、国际文化博览会等节会，累计有30多个国家、地区和国际组织参加，与意大利、伊朗、吉尔吉斯斯坦等国家的4个州及城市建立了友好关系，扩大了甘肃影响，形成了合作共识。举办环青海湖国际公路自行车甘肃段比赛、兰州国际马拉松赛等活动。全年与丝绸之路沿线国家达成经贸合作项目合同及协议83个，贸易额占全省进出口总额的比重由2013年的18%提高到23%。

二、沉着应对困难和挑战，经济保持平稳增长

认真落实国家稳增长一系列政策举措，积极应对下行压力，经济发展取得积极成效。

力促经济平稳运行。围绕农业增效、农民增收，积极推进种养业结构调整，加快发展特色农业和草食畜牧业，粮食生产实现“十一连丰”，总产量达到1158.7万吨，畜牧业增加值增长4.9%，农产品加工转化率提高1个百分点，农民人均纯收入比上年净增628元。加强工业运行调度，帮助企业解决煤电运等困难，落实小微企业税费减免政策，加大对规模以下转规模以上企业的扶持力度，促进工业止滑扭亏稳增，规模以上工业增加值增长8.4%。充分挖掘第三产业增长潜力，大力发展文化旅游业，支持电子商务等新兴业态发展，第三产业增加值增长9.5%，在生产总值中的比重提高2.2个百分点。

加快重大项目建设。坚持抓投资保增长，争取中央各类投资360.9亿元，增长9.53%；招商引资到位资金5835亿元，增长30%。开工建设高速公路592公里，建成300千米，实现所有市州和48个县市高速联通；开工建设二级公路1100千米，建成705千米。铁路建设取得突破性进展，投资规模和在建里程连续两年位居全国第一，全年续建和新开工铁路项目12个，在建铁路总里程2418千米，新增铁路运营里程798千米，兰新高铁开通运营。中川机场二期航站楼工程已建成，陇南成州机场可研获批。石羊河流域重点治理提前实现规划目标。实施重点水利工程项目33项，引洮供水一期建成通水试运行，引洮入潭、靖远双永供水主体工程基本建成。兰州城市轨道交通1号线一期工程全线开工建设。

推动重点区域发展。兰州新区全年实施产业项目112个、基础设施及其他项目155个，固定资产投资达到435亿元，增长44.4%。酒泉风电基地二期300万千瓦项目基本建成。陇东能源基地开发规划获批，全省煤炭生产能力达到6700万吨，电力装机容量达到4191万千瓦。加快建设关天经济区天水装备制造和电子信息产业基地，推动酒泉、嘉峪关融合发展，促进金昌、武威经济一体化。35个国家和省级开发区聚集功能显著增强，完成生产总值1350亿元，占全省比重达到19.75%。深入推进“两个共同”示范区建设，民族地区经济社会持续健康发展。

三、突出战略性新兴产业培育，结构调整取得新成效

把结构调整作为转型科学发展的着力重点，大力促进经济提质增效升级。

战略性新兴产业发展势头良好。实施战略性新兴产业总体攻坚战，在新材料、新能源、生物产业、信息技术、先进装备制造、节能环保、新型煤化工、现代服务业八个领域公开遴选首批重点扶持的16户骨干企业，采取聚焦政策、整合部门扶持资金、运用市场化股权投资、引导社会资金投入等综合性措施，扶持骨干企业加快发展。战略性新兴产业增加值增速达到17.2%，高于规模以上工业增加值增速8.8个百分点，占生产总值比重由2013年的7.2%提高到10%左右。兰石重装成功上市。光电、风电产业有了突破性进展，并网装机容量分别达到500万千瓦、1000万千瓦，分别居全国第一、第二位。

传统产业改造升级持续推进。坚持以发展循环经济为抓手，以市场需求为导向，以调整产品结构为重点，深入实施“六个一百”企业技术创新培育工程，累计建成11条循环经济产业链，新培育循环经济示范企业24户。推进传统支柱产业延伸产业链，电解铝液直接加工转化率达60%以上，铜加工转化率达50%以上。积极化解过剩产能，全部关闭76处年产3万吨以下小煤矿，淘汰铁合金2.36万吨、电石10万吨、水泥80万吨、平板玻璃60万重量箱，全面完成国家下达的年度淘汰落后产能任务。

现代服务业健康发展。推进文化旅游深度融合，文化产业增加值增长25.65%，旅游综合收入增长26%。支持金融服务业创新发展，地方金融业加快发展，民生银行兰州分行挂牌营业，全省金融机构存贷比达到79.35%、提高6.26个百分点，全年新增贷款2231亿元，各项贷款余额1.1万亿元、增长25.54%，增幅位居全国第二位。省政府出台一系列政策措施，大力促进节能环保、电子商务、科技服务、保险服务、健康服务、养老服务等产业发展，进一步满足多样化的消费需求。建成淘宝“特色中国—甘肃馆”和线下实体馆，与阿里巴巴集团签署战略合作框架协议，电子商务市场交易额增长40%。发挥我省通道优势，积极打造兰州国际港务区等现代物流产业园区，推动物流业快速健康发展。加快8个大型商品交易市场建设，启动5个国家级公益性农产品市场试点。

四、大力推进扶贫攻坚，贫困地区面貌有了新变化

以集中连片特困地区58个贫困县为主战场，以“六大突破”为重点，加大扶贫攻坚力度，全省减少贫困人口140万人。在基础设施建设上，建成通建制村沥青（水泥）路1万公里，建制村通畅率达到70%，提高12个百分点；解决180万贫困人口安全饮水问题，贫困地区自来水入户率达到75%；贫困村动力电覆盖率达到80%；改造农村危房20万户。在富民产业培育上，加快发展牛羊养殖、马铃薯、中药材、林果、高原夏菜等特色产业，完成800个贫困村整村推进项目，扶贫对象人均纯收入增幅高于全省农民人均纯收入平均水平。在易地扶贫搬迁上，投入资金60.6亿元，实施易地搬迁4.68万户23.34万人。在公共服务体系建设上，新建改扩建乡镇幼儿园316所，消除中小学D级危房151万平方米，面向集中连片特困地区58个贫困县定向招录本专科学生8057名。实施贫困村卫生室建设项目1463个，通过民生实事项目招录1500名医学类大学毕业生到贫困乡镇卫生院工作。全省建成6625个行政村“乡村舞台”，覆盖率达到41.39%。在财政金融支持上，投入财政扶贫资金58.32亿元，增长41.5%。新建贫困村金融服务网点401个，贫困村互助资金协会发展到3944个，面向贫困地区的小额贷款产品达到20多种，以贫困户为主要对象的“双联”贷款、妇女小额担保贷款、扶贫贴息贷款等金融产品达到10种以上，贫困地区贷款余额增长25.05%。全年累计发放支农再贷款223.48亿元，办理再贴现113亿元，全年支农再贷款限额居全国第三位。在能力素质提升上，开展劳动力技能培训43.4万人，其中32.8万人获得职业资格证书，实施“两后生”学历培训教育22万人，贫困群众创业就业能力不断提高。

五、强化保障和改善民生工作，全面推进社会事业发展

尽心竭力保障和改善民生，省级财政下达339亿元资金，年初确定的10项23件为民实事全面完成。加强就业创业工作，应届高校毕业生就业率达到89.5%。新增城镇就业43.5万人。输转城乡劳动力538.6万人，创劳务收入815.6亿元。提升社会保障水平，城乡低保标准提高15%，农村五保户供养省级补助标准提高25.5%，企业离退休人员基本养老金提高10%，新农合和城镇居民医保政府补助标准由年人均280元提高到320元，城乡居民基本养老保险基础养老金由月人均60元提高到65元。首次为全省10万名特困残疾人发放生活补贴。新增养老床位1.36万张。新开工保障性住房和棚户区改造住房18.89万套，基本建成13.49万套，发放公共租赁住房补贴2.34亿元。加快推进灾后恢复重建，岷县漳县地震灾区城乡居民住房和公共服务设施恢复重建完成目标任务，岷县5·10雹洪灾后重建任务总体完成。强化污染综合防治，8个市州政府所在地空气质量达到国家二级标准，兰州市按新标准优良天数达到250天，同比增加57天。建成67个重点流域水

污染防治项目，城市集中式饮用水源地水质保持稳定。强化固体废物污染防治，列入国家规划的重金属污染重点治理项目有26项建成运营。加快社会事业发展，11个县实现全国义务教育发展基本均衡县目标，农村义务教育学生营养改善计划惠及201万名学生。19.93万名家庭经济困难学生享受生源地信用助学贷款。新增22个硕士专业学位点、5个博士后科研流动站。丝绸之路联合申遗成功，麦积山石窟等5处遗产点列入《世界遗产名录》。金昌国家公共文化服务体系示范区通过国家验收。有69个华夏文明传承创新区项目列入国家文化产业重点项目。创新“双拥”工作机制，军地援建“双十工程”取得新成效。成功举办第十三届全省运动会、第八届全省少数民族传统体育运动会、第九届全省残疾人运动会暨第三届特奥会。制定实施食品安全监管责任问责、食品安全追溯管理和农产品质量安全追溯管理办法，强化全过程风险管控，食品药品监管进一步加强。质量监督工作进入全国先进行列。严格落实安全生产责任制，生产安全事故死亡人数下降2.3%，直接经济损失下降27%。加强灾害预警和应急调查，主要灾害易发区域灾害监测预警全覆盖，防灾减灾能力明显增强。完善立体化社会治安防控体系，深入开展校园安全、街面防控、道路畅通、服务提升、警务公开等服务民生专项行动，平安甘肃建设全面推进。强化基层运转保障，乡镇公用经费省财政补助由23万元提高到50万元，村公用经费省财政补助由0.8万元提高到1.5万元。

六、牢牢扭住整改任务的落实，深入推进作风建设

巩固和拓展党的群众路线教育实践活动成果，认真落实中央八项规定和省委“双十条”规定，建立责任制抓省政府整改方案的落实，坚持力度不减、措施不松。开展窗口服务、政策落实、行政执法等领域专项治理，着力整治不作为、慢作为、乱作为问题。加强督促检查，推动重大部署和重点任务落实，解决了一批事关群众生产生活的实际问题。整治惠农资金和城乡低保发放中的不正之风成效明显。加强法治政府建设，修订省政府工作规则，完善财政资金、政府投资、政府采购、公共资源交易等管理制度，健全办公用房、因公出国、公务接待等管理办法。自觉接受人大及其常委会的法律监督、政协的民主监督及社会监督、舆论监督，659件人大代表建议、767件政协委员提案全部办结。积极推进政务公开，现行320项行政审批项目已全部进驻省政府政务大厅，实行集中统一公开办理。提请省人大常委会审议地方性法规8部，制定政府规章6部。建立省政府法律专家咨询委员会。加强审计监督，政府系统纠正违规资金159.66亿元；强化行政监察，给予党纪政纪处分3612人，移送司法机关104人。

各位代表，过去的一年，在外部经济环境错综复杂、内部经济结构性矛盾更加凸显、下行压力持续加大的情况下，取得这样的成效实属不易。这是党中央、国务院亲切关怀的结果，是省委坚强领导的结果，是省人大、省政协有效监督和大力支持的结果，是全省各族人民拼搏奋斗的结果。在此，我代表省人民政府，向全省各族人民，向各民主党派、工商联、人民团体和社会各界人士，向驻甘人民解放军、武警官兵和中央驻甘单位致以崇高的敬意！向所有关心支持甘肃发展的中央各部委、兄弟省区市、港澳台同胞、海外侨胞和国际友人表示衷心的感谢！

在肯定成绩的同时，我们清醒地认识到，我省经济社会发展仍面临一些突出困难和问题。主要是：经济下行压力持续加大，经济增长动力转换困难增多，投资增长势头减弱，消费拉动乏力，外需支撑不足；原材料工业占比较大，市场需求不足，企业生产经营困难增多；战略性新兴产业比重低，服务业发展水平不高，非公有制经济规模小，中小微企业融资难、融资贵的问题还没有得到有效解决，推动企业成为真正创新主体的成效还不大，多层次的资本市场不健全，经济增长的内生动力不足；城乡基础设施薄弱，铁路和高速公路密度小，通村公路尚未实现全覆盖，发展的瓶颈制约仍然突出；资源综合利用率低，环境保护压力大，生态建设任务重，可持续发展能力不强；城镇化发展质量不高，城乡居民收入水平低，扶贫攻坚难度加大，扩大消费的任务艰巨；优质教育、医疗资源不足，养老、文化、体育等公共服务业发展滞后，不能满足人民群众需求；转变政府职能、推进依法行政、提升服务能力还有大量工作要做。对这些问题，我们一定高度重视，切实增强紧迫感和责任感，采取得力措施加以解决。

2015年主要任务

今年是全面深化改革的关键之年，是全面推进依法治国的开局之年，也是全面完成“十二五”规划的收官之年，做好经济社会发展工作意义重大。政府工作的总体要求是：深入贯彻落实党的十八大和十八届三中、四中全会以及中央经济工作会议精神，以邓小平理论、“三个代表”重要思想、科学发展观为指导，深入学习贯彻习近平总书记系列重要讲话精神，认真落实习近平总书记视察甘肃重要指示，围绕省第十二次党代会部署，坚持稳中求进工作总基调，坚持以提高经济发展质量和效益为中心，主动适应经济发展新常态，保持经济运行在合理区间，把转方式调结构放在更加重要位置，着力推进改革攻坚，着力强化创新驱动，着力加强风险防控，着力抓好扶贫开发，着力保障改善民生，着力推进依法行政，促进经济平稳健康发展和社会和谐稳定，奋力加快全面建成小康社会进程。

经济社会发展主要预期目标：生产总值增长8%左右，固定资产投资增长20%左右，社会消费品零售总额增长12%左右，进出口总额增长7%左右，一般公共预算收入增长10%左右，城镇居民人均可支配收入增长9%左右，农民人均纯收入增长11%左右，城镇登记失业率控制在4%以内，人口自然增长率控制在7.3‰以内，居民消费价格总水平涨幅控制在3%以内，单位生产总值能

耗和主要污染物排放完成“十二五”控制指标。

上述预期目标体现了新常态的趋势性、稳增长的必要性、调结构的紧迫性。我们将正视和积极应对新常态下面临的新情况新变化，坚持改革创新，抢抓发展机遇，用足用好国家支持政策，坚定信心，主动作为，狠抓落实，全面完成今年的主要预期目标，并力争在实际工作中比预期目标完成的更好些，为努力同全国一道全面建成小康社会奠定坚实基础。

重点抓好十个方面的工作：

一、坚定不移深化重点领域改革

按照省委部署，围绕使市场在资源配置中起决定性作用和更好发挥政府作用，坚持问题导向，加快推进全面深化改革部署落实。

加快转变政府职能。省政府将进一步简政放权，深化行政审批制度改革，再取消、调整和下放一批行政审批项目，同时加强事中事后监管。指导市县政府做好“接、放、管”工作。推进省政府部门行政权力清单和责任清单、省级财政专项资金管理清单、政务服务网“三张清单一张网”建设，提高服务群众、服务企业、服务社会的能力。扩大政府购买服务试点范围，创新公共服务提供方式，依托社会力量更好地为群众提供优质高效的公共服务。加快推进事业单位分类改革，探索推进检验检测认证机构整合和改革。按照机构编制和财政供养人员“两个只减不增”的要求，坚持总量控制、余缺调剂，严控机构编制。加快推进全省公共资源交易法治化、智能化、标准化建设，营造规则统一、公开透明、服务高效、监督规范的公共资源交易市场环境。

深化国资国企改革。认真落实省委省政府《关于进一步深化国资国企改革促进企业发展的意见》，省属国有企业全部完成公司制改革。扎实推进酒钢等5户企业改革试点。有序推进“一企一策”改革，进一步完善现代企业制度。启动国有企业外部董事占多数的规范董事会建设。完成国有企业负责人薪酬制度改革。有序推进省直部门与管理企业改制脱钩。鼓励民营资本参与国企改革，发展混合所有制经济。更好发挥企业家作用。完善省属企业国有资本收益收缴管理办法，适当提高资本收益上缴公共财政比例。加强国有企业对外投资监管。

深化财税金融体制改革。落实深化预算管理制度改革的实施意见，使预算更加科学、更加透明。建立地方政府债务管理及风险预警机制，省市县三级政府性债务全部纳入预算管理。进一步缩减省级财政专项类别，盘活存量资金，大幅整合部门管理的专项资金，全面实施“三公开”制度，落实权责发生制政府综合财务报告制度改革方案，从制度上规范资金管理和运行，提高资金使用效率。继续落实“营改增”各项政策，进一步减轻中小微企业税负。创新竞争性领域财政资金投入方式，设立财政参股的技术创新驱动基金、战略性新兴产业创业投资引导基金、贷款融资担保基金，吸引社会资本投资科技创新、产业结构调整优化等重点领域。加快地方金融体系建设，设立民营银行和地方法人保险公司，推进农村信用社改革，加快发展村镇银行和扶贫资金互助社。加快建设多层次资本市场，加强企业上市培育工作，积极推进各类中小企业集合发债，大力引进和发展各类投资基金，破解中小企业融资难、融资贵问题。强化地方金融机构监管，防范区域性金融风险。清理整治投资类公司和非融资担保公司非法集资行为，维护群众合法权益。巩固完善金融人才引进机制。

推进城乡发展一体化改革。在新型城镇化试点县镇推进户籍、土地、财政、商贸、社保、教育、卫生等方面的配套改革，研究建立财政转移支付、城镇建设用地增加与农业转移人口市民化挂钩机制，有序引导农业转移人口市民化。全面开展农村土地确权登记颁证，积极稳妥推进土地流转，基本完成宅基地和集体建设用地确权登记发证，组织实施集体经营性建设用地入市改革试点。深化农垦和供销社改革，促进农工商融合发展，增强服务农业和农村发展的能力。

深化社会事业领域改革。加快教育领域综合改革，继续推进考试招生制度改革，完善鼓励社会力量办学制度，加快覆盖城乡的学前教育建设，深化职业教育集团化办学体制改革，抓好职业教育助推城镇化改革试验区建设。围绕提升服务地方经济社会发展能力，进一步调整和优化高校、职业学校的专业结构和布局结构。进一步推进城乡居民健康素养提升工程。全面推行县级公立医院综合改革，探索建立医保支付、多点执业、分级诊疗、双向转诊机制，引导优质医疗资源有序下沉，加强乡镇、社区医生的业务培训，更好地方便群众就医。全面推进和完善城乡居民大病保险制度，使大病患者能得到及时救治。深化文化体制改革，建立健全国有文化企业监管体制机制。

创新社会治理体制机制。以法治理念推动社会管理改革。全面实行社会组织直接登记，推进行业协会与行政机关脱钩，更好发挥社会组织在社会管理中的作用。推广“民情流水线”、“三维数字”社会管理等新型管理服务模式，提供更多的便民利民服务。建立市场主体信用信息公示制度，构建社会信用体系，促进诚信社会建设。

深化生态环保领域改革。划定生态保护红线，实行最严格保护措施。探索建立生态补偿机制。加快张掖、甘南国家主体功能区建设试点示范工作，促进生态保护和资源有序开发。开展节能量、碳排放权、水权、排污权交易试点，用市场化方式推进资源高效集约利用。全面推进集体林权制度综合配套改革和国有林场改革。

二、加快推进经济结构调整

坚持市场要活、创新要实、政策要宽，以创新支撑和引领经济结构调整，推动经济提质增效升级。

实施科技创新驱动。健全完善科技创新政策支撑服务体系，发挥企业创新主体作用，加强产业技术创新联盟建设，完善产学研协同创新机制。推动兰白科技创新改革试验区建设，加快张江兰白科技创新改革试验区技术转移中心建设，支持北京大学在兰州新区设立技术转移中心，推进兰州新区科技创新城建设。加大知识产权保护力度。围绕市场人才需求，进一步完善科技人才引进机制，深入实施高层次人才创新创业行动计划。完善科研院所、高校科研人员与企业人才流动和兼职制度，推进科研成果使用、处置、收益管理和科技人员股权激励改革试点，健全科技人员服务农民和企业激励机制，激发科技人员创新创业积极性。完善科技成果转移转化服务体系，加快兰州科技大市场建设，形成有利于创新成果产业化的新机制，推进科技成果资本化产业化。

大力发展现代农业。坚持以农民增收为核心，按照稳粮增收、提质增效、创新驱动的总要求，提高农业综合生产能力。科学规划和深入推进农业结构调整，扶持特色优势产业在适宜地区加快发展，建设国家级育种制种基地。提升名优特农产品质量，加强品牌建设。把发展草食畜牧业作为结构调整的重点，开展粮改饲和种养结合模式试点，促进粮食、经济作物、饲草料三元种植结构协调发展，新建600个标准化养殖场，推进35个现代畜牧业示范县建设。继续推进国家级旱作农业、高效节水农业示范区建设和中低产田改造，新修标准化梯田100万亩，推广全膜双垄沟播技术1500万亩，推广高效农田节水技术1000万亩，粮食总产量稳定在1100万吨以上。继续做大做强林果、蔬菜、马铃薯、中药材等特色优势产业，新增特色优势产业种植面积100万亩，加大惠农政策落实力度，完善农业产业化服务体系，加快先进实用农机具推广应用，加强动植物疫病防控。支持种养大户、家庭农场和农民专业合作社发展，培育和引进有实力的农产品精深加工企业，完善农产品销售流通网络，大力发展农村电子商务，推动农村一二三产业融合发展，农产品加工转化率提高到50.5%。

加快培育战略性新兴产业。全力打好战略性新兴产业发展总体攻坚战，支持战略性新兴产业骨干企业做强做大，培育产业集群发展新优势。加快重点区域战略性新兴产业培育，推进金昌有色金属新材料产业区域集聚发展试点，加快生物质材料、有色金属新材料等创新创业示范园建设，推进省级工程研究院建设，争取国家批准兰州市生物医药集聚发展实施方案。围绕扩大需求，大力实施养老健康家政、信息、旅游、住房、绿色、教育文化体育六大领域消费工程，推进兰州、白银和敦煌等国家信息惠民试点城市建设，打造陇东南养生保健旅游基地，助推现代服务业加快发展。力争战略性新兴产业增加值增速达到15%以上，占生产总值的比重达到12%以上。

打造传统产业新优势。用循环化发展理念，依靠创新驱动，加快兰州、嘉峪关、金昌、白银、天水等老工业基地调整改造。支持实施一批技术装备提升、主导产品升级换代、大宗原材料深加工、资源综合利用、信息技术与制造技术融合等技改项目，推动有色、石化、冶金、建材、食品等传统支柱产业延伸产业链，力促传统产业提质增效升级。继续做好钢铁、水泥、电解铝等行业化解过剩产能工作，完成国家下达的淘汰落后产能任务。加快推动兰州石化公司搬迁改造前期工作，争取早日实施搬迁。

促进非公有制经济加快发展。切实落实省政府支持非公有制经济发展的政策措施，再推出一批鼓励和吸引社会资本参与投资运营项目，保障非公有制经济平等获得公共资源和特许经营资源权益。支持非公有制企业建立工程技术研究中心，培育一批科技创新型中小微企业。健全完善服务体系，创造非公有制经济发展的良好环境。

三、深入实施“3341”项目工程

抢抓国家政策机遇，进一步提高项目谋划建设水平，发挥投资对经济增长的关键作用。

用足用好政策性战略平台。充分利用三大政策性战略平台，瞄准三大基础建设和四大产业方向，用足用好国家政策，创新重点领域投融资机制，完善政府和社会资本合作模式，谋划实施一批带动当前投资增长、利于长远可持续发展的重大项目。发挥政策性平台的聚集效应，吸引更多社会资本参与重大项目建设，激发各类投资主体创业兴业的积极性。加强招商引资，强化跟踪服务，营造招商引资的良好氛围，力争招商引资到位资金7000亿元，增长20%。

加快建设一批增强发展后劲的基础设施项目。开工建设高速公路5条700千米、续建11条1530千米，建成高速公路3条300千米、一级公路2条170千米；开工建设二级公路12条1130千米、续建16条1260千米，建成13条906千米。开工建设铁路3条380千米、续建8条1300千米，建成3条310千米。兰州中川机场二号航站楼春运前投入使用，全面开工建设陇南成州机场、敦煌机场扩建工程。着眼水资源高效综合利用，开工建设引洮供水二期等一批水利骨干工程。加快推进兰州至张掖三四线、天平铁路南延线、天水和平凉机场、白龙江引水工程等项目前期工作。加快信息基础设施建设，实现无线通信、广播电视网络全覆盖。继续做好重大基础设施项目的论证储备工作。

实施一批提升综合经济实力的产业项目。尽快开工建设酒泉至湖南±800千伏特高压直流输电工程。启动酒泉风电基地二期后续500万千瓦项目前期工作、新增装机300万千瓦，加快河西7个百万千瓦光电基地建设、新增装机100万千瓦，力争全省风电、光电并网装机容量分别增加300万和100万千瓦。谋划实施先进高载能及新能源相关产业项目，形成350万千瓦风电设备和60万千瓦太阳能电池及组件生产能力，提升新能源装备制造业配套发展水平，构建河西新能源产业体系。加快建设酒钢煤炭分质利用项目，开工建设瓜州常乐电厂调峰火电项目。加快陇东能源基地建设，争取将陇东地区列为国家大型煤电外送基地、陇东特高压直流外送工程列入国家电力发展规划并加快推动前期工作，开工建设华能正宁电厂

2×66万千瓦火电项目。加大关天经济区发展规划实施力度，提升天水装备制造和电子信息产业竞争力。

加快兰州新区开发建设。加快推进兰州新区综合配套改革试验区建设。以高新技术、石油化工、装备制造、生物医药、电子信息、现代物流等产业规划为导向，面向国内外精准招商，高起点引进重大产业项目。引进有实力的营运商在兰州新区设立数据中心，加快推动云计算、大数据产业发展。支持兰州城区企业“出城入园”，推动市州“飞地经济”产业园建设。加快兰州新区综合保税区建设，力争6月通过验收并封关运营。积极争取设立自由贸易园区。开工建设兰州新区职教园区。继续完善道路、供水、供电、垃圾处理等基础设施，推进教育、科技、文化、卫生、商务等公共服务设施建设，打造具有一流服务水平的国家级新区。

统筹推进园区开发建设。加快各级各类园区规划编制，坚持按规划合理有序推进开发建设。探索实施企业参与管理、政企合理担责的开发区管理运营体制，依法依规探索设立开发区投融资公司，吸引更多社会资金参与开发区基础设施建设运营。发挥财政资金引导作用，加强与金融机构对接，帮助园区搭建融资平台，争取更多信贷支持。采取发行中期票据、企业债券和培育企业上市等方式，扩大园区直接融资额度。

四、深入推进“1236”扶贫攻坚行动

以集中连片特困地区58个贫困县为重点，实施精准扶贫，落实项目审批到县、资金整合到县的措施，强化县一级扶贫主体责任和省市监管责任。全年减少贫困人口100万人。

改善基本生产生活条件。建制村道路通畅率达到80%，贫困地区自来水入户率达到80%，贫困村动力电覆盖率达到90%以上。加强农田水利、应急抗旱、水土保持和流域综合治理工程建设。加快人口过万重点乡镇农贸市场建设。

培育壮大特色优势产业。实施集中连片特困地区产业发展规划，以市场为导向形成区域性主导产业，发挥好公司加农户的机制作用，加大科技、产业扶贫力度。加快贫困地区旅游资源开发，建设30个旅游扶贫试点村。在6个县开展光伏扶贫工程试点工作。选派千名科技人员到贫困地区、民族地区和革命老区提供科技服务，培养本土农技人才和农村科技创新创业人员，对发展富民产业做出贡献的科技人员、龙头企业法人给予奖励。落实支持民族地区发展的政策措施，推动民族民俗文化旅游、现代畜牧产业、商贸流通等特色产业发展。

继续实施易地扶贫搬迁。把易地扶贫搬迁与推进工业化、城镇化、农业产业化有机结合起来，完善工作方案，明确责任主体，加强省市县乡四级协调联动，落实各项扶持政策，在实施整体搬迁的前提下，尊重群众意愿，采取多种方式妥善迁置，支持整体搬迁农民下山入川、出村进镇、离乡进城。统筹集中安置点基础设施、公共服务等生产生活设施建设，加快培育和发展后续致富产业，切实做到搬得出、稳得住、能发展、可致富。

强化金融资金支撑。鼓励金融机构创新金融服务，探索符合贫困群众实际的抵（质）押金融产品，开展林权、土地承包经营权和宅基地使用权抵（质）押贷款试点，创新发展扶贫小额信贷工作，在贫困地区建设村级便民金融服务站2500家。创新财政扶贫资金投入方式，依法依规整合各类扶贫资金，完善统贷统还机制，撬动更多金融资金投入扶贫开发。拓宽农业保险险种和承保覆盖面，增强贫困农户应对自然灾害的能力。

提升公共服务保障水平。大力实施教育扶贫，落实国家贫困地区儿童发展规划，加快推进覆盖集中连片特困地区贫困县行政村的学前教育，贫困县学前三年毛入园率达到55%以上，消除中小学D级危房166.67万平方米。落实中等职业教育全部免学费政策，使有意愿的贫困家庭孩子都能接受免学费中职教育。继续提高高校招收贫困地区学生比例，让贫困家庭的孩子公平接受有质量的高等教育。坚持公共文化资源向贫困地区倾斜，构建覆盖贫困村的基本医疗卫生服务体系，提高基层公共文化服务能力。推进农村低保与脱贫政策有效衔接，编密织牢贫困人口基本生活安全网。

推进能力素质提升。整合各类培训资金，提高县级职校职业技能和实用技术培训能力，使贫困家庭劳动力至少有一人接受职业技能培训。完善激励机制，扶持培养农村致富带头人。创新培训方式，开展订单培训、委托培训、创业培训和技能鉴定上门服务，提高就业创业能力。加强农民教育，提升整体素质。加强乡村干部的培训教育，提高带领群众脱贫致富能力。

五、积极推进新型城镇化建设

加快实施新型城镇化规划，推进以人为核心的新型城镇化建设，城镇化率提高1.5个百分点左右。

抓好省市县规划衔接和试点工作的落实。以全省新型城镇化规划和省域城镇体系规划为指导，加快推进市县两级新型城镇化规划编制，实现城市、县城、重点小城镇控制性详细规划全覆盖。指导市县做好中心镇规划编制，增强规划编制的科学性和规划执行的严肃性。完成敦煌、玉门等7个县市经济社会发展规划、城乡规划、土地利用规划、生态环境保护规划“多规合一”国家和省级试点工作。抓好金昌市国家新型城镇化综合试点，为全国资源型城市转型发展提供可复制可推广的经验和模式。全面推进省级15个县、30个建制镇新型城镇化试点工作，发挥示范带动作用。

创新城镇建设投融资机制。采取特许经营、政府补助、政府购买服务等多种方式，引导社会资本参与新型城镇化建设，特别是城镇污水、垃圾处理、地下管网基础设施建设。完善市政基础设施价格形成、调整和补偿机制，使经营者能够获得合理收益，激发社会投资积极性。

统筹推进基本公共服务。通过财政支持或政府购买服务方式，完善教育、

文化、卫生、体育、商贸、旅游、就业服务、生态环保等公共服务设施，增强县镇综合功能和吸纳就业能力。统筹城乡社会保障体系建设，加快基本医疗保障城乡统筹管理，保障进城务工人员随迁子女平等接受义务教育的权利，把其住房纳入城镇住房保障规划，做好进城务工人员的服务工作。

提升产业支撑能力。适应经济发展中高速增长的新常态，加快县域经济发展和城镇产业培育，吸纳农业转移人口就近充分就业。指导各地优化城镇产业布局和结构，把发挥资源优势与承接产业转移相结合，鼓励发展与城镇资源环境承载力相适应的资源加工型、劳动密集型产业和面向城乡一体化发展的服务业，打造特色农业强镇、现代工业重镇、商贸集散大镇、文化旅游名镇，实现农村富余劳动力就近就业260万人。

有序推进农业人口市民化。加快推进户籍制度改革，推进农业转移人口和其他常住人口在城镇落户。落实与转移农业人口相关的土地、草场、林地承包经营和宅基地、农房处置等政策，保障进城落户农民就业、就学、就医、住房、计划生育等合法权益，引导和服务农民有序向城镇转移。

六、努力建成国家循环经济示范区

今年是实施《甘肃省循环经济总体规划》的收官之年，必须进一步加大工作考核力度，实现国家循环经济示范区各项目标任务。

实现循环经济基地建设目标。巩固提升已建成的金昌基地，建成其他6个基地，抓好循环经济十大示范工程创建，推进兰州和武威再生资源回收试点城市、酒泉和敦煌国家级区域性再生资源回收利用基地建设。加强督促检查和考核评价，强化资源产出、资源消耗、资源综合利用、废物排放等指标约束。

基本完成园区循环化改造。全面完成35个省级以上园区循环化改造任务。开展嘉峪关国家低碳工业园区试点，推进兰州经济技术开发区红古园区“城市矿产”示范项目建设。加强政策引导，优化园区产业布局，推进产业链延伸耦合、能源资源高效利用和废物“零排放”，努力增强园区可持续发展能力。

初步形成循环经济产业链。完善提高已建成的11条产业链，建成其余5条产业链。加强产业链关键技术研发，实施一批重大延链补链项目，加大产业链招商力度，推动传统产业向下游终端产品延伸发展。

培育循环经济示范企业。完成100户示范企业培育任务，争取一批企业跻身国家示范企业行列。支持企业加快应用新设备、新技术、新工艺，政府采购优先选用节能节水环保产品和再生利用产品。

全面完成节能减排目标任务。实施节能重点工程，加快火电、水泥、钢铁、石化等重点行业减排工程建设，完成黄标车、老旧机动车和燃煤锅炉淘汰任务。加快实施工业重点涉水行业减排和畜禽养殖有机肥加工减排工程。深化排污许可管理和工业企业环境保护标准化建设，强化污染排放总量控制和定量化管理。

七、加快华夏文明传承创新区建设

深入实施华夏文明传承创新区建设总体方案，坚持保护传承与创新发展并举，坚持文化事业和文化产业并举，促进文化大繁荣大发展。

推进文化传承创新发展。实施“历史再现”工程和历史名城名镇名村保护工程，完成嘉峪关文化遗产保护工程文物本体保护和遗产监测项目、重点区段长城保护加固工程，基本完成可移动文物普查工作，启动大地湾国家考古遗址公园、大堡子山遗址展示利用工程和省世界文化遗产管理监测中心建设，抓好《四库全书》复制保护与影印出版等古籍整理项目。加强对非物质文化遗产传承人、传统手工艺的活态传承，实施农耕食文化活动传承工程。编制完成兰州都市文化产业区发展规划，重点发展设计与文化创意、软件外包服务、文化科技、人才培训等文化业态，提升省会城市辐射带动能力。实施河西走廊文化生态区重大项目，加快敦煌国际文化旅游名城建设。加快陇东南文化历史区建设。

大力加强文化事业建设。完善公共文化服务设施，推进省图书馆和市州图书馆、文化馆、博物馆、青少年文化宫等项目建设，继续建设“乡村舞台”和农家书屋，实现县级城市数字影院和中央、省市县广播电视节目无线数字化全覆盖，加快企事业广播电视有线网络整合。继续打造“十个一”文化品牌工程。建立健全公共文化服务体系建设运营长效机制，各级政府分级负责购买公共文化服务，引导鼓励各类社会主体参与公共文化建设和服务。指导张掖市建成第二批国家公共文化服务体系示范区并通过国家验收。

加快发展新型文化业态。加快20个旅游大景区建设，促进文化与旅游、体育、科技等深度融合，加大文化产业聚集区扶持力度，培育数字内容、动漫游戏等新兴产业，加快发展文化集市，促进文化产业转型升级。推进敦煌国家级文化产业园、兰州国家级文化和科技融合示范基地建设。加快推进读者股份公司上市和媒体融合发展。落实好与阿里巴巴集团签订的战略合作协议。培育文化市场主体，扶持中小微文化企业发展。文化产业增加值增长25%以上，旅游综合收入增长25%。

八、推进国家生态安全屏障综合试验区建设

认真实施国家生态安全屏障综合试验区总体方案，积极探索内陆欠发达地区转型跨越发展、扶贫开发攻坚与生态文明建设相结合的路子。

实施重大生态工程。继续推进甘南黄河重要水源补给生态功能区生态保护与建设、敦煌水资源合理利用与生态保护等项目建设。争取国家支持实施祁连山生态保护与综合治理、“两江一水”流域综合治理、渭河源区生态保护与综合治理规划。实施好新一轮退耕还林还草工程，继续推进天然林保护、三北防护林、退牧还草、野生动植物保护及自然保护区建设等重点生态工程建设。落实国家生态保护补助奖励政策，加强草原生态保护。治理水土流失面积2000

平方公里，完成营造林面积300万亩。

强化污染综合防治。深入实施大气污染防治行动计划，严格目标责任考核，探索建立大气污染防治长效机制，努力完成国家下达的大气污染防治年度任务。加强黄河干流、泾河、渭河、洮河等流域水环境保护和综合治理，改善水环境质量。加大饮用水源地保护和地下水污染防治，确保城乡饮用水安全。加强重金属污染土壤的修复和治理。探索开展环境污染强制责任保险，推行环境污染第三方治理。建立严格责任制，加强环境隐患排查和执法监管，高标准、严要求开展环保大检查，坚决打击环境违法行为。强化农村面源污染治理，加强规模化畜禽养殖污染防治，废旧农膜回收利用率稳定在78%以上，尾菜处理利用率提高到30%以上。

推进农村人居环境整治。加强对村庄规划的指导，强化规划的约束力。推动农村改厕、改圈、改灶、改庭院，开展农村垃圾专项治理，推进农村生活污水处理和垃圾分类收集处理，改善村庄卫生状况。加强农村周边工业“三废”排放和城市垃圾堆放监管治理，防止污染向农村延伸。建设150个美丽乡村示范村和1500个环境整洁村。

九、加快丝绸之路经济带甘肃段建设

深入实施丝绸之路经济带甘肃段建设总体方案，努力提升对外开放水平，以开放促开发、促发展。

构建交通物流网络。提升中川机场国际航空口岸对外运营水平，拓展国际快件和货运直航业务。加快敦煌、嘉峪关航空口岸对外开放。推进兰州铁路综合货场建设，提升兰州铁路枢纽对外开放水平。开通兰州至俄罗斯、哈萨克斯坦等国家的国际航班，实现中欧货运班列“天马号”常态化运营。发挥武威保税物流中心作用，加快国际陆港建设。

扩大经贸技术交流。积极支持企业走出去，在丝绸之路沿线国家开展产品展销和项目推介活动，扩大特色优势产品出口，对丝绸之路沿线国家出口额增长15%。支持企业扩大紧缺资源的进口。拓宽劳务合作渠道，建立面向中西亚及中东欧市场的劳务输转培训基地。办好第二十一届“兰洽会”等经贸节会，扩大宽领域多层次合作交流。

加强产业对接合作。支持企业面向丝绸之路沿线国家开展现代农业、有色冶金、装备制造、轻工建材、民族用品等领域的产业对接，参与资源开发、工程承包、生产销售基地建设，推动装备、材料、产品、技术、劳务、服务走出去。紧盯丝绸之路沿线国家市场需求，调整出口产品结构，通过承接产业转移、引进有实力的企业共同建设生产加工出口基地。

深化人文交流合作。推进华夏文明传承创新区与丝绸之路经济带融合发展，大力培育外向型文化企业，加快推进对外文化交流，在丝绸之路沿线国家举办“甘肃文化周”，拓展面向中西亚及中东欧的国际演出市场，实施“甘肃文化精品翻译工程”等文化走出去项目。加快推进中医药文化走出去，在丝绸之路沿线国家合作建立中医药文化传播推广和医疗服务机构。用好国家政策吸引丝绸之路沿线国家学生来甘留学。围绕建设丝绸之路沿线国家和地区的重要旅游目的地，打造具有丝绸之路特色的国际精品旅游线路和旅游产品，支持发展客源地旅游包机业务。筹办丝绸之路（敦煌）国际文化博览会，提升敦煌行·丝绸之路国际旅游节等节会的国际化水平。

十、着力推进和谐社会建设

坚持优先保障民生投入、优先安排民生项目、优先解决民生问题，让发展成果更多更公平惠及全省人民。

集中力量为民办实事。更加注重保障基本民生，全力办好10项27件实事：（1）实施城乡居民职业技能培训工程；扶持1万名高校毕业生就业。（2）提高城乡居民基本养老保险基础养老金政府补助标准；提高城市低保标准10%；提高农村低保标准11%，使一二类低保户实现政策性脱贫；提高农村五保省级补助标准40%；提高工伤人员伤残津贴标准10%；提高企业退休人员基本养老金标准10%；提高全省失业保险金标准10%；为困难弱势群体法律援助案均补贴1500元；提高计划生育特殊困难家庭扶助标准；为重度残疾人家庭发放护理补贴；实施残疾人康复服务“百千万”工程。（3）新建公共租赁住房4.08万套；实施棚户区改造9.81万户；实施农村危房改造14万户。（4）为58个集中连片特困地区贫困县乡村教师发放生活补贴；在58个集中连片特困地区贫困县2000人以上的行政村，依托现有小学建设幼儿园。（5）在58个集中连片特困地区贫困县县级医院建设重点专科；新型农村合作医疗和城镇居民基本医疗保险政府补助标准由人均320元提高到380元。（6）建设乡村（社区）文化体育活动中心。（7）解决126.58万农村人口安全饮水问题；建设1万公里建制村通沥青（水泥）路。（8）实施3.15万户15.4万人易地扶贫搬迁工程。（9）建设县乡便民市场；实施食品安全放心工程。（10）建设乡镇（街道）平安与便民服务综合信息平台。

加强就业和社会保障工作。全面落实更加积极的就业创业政策，加强创业孵化基地建设，完善创业就业服务体系和服务平台建设，加强高校毕业生、化解过剩产能失业人员、退役军人及随军家属、农民工、“零就业”家庭和残疾人等困难群体就业工作，新增城镇就业40万人，输转城乡劳动力500万人，应届高校毕业生就业率达到85%以上。扩大社会保障覆盖范围，实施全民参保登记计划，继续提高养老、医疗、工伤、失业保险待遇水平。落实国家关于机关事业单位工作人员养老保险制度和工资制度改革政策。加强城乡低保动态管理，做到应保尽保。做好医疗救助和基本医疗保险、大病保险的衔接，加快推进重特大疾病医疗救助。落实临时救助制度，继续做好“救急难”工作。落实国家住房保障逐步转向实物保障与货币补贴并举的政策，推进棚户区改造货币化安置，用政府购买服务等方式把符合条件的存量房转为公租房，使保障性安居工程惠及更多家庭。稳步推进岷县漳县地震灾后恢复重建。

统筹社会事业全面发展。实施第二期学前教育三年行动计划，加强农村学前教育和义务教育师资队伍建设，改善义务教育薄弱学校基本办学条件，促进义务教育均衡发展。加大民族地区教育基础薄弱县普通高中建设项目实施力度，加快普通高中多样化、特色化发展。大力发展以就业为导向的现代职业教育，深化产教融合和校企合作，培养社会需求的高素质技能型人才。加快教育信息化建设。深化高校综合改革，实施高校创新能力提升计划和基础能力建设工程，加快建设新的医学本科院校。加强继续教育、特殊教育和民族地区双语教育。加强紧缺卫生人才、全科医生和养老保健护理人才培养引进，实施少数民族地区全科医生特设岗位项目，积极发展惠及农村的远程会诊系统，加快村卫生室标准化建设，提升基层医疗服务能力。加快中医药综合改革试点示范省建设。加强计生服务和出生缺陷干预，提高出生人口素质。推进全民健身运动和竞技体育协调发展。加快建立社会养老服务体系，推进城乡社区日间照料中心建设。加强孤残儿童救助抚养与残疾人社会保障和服务体系建设。加强国防教育、“双拥”共建和民兵预备役、人民防空工作。支持工会、共青团、妇联、科协、残联等群团组织工作。发展外事、侨务、港澳台事务、测绘、参事、文史、地方志、红十字、档案管理等事业。

创新和完善社会治理。健全重大事项社会稳定风险评估机制、化解矛盾纠纷综合调处机制和基层维稳应急处置机制，推行依法逐级走访和网上受理信访机制，建立涉法涉诉信访依法终结制度，推动信访工作法治化。严格落实安全生产责任制，强化基层基础工作，整治各类安全隐患，促进安全生产形势稳定好转。强化食品药品安全目标责任管理，完善覆盖全过程和产业链各环节的食品药品监管制度，构建食品药品风险防控机制，确保人民群众舌尖上的安全。加强价格调控监管，规范市场秩序，切实维护消费者权益。完善防灾减灾体系，提高灾害应急预防能力。落实党的民族政策和宗教工作基本方针，坚定不移走中国特色解决民族问题的正确道路，促进民族团结、宗教和谐。加强普法工作，增强全民法治观念。推进平安甘肃建设，不断提升人民群众安全感和满意度。

各位代表，编制“十三五”经济社会发展规划是今年的一项重要工作。我们将问政于民、问计于民、问需于民、汇聚民智，科学论证规划的总体思路、主要目标和重点任务，认真谋划对经济社会发展和转型升级带动性强的重大工程、重大项目和重大措施，切实做到符合实际、尽力而为、量力而行，使规划真正成为指导未来五年全省经济社会科学发展的纲领性文件。

各位代表，做好今年的改革发展稳定各项工作，必须加强政府自身建设。我们将按照“三严三实”的要求，加强纪律建设，严明政治纪律和政治规矩，认真践行党的群众路线，坚持为民、务实、清廉，自觉接受人大法律监督、政协民主监督和社会监督、舆论监督，做好人大建议和政协提案办理，加强法治政府、服务政府、责任政府、廉洁政府建设，以更加奋发有为的精神和勤勉务实的作风，努力开创转型发展和富民兴陇新局面。

牢固树立法治意识，提高依法行政能力。按照省委《贯彻落实〈中共中央关于全面推进依法治国若干重大问题的决定〉的意见》要求，把法治思维和法治方式贯穿于政府工作全过程，确保政府法定职责必须为、法无授权不可为。依法全面履行政府职责，健全依法决策机制，深化行政执法体制改革，加强和改进政府立法，强化对行政权力的制约和监督，全面推进政务公开，加强政府智库建设，健全决策咨询制度，提高决策科学化、民主化、法治化水平。完善学法用法制度，强化公务员法治培训教育，提高依法行政的能力和水平，加快建设职能科学、权责法定、执法严明、公开公正、廉洁高效、守法诚信的法治政府。

牢固树立宗旨意识，提高服务群众能力。始终把人民群众的期盼作为最高追求，拓展党的群众路线教育实践活动成果，健全深入了解民情、充分反映民意、广泛集中民智的工作机制，深入扎实开展“双联”行动。加强公务员管理和培训，不断提高公务员素质，推动政府工作人员转变工作作风，认真解决群众关切的利益问题，真心实意为人民群众办实事、做好事、解难事，提高人民群众的满意度。

牢固树立责任意识，提高破解发展难题能力。把加快改革发展和增进人民福祉作为第一责任，认真开展省委确定的“工作落实年”活动，加强对“十二五”规划目标任务落实的考核评估，进一步强化各级政府的责任担当，在保持经济健康发展、调整经济结构、优化公共服务、维护公平正义、扩大对外开放等方面积极作为，以“钉钉子”的精神推动各项工作落实。

牢固树立廉洁意识，提高拒腐防变能力。认真落实中央八项规定、国务院“约法三章”和省委“双十条”规定，严格执行党政机关厉行节约反对浪费等制度，全面落实党风廉政建设责任制，加强行政监察和审计监督，强化廉政风险防控，严肃查处各类违纪违法案件，树立清正廉洁的良好形象。

各位代表，困难和挑战考验着我们，责任和使命激励着我们，让我们紧密团结在以习近平同志为总书记的党中央周围，在省委的坚强领导下，凝聚起陇原儿女的智慧和力量，解放思想、开拓创新，万众一心、砥砺奋进，为建设经济发展、山川秀美、民族团结、社会和谐的幸福美好新甘肃而努力奋斗！

省政协常委会工作报告

2015年1月27日在政协甘肃省第十一届委员会第三次会议上

省政协主席 冯健身

各位委员：

我代表政协甘肃省第十一届委员会常务委员会，向大会作工作报告，请予审议。

一、2014年工作回顾

2014年，是我省推进全面深化改革、经济社会发展取得显著成就的一年。一年来，在中共甘肃省委的坚强领导下，省政协高举爱国主义和社会主义旗帜，全面贯彻落实中共十八大、十八届三中、四中全会、习近平总书记系列重要讲话精神和省委决策部署，紧紧围绕全省工作大局，认真履行政治协商、民主监督、参政议政职能，充分发挥协调关系、汇聚力量、建言献策、服务大局作用，思想理论建设取得新成效，服务改革发展取得新成绩，推进协商民主取得新进展，改进工作作风取得新突破，为服务全省转型跨越、富民兴陇大业作出了新贡献。

（一）深入学习贯彻中共十八届三中、四中全会和习近平总书记系列重要讲话精神，着力夯实团结奋斗的共同思想政治基础

省政协常委会按照习近平总书记"要始终把坚持和发展中国特色社会主义作为巩固共同思想政治基础的主轴"的要求，把强化理论学习作为首要政治任务，贯穿学习习近平总书记系列重要讲话这条主线，突出实现中华民族伟大复兴中国梦这个主题，切实做到"五个坚持"。坚持领导带头率先学。中央和省委重要会议召开后，省政协及时召开会议传达学习。主席会议成员率先垂范，带头赴双联县区深入宣讲十八届四中全会精神。党组成员带头为机关干部作党课辅导报告，营造了良好学习氛围。坚持强化理论武装全面学。通过邀请专家学者开展辅导讲座、举办专题培训班等形式，组织政协委员和机关干部深入学习领会中共十八届三中、四中全会精神和习近平总书记重要讲话精神，进一步增强理论自信、道路自信、制度自信。坚持围绕服务中心重点学。专题传达学习省委十二届八次全委扩大会议、全省经济工作会议等重要会议精神，组织委员在政协常委会上听取全省经济社会发展情况通报，组织青年干部到我省地震和泥石流灾区参观灾后重建，强化了对省情的认识和全省工作大局的把握。坚持紧扣改进作风针对学。认真学习习近平总书记在教育实践活动总结大会和调研指导兰考县教育实践活动时的重要讲话精神，学习王三运书记关于教育实践活动和党风廉政建设的系列讲话精神，邀请省检察院检察长就反腐倡廉警示教育为机关干部作专题辅导讲座，强化了改进作风的自觉性和坚定性。坚持联系政协实际深入学。深入学习习近平总书记在庆祝人民政协成立65周年大会上的重要讲话、俞正声主席在全国政协理论研讨会上的重要讲话、王三运书记在我省庆祝人民政协成立65周年大会上的讲话精神，准确把握中央、省委关于政协工作重大方针政策，提高了用党的理论成果指导实践、推动政协事业发展进步的能力。

（二）紧紧围绕全省转型跨越发展的重大问题调研视察，为促进经济社会持续健康发展议政建言

省政协常委会按照省委"要紧紧围绕全面小康建设这个大局，多谋发展之计，多献务实之策"的要求，集中政协优势资源，聚焦转型跨越主题，深入开展调查研究，广泛进行协商议政，全年开展重点调研视察、专题调研14项。

围绕加快推进创新驱动战略开展重点调研。主席会议成员带领3个调研组，分赴9个市州，深入54家企业高校、科研院所、高新技术产业园区、科技孵化基地和现代农业生产基地实地调研；召开常委会议进行专题研究讨论，向省委省政府报送了《关于加快实施创新驱动战略有关问题的建议案》，从加强科技人才队伍建设、推进产学研协同创新、突出科技体制创新等方面提出了35条具体建议。省政府主要领导对建议案作了批示，要求有关部门研究吸纳所提意见建议。

围绕推动非公有制经济跨越发展开展重点视察。深入10个市州开展视察，召开常委会议，针对非公经济各项扶持政策落实不到位、经营管理体制相对落后、自主科技创新较少、生产经营成本上升较快、企业负担较重、整体环境不优等问题，认真研究分析，深入协

商讨论。向省委省政府报送了《关于推动全省非公有制经济跨越发展的建议案》。省非公经济发展协调推进领导小组发出关于分解落实政协《建议案》所提意见建议的通知，要求各市州、各成员单位研究落实。

高度关注影响经济社会发展的突出问题。各专委会分别就大力发展分布式光伏发电、加快陇药产业发展、残疾人扶持政策和《全民健身条例》贯彻落实情况等，深入开展专项调研视察，提出意见建议。其中，助推陇药产业实现又好又快发展、贯彻落实《全民健身条例》情况等调研报告，省委省政府主要领导作出批示。召开全省经济形势专题协商会，着重就加大对高载能工业企业止滑稳增的支持力度、打造现代农业品牌、健全铁路运输体系、推动金融系统改革等问题提出建议，省直有关部门负责同志到会直接听取意见，推动建言献策成果转化。

（三）认真完成省委交办的各项任务，为省委省政府重要决策提供参考

省政协常委会把完成省委交办任务作为履行职能的重点工作，积极服务党政决策，努力推动工作落实。

认真完成省委交办的调研督查任务。按照省委常委会部署，省政协主席会议成员积极参加省委常委会2014年9项重大调研活动，就全面深化改革、构建国家生态安全屏障共建绿色丝绸之路、战略性新兴产业发展的方向和重点等专题，深入基层，广泛调研，形成9份专题调研报告。省政协主席会议成员积极参与全省重大项目观摩活动和“两手抓两手硬、双促进双落实”调研督查活动，就如何做好2015年“3341”项目观摩工作、加大工业园区建设力度、加强项目前期储备工作、防范债务风险、以党风廉政建设推进项目工程建设等提出意见建议。受省政府委托，就依法治国、建立健全生态补偿机制专题组织有关党派、委员开展调研。调研督查中提出的意见建议，反映情况实事求是，解决问题直奔主题，发挥了决策咨询作用。

全力落实省委民主法治领域改革的相关任务。按照省委统一部署，围绕“发挥人民政协协商民主重要渠道作用”这一主题，认真落实由省政协牵头或参与的民主法治领域改革各项任务，修订完善了《政协建议案和调研视察报告办理暂行办法》，形成了《关于健全委员联络机构完善委员联络制度的报告》，赴14个市州对省委《关于加强提案办理协商提高提案工作科学化水平的意见》贯彻执行情况进行调研，形成了调研报告。

（四）积极开展协商民主理论研究和实践探索，着力推进人民政协协商民主建设

省政协常委会按照习近平总书记“要坚持发挥人民政协在发展协商民主中的重要作用”和省委“要不断提高人民政协协商民主的制度化、规范化、程序化水平”的要求，从发展社会主义民主政治高度，不断推进人民政协协商民主建设。着眼规范协商程序，加强协商活动顶层设计。制定了省政协2014年协商工作计划，从协商议题、协商形式、活动组织等方面作出制度安排，报省委审定实施。制定下发了开展人民政协协商民主试点工作的指导意见，选择平凉市、临夏市、镇原县、凉州区开展政协协商民主工作试点，推进基层政协协商民主实践探索。着眼提高协商密度和质量，建立月协商座谈会制度。根据全国政协开展协商座谈会做法，结合我省实际情况，建立了月专题协商座谈会制度，围绕推进“1236”扶贫攻坚行动、推进生态安全屏障综合试验区建设等专题，邀请党外人士、各界别委员和有关部门负责同志，面对面真诚协商，协商后向省委省政府报送的7个建议案，得到省委省政府领导重视和批示，推动协商于决策之前和决策实施之中。着眼深化协商活动，加强理论研究。召开省政协理论研讨会，重点就完善协商民主的制度设计、开展协商民主实践、加强协商成果转化及增强政协履职能力等进行研讨。着眼提高协商能力，加强委员培训。举办委员培训班，邀请全国政协相关领导和我省经济领域的专家学者，组织379名委员进行协商民主知识专题培训，提高了委员协商议政、建言献策的能力和水平。

（五）深入开展双联行动，为推进扶贫攻坚倾情出力

省政协常委会按照省委“要积极参与‘1236’扶贫攻坚行动、‘联村联户、为民富民’行动，在改善民生上作出新成就”的要求，充分发挥政协组织的特点优势，认真落实双联行动各项任务，着力做到“五个注重”。注重强化组织引导，坚持主席会议成员带头，强化各部门和全体干部双联责任，深入开展机关双联行动；充分调动全省各级政协组织的积极性，激发委员参与热情，扎实开展委员助推双联行动，委员的参与率达到80%以上。注重培育主导产业，紧密结合联系县独特的资源禀赋优势，帮助联系村在培育重点产业、筹措项目资金、拓宽市场销路等方面进行全产业链帮扶。省政协联系的40个贫困村全都形成了富民产业，农民人均纯收入比上年增长21%。注重增强致富能力，邀请农牧业专家，通过现场指导和集中授课的方式为联系村开展技能培训；组织带领联系村农户和镇村干部赴外地观摩考察，帮助群众开阔思路眼界，增强致富信心，提高产业发展能力。注重动员社会帮扶，为联系县梳理筛选一批帮扶项目，组织召开广东省甘肃商会企业家和甘肃省港澳委员双联项目推介会，组织参加北大经济学院学员投融资对接平台推介会，帮助联系村推介和落实帮扶产业项目。广东碧桂园集团、香港卓富投资集团、北京实创集团等一批知名企业与联系村结成帮扶对子，开展项目合作，不仅引进了项目、资金和技术，而且引来了新的发展理念和致富经验。注重总结推广典型，召开双联行动“产业培育攻坚年”现场会，总结交流全省各级政协组织和机关各部门帮扶产业发展的好做法、好经验，表彰先进，推广典型，加强示范带动。全国政协机关报《人民政协报》头版头条刊发报道了我省三级政协依托双联平台、合力助推陇南特困片区扶贫开发的做法和经验，给予高度

赞誉。

（六）高度重视强基固本各项工作，着力提高履职能力

省政协常委会按照习近平总书记“要坚持推进履职能力建设”和省委“提高政协工作科学化水平”的要求，不断加强政协自身建设，切实提高履职尽责的能力和水平。

加强和改进经常性工作。坚持以协商民主理念总揽提案工作，引导委员和各参加单位围绕全省中心工作深入调研、科学选题，加强集体提案、党派提案、重点提案协商工作，努力提高提案质量；完善提案办理协商工作机制，全面落实提案督办制度，增强办理实效。重视运用社情民意信息反映民意、建言献策，制定了省政协《反映社情民意信息工作规则（试行）》，全年共收集社情民意信息268篇，编发《甘肃政协信息》69期，被全国政协采用5期，其中有3期专题上报中央领导同志。省委省政府领导分别对促进丝绸之路经济带建设、建设兰州市城区第二水源地等18期信息作出30次批示。协助全国政协就推进丝绸之路经济带建设、加强黑河上中游生态环境保护等专题开展调研视察，积极反映我省突出困难和问题，努力争取国家重视和支持。认真贯彻落实党的民族政策和宗教工作基本方针，就民族地区职业教育发展、民族地区医疗卫生体制改革和卫生事业发展、加强农村宗教事务管理开展调研，举办少数民族和宗教界委员反映社情民意座谈会，走访慰问宗教团体和民族宗教界代表人士，促进民族团结与宗教和睦。坚持落实党组成员联系党外代表人士制度，及时听取党外代表人士对政协工作的意见建议。召开加强委员联络服务、发挥委员主体作用工作座谈会，广泛听取意见建议。举办文史干部培训班和全省政协文史委主任工作会议，完成《保安族百年实录》《西部大开发在甘肃》《决战贫困》和《陇原抗战烽火》等专题史料的征编工作，充分发挥文史资料存史资政、团结育人的作用。

举办人民政协成立65周年庆祝活动。通过举办甘肃省庆祝人民政协成立65周年大会等系列庆祝活动，引导各党派团体和各族各界人士，深刻认识人民政协是适合中国国情、具有鲜明中国特色的制度安排，是社会主义协商民主的重要渠道和专门协商机构，是国家治理体系和治理能力现代化的重要组成部分，是实现国家富强、民族振兴、人民幸福的重要力量，切实增强推进人民政协事业发展的责任感和使命感。

着眼于落实党风廉政建设主体责任和巩固扩大教育实践活动成果，不断推进政协机关建设。严格按照省委部署，健全完善党风廉政建设制度机制，制定落实党风廉政建设主体责任实施意见，层层传导压力，实现了党风廉政建设主体责任全覆盖、无死角。认真贯彻省委加强和改进作风各项规定，减少会议，精简文件，严格控制“三公经费”支出，机关作风持续改善。制定省政协内设机构职责及工作规范，修订完善省政协工作制度汇编，为开展工作提供了制度保障。加大干部培养使用力度，选配一批年富力强的优秀干部走上领导岗位，有效改善干部队伍结构，增强了机关工作活力。

各位委员，过去一年，是省政协履职活动非常密集、履职成果非常丰硕的一年。这些成绩的取得，是全国政协正确指导的结果，是省委对全省各级政协组织坚强领导、关怀信任、鞭策激励的结果，是省人大、省政府和社会各界对政协工作热忱帮助、大力支持的结果，也是人民政协各参加单位和广大委员同心同德、奋力拼搏的结果。在这里，我代表省政协常委会表示衷心的感谢！

我们也清醒地认识到，与新形势新任务的要求和广大政协委员、人民群众的期望相比，我们的工作还存在许多不足，主要是：推进协商民主的制度机制还不够完善，有的协商议政活动实效性不够强、质量有待提高；政协的民主监督职能发挥不够充分，监督的方式手段还比较单一；委员主体作用和专委会基础性作用发挥尚不充分，在这方面管用的措施还不多，推动的力度还不够；政协系统的进取精神仍然有待提高、工作作风还需加强，等等。对这些问题，我们要在今后的工作中，认真研究对策，着力加以解决。

二、2015年主要工作任务

2015年，是全面深化改革的关键之年，是全面推进依法治国的开局之年，也是全面完成“十二五”规划的收官之年。常委会工作的指导思想是：全面贯彻落实党的十八大和十八届三中、四中全会精神，高举中国特色社会主义伟大旗帜，以邓小平理论、“三个代表”重要思想、科学发展观为指导，深入贯彻习近平总书记系列重要讲话精神，认真落实省委十二届九次全委会议精神，紧紧围绕团结和民主两大主题，加强人民政协协商民主建设，充分发挥人民政协协调关系、汇聚力量、建言献策、服务大局作用，以优良作风主动适应新常态，全面推进深化改革和依法治省，进一步坚定信心、锐意进取、开拓创新、扎实工作，为建设幸福美好新甘肃、努力与全国一道全面建成小康社会而奋斗！

（一）把学习作为首要政治任务，进一步增强政治把握能力

重视学习是人民政协的优良传统。全省政协系统要按照省委关于“政协要强化思想建设”的要求，组织引导广大政协委员和政协工作者，扎实深入开展学习活动，切实提高履职能力、增进政治认同，巩固共同团结奋斗的思想基础。要深入学习习近平总书记系列重要讲话精神，深刻领会科学内涵和精神实质，努力强化大局意识、责任意识和委员意识，大事面前不糊涂、原则问题不含糊、方向立场不动摇，坚定不移贯彻党中央各项决策部署，把思想和行动统一到习近平总书记系列重要讲话精神上来，始终在思想上政治上行动上同党中央保持高度一致；要深入学习贯彻中央和省委关于全面建成小康社会、全面深化改革、全面依法治国以及今年工作的各项部署，准确把握精神实质、目标任务和工作要求，切实增强围绕党政重大决策部署谋划工作、履行职能的意识和能力，始终做到胸怀大局、紧贴大局、

服从大局、服务大局；要深入学习贯彻中央和省委领导同志在中央、我省庆祝人民政协成立65周年大会上的两个重要讲话精神，学习中央《关于加强社会主义协商民主建设的意见》和省委《实施意见》，深刻理解党对人民政协事业发展提出的新论断新要求，准确把握加强协商民主的指导思想、基本原则、渠道程序，特别是开展政协协商的内容、形式和要求，切实激发守土有责的使命感、责任感，不断增强推进人民政协协商民主的自觉性、主动性；要深入学习践行社会主义核心价值观，不断提升价值判断力和道德责任感，运用全面、发展、辩证的思想方法，引导各界群众正确对待新形势下改革发展带来的利益格局调整，自觉抵制错误言论和低俗内容，在弘扬新风气、传播正能量、维护社会和谐稳定方面发挥表率引领作用。

（二）牢牢把握服务大局这一原则，紧扣改革发展献计出力

全面深化改革是党中央作出的重大战略部署。全省政协系统要按照省委关于"政协要多研究推动转型升级的深层次矛盾和问题，加强对全面深化改革重大问题的综合研究"的要求，紧扣关系我省改革发展的重大问题，积极议政建言。

围绕我省"十三五"规划编制工作开展重点调研。"十三五"时期，是我省与全国同步建成小康社会最后冲刺的五年，也是完成全面深化改革任务的关键五年。我们要牢牢把握中央全面深化改革的总体要求和经济增长新常态的战略判断，着眼于全面建成小康社会、全面深化改革的目标任务，以改革的思维和眼光，认真审视我省经济社会发展水平与小康社会指标的差距，围绕我省经济结构转型升级、实施创新驱动战略、发展非公有制经济、深化国有企业改革、发展现代农业、推动扶贫攻坚、加强生态建设等问题，动员和组织省市县三级政协组织和广大政协委员，集中力量开展调查研究，召开常委会议专题协商讨论，向省委省政府提出建议案，为科学编制我省"十三五"规划提供可资可鉴的参考依据。

围绕省级行政部门简政放权及行政事业性收费清理情况开展重点视察。要按照省委《关于贯彻落实〈中共中央关于全面深化改革若干重大问题的决定〉的意见》的要求，紧密结合省政府加快转变政府职能的工作部署，重点就我省行政审批制度改革成效及清理和规范行政事业性收费落实情况，组织委员深入开展视察，向省委省政府提出专项建议，推动政府职能转变各项部署落到实处。

围绕事关我省改革发展的重要问题开展专题研究。着眼于实现今年省人代会确定的各项目标任务，紧密结合深化重点领域改革、加快推进经济结构调整、深入实施"3341"项目工程、加快丝绸之路经济带甘肃段建设的工作部署，就推动民主法治领域改革、推进"两个共同"示范区建设、发展混合所有制经济、探索建立碳排放交易制度、我省在丝绸之路经济带建设中的区域旅游合作、我省扶贫攻坚的重点和难点、加强非物质文化遗产传承与保护等问题，开展专题研究，为推动相关领域的改革发展提出有价值的意见建议。

（三）始终坚持履职为民理念，为促进民生持续改善主动作为

履职为民是政协工作的根本宗旨。全省政协系统要按照省委关于"政协要认真倾听群众呼声，及时反映群众意愿，提出解决问题的对策和建议，在改善民生上取得新成绩"的要求，努力在关注民情、反映民意、改善民生上积极作为。

为推动民生改善履职建言。要紧密结合省委省政府着力推进和谐社会建设的工作部署，围绕解决好就业、教育、医疗、住房、社保等民生问题，深入调查研究，提出意见建议。要从我省多民族省份的省情出发，高度关注民族地区发展和稳定，为加快民族地区经济社会发展、改善群众生活水平、促进民族团结与宗教和顺倾情出力。提案、社情民意信息工作的重点要放在促进民生改善上，放在反映广大人民群众的意愿要求上，对一些事关民生的敏感、复杂问题进行跟踪了解、深度挖掘，使提案和社情民意信息更加接地气、知民情。省政协今年重点就依法维护残疾人权益、民族地区畜牧业发展、现代职业教育发展等与人民群众生产生活密切相关的问题进行研究，提出操作性强的意见建议。

深入拓展委员助推双联行动。要紧密结合省委省政府深入推进"1236"扶贫攻坚行动的工作部署，紧扣双联行动总体目标和阶段性任务，不断拓展和深化委员助推双联行动。组织开展以"夯基础、抓培训、育产业、促发展"为主要内容的能力提升年活动，组织省政协联系的18个县的政协组织就双联行动开展"互看互学"活动，进一步激发委员参与热情，提高整体工作水平。把发挥各级政协组织、广大政协委员、政协机关干部的作用有机结合起来，统筹谋划、协调推进政协机关双联行动和委员助推双联行动，形成全省政协系统上下一心抓双联的强大合力。

（四）着眼于发展社会主义民主政治，推动人民政协协商民主依法有序活跃开展

推进协商民主是政协组织的重大任务。全省政协系统要按照中央和省委关于全面推进依法治国、加强协商民主建设的部署要求，牢固树立法治理念，进一步明确协商内容、完善协商形式，推动政协协商与党委政府工作有效衔接，探索推进政治协商、民主监督、参政议政制度建设，不断提高人民政协协商民主制度化、规范化、程序化水平。

推动完善人民政协依法协商制度体系。要按照省委统一部署，积极参与制定贯彻落实中央关于加强社会主义协商民主建设的意见的《实施意见》。按照全国政协的部署，加强与省委省政府办公厅等部门的沟通联系，就政协每年和党政部门开展协商活动的议题、程序、成果运用等作出明确规范。参与制定《甘肃省人大常委会立法协商办法》，积极开展立法协商，切实发挥政协委员在立法中的作用。深入推进基层政协协商民主试点工作，及时总结经验，形成

制度机制。充分发挥省政协理论研究会和推进人民政协协商民主专题研究小组的作用，继续加强人民政协协商民主理论研究，推动我省协商民主工作制度不断完善。

加强和改进月协商座谈会工作。要按照中央"完善政协会议及其他协商形式""完善协商座谈会制度"的要求，认真总结经验，进一步完善省政协月协商座谈会工作机制，推进月协商座谈会规范有序开展。紧扣经济社会发展的重要问题和人民群众关注的热点难点问题，科学选择协商议题。丰富协商形式、扩大协商面、激发协商积极性，努力营造既畅所欲言、各抒己见，又理性有度、合法依章的良好协商氛围。及时梳理协商成果，加强对成果采纳落实的跟踪反馈。

把加强民主监督作为推进协商民主的重要方面。俞正声主席指出，政协要紧紧围绕法治中国建设认真履行民主监督职能，切实加大监督力度。全省政协系统要围绕促进中央和省委关于依法治国各项部署的落实，把握政协《章程》规定，着眼重要法规条例制定实施中的薄弱环节，司法、执法等领域群众反映强烈的问题等，运用协商会议、视察、提案、反映社情民意信息、大会发言、特约监督员等方式，有序有效开展民主监督。加大对有深度并具监督性和批评性意见建议的新闻宣传力度，扩大社会对政协民主监督的认知度。

（五）切实加强自身建设，努力提升政协履职的现代化水平

自身建设是政协履职的重要保证。全省政协系统要按照省委关于"政协要努力提升人民政协履职的现代化水平"的要求，以加强党的建设为核心，以加强作风建设为关键，以加强能力建设为保障，切实推动自身建设，努力提升履职能力和水平。

加强政协党的建设。要始终坚持中国共产党的领导，按照"党要管党、从严治党"的要求，切实加强政协组织中的中共党组织建设，严格党内政治生活，认真贯彻民主集中制。要加强纪律建设，把守纪律讲规矩摆在更加重要的位置来抓，全省政协系统的党员干部都要讲政治、讲纪律、讲规矩、讲正气，坚决反对"七个有之"，特别是党员领导干部要严格自律、以身作则，在守纪律、讲规矩上作出表率。通过加强政协党的建设，努力发挥好党组的领导核心作用、支部的战斗堡垒作用和党员的先锋模范作用，把中国共产党的主张落实到政协的各项工作之中，落实到社会各界的广泛共识和共同行动之中。

加强政协作风建设。认真贯彻中纪委十八届五次全会精神，按照省委构建"3783"党风廉政建设主体责任体系和省政协党组《关于落实党风廉政建设主体责任的实施办法》的要求，坚持以上率下，层层传导压力，强化责任追究，推动责任落实，始终保持政协机关风清气正、廉洁自律的良好形象。深入贯彻中共中央八项规定和中共甘肃省委"双十条"规定，持之以恒开展作风教育，坚定不移反对和纠正"四风"，在坚持中见常态，向制度建设要长效，推动政协作风持续改善。要严格执行教育实践活动以来制定修订的各项制度办法，进一步规范工作程序，细化落实措施，引导政协委员和机关干部树牢履职为民思想、守土有责意识、干事创业观念和开拓创新精神，努力提振精神状态，提高工作效率。

加强政协能力建设。按照全国政协的部署，修订《省政协委员履行职责管理办法》，制定《省政协专委会工作通则》，坚持一手抓制度的完善，一手抓全年各项工作与广大委员、各专委会、机关各部门的衔接落实，力求在有效发挥委员主体作用和专委会基础性作用上取得新的突破。要认真开展"工作落实年"活动，靠实工作责任，加强督促检查，做到谁的责任谁落实、落实不力要追究。要改进调研视察报告、建议案等调研成果的形成模式，坚持调研力量主要依靠委员、意见建议主要来自委员。要更加重视发挥民主党派的作用，政协组织的协商议政活动多吸收党派的代表参加。要加强界别活动，把委员更加有效地凝聚起来、团结起来，把蕴藏在委员身上的力量发挥出来。要加强与省直对口部门的联系协商，进一步畅通工作渠道。要加强对市县政协的有效联系和工作指导，帮助市县政协提升工作能力，积极吸收市县政协参与省政协重大调研视察、重要会议、重要活动，推动形成全省政协一盘棋、齐心协力促发展的良好局面。

各位委员、同志们，改革发展的重任责无旁贷，时代赋予的使命无尚光荣。让我们更加紧密地团结在以习近平同志为总书记的中共中央周围，高举中国特色社会主义伟大旗帜，同心同德、群策群力，团结奋进、开拓创新，为加快全面建成小康社会进程、建设幸福美好新甘肃作出新的更大贡献，谱写我省人民政协事业新篇章！

在全省扶贫工作会议上的讲话

中共甘肃省委副书记　欧阳坚

（2014 年 2 月 26 日）

同志们：

这次全省扶贫工作会议，是研究部署今年扶贫开发工作的重要会议。刚才，甘南等6个市州和省交通厅、省水利厅就本地本部门的扶贫开发工作作了很好的发言，听了很受启发，希望各地各单位认真学习借鉴。

去年对我省扶贫攻坚工作来说，是很不平凡的一年。习近平总书记、李克强总理、俞正声主席和汪洋副总理来我省视察，对扶贫开发工作作出重要指示。省级四大班子深入开展扶贫开发大调研，省委省政府确定实施“1236”扶贫攻坚行动，并专门出台了“意见”，召开了全省扶贫攻坚推进大会，进一步明确了全省扶贫攻坚的工作思路、目标任务、政策措施和保障机制，在全省形成了思想大统一、力量大聚合、工作大推进的良好局面，扶贫开发决心之坚、力度之大、成效之好前所未有。去年，我省农村贫困人口收入增幅比全省平均水平高2个百分点，甘州区和肃南县整体脱贫，减少贫困人口140万人，贫困发生率降至26.5%，较2012年下降6.7个百分点。易地扶贫搬迁、整村推进、农村道路、危房改造、金融扶贫等工作都实现了新的突破，贫困群众生活不断改善，贫困地区脱贫致富步伐明显加快。取得这样的优异成绩，是全省上下共同努力的结果，是社会各界关心支持的结果，特别是贫困地区干部群众付出了艰辛努力。在此，我代表省委省政府向贫困地区干部群众，向所有关心支持我省扶贫开发事业的社会各界人士表示衷心的感谢，致以崇高的敬意！

今年是为全面建成小康社会打下坚实基础的重要一年，是深入实施“1236”扶贫攻坚行动的关键一年。下面，我就做好今年的扶贫开发工作讲三点意见。

一、深刻认识推进扶贫攻坚的重大意义，进一步增强责任感和使命感

贫困问题一直是制约我省经济社会发展的重大瓶颈，实现脱贫致富是全省人民的强烈期盼。扶贫开发不仅是经济问题、民生问题，也是政治问题、社会问题。我们必须从战略和全局的高度，清醒而深刻地认识扶贫开发的重大意义。

第一，深入推进扶贫攻坚，是充分体现社会主义制度优越性的内在要求。习近平总书记指出，“消除贫困、改善民生、实现共同富裕，是社会主义的本质要求”，“贫穷不是社会主义。如果贫困地区长期贫困，面貌长期得不到改变，群众生活长期得不到明显提高，那就没有体现我国社会主义制度的优越性，那也不是社会主义”。因此，扶贫开发是关系我们党和国家政治方向、根本制度和发展道路的大事。要坚定不移地走中国特色社会主义道路，就必须加快扶贫开发步伐，使贫困地区的人民尽快过上幸福美好生活。

第二，深入推进扶贫攻坚，是实现与全国一道全面建成小康社会宏伟目标的必然选择。与全国一道全面建成小康社会、建设幸福美好新甘肃，是全省人民的美好梦想。习近平总书记强调：“全面建成小康社会，最艰巨最繁重的任务在农村，特别是在贫困地区。没有农村的小康，特别是没有贫困地区的小康，就没有全面建成小康社会。”从我省的情况来看，贫困面大、贫困程度深、致贫因素多、脱贫难度大的状况，仍然是制约我们小康社会进程的重要瓶颈。据统计，我省贫困发生率居全国第二，仅次于西藏，三大片区贫困发生率均为70%左右；扶贫工作成本比西部其他省的重点县高出约25%-35%；贫困地区农民人均纯收入与全国呈不断拉大的趋势，扶贫工作重点县农民人均纯收入与全国农民人均纯收入的差距由2001年的1213元扩大到2013年的4624元，与西部其它省份的差距也在明显拉大。因此，只有通过大力推进扶贫开发，才能确保贫困地区按期实现脱贫致富，才能实现与全国一道全面建成小康社会的战略目标。

第三，深入推进扶贫攻坚，是促进民族团结、维护社会和谐稳定的现实需要。从当前看，贫困是影响党群干群关系、民族团结、社会和谐稳定等诸多问题的根本性因素。民族地区发生的一些暴力恐怖事件、自焚事件和影响团结的纠纷，都与贫困落后密切相关。因此，要巩固和扩大党执政的群众基础、实现贫困地区的和谐稳定与民族地区的长治久安，就必须下功夫解决贫困落后问题，使发展成果更多更公平地惠及广大群众。

总之，加快推进扶贫攻坚对于全省改革发展稳定有着重大的现实意义和深远的历史意义。各级党委政府要充分认识扶贫开发工作的极端重要性，更加自觉地把扶贫攻坚作为全面建成小康社会的重中之重、作为民生工程的重中之重、作为检验和考核干部政绩的重中之重，切实增强推进扶贫攻坚的责任感和紧迫感，迎

难而上，开拓进取，全力推进新一轮扶贫攻坚。

二、牢牢抓住重点工作任务，切实提高扶贫攻坚实效

当前，深入推进扶贫攻坚既面临着有利条件和重大机遇，也面临着严峻挑战。从有利条件看：一是中央对扶贫开发的重视和支持力度前所未有，明确要求全党全国全社会合力扶贫，进一步加大对西部地区的支持；在启动实施片区扶贫规划的同时，又制定出台了《关于创新机制扎实推进农村扶贫开发工作的意见》，再加上丝绸之路经济带战略构想的实施，都为我们进一步推进扶贫攻坚提供了难得机遇。二是全省上下推动力度前所未有，省委省政府制定出台并深入实施“1236”扶贫攻坚行动的“意见”，强化了政策保障，举全省之力推进扶贫攻坚已成为全社会的共识。三是支撑扶贫开发的物质基础前所未有，多年来的扶贫开发已经打下了良好基础，而且随着这几年全省经济持续快速发展，支持扶贫开发的能力明显增强。四是社会各方面的关心支持前所未有，中央各单位、省内省外都对参与扶贫开发表现出高度的积极性主动性。但与此同时，我们也要清醒地认识到，当前和今后一个时期的扶贫开发工作，啃的是“硬骨头”，蹚的是“深水区”，打的是“攻坚战”，要如期使552.2万贫困人口脱贫，任务异常艰巨繁重。目前我们在项目建设、资金使用、资源整合、责任考核等工作方面也还存在着不少问题。所以，我们既要抓住机遇，充分利用好有利条件，也要认真解决工作中存在的突出问题，积极应对面临的挑战，以更加坚定的信心、更加务实的举措、更加良好的作风，坚决打赢扶贫开发这场硬仗。

按照中央有关会议和文件精神，结合我省实际，当前和今后一个时期，全省扶贫开发工作总体要求是，深入实施“1236”扶贫攻坚行动，坚持以集中连片特困地区为主战场，紧紧围绕贫困对象持续快速增收这个核心，充分发挥“双联”行动平台作用，着力构建政府、市场、社会协同推进的大扶贫开发格局，努力在基础设施建设、富民产业培育、易地扶贫搬迁、公共服务保障、能力素质提升和工作机制创新等方面取得新的更大进展，走出一条统筹扶贫、精确扶贫、开放扶贫、“造血”扶贫、生态扶贫相结合的脱贫致富路子。今年的主要目标任务是：扶贫对象年均纯收入增幅高于全省平均水平2个百分点以上，减少贫困人口140万人，8个县区整体脱贫。

围绕实现这一目标，今年要重点抓好五个方面的工作。

*一要在基础设施建设上取得新进展。*突出基础设施建设优先取向，继续下功夫在农村公路、安全饮水、危房改造、农网升级改造方面实现新突破。农村公路方面，要抓住中央大力支持中西部地区综合交通体系建设的难得机遇，加快建设进程，确保建成通村道路1万公里，乡村客运站、停靠点1300个。水利方面，要加快引洮供水等骨干调水工程和“五小”水利工程建设，确保今明两年解决贫困地区剩余的农村居民和学校师生饮水安全问题。危房改造方面，要全面普查认定贫困地区存量危房，优先帮助解决住房最危险、经济最贫困农户的住房问题，完成农村危房改造20万户。农网改造升级方面，今年年底解决大电网延伸范围内无电户用电问题。同时，要认真实施改善农村人居环境行动计划，按照千村美丽、万村整洁、水路房全覆盖的要求，加强农村环境综合整治，建设幸福美好家园。

*二要在富民产业培育上取得新进展。*大力实施“一县一业”产业对接和“一村一品”产业培育工程，努力把贫困群众的增收支柱做大做强。一是积极稳妥推进农村土地流转，加快健全土地经营权流转市场，完善县、乡、村三级服务和管理网络，大力发展多种形式适度规模经营。二是加快发展农民专业合作社，允许财政项目资金直接投向符合条件的合作社，引导农民以土地、资金入股发展股份合作、专业合作，支持有技术专长和经营管理能力的农村能人领办创办农民专业合作社，放大和发挥合作社在技术、管理、资金等方面的优势，示范带动更多的农民开展专业化、标准化、集约化生产。三是大力发展农业产业化龙头企业，引进和培育辐射带动能力强的加工、流通、营销等龙头企业，鼓励和引导工业企业投资现代农业发展，以工业化的思维和方式发展现代农业，培育明星企业、名牌产品。

*三要在易地扶贫搬迁上取得新进展。*易地搬迁是扶贫攻坚的难点，必须集中攻坚，确保年内完成4.15万户20万贫困群众的易地搬迁任务。首先，要坚持科学规划，把移民搬迁与危房改造、游牧民定居、城镇化建设、工业园区及现代化产业基地建设等紧密结合起来，使搬迁移民从事高效农业和二三产业，使有条件的转为城市居民和产业工人，稳步脱贫致富。其次，要大力发展配套产业。产业是确保搬得出、稳得住、能发展、可致富的前提和基础，要提早谋划。比如，天祝县、古浪县在统一规划的基础上，提前建设产业基地，探索出搬迁移民户均3亩经济林、2亩设施农业、2亩高效节水田“322”的扶贫模式，实现了当年下山、次年脱贫、三年致富，值得各地学习借鉴。第三，要建设完善生活和公共服务设施，水电路和学校、卫生室、文化场所建设要同步配套，还要抓好设施的使用、管护和村庄的美化绿化，建一片成一片，成一片再建一片。

*四要在公共服务上取得新进展。*扶贫开发一定要坚持不懈地补上公共服务薄弱这个短板。重点要抓好四个方面：一是着力解决当前的突出问题，重点解决好小学三年级以下学生就近入学、村卫生室及设备不达标和医务人员缺乏、文化设施空白欠缺问题。二是大力提高公共服务保障水平，实现贫困地区九年义务教育巩固率达到87%，标准化村卫生室覆盖率达到55%，标准化村文化活动室覆盖率达到10%，新农合参合率达到95%以上。三是加强科技服务，完善科技特派员制度，鼓励科技项目和科技人员进村入户，推动科技资源与扶贫项目直接挂钩，大力提高科技扶贫能力。四是要加强农村低保与扶贫开发的有效衔接，既要做到应保尽保，又要解决好关系保、人情保等问题。

*五要在劳动力培训输转上取得新进展。*要始终把加强劳动力培训，培养有文化、懂技术、会经营的新型农民作为扶贫开发的重点来抓。注重培养和造就一批种田能手、农机作业能手、科技带头人和企业经营人才，发挥能人经济的示范带动作用，通过提高农民素质从根本上拔掉穷根。一是要整合培训资金资源，在县一级统筹使用，明确各培训主体责任，提高培训资金的使用效益。二是扩大培训覆盖面，以农村青壮年和“两后生”为重点，确

保转移就业技能培训覆盖所有贫困家庭和所有新增“两后生”，农业实用技术培训覆盖所有中青年农业劳动力，创业技能培训覆盖所有有创业意愿的劳动者。三是大力推行订单、定向培训，以上门培训、就近培训、就业基地培训等方式大力提高培训针对性、有效性和便捷性，注意帮助解决贫困群众参加培训时的交通、住宿等实际困难。四是打造劳务品牌，切实抓好转移就业组织和服务工作。

三、加快推进体制机制创新，为扶贫开发提供有力的制度保障

当前，扶贫开发到了攻坚克难的关键时期，靠传统方式、单项措施、常规手段已难以奏效，必须通过改革创新形成更加协调、更有效率、更可持续的扶贫开发新体制新机制，全面提高扶贫开发效果。根据中央办公厅、国务院办公厅《关于创新机制扎实推进农村扶贫开发工作的意见》和我省的《实施方案》，重点要创新六个方面的机制。

第一，改革贫困县考核机制。考核是个指挥棒，上面考核什么，下面就集中精力干什么。长期以来，贫困地区与其他地方一样，政绩考核偏重于GDP，导致这些地方把工作重点放在招商引资、做大GDP上。不改革这种考核机制，扶贫开发“县抓落实”就是一句空话。要全面落实《甘肃省扶贫攻坚工作业绩考核评价办法》，对58个片区县由主要考核GDP转向主要考核扶贫开发工作成效，把提高贫困人口生活水平和减少贫困人口数量作为主要指标，引导贫困地区党政领导班子和领导干部把工作重点转到扶贫开发上来。要加强考核结果运用，把考核结果作为领导班子配备和干部提拔任用的重要依据。

第二，建立精准扶贫工作机制。底数不清、情况不明、指向不准、针对性不强，是长期困扰扶贫开发工作的老大难问题。因此，必须实施精准扶贫方略，切实摸清谁是贫困人口、贫困程度如何、为何贫困、怎样脱贫、谁来帮扶，逐户建档立卡，因户施策，做到精准化识别、针对性扶持、动态化管理，扶真贫、真扶贫，把“大水漫灌”变成“滴灌”。要完善完善省、市、县三级扶贫开发统计与贫困监测制度，及时掌握贫困动态，真正把帮扶到户要求落到实处。

第三，健全“双联”帮扶和逢提必下机制。实践证明，“双联”行动是助推扶贫开发的制度性平台和强大动力。要把“双联”行动进一步融入扶贫开发大局，围绕三运书记在全省“双联”行动大会上提出的政策宣传系统化、基础设施配套化、富民产业多元化、技能培训规范化、资金支撑持续化五项重点工作，瞄准最贫困的乡村、最困难的群体、最需要解决的问题，找准联村单位和联户干部能做的事情，盯紧任务精准发力，持之以恒有所作为，充分发挥“双联”行动助推扶贫攻坚的强大作用。同时，要严格落实“逢提必下”制度，新考录和没有基层工作经历的公务员，全部安排到贫困乡、村锻炼。

第四，改革财政专项扶贫资金使用机制。近年来，各级财政不断加大扶贫资金投入，但资金的使用和管理存在不少问题。从对各地扶贫资金的审计情况看，贪污侵占、虚报冒领、挤占挪用、损失浪费等现象普遍存在，令人触目惊心。扶贫资金是贫困群众的“保命钱”和减贫脱贫的“助推器”。管好用好资金，是党委政府的重大责任。首先要管好资金，关键要做到“简政放权、公开透明、依法严管”，项目审批权限原则上下放到县，省市两级将主要精力放在规划制订和资金项目监管上。要向社会公开扶贫项目、资金，让公共资金在阳光下运行。要搭建“高压线”，对敢于触线、贪污侵占挪用扶贫资金等违纪违法行为，要严肃问责、严格处理。其次要用好资金，重点要解决负向激励和“撒胡椒面”等问题，探索引入竞争机制，试点包干机制，提高扶贫项目培训资金比例，加大政府购买公共服务力度，在县一级加大扶贫和涉农资金整合力度，集中用于某一方面或用于扶贫的重大项目，解决突出问题。

第五，完善金融扶贫机制。要总结推广已经取得的成功经验，努力在金融扶贫上取得新的更大突破。进一步创新扶贫资金运作模式，加强财政资金与金融资金协调配合，发挥政策性金融的导向作用，利用好国家开发银行的中长期贷款。加大财政贴息规模，用于扶持发展产业的资金原则上都要用于贷款贴息，同时要扩大政府性担保基金规模，引导和鼓励商业性金融机构创新金融产品和服务，在贫困地区延伸服务网点、加大信贷投放、强化金融服务。加快推进双联惠农贷款、牛羊蔬菜产业贷款、妇女小额信贷、易地扶贫搬迁农户建房贷款等工作。积极探索推进土地承包经营权、宅基地使用权、林权、集体收益分配权抵（质）押贷款，有效提高农民贷款抵押能力。加快扶贫对象信用评定工作，推进信用体系建设。

第六，创新社会参与机制。随着经济社会的发展和收入水平不断提高，现在社会上关心扶贫事业、关爱困难群众的人越来越多，关键是要有好的机制和办法，让想扶贫的能扶得上、想捐赠的能捐得上、为扶贫作出贡献的能得到荣誉。今年要在帮扶力量内引外联上取得更大突破。要建立社会扶贫信息平台，及时公布需要帮扶的信息，引导各类企业、社会组织、个人以多种形式帮扶农村困难群众。要建立社会扶贫参与平台，让各类愿意参与扶贫的力量能方便地找到服务机构，实现扶贫力量和扶贫对象的有机对接。要形成有效的监管机制，确保善款直接用于扶贫对象，实现捐助者意愿，维护社会扶贫良好信誉。要建立健全社会扶贫表彰奖励制度，定期表彰奖励社会扶贫先进单位和个人。要加大社会扶贫典型事迹的宣传力度，在全社会营造关心扶贫、支持扶贫的浓厚氛围。要力争实现省级领导干部联系村省外帮扶力量全覆盖，三分之一以上的省直单位联系村有社会力量结对帮扶。

同志们，扶贫开发是全党全社会共同的责任。全省各级党委政府要把扶贫开发工作列入重要议事日程，摆在突出位置，发扬钉钉子精神，坚持一张蓝图干到底。贫困地区各级党委政府要把扶贫开发作为首要任务，主要负责同志要切实履行第一责任人责任，做到有目标、有计划、有措施、有检查、有奖惩，确保扶贫开发规划目标如期实现。全省上下要进一步统一思想、凝聚力量，努力为贫困地区与全省全国一道全面建成小康社会做出新的更大贡献！

抢抓“一带一路”战略机遇 力促甘肃旅游快速发展

按照习近平总书记提出的“一带一路”战略构想，省委省政府出台了《“丝绸之路经济带”甘肃段建设总体方案》，甘肃省旅游系统认真贯彻落实国务院及省委省政府关于促进旅游业改革发展的重大部署安排，抢抓丝绸之路经济带黄金段和华夏文明传承创新区建设等战略机遇，加快旅游改革创新，推动全省旅游迈上了新的台阶。2014年甘肃省共接待国内外游客1.26亿人次，旅游综合收入780.2亿元，为甘肃省经济新常态下调结构、稳增长提供了重要支撑。

一、丝绸之路旅游经济带建设的总体思路

丝绸之路是两千多年来东西方之间最重要的陆路通道，是亚欧各国间政治、经济、文化交流的友谊桥梁，是中西文明相互吸引、相互借鉴、相互滋润的文明之路。习近平总书记提出共建“丝绸之路经济带”的战略构想和“政策沟通、道路联通、贸易畅通、货币流通、人心相通”的总体思路，特别强调国之交就必须加强人民友好往来，增进相互了解和传统友谊，把旅游业推上了一个新的历史舞台。

甘肃地处丝绸之路的黄金路段和枢纽地带，东西连接陕西新疆青海，南北辐射四川、宁夏，位于西北地区的中心地带，成为丝绸之路连接中亚西亚的天然走廊和重要通道。甘肃丝绸之路沿线，由东到西分布有8座中国优秀旅游城市，向南北可以辐射带动省内其他市州，这种特殊的区位和独特的文化旅游资源优势，成为丝绸之路跨区域合作的重要基础和依托。旅游是民间外交，具有很强的排头兵和带动作用。大力发展旅游业有助于带动整体向西开放，为丝绸之路经济带建设作出贡献。

建设甘肃丝绸之路旅游经济带，要强化兰州、敦煌、酒泉、嘉峪关、张掖、天水、平凉等六大支点城市重点文化旅游产品和服务体系建设，深化区域联动发展，实现甘肃丝绸之路旅游经济带建设一个目标；通过打造敦煌国际文化旅游名城，建设甘肃旅游大景区，举办敦煌行·丝绸之路国际旅游节，构建旅游合作三大平台；通过完善旅游交通网络、强化旅游景区建设、打造旅游节会品牌、夯实节点支撑基础、推动旅游区域合作，完成五类重点工作任务。积极配合支持国家旅游局牵头编制丝绸之路经济带旅游发展规划，加强与周边省区旅游规划的衔接。

二、2014年甘肃丝绸之路旅游经济带建设方面所做的主要工作

（一）认真贯彻落实中央和省委重大决策部署。一是及时贯彻落实国务院关于促进旅游业改革发展的决策部署。国务院31号文件出台以后，甘肃省及时出台了《中共甘肃省委、甘肃省人民政府关于促进旅游业改革发展的意见》（甘发〔2014〕20号），提出了实施旅游强省战略及建设20个大景区、50个旅游名城名镇、50个旅游年收入过亿元的企业集团，形成6大品牌线路的“12556”发展思路目标。12月22日，甘肃省委省政府隆重召开全省旅游发展大会，开拓了甘肃旅游产业的新局面。二是集中研究解决旅游业改革发展的重大问题。2014年省旅游产业发展领导小组召开了5次全体（扩大）会议，对丝绸之路大景区建设、文化旅游深度融合、敦煌国际文化旅游名城建设、国家中医药养生保健旅游创新区建设、河西五市旅游联动发展等重大问题进行专题研究，推动旅游业改革发展各项工作迅猛推进。三是加快丝绸之路经济带甘肃旅游黄金段建设及华夏文明传承创新区建设。组织了5场调研座谈会，完成了丝绸之路文化旅游经济带课题研究，制定了《甘肃丝绸之路旅游经济带建设实施意见》和《关

于加快推进文化和旅游深度融合发展的实施意见》。推进了敦煌国际文化旅游名城建设和敦煌旅游综合改革试点工作，在旅游管理体制改革、大景区项目建设、国家旅游标准化试点、智慧旅游城市试点等方面取得了重大突破。

（二）*全力推进丝绸之路经济带大景区建设*。编制下发了《甘肃丝绸之路经济带建设大景区规划纲要》，形成了全省建设20个大景区、30个精品景区、50个特色景区的"235"景区建设体系及"大景区管委会+旅游开发公司"的体制改革模式。2014年，全省大景区续建新建项目146个，涉及投资844.1亿元，实际完成投资77.1亿元。其中，新开工项目61个，总投资135.3亿元，实际完成投资23.6亿元。

围绕大景区建设，延长产业链条，拓宽发展空间，加快旅游产业全链条项目建设。2014年，全省招商签约旅游项目268个，签约金额1315.6亿元，比上年分别增长44.08%和11.4%。全省共开工旅游项目665个，涉及投资2295.83亿元，实际完成投资331.93亿元，比上年增长29.97%。争取到国家各类旅游项目资金1.1542亿元，比上年增长38.33%。敦煌"龙兴天下"、永昌骊靬古城、兰州仁寿山、黄河楼、嘉峪关华强方特欢乐世界等一大批投资20亿元以上的旅游大项目正在加快建设。张掖丹霞景区快速通道建设、武威莫高国际生态葡萄酒堡等项目即将完工。通过项目建设，景区质量明显提升，去年新增和晋级4A级景区16家，3A级11家，目前全省A级景区达到215家。

（三）*着力推动旅游与文化等产业深度融合发展*。一是不断完善文化旅游深度融合思路目标。制定下发《关于加快推进文化和旅游深度融合发展的实施意见》，形成了打造敦煌1座国际文化旅游名城，建设20个文化旅游大景区、20个重点文化旅游产业园、20家文化旅游骨干企业、30个历史文化名城名镇、50个投资规模10亿元以上的战略性文化旅游项目的"122235"文化旅游产业体系。全省以文化为主题的旅游景区达到65个，其中4A级以上26个；建成文化旅游项目240个，实际完成投资568亿元。兰州非物质文化遗产陈列馆、敦煌莫高窟游客服务中心、和政古生物化石馆等标志性文化旅游项目已建成开放。二是加快旅游与中医药养生融合发展。编制并实施《陇东南国家中医药养生保健旅游创新区建设总体规划》，建成了天水中医药生态旅游区、庆阳中医药文化博物馆、平凉崆峒国医养生馆、定西中医药旅游生态园、陇南中医药养生度假旅游区等一批中医药养生旅游项目，全省有52个旅游景区开展中医药养生保健服务，排名全国第一位。三是推动河西五市旅游联动发展。按照华夏文明传承创新区建设"1313"总体布局，编制并启动实施《河西五市旅游联动发展总体方案》，以打造河西走廊国际旅游目的地为目标，推进实施河西五市旅游联动发展。四是加快发展乡村旅游，推动旅游与农业与扶贫的融合。积极开发城郊休闲、农业观光、民俗体验等乡村旅游产品，组织开展乡村旅游示范县、示范点创建工作。2014年，甘肃省建成旅游专业村92个，农家乐2138户，旅游专业村累计达到447个，农家乐9115户，带动就业人员9.45万人，乡村旅游消费收入46.5亿元。创建全国休闲农业和乡村旅游示范县1个，累计达到4个；创建示范点3个，累计达到12个。国家已确定甘肃省58个县464个行政村为全国乡村旅游扶贫重点村。探索乡村旅游扶贫模式，初步形成了景区辐射型、通道景观型、城郊休闲型、农业观光型、养生保健型等乡村旅游扶贫模式，甘肃的做法在全国旅游扶贫座谈会上进行了经验交流。

（四）*成功举办第四届敦煌行·丝绸之路国际旅游节*。精心策划节会活动，14个市州和有关厅局共举办了43项分项节会，举行双百旅行社考察踩线、旅游推介等一系列产品对接和市场营销活动。敦煌行节会被国务院节会办批准为永久性举办的重要节会，成为服务丝绸之路沿线国家和地区的国际性旅游平台。开幕式期间举办了丝绸之路旅游产品展览会，吸引了5万多游客参观、购物，展会交易额突破3亿元。在为期一个月的敦煌行节会持续拉动下，全省接待游客1498.06万人次，实现旅游收入90.07亿元，分别较上年同期增长23.7%和25.6%。旅游节期间，签约旅游项目248个，签约金额1113.1亿元。节会受到国家旅游局高度评价，被国家旅游局推荐为国际性节会举办范例。同时，借助举办兰洽会、文博会、马拉松、金鸡百花电影节等各类大型节会和活动扩大旅游宣传，全面宣传展示了甘肃省的旅游形象和旅游产品。

（五）*不断创新宣传营销和市场开发载体*。突出整合宣传。全省整合6000万元，选择在5个类型19个广告平台上集中宣传甘肃旅游，全面提升旅游形象。联合周边省区及省内市州共同赴客源地市场开展推介促销，全年走出去促销近50余场次。突出抓区域合作。积极加入国家旅游局主导的"中国黄河旅游推广联盟""中国长城旅游推广联盟"，努力推进"丝绸之路（中国）旅游推广联盟"筹备工作，借助西北五省区协作区组织、川陕甘协作区会议等平台，努力将"丝绸之路""黄河文化""长城文化""红色旅游"等旅游产品纳入到国家级精品线路中，并不断提升其地位和影响力。突出抓网络营销。采用国际化网络营销模式，与脸书、携程、乐视网合作建立了全省旅游网络营销平台；强化微博、微信、手机APP营销；策划组织社交媒体达人营销团队来甘肃考察踩线；开始从"线下"营销向"线上"营销大步迈进。积极参与淘宝网"特色中国甘肃馆"线上线下馆建设，支持主要旅游企业在淘宝、天猫、京东、携程、去哪儿等知名第三方电子商务平台建立旅游旗舰店和特色产品专区，鼓励建设各种自营电商平台，实现了全省主要景区、旅游线路、宾馆饭店、旅游商品的在线交易。出台《关于鼓励旅行社"引客入甘"旅游的奖补办法》，调动旅游企业开拓市场的积极性。印制3万册"丝绸之路自驾车旅游护照"和500万张"敦煌卡"，向海内外客源市场赠送，重点宣传推广我省28家品牌旅游景区。突出抓冬春季旅游市场开发。策划推出了欢乐冰雪游、文化观光游、多彩民俗游、温泉养生游、兰新高铁丝绸之路游等冬春季旅游产品，促进了淡季市场增长。配合2014年冬春旅游季活动，甘肃省87家景区、旅行社和酒店推出优惠措施。

（六）加快旅游基础设施和公共服务设施建设。一是旅游交通得到改善。2014年，新开通兰州至新加坡、迪拜、第比利斯3条国际航线和首尔、曼谷、大阪等国际包机航线，加密台北航线，新开通3条“绚丽甘肃”号航线和多条国内航线，开通定期和临时国际航班10条，国内航线已联通45个城市。开行的“敦煌号”旅游列车成为游客从兰州至敦煌旅游首选的高品质旅游列车。兰新高铁全线通车，甘肃丝绸之路旅游正式进入高铁时代。建成高速公路300多千米以上，部分景区道路得到改善。兰州市开通了沿黄河风情旅游线运行的水上观光巴士。二是智慧旅游取得突破。组织开展“美丽中国之旅—2014智慧旅游年”活动，在兰州、敦煌市和鸣沙山、崆峒山景区开展了全省智慧旅游城市和智慧旅游景区省级试点，支持旅游企业打造全省智慧旅游综合服务平台，改版升级了省旅游局官方网站，建成了繁体中文、英文、日文、韩文旅游网页，实现了旅游投诉电话、咨询电话“联网”，建立了以各级旅游官方网站、12301旅游服务热线为主的旅游公共信息和咨询平台。三是配套接待服务能力得到提高。旅游星级酒店达到383家，旅行社达到511家，旅游直接从业人员达到32万人。在甘肃省11个市州布局建设20个自驾车基地营地，已建成酒泉卫星发射中心“金蜗牛营地”等9个，接待自驾车750万辆、3000万游客。各地景区游客中心、停车场、厕所等设施建设得到加强，部分市州启动建设了游客集散中心和班线车服务。

（七）深入贯彻实施《旅游法》，规范市场秩序。深入贯彻《旅游法》，在全国率先建立了省级旅游市场综合监管机制和旅游投诉统一受理机制，研究制定了《甘肃省旅游安全管理暂行办法》等9项法律配套制度。会同有关部门深入开展了为期半年的旅游市场专项整治行动，注销管理混乱的旅行社13家，吊销严重违法违规的旅行社2家，责令限期整改的旅行社15家，处罚违规导游32人，取消17家服务品质不达标的饭店标志，确保了全省旅游市场规范有序。甘肃省《旅游法》落实工作得到了甘肃省人民代表大会常务委员会检查组的充分肯定。以营造良好旅游产业发展环境为导向，在全省开展了旅游满意度调查工作，为各地改善旅游发展环境提供了科学依据。积极推进旅游标准化创建工作，嘉峪关市、甘肃阳光大厦成功创建为全国第二批旅游标准化示范城市和单位，敦煌市列入全国第三批标准化城市全面推进试点。以“5·19”中国旅游日文明旅游宣传活动为契机，深入推进落实文明旅游宣传引导、劝阻不文明行为的长效管理机制，取得了明显成效。

（八）全面落实监管职责，确保旅游市场安全。甘肃省旅游部门积极推进各级政府按照《旅游法》规定，将旅游安全纳入政府统一管理。一是实行责任管理。各级旅游主管部门层层签订了《旅游安全监管承诺书》，市州、县区旅游部门与全省511家旅行社签订了《旅游安全目标责任书》。配合有关部门督促全省旅游景区、星级饭店、旅游车船公司与主管部门签订了消防、食品卫生、特种设备等安全责任书。二是加强旅游安全防范提示。在节假日、极端气候、旅游高峰期、自然灾害等重要时期，及时在媒体和网站发布旅游安全提示，为广大游客做好旅游安全防范起到了积极作用。三是落实旅游安全责任保险。全省511家旅行社都按规定投保了责任保险，在旅游部门的积极努力下，水上、高空、高速探险等高风险旅游项目，旅游景区、旅游车船公司等经营单位普遍投保了责任保险。四是开展专项整治。深入开展了“安全生产三项行动”“六打六治”等旅游安全专项整治行动，开展安全检查43次，出动检查人员925人，检查出一般安全隐患92个并全部整改落实到位，旅游安全形势保持了稳定有序。

（九）加大人才培训力度，进一步提高旅游队伍素质。一是进一步加大旅游管理干部教育培训力度。选拔推荐7人参加了国家旅游局和省里举办的研讨班、培训班，组织21名藏区旅游管理干部参加甘肃、青海藏区旅游经济发展研讨班，组织20名红色旅游经典景区管理干部参加全国红色旅游专题培训班，组织甘肃省旅游局处级以下46名公务员参加了诚信教育专题远程网络培训，形成了全方位、多层次旅游干部教育培训格局。二是开展送教上门培训。组织旅游专家教授赴张掖、临夏、甘南等地送教上门培训382人次，为市州旅游发展提供了智力帮助。三是创新人才培训机制。实施“甘肃旅游网上大讲堂”工程，利用甘肃旅游网络培训平台，开展导游年审培训、导游岗前培训、导游资格考试培训、出境旅游领队培训，全年累计培训7289人次。开发了甘肃旅游手机培训平台，推出手机“微课堂”，并实现网络和手机两个平台同步共享，为下一步建立导游研修“云课堂”奠定了课程基础。

三、进一步加快丝绸之路旅游经济带发展需要努力的方向

加大旅游大景区的开发利用力度，开发面向城乡居民的多样化的旅游产品，增强旅游产品吸引力，提升境内外旅游市场开发力度，增加过夜游客数量和游客消费，提高旅游的“可进入性、可驻足性、可消费性、可回头性”，将是甘肃省加快旅游市场开发、促进产业跨越发展的关键环节。

一是加快以交通为主的旅游公共服务体系建设，增加游客可进入性。注重旅游交通建设，解决交通短板问题，结合省委省政府丝绸之路经济带甘肃段“6873”交通突破行动和全省道网规划，实现对内对外公路畅通、铁路联通、航路广通3大突破，进一步做好与丝绸之路经济带沿线国家重要节点城市、与国内、省内重要旅游、商贸城市的航线和铁路连接，确保甘肃所有大景区的公路

畅通，切实解决景区“最后一公里”问题。全力推进交通建设现代化、立体化、产业化、惠民化和国际化，建立适应经济社会发展需要的现代综合交通体系，为打造丝绸之路经济带甘肃黄金段、为旅游大省向旅游强省的转变奠定更加坚实的基础，也为国内外游客进出甘肃提供更加便捷、快速、优质的公路、铁路和航空旅游交通服务和环境。同时，着力推动新一轮旅游厕所革命，尽快出台《甘肃省旅游厕所建设管理行动实施意见》，进一步明确支持政策和保障措施。

二是加快旅游大景区建设，增强游客可驻足性和回头性。当前旅游市场已经开始向国民需求、大众需求调整，结合甘肃国内游市场的蓬勃发展及自驾游、自助游占到市场90%以上且仍逐年上升的趋势，各大景区应加快体制机制改革创新，理顺资源管理机制，成立大景区管理委员会，组建旅游投资公司，因地制宜拓展核心游览区空间，建设参与性、体验性、娱乐性、互动性项目，开发观光、休闲、度假与探险、养生、科普等相结合的高品质复合型旅游产品。加快旅游城镇目的地建设，全面启动游客中心、停车场、指示标识系统、安全设施等基础设施和公共服务设施项目建设，提升以大景区为重点的旅游产品和核心目的地的整体影响力和吸引力。围绕大景区建设，完善自驾游服务体系，加快推进敦煌、嘉峪关、永昌、天祝、永靖、和政、合作、玛曲等系列自驾游基地营地建设，形成遍布甘肃、完整的自驾游服务网络；进一步提高游客对甘肃的关注度以及在甘肃的停留时间。

三是拉长旅游产业链条，增加产品可消费性。结合2014年游客满意度调查结果来看，游客对目的地的整体环境、公共服务和基础接待设施的关注程度日益增强。甘肃旅游产业发展应更加重视城乡居民旅游休闲生活的诉求，在现有“吃、住、行、游、购、娱”旅游六要素基础上拓展“商、养、学、闲、情、奇”发展要素。完善旅游公共服务体系，优化旅游整体环境，提高旅游服务水平，重点要加快提升餐饮、购物、娱乐等旅游消费环节的服务能力和水平。强化产业融合，加大民俗、文化、休闲、娱乐、养生、体育等新业态产品开发，以完善的产品和服务增加游客停留天数，提高过夜游客旅游花费。完善旅游城市功能，推进城市旅游化、景城一体化，开工建设旅游集散中心、主要旅游服务功能街区等项目，组织开展旅游强县、特色旅游名镇、特色旅游名村创建工作，推动城市旅游和乡村旅游上台阶，提升游客一日游和乡村游消费。全面启动智慧旅游平台，推广使用旅游电子门票公共服务系统，不断扩大在线旅游交易规模。

四是扩大宣传促销，不断提升甘肃旅游知名度和影响力。常态化的旅游需求及增长已经成为国内旅游市场发展的动力。甘肃需要瞄准目标市场，进一步加大宣传促销和市场开发力度。国际市场方面，要借助丝绸之路经济带平台，加大开放力度，积极开通更多国际航线，争取外国游客来甘的落地免签政策。加强入境旅游产品策划包装，针对境外主要客源市场加大宣传促销投入，提高甘肃省旅游的国际营销能力，提升在国际旅游市场开发和宣传促销的主动性，借助“美丽中国 — 丝绸之路”“美丽中国 — 天下黄河”“美丽中国 — 古老长城”等推广活动，进一步扩大市场份额。国内市场方面，甘肃省要以增加过夜游客数量和比重为目标，注重创新策划和宣传方式，开展针对性、细分化的宣传促销，继续以周边省区和北京、四川、重庆、河南、河北、山西、山东等市场为重点，巩固并扩大市场份额。同时，要注重开发长三角和珠三角市场，增加市场的比重。甘肃省内市场方面，要以提高游客花费水平为目标，加快乡村旅游、农家乐和新业态旅游发展，丰富旅游活动内容，提升服务品位，注重开发休闲娱乐市场，多方位、多角度、多渠道吸引游客多来甘肃旅游。

五是加强文明旅游工作，营造良好旅游市场环境。要继续大力弘扬文明旅游，营造文明旅游环境；加强旅游安全预警和提示服务，保障广大旅游者合法权益；发挥好省级旅游市场综合监管机制，大力开展旅游市场专项整治，开展旅游安全专项检查和督查，确保全省旅游安全形势稳定；推进旅游星级饭店、景区、旅行社、导游标准化服务，全面提升甘肃旅游综合实力。

（供稿：武立谦）

一 月

1日　省委书记、省人大常委会主任王三运在兰州看望慰问节日期间执勤的公安民警。

2日　省委理论中心组集体学习会在兰州举行。会议集中学习习近平总书记关于作风建设的重要论述，重温中央政治局八项规定、党政机关厉行节约反对浪费条例以及省委"双十条"规定，书面学习省委常委会党的群众路线教育实践活动整改方案。

3日　省长刘伟平主持召开省政府第35次常务会议，审议并原则同意《甘肃省易地扶贫搬迁实施规划》《关于贯彻落实〈国务院关于加快发展节能环保产业的意见〉的实施意见》《甘肃省"十二五"石油和化学工业发展规划》《甘肃省城镇燃气发展规划（2014—2020年）》《甘肃省重点地质灾害防治专项规划（2014—2020年）》和兰州新区引进高层次人才支持政策；审议并原则通过《甘肃省石羊河流域地下水资源管理办法》。

7日　省委常委会在兰州召开会议，传达学习全国宣传部长会议精神，安排部署全省宣传思想文化工作，研究讨论全省第一批党的群众路线教育实践活动总结报告。

△　省十二届人大常委会第十六次主任（扩大）会议在兰州举行。

7-8日　省军区党委九届二次全体扩大会议在兰州召开。省委书记、省军区党委第一书记王三运出席会议并讲话。省军区党委书记、政委傅传玉代表省军区党委作工作报告，省军区党委副书记、司令员陈知庶讲话。

8-9日　省委书记、省人大常委会主任王三运分别到联系点省委巡视机构和省发改委，检查指导党的群众路线教育实践活动。

9日　省长刘伟平主持召开省政府与省总工会第十四次联席会议，决定提高省级劳模困难补助标准和农民困难劳模补助标准。

△　省十二届人大常委会第七次会议在兰州召开，决定任命罗笑虎、黄强为甘肃省副省长。

10日　全省农村工作会议在兰州召开。会议全面总结去年全省"三农"工作取得的成绩，深刻分析农业农村发展面临的形势任务，安排部署今年和今后一个时期的"三农"工作，讨论《中共甘肃省委甘肃省人民政府关于全面深化农村改革加快推进农业现代化的意见（讨论稿）》。

11日　全省安全生产工作会议暨省安委会2014年第一次全体会议在兰州召开。省委书记、省人大常委会主任王三运出席会议并讲话。省长刘伟平主持会议并就做好今年安全生产工作作出具体安排部署。

12日　省委常委会在兰州召开会议，传达学习中央政法工作会议和全国统战部长会议精神，研究部署甘肃省政法、统战及党的群众路线教育实践活动等工作。

12-16日　政协甘肃省十一届二次会议在兰州召开。会议通过了政协甘肃省第十一届委员会第二次会议政治决议；通过了政协甘肃省第十一届二次会议关于常务委员会工作报告的决议；通过了政协甘肃省第十一届委员会提案委员会关于政协甘肃省第十一届二次会议提案审查情况的报告。

13-17日　省十二届人大二次会议在兰州召开。大会通过关于甘肃省人民政府工作报告的决议；通过关于甘肃省2013年国民经济和社会发展计划执行情况及2014年国民经济和社会发展计划的决议；通过关于2013年全省财政预算执行情况和2014年全省及省级财政预算的决议；通过关于甘肃省人民代表大会常务委员会工作报告的决议；通过关于甘肃省高级人民法院工作报告的决议；通过关于甘肃省人民检察院工作报告的决议。

15日　第一批党的群众路线教育实践活动开展成效征求意见座谈会在兰州召开。

16日　省长刘伟平主持召开省政府第37次常务会议，审议关于2014年全省经济社会发展主要指标和重点工作任务分解意见；研究人事任免事宜。

17日　省委常委会在兰州召开会

议，传达学习十八届中央纪委三次全会精神，研究部署我省党风廉政建设和反腐败工作。

△ 省长刘伟平主持召开省政府第五次全体会议，就《政府工作报告》确定的各项目标任务作出具体的安排部署。

18日 省委书记、省人大常委会主任王三运，省长刘伟平在兰州会见感动“甘肃·2013”十大陇人骄子和提名奖获得者。

20日 省委常委会在兰州召开会议，学习贯彻习近平总书记重要讲话精神，研究部署我省贯彻落实的意见和全省第二批教育实践活动启动工作。

22日 全省党的群众路线教育实践活动第一批总结暨第二批部署会议在兰州召开。

△ 省委书记、省人大常委会主任王三运在兰州主持召开第二批党的群众路线教育实践活动市州委书记培训会。

23日 十二届省纪委三次全体会议在兰州召开。会议总结2013年全省党风廉政建设和反腐败工作，研究部署2014年主要任务。

△ 省委书记、省人大常委会主任王三运，省长刘伟平，省政协主席冯健身率领省市慰问团，走访慰问兰州军区、兰州军区空军、甘肃省军区、二炮56基地和武警甘肃省总队。

24日 省委常委会在兰州召开会议，传达学习习近平总书记和刘云山、赵乐际同志在中央党的群众路线教育实践活动第一批总结暨第二批部署会议上的重要讲话精神，传达学习全国组织部长会议精神，研究部署甘肃省的贯彻落实意见。

△ 省委政法工作会议在兰州召开。

25日 省委副书记、省政府党组书记、省长刘伟平主持召开了省政府党组会议。会议认真学习领会习近平总书记在党的群众路线教育实践活动第一批总结暨第二批部署会议、十八届中央纪委三次全会上的重要讲话精神，按照王三运书记在甘肃省会议上的讲话要求，研究了贯彻落实措施。

26日 省长刘伟平主持召开省政府第38次常务会议，听取关于甘肃省资源型城市可持续发展规划编制情况的汇报；审议并原则同意《甘肃省重污染天气应急预案》《落实〈国务院关于取消76项评比达标表彰评估项目的决定〉意见》和关于2013年度甘肃省科学技术奖评奖意见；审议并原则通过《甘肃省食品安全监管责任问责办法（试行）》《甘肃省食品安全追溯管理办法（试行）》《甘肃省农产品质量安全追溯办法（试行）》和《2014年度审计工作计划》；研究了人事任免事宜。

27日 省委书记、省人大常委会主任王三运，省长刘伟平在兰州会见新增选的在甘中国科学院院士刘维民、中国工程院院士夏佳文。

28日 2014年党政军春节团拜会在兰州举行。省委书记、省人大常委会主任王三运，兰州军区政委李长才分别致辞。

29日 省长刘伟平到中科院兰州化物所羰基合成与选择氧化、省部共建有色金属先进加工与再利用等八个国家重点实验室调研。

30日 省委书记、省人大常委会主任王三运在兰州考察春节市场供应情况，看望慰问一线消防官兵。

△ 省长刘伟平主持召开省长办公会议，专题研究深化科技体制机制改革和推动科技成果转化等问题。

31日 省长刘伟平到国家电网甘肃省电力公司调度控制中心和省公安厅指挥中心，看望慰问节日期间工作的干部职工。

二月

7日 省委在兰州召开会议，传达学习习近平总书记在全面深化改革领导小组第一次会议上的重要讲话精神，安排部署我省全面深化改革工作。

△ 省委书记、省人大常委会主任王三运到省信访局，看望干部职工，现场接待来访群众。

△ 省长刘伟平到引洮供水一期工程建设工地现场，实地调研工程建设进展情况，看望慰问工程建设一线的干部职工。

8日 省委书记、省人大常委会主任王三运到甘南藏族自治州调研、看望慰问了民族宗教界代表人士，并主持召开座谈会，听取州各关负责同志的工作汇报，了解甘南经济发展、寺庙管理、维护稳定等方面的情况。

9日 省委书记、省人大常委会主任王三运到临夏州看望慰问宗教界代表人士，并与他们亲切交流座谈。

10日 省项目带动行动协调推进领导小组2014年第一次会议在兰州召开。

11日 省政府第二次廉政工作会议在兰州召开。

12日 甘肃省科学技术奖励大会在兰州举行，表彰为我省科技事业和经济社会发展做出突出贡献的科技工作者。

△ 省委常委会在兰州召开会议，决定成立中共甘肃省委全面深化改革领导小组，进一步研究部署甘肃省全面深化改革工作。

13日 省委全面深化改革领导小组第一次全体会议在兰州召开。省委书记、省人大常委会主任、省委全面深化改革领导小组组长王三运主持会议并讲话。

△ 省长刘伟平到兰州新区调研。

14日 省长刘伟平主持召开省政府第39次常务会议。审议并原则同意《关于化解产能严重过剩矛盾的实施意见》；研究关于我省加强防震减灾工作和撤乡改镇工作；分析研判当前全省经济运行形势；研究人事任免事宜。

△ 兰州新区规划建设协调推进领导小组会议在兰州召开。

17日 全省春耕备耕生产视频会议在兰州召开，分析研究当前农业生产形势，安排部署春耕备耕工作。

18日 全省未成年人思想道德建设工作电视电话会议在兰州召开。会议安排部署未成年人思想道德建设工作。

19日 省委职务犯罪预防工作领

导小组第三次会议在兰州召开。

20日　党的群众路线教育实践活动第一批总结暨第二批部署会议在兰州召开，研究部署全省第二批教育实践活动。

22日　省长刘伟平到白银市调研循环经济发展工作。

23日　2014年全省“联村联户为民富民”行动大会在兰州召开。会议表彰了“双联”工作先进单位和个人，部署了当前和今后一个时期的“双联”工作。

24日　全省第二批党的群众路线教育实践活动县市区委书记培训会在兰州召开。

25日　甘肃省文学艺术界联合会第五次代表大会在兰州召开。

25–26日　省委书记、省人大常委会主任王三运到临夏州调研指导第二批党的群众路线教育实践活动。

27日　省委书记、省人大常委会主任王三运带领考核组对临夏州委、州政府班子和班子成员科学发展业绩、履行党风廉政建设责任制、推进惩防体系建设工作进行年度考核。

△　中央第五巡回督导组到我省督促检查党的群众路线教育实践活动工作。省委书记、省人大常委会主任、省委党的群众路线教育实践活动领导小组组长王三运与中央第五巡回督导组全体成员见面并交换意见。

28日　省委常委会在兰州召开会议，传达学习省部级主要领导干部专题研讨班精神，研究部署甘肃省全面深化改革等工作。

△　省长刘伟平主持召开省政府第40次常务会议，审议并原则同意《关于贯彻落实中办、国办印发〈甘肃省人民政府职能转变和机构改革方案〉精神意见》、关于2014年省级预算内基建投资建议计划；研究提高全省农村低保补助水平和岷县漳县地震受灾群众异地安置工作；审议并原则通过了《关于支持敦煌国际文化旅游名城建设若干政策意见》《甘肃省注册资本登记制度改革实施方案》《甘肃省无线电管理条例（草案）》；研究了人事任免事宜。

三月

2日　省委书记、省人大常委会主任王三运，省长刘伟平在北京会见国家开发银行党委书记、董事长胡怀邦，双方就进一步深化合作、共促发展进行磋商交流。

3日　出席十二届全国人大二次会议的甘肃代表团在北京举行全体会议，推选王三运为甘肃代表团团长，刘伟平、罗笑虎、陆武成为副团长。会议审议十二届全国人大二次会议主席团、秘书长名单草案；审议十二届全国人大二次会议议程草案；传达有关会议精神。

4日　省政府在北京分别与中国工商银行、中国建设银行签署战略合作协议。省委书记、省人大常委会主任王三运，省长刘伟平分别与中国工商银行董事长姜建清、行长易会满，中国建设银行董事长王洪章、行长张建国举行会谈，并出席相关战略合作协议签约仪式。

5日　全国人大代表、全国人大常委会副委员长王胜俊参加甘肃代表团审议政府工作报告。

6日　受李克强总理委托，全国人大代表、中共中央政治局委员、国务院副总理马凯到甘肃代表团住地与代表们一起审议政府工作报告。

△　全国人大代表、省委书记、省人大常委会主任王三运接受人民日报记者采访。

7日　全国人大代表、国务委员王勇参加甘肃代表团审议计划报告和预算报告。

8日　省委副书记、省长刘伟平与国家电网公司董事长、党组书记刘振亚在北京举行会谈。

9日　全国人大代表、省委书记、省人大常委会主任王三运，全国人大代表、省长刘伟平接受人民日报、新华社、中央电视台、中国国际广播电台、英国路透社、俄罗斯阿尔法电视台、欧洲华文电视台、美国彭博新闻社、南非华侨新闻报等89家新闻媒体的采访，并回答记者提问。

△　全国人大代表、省委书记、省人大常委会主任王三运就国家生态安全屏障综合试验区建设接受光明日报记者的采访。

10日　全国人大代表、全国人大常委会副委员长王胜俊和甘肃代表团一起审议全国人大常委会工作报告。

11日　中共中央政治局常委、中央书记处书记刘云山到甘肃代表团住地与代表一起审议最高人民法院工作报告和最高人民检察院工作报告。

14日　省长、省依法行政工作领导小组组长刘伟平主持召开省依法行政工作领导小组会议。

15日　省委书记、省人大常委会主任王三运在兰州市安宁区调研指导第二批党的群众路线教育实践活动。

16日　省委十二届七次全委扩大会议在兰州召开。会议传达学习习近平总书记重要讲话精神和全国两会精神，安排部署甘肃省贯彻落实的意见。王三运代表省委常委会向全委会报告2013年干部选拔任用情况。会议对省委2013年度干部选拔任用工作进行评议。

△　省委书记、省人大常委会主任王三运在兰州新区调研。

17日　省委理论学习中心组在兰州举行报告会，邀请中宣部思想政治工作研究所副所长戴木才教授，就培育和弘扬社会主义核心价值观、弘扬中华传统美德作专题报告。

△　省军区在兰州召开大会，宣布省军区领导班子调整命令。兰州军区政委李长才宣布中央军委命令，任命刘万龙为甘肃省军区司令员，免去陈知庶的甘肃省军区司令员职务。

19日　全省第二批教育实践活动督导组长会议在兰州召开。

20日　省政府职能转变和机构改革动员电视电话会议在兰州召开。

21日　省委常委会在兰州召开会议，传达学习习近平总书记在河南兰考县调研指导党的群众路线教育实践活动时的重要讲话精神，进一步安排部署甘肃省第二批教育实践活动。

△　省长刘伟平主持召开省政府

第41次常务会议。审议并原则通过了《甘肃省党政领导班子和领导干部安全生产目标责任考核办法》《甘肃省贯彻落实〈加快发展建设国家生态安全屏障综合试验区总体方案〉的实施意见》和《甘肃省人民政府甘肃省总工会联席会议规则》；研究同意“亚洲合作对话——丝绸之路务实合作论坛”和“中华文化四海行——走进甘肃”活动实施方案；研究取消调整下放行政审批事项意见、调整企业退休人员基本养老金事宜和加强企业外派监事会工作；分析1–2月全省经济运行情况。

22日　省长、省安委会主任刘伟平在兰州主持召开汇报会，向国务院安委会第一督查组汇报甘肃省安全生产工作。国务院安委会副主任、国家安监总局局长杨栋梁在会上作重要讲话。

25日　省长刘伟平到临夏州东乡县调研农村安全饮水工程工作。

27日　中央第一巡视组巡视甘肃省工作动员会在兰州召开。中央巡视工作领导小组办公室有关负责同志就配合做好巡视工作提出要求。

△　党的群众路线教育实践活动市州委书记座谈会在兰州召开。省委书记、省人大常委会主任王三运传达习近平总书记重要讲话精神。省委副书记、省长刘伟平传达中央教育实践活动领导小组关于认真学习贯彻习总书记重要讲话的通知。

30日　全省发展循环经济现场会在白银召开。省委书记、省人大常委会主任王三运出席会议并讲话，省长刘伟平就全省循环经济工作进行具体部署，省政协主席、省循环经济示范区协调推进领导小组组长冯健身通报中期评估结果。

31日　省委全面深化改革领导小组第二次全体会议在兰州召开。

四月

1日　省委书记、省人大常委会主任王三运做客中央纪委监察部网站，就贯彻落实十八届中央纪委三次全会精神与网友在线交流。

△　省长刘伟平到省公共资源交易局调研。

1–3日　国务院妇女儿童工作委员会副主任，全国妇联党组书记、副主席、书记处第一书记宋秀岩到甘肃省调研妇女工作。

2–3日　省长刘伟平在兰州市调研，为兰州如何更好地把握城市功能定位、更加有效地解决城市交通拥堵、做好城市污染防治和进一步加强改进城市管理开出“处方”。

3日　省委常委会在兰州召开会议，审议了《省委全面深化改革领导小组2014年工作要点》，并进一步安排部署全面深化改革、落实党风廉政建设责任制等工作作。

2–4日　省委书记、省人大常委会主任王三运在兰州13家金融单位调研，并主持召开金融工作座谈会。

4日　省长刘伟平主持召开省政府第42次常务会议。审议并原则同意了《关于2014年全省大气污染防治工作方案》《甘肃省新型城镇化规划（2014—2020年）》《关于建立政府法律专家咨询委员会的意见》；研究兰州石化搬迁改造事宜和配备省民航机场管理局领导班子工作；进一步部署全省政府系统贯彻落实中央八项规定各项工作；研究贯彻落实全国春季农业生产暨森林草原防火会议和全国计划生育工作电视电话会议精神的意见；同意调整全省最低工资标准和中国政府“友谊奖”候选人名单；研究人事任免事宜。

8日　省长刘伟平到酒泉、嘉峪关调研新能源发展工作。

9日　省长刘伟平在嘉峪关、酒泉调研工业经济发展并主持召开河西部分企业座谈会。

11日　党政军领导王三运、刘粤军、李长才、刘伟平、冯健身等在省城兰州与省市党政机关、企事业单位干部职工、部队官兵及预备役人员参加义务植树活动。

△　省委书记、省人大常委会主任王三运，省长刘伟平对兰州市自来水苯含量严重超标一事作出批示，要求务必把群众安全饮水放在第一位，采取措施，迅速启动公共突发事件相关预案，查明原因，有效应对。

13日　省委省政府召开专题会议，对兰州“4·11”局部自来水苯超标事件处置工作进行再部署。省委书记、省人大常委会主任王三运，省长刘伟平强调，要科学处置兰州局部自来水苯超标事件，全力以赴让群众喝上安全水、放心水。

14日　省长刘伟平在兰州专题调研就业创业工作。

14–17日　省委书记、省人大常委会主任王三运到张掖市、酒泉市、嘉峪关三市调研，实地指导第二批党的群众路线教育实践活动，就全面深化改革听取意见建议，并检查指导党风廉政建设工作。

15–16日　省长刘伟平到庄浪县、静宁县调研。

17日　省长刘伟平主持召开了省政府第43次常务会议。审议《关于贯彻落实国务院〈政府工作报告〉情况的报告》《“丝绸之路经济带”甘肃段建设总体方案》；研究省政府2013年度目标管理责任考核情况及2014年考核工作建议；研究了进一步深化改革推动非公有制经济跨越发展、政府向社会购买服务、加快发展养老服务业、调整全省失业保险金发放标准和工伤人员伤残待遇等工作。

18日　全省第一批党的群众路线教育实践活动单位整改落实工作推进会议在兰州召开。省长刘伟平传达中央教育实践活动领导小组《关于在教育实践活动中学习弘扬焦裕禄精神践行“三严三实”要求的通知》。

△　中央党的群众路线教育实践活动第五巡回督导组在兰州听取甘肃省教育实践活动情况汇报，并向甘肃省反馈巡回督导情况。

△　省政府第六次全体会议在兰州召开，分析研判一季度全省经济社会发展形势，安排部署下一阶段工作。

22日　省委书记、省人大常委会主任王三运在兰州部分金融单位进行调研。

25日　在五一国际劳动节来临之际，省委书记、省人大常委会主任王三运与全省劳动模范代表座谈。

△　省长刘伟平主持召开省政府第44次常务会议。审议并原则同意了《定西师范高等专科学校整体并入甘肃中医学院实施意见》《关于促进健康服务业发展的实施意见》《关于做好新型城镇化试点工作的指导意见》；审议并原则通过了《甘肃省农村能源条例（草案）》《甘肃省民兵预备役工作条例（草案）》；研究了利用国开行贷款加快全省棚户区改造工作。

28日　省委常委会在兰州召开会议，传达学习中央政治局会议、全国党委（党组）中心组学习贯彻习近平总书记系列重要讲话精神座谈会议、全国文化体制改革工作会议、中央第二批教育实践活动推进会议精神，研究当前经济形势，安排部署全省经济发展、第二批教育实践活动等重点工作。

29日　全省金融形势分析会议与全省经济社会发展项目资金对接暨省长金融奖颁奖会议在兰州召开。

△　省委副书记、省政府党组书记、省长刘伟平主持召开省政府党组会议，研究贯彻落实省委常委会议精神、抓好当前经济工作和全省政府系统强化党风廉政建设责任落实的具体措施。

29-30日　省委书记、省人大常委会主任王三运到第二批教育实践活动联系点临夏州与和政县，实地指导教育实践活动。

五月

5日　省长刘伟平在兰州专题调研甘肃省小微企业发展税收优惠政策落实情况。

5-6日　十一届省政协委员学习培训班在兰州举行。

6日　中央党的群众路线教育实践活动视频会议召开后，省委随即对学习贯彻落实中央会议精神作出安排部署。

△　省长刘伟平在兰州会见由台湾工业总会副理事长、台湾工商协进会监事会召集人、台湾玻璃工业股份有限公司董事长林伯丰率领的台湾企业界大陆经贸考察团一行。

9日　省长刘伟平主持召开省政府第45次常务会议。决定启动甘肃省不动产统一登记相关工作；研究加快小煤矿关闭退出工作；听取第二次全省土地调查数据成果汇报；审议并原则同意《我省各级政府驻北京办事机构核查清理实施方案》和筹建文化产业基金；研究了人事任免事宜。

12日　省长刘伟平到甘肃股权交易中心调研。

13-14日　省长刘伟平到定西市和临夏州调研扶贫工作。

15日　省政协在兰州召开第14次党组会和第10次主席会议，学习传达习近平总书记在指导兰考县委常委班子教育实践活动专题民主生活会时的重要讲话精神，并就省政协近期工作进行研究部署。

16日　省长刘伟平主持召开省政府第46次常务会议。分析今年1-4月全省经济运行情况；审议并原则通过《甘肃省农作物种业发展规划（2014—2020年）》。

19日　省委理论中心组在兰州举行专题学习会，邀请中国工程院院士郝吉明，中央组织部部务委员、干部一局局长邓声明，分别就生态文明建设和新修订的《党政领导干部选拔任用工作条例》进行专题辅导。

19-23日　由全国人大常委会副委员长万鄂湘带队，全国人大常委会委员、全国人大内务司法委员会主任委员马文任组长的全国人大常委会未成年人保护法执法检查组对甘肃省贯彻实施《未成年人保护法》的情况进行检查。

20日　全省质量工作考核现场会在庆阳举行。

21日　省长刘伟平在庆阳市调研煤电化项目。

22日　省长刘伟平到兰州淘宝网“特色中国—甘肃馆”和苏宁云商公司调研。

23日　省委常委会在兰州召开会议，传达学习习近平总书记和李克强总理对新疆乌鲁木齐市“5·22”暴力恐怖案的重要批示精神，以及中央纪委纪检监察机关“转职能、转方式、转作风”专题研讨班精神，研究部署我省加强反恐维稳、推进纪检监察机关“三转”、强化意识形态领域引导管理等工作。

△　全省党的群众路线教育实践活动视频会议在兰州召开。

24日　省长刘伟平主持召开省政府第47次常务会议。原则同意《甘肃省省域城镇体系规划纲要（2013-2030年）》《深入推进行政审批制度改革意见》和对兰州市“4·11”局部自来水苯超标事件调查处理意见；审议并原则通过《关于进一步深化国资国企改革促进企业发展的意见》《甘肃省现代大型农机发展规划》；决定再次调整取消下放一批省级现行行政审批事项；研究部署做好普通高校毕业生就业创业工作、省公共资源交易管理委员会办公室机构及职责移交和调整相关议事机构工作；同意成立省易地扶贫搬迁投资公司。

26日　省长刘伟平在兰州市调研节能环保产业工作。

27日　外交部和甘肃省在兰州举行亚洲合作对话—丝绸之路务实合作论坛欢迎会。省委书记、省人大常委会主任王三运，省长刘伟平出席欢迎会。外交部部长助理刘建超，斯里兰卡民航部副部长吉坦加纳·古那瓦德纳分别致辞。29个国家的政府官员出席欢迎会。

△　省委书记、省人大常委会主任王三运，省长刘伟平，外交部部长助理刘建超在兰州会见了参加“亚洲合作对话—丝绸之路务实合作论坛”的国外代表团团长。

28日　由外交部和甘肃省共同主办的“亚洲合作对话—丝绸之路务实合作论坛”在兰州举行。省委书记、省人大常委会主任王三运，外交部部长助理刘建超和“亚洲合作对话—丝绸之路务实合作论坛“主席国巴林代表团团长埃里，泰国代表团团长初廷通·空萨，塔吉克斯坦外交部副部长佐西多夫分别在开幕式上致辞。省长刘伟平在闭幕式上致辞。中国政府亚洲合作对话高官、大使陈明明主持开幕式和闭幕式。

△　省长刘伟平在兰州与前来参加“亚洲合作对话—丝绸之路务实合作论坛”的乌兹别克斯坦驻华大使达尼亚尔·库尔班诺夫举行会谈。

△　省长刘伟平在兰州会见中国铝业公司总经理孙兆学，双方就进一步加强合作，共同推进煤电铝一体化发展交换了意见。

29日　省委书记、省人大常委会主任王三运会见了参加”亚洲合作对话—丝绸之路务实合作论坛“的斯里兰卡内阁部长萨拉特·阿穆努加马一行。

29–30日　省长刘伟平到岷县、漳县调研灾后重建工作。

六月

4日　省长刘伟平在兰州专题调研了现代职业教育工作。

4–5日　省委书记、省人大常委会主任王三运到武威市调研群众路线教育实践活动和保持经济社会持续健康发展等问题。

5日　省长刘伟平在兰州专题调研了保障性住房建设和棚户区改造工作。

5–6日　省委书记、省人大常委会主任王三运到金昌市调研教育实践活动和改革发展工作。

6日　省委书记、省人大常委会主任王三运，省长刘伟平在兰州会见中国气象局党组书记、局长郑国光一行。

△　省长刘伟平主持召开省政府第48次常务会议。研究贯彻落实国务院常务会议精神；审议通过《兰州新区综合配套改革试验总体方案》《关于进一步加强财政管理的意见》《关于抓住机遇加快推进铁路建设的意见》和《甘肃省利用国开行贷款开展棚户区改造项目实施办法》；研究2014年“民企陇上行”活动筹备工作。

11–12日　省委书记、省人大常委会主任王三运到临夏州全程参加指导州委常委班子教育实践活动专题民主生活会。

12日　省长刘伟平主持召开省政府第49次常务会议，研究兰州市“4·11”局部自来水苯超标事件相关责任人处理意见。

13日　省委全面深化改革领导小组第三次会议在兰州召开，省委书记、省人大常委会主任、省委全面深化改革领导小组组长王三运出席会议并讲话。

△　省委书记、省人大常委会主任王三运，省长刘伟平在兰州会见中国社会科学院院长、中国地方志指导小组组长王伟光一行。

14日　第四届敦煌行·丝绸之路国际旅游节欢迎会在张掖市举行。

15日　第四届敦煌行·丝绸之路国际旅游节在张掖市开幕。

16–17日　省长刘伟平全程参加定西市委常委班子党的群众路线教育实践活动专题民主生活会。

19日　省委书记、省人大常委会主任王三运，省长刘伟平在兰州会见国家卫生计生委副主任、党组副书记、国务院医改办主任孙志刚一行。

20日　省长刘伟平主持召开省政府第50次常务会议，分析研究今年1—5月全省经济运行情况；研究整合资源加快兰州新区和各市州共建产业园区工作；审议通过《贯彻落实国务院关于加强城市基础设施建设意见的实施意见》《关于进一步优化企业兼并重组市场环境的实施意见》《甘肃省城乡居民基本养老保险实施办法》《甘肃省高标准农田建设规划（2011—2020）》和《甘肃省取水许可及水资源费征收管理办法》；研究第二十届兰洽会和中国—中亚合作对话会筹备工作和甘肃省驻京办事机构核查清理工作。

21日　省长刘伟平在天水会见前来参加2014年甘肃省公祭中华人文始祖伏羲大典的各界宾客，并在欢迎会上致辞。

△　部分市州党风廉政建设责任制座谈会在定西市召开。省委书记、省人大常委会主任王三运强调，要始终抓好“六个同向发力”，全面落实党委主体责任和纪委监督责任，扎实推进党风廉政建设和反腐败斗争。

22日　2014（甲午）年甘肃省公祭中华人文始祖太昊伏羲大典在天水市举行。

22–24日　省长刘伟平到天水市、陇南市调研。

24日　省委书记、省人大常委会主任王三运在兰州治安卡口点，检查反恐防暴工作，看望慰问值勤民警。

25–26日　省委书记、省人大常委会主任王三运到临夏州和政县参加指导县委常委班子教育实践活动专题民主生活会。

26日　2014年省区市经济形势分析座谈在兰州举行。

27日　省委常委会在兰州召开会议，传达学习中央第五巡回督导组组长李传卿在白银市委常委班子专题民主生活会上的讲话精神。

△　省委书记、省人大常委会主任王三运，省长刘伟平在兰州会见了香港文汇报董事长、社长王树成一行。

29日　中央党的群众路线教育实践活动第五巡回督导组向甘肃省反馈巡回督导情况。中央第五巡回督导组组长、国家质量监督检验检疫总局原党组书记、副局长李传卿反馈情况。省委书记、省人大常委会主任、省委党的群众路线教育实践活动领导小组组长王三运出席情况反馈会并讲话。省长刘伟平等省委常委和中央第五巡回督导组副组长孙庆聚及巡回督导组成员出席会议。

30日　省委书记、省人大常委会主任王三运在省直机关工委调研。

△　省委在兰州召开第二批教育实践活动第二环节推进会议。

七月

2–5日　中共中央政治局常委、国务院副总理张高丽到宁夏、甘肃调研，并在兰州主持召开陕西、甘肃、青海、宁夏、新疆五省区政府负责同志座谈会。

5日　全国政协副主席陈元在兰州会见了前来参加中国—中亚合作对话会的外宾代表。

△　省委书记、省人大常委会主任王三运，省长刘伟平在兰州会见前来出席第二十届兰洽会和“民企陇上行”活动的全国工商联党组副书记、副主席黄小祥及全国工商联31个直属商会会长一行。

5–6日　中央第一巡视组组长杨松、副组长李宏向省委书记王三运传达习近平总书记关于巡视工作的重要讲话精神，并反馈巡视情况；杨松代表巡视组向甘肃省领导班子进行反馈，王三运主持会议并作表态发言。

6日　第二十届中国兰州投资贸易洽谈会和中国—中亚合作对话会在兰州开幕。

△　第二十届兰洽会重点项目签约仪式在兰州举行。

7日　省委常委会在兰州召开会议，传达学习习近平总书记在听取2014年中央巡视组首轮巡视情况汇报时的重要讲话精神、中央巡视工作领导小组第19次会议和部分省区市巡视工作座谈会以及中央第一巡视组巡视甘肃省情况反馈会精神，研究讨论甘肃省学习贯彻和整改落实的意见，安排部署履行党委党风廉政建设主体责任、深入推进反腐败斗争等工作。

9–10日　省长刘伟平到定西市通渭县，全程参加通渭县委常委班子教育实践活动专题民主生活会。

10日　“敦煌号”品牌旅游列车在兰州首发。

11日　武警甘肃省总队在兰州召开宣布命令大会，武警部队政治部主任姚立功中将宣读国务院、中央军委命令。

△　省长刘伟平主持召开省政府第51次常务会议。审定《甘肃省行政审批事项目录管理办法》《甘肃省行政审批监督管理办法（试行）》《2013年度省级预算执行和其他财政收支审计结果报告》《2014年食品安全重点工作安排的意见》《甘肃省河道管理条例（草案）》和《甘肃省风景名胜区条例（草案）》；研究兰州至中亚西亚国际航线和2014年全省公务员和参照公务员法管理单位工作人员招录计划等事宜。

13日　省委书记、省人大常委会主任王三运在兰州会见上海华信公益基金会执行理事长李光金一行。

14日　省委书记、省人大常委会主任王三运，省长刘伟平在兰州会见中国光大集团总经理高云龙、副总经理吴少华一行。

15日　省委书记、省人大常委会主任王三运到省人民检察院调研。

△　省安委会2014年第三次全体会议在兰州召开。

16日　省委书记、省人大常委会主任王三运在兰州会见最高人民检察院副检察长李如林、中国检察官教育基金会理事长王振川。

△　省长刘伟平在兰州主持召开经济形势座谈会，听取部分驻甘中央企业、省属企业、民营企业负责人和专家学者对当前甘肃省经济形势、存在问题、应对举措的看法和建议。

17日　省委常委会在兰州召开会议，传达学习习近平总书记在中央政治局第十六次集体学习时的重要讲话，研究讨论了《中共甘肃省委贯彻中央第一巡视组反馈意见整改责任分工方案》。

△　省委理论学习中心组在兰州举行学习会，邀请中央社会主义学院党组书记、第一副院长叶小文，就学习贯彻党的民族宗教政策、做好新形势下民族宗教工作作专题辅导报告。

18日　省委常委会在兰州召开会议，传达学习全国优秀年轻干部培养工作座谈会和全国干部监督工作会议精神，研究分析全省上半年经济运行情况，安排部署下半年经济社会发展等工作。

△　省长刘伟平主持召开省政府第52次常务会议。研究部署中央第一巡视组反馈有关问题的整改工作；审议通过《甘肃省省级党政机关办公用房清理腾退和整合调配实施方案》《甘肃省省级党政机关办公用房管理办法》《关于加快电子商务产业发展的意见》《关于金融支持经济结构调整和转型升级的实施意见》和《关于甘肃省2014年上半年国民经济和社会发展计划执行情况的报告》；研究了关于举办第一届丝绸之路（敦煌）国际文化博览会有关工作。

21日　省委在兰州举行餐叙会，邀请回族、东乡族省级离退休和在职领导干部共同庆祝穆斯林同胞的传统节日—尔德节。

22–24日　省委十二届八次全委（扩大）会议在兰州召开。会议深入学习党的十八届三中全会精神和习近平总书记系列重要讲话精神，全面总结今年上半年省委常委会的工作，审议通过《中共甘肃省委关于落实党风廉政建设主体责任的意见》，审议通过《中国共产党甘肃省第十二届委员会第八次全体会议决议》。会议听取部分市州党政主要负责人的述纪述廉述作风报告，递补朱亚丽、张旭晨为省委委员。省委书记王三运受省委常委会委托向全委会报告上半年的工作，并在会议闭幕时发表讲话。省委副书记、省长刘伟平通报上半年经济运行情况，安排部署下半年经济社会发展各项工作。

24日　省委书记、省人大常委会主任王三运到省高级人民法院调研。

25日　省长刘伟平主持召开了省政府第53次常务会议。审议通过《甘肃省2014—2015年节能减排低碳发展实施方案》；研究省发展改革委员会、省交通运输厅、省农牧厅、省商务厅等4部门职责和机构编制调整方案。

27日　省党政军领导干部在兰参加了2014年军事日活动。

29日　省委常委会在兰州召开会议，传达学习习近平总书记、李克强总理关于禁毒工作的重要指示精神和部分省区市教育实践活动工作座谈会精神，研究部署了全省禁毒和“扫黄打非”工作，并对进一步推进教育实践活动作出了安排。

29–30日　宁夏回族自治区党政代表团到我省考察，并就两省区开展合作进行洽谈。

30日　省委、省政府和兰州军区在兰州举行庆"八一"军地座谈会。

△　全省国资国企改革动员视频大会在兰州召开。

八月

1日　第六届中国（陇南）乞巧女儿节与妇女发展国际论坛在北京开幕。

3日　省委常委扩大会议在兰州召开，传达贯彻《中共中央关于对周永康立案审查情况的通报》。

3–5日　贵州省委书记、省人大常委会主任赵克志，省长陈敏尔率领贵州省党政代表团到我省进行考察，代表团先后到兰州、定西和白银市进行考察。

4日　兰州石化公司炼油厂年产30万吨气体分馏装置发生泄漏起火事故。省委书记、省人大常委会主任王三运，省长刘伟平赶赴事故现场，传达习近平总书记、李克强总理、张高丽副总理等中央领导同志重要指示精神，并就贯彻落实中央要求，做好应急救援工作作出安排部署。

6日　中央党的群众路线教育实践活动第五巡回督导组向甘肃省反馈巡回督导情况。中央第五巡回督导组组长、国家质量监督检验检疫总局原党组书记、副局长李传卿反馈情况。

△　省委网络安全和信息化领导小组第一次全体会议在兰州召开。

7日　省长刘伟平在兰州调研部分地方金融机构。

7–8日　甘肃省在酒泉市肃北蒙古族县马鬃山镇举行代号为"马鬃山——2014"的军警民联合边境封控行动演练。

8日　省长刘伟平主持召开省政府第54次常务会议，贯彻国务院常务会议精神，研究部署做好为农民工服务工作。审议《贯彻落实国务院加快发展现代职业教育决定的实施意见》，研究酒钢集团等4户省属企业审计查出问题整改落实工作。

10日　省委书记、省人大常委会主任王三运，省长刘伟平在兰州会见由全国政协常委、提案委员会主任，中央直属机关工委原常务副书记孙淦率领的全国政协提案委员会调研组一行。

11日　省长刘伟平对省供销合作社进行了工作调研。

13日　省长刘伟平在兰州会见大唐集团公司董事长陈进行，双方就进一步深化合作达成了共识。

13–14日　省长刘伟平在兰州专题调研了战略性新兴产业发展工作。

14日　省委常委会在兰州召开会议，传达学习习近平总书记在中央政治局讨论上半年经济形势和下半年经济工作时的重要讲话精神，研究部署全省经济发展、党的纪律检查体制改革、教育实践活动和省级党政机关办公用房管理等工作。

15日　省委全面深化改革领导小组第四次会议在兰州召开。

△　省长刘伟平主持召开省政府第55次常务会议，研究贯彻习近平总书记在中央政治局会议讨论上半年经济形势和下半年经济工作时的重要讲话精神及省委常委会要求的具体举措；研究分析7月份全省经济运行情况；进一步部署中央巡视组反馈问题的整改落实和国务院政策措施贯彻落实中存在问题的整改工作；审议并原则通过《甘肃省能源领域大气污染防治工作方案》；研究人事任免事宜。

16日　甘肃省第十三届运动会在白银市开幕。

△　省委书记、省人大常委会主任王三运在白银市调研指导教育实践活动。

17日　省委书记、省人大常委会主任王三运，省长刘伟平在兰州会见全国人大常委会委员、全国人大民族委员会主任委员李景田和前来我省参加中西部十七省（区、市）人大民族工作座谈会的代表。

18–19日　省长刘伟平到武威市开展"两手抓两手硬、双促进双落实"调研检查活动，实地察看移民安置点、农业产业园、部分企业和装备制造产业园等情况。

18–22日　省委书记、省人大常委会主任王三运在兰州开展为期一周的"两手抓两手硬、双促进双落实"调研检查活动，实地察看了企业经营、重大建设项目、招商引资、民生工程和特色农业等情况。

20日　甘肃省纪念邓小平同志诞辰110周年座谈会在兰州举行。

21–22日　省长刘伟平到金昌市开展"两手抓两手硬、双促进双落实"调研检查活动，实地查看了企业经营、建设项目、养殖基地和棚户区改造等情况。

21–24日　最高人民法院院长周强到甘肃省兰州市和甘南藏族自治州等地，调研法院工作。

22日　第二次人民法院信息化工作会议在兰州召开。

23日　省委书记、省人大常委会主任王三运在兰州会见文化部副部长、国家文物局局长励小捷。

26日　省委常委会在兰州召开会议，决定追授柴生芳同志"全省优秀共产党员"称号。

△　省委书记、省人大常委会主任王三运在兰州会见来甘肃省考察生态环境建设的柬埔寨人民党高级干部考察团一行。

29日　全省职业教育工作视频会议在兰州召开。

九月

1日　省长刘伟平主持召开省政府第56次常务会议。审议通过省政府《关于战略性新兴产业发展总体攻坚战实施方案》《关于进一步加强全省城乡规划工作的意见》《敦煌市城市总体规划（2013—2030）》《敦煌历史文化名城保护规划（2013—2030）》和《甘肃省标准化发展战略纲要（2014—2020年）》，中石油兰州石化分公司"8·4"泄漏火灾事故调查报告，《甘肃灌区农田高效节水技术推广2015—2017年规划》《关于积极推进教育扶贫工程的实施意见》，研究确定了2014年度企业在岗职工工资指导线。

2日　省长刘伟平在兰州会见了联合国工业发展组织总干事李勇一行。

△　省长刘伟平在省政府国资委调研国资国企改革进展工作。

3日　省长刘伟平到临夏州调研精准扶贫工作。

4日　省长刘伟平到兰州铁路局调研了铁路运行调度工作。

4-5日　省政协主席冯健身带领“两手抓两手硬、双促进双落实”调研检查组到定西市开展调研检查活动。

5日　甘肃省庆祝第30个教师节暨先进表彰大会在兰州举行。

10日　省委书记、省人大常委会主任王三运到兰州一中、兰州理工大学，看望广大师生，并与省城师生共度教师节。

△　科技部与省政府在兰州举行2014年部省工作会商会议。

12日　省委常委扩大会议在兰州召开。会议研究部署了党风廉政建设和反腐败工作。

△　省长刘伟平主持召开了省政府第57次常务会议，研究部署省政府全面深化改革工作；分析研判了1—8月经济形势；研究了“十三五”规划编制、在兰职业院校“整合入园”事宜；审议了《加快新能源汽车产业推广应用实施方案》；决定取消、调整和下放一批行政审批事项。

13日　省委常委扩大会议在兰州召开。会议传达学习习近平总书记在中央财经领导小组第七次会议上的重要讲话精神，研究部署甘肃省深入实施创新驱动发展战略、加快推动科技事业进步等工作。

15日　省委书记、省人大常委会主任王三运，省长刘伟平在兰州会见中国光大（集团）总公司董事长唐双宁。

16日　中央党的群众路线教育实践活动第五巡回督导组向甘肃省反馈巡回督导情况。中央第五巡回督导组组长、国家质量监督检验检疫总局原党组书记、副局长李传卿反馈情况。

△　光大兴陇信托有限责任公司揭牌暨“光陇通”——支持甘肃中小微企业发展计划启动仪式在兰州举行。

21日　省委书记、省人大常委会主任王三运到第二批教育实践活动联系点临夏州与和政县，就抓好教育实践活动整改落实、建章立制等工作进行实地调研指导。

22日　甘肃省庆祝人民代表大会成立60周年大会在兰州召开。

23日　甘肃省庆祝人民政协成立65周年大会在兰州召开。

24日　第23届中国金鸡百花电影节在兰州举行。全国政协副主席卢展工宣布第23届中国金鸡百花电影节开幕。

△　省委书记、省人大常委会主任王三运，省长刘伟平在兰州专门听取平川区煤矿安全生产工作情况汇报。

△　省长刘伟平到定西市和通渭县调研指导党的群众路线教育实践活动。

25-27日　省委书记、省人大常委会主任王三运到庆阳市开展“两手抓两手硬、双促进双落实”调研检查活动。

26日　省长刘伟平主持召开省政府第58次常务会议。会议进一步安排部署中央第一巡视组反馈问题整改落实工作；审议《关于推进文化创意和设计服务与相关产业融合发展的实施意见》及《关于加快发展对外文化贸易的实施意见》《关于贯彻落实〈党政主要领导干部和国有企业领导人员经济责任审计规定实施细则〉的意见》《甘肃省安全生产“党政同责、一岗双责”制度实施细则》《甘肃省普惠金融发展规划（2014—2018）》《关于进一步加强农村金融服务的意见》《关于进一步完善县级基本财力保障机制的意见》；研究提高乡镇及村级组织运转经费补助标准事宜。

△　第六届中国绿色发展高层论坛在兰州举行。

28日　甘肃省纪念陕甘边区苏维埃政府成立80周年座谈会在庆阳举行。省委书记、省人大常委会主任王三运，中央党史研究室主任曲青山，陕甘边革命根据地领导人亲属习远平，解放军总政治部宣传部副部长张常银，陕西省委副书记孙清云分别回顾了陕甘边革命根据地和边区苏维埃政府创建发展壮大的光辉历程，表达对革命先辈的敬仰和怀念之情。

△　陕甘边革命根据地的特点和历史地位学术研讨会在庆阳市华池县南梁镇举行。

29日　省长刘伟平在庆阳市西峰区调研生态建设和现代农业发展工作。

30日　省城各界在兰州市烈士陵园举行烈士纪念日公祭活动。

△　省委书记、省人大常委会主任王三运在兰州走访慰问全省优秀共产党员柴生芳的家属以及革命老战士、劳动模范和道德模范代表。

十月

1日　省委书记、省人大常委会主任王三运到省公安厅检查指导国庆安保工作情况。

8日　省委常委会扩大会议在兰州召开。会议传达学习中央党的群众路线教育实践活动总结大会精神和中央民族工作会议暨国务院第六次全国民族团结进步表彰大会精神，研究部署我省贯彻落实的意见。

9日　全省党的群众路线教育实践活动总结大会在兰州召开。省委书记、省人大常委会主任、省委党的群众路线教育实践活动领导小组组长王三运，中央第五巡回督导组组长、国家质量监督检验检疫总局原党组书记李传卿出席会议并讲话。

△　第三届国际文化产业大会暨第七届甘肃省文博会在兰州开幕。省委书记、省人大常委会主任王三运出席开幕式并宣布大会开幕，省长刘伟平和澳大利亚前移民及多元文化事务部部长、亚太总裁协会全球副主席尼克·博尔库斯致辞。省政协主席冯健身等国内文化

企业的代表，以及500余名国际嘉宾出席了开幕式。

△ 省长刘伟平在兰州会见纳米比亚共和国奥希科托省省长彭达·雅·恩达科洛一行。

10-14日 省政协主席冯健身率全省项目观摩活动东南片区观摩团到庆阳市、平凉市、天水市、陇南市和兰州市观摩项目建设。

11日 省长刘伟平在临夏州会见了由福建省委常委、厦门市委书记王蒙徽率领的厦门市党政代表团一行。

11-14日 省委书记、省人大常委会主任王三运率河西片区项目观摩团到酒泉市、嘉峪关市、张掖市、金昌市、武威市和兰州市观摩项目建设。

△ 省长刘伟平率中南片区项目观摩团到甘南州、临夏州、定西市、白银市和兰州市观摩项目建设。

14日 兰州新区兰石集团高端装备产业园项目正式建成投产。

△ 民政部部长李立国在兰州召开基层民政部门负责同志座谈会，了解今年民政重点工作推进情况，听取我省市县两级民政部门负责同志关于基层民政部门在直接服务群众和落实民政政策中面临的问题及意见建议。

15日 全省第三轮项目观摩活动总结暨开发区工作会议在兰州召开。

16日 省委书记、省人大常委会主任王三运，省长刘伟平在兰州会见中国民生银行董事长洪崎一行。

17日 省委常委会在兰州召开会议，传达学习习近平总书记有关重要批示精神，以及全国党委秘书长会议和中宣部有关会议精神。

△ 省长刘伟平主持召开省政府第59次常务会议。分析研究全省前三季度经济运行情况；审议《关于着力缓解企业融资成本高问题的实施意见》《进一步加强危险废物监督管理意见》《关于落实“宽带中国”战略加快推进宽带网络建设的意见》和《关于加快全省公路建设的意见》；研究推进地方政府工作部门权力清单制度建设，进一步深化行政体制改革等工作。

26日 省委常委扩大会议在兰州召开，会议传达学习党的十八届四中全会精神。省委书记、省人大常委会主任王三运主持会议，传达习近平总书记代表中央政治局所作的工作报告和在全会第二次全体会议上的重要讲话，并就甘肃省贯彻落实工作进行安排部署。省长刘伟平传达《中共中央关于全面推进依法治国若干重大问题的决定》精神和习总书记就《决定（讨论稿）》向全会所作的说明。

28日 省委常委会在兰州召开会议。会议传达学习了党的十八届四中全会、中纪委十八届四次全会精神，研究部署我省贯彻落实意见。会议研究部署意识形态领域的工作，审定《关于进一步推进户籍制度改革的实施意见》《甘肃省安全生产“党政同责、一岗双责”制度实施细则》和《关于加快推进人才工作创新发展的意见》。

△ 省委省政府在兰州召开金融和科技挂职干部迎送会。

29日 全省第二批党的群众路线教育实践活动督导工作总结会在兰州召开。

△ 省委书记、省人大常委会主任王三运，省长刘伟平在兰州会见甘肃省全国公安机关爱民模范集体代表和个人。

△ 省委副书记、省长、省政府党组书记刘伟平主持召开省政府党组会议，专题学习贯彻党的十八届四中全会精神、国务院党组会议精神和十八届中央纪委四次全会精神，按照省委要求，研究部署推进依法行政建设法治政府工作。

30日 省长刘伟平到永靖县刘家峡库区，实地调研兰州市新建水源地项目。

31日 省委书记、省人大常委会主任王三运在兰州主持召开会议，研究部署甘肃省贯彻落实党的十八届四中全会决定实施意见起草工作。

△ 省长刘伟平主持召开省政府第60次常务会议。研究部署开展环境保护大检查、启动以市场化方式发展养老服务产业试点、整合检验检测认证机构等工作；审议《甘肃省现代职业教育体系建设规划》、省政府法律专家咨询委员会遴选聘任办法和法律专家咨询委员工作规则。

十一月

1日 省长刘伟平在兰州会见印度驻华大使康特一行。

3日 省委书记、省人大常委会主任王三运到甘南卓尼县尼巴乡尼巴村、江车村调研指导工作，看望慰问群众。

3-4日 中央书记处书记、全国政协副主席杜青林到甘肃省甘南州调研藏区工作。

△ 省长刘伟平到通渭县和庄浪县双联点进行工作调研。

4日 省政协月协商座谈会在兰州召开。

4-5日 省委书记、省人大常委会主任王三运到武山县双联行动联系点北顺村、车岸村进行调研并慰问群众。

6日 省委书记、省人大常委会主任王三运在会宁主持召开部分市县乡党委主要负责同志座谈会。

△ 省政协在兰州召开“加强委员联络服务、发挥委员主体作用”工作座谈会。

7日 省委常委会在兰州召开会议，研究部署华夏文明传承创新区建设、加强全省基层服务型党组织建设等工作。

△ 省长刘伟平主持召开省政府第61次常务会议。审定省政府工作规则修订意见；研究确定进一步优化中小微企业发展环境的政策措施；部署化解产能严重过剩矛盾工作；审议国资国企改革试点方案和促进旅游产业改革发展意见。

10日 省长刘伟平到省信访局调研，并接待上访群众。

△ 省长刘伟平在兰州会见国家烟草专卖局党组书记、局长凌成兴一行。

10-11日 省长刘伟平带领省促进战略性新兴产业发展部门协调会议成员，专题对在兰9家战略性新兴产业骨干企业逐一进行了调研。

△ 省政协主席冯健身到甘谷县、麦积区双联行动联系点调研。

11日 省委书记、省人大常委会主任王三运到民勤县调研检查环境保护工作。

12日 省委书记、省人大常委会主任王三运在武威主持召开部分市县乡党委主要负责同志座谈会。

△ 省政协主席冯健身在兰州主持召开省政协十一届十四次主席会议，对省政协近期工作进行研究部署。

13日 省委全面深化改革领导小组第五次会议在兰州召开。

14日 省委常委会在兰州召开会议。传达学习习近平总书记关于深入推进平安中国建设的重要批示和深化平安中国建设会议精神，研究部署了深化平安甘肃建设、促进旅游业改革发展等工作。

△ "时代楷模"柴生芳先进事迹主场报告会在兰州举行。

17日 省长刘伟平主持召开省政府第62次常务会议。

17-19日 省长刘伟平带领省促进战略性新兴产业发展部门协调会议成员，分别到白银市、天水市、酒泉市调研了7家全省战略性新兴产业骨干企业发展情况。

19日 省委书记、省人大常委会主任王三运在省文化系统调研。

20日 省委书记、省人大常委会主任王三运在临夏主持召开部分市县乡党委主要负责同志座谈会。

△ 省委书记、省人大常委会主任王三运到第二批教育实践活动联系点临夏州，实地调研指导后续整改落实工作。

21日 省委书记、省人大常委会主任王三运，省长刘伟平在兰州会见第四次全省自强模范暨助残先进集体和个人表彰大会受表彰代表。

24日 省政府与阿里巴巴集团在兰州签署战略合作框架协议。省委书记、省人大常委会主任王三运，省长刘伟平，阿里巴巴集团董事局主席马云出席了签约仪式。

△ 全省政府系统领导干部学习贯彻四中全会精神、加快法治政府建设专题讲座在兰州举办。

25日 省委理论学习中心组在兰州举行报告会，邀请全国人大常委会副秘书长、机关党组书记王万宾，就坚持中国特色社会主义制度、全面推进依法治国问题作专题报告。

27日 省委在兰州召开"五人小组"会议，传达学习习近平总书记在中央政治局常委会听取中央第二轮巡视情况汇报后的重要讲话精神和王岐山同志在中央第三轮巡视工作动员部署会上的讲话精神，听取2014年省委第二轮巡视综合情况汇报，研究部署下一阶段巡视工作。

△ 省长刘伟平主持召开省政府第63次常务会议。审议《开展城乡居民大病保险工作实施方案》；研究贯彻了全国"餐桌污染"现场会精神的措施、2015年省级预算和各地预算编制事宜；审议《贯彻落实国务院〈关于加强审计工作意见〉的实施意见》《甘肃省贯彻落实国务院〈计量发展规划（2013-2020）〉的实施意见》《关于进一步加强统计工作的意见》和《关于加快发展现代保险服务业的实施意见》。

29日 省长刘伟平在兰州分别会见中石油集团总经理廖永远和恒大集团董事局主席许家印一行。

十二月

1日 中央办公厅、国务院办公厅联合督查组到我省就贯彻落实党中央、国务院重大决策部署情况进行督促检查，并向省委、省政府反馈督查情况。

2日 省委常委会在兰州召开会议。传达学习习近平总书记有关重要讲话精神，研究部署持续抓好教育实践活动整改落实、召开2014年度省委常委班子民主生活会等工作。

3日 省委书记、省人大常委会主任王三运在兰州市宣讲党的十八届四中全会精神，就全面推进法治建设有关问题向兰州市及兰州新区部分党员干部作了辅导报告。

4日 甘肃省宪法学习宣传教育座谈会在兰州召开。

△ 省委副书记、省政府党组书记、省长刘伟平主持召开省政府党组会议，学习贯彻习近平总书记在党的群众路线教育实践活动总结大会上的重要讲话精神及中央纪委机关中央组织部《关于开好2014年度县以上党和国家机关党员领导干部民主生活会通知》精神，研究讨论《2014年度省政府领导班子民主生活会方案》。

5日 省委在兰州召开常委扩大会议。会议传达学习了中共中央关于周永康严重违纪案审查情况和处理决定的通报。

△ 省长刘伟平主持召开省政府第64次常务会议。研究建立省级政府权力清单、省政府部门责任清单、省级财政专项资金管理清单和推进政务服务网建设"三张清单一张网"事宜；研究了申报设立中国（兰州）自由贸易园区、进一步加强和改进临时救助、鼠疫防控和防震减灾工作。

6日 省委书记、省人大常委会主任王三运，省委副书记、省长刘伟平在兰州会见水利部党组副书记、副部长矫勇。

12日 省委在兰州召开常委扩大会议。

15日 省长刘伟平主持召开省政府第65次常务会议。决定修订政府核准投资项目目录；研究1—11月全省经济运行情况；审议通过《甘肃省节能环保产业发展规划（2014—2020年）》《关于加快发展生产性服务业促进产业结构调整升级的意见》《关于贯彻落实国家〈应对气候变化规划（2014—2020年）〉的实施意见》《关于促进市场公平竞争维护市场正常秩序的实施意见》《甘肃省能源发展战略行动计划（2014—2020年）》和《关于加强政府性债务管理的实施意见》。

16日 省委常委会在兰州召开会议，进一步学习贯彻党的十八届四中全会精神，研究部署全面推进依法治省等工作。

19日 省委在兰州召开党外人士

座谈会，通报了今年全省经济社会发展情况，就当前经济形势和明年经济工作听取各民主党派、工商联负责人和无党派人士意见建议。

22日　甘肃省旅游发展大会在兰州召开。会议分析甘肃省旅游业发展形势，并就推动旅游业蓬勃发展和转型升级作出安排部署。

23日　省委常委会在兰州召开会议，研究部署政府管理方式创新和省委党内法规建设等工作。

26日　兰新高速铁路正式开通运营。

△　省长刘伟平主持召开省政府第66次常务会议，听取贯彻落实全国政府秘书长和办公厅主任会议精神意见的汇报。

27-28日　省委十二届九次全委（扩大）会议暨全省经济工作会议在兰州召开。会议听取和讨论王三运受省委常委会委托作的工作报告；审议通过《中共甘肃省委贯彻落实〈中共中央关于全面推进依法治国若干重大问题的决定〉的意见》；审议通过《中国共产党甘肃省第十二届委员会第九次全体会议决议》；会议递补省委委员。

28日　省长刘伟平在兰州会见中铝公司董事长葛红林一行，双方就进一步加强合作进行深入交流。

29日　全省领导干部警示教育大会在兰州召开。

△　党政主要领导述纪述廉述作风大会在兰州召开。这是自省委出台“三述”实施办法后组织开展的第二次“三述”大会。

30日　省委议军会议在兰州召开。省委书记、省人大常委会主任、省军区党委第一书记王三运出席会议并讲话。省委副书记、省长刘伟平主持会议。省委副书记欧阳坚宣读省委、省军区党委《关于表彰党管武装好书记的决定》，省军区司令员刘万龙作工作报告，省委常委、省军区政委傅传玉就起草《着眼实现强军目标加强党管武装工作的意见》作了说明。

△　华夏文明传承创新区协调推进领导小组第二次（扩大）会议在兰州召开。

历史人文

地理位置

甘肃古属雍州，今省会兰州。地处黄河上游黄土高原青藏高原交会地带，位于中国的地理中心，北纬32° 31′－42° 57′、东经92° 13′－108° 46′。

甘肃东接陕西，南控巴蜀青海，西倚新疆，北扼内蒙古、宁夏，并与蒙古人民共和国接壤，是古丝绸之路的锁匙之地和黄金路段，东西蜿蜒1600多千米，纵横42.58万平方千米，占全国总面积的4.72%。

早期文明

甘肃是中华民族灿烂文化的重要发祥地。大量考古文物证明，远在一二十万年前的旧石器时代，我们的先民就在这块地方生息、繁衍，利用简陋的石器顽强地同大自然作斗争。上世纪以来，先后在镇原县姜家湾、寺沟口、黑土梁，庆阳巨家塬，环县楼房子和刘家岔处，发现了旧石器时代中、晚期的石器、骨器、动物化石和早期人类用火的遗迹。属于新石器时代的文化遗迹，已发现的有1000多处，其中著名的有受仰韶文化影响而发展起来的以洮河、大夏河和湟水中下游为中心，处于母系氏族公社阶段的马家窑文化、齐家文化；还有晚于齐家文化，出现铜器，已经进入原始社会末期或奴隶社会早期的辛店、寺洼和卡鼓文化。古代传说中的炎帝（号神农氏）、黄帝（又号轩辕氏）部族也兴起于西北。

省境东部秦安县大地湾距今7800–4500年的新石器早期文化遗址，出土文物8000余件，其中一处距今7000年前的地画、5000年前的混凝土和一座建筑面积达450平方米的原始社会会堂式宏伟建筑遗迹，系国内首次发现。这里发现的罕见的三足钵、三足罐珍品，比仰韶文化半坡类型要早1000多年，为了解中国文明的起源和发展过程提供了可贵的实例。大地湾遗址的发现，为研究史前史特别是研究古代建筑、文字起源和人类生活提供了极其重要的依据资料。

建置沿革

甘肃一名始于11世纪，取甘州（今张掖）、肃州（今酒泉）二地的首字而成。由于西夏在其境分置12监军司，甘肃为其一，元代设甘肃省，简称甘；又因省境大部分在陇山以西，而唐代曾在此设置过陇右道，故又简称为陇。

先秦时期的地理专著《禹贡》，按方位将全国分为九州，甘肃省境大部属雍、梁二州，旧称"雍梁之地"。秦始皇统一中国后，分全国为36郡，省境东南地区为北地郡和陇西郡，河西为匈奴牧地，汉代在省境置凉州刺史部，至元封五年（前106年）省境先后改置武都、陇西、金城、天水、安定、北地、武威、张掖、酒泉、敦煌等10郡。三国时境内分属魏蜀之地。晋末天下大乱，甘肃境内先后出现前凉、后凉、西凉、南凉、北凉、五凉和仇池、宕昌、西秦等地方政权。唐代改郡为道，省境分属关内道、陇右道和山南道，共辖22州。宋时，境内分属宋、西夏、金所有。元代始设甘肃行中书省，辖黄河以西七路二州，黄河以东地区为陕西省奉元路，经甘南、临夏及岷、宕等地属脱思麻路，由宣政院直属。明代，省境属陕西布政使司、陕西行都指挥使司。清代康熙初于巩昌（今陇西）设陕西右布政司，后改甘肃布政司，后迁至兰州，甘肃始复为省，辖今甘肃、临夏、新疆、青海部分地区。清光绪十年（1884年）分置新疆省。辛亥革命后，1912年省境又划分为宁夏（原朔方）、西宁（原海东）、兰山、泾原（原陇东）、渭川（原陇南）、甘凉（原河西）、安肃（原边关）七道。1927年废道，1928年又分设青海和宁夏两省区。第二次国内革命战争时期，省境陇东地区属陕甘宁边区的陇东和关中两分区。1949年8月26日成立甘肃行政公署。1950年1月8日成立甘肃省人民政府，甘肃省名相沿至今。

风物名胜

甘肃海拔大多在1000米以上，四周为群山峻岭所环抱。北有六盘山、合黎山和龙首山；东为岷山、秦岭和子午岭；西接阿尔金山和祁连山；南壤青泥岭。境内地势起伏、山岭连绵、江河奔流，地形地貌复杂。这里有直插云天的皑皑雪峰，一望无垠的辽阔草原莽莽漠漠的戈壁瀚海，郁郁葱葱的茂密森林，神奇碧绿的湖泊佳泉，有江南风韵的自然风光，也有西北特有的名花瑞果。

河西走廊是甘肃著名的粮仓，也是昔日铁马金戈的古战场和古丝绸之路的主要通道。敦煌莫高窟闻名于世，肃南裕固族、肃北蒙古族、阿克塞哈萨克族、天祝藏区等民族风情独具特色，古酒泉传奇、嘉峪关传说、玉门关和古阳关、桥湾人皮鼓、民间筵悦、骆驼队等奇风异俗熠熠生辉。

甘肃东南部的天水市和陇南地区，是历史悠久、山川锦绣、物产丰富、气候宜人、民俗奇特的天然膏沃之地，有小江南之称。唐玄奘在天水的传说，使佛公娇、万紫山、渗金寺等地成为民俗旅游的主要景点。

与天水、陇南相邻的甘南、临夏两自治州是藏、回、东乡、保安、撒拉等少数民族的集聚地，有独具一格的民情和风俗，境内的拉卜楞寺，不但有着精美绝伦的建筑，而且每年7次规模较大的法会和众多的节庆，使拉卜楞寺的宗教民俗活动空前丰富多彩。古朴典雅的临复清真寺，是穆斯林民众们的聚礼之地，这里的宗教民俗活动，独特隆重，令人叹为观止。

甘肃东部的庆阳、平凉地区，是著名的革命老区，以南梁为中心的陕甘边革命根据地，是第二次国内革命战争后期“硕果仅存”的根据地，为长征中的党中央和中央红军提供了落脚点，是八路军三大主力开赴抗日前线的出发点。境内除有众多的革命遗迹外，黄帝登临、广成子修炼得道的道家圣地崆峒山，西王母设宴招待周穆王的王母宫山以及公刘庙、菩萨山等庙会，都成为民间文化的传播阵地和民间经济的交易场所。特别是唢呐、剪纸、社火、戏曲等民俗文化尤具魅力。

闻名世界的敦煌莫高窟是全国重点文物保护单位，俗称千佛洞，是中国四大石窟之一。被誉为20世纪最有价值的文化发现，坐落在河西走廊西端的敦煌，以精美的壁画和塑像闻名于世。它始建于十六国的前秦时期，历经十六国、北朝、隋、唐、五代、西夏、元等历代的兴建，形成巨大的规模，现有洞窟735个，壁画4.5万平方米、泥质彩塑2415尊，是世界上现存规模最大、内容最丰富的佛教艺术圣地。近代以来又发现了藏经洞，内有5万多件古代文物，由此衍生专门研究藏经洞典籍和敦煌艺术的学科 — 敦煌学。1961年，莫高窟被公布为第一批全国重点文物保护单位之一，1987年被列为世界文化遗产，世界遗产委员会认为，莫高窟是地处丝绸之路的一个战略要点。它不仅是东西方贸易的中转站，同时也是宗教、文化和知识的交汇处。莫高窟的492个小石窟和洞穴庙宇，以其雕像和壁画闻名于世，展示了延续千年的佛教艺术。

敦煌莫高窟

莫高窟壁画

麦积山石窟被称为“东方雕塑馆”，地处天水市东南方50千米的北道区麦积山乡南侧，是西秦岭山脉小陇山中的一座孤峰。麦积山风景名胜区总面积215平方千米，包括麦积山、仙人崖、石门、曲溪四大景区和街亭古镇，为中国四大石窟之一。麦积山为典型的丹霞地貌，因形如农家麦垛而得名，山崖拔地而起，高80米，山势险峻，周围绿树成林，环境清幽。西汉末年，麦积山已成为天水名将隗嚣的避暑宫。这里松桧阴森，横云飞渡，烟雾团绕，碧水长流，“其青云之半，峭壁之间，镌石成佛，石龛千室”，荟萃着后秦、西秦、北魏、西魏、北周、隋、唐、五代、宋、元、明、清等十多个朝代的塑像7200余尊，壁画1300多平方米，分布在194个洞窟里，与敦煌莫高窟、大同云冈石窟、洛阳龙门石窟并称四大石窟。敦煌侧重于绚丽的壁画，云冈、龙门著名于壮丽的石刻，而麦积山则以精美的塑像闻名于世。中国雕塑家刘开渠曾赞美：麦积山是“我国历代的一个大雕塑馆”。1982年，麦积山以甘肃麦积山风景名胜区的名义，被国务院批准列入第一批国家级风景名胜区名单。

天下第一雄关 — 嘉峪关，是举世闻名的万里长城西端险要关隘，也是长城保存最完整的一座雄关。关城建于明洪武五年（1372年），距今已历600余年，总占地约3.35万平方米。嘉峪关城雄居祁连山与黑山之间，地势险要，扼守咽喉。关城由外城、内城、瓮城、罗城、城壕等部分组成，三重城郭，多道防线，形成重城并守之势，构成了一个壁垒森严的军事防御工程。并与五里一燧、十里一墩、三十里一堡、百里一城共同构成坚固的古代防御体系。嘉峪关内城周长640米，面积2.5万平方米。城头垛口林立，砖垛墙高1.7米。东西城垣开门，门上有明正德元年（1506年）修建的东西二楼：东为“光化楼”，西为“柔远楼”，均系单檐歇山顶、周有回廊的三层木结构建筑，总高17米。东、西门外均有土筑瓮城回护，瓮城与内城同制辟门向南，门上各有一座阁楼。西瓮城外罗城凸出，中辟门向西，为关城正门，门额刻“嘉峪关”三个大字。明弘治八年（1495年）于罗城上修建嘉峪关楼，与东、西二楼形制相同，同处一条中轴线上。清同治末年左宗棠驻节肃州时，曾修整关墙和关楼，并亲笔题“天下第一雄关”的匾额，高悬关楼。南北两端城头各有一座箭楼，为警戒哨所。关城四隅各有一座角楼，南、北墙居中各有一座敌楼，城内有游击将军府、宫井。关城城墙四周有瞭望孔、灯槽、射击孔等防御设施。罗城两端连接南、北、东三面土筑围墙，形成外城，周长1263米。外城广场有文昌阁、戏楼、关帝庙、墩台等，外城又与南北延伸的长城连接。登上城头，南望祁连山，雪峰如玉，绵亘千里；北有黑山，石壁嶙峋，如铸铜色。两山对峙，关踞其间，形势险要，素有“河西第一隘口”“边陲锁钥”之称。1961年嘉峪关被国家公布为第一批全国重点文物保护单位，1987年嘉峪关作为万里长城的杰出代表被联合国教科文组织列入《世界遗产名录》，2007年嘉峪关文物景区被正式评定为首批国家5A级旅游景区。

黄帝问道圣地—崆峒山，位于甘肃省平凉市城西12千米处，东瞰西安，西接兰州，南邻宝鸡，北抵银川，是古丝绸之路西出关中之要塞。景区面积84平方公里，主峰海拔2123米，集奇险灵秀的自然景观和古朴精湛的人文景观于一身，具有极高的观赏、文化和科考价值。自古就有“西来第一山”“西镇奇观”“崆峒山色天下秀”之美誉。崆峒山属六盘山支脉，是天然的动植物王国，有各类植物1000多种，动物300余种，森林覆盖率在90%以上。其间峰峦雄峙，危崖耸立，似鬼斧神工；林海浩瀚，烟笼雾锁，如缥缈仙境；高峡平湖，水天一色，有漓江神韵。既富北方山势之雄伟，又兼南方景色之秀丽。秦汉时期，崆峒山开始有了人文景观。经历代陆续兴建，亭台楼阁，宝刹梵宫，庙宇殿堂，古塔鸣钟，遍布诸峰。明清时期，人们把山上名胜景观称为“崆峒十二景”：香峰斗连、仙桥虹跨、笄头叠翠、月石含珠、春融蜡烛、玉喷琉璃，鹤洞元云、凤山彩雾、广成丹穴、元武针崖、天门铁柱、中台宝塔。近年来，新修了法轮寺、卧观平凉、观音堂、通天桥、飞升宫、王母宫、问道宫等景点三十五处，基本恢复了历来所称的“九宫八台十二院”中四十二处建筑群。古往今来，崆峒山吸引了众多的风流才俊。被中华民族尊为人文始祖的轩辕黄帝亲自登临崆峒山，向智者广成子请教治国之道和养生之术，黄帝问道这一千古盛事在《庄子·在宥》和《史记》等典籍中均有记载；秦皇、汉武因“慕黄帝事”“好神仙”而效法黄帝西登崆峒；司马迁、王符、杜甫、白居易、赵时春、林则徐、谭嗣同等文人墨客也留下了大量的诗词、华章、碑碣、铭文。崆峒武术与少林、武当、峨嵋、昆仑等武术流派驰名华夏。1994年1月，崆峒山被国务院批准为国家重点风景名胜区；2001年1月，被国家旅游局批准为中国首批AAAA级旅游区；2007年5月8日，平凉市崆峒山风景名胜区经国家旅游局正式批准为国家5A级旅游景区；2002年10月顺利通过ISO9001、ISO14001质量、环境管理体系国际认证；2003年7月26日，崆峒山又登上了国家名片，这套由崆峒山最具代表性的景观—隍城、弹筝峡、塔院和雷声峰组成的《崆峒山》特种邮票是我省继敦煌莫高窟、麦积山石窟和嘉峪关城楼后国家邮政局发行的第四套地方题材的特种邮票；2004年3月晋升为国家地质公园。2005年8月9日，太统—崆峒山经国务院批准列为国家级自然保护区。

甘肃全省的石窟文化旅游有：莫高窟、炳灵寺石窟、安西榆林窟、庆阳北石窟寺、泾川南石窟寺、泾川王母宫石窟、肃南马蹄寺石窟群、东千佛洞、西千佛洞、拉稍寺石窟、大象山石窟、金塔寺石窟、麦积山石窟、天梯山石窟（东晋）、武山水帘洞石窟群、云崖寺石窟。

甘肃全省的古建筑旅游有：白塔、嘉峪关城楼、秦安泰山庙、夏河拉卜楞寺、天水伏羲庙、镇远楼、张掖大佛寺、张掖木塔寺、贡唐宝塔、海藏寺、武威罗什寺塔、米拉日巴佛楼阁、武威文庙、宝塔、崇信龙泉寺、兰州黄河铁桥、陇西威远楼、李家龙宫遗址·陇西堂、鲁土司衙门、渭源灞陵桥、保昌楼、白马塔、成县杜甫草堂、文峰塔、汉长城、天水仙人崖、东宫馆、玉泉观、崇信龙泉寺、礼县祁山堡、酒泉钟鼓楼、临夏红园、南郭寺、秦安兴国寺、雷音寺。

甘肃省历史文化遗址众多，全省文化遗址类有：秦安大地湾遗址、永靖恐龙足印化石群、敦煌河仓城、锁阳城故址、阳关故址、甘南夏河八角城、马家窑遗址、沙州故城遗址、居延遗址、悬泉置遗址、悬壁长城、万里长城第一墩、战国秦长城遗址、黑山岩画、罕古城、永昌骊怀古城、成县西峡颂。

历史名人

伏羲：人文始祖，三皇之首。

女娲：中华上古之神，人首蛇身，为伏羲之妹，风姓。

轩辕黄帝：中国远古时期部落联盟首领。

嫘祖：传为西陵氏之女，是传说中的北方部落首领黄帝轩辕氏的元妃。她发明了养蚕，为“嫘祖始蚕”。

秦非子：秦国的先祖非子生活于公元前900年左右，居西垂宫（后称犬丘，今天水市秦城区西南边），是秦的开国君主，他因擅长养马，替周王室主持牧马，马群得到了大量繁殖，为周王朝立下了汗马功劳。

秦襄公（？—公元前766年）嬴姓，名开。先秦时期男子称氏不称姓，虽为嬴姓，却不叫嬴开。是秦国列为诸侯的第一代君主，大秦真正的开国之君。

秦始皇（公元前259年—公元前210年），名政，甘肃陇西人，中国历史上第一个皇帝。13岁即位，在位35年，建都咸阳。公元前221年，历十年之久征灭六国后，建立了大一统秦国。其推行车同轨、书同文、实行郡县制等一系列措施，确立了历代大一统王朝的统一范本，是当之无愧的“千古一帝”。

李广（？—公元前119年），汉族，陇西成纪（今甘肃静宁）人，西汉名将。

李陵（？—公元前74年），字少卿，

汉族，陇西成纪（今甘肃天水）人。西汉将领，李广之孙。

甘延寿，字君况，西汉名将，北地郁郅人，即今甘肃庆城县人。与副校尉陈汤共同诛灭了匈奴的郅支单于，被封为义成侯。

赵充国（公元前137年—公元前52年），字翁孙，汉族，原为陇西上邽（今甘肃省天水市）人，后移居湟中（今青海西宁地区），西汉著名将领。

段会宗（公元前83年—公元前9年），字子松，天水上邦（今甘肃天水）人。西汉著名外交家。在西域各族人民中享有很高威望。

隗嚣（？—公元33年），字季孟，天水成纪（今甘肃秦安）人。西汉末割据一方的军阀势力。出身陇右大族，青年时代在州郡为官，以知书通经而闻名陇上。

董卓（？—公元192年），字仲颖，陇西临洮（今甘肃省岷县）人。东汉末年少帝、献帝时权臣，西凉军阀。

张绣（？—公元207年），武威祖厉（今甘肃靖远）人。张济的从子。东汉末年割据宛城的军阀，汉末群雄之一。

贾诩（公元147年—公元223年），字文和，武威姑臧（今甘肃武威）人。三国时期魏国著名谋士。官至太尉，谥曰肃侯。

庞德（？—公元219年），字令明，东汉末年雍州南安郡狟道县（今甘肃省定西市陇西县东南）人。曹操部下重要将领。

姜维（公元202年—公元264年），字伯约，天水冀（今甘肃甘谷东南）人。三国时期蜀汉著名军事家、军事统帅。

李益（公元746年—公元829年），唐代诗人，字君虞，陕西姑臧（今甘肃武威）人，后迁河南郑州。大历四年（公元769年）进士，初任郑县尉，久不得升迁，建中四年（公元783年）登书判拔萃科。因仕途失意，后弃官在燕赵一带漫游。

金銮（公元1506年？—公元1595年？），明代散曲家。字在衡，号白屿。陇西（今属甘肃）人。正德嘉靖年间随父侨寓南京。工诗，钱谦益说他“诗不操秦声，风流宛转，得江左清华之致”（《列朝诗集》）。所作散曲，名重一时。

张澍（公元1776年—公元1847年），字百沦，清代著名学者，凉州府武威县（今武威市）人。一生著述颇丰。清代著名学者张之洞《书目答问》将其列入经学家、史学家和金石学家。

刘尔炘（公元1865年—公元1931年），近代著名学者。字又宽，号果斋、五泉山人。甘肃兰州人。光绪乙丑科进士，授翰林院庶吉士、编修，应聘为五泉书院讲席。

环境资源

地形地貌

甘肃省大部分位于中国地势二级阶梯上，地貌复杂多样，山地、高原、平川、河谷、沙漠、戈壁交错分布。地处中国东部湿润森林草原向西部干旱荒漠草原与高寒荒漠草甸草原的过渡带，亦为华北、华中、西北与青藏的交错毗邻区，以及东部农业区与西部游牧畜牧区的过渡带，自然条件复杂多样，具有明显的过渡性。地势自西南向东北倾斜，地形狭长，东西长1655千米，南北宽530千米，大致可分为各具特色的六大区域：

祁连山

甘南藏族自治州玛曲草原

陇南山地　大致包括渭水以南、临潭、迭部一线以东的山区，为秦岭的西延部分。山地和丘陵西高东低，绿山对峙，溪流急荡，峰锐坡陡。

陇中黄土高原　位于甘肃省中部和东部，东起甘陕省界，西至乌鞘岭。黄河穿流而过，曾经孕育华夏民族的祖先，有闻名遐迩的名山大川，有丰富的矿藏，有刘家峡、盐锅峡、八盘峡三大水库。

甘南高原　甘南高原是“世界屋脊”—青藏高原东部边缘一隅，地势高耸，平均海拔超过3000米，是典型的高原区。这里草滩宽广，水草丰美，牛肥马壮，是甘肃省主要畜牧业基地之一。

河西走廊　位于祁连山以北，北山以南，东起乌鞘岭，西至甘新交界，是块自东向西、由南而北倾斜的狭长地带。海拔在1000-1500米，长1000余千米，宽由几千米到百余千米不等。河西走廊地势平坦，机耕条件好，光热充足，水资源丰富，是著名的戈壁绿洲，农业发展前景广阔，是甘肃主要的商品粮基地。

祁连山地　祁连山地在河西走廊以南，长1000多千米，大部分海拔在3500米以上，终年积雪，冰川逶迤，是河西走廊的天然固体水库，荒漠、草场、森林、冰雪，植被垂直分布明显。

河西走廊以北地带　东西长1000多千米、海拔1000-3600米，习惯称之为北山山地。地近腾格里沙漠和巴丹吉林沙漠，风疾沙多，山岩裸露，荒漠连片，难以耕作。

甘肃是个多山的省份，最主要的山脉有祁连山、乌鞘岭、六盘山，以及阿尔金山、马鬃山、合黎山、龙首山、西倾山、子午岭山等。多数山脉属西北—东南走向。省内的森林资源多集中在这些山区，大多数河流也都从这些山脉形成各自分流的源头。

气　候

甘肃省地处黄土、青藏和蒙古三大

高原交汇地带。境内地形复杂，山脉纵横交错，海拔相差悬殊，高山、盆地、平川、沙漠和戈壁等兼而有之，是山地型高原地貌。从东南到西北包括了北亚热带湿润区到高寒区、干旱区的各种气候类型。

甘肃省气候干燥，气温日较差大，光照充足，太阳辐射强。年平均气温在0℃-14℃，由东南向西北降低；河西走廊年平均气温为4℃-9℃，祁连山区0℃-6℃，陇中和陇东分别为5℃-9℃和7℃-10℃，甘南1℃-7℃，陇南9℃-15℃。年均降水量300毫米左右，降水各地差异很大，在42至760毫米之间，自东南向西北减少，降水各季分配不匀，主要集中在6—9月。甘肃省光照充足，光能资源丰富，年日照时数为1700-3300h，自东南向西北增多。河西走廊年日照时数为2800-3300h，是日照最多的地区；陇南为1800-2300h，是日照最少的地区；陇中、陇东和甘南为2100-2700h。

自然资源

土地资源　全省总土地面积45.44万平方千米（据国务院勘界结果为42.58万平方千米），居全国第7位，折合6.8亿亩。其中，农用地为3.81亿亩，建设用地0.14亿亩，未利用地2.87亿亩，人均占有土地26.31亩，人均占有耕地2.71亩，比全国人均占有量高出一倍多。山地多，平地少，全省山地和丘陵占总土地面积的78.2%。全省土地利用率为56.93%，尚未利用的土地有28681.4万亩，占全省总土地面积的42.05%，包括沙漠、戈壁、高寒石山、裸岩、低洼盐碱、沼泽等，占土地总面积的60.11%。甘肃农业经济中种植业居突出地位，主要种植小麦、玉米、马铃薯、糜子、胡麻、油菜籽、甜菜、棉花、大麻、烟叶、当归、党参等，此外还有各种蔬菜瓜果种植栽培，形成了种类繁多、布局合理的种植体系，很多产品已成为甘肃省的名优特产，如河西甜菜（含糖率居全国第二位）、敦煌长绒棉、山丹油菜籽、兰州水烟、黑瓜籽、天水花牛苹果、秦安蜜桃、岷县当归、纹党、潞党等。畜牧业是仅次于种植业的农业经济部门，畜禽品种齐全，大家畜有马、牛、驴、骡、骆驼，小畜禽有猪、羊、鸡、兔等，有28个优良畜禽品种，其中河曲马、山丹马、岷县黑裘皮羊、合作猪、静宁鸡、甘肃双峰驼等是闻名中国的优良畜种。随着多种经济的发展，利用2万余公顷宜养鱼水面发展了渔业生产，共养殖100多个鱼种，其中虹鳟鱼、细鳞鲑、大鲵、甲鱼、黄河鲤鱼、鸽子鱼、石花鱼为名优特水产品。

森林资源　各种林地资源面积396.65万公顷，有白龙江、洮河、祁连山脉、大夏河等地的成片原始森林，森林中的野生植物达4000余种，其中有连香树、水青树、杜仲、透骨草、五福花等珍贵植物；野生动物中列入国家稀有珍贵动物的达54个种或亚种，如大熊猫、金丝猴、羚牛、野马、野骆驼、野驴、野牦牛、白唇鹿等。各类草地资源面积1575.29万公顷，占土地资源总面积的34.67%，其中天然草地1564.83万公顷，占草地总面积的99.34%，是中国主要的牧业基地之一。依靠省境森林资源和宜林土地资源积极发展林业生产，形成了以用材林、防护林、特用林、经济林、薪炭林为结构，以冷杉、云杉、油松、华山松、栎类林、杨桦林等为优势种的林业生产体系，活立木总蓄积量1.74亿立方米。工业是甘肃国民经济的主导产业，利用丰富的优势资源，重点发展基础工业，形成以重工业为主，轻重工业协调配合，包括煤炭、石油、电力、冶金、机械、化学工业、建材、森林、食品、纺织、造纸等十几个部门在内的生产体系，已成为中国有色金属、电力、石油化工、石油机械制造和建筑材料的重要基地。

甘肃省陇南市文县白水江大熊猫自然保护区位于中国甘肃省南部的文县、武都县，1963年建立，面积9.1万公顷。主要保护对象是大熊猫、珙桐等多种珍稀濒危野生动植物及其赖以生存的自然生态环境和生物多样性。世界生物圈保护区。中国以保护大熊猫为主的三个重点保护区之一，甘肃省唯一具有北亚热带生物资源的自然景观区。

陇南市文县白水江大熊猫自然保护区

陇南市文县白水江大熊猫自然保护区内大熊猫

矿产资源　甘肃是矿产资源比较丰富的省份之一，矿业开发已成为甘肃的重要经济支柱。境内成矿地质条件优越，矿产资源较为丰富。截至2006年年底已发现各类矿产173种（含亚矿种），占全国已发现矿种数的74%。甘肃省查明矿产资源的矿种数有97种，其中：能源矿产7种、金属矿产35种、非金属矿产53种、水气矿产2种。列入《甘肃省矿产资源储量表》的固体矿产地891处（含共伴生矿产），其中，大型矿床77个、中型202个、小型612个。据全国主要矿产资源储量通报（2005），在查明矿产资源储量的矿种中，甘肃省列全国第一位的矿产有10种，前五位的有25种，前十位的有49种。亚洲最大的金矿—甘肃阳山金矿的发现，是我国近年来探矿业的一个壮举。据悉，阳山金矿累计探获黄金资源量308吨，是亚洲最大类卡林型金矿。据估算，阳山金矿已探明的黄金资源量潜在经济价值达500亿。能源矿产中，煤、石油、油页岩、天然气、地热水均有储量，仅煤炭就包括了无烟煤、一般用煤、焦煤、褐

煤等几大类；黑色金属有铁、锰、钒、铬等及冶金辅助原料矿产熔剂灰岩、熔剂白云岩等14种，大部分已探明储量，铬铁矿、钒矿、菱镁矿及铸型用黏土等储量在中国居前5位；有色金属矿产包括了有色金属、贵金属、稀有金属和分散元素矿产共28种已探明了储量，其中铜、镍、钴、铅、锌、锑、铂族、硒和碲等矿产是甘肃的优势矿产；此外尚有硫、磷、蛇纹岩、芒硝等非金属化工原料矿产9种和石棉、白云母、石膏、石灰岩等非金属建材原料矿产14种。

水利资源　甘肃省水资源主要分属黄河、长江、内陆河3个流域、9个水系。黄河流域有洮河、湟河、黄河干流（包括大夏河、庄浪河、祖厉河及其他直接入黄河干流的小支流）、渭河、泾河等5个水系；长江流域有嘉陵江水系；内陆河流域有石羊河、黑河、疏勒河（含苏干湖水系）3个水系。全省自产地表水资源量286.2亿立方米，纯地下水8.7亿立方米，自产水资源总量约294.9亿立方米，人均1150立方米。全省河流年总径流量415.8亿立方米，其中1亿立方米以上的河流有78条。黄河流域除黄河干流纵贯省境中部外，支流就有36条。该流域面积大，水利条件优越，但流域内绝大部分地区为黄土覆盖，植被稀疏，水土流失严重，河流含沙量大。长江水系包括省境东南部嘉陵江上源支流的白龙江和西汉水，水源充足，年内变化稳定，冬季不封冻，河道坡降大，且多峡谷，蕴藏有丰富的水能资源。全省理论水能蕴藏量1724.15万千瓦，居全国第10位，可能利用开发容量1068.89万千瓦，年发电量492.98亿千瓦小时。

甘肃河流皆发源于西南山原，呈放射状向西北、东及东南分流，大致以冷龙岭、乌鞘岭至景泰长岭山一线为界，西北部属内流区，东南部属外流区。内流区主要有哈尔腾河、疏勒河、黑河及石羊河四水系，均源山祁连山，除前者外，其余三水系均切穿河西走廊南山，流至走廊平地，形成广阔的冲积扇与洪积戈壁滩及其前缘绿洲与盐碱滩。外流区河流分属黄河和长江两大水系。横贯陇中的黄河，由积石峡至黑山峡（省境内长420千米）间，形成一束一放的十大峡谷与九个盆地。峡谷如刘家峡、盐锅峡均为优良坝址；盆地则为重要城镇之所在，如兰州、靖远等。华家岭以南的渭河及陇山以东的泾河两水系，均东流至陕西，汇入黄河。北秦岭为渭河和西汉水的分水岭，也是黄河和长江两大水系的分水岭。全省年径流总量为617.1亿立方米。 但地面水地区分布不均，省境黄河流域占全省径流总量62.4%，长江流域占20.3%，而占全省土地面积61.6%的内陆流域仅占17.3%。且季节变化较大，一般6–9月为洪水期，约占年总水量60%，冬春旱季为枯水期，小河多断流。本省河流年输沙总量达6.51亿吨，90%集中于陇中黄土区，水土流失严重。 全省年径流量在1亿立方米以上的河流共有30多条，为本省主要的水利资源，现已发展灌溉地86.3万多公顷，约占全省耕地面积的24.3%。地下水较丰富，仅主要农牧区即有静储量1.4万亿余立方米，动储量年有68亿多立方米。

甘肃省查明资源储量全国排位表

位次	矿产名称	矿产数合计
1	镍矿、钴矿、铂矿、钯矿、铱矿、钌矿、铑矿、硒矿、铸型钻土、凹凸棒石黏土、锥面用蛇较岩	12
2	铬矿、水泥配料利用黄土	2
3	金矿、锌矿、铬矿、红柱石、普通黄石、透辉石、岩棉用玄武岩、水泥配料用红土	8
4	钨矿、铍矿（绿柱石）、冶金用石英岩、重晶石、石棉	5
5	铅矿、锑矿	2
6	银矿、镉矿、砷、芒硝、铝钼矿、石榴子石、玻璃用白云岩、水泥配料用	10
7	锑矿、钡矿、菱镁矿、汞矿、哪矾石、宝石、螺石、钾盐	8
8	石油、铜矿、佗矿、玻璃用石英岩	4
9	油页岩、泥炭、化肥用蛇纹岩	3
10	锗矿、叶蜡石、高岭土、水泥用大理岩	4
11	镁矿	1
12	铌矿、镓矿、石墨（品质）	3
13	煤炭、锡矿、锰矿、烙锂非灰岩、制碱用灰岩、玻璃用砂、冶金用脉石英	7
14	铁矿、方解石	2
15	玻璃用咏石英	1
16	天然气、镁矿、冶金用白云岩	3
17	锂矿、石膏、膨润土、饰面用大理岩	4

风能太阳能资源　甘肃是全国风能资源丰富的省区之一，全省风能资源理论储量为2.37亿千瓦，风能总储量居全国第五位。其中风能资源丰富区、可利用和季节可利用区的面积为17.66万平方公里，占全省总面积的39%，主要集中在河西走廊和省内部分山口地区。年平均风功率密度在150瓦/平方米及以上的区域占全省总面积的4%，风能资源储量为3395万千瓦，风能资源技术可开发量为2667万千瓦。由于特定的地理和气候条件，甘肃的太阳能资源十分丰富，年太阳辐射量约在4800–6400兆焦/平方米，年日照时数在1700–3300小时。其中，河西走廊和甘南高原是省内太阳能最丰富地区，年太阳总辐射量分别为5800–6400兆焦/平方米和5800–6200兆焦/平方米，年日照时达3000–3300小时。甘肃还是全国太阳能技术研发、推广和应用最早的省份之一，有着多年的科技积累，我国太阳能领域的许多开拓性工作都是从甘肃开始的。光

伏发电应用在全国最早起步，被动式太阳能建筑技术居全国领先水平。联合国工业发展组织国际太阳能技术促进转让中心落户兰州，为发展太阳能技术集聚更多的信息、人才、技术资源。

区划人口

行政区划

甘肃省现设兰州市、嘉峪关市、金昌市、白银市、天水市、武威市、张掖市、酒泉市、平凉市、庆阳市、定西市、陇南市、临夏回族自治州、甘南藏族自治州。

兰州市　辖五区三县：城关区、七里河区、西固区、安宁区、红古区、榆中县、皋兰县、永登县。

嘉峪关市　不辖区、县，市直管六街道、三镇：五一街道、新华街道、前进街道、胜利街道、建设街道、镜铁山矿区街道、峪泉镇、文殊镇、新城镇。

金昌市　辖一区一县：金川区、永昌县。

白银市　辖二区三县：白银区、平川区、会宁县、靖远县、景泰县。

天水市　辖二区五县：秦州区、麦积区、清水县、秦安县、甘谷县、武山县、张家川回族自治县。

武威市　辖一区三县：凉州区、古浪县、民勤县、天祝藏族自治县。

张掖市　辖一区五县：甘州区、山丹县、民乐县、临泽县、高台县、肃南裕固族自治县。

酒泉市　辖一区二市四县：肃州区、玉门市、敦煌市、金塔县、瓜州县、肃北蒙古族自治县、阿克塞哈萨克族自治县。

平凉市　辖一区六县：崆峒区、泾川县、灵台县、崇信县、华亭县、庄浪县、静宁县。

庆阳市　辖一区七县：西峰区、正宁县、华池县、合水县、宁县、庆城县、镇原县、环县。

定西市　辖一区六县：安定区、通渭县、陇西县、漳县、渭源县、岷县、临洮县。

陇南市　辖一区八县：武都区、成县、两当县、徽县、西和县、礼县、康县、文县、宕昌县。

临夏回族自治州　辖一市七县：临夏市、临夏县、康乐县、广河县、永靖县、和政县、东乡族自治县、积石山保安族东乡族撒拉族自治县。

甘南藏族自治州　辖一市七县：合作市、舟曲县、卓尼县、临潭县、迭部县、夏河县、碌曲县、玛曲县。

全省合计有：12个地级市；2个自治州；4个县级市；58个县；7个自治县；17个市辖区；124个街道；464个镇；728个乡；34个民族乡。

人　口

截至2014年末，全省常住人口为2590.78万人，比上年末增加8.60万人。其中城镇人口1079.84万人，占41.68%，比重比上年提高1.55个百分点；乡村人

甘肃省行政区划一览表

名称	地级			县级					乡（镇）				街道
	小计	市	自治州	小计	市	市辖区	县	自治县	小计	镇	乡	民族乡	街道办事处
全省合计	14	12	2	86	4	17	58	7	1226	464	728	34	124
兰州市	1	1		8		5	3		61	34	27		52
嘉峪关市	1	1							3	3			7
金昌市	1	1		2		1	1		12	8	4		6
白银市	1	1		5		2	3		69	21	47	1	9
天水市	1	1		7		2	4	1	113	46	67		10
武威市	1	1		4		1	2	1	93	43	50		7
酒泉市	1	1		7	2	1	2	2	65	29	29	7	10
张掖市	1	1		6		1	4	1	60	30	26	4	5
平凉市	1	1		7		1	6		102	32	61	9	3
庆阳市	1	1		8		1	7		116	36	79	1	3
定西市	1	1		7		1	6		119	60	59		2
陇南市	1	1		9		1	8		195	61	130	4	
临夏州	1		1	8	1		5	2	123	46	73	4	6
甘南州	1		1	8	1		7		95	15	76	4	4

口1510.94万人，占58.32%。按年龄分，0-14岁人口440.59万人，占常住人口的17.01%，比重比上年末下降0.07个百分点；15-64岁人口1928.68万人，占常住人口的74.44%，比重提高0.02个百分点；65周岁及以上人口221.51万人，占常住人口的8.55%，比重提高0.05个百分点。按性别分，男性人口1322.85万人，占51.06%；女性人口1267.93万人，占48.94%。

全年出生人口31.62万人，人口出生率为12.21‰，比上年上升0.05个千分点；死亡人口15.83万人，人口死亡率为6.11‰，上升0.03个千分点；人口自然增长率为6.10‰，上升0.02个千分点。

民族宗教

民　族

甘肃是一个多民族的省份。2010年数据显示，全省现有54个少数民族，少数民族总人口2410498人，占全省总人口的9.43%。同2000年第五次全国人口普查相比，各少数民族人口的比重上升0.74个百分点。世居甘肃的少数民族有回、藏、东乡、土、裕固、保安、蒙古、撒拉、哈萨克、满族等16个少数民族。其中，东乡族、裕固族、保安族为甘肃的独有民族。省内现有甘南、临夏两个民族自治州，有天祝、肃南、肃北、阿克塞、东乡、积石山、张家川7个民族自治县，有39个民族乡，民族自治地方土地面积17.9万平方千米，占全省面积的39.8%。

从分布情况来看，回族主要聚居在临夏回族自治州和张家川回族自治县，散居在兰州、平凉、定西等地市；藏族主要聚居在甘南藏族自治州和河西走廊祁连山的东、中段地区；东乡、保安、撒拉族主要分布在临夏回族自治州境内；裕固、蒙古、哈萨克族主要分布在河西走廊祁连山的中、西段地区。全省86个县、市、区中，除少数民族聚居的21个县、市外，其余65个县、市、区中均有散居的少数民族。

甘肃省独有的少数民族：裕固族

甘肃省独有的少数民族：保安族

甘肃省独有的少数民族：东乡族

宗　教

伊斯兰教、佛教、道教、基督教、天主教在甘肃都有信众和活动场所。

伊斯兰教　全省有穆斯林160万多人，宗教活动场所3731处。有“四大教派”（格的目、伊赫瓦尼、西道堂和色来非耶）、“四大门宦”（哲赫忍耶、虎夫耶、库布忍耶和尕德忍耶）的分别。其中伊赫瓦尼、西道堂、色来耶和哲赫忍耶等教派和门宦的传始人均在甘肃。

佛教　可统计信徒80万人，其中藏传佛教45万人，汉传佛教35万多人。宗教活动场所682处。甘南的拉卜楞寺是藏传佛教黄教的六大宗主寺院之一。

道教　可统计信徒21万多人，宗教活动场所212处。平凉崆峒山较著名。

基督教　可统计信徒6万人，宗教活动场所304处。系由15个教派联合而成：中华基督教会、内地会、宣道会、神召会、福音会、协同会、基督复临安息日会、基督徒聚会处、浸信会、真耶稣教会等。

天主教　可统计信徒3万多人，宗教活动场所80多处。

国民经济

综　合

2014年，全省实现生产总值6835.27亿元，比上年增长8.9%。其中第一产业增加值900.80亿元，增长5.6%；第二产业增加值2924.86亿元，增长9.2%；第三产业增加值3009.61亿元，增长9.5%，其中批发和零售贸易业增加值482.65亿元，增长7.8%，金融业增加值355.81亿元，增长19.5%，房地产业增加值234.14亿元，增长5.4%。第一产业增加值占生产总值的比重为13.2%，第二产业增加值比重为42.8%，第三产业增加值比重为44.0%。按常住人口计算，人均生产总值26427元，比

2014年甘肃省居民消费价格比上年上涨（%）

指标	全省	城市	农村
居民消费价格	2.1	2.2	2.1
食品	3.6	3.7	3.6
#粮食	4.2	4.1	4.4
肉禽及其制品	0.3	-0.3	1.3
油脂	-1.7	-2.2	-1.2
鲜蛋	9.9	10.B	7.3
鲜菜	2.1	6.0	-6.7
鲜瓜果	19.1	20.4	16.4
烟酒	-0.1	-0.5	0.2
衣着	2.4	2.6	2.0
家庭设备用品及服务	2.2	1.6	3.3
医疗保健及个人用品	1.2	1.0	1.7
交通和通信	持平	-0.4	0.6
娱乐教育文化用品及服务	1.4	1.5	1.2
居住	1.5	1.9	0.7

2014年甘肃省生产价格比上年上涨(%)

指标	2014年
工业生产看出厂价掐	-3 3
#生产资料	-3.0
#采掘	-6.7
原料	-2.3
加工	-5.9
生活资料	1.5
#食品	1.7
衣着	3.2
一般日用品	0.3
耐用消费品	0.4
工业生产者购进价格	-2.4
固定资产投浇价格	0.1
农产品生产价格	2.8
#种植业产品	5.4
畜妆业产品	-1.9
渔业产品	-15.9

上年增长8.6%。文化产业实现增加值132.91亿元，比上年增长25.65%，占生产总值的1.94%。

2014年末，全省共有城乡就业人员1519.86万人，其中城镇就业人员539.07万人。全年城镇新增就业人员43.5万人，比上年增长1.16%。年末城镇登记失业率为2.19%，比上年末下降0.16个百分点。下岗失业人员再就业人数为15.8万人。

全年居民消费价格总水平比上年上涨2.1%，其中城市上涨2.2%，农村上涨2.1%。全省商品零售价格总水平比上年上涨1.7%。

全年工业生产者出厂价格总水平比上年下降3.3%，工业生产者购进价格总水平下降2.4%，固定资产投资价格总水平上涨0.1%，农产品生产价格总水平上涨2.8%。

农业

2014年，全省粮食总产量1158.7万吨，比上年增产1.74%。其中夏粮产量310.1万吨，增产11.39%；秋粮产量848.6万吨，减产1.38%。

粮食作物种植面积284.24万公顷，比上年减少1.63万公顷；棉花种植面积3.81万公顷，减少0.26万公顷；油料种植面积32.90万公顷，减少0.78万公顷；蔬菜种植面积50.69万公顷，增加2.50万公顷，其中设施蔬菜种植面积9.83万公顷，增加1.41万公顷；中药材种植面积25.58万公顷，增加2.22万公顷。

年末大牲畜存栏686.12万头，比上年末增长3.8%；牛存栏522.02万头，增长5.2%；羊存栏2119.41万只，增长7.4%；猪存栏687.79万头，增长1.8%。牛、羊、猪出栏分别为185.12万头、1222.31万只和775.49万头，分别比上年增长5.0%、7.9%和3.7%。

全年肉类总产量99.73万吨，比上年增长4.9%，其中猪肉、牛肉、羊肉分别增长3.7%、5.0%和7.9%。牛奶产量54.22万吨，增长3.6%；绵羊毛产量3.19万吨，增长6.3%。全年水产品产量1.43万吨，增长3.0%。

主要经济作物中，棉花产量6.44万吨，比上年减产8.6%；烟叶产量0.99万吨，减产31.6%；油料产量72.42万吨，增产3.9%；园林水果产量425.23万吨，增产8.7%；蔬菜产量1705.19万吨，增产8.0%，其中设施蔬菜产量513.44万吨，增产13.4%；中草药材产量99.37万吨，增产14.7%。

全年农业机械总动力2545.71万千瓦，比上年增长5.3%。农村用电量51.26亿千瓦小时，增长1.8%。农用化肥施用量（折纯）97.60万吨，增长3.1%。

工业与建筑业

2014年，全省完成全部工业增加值2263.2亿元，比上年增长8.7%。规模以上工业企业完成工业增加值2070.0亿元，比上年增长8.4%。规模以上工业企业产品销售率94.3%，比上年提高0.8个百分点。

规模以上工业增加值中，国有及国有控股企业完成工业增加值1544.6亿元，比上年增长7.1%。集体企业完成工

2014 年甘肃省主要农产品产量情况

单位：万吨、%

产品名称	产量	比上年
增长		
粮食	1138.9	2.63
油料	69.72	4.06
# 油菜籽	33.16	−2.27
棉花	7.05	−12.96
甜菜	24.72	0.28
烤烟	1.27	16.51
中药材	86.66	14.12
园林水果	391.37	8.80
蔬菜	1578.72	8.10
# 设施蔬菜	452.86	14.19
肉类	95.10	3.06
# 猪肉	52.80	3.60
牛肉	18.42	2.10
羊肉	17.90	4.20
牛奶	52.32	7.83
绵羊毛	3.00	1.69
水产品	1.39	4.51

业增加值22.7亿元，下降6.7%；股份制企业完成工业增加值1335.1亿元，增长8.0%；外商及港澳台投资企业完成工业增加值32.2亿元，增长10.4%。

轻工业完成增加值328.1亿元，比上年增长8.1%；重工业完成增加值1741.9亿元，增长8.5%。

非公有制企业完成工业增加值458.2亿元，比上年增长13.7%，占全省规模以上工业增加值的22.1%。

高技术产业完成工业增加值52.0亿元，比上年增长15.6%，占全省规模以上工业增加值的2.5%。

全年发电量1241.1亿千瓦小时，比上年增长3.3%；天然原油772.0万吨，增长8.7%；原油加工量1446.4万吨，下降6.9%；粗钢产量1074.0万吨，增长4.8%；钢材1108.1万吨，增长8.5%；水泥4925.5万吨，增长11.6%；十种有色金属347.7万吨，增长7.4%，汽车6998辆，下降67.4%。

2014 年甘肃省主要工业产品产量情况

产品名称	单位	产量	比上年增长（%）
原煤	万吨	475310	5.1
天然原油	万吨	772.0	8.7
天热气	万立方米	12973	15.5
原油加工量	万吨	1446.4	一 6.9
焦炭	万吨	583.3	27.3
发电量	亿千瓦小时	1241.1	3.3
# 火力发电量	亿千瓦小时	731.0	−0.5
水力发电量	亿千瓦小时	354。71	6.5
风力发电量	亿千瓦小时	114.8	−2 8
铁矿石原矿	万吨	1962.61	12.6
小麦粉	万吨	141.8	−3.5
饮料、酒	万千升	77.8	一 23
软饮料	万吨	225.4	6.1
卷烟	万箱	100.0	6.4
硫酸	万吨	347.6	26.0
烧碱	万吨	20.1	−10.2
纯碱	万吨	16.1	−22.6
电石	万吨	150.1	20.0
乙烯	万吨	63.0	−0.3
农用化肥	万吨	49.2	−16.2
化学农药	万吨	0.3	33.0
塑料制品	万吨	30.0	−23.3
水泥	万吨	4925.5	11.6
平板玻璃	万重量箱	538.3	−10.3
生铁	万吨	898.8	−0.5
粗钢	万吨	1074.0	4.8
钢材	万吨	1108.1	8.5
铁合金	万吨	118.2	−11.2
十种有色金属	万吨	347.7	7，4
# 铜	万吨	89.2	14.5
铅	万吨	2.4	−23.3
钾	万吨	27.4	−0.4
棉	万吨	14.8	3.0
钼	万吨	213.9	6.7
汽车	辆	6998	−67.4
发电设备	万千瓦小时	−0.2	97.7
变压器	万千伏安	360.8	−10.7
集成电路	亿块	115.7	26.3

全年规模以上工业企业实现利润总额233.2亿元，比上年下降18.6%，其中国有及国有控股企业实现利润167.2亿元，下降21.1%。规模以上工业亏损企业亏损额119.5亿元，比上年增长42.1%，其中国有及国有控股亏损企业亏损额93.3亿元，增长46.7%。

石化、有色、食品、电力、冶金、机械和煤炭等重点支柱行业完成工业增加值1821.1亿元，比上年增长8.3%，占规模以上工业的88.0%；实现利润182.3亿元，下降19.9%，占规模以上工业的78.2%。

2014年，全省建筑业实现增加值679.75亿元，比上年增长11.6%。全省具有建筑业资质等级的总承包和专业承包建筑业企业实现利润总额70亿元，增长22.30%。

固定资产投资与房地产开发

2014年，全省完成固定资产投资7759.62亿元，比上年增长21.11%。其中项目投资7038.15亿元，增长23.86%。按三次产业分，第一产业投资409.09亿元，增长75.85%；第二产业投资3531.53亿元，增长8.83%，其中工业投资2665.98亿元，增长14.21%；第三产业投资3819.01亿元，增长30.36%。

项目投资中，制造业投资1358.90亿元，增长22.24%；电力、热力、燃气及水的生产和供应业投资905.66亿元，增长17.57%；建筑业投资865.55亿元，下降4.97%；交通运输、仓储和邮政业投资787.51亿元，增长102.11%；水利、环境和公共设施管理业投资608.13亿元，增长26.43%。

2014年，全省完成房地产开发投资721.47亿元，比上年下降0.44%，其中住宅投资496.37亿元，下降8.05%。房屋施工面积7660.30万平方米，增长1186%；房屋竣工面积81322万平方米，下降11.18%。商品房销售面积1325.51万平方米，增长8.65%；商品房销售额602.34亿元，增长27.06%。

交通运输、邮电与旅游

2014年，全省交通运输、仓储和邮政业实现增加值280.73亿元，比上年增长4.6%。

2014年，全省各种运输方式完成货物周转量2516.82亿吨前面，比上年增长5.76%；旅客周转量624.31亿人千米，增长1.84%。其中铁路运输完成货运周转量1524.05亿吨千米，下

2014年甘肃省重点支柱行业主要经济指标

单位：亿元、%

支柱行业	工业增加值		利润总额	
	绝对数	比上年增长	绝对数	比上年增长
石化工业	639.9	8.3	108.0	-1 7.0
有色工业	301.7	10.B	1.5	-90.7
食品工业	255.1	8.7	42.0	18.3
冶金工业	205.3	3.0	20.9	-35.8
电力工业	164.0	12.0	-9.2	/
装备制造业	146.5	13.7	16.2	52.8
煤炭工业	109.2	0	2.9	-72.3

2014年甘肃省分行业项目投资及其增长速度

单位：亿元、%

行业	投资额	比上年增长
农林牧渔业	409.09	75.85
采矿业	401.42	-11.23
制造	1358.90	22.24
电力、热力、燃气 及水的生产和供尖业	905.66	17.57
建筑业	865.55	-4.97
批发和零售业	282.51	28.19
交通运输、仓储 和邮政业	787.51	102.11
住宿和餐饮业	105.32	33.88
信息传轮、计算机服务 和软件业	54.10	8.74
金融业	16.64	73.67
房地产业	377.78	3.27
租赁和商务服务业	77.56	33.75
科学研究、技术服务和质勘查业	70.83	81.34
水利、环境和公共设施管理业	608.13	26.43
居民服务和其他服务业	81.27	21.23
教育	107.19	15.75
卫生、社会保障和社会福利业	69.25	32.24
文化、体育和娱乐业	142.80	17.70
公共管理和社会组织	316.64	76.25

2014 年甘肃省主要运输方式完成货物、旅客运输量及其增长速度

指标	单位	绝对数	比上年增长（%）
货运量	亿吨	5.72	11.20
铁路	亿吨	0.65	0.88
公路	亿吨	5.08	1 2.67
货物周转量	亿吨千米	2516.82	5.76
铁路	亿吨千米	1524.05	−2.82
公路	亿吨千米	992.60	22 36
航空	亿吨千米	0.17	−16.77
客运量	亿人次	3.99	7.90
铁路	亿人次	0.27	5 96
公路	亿人次	3.62	7.95
航空	亿人次	0.09	12.36
旅客周转量	亿人千米	624.31	1.64
铁路	亿人千米	377.67	−1.40
公路	亿人千米	229.02	6.02
航空	亿人千米	17.26	−1.91

降2.82%，旅客周转量377.87亿人千米，下降1.40%；公路运输完成货运周转量992.60亿吨千米，增长22.36%，旅客周转量229.02亿人千米，增长8.02%。

年末全省民用汽车拥有量185.30万辆，比上年末增长18.49%。其中私人汽车拥有量163.35万辆，增长20.38%。本年新注册汽车31.30万辆，增长10.06%。年末民用轿车保有量87.59万辆，增长20.68%。其中私人轿车保有量73.26万辆，增长24.87%。

按2010年价格计算，全年完成邮电业务总量277.53亿元，比上年增长18.04%。其中电信业务总量264.02亿元，增长18.0%；邮政业务总量13.51亿元，增长18.72%。年末局用电话交换机总容量达到360.5万门，比上年末下降31.27%；移动电话交换机容量2618.8万户，与上年末持平。年末固定电话用户341.30万户，本年减少23.03万户，其中城市260.36万户，减少9.40万户；农村80.94万户，减少13.63万户。年末移动电话用户2058.62万户，本年新增82.38万户，其中3G移动电话用户835.82万户。固定电话普及率13.2部/百人，减少0.9部/百人；移动电话普及率79.7部/百人，增加3.0部/百人。年末固定互联网宽带接入用户数达213.90万户，增长11.32%；互联网宽带接入端口470万个，增长2.17%。

2014年，全省接待国内外游客12660.2万人次，比上年增长25.6%。其中接待国内游客12655.3万人次，增长25.7%；创收779.6亿元，增长26.0%；接待外国游客2.9万人次，下降53.9%。全年国际旅游外汇收入1017万美元，下降50%。

商贸流通

2014年，全省实现社会消费品零售总额2410.4亿元，比上年增长12.6%。按销售单位所在地统计，城镇实现社会消费品零售总额1927.9亿元，增长12.5%，其中城区实现社会消费品零售总额1427.4亿元，增长13.4%；乡村实现社会消费品零售总额482.4亿元，增长13.1%。

全年限额以上企业实现商品零售额1085.87亿元，比上年增长12.94%。其中石油及制品类零售额403.54亿元，增长11.44%；汽车类零售额255.70亿元，增长3.46%；粮油、食品类零售额109.07亿元，增长72.83%；服装、鞋帽、针纺织品类零售额66.93亿元，增长3.99%；烟酒类零售额34.23亿元，增长12.86%；中西药类零售额27.45亿元，增长2.08%；家用电器和音像器材类零售额27.17亿元，增长5.47%；日用品类零售额20.99亿元，增长11.18%。

2014 年甘肃省进出口总值及其增长速度

单位：亿美元、%

指标	2014 年	比上年增长
海关进出口总额	86.5	−15.4
出口额	53.3	14.2
#一般贸易出口	49.7	15.4
加工贸易出口	3.4	44.9
#机电产品出口	17.2	−2.5
高新技术产品出口 0.53	0.3	−10.1
进口额	33.2	−40.3
#一般贸易进口	19.2	−58.7
加工贸易进口	12.2	55.3
#机电产品进口	2.7	25.1
高新技术产品进口	0.1	−15. 7

2014 年甘肃省对主要国家和地区进出口总值及其增长速度

单位：亿美元、%

国家和地区	出口值		进口值	
	绝对数	比上年增长	绝对数	比上年增长
驮利亚	0. 53	27. 48	6. 72	-38.54
美国	6. 64	3834	036	-57. 71
哈萨克斯坦	0. 10	-10，25	6. 90	-7. 83
马来西亚	3. 80	-17. 73	1. 25	403.00
蒙古	0. 07	59.05	4. 76	9.47
越南	3. 70	232. 35	0. 94	752.97
香港	3. 56	63.09	0.05	92.64
印尼	2. 10	-16. 91	0. 82	-115.68
韩国	2. 34	95.02	0.37	232. 17
德国	1. 84	30.65	037	2. 53
新加披	1. 62	-27. 97	0.45	42.17
英国	1. 71	54. 91	0.36	1202.36

2014 年甘肃省金融机构本外币各项存贷款余额

单位：亿元、%

指 标	年纫	比上林增长
金融机构本外币各项存款余额	13957. 98	1564
# 单位存款	6669. 40	18. 05
个人存款	6886. 02	13. 42
# 储蓄存款	6696. 24	13. 48
金融机构本外币各项贷款余额	11075. 78	25. 54
并短期碰	3913. 44	19. 58
# 个人贷款与透支	1185. 43	28. 56
中长期贷款	6454. 35	26. 40
# 个人贷款	1715. 0	28.34
# 农村合作金融机构	2108. 05	25. 89

对外贸易与外资利用

2014年，全省外贸进出口总值为86.5亿美元，比上年下降15.4%。其中出口总值为53.3亿美元，增长14.2%；进口总值为33.2亿美元，下降40.3%。一般贸易出口49.7亿美元，增长15.4%；加工贸易出口3.4亿美元，增长44.9%。机电产品出口17.2亿美元，下降2.5%。

2014年，全省外商直接投资合同项目65个。实际使用外商直接投资1.0亿美元，比上年增长40.7%。对外承包工程和劳务合作合同金额2.9亿美元，下降44.2%；完成营业额3.4亿美元，增长9.7%。

财政、金融、证券与保险业

2014年，全省全省大口径财政收入为1234.54亿元，比上年同口径增长11.59%。公共财政预算收入为672.15亿元，增长13.63%，其中税收收入489.95亿元，增长17.29%。从主体税种看，国内增值税88.14亿元，增长38.47%；营业税194.98亿元，增长10.41%；企业所得税45.95亿元，增长14.61%；个人所得税15.81亿元，增长6.97%。公共财政预算支出为2538.41亿元，增长9.91%。

年末全省金融机构本外币各项存款余额13957.98亿元，比上年末增长15.64%。其中单位存款余额6669.40亿元，增长18.05%；个人存款余额6886.02亿元，增长13.42%。年末全省金融机构本外币各项贷款余额11075.78亿元，增长25.54%。其中农村合作金融机构贷款余额2108.05亿元，增长25.89%。

年末全省共有境内上市公司26家，比上年末增加1家。年末股票总市值为2698.70亿元，比上年末增长72.05%。创业板股票筹集资金4.10亿元。

全年原保险保费收入208.44亿元，比上年增长15.70%。其中财产险业务原保险保费收入80.00亿元，增长17.05%；人身险业务原保险保费收入128.44亿元，增长14.88%。全年赔付额84.42亿元，比上年增长25.74%。其中财产险赔款38.92亿元，增长19.18%；人身险给付45.50亿元，增长31.62%。

社会发展

科技、教育

2014年，全省省级以上科技成果459项。其中基础理论成果50项，应用技术成果344项，软科学成果65项。全年获得奖励150项，与上年持平。专利申请受理12020件，比上年增长9.51%；授权专利5097件，增长7.60%；授予发明专利权812件，增长3.44%。全年共签订技术合同3367项，减少414项；技术合同成交金额115.23亿元，增长15.1%。

全省研究生教育招生0.98万人，在学研究生2.91万人，毕业生0.86万

2014年甘肃省各类教育招生和在校生情况

单位：万人

指 标	招生数	在校生数	毕业生数
研究教育	0.98	2.91	0.86
普通高等教育	13.06	45.23	11.87
中等职业教育	10.36	31.51	11.84
普通高中	20.81	65.44	22.38
初中学校	30.99	97.09	35.16
普通小学	28.06	180，23	31.93

人；普通高等教育招生13.06万人，在校学生45.23万人，毕业生11.87万人；中等职业教育招生10.36万人，普通高中招生20.81万人，初中学校招生30.99万人，普通小学招生28.06万人，特殊教育招生0.13万人；幼儿园在园幼儿62.01万人。

文化、卫生、体育

截至2014年末，全省共有文化馆103个，公共图书馆103个，博物馆（含纪念馆）166个，艺术表演团体69个。广播和电视综合人口覆盖率分别为97.89%和98.35%，分别比上年提高0.20和0.31个百分点。有线电视用户208万户，有线数字电视用户197万户。省级报纸出版4.74亿份，期刊出版1.10亿册，图书出版6592万册（张）。

全省共有卫生机构27900个，其中医院、卫生院1805个，妇幼保健院（所、站）100个，专科疾病防治院（所、站）7个，社区卫生服务中心（站）597个。医院、卫生院拥有床位11.43万张。卫生技术人员12.50万人，其中执业医师和执业助理医师4.32万人，注册护士4.53万人。全省共有疾病预防控制中心（防疫站）103个，疾病预防控制中心（防疫站）卫生技术人员3613人。卫生监督检验机构92个，卫生监督检验机构卫生技术人员1409人。

全年获得各类奖牌111枚，比上年增加10枚。

人民生活与社会保障

2014年，全省城镇居民人均可支配收入20804元，比上年增长9.7%；城镇居民人均消费性支出15507元，增长10.6%；城镇居民家庭恩格尔系数（即居民家庭食品消费支出占家庭消费支出的比重）为36.8%，与上年持平。农村居民人均纯收入5736元，增长12.3%；农村居民人均生活消费支出5272元，增长8.7%；农村居民家庭恩格尔系数为37.6%，比上年提高0.5个百分点。

年末全省参加城镇基本养老保险人数为298.85万人，比上年末增长3.62%；参加城镇居民基本医疗保险人数为328.05万人，增长0.72%；参加失业保险人数为162.35万人，下降0.40%；参加工伤保险人数为175.14万人，增长4.42%；参加生育保险人数为143.7万人，增长6.40%。86个县（市、区）开展了新型农村合作医疗工作，年末参加新型农村合作医疗农民人数为1925.92万人，参合率为98.26%。全年新型农村合作医疗基金支出总额为73.22亿元，累计受益3627万人次。全年农村医疗救助216万人次。民政部门资助农村合作医疗的人数达164万人。

安全生产与自然灾害

2014年，全省生产安全事故死亡1542人，亿元生产总值生产安全事故死亡人数为0.23人。全年发生道路交通事故3038起，造成1432人死亡、3575人受伤，直接经济损失0.13亿元；道路交通万车死亡人数为4.89人。

全年平均气温8.7℃，平均降水量420.2毫米。

全省地震台站291个，地震遥测台网55个，其中有人值守的地震监测台5个，无人值守的地震监测台50个。

全年农作物受灾面积68.48万公顷，比上年下降29.95%，其中成灾面积38.50万公顷，下降35.14%。

（供稿：王文生）

中国共产党甘肃省委员会

重要决定

【加快推进农村现代化】《中共甘肃省委甘肃省人民政府关于全面深化农村改革加快推进农村现代化的意见》(甘发〔2014〕1号，2014年1月26日)

【部署省委常委会2014年工作】《中共甘肃省委关于印发〈中共甘肃省委常委会2014年工作要点〉的通知》(甘发〔2014〕2号，2014年3月2日)

【加强党员领导干部教育管理监督】《中共甘肃省委印发〈关于进一步加强党员领导干部教育管理监督的意见〉的通知》(甘发〔2014〕3号，2014年1月9日)

【加强藏区工作】《中共甘肃省委关于进一步加强藏区工作的若干意见》(甘发〔2014〕8号，2014年2月25日)

【推进“丝绸之路经济带”甘肃段建设】《中共甘肃省委甘肃省人民政府关于印发〈“丝绸之路经济带”甘肃段建设总体方案〉的通知》(甘发〔2014〕10号，2014年5月19日)

【深化国资国企改革促进企业发展】《中共甘肃省委甘肃省人民政府关于进一步深化国资国企改革促进企业发展的意见》(甘发〔2014〕13号，2014年7月14日)

【落实党风廉政建设主体责任】《中共甘肃省委关于落实党风廉政建设主体责任的意见》(甘发〔2014〕14号，2014年7月24日)

【加强省人大代表选举工作】《中共甘肃省委关于加强省人大代表选举工作的意见》(甘发〔2014〕15号，2014年8月11日)

【加快推进人才工作创新发展】《中共甘肃省委甘肃省人民政府关于加快推进人才工作创新发展的意见》(甘发〔2014〕16号，2014年11月11日)

【支持兰州转型跨越发展】《中共甘肃省委甘肃省人民政府关于支持兰州转型跨越发展的意见》(甘发〔2014〕19号，2014年11月21日)

【促进旅游业改革发展】《中共甘肃省委甘肃省人民政府关于促进旅游业改革发展的意见》(甘发〔2014〕20号，2014年12月1日)

【全面推进依法治省】《中共甘肃省委贯彻落实〈中共中央关于全面推进依法治国若干重大问题的决定〉的意见》(甘发〔2014〕23号，2014年12月28日)

重要会议

【全省农村工作会议】2014年1月10日在兰州召开。会议以党的十八届三中全会精神为指针，深入贯彻落实中央农村工作会议、全省经济工作会议和城镇化工作会议精神，以深化农村改革、加快现代农业发展为主题，总结2013年全省“三农”工作，安排部署2014年全省农业和农村工作。

【全省党的群众路线教育实践活动第一批总结暨第二批部署会议】2014年1月22日在兰州召开。会议学习贯彻《中共中央关于在全党深入开展党的群众路线教育实践活动的意见》和习近平总书记系列重要讲话精神，学习贯彻中央党的群众路线教育实践活动第一批总结暨第二批部署会议精神，对全省第一批教育实践活动进行总结，对第二批教育实践活动进行安排部署。

【2014年全省“联村联户为民富民”行动(视频)大会】2014年2月23日在兰州召开。会议表彰“双联”工作先进单位和个人，部署当前和今后一个时期的“双联”工作。

【中共甘肃省十二届七次全委(扩大)会议】2014年3月16日在兰州召开。会议传达学习习近平总书记重要讲话精神和全国两会精神，安排部署甘肃省贯彻落实的意见，对省委2013年度干部选拔任用工作进行“一报告两评议”。

【中共甘肃省十二届八次全委(扩大)会议】2014年7月22日—24日在兰州召开。会议深入学习贯彻党的十八届三中全会精神和习近平总书记系列重要讲话精神，全面总结今年上半年省委常委会的工作，审议通过《中共甘肃省委关于落实党风廉政建设主体责任的意见》，审议通过《中国共产党甘肃省第十二届委员会第八次全体会议决议》。会议听取部分市州党政主要负责人的述纪述廉述作风报告；同时通报上半年经济运行情况，安排部署下半年经济社会发展各项工作，递补朱亚丽、张旭晨为省委委员。

【全省党的群众路线教育实践活动总结大会】2014年10月9日在兰州召开。会议学习贯彻习近平总书记在中央群众路线教育实践活动总结大会上的重要讲话精神，并对全省党的群众路线教育实践活动进行深入总结，对巩固和拓展教育实践活动成果、推进作风建设和党的建设进行部署。

【全省项目观摩活动总结暨开发区工作会议】2014年10月15日在兰州召开。会议交流开发区建设管理经验，对全省项目观摩活动进行总结。

【全省党委秘书长会议】2014年11月9日在兰州召开。会议传达学习全国党委秘书长会议精神和省委王三运书记重要批示要求，研究部署甘肃省党委办公部门如何进一步推动中央重大决策和省委重点工作落实问题。

【中共甘肃省十二届九次全委（扩大）会议暨全省经济工作会议】2014年12月27—28日在兰州召开。会议认真学习贯彻习近平总书记系列重要讲话精神，深入贯彻落实党的十八届三中、四中全会和中央经济工作会议精神，全面总结今年以来省委常委会的工作，安排部署明年全省经济工作，审议通过《中共甘肃省委贯彻落实〈中共中央关于全面推进依法治国若干重大问题的决定〉的意见》，审议通过《中国共产党甘肃省第十二届委员会第九次全体会议决议》。会议递补刘基、吉西平为省委委员。

【党政主要领导述纪述廉述作风大会】2014年12月29日在兰州召开。会上，部分市州和省直部门党政主要负责同志作"三述"报告。

【全省领导干部警示教育大会】2014年12月29日在兰州召开。会议强调，各级领导干部要以案为鉴，切实增强全面从严治党的思想自觉和行动自觉，认真履行党风廉政建设主体责任和监督责任。

重要活动

【张高丽副总理来甘视察】2014年7月2日至5日，中共中央政治局常委、国务院副总理张高丽来甘肃视察。张高丽先后实地考察海默科技、兰石机械设备、四联光电科技等企业的生产经营情况，并深入兰州新区、丝绸之路交通枢纽兰州西客站工程施工现场，了解中阿经济合作、承接东部地区产业转移、交通基础设施建设等情况，听取建设丝绸之路经济带的意见建议。4日下午，张高丽在兰州主持召开陕西、甘肃、青海、宁夏、新疆五省区政府负责同志参加的座谈会。他强调，要认真贯彻落实党中央、国务院的决策部署，扎实推进丝绸之路经济带建设，深入实施西部大开发战略，确保实现今年发展主要预期目标，努力推动经济社会持续健康发展。

【"亚洲合作对话—丝绸之路务实合作论坛"】2014年5月28日，"亚洲合作对话—丝绸之路务实合作论坛"在兰州开幕。省委书记、省人大常委会主任王三运、外交部部长助理刘建超和亚洲合作对话务实合作论坛主席国巴林代表团团长埃里、泰国代表团团长初廷通·空萨、塔吉克斯坦外交部副部长佐西多夫分别在开幕式上致辞。亚洲合作对话临时秘书处秘书长班迪·林沙军发来贺信。省委副书记、省长刘伟平在闭幕式上致辞。中国政府亚洲合作对话高官、大使陈明明主持开幕式和闭幕式。与会各国代表围绕"振兴陆上海上丝绸之路，构建亚洲区域经济一体化新格局"主题，就建设"丝绸之路经济带""21世纪海上丝绸之路"深入交换意见，共商交流合作大计。

【第四届敦煌行·丝绸之路国际旅游节】2014年6月15日，第四届敦煌行·丝绸之路国际旅游节在张掖市隆重开幕，本届旅游节以"畅游绚丽甘肃，发展丝路旅游"为主题。省委书记、省人大常委会主任王三运宣布旅游节开幕。省委副书记、省长刘伟平，国家旅游局局长邵琪伟，世界旅游旅行业理事会副主席让·克劳德·鲍姆加藤，亚太旅游协会前主席安栋梁分别致辞。

【2014（甲午）年甘肃省公祭中华人文始祖太昊伏羲大典】2014年6月22日，2014（甲午）年甘肃省公祭中华人文始祖太昊伏羲大典在天水市隆重举行。公祭大典以"同根同祖、中华共祭"为主题，台湾嘉义市大天宫同步进行公祭活动，首次实现海峡两岸共祭伏羲。全国政协副主席马培华，省委书记、省人大常委会主任王三运，中国国民党荣誉副主席林丰正，省委副书记、省长刘伟平，省政协主席冯健身，省委副书记欧阳坚等共同出席公祭大典。

【第二十届中国兰州投资贸易洽谈会和中国—中亚合作对话会】2014年7月6日，第二十届中国兰州投资贸易洽谈会和中国—中亚合作对话会在兰州开幕。全国政协副主席陈元出席会议并致辞。省委书记、省人大常委会主任王三运致欢迎词并宣布开幕。省委副书记、省长刘伟平主持开幕式。本届兰洽会共有来自哈萨克斯坦、乌兹别克斯坦、吉尔吉斯斯坦、土库曼斯坦、塔吉克斯坦和德国、意大利、英国、俄罗斯等国家的30个国外代表团，13个国家部委代表团、27个省区市代表团、5个港澳台代表团、13个驻华机构代表团、5个专项活动代表团参会参展，共签约合同项目1299个，签约总额6511.53亿元。

【宁夏党政代表团来甘考察】2014年7月29日至30日，宁夏回族自治区党政代表团来甘肃省考察，并就两省区开展合作进行洽谈。省委书记、省人大常委会主任王三运，省委副书记、省长刘伟平在兰会见宁夏回族自治区党委书记、自治区人大常委会主任李建华，宁夏回族自治区党委副书记、自治区主席刘慧一行并陪同考察。在甘期间，代表团一行先后深入兰石集团有限公司、兰州西客站枢纽工程建设工地、兰州市三维数字社会服务管理中心和中科院近代物理研究所进行考察。代表团一行围绕产业对接、经贸合作、科技研发、社会管理等方面进行深入交流。

【贵州党政代表团来甘考察】2014年8月3日至5日，由贵州省委书记、省人大常委会主任赵克志，贵州省委副书记、省长陈敏尔率领的贵州省党政代表团先后深入兰州、定西进行考察。省委书记、省人大常委会主任王三运，省委副书记、省长刘伟平，省政协主席冯健身陪同考察。

重要决策

【学习贯彻中央有关会议精神 研究部署教育实践活动等工作】省委常委会1月12日下午召开会议，传达学习中央政法工作会议和全国统战部长会议精神，研究部署甘肃省政法、统战及党的群众路线教育实践活动等工作。省委书记王三运主持会议。会议指出，中央政法工作会议是党中央召开的一次十分重要的会议。习近平总书记的重要讲话，深刻阐述事关政法工作全局和长远的一系列重大理论和现实问题，进一步明确新形势下政法工作的方向目标、地位作用、主要任务和基本遵循，是做好当前和今后一个时期政法工作的行动纲领和科学指南。全省各级各部门要认真学习领会中央政法工作会议特别是习近平总书记重要讲话精神，抓住会议的核心内容、核心思想和核心判断，切实把思想和行动统一到中央对政法工作的新要求上来，结合甘肃实际认真抓好贯彻落实，做到政治上坚定立场、保持清醒，任务上抓住关键、明确目标，职业上严格依法、公正司法，队伍上从优待警、全面过硬，改革上把牢方向、务求实效。要在客观总结成绩、认真分析不足、正确判断形势的基础上，突出强化党的领导、完善工作机制、着力维稳重点、夯实基础工作、持续抓好队伍，全面提升甘肃省政法工作科学化水平，努力为全面建成小康社会、建设幸福美好新甘肃创造安全稳定的社会环境、公平正义的法治环境、优质高效的服务环境。会议指出，全国统战部长会议对进一步做好新形势下的统战工作作出具体安排部署，为我们抓好今后一个时期的统战工作指明方向。全省各级党委要认真落实中央关于加强党对统战工作领导的各项要求，围绕服务省委重大决策部署，牢牢把握大团结大联合主题，坚持正确的方向、正确的立场、正确的原则，突出重点、兼顾全面，以调查研究为基础，以解决实际问题为导向，以落实政策为着力点，全力以赴抓好统战工作。要引导统一战线认真学习贯彻十八届三中全会精神，积极为全面深化改革献计出力；支持民主党派加强组织建设，进一步推进多党合作的制度化、规范化和程序化；认真落实各项政策，促进藏区发展和稳定；突出依法管理，积极引导宗教与社会主义社会相适应；以深化“两个共同”建设为抓手，加快民族地区扶贫攻坚进程；鼓励支持非公有制经济加快发展，引导非公经济人士坚定不移走中国特色社会主义道路，努力开创统战工作新局面。会议讨论《甘肃省开展第二批党的群众路线教育实践活动的指导意见》和《全省党的群众路线教育实践活动第一批总结暨第二批部署会议的建议方案》。会议强调，第二批教育实践活动是整个教育实践活动的重要组成部分，扎实搞好第二批活动对于巩固第一批活动成果，深入推进各级领导机关、领导班子和广大党员干部认真贯彻党的群众路线、切实改进作风，推动全省经济社会持续健康发展，具有十分重要的意义。要充分借鉴运用第一批教育实践活动成功经验，坚持严的标准、严的措施、严的纪律，更加注重领导带头、层层示范，更加注重聚焦“四风”、解决问题，更加注重敞开大门、群众参与，更加注重分类指导、有序推进，更加注重上下协力、衔接带动，更加注重严格要求、真督实导，对作风之弊、行为之垢来一次大排查、大检修、大扫除，确保教育实践活动不虚、不空、不偏，不走过场。

【传达学习中纪委三次全会精神 研究部署党风廉政建设等工作】省委常委会1月17日召开会议，传达学习十八届中央纪委三次全会精神，研究部署甘肃省党风廉政建设和反腐败工作。省委书记王三运主持会议。会议指出，十八届中央纪委三次全会，是在全党深入贯彻十八届三中全会精神、全面深化改革的新形势下召开的一次十分重要的会议。习近平总书记的重要讲话，站在党和国家全局的高度，全面总结一年来党风廉政建设和反腐败工作成绩，科学分析党面临的形势，深刻阐述事关党的建设的重大理论和现实问题，明确提出今后一个时期的总体思路和主要任务，充分体现新一届中央领导集体对党和国家前途命运、对人民利益高度负责的历史担当和政治勇气，充分体现加强党风廉政建设和反腐败斗争的坚强斗志和坚定决心，充分体现始终保持党同人民群众血肉联系的强烈意识和高度自信。全省各级各部门要认真学习、深刻领会，联系工作实际，坚决贯彻落实，切实把思想和行动统一到中央的要求部署上来。会议强调，各级党组织要认真贯彻落实十八届中央纪委三次全会精神，全力做好今年党风廉政建设和反腐败工作。一是学好精神要提高认识，把学习中央纪委三次全会精神作为一项重要政治任务，引导广大党员干部把学习党风廉政建设的一系列新思想、新观点、新举措与学习贯彻党的十八届三中全会精神结合起来，与推进教育实践活动深入整改结合起来，与党委理论中心组集体学习结合起来，与做好今年各项工作结合起来，深刻领会精神实质，不断提高思想认识。二是抓好部署要联系实际，认真贯彻落实全会的新部署新要求，把握精髓和重点，分析问题和不足，突出问题导向，切实加强反腐败体制机制创新和制度保障，形成不想腐、不敢腐、不能腐的有效机制，不断把党风廉政建设和反腐败斗争引向深入。三是担好责任要自觉主动，各级党委要切实承担起党风廉政建设的主体责任，特别是主要领导必须树立不抓党风廉政建设就是严重失职的意识，切实做到常研究、常部署，抓住关键，突出重点，务求实效。各级纪委要履行好监督责任，不断完善并严格执行责任追究办法，坚持以零容忍的态度整治腐败。四是管好自己，要言行一致，要重视“高压线”、重视守底线，严明党的各项纪律，强化党员意识、组织意识、纪律意识，以作风改进和反腐倡廉的实际成效取信于民。会议审议《甘肃省贯彻落实〈建立健全惩治和预防腐败体系2013—2017年工作规划〉实施办法》《甘肃省2013年落实党风廉政建设责任制推进惩防体系建设检查考核方案》；会议审议省政府党组《关于2014年全省经济社会发展主要指标和重点任务分解意见》。

【传达学习习近平总书记的重要讲话精神　研究部署第二批教育实践活动启动工作】1月20日中央党的群众路线教育实践活动第一批总结暨第二批部署会议结束后，省委常委会立即召开会议，迅速学习贯彻习近平总书记重要讲话精神，研究部署甘肃省贯彻落实的意见和全省第二批教育实践活动启动工作。省委书记王三运主持会议。会议指出，习近平总书记的重要讲话，站在全局和战略的高度，从宏观到微观、从理论到实践，深刻总结第一批教育实践活动取得的重要成果、有效做法和宝贵经验，精辟阐述开展第二批活动的重大意义、指导思想、主要任务和重点举措，讲话高屋建瓴、立意高远、落点扎实、振聋发聩，具有很强的思想性、理论性、针对性和指导性，特别是就加强党的作风建设、保持党同人民群众的血肉联系、巩固党的执政地位、永葆共产党人的政治本色等重大问题，提出一系列新思想新观点新论断新要求，为我们持续抓好教育实践活动、转变党员干部作风进一步指明方向。会议指出，习近平总书记的重要讲话，肯定成绩客观理性，总结经验深刻到位，分析问题鞭辟入里，部署工作明确具体，措施要求精准有力，让大家再次接受一次理想信念、宗旨意识、群众路线、作风建设等方面的深刻教育，进一步坚定政治信念、增强工作信心、明确努力方向。我们一定要认真学习领会，切实抓好贯彻落实。会议认为，教育实践活动开展以来，党员干部的群众观念明显增强，“四风”问题明显遏制，自律意识明显加强，群众生活明显改善，制度建设明显强化，发展质量明显提升。实践证明，在全党开展党的群众路线教育实践活动，是新一届中央领导集体在新的历史条件下提高党的建设科学化水平的创造性探索，是具有重大现实意义和深远历史影响的震撼性举措，是加强党员队伍建设和保持党同人民血肉联系的标本之策，综合多元效应正在逐步显现。会议强调，抓好第二批教育实践活动，是对我们贯彻落实中央重大决策部署政治态度的检验，是对第一批教育实践活动实际成效的检验，是对各级党组织领导能力的检验。全省各级各单位要认真学习贯彻习近平总书记重要讲话精神，持续抓好第一批活动整改落实工作，扎实开展好第二批教育实践活动，不断巩固和扩大活动成果，确保活动真正取得群众满意的效果。一要端正态度抓好学习提高，结合学习党的十八大和十八届三中全会精神，进一步加强对习近平总书记系列重要讲话精神的学习领会，切实做到吃透核心要义、把握丰富内涵。二要结合实际抓好组织领导，结合学习习近平总书记重要讲话精神，进一步修改完善全省第二批教育实践活动指导意见和工作方案，形成既符合中央精神又紧贴省情实际的具体安排，特别要把习近平总书记强调的重大任务、重大问题、重大要求贯穿其中，增强活动的针对性和实效性。三要全力以赴抓好推动落实，省委要尽快发出通知，对学习贯彻习近平总书记重要讲话精神作出安排部署、提出明确要求；要认真抓好第一批活动单位整改方案的落实，有针对性地开展“回头看”；要认真履行对教育实践活动的指导责任，加强对第二批活动的研究谋划和具体设计，对联系点的启动方案、具体工作和节奏掌控做到心中有数；要切实解决好群众高度关切的民生问题和群众反映强烈的作风问题，让群众真正从教育实践活动中得到新的实惠。近期，要举办市州委书记、督导组长专题培训班，进一步强化党委领导、一把手责任和督导实效，确保领导带头、督导有力，推动第二批教育实践活动扎实开展、善做善成。

【决定成立省委全面深化改革领导小组】省委常委会2月12日召开会议，决定成立中共甘肃省委全面深化改革领导小组，进一步研究部署甘肃省全面深化改革工作。省委书记王三运主持会议。会议决定成立省委全面深化改革领导小组，由省委书记、省人大常委会主任王三运任组长；省委副书记、省长刘伟平，省委副书记欧阳坚任副组长。省委全面深化改革领导小组是省委常设议事机构，直接受省委及其常务委员会领导，负责全省改革的总体设计、统筹协调、整体推进、督促落实。领导小组下设经济体制和生态文明体制改革、民主法治领域改革、文化体制改革、社会体制改革、党的建设制度改革、纪律检查体制改革等6个专项小组；领导小组下设办公室，负责处理省委全面深化改革领导小组日常事务工作。会议研究讨论领导小组、专项小组《工作规则》和办公室《工作细则》。会议强调，要认真学习习近平总书记在十八届三中全会和中央全面深化改革领导小组第一次会议上的重要讲话精神，深刻理解、准确把握中央关于全面深化改革的决策部署，正确、准确、协调、有序推进各项改革工作。领导小组、专项小组和办公室要认真履行职责，进一步建立健全相关的领导体制和工作机制，既要做到各司其职、各负其责，又要加强协调配合，形成工作合力，做到工作到位、行动有力，稳扎稳打、富有成效地推进全面深化改革各项工作，确保中央精神在甘肃不折不扣地落实。会议听取省信访局有关工作汇报。会议强调，目前全省信访形势总体平稳，但任务仍然非常繁重，要用改革的精神进一步完善信访联席会议制度，坚持什么问题突出就着力解决什么问题，整合各方面力量做好群众来信来访，切实维护群众合法权益，确保社会大局和谐稳定。

【传达省部级领导干部专题研讨班精神　进一步研究部署全面深化改革等工作】省委常委会2月28日下午召开会议，传达学习省部级主要领导干部专题研讨班精神，研究部署全面深化改革等工作。省委书记王三运主持会议。会议指出，习近平总书记在省部级主要领导干部专题研讨班上的重要讲话，是对全面深化改革的再一次有力动员，是对马克思主义理论和中国特色社会主义理论体系的再一次极大丰富，是对十八届三中全会精神的再一次深刻解读，标志着我们党对改革规律的认识和把握提高到一个新的水平，为我们准确理解全面深化改革总目标提供有力思想武器和重要遵循。李克强总理等中央领导同志的专题辅导报告，深刻阐述全面深化重点领域改革的总体思路、主要任务、着力重点和具体部署，对我们扎实做好改革工作具有十分重要的指导意义。我们一定要认真学习，结合实际抓好贯彻落实。会议强调，要把学习习近平总书记重要讲话精神作为重大政治任务，全面系统地领会把握讲话的深刻内涵和精神实质，进一步提高领导、谋划、推进改革的本领和水平。一是学习领会要深化，在学习中坚定正确方向，始终与以习近平同志为总书记的党中央保持高度一致；在学习中把握科学方法，坚持两点论和重点论、疾步跑和稳步跑的统一，在把握全局中推动局部改革，以局部改革牵引和带动整体改革，对落实中央改革部署不拖不等、奋力探索，一步一个脚印稳扎稳打；在学习中明确着力重点，把深化思想认识的重点放在理解和把握全面深化改革总目标上，把推进改革实施的重点放在领会和梳理专题辅导报告上，按照中央要求及早着手准备。二是贯彻落实要实化，扎实搞好调查研究，明确各领域的专题调研方案、步骤方法、分项题目，争取提出一些符合中央要求和省情实际、具有参考性和指导性的对策建议；扎实谋划改革举措，一手抓好具体改革事项的谋划，一手抓好今年全面深化改革工作的整体设计；扎实推进工作落实，已经出台的制度要严格执行，正在制定的政策要加快进度。三是组织领导要强化，全面深化改革领导小组、各专项小组和改革办等机构要尽快投入运行。各级各方面要有勇气有胆识有担当，站在党的事业全局的高度思考问题，站在甘肃科学发展的角度谋划改革，站在造福全省人民的维度推进工作，以实际行动承担起肩负的责任，把甘肃省全面深化改革事业推向前进。会议讨论《甘肃省培育和践行社会主义核心价值观实施方案》。会议强调，要结合甘肃实际，围绕方案的贯彻落实，坚持全局抓，把培育和践行社会主义核心价值观作为全局工作的重点内容认真抓；坚持全面抓，无论是国家层面、社会层面还是个人层面的价值追求，都要全面贯彻和培养；坚持全力抓，把这项工作作为事关当前、利在千秋的大事，整合各方资源，调动各界积极性和主动性，持之以恒地抓下去；坚持全程抓，把社会主义核心价值观贯穿于建设中国特色社会主义全过程，引导全社会成为积极参与者、先进实践者，塑造一代又一代有理想信念、有道德情操的公民。会议传达学习全国未成年人思想道德建设工作电视电话会议精神。会议强调，加强和改进未成年人思想道德建设，是党中央着眼党和国家事业长远发展作出的一项重大决策，要进一步搭建平台、丰富载体、制定目标、明确要求、加大考核，在细化实化举措上下功夫，使各项教育和建设工作深进去、融进去、扎进去，特别是要注意发现、总结、宣传鲜活的典型事迹和先进人物，努力把全省未成年人思想道德建设提高到一个新的水平。会议传达学习第二十二次全国高校党建工作会议精神。会议强调，要把高校党建工作作为推进治理体系和治理能力现代化的重要内容，突出坚强领导，坚持政治家办高校，保证办学方向的正确性；突出坚强队伍，以思想政治建设为重点，着力加强领导班子、教师队伍和政工干部队伍建设，进一步提高做好高校意识形态工作的能力和水平；突出坚强保障，完善有关政策规定，建立健全激励机制，为教师从事思想理论工作创造良好条件，推动全省高校党建工作不断迈出新步伐、取得新成效。

【传达学习习近平总书记重要讲话精神　进一步安排部署第二批教育实践活动】省委常委会3月21日召开会议，传达学习习近平总书记在河南兰考县调研指导党的群众路线教育实践活动时的重要讲话精神，进一步安排部署全省第二批教育实践活动。省委书记王三运主持会议。会议指出，习近平总书记的重要讲话，深刻阐述新时期学习弘扬焦裕禄精神的重大意义和丰富内涵，进一步明确第二批教育实践活动的总体要求、实践载体、方式方法和努力方向，思想深刻、内涵丰富，具有很强的政治性、理论性和指导性，对于我们开展好第二批教育实践活动、抓好党风廉政建设有着重要的指导意义。全省各级各单位要紧密结合实际，认真学习领会，切实抓好贯彻落实。一要准确把握好焦裕禄精神的实质，充分认识焦裕禄精神与井冈山精神、延安精神、雷锋精神等革命传统高度一致，都是党的宝贵精神财富。二要准确把握好焦裕禄精神与教育实践活动的关系，充分认识“为民务实清廉”的活动主题与焦裕禄精神高度契合，在推进活动的过程中进一步坚定理想信念，增强宗旨意识。三要准确把握好焦裕禄精神的内涵，学习和弘扬焦裕禄同志“心中装着全体人民、唯独没有他自己”的公仆情怀，学习和弘扬焦裕禄同志凡事探求真理、“吃别人嚼过的馍没味道”的求实作风，学习和弘扬焦裕禄同志“敢教日月换新天”“革命者要在困难面前逞英雄”的奋斗精神，学习和弘扬焦裕禄同志艰苦朴素、廉洁奉公、“任何时候都不搞特殊化”的道德情操。会议强调，全省各级党员领导干部要结合开展教育实践活动，认真学习和大力弘扬焦裕禄精神。特别是市县两级党员领导干部要坚持高标准严要求，以焦裕禄精神为镜认真找差距、明方向、转作风，在教育实践活动的各个环节、每个方面都起到示范作用。要抓好作风建设，正确处理人际关系，下决心减少应酬，对一切腐蚀诱惑保持高度警惕，自觉远离那些庸俗的东西，切实做到“严以修身、严以用权、严以律己，谋事要实、创业要实、做人要实”。要坚决防止用兴办实事代替解决作风问题，防止只重视解决作风问题而忽视提高群众工作能力的倾向，切实把解决作风问题同深化改革、推动发展结合起来，把城镇和乡村贯通起来，下功夫保障和改善民生，确保教育实践活动真正取得群众满意的实效。会议传达学习2014年中央巡视工作动员部署会议和省区市巡视办负责同志座谈会议精神，研究全省贯彻落实的意见。

【进一步安排部署全面深化改革等工作】省委常委会4月3日召开会议，审议《省委全面深化改革领导小组2014年工作要点》，并对全面深化改革、落实党风廉政建设责任制等工作作进一步安排部署。省委书记王三运主持会议。会议强调，《省委全面深化改革领导小组2014年工作要点》符合中央精神和省情实际，聚焦改革主体和年度工作，紧盯制约发展的突出问题、体制机制方面的重大问题、关系群众切身利益的现实问题，进一步明确即将启动的改革、正在推进的改革、争取国家在甘肃省开展试点的改革、年内要完成的改革、下一步要开展的改革等工作。《省委全面深化改革领导小组2014年工作要点》下发后，省委改革办、各专项小组和相关牵头单位要及时建立台账，分解任务指标，明确完成时限，加强督促检查，抓好各项工作的落实。要认真学习借鉴兄弟省份的好经验，及时总结推广甘肃省各地在实践中探索出的好做法，确保各项改革真正取得实效。会议通报2013年度全省落实党风廉政建设责任制、推进惩治和预防腐败体系建设检查考核情况，并对进一步落实好党委主体责任、纪委监督责任、完善检查考核办法等工作作安排部署。会议同意今年举办第20届"兰洽会"与"中国—中亚合作对话会议""亚洲合作对话—丝绸之路务实合作论坛"。

【传达学习中央第五巡回督导组有关精神　研究部署全面深化国资国企改革等工作】省委常委会6月27日下午召开会议，传达学习中央第五巡回督导组组长李传卿在白银市委常委班子专题民主生活会上的讲话精神，研究部署甘肃省进一步深化国资国企改革等工作。省委书记王三运主持会议。会议强调，要认真学习李传卿组长讲话精神，引导各级开好专题民主生活会，深入抓好整改落实、建章立制各项工作，确保教育实践活动取得人民群众满意的成效。聚焦"四风"照镜子，结合群众意见找不足，努力做到查摆问题不偏题、不散光、不空泛。要深入开展谈心谈话，主要领导同班子成员之间、班子成员相互之间两两见面，放下包袱、敞开胸襟，把问题谈开，把不足谈透，把拟提的批评意见谈明，为民主生活会上进一步开展批评创造良好条件。要抓好即知即改，该出台的措施抓紧出台，该完善的制度尽快完善，让人民群众切实感受到教育实践活动带来的新气象新变化。省委常委要对各自联系点活动进行精心指导，即时掌握专题民主生活会准备情况，亲自审核把关对照检查材料，督促联系点班子切实拿起批评与自我批评这一有力武器，力争召开一个高质量的专题民主生活会，为第二批活动单位作出表率和示范。会议讨论审议省委省政府关于进一步深化国资国企改革、促进企业发展的意见。会议强调，国有企业在全省经济社会发展中具有举足轻重的骨干带动作用，完善国资监管体制、深化国有企业改革意义重大。要认真落实党的十八大和十八届三中全会精神，紧紧抓住全面深化改革的重要契机，紧密结合省情特别是国有企业的发展实际，坚持以深化国资改革带动国企改革为着力点，以增强国有企业活力和提高国有企业资本运营效率为目标，进一步完善国有资产监管体制，健全现代企业制度，优化国有经济布局结构，提升国有企业发展质量，使国有企业成为带动全省经济社会持续健康发展的重要支撑力量。会议听取第二十届兰洽会和中国—中亚合作对话会筹备情况。会议指出，举办兰洽会和对话会，对甘肃省进一步扩大对内对外开放、加快打造丝绸之路经济带黄金段具有非常重要的推动作用，必须全力以赴办好、办出成效。要认真细致做好各项筹备工作，围绕分论坛峰会、投资贸易洽谈、商品贸易展销、文化旅游交流等重要板块，不断加强对外联系、招商洽谈、招展布展等相关工作。要高度重视招商引资实效，既要着眼甘肃省产业转型升级引进项目，又要下功夫抓好签约项目的跟踪对接，提高项目落地率和资金到位率。要着力强化安全保卫工作，制定具体的安保方案，开展社会治安整治，确保做到万无一失。要注重营造良好氛围，拓展渠道和平台，进一步加大宣传推介力度，不断提升兰洽会和对话会的知名度、影响力，吸引更多国内外商客来甘开展交流、投资兴业。会议审定《甘肃省〈党政机关厉行节约反对浪费条例〉实施细则》《甘肃省省级机关公务接待管理办法》和《关于进一步加强财政管理的意见》，同意将嘉峪关市确定为全省实行统一市场监管试点市。

【传达学习习近平总书记有关重要讲话精神　研究部署党风廉政建设和反腐败斗争工作】省委常委会7月7日召开会议，传达学习习近平总书记在听取2014年中央巡视组首轮巡视情况汇报时的重要讲话精神、中央巡视工作领导小组第19次会议和部分省区市巡视工作座谈会以及中央第一巡视组巡视甘肃省情况反馈会精神，研究讨论甘肃省学习贯彻和整改落实的意见，安排部署履行党委党风廉政建设主体责任、深入推进反腐败斗争等工作。会议指出，习近平总书记关于巡视工作的重要讲话思想深刻、意义重大、要求明确，使我们进一步明确抓好整改落实、推进反腐倡廉建设的努力方向，进一步坚定抓好党风廉政建设和反腐败斗争的信心和决心。各级各部门要认真学习领会习总书记重要讲话精神，深刻认识中央对党风廉政建设和反腐败斗争形势判断的正确性，深刻认识中央第一巡视组所反馈问题的严重性，深刻认识用好巡视成果和改进巡视工作的紧迫性，以雷厉风行、真抓实干的劲头抓好班子、带好队伍，认真履行好党委的主体责任和纪委的监督责任，坚定自觉地把中央的要求转化为具体行动和实际成效。会议指出，中央巡视组反馈的问题表明甘肃省当前面临的党风廉政建设和反腐败斗争形势依然严峻复杂，我们要把抓好中央第一巡视组反馈意见的整改落实作为一项重大政治任务，统一思想、迅速行动，以正确的态度、有效的举措、务实的作风全力以赴加以推进。要把省委的集体领导和常委个人的职责分工结合起来，对反馈的意见一一认真梳理，分门别类研究整改的措施和办法，一件一件抓落实，确保中央巡视组反馈意见得到全面整改。要举一反三，深入思考和分析问题产生的原因，把专项治理和建章立制结合起来，一手抓治标、解决突出问题，一手抓治本、强化源头防治，多管齐下、多措并举抓好整改工作。要深入落实党风廉政建设责任制，切实加强党委统一领导，不断推进体制机制改革，有效解决重点难点问题，进一步建立健全推动各级履行党委主体责任、纪委监督责任的管用办法和制度体系，加快形成一级抓一级、层层抓落实的工作格局，不断开创党风廉政建设和反腐败斗争的新局面。会议强调，巡视作为加强党内监督的重要举措，是从严治党的战略性制度安排。要坚决贯彻习总书记关于加强巡视工作的重要指示，把抓好巡视工作作为落实“两个责任”的重要内容，加强组织领导，完善机制制度，为深入推进巡视工作提供有力保障。要坚持“四个着力”不放松，在开展常规巡视的同时，探索开展机动灵活的专项巡视，增强巡视工作对腐败分子和腐败行为的震慑力。要重视巡视成果的转化运用，深入分析研判巡视发现的问题线索，依纪依规分类处置，该查处的查处，该诫勉的诫勉，该警示教育的警示教育，对反映不实的及时澄清，做到事事有回音、件件有着落，切实增强巡视工作的针对性和实效性，以强有力的巡视工作遏制腐败蔓延势头。会议讨论审议《中共甘肃省委关于落实党风廉政建设主体责任的意见》。

【传达学习习近平总书记有关重要讲话精神　研究部署中央巡视组反馈意见整改等工作】省委常委会7月17日下午召开会议，传达学习习近平总书记在中央政治局第十六次集体学习时的重要讲话，研究讨论《中共甘肃省委贯彻中央第一巡视组反馈意见整改责任分工方案》。省委书记王三运主持会议。会议指出，习近平总书记在中央政治局第十六次集体学习时的重要讲话，高度概括开展党的群众路线教育实践活动取得的深刻认识，强调要以强烈忧患意识加强和改进党的建设，特别是作风建设，明确提出下一步抓好教育实践活动的措施要求，对我们善始善终搞好教育实践活动、全面深入推进党的建设具有十分重要的指导意义。各级党委要认真组织传达学习，把讲话精神作为新形势下党建工作的重要指南，作为思想、政治和作风建设的重要教材，准确把握精神实质和具体要求，切实用讲话精神武装头脑、指导实践、推动工作。要把贯彻落实重要讲话精神同中央巡视组反馈意见的整改结合起来，同第一批教育实践活动成果的巩固结合起来，同第二批教育实践活动的推进结合起来，全力以赴转变党员干部作风，聚精会神抓好党的建设各项工作，努力为改革发展稳定提供坚强有力的政治、组织和作风保证。会议研究审议《中共甘肃省委贯彻中央第一巡视组反馈意见整改责任分工方案》。会议强调，要深入贯彻习近平总书记关于巡视工作的重要讲话精神，把落实中央第一巡视组反馈意见作为重大政治任务，坚持省委统一领导与相关党委（党组）分头落实相结合、整改指出的问题与解决面上同类的问题相结合、整改突出的问题与举一反三查找根源相结合、整改眼前的问题与强化制度建设相结合，确保中央巡视组提出的整改要求不折不扣落到实处。贯彻中央第一巡视组反馈意见是省委集体共同的责任，直接承担分工责任的班子成员要高度重视、雷厉风行、恪尽职守，以身作则抓好统筹协调，按时保质完成工作任务；其他班子成员要结合分管工作，主动支持、配合和参与整改工作，凝聚起贯彻落实的整体合力，推动全省党风廉政建设和反腐败斗争取得新的成效。会议决定，中国共产党甘肃省第十二届委员会第八次全体会议将于7月22日至24日在兰州召开。会议研究讨论《中共甘肃省委关于落实党风廉政建设主体责任的意见》（讨论稿），决定根据这次会议讨论的意见修改完善后提请省委十二届八次全委会审议。

【传达中央对周永康立案审查情况的通报】省委8月3日上午召开常委扩大会议，传达贯彻《中共中央关于对周永康立案审查情况的通报》。省委书记王三运主持会议并传达中央通报。与会同志一致表示，坚决拥护中央对周永康立案审查的决定。会议指出，周永康的行为背离一名共产党员和党的高级领导干部应有的党性原则与理想信念，给党的形象带来严重损害，社会影响极其恶劣。中央对周永康严重问题立案审查，充分体现我们党自我净化、自我革新的政治勇气，彰显以习近平同志为总书记的党中央“治国必先治党、治党务必从严”的坚定决心。对周永康的立案审查再次充分证明，党纪面前人人平等、党内没有特殊党员，我们国家不存在制度笼子之外的权力，也决不允许有党纪国法之外的党员；再次有力表明，不管涉及什么人，不论权力大小、职位高低，只要触犯党纪国法，都要严惩不贷；再次警示党员干部，党纪国法，不容违逆，谁都不要心存侥幸，谁都不能藐视法纪。党中央的决定深得党心民心军心，深得广大人民群众的拥护和支持，必将有力推动反腐败斗争深入开展，必将对永葆党的先进性和纯洁性产生重大而深远的影响。会议强调，要以实际行动坚决拥护中央决定，深刻领会中央维护党纪国法、严厉惩治腐败的鲜明态度和坚定决心，严守党的政治纪律，真正做到言行一致、表里如一，自觉在思想上政治上行动上同以习近平同志为总书记的党中央保持高度一致。要充分汲取深刻教训，在思想上高度重视反腐倡廉、拒腐防变，在行动上自觉用党纪国法严格规范和约束自己，不仅要以身作则、带头遵纪守法，而且要严格约束亲属和身边工作人员，坚决反对和克服特权思想、特权现象，守法纪、守规矩、守本分，真正做到清清白白为官、堂堂正正做人、干干净净干事。会议强调，各级党委（党组）要认真贯彻省委十二届八次全委会议精神，严格履行党风廉政建设主体责任，严格落实领导班子“一把手”的第一责任和班子成员的分管领导责任，按照省委“3783”主体责任体系的要求，细化措施、盯紧抓实，深入贯彻中央八项规定，坚持不懈纠正“四风”，切实抓好党风廉政建设和反腐败工作，以零容忍态度惩治腐败，坚决遏制腐败蔓延势头。要切实做好舆论引导，及时掌握舆情动态，牢牢掌握舆论工作的主动权和主导权，为全面建成小康社会、建设幸福美好新甘肃营造良好的舆论氛围。

【传达学习习近平总书记重要讲话精神 研究部署党的纪律检查体制改革工作】省委常委会8月14日召开会议，传达学习习近平总书记在中央政治局讨论上半年经济形势和下半年经济工作时的重要讲话精神，研究部署全省经济发展、党的纪律检查体制改革、教育实践活动和省级党政机关办公用房管理等工作。省委书记王三运主持会议。会议指出，习近平总书记的重要讲话思想深邃、内容丰富，深刻阐述全国经济发展中的一系列重大问题，为我们抓好工作进一步指明方向，必须深入学习领会、全面贯彻落实。一要加深对“三期叠加”特征的认识。认真分析和研究增长速度换挡期、调整结构阵痛期、前期刺激政策消化期“三期叠加”特征在全省的表现形式，紧紧抓住、切实用好难得的战略机遇期，因势利导、顺势而为，在稳速度上保持定力、在调结构上持续加力、在用政策上加强引力，特别是要着力用好国家微刺激政策带来的机遇，进一步增强战略平台的牵引力和争取项目落地的吸附力，不断提升发展的质量和效益，努力保持全省经济持续健康发展的良好势头。二要加大实施创新驱动战略的力度。研究制定特殊扶持办法，强化对科研院所、大专院校、科技人员开展技术研究攻关的政策和资金支持，引导和推动各类科技成果就地转化，以科技事业发展助推产业转型升级。三要继续保持全面深化改革的势头。既要重视改革举措的谋划，坚持问题导向，瞄准制约瓶颈，进一步研究制定务实管用的改革方案和办法，着力化解制约经济社会发展的深层次矛盾和障碍；也要重视改革进展的督查，做到按节点考核、按时间推进、按责任落实，确保各项改革任务及时有效落到实处。四要抓好全年既定目标的实现。各级各部门特别是领导干部要紧紧围绕省委、省政府各项决策部署，深入基层、深入企业、深入一线，通过调查研究、现场办公等方式，帮助地方和企业排忧解难，督促地方和企业扎实做好工作，全力以赴实现年初确定的各项目标任务。会议传达学习《中共中央办公厅关于印发〈党的纪律检查体制改革实施方案〉的通知》。会议指出，实施方案明确纪律检查体制改革的时间表和路线图，为我们深入推进纪律检查体制改革提供重要遵循。各级各部门要按照中央通知要求，结合自身实际抓好贯彻落实。一要抓好贯彻意见的制定和完善，既要制定总体方案、强化全局的统筹和协调，也要制定分工方案，为各市州和有关部门落实工作任务提供操作手册。二要抓好具体部署的推进和实施，按照求真务实、探索实践、循序渐进、立行立改的要求，抓住配套制度建设、改进工作作风、严肃惩治腐败、加快推进“三转”等重点工作，层层传递责任和压力，稳步推进改革任务落实。三要抓好自上而下的指导和督导，结合省委十二届八次全委会的安排部署，逐级组建专题调研组，以落实“两个责任”、深化纪律检查体制改革为重点，全方位、全链条进行直接指导和严格督查，引导和约束各级党组织落实肩负的责任。四要抓好巡视工作的加强和改进，加快巡视节奏，增加巡视频次，突出巡视重点，扩大巡视范围，切实强化巡视成果的转化和运用，有效发挥巡视工作震慑、遏制、治本的重要作用。会议传达中央第五巡回督导组对甘肃省的反馈意见。会议强调，现在第二批教育实践活动已整体进入整改落实、建章立制的关键阶段，做好各项工作对确保活动实效至关重要。第二批活动单位要深入开展“回头看”，对各环节工作进行再夯实再巩固再提高，尤其要下功夫抓好中央精神的贯彻、“四风”问题的整改、群众关切的回应、长效机制的健全，既要让群众看到即知即改、立说立行的实际行动，也要让群众感受到作风转变、形象提升的显著成效，善始善终、善做善成地搞好教育实践活动。会议研究讨论《甘肃省省级党政机关办公用房管理办法》和《甘肃省省级党政机关办公用房清理腾退和整合调配实施方案》。会议指出，推进省级党政机关办公用房科学管理、清理腾退和整合调配，是落实教育实践活动整改任务的实际举措，是一件深得干部群众拥护的好事实事。有关方面要按照省委的部署和要求，认真落实省级党政机关办公用房的管理办法和使用规定，在既有工作基础上，以更加积极的态度、更加扎实的作风、更加有力的举措严格落实相关的管理职能、调配机制和使用标准，进一步引导党员干部弘扬党的优良传统和作风，进一步赢得人民群众对党委政府的信任和拥护。

【决定追授柴生芳同志全省优秀共产党员称号】省委常委会8月26日召开会议，决定追授柴生芳同志“全省优秀共产党员”称号。省委书记王三运主持会议。柴生芳同志生前系临洮县县委副书记、县长，因劳累过度于2014年8月15日凌晨逝世。会议指出，柴生芳同志生前模范践行党的根本宗旨和群众路线，始终牢记立党为公、执政为民的政治责任，始终把群众冷暖、百姓疾苦放在心头，勤奋敬业、躬身为民、夙夜在公，是党的群众路线教育实践活动中涌现出来的先进典型，是新时期全省各条战线广大党员干部中的优秀代表。为更好学习宣传柴生芳同志先进事迹，进一步形成学习先进、争当先进的浓厚氛围，激励广大党员干部为党和人民的事业矢志奋斗，省委决定追授柴生芳同志“全省优秀共产党员”称号。会议强调，全省各级党组织要广泛开展学习宣传柴生芳同志先进事迹活动，把学习宣传活动同深入贯彻习近平总书记系列重要讲话精神结合起来，同扎实推进党的群众路线教育实践活动结合起来，同大力弘扬焦裕禄精神结合起来，采取灵活多样的形式，引导广大党员干部积极投身转型发展、富民兴陇的火热实践中。全省广大党员干部要以柴生芳同志为榜样，恪守信念坚定、对党忠诚的政治品质，强化心系群众、一心为民的公仆情怀，发扬求真务实、敢于担当的实干精神，充分发挥共产党员的先锋模范和骨干带头作用，在各自岗位上做出新的更大成绩，团结带领全省各族人民奋力开创建设幸福美好新甘肃、全面建成小康社会宏伟事业新局面。

【进一步研究部署党风廉政建设和反腐败工作】省委9月12日召开常委扩大会议，进一步研究部署党风廉政建设和反腐败工作。省委书记王三运主持会议。会议指出，深入推进党风廉政建设和反腐败斗争，事关国家长治久安和党的生死存亡，地位之重要不可小觑，作用之特殊不容忽视。要认真学习贯彻中央有关决策部署和习近平总书记系列重要指示精神，牢牢扭住落实党委主体责任这一“牛鼻子”，按照省委十二届八次全委会议作出的安排部署，加快构建和实施“3783”主体责任体系，进一步推进主体责任落实的具体化、系统化和机制化，努力营造政治清明、政府清廉、干部清正的良好环境。会议强调，履行党委主体责任、深入推进党风廉政建设和反腐败斗争，是各级党委（党组）肩负的重大政治任务，必须以高度的政治责任感、强烈的历史使命感把各项工作抓紧抓实抓好。一是责任意识要再强化，深刻认识落实主体责任的重大意义和具体要求，切实增强落实主体责任的思想自觉和行动自觉，既要细化实施办法、强化监督检查，不断加强对党风廉政建设和反腐败工作的领导，又要抓好压力传导和责任传递，引导督促各级党组织严格落实主体责任，形成上下联动一起抓的工作格局。二是制度措施要再完善，结合省情实际和典型案件，以制约和监督权力运行为重点，进一步完善预防腐败的制度和机制，实现用制度管权管事管人，真正把权力关进制度的“笼子”，有效堵塞产生腐败的漏洞和缺口。三是反腐力度要再加大，高度重视发挥惩治腐败的震慑和遏制作用，以“零容忍”的态度对待腐败，始终高悬反腐利剑、保持高压态势，对腐败分子发现一个惩治一个，对腐败行为发现一起查处一起，坚决做到有腐必反、有贪必肃。对履行主体责任不到位、导致发生重大腐败案件的，该调整的坚决调整，该处分的坚决处分，不能姑息、不能手软。各级纪委（纪检组）要认真履行执纪监督问责的职能，有案必查、有责必问，绝不能失之于宽、失之于软。四是警示教育要再巩固，创新廉政教育的方式方法，探索抓早抓小的管用措施，发挥反面典型的警示作用，引导班子成员和广大党员干部自觉敬畏党纪、敬畏国法，严格遵守廉洁自律各项规定，不踩“雷区”、不碰“红线”。五是选人用人要再规范，把树立正确用人导向和健全选人用人机制结合起来，既要坚持任人唯贤、扩大选人视野，也要严格干部选拔任用的考察、考核和把关，对带“病”提拔务必严防死守，努力建设高素质、廉洁型的领导班子和干部队伍，谨防吏治问题导致腐败问题。六是示范引领要再凸显，牢记自己是党的干部，增强自己的党性观念，坚决执行党的纪律，把党风廉政建设作为职责所在、使命所系，主动作为干好“分内事”、种好“责任田”；一以贯之地彰显无畏魄力，以站得出来的胆识、豁得出去的勇气，旗帜鲜明反腐败、刚直不阿作斗争；把牢世界观、人生观、价值观这一“总开关”，绝不能一失足成千古恨，坠入万劫不复的深渊，以自身的担当精神和榜样作用带动形成廉洁从政、反对腐败的良好环境和浓厚氛围。

【传达学习中央有关会议精神 研究部署贯彻落实意见】省委常委会10月8日召开扩大会议，传达学习中央党的群众路线教育实践活动总结大会精神和中央民族工作会议暨国务院第六次全国民族团结进步表彰大会精神，研究部署贯彻落实的意见。省委书记王三运主持会议。会议指出，在全党深入开展党的群众路线教育实践活动，是新一届中央领导集体站在党和国家工作全局的高度，开展的一次主题鲜明、意义深远的集中教育活动。活动开展一年来，党在群众中的威信和形象进一步树立，党心民心进一步凝聚，形成推动改革发展的正能量。实践证明，党的十八大作出的在全党深入开展党的群众路线教育实践活动的决策是完全正确的，党中央关于这次活动的一系列决策部署是完全正确的，为我们进行具有许多新的历史特点的伟大斗争作思想上组织上作风上的重要准备，其重大意义必将随着时间的推移不断显现出来。会议指出，习近平总书记在党的群众路线教育实践活动总结大会上的重要讲话，充分肯定党的群众路线教育实践活动取得的重大成果，深刻总结教育实践活动的成功经验，对新形势下坚持从严治党作出全面部署、提出明确要求，充分表明党中央坚持党要管党、从严治党的鲜明态度，体现我们党适应时代发展要求、保持党的先进性和纯洁性的高度自觉，具有很强的思想性、针对性和指导性，是在新的起点上把作风建设不断引向深入的再部署。全省各级党委要组织广大党员干部深入学习领会习近平总书记重要讲话精神，切实用讲话精神武装头脑、指导实践、推动工作，努力形成一心一意谋发展、聚精会神抓党建的新局面。会议强调，全省各级党委要把学习贯彻习近平总书记在中央党的群众路线教育实践活动总结大会上的重要讲话精神作为一项重大政治任务抓紧抓好，紧密结合教育实践活动的整改落实，认真落实管党治党主体责任，以锲而不舍、驰而不息的决心和毅力，把作风建设不断引向深入。要切实把从严治党的责任承担好、落实好，坚持党建工作和中心工作同谋划、同部署、同落实、同考核，坚决防止一手硬、一手软。要坚持思想建党和制度治党紧密结合，不断加强思想教育和警示教育，切实增强制度的执行力，真正把权力关进制度的笼子。要坚持发扬实事求是、理论联系实际、密切联系群众、开展批评与自我批评、坚持民主集中制等优良传统，使党内政治生活真正起到教育、改造、提高党员干部的作用。要完善干部管理规定，以严的标准要求干部、以严的措施管理干部、以严的纪律约束干部，使干部心有所畏、言有所戒、行有所止。要牢固树立“作风建设永远在路上”的理念，紧盯作风问题出现的新变化，持续深入地改进作风，决不能让“四风”反弹回潮。要始终认真践行党的群众路线，从人民群众中汲取智慧和力量，自觉接受群众监督，把各级党组织和党员干部的表现交给群众评判，以好的党风政风凝聚人心、促进工作，为加快全面建成小康社会进程、建设幸福美好新甘肃不懈奋斗。会议指出，这次中央民族工作会议暨国务院第六次全国民族团结进步表彰大会，既是对2005年以来全国民族工作成功经验的深刻总结，也是对新形势下如何进一步做好民族工作的再动员再部署。习近平总书记、李克强总理、俞正声主席在会上发表的讲话，既有政治高度又有政策力度，既有正能量又有含金量，既有针对性又有指导性。特别是习近平总书记的重要讲话，全面分析民族工作面临的新形势，系统阐述当前和今后一个时期全国民族工作的方向和道路、理论和政策、制度和法律、工作和实践等重大问题，是指导新形势下民族工作的纲领性文献。我们一定要深刻领会习近平总书记重要讲话的丰富内涵和精神实质，准确把握讲话提出的一系列新思想新论断新要求，切实把思想和行动统一到讲话精神上来，不断开创我省民族工作新局面。会议强调，贯彻落实中央民族工作会议精神，关键是认识要到位、工作要落实。甘肃省是一个多民族多宗教省份，同时民族地区贫困面积大、贫困程度深。做好民族工作，事关全面建成小康社会进程，事关建设幸福美好新甘肃，事关各族群众福祉。全省各级各部门要坚持问题导向，认真总结经验，深刻查找不足，加强谋划研究，切实把中央的决策部署落到实处。要突出中心要务，加快民族地区经济社会发展，深入实施“3341”项目建设工程、“1236”扶贫攻坚行动，加快推进新型城镇化和生态安全屏障综合试验区建设，确保民族地区同全省一道全面建成小康社会。要突出首要任务，保障和改善民生，以推进基本公共服务均等化为重点，大力发展教育事业，千方百计促进就业，进一步完善社会保障体系，加强对口支援和帮扶工作，用改善民生的实际成效凝聚民心。要突出战略重点，加强民族团结和培育中华民族共同体意识，促进各民族交往交流交融，建设各民族共有的精神家园。要突出基本方略，坚持依法管理，增强各族群众法律意识，重视做好城市民族工作，注重保障各民族合法权益。要突出政治保证，始终坚持党的领导，善于从政治上把握民族关系、看待民族问题，大力培养选拔少数民族干部，重视基层党组织建设，努力形成党委领导、政府负责、有关部门协同配合、全社会通力合作的民族工作格局。

【传达学习习近平总书记批示精神 研究部署贯彻落实具体工作】省委常委会10月17日召开会议，传达学习习近平总书记有关重要批示精神，以及全国党委秘书长会议和中宣部有关会议精神，研究部署贯彻落实工作。省委书记王三运主持会议。会议指出，尼江事件的解决取得重大进展，是省委、省政府长期以来抓和谐促稳定、精心指导的结果，是甘南历届班子辛勤工作的结果，更是各级坚持和贯彻党的群众路线的生动成果。习总书记专门就尼江事件的化解作出重要批示，既是对我们工作的肯定，更是对我们的鞭策和激励。我们要深入学习贯彻习总书记重要批示精神，进一步强化大局意识、责任意识，始终重视并切实抓好维护社会和谐稳定的各项工作。要认真总结提炼尼江事件处置中形成的好经验好做法，坚定不移地站稳群众立场、贯彻群众路线，结合教育实践活动成果的持续巩固，结合联村联户行动、扶贫攻坚行动的深入开展，积极探索做好群众工作、密切与群众血肉联系的务实办法，以群众工作水平的提高化解各类不和谐不稳定因素。要始终保持清醒头脑，不断细化和完善具体工作措施，确保尼江事件尽快得到根本解决，全力维护好社会和谐稳定的大局。会议指出，近年来，中央办公厅在推动中央重大决策部署特别是习总书记系列重要讲话精神、中央八项规定的贯彻落实等方面取得重大成绩，不仅为党委办公系统树立干事标杆，而且为各级党委作出榜样和表率。全省各级特别是办公系统要认真学习习近平总书记、刘云山同志重要批示和栗战书同志讲话精神，按照全国党委秘书长会议的部署和要求，以坚决态度、自觉行动、有力措施抓好各项工作。一是学透要真实，就是要深刻认识和把握会议精神的精髓要义，做到真学真懂真用，真正用以武装头脑、指导实践、推动工作。二是措施要切实，就是要联系省情实际，体现改革发展稳定与党的建设“两手抓两手硬”，制定务实管用的贯彻落实办法，把各项工作不断推向深入。三是作风要务实，就是要有效发挥谋划、监督、推动和落实的职能作用，聚焦中央八项规定精神的贯彻和“四风”突出问题的整改，加强督促检查，保障作风建设各项要求和整改方案落到实处。四是效果要抓实，就是要把贯彻成效体现在中央和上级政令部署的畅通上、年度目标任务的完成上、广大干部群众的认可满意上、党员干部作风的持续转变上，以抓落实的实际行动和成效履行好党委办公系统的重要职责和使命。会议还传达学习全国培育和践行社会主义核心价值观工作经验交流会、第十三届精神文明建设“五个一工程”表彰座谈会和全国外宣工作会议精神，并就相关工作作出安排部署。

【传达学习党的十八届四中全会精神 研究部署贯彻落实的具体措施】省委10月26日上午召开常委扩大会议，传达学习党的十八届四中全会精神。省委书记、省人大常委会主任王三运主持会议，传达习近平总书记代表中央政治局所作的工作报告和在全会第二次全体会议上的重要讲话，并就全省贯彻落实工作进行安排部署。省委副书记、省长刘伟平传达《中共中央关于全面推进依法治国若干重大问题的决定》精神和习总书记就决定（讨论稿）向全会所作的说明。王三运在讲话中指出，这次全会举国关注、举世瞩目，必将以其重大历史意义、重要历史地位、特殊历史贡献，永载党的光辉史册。我们要深刻认识到，这次全会讨论的主题关系全局，全会把依法治国作为主题并作出重要决定，同我们党治国理政的一贯思想、实现民族复兴中国梦的宏伟大业、全面深化改革的时代课题、人民过上美好生活的强烈愿望高度契合，必将为实现党和国家事业发展的战略目标奠定更加坚实基础；这次全会取得的成果鼓舞人心，全会决定明确提出全面推进依法治国的指导思想、总体目标、基本原则，吹响落实依法治国方略的冲锋号，勾画全面推进依法治国的路线图，描绘建设法治中国的新画卷，必将激励各族人民沿着中国特色社会主义法治道路阔步前行；这次全会产生的影响深远持久，全会作出的决策部署为国家发展指明方向、为经济繁荣提供支撑、为社会和谐奠定基石、为人民幸福创造条件，经过持续不断的努力，法治一定会成为各级始终秉持的治理理念、全社会始终坚守的共同信仰，必将助推各项事业加快进入法治轨道、带动全社会劲吹法治新风。王三运强调，习总书记在全会上的重要讲话，系统总结中央政治局一年来的工作，深刻回答全面推进依法治国的一系列理论和实践问题，鲜明提出全面推进依法治国的一系列新思想新观点，是指引我们推进法治建设的思想灯塔和行动指南。全省各级要把学习领会习总书记重要讲话精神作为重大政治任务，力求做到掌握精髓、吃透要义，做到学以致用、知行合一。一要准确把握取得的巨大成绩。今年以来，党中央实施一系列符合世情国情党情的战略决策和举措，进一步开辟治国理政的新境界、实现改革发展的新飞跃，赢得各族人民的交口赞誉、国际社会的刮目相看。我们要从各项事业发展的生动实践中，汲取精神营养、凝聚智慧力量、增强发展信心，奋力加快全省全面小康进程。二要准确把握阐释的重要判断。认真领会习总书记就全面推进依法治国作出的系列重要判断，把牢坚持和拓展中国特色社会主义法治道路"一条红线"，把握全面建成小康社会、全面深化改革、全面推进依法治国"三个全面"之间的逻辑关系和坚持党的领导、坚持中国特色社会主义制度、贯彻中国特色社会主义法治理论之间的一体关系"两大关系"，把准坚持中国共产党的领导、坚持人民主体地位、坚持法律面前人人平等、坚持依法治国和以德治国相结合、坚持从中国实际出发"五个坚持"，把这些重要判断和要求贯穿到甘肃法治建设的全过程。三要准确把握明确的总体目标。推进全省法治建设必须服从服务于建设中国特色社会主义法治体系、建设社会主义法治国家这一总目标，尤其要认清依法治国的方向，着力促进国家治理体系和治理能力现代化；认清依法治国的路径，坚持依法治国、依法执政、依法行政共同推进，坚持法治国家、法治政府、法治社会一体建设；认清依法治国的总抓手，紧紧围绕完善中国特色社会主义法治体系，全力做好全省法治建设各项工作。四要准确把握勾画的战略布局。对照中央作出的顶层设计和安排，对照习总书记强调的五项重点工作，围绕推进"五位一体"法律体系及党内法规制度的建设与实施，扎扎实实把全会提出的各项任务落到实处。王三运强调，贯彻落实四中全会精神、推进甘肃法治建设，总的要求是要坚持正确方向，坚定不移走中国特色社会主义法治道路，坚持不懈建设中国特色社会主义法治体系；着眼问题导向，审视和直面全省改革、发展、稳定、党建等领域存在的法治突出问题，紧密结合全面深化改革工作，提出法治建设务实举措；突出为民取向，回应人民群众对公平正义的诉求期盼，保障人民群众在法治建设中的主体地位，保障和实现立法为民、司法为民、执法为民。实践中要把牢五个方面：一要把牢科学立法这个前提，周详摸排事业发展面临的立法需要，科学有效行使地方人大的立法权限，进一步消除各方面的"立法真空"。二要把牢严格执法这个关键，研究建立交叉执法制度、执法监督和惩处制度，完善保障公民权利的改革措施，把严格执法体现到法律实施的各个方面和环节，坚决防止出现法外之地、法外之人。三要把牢公正司法这个防线，按照中央关于保障公正司法的部署，聚焦党政机关及领导干部违法干预司法这一突出问题，推进相关的改革和制度建设工作，健全权责明晰的司法权力运行机制，让人民群众在每一个司法案件中都感受到公平正义。四要把牢依法行政这个重点，抓住界定行政权限、规范行政行为这一核心环节，明确打造阳光政府的时间表和路线图，扎实做好建设法治政府的各项工作，确保依法行政严格有序、不留死角。五要把牢全民守法这个基础，把法治上升到信仰的高度，教育引导干部群众牢固树立法治理念，在全社会形成崇尚法治、践行法治的新风尚。王三运强调，当前要结合实际，重点抓好"三个深入"：一要抓好深入学习领会，引导广大党员干部特别是领导干部系统学习全会决策部署，把思想和认识统一到全会精神上来。二要抓好深入宣传解读，通过省委常委和其他省级党员领导干部带头宣讲、组织宣讲团逐级宣讲等形式，使中央决策部署真正为广大干部群众所掌握。三要抓好深入贯彻落实，在加深理解消化、深入调查研究、广泛听取意见的基础上，适时召开省委全委会议，研究制定贯彻落实四中全会精神的实施意见，以实际行动加快我省法治建设进程，为建设法治中国作出应有贡献。

【传达学习中央有关会议精神　研究部署贯彻落实意见】省委常委会10月28日召开会议，传达学习党的十八届四中全会、中纪委十八届四次全会精神，研究部署贯彻落实意见。省委书记王三运主持会议。会议指出，党的十八届四中全会是在全面建成小康社会进入关键时期、全面深化改革进入攻坚阶段召开的一次重要会议。全省各级要把学习贯彻全会精神作为重要政治任务，迅速掀起学习贯彻的热潮，切实把思想和行动统一到全会精神上来。要深入开展宣传解读，制定宣讲方案，逐级成立宣讲团，组织各级党委负责同志、有关专家学者赴各行各业进行宣讲，确保四中全会精神入脑入心。要抓好贯彻落实工作，对照中央决策部署和习近平总书记重要讲话精神，结合省情实际研究制定落实措施，加快推进依法治省进程，为全省各项事业发展创造良好法治环境。会议指出，中纪委十八届四次全会专门就纪检监察系统落实十八届四中全会精神作出安排部署，为我们深入推进党风廉政建设和反腐败斗争进一步指明努力方向。特别是王岐山同志的重要讲话，深刻阐述四中全会的重大意义和精神实质，并就落实管党治党政治责任提出明确要求，是对我们学习贯彻四中全会精神的一次深入辅导，是对我们党性党风党纪的一次深刻教育。全省各级特别是纪检监察系统要认真学习王岐山同志重要讲话精神，把握丰富内涵，吃透核心要义，把相关的部署和要求体现到党风廉政建设和反腐败工作实践中。要把严明党纪作为从严治党的首要任务，以严的标准要求党员、严的措施管住干部，坚决做到在政治上讲忠诚、组织上讲服从、行动上讲纪律。要持之以恒加强作风建设，聚焦“四风”突出问题，不断加大执纪监督、公开曝光力度，确保中央关于作风建设的部署要求落地生根。要坚定不移惩治腐败，始终保持高压态势，进一步强化不敢腐的氛围，以铁的手腕整顿吏治。会议强调，全省各级要认真落实“两手抓两手硬、双促进双落实”的总体要求，围绕一心一意谋发展、聚精会神抓党建，在抓好第四季度改革发展工作、冲刺全年目标任务的同时，及早谋划部署明年重点工作，努力保持经济社会持续健康发展良好势头。要认真贯彻落实中央关于加强党的建设和作风建设的新规定新办法，切实履行党风廉政建设主体责任，继续打好整改工作的攻坚战、从严治党的持久战、成果拓展的整体战，为全面建成小康社会、建设幸福美好新甘肃提供坚强有力的政治、组织和作风保证。会议研究部署意识形态领域的工作，审定《关于进一步推进户籍制度改革的实施意见》《甘肃省安全生产“党政同责、一岗双责”制度实施细则》和《关于加快推进人才工作创新发展的意见》。

【研究部署华夏文明传承创新区建设等工作】省委常委会11月7日召开会议，研究部署华夏文明传承创新区建设、加强全省基层服务型党组织建设等工作。省委书记王三运主持会议。会议听取华夏文明传承创新区建设情况汇报。会议指出，华夏文明传承创新区批复以来，全省各级认真落实省委、省政府决策部署，做大量基础性、前瞻性、战略性和实效性工作，推动传承创新区建设取得重要进展和明显成效。下一步，要着眼推动传承创新区建设由谋篇布局向深入实施转变、由重点突破向全面推进转变，切实在三个方面加以深化、细化和实化。一是认识要更精准。准确把握传承创新区的战略地位，深刻认识打造这一战略平台既是发挥独特优势的重要选择，也是转方式、调结构的重要选择，更是扩大向西开放、建设丝绸之路经济带黄金段的重要选择。要准确把握传承创新区的战略定位，扭住传承和创新两个核心，深入研究分析传承什么、怎么传承和创新什么、怎么创新等重大问题，进一步明晰传承创新区的特殊功能和作用，立足自身特色和条件精准发力，切实发挥传承创新区建设的多元综合效应。二是重点要更聚焦。在全面推进总体方案实施的同时，进一步突出主题、瞄准关键，集中精力建设“一带三区十三板块”，特别要抓好分级管理、分层实施推动文化遗产保护，抓好深化改革、打造亮点推动文化事业繁荣，抓好对外开放、构建体系推动文化产业升级，着力提升文化传承的成效、文化创新的质量、文化发展的水平，努力发挥传承创新区的支撑引领和辐射带动作用。三是操作要更具体。各级各方面尤其是协调推进领导小组及办公室要进一步细化工作举措，强化工作保障，加大工作督查，统筹抓好总体思路的完善拓展和“十三板块”的深化破解，深入推进基础平台的构建提升和重大项目的谋划实施，确保华夏文明传承创新区建设各项任务真正落到实处。会议审定《关于加强全省基层服务型党组织建设的实施意见》。会议强调，基层党组织是党全部工作和战斗力的基础，全省各级要把建设基层服务型党组织作为强基固本的主攻方向和着力重点，深入贯彻党的十八大精神和省第十二次党代会部署，牢牢抓住服务群众、做群众工作这一主要任务，坚持以群众满意为根本标准、以改革创新为动力源泉，依托“双联”行动和先锋引领行动，深入抓好强化服务功能、完善服务网络、增强服务能力、提升服务效能等各项工作，充分发挥基层党组织的战斗堡垒作用和广大党员的先锋模范作用，为全面建成小康社会、建设幸福美好新甘肃提供坚强有力的政治和组织保证。会议审定《关于支持兰州转型跨越发展的意见》，研究建设兰州新区“飞地经济”产业园工作。会议决定追授赵培军同志“全省优秀共产党员”称号，追认魏玉川同志为中国共产党党员。

【传达学习习近平总书记重要批示精神　研究部署平安建设旅游业发展等工作】省委常委会11月14日召开会议，传达学习习近平总书记关于深入推进平安中国建设的重要批示和深化平安中国建设会议精神，研究部署深化平安甘肃建设、促进旅游业改革发展等工作。省委书记王三运主持会议。会议指出，习总书记的重要批示深刻阐述平安建设与法治建设之间的重大关系，鲜明提出平安中国建设的着力重点、科学方法和主要目标，对政法综治战线寄予殷切希望，为我们做好工作进一步指明方向。深化平安中国建设会议是在党的十八届四中全会之后召开的一次重要会议，明确新形势下深化平安中国建设的总体要求、重点任务和具体部署，充分体现平安建设和法治建设的高度统一，必将对保障人民安居乐业、社会安定有序、国家长治久安起到重要推动作用。会议强调，当前和今后一个时期，我们要坚决有力贯彻中央决策部署，紧密结合实际，研究贯彻落实意见，加快推进平安甘肃建设进程。一要强化学习教育，提升认识水平。认真学习党的十八届四中全会、习总书记系列重要讲话精神以及孟建柱同志在深化平安中国建设会议上的讲话要求，充分认识平安建设的重大意义，切实把平安建设作为关系国家安全、社会稳定、人民福祉，关系全面推进依法治国、全面深化改革、全面建成小康社会的大事要事来对待，不断增强抓好工作的主动性和自觉性。二要强化法治思维，提升法治水平。把政法综治工作放在全面推进依法治国大局中来谋划，有效发挥法治的引领和保障作用，坚持运用法治思维和方式解决矛盾和问题，把平安建设更好地纳入法治轨道。三要强化政治意识，提升应对水平。增强政治敏锐性和政治鉴别力，下好先手棋、打好主动仗，严密防范、严厉打击分裂破坏活动和暴力恐怖活动，全力管控和化解影响国家安全、社会安定的问题，确保社会政治大局稳定。四要强化力量整合，提升工作水平。加强对平安建设的组织领导，积极推动体制和机制创新，完善平安建设的措施和办法，着力构建党政领导责任到位、群众主体作用发挥、基层自治能力增强、社会参与氛围浓厚的工作格局，凝聚起推进平安甘肃建设的强大合力。五要强化责任意识，提升监督水平。按照谁主管、谁负责的原则，分领域、分系统、分行业明确平安建设责任，抓住重点部位、关键环节，加强督查督办和考核评估，切实提高执行力，确保平安建设各项任务落到实处。会议审定省委、省政府《关于促进旅游业改革发展的意见》。会议指出，旅游业是稳增长、调结构、转方式、惠民生的重要抓手，是实现全面建成小康社会、建设幸福美好新甘肃奋斗目标的重要支撑。国务院专门制定《关于促进旅游业改革发展的若干意见》，把旅游产业摆到一个新的高度，出台一系列扶持政策和措施，为我们加快旅游业发展提供难得机遇。全省各级要认真落实中央有关决策部署，充分发挥甘肃省地理区位独特、旅游资源丰富等优势，以促进旅游科学发展为主线，以文化旅游深度融合为方向，以改革创新为动力，以大景区建设为抓手，推动旅游资源由多头管理、粗放开发向统筹整合、集约开发转变，推动旅游产品由传统游览向观光、休闲、度假一体发展转变，推动旅游服务由低层次、单一化向精细化、差异化优质服务转变。要大力实施旅游发展环境优化工程，完善现有规划、分级分类实施、加快建设进度，进一步解决交通基础设施、景区配套设施等瓶颈问题，全面提升旅游的可进入性、可驻足性、可消费性和可回头性，努力把甘肃建成丝绸之路上的黄金旅游带和国内外知名的旅游目的地。会议听取省委党内法规和规范性文件第二阶段清理工作情况汇报，审议《中共甘肃省委关于再废止和宣布失效一批党内法规和规范性文件的决定》；审定《甘肃省贯彻〈中国共产党党和国家机关基层组织工作条例〉实施办法》《关于认真贯彻落实中共中央办公厅〈关于加强和改进新形势下侨联工作的意见〉的实施意见》。

【传达学习习总书记重要讲话精神研究部署召开民主生活会等工作】省委常委会12月2日召开会议，传达学习习近平总书记有关重要讲话精神，研究部署持续抓好教育实践活动整改落实、召开2014年度省委常委班子民主生活会等工作。省委书记王三运主持会议。会议传达学习习近平总书记在中央党的群众路线教育实践活动总结大会上的重要讲话精神和中央纪委机关、中央组织部关于开好2014年度县以上党和国家机关党员领导干部民主生活会的有关通知精神，研究审议《中共甘肃省委常委班子2014年度民主生活会方案》。会议指出，坚持民主生活会制度是严格党内政治生活的一项重要举措，也是加强领导班子建设的一个重要抓手。要认真学习习总书记重要讲话精神，深入贯彻习总书记关于从严治党的具体要求，进一步增强思想自觉和行动自觉，为开好民主生活会打下坚实基础。要按照中央通知要求，聚焦“严格党内生活、严守党的纪律，深化作风建设”这个主题，精心做好各项准备工作，借鉴教育实践活动专题民主生活会的做法和经验，确保开一个高质量的民主生活会。要把开好民主生活会同推进党的建设、作风建设结合起来，同贯彻中央八项规定精神、坚决反对“四风”结合起来，采取更加有力的措施，切实抓好省委常委会和两个批次教育实践活动整改工作，以作风建设的实际成效为全省改革发展稳定提供坚强的政治和组织保证。会议传达学习全国离退休干部先进集体和先进个人表彰大会精神。会议强调，要深入学习领会习总书记在会见与会代表时的重要讲话和刘云山、赵乐际同志在表彰大会上的讲话精神，深刻认识老干部工作的重要性，准确把握中央关于老干部工作的方针政策，扎实做好全省老干部工作。一要高度重视，坚持把老干部工作摆在重要位置，加强领导、强化指导，带着感情和责任研究推动老干部工作。二要充分尊重，继承和发扬尊老敬老的光荣传统，对老同志保持敬重之心、倾注关爱之情，进一步营造尊重关心老干部、重视支持老干部工作的浓厚氛围。三要发挥优势，围绕加强思想政治引领、全面深化改革、全面推进依法治省、培育社会主义核心价值观、落实从严治党要求等重点工作，充分发挥老干部的政治优势、经验优势、威望优势，让老干部有渠道、有平台、有条件继续为事业发展作贡献。四要弘扬精神，深入宣传老干部坚定的理想信念、牢固的宗旨意识、务实的干事作风、感人的先进事迹，努力形成尊重老同志、爱护老同志、学习老同志的鲜明导向。五要搞好服务，认真落实社会服务优老、惠老的相关政策，推出更多利老、便老的具体措施，既关心老同志的身体健康，又满足老同志的精神需求，让老同志生活得幸福安康。六要加强建设，把离退休干部党组织建设作为老干部工作的关键，结合老干部队伍的特点，积极创新党组织的设置和工作方式，更好地把广大老同志凝聚在党的周围。会议传达学习2014年中央第三轮巡视工作动员部署会和省区市巡视办主任座谈会精神。会议强调，要坚决落实中央决策部署，坚定不移、持之以恒开展好巡视工作，扎实推进党风廉政建设和反腐败斗争，以实际行动同以习近平同志为总书记的党中央保持高度一致。一要学习领会好中央精神，深入学习习总书记和王岐山同志的重要讲话精神，进一步把思想认识统一到中央的重大判断、重要决策上来，认清面临形势的严峻性和复杂性，增强做好工作的主动性和实效性，真正把巡视工作纳入党风廉政建设全局。二要转化运用好巡视成果，重视巡视反馈，引导和督促被巡视单位加大整改的力度；重视形成震慑，对发现的违纪违法案件线索及时移交、核实、查处，充分发挥巡视的震慑、遏制、治本作用；重视警示教育，着眼抓早抓小，对苗头性、倾向性问题及时提醒告诫，防止小错误酿成大案件。三要研究谋划好明年工作，重点是要加快节奏，把常规巡视和专项巡视结合起来，采取"点穴式""巡查式"等多种方式，提高巡视工作的针对性和覆盖面；抓住重点，梳理以往发现的问题和查办的案件，找准腐败风险点，扭住重点领域、重点地区和重点部门开展巡视；强化领导，落实好党委的主体责任、一把手的第一责任、班子成员的分管责任，全力支持巡视机构开展工作，有效发挥巡视的反腐"利剑"作用。会议还研究省委常委会教育实践活动整改任务落实情况通报、2014年度党风廉政建设考核等工作。

【传达学习中央经济工作会议精神研究部署贯彻落实具体措施】省委12月12日下午召开常委扩大会议，传达学习中央经济工作会议精神，研究部署我省贯彻落实措施。省委书记、省人大常委会主任王三运主持会议，传达习近平总书记在中央经济工作会议上的重要讲话精神，并就全省贯彻落实工作作出安排部署。省委副书记、省长刘伟平传达李克强总理在中央经济工作会议上的重要讲话精神。王三运在讲话中指出，习近平总书记和李克强总理的重要讲话高瞻远瞩、洞察全局，视野宽广、思想深刻，论述精辟、重点突出，既立足当前又放眼长远，既洞悉国情又把握世情，体现善于"观大势、谋大事"的高超智慧，彰显谋定而动、沉着应对的战略定力，具有极强的前瞻性、战略性、针对性和指导性，为我们扎实做好明年经济工作、促进经济持续健康发展与社会和谐稳定，指明努力和前进方向。全省各级一定要认真学习，深刻领会，坚决贯彻落实。王三运强调，要深刻理解、准确把握会议精神实质，切实统一思想和行动。做好全省经济工作，首要的一条就是要领会好中央的新判断、把握好中央的新要求、落实好中央的新部署。要深刻理解中央关于当前经济形势的分析判断，在辩证把握中主动适应。科学看待新常态、准确把握新常态、主动适应新常态，悉心领会"九大趋势性变化"和"四个转向"，看到新常态既蕴藏着新机遇，也催生着新动力，更意味着新考验，自觉用新常态审视经济形势，自觉按照"八个更加注重"要求谋划经济工作。要深刻理解中央关于明年经济工作的总体要求，在深入领会中主动贯彻。坚持把中央明确的总体要求作为做好经济工作的导航灯和坐标系，认真领会、坚决贯彻，找准经济发展的障碍和制约，谋划破解难题的办法和措施，真正把总体要求贯穿到工作的方方面面。要深刻理解中央关于推动经济发展的具体部署，在结合实际中主动作为。吃透习总书记所强调的重点任务，把握好工作的"纲"和"目"、突破口和着力点，围绕怎么看、怎么办、怎么干，主动研究、深入谋划，拿出务实管用的思路和措施，确保中央部署不折不扣、全面有效落实到位。王三运强调，要坚定不移、全力以赴推动科学发展，切实把牢方向和大局。准确把握中央宏观政策的新取向，更加注重引导和扩大内需，更加注重创新和优化供给，更加注重保障和改善民生，更加注重定向和精准发力，充分发挥消费的基础作用、投资的关键作用、出口的支撑作用，支持实体经济加快发展，推动产业结构优化升级。准确把握稳中求进基调的新内涵，坚持把"稳"作为经济发展的前提和基础，深入实施"3341"项目建设工程，精心打造经济、文化、生态三大战略平台，不断增强经济发展的内生动力，努力实现平稳增长、就业增加、物价稳定的协调并进；坚持把"进"作为经济发展的方向和目的，统筹推进科技创新和结构调整，推动经济发展、产业壮大由要素驱动、投资驱动不断向创新驱动转变。准确把握区域协调发展的新机遇，不断增强抢抓机遇、转化机遇的意识，抓住和用好国家优化经济发展空间格局的政策机遇，谋划一批符合国家政策导向的大项目好项目，拓展发展空间、提升发展层次。准确把握培育新增长点的新要求，把培育新增长点作为今后的一个重要工作取向，采取得力措施落实习总书记关于市场要活、创新要实、政策要宽的重要指示，把潜在需求激发出来，拉动供给、促进增长，形成推动发展的强大动力。王三运强调，要周密部署、精心组织明年经济工作，切实抓好谋划和落地。一要分析研判好经济发展环境，用"放大镜"来审视形势，进一步拓展全局视野，分析好外部环境带来的"利"和"弊"、"机"和"险"，在把握大势中趋利避害、化危为机；用"显微镜"来观察形势，深入研究有哪些突出矛盾需要着力解决，有哪些薄弱环节需要着力加强，有哪些隐性风险需要着力规避，有哪些增长潜力需要着力挖掘，有哪些难题需要着力攻坚，有针对性地作出部署。二要科学确定好明年目标任务，重点是要把握大原则，坚持和贯彻"不简单以国内生产总值增长率论英雄"，正确分析现实与可能、当前与长远、中央要求与省情实际，作出综合判断和选择；找准平衡点，正确处理稳增长和调结构的关系，既不能影响全省可持续发展和长远后劲，也不能影响财政收入的增加、社会就业的扩大、群众生活的提高；树好导向标，各主要经济指标的上限、下限和底线，既要有利于引导各级各方面把主要精力转移到转型升级上，也要有利于引导和稳定社会预期、凝聚和激发社会合力。三要谋划推进好各项重点工作，善于"弹钢琴"，抓主抓重抓关键，着力抓好扶贫攻坚的实施、深化改革的拓展、科技创新的提升、基础设施的完善、向西开放的扩大、群众生活的改善等六项工作，以重点工作的突破带动全局工作的提升。四要有效发挥好党的领导作用，认真落实习总书记关于加强党对经济工作领导的重要指示，不断加强领导经济工作的制度化建设，提高领导经济工作的法治化水平，增强领导经济工作的专业化能力，进一步实现对全省经济工作的有力领导。

【研究部署全面推进依法治省等工作】省委常委会12月16日召开会议，进一步学习贯彻党的十八届四中全会精神，研究部署全面推进依法治省等工作。省委书记王三运主持会议。会议决定，于今年12月27日至28日召开中国共产党甘肃省第十二届委员会第九次全体会议暨全省经济工作会议，主要议程是省委常委会向全委会报告工作，研究部署全面推进依法治省问题和全省经济工作。会议研究讨论《中共甘肃省委关于贯彻落实〈中共中央关于全面推进依法治国若干重大问题的决定〉的意见》（讨论稿），决定根据这次会议讨论的意见修改完善后提请省委十二届九次全委会审议。会议指出，依法治国是坚持和发展中国特色社会主义的本质要求和重要保障，是实现国家治理体系和治理能力现代化的必然要求，事关我们党执政兴国，事关人民幸福安康，事关党和国家长治久安。党的十八届四中全会通过的决定，明确全面推进依法治国的指导思想、总体目标、基本原则、主要任务和重大部署，为我们全面推进法治建设指明努力方向。我们要把贯彻落实全会精神作为重大的政治任务、长期的战略任务抓紧抓好，制定完善具体的措施和办法，凝聚激发各方的智慧和力量，奋力开创法治甘肃建设的新局面。会议强调，全面推进全省法治建设，必须认真学习领会党的十八大和十八届三中、四中全会精神，深入贯彻落实习近平总书记系列重要讲话精神，坚持党的领导、人民当家做主、依法治国有机统一，坚定不移走中国特色社会主义道路，坚决维护宪法法律权威，依法维护人民权益和公平正义，为改革发展稳定提供有力法治保障。必须服从服务于“建设中国特色社会主义法治体系，建设社会主义法治国家”的总目标，坚持依法治省、依法执政、依法行政共同推进，坚持法治甘肃、法治政府、法治社会一体建设，不断促进治理体系和治理能力现代化。必须紧密结合省情实际，围绕实现科学立法、严格执法、公正司法、全民守法，聚焦全省法治建设领域中的突出问题，研究提出务实管用的解决办法，积极回应人民群众的利益关切，走出一条符合中央要求、体现甘肃特色、反映群众期盼的法治建设之路。会议研究协调解决兰州市经济社会发展中困难问题相关事宜。

【研究部署政府管理方式创新和省委党内法规建设等工作】省委常委会12月23日召开会议，研究部署政府管理方式创新和省委党内法规建设等工作。省委书记王三运主持会议。会议研究审定省政府党组关于建立“三张清单一张网”工作方案。会议强调，要认真贯彻落实党的十八届三中、四中全会精神，按照建设法治政府、廉洁政府、服务政府的要求，不断创新政府管理方式，加快建立省政府部门行政权力清单、省政府部门责任清单、省级财政专项资金管理清单，推进政务服务网建设。要坚持职权法定、权责一致、便民高效、公开透明的原则，进一步推进行政审批制度改革，进一步加大简政放权力度，着力破解制约科学发展和激发市场活力的体制机制难题，切实提高依法行政水平。要聚焦干部群众关注的热点问题和政务服务中的难点问题，严格规范政府行政行为，精心抓好服务事项执行，确保把各项工作落到实处。会议审议《中共甘肃省委党内法规制定工作五年规划纲要（2014—2018年）》。会议要求，要认真贯彻落实中央关于加强党内法规制度建设的要求，牢牢把握加强党的执政能力建设、先进性和纯洁性建设这条主线，坚持解放思想、改革创新，坚持党要管党、从严治党，坚持思想建党、制度治党，以党章为根本，以民主集中制为核心，积极推进省委党内法规制定工作，加快构建党内法规制度体系。一要把握原则、不能偏离。认真贯彻党的基本理论、基本路线、基本纲领、基本经验、基本要求，自觉服务于中国特色社会主义事业总体布局，服务于党的建设新的伟大工程，从制度上确保党的理论和路线方针政策的贯彻落实，确保制定的各项党内法规既符合中央精神又符合省情实际。二要掌握节奏、重视质量。着眼构建系统完备的党内法规制度体系，把阶段性任务与战略性目标结合起来，按照急用先立原则，抓住核心、关键和亟需制定的党内法规项目，立体式、全方位、高质量推进省委党内法规制定工作，力争在主要方面和关键环节上取得突破。三要总结提高、抓好执行。紧盯已有党内法规的贯彻实施，注重把实践中的成功经验和规律性认识上升为党内法规，使省委党内法规建设始终随着实践发展和时代进步向前推进，努力为全面提高党的建设科学化水平、加强和改善党对各项事业的领导提供坚实制度保障。会议听取省级领导干部清理住房工作领导小组关于省级领导干部住房清理工作情况汇报。

办公厅工作

【理论学习】制定印发《中共甘肃省委常委会集体学习习近平总书记系列重要讲话制度》，明确每月省委常委集中学习次数，并对学习内容、方式方法、参加人员进行具体安排；多次邀请理论专家，在省委理论学习中心组会议上进行辅导解读；及时编印《习近平总书记系列重要讲话汇编》供领导学习查阅。特别是在习近平总书记“5·8”重要讲话发表后，王三运书记在中办《秘书工作》发表学习体会文章，全省党委办公部门认真开展学习，对标检查、深入贯彻。习近平总书记每次发表重要讲话后，厅理论学习中心组都要在第一时间迅速组织传达，并适度增加学习频次，扩大学习范围，自上而下层层传导学习压力；各总支（支部）分专题集中学习、联系实际交流心得，推动学习深入开展。在省委的统一部署下，主动与宣传、组织部门衔接沟通，积极发挥组织推动作用，制定下发《关于进一步深入学习宣传贯彻习近平总书记系列重要讲话精神的通知》，对各地各部门学习贯彻作出具体安排、提出明确要求。充分利用《工作通报》《甘肃工作》《甘肃工作交流》《甘肃信息》等平台总结推广各地各部门学习经验，指导推动面上学习贯彻工作扎实推进。特别是对习近平总书记视察甘肃省时重要讲话精神的学习，作出专题部署，提出专门要求，进行专项督查，并以"八个着力"为核心，就学习贯彻情况向中办作专题报告。

【落实中央八项规定和省委双十条规定】从严安排省委领导活动，不打折扣、不搞例外，严格按规矩办事。凡省委重大公务活动和主要领导到基层调研，都安排力量提前介入、全程跟进、随机检查各地各部门执行中央八项规定和省委双十条规定的情况，变事后纠正为事先防范；所有公务接待吃"四菜一汤"，住标准房间，坐普通中巴，不封路、不清场、不闭馆，产生良好的社会影响。从严控制文件简报，2014年以省委办公厅名义下发文件89件，较2013年减少24件，下降21%，甘办发电报208件，较2013年减少50件，下降19%；从严审批会议、控制规模，全省性会议16次，较2013年减少6次，下降27%。从严压缩行政开支，能节俭的尽量节俭，2014年办公厅"三公"经费开支较2013年减少164.59万元，下降31%。此外，按照中央和省委的部署，开展省级领导干部住房清理工作，对123位省级领导干部（含离退休及已故领导干部遗属）的住房进行认真清理，其中申报住房超标的共15位。截至2014年底，已有11位完成清退，补交房款260多万元。厅机关取消厅级干部相对固定使用的越野车，杜绝公车私用。严格执行干部外出报备制度，进一步加强干部管理。年内先后7次会同其他部门，采取明察暗访、重点抽查等方式，开展专项督查检查，狠刹公款消费、奢侈浪费等不正之风，定期汇总各地各部门相关情况，向中办报告，推动形成反"四风"改作风的倒逼机制。对中央巡视组反馈的与办公厅有关的意见，专题开会研究，认真进行彻查核实，坚决按规定和要求进行整改落实。其中，对办公厅4名工作人员参与经商办企业问题，视情节给予相应处理，并举一反三，对全厅党员干部进行党纪教育。

【党的群众路线教育实践活动】按照省委开展第二批党的群众路线教育实践活动安排部署，及时制定《省委常委指导第二批教育实践活动联系点工作的安排意见》，编印《省委常委指导第二批教育实践活动工作手册》，组织力量为省委常委赴市县联系点调研、指导各地各部门领导班子专题民主生活会、督促整改任务落实等，做好全程协调服务工作，共制定各种活动方案近百套，组织或参与活动上百次，为省委常委指导全省教育实践活动有序有效开展提供有力保障。另一方面，对办公厅自身查摆出的"四风"问题，认真组织"回头看"，按照"三个保持不变""四个一起解决""四个坚决有力"的基本要求，进一步整改落实，制定修订《中共甘肃省委办公厅会议审批制度》《中共甘肃省委办公厅规范发电工作规定》等制度规范近50个，全面提升机关政务运行的标准水平；制定并严格推行首问负责制、服务承诺制、领导班子成员AB岗工作制等内部工作制度，形成比较完备的工作制度体系。通过一系列扎实有效的举措，确保建议及时采纳、承诺及时兑现、问题及时解决。

【党风廉政建设】厅领导班子紧紧围绕"3783"主体责任体系，研究制定《省委办公厅关于厅机关落实党风廉政建设主体责任的实施意见》。始终做到把握主体责任不偏向，推进主体责任不拖沓，落实主体责任不懈怠，以履行三大职责、健全八大机制为重点，分解落实党委主体责任，形成横向到边、纵向到底，一级抓一级、层层抓落实的工作格局。坚持集体领导不松手。把党风廉政建设作为厅领导班子必须履行的政治责任，坚决做到反腐倡廉建设与"三服务"工作两手抓两手硬。坚持班子成员齐上手。厅领导班子成员按照"一岗双责"要求，把党风廉政建设与业务工作统筹安排，主动担责、齐抓共管，真正把党风廉政建设作为责任田、分内事抓实管好。坚持各总支（支部）书记不放手。各总支（支部）书记团结带领全体党员认真落实党风廉政建设任务。坚持和完善理论中心组廉政学习制度，党校、行政学院培训研修制度，"三会一课"制度，形成常态化的党性党风党纪教育机制。丰富学习内容、拓展教育渠道，通过召开党员大会、组织专题生活会等多种形式，警示党员干部懂规矩、守纪律，增强廉洁自律意识。通过制定《省级领导同志身边工作人员约规九则》等制度，加强对机关工作人员的刚性约束；对新提拔的领导干部进行任职廉政谈话；明令禁止全厅党员干部在职期间经商办企业，并对处以上干部及其亲属经商办企业情况逐一进行登记确认。积极衔接、协调做好由省级领导带队的11个工作组对市州进行的"两手抓两手硬、双促进双落实"大调研大检查活动；统筹安排、缜密服务省委主要领导就主体责任落实与市州领导的分期分批约谈工作；加强督查，切实强化压力传导、责任传递，督促形成层层抓"3783"主体责任体系落实的良好局面。

【调查研究】就全省全面深化改革、"丝绸之路经济带"甘肃黄金段建设、国家级三大战略平台深入推进等省委常委会确定的重大课题，协助省委领导进行多层次、宽领域的调研。特别是协助李建华秘书长完成全省新型城镇化建设、党的群众路线教育实践活动两个重大课题的调研。广泛征求各市州、省直各部门、大专院校、科研院所意见建议，按经济、政治、文化、社会、生态文明和党的建设分类汇总，首次建立80多个课题近6万字的省委办公厅动态调研题库。统一整合全厅力量，就全省经济社会发展中一些亟待破解的重大课题进行专题调研，形成《借鉴外地经验推进制度创新的建议》《我省战略性新兴产业发展情况调研报告》《我省非公经济发展情况督查调研报告》《“1236”扶贫攻坚行动督查调研报告》等10余篇调研报告，并按照李建华秘书长批示精神，有的报告直接呈送省委王三运书记阅示，有的转呈其他部委，有的融入省委重大文稿当中。

【综合信息】坚持24小时在岗值班值守制度，及时报送紧急信息，编发《值班信息》462期，编发应急短信300多条。坚持省委常委、厅领导节假日带班值班制度，2014年国家法定节假日共27天，其中王三运书记带班18天，李建华秘书长不仅协助带班，而且及时对值班工作进行检查指导，也促使全省各地各部门进一步加强应急值班工作。围绕全省工作重点，认真反映全省学习贯彻习近平总书记系列重要讲话、落实中央八项规定、开展群众路线教育实践活动情况，全面反映甘肃省改革发展稳定的做法成效和困难问题，及时反映重大突发紧急事件发生及应急处置情况。《甘肃用群众工作方法推进化解“尼江”问题取得重大突破》等一批重要信息被中办采用，其中17篇得到中央领导批示，工作经验亮点类信息中办采用居全国前列。严格落实全员盯网搜索与专人负责相结合、每天会商分析研判“两项制度”，紧盯主流官网、商业门户网、微博论坛等关键部位，做到重大敏感舆情第一时间发现呈报处置，一般性舆情无遗漏。对负面舆情及时关注跟进、分析研判、提出协调处置的合理化建议。王三运书记和刘伟平省长先后在“甘肃访民设法寻找中央巡视组”“兰州假农机坑农害农”等舆情信息上批示44次。进一步优化网民留言办理呈报流程，充分发挥全省舆情信息联络平台作用。网民给王三运书记留言1237条，回复量在全国省区市委书记中位居第7位，同比上升6个名次；网民留言办理工作在全国31个省区市中位居第4位，被人民网评为“2014年全国网民留言办理先进单位”。

【督查督办】紧紧围绕贯彻落实党的十八届四中全会精神和习近平总书记重要讲话精神、“3341”重大项目建设、“1236”扶贫攻坚行动等重点工作推进落实。每季度末对全省21个重点工作协调推动领导小组开展工作情况进行通报；每个月都对各地各部门贯彻落实中央八项规定和省委双十条规定情况跟踪跟进；对领导关注的强拆、拖欠农民工工资、安全生产、重大项目建设等问题进行实地调查核实，督促解决。围绕领导批示和交办事项的督查督办，健全完善领导批示督办工作流程，提高督办质量。全年共办理中央领导批示51件，省委领导批示916件。特别是习近平总书记和王三运书记对化解尼江地区矛盾做出批示后，李建华秘书长先后4次召开尼江地区工作调度会，细抓协调安排，紧抓任务推进，研究解决矛盾的具体措施，切实推动相关责任落实。严格按照《网民留言办理实施办法》规范办理环节，对网民反映的问题，及时转交相关部门办理。全年督促全省各级公开回复网民给王三运书记留言1076条，对其中的545条进行重点督办，办结率达95%以上。省委督查室被人民网评为“2014年全国网民留言办理先进单位”。

【文稿起草】先后起草《省委学习贯彻习近平总书记系列重要讲话精神的情况报告》《贯彻落实习近平总书记视察我省时的重要讲话精神情况报告》《省委关于中央第一巡视组反馈意见整改落实情况的报告》《关于贯彻落实省十二届九次全委（扩大）会议暨全省经济工作会议精神的意见》等多篇重要报告，上报甘肃省综合施策推进国家循环经济示范区建设、坚持走有中医特色医改之路切实解决群众看病就医难题、社会组织基层协商民主典型案例、保障和改善困难群众基本生活等一批专题材料，对全省各项工作的推进起到积极的指导作用。同时，坚持以刊资政，注重提升《甘肃工作》《甘肃工作交流》《学习秘书》等刊发稿件的质量水平，促进服务决策、解读政策、交流经验、指导工作功能的更好发挥。

【完善协调机制】积极适应全面深化改革的新形势新任务，进一步完善以省委办公厅为主的协调协作协商机制，坚持四大家秘书长联席会议制度，加强对全省重要会议、重大活动和接待等的协调沟通，保证省委同人大、政府和政协工作的有效衔接，形成强大的工作合力。加强与部门和基层的联系沟通，了解新情况、发现新问题、把握新动向，确保各项工作紧密衔接、协调运转、有效落实。及早谋划掌握省委领导近期活动，及时印送《省委领导近期主要活动预安排》《省委领导一周活动安排表》《重要事项预告》等，保证省委领导公务活动和外出调研的顺利进行。

【后勤服务保障】为省委十二届八次、九次全委扩大会议，全省党委秘书长会议等全省性重大会议提供良好服务。根据省委领导活动时间紧、任务重、要求高的实际，坚持早请示、早安排、早协调，为省委领导及早掌握近期活动，合理安排工作提供便利，也为活动的组织协调工作提供时间保障。圆满完成由省委办公厅组织协调省委领导参加的第二十届“兰洽会”“亚洲合作对话·丝绸之路务实合作论坛”、2014年公祭伏羲大典、陕甘边区苏维埃政府成立80周年纪念活动、第四届敦煌行·丝绸之路国际旅游节，以及全省重大项目观摩等活动。全年共接待副国级以上领导带队的团组23批次，接待贵州、宁夏两省党政代表团及国防大学第45期国防研究班等各类考察调研组200余批次。特别是中央第一巡视组在甘巡视期间，王三运书记亲自审定联络方案，并多次到驻地看望巡视组同志；李建华秘书长先后召开3次协调会进行安排部署，协调解决实际困难，为巡视组开展工作提供便利条件；省委成立中央巡视工作甘肃省联络组，办公厅在牵头抓总中，坚持精心周到细致服务，积极协调巡视组的考察调研，加强对巡视发现问题整改落实的督查和上报，妥善进行信访的应急处置。对机关周界视频监控系统进行升级改造，严格落实值班巡查制度；紧盯重要节点，统筹协调信访、公安、武警、警卫等有关部门，共同做好安全保卫工作，确保省委重大活动和重要会议的顺利进行；与省委机关各单位签订《省委机关社会治安综合治理目标责任书》，明确各单位需履行的安全责任，开展消防应急疏散演练培训等活动。

【党建工作】厅领导班子严格执行民主集中制原则，坚持集体领导与个人分工负责相结合的制度、请示报告制度；健全完善班子议事规则和决策程序，凡“三重一大”事项，坚持在充分沟通协商基础上提交厅务会集体讨论决定。在党员发展中，按照成熟一个发展一个的原则，加强对入党积极分子的考察培养考核，不搞突击入党、照顾性入党，确保党组织的先进性和纯洁性，在认真做好培养教育的基础上，发展8名新党员。积极组织广大党员参加“万名党员志愿服务”和“共产党员进社区”活动，帮助一些困难家庭解决实际问题。充分发挥工青妇群团组织作用，开展富有机关特点的文体活动。同时，加强对离退休老干部的服务保障，精心组织文艺演出和书画作品展等活动10余场。老干处退休第一党支部被评为全国先进离退休党支部，支部书记陈德新专程去北京参加表彰大会，受到习近平总书记等党和国家领导人的亲切接见。

【“双联”行动】聘请专业机构制定村镇建设规划和产业发展规划，并对“两规划一计划”进行修订完善，做到村有规划、户有目标，单位有计划、干部有打算。始终坚持产业富民取向，着力培育特色优势产业，协助农民争取贷款，引导助推土地流转，帮助建设蔬菜大棚，组织开展技能培训。如会宁县甘沟驿镇钟家岔村引进闽、苏、浙、皖4家驻甘商会捐款共117万元；通过“三户联保”的方式，争取妇女小额信贷900多万元；采取“协会+农户+担保公司”的办法，落实“双联惠农贷款”近百万元；借力福建蓉中村，投资100万元建立小微企业孵化园，现已建成投产4家企业，年产值可达80多万元。厅领导班子成员带头深入双联点开展调查研究，带领全厅党员干部进村蹲点，倾听民声、了解民意、纾解民困，全年共计入户1080余人次，并获全省“联村联户 为民富民行动”组织奖。

中共甘肃省委员会及办公厅领导班子成员名录

书　记　王三运
副书记　刘伟平　欧阳坚（白族）
常　委　罗笑虎　连　辑　吴德刚
　　　　泽巴足（藏族）
　　　　咸　辉（女，回族）
　　　　张晓兰（女）　虞海燕
　　　　李建华　傅传玉
　　　　冉万祥（1月任）
秘书长　李建华
副秘书长　陈田贵　张国斌　刘玉生
　　　　杨元忠　李德新　李　富
　　　　赵国强　戴炳隆　刘天明

办公厅

主　任　陈田贵
副主任　陈舜祥　李小宝
　　　　吴文俭　唐兴和

（供稿：王禹皓）

组织工作

【理论武装】围绕学习十八届三中、四中全会精神，十八届中央纪委三次全会精神等中央和省委重大决策部署，先后组织开展14次专题学习和座谈讨论。开展集中培训和干部轮训工作。指导各级党校、行政学院把学习贯彻十八届三中、四中全会和习近平总书记系列重要讲话精神作为核心内容，提出17个学习主题，统筹抓好全省集中培训工作，举办地厅级干部研讨班4期。坚持把干部轮训与常规培训有机结合起来，全年轮训各级各类干部17.7万人，其中县处级以上干部2.6万人；举办选调生培训、妇联干部培训、残联干部培训等各类培训班13期，培训干部499人，选派干部参加中央“一校五院”培训131人，参加全国组干学院等单位调训22批188人次。围绕中心工作开展专题培训。紧盯中央和省委重大决策部署，研究制定《干部教育培训服务“1236”扶贫攻坚行动的意见》，围绕推动“3341”项目工程、“1236”扶贫攻坚行动和“双联”行动等积极开展专题培训，省级开展培训52个班次、2613人。制定加强甘南州基层干部双语培训工作方案，加大支持力度，指导教材编写，开展专门培训。结合“双联”行动、“1236”扶贫攻坚行动和加强基层干部培训，整合资源组建甘肃乡村干部培训学院，采取多种形式培训村干部4.4万多人次。围绕提高干部教育培训质量，整体谋划全省干部教育培训品牌资源建设，加强与中国延安干部学院的合作共建，在会宁、哈达铺、腊子口、西湖街道建立延伸教学基地4处。依托省电大网络在线平台，开设党员教育视频课堂，配套上线600多个专题1000余学时的模块化课程资源。

【党的群众路线教育实践活动】省委组织部机关抽调60多名业务骨干参与教育实践活动的组织协调、指导联络、督查落实等工作。在深入总结第一批活动经验做法的基础上，认真制定第二批活动方案，紧抓每一环节的时间节点，提早分析研究，及时进行策划，适时召开会议，作出安排部署。继续实施分类指导，根据第二批活动单位特点，分类制定指导意见和实施方案，及时推广基层开展活动的好经验好做法，推动教育实践活动健康平稳有序开展。在学习教育、征求意见、谈心谈话、召开民主生活会等环节，深入分析可能出现的倾向性问题，研究制定严的标准和措施，先后召开30多次领导小组办公室主任会议、联络员会议以及有关同志参加的工作会议，提出开展督促检查的重点和措施。在继续抓好第一批教育实践活动整改任务落实的基础上，认真落实中央提出的“7+4+10”专项整治任务，组织开展“专项整治月”，集中开展城乡低保清理、扶贫资金使用监管、软弱涣散党组织整顿等专项整治。分层次分领域指导市县领导机关、教育系统、卫生计生部门、省属企业和乡镇（村组）解决脱离群众、盲目决策、侵占群众利益等方面的突出问题。集中性的教育实践活动结束后，又组织开展拖欠农民工工资、窗口单位服务缺位、服务行业服务质量不高、公务人员不作为等集中整治行动。

【选人用人】抓好《干部任用条例》的学习宣传贯彻。下发通知对全省学习贯彻条例作出安排部署，提出专题学习、专题宣讲、专题培训、专题宣传、专题检查"5个专题"的具体措施。部班子成员分别深入14个市州进行政策宣讲，举办培训班对市州党委组织部长、部机关副处级以上干部进行专题培训。加大舆论宣传力度，在甘肃日报、党的建设、甘肃组工网刊发条例问答46问，对条例精神进行广泛宣传和深入解读。围绕贯彻落实新修订条例，研究制定《甘肃省省管领导班子和领导干部综合分析研判办法》《甘肃省省管干部任免规程》《关于改进和完善省直机关处级干部选拔任用机制的指导意见》《省管干部退休谈心谈话办法》《省管副厅级单位副职任免程序》等政策文件，在干部选拔任用、日常管理等方面，从制度层面作进一步规范。研究起草《关于改进政绩考核工作的意见》，修订《市（州）领导班子和领导干部政绩考核办法》等7个考核办法。根据新修订的考核办法规定，经过述职述廉、民主测评、民主评议、政绩评价、平时考核和综合评价等6个环节，完成省管领导班子、省管领导干部和86个县区的党政正职考核，研究提出考核等次。会同省扶贫办对75个贫困县的扶贫攻坚业绩进行考核评价，将扶贫攻坚工作业绩考核情况直接纳入县（市、区）党政正职政绩考核结果。召开年轻干部培养机制工作座谈会，对探索完善优秀年轻干部培养机制进行安排部署。制定出台《关于干部"逢提必下"的实施方案》。选派12名地厅级干部、20名少数民族干部到中央国家机关和兄弟省市挂职，选派8名党外县处级干部到县区挂职，安排中央国家机关选派的30多名干部到甘肃省挂职。结合换届工作，从省市县乡机关选派2234名年轻党员干部到贫困村和后进村担任书记、第一书记或常务副书记。会同有关单位研究制定省直机关公开遴选公务员、公务员面试考官管理等方面的政策性文件，研究起草《甘肃省艰苦边远地区基层公务员考试录用办法》。积极推动干部健康工作，从2014年起把干部健康工作纳入省管领导班子的政绩考核内容。指导礼县顺利完成县以下机关建立公务员职务与职级并行制度试点工作，跟踪掌握试点工作进展情况，妥善处理试点工作中发现的问题。会同有关单位先后组织开展从优秀村干部中考录乡镇机关公务员、全省公务员"四级联考"、基层政法机关定向招录等工作。

【干部管理监督】建立健全干部经常性提醒教育制度。严格执行个人有关事项报告制度，组织省管干部报告2013年个人有关事项，委托有关单位随机抽取进行查询核实。与各市州、县（市）区101名党委组织部长签订《组织部长履行干部选拔任用工作责任承诺书》，对全省领导干部和公务员（含参公人员）的干部档案组织开展集中审核。认真贯彻省委的部署要求，制定《省委组织部贯彻〈中共甘肃省委关于落实党风廉政建设主体责任的意见〉的实施办法》。配合中组部完成2013年度省委干部选拔任用"一报告两评议"工作，安排开展全省"一报告两评议"工作，并逐一向各地各单位反馈结果，提出改进措施。加强对一把手用权行为的监督，对4名县区委书记开展履行干部选拔任用工作职责离任检查，对3个市州和20个县区党政正职开展经济责任和机构编制"双审"，对9名省管干部进行离任审计和任中审计。进一步严明干部人事工作纪律，专门下发通知作出安排。建立干部选拔任用纪实制度，制定《甘肃省省管干部选拔任用工作纪实办法（试行）》，对干部选拔任用工作程序、重要情况、特别情况纪实作详细规定。进一步规范举报受理工作，畅通电话、短信、网络、信访"四位一体"举报平台，全年受理各类举报169件次，其中涉及选人用人问题的58件，严格按照有关规定和干部管理权限进行办理。突出抓好整治超职数配备、党政干部在企业兼职工作，严格执行出国审查审批制度，提出加强"裸官"管理的意见，对全省副处级以上干部配偶已移居国（境）外情况进行摸底，对属于"裸官"范围的干部提出处理意见。对干部调动工作后未及时迁转关系人员进行集中清理。加强干部档案信息工作力度，出台《省管干部档案任前审核细则》，启动省管干部人事档案专项审核工作。针对中央巡视组反馈的有关组织人事问题，及时制定整改方案，狠抓整改落实。组织13个检查组，对12个市州及所辖20个县区和12个省直单位选人用人工作集中开展专项检查，对检查中发现的问题进行通报，并逐一向被检查地方和单位党委（党组）进行反馈，提出整改要求。11月底结合组织工作督查调研，又对14个市州整改落实情况再次进行集中检查，在市州组织部长座谈会上进行情况通报。

【党的建设制度改革】研究制定《党的建设制度改革专项小组工作规则》，明确主要任务和15个成员单位的工作职责。专项小组先后召开5次会议，传达学习中央和省委有关精神，听取工作进展情况汇报，研究贯彻落实的具体措施。根据工作领域和职责分工，成立9个改革推进小组和1个联络工作小组，聘请10名党建专家担任改革顾问，构建理论研究、分工推进、统筹协调的"三位一体"制度机制。围绕党建制度改革重点难点问题，制定26个调研选题和《全省组织工作调研计划》。经过反复征求意见，研究制定《深化党的建设制度改革实施方案》，从深化组织制度、干部人事制度、党的基层组织制度、人才发展体制机制等6个方面，提出29项改革举措。出台《党的建设重要改革举措实施规划（2014年—2020年）》，细化实化实施方案，提出105项主要改革举措。结合中央改革要点，研究制定专项小组《2014年工作要点》，梳理出7个方面22项重点工作。同时建立工作台账，确定2014年要完成的61项改革措施，明确改革的主要任务、时间表、路线图。先后出台关于选人用人、干部管理、干部监督、基层组织建设、干部考核、人才引进等方面的工作制度32项。

【基层党建】截至2014年12月底，全省有85个街道实行大工委制，357个社区实行大党委制，建立118个商务楼宇党组织，994个社区实行网络化管理，覆盖率达到84%。组织动员12684个机关和企事业单位党组织与12615个双联村党组织开展结对共建。推行机关在职党员社区报到服务制度，在职党员开展服务1.83万次。深入实施先锋引领行动，对2013年表彰的“陇原先锋号（岗）”进行广泛宣传，筹备召开2014年度全省先锋引领行动表彰大会，表彰20个“陇原先锋号”、20个“陇原先锋岗”、5个“优秀组织奖”。建立基层党建工作联系点制度，为省委常委和党员副省长确定24个联系点，示范带动各级建立基层党建联系点3600多个。开展对市州、县区和乡镇党委书记抓基层党建工作述职评议考核，改进完善“条块结合、以块为主”的指导工作机制。批复8所高校党代会方案，指导兰州大学、兰州理工大学和甘肃广播电视大学召开党代会。研究制定加强乡镇干部队伍建设、加强基层服务型党组织建设、加强和改进事业单位党的建设工作、加强社区党组织建设等一系列政策文件。组织指导民主生活会，认真审核138家单位方案和对照检查材料。组织指导村“两委”换届工作。坚持“三有三好”选任标准，指导各地做好村“两委”换届选举工作，圆满完成村党组织换届工作。换届后，大专以上文化程度村党组织书记比上届提高25%，致富带头人和专业合作组织负责人比上届提高7%；村党组织班子中，大专以上学历的委员比上届提高33%，大学生村官1593人比上届增加204%，165名大学生村官当选为村党组织书记。同时，对4311个软弱涣散基层党组织进行集中整顿，99.9%的村实现转化提升。选聘1034名大学生村官到岗工作，鼓励扶持大学生村官创业项目64个。按照统筹兼顾、有保有压的原则，把2014年度全省发展党员数量普遍下调15%—20%，落实入党志愿书加印编号管理、季度动态监测等措施，严格执行总量控制调控任务，全年发展党员4.1万名。

【人才工作】筹备召开全省人才工作会议，代省委、省政府草拟《关于加快推进人才工作创新发展的意见》。围绕省委重大发展战略创新人才工作机制，引进各类急需紧缺人才1.37万人。推进金融干部挂职工作长效化、机制化、平台化，在省委的高度重视下，积极争取中央金融机构和科研院所的支持，坚持柔性引进120名金融人才、20名科技人才来甘挂职服务，实现14个市州和86个县区金融人才全覆盖。同时，争取26名“博士服务团”成员到甘肃挂职服务，引进18名外省“两院”院士作为“特聘科技专家”开展工作。同时，做好对各类人才的协调联系和服务保障，会同有关部门启动“省内高层次人才信息库”“省外高层次人才信息库”“海外高层次人才信息库”和“甘肃人才网”的建设工作。推进“双联”行动人才支撑计划，实施“乡镇干部农技推广提升计划”，培训乡镇干部3401人。继续实施“陇原青年创新人才扶持计划”，安排1000万元专项资金，支持100名有发展潜力的青年学术技术骨干和10个具有较强创新能力的青年学术技术团队。安排100万元专项资金，组织2期100名农村“两癌”贫困妇女开展创业技能和康复能力培训。全面贯彻落实“三区”人才支持计划，选派2800名青年教师、960名科技人员、70名社会工作专业技术人才、1500名文化工作者到“三区”县服务，采取多种方式为“三区”输送医疗卫生人才，建立省内医院对口帮扶关系。组织开展人才专项资金使用管理检查。

【自身建设】举办全省组工干部学习研讨班，深入学习贯彻习近平总书记系列重要讲话和中组部有关会议精神，对《干部任用条例》进行学习培训，开展组织工作研讨交流，督促各市州组织部长认真落实选人用人专项检查整改任务。结合选人用人工作专项检查，安排开展3次大规模实地调研活动，深入基层干部群众听取意见建议。制定下发关于认真学习贯彻“三严三实”要求深入推进“转作风树形象”活动的安排意见，紧密结合组织工作实际和业务特点，以公道正派为核心，围绕“做老实人、选好干部”“守纪律、重规范”“三服务”等三项活动，研究提出加强理论学习、组织召开专题民主生活会和组织生活会、健全完善组织部门内部管理运行机制等具体推进措施。在张掖、天水两市开展组织部长“双向述职、双向测评”试点工作。制定出台《手机使用保密管理规定》，与全体机关干部签订保密承诺书，邀请专家进行保密知识讲座。加强新闻宣传工作，及时应对涉甘涉组涉干舆情4起。执行中央八项规定和省委双十条规定要求，与去年相比，拟召开的会议由21个减少为18个，拟下发的政策性文件由23个精简为12个，拟开展的调研督查由32项统筹为6项。公务接待、公车运行、会议等“三公”经费大幅下降。按时完成部机关办公场所搬迁工作。制定实施《加强全省组织系统学习型党组织建设的指导意见》，深入学习十八届三中、四中全会和习近平总书记系列重要讲话精神，及时传达学习中央和省委关于组织工作的新部署新要求。专门下发关于在全省组织系统深入开展向柴生芳同志学习活动的通知，并组织广大组工干部观看《新闻联播》、《焦点访谈》等节目，以及新华社、《人民日报》关于柴生芳同志的先进事迹的相关报道和社论。

【“双联”行动】推进项目建设，主动协调对接落实饮水、修路、用电等方面的项目60多个。持续推动智力扶贫，组织涉农院校、专家学者和技术人员开展农业技术培训18次，培训1800多人次，协调教育部直属单位和有关企业为环县、舟曲县农村中小学捐赠棉衣15163套。协助实施产业发展规划，协调有关高校与环县签订帮扶协议，大力发展养羊、设施瓜菜、小杂粮种植等产业，在环县高寨村新引进500头奶牛，建成无公害蔬菜基地1000多亩，优质苹果400多亩，继续引导拱坝乡双联村扩大中药材、核桃、苗木、花椒等特色优势产业种植规模。投入210多万元维修改建联系村村级活动场所，派出3名机关优秀年轻干部担任联系村第一书记，开展机关党支部与联系村党支部结对共建活动。先后6次召开“双联”行动部署会、现场推进会和项目对接会。2014年省委组织部“双联”工作被省委“双联”行动领导小组评为全省“双联”行动先进组长单位“组织奖”。

省委组织部领导班子成员名录

部　长　吴德刚

常务副部长　杨子兴

副部长　陈建华　万鹏举　贾廷权

　　　　陈卫中　王世华　胡秉俊

省委组织部正地级组织员

　　　　石　虹（女）

部务委员　马晓晴　刘永杰

（供稿：周　宇）

宣传工作

【理论宣传】2014年，省委常委会安排集体学习习近平总书记重要讲话45次，省委中心组以作风建设、培育和践行社会主义核心价值观、生态文明建设、民族宗教工作、全面深化改革和依法治国等为主题，组织集体学习10次，举办“富民兴陇”系列讲座12次。深入开展党的十八届三中、四中全会精神主题宣传活动。组织各级各类媒体开设“全面深化改革进行时”“全面推进依法治国”等专题专栏，刊发系列言论评论，推出权威访谈和系列深度报道，全面准确地宣传解读全会的重大意义、总体要求和战略部署。广泛开展三中、四中全会精神宣讲活动，省级领导干部带头赴双联点和基层宣讲近70场，组建省委宣讲团和各级宣讲队伍，深入全省乡镇、社区、企业、高校开展宣讲活动1500多场次，受教育干部群众60多万人次。围绕学习贯彻习总书记系列重要讲话精神，组织社科理论界专家系统研究、联合攻关，在中央和省内重要报刊推出重头理论文章23篇，其中在《人民日报》、《光明日报》、《经济日报》等中央重点报刊发表7篇。依托省内有关高校，建成5个省级哲学社会科学重大研究基地。精心组织国家社科基金项目申报工作，获准立项116项，获得资助经费2455万元。

【舆论引导】重点围绕丝绸之路经济带甘肃黄金段建设、“3341”项目工程、“1236”扶贫攻坚行动、“3783”主体责任体系构建等重大部署，进行全方位、多角度、立体式的宣传报道。做好党的群众路线教育实践活动宣传，中央主要媒体刊播甘肃省稿件193篇，省属主要媒体刊播稿件2700多篇。做好全国、全省“两会”宣传报道，中央、香港主要媒体共刊播甘肃省报道350余篇（条），省属媒体刊播各类稿件2140余篇。做好亚洲合作务实论坛宣传工作，《人民日报》在开幕当天以两个整版刊发丝绸之路经济带甘肃特刊。精心组织公祭伏羲大典宣传，甘肃卫视现场直播，央视《新闻联播》播发消息。做好第四届敦煌行·丝绸之路国际旅游节、第二十届兰洽会、第三届国际文化产业大会、第三届中国嘉峪关国际短片电影展、全省第十三届运动会等节会的宣传工作。积极妥善做好突发事件舆论引导。兰州“4·11”局部自来水苯超标事件发生后，立即启动应急报道机制，会同兰州市和有关方面及时发布权威信息，加强舆情监看和回应，确保事件得到稳妥处置。组织开展“中央主要对外媒体丝路行”“香港传媒学子甘肃行”等活动，邀请中央对外和境外媒体记者330余批、1200多人次，刊发稿件9000多篇，完成拍摄电视专题片40多集，整理推荐近200个采访点的6条采访支线。加强与中央媒体的沟通联系，全年央视《新闻联播》播出269条，央视其他栏目发稿1492条次，央广播出160多条，《人民日报》及人民网刊发5409篇（条）。

【社会主义核心价值体系建设】贯彻落实中央《关于培育和践行社会主义核心价值观的意见》和经验交流会精神，先后制定出台两个实施方案。开展24字宣传普及。以“人知人晓”“人信人守”工程为重点，利用新闻媒体、户外媒介、公益广告等宣传阵地和载体，在机关、学校、社区、企业及主要街道、交通沿线、公共场所等开展宣传工作。各级党报、电视台和主要新闻网站主动开设专题专栏，在显要位置持续刊播“24字”，组织开展一系列形式多样、内容丰富的传唱活动，推动“三个倡导”。开展公民道德建设。推进诚信制度化建设，召开3次“共筑诚信、德润陇原”诚信“红黑榜”新闻发布会。推进志愿服务制度化建设，成立省志愿者服务联合会，组织开展“邻里守望 情暖陇原”、省直机关万名党员志愿服务等活动。推进道德讲堂建设，目前全省已建成2600多个。继续开展最美人物、身边好人、陇人骄子、道德模范等评选活动，推出柴生芳、樊锦诗等一批先进典型。实施未成年人思想道德建设“金种子”工程，面向未成年人组织开展“美德少年”评选表彰、“做一个有道德的人”、“网上祭英烈”等主题活动。开展精神文明创建。指导兰州、金昌、嘉峪关、庆阳四市争创全国文明城市。组织开展第十二批省级文明单位和先进工作者评选表彰活动。深化农村“五星级文明户”创评活动，启动实施道德信贷工程。以“做文明有礼的甘肃人”为主题，组织实施文明餐桌、文明交通、文明旅游三大行动，革除陋习、倡导新风。在平凉泾川县举办文化科技卫生“三下乡”集中示范活动，捐助项目、物资、资金共计3.2亿多元。

【网络舆论】围绕中心工作，突出重大主题，开辟70余个专题专栏，主动设置议题，做大做强网上正面宣传。建立要闻推送制度，每天向中央主要新闻网站、地方重点新闻网站和省内网络媒体推送转载。推出“话陇点睛”微信公共账号推送涉甘正面新闻资讯。健全信息发布和政策解读制度，打造“甘肃发布”网络发布平台。全面开展网站新闻信息内容管理人员登记备案工作，规范博客、微博客、微信等账号名称和注册信息。严格执行网站备案登记和审批制度，积极开展全省新闻网站年检年审工作。开展打击网络传播淫秽色情及低俗信息、“剑网”2014等专项行动，处理不良信息4274条，关闭网站42家。

【文化大省建设】策划实施以建设各类博物馆为主要内容的“历史再现”工程，启动实施陇东南先秦文化、大地湾遗址、莫高窟等重点文物保护工程。2014年，丝绸之路联合申报世界文化遗产获得成功，甘肃世界文化遗产总数达到7处。文化惠民工程进展顺利，广电网络实现省市县三级贯通，在全国率先完成290万户“户户通”建设任务。在全省启动“乡村舞台”建设工程，完成6228个行政村的建设任务。全面实施“十个一”文化品牌打造工程。策划实施“文化集市”工程，扩大农村就业，促进农民增收。实施20个“大景区”建设工程，促进文化旅游融合发展。两年累计实施亿元以上重大文化产业项目243个，完成投资314.86亿元。2014年，甘肃文化产业增速达到25.65%。启动实施敦煌国际文化旅游名城建设工程，敦煌国家级文化产业示范区等“四区”建设进展顺利，丝绸之路（敦煌）国际文化博览会列入国家“一带一路”规划。

【文化体制改革】成立文化体制改革专项小组，制定《甘肃省深化文化体制改革实施方案》《2014年全省文化体制改革和发展工作要点》，明确新一轮改革的任务书、路线图和时间表。省属各文化企业加快去行政化步伐，党政领导不再兼任文化企业负责人。加大简政放权力度，省文化厅将6个行政审批事项由前置审批改为后置审批，同时除保留涉外演出审批外，其余许可事项均下放到市县文化部门；省新闻出版广电局取消7项行政审批事项、下放3项，保留的30项全部进入政务大厅。省广电网络股份有限公司全面完成股份制改革，与阿里巴巴集团合作共建“飞天”云计算中心。省广电总台整体改革效果显现，甘肃卫视收视率排名由31位升至28位，全国覆盖人口达7.09亿人，收视增幅和市场份额增幅均超过40%。甘肃日报社改革总体方案经省委深改小组审议通过，实质性改革工作已经启动。拟定读者出版集团改革方案，做好读者出版集团读者出版传媒股份有限公司上市工作。

省委宣传部领导班子成员名录

部　长　连　辑

常务副部长　张建昌

副部长　邵　明　苏　君　管钰年
　　　　高志凌　彭鸿嘉

纪检组长　赵　莉

办公室主任　黄荟铭

（供稿：李庆武）

统战工作

【统一战线的思想政治工作】通过一系列学习恳谈会、座谈会、培训班、研讨班，集中抓习近平总书记系列重要讲话精神的学习贯彻。贯彻落实党的十八届三中、四中全会精神，进一步加深对全面建成小康社会、全面深化改革、全面依法治国、全面从严治党深刻内涵和内在关系的理解，不断提高对经济发展新常态、重构政治生态、作风建设永远在路上等一系列重大问题的认识。支持各民主党派和无党派人士开展坚持和发展中国特色社会主义学习实践活动，推动非公有制经济人士开展理想信念教育实践活动，引导全省宗教界开展倡导和践行社会主义核心价值观活动。

【民主党派参政议政】广大民主党派成员和无党派人士自觉履行参政议政职能，在深入调查研究的基础上，利用政党协商、政协协商、政府协商等多种途径，为省委省政府的重大决策提出一大批有价值的意见建议。探索开展“一家牵头、多家参与”的联合调研模式。依托党外知识分子联谊会和留学人员联谊会等平台，组织无党派人士就有关重大问题开展调研。

【支援藏区工作】研究出台省委《关于进一步加强藏区工作的若干意见》。把反分裂斗争教育纳入藏区党的群众路线教育实践活动之中，编写《对十四世达赖和达赖集团不能抱有任何幻想》教育读本，着力澄清藏区各种模糊认识，引导党员干部和僧俗群众在政治上进一步同十四世达赖和达赖集团划清界限。深化藏区“双联”行动，建立单位联系寺庙、干部联系僧人制度，在同僧人的密切接触中，解疑释惑、加强教育引导。制定藏传佛教教职人员3年政治培训方案，2014年培训2400余人。发挥寺庙工作办公室作用，探索建立寺庙僧人户籍制度，抓好僧尼持证住寺、寺庙定员管理、宗教活动审批、寺庙财务管理、寺管会班子考评等制度的落实，指导大部分寺管会完成换届。指导藏区党委政府加强群众工作、积极化解各类社会矛盾，甘南尼、江两村的历史纠纷大为缓解。协调督促落实藏区“十二五”发展规划，继续推进省内对口支援藏区工作。

【宗教事务管理】针对全省伊斯兰教领域出现的“去中国化”的倾向，以省委、省政府两办名义制定下发《关于进一步加强伊斯兰教工作的若干意见》，依法坚决取缔“达洼”宣教活动，明确依法管理的各项具体措施，中央统战部和国家宗教局转发全国借鉴。

【民族工作】结合筹备召开全省民族工作会议，调研起草省委省政府《关于进一步做好新形势下民族工作的意见》，对促进各民族交往交流交融、建立各民族共有精神家园、支持民族地区加快发展、积极探索城市民族工作等一系列重大问题作出安排部署。采取多种形式加强民族团结进步宣传教育，加强和改进对少数民族流动人口的服务管理，开展《民族区域自治法》颁布实施30周年纪念活动。推进“两个共同”示范建设，着力解决涉及民族宗教因素的突出问题，加强对民族乡和少数民族散居地区的支持，充分发挥“两个共同”建设的示范效应。

【领域工作探索】探索拓展党外代表人士培养途径，在继续办好培训班、着力提高培训实效的同时，同组织部门沟通选派党外干部到有关县区挂职。探索建立高等院校、科研院所民主党派工作联系点。与省委组织部等六部门联合下发《关于加强县级工商联建设的实施意见》。开展律师行业统战工作调研。积极推进理论创新和实践创新，有3篇调研成果和1项工作受到中央统战部表彰。围绕深化民主法制领域改革，开展协商民主、基层治理等重大问题的调研。

省委统一战线工作部领导班子成员名录

部　长　冉万祥

常务副部长　卢鸿志

副部长　沙拜次力　丁军年　陈元龙　张文学　郭清祥

省藏区工作领导小组办公室主任　杨自才（藏族）

（供稿：刘小燕）

政法工作

【维稳工作】以藏区维稳、反恐防暴为重点，着力解决影响稳定的重点难点问题，全力做好全国全省“两会”、十八届四中全会、APEC等会议及重要敏感节点安保维稳工作。积极预防和妥善处置群体性事件，实现“四降三升”的工作目标，即群体性事件下降2.1%，来省集体上访下降9.9%、进京非正常访下降54.4%、八类主要刑事案件下降4.8%，突出社会矛盾化解率上升4%、信访积案化解率上升3.3%、群众安全感上升0.22%。组织有关方面继续深化反自焚专项斗争，开展打击利用信息技术内外勾联、查处涉藏非法组织、整治重点地区等专项行动。在打击暴力恐怖活动中，省公安厅等部门和兰州等地制订进一步加强反恐怖工作的意见。建立全省防范处置非法聚集活动联合指挥机制，严密防范非法聚集活动。

【平安甘肃建设】推动平安建设深入开展。集中治理突出治安问题。组织开展深化命案、打黑除恶和缉枪治爆等专项行动，因地制宜开展暂住人口聚居区、城乡结合部、棚户区等治安混乱地区和油区、矿区的综合整治，以及盗抢机动车、危爆物品管理等突出问题的集中治理活动，逐级确定重点，实行挂牌督办。2014年，全省共立刑事案件92040起，同比上升3.4%。命案现案破案率达97.58%，10个县市区未发生命案。推进禁毒工作。省委、省政府制定下发《关于加强和改进禁毒工作的实施意见》，在加强禁毒机构队伍建设、提升禁毒工作保障水平、强化禁毒业务工作等方面提出有针对性、务实管用的举措，被国家禁毒办转发全国各省区市参考借鉴。组织开展“百城禁毒会战”和吸毒人员千人以上县区整体推进工程，继续深化禁吸戒毒和缉毒破案工作，全省吸毒人员就业安置率达到76.7%，戒断巩固率同比上升7.9%，共破获毒品案件2549起，缴获各类毒品470千克。侦破“6·13”部督目标案件，缴获海洛因86千克，是甘肃省近年来一案抓人最多、缴获毒品最多的案件。全面深化社会治安防控体系建设。开展专题调研活动，研究起草《加强社会治安防控体系建设的意见和推行网格化管理的指导意见》。省公安厅推出以校园安全、街面防范、道路畅通、服务提升、警务公开为主要内容的“服务民生五大行动”，出台《关于派出所警务运行机制改革的意见》和《关于深化城区社会面巡逻机制改革的意见》，进一步厘清派出所的职能定位和主要任务，将按照一乡（镇）一所的标准，实现派出所机构设置乡镇全覆盖；进一步明确城区社会面巡逻的五项主要任务，提出建立专业化的巡逻队伍。省财政列支6400万元，继续推进乡镇（街道）视频监控建设。目前已完成所有乡镇（街道）社会治安视频监控系统建设任务，建成乡镇（街道）监控平台1363个，基本实现乡镇（街道）公共部位、重点区域视频监控的全覆盖。加大创建力度，出台《平安县（市、区）考核管理办法》和《平安县（市、区）考核标准》，制定完善“平安家庭”“平安企业”等11个系列平安创建活动实施意见，对已经命名的36个平安县（市区）进行重新考核命名，全省平安乡镇（街道）达到72%，平安村（社区）达到66%。组织开展“基层综合服务管理平台规范化建设达标年”活动，全省99%的乡镇（街道）、93%的社区（村）搭建起基层综合服务管理平台，省、市、县三级综治信息平台已经实现联通。各地积极探索创新，兰州市不断拓展延伸三维数字系统功能。嘉峪关市探索推行的“政府补贴、企业运作”居家养老服务模式，被中央综治办誉为全国养老服务工作的“领头雁”和“风向标”。酒泉市建立聚合16项管理职能、23类生活服务和23项公共服务投诉受理功能的网络管理服务新模式。定西市推行“两个全员参与”的工作机制。平凉市在农村开展“和谐五星”创评活动。

【司法体制改革】按照中央和省委的部署要求，研究制定2014年全省司法体制改革要点和实施方案，建立改革台账，实行清单管理。组织省级政法单位就完善司法责任制、完善司法人员分类管理制度、健全司法人员职业保

2014年11月12日，省委常委、政法委书记泽巴足在甘肃政法学院调研

障制度、推动省以下地方法院检察院人财物统一管理等重点内容开展专题调研。出台支持司法机关依法独立公正行使职权的规定，细化领导干部干预司法活动、插手具体案件处理的记录、通报和责任追究办法，是四中全会后全国首家制定此类文件的省份，中央改革办以简报刊登。在全省政法系统建立纵横双向互联互通的信访网络，全面推行“四单一表”及诉前调解制度，逐步完善和推行网上信访、视频接访。督促省级有关部门制定完善《关于处理涉诉信访问题的工作意见（试行）》《涉法涉诉信访问题联席会议制度》《涉法涉诉信访事项导入法定程序办理的规定》、第三方参与信访案件导入机制等多项相关制度。省委政法委联合省财政厅等六部门出台《甘肃省国家司法救助实施办法（试行）》，推动全省各市州、各县区从2014年起全部将司法救助资金纳入财政预算。2014年，共拨付国家司法救助资金7048.73万元，救助案件2039件。制定《关于进一步加强全省民族地区政法干警“双语”培训工作的意见》，提出到2020年，法院、检察院、公安、司法行政系统分别培养200名、120名、700名、400名“双语”人才，基本解决民族地区政法机关“双语”人才短缺问题。全省检察系统开展“保民生、促三农”专项行动，初步建立覆盖全省乡村的检察服务网络，填补农村法律监督的空白。积极推动公安工作考核评价体系改革，压缩考评项目，引入民评机制。在全省部署开展“双联行动法律服务直通车”活动。组织开展减刑、假释、暂予监外执行专项检查，对久押不决案件进行清理纠正。

【执法监督】组织开展党政机关执行法院生效裁判专项积案清理活动，加大执法检查工作力度，开展“转变执行作风、规范执行行为”专项活动。开展案件评查，各地、各部门积极筹划，主动作为，成立督查组，深入重点地区开展工作。全年，全省各级政法委、各级政法单位共评查各类案件144995件。对评查发现的执法问题，督促政法部门坚决纠正，严格倒查责任，依据评查结论，对403件瑕疵案，通过经济处罚、通报批评、诫勉谈话、调离岗位、免职等方式查究责任464人，逐步确立“谁产生问题，谁负责解决，谁承担责任、谁受到追究”的工作导向。严格遵循司法体制改革有关精神和八部门执法监督实施细则，督促各市州、省级政法各单位结合本地、本系统工作实际，配套制订开展执法监督工作的措施办法。

【社会管理】研究制定《甘肃省社会稳定风险评估工作责任追究办法》，部署开展“社会稳定风险评估机制建设年”活动，省维稳领导小组下发意见，重点加强“评估事项、主体、程序和结论运用”四项工作，健全“事项报备、联席会议、督查通报、培训交流、专家库和责任查究”六项制度。初步形成覆盖全省、职责明确、上下联动的评估工作制度机制。2014年，全省各级共评估重大事项5437件，其中暂缓实施43件，不予实施13件，评估中走访群众5.3万人次，解决群众诉求6800多件；排查化解各类矛盾纠纷1.1万多件，消除重大不稳定隐患120多起；各级报备稳评事项3000多件，建立专家库123个、吸收专家3029人，开展培训交流72场次、参训4000多人次。陇南市探索形成的“五步工作法”，张掖市建立事项报备、联席会议等制度。部署开展“突出社会矛盾和信访问题集中排查化解活动”，化解各类重大社会矛盾1.8万多件，化解率达到91%。对赴省进京非正常上访突出问题，实行清单管理、定期销号、按季通报、末位警告等制度，加强督查督办力度，实现群众赴省集体上访和进京非正常上访人次的双下降。坚持和发展“枫桥经验”，进一步完善“大调解”工作体系，完善和落实省市县乡村5级社会矛盾纠纷排查调处工作机制，推动专业性、行业性调解组织建设，强化“双联”干部排查调处矛盾纠纷的责任。2014年，全省共调处各类矛盾纠纷24万多件。

【队伍建设】开展党的群众路线教育实践活动，集中解决政法机关和政法队伍“四风”方面的顽疾固症，并创新活动载体，组织演讲比赛、有奖征文、文艺汇演等十项活动。深入推进“双联”行动和效能风暴行动，广泛开展各种爱民实践活动。省法院设立违纪违法举报中心，制定《纪检监察工作规则》，对27个中、基层法院开展司法巡查；省检察院建立主体责任提示、廉政风险警示、履责情况通报等6项制度，并分别组织开展专项督查和暗访活动。

【政法宣传】制定《省级层面政法涉稳舆情监测引导办法》。以“深化平安甘肃建设，守护幸福美好家园”为主题，组织开展平安建设系列宣传活动。加强和改进甘肃长安网建设，在长安网上开辟“要闻头条”栏目，加强对重要栏目的策划指导，及时更新栏目内容，对省委、省政府有关政法工作的重大决策部署，省委领导和委领导出席的会议、开展调研等活动及时跟进，在第一时间报道。改进《法律与社会》杂志，加强与新闻媒体的沟通联系，组织甘肃法制日报社、法制日报驻甘记者站等新闻媒体，共刊登各类典型经验文章20余篇。开展“先进典型集中宣传”活动，与省法院沟通协调，在全省政法系统开展向“全国最美法官”才让旺杰同志学习活动。策划组织综治优秀新闻评选、“我的平安梦”有奖征文等为主要内容的平安甘肃建设“十个一”宣传活动。2014年8月，在省委党校举办“全省政法领导干部学习习近平总书记系列重要讲话精神专题培训班”，全省近200名政法部门领导同志参加培训。

省委政法委员会领导班子成员名录

书　记　泽巴足（藏）
副书记　侯效岐　马湘贤（回）
　　　　楚才元　牛纪南

（供稿：杜　雯）

政策研究

【调查研究】开展一系列具有前瞻

性、针对性的调查研究，形成一批较高质量的调研报告，提出的意见建议大部分被吸纳到省委的各项决策中，谋划提出“3783”主体责任体系、丝绸之路经济带甘肃段“13685”等重大发展战略。室领导班子成员每人主持两个以上重点调研课题，亲自带队开展调研并形成报告。

【深化改革】年初，政研室着手与中央政研室及全国31个省市区联系，全面掌握全国各地动态，为省委和省委主要领导及时提供各地深化改革的重要信息。按照省委要求做好改革办机构设置报批、工作人员遴选等准备工作。3月底编制得到批复后，4月初即登公告进行遴选和选拔工作，4月底进行笔试，5月初进行体检和考察，5月底新选拔的工作人员全部到位。截至2014年12月底，共起草印发15次会议纪要，各种文稿、调研报告16份，改革进展情况报告15份，向中改办报送文件、材料20份。起草印发2014年改革工作台账和省委十二届六次全委会重要举措实施规划（2014—2020）重要文件，办理领导批示、督办件35件，办理各类文件246件，编发76期《改革动态》、25期《决策咨询》，与其他30个省市区交流改革信息1228件。

【其他工作】在省委的统一安排部署下，政研室积极参加全国“两会”、十八届四中全会和中央经济工作会的服务工作，完成省委十二届八、九次全委扩大会，省市主要领导干部研讨班等重大会议的简报编辑和会务服务工作，完成省委重大会议和省委有关领导同志活动新闻稿的审核把关等工作。认真落实王三运书记6月24日在《动态辑要》第5期上作的重要批示，进一步加强和改进《动态辑要》《甘肃数据》《资政文摘》《专呈》和《调查与研究》5本刊物的编辑工作。

【党的群众路线教育活动】扎实推进群众路线教育实践活动整改方案落实工作。针对活动中查找出的八个方面需要整改的问题和领导班子查摆出的四个方面的问题，专题研究部署，加以解决。着力加强制度建设，对现有的制度规定进行修改完善，研究制定省委政研室《关于加强调查研究的意见》《室务会议议事规则》《干部职工管理制度》《关于进一步加强学习的规定》等19项内部管理制度。同时，根据有关部门的要求，在坚持好既有的干部管理、人事档案管理和财务管理等一系列规章制度的同时，在公务用车、财务管理、文件管理、机要保密等方面制定一些新的规章制度。

【“双联”行动】开展联村联户为民富民行动。按照“四个融入”“六个结合”和“四个一”的新要求，严格落实单位联村、干部入户的各项规定，充分发挥自身优势，在双联村和本单位设立专栏、信息栏，充分利用甘报、《调查与研究》等媒体发表文章15篇。立足实际为联系点群众办实事办好事，改变过去慰问救助只局限在联系户的情况，2014年，用6万元购置食用油、面粉和化肥，对山门、白河两村全体村民进行慰问，为白河村新建成的村委会购置2.3万元的桌椅等办公用品，在2014年国家第一个扶贫日，干部捐款5700元、捐衣服164件。对帮扶清水县8家单位所联系16个村进行督促和考核检查。省委政策研究室获得省委双联领导小组颁发的全省“联村联户为民富民”行动“民心奖”。

省委政策研究室领导班子成员名录

副主任　刘正平　郭耀庭　苟保平

省委改革办专职副主任

王永和（4月任）

（供稿：杨　程）

农村工作

【“双联”行动】全年各级联村单位协调和自筹资金近348亿元，为联系村帮办各类实事8.1万件，解决群众急事难事16.5万件，帮助化解各类矛盾纠纷9.4万件。精心筹备召开2014年全省“双联”行动大会，起草王三运书记重要讲话、“双联”行动工作要点。细化实化决策部署，将工作要点分解为9个方面、32项具体工作，明确完成时限、牵头领导和落实主体；围绕贯彻落实王三运书记“六个结合”重要批示精神，会同省委改革办、省委组织部、省委宣传部、省委政法委、省委教育实践活动办、省扶贫办六家单位，制定印发六个实施方案；修订《关于进一步完善双联工作考核评价办法的通知》，以省委办公厅文件印发，进一步健全完善考评体系。双联办先后召开50多次会议，随省级领导调研、参加协调会100多次；起草印发文件218份，请示呈阅件238份，编发简报176期，编印《联村联户 为民富民行动读本》4万册，发放各级双联单位。根据双联领导小组安排，筹备省委双联行动领导小组第十一次会议，督促落实12项制度和“八大机制”，协调建立行业系统牵头推进机制，召开高校、医疗卫生、文化、科研、金融、群团组织、工商和商会系统双联工作推进会，分口举办6期省直单位分管领导和双联办主任培训班，参训人员520多人。坚持“抓两头、带中间”，组织开展7次督查调研活动，深入300个省直部门单位和全省1000多个村，实地了解情况，总结经验，发现问题，提出建议。牵头组成考评组，对三年来进展情况进行系统考评。开展2014年全省“双联”行动先进单位“民心奖”、先进个人“标兵奖”和先进组长单位“组织奖”评选。组织召开全省深化双联行动庆阳、民族地区和河西地区现场会，总结推广落实“六大任务”、创新工作机制等方面的好经验好做法；强化与市县党委农村工作部门的沟通联系，召开省市县党委农办和双联办主任会议，研究交流开展工作的途径和办法；着眼统筹协调各种资源，向23家省直部门转报需要帮扶的635个项目；与省司法厅组织开展“双联法律服务直通车”活动，免费为贫困群众提供法律援助和服务。截至2014年12月底，全省已有102家律师事务所与84个村建立服务对接关系。着眼可复制、可推广，在全省总结双联行动中创造的40多种模式，重点推广宣传206个先进典型。制定“双联”宣传工作方案，召开中央驻甘和省属主要新闻媒体负责同志协调会，开展多形式、深层次、不间断的宣传报道。注重把实践经验上升为理论，编辑出版《双联行动实践与探索》《民情日记》《双联故事》《经验选编》等4本书。2014年，中央驻甘和省属主要新闻媒体共刊播各类双联新闻稿件3700余篇，全省新闻网站发布双联新闻稿件约7万多篇，图片新闻3000多篇。

【“三农”工作】组织召开全省“三农”工作座谈会、广泛听取各市州和省直农口部门及涉农部门的意见建议。做好全省农村工作会议服务，起草省委1号文件和领导讲话，以“两办”文件分解落实到具体责任单位；立足服务省委的决策部署落实，牵头组织2次省涉农联席会议，协调和督促市县建立涉农工作联席会议制度，形成统一决策、分头落实的有效机制；参与制定全省农民培训规划（2014-2020），以省委文件下发后启动实施。充分发挥《甘肃农村工作》《甘肃农村要情》《农办送阅》等刊物在服务“三农”作用，《甘肃农村工作》杂志免费发放到村，发行量达到26000多份。主动向各市州、县市区定专题、约稿件，引导党委政府主要领导、分管领导研究“三农”工作中的重大问题，总结发现推动农业农村发展的好经验、好做法、好典型，有选择地介绍省外的好做法，成为各级领导了解和掌握“三农”工作情况和动态的重要渠道。

【农村改革】按照省委改革领导小组的安排，承担“城乡一体化体制机制改革”专项小组的牵头协调工作和“生态文明建设体制”专项小组的组织协调工作，牵头制定改革工作要点，确定24项农村重点改革任务和25项生态文明体制改革任务。对每项改革建立台账，细化责任单位和责任人，明确牵头部门、配合部门，按时间节点完成一个，销号一个。截至2014年12月底，已有47项完成年度改革任务，出台新型城镇化规划、深化水利改革实施方案、生态红线规定方案、供销社改革实施意见等30多个文件。

【调查研究】围绕贯彻落实中央和省委一号文件的落实，就发展农村金融、土地流转、新型经营主体培育、村庄变迁等重点问题，开展5次调研督查，向省委省政府和所调研单位报送调研报告和反馈材料48份；承担省委常委会重大调研安排的全面建成小康社会有关问题研究的组织协调，向省委报送《全面建成小康社会有关问题研究报告》；向中央农办报送《甘肃省村庄变迁情况的报告》《甘肃省农业农村改革发展情况报告》，向全国人大调研组提交《甘肃省社会主义新农村建设情况汇报》。

【农村建设】扎实做好改善农村人居环境综合协调和指导督促工作。省委将省改善农村人居环境领导小组办公室设在省委农村工作办公室。中农办《农村要情》第23期刊登《甘肃努力改善农村人居环境》的做法，介绍甘肃省的经验。按照省委省政府《关于改善农村人居环境的行动计划》文件精神，制定全省改善农村人居环境工作实施意见、建设标准、示范村考核验收办法等5份配套文件，分层次有步骤实施“千村美丽、万村整洁、水路房全覆盖”三大工程。督促市县树立“无规划不建设、无设计不施工”的理念，科学编制“两规划一设计”，制定《做好改善农村人居环境建设规划编制工作的指导意见》《县域村庄布局规划导则》，编印《甘肃省美丽乡村民居特色风貌图集》。建立财政引导、项目整合、金融支持、群众参与的多元化投入体系，加强与省财政厅沟通联系，下拨1.5亿元专项补助资金。以县为主，进一步整合危房改造、农村改厕、土地整理、农村环境连片整治等相关涉农项目资金，重点用于环境治理和示范村建设，2014年，150个“千村美丽”示范村总投入达到42.52亿元，其中整合资金22.38亿元，群众自筹16.16亿元，财政奖补3.98亿元。组织14个市州的分管领导赴浙江省安吉县、桐庐县，学习借鉴先进经验。组织召开全省改善农村人居环境现场会，总结推广康县、两当、金川、清水等县区的典型经验，会后80多批3000多人次到康县学习取经。开展2次集中调研督查，及时跟踪推动。对有建设任务的84个县市区、150个示范村逐个进行考核验收，对验收达不到要求的，扣减省级奖补资金和减少下年度示范村名额。经考核，2014年确定的全省150个示范村基本完成建设任务。

【党风廉政建设】全年四次召开主任办公会议，专题研究党风廉政建设工作，并按照“3783”党风廉政建设主体责任体系要求，制定省委农村工作办公室实施办法，层层细化领导班子、主要负责人、班子其他成员、各处室职责范围内的党风廉政建设责任和机关纪委的监督责任，建立健全正职抓副职、副职抓处室、处室抓工作人员、支部抓党员的责任机制。结合巩固拓展党的群众路线教育实践活动成果，深入开展理想信念教育、党的优良传统和作风教育、道德修养教育。在学习内容上，系统组织学习习近平总书记系列重要讲话和党的十八大、十八届三中、四中全会精神，省委十二届八次、九次全委扩大会议精神，重温《党章》《党员领导干部廉洁从政若干准则》、省委“3783”主体责任体系意见等重要文件，向全体党员干部印发中央纪委监察部“学思践悟”专栏刊发的系列文章。在学习方法上，坚持贴近党员干部的思想和工作实际，具体做到“四个结合”，即自学、集中学习和辅导相结合，强化灌输与交流研讨相结合，理论学习与业务工作相结合，示范教育与警示教育相结合。制定强化中心组理论学习的制度。每月邀请一名专家或教授专题辅导，积极参加省直机关工委组织的各类专题讲座、报告会。开展向柴生芳同志学习活动，引导干部树立正确的权力观、人生观、价值观。突出制度机制改革和创新，开展治本抓源头工作。深化干部人事制度改革，坚持用好的作风选人和选作风好的人，坚持党管干部的原则，严格执行《党政领导干部选拔任用工作条例》，积极推行民主测评、任前公示、试用期制、选拔任用责任制，加强绩效考核，按照好干部的“五条标准”选人用人，注重用工作实绩和群众公论考评干部。2014年，省委农村工作办公室严格按照组织程序，提拔任用1名副处长、3名主任科员和2名副主任科员。加强财务管理与监督，严格落实国库集中支付和重大购置政府统一采购制度，严格遵守财务、车辆管理等方面的规章制度，加强对行政经费、物品采购、固定资产使用和管理、公务接待的监督。严格按照规章制度进行财务审批，实行财务管理人员、秘书处处长和分管领导三级审核。严格执行国家和省上有关规范公务员津贴补贴标准政策。

【整改落实】针对教育实践活动中查摆出的“四风”方面11个问题，制定《整改落实方案》，研究确定6个方面的20条整改任务，并逐项进行分解，明确整改内容、牵头领导、责任部门和完成时限，坚持完成一个、销号一个，及时公布整改结果，接受干部监督。截至2014年12月底，已经整改完成17条。

【专项整治】结合深入实施效能风暴行动和先锋引领行动，加大专项整治力度，对照中央和省委提出的重点整治的“七个方面”的专项整治任务，进行深入排查，逐项整治。坚持把制度建设摆在更加突出的位置，对办主任、副主任、副巡视员分工作适当调整，细化明确各处职责。2014年，办“三公”经费同比降低17%，车辆运行费降低20%，业务招待费严格控制在年初预算的范围内；发文数量比上年减少10%，会议减少15%，《甘肃农村要情》《农办送阅》《双联简报》均减少30%以上。

省委农村工作办公室
领导班子成员名录

主　任　周兴福

副主任　王剑英　闫敬明　朱宝莹

（供稿：李伟军）

编制工作

【政府机构改革】报请省委、省政府印发《关于市县政府职能转变和机构改革的指导意见》。报请省政府办公厅印发《省政府职能转变任务分工的通知》《关于分解落实省政府机构改革重点工作任务的通知》《甘肃省人民政府关于机构设置的通知》。组织召开省政府职能转变和机构改革动员电视电话会议。改革后省政府设置工作部门40个，其中办公厅和组成部门24个，直属特设机构1个，直属机构15个；设置部门管理机构6个。14个市州改革方案经省编委第12次会议审定，省委办公厅、省政府办公厅印发实施。86个县市区改革方案，经市州党委、政府审批，已报省编办备案，相关机构整合、职能划转已全部到位。整合卫生、计划生育和新闻出版、广播电影电视等部门的机构和职责，组建省卫生和计划生育委员会、省新闻出版广电局。经省编委会议审定，以政府办公厅名义印发两部门“三定”规定。整合国土、住建、农牧、林业等不动产登记职责，经省不动产统一登记工作领导小组会议审议、省编委研究、省委第95次常委会议讨论同意，印发整合省级不动产登记职责及组建登记机构的意见。根据国务院办公厅转发中央编办、国家质检总局《关于整合检验检测认证机构的实施意见》，报请省政府第60次常务会议审定，成立省整合检验检测认证机构工作领导小组及办公室，会同省质监局对全省检验检测机构进行摸底，扎实开展改革前的相关准备工作。会同省工信委积极开展国防科技工业局体制调整前期研究论证工作。经省编委会议审议、省政府第53次常务会议审定，报请省政府印发《关于省发展和改革委员会等4部门职责和机构编制调整方案的通知》，对省发改委、省交通运输厅、省农牧厅、省商务厅等4部门“三定”规定进行修订。在全国率先完成省市县三级食品药品监管体制改革。全面完成省以下工商、质监行政管理体制调整工作。在嘉峪关市、定西市开展综合执法试点，探索推进综合执法体制改革。经2014年6月27日省委第83次常委会议审定，先行在嘉峪关市开展统一市场监管试点。

【行政审批制度改革】先后对省级政府部门行政审批事项进行3轮清理，共取消、调整和下放行政审批项目185项，其中取消42项、下放17项、调整126项。截至2014年12月底，省级保留行政审批项目405项，其中行政许可358项、涉密行政审批15项、调整为内部管理事项32项。对省级现行的42项非行政许可审批事项进行调整和分类处理，全面取消非行政许可审批事项。汇

2014年6月24日，省编办干部职工参加省直机关工委举办的“先锋杯”庆七一主题朗诵比赛

总编制《省级政府部门现行行政审批项目目录》，建立省级行政审批权力清单，在省政府门户网站和省机构编制网进行公布，接受社会监督。制定出台《甘肃省行政审批事项目录管理办法》，对行政审批事项实行目录化管理和动态调整，从制度上堵住各部门随意实施审批的漏洞。系统谋划行政审批制度改革，经省审改工作领导小组会议审议、省政府常务会议审定，印发《关于深入推进行政审批制度改革的意见》《深入推进行政审批制度改革工作实施方案》《甘肃省行政审批监督管理办法（试行）》等规范性文件。省级政府部门除涉密事项外，对所有面向企业和社会的行政审批项目全部进驻省政府政务大厅集中办理。省级行政审批事项平均办结时限缩短30%以上。推行网上审批，省、市、县三级政务大厅实现互联互通，27个省直部门和单位在网上实行审批。加快推行政府权责清单制度，经省政府第64次常务会议审议、省委第104次常委会议审定，制定印发《建立省政府部门行政权力清单和责任清单工作方案》。制定印发《全省行政审批制度改革宣传工作方案》。对全省简政放权进展及实施效果开展两次专项督查。

【事业单位分类改革】印发《甘肃省分类推进事业单位改革工作领导小组办公室2014年工作要点》。按照中央分类标准和省直分类目录规定，结合事业单位社会功能和经费供给形式，对省直事业单位进行内部模拟分类。在全面核查清理、摸清底数的基础上，按照不突破原有机构总额、不突破原有编制总额、不突破原有财政负担的“三个不突破”原则，研究提出省直事业单位分类的意见。各市县按照省委、省政府要求，都成立改革工作领导小组，制订实施方案和分类目录，对所属事业单位进行预分类。修订完善承担行政职能事业单位改革的意见、创新事业单位机构编制管理的意见、事业单位法人治理结构建设工作的意见等3个配套政策，积极协调相关部门进一步完善财政、人事、收入分配、养老保险、党建等事业单位改革相关配套政策。召开全省分类推进事业单位改革工作电视电话会议、省直事业单位分类工作培训会议，印发《甘肃省分类推进事业单位改革宣传工作方案》。事业单位登记年检工作顺利开展，年度检验事业单位919家，合格率为98%。探索推进法人治理结构试点建设，确定兰州资环学院等5个试点单位，成立试点工作领导小组，印发实施方案和推进计划。各试点单位按照要求，认真梳理问题，制定实施方案，成立理事会，制定印发章程，组建管理层，建立内部运行机制等法人治理结构运行事宜。在全省气象系统将年检制改为年度报告公示制、开办资金验资登记改为确认登记。清理“双重”法人、主体错位等事业单位60多家。

【机构编制实名制管理】对全省各级各类机关事业单位机构和人员编制涉及的73项指标进行全面核查。会同省审计厅，对白银、武威、张掖3市和会宁等20个县市区党政“一把手”开展经济责任和执行机构编制情况审计。对永登等23个县市区2013年机构编制审计发现的问题进行复核。配合省委组织部开展超职数超职级配备干部专项治理，对部分市州干部选拔任用工作进行专项督导检查。对2014年度市州机构编制重点工作完成情况进行考评。会同省发改委、省财政厅、省人社厅、省卫生计生委制定出台《甘肃省市县公立医院机构编制标准（试行）》，实现省、市、县、乡四级医院（卫生院）机构编制标准全覆盖。会同省财政厅、省人社厅、省卫生计生委制定《甘肃省疾病预防控制中心机构编制标准（试行）》。加快推进机构编制实名制工作涉及的台账建设和信息采集、审核、录入工作。下发《关于抓紧做好省直机关事业单位机构编制管理证领取工作的通知》。与省财政厅联合下发《关于进一步加强省直党政群机关及所属事业单位机构编制实名制管理工作的通知》，启动预算库和实名制库数据的数据比对工作。

【信息化建设】下发《关于全省机构编制部门互联网网站建设工作的通知》。截至2014年底，全省机构编制网站群总发稿量为14954篇，浏览量达到600万人次，点击量达到2000万次。与省通信管理局联合印发《关于认真学习贯彻中央编办、工信部关于印发〈党政机关、事业单位和社会组织网上名称管理暂行办法〉的通知》。积极开展党政机关网站开办审核、资格复核和网站标识管理工作。与省网信办联合印发《关于加强党政机关网站建设管理工作的通知》。

【自身建设】全年组织召开理论中心组学习会议16次，组织干部参加省直机关工委“道德大讲堂”5次。先后举办学习习近平总书记系列重要讲话精神、学习十八届四中全会精神座谈交流会。制定《省编办关于落实党风廉政建设主体责任的实施意见》，进一步完善主体责任体系。严格执行中央“八项规定”、省委“双十条”规定和省编办“六项规定”，制定出台《省编办财务管理制度》，从经费支出、差旅费、会议费、培训费、接待费、材料印刷费、专项经费等各个方面作明确规定。

【“双联”行动】牵头组成五个督查组，深入到临洮县18个乡镇187个联系村，对临洮县省市县乡四级联村单位双联工作进行全面督查。牵头组成2个考评组，对联系临洮县的12家省直联系单位进行年度考核和三年工作阶段性评估。

【信息宣传】组织对全省机构编制系统提交的197篇课题研究报告进行评审。编纂《甘肃机构编制年鉴》。编辑印发2011年至2013年《机构编制工作文件选编》。加强信息宣传，中央编办《机构编制信息》和网站采用甘肃省信息300余条，位居全国前列，在《甘肃日报》等媒体上刊发文章、重要信息20余条。全年共编辑《甘肃机构与编制》杂志5期，编发《工作信息》14期。

省机构编制委员会办公室
领导班子成员名录

主　任　赵含栋

副主任　高建国　张参荣

省编委督查室督察专员　赵　温

（供稿：胡　洋）

省直机关党的工作

【学习习近平总书记系列重要讲话】举办省直机关处级干部学习习近平总书记系列重要讲话轮训班，培训处级干部1300多人，省直各部门组织轮训处级干部5100多人。开展“强党性守纪律”主题党日教育活动，组织广大党员干部专题学习习近平总书记关于坚定理想信念、加强党性锻炼、严守党的纪律的重要论述。充分发挥“省直机关手机党课”的独特优势，以党章党纪和习近平总书记系列重要讲话精神为重点，每月向省直机关2万多名党员干部发送8条党课信息，全年共发送90多条1万多字。

【落实党风廉政建设主体责任】制定下发《省直机关党组织落实党风廉政建设主体责任的实施意见》，先后召开推进会、汇报会、研讨会和组织集体约谈。安排3000多个机关和直属单位党支部普遍召开以落实主体责任为主要内容的专题组织生活会。召开60个部门党组（党委）落实主体责任情况座谈交流会，组织两个督查组对26个部门进行调研督查。省直机关工委与省纪委联合举办4期“廉政教育大讲堂”，组织39个部门重点岗位的380名处长系统进行学习教育。加强案件查办工作，全年共查处省直机关处级党员干部违纪问题14件，对23名违纪违法党员干部给予党纪处分。

【机关作风建设】对省直机关执行中央八项规定和省委双十条规定的情况进行督查，集中开展“不作为、慢作为”专项整治活动，着力解决一些党员干部“为官不为”等突出问题。组织民评代表对100个省直部门，特别是窗口单位、执法部门和公共服务行业机关作风、政风行风进行评议监督，走访服务对象和群众8765人，发现问题1336个，梳理解决重点问题391个，开展网上评议13万人。采取媒体直播和召开现场质询会的方式，重点对29个省政府职能部门的作风情况进行质询评议。充分发挥机关党组织在“双联”行动中的组织优势，开展机关党支部与农村党支部结对共建活动。组织在职党员到社区报到，启动省直机关万名党员志愿服务活动。

【机关党内政治生活】制定下发《严格机关党的组织生活制度的规定》，从“三会一课”、支部组织生活会、民主评议、按月缴纳党费等8个方面规范省直机关党的组织生活制度，特别规定地厅级以上党员领导干部每年要落实“4+1”双重组织生活制度。2014年，省直机关基层党支部平均召开组织生活会3.98次，地厅级领导干部参加所在支部的组织生活会3.13次。完成29个部门机关党组织换届和25个部门党组织负责人届中任免工作，解决一些单位长期不换届、机关党组织不健全的问题。

【机关党建制度建设】总结党的群众路线教育实践活动的做法和经验，针对机关党建工作存在的瓶颈问题，制定并提请省委下发《关于〈中国共产党党和国家机关基层组织工作条例〉的实施办法》，对部门党组（党委）履行管党职责、党务干部的配备、机关党建工作的经费保障、党的组织生活制度及党组织的监督职能发挥等问题作出规定。制定下发《省直机关党建工作规范化建设实施意见》《2014-2017年省直机关基层党组织建设规划》《2014-2017年省直机关党员干部培训规划》。

【机关群团工作及精神文明建设】举办省直机关党建巡礼图片展、“先锋杯”主题朗诵会、干部职工系列运动会、迎新年书画摄影展等活动。积极推进机关精神文明创建活动，6个省直单位被推荐上报为省级文明单位，23个省直单位被评为省直机关文明单位和精神文明建设先进单位，评选第三届省直机关道德模范10名。加大机关党建工作宣传力度，对在先锋引领行动中涌现出来的124个先进基层党组织、151名优秀共产党员进行通报表彰。

2014年6月30日，省委书记王三运观看省直机关党建巡礼图片展

省直机关工委领导班子成员名录

书　记　李建华
常务副书记　张建荣
副书记　李燕青（女，回族）
　　周天佑　潘喜成
纪工委书记　周见明

（供稿：康　斌）

信访工作

【概况】2014年，全省信访总量13万件（人次），同比上升2.9%。省信访局受理群众来信来访16463件（人次），进京非正常上访同比降幅明显。群众反映问题主要集中在劳动保障、土地征用、房屋拆迁、企业改制、涉军人员等领域，占信访总量的70%。同时，反映

干部作风、环境保护等方面的问题仍逐步增多。部分上访人反复来省进京重访倒流，缠访闹访，告洋状和长期在京滞留等问题屡屡发生。来省集体上访中，重复访157批、2650人次，批次、人次分别占总量的39.3%和41.9%；进京非正常上访中，重复访占总量的79.9%。

【责任主体履职情况】2014年年初召开全省信访工作会议，对2014年信访工作思路和重点任务进行安排部署，省信访联席会议修订《2014年全省信访工作目标管理责任书》和考核办法，与14个市州和41个省直部门签订责任书，严格实行旬研判、月通报、季点评、约谈领导、挂黄牌、一票否决和责任追究制度，每月通报全省工作情况，每季度召开信访形势通报会点评工作。1月至12月，全省市、县领导干部共接访群众71123人次，包案化解疑难复杂案件和信访积案6432件。2014年，省、市、县三级信访部门共受理群众来信来访133131件（人次），同比上升2.9%。省信访局受理群众来信来访16463件（人次），同比下降6.5%，其中来信5963件，同比上升2.6%；来访3177批、10500人次，同比分别下降8.5%、10.9%，来访中集体访400批、6322人次，同比分别下降3.4%、9.9%。共发生群众进京非正常上访1928人次，同比下降54.4%。

【信访渠道】2月，建成开通"甘肃信访"门户网站。根据国家信访局网上信访工作现场推进会的安排部署，制定《甘肃省网上信访系统升级改造建设方案》，报请省委、省政府"两办"下发《关于切实推进我省网上信访信息系统建设的通知》，会同省财政厅联合发文，对落实系统建设资金提出要求。年底前搭建纵向延伸到乡镇街道、横向覆盖到各级职能部门的全新互联网信访信息工作平台。

【体制机制创新】报请省委、省政府"两办"下发分解落实中办27号文件工作任务的通知，细化分解51项重点任务，要求全省上下抓好落实。重点在市、县两级推行联合接访，按照涉法涉诉信访改革的工作要求，制定涉法涉诉来信来访事项分流办法，严格实行"诉访分离"。

【维护信访秩序】印发落实国家信访局引导来访人依法逐级走访的实施细则，召开推进会议，引导群众以理性合法的方式逐级表达诉求。省信访联席办会同省综治办、省维稳办和省公安厅联合下发贯彻落实"中央四部委"《关于进一步解决进京非正常上访突出问题的若干意见》的实施意见，建立起由综治部门牵头，维稳、信访、公安配合的解决进京非正常上访协调联动机制。适时开展集中劝返，"两会""六四"、"八一""四中全会"等敏感时段，集中劝返来省进京非正常上访人员300余人次。开展全省突出社会矛盾和信访问题集中排查化解活动，对排查出的矛盾纠纷和信访问题，充分发挥人民调解、行政调解、司法调解的联动调解作用。1月至12月，各级信访部门共排查各类矛盾纠纷28726件，化解23838件，化解率达83%。

省信访局领导班子成员名录

局　长　戴炳隆

副局长　秦仰贤　薛生家　张惠武

督察专员　吴学勤　王宗良　史虎平

（供稿：丁　玥）

保密工作

【依法行政】组织军工保密资格认证，全年共审查、复查18家军工企业，12家军工企业通过审查和复查。开展国家秘密载体资质单位审查和管理，向国家保密局上报申请甲级资质企业1家，申请乙级资质的16家企业完善审查材料。2013年度保密工作统计填报单位5603家，其中新增102家，发生变化的5501家。年度产生国家秘密事项9346件，其中绝密级120件，机密级6307件，秘密级2919件。成立甘肃省密级鉴定委员，下发《甘肃省密级鉴定委员会成立通知》，公布密级鉴定委员会委员、专家组成和章程，颁发聘书，密级鉴定委员会会员、专家签订保密承诺书。全年共受理、完成密级鉴定10起。

【保密法制宣传教育】按照中保委的要求，省委保密委员会主任讲保密党课活动于8月15日举行，来自全省各市州保密委员会主任、省直各部门、人民团体、中央驻甘单位、有关企事业单位主要负责同志等300多人参会。全省各市州保密委员会主任讲保密党课活动于10月底完成，共有400多个省直单位和市县开展此项活动，听保密党课人数达到12万人。省保密局依托省移动公司短信发布平台，每月为省直部门负责人、省级领导同志秘书及市（县）委书记、市（县）长发一条保密常识信息，警醒大家增强保密意识。积极联系省人社厅，开展全省保密工作先进集体和先进个人评选工作。

【计算机信息系统保密管理】开展网络核查分类，对33家省直机关单位涉密网络核查分类情况进行督查。完成涉密网络测评62个，规范非涉密网络管理，加强电子政务外网和互联网保密监管，相继建成互联网违规外联监控平台，安装"三合一"系统。向省财政厅和电子政务办申请经费，积极推进保密综合业务网建设。充分发挥已建成涉密计算机违规外联监控平台、移动存储介质监控平台、互联网出口监控平台的作用，监控涉密计算机8862台，阻断违规外联计算机171起，监控涉密移动存储介质3300个，阻断违规联机15起，安装"三合一"系统210套，阻断涉密计算机违规外联3起。

【重点区域保密工作】9月下旬在嘉峪关市召开甘肃省重点区域保密工作第六次协调会。会议就重点区域各成员单位如何进一步发挥整体优势、完善重点区域信息共享平台机制、推动重点区域保密工作健康有序发展进行研讨座谈，提出一些新的措施和办法。

【自身建设】按照保密办党的群众路线教育整改方案，修改完善《碰头会制度》《密切联系群众制度》等30余项制度。针对一些市州提出的保密工作指导服务不力的问题，局领导分头深入基层上门指导服务。全年组织12批40人次深入双联村，宣传党的富民政策，帮助村民理解决实际困难，并为村上新建图书室，建成1300平米的村民文化活动广场，协调落实32户危旧房改造。积极开展岗位创先争优活动，严格业绩考核。

省委保密办（省国家保密局）
领导班子成员名录

主　任　李　富

副主任　张云戟　张　炜

（供稿：陈　辉）

精神文明建设

【社会主义核心价值体系建设】组织全省各地各部门广泛深入开展核心价值观学习宣传和培育践行活动，开设“培育和践行社会主义核心价值观”专题专栏。在城乡道路沿线、公共场所、社区乡村、景点景区、楼宇楼口、机关学校制作张贴公益广告、横幅标语，精心打造核心价值观宣传长廊、主题公园。依托道德讲堂、乡村学校少年宫等宣传文化阵地，采取演讲征文、书画展览、歌谣传唱、歌咏比赛、文艺演出、影视展播等形式，组织开展诠释核心价值观、践行核心价值观实践活动。全年各级电视台共刊播核心价值观宣传稿件达24320多篇（条）。中国甘肃网、甘肃文明网、每日甘肃网等各级门户网站，在显要位置登载刊发反映广大干部群众全员参与培育和践行社会主义核心价值观的视频、图片、新闻消息、原创评论、博文53250多篇。

【优秀公益广告征集评选】推动各地、各部门、各媒体持续加大在网络报刊、广播电视、建筑工地等公共场所“讲文明 树新风”公益广告宣传展示力度，图说价值观、中国梦等内涵丰富的“讲文明 树新风”公益广告遍布大街小巷，占据广播电视黄金时段和报刊主要版面。启动“兰州银行杯·讲文明 树新风”公益广告大赛和视频类公益广告征集展播活动，征集入选作品连续在报刊和广播电视上滚动播出。在高速公路两侧醒目位置自筹建设四块“讲文明 树新风”大型公益广告宣传展示牌。

【道德模范和甘肃好人推荐评选活动】组织动员全省各地各部门和广大群众广泛参与推荐评选活动，共推荐道德模范候选人121名，100多万群众踊跃参与投票，21人被评为第四届甘肃省道德模范。拍摄的21集道德模范候选人先进事迹宣传片，在甘肃电视台《甘肃新闻》中连续播出。广泛开展“我推荐、我评议”身边好人活动，在《甘肃日报》开办“德润陇原·凡人善举”“德润陇原·甘肃好人”专栏，连续报道陇原大地涌现出的一大批“凡人善举”和身边好人。全年共向中央文明办推荐甘肃好人320名，35名甘肃好人荣登中国好人榜，柴生芳等4人入选中国文明网好人365封面人物。配合中央文明办，在金昌市举办中国好人榜11月份入选名单发布仪式暨全国道德模范与身边好人现场交流活动。

【“做文明有礼的甘肃人”主题活动】以文明餐桌、文明交通、文明旅游三大行动为主题，在全省广泛开展“做文明有礼的甘肃人”主题实践活动。普及推广金昌市文明餐桌行动经验，大力倡导文明用餐、限量点菜、剩菜剩饭打包服务。会同省公安厅等部门联合下发《2014年文明交通行动计划工作安排》，与省交通厅等部门联合下发《甘肃省高速公路星级服务区考核评定实施办法》。会同公安厅等部门，联合组织开展陇原最美丽驾驶人评选表彰活动，10名驾驶员荣获“陇原最美驾驶人”称号，20名驾驶员荣获“陇原最美驾驶人”提名奖。在涉旅行业景区广泛开展“双倡双劝”活动。

【精神文明创建活动】组织兰州、嘉峪关、金昌、庆阳等市在兰州召开创建全国文明城市工作新闻发布会。修订完善《甘肃省文明县（市、区）测评细则》等5个测评细则，起草制定《甘肃省文明程度指数测评细则》和《甘肃省文明程度指数测评操作手册》，对14个市州和86个县（市、区）文明程度进行测评排序。组织力量对推荐报送中央文明办的全国文明城市、42个文明单位、30个文明村镇和各地各行业推荐上报拟由省委省政府表彰的479个省级文明单位候选单位、95名先进工作者进行测评考核。不断深化“五星级文明户”创评活动，全年共有1.1万户家庭进入“五星级文明户”的行列。组织召开全省农村精神文明建设现场推进会，会同省农村信用社联合社正式印发《甘肃省农村“五星级文明户”道德信贷工程实施意见》。

【志愿服务制度化建设】启动开展“凡人善举·情暖陇原”主题志愿服务活动。组织召开全省推进志愿服务制度化工作电视电话会议，印发《甘肃省志愿服务制度化实施意见》和任务分工，成立甘肃省志愿服务联合会，建立以志愿者注册、登记、记录、供需对接、嘉许回馈等内容为重点的志愿服务制度化工作体系。组织举办省直机关万名党员进社区志愿服务活动暨助推兰州市创建全国文明城市启动仪式，3.5万名党员志愿者自觉到社区报到，在社区结对定期开展志愿服务活动。大力推动“奉献、友爱、互助、进步”志愿精神的广泛传播，持续宣传推出一批富有甘肃特色的志愿服务品牌。

【诚信建设制度化】会同省高法、省工信委、省工商局、省地税局、省国税局、省质检局、省食药局等16家单位及相关行政执法主体，先后三次召开“共筑诚信·德润陇原”诚信“红黑榜”新闻发布会，发布“黑榜”企业164家、“红榜”企业386家，同时公布对“黑榜”企业的惩戒措施，率先在全国建立省一级诚信“红黑榜”发布制度。新华社、甘肃日报、中国甘肃网、甘肃文明网等60多家境内外媒体和网络媒体，围绕诚信“红黑榜”新闻发布会，先后发表平面和图片报道774篇期（条），网友阅读跟帖转发达20多万次，近750万人次在网上关注新闻发布会。跟进指导全省各地有序推进建立诚信“红黑榜”发布制度，兰州、金昌、嘉峪关、庆阳等市先后建立诚信“红黑榜”定期发布制度，相继发布一批“红榜”和“黑榜”企业名单，公布相应的惩戒措施。组织开展“诚实劳动、诚信经营”创建活动，推出一批市场认可、群众信任的诚信企业、街区和门店。

【未成年人思想道德建设“金种子”工程】在全省组织实施以播撒践行社会主义核心价值观的“金种子”、崇德向善的“金种子”、文化沁润的“金种子”、爱心奉献的“金种子”、民族团结的“金种子”为主要内容的未成年人思想道德建设“金种子”工程。省委办公厅、省政府办公厅向全省印发《关于实施未成年人思想道德建设“金种子”工程的意见》，省文明委下发《关于大力组织实施未成年人思想道德建设“金种子”工程的通知》，召开“金种子”工程现场推进会，实地参观学习兰州市榆中县一悟小学的先进经验，树立一批示范典型。组织实施第四批乡村学校少年宫建设项目和项目督查工作，举办127所新建乡村学校少年宫校长参加的培训班，启动项目建设工作。开展“陇原美德少年”评选表彰活动，10名未成年人荣获“陇原美德少年”，10人荣获“陇原美德少年”提名奖。组织开展全省优秀童谣征集评选活动，40首童谣入选甘肃省优秀童谣，1首童谣被中央三部委评定为优秀童谣。

省精神文明办公室领导班子成员名录

主　任　苏　君（女）
副主任　仇颖琦（女）　郭锦诗
　　　　高巨珍　王　琦
　　　　乌恩奇（蒙古族）

（供稿：李文龙）

老干部工作

【落实老干部两项待遇】组织老同志深入学习党的十八大和十八届三中、四中全会精神，学习习近平总书记系列重要讲话精神，及时落实中央调整离休干部护理费、企事业单位离休干部病故一次性抚恤金标准政策，研究出台调整离休干部无固定收入遗属生活困难补助费标准政策，红军时期、抗战时期、解放战争时期离休干部无固定收入遗属生活困难补助费分别提高250元、250元和200元，惠及人数达6029人。2014年，省委老干部局对全省72名享受省级医疗待遇和315名有特殊困难的老同志进行走访看望和帮扶慰问，帮扶资金达40多万元。

【阵地建设】深入开展示范性创建达标活动。截至2014年12月底，全省已挂牌命名示范性老干部活动中心61个、老年大学15所。结合新中国成立65周年，以歌颂党、歌颂祖国、歌颂改革为主题，组织离退休干部开展文艺演出、书画摄影活动。打造老干部网络精神家园，搭建“甘肃离退休干部之家”网络互动平台。

【服务管理】开展“同心共筑中国梦”和“传递正能量、同心促改革”主题实践活动。在全省范围开展“老干部服务年”活动。兰州市依托虚拟养老院，为老干部提供就餐、家政等便捷服务。酒泉市依托社区老年人日间照料中心，以个性化、亲情化服务满足高龄、“空巢”老干部多元需求。嘉峪关市依托“12345”民生服务热线，打造生活、医疗、综合三大服务体系。武威市开展“建档联责承诺服务活动”，通过进家入户、结对帮扶等方式，为老干部提供“全方位、零距离、家政式”服务。

【调研宣传】开展“利用社会资源、整合社会力量做好老干部工作问题”课题研究。加大老干部工作督查力度，10月下旬至11月上旬，对全省14个市州、26个县区市、12个省直单位的老干部工作进行全面督查。全年共在《中国老年》《中国老年报》刊登稿件13篇，其中头版头条5篇。《甘肃日报》刊登14篇，“甘肃组工网”上传信息50条，“甘肃老干部工作网”上传信息500条。

【自身建设】省委老干部局通过“长流水、不断线”轮流驻村蹲点，确保局系统80名党员干部每人每年驻村15天。进一步优化省委老干部局内部机构设置。举办全省老干部局（处）长研讨班。

省委老干部工作局领导班子成员名录

局　长　万鹏举
副局长　张少辉　吴　萍（女）
　　　　宁晓芸（女）

（供稿：贾世玮）

关心下一代工作

【开展“五老四进双讲”活动】配合全省开展第二批党的群众路线教育实践活动。广泛组织“五老”，开展以进机关、进村镇、进社区、进企业，讲传统、讲作风为主要内容的“五老四进双讲”活动。省市县三级“五老”报告团深入基层开展宣讲辅导。武威市关工委组织“五老”开展“百姓讲堂”。兰州、陇南、嘉峪关等地关工委开展“道德讲堂”。

【基层建设】在全省选树10个基层典型、10名“五老”典型。实现参与关心下一代工作的社会老年人达15%以上的目标。天水市关工委在基层推行“大党建带动大关工”、敦煌市关工委“四动四一批”加强“五老”队伍、临夏州关工委吸收少数民族“五老”开展青少年教育活动等。截至2014年12月底，全省建立关工组织2.3万多个，“五老”人员达18万余人。

【教育活动】以“老少共筑中国梦”为主题，在中小学校开展“学英模、见行动，争做优秀小公民”、“争做环保志愿者、争当环保小卫士”活动的基础上，全省评选100名优秀小公民和100名环保小卫士标兵；在大专院校开展“青春志·中国梦”微电影原创大赛，征集作品37部，网上点击率达51万多人次。在广大青少年中开展“祖国好、家乡美”“五热爱、做四有新人”和“三个离不开”“零犯罪社区创建”等为内容的“讲学习、爱劳动、重实践”教育活动。举办甘肃省首届中小学生作文大赛。在雷锋生前战友姜文志倡议下，省关工委联合省文明办等单位在金川公司第六小学成立甘肃省第一所“雷锋学校”。

【社会服务】继续开展以关爱帮扶1000名孤残儿童、培训1000名农村贫困青年为主要内容的“双千工程”。在省人社厅的大力支持下，此项目纳入“全省示范培训项目计划”，投入580万元用于农村青年培训工作。并争取省农信社投入50万元用于家庭贫困学生救助。通过云南省关工委为云南鲁甸地震灾区受灾青少年捐款2万元。各地关工委积极争取党政领导和社会各界支持，筹集帮扶配套资金，广泛开展扶贫济困等多种形式的关爱帮扶活动。组织老专家和技术人员到贫困地区，深入农村田间地头开展实用技能培训，项目带动各地配套资金1430万元，培训青年农民2.1万余人。2014年省关工委争取资金2274万元，联合省双联办、省教育厅先后为全省38个贫困县的380所农村学校配备"春苗营养计划"项目厨房设备，占到全国项目总数的1/3，项目总投资1732万元，其中协调省教育厅完成配套资金635万元，使20多万名农村师生受益；由中脉道和基金会出资440万元实施的"朝阳计划"卫生室项目在天水、陇南三县区启动；在武都区实施20万元"一颗鸡蛋工程"；引进资金32.5万元，联合北方汽修集团为50名家庭困难的农村优秀青年举办为期一年的汽车专业实用技术免费培训。

【宣传工作】成立甘肃省关工委办公室信息中心，开通甘肃关心下一代基金会网站，制作《爱心孕育春天》宣传片。充分发挥《甘肃关心下一代》杂志、工作网站、工作简报和专报"121"宣传平台。注重发掘、培养、选树工作品牌，省关工委申报的"市县组织部长任关工委主任"等5个经验做法，推荐中国关工委命名全国关心下一代工作品牌。金塔县退休干部张永忠创办的"老少同乐之家"等20个有特色、有亮点、主题鲜明的经验做法，选树为省级关心下一代工作品牌。市州、县区关工委也培育各具特色的市县级工作品牌。

【"双联"行动】省关工委先后为贫困地区学校建设2个标准化塑胶操场，捐赠衣物5000余件，协调资金5.1万元为帮扶户新建砖瓦房；省关心下一代基金会投入50多万元，资助灾区贫困学生和孤残儿童，为贫困山区学校捐建6个"爱心书屋"。

省关心下一代工作委员会
领导班子成员名录

主　任　李虎林
副主任　陈绮玲（女）
杜大仕　吴　萍

（供稿：黄军省）

党史研究

【纪念活动】参与甘肃省纪念邓小平同志诞辰110周年座谈会。室领导参加甘肃省纪念邓小平同志诞辰110周年座谈会，并在《甘肃日报》《党的建设》等重点报刊发表《邓小平关怀甘肃发展大业》等纪念文章。承办甘肃省纪念陕甘边区苏维埃政府成立80周年座谈会。省委、省政府领导和中央国家机关、军队系统和有关省市领导人、陕甘边区苏维埃政府领导人亲属代表及来自全国各地的党史专家学者和论文作者代表共120人参加会议。出席会议的领导和亲属代表向南梁革命烈士纪念碑敬献花篮，参观南梁革命纪念馆；为南梁"全国青少年教育基地""中国延安干部学院南梁教学基地"揭牌；给华池县列宁小学捐赠图书。举办陕甘边革命根据地特点和历史地位学术研讨会。来自中央有关部委和全国各省市的党史、党校、大专院校和部队院校系统的80余名代表参加会议。研讨会共收到论文300余篇，经评审67篇入选研讨会并编入论文集。配合陕甘边区苏维埃政府成立80周年纪念活动，先后在《甘肃日报》《陇东报》组织刊登学术论文和重点发言20篇。组织摄制的《陕甘星火》电视纪录片。协助拍摄《南梁记忆——纪念陕甘边区苏维埃政府成立80周年》电视专题片。

【宣传教育】组织处以上干部深入全省40多个单位，为8000多名党员干部进行"共产党员的理想信念"、"红军长征在甘肃的群众工作"等党史专题宣讲，在报刊上发表《红色文化资源应成为我省开展党的群众路线教育实践活动的生动课堂》《甘肃扶贫之路》等文章。《群众路线在陕甘边革命根据地的实践》一文在全省党的群众路线理论研讨会上获得特别奖。先后考察民乐县河西解放纪念馆、临夏市胡廷珍烈士纪念馆、宁县王孝锡烈士纪念馆等场馆建设利用情况，为命名第五批党史教育基地提供依据；确定高台等4县党史部门为全省党史宣教"六进"活动示范点，争取经费25万元；编印《甘肃党史工作》7期，该期刊是唯一在第13届全国党史期刊工作会议上重点交流的内刊。在《甘肃日报》《百年潮》《甘肃工作》《党的建设》等报刊发表文章24篇。印发《党史工作信息》26期。在网络新闻媒体刊载党史信息、新闻报道等800余篇、图片150余幅、视频10余部。在"中国共产党历史网"刊稿124篇。升级改版"甘肃党史网"站，开办"红色陇原"甘肃手机频道，发布党史信息136条。

【编撰与出版】完成编撰《中国共产党甘肃历史（第二卷）》《刘冰与甘肃》《中国共产党甘肃历史二卷简明读本》初稿；编撰出版《两当兵变研究》《参加过西路军斗争的老一代共和国将帅》《甘肃省抗日战争时期人口伤亡和财产损失》等6部书籍。编辑出版《纪念陕甘边区苏维埃政府成立80周年——陕甘边革命根据地的特点和历史地位学术研讨会文集》《纪念刘志丹》《纪念谢子长》文集和《刘志丹》《谢子长》画册等5本书籍，编印《红色记忆——纪念陕甘边区苏维埃政府成立80周年》画册。编撰出版《革命历史是最好的营养剂——甘肃的红色年轮》《旱作农业的一场革命——全膜双垄沟播技术的推广》等3本党史资政专题。内部出版《周仁山同志诞辰百年纪念文集》《计划生育政策在甘肃的初步推行》，编印《甘肃工作文献汇编》（上、下册），完成《甘肃工作文献选编》（1949-2013）编辑工作。

【课题研究】完成省社科规划项目《甘肃红色资源在创先争优中的作用研究》，已通过审核并颁发结项证书。完成省社科立项课题《甘肃红色文化弘扬的对策研究》；完成省社科立项课题《邓宝珊与陕甘宁边区关系研究》部分工作，形成25万字的书稿。完成中央党史研究室《改革开放实录》丛书中的《石羊河流域治理》《真理标准讨论在甘肃》《甘肃"两西"建设与扶贫开发》3个专题编写工作。组织撰写《从党史中汲取深化先锋引领行动的丰富营养》《谈新时期党史研究的着力点》《厉行节约工作在甘肃》等17篇文章，在中央党史研究室《科研学术动态》《党史工作简讯》和《甘肃日报》《党的建设》《甘肃工作》等重点报刊发表。

【资料征集与审核】完成并上报三年党史资料征编规划，编辑《陕甘革命根据地口述史资料丛书（一、二）》书稿；征集《陕甘革命根据地的重要会议研究》《陕甘革命根据地重要战役战斗》《中共党史辞典人物篇》等专题资料；抢救拍摄图片1000余幅，录音录像10余盒。审读《中国共产党平凉历史》（二卷）、《中国共产党庆阳历史》（二卷）、《中国共产党武威历史》《李培福传》《南梁春晓》等14本党史书籍；审读《南梁说唱——红色故事》《烽火陕甘宁》《血样的年华》等4部影视剧本；审定《南梁纪念馆新馆布展方案》《马锡五审判方式陈列馆布展方案》。

【红色文化】牵头成立红色文化弘扬工作领导小组，制定《华夏文明传承创新区建设红色文化弘扬板块方案》《华夏文明传承创新区建设项目、活动、奖项对接工作指南》（红色文化弘扬部分）。牵头成立革命遗址文物普查工作领导小组，制定《甘肃省革命遗址文物普查方案》《甘肃省加强革命遗址、革命文物保护工作的意见》。制定红西路军相关纪念馆布展顶层设计"一综十二专"实施方案。启动网上"红色纪念馆"建设工作。

【"双联"行动】组织干部分批驻村入户，解生产发展情况，为联系村争取"整村推进"项目，硬化路面2.3公里，整修道路12公里，为贫困户赠送面粉2000多斤，防寒衣物300余件。

【队伍建设】2014年，先后提拔任用干部10人，其中厅级干部2人，处级以下干部8人；考录配备省党史纪念馆工作人员6名。组织学习曲青山主任在青年沙龙上的讲话精神。选派业务干部参加各类培训21人次。建立干部轮岗交流制度，开展轮岗交流锻炼，先后有7名干部得到轮岗交流。

省委党史研究室领导班子成员名录

主　任　杨元忠

副主任　刘玛莉（女）（4月止）

　　　　伏晓春（2月止）

　　　　李荣珍（女）（7月任）

（供稿：苏　英）

台湾事务

【陇台交流合作】2014年，全省共开展陇台双向交流380项4701人次，其中赴台交流185项1096人次，来甘交流195项3605人次。陇台人员往来达到5万人次。组织实施国台办重点交流项目6项。积极利用各种节会平台邀请台湾上层人士来访。6月，中国国民党荣誉副主席林丰正率团来甘参加公祭伏羲大典活动。7月，台湾地区新党主席郁慕明率领100名台湾青年学生来甘开展"中华儿女文史体验营暨台湾学子丝路文化之旅"活动。8月，中国国民党荣誉副主席蒋孝严率团来甘参加海峡两岸西王母故里民俗文化交流活动，出席西王母祭拜大典和书画交流展。

【陇台青少年交流合作】组织实施"2014"台湾高校学生丝路畅想·魅力文化"和"新北市辅育人员职业工会"两项国台办重点交流项目，共有100名台湾中南部青年教师、学生来甘肃省进行参访，分别与西北师范大学、兰州一中等4所学校开展座谈研讨、教学观摩、学科研修等交流活动。成功举办"台湾青年大学生夏令营""第三届台湾擎天协会暑期青年华夏文化参访活动"和"第五届海峡两岸青年学子科技交流活动"，共有90多名青年台胞沿丝绸之路黄金段进行参访。省内部分高校与台湾多所院校建立对口交流机制，签署多项合作协议，开展多项学术、教育、文化交流活动。兰州大学举办第十届"感受西部——海峡两岸学子牵手丝绸之路行""第九届两岸名校事务负责人研讨会""台澳丝路古韵敦煌夏令营"等活动，参加交流学习的青年学生达1000多人次。

【陇台文化交流】充分发挥"敦煌文化""伏羲文化""西王母文化""李氏文化"的对台交流品牌效应，组织实施"台湾中南部里邻代表伏羲故里行"、"台湾李氏宗亲陇西寻根之旅"等多项交流活动。积极推动协调，6月22日同时在甘肃天水市和台湾嘉义市，共同举行海峡两岸共祭中华人文始祖伏羲活动。中国国民党副主席、嘉义市市长黄敏惠出席在台湾嘉义市举行的"同根同族、中华共祭"活动。全年来甘拜祭伏羲、朝觐西王母和陇西寻根的台胞接近1万人次。中国科学院和台湾工业技术研究院联合在兰州举办"第四届产业科技交流论坛"。"台湾中华道教与法师联合会"22名宗教界人士到平凉、天水进行参访。

【陇台经贸合作】2014年，全年共签约陇台投资协议20.44亿元，其中台资协议资金18.27亿元，实际到位资金7.56亿元，新增台资项目16个。有22个经贸团组赴台开展经贸考察，邀请台湾工业总会等35个台湾经贸团组780名台商来甘进行考察参观，商洽投资合作。第二十届"兰洽会"期间，成功举行台湾特色商品展，台湾高雄市世贸会展协会、大台南庙会文化美食协会等来甘组织展销活动。举办"第三届陇台文化经贸交流周"活动，开展"德耀中华——海峡两岸诗书画交流展""新北市辅育人员职业工会参访活动""海峡两岸西王母故里民书文化交流活动""第四届两岸产业科技交流论坛""海峡两岸农业项目对接会"等活动。共有300名台湾各界人士来甘开展投资考察、项目对接、文化交流等活动。邀请台湾岛内的台南市各商业同业公会、中华金属工商协进会、高雄市中华工商文化经贸促进协会等5个工商团体101名中小企业家，参加为期8天的考察活动。活动期间在酒泉、张掖、武威、兰州等地共举行6场经济发展推介会。建立定期到台资企业走访调研制度，及时为台资企业排忧解难和提供政策、法律、信息、融资等服务。全年共协调解决台商投诉案件5起，结案率90%。特别是统一企业清真食品违规包装案件和兰州顶津食品有限公司涉税案件都得到圆满解决。

【对台宣传工作】全年各类报刊、电视、网络等媒体共刊登、播出有关甘肃省对台工作的文章、动态、信息200余篇（条）。中央电视台四套先后4次报道甘肃省开展涉台活动。甘肃日报、甘肃电视台10多次宣传报道省委、省政府领导参加、出席有关对台工作活动的情况。中国台湾网转载140条甘肃对台工作的信息，省台办陇原宝岛在线网站发布160条对台工作信息和动态。在《两岸关系》杂志上刊发《中华儿女寻访丝路·感知历史增进认同》受到好评。成功举办“丝绸之路经济带黄金段”两岸记者联合采访活动。积极制作对台宣传品，完成现代京剧《温世仁》的复排工作，并在北京举行汇报演出。完成“魅力城市 — 兰州”、“魅力城市 — 白银”的拍摄工作。指导泾川县编排大型歌舞剧《西部·西王母》，并在兰州进行公演。

【涉台教育工作】通过座谈会、报告会、举办涉台教育活动、印发涉台教育材料等形式，开展涉台教育活动。2014年，省、市、县各级台办累计举办台海形势报告会100余场次，听众达到1万余人次。成功举办以“两岸共圆中国梦”为主题的甘肃省首届中学生涉台知识竞赛活动。

【爱心捐赠】全年累计吸收台胞捐赠2000多万元。其中台湾慈济基金会实施靖远县二期移民工程捐资1500万元，开展扶贫慰问活动发放冬令物资300余万元；各市州吸收台胞、台企捐赠各类助学金、奖学金、教育资金、救灾资金200多万元。

【涉台事务】全年甘肃省居民赴台旅游3万人次，来甘旅游参访的台湾同胞2万人次，陇台人员往来达到5万人次，未发生一起突发事件。开展丰富多彩的联欢联谊活动，及时办理台胞台属来信来访，积极协调帮助台胞台属解决工作生活中的困难和问题。全年共办理台胞台属信访案件5起，协调处理国台办投诉局和海协会等上级部门转办案件6起。

【自身建设】重新制订赴台交流审批办法和实施细则。制定市州对台工作绩效考核办法，依据各市州的实际情况，采取分类量化的办法进行考核。积极推动协调，解决部分市州台办机构、人员、经费等相关问题。积极配合国台办研究局承办“甘肃新能源产业发展分析”的调研活动。举办省直有关部门、高校对台工作机构负责人和对台专干培训班。

【联村联户工作】开展驻村工作，先后有5批干部驻村开展调研工作，对群众生产生活、种植养殖、外出务工和收入支出等情况进行摸底调查。先后投入资金5万余元，为129户村民修建粮仓、改善村委会的办公设施，开展送医送药、资助困难大学生、开展节日慰问等活动。积极协调省交通厅和省水利厅，对红星村修建蓝水河便民桥和蓝水河河堤治理工程给予立项、审批。继续推动24户群众试种70多亩中药材；积极引进外省力量帮扶，带领村干部赴江苏省常州金坛市致和村学习考察，引进英国冬青树种试种。以红星村为重点，面向广河县、面向临夏州开展“双联”工作。协调康师傅集团顶益公司在临夏州投资设厂，初步确定投资额1.4亿美元；协调刘老师草莓扩大种植基地投资5400万元。

2014年6月22日，全国政协副主席马培华、省委书记王三运、省长刘伟平与中国国民党荣誉副主席林丰正共同出席2014年公祭伏羲活动

省委台湾工作办公室领导班子成员名录

主　任　赵少智

副主任　孙志中　崔鹏冲

（供稿：潘麒安）

党校工作

【培训工作】2014年，共举办主体班次23类33个，培训学员1749人，与2013年相比，增加852人，增长95%；举办地厅级领导干部学习贯彻习近平总书记系列重要讲话精神研讨班4期，轮训地厅级领导干部1318人；先后邀请于丹、汪玉凯、薛澜、赵曙明、陈章良、武劼、柴跃廷、郑国光、李慎明、刘峰、王卫国等著名专家学者和领导干部作11场专题讲座；先后与省委组织部、省纪委、省财政厅等单位联合，成功举办295个计划外培训班次，培训学员22600人，其中干部教育学院举办各类培训班次49个，培训学员4012人。

【科研工作】2014年，全校共立项各类科研项目45项，其中国家社科基金项目5项、全国党校系统调研项目1项、省社科规划项目5项、省社会科学学术活动基金会资助项目2项、省科技厅软科学项目2项、兰州市社科规划项目2项、校级科研项目28项。完成各类科研项目83项，其中国家社科基金项目3项、省社科规划项目6项、全省党校系统重点调研项目57项、省科技厅软科学项目6项、校级科研项目11项。全年全校教学科研人员独立或以第一作者发表论文246篇（国家级16篇，省级230篇），出版著作13部（国家级3部，省级10部）。有71项科研成果获奖，其中甘肃省委党校获全国党校系统第十届课题项目中标奖，获全国党校系统优秀科研成果二等奖2项、三等奖2项，获校第十六次优秀科研成果奖50项，获其他奖项16项。根据《中共甘肃省委党校国家社科基金和省社科规划项目奖励办法》和《中共甘肃省委党校优秀科研成果奖励办法》规定，对符合条件的354项科研成果进行奖励，奖励金额达873487元。成功举办全省党校系统"生态文明建设"理论研讨会；选派多名教研人员参加全国党校系统"全面深化改革与激发文化创造活力"等学术研讨会。向全国党校系统"党的领导与实现国家治理体系和治理能力现代化"理论研讨会、全国党校系统学习党的十八届四中全会精神研讨会、省政协纪念人民政协成立65周年理论研讨会等报送一批高质量的理论文章。《甘肃党校报》《甘肃理论学刊》《中共甘肃省委党校研究报告》等1报6刊，紧紧围绕中央精神，刊登一批有影响、有分量、有决策参考价值的理论研究成果。精心组织20多名专家教授在《甘肃日报》、甘肃电视台对党的十八届三中、四中全会、习近平总书记系列重要讲话、党的群众路线、省委十二届七次、八次、九次全委会进行解读。

【队伍建设】2014年，晋升正高级专业技术职务8人（破格教授1人），晋升副高级专业技术职务5人。目前，全校有高级职称123人，其中正高50人，副高73人，副高以上专业技术职务人员占专业技术人员的67%。选派12人分别到中央党校、浦东干部学院和井冈山干部学院学习培训；选送1人为西部之光访问学者到中国社科院访问；选派17人参加主体班次学习培训；选派5名年轻干部到"双联"点挂职锻炼。委托培养硕士研究生2人、博士研究生2人；调入副高职和高学历专业技术人员2人；招录博士研究生2人、硕士研究生及以下学历紧缺专业人员5人；选调3名有基层工作经验的选调生来校工作；接收军转干部1人。推荐并入选国家"万人计划"第一批哲学社会科学领军人才1人、甘肃省领军人才1人、省食品安全专家委员会专家2人、省循环经济专家委员会专家7人、省文化专家和青年文艺评论人才6人；6人获全省宣传文化系统"四个一批"人才称号，1人获省直机关青年五四奖章。对2013年年度考核中确定为优秀等次的18名参公人员和破格晋升职称的1名教师分别给予嘉奖。严格按照新修订的党政领导干部选拔任用工作条例，选拔任用正处级非领导职务4人、副处级非领导职务3人，提拔正科级干部1人。

2014年3月3日，甘肃省委党校举行2014年春季开学典礼

【信息化建设】继续推进全省党校系统视频会议网络建设，圆满完成"富民兴陇"系列讲座技术保障工作；不断完善校园网基础设施建设，新安装校园网服务器，优化核心交换设置；完成清华同方"中国学术期刊全文数据库""中国博硕士论文全文数据库"和《人大复印资料》（网络版）、《中国宏观经济网》《国务院发展研究报告》（网络版）的续订工作，新增数据121.3万条；完成"中共甘肃省委党校文库""甘肃省情和地方志数据库""甘肃党校报数据库"和"中共甘肃省委党校年鉴数据库"数据的更新与转换工作。

【基础设施建设】圆满完成教师公寓周转房和14号住宅楼的竣工验收、交房验收、地下车位租赁等工作。对全校暖气管道、上下水及热水管道、自来水变频装置和水库自动门等设备进行维修保养。制定《2014—2025年校园建设规划》。

【机关党建工作】组织全体党员和广大干部深入学习贯彻党的十八大、十八届三中、四中全会精神，习近平总书记系列重要讲话和省第十二次党代会，十二届九次全委扩大会议精神；组织召开校委理论中心组集中学习12次。制定并出台《中共甘肃省委党校校务委员会关于落实党风廉政建设主体责任的实施意见》和《机关党委纪委关于落实党风廉政建设"两个责任"的实施意见》。组织召开落实党风廉政建设主体责任专题组织生活会和推进会，签订中共甘肃省委党校《机关党组织党风廉政建设责任书》和《基层党组织与党员党风廉政建设责任书》。对在联村联户、效能风暴、先锋引领行动和"双优一文明"创建活动中涌现出来的14个先进集体和44名先进个人进行表彰奖励。顺利完成党总支、支部的换届改选工作，组织7人参加省直机关"先锋杯"演讲朗诵比赛，组织302名在职党员报名参加社区志愿者服务活动。

【工会工作】成功举办2014年全校运动会；推荐2014年度全国"五一巾帼

标兵”候选人1名、全省“三八红旗手”候选人1名；评选表彰2013—2014年度先进工会集体、优秀工会工作者和工会积极分子；增补部分基层分会委员并成立各基层分会工会小组；完善和规范困难职工建档工作；慰问病重困难职工并积极组织全校职工进行捐款活动；开展书画笔会、登山活动和校园摄影展等文体活动。

【业务指导工作】先后深入武威、庆阳、平凉、金川公司等党校，调研《党校工作条例》和省委实施意见的贯彻落实情况；与新华社甘肃分社、青海分社记者赴张掖、天水、甘南等市州和部分县区党校进行“关于基层党校情况”的调研；编辑出版《党校教育研究》第九卷；评选表彰全省党校系统优秀教师199人；组织召开第28次全省党校系统教师高级职务任职资格评审委员会会议，解决86人的高、中、初级职称问题。

【老干部工作】全年为离退休职工办各种福利4次；走访慰问生活困难、身患重病和易地安置的多名老同志；进一步丰富老同志精神文化生活，组织参加主题活动、文体活动30多次。

【“双联”行动】选派5名优秀年轻干部到联系村挂职，长期驻村开展工作，培训党员和干部群众1000多人次。自筹资金52万元，救助255户特困群众，为卓尼县扎古录镇及6个联系村购买电脑等办公设备。多方争取并落实资金1045万元，先后完成扎古录村—赛如那村195公里、扎古录村—达扎寺19公里、柏林村—才尼自然村1.8公里道路硬化和扎古录村河堤加固等重大工程。做好七里河区1个行政村的“双联”工作。

省委党校领导班子成员名录

校　长　欧阳坚（白族）
常务副校长　王　渊（12月止）
　　范　鹏（12月任）
副校长　吴定军　寇明军
　　冯　湖　杨　忠
校长助理　李润强

（供稿：王宏权）

中国共产党甘肃省纪律检查委员会

纪律检察

【基层纪检组织建设】省纪委及时制定《纪检监察机关履行监督责任报告办法》和《纪检监察机关约谈领导干部办法》，修订完善党风廉政建设责任制考核指标体系，对落实“3783”责任体系进行细化和具体化。建立省纪委副书记联系指导市州纪委和派驻机构、市州纪委书记定期报告工作和市州纪委书记、省直派驻机构考核等制度，推进“两个为主”的具体化、制度化和规范化。建立省委“五人小组”。2014年，先后对8个省直部门和3个市州、28个县区及兰州新区进行巡视，发现问题线索1034件，其中涉及领导干部问题线索561件。

【作风建设】2014年，全省共查处违反八项规定精神问题1344起，处理2910人，其中给予党纪政纪处分794人，分别比2013年增长704.8%、826.8%、378.3%。省纪委先后16次点名道姓公开通报曝光违反八项规定精神问题133起，同比增长291%，涉及党员领导干部302人；14个市州和省直部门通报典型问题1086起，同比增长1520%，涉及干部2986人。

【查处违纪案件】2014年，全省纪检监察机关共受理信访举报23892件（次），同比增长60.6%；初核违纪线索6207件，同比增长156.7%；立案2672件，同比增长83.01%；结案2539件，同比增长75.7%；给予党政纪处分3612人，其中地厅级干部10人，县处级干部224人，乡科级干部1135人，分别比上年增长900%、148.9%、110.2%；涉嫌犯罪移送司法机关104人，司法机关作出刑事处罚后交纪检监察机关处理495人，通过办案挽回直接经济损失4600.46万元。省纪委立案审查省管领导干部13名，严肃查处广河县原县委书记马宗明，景泰县原县长张世军，中石油玉门油田分公司原副总经理杨国玲、孙卫东，省工信委原副巡视员刘保平，省交通运输厅原副厅长杨映祥，省委统战部原副部长、省工商联原党组书记吴继德等重大案件。

行政监察

【监督检查】2014年，省纪委直查或直接督办追责887人。对兰州、金昌、平凉、庆阳、白银等30家企业环境违法行为进行倒查追责，对80名责任人进行责任追究；对兰州市“4·11”局部自来水苯超标事件9个责任单位、20名相关责任人进行责任追究；调查处理青兰高速公路甘肃段“天价拖车费”问题，对9名责任人员进行处理；严肃查处全省城镇保障性安居工程方面的有关问题，对53个责任单位、323名责任人进行责任追究；对6个政府性楼堂馆所项目问题进行问责，追究7个单位8名相关人员的责任；对广河、西和、古浪等县挪用扶贫资金问题进行督办，追究159名责任人的责任；对陇南、甘南、临夏等市州滞留扶贫资金问题进行倒查追责，对16个县市区政府主要负责人进行约谈，对19个责任单位进行通报批评，对11名责任人进行问责处理；对首批“双审”发现问题涉及14个县区25个单位的90名相关责任人员进行严肃问责。

【自身建设】省纪委参与的议事协调机构由原来的129个精简到14个，累计减幅达89%；14个市州纪委、86个县市区纪委经过清理调整后参与的议事协调机构平均为10个；在保持机构和编制总数不变的前提下，省纪委内设机构整合5个、新设3个、重新组建2个、规范3个，承担执纪监督、查办案件职能的室达到12个，占内设机构总数的70%。加大培训力度，省纪委共培训纪检监察干部1711人，同比增长4倍多，特别是委托中央纪委一院两中心培训干部559人。举办4期乡镇纪委书记培训班，对全省1228名乡镇（街道）纪委书记集中进行轮训。制定《甘肃省纪检监察干部行为规范》，组织省市县乡四级1.2万名纪检监察干部签订作风建设承诺书。省纪委增设纪检监察干部监督室。

省纪律检查委员会领导班子成员名录

书　记　张晓兰（女）
常务副书记　杨志宏
副书记　王建太　王栋玉　张怀仁
常　委　李苏芬（女）　姜　毅
　　　　张云生　牛彦之　张　斌
秘书长　张云生

省监察厅领导班子成员名录

厅　长　王建太
副厅长　牛彦之　王立泰　张晓弟

省预防腐败局领导班子成员名录

局　长　张怀仁
副局长　方　亮

（供稿：夏晔勇）

甘肃省人大常委会

重要会议

【省第十二届人民代表大会第二次会议】2014年1月13日至17日，甘肃省第十二届人民代表大会第二次会议在兰州召开。会议听取和审议省长刘伟平作的甘肃省人民政府工作报告、省人大常委会副主任陆武成作的甘肃省人大常委会工作报告、省高级人民法院院长梁明远作的甘肃省高级人民法院工作报告和省人民检察院检察长路志强作的甘肃省人民检察院工作报告；审议甘肃省发展和改革委员会主任赵春关于甘肃省2013年国民经济和社会发展计划执行情况及2014年国民经济和社会发展计划（草案）的报告（书面），甘肃省财政厅厅长张勤和关于甘肃省2013年财政预算执行情况和2014年全省及省级财政预算（草案）的报告（书面）。

会议表决通过甘肃省第十二届人民代表大会第二次会议关于甘肃省人民政府工作报告的决议，关于甘肃省2013年国民经济和社会发展计划执行情况及2014年国民经济和社会发展计划的决议，关于甘肃省2013年财政预算执行情况和2014年省级预算的决议，关于甘肃省人大常委会工作报告的决议，关于甘肃省高级人民法院工作报告的决议，关于甘肃省人民检察院工作报告的决议。

在本次会议期间，代表们认真履行宪法、法律赋予的职责，围绕全省工作大局和本地区经济建设、政治建设、文化建设、社会建设、生态文明建设及人民群众关心关注的问题提出建议686件，其中以代表团提出108件，代表个人或联名提出578件。代表们提出的建议，在大会闭会后通过专题交办会分别交有关承办单位在法定时限内办结答复代表，并向省人大常委会报告办理情况。

【省人大常委会会议】第七次会议 2014年1月9日在兰州召开。省人大常委会副主任嘉木样·洛桑久美·图丹却吉尼玛、陆武成、孙效东、周多明、李慧、马青林，秘书长张绪胜及委员共54人出席会议。省人大常委会咨询员崔玉琴、张开勋，省人民政府副省长李荣灿，省高级人民法院、省人民检察院负责人，省人大各专门委员会组成人员，省人大常委会各工作部门负责人列席会议。会议会议听取省人大常委会秘书长关于甘肃省第十二届人民代表大会第二次会议筹备工作情况的报告；审议省人大常委会2014年工作要点；审议通过省人大常委会工作报告（稿），将提交省十二届人大二次会议审议；审议通过甘肃省第十二届人民代表大会第二次会议列席范围；审议通过甘肃省第十二届人民代表大会第二次会议议程、日程（草案），甘肃省第十二届人民代表大会第二次会议主席团和秘书长名单（草案）、主席团常务主席名单（草案）、主席团执行主席分组名单（草案）、大会副秘书长名单（草案）；审议通过甘肃省第十二届人民代表大会常务委员会代表资格审查委员会关于代表变动情况和补选代表的代表资格审查报告及公告。会议决定任命罗笑虎为甘肃省人民政府副省长，黄强为甘肃省人民政府副省长；任命黄维民为甘肃省人民代表大会常务委员会办公厅副主任，尚宏梅为甘肃省人民代表大会常务委员会民族侨务办公室副主任，汪振江为甘肃省人民代表大会常务委员会农业与农村办公室副主任，穆忠勤为甘肃省人民代表大会常务委员会代表工作委员会副主任。会议还通过省高级人民法院和省人民检察院提请的有关人事任免事项。

第八次会议 2014年3月25日至26日在兰州召开。省人大常委会副主任嘉木样·洛桑久美·图丹却吉尼玛、孙效东、周多明、李慧、马青林，秘书长张绪胜及委员共53人出席会议。省人大常委会咨询员崔玉琴、张开勋，省人民政府副省长黄强，省高级人民法院院长梁明远，省人民检察院检察长路志强，省人大各专门委员会组成人员，部分省十二届人大代表，省人大常委会各工作部门负责人，省政府有关部门负责人，各市、州人大常委会负责人，部分省人大常委会立法顾问和立法联系点负责人列席会议。部分由各民主党派和群众团体推派的公民旁听全体会议。会议传达十二届全国人大二次会议精神；审议通过《甘肃省道路运输条例》、甘肃省人民代表大会常务委员会关于修改《甘肃省人口与计划生育条例》第十八条的决定；审议《甘肃省无线电管理条例（草案）》；审议省人大内务司法委员会关于《甘肃省道路交通安全条例》贯彻执行情况的调研报告。会议通过省人大常委会关于接受刘永富辞去甘肃省副省长职务的请求的决定，关于接受冉万祥辞去甘肃省副省长职务的请求的决定，报甘肃省第十二届人民代表大会第三次会议备案；会议还通过省高级人民法院和省人民检察院提请的有关人事任免事项。

第九次会议 2014年5月27日至29日在兰州召开。省人大常委会副主任嘉木样·洛桑久美·图丹却吉尼玛、陆武成、孙效东、周多明、李慧，秘书长张绪胜及委员共52人出席会议。省人大常委会咨询员崔玉琴、张开勋，省人民政府副省长黄强，省高级人民法院院长梁明远，省人民检察院负责人，省人大各专门委员会组成人员，部分省十二届人大代表，省人大常委会各工作部门负责人，省政府有关部门负责人，各市、州人大常委会负责人，部分省人大常委会立法顾问和立法联系点负责人列席会议。部分由各民主党派和群众团体推派的公民旁听全体会议。会议审议通过甘肃省人民代表大会常务委员会关于批准《兰州市南北两山绿化管理条例》的决定，关于批准《甘肃省肃南裕固族自治县草原条例（修订）》的决定；审议《甘肃省农村能源条例（草案）》《甘肃省民兵预备役工作条例（草案）》。会议听取和审议省人民政府关于全省罚没收入收支管理情况的报告，审议省人大常委会调研组关于全省罚没收入收支管理情况的调研报告；听取和审议省人民政府关于甘肃省2014年地方政府债券收支安排并相应调整省级财政预算的报告，审议省人大财政经济委员会关于甘肃省2014年地方政府债券收支安排并相应调整省级财政预算的审查报告，作出关于批准2014年地方政府债券收支安排并调整省级财政预算的决议；听取和审议省人大常委会调研组关于全省深化农村经营体制改革情况的调研报告。会议通过省人大常委会关于接受张广智辞去甘肃省副省长职务的请求的决定，报甘肃省第十二届人民代表大会第三次会议备案；会议还通过省高级人民法院和省人民检察院提请的有关人事任免事项。

第十次会议 2014年7月28日至31日在兰州召开。省人大常委会副主任嘉木样·洛桑久美·图丹却吉尼玛、陆武成、孙效东、周多明、李慧、马青林，秘书长张绪胜及委员共51人出席会议。副省长郝远，省高级人民法院院长梁明远，省人民检察院负责人，省人大各专门委员会组成人员，部分在甘十二届全国人大代表、省十二届人大代表，省人大常委会各工作部门负责人，省政府有关部门负责人，各市、州人大常委会负责人，部分省人大常委会立法顾问列席会议。省上各民主党派和群众团体推派的公民旁听全体会议。会议审议通过《甘肃省农村能源条例》《甘肃省民兵预备役工作条例》；审议《甘肃省预防职务犯罪工作条例（修订草案）》《甘肃省风景名胜区条例（草案）》和《甘肃省河道管理条例（草案）》。会议听取和审议省人民政府关于甘肃省2014年上半年国民经济和社会发展计划执行情况的报告，省人民政府关于2013年全省及省级财政决算草案和2014年上半年财政预算执行情况的报告，省人民政府关于2013年度省级预算执行和其他财政收支情况的审计工作报告；审议省人民政府关于2013年全省政府非税收入收支和管理情况的报告（书面），省人大财政经济委员会关于2013年省级财政决算的审查报告（书面）；通过《甘肃省人民代表大会常务委员会关于批准2013年省级财政决算的决议》。会议听取和审议省人民政府关于全省科技创新工作的报告，审议省人大常委会调研组关于全省科技创新工作情况的调研报告；听取和审议省人大常委会执法检查组关于检查《中华人民共和国专利法》和《甘肃省专利条例》贯彻实施情况的报告。会议决定任命夏红民为甘肃省人民政府副省长；会议还通过省高级人民法院和省人民检察院提请的有关人事任免事项。

第十一次会议 2014年9月22日至26日在兰州召开。省人大常委会副主任嘉木样·洛桑久美·图丹却吉尼玛、陆武成、孙效东、周多明、李慧、马青林，秘书长张绪胜及委员共47人出席会议。省委常委、副省长咸辉，省高级人民法院院长梁明远，省人民检察院检察长路志强，省人大各专门委员会组成人员，部分省十二届人大代表，省人大常委会各工作部门负责人，省政府有关部门负责人，各市、州人大常委会负责人，部分省人大常委会立法顾问列席会议。省上各民主党派和群众团体推派的公民旁听全体会议。会议修订通过《甘肃省预防职务犯罪工作条例》，通过《甘肃省风景名胜区条例》和《甘肃省河道管理条例》；通过甘肃省人民代表大会常务委员会关于批准《甘肃省临夏回族自治州教育条例（修订）》的决定；审议《甘肃省放射性污染防治条例（草案）》。会议听取和审议省人大常委会执法检查组关于检查《中华人民共和国农产品质量安全法》和《甘肃省农产品质量安全条例》贯彻实施情况的报告，审议省人大常委会调研组关于现代服务业发展情况的调研报告（书面）；听取和审议省人民政府关于就业情况的报告，并在分组审议的基础上，召开联组会议，对就业工作情况进行专题询问；听取和审议省人民政府关于全省地震重点监视防御区防震减灾工作情况的报告，审议省人大常委会调研组关于全省地震重点监视防御区防震减灾工作情况的调研报告（书面）；听取和审议省高级人民法院关于全省法院开展民事执行工作情况的专项报告，审议省人大常委会调研组关于法院开展民事执行工作情况的调研报告（书面）；听取和审议省人民政府关于省十二届人大二次会议代表建议办理情况的报告，审议省高级人民法院关于省十二届人大二次会议期间代表建议办理情况的报告（书面）和省人民检察院关于省十二届人大二次会议代表建议办理情况的报告（书面）；听取和审议省交通运输厅、省农牧厅关于省十二届人大一次、二次会议代表建议办理情况的报告，并对办理情况进行满意度测评。会议审议甘肃省第十二届人民代表大会常务委员会代表资格审查委员会关于个别代表变动情况的代表资格审查报告（书面），表决通过关于个别代表变动情况的代表资格审查报告及公告。会议任命马建华为甘肃省人民代表大会常务委员会教育科学文化卫生办公室副主任，免去吕发成的甘肃省人民代表大会常务委员会研究室副主任职务，王学居的甘肃省人民代表大会常务委员会民族侨务办公室副主任职务；会议还通过省高级人民法院和省人民检察院提请的有关人事任免事项。

第十二次会议 2014年11月25日至28日在兰州召开。省人大常委会副主任嘉木样·洛桑久美·图丹却吉尼玛、陆武成、孙效东、周多明、马青林，秘书长张绪胜及委员共45人出席会议。省委常委、常务副省长罗笑虎，省高级人民法院院长梁明远，省人民检察院检察长路志强，省人大各专门委员会组成人员，部分省十二届人大代表，省人大常委会各工作部门负责人，省政府有关部门负责人，各市、州人大常委会负责人，部分省人大常委会立法顾问列席会议。省上各民主党派和群众团体推派的公民旁听全体会议。会议审议通过《甘肃省辐射污染防治条例》；通过甘肃省人民代表大会常务委员会关于批准修订《兰州市供热用热条例》的决定；通过甘肃省人民代表大会常务委员会关于批准《兰州市爱国卫生条例》的决定；通过甘肃省人民代表大会常务委员会关于批准《甘肃省东乡族自治县农村公路条例》的决定。会议听取和审议省人大常委会执法检查组关于检查《甘肃省废旧农膜回收利用条例》贯彻实施情况的报告；听取和审议省人民政府关于全省新型城镇化试点工作情况的报告，关于2013年度省级预算执行审计决定落实情况的报告；听取和审议省高级人民法院关于全省法院规范司法行为工作情况的报告，省人民检察院关于省人民检察院规范司法行为工作情况的报告；审议省人大常委会调研组关于人民法院、人民检察院规范司法行为工作情况的调研报告，关于甘肃省陇东黄土高原生态安全屏障保护建设情况的调研报告；审议省人大常委会关于省十二届人大二次会议代表建议办理情况的报告。审议通过甘肃省人大常委会关于召开甘肃省第十二届人民代表大会第三次会议的决定。会议任命张清为甘肃省人民代表大会常务委员会内务司法办公室副主任，免去王家勋的甘肃省人民代表大会常务委员会农业与农村办公室副主任职务，免去靳来舜的甘肃省人民代表大会常务委员会法制工作委员会副主任职务；会议还通过省高级人民法院和省人民检察院提请的有关人事任免事项。

第十三次会议　2014年12月23日在兰州召开。省人大常委会副主任陆武成、孙效东、周多明、马青林，秘书长张绪胜及委员共45人出席会议。省委常委、常务副省长罗笑虎，省高级人民法院院长梁明远，省人民检察院检察长路志强，省人大各专门委员会组成人员，省人大常委会各工作部门负责人，省政府有关部门负责人列席会议。会议审议通过甘肃省第十二届人民代表大会常务委员会关于批准《甘肃省人民政府关于提请审议调整2014年全省经济社会发展部分主要指标的议案》的决议。

常委会工作

【地方立法】常委会全年共制定、修改地方性法规8件，审议批准兰州市和民族自治地方的法规、自治条例、单行条例6件，完成年度立法计划。修订《甘肃省道路运输条例》，审议批准《甘肃省东乡族自治县农村公路条例》。同时，对《甘肃省无线电管理条例（草案）》进行调研、论证和初审。常委会发挥立法主导作用，组织起草《甘肃省非物质文化遗产条例（草案）》，并进行一审。审议通过《甘肃省风景名胜区条例》。修订《甘肃省农村能源条例》，制定《甘肃省辐射污染防治条例》和《甘肃省河道管理条例》，批准《兰州市南北两山绿化管理条例》《甘肃省肃南裕固族自治县草原条例》。国家计划生育政策调整后，及时修正《甘肃省人口与计划生育条例》，对甘肃省实施“单独两孩”政策作出法律规定。针对兰州城区集中供热存在的突出问题，顺应群众期盼，审查批准《兰州市供热用热条例》。此外，还审查批准《兰州市爱国卫生条例》《甘肃省临夏回族自治州教育条例》。适时把修订《甘肃省预防职务犯罪工作条例》，由预备项目调整为当年立法项目并颁布实施。着眼推进国防后备力量建设，审议通过《甘肃省民兵预备役工作条例》。

【监督工作】常委会把促进经济社会发展计划有效执行作为监督重点，听取审议“一府两院”专项工作报告19项，对6部法律法规的实施情况进行检查，对138件规范性文件进行备案审查。适时听取审议2014年上半年发展计划及财政预算执行情况的报告、2013年全省及省级财政决算草案的报告、2013年全省政府非税收入收支管理情况报告。适应发展新常态，审查批准2014年地方政府债券收支安排及省级财政预算调整方案、2014年部分主要经济社会发展指标调整议案。重视审计监督，先后听取并审议2013年度省级预算执行及其他财政收支的审计工作报告、审计决定落实情况的专项报告。在专题调研的基础上，听取审议省政府2011年以来全省罚没收入收支管理情况的报告。听取和审议省政府关于全省新型城镇化试点的报告，有针对性地提出加快编制省域城镇体系规划、推进城镇特色风貌建设、重视中小城镇建设等意见。开展专利法和甘肃省专利条例实施情况的检查，听取和审议常委会的执法检查报告和省政府关于全省科技创新工作的报告，提出加强知识产权保护、健全创新激励机制、促进科技成果转化、深化科技体制改革等意见。紧紧围绕就业这个民生之本，在听取和审议省政府关于全省就业工作报告的基础上，专门召开联组会议，首次采取网络直播的形式，就全省就业问题开展专题询问。集中两个多月时间，对《农产品质量安全法》《甘肃省农产品质量安全条例》和《甘肃省废旧农膜回收利用条例》的实施情况进行检查，提出加强监管体系建设、健全经费保障机制、加大监管和执法力度等意见。听取审议全省地震重点监视防御区防震减灾工作情况的专项报告，围绕大气污染防治组织开展陇原环保世纪行活动。围绕加强依法治理和建设法治甘肃，在深入调研的基础上，听取并审议省法院、省检察院关于规范司法行为工作情况的报告和省法院关于全省法院民事执行工作情况的报告，提出推进司法体制改革、加强队伍建设、提高办案质量等意见。

【专题调研】常委会组成调研组，由领导带队，组织开展多项专题调研。调研报告经常委会审议后上报省委，并转送省政府研究办理。着眼推进全面小康社会建设，专题对农村经营体制改革情况开展调研。采取上下联动、点面结合的方式，集中对农村土地承包经营、土地流转、新型经营主体培育发展、经营体制机制创新和产业结构调整等问题，进行深入调查研究，并形成专题报告，提出工作建议。同时，还就城镇空间布局、农业转移人口市民化和农民收入问题进行调研，有针对性地提出大力发展现代农业、积极培育发展特色优势产业、进一步落实惠农政策、强化农民技能培训和劳务输转等对策建议。着眼推进生态屏障建设，专题对陇东黄土高原生态安全屏障保护建设情况开展调研。常委会组织力量，专题对陇东黄土高原生态安全屏障保护建设，以及平庆煤电化工和石油化工基地建设情况进行调研，针对陇东地区生态环境存在的突出问题，提出加强流域综合治理、扶持重点生态工程项目、加大油区矿山环境恢复治理力度、加快陇东电力外输通道建设、制定出台资源开发生态补偿费征收管理办法等方面的意见建议。着眼推动现代服务业发展，专题对生产性服务业发展情况开展调研。围绕加快发展方式转变、推动产业结构转型升级，先后深入兰州、白银、天水、酒泉、嘉峪关等地和省直有关部门，专题对生产性服务业发展情况进行调研，提出加快发展现代物流、金融保险、电子商务、信息中介等生产性服务业的意见建议。

【代表工作】深入开展"双联""人大代表在行动"活动。紧紧围绕省委"联村联户、为民富民"行动这一中心任务，继续推进双联"人大代表在行动"活动，及时召开全省双联"人大代表在行动"暨代表履职工作推进会，总结典型经验，表彰先进模范，安排部署工作。全省各级人大精心组织，狠抓落实，着力构建长效机制，持续推进活动深入开展，代表参与率由2013年的76.6%提高到85%。在试点的基础上，狠抓"人大代表之家"创建工作。通过各级人大上下协作、互联共建，全省已建成"人大代表之家"1900多个。同时，通过积极协调，在各级政府的支持下，适当调高人大代表活动经费的保障标准。采取走出去与请进来、边学习与边实践相结合的方式，重点围绕学习贯彻党的十八届三中、四中全会精神，围绕熟悉宪法法律及人民代表大会制度的相关知识，先后举办代表学习培训班3期，培训代表300多人次。特别是针对湖南衡阳贿选案，制定出台加强省人大代表选举工作意见，组织代表开展学习讨论。邀请代表列席常委会会议、参加省人大组织的各种调研视察、执法检查活动。常委会还召开全省人大代表工作座谈会，就进一步做好代表工作进行总结交流和安排部署。针对代表建议办理存在的问题，修订完善办理工作制度，组织代表视察重点办理工作事项。首次专题听取审议部分承办单位办理情况的报告，并进行满意度测评。截至2014年7月底，省十二届人大二次会议期间代表提出的691件建议全部办理完毕。其中，所提问题得到解决或正在解决的589件，占85.2%；常委会领导和各专门委员会重点督办的14件代表建议已全部落实。常委会还组织协调在甘全国人大代表，积极向全国人代会提出议案和建议138件。其中，将甘肃列为国家中医药产业发展综合试验区和在兰州新区布局建设国家级现代石油化工产业基地两项建议，被列为全国人大常委会重点督办建议。对甘肃省全国人大代表闭会期间提出的制止在祁连山自然保护区采矿探矿的建议，配合全国人大进行专项督办。

【决定重大事项】常委会认真履行重大事项决定权，全年共作出决定决议16件。

【人事任免】常委会依法履行人事任免权，全年共任免国家机关工作人员132人次。

【信访工作】常委会高度重视人民来信来访工作，全年共受理来信1527件，接待来访987人次，并积极督促有关方面妥善解决一批事关群众切身利益的问题。

【自身建设】全年举办各类辅导讲座、专题报告和集中学习30多次。按照省委全面深化改革的总体部署要求，研究制定实施方案，对民主法制领域涉及人大工作的改革事项进行深入调研，结合实际提出具体的改革意见和措施，全面完成各项年度改革任务。同时，对如何做好新形势下的人大工作，从理论与实践密切结合的基础上，提出一些具体意见和建议。弘扬宪法精神，广泛开展国家宪法日等宣传活动。在人民代表大会成立60周年之际，举行庆祝大会，举办人大发展历程展和知识竞赛、有奖征文、专题讲座等系列活动，对宪法和人民代表大会制度进行广泛深入宣传。在泾川县和兰州城关区开展加强乡镇、街道人大工作试点的基础上，召开全省乡镇（街道）人大工作座谈会，制定印发指导规范乡镇（街道）人大工作的系列制度文件。同时，组织全省86个县（市、区）人大常委会主任参加全国人大集中培训，举办全省市州人大常委会秘书长培训班。按照省委"3783"党风廉政建设主体责任体系要求，制定具体实施意见，认真抓紧工作落实。常委会机关继续深入开展联村联户行动、效能风暴行动、不作为慢作为专项整治和"素质提升年"、省级文明单位创建活动。

省人大常委会领导班子成员名录

主　任　王三运

副主任　嘉木样·洛桑久美·图丹却吉尼玛（藏族）
陆武成　孙效东　周多明
李　慧（女）
马青林（回族）

秘书长　张绪胜

副秘书长　马　森　明连成　苏秦川
董永芳（女）

省人大各专门委员会领导成员名录

法制委员会

主任委员　田宝忠

副主任委员　马发明（女，回族）
王　渊　姚振华

民族侨务委员会

主任委员　张天理

副主任委员　贡保甲（藏族）　陈　琳
马少青（保安族）

内务司法委员会

主任委员　刘宝珍

副主任委员　王禄维　韩克茵（女）

财政经济委员会

主任委员　郑玉生
副主任委员　何振中　张性忠
农业与农村委员会
主任委员　武文斌
副主任委员　范志斌　哈全玉　尚勋武
教育科学文化卫生委员会
主任委员　庞　波
副主任委员　李宝堂　白继忠　刘　基
环境资源保护委员会
主任委员　王　义
副主任委员　张力学　武敬东

省人大常委会各工作部门领导成员名录

办公厅
主　任　马　森
副主任　李　平　刘来宁
　　　　余　超（蒙古族）　黄维民
研究室
主　任　邹通祥
副主任　吕发成（9月止）
代表工作委员会
主　任　李　峰
副主任　李世红　吴东坡　穆忠勤
法制工作委员会
主　任　马发明（女）
副主任　靳来舜（11月止）　许　华
　　　　曹云山　杨丽萍（女）
财经预算工作委员会
主　任　何振中
副主任　马洪滨　梁虎堂
民族侨务办公室
主　任　贡保甲（藏族）
副主任　王学居（女）（9月止）
　　　　卓俊才（藏族）
　　　　尹福山　尚宏梅
内务司法办公室
主　任　王禄维
副主任　张　清（11月任）　程世强
　　　　王　兰（女）
农业与农村办公室
主　任　范志斌
副主任　王家勋（11月止）
　　　　李高协　汪振江
教育科学文化卫生办公室
主　任　李宝堂
副主任　田鸿章　郝宗维
　　　　刘士华　马建华（9月任）
环境资源保护办公室
主　任　张力学
副主任　叶小平　薛毓萍（女）
　　　　李占魁（回族）

（供稿：邵建斌）

甘肃省人民政府

重要会议

【省政府全体会议】1月17日，省委副书记、省长刘伟平随即主持召开省政府第五次全体会议，就《政府工作报告》确定的各项目标任务作出具体安排部署。会议指出，要落实中央关于不以GDP增长率论英雄的要求，坚持正确的考核导向，实行分类指导，迅速、科学、有序推进工作落实，确保顺利完成各项目标任务，促进全省经济社会持续健康发展。会议指出，今年全省改革发展任务十分繁重。在省委的坚强领导下，全省各级政府要乘势作为，凝心聚力狠抓落实。要在充分认识面临的形势和既定发展任务上统一思想，在科学总结近几年成功发展经验的基础上坚定信心，在切实把握和用足用好难得发展机遇上积极作为，将各项目标任务不折不扣、坚定不移地落到实处。会议强调，顺利实现今年各项目标任务，必须抓主抓重。一要围绕转方式调结构抓落实。着力加快现代农业发展，进一步提升特色优势产业的发展质量和水平。着力推动工业提质增效升级，千方百计增强工业拉动作用。着力发展现代服务业，提高服务业就业比重。二要围绕改革开放抓落实。深入推进行政审批制度改革，深化经济领域的重点改革，强力推进对外开放。三要围绕项目建设抓落实。深入实施"3341"项目工程，认真谋划项目，破解融资难、用地难等瓶颈制约，加快项目建设进度。四要围绕扶贫攻坚抓落实。抓紧制定"六大突破"实施方案，加快通村道路和安全饮水工程建设进度，加大易地扶贫搬迁力度，做好富民产业培育，促进农民增收。五要围绕新型城镇化建设抓落实。尽快完成全省新型城镇化规划和省域城镇体系规划的编制报批工作，统筹开展新型城镇化试点。六要围绕民生保障抓落实，千方百计提高群众收入，充分发挥民生工作兜底保障作用，认真做好灾后恢复重建工作，实施好今年10项23件为民实事。会议强调，各市州各部门要明确责任、完善机制，有计划、有步骤、分层次地推进工作落实，加强运行调度，确保各项工作进展达到时间进度要求。要加强上下左右协调沟通，形成工作合力。要完善督查机制，改进督查方式方法，避免重复、多头、交叉督查。同时，要进一步加强自身建设，做到勤学善谋、令出必行、廉洁勤政，以优良的作风保障各项工作顺利推进。会议还就做好春节前保障市场供给、妥善安排困难群众生活、维护社会安全安定、抓好春耕备耕、搞好节日期间廉洁自律等工作提出具体要求。

4月18日，省政府召开第六次全体会议，分析研判一季度全省经济社会发展形势，安排部署下一阶段工作。省委副书记、省长刘伟平在会上强调，各级各部门要坚定信心、克难奋进，坚持改革创新，变压力为动力，打好主动仗，补齐短板，赶上进度，全力以赴扭转增速下滑局面，为实现全年各项目标任务、保持良好发展势头奠定坚实基础。会议通报省政府2013年目标管理责任书完成情况和一季度全省经济运行情况。市州政府负责同志在各地分会场作发言。刘伟平指出，全省一季度经济运行情况不容乐观，GDP等主要经济指标增速低于预期，但就业、城乡居民收入、物价等重要指标也有许多积极变化。各级各部门既要看到复杂严峻的国际国内经济形势叠加的影响，使得外部市场和金融环境趋紧，经济下行压力加大，对实现全年经济社会发展预期目标带来的危机感和紧迫感，坚决克服用外部原因掩盖自身工作不实不力的现象；要看到进一步开拓市场和增加投入强度仍存在巨大潜力，准确把握经济运行中的积极因素，用足用好十分难得的政策机遇，凝心聚力应对经济下行挑战。

刘伟平强调，各级各部门各省属企业必须按照党的十八届三中全会的总体部署，认真落实省委关于全面深化改革的各项举措，找准用足政策的结合点，选准转型升级的着力点，抓主要矛盾、抓关键环节，采取务实管用、标本兼治的举措，强力推进促改革、调结构、惠民生各项工作，千方百计促进经济社会平稳健康发展。一要把深化改革作为推动经济平稳健康发展的关键举措，继续加大简政放权力度，突出抓好国有企业改革，激发非公经济和小微企业发展活力。二要把转方式调结构作为提质增效升级的重要支撑。要下决心加大农业转方式调结构工作力度，加快推动现代农业发展。要着力抓好工业结构调整和优化升级，有进有退调整产业结构，促进传统优势产业转型增效升级，提升新能源及新能源装备制造业的整体竞争力。要进一步挖掘第三产业潜力，推动文化与旅游深度融合，加快养老、健康等生活服务业和物联网、信息产业、现代物流等生产性服务业发展。要高度重视消费对稳增长的重要拉动作用，扩大消费规模，促进电子商务等新兴业态发展。三要把保障和改善民生作为促进经济发展的稳固根基，保持就业平稳向好势头，加快为民实事实施进度，推进扶贫攻坚，加快岷县漳县地震灾后恢复重建。四要把项目建设作为挖掘发展潜力的重要抓手，坚定不移地推动项目带动行动，做到前期工作进度要快、项目建设进度要快、资金保障跟进要快。五要把对外开放作为借力发展的战略选择，以经贸文化旅游合作为先导，以产业对接提升为支撑，以完善综合交通体系为保障，努力把甘肃省打造成为丝绸之路的黄金通道、向西开放的战略平台、经贸物流的区域中心、产业合作的示范基地、人文交流的桥梁纽带，积极构建国家向西开放的重要门户和次区域战略合作基地。六要把加强社会管理作为保障发展环境的重要内容，高度重视重要领域、重点场所的公共安全，扎实做好安全生产、食品药品安全监管工作，严密防范大气污染、水污染等环境安全事件，加强社会治安防控，健全完善应急预案，保障群众身体健康和生命安全。刘伟平要求，各地各部门要强化担当精神和执行能力，集中精力抓好各项工作的落实。要靠实责任抓落实，改进作风抓落实，督促考核抓落实，认真落实教育实践活动中建立起来的各项改进作风的制度，把重点工作目标化、目标任务责任化、责任落实具体化，确保工作一环紧扣一环地推进，一招紧跟一招地落实，努力完成全年各项目标任务。

7月22日至24日，省政府召开第七次全体会议（与省委十二届八次全委扩大会议套开）。省委副书记、省长刘伟平通报上半年经济运行情况，并对下半年经济社会发展各项工作进行安排部署。刘伟平指出，今年以来，面对国内外复杂严峻的经济形势和持续加大的下行压力，省政府按照省委对经济工作的要求，坚持月调度、季分析，并采取分部门、分行业召开省长办公会和现场调研指导等方式，研究解决经济运行中遇到的突出问题，综合施策促进稳增长，千方百计培育新的增长点。经过各级各部门各企业的奋发努力，上半年全省经济运行实现止滑企稳，呈现出稳中有升的向好迹象，生产总值增速扭转去年以来逐季下滑的趋势，经济运行中的积极变化增多。但发展中还存在一些不容忽视的突出问题，实现全年经济增长11%左右的预期目标面临很多困难。刘伟平强调，全省上下一定要按照省委的要求，统一思想、坚定信心，顶住压力、保持定力，竭尽全力、抢抓机遇，准确把握改革发展的平衡点，准确把握实现今年目标与谋划长远发展的平衡点，准确把握促进经济发展与改善民生的结合点，以增强投资为主动力、以项目建设为主抓手、以结构调整为着力主方向、以政策平台为主攻点，精准发力、定向施策，更多依靠市场力量、更多运用改革办法，下功夫用足用好国家微刺激政策、承接东部产业转移、向西开放三个重大机遇，抓住投资、消费、开放三个发力方向，做好深化改革、结构调整、改善民生、稳定增长、营造良好发展环境五项重点工作。各级各部门要坚定不移深化改革，继续推进行政审批制度改革，深化国企改革，着力促进非公经济发展。要持之以恒加快结构调整，当前要突出扶持工业企业对产品结构进行调整，长远要注重产业结构调整，使一、二、三次产业和各产业内部结构以及所有制结构更趋合理。要千方百计改善民生，促进城乡居民持续增收，加快为民实事的实施进度，加大扶贫开发力度，有力有序推进灾后重建工作，完善社会保障体系，加强物价监管。要全力以赴稳定增长，力争全年经济增速能够进入合理区间。要多措并举营造良好发展环境，扎实做好安全生产工作，加强防灾减灾，强化环境保护，严格食品药品市场监管。刘伟平强调，不唯GDP不是不要GDP，经济工作仍然是中心工作，发展仍然是第一要务，各级各部门要切实增强抓落实的责任感和紧迫感，提高组织经济发展的能力和水平，加强对目标任务完成情况的督促检查，巩固和扩大作风建设成果，真抓实干，强化执行力，全力实现经济社会发展预期目标，加快全面小康建设进程。

【省政府常务会议】1月3日，刘伟平省长主持召开第35次省政府常务会议。审议《甘肃省易地扶贫搬迁实施规划》；审议《关于贯彻落实〈国务院关于加快发展节能环保产业的意见〉的实施意见》；听取“十二五”石油和化学工业发展规划中期评估及规划调整情况汇报；审议《甘肃省城镇燃气发展规划（2014—2020年）》；审议《甘肃省重点地质灾害防治专项规划（2014—2020年）》；审议《甘肃省石羊河流域地下水资源管理办法》；审议兰州新区引进高层次人才支持政策；审议岷县漳县地震抗震救灾先进集体和先进个人名单；听取甘肃省领军人才任期考核有关情况的汇报；审议《甘肃省运动员、教练员参加国际国内比赛成绩奖励办法》；审议“第十届甘肃省优秀图书、音像制品及电子出版物”奖评奖结果；审议《2013

年国民经济和社会发展计划执行情况及2014年国民经济和社会发展计划草案的报告》；审议《2013年预算执行情况和2014年全省及省级财政预算安排意见》。

1月10日，刘伟平省长主持召开第36次省政府常务会议。宣布部分副省长、省长助理工作分工。

1月16日，刘伟平省长主持召开第37次省政府常务会议。研究2014年全省经济社会发展主要指标和重点工作任务分解事宜；研究人事任免事宜。

1月26日，刘伟平省长主持召开第38次省政府常务会议。审定《甘肃省资源型城市可持续发展规划》；审定《甘肃省重污染天气应急预案》；审定取消调整评比达标表彰评估项目的意见；审定2013年度甘肃省科学技术奖评奖意见；审定《甘肃省食品安全监管责任问责办法（试行）》《甘肃省食品安全追溯管理办法（试行）》《甘肃省农产品质量安全追溯办法（试行）》；审定2014年度审计工作计划；审定模范军转干部、军转安置工作先进单位和先进军转工作者推荐意见；研究人事任免事宜。

2月14日，刘伟平省长主持召开第39次省政府常务会议。审议省政府《关于化解产能严重过剩矛盾的实施意见》；研究加强防震减灾工作事宜；听取全省撤乡改镇工作情况汇报；听取1月份经济运行情况汇报；研究人事任免事宜。

2月28日，刘伟平省长主持召开第40次省政府常务会议。研究贯彻落实中办、国办印发《甘肃省人民政府职能转变和机构改革方案》的意见；听取岷县漳县地震受灾群众异地安置工作情况汇报；审议《关于支持敦煌国际文化旅游名城建设若干政策意见》；审议《甘肃省注册资本登记制度改革实施方案》；审议《甘肃省无线电管理条例（草案）》；审议2014年省级预算内基建投资建议计划；听取全省城乡低保资金有关情况及2014年农村低保对象补助水平测算情况汇报；研究人事任免事宜。

3月21日，刘伟平省长主持召开第41次省政府常务会议。听取外派监事会工作开展情况汇报；审议《甘肃省党政领导班子和领导干部安全生产目标责任考核办法》；审议甘肃省贯彻落实《加快转型发展建设国家生态安全屏障综合试验区总体方案》的实施意见；听取1–2月份经济运行情况汇报；研究“中国—中亚合作论坛”与兰洽会筹办事宜；听取“亚洲合作对话—丝绸之路务实合作论坛”筹办情况汇报；研究“中华文化四海行—走进甘肃”活动筹办事宜；研究取消、调整和下放省级现有行政审批事项的意见；审定《省政府省总工会联席会议规则》；研究调整企业退休（职）人员基本养老金事宜。

4月4日，刘伟平省长主持召开第42次省政府常务会议。审议《全省2014年大气污染防治工作方案》；听取省发展改革委与中石油规划计划部就兰州石化搬迁改造事宜会谈情况汇报；审议《甘肃省新型城镇化规划（2014—2020年）》；研究贯彻落实全国春季农业生产暨森林草原防火会议精神的意见；听取全省政府系统贯彻执行中央八项规定情况汇报；研究省民航机场管理局领导班子配备事宜；审议《关于建立政府法律专家咨询委员会的意见》；研究贯彻落实全国计划生育工作电视电话会议精神暨甘肃省贯彻意见的汇报；研究调整全省最低工资标准事宜；研究2014年中国政府“友谊奖”候选人推荐事宜；研究人事任免事宜。

4月17日，刘伟平省长主持召开第43次省政府常务会议。审议贯彻落实国务院《政府工作报告》情况的报告；听取省政府2013年度目标管理责任考核情况汇报；审议《“丝绸之路经济带”甘肃段建设总体方案》；审议省政府《关于贯彻落实党的十八届三中全会精神推动非公有制经济跨越发展的实施意见》；研究2013年度推动非公经济跨越发展先进市州和优秀企业表彰奖励意见；审议《关于政府向社会力量购买服务的实施意见》；审议《关于加快发展养老服务业的实施意见》；研究调整提高全省失业保险金发放标准和工伤人员伤残待遇事宜。

4月25日，刘伟平省长主持召开第44次省政府常务会议。审议《关于定西师范高等专科学校整体并入甘肃中医学院实施意见》；审议《关于促进健康服务业发展的实施意见》；审议《关于做好新型城镇化试点工作的指导意见》；听取关于利用国开行棚改贷款加快全省棚户区改造情况的汇报；审定2013年度省长金融奖表彰意见；审议《甘肃省农村能源条例（草案）》；审议《甘肃省民兵预备役工作条例（草案）》。

5月9日，刘伟平省长主持召开第45次省政府常务会议。审议《关于加快小煤矿关闭退出工作的意见》；听取关于第二次全省土地调查主要数据成果的汇报；研究甘肃省启动不动产统一登记工作事宜；审议读者文化产业基金筹建方案；审议《我省各级政府驻北京办事机构核查清理实施方案》；研究人事任免事宜。

5月16日，刘伟平省长主持召开第46次省政府常务会议。听取1–4月份经济运行情况汇报；审议《甘肃省农作物种业发展规划（2014—2020）》。

5月24日，刘伟平省长主持召开第47次省政府常务会议。审议《甘肃省省域城镇体系规划纲要（2013—2030年）》；审议《关于进一步深化国资国企改革促进企业发展的意见》；审议《甘肃省现代大型农机发展规划》及《甘肃省农机专业合作社建设方案》；听取兰州市“4·11”局部自来水苯超标事件调查情况汇报；审议《关于深入推进行政审批制度改革的意见》和调整取消下放行政审批事项的意见；研究贯彻落实全国普通高校毕业生就业创业工作电视电话会议精神的措施；研究公共资源交易管理委员会办公室工作机构移交及调整相关议事协调机构事宜；研究筹建甘肃省易地扶贫搬迁投资有限责任公司相关事宜。

6月6日，刘伟平省长主持召开第48次省政府常务会议。研究贯彻国务院5月30日、6月4日常务会议精神的措施；审议《兰州新区综合配套改革试验总体方案》；审议《关于进一步加强财政管理的意见》；审议《关于抓住机遇加快推进铁路建设的意见》；听取2014年“民企陇上行”活动筹备情况汇报；审议《甘肃省利用国开行贷款开展棚户区改造项目实施办法》。

6月12日，刘伟平省长主持召开第49次省政府常务会议。研究兰州市“4·11”局部自来水苯超标事件相关责任人处理意见。

6月20日，刘伟平省长主持召开第50次省政府常务会议。听取1–5月份经济运行情况汇报；安排部署兰州新区发展“飞地经济”事宜；审议《贯彻落实国务院关于加强城市基础设施建设意见的实施意见》；审议《关于进一步优化企业兼并重组市场环境的实施意见》；听取第二十届“兰洽会”和“中国—中亚合作对话会”筹备情况汇报；听取甘肃省驻京办事机构清理情况汇报；审议《甘肃省城乡居民基本养老保险实施办法》；研究贯彻落实第六次全国军转表彰大会暨2014年军转安置工作会议精神的措施；审议《甘肃省高标准农田建设规划（2011–2020）》；审议《甘肃省取水许可及水资源费征收管理办法》；听取公祭伏羲大典筹备情况汇报。

7月11日，刘伟平省长主持召开第51次省政府常务会议。审议《甘肃省行政审批事项目录管理办法》和《甘肃省行政审批监督管理办法（试行）》；听取甘肃省体育馆项目建设情况汇报；审议《2013年度省级预算执行和其他财政收支的审计结果报告》；审议《关于2014年食品安全重点工作安排的意见》；听取省政府与中国南方航空股份有限公司合作开通兰州至中亚西亚国际航线补贴有关情况汇报；听取2014年全省公务员和参照公务员法管理单位工作人员招录计划有关情况汇报；研究贯彻落实第五次全国自强模范暨助残先进集体和个人表彰大会精神的措施；审议《甘肃省河道管理条例（草案）》；审议《甘肃省风景名胜区条例（草案）》；研究人事任免事宜。

7月18日，刘伟平省长主持召开第52次省政府常务会议。研究中央第一巡视组反馈有关问题的整改措施；听取全省党政机关办公用房清理腾退工作汇报；审议《关于加快电子商务产业发展的意见》；审议《第一届丝绸之路（敦煌）国际文化博览会实施方案》；审议《关于金融支持经济结构调整和转型升级的实施意见》；审议《关于甘肃省2014年上半年国民经济和社会发展计划执行情况的报告》。

7月25日，刘伟平省长主持召开第53次省政府常务会议。审议《甘肃省2014—2015年节能减排低碳发展实施方案》；审议省发展改革委、省交通运输厅、省农牧厅、省商务厅等4部门职责和机构编制调整方案；审定甘肃省2014年享受政府特殊津贴候选人名单及第五批全国杰出专业技术人才和专业技术人才先进集体推荐名单。

8月8日，刘伟平省长主持召开第54次省政府常务会议。贯彻国务院常务会议精神部署做好农民工作服务工作；审议《贯彻落实国务院加快发展现代职业教育决定的实施意见》；听取全省69家代管县级供电企业地方国有产权无偿划转有关情况的汇报；听取酒钢集团等4户企业审计查出问题整改情况汇报；听取海航集团有限公司退出甘肃机场集团有限公司重组有关情况的汇报；研究工业强省考核奖励事宜；研究建立参事工作联络员制度事宜；听取省第十三届运动会组委会关于省第十四届运动会申办城市票决情况的汇报。

8月15日，刘伟平省长主持召开第55次省政府常务会议。审议贯彻落实中央政治局会议精神的报告；听取1–7月全省经济运行情况汇报；审议《关于国务院政策措施贯彻落实中存在问题整改工作方案》；听取中央巡视组反馈问题的整改落实情况汇报；审议《甘肃省能源领域大气污染防治工作方案》；研究人事任免事宜。

9月1日，刘伟平省长主持召开第56次省政府常务会议。研究贯彻落实《中共中央、国务院转发〈国家发展和改革委员会关于上半年经济形势和做好下半年经济工作的建议〉的通知》精神的措施；审议《关于进一步加强全省城乡规划工作的意见》；审议《敦煌市城市总体规划（2013—2030）》和《敦煌历史文化名城保护规划（2013—2030）》；审议《甘肃省标准化发展战略纲要（2014—2020年）》；听取全省建设项目环评审批及“未批先建”项目清查情况汇报；审议《甘肃省辐射污染防治条例（草案）》；听取光大兴陇信托公司董事、监事推荐人选审核情况汇报；审议《关于战略性新兴产业发展总体攻坚战实施方案》；听取中石油兰州石化公司“8·4”火灾事故初步调查情况汇报；听取省公航旅集团审计反映问题整改情况汇报；审议《甘肃灌区农田高效节水技术推广（2015—2017）年》；审议《关于积极推进教育扶贫工程的实施意见》；审定2014年省“园丁奖”及教育系统5个国家级奖项评选推荐名单；研究确定2014年度企业工资指导线；审定2014年“敦煌奖”候选人名单；审定全国民族团结进步模范集体和模范个人推荐名单。

9月12日，刘伟平省长主持召开第57次省政府常务会议。安排部署省政府全面深化改革工作；听取1–8月份经济运行情况汇报；听取全面建成小康社会监测工作情况汇报；研究“十三五”规划编制事宜；审议《加快新能源汽车推广应用实施方案》；研究在兰职业院校“整合入园”事宜；审定省属监管企业负责人2013年度薪酬兑现方案；研究取消、调整和下放行政审批事项相关事宜。

9月26日，刘伟平省长主持召开第58次省政府常务会议。安排部署中央巡视组反馈问题整改落实工作；审议《关于进一步推进户籍制度改革的实施意见》；审议《关于支持兰州转型跨越发展的意见》；审定《关于加快人才工作创新发展的意见》；听取甘肃省领军人才补充选拔工作情况汇报；审议《关于推进文化创意和设计服务与相关产业融合发展的实施意见》和《关于加快发展对外文化贸易的实施意见》；研究全省4所高校更名、升格及设置事宜；审议《关于进一步完善县级基本财力保障机制的意见》；研究提高乡镇及村级组织运转经费补助标准事宜；审议《关于贯彻落实〈党政主要领导干部和国有企业领导人员经济责任审计规定实施细则〉的意见》；审议《甘肃省安全生产“党政同责、一岗双责”制度实施细则》；审议《甘肃省普惠金融发展规划（2014—2018）》；审议《关于进一步加强农村金融服务的意见》；审议甘肃省与阿里巴巴集团《战略合作框架协议》；研究申报追授定西市临洮县原县委副书记、县长柴生芳同志“全国模范公务员”荣誉称号事宜；研究人事任免事宜。

10月17日，刘伟平省长主持召开第59次省政府常务会议。听取前三季度经济运行情况汇报；审议《关于进一步加强危险废物监督管理工作的意见》；审议《关于着力缓解企业融资成本高问题的实施意见》；审议《关于落实“宽带中国”战略加快推进宽带网络建设的意见》；审议《关于加快全省公路建设的意见》；听取关于推进地方政府工作部门权力清单进一步深化行政体制改革座谈会主要精神及贯彻意见的汇报。

10月31日，刘伟平省长主持召开第60次省政府常务会议。听取开展环境保护大检查工作情况汇报；审议《甘肃省养老服务产业发展基金试点工作实施方案》；研究整合检验检测认证机构事宜；审议《甘肃省现代职业教育体系建设规划（2014—2020年）》；审议省政府法律专家咨询委员遴选聘任办法和法律专家咨询委员工作规则；研究人事任免事宜。

11月7日，刘伟平省长主持召开第61次省政府常务会议。审议公航旅集团等5户省属国有企业改革试点方案；听取甘肃省化解产能严重过剩矛盾工作情况汇报；审议《关于促进旅游业改革发展的意见》；审议《关于进一步优化中小微企业发展环境的意见》；研究4项一般性转移支付增量资金分配意见及省军区国防教育博物馆布展经费补助意见；审议省政府工作规则修订意见；研究人事任免事宜。

11月17日，刘伟平省长主持召开第62次省政府常务会议。听取1-10月份经济运行情况汇报；研究兰州市请求协调解决的有关问题；审议《关于改革全省公安交警管理体制的意见》；研究实施煤炭资源税从价计征改革事宜；研究甘肃省开通中欧班列事宜；审议《关于加快多层次资本市场发展的指导意见》。

11月17日，刘伟平省长主持召开第63次省政府常务会议。研究2015年省级预算和各地预算编制事宜；审议《贯彻落实国务院〈关于进一步加强审计工作的意见〉的实施意见》；审议《甘肃省贯彻落实国务院〈计量发展规划（2013—2020年）〉的实施意见》；审议《关于进一步加强统计工作的意见》；研究贯彻全国“餐桌污染”现场会精神的措施；审议《甘肃省开展城乡居民大病保险工作实施方案》；审议《关于加快发展现代保险服务业的实施意见》。

12月5日，刘伟平省长主持召开第64次省政府常务会议。研究建立“三张清单一张网”事宜；听取全省鼠疫防控工作情况汇报；研究申报设立中国（兰州）自由贸易区事宜；研究加强防震减灾工作事宜；听取贯彻落实国务院《关于全面建立临时救助制度的通知精神》、进一步加强和改进临时救助工作意见的汇报；审议《甘肃省棚户区改造国家开发银行贷款项目运作调整方案》。

12月15日，刘伟平省长主持召开第65次省政府常务会议。听取1-11月经济运行情况汇报；审议《甘肃省节能环保产业发展规划（2014—2020年）》；审议《关于加快发展生产性服务业促进产业结构调整升级的实施意见》；审议《关于贯彻落实国家〈应对气候变化规划（2014-2020年）〉的实施意见》；审议《关于促进市场公平竞争维护市场正常秩序工作的实施意见》；审议《甘肃省政府核准的投资项目目录（2015年本）》；审议《甘肃省能源发展战略行动计划（2014—2020年）》；审议《关于加强政府性债务管理的实施意见》；审议《关于深化预算管理制度改革的实施意见》；审议《甘肃省省级财政专项资金管理办法》。

12月26日，刘伟平省长主持召开第66次省政府常务会议。研究贯彻落实全国政府秘书长和办公厅主任会议精神的措施；研究金川公司投资广西防城港镍铜冶炼项目责任追究案件处理意见及解除严志坚同志行政警告处分、给予杨映祥行政开除处分事宜；研究给王祯等同志记功事宜；研究落实津贴补贴政策的意见；研究人事任免事宜。

办公厅工作

【思想政治建设】严格执行修订后的党组中心组学习制度和研讨交流制度，先后安排11次专题学习研讨活动，并通过组织专题辅导、集中研讨等方式，深入学习党的十八大，十八届三中、四中全会和习近平总书记系列重要讲话精神，认真贯彻落实习近平总书记和李克强总理对办公厅工作的指示批示。坚决执行“四个服从”，坚决防止“七个有之”的现象，维护党的团结统一和党中央的权威。严格执行民主集中制，重要事项都由班子集体研究决定，做到民主决策。认真组织开好党的群众路线教育实践活动专题民主生活会，用好批评与自我批评武器，认真分析查找问题，有针对性地整改落实。指导机关基层党组织开展党章再学习教育、群众路线教育实践活动“回头看”“强党性守纪律”主题党日、落实“两个责任”对照检查等专题组织生活会，并通过分管领导到会指导和讲党课、机关党委派员参加会议、《办公厅机关党建》及时报道等形式，督促机关基层党组织落实“三会一课”制度。组织开展“党员志愿者服务队”等活动。省政府办公厅机关党委被省直机关工委评为“先进机关党委”，办公厅系统有7个党支部、78名党员被评为优秀党支部和优秀党员，受到表彰奖励。

【调研工作】围绕省委省政府确定的全省经济社会发展重大调研课题，从拟定调研提纲、组织调研力量、选择调研课题、整理调研成果等方面，协助省政府领导同志深入开展调查研究。组织丝绸之路经济带甘肃段建设、经济转型发展、发展战略性新兴产业、加快服务业发展、农村土地承包经营权流转、国家级三大战略平台深入推进、深化国资国企改革、全面建成小康社会、新型城镇化建设、民生托底制度、职业教育、学前教育、城乡居民大病保险等方面的调查研究，积极为省政府科学决策积极建言献策，调研成果分别被吸收到“丝绸之路经济带”甘肃段建设总体方案、战略性新兴产业发展总体攻坚战实施方案、加快发展生产性服务业促进产业结构调整升级的实施意见等政策文件之中。

【服务决策】强化舆情信息的搜集、整理和研判，编报各类政务信息1064条、被国务院办公厅采用77条、被国务院和省委省政府领导批示46条、《舆情参阅》200余期。严格收文办理程序，认真做好来文审核、签收、登记、分办工作，加快收文运转节奏，“八小时”之内收到的公文做到办理不过夜，“八小时”之外收到并需呈请领导指示批示的文件电报，在第一时间报告分管领导，力求公文安全高效运转，全年共收办文件4788件。认真落实“行文确有必要、讲求实效”的要求，围绕上情下达、下情上报、横向函商等工作，切实加强文件、讲话等各类文稿的起草和审核把关。全年共办理发文737件，对中央和省委出台的一系列政策措施，都按照省政府常务会议和领导同志的批示要求，及时协调相关部门认真论证研究、广泛征求意见，研究提出贯彻实施意见。认真做好重要文件的起草审核工作，今年以来省政府出台的有关稳增长促改革调结构惠民生的政策性文件达50多份。协调有关部门承担第20届中国兰州投资贸易洽谈会、第四届敦煌行·丝绸之路国际旅游节、亚洲合作对话——丝绸之路务实合作论坛等重大节会活动和环青海湖国际公路自行车赛甘肃段比赛、省第十三届运动会等重大体育赛事的筹备和服务工作。切实加强会议方案报批、会议材料审核、会前协调准备、会议文件起草、议定事项督办等各项服务工作，承担17次省政府党组会、2次省政府全体会、32次省政府常务会、63次省长办公会、40多次专题会议以及省政府领导主持召开的其他会议的会务工作。加强应急管理工作，着力增强应急信息报告时效性，完善应急预案体系，推进应急平台建设，提高应急处置能力；去年共编发《甘肃省值班信息》471期，其中上报国务院86期，中央和省委省政府领导批示200余件次；协助省政府领导有效处置“4·11”兰州市局部自来水苯超标、“9·6”环县农用车侧翻事故、古浪县小反刍兽疫疫情、酒泉市人间鼠疫疫情、“11·4”兰渝铁路兰州市桃树坪隧道坍塌事故等一批突发事件。

【督查工作】先后两次配合国务院督查组，就甘肃省稳增长促改革调结构惠民生政策措施落实情况进行督查。对去年全省经济工作会议和城镇化工作会议明确的41项重点工作先后开展3次综合督查。对省政府工作报告确定的重点工作任务和省政府全体会、常务会、党组会、省长办公会，以及省政府领导调研讲话中有明确时限要求的工作，及时进行跟进督查。对省政府领导批示交办的全省简政放权等重要事项进行专项督查。为民办实事项目进展情况做到按月汇总反馈。创新督查方式，借鉴安全生产大检查“四不两直”（即不发通知、不打招呼、不听汇报、不陪同接待，直奔基层、直插现场）的方式，对2010年至2013年贫困村整村推进、棚户区改造、县乡农贸市场建设项目进行督查，对发现的问题，督促责任部门提出措施、限期整改，对涉及违纪违法的线索，及时移交监察机关处理。努力提高建议提案办理质量，及时转办国家和省“两会”建议提案1529件，建议提案办结率和答复规范率均达到100%。同时，充分发挥监察机关行政监察和审计部门专项审计的监督作用、统计部门民意调查的辅助作用、新闻媒体的舆论监督作用及第三方机构的专业评估作用，整合各方资源，形成工作合力。抓好行政权力运行、财政资金、公共资源配置、公共服务、公共监管等5个重点领域信息公开工作，切实加强省政府重大决策部署解读宣传，审核并在“中国·甘肃”门户网站发布各类政策解读信息330条；发行《甘肃省人民政府公报》36万份，刊发各类文件290件。认真做好网民留言的办理工作，共收集、整理有效留言1180条，办结答复830条，连续两年被人民网评为“全国网民留言办理工作先进单位”。改版升级“中国·甘肃”门户网站，加强网站内容保障工作，全年发布信息19032条，日均访问量达4万多人次，“中国·甘肃”门户网站在中国社科院组织开展的“第九届中国特色政府网站评选”活动中位居第14名，较2013年前移11名次。

【运行保障】加强电子政务建设，有序推进全省政府系统电子政务内网建设，全省政府系统电子公文传输暨公文智能管理和会议通知报名系统、省政府重要决策和重大安排部署督查督办评估系统建成运行，基本建成基于云计算的省级电子政务公共平台，促进政府系统信息共享、业务协同；自2014年7月1日起，非涉密文件上报下发进行无纸化传输。高度重视保密工作，完善保密管理制度，推进工作专网和涉密计算机技防系统建设。积极探索机关物业、生活服务、会议服务、绿化、供热等后勤保障购买社会服务，认真落实老干部政治生活待遇。切实加强信访、保卫工作，妥善处理各类上访事件。

【干部队伍建设】严格执行中央和省委关于机关干部选拔任用的规定，坚持德才兼备、以德为先的用人标准，不断完善选人用人机制。采取分职位、分层面、分批次的办法，遵循民主推荐、组织考察、党组研究决定的程序环节，根据工作需要和队伍建设实际，选拔任用优秀干部，去年共调整补充处级干部36人，提拔使用科级干部35人，轮岗交流处级干部11人、科级干部11人。采取“考试考核，积分定岗”的选拔办法接收军队转业干部，充实干部队伍。完善干部考核评价机制。

【政务服务】推进政务服务中心标准化、制度化和规范化建设，28个省直部门面向企业和公众的320项行政审批事项进驻省政府政务大厅实行统一集中公开办理，实现一个窗口服务、一站式审批。指导市县政务服务体系建设，省市两级政府网上审批及电子监察平台已投入运行，企业和公众办事更加便捷、高效。省政府政务大厅全年共受理各类行政审批及服务事项43357件，实现限时办结。

【"双联"行动】在省政府领导的指导和支持下，组织办公厅188名干部组成13个联村小组对13个贫困村和331户贫困户开展帮扶，帮助编制和完善"两规划一计划"，指导帮助发展畜禽养殖、设施农业等富民主导产业，协调实施以辅路架桥、危旧房改造、"两委"场所建设为重点的基础设施项目。同时，积极履行省直联系通渭县组长单位职责，统筹指导省直联村单位开展工作，完成通渭县"双联"行动和省直联村单位督查考评工作。办公厅获得2013年度全省联村单位"民心奖"，13个联系村"双联"工作年终考核均为"优秀"。2014年度"双联"工作市县考核已结束，13个联系村初评均为"优秀"。

【反腐倡廉】认真落实中央八项规定和省委"双十条"规定。坚持抓实、抓细、抓具体，改进调查研究、会风文风、公务活动、新闻宣传等工作。调查研究做到统筹安排、科学选点、轻车简从。按照省委统一部署，全省性会议实行计划管理，会议数量、规模、规格得到有效控制。省政府领导及办公厅班子成员参加节会、庆典和纪念活动按照"统一安排，从严控制，精简节约，讲求实效"的原则，严格按程序报批后统筹安排。认真落实省政府及办公厅精简规范公文的有关规定，采取有力措施，努力精简压缩公文数量，省政府及办公厅发文2014年与上年基本持平。新闻宣传进一步规范，各类文字报道篇幅、广播电视新闻播报时长都严格控制在规定的范围之内。认真贯彻《党政机关厉行节约反对浪费条例》，以建设节约型政府机关为目标，进一步规范政府集中采购、公务活动费用支出、公务接待、办公用房管理等工作，配合完成党政机关办公用房清理工作，督导推进办公用房腾退调配工作。规范公务用车编制管理，开展公务用车制度改革前期准备工作。严格执行公务接待费、差旅费、培训费、会议费等资金管理办法，省政府办公厅"三公经费"支出同比下降57.66%。

【党风廉政建设】贯彻省委《关于落实党风廉政建设主体责任的意见》和"3783"主体责任体系建设要求，印发办公厅党组《落实党风廉政建设主体责任实施办法》，在办公厅召开的12次党组会议中有9次研究反腐倡廉相关工作，班子成员在分管范围内对反腐倡廉批示131件，对2014—2017年惩治和预防腐败体系建设工作任务进行分解细化，切实把党风廉政建设要求融入办文、办会、办事等实际工作之中，做到党风廉政建设与业务工作同部署、同落实、同检查、同考核。党组书记与党组成员、厅级干部及有关处室（单位）负责人，党组成员与分管处室（单位）负责人，纪检组长与办公厅重点部门、重点岗位干部，处室（单位）主要负责人与处内干部职工，分别进行以党风廉政建设为主要内容的约谈，并层层签订党风廉政建设责任书，新任党员领导干部分别签订《廉政承诺书》。同时，通过集中辅导、邀请专家讲座、参加廉政大讲堂、观看廉政警示教育片、组织廉政考试、任职廉政谈话、发送廉政短信等形式，深入开展党性党风党纪教育和反腐倡廉教育。进一步加强审计监督，成立审计处，完善内部审计监督机制。深入贯彻落实党内监督条例，坚持党员领导干部报告个人有关事项、述职述廉、民主测评、诫勉谈话、任前廉政谈话等制度，推动党内监督制度规范化。加强重大事项决策、资金管理、干部人事工作等用权行为监督，全年共监督项目评审、项目招投标17次，监督考察干部74人。对11个省政府驻外办事处落实党风廉政建设责任制、执行纪律、作风建设、人事财务管理等情况进行督查内审。支持纪检监察机构履行监督职能、查办违纪违规案件，对公职人员违规经商办企业问题进行专项整治，523名公职人员作出不从事不参与经商办企业公开承诺。共办理来信来电来访举报和上级纪检监察机关转办专项治理案件9件，给予党内严重警告处分1人，党内警告处分2人。

【教育实践活动整改任务】紧密结合实际，对查摆出的10方面25个问题，认真分析，逐项研究，区分轻重缓急和难易程度，有针对性地制定整改措施，明确责任单位、责任人和完成时限，一项一项整改、一个一个攻坚。制定和修订完善涉及公文办理、会议承办、学习交流、政务督查、信息公开、政策解读、应急管理等方面的制度21项，基本形成作风建设的长效机制。特别是倡导树立工作"事故"意识和质量"精品"意识，结合效能风暴行动，集中力量开展不作为慢作为突出问题专项整治，健全首问责任、服务承诺、限时办结、失职追究等效能建设8项制度。建立公文会议办理季通报、重点工作任务完成情况季检查、工作纪律执行情况周抽查、学习情况月抽查等常态化监督检查机制，形成敬业守责的倒逼机制。

省政府及办公厅领导班子成员名录

省　长　刘伟平

副省长　罗笑虎　咸　辉（女，回族）　郝　远　李荣灿　王玺玉　黄　强

省长助理　马世忠

秘书长　张生桢

副秘书长　常正国　俞建宁　刘　斌　张正锋　白文晖　焦　清　武志斌　张军利　姜云兵

纪检组长　高　冰

办公厅

主　任　常正国

副主任　高家顺　姜安鹏

（供稿：李　辉）

政府法制工作

【依法行政工作】2014年3月14日，组织召开省依法行政领导小组会议，对依法行政工作进行全面部署，调整充实省依法行政工作领导小组，将成员单位扩充至34个，涵盖省政府所有组成部门

和重点执法部门。研究制定依法行政年度工作要点，制定依法行政考核标准。严格督查考核，各级政府把依法行政工作纳入政府目标责任管理，层层签订责任书，严格进行考核，做到年初有部署、年中有督查、年底有考核，并对考核结果进行通报。

【依法决策工作】对省政府216件重要行政行为、重大投资项目、行政合同和政策文件审核把关。建立政府向社会力量购买法律服务机制，在全省推行政府法律专家咨询制度，制定遴选聘任办法和工作规则。建立全省首个政府法律专家人才库，遴选370名法律专家入库，聘请17位知名法学专家和律师组成省政府法律专家咨询委员会，举行聘任仪式。全省已有兰州、天水、酒泉、平凉、定西、临夏、嘉峪关等7个市州建立政府法律专家咨询制度，聘任政府法律专家咨询委员。

【政府立法工作】围绕省委省政府中心工作，加强对全面深化改革、农业综合开发、交通运输、社会保障、环境保护、安全生产等重点领域立法，用立法引领和推动改革。采取网上征求意见、实地考察调研、座谈论证、组织听证等多种方式，广泛征求和听取各方面意见。对征集到的意见建立采纳情况说明和反馈制度。探索开展立法评估，增强立法的执行性。开展立法前和立法后评估。实行立法发布制度，增强立法的公开性。在立法通过后及时召开新闻发布会向社会公开发布，并在《甘肃日报》和省政府网站全文刊登，向社会宣传。对现行有效的214件地方性法规、164件省政府规章进行全面清理，共修订地方性法规9件、废止1件，修订政府规章2件、废止1件。省政府提请省人大常委会审议出台地方性法规8部，出台政府规章4部。

【规范行政执法】依法审查批准10个市州的39个县区在城市管理领域开展相对集中行政处罚权工作。嘉峪关市、定西市和兰州新区综合执法试点工作取得进展，嘉峪关市组建综合执法局，整合14项行政执法职能，并将工商、质监、食药监三局合一，组建市场监管局，在全省率先建立大市场监管新体制。定西市将县区执法职能延伸到乡镇和街道。兰州新区探索大综合执法路子，打破行业、部门和领域界限设立综合行政执法机构。强化行政执法资格管理，全面改革持证执法工作方式，把资格审查、教育培训、人员考试和证件管理纳入网络化管理，建立行政执法人员资格考试题库。采取随机抽取试题的"一人一卷"和电脑阅卷考试模式，全省第四轮持证执法工作已全面完成。全省共审核确认行政执法主体资格10580个，行政执法人员资格114814名，行政执法监督人员资格5950名。全面开展行政处罚案卷评查活动，明确评查内容和评查标准，省市抽查行政执法案卷都在20%以上。在全省范围开展乱收费乱罚款专项治理工作，对无法定依据或违反法定程序、不按法定行为种类和幅度实施处罚、下达或变相下达罚款指标等9种行为进行治理。完善行政执法与刑事司法衔接机制，对多领域行政执法行为开展专项监督活动，开通试运行"两法衔接"信息平台，实现行政执法与刑事司法"网上衔接、信息共享"。

【规范性文件管理】县市区政府共审查报送备案的规范性文件213件，纠正5件。市州政府共审查报送备案的规范性文件358件，纠正12件。省政府共审查报送备案的规章2件、规范性文件263件，通过下发意见书、责令整改等方式纠正违规文件2件，督促协调制定机关自行撤销或修改后重新发布6件。在兰州、天水、酒泉、白银市开展规范性文件"统一登记、统一编号、统一发布"工作。省上召开专门会议，研究部署新形势下规范性文件管理工作。

【行政复议】2014年，全省各级行政复议机关共收到行政复议申请975件，其中受理908件，不予受理或作其他处理67件。在审结的840件中，维持（含驳回）565件，纠正119件，通过调解、和解、撤回申请等终止143件，作其他处理13件，办理国务院最终裁决复议案件2件。通过复议审理，维持行政机关行政行为的占67.3%，撤销行政机关违法或不当行政行为的占14.2%，以和解、调解等方式结案的占18.5%。在张掖、酒泉、平凉三市开展以相对集中行政复议权为主要内容的复议委员会试点工作，成立行政复议委员会，统一受理办理行政复议案件。

【培训宣传】省法制办在四中全会闭幕后，即组成5个宣传调研组，由办领导带队深入10个市州、19个县市区，集中开展四中全会精神宣传。坚持定期举办法制专题讲座制度，分别邀请国务院法制办袁曙宏副主任和北京大学法学院王锡锌副院长，举办2期专题讲座，省市县三级政府共计24000余人聆听报告。在清华大学举办第四期政府法制人员综合素质与业务能力提升高级培训班，共110人参加培训，在《甘肃日报》开设"法治政府建设"专栏，通过省政府政务网和法制信息网加载法制信息1.5万余条。

省政府法制办公室领导班子成员名录

主　任　　白文晖

副主任　　马占元（东乡族）

　　　　　曾施霖　龙章月

纪检组长　李　晔

（供稿：蒲　海）

外事侨务　港澳事务

【服务合作】先后与外交部、全国友协在兰州共同成功举办"亚洲合作对话丝绸之路务实合作论坛"和"中国——中亚合作对话会"。尤其是"亚洲合作对话丝绸之路务实合作论坛"，是"一带一路"构想提出后，中国首次举办的大型国际性专题论坛，也是甘肃省首次承办国家层面的部长级国际会议。积极组团参加"第二届中国——中东欧国家地方领导人会议"、"太湖文化论坛——巴黎会议""第四届中法地方政府高层论坛""第一届中国——新西兰市长论坛"和"第二十四届东欧经济论坛"等国际会议。配合有关部门圆满完成"第二十届兰洽会""2014（甲午）年公祭中华人文始祖伏羲大典""第四届丝绸之路国际旅游节”、“第三届国际文化产业大会暨第七届甘肃省文博会”等大型节会的外事保障任务。

【外事管理】全年，共办理各类因公出国团组452批1626人次、签证500余份；接待外宾团组800余批4800多人次，办理来甘外国人邀请511批1514人次、来华留学人员签证470人次，审核申报各类国际会议15批。制定出台《关于加强境外甘肃公民和企业机构安全保护工作的意见》。加强对境外媒体记者采访的服务和管理工作，与上海市外办签署《上海——甘肃外国记者管理信息交流合作备忘录》，全年有近30批100多名境外记者来甘采访和拍摄。

【项目外事】兰州市成为中国省会城市加入上合组织睦邻友好委员会唯一一家成员单位；临夏州通过友城渠道，大力推动清真食品进入国际市场，与伊朗签署清真食品互认协议；省商务厅在伊朗和白俄罗斯开展投资项目和特色商品推介活动，达成一批项目合作协议，签约金额达1.3亿美元；省文化厅组织《丝路花雨》剧组赴欧洲执行“中华风韵”文化演出，在韩国首尔举办“甘肃文化周”活动等等；省卫计委积极组织实施国家援助马达加斯加医疗项目，并大力推进中医药“走出去”，使甘肃省成为唯一被国家卫计委确定的“中国——乌克兰中医药合作”执行省份；兰州大学、西北师范大学、甘肃农业大学和中科院寒区旱区研究所、省水利科学研究院、省自然能源研究所等单位积极承担国家部委安排的各类涉外培训任务；金川集团公司、酒钢集团公司、白银集团公司、省建投集团总公司等企业，着眼完善产业结构和布局，积极拓展海外市场。在第二十届兰洽会上，甘肃省企业与境外（含港澳台）企业签约投资项目20个，签约额131.68亿元；签订9个向西开放进出口投资合作合同项目，合同总金额超过10亿美元，涉及伊朗、蒙古、哈萨克斯坦、吉尔吉斯斯坦、乌兹别克斯坦等国。

【友城交往】进一步加大国际友好城市工作力度，促成甘肃省与吉尔吉斯

甘肃省友好城市统计表

		友好城市名称	国家	结好日期
1	省级友城	秋田县 Akita Prefecture	日本 Japan	1982.08.05
2		克赖斯特彻奇市 Christchurch City	新西兰 New Zealand	1984.04.22
3		俄克拉荷马州 Oklahoma State	美国 U.S.A	1985.06.12
4		绍莫吉州 Somogy County	匈牙利 Hungary	1997.04.21
5		吉萨省 Giza Governorate	埃及 Egypt	2004.07.21
6		阿尔巴县 Alba County	罗马尼亚 Romania	2004.09.01
7		库斯塔奈州 Kostanai Region	哈萨克斯坦 Kazakhstan	2004.09.15
8		西马绍纳兰省 Mashonaland West Province	津巴布韦 Zimbabwe	2004.10.22
9		科雷兹省 Correze Province	法国 France	2005.01.20
10		奥希金斯将军解放者大区 Region of Libertador General Bernardo O’Higgins	智利 Chile	2005.04.04
11		戈亚斯州 Goias State	巴西 Brazil	2005.04.08
12		科阿韦拉州 Coahuila State	墨西哥 Mexico	2005.04.15
13		纳瓦拉自治区 Navarra Autonomous Region	西班牙 Spain	2005.08.16
14		塔马塔夫省 Toamasina Province	马达加斯加 Madagascar	2005.12.09
15		斯来果郡 Sligo County	爱尔兰 Ireland	2006.04.13
16		佛罗里达省 Florida Province	乌拉圭 Uruguay	2006.04.20
17		奥尔金省 Holguin Province	古巴 Cuba	2006.04.26
18		法夫大区 Fife Council	英国 U.K.	2006.10.11
19		格罗德诺州 Grodno State	白俄罗斯 Belarus	2007.07.08
20		奔萨州 Penza State	俄罗斯 Russia	2007.06.26
21		奥希科托省 Oshikoto Region	纳米比亚 Namibia	2009.05.22
22		索罗图恩州 Canton Solothurn	瑞士 Swiss	2010.04.02
23		库姆省 Qom Province	伊朗 Iran	2012.01.12
24		奥什州 Oshi State	吉尔吉斯斯坦 Kyrgyzstan	2013.06.19

甘肃省友好城市统计表（市、县级）

		友好城市名称	国家	结好日期
1	省级友城	兰州市与秋田市 Lanzhou and Akita City	日本 Japan	1982.08.05
2		兰州市与阿什哈巴德市 Lanzhou and Ashkhabad City	土库曼斯坦 Turkmenistan	1992.05.01
3		兰州市与阿尔伯克基市 Lanzhou and Albuquerque City	美国 U.S.A	1996.04.18
4		兰州市与杨市 Lanzhou and Young Shire	澳大利亚 Australia	1997.08.17
5		兰州市与奔萨市 Lanzhou and Penza City	俄罗斯 Russia	1998.09.20
6		兰州市与努瓦克肖特市 Lanzhou and Nouakchott City	毛里塔尼亚 Mauritania	2000.09.25
7		兰州市与乔利市 Lanzhou and Chorley City	英国 U.K	2000.09.27
8		白银市与奇姆肯特市 Baiyin and Chimkent City	哈萨克斯坦 Kazakhstan	1994.08.16
9		白银市与庞卡市 Baiyin and Ponca City	美国 U.S.A	2004.11.11
10		敦煌市与臼杵市 Dunhuang and Usuki City	日本 Japan	1994.09.27
11		敦煌市与镰仓市 Dunhuang Kamakura City	日本 Japan	1998.09.28
12		武威市凉州区与鹿角市 Wuwei and Kazuno City	日本 Japan	2000.11.06
13		敦煌市与日光市 Dunhuang and Nikko City	日本 Japan	2007.01.14
14		敦煌市与南海郡 Duanhuang and Namhae City	韩国 South Korea	2007.01.20
15		兰州市与莱茨克瓦斯市 Lanzhou and Leskovac City	塞尔维亚 Serbia	2007.07.16
16		兰州市与阿尔贝省 Lanzhou and Albay Province	菲律宾 Philippines	2007.08.18
17		金昌市与邵尼市 Jinchang and Shawnee City	美国 U.S.A	2008.10.30
18		兰州市与楚梅布市 Lanzhou and Tsumeb City	纳米比亚 Namibia	2009.05.22
19		山丹县与塞尔温区 Shandan and Selwyn District	新西兰 New Zealand	2009.11.26
20		兰州市与罗马尼亚阿尔巴尤利市 Lanzhou and Alba Iulia City	罗马尼亚 Romania	2013.12.02
21		临夏州与吉兰丹州 Linxia and Kelandan State	马来西亚 Malaysia	2013.10.10
22		庆阳市与卡布拉罗市 Qingyang and Caprarola	意大利 Italy	2014.09.03
23		酒泉与全罗南道高兴郡 Jiuquan and Goheung County	韩国 Korea	批准未签字
24		临夏州与库姆省库姆市 Linxia and Qom City	伊朗 Iran	2014.12.08

斯坦奥什州、庆阳市与意大利克布拉罗拉市、临夏市与伊朗库姆市建立友好城市关系，使甘肃省友城总数达到48对，其中省级友城24对，市县级友城24对。甘肃省友好城市伊朗库姆省和马来西亚吉兰丹州分别荣获全国友协颁发的“对华友好城市交流合作奖”。成功举办第九期甘肃省国际交流员研习班，共有来自19个国家的29名交流员参加研习。先后选派56名大学生、中学生赴日研修；邀请日本前参议院议长、日中友好会馆会长江田五月成功访甘，承办第十七届全国地方友协工作交流会。年初，成立甘肃省民间组织国际交流促进会，并与有关单位共同举办“丝绸之路古毯艺术座谈会”、“中阿民间艺术交流会”，出席“首届中蒙民间对话会”。

【侨务工作】积极争取国务院侨办的支持，落实第二期40名东干人子女汉语国际教育专业本科学历班项目，并提供资金578.4万元；先后选派29名汉语教师赴东南亚开展华文教学和“2014中华文化大乐园—金边营”活动。围绕推进实施“1236”扶贫攻坚行动，协调争取港澳同胞、海外侨胞的爱心捐助2000多万元，为甘肃省贫困山区修（改）建学校20所、卫生院8所、水窖2000眼，并在定西市临洮县、临夏州积石山县、庆阳市镇原县实施水源项目3个，解决当地5800多人的饮水安全问题。筹资276万元，解决部分贫困归侨侨眷的生产生活困难，并对全省下岗失业的归侨侨眷进行再就业培训；组织2批医疗队分赴兰州、陇南两地，为1600多名归侨群众免费送医送药。全年，共受理归侨侨眷来信来访97件次，办结率96.7%；接待海外侨胞21批294人次。

【港澳事务】国务院港澳办应邀担任“2014年（甲午）公祭中华人文始祖伏羲大典”的主办单位。全年，先后有港澳青年英才团、第21届内地高校优秀澳门学生访问团、香港入境处考察团、澳门学者同盟考察团、香港电影代表团等港澳团组来甘访问交流。

【自身建设】组织干部职工认真学习《习近平谈治国理政》和《中共中央关

于全面推进依法治国若干重大问题的决定》。建立和完善机关管理48项规章制度。先后邀请中央外办、中联部、外交部的领导和专家学者作国际形势报告和道德讲座，选派35名干部到国家部委学习锻炼、出国研修和参加省委党校、行政学院及省直机关工委举办的各类培训；与省商务厅共同举办为期3个月的俄语培训班，共有来自省直各厅局、大型国有企业的100多名干部职工利用业务时间参加培训，为甘肃省储备一批俄语专业人才。先后筹措资金380多万元，在两个帮扶村实施道路硬化、危房改造、特色经济林种植、人饮工程和改善办学条件，并协调澳大利亚侨胞魏基成先生捐赠御寒棉衣1万件。

省外事侨务港澳事务办公室

领导班子成员名录

主　任　王代喜

副主任　樊向勤　张宝军　朱继君

纪检组长　唐晓玲（女）

省友协专职副会长　刘小林

（供稿：魏琨铭）

政策研究

【文稿起草】先后组织起草省人大十二届二次会议和省人大十二届三次会议上的《政府工作报告》、省政府领导重要讲话、省政府政策性文件、省政府领导署名文章、省政府专题汇报等各类重要文稿178篇。

【调查研究】2014年，紧紧围绕省委省政府的中心工作和改革发展中的重大问题，深入开展调查研究工作，相继形成调研报告39篇，为省委省政府提供重要决策参考。根据省委的工作部署，完成由省政府主要领导负责、研究室牵头的《关于经济转型发展问题研究》《关于丝绸之路经济带甘肃黄金段建设问题研究》两项重大调研课题。这两项重大调研课题历时9个月时间，收集整理各类相关资料近百万字。与此同时，完成《投融资体制改革调研报告》和《行政审批制度改革调研报告》。根据省政府领导的安排，围绕转型发展、国企改革、民生事业等重大问题开展调研，形成《转型跨越富民兴陇问题研究报告》《深化省属国有企业改革调研报告》《甘肃省民生发展报告》《调整完善新形势下公共就业服务政策》等一批调研成果，部分调研成果已经转化为政府决策。着眼于服务政府决策，在把握经济、产业、技术、市场等发展趋势的基础上，形成《甘肃应在页岩气开发中有所作为》《对我省及早融入“工业4.0”的建议》《切实加强知识产权工作助推战略性新兴产业发展》等14项工作建议，以送阅件的形式呈送省领导和有关部门参阅，对其中的5项工作建议省政府领导做批示。受国务院发展研究中心委托，开展新型城镇化相关政策措施落实情况第三方评估工作，按时完成《甘肃省落实国务院新型城镇化相关政策情况》的评估报告。完成省委、省政府交办的《关于贯彻落实党中央国务院重大决策部署情况的汇报》。

【专项工作】根据国务院发展研究中心的安排，承办“2014年省区市经济形势分析座谈会”。在精心做好会议组织服务工作的同时，向参会代表提供宣传甘肃的相关音像和文字材料。认真做好兰州新区规划建设协调推进领导小组办公室工作。全年筹备召开领导小组会议4次，整理会议协调研究的主要问题12项，起草印发会议纪要4篇，对兰州新区工作督查12次，对省直部门工作督查9次，在调研基础上起草《关于推进兰州新区职教园区建设的实施意见》。做好农村固定观察点工作。进行524户农牧户常年记账、每月主要农畜产品价格调查等常规调查工作，开展2014年上半年农民家庭现金收入调查等6个专项调查，汇总收集50多万个基础数据，填报4274份调查表，一次性通过全国农村固定观察点办公室审核。全年编印《信息动态》13期、刊发分析报告26篇、价格简评12篇，撰写农民家庭现金收支分析、劳动力外出就业情况分析、农民家庭现金收支走势预测等调研报告3篇。组织16个观察点调查人员参加全国县级调查人员培训班，举办全省农村固定观察点工作会议和培训会议。

【党风廉政建设】加强制度建设，健全完善党组议事规则及干部考核、财务管理等11项规章制度，形成管人、管事、管财、管物的制度体系。进一步加强整改工作，对照教育实践活动中查摆出的问题，研究制定18项具体整改措施，开展“五看五查五落实”活动，全体党员干部撰写自我剖析材料，提出改进作风的努力方向和目标，初步形成作风建设长效化机制。落实党风廉政建设主体责任，研究制定落实党风廉政建设主体责任实施办法，按照“一岗双责”的要求，统筹安排部署党风廉政建设和业务工作，开展谈心谈话和工作约谈。对部分内设机构设置进行调整，明确内设机构的工作职责。加强干部队伍建设，对20多名干部实行轮岗交流，安排5名干部到省委党校和行政学院接受培训，对8名副处级和科级以下干部晋升职务，调动干部工作的积极性。加强机关党建工作，完成机关党委换届选举工作，成立机关纪委，开展党员志愿者服务活动。加强机关服务保障工作，建成工作专用内网，更新配齐办公自动化设备，解决干部职工反映强烈的突出问题。认真落实中央“八项规定”和省委“双十条”规定，严格执行厉行节约反对浪费的各项规定，办公用房和公务用车符合规定要求，经费支出每半年公布一次，“三公”经费支出明显下降，公务接待费用仅支出1.3万元，比上年减少3.3万元。

【“双联”工作】全年进村入户累计达23次，累计时间80天以上。开展各类培训15余场次，宣传各类政策法规20余场次。协调解决产业发展资金20万元，建设400亩牛籽种植基地和100亩百合种植基地。招商引资24万元，建设封山育林项目，修建1个生态养鸡场。协调解决资金50万元，建设6公里通户道路硬化项目。协调电信部门接入宽带，建成农村信息服务网络平台，使南屏村成为全镇首个有网站的村。

【机关建设】坚持每月开展两次学习研讨活动，先后组织学习研讨活动20

次，有26人做主题研讨发言。建立业务工作例会制度。每月初召开由班子成员和各处负责人参加的会议，传达贯彻中央和省委省政府工作部署，围绕正在开展的重点工作进行交流，讨论完成工作任务的办法和途径。建立干部自学制度。全体干部把学习贯穿于业务工作的全过程，围绕深化省情认识、明确工作重点、熟悉国家政策、提高文稿起草能力进行自学。各业务处整理编写政策类、综合类、农业类、工交类、财贸类、社会事业类等六大类近百万字的系统性基础资料，内容涵盖基本情况、发展趋势、重点工作、政策趋向等多个方面。

省政府政策研究室领导班子成员名录

主　任　张军利

副主任　张永年　蒋江川　王华存

（供稿：杨建平）

参事工作

【调查研究】2014年完成省委、省政府领导交办的调研任务4项。《关于当前全省房地产发展情况调研与分析报告》《关于我省全面推进依法治国的几点建议》《甘肃省全面推进依法治国专题调研报告》《关于我省国有企业改革的调研报告》《关于全省普惠金融情况的调研报告》已上报省委、省政府。2014年，向省委、省政府上报调研报告和参事建议并得到省委、省政府领导批示的共15份：《关于建设甘肃奥林匹克中心的建议》《关于当前全省房地产发展情况调研与分析报告》《关于进一步重视和加快棚改工作的几点建议》《关于改革天水伏羲庙祭祀典礼的建议》《我省国有林场深化改革的建议》《关于甘肃省高校教师师德建设情况调研的报告》《关于加强和完善我省医疗纠纷第三方调解和医责险统保工作的几点建议》《关于白银有色集团股份有限公司依靠科技创新践行跨越发展的调研报告》《关于建设美丽兰州的几点建议的报告》《我省现代物流业发展情况的调研报告》《加强农村垃圾治理的几点建议》《全省传统优势产业改造升级情况的调研报告》《关于组建甘肃能源集团的几点思考》《国资企业改革意见》《关于在全省推广兰州市数字化建设经验的建议》《关于全省华夏文明传承创新区建设情况调研的报告》。参事室还有3名参事参与国务院参事室组织的“农村社区化与垃圾卫生服务体系建设研究”和“扩大社会组织参与社区管理与服务的机制研究”两项调研课题，其间先后赴9个省份进行调研，已向国务院参事室上报子课题研究成果。

【参事培训】2014年，举办一期省政府参事培训班。参事培训班不住宾馆，不租会场。场地定在机关会议室，采取集中授课辅导、小组讨论的方式，邀请省领导和省直综合部门负责人，为参事们作综合改革形势报告和专题讲座8次。

【宣传工作】2014年7月，建立甘肃参事室网站，先期进行撰稿、整理、汇总等网站建设的筹备工作，撰写“参事室历史沿革”“统战联谊”“参事风采”等栏目内容。设置“参事介绍”网页；设置“工作动态”网页；设置与各省（市）参事室对接网页。网页框架已确定，ICP主体认证和英文域名注册已完成。报经省政府常务会议研究决定，在全省建立参事工作联络员制度。截至2014年底，全省14个市州都已确定联络员，并召开全省参事工作联络员会议。

【党风廉政建设】组织党风廉政建设专题讲座。邀请省纪委常委姜毅同志给全体参事、机关工作人员作一次专场辅导。对照省委《关于党风廉政建设主体责任的意见》，修订《关于落实党风廉政建设主体责任和监督责任的实施意见》。细化机关财务制度和参事调研经费管理。

【“双联”工作】2014年，省政府参事室在双联点天水市麦积区琥珀乡高方村开展慰问贫困户活动。为12名大学生发放2.5万元双联助学金。给31户帮扶家庭送上慰问金和大米等慰问品合人民币2.7万元。完成通村的硬化道路2条共2.5公里，总协调争取资金242万元。协调落实通村道路建设项目资金70万元。已完成高家村和方家村的5条主巷道计3公里的硬化工程。协调落实文化综合阵地建设资金60万元。向高方村小学捐赠20台电脑，给小学建立电教室。为高方村小学协调争取维修资金36.9万元，用于小学的校舍、操场、卫生设施的维修。

【党的群众路线教育实践活动】省政府参事室派出两个考察学习组分赴全国十多个省参事室学习，修订和制定《省政府参事调研工作办法》《参事室工作人员服务参事工作职责》《参事室与参事所在单位联络制度》《关于参事履职工作的考评办法》《参事对应省领导与机关人员对应参事服务分组安排》《省政府参事室学习制度》《省政府参事室机关考勤制度》《省政府参事室公务用车管理办法实施细则》《省政府参事室应急管理办法》《省政府参事室定期安全检查制度》《省政府参事室办公楼管理制度》等十一项制度。

【队伍建设】2014年初，参事室严格按照遴选参事程序，积极与有关部门联系、协商，聘任省政府参事20名，参事队伍达到42人。还选聘6名省政府参事室特约研究员。

省政府参事室领导班子成员名录

主　任　李志荣

副主任　马保平　苏冠旺

（供稿：刘卫平）

政协甘肃省委员会

重要会议

【全体委员会议】十一届二次会议1月12日至16日在兰州举行。会议应出席委员588名，实到委员562名。会议听取并审议省政协主席冯健身代表省政协常务委员会所作的工作报告、省政协副主席黄选平代表省政协常务委员会所作的提案工作情况报告；审议通过政协第十一届甘肃省委员会第二次会议政治决议、政协第十一届甘肃省委员会第二次会议关于省政协常务委员会工作报告的决议、政协第十一届甘肃省委员会第二次会议关于省政协常务委员会提案工作情况报告的决议、政协第十一届甘肃省委员会第二次会议提案审查委员会关于提案审查情况的报告。省委书记、省人大常委会主任王三运，省委副书记、省长刘伟平分别出席"政协委员话改革促发展"和"打造丝绸之路经济带甘肃黄金段"两个专题协商议政会。省政协主席冯健身主持闭幕会议并发表讲话。会议期间，委员们列席第十二届甘肃省人民代表大会第二次会议，听取并讨论省政府工作报告及其他重要报告，并通过大会发言、专题协商议政会、小组讨论和提交提案等方式，围绕全省经济、政治、文化、社会、生态建设中的重大问题和群众普遍关心的热点难点问题，积极协商议政。大会收到委员发言材料129篇，张鸣实、杨利亚、魏其奎、杨小燕等39位委员，分别就强化生态文明建设考核、实现战略西进重振丝绸之路、提高粮食综合生产能力、加强重点乡镇城镇化建设等问题分别作大会口头发言和专题议政会口头发言。大会共收到提案858件，立案810件，占提案总数的94.4%。省党政军领导应邀出席开、闭幕大会。在甘十二届全国政协委员，十一届省政协专兼职副秘书长，省政协各部门负责同志，省委组织部、统战部副部长等列席会议。

【常务委员会议】**第4次会议** 1月10日在兰州召开。101名常委会组成人员出席会议。会议审议通过关于召开政协第十一届甘肃省委员会第二次会议的决定、政协第十一届甘肃省委员会常务委员会工作报告及报告人、政协第十一届甘肃省委员会常务委员会关于十一届一次会议以来提案工作情况的报告及报告人、有关人事事项；听取副省长郝远关于省政府对省政协2013年提案、建议案、调研视察报告和社情民意信息批示与办理情况的通报，省委办公厅关于2013年党委部门办理政协提案情况的书面通报。省政协主席冯健身主持开幕会并在闭幕会上发表讲话，副主席刘立军主持闭幕会。

第5次会议 1月15日在兰州召开。102名常委会组成人员出席会议。会议审议通过政协甘肃省第十一届委员会第二次会议政治决议（草案）、政协甘肃省第十一届委员会第二次会议关于常务委员会工作报告的决议（草案）、政协甘肃省第十一届委员会第二次会议关于政协甘肃省十一届一次会议以来提案工作情况报告的决议（草案）及政协甘肃省第十一届委员会提案委员会关于政协甘肃省十一届二次会议提案审查情况的报告（草案）。省政协主席冯健身主持会议。省委常委、省委政法委书记泽巴足应邀参加会议。

第6次会议 6月19日至20日在兰州召开。96名常委会组成人员出席会议。会议审议通过省政协《关于加快实施创新驱动战略有关问题的建议案》和有关人事事项。省政协主席冯健身主持开幕会并在会议结束时发表讲话。省委常委、常务副省长罗笑虎通报全省1—5月经济社会发展情况，省政协副主席张津梁就省政协《关于加快实施创新驱动战略有关问题的建议案》起草情况作说明。会议共收到发言材料36篇，杨利亚、杜孟嘉等12位常委和有关调研组代表分别就搭建创新平台优化外部环境、推进全省产学研结合技术创新体系建设等作大会发言。省委常委、省委统战部部长冉万祥应邀参加会议。省政协副主席刘立军主持闭幕会。

第7次会议 9月11日至12日在兰州召开。97名常委会组成人员出席会议。会议审议通过省政协《关于推动我省非公有制经济跨越发展的建议案》和政协甘肃省第十一届委员会任免名单。省政协主席冯健身主持开幕会并在会议结束时发表讲话，省政协副主席张津梁就省政协《关于推动我省非公有制经济跨越发展的建议案》起草情况作说明。会议共收到发言材料39篇，赵一红、郭承录等12位常委和有关调研组代表分别就营造良好发展环境着力推进特色发展、切实破解推动非公经济跨越发展瓶颈等作大会发言。省委副书记欧阳坚，省委常委、省委政法委书记泽巴足，副省长李荣灿应邀参加会议。省政协副主席刘立军主持闭幕会议。

重要活动

【隆重庆祝人民政协成立65周年】 9月23日甘肃省庆祝人民政协成立65周年大会在兰州隆重举行。省委书记、省人大常委会主任王三运，省委副书记、省长刘伟平出席会议，省政协主席冯健身主持大会。王三运在大会上发表重要讲话，向人民政协成立65周年表示祝贺！强调要认真学习贯彻习近平总书记在庆祝中国人民政治协商会议成立65周年大会上的重要讲话精神，着力从五个方面发挥好人民政协独特优势，为加快全面建成小康社进程、建设幸福美好新甘肃而努力奋斗！省上领导和省级离退休老同志、在兰全国政协委员、省政协委员、省级各民主党派、工商联和无党派人士及政协机关干部600多人参加会议。同日，省政协召开庆祝人民政协成立65周年理论研讨会。省政协主席冯健身出席会议并讲话，省政协副主席张津梁主持会议。研讨会共收到论文128篇，并对其中31篇获奖论文和优秀组织单位进行表彰，部分与会代表紧紧围绕"协商民主与人民政协履职能力现代化建设"作交流发言。召开甘肃省人民政协理论研究会第二届会员大会暨理事会，审议通过《甘肃省人民政协理论研究会章程（修订）》、第二届甘肃省人民政协理论研究会名誉会长、会长、副会长、秘书长、常务理事、理事等名单。全国政协社法委副主任、十届省政协主席陈学亨出席会议，省政协副主席张津梁、秘书长石晶出席会议并讲话。9月至10月，省政协与黑龙江省政协先后在哈尔滨、兰州举办"甘肃·黑龙江两省政协纪念人民政协成立65周年"书画联展活动，省政协主席冯健身、黑龙江省政协主席杜宇新出席开展仪式，省政协副主席刘立军、黑龙江省政协副主席程幼东分别致辞。

【"双联"行动】认真贯彻落实全省双联行动大会和扶贫开发工作会议精神，充分发挥政协优势特点，着力做到"五个注重"。注重强化组织引导，坚持主席会议成员带头，强化各部门和全体干部双联责任，深入开展机关双联行动，扎实开展"委员助推双联行动"，委员参与率达80%以上。注重培育主导产业，帮助联系村进行全产业链帮扶，所联系的40个贫困村全都形成富民产业。注重增强致富能力，邀请农牧业专家在联系村开展农业技能培训，组织镇村干部和农户赴外地观摩考察，提高产业发展能力。注重动员社会帮扶，为联系县梳理筛选一批帮扶项目，召开广东省甘肃商会和甘肃省港澳委员双联项目推介会、参加北大经济学院学员投融资对接推介会，加大推介落实。广东碧桂园集团、香港卓富集团、北京实创集团等一批知名企业与联系村结成帮扶对子。注重总结推广典型，召开双联行动"产业培育攻坚年"现场会，总结交流全省各级政协组织和机关各部门帮扶产业发展的好做法好经验，加强示范带动。全省"委员助推双联行动"中共捐款捐物7372.9万元，帮助争取项目2159个，发展特色产业973项，落实资金7.18亿元，帮办实事11963件，举办各类培训班2689期，组织劳务输出16.8万人，提出意见建议1790件。省政协联系村农民人均纯收入平均为4867.7元，比2013年增长21.3%。省政协机关连续第二年获得全省双联行动"民心奖"。

【积极推进协商民主探索建立月协商座谈会制度】为深入贯彻党的十八届三中全会精神，发挥人民政协协商民主重要渠道作用，根据全国政协开展协商座谈会做法，结合甘肃省实际情况，建立月专题协商座谈会制度，并印发《关于建立月协商座谈会制度的意见》，要求紧扣全省经济社会发展中的突出矛盾和问题，每月选择1个专题，由有关专委会牵头，组织约50名相关界别委员和专家学者进行协商讨论，形成以界别为基础、专题为内容、座谈为主要方法的协商形式。一年中按照《2014年月专题协商工作计划》，分别围绕推进"1236"扶贫攻坚行动、充分发挥社区在社会中的积极作用、加快民族地区基层医疗卫生事业发展、推进国家生态安全屏障综合试验区建设、加快农村土地流转等专题，召开月协商座谈会9次，邀请各民主党派、党外人士、各界别委员和有关部门负责同志，真诚协商，议政建言。会后就相关专题分别向省委省政府报送的建议案，得到省委省政府领导的重视和批示，推动民主协商于决策之前和决策实施之中，成为省政协协商民主创新发展的成功实践。

【加快实施创新驱动战略专题调研】4月至5月，由省政协主席会议成员分别带领3个调研组，分赴兰州、白银、武威、嘉峪关、庆阳、天水等9个市州及有关县区，重点围绕科技人才队伍建设、科技成果转化、科技体制改革等问题，深入54家企业高校、科研院所、高新技术产业园区、科技孵化基地和现代农业生产基地实地调研，并委托其余5个市州政协就当地有关问题开展同步调研，形成3个调研报告和建议案草案并召开省政协十一届六次常委会议进行专题研究讨论，经会议审议形成省政协《关于加快实施创新驱动战略有关问题的建议案》，从加强科技人才队伍建设，为创新驱动战略实施提供人才保障；以要素整合配套为重点，推进产学研协同创新；突出科技体制创新重点，增强科技创新活力等3个方面提出35条意见建议，报送省委省政府，省长刘伟平对建议案作出批示，要求有关部门研究吸纳所提意见建议。

【推动非公有制经济发展重点视察】8月，由5位省政协副主席分别带领视察组深入10个市州和有关县区、企业开展视察，了解各地贯彻落实省委省政府《关于推动非公有制经济跨越发展的意见》情况，听取进一步推动非公有制经济发展的意见建议，并委托其他4个市州政协就地开展视察，形成5个调研报告和建议案草案并召开省政协十一届七次常委会议进行协商讨论，针对甘肃省非公有制经济各项扶持政策落实不到位、经营管理体制相对落后、自主科技创新较少、整体环境不优等问题深入研究讨论，形成省政协《关于推动全省非公有制经济跨越发展的建议案》，提出9个方面28条意见建议。省非公经济发展协调推进领导小组发出《关于分解落实政协〈建议案〉所提意见建议的通知》，要求各市州、各成员单位研究落实。

【深化国有企业改革专题调研】8月，由5位副主席分别带队深入10个市州和有关县区、企业就甘肃省"深化国有企业改革建立现代企业制度"进行专题调研，同时委托其他4个市州政协就地开展调研，形成5份调研报告和4份协同调研报告，并召开省政协"深化国有企业改革建立现代企业制度"月协商座谈会，邀请省委省政府相关领导、省政协委员、专家学者和省委省政府相关部门负责人50多人，研究讨论甘肃省国企改革中存在的问题，并提出对策建议。在此基础上，形成省政协《关于深化国有企业改革建立现代企业制度的调研报告》，从9个方面提出意见建议，供省委省政府决策参考。

【参加省委省政府重大调研督查】按照省委常委会统一部署，省政协主席会议成员积极参加省委常委会2014年9项重大调研活动。分别围绕全面深化改革、构建国家生态安全屏障共建绿色丝绸之路、战略性新兴产业发展的方向和重点等专题，深入基层，广泛调研，形成9份专题调研报告报省委省政府。省政协主席会议成员积极参与全省重大项目观摩活动和"两手抓两手硬、双促进双落实"调研督查活动，就如何做好2015年"3341"项目观摩工作、加大工业园区建设力度、加强项目前期储备工作、防范债务风险、以党风廉政建设推进项目工程建设等提出意见建议。受省政府委托，就依法治国、建立健全生态补偿机制等专题，组织有关党派、委员开展调研，发挥决策咨询作用。

【全国政协副主席王钦敏来甘调研】3月24日至27日，全国政协副主席、全国工商联主席王钦敏一行来甘，就"中小微企业科技创新"开展调研。调研期间，王钦敏一行听取省政府支持中小微企业发展的情况汇报，深入兰州高新技术产业开发区、兰州新区调研。省委常委、省委统战部部长冉万祥，副省长、省工商联主席郝远，省政协副主席张景辉陪同调研或参加有关座谈会。

【举办省政协委员学习培训班】5月5日至6日在兰州举办，以人民政协协商民主制度建设为主要内容，邀请全国政协外事委员会副主任金学锋、全国政协提案委员会副主任王秀峰、中国人民大学经济安全与创新战略研究中心主任马光远分别就“发挥人民政协作为协商民主重要渠道作用”、“人民政协提案工作”以及“当前经济形势分析及非公经济的应对”进行专题辅导。省政协主席会议成员出席培训班。住兰全国政协委员、省政协委员、各市州政协主席和省政协机关干部共380人参加培训。

专门委员会工作

【提案工作】全年共收到提案875件，审查立案830件并全部交办完毕。加大省委省政府领导阅批督办、主席会议成员领衔协商督办、有关部门现场督办和对口协商督办落实力度。协调省委、省政府、省政协办公厅联合下发《关于加强提案办理协商提高提案工作科学化水平的意见》，深化提案工作制度化机制。组织召开省政协“推进‘1236’扶贫攻坚行动提案办理”月协商座谈会，形成《关于进一步推进“1236”扶贫攻坚行动的建议》，省委书记王三运、副省长王玺玉作出批示。赴兰州、嘉峪关、临夏开展做好全省学前教育工作等提案调研活动，形成调研报告报省委省政府，省长刘伟平、副省长咸辉作出批示。参与省政府“战略性新兴产业发展情况”专题调研、省政协“推动甘肃省非公有制经济发展和深化国有企业改革”重点视察。配合全国政协提案委开展“加强黄河上中游生态环境保护”调研。全年为双联村落实帮扶项目34个，涉及资金7000万元。

【社会和法制】参与省政协“推动我省非公有制经济发展”调研和“深化国有企业改革”视察活动，形成相关调研报告提交省政协十一届七次常委会议。就“充分发挥城市社区在社会治理中积极作用”开展调研并组织召开省政协月协商座谈会，形成《关于加强社区建设发挥社区作用有关问题的建议》，王玺玉副省长作出批示。赴天水、临夏等地就实施依法治国基本方略中存在的突出问题进行调研，就甘肃省残疾人法规政策贯彻落实情况进行调研视察，形成相关调研报告报省政府。积极开展立法协商，参与制定《关于创新协商民主机制推动协商民主建设实施方案》。组织委员对《中共甘肃省委党内法规制定工作五年规划纲要（2014—2018）》等征求意见稿提出修改意见。配合省人大常委会法工委开展建立立法协商机制调研。协助全国政协社会和法制委员会开展在甘专题调研。认真督办《关于加强农民工职业技能培训》等4件重点提案。报送《重视解决农垦系统社会保险问题》的社情民意信息，咸辉副省长作出批示。协调落实双联惠农贷款90万元、整村推进项目资金600多万元、农村危旧房改造和易地扶贫搬迁项目252户。

【文史资料和学习】为纪念西部大开发15周年和扶贫开发30年，开展《西部大开发纪实·甘肃卷》有关史料征集工作，收集史料500余篇、文字400多万、图片226张并报送全国政协。与省史志办协同促进《保安族百年实录》《东乡族百年实录》《裕固族百年实录》征集编纂工作，收集图片近600张、50万字。为纪念抗日战争胜利70周年，征集有关抗战史料25万字、图片60余张，初稿已报送全国政协编印，以《陇原抗战烽火》为名的省内文史资料第79辑已付印。完善《中国西北戏剧经典唱段》（1—5集）并再版发行，打造精品农家书目。充实《凉州会谈》重大历史题材开发利用实施方案，报请省委省政府作为华夏文明传承创新项目。筹备省政协文史馆建设，完成评估论证、选择馆址等前期工作。举办全省政协文史干部培训班暨政协文史资料工作会议，编印会议交流文集。编发《学习参考资料》6期近40万字。积极开展双联工作，帮助联系村新修河提650米，修整产业路3000米，争取堤防工程项目1000米，修建便民桥1座。

【经济委员会】牵头开展省政协“推动全省非公有制经济跨越发展”重点视察，赴酒泉、嘉峪关等市县视察调研座谈，形成《关于推动非公有制经济发展情况的视察报告》提交省政协十一届七次常委会议，起草《建议案说明》。深入部分省属国有骨干企业，就“深化国有企业改革建立现代企业制度”进行调研，并在此基础上召开省政协“深化国有企业改革建立现代企业制度”月协商座谈会，报送《关于深化国有企业改革建立现代企业制度的建议》，副省长黄强批示相关部门研究采纳。赴兰州、白银两市4县区，参与省政协“加快我省实施创新驱动战略有关问题”调研，形成相关调研报告提交省政协十一届六次常委会议。协助办公厅组织召开全省经济发展形势协商座谈会，形成《省政协全省经济发展形势协商座谈会报告》。完成全省循环经济领导小组组长会议的协调服务工作。赴兰州新区和兰石集团公司调研视察并召开座谈会，组织好委员界别活动。通过《甘肃政协信息》报送关于解决甘肃省非公有制经济发展融资难的社情民意信息，刘伟平省长、黄强副省长分别作出批示。全年为联系村共协商争取项目资金近400万元，扎实完成双联任务。

【人口资源环境】赴定西、陇南、甘南开展省委省政府“关于甘肃国家生态安全屏障综合试验区建设调研”中有关江河源头的专题调研，并形成调研报告报省委省政府。组织召开省政协“推动甘肃国家生态安全屏障综合试验区建设”月专题协商会议，形成《关于我省推动国家生态安全屏障综合试验区建设有关问题的建议》报省委省政府，刘伟平省长、罗笑虎副省长分别作出批示。通过《甘肃政协信息》报送的《推进甘肃国家生态安全屏障综合试验区建设的几点建议》被全国政协采用并专报国务院领导参阅。赴临夏、陇南开展省政协“推动我省非公有制经济跨越发展”重点视察，并形成相关视察报告提交省政协十一届七次常委会议。参与省政协“深化国有企业改革建立现代企业制度调研”并提交调研报告。赴张掖市开展“在我省推广使用低比例高清洁车用甲醇汽油”调研，提出相关意见建议。重点办理主席督办提案4件、专委会督办提案4件。积极组织双联点基础建设、产业培育观摩活动，通过“委员助推行动”为联系村争取投资90余万元的地质灾害治理项目。

【科教文卫体】赴兰州、白银等地牵头开展省政协“关于我省推动创新驱动战略”专题调研，形成相关调研报告，提交省政协十一届六次常委会议。开展“兰州都市文化产业发展问题研究”专题调研，并组织召开省政协月协商座谈会，形成《关于兰州都市文化产业发展问题研究座谈会建议》，省长刘伟平、副省长夏红民分别作出批示。就《全民健身条例》在甘肃省贯彻落实情况赴金昌、天水调研，形成调研报告报送省委省政府，省委常委、副省长咸辉作出批示。就贯彻落实甘肃省《关于推进华夏文明传承创新区建设的实施意见》《华夏文明传承创新区建设总体方案》情况进行督查，形成相关督查报告报省委省政府。组织召开专题协商座谈会，就甘肃省中医学院升格为甘肃中医药大学进行专题协商，为党政决策提供参考。组织文化艺术界委员赴陇西县开展界别委员视察活动。为联系村协调项目资金83万元，争取投资1080万元的乡村街道污水改造项目，组织医药卫生界委员赴联系点开展义诊，服务群众216人。

【民族和宗教】深入甘南、临夏、张家川等州县就民族地区基层医疗卫生机构改革和卫生事业发展开展调研，并组织召开省政协“加快我省民族地区基层医疗卫生事业发展”月协商座谈会，形成《加快我省民族地区基层医疗卫生事业发展的建议》报省委省政府，省委常委、副省长咸辉作出批示。就民族地区职业教育发展情况开展调研，形成《关于我省民族地区职业教育发展情况的调研报告》报送省委省政府，省长刘伟平、副省长咸辉分别作出批示。对全省农村宗教事务管理情况开展专题调研，分别向全国政协民宗委和省委省政府报送《关于甘肃省加强农村宗教事务管理的调研报告》。提交《关于在藏传佛教寺院开展政治法律及文化知识学习教育活动的提案》等3件提案。走访看望少数民族和宗教界代表人士，组织部分委员赴外省学习考察，召开反映社情民意座谈会，收集民族宗教界委员意见建议，并通过《甘肃政协信息》分别反映。开展以体察民情、助推双联为主要内容的委员界别活动。在甘南州碌曲县西仓乡唐龙多村蹲点参与维稳工作二十多天。为联系村争取暖棚养殖项目6个、资金170万元，协调安排基础设施资金95万元。

【港澳台侨和外事】按省政协统一部署，会同省政协机关双联办，确定省政协双联工作18个贫困县141个产业培育、投资项目及结对帮扶166人，汇编印制《省政协2014“联村联户 为民富民”行动项目册》。在分管副主席带领下，先后赴广东、北京开展双联项目推介活动，积极联系动员省政协港澳委员、外省甘肃商会和企业家来甘投资兴业，助推双联行动。邀请香港贸促会组织10名企业家来甘实地考察双联项目，加大推介力度。广东碧桂园公司、清华大学校友会、香港卓富集团等11家企业分别与省政协帮扶的麦积区、甘谷县、康县、静宁县、平川区、灵台县等联系村结成帮扶对子。邀请港澳委员及企业家来甘开展《丝绸之路甘肃行》省情考察活动。就香港委员有关“客机改货机”天水项目进行调研，推动落实。提出提案9件，完成主席督办提案3件、委员会督办提案2件。及时对接新联系贫困村，共为双联村争取流转土地200亩、扶贫项目资金170万元，建成蔬菜大棚100座。联系6名澳门委员为双联村捐资10万元。

【农业和农村工作】赴庆阳、天水开展省政协“关于我省推动创新驱动战略”专题调研，形成相关调研报告提交省政协十一届六次常委会议。赴金昌、武威就省政协“推动我省非公有制经济发展情况”开展视察，形成视察报告提交省政协十一届七次常委会，并提交大会发言。深入武威、平凉就甘肃省农村土地流转情况开展调研，并组织召开省政协月协商座谈会，形成《关于推进我省农村土地流转的建议》报省委省政府，省委副书记欧阳坚、副省长王玺玉作出批示。参与省委全面建成小康社会有关问题调研活动，就贫困地区基础设施建设情况形成《天水陇南基础设施建设情况的调研报告》报省委。完成推进甘肃省陇药产业发展专题调研，形成《破解生产技术瓶颈助推陇药产业发展的建议》，省委副书记欧阳坚作出批示。分别完成分布式光伏发电产业的调研、对“衣循环”工作的调研，其中有关意见建议通过《甘肃政协信息》报省委省政府，省长刘伟平、副省长王玺玉分别作出批示。先后13次深入联系村开展双联工作，4个联系村农民人均纯收入分别比上年增长17.4%、19.5%、20.1%、24%，全年协调落实资金1084.8万元。

政协甘肃省委员会领导班子成员名录

主　席　冯健身

副主席　德哇仓（藏族）　刘立军
张津梁　黄选平（回族）
栗震亚　张世珍　张景辉
李沛文　马文云（东乡族）

秘书长　石　晶

副秘书长　张海亚　赵祥明　王忠民
钟进良（女）　薛陇平
陈　强　杜尊贤

省政协工作部门领导成员名录

办公厅

主　任　王忠民

委员工作委员会

主　任　白星伟

研究室

主　任　张永贤

省政协专门委员会领导成员名录

提案委员会

主　任　孙　杰
副主任　左灿湘　赵志德　周　生
　　　　武来银　卢效东　马秉虎
　　　　邓少军　刘玉云　韩慧群

社会和法制委员会
主　任　盛世高
副主任　张兴照　张兴中　南明法
　　　　王　俊　刘如厚　杨成堂
　　　　曹晓琴（女）　张卫东

文史资料和学习委员会
主　任　张余胜
副主任　金庆礼　孟　臻　陈炳璋
　　　　祁振仓　李志强　史振业
　　　　陈　彪　张蕊兰（女）
　　　　樊东虎

经济委员会
主　任　马艾武
副主任　卢有治　程　剑　姚世宏
　　　　刘杰华（6月止）　梁传密
　　　　胡秀龙（女）
　　　　王志贵（9月任）　孙晓文
　　　　刘芳芹（女）　赵一红

人口资源环境委员会
主　任　刘吉银（9月止）
副主任　马湘贤　王联群　曾效先
　　　　王廷德　徐文善　陈　汉
　　　　侯云生　王晓明　侯文彬

科教文卫体委员会
主　任　杜孟嘉
副主任　周天佑　李维平　王兴隆
　　　　李卫国　杜松奇　潘　峰
　　　　王泉清　刘建平

民族和宗教委员会
主　任　邢永安
副主任　沙仲才　丹智草（女）
　　　　戴　耿　冯玉祥　崔新生
　　　　马秀萍（女）　徐存堂

港澳台侨和外事委员会
主　任　黄周会
副主任　李玉梅（女）　张　翀
　　　　纪新民　王仲勤　于树青
　　　　喜文华　马　平（女）
　　　　王辉宙

农业和农村工作委员会
主　任　高清和
副主任　何水清　窦新生
　　　　刘醒初（9月止）　薛宗林
　　　　周秀山　杨俊杰　马保平
　　　　钱加绪　赵正祥
　　　　赵鲁平（女）　付怀明

（供稿：郭巍丽　罗锋波）

民主党派与工商联

中国国民党革命委员会甘肃省委员会

【政治协商】2014年，中国国民党革命委员会甘肃省委员会领导班子成员参加中共省委、省政府、省政协组织召开的学习恳谈会、民主协商会、征求意见会等18次，提出的"重振丝绸之路，实现战略西进""以思想大解放推动改革大发展"等建议，得到重视和采纳。向省政协常委会及月协商专题议政会提交的《做好我省城市社区建设的加减法》等6篇发言均被采纳并作大会发言。

【提案工作】民革省委会向省政协十一届二次会议提交集体提案14件，大会发言2篇。副主委杨利亚代表民革省委会作《开拓三个通道实现战略西进重振丝绸之路》的大会发言。《关于农村城镇化建设与生态环境保护协调发展的提案》等4件提案被选为全省扶贫攻坚行动代表性提案，进行专题协商办理。《关于促进白银市中北部风沙源综合治理及生态防护屏障建设的提案》，承办单位省林业厅在白银市景泰县进行现场办理。

【调查研究】2014年，民革省委会选择城市社区建设、农业补贴政策激励效果、传统工业转型升级等3个课题，在平凉、庆阳、武威、张掖、白银、金昌等地开展调研，并形成调查报告。民革省委会继续在全省民革组织中开展联合调研活动，联合调研机制建设不断完善。下半年，民革上海市委会、民革四川省委会在甘肃省开展调研。民革省委会邀请省发改委、工信委、旅游局等单位的同志进行座谈交流，协助民革组织完成调研任务。

【社情民意】2014年，民革省委会建立民革组织报送社情民意长效机制。全年共向民革中央报送社情民意10篇；向省委统战部和省政协研究室报送社情民意22篇。其中《解决我省非公经济发展融资难题的建议》等4篇被采纳。主委郭层城提交的《关于建设"丝绸之路经济带"甘肃黄金段的建议》《关于进一步培育和发展农村新型经营主体的建议》刊发在中共甘肃省委办公厅主办的《甘肃信息》上。民革省委会被甘肃省政协评为2013-2014年度反映社情民意信息先进集体。

【组织发展】民革省委会全年发展新党员3批，共计152人，发展速率为5.09%，净增136人，净增率为4.56%。截至2014年底，全省共有党员3121人，各级组织158个（含省级委员会）。民革兰州大学委员会成立，民革临夏市委会完成届中增补副主委工作，省直政协支部和七支部先后完成届中增补副主委及支委工作。年内共推荐12人参加民革中央和中共省委统战部在中央社院举办的专题研讨班、骨干成员培训班，推荐1人参加党群系统县处级干部学习班，安排7人旁听省人大常委会和省人代会。

【思想宣传】2014年，民革省委会全面完成民革前辈史料征集工作，共采集包括黄埔老人、抗战老兵、民革老领导在内的12位民革前辈的影像资料，时长20余小时。6月，成立民革甘肃画院，并举办庆祝民革甘肃画院成立暨民革兰州市委员会成立30周年书画展。10月，配合民革中央成功举办邓宝珊生平事迹研讨会暨民革前辈纪念场馆联谊会第三次年会。《邓宝珊将军与延安合作抗战史略》等14篇论文被年会论文集收录。标题为《同心为人民》的邓宝珊纪念文章在《团结报》《甘肃日报》《中国统一战线》刊登。中共十八届四中全会召开后，民革省委会把学习贯彻全会精神、落实依法治国方略作为中心任务，力求在领会精神实质上下功夫。郭层城主委带头撰写的《深化改革需要思想观念跨越赶超》《为建设法治中国积极献计出力》等文章相继在《团结报》头版发表。向省政协提交《十余年"呼出兰渝线"》《在民族地区播撒希望的种子》等5篇西部大开发史料，有的在《民主协商报》发表。民革省委会全年编发《甘肃民革简讯》11期，报送《省委会工作动态》24期。团结报甘肃记者站发表各类新闻稿件20多篇。甘肃民革官方网站全年更新网站新闻100余条，向民革中央网站推荐新闻稿件30余条。

【机关建设】民革省委会机关认真践行"八项规定"和《党政机关厉行节约反对浪费条例》，修订完善并严格执行各项规章制度和管理办法。倡导开短会、写短文、讲实话，大力改进文风、会风、学风。11月，首次举办全省民革地方组织机关干部培训班。

【涉台宣教】民革省委会采取会议推进、专题报告、台情研究等形式，有效开展涉台知识的学习和宣传教育。4月，联合省直机关支部、兰大一院支部举办台胞台属联谊会，共同探讨加强陇台交流的合作途径。8月，参加民革兰州市委会祖统工作委员会"两岸一家亲，共圆中国梦"活动。编发《宝岛瞭望》2期，及时宣传大陆对台政策、两岸时政要闻、专家时事评论及民革省委会对台工作动态。

【祖统联谊】民革省委会通过接待海外参访团、召开茶话会等形式，拓展涉台交流联谊工作的深度和广度。1月，召开台胞台属新春联谊会，组织祖统委员、在兰台胞台属、《台湾研究》特邀撰稿人进行新春联谊。7月，接待并陪同第三届台湾擎天协会暑期青年华夏文化参访团赴河西地区进行为期6天的参观访问。8月，与民革兰州市委会联合召开中秋茶话会，省、市祖统工作委员会委员、在兰台胞台属代表进行座谈交流。

【"双联"行动】民革省委会完善干部常驻制度，建立工作台账，全年组织机关干部进村入户11次，为肖红坪村贫困群众送去10吨冬季用煤、近1000件衣物、200把儿童雨伞、200多件学习文具、300多本书和爱心人士捐助的部分现金。筹资4万余元，购买6万株云杉树苗和除草剂，推广种植云杉13亩。多方联系建成占地面积7亩、投资约80万元的标准化幼儿园。与省国土资源厅联系，帮助帮扶村申报800万元的土地整理项目。目前该村近4000亩土地已基本完成勘测工作。

【扶贫济困】民革省委会广泛开展"博爱·牵手"活动，以基层组织为载体，通过捐款捐物、慰问抗战老兵、给乡村学生送温暖等形式，帮助困难群众。民革兰州市第八支部被民革中央评为"伸出博爱之手—民革基层组织牵手困难群众"优秀基层组织。

【科技推广】民革省委会继续稳步推广秸秆生物反应堆技术，运用该技术在陇西县种植党参的面积由100多亩增加到近1000亩，并向省科技厅上报项目鉴定申请。与民革兰州市委会积极配合，就推广使用矿物质肥进行多方助推。

2014年1月17日，民革甘肃省委会深入双联点积石山县石塬乡肖红坪村慰问帮扶户

中国国民党革命委员会甘肃省委员会领导班子成员名录

主任委员　郭层城

副主任委员　蒲志强　杨利亚　陈　强　孙晓钢　梁笑玉　杨立勋

（供稿：董小平）

中国民主同盟甘肃省委员会

【政治协商】多次参加省委、省政府、省政协召开的恳谈会、座谈会和月协商座谈会，围绕加快经济发展方式转变、华夏文明传承创新区建设、丝绸之路经济带建设、生态补偿机制建设、深化国有企业改革、农村土地流转、全省经济工作等建言献策。

【重点调研】根据民盟中央的工作部署，积极配合全国人大副委员长、民盟中央主席张宝文带领的专题调研组来甘调研西北地区农业可持续综合开发问题，形成《关于加强西北旱区农牧业可持续综合开发的调研报告》。民盟中央以张宝文主席和陈晓光常务副主席的名义向中共中央、国务院主要领导呈报建议信。2014年3月，该项调研成果获得习近平总书记、李克强总理和汪洋副总理的批示。

【助推发展】根据省委、省政府2014年度大调研计划安排，围绕"甘肃省生态补偿机制建设"问题，联合中科院寒旱所、省水利厅、林业厅、省经济研究院等部门组成调研组，赴庆阳、定西、张掖、金昌等地调研。为破解水资源短缺难题，推动景电三期工程上马建设，盟省委调研组赴景电管理局开展"景电三期工程上马建设问题"专题调研。

【提案建议】在省政协十一届二次会议上，向大会提交集体提案19件，大会发言2件，内容涉及高等教育、生态建设、新农村建设、文化产业、金融服务等多个领域，其中《立足增效挖潜，提高粮食综合生产能力》和《推进产学研结合加快科技成果转化》被列为省政协重点提案。另外，还向省政协常委会提供《优化创新环境，激发创新活力》《加强银行信贷支持，推进非公经济发展》等发言材料。

【社情民意】全年共向全国政协、民盟中央、省政协、省委统战部反映社情民意信息80多条，在省政协表彰中列各民主党派工商联第一名。其中，《发挥西北地区比较优势，共促丝绸之路经济带崛起》被全国政协《政协信息》单篇采用，《关于建设敦煌多民族文化融合发展示范基地的分析建议》被省委办公厅直接报送给省委各常委。

【论坛研讨】联合民盟福建省委发起组织2014年"陆海丝绸之路·文化与产业发展"研讨会，以"传承文明·合作创新"为主题，选取敦煌和泉州这两个"一带一路"的重要节点城市加强合作，通过文化学术交流研讨、产业跨境对接项目洽谈，推动甘肃与福建、敦煌与泉州的合作。研讨会共收到高质量论文60篇，推动项目签约达37亿元。新华网对本次研讨会进行全程网络直播。2014年邀请盟员马建忠教授做"转基因食品—优越性和安全性"讲座，全面介绍转基因研究的目的、方式、方法及转基因作物未来发展趋势。

【烛光行动】先后邀请江苏盟组织专家讲师团和兰州新东方学校培训贫困地区农村教师563人，选送古浪、岷县、华亭132名骨干教师分赴上海市、武汉市和常州市进行专业学习培训。

【医疗扶贫】组织盟内医疗专家在古浪镇开展免费义诊、送医送药活动，为600余户村民进行健康检查，免费发放价值8000余元的常用药品，培训当地医护人员120余人。

【监狱帮教】响应盟中央实施"黄丝带"帮扶计划的号召，探索建立与司法系统的长效合作机制和活动开展机制，与兰州市劳动教养管理所签订帮教协议，开展"提高戒断率，降低复吸率"主题帮教活动，向劳教人员赠送文史、励志、科普、职业技能培训等方面的图书500多册，捐赠生活用品价值17000余元。

【主题教育】积极参加和举办新中国成立65周年、人民政协成立65周年纪念活动；组织地方和省直基层组织的主委、盟务骨干、专委会成员和机关干部参观肋巴佛纪念馆、甘南农民起义烈士纪念碑和八路军驻兰办事处；编辑出版《费老在甘肃》《甘肃民盟简史》，用民盟精神传统激励盟员。

【宣传工作】《甘肃盟讯》重点打造"丝路建设与甘肃发展""盟员故事"等专栏宣传品牌。加强网站建设，及时更新内容，开设"基层组织建设年""学习贯彻中共十八届四中全会精神"专栏，发布信息1400余篇。顺应互联网时代微传播、短阅读特点，开通网站手机版和微信公众平台。全年向《人民政协报》《团结报》《发展》等省内外媒体刊发有关甘肃民盟的报道和署名文章267篇。

【理论研究】全年共征集高水准理论研究成果60余篇，经过筛选，向省委统战部上报10篇。积极参加民盟中央理论研究课题招标，《解放前甘肃民盟组织武装斗争研究》荣获"民盟中央理论研究课题二等奖"。

【"双联"行动】制定中长期帮扶规划，确定将红提葡萄种植推广和养殖基地建设作为未来联泉村发展的帮扶重点，协调甘肃农业大学与200多种植户达成长期的农技培训意向，邀请省内红提葡萄种植专家赴联泉村为100多户红提葡萄种植户进行实地指导和技能培训。内引外联，为联泉村脱毒马铃薯原种繁育基地建设项目协调资金73万元，为养牛养羊基地建设协调资金30万元，两项目已于2014年底建成并通过验收。

【组织发展】制定《2014年组织发展计划》和《2014年度发展指标》。2014年新发展盟员422人，发展率和净增率分别为5.3%和4.6%。其中具有大学以上学历者363人，占发展总数的90.8%；硕士及以上学历的61人；新盟员的中高级以上职称所占比例为43.5%，上层人士所占比例为44.5%，平均年龄是35.5岁。截至2014年12月底，全省共有盟员7848人。

【队伍建设】举办盟务工作骨干培训班、地方组织专职干部培训班和新盟员培训班，全省14个市级组织的128人参加培训；积极推荐12名盟员分别参加民盟中央和中共省委统战部在中央社院举办的培训学习班。

【基层组织】民盟中央把2014年确定为"基层组织建设年"，盟省委调研组分赴兰州、天水、武威、张掖、酒泉等7个市州，召开8场座谈会，与140个基层组织的200多名盟员，就基层组织建设问题进行座谈。同时，在甘肃民盟网站和《甘肃盟讯》及时宣传推广基层组织建设年中精彩的活动、成功的做法、取得的成效。在民盟中央召开的"民盟基层组织工作会议"上，盟省委荣获"中国民主同盟基层组织建设工作创新先进奖"，民盟兰州大学委员会等13个基层组织被评为"中国民主同盟先进基层组织"。

中国民主同盟甘肃省委员会
领导班子成员名录

主任委员　张世珍
专职副主任委员　周　鹰
副主任委员　阎春民　王建林
褚衍东　郭玉芬（女）
魏其奎　刘　刚
雷自强
秘书长　杨枝良

（供稿：汪新弟）

中国民主建国会甘肃省委员会

【参政议政】省委会向省政协十一届二次全委会议提交集体提案16件，大会发言3篇。《关于加强我省社区文化建设的提案》《关于推进两型社会建设实现我省转型跨越》《关于加快甘肃省产业承接的提案》被评为优秀提案并得到当地主要领导的批示。2014年，民建省委会信息稿件被民建中央采用6件，被省政协采用10件。

【专题调研】截至2014年12月底，省委会共收到调研报告30篇。省委会向民建中央和省委统战部分别报送16篇。民建省委会《关于六盘山连片特困地区的调查与建议》在中共中央办公厅和国务院办公厅年初印发的《关于创新机制扎实推进农村扶贫开发工作的意见》中部分被吸纳其中。

【民主监督】省民建领导参加中共甘肃省委常委会领导班子及其成员征求意见建议会议，并提出意见建议。在省上开展的征求对党和国家机关党员干部民主生活会意见活动中，省委会分别向省政协、省纪委、省委统战部、省政府办公厅等省直单位和公共服务行业提出意见建议。会员中的人大代表积极参加人大开展的执法检查活动，民建界别的政协委员积极参加政协组织的委员视察活动。担任特邀职务的同志，积极参加效能风暴政风行风民主评议等活动。

【社会服务】经民建省委会多方努力，民建中央和甘肃省政府联合举办、省委会具体承办"民建中央助推丝绸之路经济带甘肃黄金段发展暨企业委员会工作会议"。省委、省人大、省政府、民建中央社会服务部的领导，以及来自全国各地的100多名民建著名企业家和学者出席会议。与会者对甘肃省研究制定丝绸之路经济带黄金段建设总体方案提出意见建议，并参加项目洽谈，达成多项投资意向。并赴兰州新区、酒泉、庆阳等地进行实地考察。民建省委会配合中华思源工程扶贫基金会在甘肃省开展"思源·救护中国行""思源·天使计划"等公益活动，为全省贫困地区医院捐赠救护车24辆，举办2个"思源·教育移民班"，帮助100名贫困家庭的优秀小学毕业生进入初中学习。与当地党委统战部、教育局、审计局等单位联合成立项目工作领导小组，制订详细的实施方案。开展"送科技""送文化"等活动，推动"双联"工作。向和政县医院捐赠救护车1辆，向"双联"村小学捐赠电脑、打印机等物品。

【自身建设】民建省委会分别召开主委会议、常委扩大会议和会内专家学者座谈会。省委会转发《民建中央关于坚持和发展中国特色社会主义学习实践活动的通知》，对组织开展学习实践活动提出具体要求。制定《民建甘肃省委开展坚持和发展中国特色社会主义学习实践活动方案》，成立由主委担任组长的领导小组和由专职副主委担任主任的领导小组办公室。省委会领导和骨干会员参加中共中央统战部、民建中央、中央社会主义学院、省委统战部、省政协等单位举办的以学习十八届三中、四中全会精神和习近平同志系列重要讲话为主要内容的座谈会、报告会、研讨会等，并在《甘肃日报》等报刊上发表体会文章。召开民建省委会成立35周年纪念大会。省委会表彰16个先进集体和60名优秀会员，编印《民建优秀调研报告集》，演出文艺节目。《甘肃日报》刊登纪念文章。《甘肃民建》由季刊改为双月刊。截至2014年12月底，全省共有会员2712人，平均年龄48.5岁，经济界会员占71%；担任各种经济实体的正副董事长、总经理、厂长等高级管理人员454人，占会员总数的17%；担任政府及司法机关处级以上领导职务的55人，占会员总数的2%。1名会员荣获"第十届中国建筑学会青年建筑奖"。组织5名市级组织专职副主委参加全国市级组织专职副主委培训班，14名骨干会员参加民主党派干部进修班。与民建中央联合举办学习贯彻十八届三中全会精神和习近平同志系列重要讲话培训班。

中国民主建国会甘肃省委员会
领导班子成员名录

主任委员　宁崇瑞

副主任委员　曹成章　陈兴鹏
　　　　　　刘永辉　刘晓瑚
　　　　　　杨贵言　杨小燕（女）

（供稿：张　政）

中国民主促进会甘肃省委员会

【重点调研】2014年开展"加强社区建设、土地流转和促进农村新型经营主体发展、新丝绸之路经济带建设、促进文化产业发展、水资源管理利用、农村村级债务情况、营造良好环境，推动《华夏文明传承创新区规划》落实、加快电子商务领域人才培养"、大力发展草畜产业，打造新丝绸之路经济带畜牧业核心产区等9个专题调研。省上领导批示"全省农村村级债务情况的专题调研报告"，省财政厅、省发改委结合调研报告中所提出的意见建议拟定整改措施。9月，民进中央严隽琪主席一行就农业节水情况专程来甘肃考察调研，将推广农业节水技术和发展农业节水产业作为"进海协商"的内容，省委会提交建议稿件。报送中共甘肃省委统战部专题调研报告10篇，提交政协甘肃省十一届二次会议集体提案11件，大会发言1件；提交省政协专题议政会议、常委会议建

2014年9月3日，省民主建国会在藏区调研扶贫开发纲要实施情况

议8件，大会发言6件，专题议政会交流材料2件。其中1件提案被评为优秀提案，2件提案被列为主席督办提案。《关于促进兰州市出租车行业健康发展的提案》经《西部商报》刊出后，新浪网、人民网等20多家国内媒体转载，凤凰网记者就此进行电话采访。《整合资源加快推进甘肃省社区建设》和《营造环境 落实规划 促进甘肃省文化产业发展的建议》被推荐为省政协月协商座谈会重点交流发言。提交省级民主党派季度恳谈会建议稿3篇中，《关于下大决心改善软硬环境把华夏文明传承创新区建设规划落到实处的建议》被转送省委有关领导参阅。向民进中央专题汇报甘肃省废旧地膜回收利用条例制定实施的经验和做法，草拟由全国人大常委会副委员长、民进中央主席严隽琪提交的《关于建议全国人大启动立法程序 促进农村废旧地膜回收利用的建议》。另在此基础上形成由民进中央提交全国政协十二届二次会议的《关于加大农田残膜污染治理力度的提案》被定为主席督办案。此项成果被评为民进中央2014年度参政议政成果一等奖。

【参政议政】2014年重点调研课题中，4项有专委会委员参与，16人次参与调研报告的修改工作。选派省委会机关6名年轻干部担任专委会的专职秘书，负责日常事务处理。2014年专委会工作会议召开期间，举行3次专题辅导讲座。

【社会服务】“同心”品牌活动联系民进无锡市惠山区委会，向白银区武川乡红岘村捐款10万元，用于修建50眼民进爱心水窖；民进湖州市委会，为张掖甘州区花寨乡中心学校争取到西部助学项目资金14.6万元，用于更新学校电脑、网络机柜和学生食堂厨具等设备；推荐民进武威市委会1名美术老师参加为期一周的民进中央2014年同心·彩虹行动暑期美术教师培训班。继续实施阳光育才计划和童心同行——先心病普查。2014年，阳光育才计划的5名企业家会员资助宕昌县哈达铺镇和阿乌乡考入大专院校的12名贫困大学生，每生资助3500元，共计42000元。童心同行——先心病普查活动为省委会双联点羊永乡七所乡、村幼儿园的1100名师生进行检查，查出患有先心病2名儿童，由民进会员、兰大一院宋兵主任亲自手术后康复出院。开展微公益活动。民进兰州市七里河总支开展同心四点半志愿服务活动。成功承办2014年民进企业家联谊会联席会议和民进微公益工作座谈会。8月26日至29日，民进全国微公益工作座谈会和2014年民进企业家联谊会联席会议在兰州召开。民进中央常务副主席罗富和，副主席朱永新出席及各省级组织领导、社会服务工作负责人和民进企业家共240余人莅会。

【“双联”行动】针对双联点拉布村中药材种植已达到2500亩，占全村种植面积的75%的情况，邀请甘肃农业大学教授、中药材栽培专家为村民讲解中药材栽培知识。引进外省力量结对帮扶，联系民进江苏省委会帮扶资金20万元，建成全新的拉布小学多媒体教室和局域网；民进浙江省委会帮扶资金10万元，用于拉布村后续饮水工程的建设；民进杭州市委会帮扶资金7.8万元，为拉布村购置25盏太阳能路灯及拉布小学学生饮水锅炉，130套课桌椅等用品；杭州广宇集团与拉布小学进行结对子活动，举办“携手走甘南——杭州广宇集团携手拉布小学慈善行活动”。

2014年3月10日，民进甘肃省委邀请农业专家为拉布村民讲解中药材栽培知识

【自身建设】7月，协调天水、白银市委会举办报告会，由民进中央副主席、民进中央学习实践活动领导小组办公室主任王佐书作专题报告；10月，召开专题座谈会，请民进中央严隽琪主席指导民进省委会学习实践活动的开展。班子成员带头学习并先后赴兰州、天水、酒泉、张掖、金昌、白银等地开展宣讲、座谈，累计听课达300多人次。组织开展民进甘肃省委会成立30周年系列庆祝活动。表彰民进省委会成立30年来在本职工作和会务工作中做出突出贡献和入会30年的156名会员；编辑出版《且学且行——民进甘肃省委员会成立30年》纪念册；召开庆祝大会，同时举办会员书画摄影作品展，并在天水和酒泉巡展；会刊《甘肃民进》征稿编辑纪念专刊，民进省委会网站开辟庆祝活动专栏。2014年启动省委会网站改版，上半年顺利进入试运行阶段，网站为12个地方组织提供独立页面，并召开新版网站启用暨培训会，培训20多名通讯员。截至2014年12月底，在中央级媒体刊登文稿3篇，在《甘肃日报》、《民主协商报》等刊登文稿6篇；民进省委会网站上传稿件180余篇，报送民进中央网站110余篇。推荐2名骨干会员成为甘肃统战理论研究会理事；有3名会员在新一届甘肃省政协理论研究会中任常务理事，1人任理事；选派民进省委会理论研究会理事、陇东学院教授栗国旗参加民进中央参政党理论研讨会并作专题发言；在庆祝人民政协成立65周年理论

研讨会上，省委会以《充分发挥协商民主的主渠道作用》为题的大会发言，摘选刊登在《甘肃日报》。

【组织建设】以“组织建设年”为主题，制定组织建设年活动方案，继续开展“走基层、访会员”主题调研活动；班子成员深入到地方和基层组织，参加活动，与会员交流。7月，全国政协副主席、民进中央常务副主席罗富和在兰看望民进兰州大学委员会的会员代表并座谈。8月，在甘肃社院培训80名骨干会员和机关专干，召开专题座谈会。推荐30名会员分别参加中央统战部、民进中央和省委统战部举办的培训班。在民进全国组织工作会议上，酒泉、张掖市委会，定西安定区委会被授予“民进全国组织建设先进地方组织”称号，兰州市七里河总支、天水市秦州区文艺支部、白银市靖远县支部、金昌市永河支部、武威第二中学支部、平凉市第三支部、庆阳市西峰区支部、临夏市临夏县支部、兰州交通大学委员会9个基层组织被授予“民进全国组织建设先进基层组织”称号。动态管理“351”代表人士人才库，11月成立民进甘肃农业大学支部，成立民进平凉市委会工作进展顺利，成立民进庆阳市委会进入省委统战部地方组织发展规划。截至2014年12月底，全省有地方组织18个，基层组织171个。2014年新增会员121人，全省会员总数为3226人。

中国民主促进会甘肃省委员会
领导班子成员名录

主任委员　尚勋武

副主任委员　唐援朝（女）　李凤民
　　张祥生　马天义
　　马　刚　杨晓波

秘书长　温　艳（女）

（供稿：冯建设）

中国农工民主党甘肃省委员会

【参政议政】甘肃代表团在十二届全国人大二次会议上提交的《关于将甘肃列为国家中医药产业发展综合实验区的建议》被列为全国人大重点办理建议案。省委会围绕中医药产业发展进行多次专题调研，形成《甘肃省中医药产业发展情况》的调研报告。省委会提交《关于将纹党作为甘肃省优质中药材品牌推广突破口的建议》，并建议省政府将全国人大原副委员长、农工党中央原主席、中华药学会会长桑国卫聘请为甘肃省中医药产业发展顾问。栗震亚主委在全国政协召开的“深化产教融合、校企合作，加快现代职业教育体系建设”专题协商会上作题为《关于西北民族贫困地区职业教育的现状与建议》的发言。在省政协十一届二次会议上，省委会提交《关于尽快组建甘肃医科大学的建议》《关于白龙江流域林业资源保护现状》等17件集体提案。提交的《关于组建甘肃医科大学的建议》得到省委省政府的高度重视，计划投入19.9亿元，以甘肃中医学院和平校区为基础建设甘肃医科大学，2014年9月底开工建设。提交的《关于加强我省农村金融市场建设的提案》被确定为省政协重点提案并作重要批示。完成的《提高甘肃省能源加工转换效率》获农工党中央“2013年优秀调研报告”三等奖。由省委会牵头，联合省级各民主党派的专家学者就推进丝绸之路经济带甘肃黄金段建设开展调研。调研组于6月至9月先后走访兰州新区、省商务厅、省贸易促进会、省文化产业发展集团等单位，到天水、酒泉等地就甘肃省打造新兴产业集群，推进新丝绸之路经济带黄金段建设等问题进行座谈、并赴新疆学习丝路经济带建设的经验和做法。还完成“甘肃省县级公立医院改革”“甘肃省居民饮水安全状况”等调研报告。

【社会服务】积极开展“两周”活动。农工党省委会联合兰州大学第一医院在甘南州临潭县店子乡开展第七届“中国环境与健康宣传周”活动，邀请兰大一院农工党员医疗专家义务开展医疗服务和健康咨询活动，免费发放价值4000多元的药品和资料；邀请书画支部书画家在店子乡开展“情系双联点·翰墨赠农家”书画下乡活动，免费赠送120余幅精美的艺术作品；联合省人民医院在定西市二院开展主题为“和平·发展·环保·健康”的第二十六届“国际科学与和平周”送医送药活动，免费发放价值3000多元的常用药品。省委会通过红十字会定向援建岷县茶埠镇卫生院、渭源县麻家集中心卫生院、宕昌县哈达铺镇中心卫生院牛家分院、临潭县新城镇扁都卫生院等四所乡镇卫生院，主要用于卫生院重建业务用房，目前工程均进入收尾验收阶段。省委会还联合中华民族团结进步协会、天水市委会在天水市、甘谷县开展“第七届健康普查系列活动—中西部地区先天性心脏病筛查和救治”活动。共筛查患有先天性心脏病的患儿47名。经多方争取救治资金，最后确定22名患儿到北京同仁医院进行免费手术。

【“双联”行动】多方筹资10.5万元援建双联点业仁村村民文化广场和村委会地面水泥硬化、房屋修缮工作；联合甘肃继兴国医馆在临夏州政协的双联点永靖县川城镇上王村开展义诊活动，免费发放价值1.4万元的药品；省委会从办公经费中拨付5万元，帮助业仁村开展春耕生产；联系农工党员企业家为业仁村新建的村委会捐赠价值6万多元的办公用品，赠送大量农业书籍；联系党员企业家、陇西中天药业总经理陈杰到业仁村就中药材种植进行培训，达成收购该村全部中药材的协议等；省委会整合资源尽力而为，已帮助业仁村联系项目6个。省扶贫办将省委会联系的业仁村列为“扶贫互助资金项目村”，安排互助资金20万元；业仁村道路硬化项目已列入省交通厅计划，即将实施；积极同省爱卫办联系，争取到200套健康包，捐赠给业仁村。机关工作人员增加联系户，10名干部联系46户。

【思想建设】认真学习中共十八届三中、四中全会精神，习近平总书记在庆祝人民政协成立65周年大会上的重要讲话和关于治国理政系列重要讲话精神，全省各级组织和广大农工党员开展学习传达活动。省委会积极参加农工党中央举办的“中国梦·农工情”征文比赛，征集到稿件116篇，多篇作品获奖。在农工党中央全国宣传工作会议上，省委会宣传思想暨学习实践活动荣获多项表彰。省委会举办"中国梦·农工情"演讲比赛，全省农工党员踊跃报名参加，经过角逐胜出的3名优秀选手代表省委会参加农工党中央"中国梦·农工情"演讲比赛总决赛，均获得优胜奖。省委会组织新党员培训班学员和机关干部赴会宁县红军会师园开展红色教育学习实践活动；组织常委、市级委员会主委赴广东、江苏举办学习实践活动专题研讨班。参加学习实践活动专题研讨班、甘肃省地厅级领导干部学习贯彻习近平总书记系列讲话精神研讨班、西部骨干党员培训班和省委统战部举办的各类培训班等学习平台。全面升级省委会网站，开通官方微信订阅平台，在省委会网站和《甘肃农工》杂志开辟专栏，编印专刊，多种形式开展学习宣传。

【组织建设】省委会在有限的办公经费中抽出一部分支持基层组织开展活动，天水市委会组织骨干党员到陇南市两当县兵变纪念馆、兵变旧址等地，开展学习实践活动等。积极推荐后备干部队伍参加农工党中央、省委统战部举办的各级各类培训班，推荐优秀党员挂职锻炼。省委会在甘肃社会主义学院举办为期一周的新党员培训班，48名党员参加培训。据统计，全省有175名党员参加各级各类培训班，其中有24人参加农工党中央的培训，为参政党建设储备人才。

截至2014年12月底，全省共有农工党员2495名，其中医药卫生界1360人，占54%；文化教育界471人，占19%；科技界120人，占5%；非公经济及其他544人，占22%。平均年龄49岁。有各级人大代表29人，政协委员206人。有市级委员会6个，市级筹委会1个，基层委员会12个，总支25个，支部118个，小组20个。

中国农工民主党甘肃省委员会领导班子成员名录

主任委员　栗震亚

副主任委员　张　明　郭天康　郭顺林　杨　兰（女）　李晓霞（女）　张有成

秘书长　马岱钧

（供稿：马　臻）

九三学社甘肃省委员会

【参政议政】2014年，社省委《关于实施甘肃中部生态移民扶贫开发供水工程的建议》在获得重要批示后，已通过水利规划院的审查，上报至水利部。由社中央牵头、社省委参与完成的《关于统筹川甘青结合部藏区协调发展》的调研报告，获得中央批示。《关于农村妇女小额贷款担保工作的建议》被社中央选为全国政协大会集体提案，同时作为社情民意信息被全国政协转发；《关于全省村级债务情况的调研报告》获得省长批示。2014年度，社省委荣获社中央议政成果先进集体三等奖，1人获先进个人二等奖，2人获先进个人三等奖。在省政协十一届二次会议上，社省委提交提案22件，书面发言4篇。其中，《强化生态文明考核，建设幸福美好新甘肃》被列为大会首位发言；《强化科技创新促进循环经济发展》《加强工业节水工作确保全省水资源安全》《加强和完善农民工职业技能培训的建议》被定为主席督办提案。《关于从刘家峡水库调水建设兰州市城区第二水源地的建议》已被省政府采纳。在全国政协表彰的2012—2013年度30篇优秀社情民意信息中，社省委提交的调研报告《设立国家河西走廊节水农业示范区》受到表彰。2014年，社省委信息被省政协采用8篇，并向全国政协转送1篇；被社中央采用5篇。2014年，省社委在省政协月协商会上共有书面发言17件，口头发言10人次，其中《完善新型农村合作医疗政策，遏制因病致贫现象的建议》获得批示。《加快推进创新驱动战略的几点建议》和《关于甘肃省强化金融服务"三农"的几点建议》被编入《甘肃信息决策参考》。社省委领导多次应邀出席最高人民法院在兰州召开的座谈会，参加有关检查和监督工作。

【社会服务】2014年，社省委开展科技、项目、产业、医疗和文化等立体式帮扶，为"双联"帮扶点落实地质灾害防治项目资金1580万元。争取到社中央多党合作社会主义新农村建设项目在双联点落地，建立百亩核桃种植基地，种植近万株核桃树苗、6000株花椒树苗，成活率达到90%以上。其间，向村民印发有关栽培技术规范和病虫害防治资料，开展养殖技术培训和义诊活动，赠送价值3000元的农药品、3000元的体育用品。1人被评为全省"双联"行动标兵，1人被评为"人大代表在行动"活动先进个人，1人被评为"双联"行动省政协委员先进个人。

2014年，在酒泉市再次开展"亮康行动"，为肃州区、金塔县100名白内障患者免费成功实施复明手术，是全国连续大规模开展"亮康行动"的唯一省

农工党甘肃省委会开展"中共环境与健康宣传周"义诊活动

份，实现“复明一人，致富一家”的目标。组织社内外专家学者前往社省委“专家工作站”开展各种形式的帮扶活动。邀请社中央和甘肃省科普专家，分别在兰州新区、白银市和张掖市等4所学校开展“科普进学堂”活动，共计举办讲座8场，累计听众近4000名。在“全国科普日”活动中，社省委与社农大支社联合，组织医疗和农业专家为100多名群众开展义诊和咨询服务，发放宣传资料1000多份。

【思想建设】2014年，启动学习贯彻中共十八届四中全会精神“送光盘下基层”活动。召开专题常委会，举办社史辅导报告会；赴会宁长征会师园开展现场学习教育活动，观摩“九三学社专家会宁工作站”；在社庆69周年之际，邀请社中央宣讲团成员举办学习实践活动主题报告会。在社刊和网站上开设专版和专题网页，刊登理论解读和学习体会文章，开展征文、思想状况问卷调查。2014年，社省委网站共刊登报道282篇，被社中央网站采用158篇。

【组织建设】2014年，社省委主要领导带队对8个市委会、定西安定区委会及兰州生物科学研究所委员会、兰州交通大学委员会进行调研，提出建议并形成书面报告，呈社中央和省委统战部。就成立陇南市委会、定西市委会的相关事宜多次走访当地统战部，进行反复沟通协商，并将协商结果（中共陇南市委常委会审议通过，原则上同意筹备成立九三学社陇南市委会）及时向省委统战部汇报。在陇南举办中国特色社会主义理论学习暨河东片骨干社员培训班；邀请专家学者和社中央同志，在天水举办提案、信息工作和机关公文处理培训班，受训社员近120人。19人参加中央统战部、省委统战部举办的中青年骨干培训班，3人参加社中央组织的学习培训。社员信息和组织管理系统录入工作全面启动，大部分基层组织已完成填写上传。2014年，学社4个地方组织和6名社员被社中央授予组织建设先进集体和先进组工干部荣誉称号；社省委对15个先进基层组织和78名先进个人

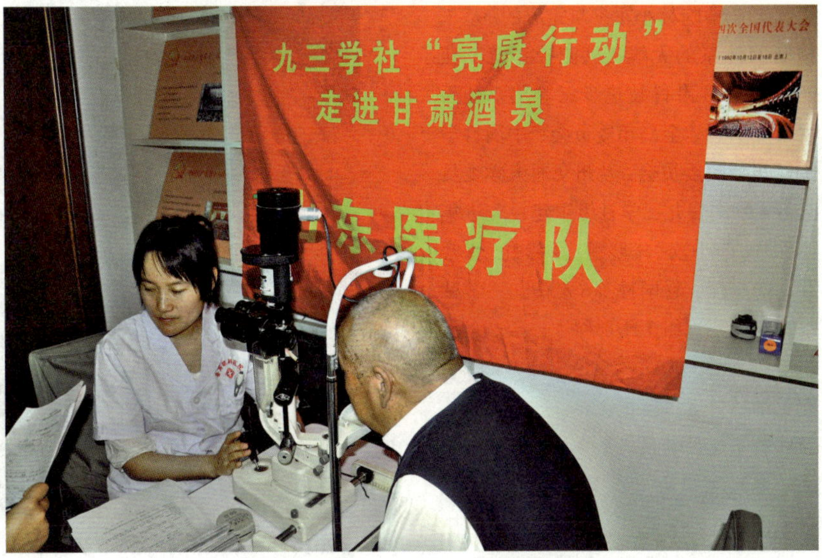

九三学社“亮康行动”酒泉行

进行表彰。

【机关建设】组织机关干部重新学习《公务员法》，开展自查自纠，签订承诺书。根据甘办发〔2014〕57号文件的要求，制定《专项经费管理办法》《差旅费审批报销制度》《参政议政成果奖励办法（试行）》和《信息奖励办法（试行）》等规章制度。上门看望和慰问学社的老领导老同志；积极关心生活困难社员，为身患疾病的社员周立红申请到王选关怀基金3万元。举办公文写作与处理培训班，安排机关干部外出交流培训。

【获奖情况】学社成员、中国科学院寒区旱区环境与工程研究所赵文智研究员参与研究的“干旱内陆河流域生态恢复的水调控机理、关键技术及应用”项目和中国科学院寒区旱区环境与工程研究所吴立宗研究员参与研究的《地球系统科学数据共享国家平台构建、关键技术与应用服务》项目获国家科技进步奖二等奖。学社成员、中科院寒区旱区环境工程研究所研究员王宁练参与完成的《青藏高原冰芯高分辨率气候环境记录》荣获2014年度国家自然科学奖二等奖。社省委副主委、中国科学院寒区旱区环境与工程研究所研究员屈建军主持完成的“青藏铁路沙害形成机理及防治技术研究”获2014年度青海省科技进步一等奖。学社成员、中科院寒区旱区环境与工程研究所研究员张克存参与完成的《库姆塔格沙漠东缘重大工程建设中的风沙防治问题》获2014年度甘肃科技进步一等奖，屈建军在2014年“敦煌国际文化旅游名城建设”评奖活动中获“十大影响力人物”称号。社省委副主委、兰州交通大学副校长陈兴冲被批准享受2014年国务院特殊津贴，主持完成的《高墩桥梁延性抗震设计方法及基础隔震技术研究》获2014年度甘肃科技进步二等奖。学社成员、兰州大学化学化工学院教授、博士生导师力虎林入围2014年中国“高被引学者”化学类榜单。学社成员、中国农科院兰州兽医研究所副主任郭建宏参与完成的《口蹄疫O型缅甸98（MYA98）疫苗的研制及应用》学社成员、兰州大学草地农业科技学院教授梁天刚参与完成的《黄河重要水源补给区（玛曲）生态修复及保护技术集成研究与示范》获2014年度甘肃科技进步一等奖。学社成员、兰州长城电工股份有限公司高工韦利民参与完成的《i—AY1—40.5（Z）/T2500—31.5铠装型移开式交流金属封闭开关设备》获2014年度甘肃科技进步二等奖。学社成员、中国石油勘探开发研究院西北分院油气规划所工程师郭精义参与完成的《河西走廊改造型盆地油气资源评价与勘探前景研究》，学社成员、兰州交通大学教授董海鹰参与完成的《通信动环智能监管控一体化系统的研发与应用》，学社成员、

兰州工业学院林小军参与完成的《基于物联网体系的无线传感测控系统》获2014年度甘肃科技进步三等奖。社天水市委员会、金昌市委员会、中国科学院兰州分院委员会、兰州交通大学委员会等4单位获九三学社组织建设先进集体称号，李小姣、王晓鹏、罗彩虹、张常芬、张惠萍、赵国柱等6人获九三学社组织建设先进组工干部称号。

九三学社甘肃省委员会领导班子成员名录

主任委员　刘晓梅（女，蒙古族）
副主任委员　屈建军　陈兴冲
　戈银生　张耀南
　王志平
专职副主任委员　张鸣实
秘书长　万代红（女）

（供稿：雷若微）

甘肃省工商业联合会

【思想政治工作】组织省市两级工商联党组书记、专（兼）职副主席、机关干部、商会会长、新生代企业家参加四期中央统战部和全国工商联联合举办的学习贯彻十八届三中全会精神主题培训班。省工商联组织执常委、商会会长、民营企业家约250人，举办十八届三中全会精神专题辅导讲座。组织第三届工商联大讲坛，邀请北京大学副校长、著名经济学家刘伟教授作《中国经济增长与深化改革》的主旨专题报告。组织学习党的十八届四中全会公报和习近平总书记关于公报起草的说明。

【调查研究】成立区域经济课题组，形成《推进丝绸之路经济带，打造甘肃黄金段的调研报告》。3月，配合全国工商联王钦敏主席带领的调研组对中小微企业技术创新展开调研。根据省政府《关于经济转型发展问题研究》的部署安排，省工商联开展“保障非公有制经济合法权益”的子课题调研，围绕规范执法、行政效能和服务水平、投诉和查处机制、“三门”和“三乱”等问题展开调研并提出意见建议。

2014年3月23日－29日，全国政协副主席、全国工商联主席王钦敏（左二）在甘肃调研中小微企业技术创新工作

【参政议政】向全国政协提交的团体提案《在公益性建筑物显著位置设置光彩事业图标的永久性标志牌》，被中央统战部和国家发改委采纳；《对破解甘肃省非公经济发展“三门”问题的两点建议》和《解决甘肃省非公经济发展融资难题的几点建议》2篇社情民意，得到省长批示。《关于解决非公经济融资难的提案》被省政协列为督办提案。

【典型引领】与省发改委等部门共同举办首届“甘肃骄傲—2014年度甘肃十大经济人物”评选表彰活动，推荐65名优秀非公企业家参加评选。推荐4名优秀非公企业家入选2014年甘肃省非公经济十大杰出企业家。推荐全国工商联水产商会蔡志清会长为甘肃省非公企业产业扶贫的先进典型；兰州市七里河区、平凉市静宁县、张掖市甘州区3家县（区）级工商联为全国工商联“活力基层典范”。

【服务社会】庆阳市引进台商在镇原县、正宁县、庆城县实施10万亩牡丹育苗项目。甘南州组织20家民营企业发展农业产业化项目，辐射带动周边农牧村500多个，惠及基层农牧民群众15万余人。甘肃省宁波商会开展“甬商助双联”行动，投资约1000万元帮助白银市平川区建设标准化养殖小区。8月与省委统战部和省光彩会在酒泉市共同举办的2014“光彩陇原行暨智慧陇原行”大型活动，共筹得公益捐款1035万元，签约项目达90.27亿元。第二届“民企陇上行”活动共完成签约项目1233个、合同资金2938亿元，到位资金479亿元。

【基层组织建设】与六部门联合出台甘肃省《关于加强县级工商联建设的实施意见》。制定印发《甘肃省工商联会员发展和组织建设五年规划》《甘肃省工商联“五好”县级工商联建设工作实施方案》及考评标准和办法，在平凉市召开全省组织工作现场经验交流会。截至2014年底，“一个设立、五个有”的基础目标基本完成。

【商会服务】全省新增商会组织63家。省工商联协助成立省女企业家商会等6家商会，正在筹备3家农业产业化行业商会。庆阳市制定专兼职副主席分工负责制度和“四个一”工作责任制度（负责组建1个商会、组织开展1次活动、联系指导1户企业、协调分管1项工作）。兰州市采取主题座谈、项目观摩、实地考察等形式，开展“主席（会长）活动日”，引导支持非公经济人士参与创新平台和项目投资建设。

【会员发展】2014年，全省各级工商联现有会员78447个，比2013年增加6666个，增长9.3%。其中：企业会员24194家，比去年增加3083个，增长

14.6%；团体会员1504个，比去年增加60个，增长4.2%；个人会员52749个，比去年增加3523个，增长7.1%。

【理想信念教育实践活动】组织召开以“四信”为主的理想信念教育实践活动电视电话会议。制定下发《深入开展非公有制经济人士理想信念教育实践活动实施方案》。开展“五个一”和诚信企业活动。庆阳市组织非公经济人士赴南梁开展“重温革命历史、接受传统教育”主题活动。定西市工商联组织机关党员干部和民营企业家赴革命老区会宁、通渭榜罗进行爱国主义教育活动。对活动中涌现出的先进集体和先进个人进行表彰。

【商会对口帮扶贫困县】全国工商联31个直属商会、省工商联45个直属商会与甘肃省20个贫困县分别签订对口产业开发战略合作协议。据统计，全国工商联商会及全省商会、执委企业家对口帮扶20个贫困县共完成签约项目142个、合同资金352亿元，到位资金47亿元。

【“甘肃总商会”微官网】把全省131个重点招商项目和各市州2947个招商项目全部上传微信平台，开创移动互联网招商新模式。截至2014年底，国内外共有3650多万人次浏览阅读，联系咨询或来甘肃考察项目的人数有4000多人次，被全国自媒体联盟评为2014年最有价值的十大微信公众号。

甘肃省工商业联合会领导班子成员名录

主　席　郝　远

党组书记、第一副主席　吴继德

党组副书记　杨　芳（女，藏族）

副主席　姬书平　李　放　肖建胜　李海珊　刘建民　韩　庆　敏文祥　王　栋　李　雄　宋艾芳　丁小福　马志良　苏如春　张建友　马　忠　房　忠　朱全祖

秘书长　肖建胜

（供稿：朱少波）

社会团体

甘肃省总工会

【职工技能素质竞赛】2014年全省开展劳动竞赛的单位达8385个，参加职工98.09万人。制订甘肃省职工优秀技术创新成果、技能比赛两个奖励办法，开展99项通用工种、252项特殊工种（项目）的比赛，参赛职工达50多万人次。评选表彰职工优秀技术创新成果138项，命名推广职工先进技术操作法28项，5个项目在第九届“海峡两岸职工创新成果展”获2金、3银的成绩。举办技术精英演（展）示活动650场次，观摩人数7万多人次；技能培训班1000余期，培训职工约10万人次。通过技能大赛，有5个单位、24名职工分别获得“甘肃省五一劳动奖状、奖章”，126名选手成为“甘肃省技术能手”、1333名职工成为“甘肃省技术标兵”。

【劳模管理服务】开展劳模进校园宣讲“中国梦·劳动美”活动，组织全国、省劳模面向青少年宣讲中国梦、劳动美，弘扬劳模精神、劳动精神。表彰全国和省级五一劳动奖状、奖章、工人先锋号184个，省级五一巾帼奖99个。推动大幅提高省级困难劳模补助标准，向省级劳模1311人次发放困难补助金1050万元，向全国劳模690人次发放“三金”498万元，组织310名全国和省级劳模赴外省休养。

【职工合法权益维护】举办全省工会劳动法律知识竞赛。开展厂务公开民主管理工作调研检查，推进集体协商、劳动安全卫生专项集体合同工作。全省建立职工代表大会制度企事业单位5.43万个，建制率94.62%；建立厂务公开制度的5.33万个，建制率92.92%。签订集体合同1.78万份，工资专项集体合同1.59万份，女职工专项集体合同1.71万份。协调建立安监、人社、卫计等部门联动机制，健全工会劳动保护监督检查体系，开展安全隐患排查工作。全省参与“安康杯”竞赛的企事业单位2643家、班组4.27万个、职工83.98万人。参加安全生产检查7.89万次，共查出事故隐患和职业危害2.19万个，整改1.92万个。

【帮扶救助】帮扶中心在全省市县两级实现全覆盖，建立企业帮扶工作站（点）520个、乡镇（街道）、社区帮扶工作站527个，6个县区帮扶中心升级为职工服务中心。加强困难职工电子档案规范化、动态化管理，对全省纳入档案的22.6万户、60多万名困难职工实行经常性救助和跟踪服务。开展困难职工帮扶慰问，筹措“两节”慰问款物9061.6

2014年1月，兰州新区建设全国示范性劳动竞赛启动。全总党组成员、纪检组长、书记处书记王瑞生，省人大常委会副主任、省总工会主席孙效东，副省长张广智出席活动并共同启动竞赛

万元，慰问困难企业823户、困难职工和劳模家庭106309户。开展工会就业援助月、阳光就业和民营企业招聘周活动，举行专场招聘会204次，提供就业服务13万多人次，就业技能培训4194人次，创业指导4963人次，提供小额担保贷款234人次、196万元。

【组织建设】加强区域性行业性工会联合会、联合基层工会组建，全省基层工会数达到3.59万个，涵盖单位数达到7.68万个，会员数达到357万人。制订新形势下加强基层工会建设的实施意见和基层组织建设工作规划，推动“双亮”行动。2014年省总经费支出中对下补助超过60%。

【“五项活动”】组织开展工会干部最新理论武装、劳模进校园宣讲“中国梦·劳动美”、建设幸福美好新甘肃劳动竞赛、困难职工和农民工技能培训、基层工会建设攻坚“五项活动”。督促企业为职工体检48万人次，参加互助保障职工累计达44.6万人次，培训困难职工和农民工1万多人次，建成“职工书屋”280多家，开展“中国梦·劳动美·工会情”送文化下基层慰问演出100多场次，培训工会干部1500多人。

【“双联”行动】推进“双联”行动，协调落实通村公路等项目资金825万元，启动500亩核桃产业实验林项目，向58个国家级贫困县总工会下拨资金600多万元专项用于农民工技能培训。

【女职工工作】开展“女职工关爱行动”和“职工红丝带健康行动”。召开全省工会女职工工作经验交流会。评选表彰甘肃省“五一巾帼奖”99个，选树全国女职工示范学校3所、省级女职工示范学校5所。关注职工婚恋和家庭问题，筹办甘肃职工“陇上情缘”网站，举办鹊桥联谊活动241场次，参与职工1万多人。

甘肃省总工会领导班子成员名录

主　席　孙效东
常务副主席　李学春
副主席　马　方　张其定
　　　　包俊宗　王勇智
纪检组长　孙旺生
经审会主任　吴俏燕（女）

（供稿：冯继波）

共青团甘肃省委员会

【“我的中国梦”主题教育实践活动】以“中国梦·陇原情——学子返乡”活动为有效载体，发布“学子返乡”原创微博10万多条，影响覆盖粉丝120万人；开展“我的中国梦”主题教育活动4万多场次，覆盖影响青年420余万人次。召开甘肃省纪念五四运动95周年暨“学子返乡”推进会，选树一批优秀青年和“学子返乡”典型。举办“学子返乡”报告会146场次；组建省级以上“学子返乡”重点服务团（队）92支，动员10余万青年学生暑期赴基层服务；举办“学子返乡”校园招聘会90余场次，提供就业岗位5015个。联合下发《关于实施大学生创业引领计划的通知》，从税收减免、金融支持等方面争取更多政策保障。

坚持把培育和践行社会主义核心价值观作为思想政治引领工作的重点，邀请郭明义同志出席“青年志愿者2014助残阳光行动”暨甘肃省郭明义爱心团队授旗仪式，广泛宣传“五四青年奖章”获得者、“乡村好青年”等各类典型。以“社会主义核心价值观”为主题，面向大中小学生开展主题教育活动2000多场次；开展“我为社会主义核心价值观代言”活动，发布主题原创微博12000多条；举办首届中小学生作文大赛、首届青少年动漫文化节，生动地进行社会主义核心价值观教育。开展少年儿童“红领巾相约中国梦”主题队日活动11000多场次，参与少先队员289万人次。举办中学生“与人生对话”主题教育活动，基本实现全省中学全覆盖。举办中职生“彩虹人生——奋斗的青春最美丽”系列分享活动324场次，覆盖16.4万人次。举办大学生“与信仰对话”精品报告进校园活动400余场次，覆盖38万人次。深入甘南藏区调研，发放问卷4000份，初步形成《甘南藏区青少年思想引导调研报告》。举办民族团结巡回宣讲153场次，开展主题团日活动76000多场次，举办知识竞赛2380场次、文艺表演活动7100余场次。加强各族青少年交流交往交友，促成中小学生手拉手结对14000多个。推动建成南梁全国青少年教育基地。建成和政县全省青少年教育基地。4万多名青少年通过红色之旅，接受革命传统教育。争取全国青少年校外活动场所专项补助经费150万元，支持省青年宫、金昌市、山丹县、夏河县青少年活动中心建设。

【服务经济社会发展】第19届兰洽会青年企业家专场签约项目121个，签约金额241亿元，落地资金156.39亿元，落地率64.9%。成功举办“聚焦陇原·共谋发展”浙商陇上行主题活动，全国重量级企业家以及浙江商会、温州商会、义乌商会的200多位会长参加，在第20届兰洽会期间签约项目120个，签约金额460.33亿元，落地资金230.66亿元，落地率50%。全年植树282万株，建设青年林192片、2.1万亩，美化身边路195条，组建“青年绿色志愿者”队伍198支，县级以上团委开展集中植树活动789次。开展“保护母亲河·共筑绿色梦”青少年生态环保实践行动。联合兰州新区发起“同植希望树·共圆绿色梦”大型公益活动。完成华池县南梁镇解放军青少年绿色林项目。与兰州银行联合开展“共建美好家园——回收废旧电池大型公益活动”，回收废旧电池210万枚。以“5个双联”和“5个100”为统揽，深入推进“双联”行动，协调帮扶项目63个，项目金额3400万元，办实事好事346件。开展“爱在路上·心在远方”文具捐赠活动，向团系统80个“双联”村学校捐赠价值120万元的文具；协调筹资95万元修建宕昌县旧城村乡村道路。组织“2014共青团联系服务农村青年月——暖冬行动”，开展送温暖活动409次，捐赠价值1323.3万元的生活物资。开展“1017，邀您一起”扶贫系列主题实践活动，开展政策宣传、志愿服务和爱心募捐，慰问贫困家庭1000多户。

【服务青年成长发展】筹集资金2397万元，立项希望小学6所；资助贫困学生3909人，发放资助金773万元。向全省少年儿童捐赠价值1000万元的图书，为云南鲁甸、景谷地震灾区募集紧急救灾助学善款106万元。开展大学生“三走”体育活动1800余场次，覆盖42.2万人次。开展阳光助残行动，结对3.7万名残疾青少年。实施农民工子女关爱行动，结对农民工子女59.6万名。开展“微”公益捐助行动，甘肃站接受捐助9746次，完成349个项目，35000余人受益。组织40所高校参加全国“创青春”大学生创业大赛，20件作品入围终审决赛，1件获银奖，19件获铜奖。参加首届“挑战杯——彩虹人生”全国职业学校创新创效创业大赛，获二等奖5件、三等奖6件。举办第九届“振兴杯”全省青年职业技能大赛，8名优胜选手参加全国大赛。举办“华龙杯”首届甘肃青年创新创业大赛，16个优秀项目获得3300万元的项目投资。KAB创业教育项目培训大学生22万人，MM百万青年创业计划培育实体创业团队2000余支。实施农村青年创业致富带头人“领头雁”培养计划，培训农村青年26696名，落实培训资金125.91万元。发放青年创业小额贷款3.48亿元，争取团中央创业就业工作经费150万元。创建青年创业园和科技创业园131个，新建见习基地25家，保持440家见习基地正常运转，组织上岗见习青年2215人，见习后录用587人。开展“寻找乡村好青年”活动，2人被评为全国“乡村好青年”。返乡创业与服务青年“致富梦”取得阶段性成果，1人荣获第九届“全国农村青年致富带头人”标兵称号，11人被评为第九届“全国农村青年致富带头人”。与天津团市委协调沟通，确定5大类24个援建项目，已协调落实项目资金和物资近150万元。召开全省共青团对口支援藏区工作会议，确定兰州、天水等10个市级团委对口支援甘肃省9个藏区市县团委，围绕青少年思想引导、交往交流交融、服务成长成才、青年人才培养输送、基层组织建设等5个方面，确定10大类112个援建项目，涉及资金1618.5万元。

选拔309名西部计划志愿者，招募135名研究生从事支教服务，选派225名高校毕业生赴新疆、西藏开展西部计划专项服务。全省各级志愿者组织开展系列主题活动231场次。1万多名志愿者参与第23届金鸡百花电影节、第20届兰洽会、天水伏羲文化节等大型赛会志愿服务工作。全省青年志愿者参与各类志愿服务活动112万人次，累计服务时长达960万小时。指导32个县区开展重点青少年群体工作第一轮县级推开工作，第二轮推开工作全面启动。完成重点青少年群体数据摸底工作，建立动态数据摸排工作机制。开展“虚拟工读学校”建设试点。推开“1+1+X”结对帮教模式，招募志愿者7730人，建立帮教队伍504个，覆盖有不良行为或严重不良行为青少年3968人。以“健全青少年社会化服务体系”为主题，开展“共青团与人大代表、政协委员面对面”活动。培训中小学法制副校长（辅导员）4300多人。举办“珍爱生命·青春自护”主题讲座600余场次；开展“珍爱生命·远离毒品”主题宣传453场次，发放宣传材料167万份。出台《关于进一步做好青年社会组织服务管理工作的若干意见》。开展调研摸底，建立全省青年社会组织数据库。省市两级团组织联系各类青年社会组织897个，组织开展公益环保、户外交友等活动1547场次，参与青年8万余人。与益润陇原公益团队等一批网上青年公益自组织建立联系。

【网络宣传】组建近3万人的网宣员队伍和110名的网评员队伍，培训网络宣传骨干14000多名，建立网宣工作QQ群、微信圈6400多个，形成组织动员、激励培训、运行管理、信息传导等工作机制。成立甘肃省青少年新媒体中心，省市两级团委和40%的县级团委开通官方微信平台。开通官方微博8965个、个人微博和社区工作账号32758个，甘肃共青团新浪微博粉丝量突破52万。开展“今天是七一”“甘肃党员靓豁”等微博话题活动，发布原创微博1万多条，阅读量达458万。举办“青春志·中国梦”甘肃省大学生微电影原创大赛，推荐50多部优秀作品参与2014“向上·向善——中国青少年微电影大赛”，2部作品入围百部中国青少年优秀微电影，《卓玛的轮回》获得“中国青少年微电影发展基金会”10万元的创投扶持资金。《人民日报》《中国日报》《新华网》《光明网》《中青在线》《中国青年报》刊发甘肃共青团工作和活动信息165篇，甘肃日报、甘肃电视台、甘肃广播电台、中国甘肃网、每日甘肃网等省级主流媒体刊发、播报甘肃共青团工作和活动信息120余次。

【组织网络建设】新建乡镇直属团组织2026个，成立县域农村合作组织团工委86个。推动高校团的工作向网络新媒体转型，建立全省高校四级微博体系，校级和二级学院微博覆盖率均达100%，大学生参与网上主题活动达416万人次。新建农村专业合作社团组织1076个、青年电子商务协会团支部100个、非公企业团组织527个、网络团组织60个。推进城市街道区域化团建试点，新建区域青年工作共建委员会60个、青年中心60个。推动新兴领域青年工作，摸底联系新经济组织900多个，联系微博达人、意见领袖等新兴领域青年300余人。积极争取省委出台《关于进一步加强少年儿童和少先队工作的意见》；省市县三级少先队总辅导员实现100%配备，并落实中层副职待遇；100%实现“少先队活动”进课表；联合西北师大招收“少年儿童组织与思想意识教育”专业全日制研究生3名。推动《关于进一步支持和加强共青团基层建设和基层工作的意见》有效落实，14个市（州）团委全部联合财政局下发解决乡镇团委工作经费的文件，66个县（区）按2万元标准纳入2014年财政预算，837个乡镇团委、91个街道团委工作经费按2万元标准拨付到位；21个乡镇团委工作经费按1万元拨付，22个乡镇、8个街道团委按5000元拨付；34个乡镇按2000元拨付。

【电子商务】创新实施“一村一电”工程。积极争取省政府出台《关于加快电子商务产业发展的意见》。联合省商务厅下发《关于实施“一村一电”工程推进电子商务发展的通知》，制订工作方案，明确工作目标、工作内容和推进步骤。成立全省青年电商联盟。省市县团委举办电子商务培训班40期，培训电商青年近6000人；全省各级团组织联合有关部门、企业和学校开展培训410期，累计培训青年13000多名；聘请92名专家学者和电商精英组成甘肃青年电商创业导师团，开展电商知识讲座290场次。依托微信平台，加强电商知识宣传，发布电子商务信息。在20所高校集中开展“特色中国·甘肃馆”宣传活动。依托电商协会和团支部，开展“头脑风暴——青年电商创新大讨论”等系列活动230场次。各级团组织引导青年开办网店2.17万个，从业青年10.5万人，带动就业18.6万人。

【共青团品牌希望小学】推进“共青团品牌希望小学”建设。整合希望工程项目和各类团属资源，统一规划，统一建设，统一管理，每年在一个县（区）集中建成规模适度、设施完善、特色突出的“共青团品牌希望小学”。确定临洮县新添镇小学为全省第一所“共青团品牌希望小学”，争取中国青少年基金会支持资金503万元，团省委筹集资金200多万元，完成选址立项、地质勘探等前期工作，捐赠资金和配套资金全部到位。

【干部队伍建设】举办各类培训班429期，培训团干部和团员青年37379名；参加团中央各类调训271人次。开展“送团课下基层”活动14期，培训1300余人。争取省委和省委组织部的关心支持，促成1名副厅级和2名科级干部转岗。经积极汇报协调，省上领导对后续9名40岁以上处级干部转岗已作出批示。市县两级团委班子中30人转岗。选派机关3名干部到双联村任职，选派机关7批58人次、全省团系统1023人次驻村帮扶。择优筛选9名基层优秀年轻干部到团省委机关挂职锻炼，选派7名民族地区团干部赴发达省份挂职锻炼。落实《关于进一步规范市（州）、直属高校和企事业单位团委换届工作的意见》，坚持反馈通报制度，团干部综合配备指数为89.24。提拔6名处级干部，晋升10名主任科员。出台调查研究、干部考核等20项制度办法，持续推动群众路线教育实践活动整改措施落实，深入开展“工作落实年”和“大宣传大调研”活动，坚决杜绝不作为、慢作为等不良行为。

共青团甘肃省委员会
领导班子成员名录

书　记　陶军锋
副书记　赵立香　李西新（11月止）
　　　　蒋小丽（女）　董安宁
纪检组长　李先锋

（供稿：常守强）

甘肃省妇女联合会

【落实男女平等基本国策】召开联席会议第一次会议。推动社会性别主流化进程，协调将基本国策宣传教育纳入省委党校主体班次授课内容。完成《甘肃省性别平等促进条例》2014年立法调研任务，并继续纳入省人大常委会2015年立法调研计划。协调省农牧厅、国土资源厅、民政厅，在农村土地承包经营权确权证上增加配偶及家庭成员登记栏。

【维权工作】实现“四个全覆盖”，即全省113个法院普遍建立妇女维权合议庭，实现全覆盖；市州妇联依托民政救助站或其他载体建立家暴庇护所51个，实现全覆盖；省市县妇联建立法律援助工作站193个，实现全覆盖；县级妇联普遍建立婚姻家庭纠纷人民调解委员会，实现全覆盖。落实经费170万元，层层举办维权维稳骨干培训班，全省培训1500余人。成立甘肃省妇女儿童维权专家团，吸收法学、社会学、心理学、司法实务等方面专家26名。开展关爱服务，落实经费200多万元，新建“儿童快乐家园”7所、“留守妇女阳光家园”200所。实施“中国妇女法律援助行动”，办理法律援助案件69件，为受援人挽回经济损失344万元。

【落实妇女儿童发展规划】召开妇儿工委全体会议和统计监测工作会议，对“两规划”推进落实工作进行安排部署，对有关统计监测指标进行讲解说明。同时，配合省统计局编制完成《2013年甘肃省妇女儿童发展规划统计监测报告》。组成督导组和考评组，对各市州、各成员单位“两规划”目标责任完成情况进行督导考核和综合评定，孕产妇死亡率、婴儿和5岁以下儿童死亡率、学前3年毛入园率、高中阶段毛入学率、供水受益人口比例等13项指标提前达到2015年中期目标。开展出生缺陷防治工作调研，形成调研报告，提出加强三级干预、建立防控体系、开展监测评估、加大救助力度等对策措施。

【妇女病普查与“两癌”贫困妇女救助】对200万农村妇女进行免费普查。连续举办2期创业技能和康复能力培训班，100名“两癌”贫困妇女接受就业能力培训、免费义诊和康复知识学习。多渠道落实“两癌”贫困妇女救助资金2187.4万元（其中，全国妇联、中国妇基会“贫困母亲两癌救助专项基金”733万元），救助贫困妇女3406人。

【“消除婴幼儿贫血”行动】开展“消除婴幼儿贫血”行动。创新开展“为0-3岁儿童免费捐赠营养包”行动。截至2014年底，共收到捐款1770万元，累计完成36批次158万盒营养包的配送任务。通过协调争取，新增“消除婴幼儿贫血”行动项目县13个，落实资金716万元，33245名儿童受益。同时，争取雀巢公司支持，向1333名孤残和贫困婴幼儿送去价值751.68万元的配方奶粉4000箱。

【继续实施“春蕾计划”】实施“春蕾计划”，新争取资金240.8万元，救助学生1715名。历年累计资金达5600多万元，建设春蕾学校和幼儿园52所，受益中小学生11.6万名，帮助2400多名大学生顺利完成学业。实施政府购买社会服务水窖项目。首批落实资金50009万元，修建水窖2435眼、校园安全饮水工程4处，解决贫困山区4000户30000名群众和学校师生的吃水用水困难。

【妇女小额担保贷款】2014年到期贷款162.7亿元，还贷率达到98.6%。与省财政厅、省人社厅、人行兰州中心支行联合下发《关于进一步完善小额担保贷款政策的通知》。协调省财政厅将由县级财政承担的25%贴息资金，通过以奖代补形式由省财政承担不少于15%。另一方面，协调省政府办公厅召开会议，研究应对措施，破解制约工作持续推进和中央财政贴息资金滞后的难题，当年新增贷款11.85亿元。以妇小贷模式发放的贴息贷款，如双联惠农贷、牛羊蔬菜贷等，全年共贷出211亿元。

【妇女手工编织工作】联合省人社厅下发《关于支持妇女从事手工编织实现就业创业的意见》，制定省妇联工作意见，提出5年培训10万名“陇原巧手”、带动100万贫困妇女就业增收的目标。省级列支妇女工作专项经费300万元，15个试点县争取地方政府培训经费140万元，创建省级示范基地36个，成立行业协会7个，培训经纪人、带头人和“陇原巧手”1.57万名。赴天津市和浙江义乌市学习考察，举办手工编织促进就业创业工作培训班，参加第20届国际小商品博览会·妇女创业就业成果展示展洽活动。召开全省试点工作交流会议，督促试点县落实2个意见和全省妇联系统参与扶贫开发工作推进会精神。

【妇女劳务输转】实施农民工劳务品牌培训项目，落实资金600万元，培训贫困妇女1万名，职业技能鉴定合格率为96%。实施贫困妇女种养基地、现代巾帼农业科技示范基地、三八林示范基地项目，落实资金160万元。承办全国妇联六盘山片区贫困县妇女骨干、新型职业女农民、第五期巾帼家政骨干3个培训班。举办“陇原妹”进京就业创业集中输送行动，全年向省外输出“陇原妹”60万名。其中，向北京输转家政服务员1800名。专程赴省政府驻深圳劳务站，深入广州市、惠州市等地的劳务派遣公司、甘肃籍妇女集中就业的企业，就“陇原妹”输转、权益保障、劳务基地创建、经纪公司运作模式等，开展实地调研，寻找妇联工作与社会化劳务工作的对接点。

【寻找“最美家庭”活动】向全省妇女和家庭发出倡议，在甘肃电视台各频道滚动播出公益广告，策划制作专题访谈节目。基层妇联组织利用LED显示屏、宣传展板、横幅标语等广泛传播好家风好家训，引导广大妇女和家庭参与其中，说自己的家风、谈身边的“最美”。联合省委宣传部、省文明办、甘肃日报社和省广电总台，制定下发活动工作方案、实施方案、宣传方案，并共同开展寻找“最美家庭”进社区活动。举办家庭故事会6999场，开展家风家训评议会9311次，晒出幸福家庭照片45900幅。组织完成10大类100户甘肃省“最美家庭”的评选工作，在《甘肃日报》发布获奖家庭名单，宣传“最美家庭”先进事迹，并拟在2015年“三八”国际劳动妇女节纪念大会上予以隆重表彰。

【家庭教育】联合省教育厅下发《关于建立完善家长学校的通知》。截至2014年底，全省100%的中小学校建立家长学校，80%的社区和60%的村建立家庭教育指导服务点。积极组织参与全国妇联举办的“好爸好妈好家风”宣传展示、“最美孝心少年”评选活动家庭情景剧推选展播和“说说我身边的雷锋故事”征文，甘肃省1个作品荣获一等奖，1个作品获得三等奖，4个作品获得优秀奖。开展教育巡讲。邀请专家组建家庭教育讲师团，以家长学校为阵地，开展巡讲活动。截至2014年底，全省举办家庭教育公益讲座211场次，受众近3万人次。

【评优树先活动】联合省综治委下发《关于进一步深化“平安家庭”创建活动的实施意见》。精心组织开展全国“五好文明”家庭评选推荐工作，向全国妇联报送候选家庭的事迹材料和影像资料，甘肃省2户家庭获评第九届全国“五好文明”家庭标兵，20户家庭被评为全国“五好文明”家庭。依托“陇原月嫂”培训基地，培训初、中、高级月嫂10000名。同时，开展养老及健康服务培训，培训养老护理员350名。

【“妇女之家”建设】省级新增妇女工作专项经费251万元，达到1251万元，实现妇女人均1元目标。安排妇女工作经费200万元，建设省级标准化“妇女之家”200个，使省级示范点达到1010个，市、县两级分别建设示范点1288个、4261个。依托机关、企事业单位、两新组织中的“党员之家”“职工之家”等活动阵地，挂牌建设“妇女之家”185个。以“妇女之家”为载体，开展宣传教育、技能培训、维权帮助、关爱服务等活动34858场次，参与妇女达到180多万人次。

【基层组织建设】截至2014年底，全省完成换届的15940个村中，女性进“两委”比例达到92.11%，村妇代会主任进“两委”比例为80.5%；女性正职由上届的269人增加到425人，提高58%；女村委会主任占全省村委会主任的比例由上届的0.89%提高到1.32%。深入7个市州28个县区39个乡镇53个村（社区）进行实地考察和入户访谈。制定下发《2013—2018年甘肃省妇联干部教育培训规划》。省级举办市县妇联干部能力建设培训班和新任妇联主席岗位培训班。全省培训妇联干部31597人次。下拨培训经费100万元，对58个贫困县新当选的村妇代会主任进行妇女工作知识、农村社会管理、妇女儿童维权法律法规、惠农政策等方面的强化培训。

省妇女联合会领导班子成员名录

主　席　韩克茵（女）
副主席　康娅红（女）　王灵英（女）
　　　　张新兰（女）　董晓玲（女）
纪检组长　胡　兰（女，满族）

（供稿：赵　芳）

甘肃省残疾人联合会

【助残项目】实施农村贫困残疾人危房改造14750户、为70000一级重度残疾人发放护理补贴，首次为10万特困残疾人发放生活补贴。实施残疾人教育就业扶贫“百千万”工程。成功举办全省残疾人职业技能竞赛。实施国家财政“七彩梦行动计划”和彩票公益金康复项目，为10424名贫困残疾儿童

2014年8月27日至9月2日，由省残联、省体育局、人残疾人体协举办，白银市人民政府承办的全省第九届残疾人运动会暨第三节特奥运动会在白银市举行

实施人工耳蜗植入、肢体矫治康复等服务；实施复明手术4.5万例；为重度贫困残疾人安装假肢、验配辅具13060件。实施贫困残疾人家庭无障碍改造1279户；为23922人发放残疾人机动轮椅车燃油补贴622万元。中国残联与省政府签订共建国家辅助器具西北区域中心协议。39家市县康复服务机构投入运行。

【社会保障服务】各级用于残疾人扶贫和生活补贴的资金达4.7亿多元，直接受益残疾人38万人，其中实现脱贫10万人。44.8万残疾人优先纳入低保，农村贫困残疾人生活救济救助覆盖率达100%，残疾人新农合参合率达98.2%、新农保参保率达98.5%。省政府办公厅印发《甘肃省特殊教育提升计划（2014—2016年）》。省政协赴4省及甘肃省29市县开展残疾人事业法规政策落实视察调研活动；省政府残工委连续三年开展“残疾人扶助政策落实年”活动。协调解决残疾人免费停车位落实、全国首位盲人考生录取等维权信访问题。

【各级残疾人组织建设】省残联被评为省直文明单位，省残疾人福利基金会被评为省属社会组织5A级基金会。7个市州残联配备纪检组长，调整充实市县残联理事长9人，市县两级班子残疾人干部配备率分别达到100%和91%。82%的乡镇（街道）、社区残疾人专职委员被纳入政府公益性岗位，16120名村专职委员落实每月至少100元的误工补贴。组织开展全省残疾人基本服务状况和需求专项调查，对90多万持证和疑似残疾人摸底调查。

【宣传文化工作】隆重召开第四次全省自强模范暨助残先进集体和个人表彰大会。组织开展第24次“全国助残日”、全国自强与助残先进事迹巡回报告等大型社会宣传活动。成功举办全省残疾人书法绘画摄影和小说散文诗歌大赛。8件新闻作品在中国残联残疾人事业好新闻评选中获奖；成功举办全省第九届残运会暨三届特奥会。

甘肃省残疾人联合会领导班子成员名录

理事长　华文哲

副理事长　蒋录基　杨润泉

　　　　　张秀丽（女）

纪检组长　吴小萍（女）

（供稿：党永贵）

甘肃省科学技术协会

【学术交流】举办“弘扬科学道德、践行‘三个倡导’，奋力实现中国梦”（甘肃）报告会，邀请钱学森之子钱永刚、航天英雄杨利伟、工程院院士孙宝国作报告；举办“中国梦、科技梦——中国现代科学家主题展（兰州）巡展”，16个大专院校、科研院所的8000余名师生代表和科技工作者参观展览；举办科学道德和学风建设宣讲教育报告会，邀请著名数学家杨乐和中国工程院院士刘人怀为2014届研究生新生作报告。推进院士专家工作站建设，在大禹节水、敦煌西域特种材料有限公司等成立院士专家工作站5个，10名院士及其科研团队与企业签订合作协议。组织开展企业技术需求征集活动，征集到技术难题45项，并组织科技工作者与企业对接，18家企业与科技工作者达成技术服务合作协议。组织开展院士专家企业行活动，引导高端创新人才深入企业开展咨询服务。举办知识产权战略巡讲企业行活动，帮助企业和科技工作者提高知识产权保护意识。围绕“生态安全屏障建设”“环境友好型城市建设”“科技、科普创新发展”等主题，举办4次高层次论坛、10次学术沙龙。组织“2014甘肃（国际）环境友好发展暨高分子特种新材料技术研讨会”，邀请5位院士参加研讨交流；联合兰州大学、中科院寒旱所等举办第三届兰州生命科学论坛，省内外150多名相关领域专家学者参加，为省委省政府决策提供参考。

【科普活动】2014年全国科普日期间，全省共举办各类科普活动800多场次，参与科技工作者2万余人，受益群众50多万人次。联合省内6所高校，组织开展“大学生暑期科普扶贫社会实践活动”，动员13792名在校大学生组成170支团队，深入8个市州的860多个社区、村镇、企业开展为期一个月的公益性科普宣传活动。组织开展的“中国流动科技馆巡展”活动，充分利用7套390余件展教具先后到34个县区展出，每期展出2个月，参观人数达160多万人次，其中巡展地区中小学生基本实现全覆盖。把青少年科技创新大赛和机器人竞赛作为培养创新后备人才的重要平台，完善省市县三级赛制，进一步规范动员参与、作品评选推荐、作品展示和选手选拔等机制，共获得各类全国奖项115项。坚持把会员日作为体现党委政府关怀的重要载体和密切联系服务科技工作者的重要平台，深入10个市州集中慰问基层和生产科研一线科技工作者；通过新闻媒体集中宣传甘肃省获得全国奖项的一批优秀科技工作者；举办科技工作者创新成果展示推介会，组织学会、企业和科技工作者对接，签订科研合作协议。组织实施“科普富民行动”，推动科普工作与扶贫开发相结合、与助推农业产业发展相结合、与提高农民科技素质、促进农民增收相结合。

【科普惠农】采取理论教学与现场观摩结合、集中办班与进村入户结合的方式，分三个层次组织开展培训。第一个层次是面向基层农技推广人员的培训。省科协依托兰州军区所属高水平农业科普示范基地，举办4期培训班，每期一周，培训县乡农技推广骨干680名。第二个层次是面向农村致富带头人的培训。省科协选择4个乡镇，依托省级学会，分别开展为期一周的产业农民技术培训，共培训2600人次。47个县区科协按照“开眼界、活思路，授技术，促带动”的要求，举办“种、养、加”技术培训222场次，培养技术型致富带头人33300人。第三个层次是举办普惠式科普报告会。全省科协系统围绕当地农业特色优势产业技术需求，共举办科普报告会近千场次，受益农民超过86万。2014年，争取到中国科协、财政部“基层科普行动计划”项目77个，获奖补资金1285万元；省级“基层科普行动计划”资金增加到200万元，资助项目40个，共涉及会员农户15000余户，户均年增收2400元。

【“双联”行动】省科协联合甘肃农业大学和甘南畜研所，在夏河县科才乡组织实施“牦牛藏羊产业化技术推广和示范项目”，先后投入128.7万元帮助合作社和畜牧户修建标准养殖暖棚44座，动员3个合作社投入基础母羊600只，开展“两年三产”和“羔羊早期断奶及错峰育肥”技术示范。

【科技奖项评选】开展“讲、比”活动，推动企业群众性技术创新活动蓬勃开展，全省10家企业荣获全国先进集体和创新团队称号，11名企业科技工作者荣获全国创新标兵和优秀组织者称号。以45岁以下创新人才和青年科技工作者为重点对象征集创新成果，举办科技创新成果展示推介会，向企业推介创新成果190余项，并对与企业达成中试对接协议的6项优秀成果给予资助。组织实施中国科协“企业科技信息推广应用”项目，帮助106家企业建成“国外专利技术查询检索”服务平台。省委省政府领导向荣获“沃尔沃”国际环境奖的秦大河院士和荣获国际冻土协会终身成就奖的程国栋院士表示祝贺；省科协组织推荐甘肃省优秀科技工作者参加全国性奖项评选，12人获得“第六届全国优秀科技工作者”荣誉称号，其中庄浪县农技推广中心主任吴永斌入选“全国十佳优秀科技工作者”。

【创新工作机制】推动完善全民科学素质目标责任体系。以贯彻落实中国科协与省政府合作协议为契机，推动省政府与市州政府、市州政府与县区政府签订《全民科学素质目标责任书》。截至2014年底，已有9个市州完成与所辖县区的目标责任书签署工作，其余市州将在近期完成。有10个市州的人均科普经费达到或超过0.3元的标准，最高的达到人均1元。

【自身建设】协调推动10个县区科协实现独立建制，使全省独立建制的县级科协达到70个；积极推进乡镇（街道）科协和村（社区）科普小组的恢复重建，使全省乡镇建立科协组织的达到1034个，占总数的93.4%；街道建立科协组织的110个，占85.2%；行政村成立科普小组的6551个，占41.2%；社区成立科普小组的748个，占67.5%。推动在科技工作者相对密集的企业和高校成立科协组织5个，协调组建新兴学科、交叉学科的省级学会3个，推动成立市州反邪教协会1个、县区反邪教协会6个，企业反邪教协会2个。至此，全省14个市州全部成立反邪教协会，县区反邪教协会组织达到60个。争取到中国科协“学会能力提升计划”项目资金100万元，学会改革发展理论研究项目2个。继续推行省级学会等级管理制度，评定A级学会32个，B级学会31个，C级学会30个。

【基础设施建设】甘肃科技馆土建工程于2014年8月封顶。完成《内容建设总体设计初步方案》，并组织进行两次论证和评审。完成球幕影院和4D巨幕影院的招标，确定产品提供商。嘉峪关市、阿克塞县整合原有场馆作为科普展馆，酒泉市科技馆已经立项，临夏州科技馆已列入政府基本建设规划。此外，中国科协岷县漳县地震灾后重建资金和中国科技馆基金会捐建的4所“农村中学科技

2014年4月12日–14日，“航天杯”第29届甘肃省青少年科技创新大赛暨第14届中国青少年机器人（甘肃赛区）竞赛活动在酒泉举办

馆”投入运行。

【信息化建设】甘肃科技馆智能化建设同步推进，设计方案已经完成；争取到省工信委40万元的资金支持，与省食品药品监管局联合制作食品安全科普动漫宣传片；与省地震局和企业联合投入90万元拍摄地震科普视频宣传片。

省科学技术协会领导班子成员名录

第一副主席　杨新科

副主席　陈富荣　陈炳东

李克平　张　炯（女）

（供稿:李晓伟）

甘肃省文学艺术界联合会

【甘肃省文学艺术界联合会第五次代表大会】2月25日–26日，甘肃省文学艺术界联合会第五次代表大会在兰州隆重召开。省上领导及来自甘肃省的文艺工作者代表和特邀嘉宾600余人出席会议。甘肃省第四届省文联主席马西林致开幕词，甘肃省文联党组书记马少青作题为《投身华夏文明传承创新区和文化大省建设，努力开创甘肃文艺事业的新局面》的工作报告。会议审议通过甘肃省文联第四届委员会的工作报告；修改并通过甘肃省文联新的章程；选举产生甘肃省文联第五届委员会、主席团。

【“影像丝绸之路·中国甘肃摄影展”在韩国首尔举行】3月6日，由甘肃省文化厅、韩国首尔中国文化中心主办，甘肃省文联、甘肃省摄影家协会承办的“影像丝绸之路·中国甘肃摄影展”在韩国首尔中国文化中心举行。4月22日，由中国舞蹈家协会实施、甘肃省舞蹈家协会、酒泉市小白杨舞蹈学校承办的“新农村舞蹈美育工程——少数民族舞蹈课堂”甘肃启动仪式在酒泉举行。

【李膺摄影作品展在北京举行】6月21日，甘肃省摄影家协会主席李膺“天·地”木月自然摄影作品展在北京中国摄影展览馆举行，共展出90余幅作品。

【调研活动与业务培训】6月26日–29日，中国舞协分党组书记、驻会副主席冯双白和中国舞协韩志昕、汪洋等同志赴甘肃酒泉地区考察“新农村少数民族舞蹈课堂”的开展情况。6月26日上午，“追寻中国梦”甘肃美术作品大展在兰州隆重开幕。7月16日，由中国书法家协会、教育部教师工作司主办，甘肃省书法家协会承办的“翰墨薪传工程”中小学书法师资培训项目甘肃班在甘肃省委党校开班，来自全省贫困地区的50名中小学书法教师接受专业书法教学培训。8月26–28日，2014年全国文联系统办公室业务培训班在兰州举办。来自中国文联各部室、中国文联各文艺家协会、全国各省区市文联、产业文联、副省级城市文联办公室的负责人80余人参加开班仪式。

【“绚丽甘肃·美在民间”全省民间工艺美术系列活动】9月25日，“绚丽甘肃·美在民间”全省民间工艺美术系列活动在兰州创意文化产业园举行。活动内容包括：评选第四届甘肃民间文艺“百合花奖·民间工艺美术奖”、举办“绚丽甘肃·美在民间”全省民间工艺美术展览、举办“中国梦”全省民间工艺美术创作及展览、评选“甘肃省民间工艺美术大师”和“甘肃省优秀民间工艺美术家”等。

【书画摄影展览与义拍】10月28日，汇集全省150多位艺术名家180余幅作品的甘肃省文联“联村联户、为民富民”书画摄影展览暨义拍活动在甘肃省文联双联点成功举办，共拍得善款258.76万元。

【贯彻习总书记文艺工作座谈会讲话精神】11月19日，中共甘肃省委书记、省人大主任王三运到甘肃省文联调研学习习近平总书记在文艺工作座谈会上重要讲话精神情况。11月3日，甘肃省文联党组书记、副主席周丽宁走进甘肃省广播电影电视总台直播间，做客省广电总台《新闻透视》节目，对习近平总书记在文艺工作座谈会上的重要讲话进行详细解读，对甘肃省文艺界和省文联学习贯彻讲话精神情况进行详细介绍。全国政协委员、中国书法家协会副主席、甘肃省文联原副主席张改琴也参加节目录制。

【创作研究评奖交流】6月7日，由甘肃省文艺评论家协会和《西部商报》社共同主办的“弋舟小说”研讨会在甘肃省文联举行。6月16日，由中共甘肃省委宣传部、甘肃省文联主办，省文学院承办的甘肃省文学院建院30周年庆典活动、《文学陇军八骏金品典藏》丛书首发式暨甘肃省八骏文艺人才研究会成立揭牌仪式在兰州举行。8月1日，由中国民间文艺家协会、文化部非遗司，中共甘肃省委宣传部、甘肃省文化厅、甘肃省旅游局、甘肃省外事办、甘肃省文联、甘肃省妇联、甘肃省民协，中共陇南市委、陇南市人民政府主办，中共西和县委、西和县人民政府承办的第六届中国（陇南）乞巧女儿节系列活动之一——“中国（陇南）乞巧女儿节与妇女发展国际论坛”在北京举办。8月3日至6日，由甘肃省文联主办，甘肃省文艺评论家协会、西北师大传媒学院承办的首届“甘肃文艺论坛”在兰州西北宾馆召开。来自甘肃省的文艺评论家、艺术家，省内外新闻界记者80多人参加会议。11月18日，由甘肃省文联主办，省作家协会、省文学院、省文艺评论家协会、敦煌文艺出版社、兰州晨报承办的“《天马畅想曲》首发式暨叶舟作品研讨会”在兰州宁卧庄宾馆举行。12月5日，在第29个国际志愿者日来临之际，甘肃省文联文艺志愿服务团走进兰州市城关区雁南街道天庆嘉园，举行“到人民中去”文艺志愿者深入基层服务采风活动。社区居民及文艺服务志愿者500余人参加活动。12月18日，第三届甘肃舞蹈“飞天奖”大赛暨首届甘肃“小杯李杯”校园舞蹈比赛在兰州金城大剧院开幕。12月19日上午，应甘肃省文联、甘肃省舞协的邀请，中国舞蹈家协会主席赵汝蘅一行到兰州开展深入生活、扎根人民，舞蹈艺术进校园活动。

【自身建设】7月1日，以“弘扬党的伟大精神，推进富民兴陇大业”为主题的甘肃省省直机关纪念建党93周年“先锋杯”主题朗诵活动在兰州市黄河剧院演出。甘肃省文联参赛作品《文艺之光照耀富民之路》获创作一等奖、表演二等奖。12月26日，甘肃省文联成立60

周年座谈会在兰州举行。大会对甘肃老文艺工作者、第三届中青年德艺双馨文艺工作者、甘肃基层文联先进集体和先进个人进行表彰。

省文学艺术界联合会领导班子成员名录

主　席　邵　明

党组书记、副主席　周丽宁

副主席　张永基　苏孝林

　　　　翟万益　王登渤

（供稿：石小军）

甘肃省归国华侨联合会

【参政议政】2014年，省侨联紧紧围绕贯彻落实中办20号文件精神这一主题开展调研，全面分析总结全省侨情现状及侨联工作开展和组织建设中面临的突出问题，及时向党委、政府反映侨情民意。1月18日，省侨联六届五次全委会议在兰州召开。会议回顾总结省侨联2013年工作，安排部署2014年工作。

【贯彻落实"中办20号文件"精神】3月10日，中共中央办公厅下发《关于加强和改进新形势下侨联工作的意见》（以下简称《意见》），这是党中央首次以中央红头文件的形式，为新时期侨联工作定位、指明方向、明确任务而下发的一个极其重要的文件。省侨联及时向各市州侨联转发冉部长批示，并要求认真组织学习贯彻。组成专题调研组，赴侨务资源相对集中的酒泉、张掖、天水、临夏和阿克塞县、肃北县开展专项调研，并召集兰州市及其所属各县区和兰大、交大、理工大、农大、商学院、中科院、生物制品研究所等单位侨联举办侨情调研座谈会，分析研究甘肃侨情和基层侨联组织建设情况。举办全省贯彻中办20号文件学习培训班暨工作会议，集中学习中央《意见》精神，研究全省侨联工作的实际状况和存在的突出问题，安排今后一段时间的贯彻落实任务。

【邀请海外侨胞出席2014甘肃公祭伏羲大典】6月22日，2014（甲午）年公祭中华人文始祖太昊伏羲大典在甘肃天水隆重举行。大典以"同根同祖、中华共祭"为主题，台湾嘉义市大天宫同步进行公祭活动，首次实现海峡两岸共祭伏羲。全国政协副主席马培华，甘肃省委书记、省人大常委会主任王三运，中国国民党荣誉副主席林丰正，甘肃省委副书记、省长刘伟平，省政协主席冯健身，省委副书记欧阳坚等亲临伏羲广场，与海内外中华儿女、四海宾朋共同出席公祭大典。中国侨联副主席邵旭军应邀亲率来自美国、加拿大、法国等国家和香港地区的30余名海外侨领、侨商出席大典。

【参与组织第二十届兰洽会】7月6日，第二十届中国兰州投资贸易洽谈会和中国-中亚合作对话会在兰州隆重开幕。全国政协副主席陈元出席会议并致辞，甘肃省委书记、省人大常委会主任王三运致欢迎词并宣布开幕，省委副书记、省长刘伟平主持开幕式。应甘肃省政府邀请，中国侨联和中国侨商会继续作为主办单位和协办单位，中国侨联秘书长王宏率来自香港、台湾、广东、江西、河南、河北等地的40余名侨商代表出席兰洽会开幕式及中国-中亚合作对话会主论坛。

【中国侨联组织人事部副部长赵珊珊一行来甘调研】10月20–24日，中国侨联组织人事部副部长赵珊珊一行就甘肃贯彻落实中办发20号文件和中国侨联"九代会"精神，以及全省少数民族地区侨联组织建设情况开展实地调研。调研组先后走访省侨联机关和甘南藏族自治州，分别与省侨联机关干部和甘南藏胞代表召开调研座谈会，就甘肃基本侨情、藏区侨联工作开展情况、工作中存在的问题等逐一听取汇报。调研组沿途还考察甘南州藏胞接待中心建设情况、夏河县藏胞接待中心选址情况，以及省侨联"双联"帮扶点——马集镇多木寺村幼儿园和文化广场等建设情况。

【制定出台《关于加强和改进新形势下侨联工作的实施意见》】中办《意见》下发后，省侨联起草制定《甘肃省关于加强和改进新形势下侨联工作的实施意见》（以下简称《实施意见》），并就《实施意见》向省人大、省政协、省委组织部、省编办、省民族事务委员会、省司法厅、省人力资源和社会保障厅、省政府外事办公室、省宗教事务局等单位（部门）征求意见建议，进行合理吸纳。11月14日，甘肃省委常委会原则通过《实施意见》。17日，按照省委常委会所提意见，省委常委、省委统战部部长冉万祥主持进行认真修改。25日，省委办公厅正式印发《关于加强和改进新形势下侨联工作的实施意见》。

【服务经济发展】2014年，省侨联紧紧围绕省委、省政府"丝绸之路经济带甘肃黄金段"建设的战略部署，持续深化省政府与中国侨联的战略合作，借助兰洽会、公祭伏羲大典等平台，积极邀请来自香港、台湾、广东、江西、河北、河南等地的40余名侨商代表出席第20届兰洽会暨中国-中亚合作对话会。省侨商会联合中国侨商会举办境内外侨商甘肃联谊恳谈会和侨商甘肃项目交流活动，组织省内侨商参加"世界侨商贵阳会议""海内外侨商上绕行""重庆内陆开放与华商机遇"等联谊活动，为日本甘肃同乡会、广东华商会来甘考察经贸项目提供支持和服务，为全省招商引资工作牵线搭桥。

【华夏文明传承创新区建设】借助甘肃公祭伏羲大典这一全球华人寻根祭祖的平台，省侨联邀请来自美国、加拿大、法国等国家和香港地区的30余名海外侨领出席伏羲大典。积极组织参加世界华人学生作文大赛等"亲情中华"主题系列活动，推进以华文教育为核心的文化传承，助推甘肃华夏文明传承创新区建设。

【拓展联谊交流】2014年，省侨联与来甘商洽贸易、省亲的日本甘肃同乡会、美国、加拿大等地的20余名甘肃籍华侨华人进行联谊交流。5月，中国侨联借助"第十七届中国北京国际科技产业博览会"，举办"首届新侨创新成果与专利项目推介会"，甘肃省侨联推选5个项目参展，其中兰州晨兴节能科技公司获"优秀参展企业"称号。9月，在第五届新侨创新成果交流会上，甘肃省3名创新人才和1项创新成果荣获中国侨界贡献奖，省侨联获优秀组织工作奖。

【公益事业】2014年，持续开展公益助学和侨界扶贫，新延续珍珠班17个，受益学子880名。省侨商会捐资25万元为品学兼优、生活困难的学生设立“奖优助困金”。省侨商会会长捐资30万元，帮助发展榆中养殖产业基地。

【“双联”行动】在“双联”行动中，省侨联为马集镇多木寺村筹资10万元种植200亩啤特果树苗、安装文化广场太阳能照明设施，并组织机关全体人员赴多木寺村义务植树。经与省委双联行动协调推进领导小组办公室沟通，明年拟为多木寺村争取省级部门资金90万元，用于道路拓宽硬化和劳务技能培训800人次。

省归国华侨联合会领导班子成员名录

党组书记　张文学
副主席　杜　逸（女）（4月止）
　　　　闫鹏勋　马文丕（回）
　　　　何元庆　陈立观
　　　　董化琪（女，回族）
秘书长　芦小燕（女，满族）

（供稿：李晓霞）

甘肃省社会科学界联合会

【思想政治建设】2014年，围绕学习贯彻党的十八大以及十八届三中、四中全会精神和习近平总书记系列重要讲话精神等内容，组织开展中心组学习11次、辅导报告会4次，交流发言会5次。严格落实领导干部定期报告工作、召开民主生活会、过双重组织生活、个人重大事项报告等制度。

【社科普及】指导各市州社科联以宣传贯彻党的十八大，十八届三中、四中全会精神和弘扬社会主义核心价值观为主题，普遍开展为期1-2周的社科宣传普及周活动，参与活动的干部群众近6万人次。与省图书馆合办的面向社会公众的“周末名家讲坛”。全年举办50期，听众近3万人次。加大对市州举办公益性讲坛讲堂活动的指导力度，各市州社科联主办或参与主办的讲坛讲堂活动，采取现场讲座、视频讲座、流动讲座等多种方式，坚持与实际对接、与听众对接、与专家对接，为广大听众提供“菜单式”服务。以甘肃社科学术基金会为平台，立项资助13项基础学科研究课题。

【学会建设】2014年指导外国文学研究会、民营经济研究会等5个学会完成换届，指导哲学学会、物流学会、图书馆学会等省级社团举办10多场有规模、有影响的学术年会、理论研讨会等学术活动。举办学会骨干培训班，落实中央关于加强社会管理创新的要求，交流学会工作经验，积极探索加强社会组织管理、创建标准化、规范化社团组织的新思路，组织开展学会标准化建设活动，经严格量化评估考核，确定省轩辕文华研究会、国学研究会等6个学会被为第二批标准化学会。截至2014年底，已在省社科联管理的42个学会、协会、研究会中建立党支部38年，派遣党建联络员4个，应建组建率达到100%。

【“双联”行动】机关全体干部全年进村入户10多批次，近100人次。协调完成入村道路水泥硬化和部分村组巷道硬化工作，积极协调有关部门争取补助资金，组织开展农业实用技术培训100多人次。

【自身建设】开展机关效能风暴行动，推进服务型机关建设，健全完善工作制度，严肃督查问责，加强作风建设，促进重点工作任务落实。落实群众路线教育实践活动整改任务，认真执行中央“八项”规定和省委“双十条”规定，全力纠正“四风”问题。严格按照《党政干部选拔任用工作条例》，选拔任用一批优秀年轻干部。进一步加强对各市社科联工作的指导和协调，深入天水、张掖等市州开展调研，促进社科联工作和机构建设。《社会科学参阅》广泛收集梳理提炼国内外专家学者的观点，突出服务党政领导干部、服务决策的主导方向，围绕培育社会主义核心价值观、全面深化改革中的经济转型升级、新形势下的群众工作等重大问题，全年编发10期4000册。2014年，《社科纵横》出版12期，刊发文章近500篇，300多万字，以副教授、教授、博士为主体的作者文章达到80%以上。

省社会科学界联合会领导班子成员名录

党组书记　马成洋（回族，10月止）
副主席　苗德新　白守双　范　鹏
　　　　王嘉毅　郑炳林　高新才
　　　　傅德印　李玉基　刘进军
　　　　房向阳

（供稿：崔建伟）

军 事

甘肃省军区

【重要会议】1月7日—8日，中共甘肃省军区第九届二次全体（扩大）会议在兰州召开。出席会议的党委委员43人，列席会议的师旅级单位、省军区机关处长80人。会议集中传达学习中央军委扩大会议精神和兰州军区党委全体（扩大）会议精神，全面分析总结2014年省军区部队和民兵预备役建设形势，对2015年度工作任务进行安排部署。会议期间，省军区司、政、后机关分别召开“对口会”。省委书记、省军区党委第一书记王三运出席会议并讲话。

4月22日，省“双联”行动靖远县成员单位联席会议在靖远县召开，省直相关厅局、白银市和靖远县有关领导共60人参加会议。省委常委、省军区政委傅传玉出席会议并讲话。 会议传达学习省委书记王三运关于“双联”工作的重要批示精神，听取靖远县“双联”行动开展情况汇报，总结讲评2013年省直各成员单位“双联”行动开展情况，安排部署2014年主要工作。傅传玉在讲话中提出三点意见：坚决贯彻省委指示，跟上深入推进的新形势；紧紧扭住关键环节，抓好“双联”工作有效落实；不断改进工作作风，推进“双联”行动深入开展。开展“联村联户、为民富民”行动，是省委、省政府作出的重大决策，是广大人民群众的呼唤和要求，是省军区部队义不容辞的政治责任，省军区党委坚决贯彻省委、省政府这一决策，在省军区部队广泛开展“联村联户、为民富民”行动。

7月15日，省军区九届三次全体（扩大）会议在兰州召开。出席会议的党委委员42人，列席会议的师旅级单位、省军区机关处长、直属单位领导24人。会议总结分析上半年工作完成情况，部署下半年主要工作任务。会议认为，上半年各级紧紧围绕强军目标，按照年初省军区党委（扩大）会议部署要求，抓统筹、谋发展、重落实，各项工作稳步推进，全面建设呈现出良好发展势头：思想政治建设坚强有力，部队思想基础更加牢固；战备训练扎实有效，推动军事斗争准备全面落实；国防动员和后备力量建设有新发展进步；正规化建设不断加强，部队“四个秩序”日趋正规；部队安全管理富有成效，部队保持比较好的稳定。会议要求，下半年各级要以强军目标为统揽，以使命任务为牵引，坚持抓学习教育强素质固根基，抓战备训练打基础求质量，抓安全管理促和谐保稳定，抓综合保障重效益顾长远，抓制度规范转作风重落实，确保重点工作有新突破。

7月14—15日，省委、省政府、省军区在天水市召开全省规范县（市、区）人武部经常性主要工作现场会。会议紧紧围绕“狠抓人武部经常性主要工作落实、大力推进民兵预备役部队强军实践”这一主题，回答和解决人武部平时干什么、怎么干、谁来干、干到什么程度等重要问题，为抓好经常性主要工作落实、促进人武部职能作用发挥、推动民兵预备役部队强军实践打下坚实基础。兰州军区国动委、政治部组织部领导莅临会议，省委、省政府分管武装工作的领导，省军区机关部门以上领导和相关处办领导，各市（州）分管武装工作的领导和各军分区、人武部1名主官参加会议。会上，常务副省长罗笑虎、省军区司令员刘万龙、政委傅传玉作重要讲话，天水军分区等11个单位从不同侧面汇报交流落实人武部经常性主要工作经验，观看人武部经常性主要工作和战备工作两个专题片，会议形成《规范县（市、区）人武部经常性主要工作的意见》。

7月27日，省军区党委联合省委宣传部、武警甘肃总队，组织省级党政军领导、省国防教育委员会部分成员单位主要负责同志30余人，在兰州市九州开发区训练场开展“八一”军事日活动。活动期间，军地领导观摩甘肃预备役高炮师、省军区独立营和骑兵连，以及武警甘肃总队官兵汇报演练的高炮分队对空目标射击、120反坦克火箭筒实弹射击、骑兵马术、处突防暴演练、多枪种应用射击、综合格斗术等7个军事课目，进行95式自动步枪和92式手枪体验射击。

【战备训练】组织各级修订战备计划2大类49项方案；整治改造战备库室、战备值班系统、指挥坑道。研究制定军师旅团4级9种类型部队战斗力标准体系，展开试行论证；编写《省军区战备工作实施细则》。指导藏区民兵预备役维稳备勤，确保藏区社会稳定。指导酒泉军分区首次组织边防营、空军雷达站、军区通信连、酒泉公安边防及军分区边防民兵，进行军警民联合边境封控行动演练，连续52年实现边防安全稳定。建立军事训练监察机制。开展军分区使命课题指挥演练，参加“西部-14”战役演习。完成民兵、预备役部队年度训练任务。组织独立营和骑兵连野外驻训，开展分队战术训练法、预提班长骨干和120反坦克火箭操作射击等各类集训，完成新兵训练任务。推进部队战备训练，先后5次组织省军区首长机关带保障分队战备拉动演练，组织第二波30个人武部成建制军事训练竞赛性考核；对16个师旅级单位和部分团级单位首长机关年度战备训练情况，进行拉动和检查考核。指导甘肃预备役师参加兰州军区整建制、全要素战备演练和考核，指导天水预备役旅、陇南军分区接受军区半年、年度军事训练考核。特别是在迎接军区动静一体、昼夜全程、连贯实施的检验评估中，取得总评基本达标的成绩。

【遂行多样化任务保障】组织省军区、军分区、人武部、基层武装部4级10个试点单位，完成“一个中心”“两部专题片”“三个平台”“四个系统”“五个法规文件”等15项试点任务，梳理总结30余万字的理论和实践成果，成功举办全军150人次观摩验收活动。完成全区光缆骨干网和军综网升级改造，参加总部和兰州军区网上竞答、考核活动成绩优异。全年接转电话、收发文电无差错失误，完成各级重大通信保障任务。对全区枪支弹药和民兵武器装备仓库进行专项整治；召开全省民兵武器库正规化建设工作会议；协调专项经费1479万元，完成定西仓库库房改造和13个军分区、8个人武部民兵武器库安防系统建设。为甘肃预备役师拉动补充装备和经费。为边防部队、直属部（分）队协调补充购置各类战备器材和装备弹药，全年更新通用车辆25台。完成机要屏蔽机房二期工程建设，开展编外机要干部培训，为全区培养输送机要干部16人。参加总部、兰州军区大报量检验性演练和边防密码电报系统演练，开展电报核对与质量评比活动，高标准完成经常性译电报务工作。迎评考核中，专门成立装备保障领导小组，筹集多专业、各类型抢修设备和器材。在野外条件下短时间内开通微波、卫星、远距离光传输设备，搭建各类信息系统和密码保障平台。

【国防动员工作】制定颁布甘肃省首部《民兵预备役工作条例》和《关于进一步加强民兵预备役部队应急专业力量建设的意见》等法规文件。召开全省国动委六次全会，审议甘肃省《关于新形势下国防动员建设贯彻落实强军目标的意见》；培训全省国防动员专业办公室主任。基干民兵规模进一步压缩。在4个市（州）推进常备民兵应急力量建设试点工作。开展整组业务培训，组织服预备役人员应急征召演练，抓好为军兵种现役部队预编预备役士兵的核实管理，动员预编士兵赴空军部队进行专业复训。深化国防教育。全年协调派出帮训官兵组织学生军训40余万人。联合省教育厅，举办高中校长国防教育暨学生军训研修班。制定出台《关于进一步改进和加强全省征兵工作实施意见》，完成2014年新兵征集任务。由兰州市政府投资160万元，按照“交钥匙工程”在城关区人武部院内建成集食宿、办公、学习于一体的民兵宿舍500余平方米。

【民兵武器库建设】6月4—5日，省军区与省政府在陇南联合召开全省民兵武器库正规化建设工作会议。军地

甘肃省预备役高射炮兵师参加“兰字-2014预B”战备拉动

联合制定下发《关于进一步加强民兵武器装备仓库正规化建设工作的意见》和《甘肃省民兵武器仓库正规化建设达标考评标准》，进一步规范民兵武器库“七室”硬件建设、携枪带弹执勤等内容，解决历年来没有解决的民兵武器库列入财政预算。

【边境封控演练】7月25日，军分区协调酒泉市政府，召开马鬃山军警民联合边境封控行动演练任务部署电视电话会议。8月7—8日，组织马鬃山地区党、政、军、警、民进行联合边境封控行动实兵演练，演练内容主要包括启动应急机制、定下行动决心、组织机动部署、展开封控行动、组织部队回撤5个方面，演练采取上导下演、同步展开、协同行动、总结讲评的方法进行，参演兵力包括边防营、武警公安边防大队、雷达站、通信连、瓜州县边防民兵分队、玉门市边防民兵分队、肃北县边防民兵执勤分队和民兵哨所等，动用武器308支（挺、门）、指通防暴器材181部（套、具），出动车辆32台，机动距离600余千米，全程安全顺利。

【国防教育基地】8月22日，由白银市国防教育委员会立项，军分区负责建设的一所集军事训练、全民国防教育、休闲竞技于一体的军事俱乐部式国防教育基地举行正式揭牌仪式。该基地总投资2980万元，占地面积约14308平方米，场馆总建筑面积约7701.73平方米，主要由实弹射击训练馆、接待室、值班监控室、服务台、影视厅、展示厅、汽车模拟驾驶室、对抗射击室、手枪馆、台球室、乒乓球室、羽毛球馆以及飞碟射击场等部分组成。

【战备条例集训】2014年，庆阳军分区重新修订完善7类45种战备方案计划，投入近300万元，购置配备应急救援和战备物资器材，改造改建作战值班室，完善“三室二库”软硬件设施。组织参加“金城—14”演练，6次组织战备拉动演练，3次接受两级军区战备拉动。长庆油田对陇东片区民兵集中进行训练。军分区机关在省军区年度军事训练考核中取得第五名、宁县人武部在现役干部竞赛性考核中取得第六名成绩。西峰区组建400人的应急营，其他县（区）分别编组125人或94人的应急连，在镇原县编组40人的抗洪抢险分队，在正宁县、环县分别编组40人的矿难救援分队，在正宁县、宁县、华池县、合水县、长庆油田分公司分别编组79人和40人的灭火分队，在西峰区编组74人的防化救援分队。在7县1区组建357人的民兵情报信息网络。依托市委党校对50名专武干部进行为期45天的集中培训。

【甘南军分区战备训练演练】2014年，甘南军分区为加强战备基础设施建设，先后投入100多万元，更新配备各类库室应急物资器材，完善战备值班系统综合整治，修订各类预案计划，统一规范各类战备方案和作战值班秩序。先后两次组织分区机关和卓尼、碌曲县人武部全体干部进行集中强化训练，在省军区组织的竞赛性考核中，卓尼县人武部取得两个单项第一和团体第四的好成绩。严格组织连队训练，按纲施训，圆满完成省军区组织的“军事日”专业骑术课目表演任务，受到省军区首长机关的好评。参加“金城-14”使命课题演练，组织分区机关进行实兵实装战备拉动，迎接省军区战备训练考核，在省军区考核的16个师旅级单位中成绩名列前茅，特别是在配合省军区接受兰州军区作战能力评估中，出色完成考核组临时赋予合作市、碌曲县民兵应急营、工兵连的紧急集结任务。组织8县（市）民兵应急分队，配合公安、武警对重要目标、重点部位设卡封控、警戒巡逻。军分区司令部被兰州军区表彰为先进司令部，廖庆中被表彰为“优秀参谋长”。

【甘肃陆军预备役高射炮兵师参加“兰字—2014预B”战备演练】5月18—24日，甘肃陆军预备役高射炮兵师参加兰州军区“兰字—2014预B”战备演练。演练采取上导下演、战场位移、连续作业的方式，围绕“兵员动员集结、战备等级转换、远程快速机动、组织实施战斗”训练问题，重点研练动员集结、转服现役、运程机动、开设指挥所、构工伪装、组织宿营、警戒防卫、定下作战决心、对空抗击等10个内容。

【天水陆军预备役步兵旅应急救援分队建设】旅在现役战士中挑选有驾驶基础人员，采取送学带训、请人培训和任务锻炼相结合的方式，对FYC02B型淋浴车、FPC02E型喷洒车及推、挖、装等大型机械操作使用进行培训。6月—7月，结合分队训练，集中组织两支应急救援分队完成构筑子堤、克服管涌及人工灭火、车辆灭火等课目训练，并以组织综合演练的方式，提高两支专业应急救援力量遂行任务能力。

【应急保障】以使命任务和兰州军区评估考核为牵引，后勤保障工作坚持工作重心和经费物资向中心任务聚焦，修订完善各类预（方）案，持续抓后勤指挥和技能体能训练，积极参加两级军区组织的战备拉动和“西部”系列演练考核。省军区后勤机关自筹178万元，完成后勤部机关“三库两室”建设，酒泉军分区投入经费300余万元用于完善战备设施建设，后勤战备物资储备基本实现“箱组化”；甘南军分区协调地方为所属人武部和应急分队配齐后勤战备物资；甘肃预备役高炮师、天水预备役步兵旅分别完成兰州军区应急征召拉动和赴56旅挂钩训练后勤保障任务。

【庆阳军分区战备基础设施建设】2014年，军分区投入8万多元将视频会议系统引接至作战值班室，建立开通军事综合信息网和作战值班视频系统，构建起横向融合机关各部门，纵向连通各县（区）人武部，实现与省军区作战值班系统的对接。投入50多万元，购置补充野战指挥、抗洪救灾、应急维稳等5类164件套战备器材。县（区）人武部向政府申请等方式累计筹集经费121万元，为民兵应急营（连）配备各类战备器材。立足现有通信装备，调试测通100瓦725电台、10瓦单边带电台；依托地方电信部门运用光纤、载波等手段，实现传真、电话、可视保障；安装车载电台，全区共购置对讲机120部，加强随行任务的通信保障手段。

【"双联"行动】协调市县相关部门筹资550万元，帮助靖远县乌兰镇烟洞村修建安全饮水工程，筹资200万元新建村委会和村卫生室，协调21集团军舟桥团在村里开办便民诊所，筹资1000多万元修建17千米长的公路，并帮助60多家农户销售沙田瓜。

省军区领导班子成员名录

司令员　陈知庶（2月止）
　　　　刘万龙（2月任）
政　委　傅传玉
副司令员　祁学军　魏泽刚
副政委　杜永耀　倪永盛
参谋长　王　琦
政治部主任　张应银
后勤部部长　楚万明

（供稿：王友成　杨留记　常福元　汪　强）

武警甘肃省总队

【思想政治建设】树立大抓基层鲜明导向，开展"部队是我家、建设靠大家"专题教育，学习成武县中队先进事迹。深入开展学用纲要、当兵蹲连、岗位练兵、季度过中队等活动，组织纲要培训，加大帮建力度，狠抓经常性工作落实，突出官兵主体地位，深入开展三大民主，密切内部关系，部队基础更加牢靠。

2014年2月7日，平凉支队官兵清除城区道路积雪

【正规化建设】着眼打牢强军之基，组织依法从严治警集训，强力推进新一轮正规化建设，总队高起点谋划、高标准规范，各级按步骤推进、按节点落实，官兵按条令履职、依法规办事，"四个秩序"更加正规。扭住安全预防不放松，充分发挥有效载体作用，狠抓安全教育训练、隐患排查治理、心理干预疏导、个别人帮教转化，部队安全稳定，连续三年实现"三无"。

【应急保障】加强应急保障力量建设，健全训强"一组五队"，建好战备物资库室，经常开展训练演练，应急保障能力有新增强。推进官兵商业医疗保险，军人保障卡推广应用。坚持把保障重心放在基层，新建3个支队公寓住房，抓好三级网升级、藏区"引智工程"、车库建设和节能改灶，解决基层洗澡、理发、取暖、看病等困难，官兵工作生活条件进一步改善。

【"当和平兵、站和平哨"活动】2月21日至3月7日，总队集中开展治理"当和平兵、站和平哨"专项活动。治理紧紧围绕解决机关指导、基层落实、官兵履职三个层面的问题，精心制定方案，分专题教育、专项检查、专项整改、专勤专训四个阶段组织实施。

【应对兰州"4·11"自来水污染事件】4月11日，兰州市发生自来水污染公共卫生事件。总队党委迅即反应，主动请战，积极应对，先后投入兵力1000余名、车辆23台（19台运水车、4台巡逻车），主要担负污染水源现场安全警戒、城市武装巡逻、安全饮水运送发放和机动备勤等任务，向市民运送发放安全饮水590余吨，确保驻兰部队自身饮水安全，支援保障兰州市民饮水安全。

【"四个秩序"集训】5月12日至15日，总队在训练基地组织总队领导、机关相关处长，各支队长、参谋长、政后一名领导、警务股（科）长等108人参加的坚持依法从严治警，正规"四个秩序"集训。集训期间，总队领导进行专题辅导授课，观摩白银支队机关、大队（教导队）、中队三个层面"四个秩序"现场和一支队前指带机动中队紧急出动演练、官兵日常行为规范课目演示，讨论修订总队机关、基层《正规化管理实施细则》，制作机关、基层《正规"四个秩序"图册》，6个单位交流经验。

【总队特战分队对抗竞赛】9月22日至24日，总队严密组织特战分队对抗竞赛。来自基层单位的66名特战队员，围绕团体、突击、狙击、检验四大类16个课目展开激烈角逐。总队司令员尤赛波、政委邹建雄带党委常委现场观摩，参赛队军事主官、各单位机关、机动中队官兵及训练基地新兵现场（网上）观摩竞赛。评选出一支队、临夏和兰州支队3个获奖单位和6名优胜个人。

【藏区维稳】总队始终把维护甘南藏区社会稳定作为重中之重。在常态维稳基础上，指导驻藏区维稳部队出动兵力5000余人次，圆满完成藏历新年、正月法会、三月敏感期、时轮灌顶大法会等维稳任务，稳妥处置上访人员堵截中央首长车队、不法人员围堵供热公司事件，参与合作市缉枪治暴专项整治行动，确保甘南藏区大局稳定。

【警卫勤务】1月12日，总队完成中共中央政治局委员、中央军委副主席范长龙一行到甘肃视察工作期间的专机警卫和机动备勤任务。5月19日至20日，总队完成全国人大常委会副委员长陈昌智、万鄂湘和外国驻华武官团到甘肃视察、考察时的专机警卫和机动备勤任务。6月14日至15日，总队完成中共中央政治局委员、中央军委副主席许其亮一行到兰州调研时的专机警卫和机动备勤任务。6月18日至19日，总队完成中央军委委员、总政治部主任张阳率中央军委工作组一行到兰州调研时的专机警卫和机动备勤任务。7月3日至5日，总队完成中共中央政治局常委，国务院副总理张高丽一行到甘肃视察工作期间的专机警卫任务和机动备勤任务。9月17日至19日，总队完成原中共中央政治局常委、中央纪委书记吴官正一行到甘肃考察期间的包机警卫和机动备勤任务。12月22日，总队完成中共中央政治局委员、军委副主席范长龙一行到甘肃视察工作期间的专机警卫和机动备勤任务。

武警甘肃省总队领导班子成员名录

司令员　尤寒波

第一政委　马世忠

政　委　许世宏（7月止）

　　　　邹建雄（7月任）

副司令员　吴　霆　薄云祥　陈小平

　　　　冯志恒　成金旺

副政委　肖　俊

参谋长　刘志强

政治部主任　刘　奇

后勤部部长　刘枝勇

（供稿：蒋世平）

人民防空

【组织指挥】加大人防指挥场所建设力度，酒泉市人防地面应急指挥中心投入使用，定西市、平凉市、天水市、庆阳市人防地面应急指挥中心和酒泉市人防预备指挥所信息系统建设正在采购设备，兰州市大型机动指挥所已投入使用。全省各级人防部门扎实开展人防训练演练，省人防办依托省军区教导队开展为期一周的机动指挥所专业合成演练，参加甘肃省预备役高炮师的军事演习，完成机动指挥所跨区域拉动演练任务。各重点城市人防办按照省人防办下发的《人防专业队伍整组工作通知》，结合民兵整组，完成了人防专业队伍整组训练任务，积极指导在校学生和社区群众开展应急疏散演练。

【通信警报】成立甘肃省人防信息化建设研究开发攻关小组。加强“西片编织一张网”工作，河西片城市基本实现省、市、县三级互联互通，省人防办建成与国家人防办互联互通的全国人防光缆通信骨干网，对部分人防重点城市指挥信息系统进行软件升级，实现省、市人防办专网文电互传。兰州、天水市新型防空防灾警报报知系统投入使用。2014年，全省警报音响覆盖率平均达到95%以上。

【工程建设与管理】2014年，全省新审批人防工程项目17个，全省在建人防工程项目达到31个。省人防办成立人防工程质量监督站，制定《甘肃省人防工程监理行政许可资质管理办法》《人防工程施工图设计文件审查流程及流程图》，在兰州市举办一期人防工程质量监理培训班，培训工程监理人员325名。各重点城市人防办对工程建设单位进行集中业务培训，对在建工程加强跟踪检查。2014年，全省收取结建费较2013年增长34%。审批防空地下室面积是2013年的2.3倍。

【行政执法】向各重点城市人防办下发《甘肃省人防监理行政许可资质管

副省长郝远（左一）视察酒泉市人防地面应急指挥中心

开展人防专业队伍应急救援演练

理办法》，兰州市人防办制定《兰州市地下空间开发利用暂行管理办法》。省人防办成立执法检查组对5市7县区的人防结建政策落实情况进行专项执法检查，兰州市人防办开展执法检查13次，解决未经审批随意拆除人防工程问题3起；庆阳市人防办与市建设局开展联合执法检查；张掖市人防办聘请律师、社会监督员协助开展依法行政工作，追缴结建费639万元；武威市人防办加强与市审改办、规划局、建设局、法制办的协调，将人防行政许可纳入到市上并联审批之中，追缴结建费742万元；酒泉市人防办对人防行政许可事项进行全面清理规范，追缴结建费993万元。

【平战结合】制定《甘肃省人防工程专用设备管理规定》《人防工程平战结合管理规定》《人防工程专用设备生产安装企业年检管理规定》等。各重点城市开发利用已建人防工程，落实人防工程平时使用证制度，坚持每月及重大节日对早期人防工程进行安全检查。2014年，全省新增平战结合工程利用面积23万平方米，为社会提供就业岗位6800多个。截至12月底，全省有2010个人防工程落实挂牌管理制度。

【"双联"行动】主动与省直相关单位衔接，切实抓好7个帮扶项目落实，全年协调帮扶资金1300万元，落实到位资金950万元。省人防办投入10万元编制联系村村庄建设规划，并结合修建宁县人防疏散基地，协调新建村部文化广场和小学校舍。办机关先后组织干部分8批60多人次驻村入户，开展双联工作。省人防办被省委"双联"行动协调推进领导小组评为"双联"行动民心奖单位。

省人民防空办公室领导班子成员名录

党组书记　刘如厚
主　任　周应军
副主任　窦永毅　张广洲
纪检组长　马少相（回族）

（供稿：史永康）

政　法

公　安

【维护社会稳定】组织开展严打暴恐活动专项行动，落实内部单位安全管理责任制和危爆物品实名管理，加强全省重点目标、要害部位内部安全保卫，快速稳妥处置中川机场客机涉恐备降、兰州火车站疑似爆炸物等突发案（事）件，组织开展跨区域、多科目、高强度的实警实装演练拉练300余次，发放《公民防范恐怖袭击手册》等宣传材料86万余份。开展藏区僧尼社会化管理，推进民警驻寺服务管理，落实重点人分级分层管控措施，确保各类民俗活动平稳有序举行，实现全省藏区安全安定。查破一批"法轮功""门徒会"及其他冒用宗教名义邪教案件，依法打击非法制贩宗教出版物活动，捣毁制贩、藏匿窝点，查缴一批非法宗教出版物及其印刷设备。以网上造谣诽谤、贩枪贩毒、传销诈骗和制作传播淫秽色情信息等违法犯罪活动为重点，有效查处一批网上有害信息。及时排查化解信访问题，中央政法委、中央巡视组和公安部交办的重点信访案件全部办结息诉。

【打击违法犯罪】开展社会治安严打整治、严厉打击"黄、赌、毒"，"黑、拐、抢"犯罪活动，通过破命案、打黑恶、管小案、禁毒品、查黄赌、控网络，持续强化打击力度，公安机关起诉、提请逮捕人数同比分别上升15.3%、3.3 %，抓获各类逃犯9070名。推进打黑除恶专项斗争，打掉黑社会性质组织9个、恶势力团伙126个。坚持命案必破，实行命案快速勘验、快速抓捕，对疑难案件组织专班、集中会诊，现行命案破案率达97.6%。开展"两抢一盗"等侵财类"小案"专项攻坚行动，破获侵财案件17359起；深化打击涉假、传销、诈骗等经济犯罪专项行动，破获经济犯罪案件2278起，挽损3.5亿元。组织开展百城禁毒会战，破获毒品案件数、抓获犯罪嫌疑人数和缴获海洛因数，同比分别上升5.8%、5.6%、198%。侦破"6·13"公安部特大毒品目标案件，抓获犯罪嫌疑人10名，缴获海洛因85.2公斤，是新中国成立以来甘肃省一案缴获海洛因数量最大、抓获犯罪嫌疑人最多的案件。部署开展"打四黑除四害”、缉枪治爆、扫黄打非等专项行动，破获“四黑四害”案件1386起、涉枪涉爆案件410起、黄赌案件7213起，收缴大量枪支弹药、管制刀具和危爆物品。

【公共安全管理】完善立体化社会治安防控体系建设，累计建成乡镇街道视频监控点位2.09万个、边界道路卡口486个，整合视频资源12863路。设置交通安全执法服务站点187处，534处治安卡口、69处高速公路和自建的400处视频监控全部接入全省机动车缉查布控系统，1943千米高速公路路段实现网上巡逻。加强对重点部位、敏感区域定点巡逻、武装守控，累计投入警力12万余人次，全省未发生个人极端暴力事件。开展“降事故、保安全、保畅通”百日攻坚和预防重特大事故等专项行动，对324处隐患路段强化治理，查纠各类交通违法行为510万余起，全省道路交通安全形势平稳。开展“清剿火患”、重大火灾隐患集中整治等专项行动，扑救火灾6028起，抢救疏散被困人员1.68万名。圆满完成张高丽等中央领导来甘视察警卫任务28批次和兰州国际马拉松赛、天水伏羲文化旅游节、第23届金鸡百花电影节等大型活动安保任务813次。

【改革工作】主动对接国家层面出台的改革举措，出台《甘肃省进一步推进户籍制度改革的实施意见》，在全省实施差别化落户政策，建立居住证制度，健全人口信息管理制度，统一城乡户口登记管理。制定《关于深化派出所警务运行机制改革的意见》和《关于深化城区社会面巡逻机制改革的意见》，厘清派出所的职责定位和主要任务，明确专业队和派出所的分工协作，建立案件统一管理机制；首次明确划分巡逻责任区，分级分类确定巡逻工作标准要求，综合开展打防管控和服务群众各项勤务。下发《关于加强公安派出所建设的通知》；出台《关于改革全省公安交警管理体制的意见》。制定案件公开告知和群众监督评价制度、案件预审工作制度、案件归口统一管理制度、案件办理全过程监督制度和涉案财物统一归口管理制度等五项制度。制定实施分年度为派出所调剂增加警力的措施办法。制定《市州公安机关重点业务工作绩效考评办法》和《实施细则》。

省公安厅领导班子成员名录

厅　长　马世忠

常务副厅长　白瑞庆

政治部主任　李晓林

纪委书记　李韵东

副厅长、警卫局局长　王　林

副厅长、兰州市公安局局长　朱守科

（供稿：赫晓燕）

消　防

【消防安全】全年共发生火灾6014起，伤3人，亡9人，直接财产损失5440.11万元，未发生较大及以上火灾事故。

开展消防安全专项治理活动，全年排摸判定重大火灾隐患单位504家，累计投入整改资金1.2亿元，整改销案473家。完成“两节”“两会”、北京APEC会议等全国及全省重大节会赛事消防安保任务，检查社会单位5.96万家，发现整改火灾隐患8.87万处，全省火灾形势持续平稳。集中曝光200家重大火灾隐患单位，在电视台开设“火警119”栏目，定期播放消防工作动态和消防安全常识。在全省建设楼宇电视和户外视频1.5万块，装设LED宣传橱窗6000个，精心制作消防公益动漫、沙画、微电影44部（集）不间断在各类视频上滚动播放。全年投入300万元助力消防宣传。

【应急救援】开展石油化工、隧道、高层、地下建筑等特殊灾害事故处置实战演练，成功处置“8·4”兰石化炼油厂火灾和“8·26”连霍高速特大交通事故，全年接警出动7547起，出动车辆1.19万辆，出动警力7.44万人，抢救疏散被困人员1.81万人，抢救财产价值3.43亿元。研发制作《槽车事故处置辅助决策暨实景教学软件》和《图册》。建成消防部队四大基础骨干通信网络和总队、支队两级指挥中心，建成覆盖全省的视频会议和营区监控系统，协调接入省政府应急办、省公安厅、省高管局等单位的社会图像1.8万路，基本覆盖全省各市州、县区及省内高速公路沿线。

省公安厅举行大型反恐防范宣传活动

【综合保障能力建设】全年各级政府累计投入消防经费4.89亿元，拨付“千村万户”消防安全扶持行动专项经费4968万元，推动农村消防设施建设。2014年，总队新、改、扩建消防队站62个，县级城市无消防队站的“空白点”已经消灭。新购各类消防车45辆、器材装备3万余件（套），开展车辆装备“大检测、大维护、大补充、大整改、大使用”活动。累计投入9000万元解决基层部队实际困难。成立省消防抚恤救助基金会，筹资557万元用于官兵伤亡和重大疾病救助，协调省、市重点医院开通消防官兵就医“绿色通道”。

甘肃省公安消防总队领导班子成员名录

总队长　赵音强

政　委　张存义

副总队长　巩永义　孙文科　张卫功

副政委　罗　源

参谋长　杜超仁

政治部主任　柳国柱

后勤部部长　杨孝宁

防火部部长　申立新

（供稿：王亚琴）

交通管理

【交通概况】2014年，在机动车、驾驶人同比增长9%和13%的情况下（截至12月底，全省机动车352万辆，驾驶人383万人），全省共发生交通事故3038起，造成1432人死亡，3575人受伤，直接财产损失1291.2万元，死亡人数同比下降0.14%，一次死亡3人以上事故同比减少7起，生产经营性事故死亡人数比国家安委会下达的控制指标少59人。万车死亡率4.89，同比下降0.28。

【农村道路安全管理】贯彻落实省政府《关于完善农村道路交通安全管理工作机制的意见》（甘政办发〔2014〕169号）。截至12月底，全省96.7%的乡镇成立交委会，87.5%的乡镇成立交管站，68.9%的行政村成立交管室，设置交通安全检查劝导站3607处，配备乡镇交通管理员2911名，行政村交通协管员11265名。各级交委会组织开展农用车违法载人和农村面包车超员载客集中整治行动，与驾驶人签订交通安全文明行车承诺书10.4万份，农村面包车核载提示牌喷涂（粘贴）率达到92%以上。

【事故预防】组织开展公路隐患路段、“两客一危”车辆排查治理和车辆、驾驶人基础信息清理工作，排查隐患路段324处，治理率达98%；督促1879家道路运输企业及3720家有车单位配备交通安全员；严把机动车查验、登记、检验和驾驶人考试、审验教育关，全省大中型客货车检验率达85.4%，驾驶人审验率达97%。组织开展酒驾、违法“大清零”、打非治违、“一降两保”百日攻坚、高速公路十类严重交通违法行为集中整治等20余项专项行动，形成严查重处交通违法的高压严管态势。全年共查处交通违法行为567万起（人均查处1270起），现场处罚量占比达27.2%。特别是在“一降两保”百日攻坚行动期间，查处交通违法行为201万余起，对全省交通违法大户前100名进行集中曝光，向各级运管、安监部门抄告“两客一危”车辆严重交通违法3334起，配合运管部门停业整顿运输企业32家，停运“两客一危”车辆118辆，解聘驾驶人79名，道路交通事故起数和死亡人数同比下降20.3%和19.8%。圆满完成十八届四中全会、APEC会议、“亚洲合作对话-丝绸之路务实合作论坛”等重要会议赛事和五一、十一假日及岷县漳县灾后重建交通安保工作，实现交通安保工作“零差错”目标。

【规范执法】组织制定《甘肃省道路交通安全违法行为行政处罚裁量基准》等一系列制度规定。举办各类业务培训班22批次，培训民警3000人次，组织120名交警大队领导干部分3期赴江苏、湖南两省跟班轮训。提请省政府将《甘肃省非机动车管理办法》纳入立法计划。开展执法检查“回头看”活动，发现整改问题6622个。严格规范社会救援企业从事交通事故现场清障救援工作，清障施救事权全部移交交通运输部门。14个市州车管所建成考试监管系统和小型汽车科目二考试场，11个市州车管所建成大型汽车科目二考试场，实现驾驶人考试指纹认证、视频监控。全省配发执法记录仪3612部、信息采集系统275台，全程摄录执勤执法活动。侦破交通肇事逃逸案件425起，侦破率达92.6%。中央政法委、公安部、省厅交办和厅交管局督办的59起信访案件全部办结。收到“厅长信箱”来邮413件，反馈413件，按时办结率100%。

【服务民生】全省市州政府所在地城区实行单向通行的主次干道141条，道路微循环40组；实行单向或双向路侧停车道路392条，施划停车泊位1.8万余个；全省4977所学校门口设置隔离设施1.5万米、减速带1288处、禁停区378个。建成交通事故快速处理中心20个、快速理赔服务站85个，全面实施财产损失事故快处快赔。搭建微信举报和曝光平台。实现“网上车管所”34项业务办理和机动车有违法记录短信“八必告”等便民服务措施，其中网上办理学员预约考试业务达到4.3万人次。14个市州建成检验监管中心，62家检验机构全部实现车辆检验预约和省内车辆异地检验，全省公安机关经营的15家检验机构和6家驾校按要求全部脱钩。推进车驾管业务下放进程，布建二手车交易市场和4S店机动车服务站6处，254家4S店安装了临牌打印系统，14个交警支队设立牌照分厂，AB类驾驶人实习期满考试业务全部下放各交警大队。全面实行全省交通违法罚款异地缴纳工作。实施“文明交通行动计划”。

【“双联”行动】结对帮扶甘南迭部县电尕镇、卡坝乡11个自然村，协调省公路局投资70万元建设通村公路10公里；协调迭部县扶贫办落实7个自然村巷道硬化规划项目；厅交管局投资20余万元，帮助完成消防设施建设、“两委会”办公设备购置、中药材种植和21名驾驶人培训等项目。

省公安厅交通警察总队领导班子成员名录

总队长 党 尕（藏族）

政 委 刘琪基

副总队长 刘继发 钟 山

吴建忠 贯中平

纪委书记 王 敏

（供稿：魏 明）

检 察

【打击刑事犯罪】2014年，共批捕各类刑事犯罪嫌疑人13016人，起诉22303人。密切关注国家安全、公共安全和社会治安领域出现的新情况新动向，共批捕严重暴力、黑恶势力等犯罪嫌疑人6404人，起诉8321人；批捕“黄赌毒”犯罪嫌疑人2875人，起诉3511人。严厉打击生产销售“地沟油”“病死猪”、假劣药等危害民生的犯罪，批捕59人，起诉211人。依法严惩集资诈骗、合同诈骗、非法经营等破坏市场经济秩序犯罪，批捕685人，起诉1218人。开展破坏环境资源犯罪专项立案监督活动，监督立案65件。严厉打击拐卖妇女儿童，侵害在校学生、农村留守老人等犯罪，批捕48人，起诉113人。加强行政执法与刑事司法信息共享平台建设，督促行政执法机关移送涉嫌犯罪案件428件。全面执行涉罪未成年人分案起诉、犯罪记录封存等制度，主导建立涉罪未成年人观护教育基地，决定附条件不起诉154人，同比上升4.5倍。建立检察官以案释法制度。

【惩治与预防职务犯罪】2014年，共立案侦查贪污贿赂、渎职侵权等职务犯罪869件1439人，同比分别上升10.1%和5.1%。立案侦查贪污贿赂大案486件，要案89人，同比分别上升29.3%和45.9%；加大行贿犯罪惩治力度，对153名行贿人依法追究刑事责任，立案侦查重特大渎职侵权案件115件，同比上升9.5%。先后在征地拆迁、生态环境、农机系统、淘汰落后产能等领域，组织开展专项行动，共立案侦查利用职权贪占国家补贴、损害群众利益犯罪795人。配合省人大常委会修订完善《甘肃省预防职务犯罪工作条例》。2014年共开展预防宣传和警示教育5380次，向发案单位及主管部门提出预防建议718件，被采纳630件。推动健全社会征信体系，向社会提供行贿犯罪查询77925次。

【诉讼监督】依法监督侦查机关立案429件、监督撤案644件，纠正漏捕638人、纠正漏诉487人。对认为确有错误的法院刑事判决提出抗诉124件；提请、提出民事行政抗诉217件；办理民事执行监督案件403件；对经过审查认为法院裁判正确的189件民事行政申诉案件，耐心做好相关当事人的服判息诉工作。健全刑罚变更执行同步监督机制，针对“有钱人”“有权人”违法减刑、假释、暂予监外执行等问题，开展专项检察，审查发现并监督纠正470人。对遗留的久押不决案件逐案研究、集中清理，共督促纠正104人。全面落实罪刑法定、疑罪从无、非法证据排除等制度，出台侦捕诉衔接、非法证据核查等9项工作意见，依法对证据存疑的1031人不批捕、111人不起诉。组织召开律师代表座谈会，出台保障律师执业权利的意见。依法查办索贿受贿、滥用职权的行政执法人员260人，同比上升111.4%；查办徇私舞弊、贪赃枉法的司法人员57人，同比上升35.7%。

【服务经济发展】开展“保民生、促三农”专项行动。挂牌成立1239个乡镇检察室和15557个检察联络室，覆盖率分别达到100%和96.9%，选聘检察联络员21023名，依法查处涉农职务犯罪833人，对尚未构成犯罪的407名乡村干部进行警示提醒、训诫督导和责令纠错，帮助建章立制685项，提供法律咨询和帮助2530次；督促纠正低保户错保9688户；调处涉农资金使用矛盾纠纷945件。组织1279名检察官为737个重大建设项目提供法律服务，开展预防调查112件，调处征地拆迁、农民工欠薪等矛盾纠纷355件，督促有关部门及时为企业办理手续97项；批捕诈骗、盗窃、侵占企业财产和侵害从业人员权益等犯罪嫌疑人1684人，起诉3541人，依法查处涉企职务犯罪232人。

【检察改革】搭建检务公开平台，共向社会发布法律文书787份、重要案件信息467件、案件程序信息7998件。出台深化检务公开的意见和实施方案，在全省推行。及时出台处理涉诉信访工作意见，妥善处理涉法涉诉信访6336件；对不服法院正确裁决的2011件刑事申诉，耐心做好息诉罢访工作。对181件轻微刑事案件促成当事人在检察环节和解。对115名刑事被害人发放司法救助金117.6万元。建立健全案件办理执法检查、刑罚变更执行同步监督等制度。制定出台过问案件记录、追查问责暂行规定。推行统一业务应用系统。推进人民监督员制度改革，对拟不起诉、撤案的职务犯罪案件全部提交人民监督员监督裁决。针对省人大代表对检察工作的意见建议，分类制定266条措施并逐条研究落实。建立专题工作报告、面对面汇报、检讯通短信发布等机制，组织全省检察机关开展联系走访人大代表活动，邀请代表委员视察、座谈等

1108人次。

【"双联"行动】协调帮扶致富项目209个，帮助落实项目资金1.2亿元，发放惠农贷款1.35亿元，为联系村修建道路363.1公里、硬化连户道路及庭院1078家。省检察院联系村2014年人均纯收入平均增长26.5%。

省人民检察院领导班子成员名录

检察长　路志强

副检察长　张　清　高继明　徐维忠

　　　　　李保岗　王　幸　李东亮

纪检组组长　王文信

反贪局局长　孙兆麟

政治部主任　张学军

（供稿：陶 星）

审 判

【案件审判】2014年，全省法院共受理案件215331件，审（执）结203163件，同比分别上升12.07%和9.26%，法定审限内结案率为97.03%；省法院受理案件3328件，同比上升7.32%，审（执）结2985件，法定审限内结案率为98.51%。

【刑事审判】全年审结刑事案件20234件，同比上升20.13%。审结故意杀人、抢劫等暴力犯罪、黑社会性质组织犯罪等案件5201件，其中处五年以上有期徒刑、无期徒刑、死刑的1231人。审结走私、非法集资、金融诈骗等案件915件，审结受骗人数4000余人的大圣生物科技有限公司集资诈骗案，为被害人追回损失9000余万元。审结国家工作人员贪污贿赂、挪用公款、渎职侵权犯罪案件817件，判处934人，审结全省有较大影响的酒泉市政协原主席杨林受贿案。恪守无罪推定、疑罪从无原则，充分运用证据裁判、非法证据排除规则，对被指控犯故意杀人罪的陈琴琴、犯爆炸罪的谢克雄、张彦国及其他42名被告人依法宣告无罪。上报最高人民法院复核的死刑案件核准率位居全国高院前列。

【民事、商事、知识产权审判】全年审结各类案件129642件，标的110.55亿元。审结民事案件74477件，其中婚姻家庭、抚养继承纠纷案件40351件，工伤、医疗、道路交通事故等人身权纠纷案件13040件，劳动争议、追索劳动报酬纠纷案件3155件；民事案件调撤率达46.63%，成功调解、判处涉及兰州市轨道交通建设项目的3起土地租赁纠纷案件。审结商事案件54997件，标的84.53亿元。审结买卖合同纠纷10560件，审结涉兰石重型设备股份有限公司买卖合同纠纷案。审结与银行、金融机构有关的借款类纠纷案件16404件，同比上升34.26%，标的30.11亿元；与省政府金融办、省银监局召开15家金融机构参加的座谈会，通报金融借款案件审理中发现的问题，对防范金融风险提出司法建议。审结著作权、商标权、专利权和植物新品种权纠纷等案件168件，成功审理敦煌种业先锋良种有限公司与酒泉通盈种苗有限公司植物新品种权追偿纠纷案，开创植物新品种追偿权赔偿的先例，最高人民法院向全国推介甘肃植物新品种案件审判经验。

【行政审判】2014年审结行政诉讼案件1880件，其中判决撤销、变更、确认行政行为违法或无效、责令履行法定职责的190件。依法审理杨兰芝等人诉兰州市城关区政府房屋征收补偿系列案件，推进元通大桥等重点建设项目。受理非诉行政执行案件1934件，裁定准予执行1366件，执结标的2730万元。开展行政案件相对集中管辖试点工作，加大诉权保护。省法院二审行政诉讼案件行政机关负责人出庭率达到90%以上。公开发布《行政审判白皮书》。

【审判监督】2014年审结申诉、申请再审案件2047件，决定提起再审135件；审结再审案件404件，改判、发回重审151件，其中检察机关抗诉的再审案件115件，改判、发回重审15件。制定严格规范减刑、假释案件审理的实施意见和职务犯罪罪犯减刑、假释备案审查规定，开展专项检查，建立"五个一律"的审理制度，审结减刑、假释案件9555件。省法院减刑、假释案件在"全国法院减刑、假释信息网"上立案公示率达到100%，职务、涉黑、金融犯罪罪犯减刑、假释公开开庭率达到100%。

【国家赔偿工作】2014年审结国家赔偿案件46件，决定赔偿金额40.08万元，妥善审理张美华等5人诉天水市公安局麦积分局行政赔偿案，网络热炒的"微博少年"杨忠申请张家川县公安局刑事司法赔偿案。

【执行工作】2014年受理执行案件43842件，执结39759件，到位金额38.06亿元。开展涉民生案件专项执行活动，执结案件1245件，到位金额6543万元，比最高人民法院要求提前3个月完成任务。开展"转变执行作风、规范执行行为"专项活动，集中清理立案一年以上未结积案12630件，执结2361件，到位金额4.5亿元。召开全省第五次解决执行难联席会议，与25家协作单位共同签署《共筑诚信惩戒失信合作备忘录》，联合实施信用惩戒措施。参与发布甘肃省诚信"红黑榜"，将2334名失信被执行人纳入"黑名单"。与公安、检察机关联合开展"集中打击拒不执行法院判决裁定犯罪行为专项行动"，依法拘留1251人，追究刑事责任62人。进一步深化执行联动机制，建成"点对点"司法查控网络，查询被执行人信息1.7万余条，冻结资金6亿元。

【保障特殊群体合法权益】重视对妇女、未成年人的司法保护，全省法院成立妇女儿童维权合议庭、维权岗113个，设立未成年人案件综合审判庭机构

5个、未成年人合议庭57个，实行专案专办和优先立案、优先开庭、优先执行的工作机制。

【司法为民】建成集审判流程公开、裁判文书公开、执行信息公开“三大平台”于“一网”的甘肃法院司法公开网，向社会公众公开10类70余项信息，向案件当事人公开4类100余项审判信息，实现裁判文书网上可查阅、审判执行信息网上可查询、诉讼材料网上可收转、信访投诉网上可受理、诉讼文书式样网上可下载，全省法院裁判文书上网位居西北五省区首位，知识产权案件裁判文书上网公开率达到90%以上，司法公开“三大平台”比最高人民法院要求提前2年完成建设任务。开通法院官方微博、微信，推行庭审网络直播，召开新闻发布会，发布“全省法院十大案件”、知识产权保护、行政审判十大案例，举办“公众开放日”。推进诉讼服务中心建设，增设案件查询系统，协调金融单位设立服务网点，推行远程视频立案、开庭、接访，全省107个法院设置远程视频接访室，其中省法院视频接访群众560余人次，跨省接访云南、湖南、陕西等地信访群众36人次。在甘肃法院网上设立“院长信箱”“给大法官留言”栏目。全省法院为经济确有困难的当事人缓、减、免诉讼费522.11万元，省法院发放司法救助金198万元。

【司法改革】报请省委全面深化改革领导小组审议通过9项改革方案，大部分改革工作取得阶段性成果。制定行政诉讼案件异地管辖暂行办法，除省政府和省直行政机关为被告的案件由兰州市中级人民法院管辖外，其他县级以上行政机关为被告的行政诉讼案件，统一由被告所在地以外中级法院管辖；兰州铁路运输法院作为全国首批试点法院，开展集中管辖其他地区基层法院一审行政案件试点工作。在试点法院建立新型合议庭办案机制，在人民法庭推行法官办案责任制，规范院长、庭长审判管理监督权，完善合议庭阅卷、评议制度，明确主审法官主持庭审、签发裁判文书的权力。完善错案责任追究的规定，把8类因故意或重大过失导致裁判执行结果错误、造成严重后果的案件，纳入错案范围，明确认定程序、责任主体、责任追究方式。新增人民陪审员2197人，总数达到4045人，提前完成最高人民法院部署的“倍增计划”；组织培训4791人次，人民陪审员参加审理案件26000余件；与省司法厅、省财政厅联合制定《关于人民陪审员管理工作暂行规定》《人民陪审员经费管理办法》。制定《关于涉诉信访案件终结程序的规定》。协调成立“兰州民声法律服务中心”，探索建立律师作为第三方参与化解涉诉信访的新机制。由省委政法委牵头，省法院、省检察院、省公安厅、省司法厅联合制定《关于进一步加强全省少数民族地区政法干警双语培训工作的意见》；协调内蒙古、新疆自治区高级法院建立汉蒙、汉哈双语人才省际合作培养机制；联合兰州大学、西北民族大学等高校和青海、西藏等省区藏汉双语专家，编写《宪法教程》等10部藏汉双语教材，填补藏汉双语法律培训教材的空白。

【信息化建设】制定《关于进一步加强全省法院信息化建设工作的意见》《全省法院信息化建设三年发展规划》，召开全省法院信息化工作会议、分片推进观摩会，与各中院院长签订建设目标责任书。建成覆盖全省三级法院和人民法庭的四级专网及282个科技法庭、46套远程视频提讯系统，建成互为备份、连接全省法院的高速信息专网。省法院建成数据汇集平台和审判信息、执行指挥、综合集控、新闻发布等“一个平台”“四大中心”。

【“双联”行动】为永靖县关山乡联系点协调落实项目21个、项目资金1584万元，争取社会力量给358名贫困学生发放救助金43.97万元，帮助群众建立百合销售网店，举办法制讲座12场次，调处纠纷32起，先后组织359名干警驻村蹲点总计5385天。协调9个省直帮扶单位为永靖县落实项目59个，项目资金7675万元。

省高级人民法院领导班子成员名录

院　长　梁明远（藏族）
副院长　李琪林
　　　　张　萍（女，回族）
　　　　王　军　马　驰
　　　　袁治云　唐　斌
纪检组长　陈天雄
执行局局长　张　翔
政治部主任　赵立新

（供稿：黄祥忠）

司法行政

【司法行政】2014年，化解矛盾纠纷24.5万件、同比增长7.6%，调解成功率98%。落实帮教措施，帮教12492人、安置12292人，帮教率、安置率达99%和98%。推进政务信息公开，减少审批环节、压缩审批时限。加强司法所规范化建设，表彰命名24个全省标兵司法所。组织实施2014年度国家司法考试工作，考生成绩合格率达到22.62%。

【监狱工作】落实干警一日工作流程等监管安全制度，开展消防安全进监所活动，排查整治安全隐患，保持监管场所持续安全稳定。加强罪犯心理矫治，开展监区文化建设，调动罪犯改造积极性，提高教育改造质量。邪教类罪犯转化任务超额完成。社会广泛关注的监狱减刑、假释、暂予监外执行等刑罚执行重点环节规范、透明，在中纪委、司法部、省检察院牵头组织的4次专项检查中均获得好评。加强监狱企业生产经营管理，推进产业结构调整，全年完成收入4.27亿元，同比增长4.76%。

【戒毒工作】做好废止劳教制度后续工作，坚持场所、机构、人员、编制全部用于强制隔离戒毒，实现劳教工作向强戒工作的平稳顺利转型。开展经常性场所安全稳定形势研判和应急演练，狠抓安全隐患整改，连续6年实现“六无”。健全完善强制隔离戒毒人员诊断评估办法。在省女子强戒所和兰州市强戒所率先开展中医按摩戒毒研究试点工作，探索形成甘肃司法行政戒毒模式。

【社区矫正】开展社区矫正执法规范化建设年活动，制定社区矫正衔接工作意见、社区矫正实施细则等制度。完善同公、检、法等部门的协作机制，加强社区矫正各个环节的密切衔接。白银、庆阳、嘉峪关等市探索建立阳光心理工作室、彩虹之家、阳光康复中心和社区服刑人员教育培训基地，落实监督管理、教育矫正、社会适应性帮扶任务，全省在册社区服刑人员14537名，当年接收9809人，同比增加1473人，再犯罪率为0.08%，低于0.2%的全国平均水平。

【法治宣传】制定《甘肃省“法律七进”活动指导标准》。组织实施法治文化建设“一地一品工程”。建立全省少数民族法治宣传教育基地，强化藏汉双语普法骨干培训，在“3·14”藏区维稳敏感期开展法治宣传月活动，参与尼江地区维稳法治宣传。命名191个全省民主法治示范村和92个全省民主法治示范社区。

【法律援助】贯彻落实法律援助工作条例，全年共办理法律援助案件3.3万多件，同比增长23.1%。省政府把法律援助列入2015年为民办实事项目，案均补贴1500元，较上年增加429元。定西、白银、庆阳、嘉峪关、张掖等地把法律援助工作纳入市、县政府为民办实事项目。在全省88个看守所普遍设立法律援助工作站。拍摄法律援助公益广告宣传片，在省电视台6个频道播出。

【服务为民】打造集律师、公证、法律援助为一体的“一站式”市县司法局法律服务中心94个，建成村（居）司法行政工作室4755个，消除无律师县、无公证员县。律师、公证、司法鉴定、基层法律服务办案量分别达4.92万件、12.5万件、1.39万件、4.34万件，同比增长10.4%、6.2%、6.3%、10.5%。依法加强法律服务行政监管，部署开展专项检查活动，暂缓考核4家律师事务所、注销28名律师执业证，给予2家司法鉴定所行政处罚、注销34名司法鉴定人资格。

【信息化建设】与中国移动甘肃分公司合作，吸引投资5500万元，争取中央财政支持3000万元，年初部署、年内实施、年末建成“智慧司法”信息化平台，完成硬件建设和软件部署任务，将内网建到县、外网建到乡，初步实现省市县乡四级司法行政机关和全部监狱、戒毒单位网络互联互通、资源整合共享。

【“双联”行动】组织厅局机关和基层监所党员干部进村入户，帮扶联系村改善道路、住房、饮水、校舍等基础设施，新建法治文化广场2个，组织开展十八届四中全会精神宣讲、送医送药、捐资助学等活动，省司法厅被省委双联领导小组授予“民心奖”。在各级司法行政机关双联点率先开展“双联法律服务直通车活动”，直通车覆盖到全省500多个双联村。

省司法厅领导班子成员名录

厅　长　杨景海

副厅长　钟智录　万治贵　牛兴全
　　　　钟建龙　谢　丹

纪委书记　路肃林

监狱管理局局长　万治贵

政治部主任　于晓军

（供稿：王小楠）

工 业

【经济运行】2014年，全省全部工业实现增加值2263.2亿元，增长8.7%；规模以上工业实现增加值2070.0亿元，增长8.4%。轻工业实现增加值328.1亿元，增长8.1%；重工业实现增加值1741.9亿元，增长8.5%。规模以上工业企业产品销售率94.3%，比上年提高0.8个百分点。全年原油加工量1446.4万吨，下降6.9%；粗钢产量1074.0万吨，增长4.8%；钢材1108.1万吨，增长8.5%；水泥4925.5万吨，增长11.6%；十种有色金属347.7万吨，增长7.4%。规模以上工业企业实现利润总额233.2亿元，比上年下降18.6%，其中国有及国有控股企业实现利润167.2亿元，下降21.1%。规模以上工业亏损企业亏损额119.5亿元，比上年增长42.1%，其中国有及国有控股亏损企业亏损额93.3亿元，增长46.7%。

【生产要素保障】2014年，全省生产原煤4753.0万吨，增长5.1%；省外调入煤炭3400万吨，增长3.03%。累计实现发电量1241.1亿千瓦时，增长3.3%；全社会用电量1095亿千瓦时，增长2.07%。其中工业用电量854.38亿千瓦时，增长1.55%。全年实际外送电量155.43亿千瓦时，增长21.56%，创历史新高。全省铁路货物发送量6450.3万吨，增长0.9%，其中兰州铁路局管内甘肃货物发送量5035.5万吨，下降0.9%。全省供应成品油499.57万吨、天然气22.67亿立方米，分别增长-1.1%和5.7%。

【工业固定资产投资】2014年，全省工业完成固定资产投资2665.98亿元，增长14.21%。其中，采矿业完成投资401.42亿元，下降11.23%；制造业完成投资1358.90亿元，增长22.24%；电力、热力、燃气及水的生产和供应业完成投资905.66亿元，增长17.57%。实施省列重大工业项目27个，累计完成投资764.26亿元，基本建成或部分建成4个；实施1000个高新技术改造提升传统产业重点项目，有253个项目顺利竣工，其中争取国家相关专项资金4.27亿元，支持68个产业升级、技术研发和军民结合重大项目建设；新建续建承接产业转移项目1411项，总投资5372.91亿元，全年引进资金到位额1517.32亿元，累计引进资金到位率56.3%。

【产业结构调整】省政府制定出台《关于化解产能严重过剩矛盾的实施意见》，省工信委向工信部上报《甘肃省关于部分产能严重过剩行业在建项目产能置换方案》，全面摸底了解产能严重过剩行业现状和项目建设情况，对违规建成或在建项目按相关要求，及时报国家发展改革委和工信部申请认可或备案。全省电解铝初级加工转化率达到60%以上，铜加工转化率达到50%以上，新型干法水泥比重达到97%。省政府出台《关于进一步优化企业兼并重组市场环境的实施意见》，支持兰石集团成功兼并重组兰驼集团、航天科技集团510所成功兼并重组兰州真空设备公司，甘肃稀土集团与内蒙古包钢稀土集团签署重组框架协议。培育区域性重大循环经济产业链，组织实施平凉煤电化冶、庆阳煤电化冶材和石油（天然气）化工、白银煤电化冶材和军民结合化工、嘉峪关煤电冶加和金昌煤电冶化材等7条千亿级循环经济产业链实施方案。实施技术创新项目625个，研发新产品新技术300多个，省级以上企业技术中心突破200家，新产品产值率达到25%。会同省环保厅、省质监局、省食品药品监督局、省统计局编制下发《甘肃省工业结构调整负面清单及能效指南（2014年版）》。2014年，全省非公有制企业完成工业增加值458.2亿元，增长13.7%，占全省规模以上工业增加值的22.1%。高技术产业完成工业增加值52.0亿元，增长15.6%，占全省规模以上工业增加值的2.5%。

【新兴产业】实施战略性新兴产业项目542个，建成投产311个，全年战略性新兴产业增加值增长17.2%，高于规模以上工业增速8.8个百分点。召开全省物联网产业发展恳谈会，搭建以“物联时代”为主题的物联网体验馆，推动与中国电科集团、中国电子集团等央企合作，支持物联网技术在安防、交通和物流领域示范应用。全年实施140个重点电子信息产业项目，推动10个集成电路产业项目建设，支持天水华天电子集团投资70亿元的集成电路高端封装及产业化和新型功率器件封装研发及产业化等项目纳入到国家集成电路产业投资基金重点支持范围，全年电子信息产业实现主营业务收入103.14亿元，增长30.42%以上。加快陇药及养生保健产业发展，实施亿元以上重大陇药产业项目25个，建成投产11个；推动26个以甘肃大宗药材为原料的保健产品开发，取得4个保健食品文号，完成4个药膳配方饮片样品；安排陇药专项资金4028万元，支持47个新产品研发，其中22个在研产品进入临床研究阶段，2个产品正在申请新药证书；支持陇西中医药循环经济产业园、渭源工业集中区和兰州新区生物医药产业园三大产业基地建设，入驻企业94家；全年规模以上陇药工业企业实现主营业务收入96.12亿元，增长14.43%。省政府出台《甘肃省加快新能源汽车推广应用实施方案》；省财政厅出台《甘肃省新能源汽车补贴资金管理办法》；将兰州市和平凉市列入全国第二批甲醇汽车试点市，各项试点工作有序展开。开行西部货物快运列车、中亚货运班列和集装箱班列。

【中小企业发展】省政府出台《关于进一步优化中小微型企业发展环境的意见》。省政府办公厅出台《甘肃省加强涉企收费管理减轻企业负担实施方案》，省财政厅、省发展改革委向社会公布了省级15项涉企行政事业性收费、24项政府性基金目录清单，开展治理乱收费乱罚款专项行动。支持218户小微企业通过技术改造实现“小升规”，新增工业增加值48亿元以上，拉动工业增长2.4个百分点。推进全省中小企业公共服务平台网络建设，14个市州、90个省级以上中小企业均建成中小企业服务平台，累计服务中小微型企业17418户，中小微型企业创业孵化基地入孵企业1645户，出孵企业182户。拓宽中小微企业融资渠道，全省融资担保机构达到366家，新增融资担保额316.90亿元，其中为近1.3万户中小企业提供担保228.8亿元，占全省新增融资担保额的72.2%；支持“三农”经济担保额65.5亿元，占到20.7%；支持高新技术产业担保额8.2亿元，占到2.6%。积极引导中小企业利用新三板上市融资，有10家企业签订上市培育协议，其中7家已成功挂牌，3家企业正在进行上市辅导。2014年，全省中小企业实现工业增加值927.98亿元，增长10.26%。

【国防科技工业】推动中核甘肃核技术产业园区重大项目取得重大突破，项目建设“路条”获国家国防科工局批复，前期工作全面展开。404厂铀转化生产任务创历史最高水平，基本建成面向中亚的我国进口天然铀周转储备基地。504厂铀浓缩三期工程进入试运行，四期工程按计划推进。推进高分辨对地观测系统数据接收站建设，《高分辨对地观测系统甘肃数据应用中心总体建设方案》获国家国防科工局批复，绘制完成甘肃省、兰州市、兰州新区、石羊河流域等高分辨遥感影像图，开展舟曲自然灾害应急指挥等高分辩遥感技术应用服务。5户军工骨干企业与相关市州在兰洽会上签约项目总投资达到18.2亿元，兰州真空设备有限责任公司、兰州电源所等6家单位列入全国重点民口配套单位名录，兰州高压阀门有限责任公司和兰州三磊电子有限公司产品进入全军武器装备采购信息网。2014年，全省国防科技工业增加值增长13.64%，高于全省规模以上工业增速5.2个百分点。

【工业节能与循环经济】2014年，全省淘汰落后产能铁合金2.36万吨、电石10万吨、水泥80万吨、造纸4.4万吨、平板玻璃53万重量箱、稀土0.65万吨，提前一年完成国家下达的“十二五”工业淘汰落后产能计划。设立省级专项资金3000万元，在国家实行财政奖励的15个淘汰落后产能工业行业之外，对碳化硅、小化工、淀粉、制砖和石灰等高耗能、高污染淘汰项目进行奖励。安排1亿元专项资金，支持146个工业节能节水和循环经济项目，加强对年耗能10万吨标煤及以上重点用能企业节能监测和预警监控，在220户企业开展能效对标活动，争取工信部批复《嘉峪关市国家低碳工业园区试点实施方案》。新培育循环经济示范企业24户，累计建成11条循环经济产业链。抓好资源综合利用，全年综合利用工业固体废渣1870万吨，综合利用产品产值达90亿，享受减免税5.8亿元，分别比上年增长20%、15%和14%。

【信息化与工业化融合】落实工信部《信息化和工业化深度融合专项行动计划（2013—2018年）》。开展互联网与工业融合创新试点工作。落实国家智能制造3年专项行动计划。组织企业申报国家两化融合管理体系贯标试点、互联网与工业融合创新试点，推动甘肃银光聚银化工公司、金川集团公司、天水华天微电子公司列为国家级“两化”管理体系贯标试点。会同甘肃电信推进全省数字企业建设，基本建成5000家数字企业。推动阿里巴巴集团与省政府签署战略合作框架协议。支持中国移动（甘肃）数据中心、甘肃广电网络兰州新区数据中心、西北中小企业云计算服务平台、甘肃省云计算软件研发应用中心等一批云计算平台建设。

【信息化建设】落实“宽带中国”战略。2014年，全省三大运营商和省广电网络公司完成固定资产投资70.23亿元，电信业务总量完成260.17亿元、增长21.99%，通信主营业务收入完成162.52亿元、增长1.79%；全省城市4M带宽覆盖率100%、8M带宽覆盖率85%、20M带宽覆盖率50%，农村4M宽带覆盖率45%，行政村光缆通达率70%，有线电视网络实现100G传输宽带、网络覆盖用户比例达到85%；移动电话用户达到2058.66万户，固定电话用户达到341.30万户，互联网宽带用户达到213.90万户，移动互联网用户达到1668.84万户，3G移动电话用户达到835.52万户，4G移动电话用户突破百万。争取兰州、嘉峪关、白银、敦煌四个城市被工信部列为国家信息消费试点城市，加快实施兰州市民卡工程、西北中小企业云计算服务中心、嘉峪关社会管理创新信息化、白银市中小企业信息化综合服务平台、敦煌市智慧旅游等一批重点项目。推动“三维商城”、淘宝“特色中国·甘肃馆”“秀宝网”“陇萃堂”等电子商务平台。

省工业和信息化委员会
领导班子成员名录

主　任　李　平
副主任　陈春明　胡宗杰　张富奎
　　　　高东生　王海峰　郝文杰
省国防科工局局长　胡宗杰
纪检组长　周继尧

（供稿：陶英平）

钢铁工业

【产品产量】2014年，全行业生产生铁898.78万吨，粗钢1073.98万吨，钢材1108.12万吨。其中酒泉钢铁集团公司在省内生产生铁842.98万吨，粗钢993.72万吨，钢材994.34万吨。金昌铁业集团公司生产生铁28.07万吨，兰州兴元钢铁有限公司生产粗钢10万吨，皋兰兰鑫钢铁有限公司生产钢材77.71万吨。全行业生产铁合金118.23万吨，碳素制品（含铝用炭块）198.61万吨，其中石墨电极9.5万吨。

【生产经营】全行业实现营业收入1694.66亿元，同比增长9.30%；完成工业增加值163.96亿元，产销率为96.60%；利税总额完成17.38亿元，其中利润为亏损9.22亿元。出口交货值10.98亿元，同比增长57.76%；固定资产投资完成58.67亿元，同比下降19.82%；全员劳动生产率29.47万元/人·年，同比增长4.75%。到2014年末，全行业有规模以上企业126家，从业人员5.26万人。

【技术创新】酒钢加大与科研单位和高等院校的合作，《高品质不锈钢板材热处理核心装备及工艺研发》项目获省科技进步二等奖，全年涌现出194项创新成果，仅上半年就为企业创造效益6.87亿元。金铁公司深入进行“金川公司铜渣转底炉提铁项目”技术攻关，谋划和发展特钢产业。腾达西北铁合金有限责任公司在对125000千伏安电炉提升改造中，采用电炉溜槽摆动自动加料等新技术，能源消耗明显降低。嘉峪关大友企业公司45000千伏安铁合金电炉集成技术通过省级科技成果鉴定。方大炭素新材料科技股份有限公司与清华大学核研院、中科院上海近代物理研究所、中科院山西煤化工研究所共建科技创新平台，《镁电解用石墨阳极的研制》项目通过省级科技成果鉴定，Φ600mm超高功率石墨电极获甘肃省2014年度优秀新产品新技术奖，高功率、超高功率石墨电极和超微孔炭砖获甘肃省名牌产品称号。

【企业管理】方大炭素优化全面预算管理方案，降本增效取得较好成绩。酒钢发展“风光电铝一体化”项目和煤化工等新兴产业，西部重工成为西北地区重要的重型装备制造企业之一，宏达建材成为甘肃省大型水泥生产企业，紫轩酒业跻身国内知名葡萄酒品牌行列。金铁公司引进民间资本，实现投资主体及产权的多元化。山丹腾达西铁公司摸索出一套成熟的用电避峰生产工艺，平均电价下降2至3分。嘉峪关索通有限公司通过环境标准化验收，被评估为A级信用等级；通过清洁生产验收，被评定为省级清洁生产单位。兰州阳光炭素有限公司将节能自焙电极（原电极糊）这个小产品做出大市场，荣获“中国质量公认驰名品牌”称号，被中国炭素行业协会命名为“中国电极糊研发基地”。

【企业基础建设】酒钢完成支持地震灾后重建项目、400万吨铁选厂建设工程等项目，启动“选烧区域煤气管网改造项目”“榆钢5×104m^{3}煤气柜及附属设施维修工程项目”“昕昊达M1033铁矿安全避险项目”“昕昊达球团竖炉烟气脱硫项目”4大重点建设项目。腾达西铁公司6台12500千伏安升级改造项目及余热发电项目竣工。金铁公司实施完成二号高炉节能技术改造。方大炭素投资8200万元，完成德国振动成型机、5#环式炉改造、天车轨道改进等技改项目。阳光炭素公司抓住兰州市出城入园政策机遇，投资4亿元，在永登树屏投资建设新的生产基地，开发适应各类炉型的节能自焙电极。

【产品结构调整】酒钢限停宏兴股份翼钢公司，全年压减钢材产量112万吨，减少亏损；加大不锈钢400系列和薄规格产品生产，加大碳钢冷轧镀锌产品的生产，实现不锈钢、碳钢冷轧产品在知名企业稳定供货。全省铁合金企业产品结构由75#硅铁占90%以上，调整为锰硅合金、硅铁、特种铁合金三足鼎立的格局，锰硅合金和硅铁等普通铁合金也向高硅锰硅、低碳、低铝硅铁等微量元素含量低的高品质产品发展。

【节能减排】酒钢实施污水处理及回用、干熄焦、余热余能及煤气综合回收利用等节能减排项目，2014年吨钢综合能耗610.1千克标准煤，较上年下降1.9%。金铁公司各污染源连续三年基本实现达标排放，三废综合处理利用率达96%。腾达西铁完成炉前无组织排烟系统、原料烧结工艺除尘改造，建成一座日处理能力1300吨的污水处理厂，硅铁产品单位冶炼电耗同比降低200千瓦时。嘉峪关宏电铁合金公司水重复利用率达到98.67%。文县万利铁合金有限责任公司万元产值综合能耗下降0.44吨标煤。方大炭素投资90万元更换部分采暖和生产水管网，投资200万元进行空压机和循环水泵及循环水池的更新改造，投资925万元进行石墨化炉和焙烧炉盖的节能改造。

黄金工业

【黄金生产】2014年，全省产金31.320吨，较上年增加1.385吨，增长4.63%。肃北县霍勒扎德盖北东公司全年产金达到3058千克，产金量蝉联甘肃省黄金矿山企业第一。招金合作早子沟金矿全年产金2546千克，产金量上升为甘肃省黄金矿山企业第二名。紫金礼县杜家沟金矿6000吨/日规模采选工程建成投产，试产第一年产金2381千克。金川集团全年产金10202千克，较上年净增2171千克。白银有色集团全年产金6520千克。

【地质找矿】2014年甘肃省地勘部门和企业加大找矿投入，在天水李子园—两当太阳寺一带、崖湾—大桥—

带、夏河—合作一带等区域发现较大金矿成矿带，探明金矿资源储量221吨以上。

【资源整合】招金矿业和山东博岩矿业共同收购夏河冰华矿业有限责任公司加干滩金矿80%的股权，中金黄金收购成县小沟里金矿和西和三洋坝一带勘查权。

【黄金市场】2014年，国际金价以1205.10美元/盎司开盘，最高上触1392.08美元/盎司，最低下探1131.80美元/盎司，年底收于1184美元/盎司。市场关注的焦点主要集中在美国经济复苏、退出量化宽松政策及何时开始加息、俄乌争端等焦点事件上。

有色冶金工业

【产品产量】2014年，全省生产十种有色金属360.90万吨（名列全国第4位），同比增长9.2%。其中铜90.01万吨（名列全国第4位），增长14.46%；铝225.04万吨（名列全国第6位），增长9.08%；铅2.36万吨（名列全国第16位），下降23.32%；锌27.35万吨（名列全国第8位），下降0.37%；镍14.82万吨（名列全国第1位），增长2.32%。生产单一稀土金属436吨，同比增长331.68%。全省有色金属加工材产量109.03万吨，增幅达到19.85%。其中铝材83.73万吨，新增13.64万吨，同比增长19.47%，电解铝液直接加工转化率超过60%；铜材25.21万吨，新增4.4万吨，同比增长21.15%。铝材和铜材产量在西北五省区中都排名第一。

【主要经济指标】2014年，全行业完成工业增加值301.1万元，同比增长10.8%；实现营业收入3034.75亿元，同比增长18.37%。金川公司全年营业收入2012.5亿元。全行业实现利税49.35亿元，其中利润1.5亿元。金川公司、白银公司、甘肃稀土公司、临洮铝业公司、兰州铭帝铝业公司、兰州宏达铝业公司等企业实现盈利。中铝兰州分公司、连城分公司、西北铝加工分公司和甘肃华鹭铝业公司亏损比较严重。全行业出口创汇1.45亿美元，甘肃稀土集团创汇2406万美元。金川集团进出口总额17.11亿美元，电解镍出口创汇6055万美元。截至2014年12月底，全行业有规模以上企业118家，从业人员8.99万人，资产总额2305.34亿元。

【企业管理】白银公司导入目标管理、“五品联动”矿冶工程模式、全价值链合作、鱼刺图、差距模式等管理工具和方法，设立香港国际贸易公司。中铝西北铝加工分公司关闭板带压延生产线，实现减亏2016万元；加大集流管、LNG型材、石油钻探用铝合金管等高附加值新产品的生产。甘肃稀土集团研发稀土功能材料和稀土应用材料。华鹭铝业公司取得950万元套期保值收益，解决外送铝液过程中出现的问题，全年铝液销售率达到95.28 %。

【改革改制】白银公司形成《全面深化改革实施意见》，推进两级预算管理、资金使用管理、物资采购管理、工资总额管理、固定资产投资决策管理、中层管理人员薪酬分配等多项改革。中铝连城分公司成立兰州中铝工业服务有限公司和炭素事业部，实行经营风险抵押、目标责任承包管理。西北铝加工分公司成立九鼎粉材有限公司。酒钢东兴铝业公司制定完成机构改革和两级机关管理人员编制优化方案，推进员工个性化薪酬管理体系建设，完成干部业绩考核评价办法和责任追究实施办法的制定并有效运作。

【技术创新】金川公司重点推动“镍电解活性硫化镍除铜工业试验”“镍电解液除铁过程中砷的深度脱除工艺及脱砷机理”等项目的研究，自主研发“含硫活性镍扣”产品得到电镀客户的认可，开发的“高纯钴”“钴粉”等产品实现工业化生产。“四氧化三钴生产关键技术优化与应用”达到国际先进水平，公司成为国内最大的锂电子电池原材料四氧化三钴的供应商。白银公司与12家高校和科研院所签署14个重大技术难题和预研课题的合作协议，项目总费用7461万元。全年申请受理专利143项，授权专利129项，其中发明专利24项。长通公司新研发出钢丝铠装电缆、氟塑料高温电缆、变频电缆等7个新产品，西铜公司开发异型铜材、钛包铜和电解锰用不锈钢阳极板等新产品，试制电气化铁路接触网线夹铜镍硅新材料。中铝连铝分公司与北方工业大学合作开发“炭素煅烧回转窑综合优化”项目。酒钢东兴铝业公司“SY500超大型预焙阳极铝电解综合集成技术开发与产业化应用研究”“500kA铝电解槽降低阳极效应系数技术研究”两项技术通过省级科技成果鉴定，分别达到国际领先和国际先进水平。在2014年全省科技进步奖评选中，嘉峪关索通预焙阳极有限公司《预焙阳极关键技术开发与产业化》项目获甘肃省科技进步一等奖；金川公司《镍电积关键技术研究与工业应用》、白银公司《锌精矿流态化焙烧工艺节能高效技术开发与产业化》项目分别获甘肃省科技进步二等奖。

【项目建设】2014年，金川公司完成投资47.6亿元，年产30万吨铜杆线项目5月份部分建成投产，广西40万吨粗铜冶炼工程产出首批铜阳极板。白银公司铜冶炼技术提升项目主体设备闪速炉、转炉、阳极炉炉体安装完成，锌冶炼资源综合利用项目主体设备焙烧炉安装完成。中铝兰州分公司筹集23659万元，2014年7月底开工建设自备电厂脱硫除尘增容改造项目，1#机组改造完成，2#、3#机组改造将于2015年10月完成。连城分公司完成固定资产投资2736万元，淘汰落后环保节能技改项目、600kA超大容量铝电解槽技术研发项目进展顺利。

【产业链延伸】中铝连城分公司引进7家铝液生产企业，启动重组大唐连城电厂项目。中铝兰州分公司引入的下游铝加工企业新天地铝业有限公司20万吨铝加工生产线基本建成，兰州雄泰铝业有限公司16万吨铝加工生产线投产。酒钢集团东兴铝业公司初步形成“煤炭资源－自备电厂－索通碳素阳极－东兴铝业－广银、澄宇铝合金深加工”产业链。金川公司打造镍产业集群集约发展高地，形成较为完整的镍矿开采、选矿、冶炼提取和深加工产业链，具备年产1万吨镍及镍合金加工材生产能力，可批量生产纯镍、电热合金、膨胀合金、镍铁合金、软磁合金等近30种产品。甘肃稀土公司实现由稀土分离产品生产向稀土应用材料、功能材料生产的战略转变。全行业形成兰白煤电化冶材、金武有色金属新材料、酒嘉冶金有色新材料等3个千亿级循环经济产业聚集区。

【节能减排】金川公司采用合同能源管理模式，组织实施能源管控中心建设项目、48万吨硫酸余热回收利用项目和铜冶炼厂电力系统节能技术改造项目。嘉峪关索通公司将生产过程中煅烧炉排出的废气余热进行二次利用，全年余热发电量突破3000万千瓦时，同比增长41.61%。临洮铝业公司对小型预焙电解槽系列停产拆除，新系列环保节能项目顺利投产。中铝兰州分公司完成自备电厂1#机组脱硝改造和脱硫除尘增容改造工作，完成连城分公司电解净化风机变频改造项目、净化引风机冷却水改造项目，炭素焙烧炉降低天然气消耗项目收效良好。

【资源开发】金川公司收购赞比亚穆纳利镍矿、甘肃黑山铜镍矿，使拥有的资源含镍金属量达到14万吨。推进红土镍矿项目，推进印尼WP&RKA红土镍矿项目、古巴CCN公司红土镍矿项目，拥有的梅特瑞斯公司铜钴矿资源项目伴生的钴资源含钴金属量达到38.9万吨。白银有色集团旗下的南非第一黄金公司将所持有的西兰特资产与南非斯班一黄金公司合并，成为南非第一、世界第八的斯班一黄金公司第一大股东。与哈萨克斯坦铜业公司签署战略合作协议，与秘鲁南方铜业公司合作，启动铜冶炼渣利用项目。白银矿区新增铜铅锌金属量41.04万吨，其中铜2.41万吨、铅锌38.63万吨。

省冶金有色工业协会领导班子成员名录

会　长　田佳义（2月止）

副会长　陈士发

（供稿：杨　勇）

甘肃石化工业协会

【主要经济指标完成情况】1–12月，甘肃省石化行业规模企业为224户（主营收入2000万元以上企业），同比增加16户；全行业从业人员97746人，同比减少6963人；资产总计1577.94亿元，同比增长3.35%；完成工业总产值1956.75亿元，同比下降1.35%，占全省生产总值的28.62%，增速低于全省生产总值8.9%的7.55个百分点；完成销售产值1892.35亿元，同比下降0.61%。其中出口交货值2.60亿元，同比下降29.15%；完成工业增加值639.89亿元，同比增长6.93%，石化增加值占全省工业增加值2070亿元的比重为30.91%，增速低于全省工业增加值8.4%的1.47个百分点；利润总额108.20亿元，同比下降16.89%，占全省规模以上工业企业利润总额233.2亿元的比重为46.39%；利税总额182.80亿元，同比下降4.85%。完成固定资产投资299.55亿元，同比增长16.70%。占全省固定资产投资7759.62亿元的比重为3.86%。见《2014年甘肃石化主要经济指标表》。

【主要产品产量完成情况】1–12月，在重点监测的22种类产品中，同比增长的产品有8种类，占36%（其中原油增长6.89%、天然气增长1.78%、硫酸增长26%、电石增长20.05%、精甲醇增长63.34%、农药增长33.01%、聚氯乙烯树脂增长33.52%、TDI增长

2014年甘肃石化主要经济指标表

指标名称	单位	1—12月	上年同期	同比增减	同比 ±%
规模企业	户	224	208	16	7.69
从业人数	人	97746	104709	-6963	-6.64
资产总计	亿元	1577.94	1526.71	51.23	3.35
主营业务收入	亿元	1728.35	1761.55	-33.2	-1.88
现价工业总产值	亿元	1956.75	1983.60	-26.85	-1.35
现价销售产值	亿元	1892.53	1904.18	-11.65	-0.61
其中：出口交货值	亿元	2.60	3.67	-1.07	-29.15
现价工业增加值	亿元	639.89	598.39	41.5	8.30
利润总额	亿元	108.20	130.19	-21.99	-16.89
应缴增值税	亿元	74.60	62.05	12.55	20.22
利税总额	亿元	182.80	192.24	-9.34	-4.85
固定资产投资	亿元	299.55	256.72	42.83	16.70

备注：（1）甘肃石化规模企业占全国石化规模企业的比重0.76%。（2）甘肃石化资产总额占全国石化资产总额的比重5.41%，全国石化省际排名19位。（3）甘肃石化利润总额占全国石化利润总额的比重1.36%，全国石化省际排名12位。（4）甘肃石化利税总额占全国石化的比重1.02%，全国石化省际排名12位。（5）甘肃石化应缴增值税占全国石化应缴增值税的比重1.64%。

14.97%)。1-12月，同比下降的产品有14种类，占64%（其中原油加工量下降6.93%、盐酸下降5.55%、浓硝酸下降21.14%、烧碱下降10.17%、纯碱下降22.64%、乙烯下降0.26%、纯苯下降0.25%、合成氨下降28.53%、化肥下降21.89%、涂料下降5.43%、初级形态塑料下降1.62%、聚丙烯酸酯下降18.57%、合成橡胶下降23.09%、塑料制品下降23.56%）。见《2014年甘肃石化主要产品产量表》。

【重点企业】2014年，在省政府重点监控的25户企业中，全省石化企业有8户：中石油兰州石化分公司、中石油长庆油田（陇东油区）、中石油庆阳石化分公司、中石油玉门油田分公司、甘肃银光化学工业公司、甘肃金化集团公司、甘肃刘化集团公司、西北永新集团公司。1-12月，甘肃省8户重点石化企业工业总产值合计为1312.56亿元，比2013年1465.12亿元减少152.56亿元，同比下降10.41%，占全省石化总产值1956.75亿元的比重为67.07%，占全省生产总值6835.27亿元的比重为19.20%。其经济总量在全行业及全省占有绝对重要的地位。

兰州石化　1-12月，原油加量完成916万吨，同比降低12.76%；汽、煤、柴成品油完成641万吨，同比降低10.78%；生产乙烯完成62.99万吨，同比降低0.27%；合成树脂完成102.66万吨，同比降低0.57%；合成橡胶完成12.73万吨，同比降低23.07%。1-12月，实现营业收入613.43亿元，同比降低12.53%；实现利润-7.88亿元，累计亏损39.22亿元，同比增加亏损18.34亿元。工业总产值完成618亿元，同比降低12.79%；累计上缴税费95.07亿元。截至2014年12月31日收盘，国际

2014 年甘肃石化主要产品产量表

产品名称	单位	1—12 月累计产量			
		本年累计	去年累计	增减	同比 %
天然原油	万吨	772.00	710.2	61.8	8.70
天然气	万立方米	12973	11200	1733	15.83
原油加工量	万吨	1446.45	1554.20	−107.75	−6.93
硫酸（折 100%）	万吨	347.58	275.84	71.74	26.00
盐酸（含量 31%）	万吨	19.38	20.52	−1.14	−5.55
浓硝酸（折 100%）	万吨	7.68	9.74	−2.06	−21.14
烧碱（100%）	万吨	20.05	22.32	−2.27	−10.17
纯碱（碳酸钠）	万吨	16.09	20.80	−4.71	−22.64
电石（碳化钙）	万吨	150.09	125.02	25.00	20.05
乙烯	万吨	62.98	63.15	−0.17	−0.26
纯苯	万吨	15.55	15.59	−0.04	−0.25
精甲醇	万吨	17.07	10.08	6.99	69.34
合成氨	万吨	48.58	67.98	−19.40	−28.53
化学肥料总计（折纯）	万吨	49.20	58.42	−9.22	−16.2
化学农药（折 100%）	吨	2792	2099	693	33.01
涂料	吨	26674	28208	−1534	−5.43
初级形态塑料	万吨	114.20	116.09	−1.89	−1.62
其中：聚丙烯树脂	万吨	35.68	43.82	−8.14	−18.57
聚氯乙烯树脂	万吨	11.55	8.65	2.90	33.52
合成橡胶	万吨	12.72	16.54	−3.82	−23.09
塑料制品	万吨	29.68	38.83	−9.15	−23.56
TDI 甲苯二异氰酸酯	万吨	14.15	12.30	1.85	14.97

原油继续下滑，创近五年新低，供需面和消费面是本月油价的主要影响因素。石油化工市场仍不景气，国内丙烯、纯苯、聚乙烯、聚丙烯市场涨跌互现，丁苯橡胶市场大跌后盘整。

长庆油田　1–12月，生产原油700.77万吨，同比增长9.91%，完成年计划的106.18%；生产天然气（伴生气）1.14亿方，同比增长19.89%，完成年计划的114.76%。1–12月，实现工业产值305.82亿元，同比增长3.09%，完成年计划的101.94%。实现销售收入314.28亿元，同比增长4.89%，完成年计划的101.06%，产销率为95.07%。实现利润101.52亿元，同比增长12.16%，完成年计划的100.02%。实现税费56.74亿元，同比增长7.17%，完成年计划的101.32%。

庆阳石化　1–12月，完成原油加工量330.38万吨，同比减少10.66万吨，降幅3.13%。1–12月，完成工业总产值207.93亿元，同比减少29.90亿元，降幅12.57%。完成工业增加值61.26亿元，同比增加1.25亿元，增幅2.08%。实现营业收入208.99亿元，同比减少10.21亿，降幅4.66%。实现利润9.31亿元，同比增加1.61亿元。实现税金45.55亿元，同比减少0.78亿元，降幅1.67%。

玉门油田　1–12月，生产原油49万吨，同比下降3.92%，完成年度计划的100%（年度原油产量计划调整为49万吨）。原油加工量200.07万吨，同比增长22.63%（上年炼厂装置检修）。1–12月，完成工业总产值139.26亿元，同比增长14.84%，完成进度的96.04%。完成工业增加值44.84亿元，同比增长20.28%。实现销售收入137.29亿元，同比增长127.86%。累计实现利润-10.83亿元，同比增亏2.92万元。实现税费30.33亿元，同比增长44.49%。

甘肃银光　1–12月，重点产品DNT生产86613吨，完成年度计划的94.14%，同比增长5.21%。TDI生产141506吨，完成年度计划的100.36%，同比增加14.97%。PVC生产90156吨，完成年度计划的100.17%，同比增长1955%。1–12月，完成工业总产值527066万元，完成年度计划的107.56%，同比下降41.88%。实现营业收入418957万元，完成年度计划的102.18%，同比下降3.64%。实现利润-12264万元。上缴税金20826万元，同比增长18.19%。

甘肃金化　1–12月，生产合成氨192143吨，碳铵75691吨，纯碱160947吨，氯化铵163160吨和磷二铵412735吨，分别比去年同期增加49.33%、4.55%、-22.64%、-20.25%和0.08%。1–12月，完成工业总产值24.5亿元，同比增长4.56%，完成年计划的102%。实现销售收入24.6亿元，同比增长4.27%。实现利润6.9万元。上缴税金811万元。

甘肃刘化　1–12月，生产合成氨383383吨，尿素586355吨，为年计划的93.51%和83.77%，同比下降4.33%和下降13.35%；生产甲醇38770吨，硝酸17031吨，外销液氨33224吨。生产催化剂1562吨，复混肥3633吨，为年计划的111.57%和45.41%。自发电量1576万千瓦时，为年计划的105.07%。1–12月，实现工业总产值99752万元，为年计划的73.89%，同比下降16.84%。实现工业增加值12874万元，为年计划的64.37%，同比下降21.49%。实现营业收入96536万元。实现利润 -8660万元。上缴税金1256万元。

西北永新　1–12月，生产涂料17900吨，同比下降6%；中药产量241461万粒，同比增长5%；生产管材4534吨，同比增长1%。1–12月，实现工业总产值70820万元，同比增长14%。完成工业增加值20689万元，同比增长17%。实现营业收入118128万元，同比增长17%。利润总额4584万元，同比增长62%。累计应交税金5899万元，同比增长14%。

甘肃省石化工业协会领导班子成员名录

会　长　马中学

副会长　杨　军

（供稿：简　祁）

轻纺工业

【经济运行】2014年，全省轻工业规模以上工业企业累计完成工业增加值364.92亿元，同比增长10.9%，其中系统内轻工业完成194.47亿元，同比增长10.7%，烟草工业完成121.68亿元，同比增长12.5%，医药行业完成35.11亿元，同比增长5.8%，纺织工业完成13.65亿元，同比增长13.5%；累计完成工业总产值1219.57亿元，同比增长11.2%，其中，系统内轻工业完成901.87亿元，同比增长10.89%，烟草行业完成154.56亿元，同比增长12.51%，医药行业完成116.48亿元，同比增长9.74%，纺织工业完成46.65亿元，同比增长16.73%；累计完成销售产值1123.87亿元，同比增长12.45%，产销率为92.15%。

【经济运行主要特点】1–12月份，全省轻工业规模以上工业企业完成工业增加值364.92亿元，同比增长10.9%，其中，增长较快的行业有：本册印刷行业增长39.8%，轻工业专用设备行业增长29.9%，金属制品行业增长28.5%，服装服饰行业增长20.9%，文教体育用品行业增长20.1%，食品制造业增长14.1%。

轻工业六大子行业完成工业增加值占全行业总量88.71%。1–12月份，烟草行业完成121.68亿元，农副食品加工业完成84.44亿元，酒、饮料和精制茶行业完成50.74亿元，医药行业完成35.11亿元，食品制造业完成17.39亿元，塑料制品行业完成14.37亿元，以上六大子行业累计完成工业增加值323.73亿元（详见图1）。

全省轻工业其他经济类型企业、股份制企业和非公企业增加值增幅较大。1–12月份，在全省轻工业中，其他经济类型企业完成工业增加值23.09亿元，同比增长17.3%，股份制企业完成304.21亿元，同比增长12%，非公企业完成201.91亿元，同比增长11.7%。

食品类主要产品产量增长较快。1–12月份，在统计的轻工业主要食品类产品中，鸡精增长202.4%，糖果增长89.3%，食醋增长67.9%，罐头增长

1-12 月份甘肃省轻工业增加值增速（%）示意图

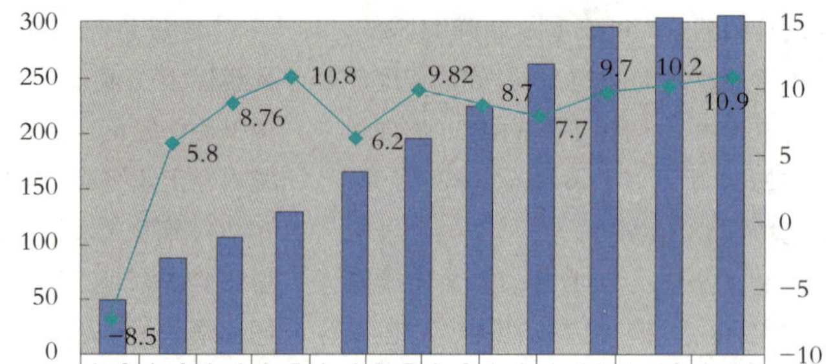

	1-2月	1-3月	1-4月	1-5月	1-6月	1-7月	1-8月	1-9月	1-10月	1-11月	1-12月
工业增减值（亿元）	49.9	87	106	130	166	195	224	261	295	328	365
增速（%）	-8.5	5.8	8.76	10.8	6.2	9.82	8.7	7.7	9.7	10.2	10.9

1-12 月份食品、烟草、医药、纺织行业工业增加值完成情况

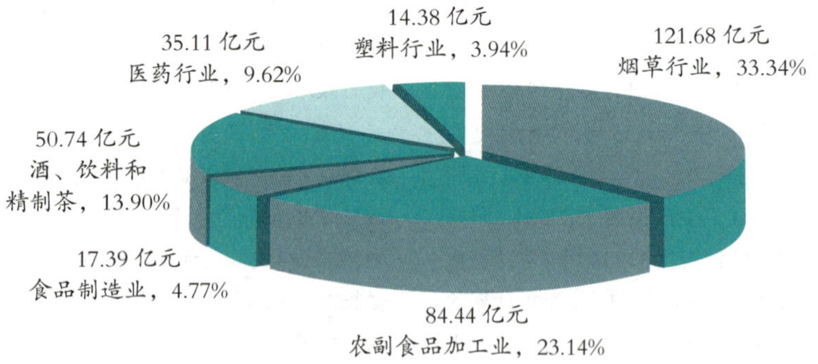

26.9%，酱油增长23.9%。下降较大的食品类产品有：发酵酒精下降20.6%，混合饲料下降17.7%，精制食用植物油下降145%，小麦类下降4.4%，啤酒下降32%。

轻工业出口增长9.92%。2014年，全省轻工业累计出口11.65亿元，同比增长9.92%，其中，农副食品加工业出口55460.2万元，同比增长41.97%。出口下降的有，纺织行业出口5130.6万元，同比下降15.47%，食品制造业出口12862.5万元，同比下降13.9%。酒饮料精制茶行业出口34129.2亿元，同比下降6.19%，医药行业出口8612.1万元，同比下降5.91%。

【经济效益】2014年，全省轻工业累计实现主营业务收入945.276亿元，同比增长7.47%，其中，系统内轻工业完成750.67亿元，同比增长5.89%，烟草行业完成154.15亿元，同比增长12.13%，医药行业完成94.21亿元，同比增长12.37%，纺织工业完成38.16亿元，同比增长20.42%。

全省轻工业实现利税同比增长11.79%。2014年，全省工业实现利税193.44亿元，同比增长11.79%，实现利润35.05亿元，同比增长13.27%。其中，烟草行业实现利润16.28亿元，同比增长443%，医药行业实现利润1639亿元，同比增长17.91%，纺织工业实现利润5000万元，同比下降20.63%。

轻工业产成品库存上升14.94%。截至2014年底，全省轻工行业产成品库存为103.39亿元，同比增加14.94%，其中，竹藤棕草行业上升185.71%，皮革毛皮行业上升63.74%，食品制造业上升62.1%，酒、饮料行业上升30.88%。农副食品加工业产成品库存达43.58亿元，占全省轻工业产成品库存总量的42.15%，比上年同期增加2.4亿元。

2014年，全省轻工业有139户企业亏损，比上年同期增加12户，累计亏损5.53亿元，同比增亏4600万元，其中，以农副食品加工为主的食品行业有95户企业亏损，比上年同期增加4户，累计亏损4.12亿元，同比增亏4900万元；医药行业有10户企业亏损，比上年同期增1户，累计亏损1700万元，同比减亏1000万元；纺织行业有6户企业亏损，累计亏损4100万元，同比减亏3000万元。

【各项改革】兰州呢绒厂改革，采取先安置职工后择机破产的办法，与职工解除劳动关系进行安置的实质性阶段基本结束。召开专题会议讨论研究会直单位的改制脱钩工作。省工艺美术公司理顺与原属企业之间的各种关系；省轻工物资公司盘活固定资产，拓宽经营领域，扭转多年的困难境况。省服装公司稳定下岗和分流人员，深化对服装厂的改革。省纺研究所对现有存量资产进行整合重组，增发下岗职工困难补助。省皮塑公司保障和改善职工利益。省轻工院建设完成“特色农产品深加工行业技术创新服务平台”“甘肃省农产品深加工中小企业服务平台”等通过验收、评估或考核；完成“甘肃省食品发酵重点实验室”等项目前期工作。省皮塑所对检测、实验等用房进行改造。省服装研究所做好服装行业科技服务平台建设项目实施工作，与兰州理工大学等院所合作申报一批课题项目。省纺研所完成《胡麻非织造增强材料及汽车内饰板》等项目编制工作。各研究所基本上都完成或超额完成工程咨询、技术服务和所承担的年度质量检验任务。

【行业工作】按月、季度、半年和全年对全省轻纺工业经济运行进行分析，对倾向性、苗头性问题及时预测预警。每月定期参加由省工信委组织的经济运行分析会议，通报和分析甘肃省轻纺工业的经济运行情况。对全省轻纺工业重点企业的生产统计年报数据进行审核、汇总。加强对网站和内刊的更新和管理。对甘肃轻纺网站进行改版升级，截

2014 年全省轻工业主要行业增加值、工业总产值完成情况

轻纺主要行业名称	工业增加值		工业总产值	
	本月止累计	同比增长 %	本月止累计	同比增长 %
全省轻工业总计	36491925	10.9	1219574lU	11.2
烟草制品业	12168392	12.5	15456423	12.51
医药制造业	3511084	5.8	11648592	9.74
农副食品加工业	8443951	7.7	39193591	4.74
食品制造业	1739674	14.1	12309938	39.64
酒、饮料和精制茶制造业	5074040	8.9	17962953	5.38
皮革、毛皮、羽毛及其制品和制鞋业	37630	-9.3	2085366	-12.83
造纸和纸制品业	57167l	9.5	2311886	5.4
塑料制品业	1437512	11.6	7078349	9.72
金属制品业	729585	28.5	5925403	34.14
印刷和记录媒介复制业	325365	39.8	815126	27.25
文教、工美、体育和娱乐用品制造业	36598	20.1	353034	16.18
轻工专用设备制造业	81398	29.9	236591	18.25
纺织业	815920	20.9	3343640	22.75
纺织服装、服饰业	352257	14.2	769003	17.12
化学纤维制造业	197194	-10.3	552519	-10.33

2014 年全省轻工业各类型企业工业增加值完成情况

名称	计量单位	本月	本月止累计	累计增长 %
工业增加值（可比价格）	千元	3270136.4	36491925.1	10，9
在总计中：国有企业	千元	142913.5	1432031.8	-10.1
集体企业	千元	26514.4	226841.2	-2.3
股份合作企业	千元	28344.1	235013.5	0.8
股份制企业	千元	2660707.1	30421424.0	12.0
外商及港澳台商投资企业	千元	167544.9	1868056.3	9.6
其他经济类型企业	千元	244112.4	2308558.3	17.3
在总计中：国有控股企业	千元	974578.0	15540532.7	10.8
在总计中：私营企业	千元	925806.8	8725253.7	10.3
在总计中：非公有工业	千元	2198692.4	20119441.9	11.7
在总计中：大中型工业企业	千元	1482434.7	20936781.9	10.4
其中：国有企业	千元	97979.5	983129.4	-16.9

2014 年全省轻工业主要产品产量完成情况

产品名称	计量单位	本年实际	同比增长 %	产品名称	计量单位	本年实际	同比增长 %
小麦粉	吨	1404574.9	-4.4	羽绒服	万件		
原盐	吨	170826.0	4.1	轻革	平方米	4539562	-22.2
精制食用植物油	吨	59383.2	-14.5	皮革服装	万件	2.2	-58.0
鲜冷藏冻肉	吨	148521.9	14.5	毛皮服装	万件	9.4	-46.8
糖果	吨	4522.0	89.3	家具	件	119983.0	33.9
配混合饲料	吨	798512.5	-17.7	木质家具	件	118732.0	35.9
冷冻饮品	吨			纸浆	吨		
味精	吨			机制纸及纸板	吨	83201.3	-14.6
乳制品	吨	331261.6	11.6	卫生用纸原纸	吨	47377.3	-20.3
液体乳	吨	313378.8	11.8	箱板纸	吨		
罐头	吨	36129.0	26.9	纸制品	吨		
酱油	吨	20425.0	23.9	纸箱	吨	307563.9	-5.8
食醋	吨	6855.0	67.9	玻璃包装容器	吨	83472.7	0.4
鸡精	吨	7258.0	202.4	塑料制品	吨	293337.4	-23.4
发酵酒精	千升	18499.0	-20.6	塑料薄膜	吨	92143.8	19.6
饮料酒	千升	77821.8	-2.3	农用薄膜	吨	90642.1	20.0
白酒	千升	44420.3	-1.6	铸铁件	吨	3493.0	-70.4
啤酒	千升	659720.2	-3.2	钢丝	吨	8571.0	-29.1
黄酒	千升	73439.3	6.8	园艺机具	吨	7165	-26.7
葡萄酒	千升	778217.8	-2.3	纱	吨	19126	37.6
软饮料	吨	2247047	6.1	灯具及照明装置	万套	39581	-31.2
碳酸饮料	吨	208886.3	7.5	印染布	万米		
果汁及果汁饮料	吨	885909.9	12.2	太阳能热水器	平方米	91529	41.4
瓶（罐）装饮用水	吨	824770.0	9.2	合成纤维聚合物	吨		
卷烟	亿支	5000000	6.4	服装	万件	692.4	63.5
中成药	吨	13129.6	1.4	梭织服装	万件	454.2	245.5
绒线	吨	645.1	21.9	针织服装	万件	238.2	-18.4
毛机织物	万米	405.8	5.1	化学纤维用浆柏	吨	35822.0	31.3

至12月底，共登载、更新信息2万余条，新设专栏10个，网站累计点击率近40万次。衔接组织中国轻工业联合会及相关协会和甘肃省17个县区、4所省属轻工科研院所及18户轻工企业代表共80多人在北京进行产业对接活动，签署合作协议。跟踪了解签约项目进展情况。组织甘肃祁连酒业等13户企业参加“第四届中国国际轻工消费品展览会”。推进全省食品工业企业诚信管理平台体系建设，全年发布各类诚信动态信息3000余条；参加定西等5个市州组织的培训班，近300家食品企业接受培训；对8户食品企业进行现场指导；对金徽酒业进行现场评价并颁发证书，对祁连乳业等进行年度审核。参与全省名牌产品建设工作；编制《甘肃省工业项目负面积清单（轻纺工业）》。编撰《2012年甘肃省轻纺工业发展报告》等6篇稿件，编写《消费品工业“十三五”发展规划意见建议》。

【协会工作】组织项目评审、申报工作及参与行业技术标准的规定，近20个专业协会都完成换届工作，组织开展国内外各种展会、培训，省包装技术协会与西北五省区包装技术协会共同组建成立“丝绸之路经济带”包装发展论坛。省酿酒协会主办“中国西北酒业发展论坛暨西北酒业产品质量鉴评交流会”。省纺织协会调研、推荐宣传纺织行业名优特新产品。省眼镜行业协会邀请外省眼科专家来兰对会员企业员工进行技术培训。省五金协会组织专家指导企业开发新产品。省乳品协会指导全省乳制品企业全面开展食品工业企业建立诚信管理体系培训及评价工作。省家具协会出版全省家具行业《十年特刊》，省家协木地板专业会评选出“2014年度甘肃省地板行业知名品牌”。省轻工协会罐头分会开展罐头企业经济技术指标统计工作。省室内装饰协会推进绿色环保装修。省服装协会组织多次服装节、服饰风采展及模特大赛等。举办第十三届甘肃省工艺美术“百花奖”评奖暨展览活动；推动《中国工艺美术全集.甘肃卷》编撰工作。省皮革和塑料协会引导企业对行业资源优势进行合理有序开发。

【“双联”工作】帮助乡政府做好“两会”期间藏区维稳工作；改善村委会办公条件；督促落实古路坪村村民广场的扩建和修缮工作；聘请省内著名的工艺美术大师举办洮砚雕刻技艺培训班；与中轻联协调，由中国文房四宝协会向卓尼县授予“中国洮砚之乡”称号；筹资或联系组织洮砚乡拍摄专题片，宣传洮砚及洮砚文化；筹资或联系组织洮砚乡雕刻艺人进行劳务输出；成立省洮砚分会；发动机关干部帮助农户销售砚台；争取达德利医药集团在洮砚乡种植中药材；争取打造洮砚雕刻、销售商贸一条街。

省轻工业联合会领导班子成员名录

副会长　陈启民

（供稿：黎江桥）

煤炭工业

【基本情况】2014年初全省共有各类矿井273处，全年整合关闭矿井102处，新增建设矿井7处，截至12月底共有各类矿井178处。

按隶属关系划分：中央在甘煤矿企业18处；原国有重点煤矿14处；地方国有煤矿36处；乡镇煤矿110处。

按矿井性质划分：生产矿井103处，生产能力4993万吨/年（其中中央在甘煤矿企业11处，生产能力2140万吨/年；原国有重点煤矿12处，生产能力1383万吨/年；地方煤矿80处，生产能力1470万吨/年）；新建矿井18对，设计生产能力3231万吨/年（其中中央在甘煤矿企业7处，设计生产能力2580万吨/年；地方国有煤矿5处，设计生产能力540万吨/年；乡镇煤矿6处，设计生产能力111万吨/年）；扩建矿井53处，设计生产能力885万吨/年（资源整合矿井45处，设计生产能力441万吨/年），其中原国有重点煤矿1处，设计生产能力300万吨/年，地方国有煤矿2处，设计生产能力60万吨/年，乡镇煤矿50处，设计生产能力525万吨/年；改建矿井4对，设计生产能力216万吨/年（其中国有重点煤矿1对，设计生产能力180万吨/年；乡镇煤矿3对，设计生产能力36万吨/年）。

按井型划分：年生产能力大于等于120万吨的大型矿井25处，生产能力6650万吨；年生产能力大于30万吨小于120万吨的中型矿井19处，生产能力1130万吨；年生产能力小于等于30万吨的小型矿井134处，生产能力1545万吨。

【煤炭产量】全省共生产原煤4752.98万吨，同比增加72.49万吨，增长1.55%。其中：中央在甘煤矿1903.42万吨，同比增加102.09万吨，增长5.67%，占40.05%；原国有重点煤矿1826.07万吨，同比增加116.38万吨，增长6.81%，占38.42%；市县国有煤矿509.85万吨，同比增加94.36万吨，增长22.71%，占10.73%；乡镇煤矿513.64万吨，同比减少240.34万吨，下降31.88%，占10.81%。

【煤矿安全生产】2014年，全省共发生煤矿死亡事故13起13人（其中基本建设1起1人），与上年同期10起14人相比增加3起，上升30%，少死亡1人，下降7.14%，占全年控制指标的38.24%。共生产原煤4752.98万吨，同比增加72.49万吨，增长1.55%。煤矿百万吨死亡率为0.252，控制在国务院安委会下达的降幅指标以内，低于全国平均水平。事故死亡人数、百万吨死亡率以及较大及以上事故起数均控制在国务院安委会下达的降幅指标以内，煤矿安全生产形势总体平稳，死亡人数为历史最低水平。

全省未发生较大及较大以上事故，同比减少1起4人；未发生瓦斯事故，控制在国家能源局下达的2起8人指标以内。原国有重点煤矿全年共发生死亡事故4起4人，同比减少1起2人，分别下降20%和33.33%。市县国有煤矿企业未发生死亡事故，同比减少1起1人。全省10个产煤市州中，酒泉、张掖、武威、金昌、陇南、甘南、庆阳等7个市州未发生煤矿死亡事故，安全生产状况稳定。

【煤矿安全监察】制定《煤矿安全生产暗查抽查工作制度》，组织开展暗查暗访活动；全年共监察矿井245处652矿次，监察覆盖率100%，计划完成率117.9%，执法计划超额完成；查处一般事故隐患1974项，完成整改1692项，隐患整改率95%；查处重大事故隐患6项，完成整改6项，重大隐患整改率100%；下达执法文书1497份，实施行政处罚172次，责令停产整顿企业20个，实施经济处罚134次，对13起伤亡事故进行调查处理，事故时限结案率100%。

制定全省谈心对话活动实施方案，开展“谈心对话”活动25场次，与全省32户煤矿企业、236处煤矿、276名矿长进行谈心对话。组织开展全省煤矿建设项目、应急管理、安全生产许可证、煤矿七条规定、煤矿机电设备安全管理、煤矿作业场所职业危害防治和全省煤矿汛期安全生产工作专项监察等7个专项监察，确保上半年的安全稳定。派出六个重点督查监察组，以“六打六治”为重点，自8月开始开展为期4个月的重点督查和监察专项行动，确保三季度的安全稳定。与有关部门共同制订全省隐患排查治理专项行动实施方案，成立行动领导小组，抽调40多名监察业务骨干，参加专项行动和综合督查任务，确保全年安全稳定。

督促平川区和白银市党委、政府逐级落实重点产煤县区攻坚战责任和包片督导责任。组织全省各产煤市州安全监管部门、重点产煤县区政府负责同志以及中央在甘和省属煤矿企业主要负责人和相关负责人参加全国事故警示教育视频会议；组织开展事故落实情况的专项督查，确保事故处理到位。加强对停产整顿矿井的巡查监察；强力推进煤矿关闭工作，对省政府公告关闭的76处3万吨小煤矿及时吊销煤矿安全生产许可证，确保关闭到位。严格落实安全许可证颁发管理办法。举办煤矿企业负责人、管理人员职业安全健康管理培训班2期247人；举办全省煤矿职业危害因素监测人员培训班2期194人；举办注册安全工程师继续教育培训班1期共76人；举办煤矿安全培训机构师资培训班1期70人。

甘肃煤矿安全监察局领导班子成员名录

局　长　张家渔
副局长　王晓明　祁　炜　程国珍
党组成员　张　琛
总工程师　陈景肃
纪检组长　刘语卓（女7月止）
　　　　　刘　誉（7月任）

（供稿：赵　鹏）

建材工业

【经济运行】截至2014年底，全省建材工业规模以上企业完成主营业务收入242.3亿元，同比增长8.3%；完成工业增加值109.9亿元，同比增长10.6%，高于全省工业8.4%的增速2.2个百分点，在全省9大工业行业中排名第三，工业增加值占全省工业的5.9%；实现利润16亿元，同比增长12.7%（其中行业的骨干支柱水泥产业实现利润13.16亿元，同比增长18.2%，资产负债率56.7%，同比减少1.2%），在全省9大工业中名排前茅。预计全年建材工业主营业务收入280亿元，实现利润总额19亿元，行业继续保持平稳增长态势，主要指标提前达到“十二五”行业发展规划目标。

【协会工作】向省工信委上报《关于加强建材市场管理的建议》。提出严格准入制度，严禁销售和使用无生产许可证产品；严查水泥超载运输车辆；优先使用甘肃省优质水泥产品，维护正常的水泥生产与供销市场秩序的建议。联合省质监局、省建设厅和省工商局下发《关于在全省开展建材产品质量专项执法打假行动的通知》、省公路路政执法局下发《关于进一步加强跨省超限运输车辆管理的通知》，对建筑工地、重点项目使用的水泥产品进行监督检查，对超限超载进行治理，加大对水泥生产企业和建材市场的监督监管力度。配合省工信委做好建材企业资源综合利用减免税审核认定及现场考核等工作，对甘肃景泰景顺特种水泥有限公司、兰州市贡马水泥有限公司等企业新上报或改建的粉磨站资料审查及现场核查工作。促成甘肃省人民政府与中国建材联合会在京签署战略合作框架协议，制定落实战略合作框架协议的年度工作计划。组织开展水泥企业能效对标活动，参与节能减排、循环经济、水泥再建项目清理核查等具体工作。配合省发改委做好2015年度高耗能水泥企业名单差别电价协调核实等工作；配合省工信委完成全省在建15条水泥项目的核查清理工作；举办两期水泥企业化验员培训班，共35家企业、236人参加；举办一期化验室主任培训班，共72家企业、75人参加；按照省委督查室和省承接产业转移办公室安排，协会参加省督查组，对金昌、张掖两市承接产业转移工作进行督查考核。

【“双联”行动】专题向组长单位省民政厅和省双联办撰写《关于请求解决黑龙沟村通村道路建设项目资金申请报告》《村公共卫生室建设项目资金申请报告》等六个项目申请报告。协会分四批，组织干部12人次（协会全体人员共16名）轮流进村帮扶。

省建材工业协会领导班子成员名录

副会长　丁小平

（供稿：王　烈）

部分国有企业

中国石油兰州石化分公司

【主要技术经济指标】2014年，累计加工原油916万吨，生产乙烯63万吨、合成树脂102.7万吨、合成橡胶12.7万吨、炼油催化剂4万吨，实现营业收入645亿元、税费107.6亿元，同上年相比均有所下降，完成集团公司下达的生产经营指标和任务。安全环保基础性工程不断夯实，事故起数同比下降33%；有32项技术指标创历史最高水平，大乙烯产量首次突破50万吨大关、综合能耗达到599千克标油/吨，为全国同等规模装置效能最优；实施重点项目建设，全年下达投资7.4亿元，31个项目建成；全年授权专利8项，荣获集团公司科技进步奖6项、甘肃省和行业协会科技进步奖5项；实施完成炼油系统35套生产装置及公用工程检修任务，实现重组以来首次炼油系统大检修总目标。

【安全环保】推进整治“低老坏”、根治“常见病”活动，HSE体系运行持续深化，事故起数同比大幅下降。修订完善危险化学品重大危险源、消防等13项HSE管理制度和200多套应急预案及应急操作卡。全年排查问题2.2万项，整改率达98%以上，重奖3名避免事故员工，奖励纠正违章、查除隐患有功人员182人次。建成中国石油石化监测站和甘肃区域环境应急监测中心站；完成化肥厂燃煤锅炉除尘脱硫脱硝、炼油污水处理生化系统升级改造等7个项目，完成集团公司下达的总量性指标，全年COD、氨氮、二氧化硫、氮氧化物、固废分别下降11%、25%、16%、20%、18%。落实公司、分厂、车间三级监督，大检修期间引入第三方监督，专业检查、专职检查、干部走动式巡检、值班检查实现常态化；开展安全生产大检查，落实各个重点领域无遗漏、无死角、无空白的安全督导和服务，检查覆盖率达100%，问题整改率达95%。推进隐患排查治理，共投资53亿元，排查安全环保隐患234项，治理完成117项，对59个重大危险源、68套生产装置罐区、相关危险品及场所进行专项评估。强化事故事件和执纪问责，对1名处级干部给予降职处理、12名处级干部给予党纪政纪处分、27名科级干部和22名操服人员给予处分追责，取消施工资格承包商16家，暂停供货资格供应商9家。

【生产经营】狠抓“十条龙”重点攻关，有32项指标创历史最高水平，实现挖潜增效8亿元。加强生产计划统筹；注重每周销售价格与生产计划联动，高效利用和互供物料达20余种、总量192万吨，通过动态优化增产增效4800余万元；加强产、销、存、出的内外部动态协调，保证生产后路畅通，炼化产品推价增效6700万元。强化工艺纪律、工艺技术专项督导和装置现场服务，实施平稳运行等生产技术难题攻关，炼油综合商品收率、轻油收率分别同比上升2.55个和1.64个百分点，原油加工损失率同比下降0.03个百分点。化工系统体现资源最大化利用，大乙烯产量首次突破50万吨大关，综合能耗达到599千克标油/吨，为全国同等规模装置效能最优，“双烯”收率同比提高0.07个百分点，连续重整芳烃收率同比提高3.13个百分点，11万吨/年聚丙烯装置能物耗均为中国石油最优，15万吨/年丁苯橡胶装置成为中国石油唯一达标的合成橡胶装置，装置达标率提升19个百分点。开展加热炉平均热效率达标，加热炉平均热效率同比提高0.51个百分点，全年节能2.56万吨标煤、节水68万吨，全面完成国家、集团公司和甘肃省年度考核指标。

【项目建设】完成120万吨/年柴油加氢改造，柴油质量全面达到国Ⅳ标准；二套航煤加氢隐患治理、2.5万吨/年微球装置、“老三套”润滑油生产装置自控及加热炉节能改造等一批重点项目建成投用，福建长汀催化剂项目获得集团公司批准并破土动工。完成180万吨/年汽油加氢、300万吨/年柴油加氢国Ⅴ升级的技术论证和可研编制，编制上报200万吨/年催化原料预处理、40万吨/年润滑油加氢异构脱蜡改造、柴油在线调合等项目可研报告，推进小乙烯MTO改造、化肥气改煤、10万吨/年丁烯氧化脱氢制丁二烯、12万吨/年苯乙烯等方案优化论证。启动“十三五”规划编制，橡胶、催化剂、润滑油3个基地和新区建设规划方案编制完成；配合集团公司和省市政府积极推进新区整体搬迁方案编制。

【科技创新】启动实施46项科研项目，聚烯烃新产品研究开发与工业应用等6项重大专项取得实质性进展，催化裂化催化剂重大科技专项实现生产成套技术集成创新，裂解汽油分离及抽提苯乙烯实现成套技术开发，授权专利8项，获得集团公司科技进步奖6项、甘肃省和行业协会科技进步奖5项。加大新产品开发力度，42个新产品实现工业化生产，合成树脂中高档比例达63.2%、高端比例达18.9%，高融高刚指、BOPP膜、高透明塑料等聚烯烃树脂系列新产品获得市场高度认可，国内独有的医用料进入最后国家安全性评价阶段，环保丁腈橡胶技术全面应用并具备100%环保化生产条件，催化裂化催化剂产品国内拓展到30家炼厂并成功进入欧美高端市场，丁腈液体橡胶产出合格产品，国防特需产品全面完成任务。研究解决丁腈橡胶杂质、碳五石油树脂色号等质量问题，推动汽油在线调合、正己烷装置扩能、重芳烃装置脱瓶颈等91项项目，取得初步成效。完成公司99个应用系统梳理，确定炼化生产、物资采购、设备管理等7条信息系统集成主线，550万吨/年常减压三维虚拟装置及技术为数字化工厂建设奠定基础，集团公司质量信息系统建设正式启动。

【运行管理】加强工艺、设备、公用工程管理，主要装置保持平稳运行，生产波动、损工时数分别降低43%、15%。强化生产全过程管控，误操作导致的生产波动同比减少12次，员工巡检率达100%，装置平稳率达到99.93%，列中国石油炼化企业第二名。开展设备标准化创建和五项短板治理工作，完成135项电仪隐患治理，312台高危泵和64台长轴液下泵改造全部完成；推进关键机组长周期运行和系统性腐蚀攻关，关键机组故障率同比下降33%，高压聚乙烯装置首创连续稳定运行超100天的历史最好水平。加强静密封件管理，1150余项静密封管理问题得到整改。严格落实炼化企业大检修规范化管理100条标准，执行“六个专项整治”“七项整改措施”和“六不交接、八不开工”，完成炼油系统35套生产装置及公用工程的检修任务，实现重组以来首次炼油系统大检修总目标。

【企业管理与改革】开展效能监察，发现25项问题，提出6个方面的整改建议，督促相关单位进行整改。严肃查处各类违纪违规行为，对7名处级干部给予党纪政纪处分。完成21家单位管理及专业技术岗位定岗定编和岗位评价，规范调整7家单位、1240多人倒班作业形式，优化核减14家单位、1820个操作服务岗位定员，有序退出低效无效业务，安置分流仪表厂、刘家峡培训中心等退出业务的近400名干部员工。170名车间级专业技术骨干人才通过考核竞聘上岗。

（供稿：韩建邦　张天德）

金川集团公司镍电解车间

金川集团股份有限公司

【生产经营】2014年，金川集团公司生产有色金属及加工材121.3万吨，化工产品303万吨。实现营业收200414亿元，完成工业总产值778.7亿元，实现利税总额40.1亿元。2014年金川集团位列中国企业500强第89位、制造业企业500强第31位、100大跨国公司第35位。

【资源资本】2014年，省政府批准设立国有独资金川控股，甘肃稀土股权划转金川集团。与神雾集团合作开发利用冶炼炉渣，荷兰托克入股广西金川公司。对外股权投资1亿元。招商引资到位资金10亿元。金川集团拥有境内、海外资源项目12个，其中境内4个、海外8个，在全球获得矿权60个，境外获得矿权区700平方公里。

【安全生产】金川集团严格落实新安全生产法，2014年百万工时伤害率为0.12，低于控制指标。"金川五阶段安全文化管控集成模式"被国家安监总局确定为"金川模式"。金川集团被国家安全生产监督管理总局确定为"国家安全文化示范企业宣传教育基地"。2014年，金川集团在北京注册成立中港金邦（北京）国际文化咨询有限公司。

【项目建设】2014年，公司新立项和结转项目共172项，竣工69项，完成投资47.6亿元。二矿区深部开采工程启动。离子膜烧碱二期、30万吨PVC、铜镍矿伴生铂族金属和铜阳极泥稀贵金属高效综合回收利用等项目正常实施。广西矿产铜冶炼项目建成投产。西藏雄村铜矿、南非思威铂矿、梅特瑞斯金森达铜矿、墨西哥巴霍拉齐铜矿项目抓紧推进。争取到国家各类项目建设资金2.3亿元。

【科技创新】金川集团与中国科学院、中国工程院等科研院所合作构建协同创新平台，建立国家镍钴金属材料加工技术重点实验室、甘肃省及稀贵金属工业废弃物资源化再利用重点实验室。产学研攻关合作单位达57家。2014年紧贴生产工艺的32项采选冶生产技术改造与工艺流程优化重点项目有效实施，部分项目取得阶段性成果和结论。镍电解活性硫化镍除铜等21项科研项目进展顺利。开展装备技术提升、节能减排和新产品研发。截至2014年底，金川集团申请专利1601项，授权专利1271项，制修订国家标准60项，行业标准135项，主持制定国际标准3项，参与制定国际标准5项。

【环境保护】金川集团注重对生产施工现场的集中治理，不断提高环境保护、循环经济发展水平；建成国家级矿山主题公园。2014年完成460万平方米绿地的管护任务，新增绿地4.7万平方米，种植各类苗木、花卉178万株。2014年金川集团荣获中华宝钢环境奖。

金川集团股份有限公司领导班子成员名录

董事长　杨志强
总经理　王永前
监事会主席　邓少军
副总经理　包国忠　李尚勇　武　浚
　　　　　姚维信　张三林　陈得信
　　　　　周　民　刘玉强　严　明
总会计师　孙洪元
工会主席　胡耀琼
纪委书记　鲍京跃

（供稿：吕　娜）

白银有色集团股份有限公司

【生产经营】白银有色集团股份有限公司（以下简称"白银公司"）2014年实现工业总产值256.3亿元，铜铅锌产品产量32.81万吨，完成黄金6.12吨，白银103吨，全年上缴税金5.76亿元。2014年白银公司在中国企业500强中列341位。

【项目建设】白银公司建成投用和在建的重点项目共13个。铜冶炼技术提升项目主体设备闪速炉、转炉、阳极炉炉体安装完成；锌冶炼资源综合利用项目主体设备焙烧炉安装完成；厂坝矿300万吨/年采选扩能工程、小铁山矿八中段以下深部开拓工程正在加快实施进度；西北铅锌厂含铅镉废水治理项目、第三冶炼厂尾气脱硫项目、阳极泥综合利用项目已建成投用；秘鲁尾矿综合开发项目于2014年4月取得开工许可，正在进行设备采购。"四方联动"白银矿区找矿项目投资4000万元，新增铜铅锌金属量41.04万吨，其中铜2.41万吨、铅锌38.63万吨。

【资本运营】白银公司南非第一黄金公司与斯班一黄金公司的资产整合项目于5月16日完成交割，南非黄金板块具备年产黄金50吨产能。2014年12月，经南非中国商贸协会评选获得"本土融合奖"。借"丝绸之路经济带"重大契机，2014年6月6日与哈萨克斯坦铜业公司签署战略合作协议，在产品、贸易、技术等方面开展全方位合作。在香港设立香港国际贸易公司，在英属维尔京群岛设立白银贵金属投资有限公司，在天津设立融资租赁公司开展融资租赁业务。

【管理创新】白银公司持续推进管理、工艺、操作三大流程再造，先后导入目标管理、"五品联动"矿冶工程模式、全价值链合作、鱼刺图、差距模式等管理概念、要素和工具、方法。成本管理上以总成本优先为目标，以单元成本分析法促进低成本来源多元化，2014年冶炼单位加工成本同比减少2771万元；销售费用同比减少2755万元；质量管理上金锭、银锭、镉锭、热镀用锌合金锭等4项产品通过2014年有色金属产品实物质量认定，申报国家驰名商标工作启动。信息管理上搭建生产调度指挥系统、金属物料资金管理信息系统、电算化库存管理系统和物资库存信息平台，初步实现信息资源共享。2个管理创新成果获行业协会优秀成果一等奖。

【技术创新】白银公司召开第二届技术创新大会。聘请3名技术创新高级顾问，引进4名高层次技术人才，与西安建筑科技大学签署联合培养工程硕士班协议，与12家高校和科研院所签署14个重大技术难题和预研课题的合作协议。建立技术中心与分子公司之间的技术创新协同机制，完善分子公司技术创新项目的过程管理。实施"保利润、保上市、保增长、保大局"为主要内容的"四保"项目和技术经济增量项目65项，实现增量效益9527万元。申请受理专利143项，授权专利129项，其中发明专利24项；获得各级科技进步奖15项；参与国家、行业标准制修订23项。新产品研发方面，长通公司新研发钢丝铠装电缆、氟塑料高温电缆、变频电缆等7个新产品，西铜公司开发异型铜材、钛包铜和电解锰用不锈钢阳极板等新产品，试制电气化铁路接触网线夹铜镍硅新材料。

5月13日，副省长黄强（右二）在白银公司调研经济运行情况和止滑减亏稳增措施，以及推进上市、深化改革、调整优化产业结构、向西开放"走出去"等工作

【节能减排】白银公司完成17家企业的环境风险评估、22家企业的温室气体排放评估、18家企业的环境及职业健康安全管理体系的认证工作，废气、废水达标排放，工业废水基本实现"零排放"，固体废物实现规范化处理和贮存。电铅和电铜综合能耗与"十一五"末比，分别下降23.8%和14.32%，累计节约标煤1.74万吨，节水255.84万吨。

【民生工程】白银公司加快棚户区改造，红卫村、大型棚户区改造工程顺利竣工，共建住房4956套41.6万平方米。投入帮扶救助资金168.14万元，6036户困难群体得到帮扶救助。投入帮扶资金1446.42万元，其中争取省市帮扶项目资金1185万元，实施帮扶项目29个，帮办实事31件，荣获全省双联行动先进单位"民心奖"、全省先进组长单位"组织奖"。

白银有色集团股份有限公司
领导班子成员名录

董事长　李沛兴（11月止）
　　　　廖　明（11月任）
总经理　廖　明（11月任）
副总经理　许多丰　张锦林　刘燕明
　　　　张家国　杜　明　张学仁
　　　　席　斌　马惠智
工会主席　李忠科
总工程师　雷思维
纪委书记　郑志旺
财务总监　吴贵毅

（供稿：刘威良）

酒泉钢铁（集团）有限责任公司

【生产经营】2014年，酒钢公司铁、钢、材产量分别完成881.5万吨、1034.3

万吨、1014.7万吨。重点非钢产业方面，生产电解铝109.4万吨；生产铁合金18.8万吨；生产水泥171.8万吨；发电108.8亿千瓦时；生产机械产品和风电产品10.1万吨；生产焊条、焊丝3万吨。全年完成营业收入1384.28亿元，上缴税金26.5亿元。

【项目建设】酒嘉风电基地高载能特色铝合金节能技术改造项目。2×45万吨电解铝工程及配套供电系统改造工程、专用铁路改扩建工程、公辅工程完成建设内容并投用，电解铝工程电解槽2013年8月26日通电启动，至2014年12月10日全部启动完毕，90万吨电解铝产能全面形成。配套电厂工程1#、2#、3#机组建成投用，4#机组12月21日整套启动。1000万吨煤炭分质利用项目一期工程，完成工程的初步设计及审查，进入施工图设计阶段，实施干馏系统冷却段土建施工以及部分主体设备的采购工作。完成项目经理责任书规定的建设内容，其中镜铁山矿技术改造工程于2014年3月完成工程的竣工结算、资产移交等全部收尾工作；西沟矿技术改造工程完成全线带料重负荷试车。完成板坯修磨机分项的施工和功能考核，VOD炉分项完成热负荷试车。榆钢支持灾后重建项目干熄焦工程，11月12日开始进行试生产。

【节能减排】2014年，酒钢嘉峪关本部钢铁主业吨钢综合能耗完成610.14kgce/t，同比降低11.76kgce/t；吨钢耗新水完成3.73 立方米/吨钢，同比降低0.17立方米/吨钢；吨钢电耗完成543.31千瓦时，同比降低5.92千瓦时。发电煤耗完成 294.89克/千瓦时，比计划降低0.11克/千瓦时；供热煤耗完成 37.27公斤/吉焦，比计划降低0.13公斤/吉焦；供风煤耗完成 34.87公斤/千立方米，比计划降低 0.09 公斤/千立方米，制氧综合电单耗完成0.908千瓦时/立方米。动力介质综合损失率完成1.86%，氧气放散率降低4.76%。高炉煤气放散率为0.26%，同比降低1.03个百分点；焦炉煤气全年持续保持“零”放散率。酒钢动力能源管理部门邀请北京国金恒信能源体系认证专家开展能源管理体系培训和内审员资格考试，共有24人取得能源管理体系内审员资质。2014年11月，除燃气、蒸汽、采暖热水、水系统主管网以外，氧氮氩、压缩空气、天然气、电动鼓风、厂区热网等系统整体划归宏兴股份公司管理。

【技术创新】技术创新项目立项272项。其中，酒钢集团公司立项61项，分子公司开展技术改进项目211项。全年完成242项，项目完成率88.97%；新产品生产24.56万吨。其中，开发试制3.88万吨，批量生产20.68万吨；取得专利受理242项、科技成果44项。全年酒钢获得国家科技进步二等奖1项，甘肃省科技进步奖4项，中钢协冶金科技进步奖1项，中国冶金矿山科学技术奖2项，嘉峪关市级科技进步奖3项，省冶金有色工业协会奖励33项。向国家知识产权局提交专利申请272项，取得专利受理242项，分别比2013年增加65项、58项。

酒泉钢铁（集团）有限责任公司领导班子成员名录

董事长　冯　杰

副董事长　陈春明

总经理、总经济师　魏志斌

党委副书记　吴国贤

纪委书记　任建民

副经理　王铁成　蒋志翔　程子建
　车　明　刘万祥　朱爱炳
　万雪明　江　飚

总会计师　夏　添（女）

财务总监　赵　全

工会主席　郑玉明

组织部部长、人力资源部部长　王建元

（供稿：段　斌）

甘肃稀土集团有限责任公司

【生产经营】2014年，稀土公司完成工业总产值15.01亿元；完成工业增加值4.13亿元；实现营业收入14.22亿元；完成出口创汇2274万美元；实现利润6802.14万元；上缴各种税金1.89亿元；人均实现劳动生产率18.40万元/年·人。截至2014年12月底，公司在职职工1960人，离退休职工1418人，公司总资产33亿元，净资产27亿元。

【企业产业】2014年，稀土公司年处理包头稀土精矿TREO1.5万吨。控制稀土精矿加工总量，推进稀土资源综合利用，形成稀土加工分离、稀土金属、稀土研磨材料、稀土贮氢材料、稀土磁性材料、稀土发光材料等6大产业链，稀土精加工、深加工、高技术、高附加值产品销售达到销售收入的90%以上，可生产10大系列、100余个品种、200余个规格的产品。其中，研磨材料产能2500吨，各种稀土金属产能2500吨，贮氢材料产能1200吨，钕铁硼永磁材料产能2000吨，发光材料产能100吨。“熊猫牌”稀土系列产品是甘肃省首批授予16个“陇货精品”之一，被评为甘肃省著名商标。公司享有自营进出口权，60%以上产品出口国外，产品畅销国内600余家用户和日、美、法等20余个国家或地区，占全国稀土总出口量20%左右。

【资本运营】2014年，稀土公司原出资100万元参股的有研稀土新材料股份有限公司于2014年1月改制上市，所持有的161.6968万股大幅升值。股份公司出资参股山东微山湖矿、包头产品交易所、金川公司等。

【项目建设】2014年，稀土公司投资1.2亿元，组织实施10项重点技改开发项目和20余项内部技术改造项目。贮氢粉工艺技术升级改造、磁材生产线优化完善升级改造、抛光粉优化完善改造项目建设。累计投资3600余万元，实施稀土冶炼尾气废水综合治理、氯化铵回收、氟化氢氨回收、蒸汽凝结水改造、稀土厂区配电站改造、烧碱厂供水系统改造工程，形成循环经济产业链条。

【科研成果】2014年，稀土公司共申报发明专利3项，获授权专利4项，被国家知识产权局确定为第一批国家级知识产权优势企业。与天津科技大学、南昌大学等合作研发的高性能液晶显示器用稀土抛光粉产业化技术等3个项目具有行业领先技术优势，分别获省科技重大专项及国家稀土产业升级专项资金支持。化学法制备荧光粉项目获省总工会职工优秀技术创新成果二等奖，氧化铕产品获第三届中国国际新材料产业博览会金奖。公司各单位技术组共开展科研开发项目60余项，研发739-5系列及纯铈抛光粉、钴6无镨钕贮氢粉等新产品。

甘肃稀土集团有限责任公司
领导班子成员名录

董事长、总经理　杨文浩
党委书记　薛怀义
副总经理　赵四军　任立华　白立忠
　　　　　王志实　张尚虎　李治德
党委副书记、工会主席　邓家恂
财务总监、董事会秘书　瞿业栋

（供稿：王颜赟）

西北永新集团有限公司

【生产经营】2014年，实现工业总产值70820万元，同比增长14%；工业增加值20689万元，同比增长17%；营业收入118128万元，同比增长17%；利润4252万元，同比增长39%；实现净资产收益率3.63%，同口径比上升了0.76个百分点；上缴税费5952万元，同比增长15%。全年职工人均收入50427元，人均增资6951元，同比增长15.99%。

【科研开发】加强科技研发，全年开展立项研发项目36项，列入2014年甘肃省技术创新项目计划16项，申请专利15项，通过省级科技成果鉴定及验收10项，进行试生产研发项目8项，获得科研资金支持691万元。"高耐候抗风蚀风电设施保护涂料的研究及产业化"项目荣获甘肃省科技进步二等奖，"新型银粉防护涂料"等3个项目荣获甘肃省优秀新产品新技术奖。永新涂料获批建设甘肃省水性工业涂料工程研究中心，陇神戎发通过甘肃省战略型新兴产业骨干企业认定，并获批建设甘肃省中药固体分散制剂重点实验室。

【项目建设】被列为2014年甘肃省重大建设项目的陇神戎发年产200亿粒现代中药生产线扩能改造项目一期建设的总面积约5万平米，7大建筑单体施工进展迅速，全部结构封顶。永新管业年产4.5万吨新型管材项目顺利竣工，车间完成扩能改造，提前投产。永新商贸物流园区17万平方米经济适用房和商业综合体项目建设基本完成。项目商业部分永新国际商贸城按合同交付承租方，永新家园交职工装修或入住。永新科研培训大楼全部建成并准备验收，新宾馆正常运营。甘肃省首个兆瓦级屋顶光伏电站通过招商引资落户在永新化工园区，永新涂料生产用电的30%可通过该分布式光伏电站直接提供。

【企业改革】出台集团《董事会议事规则》《总经理办公会议事规则》《党委会议事规则》，完善现代企业制度。完成对公司章程的修订工作。制订集团深化改革实施方案，启动集团的改革改制工作。永新管业改革改制通过审计评估、名称变更预核、改制整体方案、财产分割方案、分立后公司组建方案、分立后原公司债权债务承继方案等相关工作。陇神戎发完善公司法人治理结构和内控体系建设，完成公司董事会、监事会的换届选举工作，向中国证监会报送全套材料，5月7日中国证监会对陇神戎发《招股说明书》预披露，进入排队审核状态。

【"双联"行动】以"1521"计划为目标，重点实施项目帮扶。追加种植养殖扶持基金15万元，完成2个联系村阵地建设项目，提供10万元外墙涂料实施"白墙青瓦"村容村貌改造工程，开展"技术下乡、政策下乡、文化下乡"活动。

西北永新集团有限公司
领导班子成员名录

董事长、总经理　康海军
党委书记、工会主席　付淑丽（女）
副总经理　罗志河　张京保　文立新
　　　　　盛永宁　王克俭
纪委书记　成炳彦
总会计师　郭虎成
总工程师　李华明

（供稿：乔占东）

甘肃省电力投资集团有限责任公司

【生产经营】2014年，甘肃电投资产总额突破600亿关口，达到625亿元，增长10.8%；投产控股装机容量461.77万千瓦，增长16.2%；完成发电量151亿千瓦时，售电量144亿千瓦时，分别增长10.5%和10.3%；完成投资54.06亿元，增长8%；完成融资114.3亿元，超出目标值48个百分点；实现工业总产值47.5亿元，增长14.7%；实现利润2.83亿元，增长11.3%；实现劳动生产率41万元/人·年，增长13.9%。

【项目建设】全年建成投产3个项目，新增电力装机65万千瓦，其中清洁能源装机32万千瓦。武威热电联产项目启动开建，常乐电厂项目规划上报国家能源局待批。会展中心建筑群配套项目#2、#3组团完成主体框架施工。股权投资方面，全年非电股权投资总额达26.61亿元，其中金融类股权13.4亿元，占比超过50%，金融性产业成为公司较大的利润贡献单元。煤炭产业方面，山丹煤矿完成全部地面工程和井下一期工程；宁中煤田前期工作稳步推进，《宁正矿区总体规划》上报国家发改委待批。铁路项目方面，参股的兰新二线工程基本完工，兰渝、天平、成兰、中川宝兰客专等项目进展顺利。引进项目投资主体，与韩国LG公司签署战略合作协议，达成共同开发电力和煤炭项目的共识；出资35%与庆阳能化集团和部分民资共同组建庆阳能源勘探开发公司。

【融资工作】全年完成融资额114.3亿元，超出目标值48个百分点。协调省财政厅，取得铁路项目建设资金30.8亿元。与各商业银行协商，取得银行贷款66.3亿，充分利用债券化融资工具，募集资金18亿元。充分借力股份公司进行融资，通过有效的市值管理，股份公司年末最高收盘价达到16.25元，创重组以来新高，非公开发行A股股票募集资金21.8亿元、公开发行公司债7亿元，两项再融资工作取得重大进展。

【资产经营】组织开展“止滑、减亏、稳升”活动，搭建电力集中营销平台，全年争取到市场电量5.93亿千瓦时；酒店、会展公司推行集客户开发、产品销售、全员营销及商业模式为一体的“四全四提升”营销模式，经营业绩逆势上扬；会展中心展会个数及展览收入在西北五省排名第二，大剧院坚持剧目演出与创作并举，重点做好外延拓展、艺术创作、文化惠民活动，平均上座率达到79%。深化对标及奖惩机制，电力生产全年节约成本约3000余万元；挖掘政策红利，充分利用节能减排、技术改造、增值税等方面的优惠政策，全年争取到政策性收益5000余万元。

【金融产业】成立资本管理公司，对集团公司金融性产业进行集约化管理，全年投资金融类股权6.81亿元，增长34.36%。非电股权投资总额达到26.57亿元，实现权益利润1.04亿元，增长24.37%。甘肃新材料产业投资基金获得国家发改委、财政部批复。

【安全生产】逐级落实安全责任，集中开展“六打六治”打非治违、电力行业“三项行动”、防恐及两会配套安保检查、电力设施安全保护工作、工程建设领域预防坍塌回头看等专项行动，定期开展春季、汛期、冬季安全检查，将安全监管关口前移，排查治理一批安全隐患，确保安全生产态势的整体平稳，全省项目均实现预期目标。

【双联工作】全年投入帮扶资金120余万元，协调争取到200户危房改造项目资金210万元；出资建立的“双联村民互助资金合作社”，累计发放贷款96.7万元，促进双联点基础设施建设、产业培育及教育扶持等工作，村民生活得到改善。根据省委安排，针对新增的卓尼县“尼巴”两村的双联任务，制定帮扶计划。

甘肃省电力投资集团有限责任公司领导班子成员名录

董事长、党委书记　李宁平

总经理、党委副书记　马自学

副总经理　刘晓黎　王兆坤　张云祥
　　王明寿　李　辉　杨魁砚
　　陈小琳

工会主席　王明寿

（供稿：高随弟）

甘肃省烟草专卖局（公司）

【卷烟销售】2014年，全省烟草专卖商业系统销售卷烟89.94万箱，同比增长3.09%；实现利税37.9亿元，同比增长12.5%。组织编写《零售终端市场信息分析应用手册》。加强卷烟投放分区、分类、分品牌调控，强化重点卷烟规格价格监测，优化全省1%零售样本点监测网络运行管理，全省市场条价指数保持99.8以上，盒价指数保持100。加大适销货源组织力度，客户订单需求满足率83.30%，同比提高7.93个百分点。

【烟叶产销】全年种植烟叶3.33万亩，签订烟叶收购合同1838份，户均种烟面积18.12亩，同比增长1.22亩。全年收购烟叶0.37万吨（7.32万担），上中等烟叶比例78%，收购均价18.75元/千克，收购等级合格率81%。2014年，全省工商注册的烟农合作社由11个整合至9个，入社农户增加至715户，同比增加260户。发展50～200亩家庭农场19个，同比增加3个，种植面积03万亩、增加0.12万亩，收购量1.11万担，占收购总量的11.4%；20～50亩种植专业户400个，种植面积1.03万亩，占总面积的31%。全省建成育苗工场5个，供苗能力1.58万亩，占全省供苗总量的47.4%，同比增加0.57万亩；建成5座以上密集烤房群87处、798座，占烤房总量的38%。建立烟叶病虫害精准综合立体防控技术。实现烟蚜茧蜂人工筛选和繁殖的本地化。开展烟叶成熟采收、密集烘烤关键技术研究和开发。制定《2014年度烟叶生产精益管理工作实施方案》和《2014年特色优质烟叶精益生产技术方案》，开发示范面积3000亩。建立烟田肥力、气象等资料档案，搭建生产技术、气候变化、病虫害情报发布信息平台，举办育苗、移栽、大田管理、烘烤等各类培训班80余场次，累计培训3000多人次。

【卷烟打假】印发《甘肃省联合打击走私烟草专卖品违法犯罪活动工作制度》；制定《甘肃省烟草专卖商业系统打假打私大要案件和专项行动奖励办法》。主动协调当地公检法部门和毗邻市县烟草部门，共同开展市场监管和案件查破工作；搭建卷烟打假情报信息平台。加大物流运输环节和互联网贩销假烟的监控力度。全年共查获假烟案件201起，涉案假冒走私卷烟114.48万支，破获较大规模网络案件9起，移送司法机关逮捕12人，拘留15人，判刑29人。其中，武威市局和嘉峪关市局联合侦办的“6·20”网络案件，与重庆“2·16”特大网络售假贩私卷烟案案情关联，与重庆市公安、烟草达成联合办案协议，这是甘肃省侦办的首起利用互联网贩销假烟网络案件。

【卷烟市场监管】推行“APCD”市场检查方法。组织开展“陇剑2号”和“陇剑3号”专项行动。开展全省系统“冬季会战”专项行动，全年卷烟市场净化率达到97.6%以上。开展2014年全省烟草专卖许可证管理工作专项检查，重点解决“人证不符”“证照不符”、证件转让及无证经营等问题。加强窗口部门和一线执法人员规范管理。全省81个县区局全部通过创建达标验收，实现100%达标，其中78个县级局达到再提升工作要求。

【重点品牌培育】制定《关于进一步加强卷烟品牌培育相关工作的意见》。形成《品牌引入退出管理办法》；对市场认同度低、采取营销措施仍然动销慢的滞销品牌，调整退出市场。

【营销网络建设】推进现代终端建设向乡镇客户、中小客户、食杂店客户延伸。全省建成现代零售终端1.86万户，比重达到17.1%。制定《全省现代终端资源管理办法》。优化工作程序和作业流程。

【服务客户】实施标准化服务，重点解决货源供应、营销指导、库存管理、信息沟通及客户抱怨化解等问题；实施个性化服务，重点帮助现代终端增强品牌培育、信息采集、消费跟踪的能力；实施亲情式服务，从硬件设施改造、营销技能培训、亲情关怀服务等方面重点帮扶困难零售客户；实施增值性服务，重点推广网上自主支付、贷记卡办理等金融增值服务。2014年，零售客户户均毛利2.39万元，同比增长7.8%；客户满意度88分，列行业第4位。

【物流建设】推行物流非法人实体化运作，构建统一的组织管理体系、高效的业务流程体系、健全的现代物流标准体系、精确的物流费用管控体系和卓越的绩效考核体系。逐步实现精到服务、精化流程、精确核算、精准运营和精细管理，单箱物流费列烟草行业第5位。全面推行纸质卷烟包装箱循环利用工作，返还工业包装箱43.2万箱，占总量的86%，完成国家局下达计划的2.2倍。在行业率先开展跨省包装箱循环利用工作，返还陕西中烟包装箱1.5万箱。兰白临区域物流配送中心单体完工。

【“双联”行动】参与“双联”行动、对口帮扶、灾后重建等工作，为“双联”村和帮扶点办实事289项，被中共甘肃省委双联行动协调推进领导小组授予“民心奖”。

甘肃省烟草专卖局（公司）领导班子成员名录

局　长、总经理　武卫东
副总经理　张　威　杨　洪
　　　　　蔺志宏　蔡振华
党组成员　刘　震　田　成

（供稿：毕耜栋）

刘家峡水电厂

【经济指标】2014年，刘家峡水电厂全面完成各项经济指标，其中全年完成发电量57.94亿千瓦时，上网电量57.42亿千瓦时，完成年度计划的100.4%；平均发电耗水率4.02立方米每千瓦时，低于计划值0.08；节水增发电量3.42亿千瓦时。截至2014年底，连续安全生产4908天，累计发电2107.21亿千瓦时，创不变价工业总产值156.09亿元。

【安全生产】开展技术监督工作，发现问题25项，整改18项。排查治理一般隐患31项。开展1至4号发电机和2、4号水轮机改造前期工作。421人参加“一把手”讲安全课活动、100多人参加紧急救护技能培训，开展安全生产法规考试、劳动保护及安全工器具督查、违章行为剖析等活动。加强应急值班工作，修编40个现场处置方案、22个应急预案，开展全厂迎峰度夏及防汛等无脚本应急演练7次。修订标准化作业指导书85项、规程28册。完成5项科技项目，《立式水轮发电机导轴瓦安装及转运工装与应用方法》等3项成果获专利授权。开展防汛大发电工作，细化防汛措施101项，消除各类设备缺陷544项次。

【重点项目建设】狠抓洮河口排沙洞及扩机工程施工安全质量和进度，完成厂房基坑开挖、发电引水洞开挖和压力管道开挖工作，完成水轮发电机组、机电设备安装招标及合同签订，扩机工程施工正式进入混凝土浇筑施工阶段。进口岩塞爆破完成导洞、药室开挖和预裂孔、淤泥扰动孔钻孔等工作。加强设备大修技改过程管控，完成中央控制室改造、330千伏开关站间隔扩建及母线改造、5号主变更换、3号机组A级检修、4号机组B级检修、溢洪道6号工作门大修等任务。

刘家峡水电厂领导班子成员名录

党委副书记、厂长　李永清
党委书记、副厂长　陈利民
纪委书记　孙柏林
副厂长　付廷勤　陈启峰
工会主席　李孝仁
总会计师　赵德有
总工程师　沈利平

（供稿：赵伟庆）

靖远煤业集团有限责任公司

【主要指标】全年煤炭产量1085万吨，同比增加46.97万吨，销量1048.45万吨，同比少销1.72万吨；尿素产量58.64万吨，同比减产9.03万吨，销量58.31万吨，同比少销7.98万吨。工业总产值907300万元，同比增加77228万元；营业收入642553万元，利润20476万元。原煤安全生产百万吨死亡率0.187，控制在指标之内，地面生产和基建施工

2014年11月18日，国网甘肃刘家峡水电厂4号机A级检修正式开始，图为11月23日4号机转子分解

实现零死亡。

【安全生产】成立安全生产委员会，执行集团公司八个方面32项安全保障措施。成立六个“包矿督查组”，加强水害防治、机运治乱、小窑防治、化工生产等安全管理工作；开展“查隐患、抓整改、反违章、堵漏洞”为主要内容的安全生产大整顿、“五查五问五改进”活动。建立健全矿压防治管理和技术体系。华能公司全年矿建施工无人员重伤事故，土建安装施工无人员轻伤事故；煤一公司全年无人员重伤事故；刘化公司全年环保监测完成率100%，无人员重伤以上事故；白银热电联产项目建设严格按照国家和行业标准，强化现场安全闭环管理，编制危险源分析辨识表，全年无人员轻伤事故。全年煤电公司完成《王家山煤矿急倾斜特厚煤层开采覆岩破断机理及动力灾害防控技术研究》《综放工作面自燃危害及防治技术研究》等5项科研成果，完成8个大型综放面支架回撤，7个大型综放面支架安装，综掘机械化程度同比提高5.3%，煤电公司魏家地矿完成新立井主提升及地面选运系统技术改造，推广应用一台EBZ-160型大功率综掘机及其配套的快速掘进作业线；红会四矿和宝积山矿推广应用“整体耦合让均压锚网支护新技术”，落实两个“四位一体”综合防突和探放水措施，全年完成矿压防治钻孔116064米，大修巷道6023米，施工瓦斯抽采钻孔331620多米，抽采瓦斯4835万立方米。煤电公司六对矿井建立地测信息系统，完成井下安全避险“六大系统”。全年完成“三项岗位”人员安全资格培训1357人，安全技术岗位工种培训5146人，专业素质提升培训294人，举办“21+3”安全培训8期，素质拓展和医疗急救知识培训1000人。

【经营管理】实行成本费用预算管理，集团公司“五项费用”较计划降低15.9%，经费单位可控性管理费用降低10%。全年盘活库存682.77万元，库存总量压缩34.5%，库存材料较年初降低564.45万元，物资采购价格同比降低5.3%，代储代销业务较年初增加589.36万元，顶抹账货款13556.64万元，处理消化积压物资1091.58万元。推进精细化管理。煤电公司大水头矿成立专门小组负责回收复用、修旧利废工作，全年完成回收复用、修旧利废500多万元，吨煤成本降低2.4元；红会四矿完成回收复用55.32万元，处置积压物资61.31万元；租赁公司完成大修设备555台套。煤电公司六个生产矿实现修旧利废1927万元，节约成本1.78元/吨。

【产品营销】刘化公司省内市场销售黄河牌尿素超过50万吨，产销率达99.4%。加强营销班子建设，研究和探索使用银行电子商票、保理等方式降低应收账款额度，规避资金风险。

【资本运作】开展融资工作，集团公司三年期15.8亿元中期票据的第一期1亿元首发完成。煤电公司非公开发行股票申请经中国证监会审核通过，报批审核工作全部完成，募集资金34.01亿元到集团公司专户。在招行贷款3亿元，对接理财产品及协定结构性存款，实现年收益462.14万元。

【项目建设】本部矿井扩能改造项目：煤电公司魏家地矿300万吨矿井扩能改造项目建设工程全部完工，进入联合试运转和竣工验收阶段；王家山矿一号井90万吨改扩建项目可研及储量核实报告、资源开发利用方案、环境影响评价等通过评审。电力项目：白银2×350MW热电联产项目土建工程完成95%以上，烟囱、间冷塔等标志性建筑提前封顶，三大主机主体设备全部到货，进入设备安装阶段；靖远矿区低热值煤发电项目初步可行性研究报告编制工作结束，委托中咨公司安排审查，与定西市签订热电联产项目合作框架协议。化工项目：刘化公司年产25万吨硝基复合肥续建项目完成高塔土建主体工程和硝铵溶液厂房二层土建部分工程，完成投资1023万元，计划2015年三季度投产；煤制合成气综合利用项目完成市场调研、技术论证，委托相关单位编制《靖煤集团煤制合成气综合利用项目初步可行性研究报告》。外部煤炭资源开发项目：景泰白岩子矿井三条井筒进入基岩施工，完成工程进尺563米；新疆伊犁公司承包的三新煤业等煤炭安全生产工作平稳运行，完成原煤产量63.3万吨，实现产值4902.7万元；金远公司编制完成《沙井子矿区总体规划（修编）》，钱阳山煤矿建设项目地质勘探和钻探工程、“四通一平”及工业广场工程完工。

【多元产业】刘化公司启动新天公司硝酸装置、甲醇装置，将尿素生产负荷降到80%，压缩尿素产量，全年完成产值10亿元。煤一公司承揽工程51项，多种经营完成产值600多万元，公司完成总产值11.3亿元。华能公司下设商贸、商品混凝土等6个分公司，商贸物流实现营业收入近500万元，商品混凝土收回成本，实现利润500多万元，公司全年完成产值8.5亿元。矿用装备公司完成产值8亿元。靖煤大厦实现营业收入196.9万元。煤电公司洁能热电公司完成产值1455万元。设备租赁公司完成租赁费6966万元。晶虹储运公司完成产值6.34亿元，实现利润79.88万元；勘察设计公司实现经济收入1124.32万元。房地产开发公司实现产值3.3亿元。

靖远煤业集团有限责任公司领导班子成员名录

董事长　梁习明

党委书记　程　剑

总经理　李俊明

纪委书记、工会主席　杨先春

副总经理　汉宁明　宋永强　张炳忠

蒲培文　陈　虎　高宏杰

总工程师　高小明

组织部长　宋志田

（供稿：张　强　方　博）

甘肃新华印刷厂

【生产经营】2014年，企业各项经济指标与上年相比有所下降。全年完成营业总收入8743.2万元，与上年同期相比增长7.5%；完成加工产值3834.21万元，与上年同期相比下降6.5%；上缴税金454.94万元，与上年同期相比增长

15.65%；实现税前利润30.31万元，与上年同期相比下降52.81%；实现工业总产值5800万元，与上年同期相比下降9.99%；设备完好率100%；教材抽检批质量合格率达到100%；完成绿色环保印刷认证各项工作100%。新增教材、教辅近1.5万令纸，新增社会印件和省内外出版社各类本版图书100多个品种，省农村信用合作社的票据印刷任务与往年同期相比增长50%。

【设备改造】累计投入技改和维修资金100余万元对书刊车间、彩印车间、装订车间设备进行大修保养。投资30多万元在车间安装专门针对冲版污水特性的循环再用处理设备——水净化循环处理机3台及为提高印刷机印刷质量，购置印刷润版液循环过滤机2台，使设备污水排放达到环保要求。

【质量管理】在甘肃的2次课本抽（送）检中，春季抽检9个品种全部合格，合格率100%；秋季送检17个品种、抽检5个品种，合格率99.15%；人教社组织的1次课本抽检中，共7个品种全部合格。工厂送检的10个品种，1个评为优质，5个评为良好，4个评为合格。

甘肃新华印刷厂领导班子成员名录

经　理　刁建国

副经理　田学礼　何　峰　孙建斌

（供稿：张　莉）

中国铝业兰州分公司

【生产经营】2014年，累计生产铝产品397544.94吨，其中铝锭产品301491.496吨、铝液产品94848.04；生产碳素制品213031.26吨，发电量546687.96万kw/h。全年销售铝产品396346.90吨，实现销售收入457967.2万元，完成工业总产值1300180万元，上缴税金12517万元。但受经济和市场形势的影响，导致企业经营亏损严重。

【企业改革】完成原机修厂和物资运输中心的改制，成立兰州兰铝工业服务有限公司和兰州兰铝物资运输有限公司并挂牌运营。自备电厂、碳素厂也按照市场化模式开始运作。成立营销采购中心、生产运营中心和质检信息中心，二级组织由2013年底的18个调整为14个；中层管理人员、主管级管理人员和工程技术人员分别减少16%、22%和33%，其中五级工程师减少28%；通过辅业改制、业务划转、办理内退等，共减员分流973人。

省委副书记、省长刘伟平（右）会见原中铝公司总经理孙兆学（左）

【节能减排】应用双阴极钢棒节能技术，开展合同能源管理、以点检定修等工作，实现节能量337132吨标煤。加强环保投入和环保设备维护保养，环保设备的完好率100%，正常运转率达到95%，保证污染物达标排放。加强自备电厂脱硫运行管理，推进发电机组脱硝改造。

【项目建设】自备电厂脱硝改造工程，该项目静态投资17675万元，于2013年1月开工建设，2014年12月全部完成，项目实施后自备电厂NOx排放浓度小于100 mg/Nm^3，满足标准要求。自备电厂脱硫除尘增容改造项目，项目建设投资23659万元，2014年7月底项目开工建设，2014年12月31日完成#1机组的改造，#2、#3两台机组脱硫除尘增容改造工程，预计于2015年10月完成，按期实现重点控制区域燃煤锅炉项目执行大气污染物特别排放限值的要求。能源管理中心建设示范项目，项目建设投资8500万元。2012年1月开工建设，2014年12月底具备验收条件。

【技术创新】采用中铝公司自主研发的新式阴极钢棒结构和电解槽磁流体稳定技术。开展优质预焙阳极生产综合技术研究应用工程，改善焙阳极主要理化指标，焙烧炉天然气消耗指标有明显改善。实施预焙阳极导电装置焊接设备的研制与开发。实施控制型智能打壳技术推广应用及400kA电解系列指标优化。研发新型电子式传感器。与研究机构合作开展400kA电解系列指标优化项目。取得公司级科技成果3项，实施合理化建议及技术进步项目103项，其中兰铝自备电厂300MW汽轮机汽封改造和200kA系列铝电解槽低槽温条件下的稳定生产技术项目分别荣获甘肃省职工优秀技术创新成果二、三等奖。

中国铝业兰州分公司领导班子成员名录

总经理　史生文（3月止）

　　　　卢东亮（3月任）

副总经理　肖伟峰　张得教

纪委书记、工会主席　杨永亮

财务总监　丁　波

（供稿：陈　诚）

农 业

农业经济综述

【粮食生产】发展旱作农业和高效节水农业，组织实施1000万亩国家级和

500万亩省级旱作农业示范区建设，推广全膜双垄沟播面积1528.7万亩，创建粮棉油高产万亩示范片280个，推广高效农田节水技术1016万亩。全省粮食面积4263.63万亩，总产1158.65万吨，增长1.73%。

【特色产业】推进50个牛羊产业大县和35个现代畜牧业示范县建设，在张掖、临夏、庆阳3个市州组织开展省级现代畜牧业全产业链试点，新建和改扩建养殖场737个。在环县、临夏、会宁、古浪4个县开展草地农业试点工作，新建3000亩牧草种植基地和61个规模养羊场，年出栏肉羊1.69万只，新增畜产品加工能力3万吨。新建各类规模养殖场（小区）814个，累计达到8514个，畜牧业增加值达到182.16亿元，同比增长5.27%。水产品产量1.43万吨，同比增长3%。新增特色优势经济作物面积121.2万亩，全省蔬菜产量达1705.19万吨，同比增长8.01%；水果产量209.45万吨，同比增长9.1%；马铃薯总产237.89万吨，同比下降2.74%；中药材产量99.37万吨，同比增长14.66%。提升优质林果、设施蔬菜、马铃薯、中药材、现代制种和酿酒原料等特色产业。推进1000万亩优质林果基地建设，突出抓好苹果标准园创建。组织实施马铃薯脱毒种薯工程，种植面积稳定在1000万亩以上，力争实现马铃薯脱毒种薯高质量全覆盖。发展设施蔬菜生产，发展中药材生产，加强国家级制种基地建设。新增特色优势经济作物面积100万亩。

【现代农业】推进新型职业农民培育工程，累计培训农民109万人次。全省农机总动力达到2480万千瓦。重大动植物疫病防控水平显著提升，口蹄疫等重大动物疫病免疫密度达到98%以上，小麦条锈病、蚜虫等重大病虫防控处置率达到90%以上，病虫害危害损失率控制在5%以下。农产品贮藏加工能力明显增强，龙头企业数达到2470个，对行业骨干企业扩大生产规模和技术工艺改造择优给予贴息扶持，采取以奖代补形式解决部分农户小薯、次果的出路问题，建成各类贮藏设施3286座，农产品加工转化率达49.5%。推广测土配方施肥面积5204万亩，完成秸秆腐熟还田和土壤综合改良培肥技术实施面积135万亩，完成农机化新技术推广面积1520万亩，新增2万户农村沼气用户，科技对农业经济增长的贡献率达到52.7%。

【农业生态保护】开展草原生态保护工作，划定基本草原2.68亿亩，落实草原承包2.4亿亩，完成人工种草面积1592万亩，建成草原围栏300万亩，补播种改良退化草原153万亩，完成秸秆饲料化利用1430万吨。农业面源污染治理成效明显，尾菜治理面积235.5万亩，处理利用尾菜268.6万吨，处理利用率达27.6%，比上年增长4.5个百分点；建立废旧农膜回收网点2130个，回收企业达到231家，废旧农膜回收利用率75%以上。

【农产品质量安全监管】推行农业标准化生产，累计认证“三品一标”农产品1200个，生产面积占全省食用农产品生产面积的45%以上。积极推进农产品质量安全追溯工作，深入推进农产品质量安全专项整治，累计出动执法人员3万人次，检查生产经营企业1.1万家。畜禽产品和水产品检测合格率均为100%，没有发生重大农产品质量安全事故。

【农民收入】全省实现农业增加值705.09亿元，同比增长5.1%。落实中央和省级财政支农项目资金61.97亿元，整合省级涉农资金21.7亿元，新增牛羊和蔬菜产业贴息贷款98.7亿元，撬动社会资本70亿元投入农牧产业。农民人均纯收入5107.76元，同比增长12.3%。其中：家庭经营现金收入2455.87元，同比增长10.08%；工资性收入2485.09元，增长12.78%；财产性收入166.45元，增长25.29%；转移性收入628.59元，增长16.30%。

【养殖业转型】以50个牛羊产业大县为重点，组织实施3个市州现代畜牧业全产业链试点和35个现代畜牧业示范县建设，加快推进草地农业试点进程，加强农牧结合，加快推进现代畜牧业产业发展转型升级。深入推进科学养殖，继续开展畜禽标准化示范创建，新建600个标准化养殖场（小区），确保畜牧业增加值增长11%左右，肉蛋奶总产量达到170万吨。做好重大动物疫病防控工作，确保不发生区域性重大动物疫情。发展特色渔业和休闲渔业。

【农业农村改革】新型农业经营体系建设稳步推进，全省50亩以上规模经营主体达17381个，规模经营面积达到518.9万亩。农民合作社达到39266家，增长33.8%，成员总数达到86.6万户。加快农村土地流转，流转土地917.3万亩，流转率19.1%。3个整县推进试点县完成确权登记面积118.1万亩，28个整乡推进试点完成116.8万亩，55个村级试点完成98万亩。继续在凉州区等4县区开展试点，探索支持农民以承包经营权入股；指导陇西县农村土地流转交易市场规范运行；加快农村土地承包经营权确权登记颁证工作，衔接争取将甘肃省纳入全国土地确权登记整省试点省份；探索推进农村集体产权股份制改革试点工作；组织在山丹等3县开展家庭农场检测试点工作。加快构建新型农业经营体系，创新合作社发展模式。深化种业体制改革，完成科企脱钩，推进育种资源向企业流动，加快商业化育种体系建设。

【农业科技】推广全膜双垄沟播技术1500万亩，推广高效农田节水技术1000万亩。继续抓好测土配方施肥、保护性耕作、农机农艺融合、健康养殖等先进适用技术推广。强化农业转基因生物安全管理工作。加大新型职业农民培育工程的实施力度，培训职业农民2.1万余人次。推进农村沼气集中供气，稳步推进农村沼气“进棚入园”。切实抓好废旧农膜回收利用和尾菜处理工作，废旧农膜回收利用率稳定在78%以上，尾菜处理利用率提升到30%以上。加快推进农业信息化，逐步实施信息进村入户工程，大力发展农产品电子商务。

省农牧厅领导班子成员名录

厅　长　康国玺

副厅长　刘志民　韩临广　阎奋民

　　　　姜　良　妥建福（东乡族）

　　　　杨祁峰

纪检组长　尹昌城

（供稿：王　勤）

林业

【林业生产】2014年，全省完成营造林总面积218025公顷，与2013年相比，增加39887公顷，增加22.39%。其中人工造林152502公顷（灌木林10888公顷），占营造林总面积的69.95%；无林地和疏林地封育61523公顷，占营造林总面积的28.22%；有林地和灌木林地封育4000公顷，占营造林总面积的1.83%。与2013年相比较，人工造林面积增加44120公顷，增加40.71%；无林地和疏林地新封育面积减少4567公顷，减少6.91%；有林地和灌木林地新封育面积增加333公顷，减少9.09%（见图1）。

2014年，全省按造林林种划分：用材林133公顷，占营造林总面积0.06%；经济林造林20451公顷，占营造林总面积9.38%；防护林造林188760公顷，占营造林总面86.58%：薪炭林381公顷，占营造林总面0.17%：特种用途林造林8300公顷，占营造林总面积3.81%。(见图1)。

2014年，全省森林抚育情况：低产低效林改造面积3227公顷，比上年减少67.39%；未成林抚育作业面积99526公顷/次，与上年相比增加3.89%；中、幼龄林抚育面积155904公顷，比上年减少14.06%。

2014年，全省林木种苗生产情况：全年林木种子采集量6096吨，比上年增加269.23%。苗木产量296332.39万株，比上年减少24.85%。全省育苗面积49340公顷，其中本年新增23224公顷，比上年分别增加22.29%和增加59.60%。

【重点工程】2014年，全省林业重点工程完成营造林100073公顷（人工造林36518公顷，无林地和疏林地封育59555公顷，有林地和灌木林地封育4000公顷），比2013年减少22227公顷，减少18.17%。林业重点工程营造林面积占当年全省营造林总面积的45.90%，其中天然林资源保护工程营造林43796公顷（人工造林8203公顷，无林地和疏林地封育32260公顷，有林地和灌木林地封育3333公顷），退耕还林工程营造林面积6835公顷（人工造林4637公顷，封山育林2198公顷），三北防护林建设工程营造林面积49442公顷（人工造林23678公顷，无林地和疏林地封育25097公顷，有林地和灌木林地封育667公顷），分别占当年全省营造林总面积的20.09%、3.13%和22.68%（见图2）。

【林业产业】2014年，全省林业产业总产值为3393187万元，比2013年增加568264万元（按现价计算），增长20.12%。分产业：第一产业产值2963084万元，第二产业产值150060万元，第三产业产值280043万元，分别占全部林业产值的87.33%、4.42%和8.25%。从三次产业结构看，一、二、三次产业结构，2012年为87.1:4.9:8.0，2013年为88.2:5.0:6.8，2014年为87.3:4.4:8.3；与2013年相比较，第一产业和第三产业比重有所增加，第二产业比重有所减少（见图3）。

第一产业中，经济林产品的种植与采集业所占比重最高，产值为2456469万元，占第一产业产值的82.90%，比2013年增加455840万元，其中水果及干果种植与采集业产值1705504万元，占第一产业产值的57.56%，比2013年增加291356万元。经济林产品的种植与采集中坚果、含油果、香料作物种植及中药材种植增长较快，分别增加130088万元和29218万元。第二产业中，非木质林产品加工制造业、木竹藤家具制造业、木材加工和木竹藤棕苇制品制造占比重最高，产值分别为89577万元、8375万元、6992万元。非木质林产品加工制造业中木本油料、果蔬、茶饮料等加工制造82417万元，占第二产业产值的54.92%。第三产业比上年增加88534万元，增长46.23%，增长幅度高的原因是，国家统计局对《三次产业划分规定》进行修订，将将A门类“农、林、牧、渔业”中的“05农、林、牧、渔服务业”调入第三产业。

2014年，全省林业产业增加值为1530249万元，比2013年增加146850万元（按现价计算），增长10.62%。分产业看：第一产业增加值1309421万元，第二产业增加值65090万元，第三产业增加值155738万元，分别占全部林业增加值的85.57%、4.25%和10.18%，与2013年同比，分别增长9.12%、2.69%和29.79%。从增加值三次产业结构看，一、二、三次产业结构，2012年为85.8:4.2:10.0，2013年为86.7:4.6:8.7，

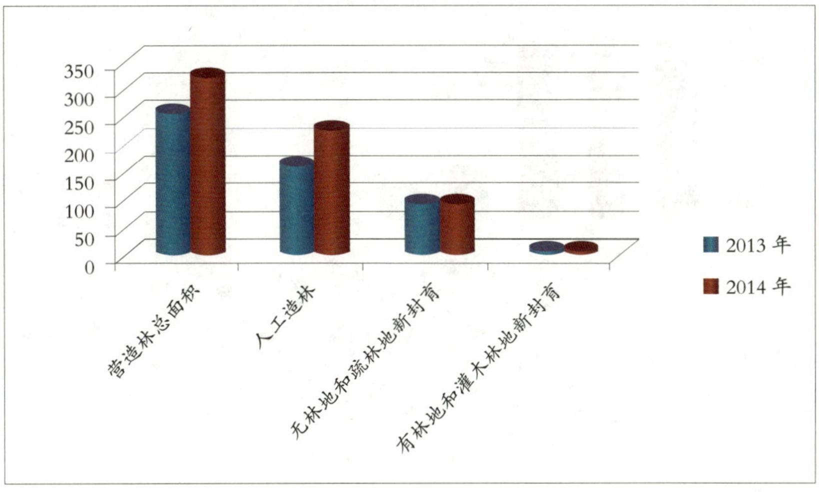

图1　2014年与2013年造林完成对比情况

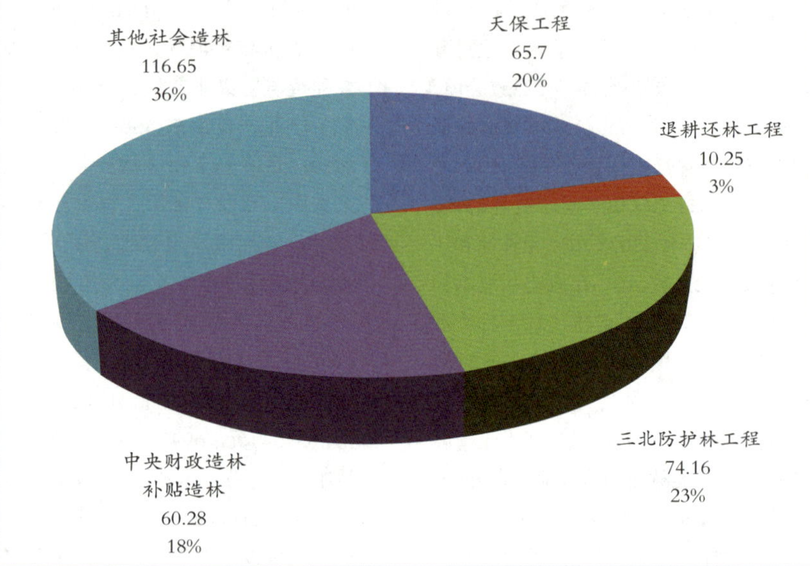

图 2　甘肃省营造林比例情况

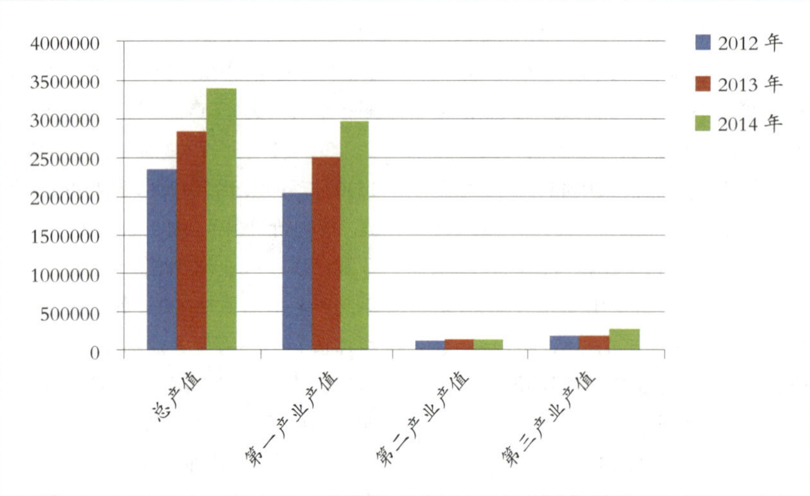

图 3　甘肃省林业产值三年增长变化情况

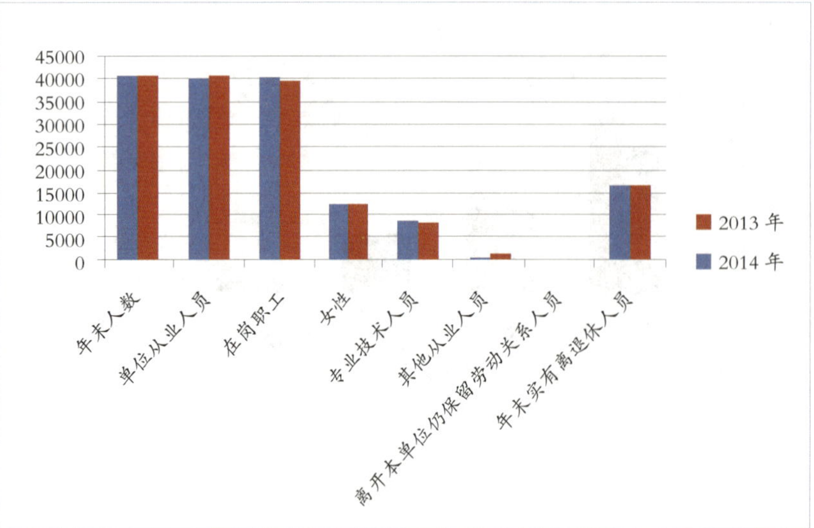

图 4　甘肃省林业系统人员和上年比较情况

2014年为85.5∶4.3∶10.2，与2013年相比较，第一产业和第二产业比重有所下降，第三产业比重上升。

【木材生产】2014年，全省生产木材40441立方米，31140立方米，与2013年相比增加9301立方米，其中原木生产38062立方米，薪材2379立方米，小杂竹1285吨。系统内国有林场、事业单位生产木材16529立方米，占40.87%；系统外企、事业单位采伐自营林地木材2132立方米，占5.27%；乡（镇）集体企业及单位生产木材1386立方米，占3.42%；村及村以下各级组织和农民个人生产木材20394立方米，占总产量的50.43%。2014年全省普通锯材产量13598立方米，人造板产量8095立方米，全部为木胶合板。

【经济林果业】2014年，全省各类经济林年末实有种植面积2111.70万亩，比上年增长3.96%。其中：水果种植面积636867公顷，占45.24%；干果种植面积428473公顷，占30.44%；林产饮料产品种植面积13207公顷，占0.94%；林产调料产品种植面积227133公顷，占16.13%；木本药材种植面积55993公顷，占3.98%；木本油料种植面积46127公顷，占3.28%。

2014年，全省各类经济林实有结果面积539787公顷，比上年增加6.56%。其中：水果结果面积358767公顷，占66.47%；干果结果面积168693公顷，占3125%；木本油料结果面积12327公顷，占2.28%。

2014年，全省各类经济林产量5479997吨，比上年增长12.73%。其中：水果产量5034935吨，占91.88%；干果产量278014吨，占5.07%；林产饮料产品产量1196吨，占0.02 %；林产调料产品产量49664吨，占0.91%；森林食品产量4665吨，占0.09%；木本药材产量93037吨，占1.70%；木本油料产量18198吨，占0.33%；林产工业原料产量288吨，占0.01%。

2014年，全省水果种植面积636867公顷，其中结果面积358767公顷，水果产量5034935吨，分别是2013年的104.26%、107.20%和112.17%。种植面积居前5位的是苹果、梨、葡萄、杏、桃，种植面积分别为449900公顷、70727公顷、43200公顷、41493公顷和13440公顷，占全省水果种植面积的比重分别为7064%、1111%、678%、652%和2.11%。按产量分，年产量居前5位的水果是苹果、梨、葡萄、桃、杏，产量分别为3912937吨、373682吨、349644吨、187520吨和115475吨，占总产量的比重分别为77.72%、7.42%、6.94%、3.72%和2.29%。

2014年，全省干果种植面积428473公顷，其中结果面积168693公顷，干果产量278014吨，分别是2013年的105.27%、105.21%和131.03%。种植面积居前5位的是核桃、枣、山杏仁、银杏和板栗，种植面积分别为336387公顷、47033公顷、19367公顷、13400公顷和8920公顷，分别占干果种植面积的比重为78.51%、10.98%、4.52%、3.13%和2.08%。按产量分，年产量居前5位的水果是枣、核桃、柿子、山杏仁和仁用杏，产量分别为151699吨、102911吨、14393吨、1470吨和1019吨，分别占干果产量的比重为54.57%、37.02%、5.18%、0.29%和0.37%。

截至12月底，全省花椒种植面积227133公顷，年产量49664吨。毛茶种植面积9907公顷，年产量1196吨。全省森林食品（干重）产量4665吨，主要为山野菜、食用菌和其他森林食品，产量分别为2429吨、2131吨和95吨。

2014年，全省木本药材种植面积55993公顷，产量93037吨，主要为枸杞（面积38340公顷，产量42692吨）、杜仲（面积9880公顷，产量205吨）和山茱萸（面积1293公顷，产量49吨）。

2014年，全省木本油料种植面积46127公顷（结果面积12327公顷），产量18198吨，其中油橄榄种植面积23100公顷（结果面积6667公顷），产量14322吨；文冠果种植面积15567公顷（结果面积3707公顷），产量1422吨。此外，2014年全省林产品原料产量288吨，其中生漆34吨，油桐籽51吨，五倍子189吨，棕片14吨。

【花卉产业】2014年末实有花卉种植面积1947公顷，比2013年减少25.32%。全省切花切叶产量12556.50万支，比上年增加24.63%。盆栽植物产量2505.20万盆，比上年增长79.80%。观赏苗木产量2862.73万株，比上年增长299.48%。草坪产量17.60万平方米，比上年增加53.98%。全省有花卉市场81个，比上年减少2个。花卉企业223个，其中大中型企业46个，与上年相比花卉企业增加13个，大中型企业增加4个。全省从事花卉产业的花农13300户，从业人员17501人，分别比2013年增加907户和增加1607人。在花卉从业人员中，专业技术人员1460人，比上年增加37人。截至12月底，全省有控温温室131.15万平方米，日光温室130.30万平方米，分别比2013年增加22.28%和减少6.59%。

【林业旅游与休闲产业】2014年，全省林业旅游游客达823.45万人次，旅游总收入63191万元，直接带动其他产业产值207816万元，分别比2013年增加13.47%，增长18.68%，增长9.15%。其中：林业旅游800.60万人次，旅游收入62396万元，直接带动其他产业产值207611万元，与2013年相比，林业旅游人数增加15.73%，收入增长22.04%，直接带动其他产业产值增长9.29%。林业疗养与休闲22.85万人次，旅游收入795万元，直接带动其他产业产值205万元，与2013年相比，林业疗养与休闲人数减少32.60%，收入减少62.47%，直接带动其他产业产值减少51.31%。旅游游客人均花费77元（2013年人均花费为73元），其中林业旅游游客人均花费78元（2013年人均花费为74元），林业疗养与休闲游客人均花费35元（2013年人均花费为62元）。

【人员与劳动报酬情况】截至12月底，全省林业系统共有1486个单位，其中企业单位6个，事业单位1281个，机关单位199个。（见图4）

2014年，全省林业系统年末职工总数40448人，比上年增加228人，增加0.57%。全省单位从业人员40345人，比上年增加214人，增加0.53%，其中：女职工11923人；非全日制职工5697人；专业技术人员8078人；在岗职工39349人；其他从业人员996人；离开本单位仍保留劳动关系人员103人（见图4）。

在岗职工按行业分：农林牧渔业29145人（其中林木育种育苗1579人，造林与经营管护23740人，木竹采运9人，经济林产品种植与采集206人，花卉及其他观赏植物种植9人，林业有害生物防治649人，森林防火264人，其他2689人，制造业1050人（全部为木材加工及木、竹、藤、棕、苇制品业）。服务业10160人（其中野生动植物保护和自然保护区管理2033人，林业工程技术与规划管理536人，林业科技交流和推广服务1734人，林业公共管理和社会组织4665人，其他行业1192人）。

2014年，林业系统在岗职工平均人数37200人，在岗职工年工资总额1429281600元，平均工资为38422元，比上年增长9.07%。年末实有离退休人员16366人，比上年增加14人，离退休人员年生活费总额554002655元，平均为33851元，比上年增长9.85%。

2014年，全省林业系统重伤和死亡事故，分别为2人次和4人（其中农林牧渔业2人，制造业1人，其他1人）。

【造林绿化】完成义务植树9355.4万株，新建义务植树基地420个；完成道路绿化9366公里，江河沿岸绿化376公里。推进沙化土地封禁保护区试点工作，实施封禁面积88700公顷。组织实施国家木材战略储备生产基地建设试点，完成张家川、民乐、漳县等2013年试点任务。

【林业建设项目】研究提出23个争取国家和省上支持的政策及项目建议书，争取项目资金。全年共落实中央和省级林业建设资金64.84亿元，其中中央投资47.93亿元，比2013年分别增长11.97%和31.91%。国家安排甘肃省林业重点工程建设和造林补贴建设任务

164533公顷，较上年增加营造林任务18380公顷，其中新一轮退耕还林工程建设任务43333公顷，任务量在全国排名第三；国家将环县等6个沙区县（区）纳入第二期沙化土地封禁保护补助试点范围，安排中央投资6000万元。制定印发《推进国家生态安全屏障综合试验区建设林业工作方案》，组织完成《“十三五”林业发展规划编制大纲》调研论证工作。加强林业项目库建设，已储备林业基础设施建设、科技推广等项目534个。全省森林管护和生态效益补偿面积达到8194000公顷，年补偿资金9.9亿元。开展森林抚育、森林保险、造林和林木良种补贴等工作。林业国际合作成效显著，9个在建外资项目进展良好，新增外资项目4个。

【林业改革】组织编制《甘肃省推进生态文明建设林业规划（2014–2020年）》，制定《甘肃省林业生态红线划定方案》。推进集体林权制度综合配套改革，截至12月底，全省累计流转林权219660公顷，办理林权抵押贷款33.04亿元，组建农民林业专业合作社1775个，农民利用承包林地造林257800公顷。兴办农家乐和森林人家2400户，实现林下经济产值64.95亿元。印发《关于促进民营林场发展的指导意见》，培育新型林业经营主体。制定《庆阳市国有林场改革试点实施细则》，完成庆阳市国有林场改革试点，国家确定将甘肃列入2015年全面推开国有林场改革省份。

【资源保护体系建设】《甘肃民勤连古城国家级自然保护区管理条例》正式纳入省人大立法计划。开展非法侵占林地和在自然保护区违规开发建设项目清理工作。全省共审核审批征占用林地项目195项，查处各类林政案件2950起，查处率99.43%。制定《甘肃省林地年度变化和林木采伐遥感监测试点工作方案》。开展“森林防火宣传月”和“森林防火宣传周”活动，重点火险期派出5个督查组对各地防火措施落实情况进行督查，组织开展培训演练及森林防火能力建设。组织实施国家级自然保护区管理能力提升工程，开展祁连山国家级自然保护区和武都裕河、玉门南山2个省级自然保护区范围及功能区划调整工作。开展沙尘暴预警监测、林业有害生物防治、野生动物疫源疫病监测防治、生态破坏事故防控等应急工作。

【林业富民产业】全省新增特色经济林果面积64787公顷，占年度计划任务40000公顷的162%；完成经济林果提质增效83180公顷，占年度计划任务80000公顷的104%。组织开展国家林业重点龙头企业申报工作，陇南市祥宇油橄榄开发有限责任公司、甘肃绿源农林科技有限公司被国家林业局认定为首批国家林业重点龙头企业。落实省列林果产业发展专项资金3700万元，在42个县区和单位实施示范基地建设；落实省级财政油用牡丹发展专项扶持资金500万元，加快油用牡丹产业发展进程。

【基础设施建设】林业棚户区（危旧房）改造工程稳步实施，2009–2014年实施的32882户林业棚户区（危旧房）改造任务，基本建成29306户，占建设任务的89%；主体竣工26115户，竣工率84%；实现入住21718户，入住率达到70%。争取国有林场建设资金，落实公租房建设任务5000户，中央投资2.1亿元，全部开工建设，基本建成3012户，完成省政府下达的建设任务。落实国有贫困林场扶贫中央资金1580万元，及时分解落实到兰州、白银等13个市（州）及白龙江林业管理局、小陇山林业实验局的41个林场。在203个国有林场、自然保护区、苗圃、森林公园实施的240处饮水安全项目全部完工，基本解决林区7.28万人的饮水安全问题。94个天保工程实施单位中，有57个纳入同级财政全额供给或参照事业单位平均工资标准供给，在岗林业职工的工资达到当地事业单位平均工资标准。五项社会保险参保率缴费率普遍提高。

【“双联”行动】联户干部累计入户3286人次，宣传政策628次，发放宣传资料9080份，参加群众7510人次；收集民情民意149条，调处矛盾纠纷22起；组织果树栽培、家禽养殖等科技培训69场次，培训农户4357人次。组织实施富民项目，在28个贫困村完成荒山造林487公顷，经济林果新植补植628公顷，道路绿化26.7公里，培育苗木33公顷。

省林业厅领导班子成员名录

厅　长　石卫东
党组副书记　火统元
副厅长　段昌盛　张　平
　　　　樊　辉　张肃斌
省森林公安局局长　张鹿鸣
纪检组长　李　智
省绿化委员会办公室副主任
　　　　陈浩文　郭　平（女）
省森林防火指挥部副指挥　刘锡良

（供稿：陈　瑱）

水利水务

【水利水务发展】2014年共落实各类水利项目投资计划114.13亿元，其中中央投资76.33亿元，分别较2013年增长13.2%和7.8%，再创历史新高。解决规划内180万和规划外26.83万农村人口的饮水安全问题，发展高效节水灌溉面积6.67万平方公顷，治理水土流失面积2017平方千米，新修梯田10.54万平方公顷，新增农村水电装机容量15万千瓦。

【水政】《甘肃省河道管理条例》于2014年12月1日起施行；《甘肃省石羊河流域地下水资源管理办法》于2014年3月1日起施行；《甘肃省取水许可和水资源费征收管理办法》于2014年8月1日起施行。省财政厅、省发展改革委、省水利厅、人民银行兰州中心支行联合制定《甘肃省水土保持补偿费征收使用管理办法》。《甘肃省农村饮用水供水管理条例》立法调研工作启动。推广武威市水政执法网格化管理做法。开展黄河兰州河道专项执法检查和“六打六治”打非治违专项行动，查处水事违法案件796件，化解省内外水事纠纷160件。

【水资源管理】2014年全省总供水

量120.80亿立方米，其中地表水工程供水90.62亿立方米，占75%；地下水工程供水27.86亿立方米，占23%；其他水源供水2.32亿立方米，占2%。全省总用水量120.80亿立方米（含非常规水源2.32亿立方米），其中生产用水113.77亿立方米（第一产业用水98.73亿立方米，第二产业用水12.54亿立方米，第三产业用水2.50亿立方米），占94.2%；生活用水4.69亿立方米，占3.9%；生态环境用水2.34亿立方米，占1.9%。覆盖省、市、县三级的“三条红线”指标体系正式建立。完成黄河、黑河、石羊河等主要河流年度水量调度任务。编制完成《全省水资源保护规划》《甘肃省地下水超采区评价报告》《甘肃省水资源公报》《水资源管理年报》。印发《甘肃省实行最严格水资源管理制度考核办法》。推进甘肃省国家水资源监控能力建设项目。全年征收省级水资源费20044万元，下达省级水资源费18365万元。

【水利规划】补充完善《黑河流域综合治理规划》。补充完善《甘肃省地表水过度开发和地下水超采区治理规划》，并上报水利部汇总。组织建立全省水利项目库及扶贫项目库，督促加强项目前期工作。成立甘肃省水利厅水利发展“十三五”规划编制工作领导小组，向水利部和流域机构报送全省水利发展“十三五”规划思路报告。

【项目前期工作】省政府成立省重大水利工程项目前期工作协调推进领导小组，省水利厅会同省发改委制定印发《甘肃省重大水利项目前期工作推进方案》。列入国家172项节水供水重大水利工程范围的引洮二期工程项目建议书由国家发改委批复，水利部将工程可研报告审查意见报送国家发改委。黄河干流甘肃段防洪治理工程可研报告通过水规总院审查。引哈济党工程项目建议书即将进入国家发改委审批程序。白龙江引水工程规划报告及环境影响、对下游的影响分析、重大工程技术问题研究、水资源配置等专题报告上报水利部。民勤红崖山水库加高扩建工程项目建议书由国家发改委批复。马莲河水库、青走道水库项目建议书正在编制。引黄济临工程可研报告经省发改委批复，初设报告通过审查。引大济西、甘肃中部生态移民扶贫开发供水工程规划报告经水规总院审查。完成引洮供水一期工程概算调整工作，省发改委批复。完成敦煌生态规划灌区改造及河道规束项目可行性研究报告及初步设计审批工作。配合水利部完成引洮济合工程初设审批工作。

【水利基本建设】重点水利工程　引洮供水一期工程7#隧洞胜利贯通，总干渠、干渠、支渠及配套工程全部完成，全线通水试运行。靖远双永供水工程完成17座泵站、净水厂、调蓄水池、渡槽主体工程建设任务。古浪黄花滩水利骨干工程全部完工并试通水运行。盐环定扬黄续建工程供水主管线、县城支管线及蓄水工程建成运行。完成积石山引水、引洮入潭、引洮（博）济合、引洮一期会宁北部供水、天祝县石门河调蓄引水、南阳山片下山入川生态移民供水工程、兰州新区供水引大渠道除险加固等项目年度建设任务。

石羊河流域重点治理　年度建设任务完成，蔡旗断面过水量3.08亿立方米，青土湖形成22平方千米季节性水面，地下水位埋深小于3米的旱区湿地面积达106平方千米。

敦煌水资源合理利用与生态保护　年度建设任务基本完成，党河水库下泄水量增加到1.06亿立方米，月牙泉周边地下水位下降趋势减缓。

黑河流域综合治理　黑河调水年度任务全面完成，莺落峡累计来水21.9亿立方米，正义峡累计下泄水量13.02亿立方米，东居延海保持水域面积40.8平方千米，实现连续10年不干涸。

病险水库（水闸）除险加固　庆阳市巴家咀大型水库完成除险加固任务并通过验收，新出现险情的双塔大型水库通过水利部安全鉴定复核，正在编制初设报告。嘉峪关市大草滩、山丹县李桥2座中型水库完成建设任务，新出现险情的高台县小海子中型水库完成初设复核，正在进行初设批复。新出现险情的12座小（1）水库完成初设审批11座，开工8座。50座重点小（2）型病险水库中，完工的46座通过财政部、水利部绩效评价。新增列的4座完工3座。56座一般小（2）型病险水库完工55座。列入全国规划的37座大中型病险水闸全部批复，开工建设33座，完工23座。

中小河流、江河主要支流和内陆河治理　列入全国2013—2015年规划的162个中小河流治理项目前期工作全部完成，启动实施110个、完工65个，新建、加固堤防1239千米、护岸216千米。推进31个江河主要支流和内陆河治理项目，其中新建项目21个、续建10个，计划治理河长489千米，建设堤防376千米，保护27.42万沿河居民和1.59万平方公顷农田防洪安全。

山洪灾害防治等项目　2013年天祝县冰沟、平凉市纸坊沟、清水县东干沟、积石山县刘集河等4条重点山洪沟道治理任务完成80%，2014年建设任务前期审批工作基本完成。推进2013—2014年洪水风险图编制项目建设管理工作有序。全省抗旱规划建设项目全面启动，展开65处抗旱引提调水源建设项目和5座小型水库的审查、招标等工作。启动实施国家防汛抗旱指挥系统二期工程甘肃项目。

【饮水安全】省政府将解决180万农村人口的饮水安全问题列为为民兴办的23件实事之一，项目在12个市（州）、68个县（区）和省农垦公司11个农场、省林业厅203个林场实施，全年建成集中供水工程1457处、分散供水工程1.1万处，解决规划内180万农村人口的饮水安全问题，全省农村自来水普及率达到75%。在临潭、临夏、武山、两当、山丹、通渭、东乡7县通过国开行贷款38亿元，解决规划外26.83万农村人口的饮水安全问题。实施9个“千村美丽”示范村项目，配套建设入户设施2392套。

【农村水利】创新采用项目申请、立项要件核备、设计施工总承包、电子地图四至坐标定位管理、建后移交制等“五项制度”，全省新发展高效节水灌溉面积6.67万平方公顷。组织实施12处灌区节水改造，12处大型泵站更新改造，59个小型农田水利重点县、5个牧区节水灌溉示范、4个规模化高效节水项目建设，恢复改善灌溉面积1.83万平方公顷。“五小水利”工程建设进度加快。2013—2014年冬春农田水利建设任务全面完成。

【旱情与抗旱】农作物受旱面积85.89万平方公顷，受灾面积56.27万平方公顷，90.68万人、39.76万头牲畜出现饮水困难。全省实行旱情信息动态管理，采取“四级联报”和周报制；全面检查农村饮水工程运行状况；开展拉运送水，协调部队给水团在肃南县牧区打井4眼，累计解决49.26万人、31.32万头牲畜的临时饮水困难。完成春灌38.53万平方公顷、夏灌98.67万平方公顷、秋灌63.03万平方公顷、冬灌86.33万平方公顷，全膜双垄沟播面积102.67万平方公顷，挽回粮食损失41.47万吨。

【汛情与防汛】汛期发生11次大范围强降水过程，全省12个市州46个县区199个乡镇34.14万人受灾，农作物受灾面积4万平方公顷，水毁堤防17.86千米、灌溉设施122处。汛前，省防指、省水利厅先后发出紧急通知31次，派出32路工作组对水库、重点河段、重点防洪城市防汛工作开展检查；督促各地落实行政首长负责制，严格备案和审批水库调度计划，完善水情报送机制。汛期对上下游水库水电站实行联合调度，各地坚持24小时值班值守，启动县级应急响应229次，派出抗洪抢险工作组393次，发送预警短信1.6万条，疏散转移群众237.06万人，减淹耕地7.72万平方公顷，避免粮食损失40.60万吨。

【灾后水利恢复重建】岷县“5·10”暴洪灾害灾后重建16个堤防项目完工14个。秦州区娘娘坝镇“7·25”特大暴洪灾害灾后重建防洪工程完成主体工程建设任务。岷县漳县6.6级地震灾后重建179个项目，完成初设批复134项，开工建设113项，完工49项。

【水土保持与梯田建设】实施国家水土保持重点建设工程、国家农业综合开发水土保持项目、全国坡耕地水土流失综合治理工程、中央预算内投资水土保持工程和甘肃省梯田建设项目，治理水土流失面积2017平方千米，新修梯田10.54万平方公顷（其中47个梯田建设重点县新修梯田10.07万平方公顷）。

【农村水电】完成小水电代燃料项目6个，水电新农村电气化建设项目14个；41座农村水电增效扩容改造项目加快建设，完成12座老旧水电站改造任务；新增农村水电装机容量15万千瓦。

【水利改革】成立全面深化水利改革领导小组及办公室，制定印发《甘肃省深化水利改革方案》。

水行政审批制度改革　现行行政审批事项由21项减少为12项，全部进驻省政府政务大厅集中受理，在原办理时限基础上一律压缩15%。调整下放部分农村饮水安全项目、小型农田水利项目、高效节水灌溉项目、生产建设项目水土保持方案审批权限，实行水利建设项目招标备案分级管理。

水权改革　水利部将甘肃省确定为全国水权改革的7个试点省份之一，省委省政府在疏勒河流域进行水权试点，搭建水权交易和管理平台，开展行业和用水户间水权交易。疏勒河流域水权试点方案通过水利部审查。酒泉、张掖、武威、白银、平凉、兰州等6市同步推进水权改革，编制工作方案，开展初始水权核定工作。嘉峪关市及酒钢公司开展水权交易尝试。

水价改革　国家发改委、财政部、水利部、农业部将民勤等5县（区）列为全国农业水价综合改革试点县，省政府成立水价改革试点领导小组，试点方案经水利部、省政府批复实施，试点工作全面启动。省水利厅、省发改委选择疏勒河灌区开展灌溉用水超定额累进加价改革试点工作。武威市全面实施差别水价。

水利管理改革　研究提出水管单位内部管理和经营分离，实行单独核算，推行绩效管理的意见。在武都区、白银区、凉州区开展小型农田水利设施产权制度改革试点。基本完成基层水利服务体系建设，全省组建县级水利工程建设管理站、质量监督站、基层服务站及抗旱防汛服务队1286个。

水利投融资体制改革　省水务投资有限责任公司班子组建并全面运营，开展全省农村饮水安全项目国开行贷款、资金的归集拨付等工作。控股的天水城区供水工程、兰州新区石门沟2号3号水库开工建设，与兰州新区和山丹、秦安、张家川、庄浪、清水等县签订水务一体化合作协议，探索实行政府与社会资本合作开展供水水源、供水运营、管网建设、污水处理等工程建设运营。

【库区移民】审核黄河干流堤防工程、小盘河水库、黑河黄藏寺水利枢纽、张掖红山湾水库等12个水利水电工程移民安置规划。落实大中型水库移民后期扶持政策，改善库区和移民安置区基础设施。批复实施贫困移民避险解困试点方案，引导扶持移民从事特色种植业和养殖业。

【水利信息化建设】中小河流水文监测系统项目加快建设，岷县、漳县地震灾后恢复重建水文设施项目开工建设。完善基层水文站网。水利信息共享互用平台上线运行，抗旱防汛骨干网改造完成。

【水利科技】开展水利部科技推广计划和“948”计划、省科技计划项目申报工作。配合水利部完成3个科研计划项目验收工作。开展水利科研成果评审奖励工作，31个水利科技项目获得省水利科技进步奖，4个项目获得甘肃省科技进步奖。推广灌区一体化智能量水及节水等10项水利技术项目，水利部批复在甘肃省设立3个水利技术推广示范基地。

【对外合作与交流】与澳大利亚开展水资源技术交流活动，引进全渠道控制系统技术。完成甘肃省水利行业利用外资情况的调查工作。参加中欧水资源管理交流平台有关活动。配合世界粮食计划署（WFP）官员对景电灌区WFP3355项目的实地考察。完成2项科技部国际科技合作计划项目。

省水利厅领导班子成员名录

厅　长　魏宝君

副厅长　杨成有　李　均　栾维功　何春三　陈德兴

纪检组长　王金城

（供稿：李国荣）

扶贫开发

【扶贫标准】2014年，按照《甘肃省2013年度扶贫对象建档立卡工作实施方案》，完成58个集中连片特困县和17个插花型贫困县、6220个贫困村、129万贫困户、552万贫困人口的建档立卡工作。制定《甘肃省建立精准扶贫工作机制实施方案》，提出精准识别、精准帮扶、精准管理、精准考核的工作要求。整合行业部门资源，向特困片带、贫困村、贫困户倾斜，集中力量扶贫攻坚，贫困地区在基础设施条件改善、富民增收产业培育、异地扶贫搬迁、金融资金扶贫支持、公共服务水平提升和劳动力转移培训等六方面。2014年，全省贫困人口由2013年底的552万减少到412万，减少140万人，减幅25.4%，比全国年均减幅（14.9%）高10.5个百分点。贫困发生率由2013年的26.6%下降到19.8%，下降6.8个百分点。全省农民人均纯收入由2013年的5108元增加到5736元，扶贫对象年均纯收入增幅高于全省平均水平。

【扶贫资金】2014年，财政专项扶贫资金总量为48.26亿元。其中中央财政专项扶贫资金36.76亿元（包括发展资金30.03亿元，“三西”专项资金2亿元，以工代赈资金2.47亿元，少数民族发展资金1.59亿元，国有贫困农场资金0.086亿元，国有贫困林场资金0.159亿元，残疾人康复贷款贴息0.0225亿元，中央“两州”专项资金0.2亿元，中央彩票公益金0.2亿元）；省级财政扶贫配套资金11.5亿元。省扶贫办管理安排的资金为34.88亿元，其中中央财政专项扶贫资金32.08亿元，省财政专项扶贫配套资金2.8亿元。

【基础设施建设】建成通村道路18657公里，建成乡镇公路停靠站点3987个，建制村通沥青（水泥）路比例达到68%。解决贫困地区400万农村人口的饮水安全问题，贫困地区自来水入户率达到75%。贫困村动力电覆盖率达到80%，电网可延伸地区全部实现通电。完成贫困户危房改造41万户，农村砖混、砖木住房结构比例达到80%以上。

【富民产业培育】贫困地区特色优势经济作物面积占全省总面积的91%；贫困地区农业产业化经营组织达到5443个，占全省的84%。草食畜牧业、设施蔬菜、优质林果、马铃薯、中药材、乡村旅游等特色主导产业收入占到贫困农户家庭经营性收入的50%以上。

【异地扶贫搬迁】按照《甘肃省易地扶贫搬迁工作指导意见》和《甘肃省易地扶贫搬迁实施规划（2013-2018年）》，遵循搬得出、稳得住、能发展、可致富的目标，坚持政策引导，实行安置方式多样化，利用村集体机动预留用地等方式解决安置区用地问题，累计完成6.1万户30.5万人的易地扶贫搬迁任务，占规划任务的27.2%。

【金融扶贫支持】支持引导各类金融机构在贫困地区延伸服务网点、加大信贷投放、强化金融服务。在实现金融机构在贫困乡镇全覆盖的基础上，累计投放村级自助终端服务设备5.5万个，金融便民服务延伸到每个贫困村。累计投放双联惠农贷款91亿元，改善贫困群众发展产业资金短缺的现状。全省金融机构对贫困地区贷款累计2517亿元，同比增加27.4%。

【公共服务】农村九年义务教育巩固率达到87%，建制村标准化卫生室覆盖率达到55%，标准化文化活动室覆盖率达到10%，新农合参合率达到98%。

【职业技能培训】按照《甘肃省贫困地区劳动力教育培训工作方案》和《甘肃省贫困地区10万名“两后生”学历型职业技能培训工作方案》，组织开展“两后生”学历型职业技能培训、青壮年劳动力技能培训、贫困地区妇女家政服务培训、甘闽创业致富带头人培训、电子商务等培训工作，完成各类培训100多万人。

【扶贫攻坚机制创新】创新扶贫项目和资金监管机制；改革贫困县考核评价机制；建立精准扶贫工作机制；完善金融扶贫机制；健全驻村帮扶工作机制；创新社会参与扶贫开发工作机制；建立贫困县退出机制。

【社会扶贫】2014年，定点对口帮扶方面，36个中央国家机关、企事业单位定和大学点帮扶甘肃省43个贫困县，投入帮扶资金和实物共1.187亿元；东西扶贫协作方面，天津援助甘肃省帮扶资金6998万元，厦门援助甘肃省临夏州帮扶资金3300万元。成立“社会扶贫爱心捐助基金会”。组织开展首个“扶贫日”活动。

省扶贫办领导班子成员名录

主　任　周兴福

副主任　刘　斌　苏振祥　王　军
　　　　张　森　李隆基

纪检组长　王瑞堂

金融业

金融管理

【贷款与融资】人民银行总行先后5次调增甘肃地方法人金融机构信贷规划，2014年地方法人金融机构信贷规模同比增加467.85亿元，地方法人金融机构新增贷款突破1000亿元大关，净增额达1059.1亿元。全省金融机构新增各项贷款2231.21亿元，比上年多增621.62亿元，是甘肃历史上新增贷款最多的一年，使全省贷款增量首次超过存款增量。全省人民银行累计发放支农再贷款223.48亿元、支小再贷款15亿元、办理再贴现113.01亿元，三项累计较上年多投放52.58亿元，是甘肃历史上使用央行资金最多的一年。截至2014年底，全省小微企业贷款余额达到2405.35亿元，增长35.22%，位居全国前列。全年新增小微企业贷款626.46亿元，比上年多188.9亿元。保障性住房贷款余额183.91亿元，增长2倍多，全年新增贷款123.31亿元，占房地产开发贷款增量的56.21%。全省妇女、助学、失业贷款余额分别为25.2亿元、38.85亿元、32.47亿元。全省涉农贷款余额到12月底达到4141.87亿元，同比增长243%，增幅位居西北五省区第一；全年新增807.94亿元，比上年多116.35亿元。实施“金融扶贫攻坚行动”，建立六盘山区、秦巴山区和四省藏区“三大片区”金融扶贫合作机制。截至12月底，全省“三大片区”贷款余额达到3312.63亿元，同比增长25.05%，全年新增贷款681.06亿元，比上年多增104.11亿元。协调兰州市率先在全国成功发行保障性住房私募债券25亿元，全省在银行间债券市场累计融资量突破1500亿元，达到1514.3亿元，仅2014年融资达389亿元，同比增长8.9%，债券发行总量居西北五省区前列。

【金融风险防控】组织做好《存款保险条例（草案）》征求意见工作。加强对全省70家“三农金融事业部”的日常监测及现场督查。调查390家非金融企业债务融资及偿债能力风险状况，跟踪白银市地方政府平台违规融资、天水星火机床厂信贷违约情况。对全省113家银行业金融机构同业业务规范情况及15家农村合作金融机构稳健性状况开展现场督查评估。指导市州中心支行围绕跨市场交叉性金融风险等开展突发金融风险事件应急演练活动，提高全省人民银行应急反应及协调处置能力。组织全省市州中心支行开展打击非法集资宣传教育，配合省金融办、省工商局通过账户核查系统，对全省3825家投资公司的账户情况进行摸底，对辖内金融稳定再贷款现状及资产质量进行全面清查，妥善处理解决部分市州遗留问题，督促临夏州中心支行加快推进解放路信用社资产处置进度，依法维护中央银行资产安全。

【金融服务】制定外汇支持兰州新区综合保税区建设的指导意见，全力争取外汇倾斜政策，国家外汇管理局将甘肃省2014年短期外债余额指标调增至7200万美元，较2013年翻了一倍多。2014年全省实现跨境人民币业务收付180.70亿元，同比增长94.3%，参与企业和金融机构同比增长55.6%和64.3%，切实发挥“服务涉外、服务实体”作用。在全国率先自主研发《县域经济金融数据库系统》，共收录自1949年以来全省14个市州和86个县（区）信息120多万条，涵盖人口、国民经济、工业经济、农业经济、社会消费、人民生活、固定资产投资、财政、物价、外贸、金融等数据指标17类484项，形成一整套系统反映甘肃县域经济金融发展历史状况的宝贵信息资源，荣获全国银行业科技发展大三等奖并在全国人民银行系统推广，为全省各级党委政府科学决策提供宝贵支持。充分发挥“政府银行”的职能作用，在保证全省财政资金正常支付的情况下，积极协助财政部门盘活财政资金存量，全年累计盘活123亿元作为支持甘肃经济发展的可用资金，提高财政资金的使用效率，为全省财政资金增值发挥积极作用。

【社会信用体系建设】协助起草《甘肃省社会信用体系建设“十三五”规划》。指导辖区59家村镇银行、小额贷款公司、融资性担保公司等小微金融机构接入信用信息基础数据库。推广个人信用报告互联网查询平台和应收账款融资服务平台，为社会公众和企业提供更为便利的信息服务，截至2014年末，数据库共收录全省企事业单位10.82万户、自然人1570万，分别增长11%和3%。完善中小企业和农村信用体系，推广信用信息管理系统，征集小微企业信用信息4.23万户，其中超八成获得贷款共2308亿元。建立农户信用档案409.59万户，其中320万户获得贷款1032亿元。开展信用档案建设、信用评级和信用村镇创建工作，年末累计评定信用村4129个、信用乡镇277个、信用农户349.24万户。加大信用培育力度，举办专题培训15次，受训企业机构1000余户，增加35%，为近五年最多。推进信用评级市场化，指导评级机构对19家小贷公司、融资性担保公司开展信用评级。对辖内征信评级机构进行评级报告质量评审。截至2014年末，协调和推动871户企业参与信用评级，参与企业数为历年最高。

【金融管理与执法检查】高效履行法律赋予的金融管理职责，共受理89个金融机构加入人民银行金融管理与服务体系申请163项，对32家机构开展现场核查，对62家机构开展年度综合评价。全省共收到金融机构报送重大事项991项，比去年同期增加170项，及时反映辖区金融机构经营情况及风险状况。推进地方法人机构洗钱风险评估和金融机构客户分类管理，指导工商银行、中国银行、农业银行成立反洗钱中心，对光大银行、人保财险等24家机构的160多家分支机构开展反洗钱专项现场检查，各金融机构洗钱风险防范能力进一步提升。制定甘肃省保险业金融机构反洗钱风险控制指引，强化对保险金融机构的监管。全年协助省公安厅、检察院、禁毒办等部门完成反洗钱行政调查和案件协查19起，调查可疑账户300多户，涉及可疑交易资金约30多亿元，连续两年被甘肃省禁毒委评为禁毒工作“先进单位”。2014年，组织全省人民银行611人开展行政执法资格法律培训考试，为符合条件的465人办理《中国人民银行执法证》。开展全省人民银行行政执法专项检查，对执法职能部门、皋兰县支行、白银市中心支行进行现场抽查。组织对工商银行、邮储银行、交通银行甘肃省分行，浦发银行兰州分行等116家分支机构开展综合执法检查，对其他55家银行、证券期货业、保险业金融机构及工商企业开展相关业务专项执法检查。加强对基建项目、民事合同等各类法律服务项目的合法性审查。

【金融消费权益保护】在甘肃省14个市州统一开通中国人民银行12363金融消费权益保护咨询投诉电话，在全省市县级商业银行营业网点布放12363电话公示牌。全省人民银行全年接受金融消费咨询1040起，受理投诉135件，都得到较为合理的处置。组织各市州中心支行和银行业金融机构集中开展银行卡领域金融消费权益保护专项检查，对交通银行甘肃省分行、建设银行各市州分行共53家分支机构开展现场检查。组织各市州中支对全省119家银行业金融机构开展金融消费权益保护工作自评估和现场检查工作。

【贷款贴现与债券发行】严格执行民贸民品生产贷款贴息政策，认真审核企业贴息申请资料，对出现的新情况、新问题及时上报总行。2014年，全省人民银行累计发放再贷款、再贴现357.49亿元，其中累计发放短期再贷款6亿元；累计发放支农再贷款223.48亿元，同比增加24.24亿元；累计发放支小再贷款15亿元；累计办理再贴现113.01亿元，同比增加13.35亿元。做好2013年农业银行改革试点县级“三农金融事业部”考核有关工作。对农业银行甘肃省分行40家考核达标县级三农金融事业部执行比农业银行低2个百分点的优惠存款准备金率。执行比例考核办法有关存款准备金激励约束措施。对考核达标的县域法人金融机构执行比同类金融机构正常标准低1个百分点的存款准备金率。要求相关金融机构对执法检查中发现的问题进行整改，对欠缴法定存款准备金的金融机构依法进行处罚。加强对金融机构流动性变化情况的监测分析。对甘肃银行申请加入银行间同业拆借市场相关资料进行审核，对辖区内2家银行间债券市场成员进行专项检查。2014年，全省银行间债券市场成员债券交易累计成交额51757.59亿元，较上年同期增加18717.28亿元，同比增长56.65%；累计签发银行承兑汇票1597.13亿元，同比增长0.55%；全省金融机构累计办理票据贴现1991.26亿元，同比减少10.49%。继2013年1家企业首次发行保障房私募债25亿元后，2014年甘肃省又有2家企业成功发行41亿元。截至12月底，全省企业在银行间债券市场累计发行各类债券1514.3亿元，其中2014年全年发行债券389亿元，同比增长8.9%。

【外汇管理】2014年，制定《甘肃省分局货物贸易敏感样本企业库外汇管理制度》，选择全省50家货物贸易跨境收支规模较大的企业纳入敏感企业样本库并进行重点监测。对资金流与货物流不匹配情况进行持续跟踪监测，将93家企业列入重点监测企业。监测非贸易外汇业务数据11万笔，向银行发布异常纠改信息600余条。对辖内法人银行报送的数据开展非现场核查。推广跨境资金流动监测与分析系统、服务贸易外汇监测系统、资本项目信息系统二期、保险外汇报表系统上线运行。对18家进出口企业进行现场核查，将15家A类企业等级降为B类，督促企业依法合规经营。加大对个人分拆结售汇业务的监管力度，向外汇指定银行进行风险提示6次，涉及47人次，金额200.8万美元，向检查部门移交可疑线索1笔，涉及金额83.28万美元。5月和10月，分别对农业发展银行和工商银行资本项目外汇业务进行现场核查，指导和督促银行对业务办理过程中存在的问题进行整改。向总局争取到短期外债余额指标7200万美元，较2013年增长125%，分别为金川集团、酒钢宏兴、白银公司、甘肃银行分配5500万美元、1000万美元、500万美元、200万美元。为三家中资企业陆续核定4000万美元、7亿元人民币和10亿元人民币的指标额度，占到全省总额度的67%。审核办理31家金融机构加入外汇账户管理系统、个人结售汇系统、资本项目信息系统，审核批准中国大地财产保险嘉峪关中心支公司继续经营外汇财产保险业务，审核批准中国人民财产保险股份有限公司酒泉市分公司经营外汇财产保险业务。

【涉外收支与管理】2014年，全省境收付总额161.7亿美元，同比增长15.4%，银行结售汇总额47.7亿美元，同比下降26.2%，进出口总值86.5亿美元，同比下降15.4%。完成新版《涉外收支交易分类与代码和行业属性代码》和《对外金融资产负债及交易统计制度》在全省的推广实施。撰写上报《2013年甘肃省外汇收支运行报告》。定期发布全省外汇形势分析、进出口分析报告，全省银行结售汇和跨境收付数据，外汇收支统计季报和涉外企业调查专报，提高了外汇数据共享度和透明度。按季组织召开全省外汇形势分析座谈会，加强与海关、商务等部门的合作和信息共享。强化银行国际收支申报、结售汇业务现场核查，延伸涉外企业核查。严格执行国际收支统计数据非现场核查差错确认反馈制度，通过非现场监测，对国际收支申报错误率高的银行进行重点核查，促进国际收支统计数据差错率不断下降。不定期调研银行外汇业务开展情况，了解全省银行外汇交易品种、交易方式、外汇资金运营情况及业务发展中存在的困难。

【外汇市场优化与检查】削减行政审批事项3大类，将申请备案办理时限由20个工作日缩减为5个工作日，促进贸易投资便利化。强化银行结售汇综合头寸管理，将头寸下限与银行外汇贷存比挂钩，督促银行逐步调整经营模式，促进全省国际收支基本平衡。开展2014年银行执行外汇管理规定情况的考核，对不同类银行实施区别管理，激励银行严格、主动落实各项外汇管理政策。支持金川集团开展跨国公司外汇资金集中运营管理业务，提高公司资金使用效率，降低资金成本，规避汇率风险。制定出台《国家外汇管理局甘肃省分局关于外汇政策支持兰州新区综合保税区建设的指导意见》，全方位、多层次支持兰州新区综合保税区建设。对工商银行、邮储银行和浦发银行3家银行共67家分支机构开展外汇业务合规性现场检查，对中国银行省分行及其19家分支机构外汇业务开展专项检查，对发现的外汇违法违规行为依法进行处罚。在全省范围内组织开展打击虚假转口贸易专项检查，重点查验12家企业转口贸易的真实性，并对办理转口贸易业务的银行开展延伸检查，遏制异常资金通过转口贸易渠道流动，共核验单证1970份。与兰州海关缉私局共同签署《打击走私和外汇领域违法犯罪合作备忘录》，与税务部门建立长效协作机制。组织银行召开外汇检查情况通报会，及时提示违规问题和业务风险，督促银行严格遵守各项外汇管理政策。全年，查处外汇违规案件23起，行政罚款83万元人民币。积极组织中心支局利用总局提取和下发的数据，对工商银行甘肃省分行开展非现场检查，积极探索利用下发银行数据进行检查的方式方法。组织各中心支局积极开展自主非现场检查，提高线索查找和精准打击成效。全年共向总局上报违规或可疑线索45条，线索查找和精准打击成效显著。完成总局下发48条线索的延伸检查，对26条线索涉及违规主体进行处罚，查实率达54%。

【征信管理】推进小微企业和农村信用体系试验区建设，平凉市和庆阳市分别被确定为总行级小微企业和农村信用体系建设试验区，推动定西、庆阳市中心支行自行研发农户信用信息管理系统在全辖推广应用。继续开展信用档案建设和信用等级评定，累计为4万多户小微企业和410万农户建立信用档案，其中4.32万户小微企业和320万户农户分别获得银行贷款2308亿元和1032亿元。组织开展对辖内5家金融机构《条例》执行情况现场检查，对发现的问题提出明确的整改要求，并对违规行为进行了处罚。加强信用评级管理，完善备案管理制度，加强事中、事后监测，指导培育1家地方法人信用评级机构，推动全省871家借款企业和担保机构参加外部信用评级。严格落实《征信投诉办理规程》及12363金融投诉电话相关制度规定，规范征信投诉与维权工作。受理的征信异议申请都能得到及时有效处理，全省全年未发生征信异议诉讼事件。全省第一批共53家两类机构率先以互联网方式接入征信系统，得到总行通报表扬。开展村镇银行接入工作，全省首批申请接入的6家村镇银行已完成征信接口程序测试和现场验收，正式接入征信系统。第二批10家村镇银行申请资料通过审核。对接入机构实行数据质量承诺制度，与已接入征信系统的59家小微机构分别签订《甘肃省小微机构征信数据质量和应用管理承诺书》。

在服务大厅配置抽号机、电子触摸屏等设备，为消费者提供满意的征信服务。推广个人信用报告互联网查询平台，全省申请注册用户4万余人，通过验证用户3.27万人，通过互联网查询个人信用报告8.89万次，满足了社会公众的查询需求，有效缓解了人民银行柜台查询压力。2014年，全省人民银行直接受理本人查询12.89万次，比上年增长91.42%。召开金融机构联席会议、分层次举办平台业务推广培训班和现场推进会、编发宣传册和宣传折页等方式，在全省扎实推广应收账款融资服务平台。全省各类机构共注册用户1089个，成交业务87笔，金额12.29亿元，三个季度分别位列全国第11、第9和第12名。建立“甘肃征信”微信公众平台，面向社会公众开展征信法规制度、最新前沿动态、征信业务办理、征信理论知识的宣传。联合省委宣传部，在甘肃省和兰州市电视台共计10个频道黄金时段循环播放征信公益宣传片和宣传口号，拓展征信宣传的深度和广度。抓住“两会”“3·15消费者权益保护日”“5·15打击和防范经济犯罪日”“6·14信用关爱日”等有利时机，组织开展征信宣传活动。与兰州商学院签订《征信教育长效机制协议书》，指导甘南州中心支行与甘肃民族师范学院、天水市中心支行与甘肃林业职业技术学院分别签订协议书，开设征信必修或选修课程，推动征信教育长效机制在高校的建立。开展征信文化建设，参与总行征信文化理论研究论证，组织全省人民银行征信系统开展征信文化建设实践活动。

【货币发行与反假货币】2014年，全省发行基金投放量、回笼量同比分别增长4.73%和3.56%，全年发行基金投放量首次突破千亿元大关。组织做好甘肃重点库、兰州分库、兰州市中心支库发行基金调运工作。加大小面额货币投放和券别调剂力度，认真做好全省发行库券别品种单一化管理。开展小面额人民币供应长效机制宣传活动，顺利完成2014年贺岁普通纪念币、“和”字书法（草书）普通纪念币共二套两枚的发行工作。严格执行发行库管理规章制度，健全发行库标准化管理长效机制。对全省12个市、州中心支库和33个县（区）支库进行突击检查，检查面分别达到100%和99%。组织上报《关于中国人民银行陇南市中心支行灾后重建发行库及库务用房初步设计方案的请示》《中国人民银行陇南市中心支行灾后重建发行库现代化设施设备同步建设方案》。组织人员对全省459个银行业金融机构营业网点的人民币收付业务、残损人民币和小面额货币兑换、现金管理工作进行现场检查指导。按季度组织人员对全省已批准的7家经营、装帧流通人民币企业进行全面检查。加强与海关部门的沟通联系，开展跨境人民币现钞业务管理和调研。

组织全省15家银行业金融机构建立了甘肃省银行业金融机构反假货币联络机制，制定《甘肃省银行业金融机构反假货币联络会议工作制度》。5月至6月，组织全省人民银行和各金融机构开展“2014年反假货币宣传月”活动，组织承办全国“反假货币宣传进校园活动”启动仪式。9月5日，国务院反假货币工作联席会议办公室“2014年全国反假货币宣传进校园”活动在甘肃省定西市南鹰希望小学正式启动，甘肃省反假货币联席会办公室在全省范围内选择100所中、小学校同步开展反假货币进校园宣传活动。2014年，人民银行兰州中心支行组织对全省459个银行业金融机构营业网点的假币收缴业务、假币收缴程序、持证上岗情况进行现场检查，进一步规范了商业银行假币收缴行为。

【国库组织与管理】2014年底，全省共有国库机构113个，其中省分库1个、市（州）中心支库14个、县（市、区）支库97个、人民银行经理县（市、区）支库81个、商业银行代理中心支库1个、县（市、区）支库15个、乡镇金库1个（人民银行经理）。当年新增金昌经济技术开发区支库，业务由金昌市中心支行经理。甘肃省全辖共有国库人员547人，其中：人民银行经理国库人员483人，商业银行及信用社代理国库人员64人。全省共办理预算资金收支存退及更正业务886万笔、金额7058亿元；办理各级预算收入1234.54亿元，地方预算支出2641.12亿元，同比分别增长7.90%、13.80%。联合省财政厅和工商银行、农业银行、中国银行、建设银行、交通银行、招商银行等6家商业银行，历经4个月的联调测试，11月11日甘肃省国库集中支付电子化管理系统成功上线运行。2014年各级国库通过TIPS办理电子缴库业务127.90万笔、金额613.22亿元，其中：POS机刷卡缴税37.17万笔、金额41.53亿元，电子缴库业务量占税收收入比重达到63.90%。组织兰州和白银两地试点上线运行TIPS电子退库、更正、免抵调业务，目前全省TIPS电子缴税已涵盖全部业务种类。

2014年全省共组织发行凭证式国债四期8.05亿元，兑付国债本息款项合计57018元。加大国债业务现场检查力度，按季对国债代销机构进行考评，积极受理、答复有关国债投资等方面的咨询和投诉，切实维护国债投资者的合法权益。2014年各级国库共发现和纠正不合规业务2329笔、金额17.90亿元。组织对4个市（州）中心支库和兰州市辖区4个县（区）支库进行实地业务检查，对全省16家商业银行代理支库进行现场检查，对邮政储蓄银行、浦发银行、工商银行、交通银行等4家银行83个机构的国库经收业务、集中支付业务、国债管理业务开展综合执法检查，督促并及时纠改存在的问题，对违规的被查机构给予经济处罚43万元。

2014年全省共有11个市（州）中心支库本级、28个县（区）支库发生国库直拨业务，累计通过“国库直通车”拨付“粮食补”“农综补”“低保补”等各类政府补助资金116项，共计106.27万笔、金额50.52亿元。全年改征增值税累计入库23.70亿元。截至12月底，全省共有省级2060个、市县级12311个预算单位纳入国库集中支付改革，各级国库通过集中支付办理库款支拨业务90.85万笔、金额1082.76亿元。

制定下发《甘肃省国库会计标准化管理办法》。开展国库参与财政部门存款账户核准管理制度创新试点工作，全省有8个市、州中心支库联合财政部门制定相关的财政、预算单位银行账户管理办法，全年合计参与核准开立账户232个、拒绝办理账户134个、清理撤销账户727个。全年共有41篇调研在省部级以上刊物发表，其中：核心期刊3篇，中央级期刊7篇，5篇调研及信息在总行《国库情况反映》刊登，6篇国库监管案例被《国库监督典型案例分析》一书收录。

【支付与清算】2014年，支付系统兰州城市处理中心共处理支付业务3734.48万笔，金额31.68万亿元。其中：大额支付系统处理业务1307.99万笔，金额31.36万亿元；小额支付系统处理业务2259.79万笔，金额3238.83亿元；全国支票影像交换系统处理业务301笔，金额3553.21万元；电子商业汇票系统处理业务5392笔，金额226.54亿元；网上支付跨行清算系统处理业务166.17万笔，金额161.88亿元。9月22日，第二代支付系统在辖内3家法人银行机构顺利上线运行。ACS（中央银行会计集中核算系统）顺利推广上线运行。研究制定《甘肃省中央银行会计集中核算管理规定实施细则》等3项制度，举办3期ACS业务培训班。

截至2014年12月底，全省共办理各类柜面业务9.92万笔，业务处理成功率达到98.37%。牵头开展对工商银行甘肃省分行及其14个市州59个网点的综合执法检查，配合做好对邮储银行甘肃省分行、浦发银行兰州分行39个网点机构的支付结算专项检查，全面检查上海汇付数据服务有限公司等4家支付机构，对易宝支付有限公司等4家机构甘肃分公司完成审查备案，对违规发行受理多用途预付卡的4家支付机构提出整改要求，受理12363咨询投诉，办结率达到100%。2014年，辖内新增电子商业汇票系统参与者25家。制定下发《甘肃省全面推进深化农村支付服务环境建设实施意见》，研究制定《关于严格规范银行卡助农取款服务点管理的通知》。引导涉农银行机构在甘南藏区、陇南秦巴山区投入“三农金融服务流动车”。截至2014年末，全省农村地区累计设立助农取款服务点2.10万个，当年发生各类交易1.18亿笔，交易金额161.17亿元，笔数、金额较年初分别增长7.80倍和2.30倍。布放ATM机5946台、POS机7.38万台。电话银行、手机银行和网上银行的用户数量较年初分别增长4.60倍、25.70倍和69%，电话银行和手机银行的交易金额较年初分别增长1.30倍和13.90倍。

2014年全省新开立单位银行账户6.45万户，撤销、变更3.46万户。组织兰州辖区15家银行机构的50余名账户专管员参加培训考试，合格率达到99%。全年协助法院、公安等单位查询银行账户4.50万个。组织辖内银行机构对人民币同业结算账户开立情况进行全面核实，协助省财政厅完成省级预算单位银行结算账户核实清理工作，开展全省投资公司、小额贷款公司银行结算账户清查，共查询各类账户1.20万个。制定下发《甘肃省银行卡收单业务管理办法实施细则（试行）》等制度，举办“银行卡收单业务规章制度培训班”2期，培训人员190余人。联合省商务厅、省公安厅及相关发卡机构积极开展银行卡宣传活动。至12月底，全省累计发行银行卡6998.17万张，较年初增长14%；办理各类银行卡业务74556.25万笔、金额50364.49亿元，同比分别增长18.40%和1%；票据业务交易金额19471.62亿元，同比增长3.10%。

【电子结算】截至2014年12月底，兰州市参加同城票据交换的单位达616家，全年清分票据137.30万笔，金额4101.40亿元，日均清分清算各类票据6049笔，日均金额18.07亿元。加大对商业银行票据从业人员的培训力度，规范办理票据业务。建立票据交换联系协调反馈机制，开设兰州辖区票据交换热线电话。创新业务准入管理，维护票据交换秩序，全年电子结算中心审核准入直接交换单位21家，退出交换5家，实地验收网点10余次。深化速递业务管理，确保安全生产运行，2014年，结算中心共出动速递车辆12000余台（次），变更速递线路19次，累计行驶路程达30万千米，未发生车辆安全事故。细化中转站管理，提升票据速递效率，全年兰州辖区共设置42个票据交换中转站，年内对各中转站检查辅导16次，对3个中转站进行主动调整。开展票据交换系统技术维护，及时更新票据清分系统账户库和病毒库，加强对机房环境和业务系统运行的监控。组织开展2014年度票据交换系统突发事件应急处置模拟演练，演练日共处理提出票据1588笔，票据金额达2.15亿元，经验证准确率达100%。

中国人民银行兰州中心支行领导班子成员名录

行　长　罗玉冰

副行长　李寿龙　张立民

　　　　李文瑞　马常青

纪委书记　陈文武

工会主任　白克荣

（供稿：宋雨瑶）

银行业监督管理

【业务运营】截至2014年底，全省银行业总资产达到19139.89亿元，同比增长17.84%；总负债达到18373.41亿元，同比增长17.24%；全省银行业金融机构各项贷款余额达11077.58亿元，同比增长25.55%；各项存款余额13648.05亿元，同比增长15.57%。

【银行业改革】制定《银行业改革工作规则》。督促农业发展银行准确把握政策性业务范围和边界，加强农业以及社会薄弱环节的信贷支持；支持开发银行坚持开发性金融机构定位，完善开发性金融运作模式；推进国有商业银行增加基层网点；研究邮储银行二类支行改革中出现的新情况、新问题，推进二类支行改革；引进民生银行在兰州设立分行，鼓励和支持甘肃银行、兰州银行在市县（区）设立营业网点；推动农村合作金融机构股份制改造。鼓励和支持民间资本投资入股金融机构和参与金融机构重组改造。在确保全省现有16家村镇银行、4家农村资金互助社稳健运营的基础上，支持兰州银行发起设立2家村镇银行。实施基础金融服务“村村通”工程，督促设立便民金融服务点2537个，行政村简易便民服务网点和流动服务网点10799个，利用移动终端、乡村超市POS终端、自助设备等技术，使各类电子机具对行政村覆盖率达到85%。督促银行业金融机构建立覆盖非信贷和表外资产的全口径分层次的质量分类、资本占用和风险报备等制度。

【服务经济发展】支持有色冶炼、石油化工、装备制造等传统产业的改造升级和新能源、新能源装备制造、新材料、生物医药和信息科技等战略性新兴产业发展。推动专营支行建设，搭建小微企业金融服务平台，探索推行“银行+商会+商户”新型贷款模式，推出“惠企通”“陇药通”等多种小微企业融资服务品牌。推进“金融服务进村入社区”工程，督促银行业金融机构增设分支机构、设立流动服务站、布放“三农”自助设备。推进“阳光信贷”工程，开展信用村、信用户评级，简化贷款流程，加大农户小额信用贷款推广力度。推进“富民惠农创新工程”，推广微贷技术，探索土地承包权、宅基地使用权等抵质押融资试点。

【重点风险管控】加强对重点区域、重点行业和重点客户的风险排查。在平台贷款风险防控方面，加强全口径风险管理，健全和落实台账制度，持续关注负债率偏高、财政实力相对较弱的市县级平台。在房地产贷款风险防控方面，认真落实房地产调控政策，严格开发企业和合格土地储备机构“名单制”管理，定期开展压力测试。在流动性风险管理方面，认真执行商业银行流动性风险管理办法，主动加强负债管理，开展流动性压力测试。在案件风险防控方面，层层签订案防工作责任书，开展对案件风险尤其是员工异常行为情况的动态排查，推进物防、技防、人防建设，全辖银行业金融机构实现零案件目标。成立信息科技监管处，组织开展信息科技监管评级和软硬件产品缺陷信息排查，组织开展网络应急切换演练。

【监管效能建设】取消下放的3类、13项行政许可事项，做好取消行政许可审批项目的落实和下放管理层级行政审批项目的衔接工作。规范审批行为、统一标准和流程，对同质同类准入事项协调一致，下放内部审批权限，减少行政许可审批环节，简化社区和小微银行行政审批流程。推广银监局版EAST系统应用。建立关键指标确认制度，完善异常变动报告制度，推进数据质量监管联动，开展数据质量《良好标准》评估。前移准入监管关口。组织开展金融知识进村入社区活动。调整部分银行业金融机构拟任高管人员考试成绩合格线。

中国银行业监督管理委员会甘肃监管局领导班子成员名录

局　长　谢　凝（12月止）

　　　　冷云竹（女12月任）

副局长　贾　锐　柳　楼

　　　　刘爱平（女）　王振中

纪委书记　董友周

（供稿：孙国泰）

保险监督管理

【保险业基本情况】2014年，全省累计实现原保险保费收入208.44亿元，同比增长15.7%，增速同比提高2.23个百分点，总体实现平稳较快增长。其中，产险公司保费收入85.41亿元，同比增长19.42%；人身险公司保费收入123.03亿元，同比增长13.26%。累计发生赔付支出84.42亿元，同比增长25.74%。其中，产险公司赔款支出40.97亿元，同比增长20.93%；人身险公司赔款及给付支出43.45亿元，同比增长30.64%。全省保险市场主体达到24家，其中产险公司12家，寿险公司12家；保险专业中介公司31家。全省责任险实现保费收入3.45亿元，同比增长20.98%。

【产险市场】2014年全省产险公司实现承保利润6.53亿元，同比增长27.75%，承保利润率为9.14%，高于全国平均8.36个百分点，较上年同期提高0.54个百分点，连续6年实现盈利。

全年累计实现原保险保费收入85.41亿元，同比增长19.42%，低于去年同期4.72个百分点，高于全国平均3.01个百分点，增速排名全国第9位；产险公司共发生赔付支出40.97亿元，同比增长20.93%，全行业综合赔付率为55.68%，较上年同期下降0.14个百分点；全行业应收保费5.52亿元，同比增长76.28%，应收保费率（公司平均）为5.36%，较上年同期下降1.62个百分点；实现承保利润6.53亿元，同比增长27.75%。

分险种来看，车险累计实现原保险保费收入61.94亿元，同比增长18.19%；企财险累计实现原保险保费收入3.89亿元，同比下降4.07%；家财险累计实现原保险保费收入0.17亿元，同比增长27.89%；工程险累计实现原保险保费收入1.5亿元，同比增长2.69%；责任险累计实现原保险保费收入3.45亿元，同比增长20.98%；保证险累计实现原保险保费收入1.12亿元，同比增长113.58%；货运险累计实现原保险保费收入1.06亿元，同比下降7.19%；农业保险累计实现原保险保费收入6.76亿元，同比增长18.06%；健康险累计实现原保险保费收入3.25亿元，同比增长113.96%；意外险累计实现原保险保费收入2.17亿元，同比增长30.36%。

【人身险市场】2014年全省人身险累计实现原保险保费收入123.03亿元，同比增长13.26%，增速较上年同期提高5.87个百分点，但低于全国平均4.89个百分点。保费增速全国排名第26位，较上年同期上升1位。全年累计发生赔付支出43.45亿元，同比增长30.64%；退保金支出21.83亿元，同比增长88.13%，全省退保率为3.66%，同比上升1.44个百分点，低于全国平均水平1.96个百分点。

分险种来看，寿险业务实现原保险保费收入106.44亿元，同比增长11.13%；健康险业务实现原保险保费收入12.41亿元，同比增长29.67%；意外险业务实现原保险保费收入4.18亿元，同比增长27.58%。

全年普通寿险实现保费收入38.97亿元，同比增长104.72%。其中，新单保费22.5亿元，同比增长836.93%，占比同比提高16.76个百分点。全年寿险健康险实现保费收入12.41亿元，同比增长29.67%，高出全省寿险市场保费增长水平16.41个百分点，期末有效保额达到2145.99亿元，同比增长50.1%。普通寿险占寿险业务的比重为36.62%，较上年同期提高16.74个百分点。一年期以上新单期缴业务中，长期险产品占比有所提高。2014年，3年期和5年期占比为29.2%，较上年同期下降6.22个百分点，而10年期及以上占比为70.36%，较上年同期上升8.14个百分点。在全省推开城乡居民大病医疗保险，全年在庆阳、定西、金昌三个试点市累计承保528.32万人，筹资总额158亿元。累计赔付355万人次，赔付金额1.50亿元。

从人身险公司销售渠道来看，三大渠道中公司直销渠道业务增长较快，实现原保险保费收入8.29亿元，同比增长34.88%，渠道占比6.74%；银邮渠道实现原保险保费收入27亿元，同比增长9.43%，渠道占比21.95%；个人代理渠道实现原保险保费收入84.4亿元，同比增长11.39%，渠道占比68.6%。

【农险市场】全年农险保费收入达到6.76亿元，同比增长18.06%。服务“陇药”产业发展和定西“药都”建设。定西市陇西、渭源两县共承保中药材面积8.77万亩，其中党参6.05万亩，黄芪0.8万亩，当归1.92万亩；参保农户29594户，企业15家，合作社8家。签单保费共1180.55万元，总保额达1.97亿元。因2014年中药材种植遭受灾害影响，承保公司支付中药材保险赔款3810万元，简单赔付率将近300%。在陇西县开展畜草产业小额贷款保证保险试点，累计为172名养殖户办理畜草产业贷款保证保险，发放贷款3099万元。在定西开展马铃薯种植、甘南开展藏区特色养殖、武威开展农村家庭综合保险示范区创建工作。农业保险新增开办冬小麦、棉花2个中央财政补贴险种，中药材、苹果2个地方财政补贴险种，累计实现原保险保费收入6.31亿元，同比增长12.13%。

【风险防范】查处保险公司违法违规问题，累计派出1557人次，开展客户信息真实性、银保业务、反洗钱等6个统一检查，针对举报案件开展16个专项检查。做好农业保险、大病保险和中介市场清理整顿“三大战役”的市场检查工作，对存在违法违规问题的10家不同保险主体给予行政处罚，累计罚款152.4万元；处罚机构19家次，处罚责任人16人次。

【服务民生】在农业保险方面，新增4个品种，中央财政补贴品种由原来的8个增至10个。地方性财政补贴品种新增两个，其中中药材产值保险在全国率先实现农业保险对自然风险保障向市场风险保障的拓展。在大病保险方面，截至2014年 底，在庆阳、定西、金昌三个试点地区累计为528.3万城乡居民提供3.12亿元的大病保险风险筹资，累计赔付4.59万人次，赔付金额1.81亿元。落实国家关于扶贫开发的金融扶持政策，推动小额人身保险业务发展，累计为全省277万低收入农民提供1396.5亿元的风险保障。2014年，平安集团、太平集团和人保资本签约对接6个项目，签约额度131.99亿元，到账资金62.99亿元，签约额和落地资金均超过前三年总和，解决全省大企业的资金周转问题和临时短缺问题。

中国保险监督管理委员会甘肃监管局领导班子成员名录

局　长　焦清平

副局长　万金文　潘　波

（供稿：李瑞红）

证券监督管理

【上市公司监管】对上市公司年报进行全过程、全方位动态监管，确定8家年报重点审核公司并按时完成审核。开展年报现场检查，完成5家公司年报现场检查。向甘肃省政府专门汇报1家公司退市风险，联合做好上市公司暂停退市风险防范；实地了解1家公司因诉讼导致资产冻结事项；对1家公司董事敏感期减持公司股票事项进行专项核查，责令内部问责并在辖区内予以通报，并重大资产重组事项进行实地核查，对公司信息披露和规范运作进行评价并出具持续监管意见。辖区13家主板公司均按期披露内控评价报告和审计报告。对1家公司因政策调整而无法履行承诺事项，严格审核相关文件并督促做好信息披露；督促1家公司就其控股股东未明确履约期限事项按决策程序重新规范承诺；要求1家公司就其控股股东超期未履行承诺事项及时督促完成承诺履行；督促1家公司及时报送解决同业竞争承诺进展情况；督促1家公司2013年实施重大资产重组时的5位大股东及时向公司现金补偿2573.67万元。督促落实现金分红监管指引，辖区17家上市公司进行2013年度现金分红，累计16.78亿元，同比增长29.58%。对媒体关于1家公司实际控制人失联报道事项，第一时间向证监会汇报并与交易所联系，做好信息沟通共享；对1家公司检查中发现存在关联方非经营性资金占用问题，及时向证监会汇报并通报交易所；根据交易所对1家公司业绩真实性等问题通报，对公司开展专项检查。

【合规监管与风险管理】建立符合公司业务规模及发展现状的全面风险管理体系，对各类风险提前防控、实时监控和评估分析。加强对辖区证券经营机构新业务、新情况的跟踪监测，重点对资管业务、融资类业务、流动性风险、客户交易结算资金、信息系统安全运行等持续保持高度关注，督促落实监管要求，加强风险事前防范。完成全面风险管理、融资类业务、沪港通业务、信息系统安全、承销保荐业务等专项检查常规现场检查，重点加强对信访投诉违法违规线索和行政许可类业务关键环节的现场检查。及时做好证券公司合规报告的审查分析，督促公司做好分类评价；组织开展公募基金销售业务现场检查和私募基金登记备案摸底。做好期货公司保证金、净资本、信息系统和年报审计等监管，完成2014年期货公司分类评价，期货公司分类监管评价结果为“CCC”类。加强证券期货分支机构日常监管和现场检查。加强对辖区证券期货业协会的指导。

【审计监管与履职检查】与1家会计师事务所甘肃分所召开年报审计工作座谈会。列席辖区14家公司年报审计沟通会，对6家公司开展年报审计现场督导。针对2家上市公司更换审计机构事项，约谈签字会计师。延伸检查1家公司保荐机构持续督导履职情况，对未勤勉尽责的2名保荐代表采取行政监管措施。做好证券公司年报审计监管。

【稽查执法】2014年，共办理案件10件，其中初查4件，协查5件，打非1件。对2家上市公司异常交易案进行调查，均结案。对2家上市公司异常交易案进行初步调查，完成并报送初查报告；协助香港证监会、深圳专员办、安徽证监局、湖南证监局、上海稽查局完成案件调查。完成1家公司涉嫌非法集资事项的调查核实工作。贯彻落实反洗钱工作相关规定。会同省直相关部门组成联合检查组，对平凉、天水、酒泉三地9家交易场所进行现场检查。配合省政府清理整顿以电子商务名义开展标准化合约交易的活动，协助工商局对1家公司开展调查。

【服务地方经济】2014年，甘肃辖区上市公司实现再融资40.08亿元。其中，国投电力、亚盛集团分别发行公司债18亿元和12亿元，蓝科高新配股募集资金1.96亿元，中核钛白非公开发行募集资金4.02亿元，海默科技发行股份购买资产2.7亿元并募集配套资金1.4亿元。2014年，甘肃辖区新增敦煌新材、奥凯机械、扶正药业3家辅导备案企业，甘肃拟上市公司达10家。严格落实证监会《关于进一步推进新股发行体制改革的意见》，不断提高辅导备案透明度，对新增3家辅导备案企业在局外网进行公示。2014年推动1家公司在上海主板上市。推动符合条件的非上市公众公司在全国中小企业股份转让系统挂牌，会同全国中小企业股份转让系统有限责任公司对兰州市6家拟挂牌企业进行实地调研。甘肃辖区3家企业在新三板挂牌。甘肃股权交易中心挂牌企业14家，托管企业1513家。全年受理行政许可事项16件（证券类11件，基金类1件，期货类4件），备案事项89件（证券类70件，期货类19件）。其中，完成首家银行机构证券投资基金销售业务资格审批工作。证券公司推出非交易时间段转账和“云投顾”“跟投顾”业务，证券期货经营机构相继开通网上、手机开户业务。有8家证券营业部完成期货IB业务资格备案，累计达52家。督促完成一码通业务上线前的账户整合清理工作和做市商业务技术系统开发工作。组织辖区证券经营机构开展经纪业务转型发展和监管转型调研。

中国证券监督管理委员会甘肃监管局领导班子成员名录

局　长　管兴业
副局长　鱼向东　傅　依
纪委书记　鱼向东

（供稿：王海景）

政府金融工作

【金融业主要指标】2014年全省信贷投放快速增长，贷款余额突破万亿元大关，截至12月底达到11075.78亿元，同比增长25.54%，增速位居全国第二。全年新增贷款2231.21亿元，比去年多增621.62亿元。全省存款余额13957.98亿元，同比增长15.64%。甘肃省实现1户企业上市，3户企业在新三板挂牌融资，1户企业过会等待正式发行，6户企业进入材料审核阶段，实现债券融资551亿元，同比增长30.69%。

【引进金融人才】2014年从全国各大金融机构引进第二批120名金融挂职干部。第二批金融引进人才的到来，标志着中央金融机构挂职干部在甘肃省实现县域全覆盖。

【金融扶贫】全年新增支农再贷款限额20亿元，占全国限额增量的十分之一，截至12月底，全省支农再贷款限额达到170亿元，位列全国第三。落实省政府与国家开发银行签署的金融扶贫开发战略合作协议。截至12月底，全省“双联惠农贷款”余额92亿元，较上年增加25亿元，“牛羊蔬菜贷款”余额214亿元，较上年增加153亿元，农户小额信用贷款余额267亿元，较上年增加59亿元。全省开办马铃薯等10个政策性农业险种，参保农户近300万户。在定西市启动中药材保险试点，建立财政补贴支持、银行配套贷款、保险公司提供风险保障的综合保障机制。临夏州村级产业发展互助社实现贫困村全覆盖，累计发放借款7.2亿元，惠及农户9.6万户。庆阳市开展金融支持产业扶贫试点，发放贷款4910户、1.1亿元。在陇西县开展畜草产业小额贷款保证保险试点，累计为172户养殖户的4000万元贷款提供保证保险。推进"三权"抵押贷款试点。开展林权抵押贷款试点，农村土地承包经营权抵押贷款在部分市县进行有益尝试。

【农村金融服务】出台《甘肃省普惠金融发展规划》《关于进一步加强农村金融服务的意见》。农业银行、工商银行、邮储银行网点实现县域全覆盖，甘肃银行、兰州银行正在加快推进县域网点建设，邮储银行网点在乡镇覆盖66%，农村信用社网点实现乡镇全覆盖，并建成村级便民服务点2863个。甘肃省拟上市后备资源库中涉农企业达40家，基本覆盖各市州，其中宏良皮业即将发行上市，众兴菌业上报审核材料。引导涉农中小企业发行集合债券，敬业农业等6家企业符合发行条件，预计发债总规模3.5亿元。全省涉农贷款余额4141.87亿元，同比增长24.32%，高于全国平均水平10个百分点，当年新增807.94亿元，同比多增116.4亿元。

【合作交流】同中国工商银行、中国银行和中国建设银行签订合作协议，截至12月底，全省同包括四大国有商业银行在内的8家全国性金融机构达成战略合作。民生银行兰州分行正式挂牌运营。依托兰州银行，成立甘肃省首家科技支行。召开全省经济社会发展项目资金对接会议，17家在甘银行业金融机构共与全省1379个项目达成2634亿元融资合作意向，现场签约1719亿元。2014年，全省有4个市州首次发行城投债，全省发城投债的市州增加到9个。加大保险项目资金对接力度，全年实际到位资金达62.99亿元。

省政府金融办领导班子成员名录

主　任　汤　澜

副主任　高明亮　李相毅

（供稿：周　俊）

部分金融单位

中国工商银行甘肃省分行

【业务经营】2014年，各项贷款增加195.05亿元，增长20.71%，贷款投放创历史新高。贷款余额年内连续突破1000亿元和1100亿元大关，达到1137亿元。重点向电力、铁路、公路三大行业投放144.51亿元，积极介入装备制造、煤炭、有色冶金、旅游等行业信贷投放，余额较年初增长14.11%。创新成立营业部小企业信贷中心专营机构，全年累计发放108.76亿元，较上年多发放23.12亿元，余额较年初增长29.9%。实施全员信息归集、整体联动营销、优化考核激励等多点推动，余额较上年增长31.02%。信用卡贷款重点加大购车、装修等专项分期业务营销，余额净增15.54亿元，增幅65.49%。2014年，全部存款余额突破1600亿元，达到1601.28亿元，较上年增加100.57亿元，增长6.7%。公司存款全年净增1625亿元，增幅524%，日均金融资产5万元以上客户净增532户，增幅系统排名第5。加大重点系统重点客户营销力度，全年净增65.55亿元，增幅16.39%。全年储蓄存款净增18.7亿元，增幅2.37%。

全年主承销金融企业债券融资工具38.48亿元，较上年增长18.4%。国际结算量51.58亿美元，较上年增长44%；跨境人民币实收实付84.45亿元，较上年增长5.5倍。销售法人理财180.69亿元，个人理财672.67亿元，较上年增长32%；受托管理养老金基金17.5亿元，养老金个人账户13.7万户，较上年分别增长21.1%和2.43%。净增特约商户4124家，较上年增长32.3%，新布放POS机5438台，较上年增长32.8%；银行卡交易额275.76亿元，较上年增长50.23%；发行牡丹陇原交通卡2.1万张；实现资产管理业务15亿元，较上年增加3.55倍；私人银行客户增加98户，客户资产增加14亿元，较上年分别增长52.5%和52%，私人银行债券专项管理计划融资业务实现零突破。黄金租赁业务实现5.76吨，较上年增长118.18%。先后投入资金260.56万元，发放"联村联户助业贷"200万元，发放产业发展扶贫互助基金贷款49万元，支持帮扶村发展生产增收致富。

【财务会计】及时下达全行中间业务收入计划和十三项重点产品收入，促进中间业务重点产品拓展。及时召开中间业务委员会工作会议，分析研究中间业务经营情况，加强中间业务收入管理，按月对计划执行情况进行分析通报，促进中间业务健康持续发展。将2014年作为MOVA推广应用年，集中开展MOVA网点视图和行长便捷版的培训和推广应用活动。制定考核办法，建立通报机制，组织召开全省MOVA网点业绩视图应用推广工作动员会和MOVA网点业绩视图培训，举办MOVA应用汇报会。通过大力推广，网点业绩视图的开通率达到100%，在总行开展的优秀案例评选活动中，有两篇案例获奖。通过MOVA做好分产品、分部门预算编制和产品业绩分析工作，并制定2014年度管理会计考核办法。

【资产负债】2014年，累计实现票据交易量154.29亿元。对全行14个票据准入机构的经营情况进行机构年审。制定2014年金融市场业务营销方案，筛选适合客户的业务，各产品管理部门分解落实目标任务。完成甘国投中期票据推荐认购工作，以及进出口银行金融债券发行等工作。加强与重点高校的沟通联系，做好第五届"工商银行杯"全国大学生银行产品创意设计大赛以及上届大赛结果反馈工作。

【管理信息】省分行在管理信息部配备3名数据分析师、在18个部室配备27名专业分析师。全行共注册157名通用查询用户（DAS）。分别举办6次相关的数据仓库操作培训和应用交流，培训人员达398人次。累计为各专业提供EDW数据服务213项，指导二级分行DAS应用353次，下载数据835万行。以行长仪表盘为载体，每月按旬和25日以后按天发送数据快报。召开2014年数据治理工作专题会议。制定下发全行《数据质量管理考核办法》和《实施细则》。通过EDW提取数据质量明细共235万条记录，并及时将数据反馈到结现、公司和个金等业务部门。对省分行营业部、定西等重点行办进行现场帮扶，对于在中间业务入账、客户信息补录方面存在的问题进行解决。

制定全行《利用CIIS系统服务推进钢贸类不良贷款清收工作方案》，全面推进各行对钢贸类不良贷款客户的关联关系逐户进行排查，做好不良贷款尽职追索工作。先后向总行报送跨商业银行风险预警子系统应用案例5份，报送征信系统应用成效案例15份。在省分行网讯报送信息13595条，发布11383条。其中省行各部室报送3717条，发布3632条，采用率97.71%。各二级分行报送9878条，发布7751条，采用率78.47%。向总行报送信息3055条，发布2325条，采用率76.10%。向总行报送资讯信息1863条，采用1415条，采用率75.95%。

【存款贷款】2014年，机构存款余额445.20亿元，较年初增长58.17亿元，机构存款日均增量为25.1亿元。加大对5万元以上金融资产客户的维护拓展力度。开展以拓展新的有效客户为目标的“重点百户”营销活动。在对机构目标客户认真分析的基础上，选择重点机构客户，细分到各个营销团队，做到定人、定责、定进度，全力拓展新客户。建立机构客户的分层营销维护制度，分层次、多形式开展客户营销走访活动，不断强化客户关系维护。全年新拓展机构客户145户。成功与华电融资租赁公司、民勤开元工程建设有限责任公司签署安心账户（专项资金）托管业务协议，实现专项资金托管领域的新突破。全年实现中间业务收入2544.01万元。

2014年，全行人民币储蓄存款余额达到808.15亿元，比上年末增加18.7亿元。个人贷款余额达到196.1亿元，比上年末增加46.43亿元，实现个人中间业务收入3.3亿元，同比多增3525万元。全部个人客户总量达到635.26万户，较上年末增加31.45万户。个人客户总资产达到1031.65亿元，较上年末增加27.14亿元。资产管理、融资租赁、中间业务、大客户拓展等各项工作都取得良好效果。截至12月底，公司贷款余额792.32亿元（不含小企业），净增97.97亿元。

2014年累计发放小企业贷款108.76亿元，较上年多发放23.12亿元，余额达到91.11亿元，净增20.98亿元；小企业有贷户突破1000户，达到1047户，较年初净增172户。截至12月底，县域支行小企业贷款达到37.74亿元。小企业互联网金融产品网贷通余额达到29.67亿元，较年初净增7.38亿元，增幅33.11%。12月底小企业经营型物业贷款余额达到4.46亿元，较年初净增2.89亿元，增幅184.08%。

【现金结算】全年新增有效对公结算账户6021户，完成总、省行全年经营任务的111.5%。日均金融资产5万元（含）以上公司客户较年初增加532户，任务完成率全国排名第二，增量排名全国第五。新增公司客户7363户，增加存款24.54亿元。2014年末，全行确定的17家重点客户较年初增加存款3.03亿元。下发《关于加强公司贷款客户存款工作的意见》《关于进一步加强公司贷款客户“裸贷”治理工作的意见》等指导性文件，“裸贷”客户较年初减少了162户，增加存款5.55亿元、增加保证金存款5.79亿元。以推进分层营销和中间业务增长为重点，实现专业转型发展，全年实现结算中间业务收入26597万元。

成功办理14笔黄金租赁业务，业务量达到5760公斤，同比增加3120公斤，增长118.18%，实现收入6008万元，同比增加3196万元，增长113.65%。2014年末，法人积存金累计交易额6308万元，较同期增长3054%，交易量248公斤，较同期增长2394.97%，实现中间业务收入125万元，较同期增长6150%。贵金属业务收入较同期增加2463万元，增幅34%，对全行中间业务收入的贡献达到9.42%，较同期增加3.34%，贵金属业务已成为促进全行中间业务快速增长的重要产品之一。法人理财产品销售额完成率在系统内排第3名。实现法人理财收入4742万元，占结算中间业务的17.82%，较同期增加3.66个百分点。制定下发《财智账户卡营销推广方案》，开展“2014年结算与现金管理产品服务创意竞赛”，现金管理客户总量达到4634户，新增总、省行级现金管理客户8户，新增财智账户卡14330张，客户渗透率达到30.64%。

【国投业务】制定下发2014年国际业务工作计划和实施意见，多次组织人员对有业务资源等业务发展缓慢的地区二级分行的国际业务人员进行现场培训，完善二级分行经营绩效和业务发展考评考核办法。成立投资银行业务推广工作项目小组，制定并下发《2014年国际与投资银行业务工作指导意见》《中国工商银行甘肃省分行2014年投资银行业务考核办法》等文件，加强对中、小型客户咨询顾问类投行业务的联动组合营销，严格业务审批制度，认真执行总行年度投资银行业务授权。2014年，全行投资银行业务实现收入4452万元。承销债务融资工具38.48亿元，实现债券承销收入1494万元。

【私人银行业务发展】全年开展“私人银行客户营销”活动、“网点私人银行业务全覆盖”活动及“私人银行业务劳动竞赛”活动。拜访私人银行客户137人次，邀请5000万元以上客户参加两期总行财经论坛，邀请总行产品专家为2000万元以上客户举办投资策略报告会。开展与公司、机构、小企业和银行卡等部门的信息共享、联动营销、项目双向挖掘等工作，成功发行一单5000万元的融资融券业务，与公司部合作上报一单3亿元房地产融资项目，与投行部合作上报了债权融资和股权信托计划两个项目，完成1亿元债券融资项目投资。举办全省业务视频培训及客户经理培训，组织人员送教到支行到网点，共计培训员工700余人次。组织全省486名员工参加私人银行从业人员资格认证培训和考试，159人获得资格认证。2014年，私人银行客户及资产双双大幅增长，客户增幅达到52.5%，金融资产增幅达到52%。全年实现中间业务收入836万元，较上年多增511万元，增幅157%。截至2014年底，全行326家营业网点中，有137家网点有私人银行客户，覆盖率达42%；有178家网点销售私人银行产品，覆盖率54.60%。全年累计配置私人银行理财产品44.86亿元，产品余额达到13.7亿元，较年初净增7.7亿元。

【电子银行】全年个人网银、企业网银证书客户和手机银行客户分别净增33.9万户、5713户和44.71万户，净增工银e支付账户50.3万户，柜面业务可分流率降至25.3%，电子银行交易额达251万亿元，实现电子银行业务收入2.02亿元。2014年，融e购电商交易额达到5.83亿元，上线商户12户，工银e支付账户达56万户，个人和小微逸贷、POS贷、网贷通、工银e投资等全面推广。已形成以融e购、融e联、融e行为三大平台，工银e支付、工银e投资、逸贷为三大产品线，集支付、电子商务、理财、融资、信息等为一体的互联网金融业务体系。截至12月底，个人网银、企业网银证书版客户和手机银行客户年复合增长分别达到82.88%、41.80%和71.01%，电子银行业务收入年复合增长33%，电子银行渠道业务量占总业务量的73.17%。

【银行卡业务】截至12月底，信用卡存量达到117.98万张，当年新发卡17.87万张，较年初净增12.97张，完成全年计划指标的108.08%。实现消费交易额275.76亿元，完成全年计划任务（230亿元）的119.90%，同比净增92.20亿元，增幅50.23%。收单交易额408亿元，较上年同期增长7.7%。实现业务总收入32354万元，同比净增489万元，增幅1.5%，按同比口径完成年计划任务的108%。实现中间业务收入23646万元，同比净增662万元，增幅2.8%，按同比口径完成年计划任务的104%。信用卡贷款达39.27亿元，较年初净增15.54亿元，增幅65.49%，完成年净增指标（15亿元）的103.6。信用卡分期付款余额11.93亿元，较年初净增6.9亿元，增幅137.18%，完成年净增指标（9亿元）的76.7%。90天以上不良透支4938万元，不良占比1.26%，较年初上升0.12个百分点。控制在总行计划之内。信用卡行内中高端客户渗透率28.04%，较年初提高2.64个百分点，高于全国平均水平5.84个百分点。净增信用卡客户98292户，完成年计划指标（8万户）的122.9%，存量客户达到912726户。信用卡启卡率达到54.70%，较年初提升6.4个百分点；动卡率达到51.60%，较年初提升8.9个百分点。

【信贷管理】制定《帮扶县域支行发展信贷业务工作方案》，在全省抽调人员组成帮扶工作组，面对68家县域支行逐一开展信贷业务帮扶工作，召开各类银政、银企座谈会议50多次，帮助县支行实现融资投放55216万元，发起各类业务流程40多笔，走访目标企业近300户，达成各类融资意向16.99亿元，累计为支行协调解决79个业务环节难点问题，完成对270余人（次）的培训。专题向总行上报《区域信贷政策执行情况报告》，积极申报融资性担保公司解锁，严格绿色信贷政策执行，严格信贷市场准入，制定《甘肃分行2014年产能过剩行业融资限额管理方案》。2014年本行产能过剩行业融资总额较年初减少11.06亿元，降幅6.15%。其中贷款余额较年初减少8.95亿元，降幅7.34%。表外业务余额较年初减少2.11亿元，降幅3.66%。

加大潜在风险贷款退出管理及“剪刀差”压降，防范贷款质量的劣变，全年实现潜在风险贷款退出转化金额11.12亿元，全部为现金清收，完成全年压降计划的119.53%。严格执行客户准入和分类标准，实施到期贷款预案管控，逾期欠息贷款收回率94.21%。加大对押品入库管控力度，防止贷款抵质押担保不足值风险，全年组织开展6项信贷现场检查及风险排查。加强对全行放款核准、作业监督等日常性管理工作，全行受托支付走款比率94.45%，放款核准及时率100%、发现问题整改率100%、档案及时入库率100%，全部达到总行要求。开展地方政府性存量债务的调查摸底、清理甄别工作，制定《关于规范国内贸易融资业务发展的通知》，对房地产贷款实施按月监测销售还贷比、按季通报以及现场督导清收的方式大力防控风险隐患，积极化解担保圈贷款风险，年末，本行二至四类担保圈共计41个，较年初减少13个，化解风险较高的二至四类担保圈贷款28319万元。

【授信审批】细化授信使用条件和管理要求，推进授信项下授权审批制。推行低风险信贷业务差异化审批流程，对11家二级分行实现简易流程审批低风险信贷业务。推进个人住房按揭贷款自动审批和简化审批，实施“四合一”“调评合一”等审批模式。保障业务合规推进，严格控制高环境风险和落后产能客户的融资，坚持环保一票否决制。加强对融资背景真实性、合理性、合规性审查，坚持集体审议制度和会商制度。完善和改进内部管理，建立员工思想交流会议制度，推行限时审查、审批服务承诺制度。拓展新信贷领域市场，发展小企业、个贷、黄金租赁等高收益业务。做好授信审批“送政策、送产品”活动，坚持“点对点”培训为基层行培养信贷业务骨干，开展以“十个一”为主要内容的送教上门、规划指导、协助营销活动。加强与省行营销部门和报审行的沟通，开展调研活动，增强审查审批工作的前瞻性，加强信贷信息收集整理，丰富专业信息资料储备库。

【运行管理】实施网点运营标准化管理改革，实现对网点运营业态、高低柜业务划分配置、岗位设置、柜员配备等网点运营标准化管理，全行对外营业网点柜口减少900多个，柜员人均工作量提高1-2倍，近500名柜员转至营销类岗位。实施核算印章综合改革，实现重要核算印章的电子化打印或自动化控制。实施柜员身份指纹认证改革，杜绝权限卡“飞卡”、盗用、冒用、混用现象。实施资金汇划体系改革，统一本外币汇划业务的挂账层级及核算标准，实现全网点直接通汇。全年新增离行自助银行110家，离行自助银行与营业网点的比例达到1：1，居全国前列。制定《二级分行运行后台中心规范管理实施方案》，确定试点分行，分步组织实施。辖内现金营运、自助设备集中运营等实物集约管理模式已在白银分行建立。已投产业务平台集中率达到98.5%。全年办理本外币资金清算业务2，000多万笔，3万多亿元。本外币清算对账、差错处理、外汇直通率、查询查复率均达100%。二代跨行支付系统的全面投产，全行累计完成现金收付达4，000多亿元，现金综合运用率达54%。现金保障率达99%，非技术故障率控制在0.57%以内。141类个人业务完成签单服务模式改造。内部可控风险暴露水平为万分之3.21，同比下降5.83个万分点。全行综合有效账户对账率始终保持在96.5%以上，网银对账占比提升235个百分点。支付密码有效账户推广率达99.20%。组织实施网点撤并、账务调整归并以及其他应收账款等重点核算内容资金的清查清理等，完成NOVA+各版本、358个项目投产主机参数维护，实施新型事权参数管理提升项目。

【内控合规】专题举办基层行内控评价培训班，制定切合本行管理实际的基层行内控评价方案，选择220个现场评价要点、52个非现场评价指标、10个效果评价指标，对8个二级分行和兰州新区支行的内控管理与操作情况进行评价，并将评价结果纳入行长绩效考核范畴。组织十二个业务条线30多名专家和专业骨干开展"网状控制法"分析论证和完善工作，共确定8个专业条线41个关键风险点，制定切实可行的管控与责任追究措施。推进反洗钱集中处理改革工作，积极协助调查打击洗钱活动。提高监督检查工作，全年全行各级机构、各类专业组织开展内部监督检查项目354个，发现各类问题4959条，整改4883条，整改率为98.47%，违规积分2771条/次，累计积分4433分，涉及违规积分的人员1965人。

【法律事务】贯彻落实总行法律事务工作会议精神，召开全省法律事务工作会议。编写《新形势下的声誉风险应对策略》，深化咨询审查服务，共接受各类业务及合同类书面审查工作2271件，审查事项中涉及文件5545件；出具书面法律意见书1270份；揭示风险点2757数；参加业务谈判466次，谈判时间1017小时；全行法律事务有效工作时间8219小时。做好案件管理的常规工作，加大对二级分行处理重大被诉案件的支持力度，推进本行重大胜诉未决案件的执行进程，促进胜诉未决案件的清理。举办法律事务专业培训班，全行法律事务人员参会。法律部建立"甘肃工行法苑"微信群，累计推送信息千余条。完成2014年度基本转授权工作，做好优先股发行尽职调查工作，开展法制宣传教育和依法治行活动，深入服务网点开展帮扶。

【科技建设与服务】柜面业务系统可用率达到99.99%，自助设备正常运行率98%以上，全行日均交易量190万笔以上，最高日峰值347万笔以上。全行新增ATM 402台，总量达到1631台，新增自助终端275台，总量达到938台，新增POS机8000台，总量达到22108台，新增回单打印机109台，新增一体化电子银行演示体验机161台，新增快捷发卡机25台。推广外派业务终端、移动营销终端、全行无线局域网建设、网点营销传播系统建设等项目，完成网点无线外网覆盖，覆盖全辖100%办公环境和30%网点环境。开通5个微信平台，刊发本行各类产品信息和业务宣传稿件超过8000篇，客户关注人数超过12000人，信息累计阅读超过100万人次。推进NOVA核心系统建设和总行应用产品的推广工作，全年共完成9个综合版本投产推广以及70多次600多个补丁版本的推广。推进生产运行精细化管理进程，开展信息科技风险的监测、分析、检查和审计，严格控制各类信息系统的用户管理和操作权限，利用科技风险管理系统以及整改跟踪系统对信息系统的风险从检查到整改的全过程进行系统化的跟踪。

【安全保卫】与甘肃省公安厅刑事侦查总队签订《风险信息共享合作协议》，修订完善并签订安全保卫工作目标责任书，增强外部欺诈风险监测预警和防控能力，全行共成功防范各类外部欺诈风险事件41起，涉案金额107.1万元，协助公安机关抓获犯罪嫌疑人1人。编辑下发《安全风险提示》，强化应急预案演练，全行共组织各类刑事、治安和消防应急演练854场/次，参加演练9000余人次。组织开展各项安全检查，对检查发现的问题分门别类进行梳理，研究、落实整改方案。加强对配枪行枪支弹药管理的安全管理检查，落实枪支弹药使用管控制度。对125个营业网点和离行式自助银行的安全防范设施进行全面更新改造。定期召开守押社会化改革领导小组联席会议，深入开展防范和打击非法集资宣传教育活动。

（供稿：门　斌）

中国农业发展银行甘肃省分行

【业务发展】2014年，累放贷款210.25亿元，同比增加15.12亿元；年末余额500.64亿元，增加40.23亿元，增长8.74%，增幅较上年提高2.6个百分点。累放粮油收储贷款61.91亿元，支持收储粮油53.86亿斤，收购量占全省粮油商品量的45%。累放新棉收购贷款6.2亿元，支持收购棉花46.3万担。累放其他专项储备贷款9.4亿元，支持化肥、地膜、肉等重要物资储备。支持农村基础设施和新农村建设，全年累计营销评估公路、水利、土地储备等大项目39个，涉及贷款236.46亿元；审批项目40个、金额217.23亿元，分别比上年增加10个、143.7亿元，其中总行审批项目9个，金额164.97亿元，同比增长8倍。全年累放中长期贷款78.59亿元，同比增加39.56亿元，累计支持农业基础设施、农村流通体系和新农村建设项目285个。年末中长期贷款余额281.94亿元，增加40.75亿元，占比56.4%，同比上升3.92个百分点。其中总行审批的117亿元公路贷款为建行以来单笔金额最大项目。择优支持特色优势农业产业，累放贷款48.27亿元，对长期支持培育的179户马铃薯、啤酒大麦、果蔬、草食畜等企业进行重点支持。新设秦安县支行。庆阳市分行国际业务实现自办。省分行营业部增设国际业务部。全年完成国际结算1.33亿美元，同比增加75万美元。办理贸易融资1834万美元，同比增长64%。外管政策执行被甘肃外管局评为A级。省分行营业部被总行评为国际业务"三星级经办行"和全国"四梁八柱"样板行之一。投资业务实现突破，5个项目、2.6亿元中长期贷款进入总行证券化资产池。

【信贷基础管理】开展风险排查，清理完善信贷制度，开展制度落实检查，强化CM2006数据质量治理和应用检查，组织专项检查和"回头看"。开展打假治假专项整治活动，召开信贷基础管理年（甘南）现场会。制度执行检查、历次内外部检查发现问题整改率分别达到87%和97.8%，对3个二级分行的12名班子成员落实处罚，上收1个二级分行部分贷款审批权。

完善客户分类管理和差异化管理措施，退出劣质客户33户，AA-级（含）以上客户占比由49.6%上升到56.7%。上年度发放的粮棉油收购贷款除2户企业外，其余均按期实现"双结零"。中长期贷款本息收回率分别达到99.2%和99.8%。平台贷款本息"双覆盖率"达到100%，县级平台占比由24%下降到17%。将247.7亿贷款纳入地方政府财政预算，农业开发和农村基础设施建设贷款纳入政府债务的比例达到91%。

累计排查出逾期欠息及风险贷款18.53亿元，下迁56户企业贷款形态16.87亿元，新增不良贷款3.7亿元。全年化解风险贷款8.03亿元，收回逾期贷款及欠息6.88亿元，收回不良贷款1193万元，核销呆账贷款2577万元。截至12月底，不良贷款余额4.78亿元，增加4.03亿元；不良贷款率0.95%，上升0.79个百分点。化解陇南3户小水电企业8550万元风险贷款。

【运营管理】在资金计划管理方面，累计申请追加信贷计划45.44亿元，计划执行率100%。建立存款目标责任制，从工资总额中拿出25万元进行挂钩奖励。截至12月底，各项存款余额94.66亿元，较年初增加53.86亿元，增长132%，存款增速位列全国农发行第三名；所有营业机构同业存款实现"零突破"，资金自给率同比提高10个百分点。推进利率市场化定价，实际上浮贷款占可上浮贷款的31.3%。全年财补资金到位率98.2%。

在财务会计工作方面，完善县支行等级行管理和财务费用挂钩办法，拿出5722万元费用与经营绩效挂钩，同比增加1066万元。全年实现账面利润6.87亿元，剔除不可比因素，同比增加0.19亿元，增长2.84%。累计安排门楣改造、职工食堂维修、营业用房维修改造、基建投资等费用指标1.22亿元。

在信息科技、合规建设、内审监督等方面，改造升级省、市行互联互通骨干网络，做好各条线专业信息系统上线、升级的软硬件支持。开展信贷担保法律审查标准化建设和专项审查评比活动。开展内控评价，完善审计手段。引进CAA系统并投入使用。

【粮油信贷与管理】2014年，累放各类粮油贷款63.95亿元，年末粮油类贷款余额163.92亿元，较年初减少2.08亿元，减幅1.25%。累放政策性贷款13.1亿元，支持企业储备、轮换、移入粮食8.16亿斤。累放地方储备、轮换贷款6.81亿元，支持企业储备、轮换粮油4.68亿斤，新增省级储备粮油贷款3.25亿元，支持新增省级储备粮2.52亿斤；发放临储贷款3.35亿元，支持收购临储油菜籽1.19亿斤。累放市场化粮油收购贷款36.18亿元，支持企业收购粮油41.48亿斤，累计销售粮油53.2亿斤，收回贷款41.3亿元。全年向84户特色优势产业企业，发放21.8亿元。累放贷款21.8亿元，支持企业收购马铃薯9.83亿斤、玉米制种2.08亿斤、啤酒大麦4.9亿斤；支持规模以上畜牧养殖企业19户，发放贷款4.3亿元。截至12月底，战略性客户贷款余额81.46亿元，较年初增加4.93亿元，增幅6.4%；AA-以上客户贷款余额109.4亿元，较年初增加3.4亿元，增幅3.2%；战略性客户和AA-以上客户贷款余额占比分别达49%和66%，分别较年初提高2.9%和2.1%。全省循环贷款余额3.85亿元，同比增长0.5亿元，增幅14.9%。排查企业317户，涉及贷款金额127.3亿元，占粮油类贷款总额的76.7%。对排查中发现的风险和存在的问题，逐一登记建立台账，逐条列明整改期限及责任人，督促各行做好整改工作，整改率达93%。对9户1亿元以上商业性粮油贷款客户，从生产经营、财务管理、偿债能力、外部环境变化和信贷制度执行及操作合规性等方面进行专题风险排查，排查贷款15.3亿元。针对代存粮无底数、难监管的突出问题，组织全辖开展农民代存粮风险排查工作，累计排查面粉加工企业10户、贷款4.7亿元。

【棉花、生资及特色产业信贷与管理】开展棉花收购信贷工作。累计促销皮棉98.9万担，收回棉花贷款10.9亿元，棉花购销比100%、收贷率96.8%，24户企业实现贷款本息"双结零"。落实棉花风险度管理标准，认定棉花收购贷款资格企业19户，核定收购贷款最高累放额度9.8亿元。签订资金监管三方协议，收购旺季由信用社提供资金代付。截至12月底，累放新年度棉花贷款6.2亿元，收购、调入皮棉46.3万担；销售皮棉0.4万担，收回贷款0.2亿元。

全年累放农资贷款7.9亿元，支持企业购入化肥165万吨；春耕用肥旺季，督促企业向市场投放化肥32.4万吨，收回贷款7.6亿元。完成国家储备物资入库计划，适时投放国家储备肉贷款1.5亿元，支持企业及时入储肉0.7万吨。配合国家向市场投放0.9万吨中央冻肉，收回贷款2.1亿元。截至12月底，储备肉贷款余额1.8亿元，库存数量0.7万吨。

择优支持特色产业和农村流通体系发展。重点支持苹果、油橄榄、高原夏菜、酿酒原料等特色产业，全年累放贷款24.6亿元，同比增加4.6亿元。支持企业实现收入16.4亿元，增加就业机会3.4余万个，带动辐射农户17.3余万户，户均增收1.9万元。重点支持庆阳陇禧物流、酒泉巨龙物流港等项目。全年累放贷款7.3亿元，农村流通体系建设贷款余额10.23亿元，较年初增加1.6亿元。农村流通体系建设信贷辐射19县（市、区）。

全年受理审核新客户准入31笔，金额28.9亿元，向总行上报准入26笔，金额11.7亿元；核准二级行已审议贷款备案152笔，金额24亿元，审核信保融资11笔，金额843.4万美元。针对个别客户风险信号显现、个别行管理薄弱等问题，通过下发工作提示、建立风险贷款台账等方式，处置化解逾期、欠息及不良贷款，全年累计清收不良贷款808万元。

【农业农村基础设施建设信贷与管理】2014年，累放农业开发和农村基础设施建设贷款88.7亿元，增幅129%：累收贷款43.95亿元，增幅63.71%。年底贷款余额273.44亿元，占全行贷款总额的55%，较年初增加44.75亿元，占全行贷款净增额的111%。截至12月底，农业农村基础设施建设贷款累计支持农业农村基础设施建设项目255个。累计支持新建农村道路392公里，改建农村道路913公里，收储整理土地12942亩，整治村庄14个，置换出建设用地3103亩，新增农民住房357056平方米、改造农村危房75333平方米、新建农民集中住房区22个、改善住房涉及农户6074户，支持除险加固病险水库水闸5座、增加蓄水887万立方米、增加或改善灌溉面积168500亩、修缮疏浚河道沟渠236公里、改善水面污染面积1平方公里，解决5000名农民饮水问题。

择优支持新农村建设，重点支持水利建设等领域，其中省交通运输厅承贷的117亿农村路网项目，是建行以来我行单笔金额最大的项目。全年共调查评估项目39个，金额236.46亿元；审批项目40个，金额217.23亿元。91%的农业开发和农村基础设施建设贷款纳入政府债务体系。

全年收回农业农村基础设施建设贷款本金43.95亿元，收回率为99.2%；利息16.36亿元收回率为99.88%。省市平台贷款占比达到83.2%，县级平台贷款占比下降到16.8%。纳入地方政府融资平台名单管理的客户58户，贷款余额210.45亿元。截至12月底，担保类平台贷款208.16亿元，平台贷款总体担保抵押率为98.9%，“全覆盖”类平台53户，贷款208.74亿元，占比99%；平台贷款本息全部按计划收回，未发生拖欠贷款本息情况。

【风险管控与资产质量】2014年，全行贷款余额500.64亿元，比年初增加40.23亿元，增长8.74个百分点。其中：正常贷款495.86亿元，占比99.05%，较年初增加36.21亿元，下降0.79个百分点；不良贷款4.78亿元，占比0.95%，比年初增加4.03亿元，上升0.79个百分点。全省14个二级分行、44个县级支行中，6个二级分行、33个县级支行继续保持“零不良”。全年共清收处置化解不良贷款1.22亿元。其中：清收处置存量不良贷款0.37亿元，7户存量不良贷款企业实现清零；清收化解新增不良贷款0.85亿元，3户新增不良贷款上迁为正常贷款。全年监测预警风险贷款23.51亿元，其中：年内化解风险贷款19.12亿元，当年化解率为81.3%。下发风险提示12次，涉及逾期欠息贷款10.50亿元、欠息0.10亿元。全年化解逾期欠息贷款6.82亿元，化解率64.95%；收回欠息0.06亿元，欠息收回率60%。全行贷款担保覆盖率达到243.08%，比年初提高41.56个百分点。

中国农业发展银行甘肃省分行领导班子成员名录

行　长　刘峰林

副行长　管立新　王达祖

　　　　张世祖　张　岩

（供稿：刘基本）

中国银行股份有限公司甘肃省分行

【业务发展】截至2014年底，甘肃省分行资产、负债规模分别达到959.4亿元和944.25亿元，较2013年分别增长5.11%和5.06%。全行本外币各项存款时点余额达到879.14亿元，较年初新增18.50亿元，增幅2.15%。全行本外币各项贷款时点余额达到550.92亿元，较年初新增45.39亿元，增幅8.98%。全年共实现非利息收入6.57亿元，同比增长2.05亿元，增幅达到45.25%，中间业务毛收入同比增幅在四大行中排名第一。市场份额较年初提升5.76个百分点，增幅在考核组内排名第3位。甘肃省分行共实现净利润11.97亿元，同比增加1.28亿元，增幅11.93%，增幅排名居总行考核组第6位；生息资产综合收益率3.43%，较年初上升32个BP，考核组排名第一；风险调整资本回报率为23.03%，较年初提升0.83个百分点，考核组排名第五位。全年公司日均存款新增61.98亿元，完成计划任务的97.72%。截至12月底，甘肃省分行国标口径小微企业贷款余额达到186亿元，较2013年末增加40亿元，增幅27%，超额完成“两个不低于”任务。截至12月底，全行非利息收入占到了整体营业收入的20.71%，较2013年末提升3.7个百分点。

【财务管理】按计划完成全辖财务条线现场检查工作，完善月度会计非现场监控模板并强化监督管理，实现会计信息质量非现场监控要点的全覆盖。明确各机构、各部门数据信息质量管理职责，建立数据质量管理长效机制。开展手工报表治理工作，对价值不大、劳动耗费高的内部管理类报表进行重点治理。制订《中国银行甘肃省分行业务费用核算码列支范围及支持性材料一览表》。推进财务系统网上报销工作，实现兰州城区直属支行网上报销。规范资金管理。加强对支行财务人员培训。加强利率维护监督与检查工作，加大利率非现场检查频率，逐周筛查利率信息可疑数据，提高计结息及成本/收益的准确性。组织全辖完成“全国涉企收费专项检查”工作。根据最新《商业银行服务价格管理办法》，修订服务价格管理实施细则和服务价目表，取消财务顾问费等项目，规范承诺费、银团贷款手续费等收费项目。

【风险管理】截至12月底，甘肃省

分行表内信贷资产余额本外币汇总折合人民币551亿元，较上年增长8.97%，按行业统计前三大行业分别为：电力、燃气及水的生产和供应业、制造业，交通运输、仓储和邮政业。前三大行业占比合计5526%，较上年上升002个百分点。开展类信贷资产全面风险排查，完成金融机构压力测试。截至12月底，甘肃分行不良余额、不良率出现小幅增加，整体情况基本保持稳定。

开展"内控提升年"活动。对原40家兰州市直属支行直接开展现场检查。自查方案涉及12个条线、142项控制环节，现场检查方案涉及15个条线、140项控制环节，发现问题1010条。本次检查现场纠改问题1382条，问题现场纠改率57.8%。每日上传检查底稿，开展4个专项延伸检查。对所有网点副职以上的人员共计485人进行排查给予47家机构违规人员警告、通报批评、绩效考核扣分、个人年度绩效考核评价降级等处罚。充分应用G-MAP平台开展核查。全行共产生G-MAP核查任务2218笔，通过G-MAP预警核查共发现问题35条，发送2份风险提示函、35份整改通知书。应用ORMIS系统问题库模块推动问题整改与操作风险管理项目实施。录入并整改问题340条。对25个业务流程开展RACA定期评估，对35个KRI指标进行监控，录入损失事件6笔，涉及金额43.7万元。

开展案件风险排查工作，报送案件风险排查报告3份。签订风险管理与案件防控责任书，开通员工参与非法集资线索电话、邮箱和书面举报渠道。将2012年至2014年稽核发现的431条问题进行梳理归类，要求全辖开展自查、整改、验证工作。开展"飞行"突击检查3次，检查机构15家，发现问题27条。二道防线累计完成检查项目167个，完成15位高管人员的非现场离任审计工作。

建立范本合同文本库，制定单位定期存单质押示范合同文本、信用卡授信额度协议、商业住房贷款转公积金贷款协议、联保联贷融资额度合同，审查合同文本195份。答复书面法律咨询85件。对银行承兑汇票业务和遗产支取业务出具法律风险指导意见。授信档案审阅机构范围扩大至二级分行，公司、个人授信档案审阅比例分别达到50%、20%，梳理出6大类27条问题。加强律师日常监督管理和考核评估，参与诉讼出庭2次。防范嘉峪关分行因协助执行引起的司法处罚，指导兰州市新港城支行验资被诉案件的诉讼。截至12月底，各类诉讼案件39件，金额7905万元，其中作为原告的34件，金额5999万元；作为被告的4件，金额1343万元。第三人案件1件。直接依债权文书进入执行程序案件13件，金额1106万元。全年新增诉讼案件21件，其中作为原告的19件，金额1747.77万元，1件为中小企业逾期诉讼，金额356万元；5件为信用卡逾期诉讼，金额750万元；13件为个人不良贷款诉讼、金额640.8万元。作为被告2件、金额199.73万元。全年新增直接依债权文书执行案件6件，金额1072万元，执行回款金额800万元。制定金融消费者权益保护工作管理办法及消费者投诉指南，在银监会组织的2014年度银行业金融机构消费者权益保护工作考核评价中，考核评价结果为一级。

【公司业务】公司存款：截至2014年12月底，全辖人民币公司存款余额581.65亿元，较上年末增42.64亿元，平均余额562.3亿元，较上年增66.23亿元，余额市场份额8.47%，较上年下降0.74个百分点。外币公司存款余额为8470万美元，较上年减少6069万美元，市场份额为31.84%，较上年下降12.61个百分点。

公司贷款：截至2014年12月底，全行人民币公司贷款余额为407.06亿元，较上年增59.27亿元。余额市场份额为4.29%，较上年末下降0.37个百分点。外币公司贷款余额16859万美元，较上年下降34515万美元。余额市场份额为2.64%，较上年下降5.36个百分点。

公司中间业务收入：2013年累计实现公司条线中间业务收入25716万元，公司中间业务利润贡献度不断提升。

截至12月底，中国银行兰州地区人民币公司存款余额为382.12亿元，占全行公司存款余额的65.7%，较上年末新增38.15亿元，占全行新增额的89.47%，全金融机构口径市场份额9.23%，发展势头较好。

截至12月底，中国银行兰州地区人民币公司贷款余额182.15亿元，较上年末下降1.28亿元。

兰州地区外汇公司存款较年初减少1418万美元，公司贷款下降11800万美元。

公司条线中间业务收入中，兰州地区实现1.38亿元，占全行 53.36%，主要收入来自于结构化投融资顾问费收入、委托贷款收入、银行承兑汇票敞口承诺费等。

【个人金融】2014年，全辖人民币个人存款余额281.05亿元，实现个人中间业务收入1.98亿元，个人有效客户97.3万户。

截至2014年12月底，甘肃省分行个人贷款余额115.42亿元，较年初增加8.39亿元，新增额在总行考核组内排第7位。按照人民银行统计全金融机构口径，全辖个人消费贷款余额市场份额（13.161%）排名第3位（低于建行18.73%、工行18.72%），较年初下降3.54个百分点；其中纯个人消费贷款（不含银行卡透支分期）余额市场份额11.418%，较年初下降2.946个百分点。资产质量有所改善，不良余额3928万元，较年初下降78万元，不良率0.34%，较年初下降0.02个百分点；关注类贷款平均占比0.77%。实现个人贷款中间业务收入866万元。

【贸易金融业务】2014年，累计完成进出口结算量70.36亿美元。其中，进口结算量35.07亿美元，出口结算量35.29亿美元。截至12月底，国际结算市场份额为49.10%。跨境人民币实际收付业务116.48亿元，跨境人民币市场份额41.77%。

【电子银行】截至12月底，全辖企业网银交易客户13340户，较上年末增加4460户，企业网银存量客户达到17477户；全辖个人网银交易客户193548户，较上年末增加45881户，个人网银存量客户达到858699万户；全辖累计手机银行交易客户104998户，较上末年增加70756户，手机银行存量客户达到541353万户。

全辖企业网银交易量6 853.34亿元，较上年末增长19.99%。实现网上银行交易笔数170.92万笔，较上年末增长74.64%。全辖B2C支付用户支付交易笔数147.14万笔，交易金额8.55亿元。全辖B2B支付用户支付交易笔数5084笔，交易金额4.76亿元。新增2户股商存管商户，存量商户达到4户，当地同业市场份额排名第一，新增保证金存款超过4000万元。成功签约上线中银e社区13家，商户3家。

【运营服务】集中上收全辖网点柜员审批权限，实现从一级分行到网点的两级柜员管理模式，节约审批用户108名。推进凭证影像项目落地，实现网点凭证影像的在线调阅。完成白银、武威两家二级分行的事后监督上收工作。将新增73支核心交易、外围历史数据查询系统和零售代做系统高风险核准交易全量纳入集中核准。

【授信管理】截至12月底，累计化解不良授信合计人民币16720.73万元，其中：表内化解16289.26万元，完成总行下达任务的266.02%；表外化解431.47万元，完成总行下达任务的311.32%。不良化解合计利润贡献6213.23万元。

搭建发放审核链式服务平台。以发放审核为原点，对审核前、中、后的相关事项提供链式延伸服务。发放审核前：建立审核提前介入机制，根据不同授信产品特点制定《授信发放审核资料清单》，便于业务发起机构准备资料有章可循，实现工作重心前移。发放审核中：建立审核进程提示机制，利用短信平台、办公邮件等手段，对审核业务事项及时向业务发起机构经办、行长等人员发送提示。发放审核后：建立授信条件落实跟踪管理机制，针对日益频繁的公司授信内、外部检查，对后期需进一步落实条件的公司授信业务逐一记录，适时书面提示。重建外聘中介机构库，择优选用43家组建省分行外聘中介机构库。

【信息科技】2014年，全辖核心银行系统及各外围系统运行整体稳定，未发生三级以上重大信息安全事件，共发生低等级生产系统中断事件20起，其中区域性中断1起，其余均为单个网点生产中断，较上年同期下降57.3%；系统平均无故障率达99.99%。

全年先后开发并投产“省级财政国库集中支付系统”等分行特色类项目27个，正在开发测试项目7个，另有“兰医二院银医通”等多个项目正处于需求分析阶段。完成“通宝”产品系统等十余个应用项目的本土化改造及投产运维。完成“冠字号码”管理系统及蓝图P401、T41、P403、T42、T43批次等多个项目投产上线。完成数据查询、提取及分析累计950余笔。完成三期电子化设备集中采购及四期总行统推项目专项采购。完成一级骨干网4台上联总行路由器更换工作。对兰州同城网点办公网地址进行整理规划，完成敦煌路等支行IP地址扩容；配合完成武威公务卡等外联线路调试连通。按照助农点开办进度完成3G路由器的配置。截至12月底，共配置3G路由器190余台。完成省分行及兰州市六家中心支行视频会议系统升级改造。全年处理维护类需求1605笔。

【稽核工作】全面完成年度稽核检查计划。全年稽核覆盖机构60家，机构覆盖率48.39%，项目实际完成率117%。组织开展对全辖131个机构的内控评价和风险评估的定性工作。

2014年，稽核部抽调业务骨干积极配合省分行开展一年一度的“案件风险排查工作”以及“内控提升年”现场检查工作。配合甘肃银监局对省分行本部及辖属机构开展负债业务情况现场检查。牵头各相关部门完成银监局绩效考评自我评估、流动性风险管理办法执行情况、落实“双线”风险防控责任情况、落实金融支持经济结构调整和转型升级、高管人员履职评价情况、表内外信贷业务风险管控情况6项业务的自查工作。2014年，共向人民银行兰州中心支行报送8项甘肃分行经营管理中的重大事项。

【反洗钱工作】组建成立“反洗钱中心”。集中甄别实行“省分行模式”，即在省分行法律与合规部和12家二级分行分别设立反洗钱中心，配备17名专兼职甄别人员。全辖反洗钱集中甄别中心共处理可疑交易案例135758笔，其中省分行反洗钱集中甄别中心处理可疑交易案例占比45.55%。全辖可疑交易甄别意见合规率由90%提升为95%以上。发现一例涉恐融资重点可疑交易线索，成为全省第一家开展涉恐模型筛查及可疑交易上报的金融机构。对重点业务领域洗钱风险发布提示7份，向监管机构报送大额现金监测分析报告3份，在“反洗钱监测分析系统”报告可疑交易案例183份，向当地人行报告重点可疑报告4份。配合完成人行、国家安全部门对9个客户、9个账户的协查。制定甄别工作管理办法及反洗钱保密管理办法。开展基层网点登记簿的清理工作，保留规范类手工、电子登记簿54种，制定基层机构柜面操作标准手册。完成规章制度合规审核并出具审核意见书116份，共清理废止规章制度149个、变更维护206个。

【安全保卫】2014年，无“四类”案件发生，被总行年度绩效考核为A。全年全辖成功堵截涉嫌网银诈骗案件4起，协助兄弟行查询冻结涉案账户20个。针11月初将诈骗资金回划受骗人账户，使客户免受直接经济损失33万元。加强网点安全管理。在全辖营业场所、自助银行、金库等重点场所安装“双向报警”、电磁门锁及门禁、IP对讲等设施设备，加钞间门机械锁和电磁锁并用，清机加钞人员双人互控，语音预警和主控呼叫两种方式并存的“五个二”管控模式。加大监管力度，提高网点库款押运正点率。加强消防预案演练。

中国银行股份有限公司甘肃省分行领导班子成员名录

行　长　何方恩

副行长　余　岳　于金山　刘　凯
　　　　杨国梁　王才先
财务总监　于金山
纪委书记　刘　凯
风险总监　杨国梁

（供稿：马晓敏）

招商银行股份有限公司兰州分行

【业务经营】截至2014年底，分行全折资产总额428.68亿元，较年初新增59.86亿元，增幅16.23%。全折自营存款时点余额365.62亿元，较年初新增85.56亿元，增幅30.55%。全折自营存款日均余额348.20亿元，较年初新增49.92亿元，增幅16.74%。全折自营贷款余额204.52亿元，较年初新增15.37亿元，按管理口径折算，含非标管理余额达233.39亿元，较年初新增37.29亿元，增速达19.02%。2014年，分行实现营业净收入15.78亿元，同比增幅20.44%，净利息收入近12.34亿元，同比增幅17.70%。非息收入2.78亿元，同比增幅44%，实现考核利润5.97亿元，同比增幅30%。

【新兴业务】投行业务，债券承销一枝独秀，全年注册73亿元，发行58亿元，发行规模在系统内排名第十，当地同业排名第三。同业业务，“核心＋卫星”理财模式直扑前沿，全年累计实现净收入近6200万元。国际业务，发展首笔境外发债、首单全额保证金质押内保外贷、首笔境外跨行内保外贷等新兴业务，提升与金川、白银、酒钢等战略客户合作深度。公司业务，公司一卡通、现金管理C+结算套餐、互联网“E+账户”平台、国内信用证、供应链金融等业务推向市场。票据业务，全年直贴、转帖累计发生1360.2亿元，而且实现净利润8013万元，超额完成总分行计划。

【“两小”业务】2014年，加大对庆阳果脯、果汁产业，永登苦水玫瑰产业，陇西药材产业，高原夏菜、制种行业、油橄榄等省内特色优势产业的信贷支持，推动药贷通、小微企业置业贷、结算流量贷、POS贷等融资产品。

【信用风险管理】2014年，共压缩、退出潜在风险客户95户，涉及授信金额11.83亿元。全年无新增不良贷款，并实现双降。不良贷款较年初减少2418万元，余额4471万元，减幅35.09%；不良率0.22%，较年初下降0.14个百分点。

【资产负债业务】对公存款稳步增长，分行人民币对公存款日均增量（总行考核口径）49.78亿元，完成总行计划的142.23%。储蓄存款年日均余额114.11亿元，较年初新增2.83亿元。资产业务方面，截至12月底，分行小企业贷款余额22.39亿元，较年初增加1.97亿元。截至12月底，分行管理口径零售信贷总余额57.81亿元，较年初增加11.46亿元。

【中间业务】2014年，招商银行兰州分行在正常销售总行创设的常规及集合产品同时，自主创设代推介产品金额64500万元，增加分行中收渠道。全年实现国际业务中间收益1483万元，较去年同期增加341万元，同比增长29.86%，并成功推行金川财务公司结售汇业务正式上线。同业金融业务，条线累计实现非息收入2100万元，完成分行计划的105%。其中：黄金租赁业务实现租赁费收入1201万元。

【风险内控管理】2014年，共受理大中型客户授信业务339笔、金额人民币1048.50亿元，终批326笔、金额人民币981.25亿元。全年未产生新的不良、关注类贷款。合规管理方面，全年未发生监管合规事件，未发生案件，无败诉案件。落实各项反洗钱法规制度，多频次开展反洗钱现场检查与非现场监测，配合人行、安全厅等监管机关做好协查工作，受到人行、总行、国家安全部门肯定，连续多年获得监管A级评级。全年未发生重大操作风险事件。

【客群建设】2014年，分行对公新开户1718户，同比增加692户；对公有效户7106户，较上年增加1405户，按收入折算有效户4123户，净增585户；批发产品交叉销售率4.57个/户，较上年提升0.47个；批发活跃客户1825户，较上年增加471户，活跃客户占比由2013年末的36.73%提升至52.98%。分行新增超高端客户6户，新增私人银行客户17户，新增钻石客户40户，新增金葵花客户794户，新增金卡客户2405户，新增大众客群15902户。新增代发有效客户20915户，新增信用卡22331户，新增资金归集客户25901户，手机银行推荐下载70683户，新增跨境通54户，全面完成全年任务计划。

招商银行兰州分行领导班子成员名录

行　长　毛国英
副行长　王永力　刘　燕（女）
　　　　苏　力　彭　峰

（供稿：魏磊平）

中国邮政储蓄银行有限责任公司甘肃省分行

【业务经营】截至2014年12月底，资产规模达到683.67亿元，较年初增加175.79亿元，增幅34.61%。贷款余额达到214.92亿元，较年初增加96.77亿元，增幅81.90%。各项存款余额564.89亿元，较年初增加76.62亿元，增幅15.69%。信贷资产不良率0.26%，拨备覆盖率730.29%。

【负债业务】全省邮政储蓄余额459.55亿元，排全国第27位，全年新增59.35亿元，增幅14.83%，全国排名第5位，其中银行自营新增余额18.61亿元，增幅19.01%，全国排名第1位。个人储蓄存款总额位居全省金融机构第6位，新增市场占有率达到7.45%。公司存款余额106.41亿元，全国排名第22位，同比增加16.72亿元，增幅18.64%。开立公司业务账户9119户，同比增加1107户，增幅13.82%，全国排名第23位。

【资产业务】2014年，各项贷款余额累计达到214.92亿元，净增96.77亿元，增幅81.9%。其中，公司贷款余额36.9亿元，净增20.11亿元；零售贷款本年净增73.52亿元，较上年多增41.98亿元，增幅133.25%，净增额排全国第15位，增幅75.7%，排全国第1位。零售信贷结余170.43亿元，排全国第21位，较

2013年末上升7位。累计投放各项涉农贷款306.29亿元，涉农贷款余额达到132.67亿元，占全部贷款余额的61.8%；小微企业贷款余额达到140.98亿元，占全部贷款余额的65.15%。连续四年完成涉农贷款及小微企业贷款两个“不低于”的目标。各项贷款不良余额5577万元，不良率0.26%；拨备覆盖率730.29%。

【金融市场业务】金融市场业务收入达到9866.01万元，增幅116.58%。其中票据业务收入7593.32万元，增幅147.14%；同业业务收入2272.69万元，增幅53.27%。存放同业余额达到65.61亿元，债券投资及承销余额达到12.1亿元，机构理财产品销售额5.08亿元，较上年销售量增长3.4倍。累计完成票据业务交易量425.17亿元，同比增幅125.43%。完成人行再贴现7.38亿元，投资他行理财业务余额2.8亿元。

【新业务发展】作为首批被纳入总行商品交易市场准入资格清单的10家分行之一，取得辖内开发市场方担保小企业贷款的商品交易市场准入终审权。新授权开办林权抵押个人商务贷款、个人互惠担保贷款、个人增信贷、组合担保个人商务贷款、小企业互惠担保贷款、小企业增信贷、组合担保小企业贷款等7个小企业信贷产品。其中天水市麦积区农业产业化互惠基金项目和陇西中药材互惠贷项目获总行批准，并批量放款。天水麦积农业产业特色支行、陇西县中药材特色支行、民勤县农副产品购销特色支行、兰州七里河经营性车辆特色支行、平川区陶瓷煤炭特色支行、庆阳北街油田工程技术服务特色支行等6家支行均被纳入“总行级”小企业特色支行。2014年，小微企业互惠担保贷款在首届“陇上金融家”评选活动中荣获“甘肃最佳金融产品和服务”殊荣。

【电子银行】2014年，共布放ATM/CRS721台，其中县及县以下401台，设立助农取款点535个，陆续开办“乡情卡”“金晖卡”及医保、养老金、ETC等特色银行卡服务，网点开通率达到100%。打造包括ATM、网上银行、手机银行、微博银行、微信银行在内的多样化的电子金融服务渠道。2014年电子银行新增客户50.79万户，达到127.69万户。电子银行客户规模全国排名第25位，较上年提升2位；电子银行客户渗透率达到18.51%，全国排名第16位，替代率达到63.88%，全国排名第14位。

【风险管控】完善风险管理组织架构及工作职责。建立产品与业务发展风险防控体系。建立全面风险监测机制，构建完善的风险管理报告体系。增强前台人员操作风险意识。

【服务地方经济】与平凉市政府签订战略合作协议，现场授予信贷额度1亿元，授予互惠基金担保额度1亿元，计划五年内向平凉市投放信贷总额100亿元。会同甘肃省6家金融单位，与甘南州政府签订《甘南州旅游产业战略合作备忘录》，意向融资总额30亿元。与省住房资金管理中心签订业务合作协议。开展“送科技、文化下乡”“送金融知识下乡”和“金融知识万里行”等金融知识普及和反洗钱宣传活动，开展信用村镇建设，建立信用市场（商城）40多个，评定诚信商户6896户。

【“双联”行动】全省邮储银行“双联”联系点20多处，联系户达到288户，开展“双联”活动400多人次，捐助各类帮扶资金累计117.39万元。为甘南碌曲县唐科村发放惠农贷款485万元，捐助牦牛30头，被省联村联户为民富民行动协调推进领导小组授予2014年双联行动先进单位，获“民心奖”荣誉称号。

中国邮政储蓄银行甘肃省分行

行　长　周巨龙

副行长　王蔚奇　张学峰　韩　涛

纪委书记　张学峰　郭万梅

总审计师　屈海泓

（供稿：赵　钧）

上海浦东发展银行股份有限公司兰州分行

【业务经营】截至2014年12月底，资产总额达到475.87亿元。各项存款余额达到453.42亿元：其中，人民币一般性存款余额280.62亿元，全年新增62.92亿元，增幅28.90%；人民币一般性存款日均余额达到254.85亿元，全年新增45.10亿元，增幅21.50%。各项贷款余额达到238.70亿元，全年新增56.88亿元，增幅31.29%，是分行成立以来新增贷款最多的一年，贷款余额在全行排名较年初提升2个位次，全年贷款增量在全行排名第九名，增幅全行排名第四位；贷款余额和新增贷款均在同类股份制银行中排名第一位。在贷款投向上，小微和零售贷款在各项贷款中的占比达到30.5%，比年初提高6.23个百分点，全年新增占比达到54.2%。实现营业净收入15.37亿元，实现账面利润9.9亿元，实现税前拨备前利润12.53亿元。

截至12月底，对公目标客户3108户，新增999户，增幅47.39%，其中：对公有价值客户2898户，新增602户，增幅26.19%；对公优质客户1909户，新增442户，增幅30.15%；对公核心客户599户，新增279户，增幅86.78%。截至12月底，个人有效客户总量12.8万户，新增4.4万户，增幅48.17%，其中：优质以上客户2.99万户，新增9907户，增幅49.55%；白金以上客户8928户，新增3180户，增幅55.32%，完成总行计划的127.20%；私人银行客户150户，新增50户，增幅50%，完成总行计划的113.60%。

截至12月底，全行人民币日均存款新增计划完成率全行排名第五位，一般性存款余额排名在全行系统上升2个位次，存款增量排名第十四名，增幅全行排名第六位。

【公司业务】2014年，全行“11226项目”共有47个项目，140.85亿元成功落地。截至12月底，一般性对公存款余额达到225.35亿元，全年新增48.64亿元，增幅27.52%，全行排名第8位。全年对公中间业务实现账面收入2.49亿元，增幅31.23%。其中，投行业务全年发行债务融资工具78亿元，在西北地区当地股份制银行中市场占有率排名第1位。

【零售业务】截至2014年12月底，个人存款余额55.87亿元，新增14.01亿元，增幅33.5%，新增额全行排名第13位；个人业务累计实现总收入3.12亿元（不含信用卡，不含小微对公），增幅40.28%；个人中间业务收入2392万元，增幅86.58%。个人业务收入在分行营业总收入中的占比为20.27%，较上年提升8.89个百分点。零售业务在总行年度综合评价中排名第5位。

【小微企业业务】推进小微业务与零售业务的融合工作，全年实现批量开发方案30个。截至12月底，全行中小企业贷款余额（工信委口径）118.44亿元，在各项贷款中的占比49.62%，较上年提高5.49个百分点；新增38.21亿元，增幅47.63%，新增占比达到67.16%。总行专营口径小微贷款（含个人经营性贷款）余额54.31亿元，新增21.81亿元，增幅67.11%，新增全行排名第四位；小微存款余额11.17亿元，新增6.39亿元，增幅133.68%；小微业务综合排名全行第四位。

【电子银行与移动金融】截至12月底，个人网银客户达到8.72万户，增幅60%，增幅全行排名第六位；个人手机银行客户达到7.61万户，增幅106%；电子银行交易额612亿元，同比增长149%，增幅全行排名第七位。加大商户收单业务拓展力度，全行POS商户达到1255户，新增855户，增幅267%；收单交易额102亿元，同比增长93%；POS商户数量、POS机具数量、本年POS交易金额均位列当地同类股份制银行首位。

【资金业务】发展同业结算，同业代理结算业务50.1亿元，全行排名第一位；存放同业余额53.73亿元，全行排名第二位；同业存放余额172.37亿元，全行排名第七位。票据业务收入8828万元，比上年增加3228万元，增幅55.9%。金融市场业务共实现34个项目，86.9亿融资落地，全年实现金融市场中间业务收入1.89亿元，比上年增加3687.72万元，增幅24.21%；实现金融市场资金业务收入1.08亿元。

【风险合规】截至12月底，全行不良资产额和不良率均为0，后四类贷款占比为0.28%，较年初下降0.03个百分点。2014年共开展用途贷后检查9000余笔，常规贷后检查4500余次，经营机构贷后检查完成率达100%。2014年，总行对分行风险经营管理综合评分92分，全行排名第十位，较上年提升八个位次，其中风险绩效指标全行排名第五位。明确十类重点风险管控对象，全年压退“联贷联保”业务31组112户，金额5.91亿元。加大对产能过剩等行业的压缩退出力度，全年共压退6.86亿元，完成总行计划的152%。成立特殊资产管理委员会，强化对不良资产的管理。

全年共制定完善合规案防管理制度9部。加强对各单位合规案防考核工作，加强合规培训教育，全年共开展合规培训15次，参加培训800多人次。在内外部审计和检查中，未发现严重违规违纪问题和重大风险、案件隐患，内外部审计检查发现问题的整改率达到97.588%。本年度累计处罚人员129人，经济处罚金额共计36.88万元。全年未发生安全事故，荣获2014年度“全省金融机构安全保卫工作先进集体”和“兰州市单位内部治安保卫工作先进单位”荣誉。

【运营科技】截至12月底，全行银企对账率达到98.70%，较上年提升7.8个百分点；运营服务纬度综合排名全行第十八位；各项业务量增幅均排名全行前十位；坐销贡献全行排名第十位；人均业务量全行排名第十二位；信用运营满意度达到95.71%，高于全行平均水平，较上年提升10个百分点。完成分行桌面管控等8个总行新项目的顺利推广应用。累计完成50余次IPP核心系统、网点cop系统、ATM自助设备系统版本升级工作。完成6个行内特色项目的开发上线。

上海浦东发展银行股份有限公司兰州分行领导班子成员名录

行　长　张宜临

副行长　景红卫

行长助理　庄稼臻　梁　敏

甘肃省农村信用社联合社

【业务经营】截至2014年12月底，全省农村信用社资产总额3875.62亿元，较年初增加638.73亿元，增长19.73%；负债总额3566.48亿元，较年初增加542.37亿元，增长17.93%；所有者权益309.14亿元，较年初增加96.36亿元，增长45.29%。各项贷款余额2108.05亿元，较年初净增433.48亿元，增长25.89%，各项存款余额2745.01亿元，较年初净增386.10亿元，增长16.37%；存贷比为71.22%。全年实现拨备前利润103.01亿元，同比多增17.39亿元，其中，实现利润总额51.49亿元，计提拨备51.52亿元，拨备余额达135.15亿元，拨备覆盖率21357%，较年初提高2013个百分点，资本充足率13.05%，较年初上升1.28个百分点，核心资本充足率12.43%，较年初上升1.51个百分点。省联社结算中心银行间市场交易总量进入全国第85位，位居全国农信社系统第6位。

【支农支小】截至2014年12月底，全辖涉农贷款余额1785.72亿元，较年初增加323.47亿元，增长22.12%，同比多增31.97亿元，存量比和增量比分别为84.71%和74.62%，均居全省银行业机构第一位和全国同行业第二位。截至12月底，全辖评级授信农户348.1万户，授信总额1182.19亿元，贷款余额266.98亿元，较年初增加59.16亿元，增长28.47%。截至12月底，全辖“大联保”贷款余额1145.30亿元，较年初增加180.11亿元，增长18.66%。瞄准区域特色产业后发优势，“双业”快速投放存量130.75亿元，较年初增加85.73亿元，增长190.43%，支持规模种养户10.79万户、种养殖小区及专业合作社1036个。截至12月底，下岗失业人员再就业小额担保贷款余额16.87亿元，“双联致富宝”贷款余额63.98亿元，易地扶贫搬迁贷款启动良好。调整妇女小额担保贷款投放节奏，截止12月底余额14.52亿元，担保杠杆回落到1∶1.5的良性状态。

【业务发展】新增阶段性存款超过200亿元。开展争揽大户、对公及城镇存款；申请支农再贷款和再贴现，开展涉农业务代理，做好保险、交通、社保、医保、联通、电费等代理业务。“一册明、一折统”“新农保、新农合”及棚户区改造项目代理沉淀资金98亿元。加大理财产品推广，营销发行“金土地”理财产品24期，募集资金14.15亿元，推出“兴陇宝汇富”理财产品。

【风险防控】全年全辖市场化处置不良贷款12.68亿元，不良贷款占比2.80%。分类开展监管评级，15家行社摘掉“高风险”帽子。构建信息科技管理、风险管理和风险审计“三道”防线，加强科技信息风险识别、评估、预警和控制能力。

【科技创新】完成核心系统升级优化等各类科技信息建设项目60余项。运维管理体系建设顺利并成为全国同业首家通过ISO20000信息安全中心认证的省联社。推进“理事长工程”，累计布放量2861台。微信银行登台亮相，飞天卡提质扩品，金融IC卡成功上线，飞天系列卡达1270万张，存量位居全省银行业前列。电子银行业务替代率达到31.28%，较上年增加6.5个百分点。“三通四宝”固化型、特色化产品推广行社57家，累计放贷248亿。

【双联行动】全年向58个贫困县投入贷款220.4亿元，截至12月底，贷款余额1105.4亿元，向17个插花型贫困县发放贷款118亿元。向6个“双联”县发放贷款108亿元，向10个“双联”村农户发放贷款4651.2万元。发放“双联致富宝”特色贷款53.17亿元。4年来向11个联系村无偿提供1550万元资金用于帮扶项目建设。启动的66个帮扶项目建设，建成10个公益项目、生产基地3个。向岷县漳县地震灾区发放灾后重建贷款8.92亿元，向地震重灾区捐赠慰问金和抗旱物资10余万元。筹资10万元开展捐资助学助残。

甘肃省农村信用社联合社领导班子成员名录

理事长　雷志强

副理事长　朱维繁

主　任　王广平

纪委书记、监事长　王蓉生

副主任　康　欣　李　峰

工会主席、总审计师　贾　涛

主任助理　钱瑞峰

中国华融资产管理股份有限公司甘肃省分公司

【业务经营】2014年，分公司本部实现拨备前利润16559.02万元，完成公司下达利润计划的103.43%。银川营业部实现拨备前利润16000.42万元，完成公司下达利润计划的120.3%；西宁营业部实现拨备前利润8342.69万元，完成公司下达利润计划的119.19%。

【商业化业务】2014年，分公司本部新增商业化项目14个，涉及资金17亿元；银川营业部新增商业化项目29个，涉及资金43.2亿元；西宁营业部新增商业化项目14个，涉及资金11.9亿元。

【股权资产管理与处置】2014年，落实年度股权经营规划任务目标，按期做好债转股企业的书面致函及企业巡访工作；充分利用参加债转股企业“三会”，对有关决议进行审议，强化股东地位，维护股东权益；加强与股权企业的联系沟通，积极了解企业的困难和需求。做好债转股资产项目公开推介工作；组织股权管理人员做好债转股企业的调研和股权处置商谈工作，确定处置重点，实现公司所持股权的退出；落实股权企业分红收益，2014年取得股权分红款112.16万元。

【风险合规】2014年，加大存量资产风险管控力度。强化项目投后后期管理工作，确保存续项目资金按期足额收回，整体经营不出问题。建立健全风险问责机制，将项目风险的管控与绩效考核挂钩，并实施绩效递延支付和绩效追索措施。加强业务一线人员的培训。增加对风险案例的分析研究。加强业务审查的培训。

中国华融资产管理股份有限公司甘肃省分公司领导班子成员名录

总经理　张焕涛

副总经理　刘延风　杨　威

　　　　　卫国栋　曹龙年

纪委书记　杨　威

（供稿：魏艳辉）

商贸流通

商业贸易

【经济运行】2014年，甘肃省社会消费品零售总额2410.4亿元，比上年的2139.83亿元增长12.6%。按地域分，城镇实现社会消费品零售总额1927.9亿元，其中城区实现社会消费品零售总额1427.4亿元，增长13.4%；乡村实现社会消费品零售总额482.4亿元，增长13.1%。2014年，共有限额以上批发和零售贸易业、住宿和餐饮业法人企业2103个，从业人数144439人。其中，批发业法人企业573个，从业人数31000人；零售业法人企业911个，从业人数67015人；住宿业法人企业280个，从业人数23855人；餐饮业法人企业339个，从业人数22569人。

限额以上批发和零售贸易业企业商品购进总额3862.9亿元，商品销售总额4457.7亿元（其中批发3279.9亿元、零售1177.8亿元），库存总额271.0亿元。商品零售价格指数为101.7（以上年价格为100）；居民消费价格指数为102.1（以上年价格为100），其中城市102.2，农村102.1。

进出口总额86.5亿美元，比上年的102.81亿美元下降15.43%。出口总额53.31亿美元，比上年的46.79亿美元增长14.24%，占全省GDP 6835.27亿元的4.8%（汇率按6.1428计算），占全国出口额的 0.23%。进口总额33.18美元，比上年的56.02亿美元下降40.33%。出口商品销往185个国家（地区）。进口商品来自79个国家（地区）。技术进出口总额1012万美元，比上年的1005万美元增加0.7%。签订引进技术和进口设备合同项目4个，比上年减少2个；合同金额1012万美元，比上年的1005万美元增加0.7%。

【市场秩序管理】全年全省各级行政执法部门共出动执法人员704060人次，检查各类市场52536个次，检查生产经营主体397747多个，受理和查处侵权假冒案件14027件，涉案金额3708.70万元，移送案件456件，捣毁制假售假窝点193个。公安机关共立各类侵权假冒犯罪案件318起，抓获犯罪嫌疑人296名，涉案金额5458余万元。检察机关批捕涉嫌侵犯知识产权案件14件28人，涉嫌生产销售伪劣商品案件38件63人；审查起诉涉嫌侵犯知识产权案件34件54人，涉嫌生产销售伪劣商品案件192件291人，深挖侵权假冒案件背后的职务犯罪线索5件5人。全省法院共受理侵权假冒刑事案件263件299人，其中，制售假冒商品案件235件265人，审结228件258人，侵犯知识产权案件38件45人，审结37件44人。全省各级行政执法机关公开行政处罚案件信息1595件。联合省公安、工商、质监、新闻出版、食品药监和通讯管理等部门，制定下发《甘肃省开展电视购物专项整治工作的通知》，赴甘肃省广电总台对其开展电视购物广告专项整治工作情况，以及中视广联媒介监测网通报甘肃省卫视频道、经济频道、都市频道播出7条违规电视购物广告问题进行督导。整治期间，全省共监测各类电视购物广告1986条次。责令停止发布涉嫌违法的电视购物广告232条，约谈涉嫌发布违规电视购物广告的媒体单位9家。与各市州、省直有关单位签订全省社会管理综合治理目标责任书。制定下发《甘肃省打击侵权假冒工作信息报送和应用管理办法（试行）》。省打击侵权假冒领导小组行政执法成员单位2014年共立案5051件；公安机关破获案件263件，抓获犯罪嫌疑人235人，涉案金额1384万元；检察机关批捕案件36件，批捕69人，起诉案件179件，起诉253人；审判机关受理案件62件，审结案件48件，判决46人。

【药品流通管理】制定下发《甘肃省中药材流通追溯体系建设工作方案》。参与淘宝网特色中国甘肃馆的建设。三江源、陇萃堂、巨馨农业、岷草堂、惠森、渭水源等近30家与陇药有关的实体企业入驻线上馆。动员全省中药材企业入驻线下馆，奇正藏药、中天药业、惠森、渭水源、旭康药业等近十余家企业入驻线下馆。

【市场体系建设】印发《甘肃省内贸规划工作方案》。推进试点县乡开展商业网点规划编制。印发《关于进一步加强二手车流通行业监管工作的通知》。全省安排资金4000万元，扶持建设100个县乡农贸市场。报省政府办公厅下发《关于印发2014年为民办实事实施方案的通知》（甘政办发〔2014〕58号），会同省财政厅召开项目评审会，印发《关于下达2014年县乡农贸市场建设项目的通知》。截至12月底，100个县乡农贸市场有94个全部完成建设内容，其余市场进入工程收尾阶段，市州正在组织验收工作。项目完成后，100个县乡农贸市场建设总投资将达到14亿元，提升改造流通基础设施面积达60万平米以上，其中，硬化场地约34万平米，新建及扩建交易大棚约16万平米。与7个市州政府签订《大型商品交易市场建设责任书》，印发《关于切实做好大型商品交易市场和大宗农产品冷藏仓储设施项目建设的通知》。截至12月底，8个大型商品交易市场完成投资29.39亿元，总体建设进度达到31.3%。甘肃省被商务部列为大宗农产品标准化冷藏式仓储设施建设项目试点，在甘肃省马铃薯、洋葱、苹果、高原夏菜等大宗农产品主产区开展33个标准化冷藏式仓储设施建设项目，将新增冷链保鲜库容42万吨，对农产品主产区冷链仓储基础设施建设促进作用明显。2014年在张掖、平凉、陇南、甘南4个市州继续开展省级农超对接试点，使农超对接试点工作扩大到全省14个市州。带动投资1478万元，建设农产品配送中心4个、产地集配中心3个、增加蔬菜直销网点19个。

指导各市州加强36个商品配送中心、34个乡镇商贸中心和3000个农家店建设的跟踪督导，与省农行、省移动公司、福建鑫诺公司签订四方协议，开展农家店信息化改造工作。据统计，2014年万村千乡市场工程提升商贸流通基础设施近20万平米，商品配送中心实现县区全覆盖，农家店覆盖78%行政村。起草印发《2014年甘肃省再生资源回收体系及商务领域循环经济建设工作方案》。开展全省再生资源回收体系建设自查和2013年度统计工作，回收网络和重点废旧商品回收率明显提升。全省600多家再生资源回收企业，3500多个回收网点，回收各类重点废旧商品530多万吨。废钢铁、废有色金属、废塑料、废纸、废橡胶等重点废旧商品回收率超过国家和省政府70%的工作目标。

【商贸服务管理】会同相关市州和行业协会举办中国·兰州大众美食文化节、首届中国·兰州国际拉面博览会、第二届中国·临夏—马来西亚·吉兰丹州—伊朗·库姆市清真食品与民族用品展销会暨“清河源杯”全国清真名优风味小吃大奖赛、甘肃餐饮企业百姓消费体验月活动、庆阳市地方特色风味小吃展销会、金张掖名优特色小吃展销会、兰州美食大众消费新区行、嘉峪关市消费促进季之“食惠雄关”美食节、金塔县第五届胡杨文化旅游节名优产品展销会及美食烧烤节等活动。甘肃省被确定为以市场化方式发展养老服务产业试点省份。出台《甘肃省养老服务产业发展基金试点工作实施方案》。对全省1177家成品油经营企业进行年检，其中：中石油961家（停歇业183家）、中石化74家（停歇业5家）、社会加油站142家（停歇业5家）、批发企业69家。加强《成品油零售批准证书》申领的前期审核工作，办理成品油零售证书19份；办理经营单位投资主体发生变化的以及办理加油站名称和负责人变更的11家，办理加油站规划确认25家。

【市场运行调节】组织全省商贸流通企业开展以扩大品牌消费、汽车消费、网络消费、餐饮消费等为主要内容的消费促进月活动。共有2000多家企业参与，完成销售额40多亿元，比上年同期增长约20%。修订《甘肃省市场运行监测工作考核办法》，对生活必需品市场监测系统、重要生产资料市场监测系统、重点流通企业监测系统样本企业进行调整。14个市州和82个县区已经开通并成功运行，超过国家要求目标（全省有86个县区，部里要求是40%）。数据报送质量明显提高，总体报送率和及时报送率都在80%以上。

全省投放各类蔬菜13个品种、3万多吨，冻猪肉5200吨，冻羊肉200吨，有效平抑菜价、肉价上涨，对其它大棚菜价格的下降也起到传导效应。协调落实2014年度省级肉类储备。针对猪粮比价跌破6∶1，生猪市场低迷，持续处于黄色预警区域的实际，储备肉类4000吨。其中：冻猪肉3000吨、冻牛肉500吨、冻羊肉500吨。兰州“4·11”自来水局部苯超标事件发生后，立即启动市场异常波动应急供应预案，衔接兰州市商务局和周边市州商务局通力配合，三天两夜连续工作，调运瓶装水3200吨，迅速全面地在兰州市各商业网点上架。

【对外贸易】对甘肃省进出口大户金川、酒钢、白银、稀土、金川新材料、方大炭素、诺客达、华天科技、天水海林、长城果汁等十户企业的进出口情况进行定期摸底分析，及时反映和协调解决企业遇到的困难。对54家中小外贸企业进行“一对一”的联系，解决实际问题。向商务部申请加工贸易项下白银出口配额共计8笔，实际出口3笔，出口26.4吨，出口金额1764万美元，全部由白银公司出口。办理对外贸易经营者备案363家，办理《对外贸易经营者备案登记表》变更业务177家，办理电子口岸审核业务364单。甘肃省备案外贸企业2868家，有进出口业绩的企业500多家。审核办理铜精矿、铁矿石、燃料油等自动进口许可证459份，办理镍、钴、柠檬酸出口许可证773份。其中自动进口许可证（已核销）金额共计总金额22.19亿美元，出口许可证（已核销）共计总金额6亿美元。办理加工贸易新批合同362笔，变更合同222笔。主要商品是集成电路、芯片、铜矿砂、多相流量计、甘草酸粉等，共计金额13.52亿美元。

组织6户企业参加法国国际食品饮料展，有2个企业与客商签订100多万美元的订单。组织全省14家企业参加第十二届哈萨克斯坦中国商品展览会。参展商品包括农产品、包装机械、节水设备、矿山机械等40多种。展会期间签订出口合同金额490万美元，达成意向进出口协议260多万美元。2014年8月，在伊朗首都德黑兰市和库姆省举办“伊朗·中国甘肃投资贸易及商品展示会”期间，洽谈对接40多个投资贸易项目，签约贸易合同及意向性协议金额1.1亿美元，其中贸易合同金额5062.6万美元，于当年11月份全部履约，占全年甘肃省对伊朗出口总额的50%。2014年甘肃省与伊朗进出口总值1.01亿美元，与上年1.04亿美元相比，下降3.09%。其中出口总值1.01亿美元，与上年4893.10万美元相比，增长106.76%。进口总值1.40万美元，与上年5548.10万美元相比，下降99.97%。2014年8月，参加在霍尔果斯口岸举办的“伊犁州首届新丝绸之路商品展销会”，佛慈制药、兰州西部维尼纶等32家企业参展，参展商品涉及农产品、畜产品、医药、农业灌溉、装饰材料等，展会期间签订出口合同5个，涉及金额80万美元，达成意向性进出口协议近1000万美元。建设中哈边境合作中心甘肃省特色商品展示中心。2014年，甘肃省与“丝绸之路”沿线国家实现进出口贸易额18.89亿美元，同比下降16.2%，其中进口8.74亿美元，同比下降31.2%，出口10.15亿美元，同比增长3.3%。与丝路沿线国家进出口额占全省进出口总额的比重由2013年的18%提高到23%。

【跨境电子商务】会同省财政厅、兰州海关、省国税局、甘肃检验检疫局、国家外汇局甘肃省分局、省邮政管理局等6部门联合拟定《甘肃省发展跨境电子商务实施意见》。联合省工信委、农牧厅编辑出版《甘肃出口商品汇编》，以中俄文、中英文两种版本出版。拟定甘新两省区商务合作框架协议，签署《甘肃省商务厅新疆自治区商务厅合作框架协议》。

【外资利用】2014年甘肃省新批准设立外商投资企业12家，其中合资企业6家、独资企业6家，合同外资额9757万美元，同比减少81.47%；实际利用外资10032万美元，同比增长40.72%。累计批准设立外商投资企业2096家，投资总额118.4亿美元，合同外资额43.6亿美元，实际利用外资额16.7亿美元。2014年甘肃省外商投资的主要来自美国、香港和投资性公司。外商投资行业主要涉及制造业、农业、地质勘查业等，其中：电力燃气供应业实际利用外资3633万美元，占44.92%；农林牧渔业实际利用外资3142万美元，占38.85%；制造业实际利用外资1117万美元，占13.81%；采矿业实际利用外资126万美元，占1.56%；批发零售业实际利用外资51万美元，占0.63%；租赁和商务服务业实际利用外资18万美元，占0.22%。

全年全省实际利用外资中，风电行业所占比重较大，甘肃中电酒泉第三风力发电有限公司、甘肃中电酒泉第四风力发电有限公司来自母体投资性公司实际到位资金3407万美元；农业制种项目利用外资额较大，美国孟山都新加坡公司投资的中种国际种子有限公司增资项目，实际到位资金3058万美元；世界500强企业正威国际集团落户兰州新区，成立正威（甘肃）铜业科技有限公司，从事铜加工项目，首批到位资金225万美元。

【国家级经开区产业转移】推动甘肃省国家级经济技术开发区与浙江省国家级经济技术开发区的合作，与天水、酒泉、张掖经开区达成投资意向协议。浙江亿丽斯年产2000万米高档织物面料项目和绍兴高鸿纺织年产10万锭棉纺纱锭项目两个产业转移项目入驻天水经济技术开发区，总投资4.7亿元，有2家浙江企业落户酒泉经开区。支持金昌经开区与武汉未来科技城建立战略合作关系。支持张掖经济技术开发区引进世界500强泰国正大集团20万吨饲料生产线、印尼力宝凯西公司建设凹凸棒中试生产线等特色产业。支持天水经济技术开发区与广州经济技术开发区开展产业转移和对接。支持酒泉经济技术开发区与厦门聚能、无锡中稷、无锡中硅、江苏浚昱等企业开展新能源及其他产业对接。组织参加第十八届中国（厦门）国际投资贸易洽谈会，甘肃省举行专场项目签约仪式，共签订10个投资合作项目，签约总金额49.32亿元。签约项目主要集中在现代服务、特色农业、基础设施建设等行业和领域。甘肃省向投洽会申报重点招商项目约184个，通过投洽会网上项目对接平台，成功促成130个重点项目实现现场对接。组织甘肃省企业和项目单位参加“现代农业”“基础设施”“石油化工”“装备制造”“新型能源”等重点产业专场对接，福建省庆鸿节能环保有限公司、福建微水环保技术有限公司、厦门宝谦资产管理有限公司、厦门市威雅化妆品有限公司等73个企业与甘肃推介的项目配对成功，实现现场对接洽谈。兰州市（兰州新区）招商引资项目推介会成功举办。投洽会期间，兰州市充分利用“投洽会”平台，成功举办兰州市（兰州新区）招商引资项目推介会，重点推介新区综合保税区、敦煌文化创意产业园建设项目和1万吨/年清真骨明胶加工项目等项目，吸引参会代表、企业、新闻媒体近100人参加推介会。 组织参加2014东盟中国进出口商品博览会7家企业特色产品参展，并举行“甘肃走进东盟说明会”。

【对外经济合作】2014年，全省在境外设立及追加投资的境外企业26家，中方协议投资额19913万美元；全年对外实际直接投资22568万美元，比上年的15527万美元增长45%，位列全国第二十七位。投资领域涉及有色金属矿采选业、石油和天然气开采、房地产、加工制造、批发零售、文化体育和专业技术服务等行业。投资的主要国别（地区）是：南非、中国香港、美国、加拿大、秘鲁、澳大利亚、加纳、法国、伊朗、安哥拉、吉尔吉斯斯坦、哈萨克斯坦、德国、老挝、印度尼西亚、沙特、意大利、埃塞俄比亚、缅甸，其中，埃塞俄比亚、安哥拉、缅甸、伊朗为新增投资国家（地区）。投资方式以新设和收购兼并为主。截至2014年12月底，全省对外投资存量为315952万美元。2014年，全省对外承包工程新签合同额29040万美元，比上年的51950万美元下降44%；完成营业额33939万美元，比上年的30915万美元增长10%。2014年度全省新签对外援助项目1项，是省建筑设计院承揽的援莫桑比克楠普拉省技术学院项目，合同额231万美元；甘肃省科学院自然能源研究所/国际太阳能中心、甘肃省治沙所、甘肃省水利科学研究院等三家单位以太阳能、风能应用技术，沙漠化研究与治理技术，雨水积蓄利用技术等为主，共承接商务部等有关部委的援外人力资源培训班10期，为来自50多个国家和地区的195名技术人员和官员进行培训。2014年，共执行多双边无偿援助项目11项，完成执行额62.3万美元。

组织甘肃省考察团赴白俄罗斯对投资环境、合作企业状况及农牧业、渔业、物流、乳制品、商贸等领域项目进行实地考察，形成《甘肃企业走向白俄罗斯市场的对策分析》的调研报告；举办“白俄罗斯投资环境与合作项目推介会”，签署《中国甘肃省与白俄罗斯格罗德诺州深化经贸合作备忘录》。设立驻白俄罗斯商务代表处，组织企业赴白俄罗斯格罗德诺州、明斯克市两地进行实地考察和项目对接，举办“中国·甘肃特色商品展”。组织省内50家外经贸企业在白俄罗斯明斯克和格罗德诺州两地举办“中国·甘肃商品展”。对全省企业与白俄罗斯的12个重点项目进行跟踪推进，支持民营企业庆阳淑方香包刺绣有限公司在白俄罗斯首都明斯克首家注册登记成立了陇庆私营商贸公司。对中西亚、中东欧开展的对外投资合作项目进行重点跟进，并建立联系制度。在甘肃商务网开通“丝绸之路沿线国家（地区）经济合作”专栏，发布中西亚、中东欧国家的法律、税收等方面的投资政策，编制《丝绸之路经济带国家（地区）经济合作指南》。加强与中国驻中亚国家经商参处的密切联系，持续推进在哈、吉两国的对外投资合作项目。兰州瑞达进出口贸易公司在阿拉木图市投资建设5000吨果蔬保鲜库（占地面积1公顷）。12月14日，在哈萨克斯坦阿斯塔纳举行的“中哈企业家委员会第二次全体会议”上正式签约。

【开发区投资与建设】兰州国家级经开区。完成固定资产投资240.5亿元（其中兰州新区机场北园区23亿元，安宁园区180亿元，西固园区28亿元，红古园区9.5亿元），占年计划239亿元的100.63%，其中：完成工业固定资产投资48亿元（其中兰州新区机场北园区17亿元，安宁园区13亿元，西固园区8.5亿元，红古园区9.5亿元），占年计划45亿元的106.67%。招商引资到位资金63.06亿元，占调整计划70亿元的90.09%，同比增长53.17%。其中：省外到位资金49.89亿元，占年计划45亿元的110.87%，引进工业项目资金占引资总额的85.07%，比全年45%目标任务高出40.07个百分点。累计开工项目24个、总投资额353.5亿元，其中：新开工9个、已建成1个、基本建成4个。

天水国家级经开区，2014年，开发区实现生产总值86.7亿元，同比增长16.8%，占全市的17.5%；实现工业总产值174.9亿元，同比增长15.3%，实现工业增加值75.1亿元，同比增长16.3%，其中工业增加值占全市工业增加值的66%。实现工业企业产品销售收入163.7亿元，较上年增长14.2%，工业企业产销率为93%，实现主导产业产值143亿元，增长17.3%。高新技术企业实现工业增加值13.7亿元。完成固定资产投资36.3亿元，较上年增长21.1%，占全市固定资产投资的6.8%。共签约招商引资项目2个，总投资67.73亿元，协议引资67.73亿元，占全市签约资金总额的13.27%，到位引资45.39亿元，占全市到位资金额的14.5%。

金昌国家级经开区，2014年，完成生产总值1567245万元，同比增长7.88%，占全市的63.8%；完成工业增加值1368121万元，同比增长7.81%，占全市的96.06%；实现销售收入13078437万元，同比增长7.8%，占全市的66.09%；主导产业产值达7442512万元，占开发区的98%。实施招商项目103个（其中，新建亿元以上项目33个），到位资金118.8亿元，占全市2014年到位资金的59.02%。完成固定资产投资1112570万元，同比增长29.16%，占全市固定资产投资的46.35%。完成基础设施投资30124万元，同比增长29.29%；企业完成固定资产投资1082446万元，同比增长29.15%。

张掖国家级经开区，2014年，开发区完成生产总值83.55亿元，同比增长9%；完成工业总产值80.61亿元，同比下降6%；完成工业增加值18.7亿元，同比下降6%；实现销售收入159.42亿元，同比增长7%；实现税收4.96亿元，同比增长6%；完成进出口总额330万美元，同比增长6.5%；完成固定资产投资14.18亿元，同比增长12.2%，工业经济整体基本保持平稳运行的态势。

酒泉国家级经开区。2014年，开发区共完成固定资产投资23.14亿元，实现生产总值251亿元，完成工业增加值62.75亿元，完成税收3.2亿元。招商引资项目签约39个，签约资金34.16亿元，到位资金22.45亿元。

【招商引资】2014年，全省共执行新建、续建省外（包括境外与国内省外）招商引资项目4644个，到位资金5835.31亿元，比上年增长1329.35亿元，增长率30%。其中，国内省外项目4579个，到位资金5713.14亿元，比上年增长1289.38亿元，增长率29.15%；境外及外资企业再投资项目65个，到位资金122.17亿元，比上年增长39.97亿元，增长率48.63%。新建项目2588个，到位资金2515.12亿元；续建项目2056个，到位资金3320.19亿元。

全年共执行新建、续建全省区外项目776个（比上年增加73个），到位资金622.11亿元（比上年增加144.93亿元，同比增长30.37%）。其中，新建项目472个，到位资金354亿元；续建项目304个，到位资金268.11亿元。

【中国·兰州投资贸易洽谈会】第二十届中国·兰州投资贸易洽谈会于2014年7月6日至19日在甘肃国际会展中心成功举办，分“投资贸易洽谈期”和“商品贸易展销期”两期进行。（其中7月6日–8日为投资贸易洽谈期，7月15日–19日为商品贸易展销期。）本届兰洽商会，共有30个国外代表团，13个驻华机构代表团，国内13个部委代表团、27个省区市和副省级城市代表团、5个港澳台代表团、5个专项活动代表团参会参展，参会境内外企业超过1000多家，参会宾客2.5万多人。共组织投资贸易洽谈、论坛研讨、文化旅游推介等活动40多场，中亚五国、伊朗等沿线21个国家120户企业参会参展，与甘肃省签订了超过10亿美元的贸易和投资合作项目，实现向西开放“零”的突破。本届兰洽会共签约合同项目1299个，签约总额6511.53亿元，比上届兰洽会增加382.44亿元；总成交商品贸易21.05亿元，其中签约贸易额18.02亿元，现场销售3.03亿元，进馆观众累计46万人次。

省商务厅领导班子成员名录

厅　长　杨志武

副厅长　马相忠（回族）　张世恩

　　　　肖立群　马　琨（女）

　　　　任福康

纪检组长　丁红星

省贸促会会长　王军需

省经济合作局局长　杨文廷（4月止）

　　　　　　　　　李书敏（7月任）

（供稿：于　清）

供销合作

【主要经济指标】全系统完成销售总额383.9亿元，同比增长25.3%；完成农产品收购额131亿元，增长37.2%；日用消费品销售额142亿元，增长27.2%；供应各类化肥328万吨，增长5.8%，化肥市场占有率继续保持在80%以上；实现利润1.56亿元，增长20%。全省总销售额居全国第22位，增幅居全国第2位；农产品购进总额居全国第17位，增幅居全国第10位；利润总额居全国第27位，增幅居全国第15位。甘肃省供销合作社获全国供销合作总社2014年度综合业绩考核一等奖。

【基层服务组织体系】推进“基层组织建设工程”，完善供销合作社基层服务组织体系，新建基层社37个，总数达到840个，增长4.6%。全省基层社乡镇服务覆盖面达到90%。张掖、武威、庆阳、嘉峪关、金昌5个市基本实现基层社乡镇服务全覆盖；兴办农民合作社316个，总数达到2221个，增长16.6%；新发展村级综合服务社813个，总数达到6596个，增长14.1%。全系统村级综合服务社行政村服务覆盖面达到37%；农村经营服务网点发展到14000个，基层社以下服务组织完成销售150亿元，营销额增长30%以上。

【项目建设】全系统申报和实施各类项目258个，完成投资27亿元，比上年增长22.7%，其中，农业类项目83个，商业类项目130个，房地产类项目14个；争取中央财政、地方配套资金1822万元，实施农业综合开发新型合作示范项目13个；新发展特色农产品基地面积2万亩，累计达518万亩，带动农民35万户，年帮助农民实现收入95亿元。

【现代农村流通】争取中央和省级财政支持的专项资金2850万元，推进“新网工程”建设，改造和提升配送中心245个，连锁店总数发展到8127个，发展和规范各类规模以上批发交易市场73个，全系统农资、农产品、日用消费品、再生资源四大类商品销售同比增加80亿元，再生资源回收量139万吨，增长30%，回收废旧农膜6.7万吨。

【为农服务】制定参与“丝绸之路经济带”甘肃段建设的实施方案，确定10户重点企业参与工程建设，打造大型物流企业，发展特色农产品为主线的各类项目。甘肃农耕食文化活态传承工程正式启动，建立甘肃省供销合作社农特产品展示馆，开通甘肃供销生态农庄电子商务网站，组织实施第一批甘肃蘑菇文化博览园等40个项目。开展农民职业技能培训，全年培训农民近11万人次，其中农产品经纪人1.68万人次。创办农信担保公司、小额贷款公司、农村资金互助社，全系统组建各类合作金融机构9户。同招商银行兰州分行签订战略合作协议，授信总额度达10

亿元。参与土地流转和托管服务。据统计，全系统参与土地流转和托管服务面积发展到27.8万亩。

【改革工作】制定印发《关于全面深化全省供销合作社改革的意见》。全系统共确定省级和市级改革试点单位15个，分别提出制定具体的改革实施方案和推进措施。15个试点县区社中，与系统外企业和经济组织建立业务合作关系的14个，发展合作伙伴9个，引进各类人才99人；15个试点县区社的51户社有企业中，有27户办成股份制企业，其中县级社控股企业15户，参股企业12户；15个试点县区社都建立企业、基层社、农民合作社之间的经济联系，组建参股企业15户。

【"双联"行动】安排人员赴官坊乡对近60位干部群众作了党的群众路线教育实践活动专题辅导讲座。开展"走进贫困村共度扶贫日"主题活动。建立工作台账、民情日记以及制作宣传展板等。派驻年轻干部到村任职。开展与陕西华鼎集团甘肃世贸城房地产有限公司签署共同推进双联行动协议的准备工作。为两个联系村农民群众送去54.5吨、价值10万元的农用化肥，帮助群众搞好春耕生产；投资2.37万元，为两个联系村237户群众购置科学储粮仓，维修沙地沟村活动室。组织机关全体干部3次进村入户开展活动，帮助村民落实增收计划，开展"开斋节"慰问，解决特困户生活困难，先后送去价值近4万元的慰问品。落实机关干部轮流驻村制度。全年累计驻村天数达730天次。组织召开省直单位联系广河县双联行动联席会议，组织省直联系广河县6部门（8单位）到部分联系村进行学习观摩活动，交流双联工作经验。转报省台办联系的红星村投资500万元的河堤治理项目和投资27万元的便民桥项目由相关厅局负责落实。协调落实省教育厅的班班通项目和甘肃农业大学的技术培训项目。

省供销合作社领导班子成员名录

主　任　张正谦

副主任　秦云山　周志平（回族）

张　彬　王福明

寇明尚　陈富文

（供稿：姚建平）

粮食流通

【粮食流通基本指标】2014年，全省收购粮食69.6亿斤，同比增加3.8%；销售粮食74.5亿斤、同比增加6.9%。收购食用油11700万斤，同比增加28.7%；销售食用油22878万斤、同比增加54.8%。截至12月底，全省粮食综合库存同比减少1%，食用油综合库存同比增加17.9%。全年全省国有粮食企业实现盈利2339万元、同比增加42%，盈利面达到95%、同比提高2个百分点，其中省直企业实现盈利1136万元、13个市州实现盈利。

【粮油购销】实现收购和销售的双增长，全年全省收购粮食69.6亿斤、同比增加3.8%，销售粮食74.5亿斤、同比增加6.9%；收购食用油11700万斤、同比增加28.7%，销售食用油22878万斤、同比增加54.8%。继续强化260个监测点对重点地区和重点品种的监测跟踪，与2013年同比，全省小麦、玉米、面粉、大米等价格稳中略涨，食用油价格基本持平。

【项目建设】开展粮食系统灾后恢复重建、省级预算内5000吨粮库建设、"危仓老库"维修改造、农户储粮专项建设、仓储管理信息化建设、粮政信息化管理平台、省级财政军供网点维修改造等项目，总投资近1.7亿元。在全国1000亿斤仓储设施建设规模中，甘肃省争取到仓容建设计划14亿斤，居全国产销平衡区第二位。启动全省国有粮食企业土地变性确权工作，推进省直酒泉库、白银区属库2个企业作为试点。开展一批以小杂粮精深加工、清真食品、放心粮店、主食厨房、物流配送、产业园区为主的产业化项目，投资近7亿元启动和建设13个项目，包括兰州焦家湾粮油批发市场提升改造项目、嘉峪关粮食物流中心项目、清水民天粮油储备公司异地扩建项目、秦安民泰粮油储备公司"退城进郊"项目、甘谷粮油购销公司"退城进郊"项目、张掖主食产业园区项目、定西通渭县金晟源小杂粮精深加工扩建项目、定西西源粮库大型粮油食品综合批发市场项目、平凉嘉宸大厦项目、庄浪粮油批发市场项目、平凉粮油公司玉米物流项目、泾川放心粮油食品加工配送项目、临夏清真放心食品工程等。全省建设365个放心粮店、5个主食厨房。

【储备粮建设】2014年，市县储备粮同比增加1.5%，储备油同比增加5.4%。到12月底，粮食综合库存同比减少1%，食用油综合库存同比增加17.9%。动态

2014年1月28日，副省长李荣灿（左三）深入兰州市土门墩粮食储备库、兰州西部粮油批发市场、兰州市军粮服务中心调研

2014年11月1日至3日，甘肃省粮食系统组团参加第十三届中国国际粮油产品及设备技术展示交易会

经营新增省级储备粮油，引导市场消费预期，稳定粮食市场价格。

【国企改革】在全省粮食行业开展深化粮食流通体制改革调研活动，确定2014年为深化企业改革年。全年全省国有粮食企业实现盈利2339万元，同比增加42%，盈利面达到95%。

【粮食流通监管】组织粮食流通市场监督检查，全省共出动检查人员7713人次，检查企业10846个次，查处违法违规案件302例。开展全省粮食库存、省级储备粮油库存、地方储备粮规模落实三类检查。联合省教育厅开展中小学生爱粮节粮教育社会实践基地创建工作，4个市州初步完成5个省级基地的创建，省皋兰粮油储备库获得全国爱粮节粮"节约之星"殊荣。维修改造直属企业储粮库区的用电线路和消防设施，给市州统一配置自给式压缩空气呼吸机，全省粮食系统没有发生安全生产事故。

【"双联"行动】筹资90多万元，为三个联系村实施帮扶项目，硬化道路2300米，修建衬砌灌溉渠道1065米，配备农户科学储粮仓504套，通过扶持培育养殖示范户带动新扩建标准化羊棚109个，修建生活垃圾归集点7个，争取旭坪村梯田改造修建项目列入永靖县2015年农业综合开发小岭乡高标准农田建设规划，为0～3岁适龄婴幼儿发放营养包，建设和维修村委会，创建文化活动室，增添、增订、购置书籍、图书、棋牌等文体用品。

省粮食局领导班子成员名录

局　长　韩卫江

副局长　王学东　成文生　陈玉皎

纪检组长　罗凤存（女、藏族）

（供稿：贾　峰）

经济合作

【招商引资】2014年，全省共执行（包括新建、续建）省外、境外招商引资项目4644个，累计到位资金5835.31亿元，同比增长30%，比全省固定资产投资增幅高9个百分点。汇编推出《2014年甘肃省重点招商项目册（中英文）》《甘肃省重点招商引资项目册产业分册》《甘肃省情》折页等资料，按产业分类分别编印石油化工、装备制造等7个分册。开展网上项目推介，建立招商引资微信公众平台进行投资环境宣传和招商项目发布。全年共组织60余个各种形式的招商小分队赴省外与各地浙商开展多种形式的项目对接活动，来考察的浙商达450余位。仅第二十届兰洽会浙商就签约投资项目数117个，签约额416.73亿元。在第十五届西博会期间，与陇南市联合举办"甘肃投资环境暨魅力陇南推介会"，签订3项合作协议。中国美国商会代表团、北大后EMA企业家代表团、韩国SK集团、中外运集团、恒大集团、广东越秀集团、白云电气等近百家境内外企业、集团负责人相继来甘肃省投资考察，洽谈项目。配合兰州市和新区，利用专题推介会、各类展会及专项活动开展宣传推介和招商洽谈，与100多家企业进行对接，累计引入项目24个，总投资达到38.58亿元。

【项目落实情况】2014年11月，组成7个督查组对全省招商引资工作情况以及兰洽会签约项目实施情况开展分片督查。截至2014年11月底，第十八届兰洽会签约项目累计到位资金1761.65亿元，资金到位率38.21%；开工项目613个，开工率81.52%；建成项目309个，建成率41.09%。第十九届兰洽会签约项目累计到位资金2317.16亿元，资金到位率37.81%；开工项目897个，开工率82.07%；建成项目315个，建成28.82%。第二十届兰洽会签约项目累计到位资金1303.03亿元，资金到位率20.01%；开工项目932个，开工率71.75%；建成项目183个，建成率14.09%。

【第二十届兰洽会】有30个国外代表团，5个港澳台代表团、13个驻华机构代表团和国内27个省区市代表团、13个国家部委代表团，以及5个大型专项活动代表团参会参展。本届兰洽会参会境内外企业超过1000多家，其中世界500强企业7家，中国500强企业21家，中国民营500强企业13家，参会宾客2.5万多人。组织40多场次投资贸易洽谈和文化交流活动。组织6场与国外政府代表团的高层次会见、会谈活动。签约招商引资合同项目1299个，签约总额6511.53亿元，比上届兰洽会增加382.44亿元。其中10亿元以上的项目有178个，总签约额3827.81亿元，占全部签约总额的58.79%。首次与中西亚国家签订9个进出口贸易和投资合作项目，总金额超过10亿美元，涉及伊朗、蒙古、哈萨克斯坦等国。本届兰洽会"投资贸易洽谈期"和"商品贸易展销期"两期展览面积约8万平方米。投资贸易洽谈期设8个展区，有21个国家、港澳台地区和国内15个省市区组团参展；商品贸易展销设国际标准展位1000个，有19个国家、港澳台地区和国内9个省市区的1000多家企业参展。进馆人数累计46万人次，商品贸易总成交21.05亿元。其中，签约贸易额18.02亿元，现场销售3.03亿元。

【省外展会】2014年，参加省外境外展会12个，先后有5位次省领导率团参加，各展会累计参会代表达1600人次，展示面积累计达1229平方米，展位客流量达35万人次，发放宣传资料近5万份；共组织全省200多家企业先后携带50多大类、350多种产品参会参展，商品销售总成交额（含贸易协议订单）近320多万元；共有13个招商引资项目签约，签约金额达到149.59亿元。

【区域经济合作】2014年9月承办黄河经济协作区省区负责人第25次联席会议，来自九省十一方的政府、企业家96名代表参加会议，协作区九省十一方经济合作部门共同签署《黄河经济协作区经贸合作倡议书》。组织各省区企业家代表赴嘉峪关市参加“黄河经济协作区企业家丝绸之路甘肃行推介会”。2014年3月在北京举办“千名陇商回家乡”启动仪式暨企业家座谈会。据不完全统计，全省共接待来甘考察的省外陇商会9家40批次，签约项目184个，签约金额990.96亿元。第二十届兰洽会期间，举办千名陇商回家乡《对话甘肃》主题活动。截至2014年12月，发展异地在甘商会共15家；在外省成立陇商商会17家，广西、江苏和天津等3地正在筹备成立陇商商会。

【“双联”行动】与白银市供电局协调，拿出资金为双联村架设250千伏安的变压器和高压供电线路，解决村上1000多亩枣园的灌溉问题，更换村学校的老化供电线路；组织双联村干部和专业合作社代表参加“西博会”；聘请中国西北农林科技大学专家举办培训班对双联村农民开展种养业技能培训。

省经济合作局领导班子成员名录

局　长　杨文廷（8月止）
　　　　李书敏（8月任）
副局长　赵　涛　何　静（女）
　　　　赵滨冬　吴正勇

（供稿：张文耀）

中国国际贸易促进委员会甘肃省委员会

【国际经贸交流】2014年，与哈萨克斯坦投资促进局、塔吉克斯坦工商会、马—中经贸总商会、吉尔吉斯斯坦工商会、格鲁吉亚中国友好协会、新西兰中国国际贸易促进委员会、土耳其-中国商业协会、尼泊尔-中国商会、澳大利亚中国商会等9个商协会签署合作协议。截至12月底，与境外40多个商协会建立合作机制。邀请接待阿联酋、澳大利亚、哈萨克斯坦、西班牙、土耳其、埃及、泰国、蒙古、坦桑尼亚、日韩驻华公使，东盟国际贸易投资商会、日中经济协会、马来西亚外贸促进局、大韩贸易振兴公社、香港贸发局等境外代表团来甘肃省访问。较好地完成“兰洽会”境外协办单位参会邀请及接待工作。

【国际经贸展览】举办中国（甘肃）国际新能源博览会。日本、韩国驻华公使、中国社科院、工信部、环保部、白银公司等节能与综合利用专家先后在循环经济博览会高峰论坛演讲。组织境外嘉宾对酒泉新能源基地进行现场观摩组织中国航天、上海电气、华为集团、金风科技、东方电气等85家新能源企业参展，中电投、中节能等170家企业参会；新博会推出74个新能源项目，投资额1632.3亿元。123个项目现场签约，签约额525.7亿元。省贸促会分别与哈萨克斯坦投资促进局、澳大利亚国际商会签订合作协议。

循环经济博览会紧扣“绿色低碳新道路，循环跨越新增长”，着力围绕甘肃黄金段的战略性新兴产业，加强一路一带经贸合作对话，向世界展示推介甘肃。循环经济博览会推出100个重点项目，投资额607亿元，33个项目现场签约，签约额165.2亿元。

参与“第三届国际文化产业大会”，联合张掖市共同举办“2014丝绸之路国际生态产业博览会暨绿色有机产品（张掖）交易会”。

【出证认证】为全省118家外贸企业签发一般原产地证1417份、优惠原产地证32份、简录原产地证明书4份、国际商事证明102份、外贸单据认证388份、代办领事认证36份，涉及2.2亿美元出口额，涵盖美国、英国、俄罗斯、伊朗等91个国别（地区）。落实国家税费减免政策，免收6.53万元的办证费用。提供在线申请、在线审核、自行打印等

2014年7月6日—19日，第二十届中国兰州投资贸易洽谈会在兰州举行

电子数据传输系统。联合中国贸促会法律事务部、兰州海关、省国税局、兰州招商局、招商银行等部门，举办“全省贸促业务培训班”。

【投资贸易促进】邀请日本三井物产、韩国振兴公社、香港投资推广署、香港贸发局、新加坡企业发展局、新西兰中国贸促会、印度驻华使馆等境外机构来甘考察。邀请英中贸易协会、英国太古集团10个境外团组、40多位境外嘉宾参加“兰洽会”。邀请新加坡吉宝讯通、胡文虎集团、香港贸发局等先后考察兰州新区、武威保税物流园、定西中药材基地，组织大韩贸易振兴公社率10家韩国食品、化妆品及家电企业与甘肃省企业对接洽谈。贯彻落实“丝绸之路经济带”战略，组织编写哈萨克斯坦、吉尔吉斯斯坦、乌兹别克斯坦、土库曼斯坦、塔吉克斯坦等五国经贸咨询报告。

中国国际贸易促进委员会甘肃省委员会领导班子成员名录

名誉会长　苏志希

会　长　王军需

专职副会长　车晓林　吴丽霞（女）　侯单中

兼职副会长　王泉清　马自学　王丕夫　赵少智　吴万华　张富奎

秘书长　张　俊

（供稿：原维维）

储备物资管理

【物资管理】2014年，完成油库安全检查工作。负责监管的代储库成品油数量准确、质量合格、储存安全。全年接收、发运各类救灾物资309427件。

【安全管理】逐层签订《安全管理目标责任书》。全年安全管理投入达到253万元。开展“安全生产月”活动。全年投入资金144万元，为驻库武警部队改善基础设施和生活条件；全年开展各类应急演练20余次；对一七三处开展安全审计，审计符合率达到88.8%，对审计中发现的28条不符合项下达整改通知。全局实现安全“四无”目标。

【仓库基本建设】2014年共完成基建维修项目投资214.2万元，完成国家局下达的200万元二套机关干部周转住房的采购、装修工作。完成国家成品油储备能力建设二五七处工程项目选址、安全度评价、社会稳定性评价等7项可研报告批复前置条件；仓库专用道路更新改造项目完成设计及招标开标工作。

【经营创收】引入邮储银行档案资料代储、兰烟烟叶代储以及连铝氧化铝粉装卸业务等新的项目，全局共完成经营服务收入4142万元。

【“双联”行动】全年陆续投入资金14.8万元为帮扶村建设标准化养殖暖棚、投放良种母羊，并协调省扶贫办为帮扶村争取扶贫资金20万元，全面完成三年帮扶规划。

省储备物资管理局领导班子成员名录

局　长　凤平志

副局长　方建功　张旭东

（供稿：赵静霞）

交通运输和旅游业

公路运输

【发展情况】截至2014年12月底，全省公路总里程达到13.8万公里，其中高速公路3300公里，二级公路7492公里，农村公路12.07万公里，公路网密度达到32.43公里/百平方公里。全省70%的建制村通了沥青（水泥）路，乡镇汽车站达到1222个，建制村汽车停靠站达到13164个，覆盖全省96.8%的乡镇和78.1%的建制村。全省营运性车辆达到35.58万辆，全年公路运输总周转量完成1015.5亿吨公里，同比增长22%，增速位居全国第二。全省航道通航里程达到913.77公里，营运航线27条，营运船舶442艘。全省民用机场8个，执飞航线80多条，通航城市达到70多个。全省邮政局所1466个，快递企业（品牌）33家，快递网点782个，乡镇非公快递网点267个。

【重点项目建设】全年完成交通固定资产投资604亿元，同比增长30%。召开全省公路建设推进会，建成成县至武都、瓜州至敦煌、临夏至合作3条高速公路300公里，结束甘南藏区没有高速公路的历史，全省所有市州和48个县区通了高速公路。开工建设高速和一级公路1000公里，其中高速公路3条592公里，一级公路7条408公里；建成二级公路11条705公里，开工二级公路13条1100公里；建成建制村通畅工程10657公里。中川机场二期扩建航站区工程基本完成，开展庆阳机场航站楼主体工程、陇南成州机场控制性工程试验段和敦煌机场扩建前期工作。建成陇南道路运输信息中心等8个运输枢纽项目，开工建设平凉快速客运中心等14个运输枢纽项目。黄河大峡、乌金峡库区航运工程完成通航，龙湾至南长滩航运工程一期完成。岷漳地震灾后交通重建进展顺利。

【扶贫攻坚】对农村公路建设专项规划进行完善，将撤并建制村、移民村、3.5米农村路加宽等纳入基础数据库。以18个扶贫攻坚试点市县为重点，为交通扶贫提供示范；与省人民检察院联合推广陇南市农村公路通畅工程建设“四个一工程”典型经验。充分发挥省交通投资管理公司的资金保障和14个农村公路建设督导组及27名挂职干部指导帮扶作用，全省2市18个县区实现所有建制村通沥青（水泥）路。全年建成乡村汽车停靠站点1560个，农村客运车辆达到1.06万辆，农村客运班线3177条，乡镇通客车率达到99.8%，建制村通客车率达到87.7%。

【交通运输改革】制定省交通运输厅《全面深化交通运输系统改革的实施意见》。省公航旅集团和省交投公司实现筹资目标。推进高速公路养护市场化、国省干线公路养护专业化、农村公路养护社会化试点工作。组建甘肃交通建设集团公司，制定厅属企业改制脱钩工作实施方案，省公航旅集团、省机场集团公司改革试点方案经省政府常务会研究通过。理顺二级收费公路管理和高速公路路政管理体制。

【综合运输体系建设】开展甘肃省综合交通运输体系发展战略规划研究，与西北五省（区）交通运输厅合作完成《丝绸之路经济带交通运输发展战略研究（初稿）》，省道网规划上报省政府待批。与新疆、青海等省区达成省际间重点通道公路接线协议。开通兰州至迪拜和第比利斯2条国际航线，新增航线23条、加密20条，完成旅客吞吐量755.72万人次，同比增长15.45%；货邮吞吐量4.87万吨，同比增长12.54%。邮政业务总量累计完成13.5亿元，同比增长18.7%；快递业务量完成2655万件，同比增长48.5%。启动中川综合运输枢纽建设。兰州市水上公交正式开通，改造升级公交站点、班线和城市交通枢纽。

【项目建设质量监管】将交通运输工程交易目录项目全部进入省级公共交易平台，全面落实信用评价考核制度。推行提前委托交工检测制度。落实工程质量"三挂钩"制度，对涉及工程质量问题的领导干部进行严肃问责。全省重点公路建设项目工程质量中间总体抽检合格率达到95.2%，比2013年上升0.5个百分点。

【综合服务】开展"平安公路"创建活动，创建标准化养护路段7958公里、实施养护维修工程2855公里，安保工程772公里，高速公路路面使用性能指数平均大于90，普通国省干线公路路面使用性能指数平均大于80。加强高速公路运营管理，加大收费、救援、服务区、公众信息四大窗口建设，完成ETC电子不停车收费二期工程，实现市州一级高速公路电子缴费银行代办业务受理网全覆盖，高速公路和二级收费公路全年征收车辆通行费73.28亿元，同比增长14.5%。落实鲜活农产品"绿色通道"和重大节假日小型客车免费通行政策，全年减免通行费10.4亿元。完成春运、国庆等重点时段群众出行及重大节会和救灾物资运输任务，全年公路运输完成客运量3.62亿人，旅客周转量229.02亿人公里，货运量5.08亿吨，货物周转量992.6亿吨公里。24个一级客运站和19个二级客运站实现联网售票，覆盖全省14个市州中心城区和17个县；按期开通12328交通运输服务监督电话。

【安全生产】实施重点行业"六打六治"行动，狠抓打非治违、安全隐患排查治理、安全生产大检查"三项行动"，对道路运输、公路工程和水上交通等重点行业进行安全专项整治。推进交通运输企业安全标准化，兰州客运中心和陇运快客公司安全生产工作经验被国务院安委办向全国推广。承办全国公路交通警地联合应急演练，做好交通运输应急突发事件处置。

省交通运输厅领导班子成员名录

厅　长　康　军

省民航机场管理局局长　阮文易

纪检组长　艾玉德（土族）

副厅长　王繁己　赵彦龙（藏族）

　　　　张玉虎　盖宇仙　刘建勋

总工程师　杨惠林

（供稿：仇金选　张志泰）

铁路运输

【概况】兰州铁路局地处西部铁路网的枢纽，跨越甘肃、宁夏两省（区），处于亚欧大陆桥在我国境内的重要区段，东连西安，西通乌鲁木齐，南接西宁，北往银川，管辖兰新高铁（兰州西—民和南、浩门—石板墩南）1条高速铁路，陇海（天水—兰州西）、兰新（兰州西—安北）、兰青（河口南—海石湾）、包兰（惠农—兰州东）、宝中（安口窑—柳家庄）、干武（干塘—武威南）6条普速干线铁路和红会（白银西—红会）、平汝（平罗—汝箕沟）、嘉镜（绿化—镜铁山）、玉门南（玉门东—玉门南）、银新（银川—银川东）5条普速支线铁路，另外受委托管理太中线、定银线、敦煌线、西平线、兰州北环线5条普速合资铁路，是西北交通运输和经济建设的大动脉。

管辖范围：兰州铁路局在陇海线社棠站、天水站间K1392+530公里处与西安铁路局分界，在兰新线柳沟站、安北站间K985+500公里处与乌鲁木齐铁路局分界，在兰青线水车湾站、海石湾站间K60+000公里处与青藏铁路公司分界，在包兰线乌海西站、惠农站间K423+000公里处与呼和浩特铁路局分界，在宝中线安口窑站、崇信站间K136+100公里处与西安铁路局分界，在太中线安边镇站、定边站间K1461+280公里处与西安铁路局分界，在西平线长武站、长庆桥站间K172+740公里处与西安铁路局分界，在兰新高铁陈家湾西站、民和南站间K1726+500公里处，浩门站、军马场站间K1944+926公里处与青藏铁路公司分界，在兰新高铁柳沟南站、石板墩南站间K2580+236处与乌鲁木齐铁路局分界。

【基础设施】兰州铁路局管辖线路延长总计8542.77公里，其中正线延长6569.44公里、站特线延长1973.33公里；全局总营业里程4195.4公里（其中电气化铁路营业里程达3911公里），接触网运营里程3954公里（9792条公里），电力线路1.1万公里；道岔总数6326组，其中正线道岔2438组、站特线道岔3888组；全局运营铁路桥梁1787座10.57万米，隧道172座15.32万米，涵渠6961座15.58万横延米，桥隧涵合计27.74万换算米；路基设备长度总计5606.7公里，驼峰自动集中编组场6场。受委托管理的太中银铁路太中线、定银线，兰渝铁路兰州北环线，敦煌线，西平线等普速合资铁路延长1123.2公里，其中正线751.68公里、站特岔线371.52公里；道岔总计995组；受委托管理的徐兰高速（兰州西站）、兰新高铁线路延长1512.14公里，其中正线1443.62公里、站特岔线68.52公里；道岔总计223组；合资铁路桥梁621座31.58万米，隧道27座11.96万米，涵渠2144座4.38万横延米，桥隧涵合计27.27万换算米；路基设备长度总计1852.72公里。专用线专用铁路255条，其中专用线227条户、专用铁路28条户。

全局配属机车1319台（内燃机车162台、电力机车1157台）；配属客车1850辆，代管邮政车28辆、中核四〇四公司客车25G型24辆，总计1902辆；配属动车组7组56辆。

全局有车站259个（含2个线路所），其中普速铁路246个车站（特等站1个、一等站12个、二等站30个、三等站39个、四等站66个、五等站98个）；电气集中联锁车站92个、微机联锁车站167个。高速铁路13个车站（含既有兰州西、玉门车站），其中营业站9个、非营业站4个。

全局开行图定客车55对，其中管内25对、跨局30对。

【运输安全】推进“三化”（安全管理规范化、现场作业标准化、检查整治常态化）建设，实施“四预”（预判、预报、预警、预控）管理。分专业、分岗位制定管理工作指导书2851份，修订完善各工种作业标准、作业指导书1778份。实行实时动态安全风险预判、预报、预警、预控。开展贯穿全年的旅客列车安全、营业线施工、劳动安全、道口和路外安全、防洪安全、LKJ管理、信号联锁、行车设备、调车作业、货物装载加固和危险品运输、自轮运转设备、应急处置等12项安全专项整治。实施季度考评，开行季度安全检查车。实行日、周、月安全对话和分析制度。分系统制定下发专业管理评估办法。举办各类管理及专业技术人员培训班139期，培训9371人次。修订完成铁道行业特种作业等98个工种试题库。开展行车规章、劳动安全、提速调图、非正常情况应急处置等适应性培训17.03万人次。健全高铁管理机构，核定相关单位生产人员，及时组织完成技术干部业务培训和职工资格性、适应性培训。

【运输主要指标】全年除旅客发送量同比增长外，货物发送量、换算周转量等主要经营指标均较同期有明显下降。其中旅客发送量全年完成3264万人，同比增长7.1%；货物发送量全年完成8665万吨，同比下降11.4%；换算周转量完成1960.16亿吨公里，同比下降3.3%；旅客周转量377.92亿人公里，同比增长0.2%；货物周转量全年完成1581.09亿吨公里，同比下降3.3%；行包周转量115百万吨公里，同比下降92.87%。

【列车运行图与编组计划调整】西平铁路开通，增加长庆桥局间分界口，铺画14对货物列车及1对通勤列车，安口窑口货物列车对数由21对调整为7对。中国铁路总公司组织各铁路局编制调整列车运行图，石家庄南增加武威南、武威南取消榆次增加石家庄南技术直达列车；分界口定边货车对数在15对基础上增加2对、长庆桥在15对基础上增加1对；增加跨局客车3对、管内客车1对。兰州铁路局开行迎水桥—天水、迎水桥—玉门、迎水桥—平凉—惠农3对西部快运列车。中国铁路总公司组织各铁路局编制下半年调整列车运行图。兰新高铁开行动车11对（兰州—乌鲁木齐2对、兰州—西宁5.5对、兰州—嘉峪关3.5对），其中兰州铁路局担当7对（兰州—乌鲁木齐1对、兰州—嘉峪关3对、兰州—西宁3对），既有客车2对调整至兰新高铁（乌鲁木齐—上海Z42/1、济南—乌鲁木齐Z106/5次）；既有线新增3对跨局客车（兰州—上海K1608/7、银川—成都K1618/7、伊宁—上海T204/3）；西安—乌鲁木齐南K2629/30次、成都—乌鲁木齐南K2059/60次、上海—西宁K2188/7次共3对暑期临客以及兰州—银川K9666/5次、兰州—天水T9210/9次纳入图定；管内新增3对客车（兰州—武威2对、兰州—张掖1对）；停运4对客车（兰州—西宁2对、兰州—嘉峪关2对）。

【项目建设】全年中国铁路总公司下达兰州铁路局基本建设项目投资计划489.29亿元，其中续建项目6个467.8亿元、新开工项目3个12.5亿元、运输急需项目8个8.99亿元。续建项目兰州—重庆铁路投资112.5亿元、兰新铁路第二双线（甘青段）投资85亿元、宝鸡—兰州客运专线（甘肃段）投资198亿元、天水—平凉铁路投资4.3亿元、敦煌—格尔木铁路（甘肃段）投资28亿元、兰州—中川机场铁路投资40亿元。新开工项目干塘—武威南铁路增建二线投资10亿元、兰州—合作铁路投资5000万元、兰州铁路综合货场投资2亿元。运输急需项目陇海线天水—夏官营自动闭塞改造投资2.8亿元、兰新线打武段牵引供电设备扩能改造投资1075万元、兰新线嘉峪关机务段增建小辅修库投资3088万元、兰新线嘉峪关机务段整备场改造投资266万元、银川南货场改扩建工程投资1.5亿元、嘉峪关等机务整备能力加强投资2.4亿元、兰州铁路局通信基础网设施改造投资1.8亿元、兰州铁路公安局反恐应急处置物资储备库投资500万元。

12月12日，中欧班列“天马号”（武威－阿拉木图）专列从武威南车站发车

【兰新高铁】12月26日，兰新高铁开通运营。线路自兰州铁路局兰州西站引出，途经甘肃、青海、新疆三省（区），最终到达乌鲁木齐南站，线路正线长1776.9公里，其中甘肃境内795.7公里、青海境内267.3公里。兰州铁路局管内设置兰州西、民乐、张掖西、临泽南、高台南、清水北、酒泉南、嘉峪关南、玉门9个客运站。主要技术标准：国铁Ⅰ级、双线、200公里/小时以上、到发线长650米、电力牵引、自动控制、综合调度集中。上线运营普速客车2对（乌鲁木齐—上海Z42/1、济南—乌鲁木齐Z106/5次）、动车组11对，兰州铁路局担当动车组列车7对（兰州—乌鲁木齐1对、兰州—嘉峪关3对、兰州—西宁3对）。兰新高铁是目前世界上一次性建设里程最长的高速铁路，世界上防风工程规模最大的高速铁路，国内最长的客运专线，是西北地区第一条高速铁路。

【兰合铁路有限公司】9月17日，兰州铁路局、甘肃投资集团铁路有限责任公司在兰州召开兰合铁路有限公司首次股东会、一届一次董事会、监事会会议。签署《合资建设经营兰州至合作铁路合同书》《兰合铁路有限公司章程》。9月28日，甘肃省工商局核发兰合铁路有限公司法人营业执照，标志着兰合铁路有限公司正式成立。

【货运改革】取消传统订车模式，对所有货运需求敞开受理，实行"一口价"办理。开行"西部货物快运"列车，组建2.04万人的专兼职营销队伍，业务受理覆盖管内所有县级以上地区。开行武威至阿拉木图"天马号"中欧班列，以及兰州北至大朗、嘉峪关至上海集装箱直达列车。

【机车交路】为兰州西机务段配属功率7200千瓦、160公里/小时的和谐型客运机车105台，其中HXD1D型机车45台、HXD3D型机车60台。增配迎水桥机务段9600千瓦、八轴固定重联HXD2型机车89台，榆次—迎水桥货运机车交路直通到武威南，更换了宝中线迎水桥—千河、彬县西的SS3老旧型机车。

【临客与旅游列车开行】全年组织开行临客173列、旅游列车15列。春运期间，加开临客103列（其中兰州—上海19列、天水—乌鲁木齐51列、兰州—乌鲁木齐33列），发送旅客22.7万人；暑运期间，开行临客59列（其中兰州—乌鲁木齐48列、天水—乌鲁木齐11列），发送旅客8万人；返程棉农运输组织开行临客11列。

【站车竞赛评比】兰州车站、银川车站分别获得中国铁路总公司"文明车站"称号。兰州客运段Z55/6次、T75/6次、T116/7 T118/5次、K226/7 K228/5次、K43/4次，银川客运段T275/6次、K1295/6次、K1177/8次、K360/1 K359/62次分别获得中国铁路总公司"红旗列车"称号。路局"红旗列车"评比，银川客运段西宁车队K915/6次一组、兰州客运段成都车队K858/7（K9661/2）次四组、兰州客运段敦煌车队K592/1（K9667/8）次一组分别获得第一名。路局"文明车站"评比，平凉、武威、定西、天水车站分别获得第一名。

兰州铁路局领导班子成员名录

局　长　吴云天（4月止）
　　　　王　峰（4月任）
党委书记　管亚林
常务副局长　高世勤
党委副书记　李光泽
工会主席　刘　岩
副局长　高金阳　邢　涛　李鹏里
　　　　朱生宪　李育宏　张开辉
总工程师　朱牛宪
总会计师　马炳德

（供稿：杨雍梅）

民航运输与监管

民航监管

【安全运行】2014年，全年甘肃民航共发生运输航空一般事故征候8起，其中，外航陆空通信中断5起，外航飞错航路1起，货物意外跌落造成飞机前货舱门受损事件1起，鸟击超标1起。全年累计完成运输起降70179架次，旅客吞吐量755.7万人次，货邮吞吐量48759吨，同比分别增长8.21%、15.44%和12.67%，累计货邮吞吐量增速排名居民航西北地区第一。制定《民航甘肃监管局通用航空筹建认可管理办法》，辖区通航企业增至4家。

【行政执法】全年民航甘肃监管局共计开展各类行政执法检查1196次，下发整改法律文书通知书239份，发现问题300个，整改率95.74%，行政约见企业5次。

【安全基础工作】组织开展油料季、空管季、机场季、航空公司季活动。组织开展为期3个月的甘肃民航安全管理基础专项排查治理活动，督促指导各单位开展安全管理手册体系评估、违规违章作业集中整治、专业人员资质排查、岗位人员配备标准、新航站楼人员储备和培训、专用设备运行风险排查和登记造册、应急预案体系梳理和应急演练等一系列工作。彻查兰州机场典型安全隐患。督促指导航空公司加强决断高度以下间断能见时的处置训练，严把飞行员晋升关；开展签派员资质能力评估；开展管制、情报、通导、气象人员岗位培训督查，严肃查处支线机场空管专业人员资质不符合规章问题；修订完善《甘肃民航重要设备及关键岗位人员情况报告制度》。对各机场净空保护区域内障碍物基础信息进行统计汇总，排查机场周边地区光污染问题，建立机场净空保护管理档案。明确机场净空保护区域内建设项目审批程序。逐步解决净空障碍物限制面计算中存在的问题，配合民航西北地区管理局完成机场净空审查25项，测绘点224个。为确保张掖、金昌和庆阳机场顺利实施RNP APCH试运行工作，监管局加强对管制人员应用新技术培训，指导机场制定管制方案，协调解决人员培训、航图资料、执行统计、风险评估、导航数据库更新等方面存在的问题。对监管局突发事件总体预案、航空器飞行事故应急预案等八部预案进行修订完善，并组织通过专家评审。

【安全风险管控】加强对航空公司、

机场不正常天气条件下运行及突发事件处置措施检查；组织召开航空器除防冰工作交流座谈会。针对辖区新增航线、机型的情况，督促相关单位加强机组过夜管理，落实专业技术力量保障措施；组织编写《甘肃辖区民用机场飞行运行提示》。督促相关单位完善作业的协调机制，严格执行作业通报程序。推进各机场加大鸟击防范资金投入，完善鸟情信息通报制度。督促各机场完善外来物防范管理制度，落实机坪日常保洁和卫生监督管理职责，优化外来物防范和航空器轮胎损伤信息报送流程。抓好机场不停航施工管理方案和突发事件应急预案的审查。督促相关单位进行危险品大纲报批和地面服务代理人备案。开展瞒报危险品专项治理。加强货物品名申报、代理人管理、人员资质及信息告知检查，指导辖区相关单位开展危险品航空运输业务培训。加强危险品航空运输信息报告和统计分析。制定《辖区民用机场专用设备安全监管实施办法》。针对兰州机场18号盲降航向台信号不稳定情况，协调省无委办和兰州机场公司排除干扰。督促落实兰州中川机场导航设施更新改造工作。推进"平安机场"建设。全年成功处置三起非法干扰事件，完成东航甘肃分公司、夏河、庆阳、张掖机场的航空安保审计。

民航甘肃监管局领导班子成员名录

局　长　胡红斌

副局长　欧　正　王　孝　姚　斌

纪委书记、工会主席　李怀正

（供稿：刘凤学）

旅游业

【行业规模】2014年，全省共接待国内外游客12660.2万人次，实现旅游综合收入780.2亿元，分别较上年增长25.62%和25.8%。截至12月底，全省共有星级饭店366家，其中五星级4家，四星级57家；A级旅游景区213家，其中5A级3家，4A级67家；旅行社514家，其中经营出境业务旅行社31家，赴台旅游组团社3家；导游人员10584人。

【国内旅游】2014年，全省共接待国内游客12655.3万人次，实现国内旅游收入779.57亿元，分别比上年增长25.7%和25.96%。

【入境旅游】2014年，全省接待入境过夜游客48750人次，比上年下降50.1%；实现外汇收入1017.14万美元，比上年下降50.1%。

【乡村旅游】研究制定《甘肃省乡村旅游发展规划》，着力打造民俗风情、丝路风貌、古村落再现等6大乡村旅游产品体系，推出农耕文化体验游、历史文化名村（镇）体验游等6个精品旅游线路，初步形成景区辐射型、通道景观型、城郊休闲型、农业观光型、养生保健型等五种乡村旅游扶贫模式。截至2014年底，全省建成旅游专业村447个，农家乐9115户，带动就业人员9.45万人，乡村旅游消费收入46.5亿元，创建全国休闲农业示范县4个，休闲农业示范点9个，全省464个贫困村列入国家实施乡村旅游富民工程重点村。

【旅游市场监管】2014年，全省开展检查行动1222次，出动检查人次6167次，联合公安、工商等部门检查510次，参与单位162家，共检查企业数1630个。2014年，全省各级旅游质监执法机构共接到旅游投诉375件，比上年增加24件，受理277件，结案277件，结案率100%，赔偿金额72128元。

【旅行社管理】2014年，兰州市完成12家旅行社质量等级评定工作，敦煌市完成旅行社质量等级标准的制定，试点开展等级评定工作的条件基本成熟。2014年审批设立旅行社19家，经国家旅游局批准经营出境游组团社9家，注销旅行社13家，截至2014年12月底，全省共有旅行社514家，其中出境游组团社31家，赴台游组团社3家。

【导游员管理】全省导游人员普遍接受岗前培训和年审培训，各级旅游监管、质监执法机构坚持在景区开展导游执业行为检查。截至2014年底，全省共有导游人员10584人，其中特级导游1人，高级导游64人，初级导游10123人，全年新办理导游IC卡843人，年审导游IC卡5587人。

【饭店管理】2014年，省市星评委加大对星级饭店复核检查力度，对服务不达标的13家星级饭店提出整改要求，对经营管理不善的2家星级饭店取消星级标志，保障星级饭店服务品质。截至2014年底，全省共有星级饭店366家，其中五星级4家，四星级57家，三星级185家，二星级109家，一星级11家。绿色旅游饭店65家，其中金叶级3家，银叶级62家。

【旅游商品管理】举办丝绸之路旅游产品展览会暨第四届中国玉文化展销会，11个境外国家和地区、国内14个省区市、全省州14个市州共260个单位和企业参展，展会交易额突破3亿元；2014年甘肃旅游商品大赛共收到152件参赛作品，9个系列的参赛作品分获金银铜奖，4个系列的作品获得创新设计奖；第六届中国国际旅游商品博览会上，庆阳岐黄文化传播有限责任公司研发的丝绸之路俑娃系列作品荣获银奖，白银林兰铜艺文化发展有限责任公司研发的铜镇尺作品荣获铜奖，酒泉夜光杯厂生产的甘肃酒泉牌夜光杯荣获博览会"最佳必购商品奖"。

【旅游安全与应急管理】研究起草《甘肃省旅游安全管理办法》《甘肃省旅游突发公共事件应急预案》《甘肃省旅游行业消防安全管理办法》《甘肃省旅游行业消防安全应急预案》《甘肃省旅游行业防震减灾应急预案》等安全管理制度；研究修订《旅游安全监管承诺书》《旅行社旅游安全目标责任书》；市（州）和县（市区）旅游主管部门完成和全省511家旅行社目标责任书的签订；及时发布汛期旅游安全、出境旅游安全等安全提示；全省511家旅行社完成责任保险投保工作；开展"旅游公共安全保障工程""安全生产三项行动""六打六治"打非治违专项行动、"水上安全检查""汛期安全检查""消防隐患检查"等专项安全检查行动。

【旅游便民惠民服务】在全省范围内统一咨询投诉电话号码、加大12301

宣传推广力度、实现12301一站式旅游服务，充分发挥12306集政策咨询、服务指南、举报投诉、收集意见建议为一体的综合平台服务，为游客提供全方位全天候服务。

【旅游规划】印发实施《甘肃丝绸之路经济带大景区建设总体规划纲要》《陇东南国家中医药养生保健旅游创新区建设总体规划》《河西五市旅游联动发展总体方案》《敦煌市旅游综合改革试验区实施方案》等四个重点工作的规划（方案）；指导编制和组织评审《张掖市旅游业发展规划修编》《庆阳市文化与旅游产业融合发展规划》《天祝冰沟河生态文化旅游景区总体规划》《华亭米家沟景区总体规划》《陇东南地区文化自然遗产保护与旅游业可持续发展战略规划研究报告》等一系列旅游综合和专项规划；会同省发改委完成《全国生态旅游规划》编制调研工作，编制《甘肃省生态旅游调研报告》，报送国家旅游局和国家发改委；启动推进"尼江"地区旅游业发展工作，完成《甘南州卓尼县车巴沟旅游景区规划》提纲。

【旅游项目建设】全省共开工建设项目665个，总投资2295.83亿元，实际完成投资331.93亿元，比上年增长29.97%。2014年全省大景区在建旅游项目146个，总投资844.1亿元，实际完成投资77.1亿元；其中新开工大景区项目61个，总投资135.3亿元，实际完成投资23.6亿元。全年累计争取国家各类项目资金11542万元，比上年增长38.33%。

【旅游景区建设】下发《关于调整4A级旅游景区质量等级评定管理工作权限的通知》，组织市（州）开展A级旅游景区年度自查检查与复核工作。对市（州）推荐的25家创建4A、3A级景区的景区，严格按照评审程序进行评审，共有21家景区分别达到国家4A、3A级景区。全年晋升和新增A级景区32家，全省A级总数达到215家。

【甘肃旅游推介】全省落实旅游整合宣传资金约4000万元，重点在中央电视台、《读者》杂志、《中国旅游报》、甘肃卫视、《甘肃日报》等核心媒体投放形象宣传；新开拓上海、西安、广州等地的高铁宣传和机舱电视等媒体平台；扩大网络宣传营销的覆盖面；利用"敦煌号"旅游品牌列车开行，组织各市州旅游部门开展列车车体和车厢宣传，组织旅行社团队为新开旅游列车输送客源；举办第四届敦煌行·丝绸之路国际旅游节；策划推出欢乐冰雪游、文化观光游、多彩民俗游、温泉养生游、兰新高铁丝绸之路游等冬春季旅游产品；《读者》杂志发行500万张"敦煌卡"，策划发放3万本《丝绸之路自驾车旅游护照》；将丝绸之路、黄河文化、长城文化等旅游产品向省外、境外推介，参加国际旅游交易会、西洽会、广东旅博会、乌洽会、新疆冬博会等节会，在长三角、珠三角、环渤海以及重庆、四川、陕西等重点客源市场城市开展宣传促销。参加国家旅游局组织的"2014年美丽中国之旅主题宣传推广活动"、阿拉木图国际旅游展、欧洲、美加宣传推广活动、澳新"美丽中国、古老长城"旅游带联合推广活动和第九届海峡两岸台北旅展；自主组团赴韩国参加哈拿多乐专业旅游展会，在韩国首尔、釜山举办甘肃旅游产品推介会；6月在Facebook启动十个甘肃旅游栏目；在甘肃旅游政务网首次开设甘肃旅游网外文网页；继续投入在香港地铁、大公报、台湾公交车、东森新闻台、韩国首尔地铁站等媒介的广告宣传；组织德国、塞浦路斯、哈萨克斯坦、吉尔吉斯斯坦、白俄罗斯5个国家参加丝绸之路旅游产品展销会；参加"第十七届海峡两岸旅行业联谊会"、敦煌"聚焦丝绸之路经济带，甘肃对外经贸合作发展研讨会"、新疆中国国际"丝绸之路"国际旅游发展会议、西安丝绸之路国际旅游博览会、厦门海峡两岸旅游博览会、中美省州旅游战略合作会议。

省旅游局领导班子成员名录

局　长　何　伟

副局长　杨宇宏（藏族）　火玉龙

　　　　王富民　何效祖

纪检组长　刘亚玲（女）

（供稿：张　萌）

通信　邮政

通　信

【业务经营】2014年，全省通信业完成电信业务收入165.5亿元，按可比口径测算同比增长7%；完成电信业务总量264亿元，同比增长18%；完成固定资产投资70.4亿元；全省电话用户总数2400万户，其中固定电话用户341.3万户，移动电话用户2058.6万户；固定互联网用户224.5万户，移动互联网用户1668.8万户，FTTH用户29.5万户；完成697个行政村通宽带建设任务。

【"宽带中国"战略】牵头起草并形成《关于落实"宽带中国"战略加快推进宽带网络建设的意见》，经省政府第59次常务会议审议通过后，以省政府办公厅180号文件印发实施。制定印发《关于落实宽带中国战略深化共建共享工作的指导意见》，成立全省农村宽带建设发展协调推进领导小组，获批实施农村宽带应用和网络建设示范总体工程——甘肃省示范项目。

【通信基础设施建设】与省建设厅联合举办面向全省设计单位、建设主管部门及运营企业的光纤到户两项国标专题培训。组建各市州通信业共建共享协调管理办公室和市州通信工程质量监督分站，开展全省驻地网小区摸底和台账建设，建立协调管理机制和验收备案机制。主动对接省建设厅等部门，联合对4个市州2个县贯彻落实光纤到户国标情况开展专项检查。将铁塔公司和广电网络公司纳入共建共享成员单位，协调铁塔公司开展新建基站及室内分布系统工程。组织省、市两级电信企业签订《规范驻地网建设推进共建共享自律协议》，修订出台《甘肃省电信基础设施共建共享租费参考标准》。组织实施新建兰渝铁路兰州至广元段、天水至平凉铁路沿线通信基础设施共建共享和兰州市轨道交通1号线通信管线迁改工作，对重点场所和重点项目落实共建共享情况进行专项检查。

2014年9月10日，中国互联网协会、甘肃省通信管理局、甘肃省互联网协会共同在康乐县古洞沟村姚家湾小学举行“2014中国互联网协会甘肃公益日捐赠仪式”

【农村通信建设】召开村村通工程建设专题会。召开行政村通宽带推进研讨会、行政村通宽带2014年工作督导和2015年目标申报会。2014年，697个行政村通宽带任务全部完成，各公司申报2015年行政村通宽带数量共2150个。印发《关于成立全省农村宽带建设发展协调推进领导小组的通知》。

【互联互通管理】做好网间结算、互联割接、码号开放等基础互联互通工作。组织开展网间应急话务转接演练。继续执行互联互通例会制度。

【电信市场监管】组织签订省、市两级规范校园迎新活动自律公约，联合教育、工商等部门对3个市州14所院校开展现场巡查，依法通报批评存在问题的企业，及时叫停制止部分市州运营企业跟寄SIM卡等违规行为。全年发放本地增值电信经营许可证20家，备案跨地区经营许可证14家，完成65家本地企业和210家跨地区企业许可证年检；核配本地网局号、短号码、SP代码等15个，备案各类号码420个。

【服务质量监管】推进电话用户实名登记，组织基础电信企业签订规范代理渠道管理自律公约，建立违规代理商“黑名单”管理、电话用户真实身份信息登记用户申诉和媒体调查督办机制，委托第三方对全省14个市州622个营业网点进行抽查暗访，重点检查问题较为突出的地区，依法对存在问题的三家电信企业给予行政处罚。督促企业落实资费公示和明码标价规定，定期汇总分析并通报用户申诉受理情况和典型案例，妥善处理用户申诉和咨询589件。

【互联网行业管理】全省累计备案网站主体6883个，其中接入4041个，强化互联网站备案管理人员培训，开展互联网站备案信息准确率抽查，网站备案率和备案信息准确率分别达到100%、80%。加强接入企业管理，依法查处为未备案网站提供接入服务等违规行为，下发未备案网站域名173个，依法关闭违规互联网站3个，清理整顿7家涉嫌违规的经营性互联网站。配合有关部门开展打击暴恐音视频、“伪基站”、网络侵权盗版、整治互联网重点领域广告等专项行动。

【网络信息安全管理】完成IDC管理系统数据对接和移动互联网恶意程序监测系统二期工程建设，健全信息安全工作机制。完成2013年度省级基础电信企业网络与信息安全责任考核，启动2014年考核工作，通过中期专项检查、组织网络安全防护检查和信息安全技术手段测试等具体措施，督促企业健全组织机构、提升技术能力。开展移动互联网恶意程序治理专项行动，加强恶意程序监测、研判，并对重点恶意程序进行处置，累计处置手机病毒URL 307个、IP 121个。强化网络安全状况监测分析和预警，累计报送网络安全事件28.9万余起；重点加强全省政府网站和重要信息系统网络安全事件的监测和处置，累计处置网络安全事件370起；多次开展木马僵尸网络控制端IP主机专项打击行动，成功处置“网宿科技”等木马僵尸网络控制端14个，处置木马僵尸网络和飞客蠕虫事件共计4.6万余起，完成10个单元网络安全风险评估，开展业务系统网络安全检查和源代码测评。举办面向运营企业的网络安全技术高级培训，开展全省网络安全技术竞赛和网络安全应急演练。

【应急通信保障】研究制定《应急通信保障工作预案（试行）》。完善全省通信行业应急通信联动机制，协调企业开展平凉、张掖、天水本地网网间应急话务自动转接演练，督促企业制定第三方应急话务转接方案。协调省移动公司启动一类应急保障队伍筹建。开展应急通信保障综合演练、应急指挥装备机动拉练测试、本地网乡镇一级应急通信信息报送演练和业务培训等。研究制定《应急通信装备管理维护使用办法（试行）》，整合现有应急通信技术装备资源并加强维护管理，完成应急指挥系统功能联调测试及动中通、静中通应急指挥车辆配置和设备测试。

【行业运行监测】做好行业运行动态监测、综合统计与研判分析，组织编制2014年度滚动规划并启动《甘肃省宽带发展规划（2014–2016年）》编制工作，参与部分市县城镇规划编制并对接信息基础设施建设需求。

【通信工程质量管理】配合完成全省通信工程质量联合检查，每季度开展通信工程质量监督及安全生产检查，组织实施全省通信工程建设项目招投标专项检查、通信管线安全隐患清理整顿以及“三电”设施安全保护、检查工作，启动电信企业城市地下通信管线信息普查工作。

省通信管理局领导班子成员名录

局　长　赵卫东

副局长　王再兴　刘志华（女）

纪检组长　王再兴

省专用通信局局长　刘建业

（供稿：田卫国）

中国电信股份有限公司甘肃分公司

【业务经营】2014年，中国电信甘肃公司应用累计拉动移动用户超过100万户。攻坚大中专市场，中小学市场用户渗透率快速提升。超额完成农村市场三年规划目标进度。实施流量价值集约化管控和大数据精确化营销。万维入选甘肃省战略性新兴产业第一批骨干企业。

【改革创新】2014年，实现终端由"送"到"卖"的根本性转变。通过卖场化改造、厅外开店、挂图作战、拓点提能、承包经营等一系列举措，销售型店面和末梢经营单元呈几何般增长。移动用户发展由2010年直销渠道占80%优化为实体渠道占80%。开展核心商圈提份额、专营渠道提效能、开放渠道提渗透行动，无效、低效门店占比下降36%。推进装维承包、电费划小等后端承包。98%的城乡支局承包人缴纳风险金。建立面向承包单元的倒三角支撑服务体系，实行服务热线制度、限时办结和承诺制度，实施逆向监督考核。

【基础建设】2014年，推进4G网络建设，3G网络和光网形成差异化优势，承载网跨入100G时代。10000号自助服务占比达78%以上，话务量同比下降30%。全省所有本地网的全专业监控全部上收，完成省级NOC能力达标及八大专业集约，全网形成一体集约化运营模式。采购、财务核算、审计、营业受理等领域实现集约。完善审计、内控、法律等风险防控体系、机制。

中国电信甘肃公司领导班子成员名录

总经理　秦学寿

副总经理　蒋保灿　唐小文

孙　岩（女）　徐　洪

（供稿：朱宏印）

邮　政

【业务发展】2014年，全省邮政行业业务总量完成13.5亿元，同比增长18.7%；业务收入完成16.4亿元，同比增长8.8%。其中，快递业务量完成2655万件，同比增长48.5%；快递业务收入完成5.1亿元，同比增长25.6%。在"双十一"期间，快递业务量连续一周日处理量突破60万件，最高达70万件，较上年同期上升50%。

嘉峪关、武威、定西、平凉、陇南五市局共出台行业发展相关政策10件。酒泉局和市工业园区管委会协调，将快递园区项目建设列为招商引资项目，有企业拟投资6300万，计划建设42万平方米的酒泉市快递分拨中心，市内规模以上快递企业入驻。帮助企业解决"最后一公里"难题，在快递车辆通行、社区便捷揽投等方面取得进展，"快递+便利店"模式的嘿客店、智能快件箱等新型揽投模式开始探索运行。省政府决定邮政专用车辆通行费的减免额提高至500万元。张掖局协调解决邮政企业用邮车辆二级公路免费的问题，每年为邮政企业节约成本2—3万元。

【"快递下乡"工作】全省乡镇非公快递网点发展到267处，比上年同期增长3倍。乡镇非公快递网点覆盖率由2013年的6.7%增长到2014年的21%。

【执法检查】全省邮政管理部门检查普遍服务营业场所1188处，开展执法检查3304人次，给邮政企业下发普遍服务质量的通报文件54份，下发责令整改通知书241份。11个市州局共实施邮政普遍服务行政处罚25起，处罚额共23.4万元。开展快递市场、集邮市场和邮政用品用具市场检查和协调服务4718次，检查单位1433个，出检人数20285人次，纠正一般违法违规行为1698次，下发整改通知书169份，实施行政处罚85起，罚款19万元。重点对2014年计划开办邮政汇兑业务的322处局所开展监督检查，实地监督检查局所322处，开办汇兑业务的局所有146处。委托第三方专业调查机构对全省11个市州网络型快递公司开展服务质量测试和满意度调查，和省快递协会在全省快递行业联合开展星级企业评定工作，首批评选出"3A"级快递企业4家，"2A"级快递企业11家。

【邮件安全监管】与市州局、省邮政公司以及全省网络型重点快递企业签订《安全生产责任书》《禁毒工作责任书》。指导市州局制定本辖区的邮政业突发事件应急预案。与公安、国安等部门联合成立甘肃省邮路寄递物品安全监管办公室。同省国家安全厅在快递企业比较集中的联合弘快递物流园

2014年8月19日，省委书记、省人大常委会主任王三运（左三）到甘肃电信万维公司进行实地调研

2014年11月，省委副书记、省长刘伟平（右三）到甘肃电信调研战略性新兴产业骨干企业情况

建立快件寄递安全检查工作站。庆阳局发现并协助公安、国安侦破一起邮购枪支配件组装枪支的案件。省局视频监控中心将邮政速递、顺丰、申通、圆通、联合等重点快递企业的分拨中心接入视频监控系统。

【邮政基础设施建设】截至12月底，全省532处空白乡镇补建邮政局所竣工496处，竣工率93.2%；验收442处，验收率83.1%；移交392处，移交率73.7%；运营340处，运营率63.9%。2014年西部和农村地区邮政普遍服务基础设施局所整修项目、网点翻建项目、车辆购置以及邮政机要通信基础设施建设项目正在稳步实施。张掖、酒泉、嘉峪关、甘南、平凉、定西、白银、庆阳等局与当地政府相关部门出台推进居民住宅楼信报箱建设的相关文件。

【邮政业"扫黄打非"】全省14个市州局全部成为当地"扫黄打非"领导小组成员单位。截至12月底，出动执法人员1256人次，共抽查邮政、快递企业收寄场所2267处（在显著位置公示禁限寄宣传语的有2157处）、传达查堵口径3852人、检查签订的收寄验视责任书2524份；抽查邮政报刊发行企业15个、抽查报刊亭211处、抽查接办目录333个，检查报刊经营者签订的责任书196份，查缴非法出版物4种。开展"清源2014""秋风2014""固边""校园周边治理"等专项行动。

【快递市场监管】推进规范与清理快递企业经营范围工作。约谈企业负责人30人次，走访重点快递企业12家，重新审核和登记法人快递企业84家。协助公安机关查处通过邮路寄递渠道贩卖假邮票案件一件，协助公安机关破获一起通过邮寄渠道贩卖假邮票案件，涉及我省部分案值50万元。

省邮政管理局领导班子成员名录

局　长　张玉虎

副局长、纪检组长　王胜礼

（供稿：徐　洁）

经济管理

发展与改革

【规划编制实施】编制并报请省委、省政府印发《"丝绸之路经济带"甘肃段建设总体方案》，丝绸之路（敦煌）国际文化博览会、兰州作为主要节点城市等纳入国家"一带一路"战略规划。国家发改委印发《加快甘肃转型发展建设国家生态安全屏障综合试验区总体方案》，及时编制甘肃省实施意见和2014年实施方案。全面启动"十三五"规划编制工作，起草规划基本思路框架，完成18项规划前期重大课题研究。报请省政府出台《甘肃省新型城镇化规划（2014-2020年）》，配合开展全省15个县和30个乡镇新型城镇化试点。

【农业生态建设】报请省政府印发实施《甘肃省高标准农田建设规划》。引洮供水一期工程实现试通水，积石山引水、引洮入潭、靖远双永供水工程主体基本建成，引洮（博）济合等项目加紧实施。引洮供水二期、引哈济党等12个工程纳入全国172项重点推进重大水利工程范围。下达巩固退耕还林成果资金8.3亿元、退牧还草资金2.3亿元，争取新一轮退耕还林还草建设任务65万亩。张掖市、甘南州列入全国主体功能区试点示范城市。

【交通项目建设】加快推进铁路建设，中川至马家坪铁路基本建成，兰新第二双线甘肃段通车，兰渝、天平、宝兰客专、兰州至中川机场、敦格5条铁路加紧施工，干武二线、额哈铁路、兰州至合作铁路开工建设，全省铁路投资规模和在建里程连续两年位居全国第一，新增铁路运营里程798公里。成县至武都、瓜州至敦煌高速公路建成通车，新增高速公路通车里程300公里，建成二级公路705公里，改建农村公路1万公里。兰州中川机场二期扩建工程新航站楼基本建成，陇南成州机场预可研获批，天水军民合用机场、新建平凉机场前期稳步开展。兰州城市轨道交通1号线一期工程全线开工建设。

【能源项目建设】酒泉至湖南±800千伏特高压直流输电工程核准工作加快进行，酒泉千万千瓦级风电基地二期、敦煌等7个百万千瓦级光电基地加快建设，甘肃省列入国家6个光伏扶贫工程试点省区，分布式光伏发电项目启动实施，生物质发电项目实现零的突破。全省风电并网装机容量突破1000万千瓦，居全国第2位；光电并网装机容量突破500万千瓦，居全国第1位。《陇东能源基地开发规划》以及新庄煤矿、马福川煤矿项目获批，刘园子等煤矿建成，陇东地区油气田产能建设、庆阳区块煤层气开发等列入国家开工的重大建设项目。

【灾后重建与城镇基础设施】岷县漳县地震灾后重建取得阶段性成果，100亿元中央财政补助资金全部到位，重建项目开工1776项，完成投资118亿元，占规划总投资的73.8%。岷县"5·10"雹洪灾后重建任务总体完成，301个重建项目已建成279个，累计完成投资21.3亿元。永靖刘盐八库区地质灾害综合治理项目落实中央投资7.3亿元，到位资金3亿元。全省完成城镇基础设施投资72.3亿元，新增城市道路367公里，新增城市集中供热面积4327万平方米，新开工县城及城市供水厂12个。全省开工建设保障性住房和棚户区改造18.89万套、开工率100.1%；基本建成13.49万套，基本建成率113.3%。

【资金争取与投资管理】争取中央预算内投资144.8亿元。利用外资4.6亿美元，其中国外贷款3.5亿美元，外商直接投资1.1亿美元。公航旅集团、甘肃电投、张掖城投等7家企业债券获批，融资总规模110亿元。建立完善"3341"项目建设工程动态项目库，共录入投资规模500万元以上项目3.8万个。推出首批100项鼓励社会资本参与建设营运的示范项目。加强重大项目协调服务，组织开展项目观摩活动，全年160个省列重大项目完成投资1573.1亿元，占年度投资计划的105.8%。做好项目稽查工作，先后派出27个稽查组，稽查项目173个，涉及投资108亿元。

【产业结构调整】报请省政府出台《战略性新兴产业发展总体攻坚战实施方案》，加快发展新材料、新能源、生物产业、信息技术、先进装备制造等8大新兴产业，筛选确定重点扶持的第一批16户骨干企业。2个国家企业技术中心和3个国家地方联合工程实验室获国家批准设立，新认定32个省级工程研究中心。金昌列为国家第一批区域战略性新兴产业集聚发展试点，争取专项资金3亿元。新材料创投基金获批设立，甘肃省国家财政参股的新兴产业创投基金达到4只，基金总规模11亿元，累计投资4.6亿元，带动社会投资22亿元。改造提升传统产业。组织编制《全省煤化工产业发展规划》，酒钢1000万吨煤炭分质利用项目一期工程开工建设。兰州石化搬迁兰州新区前期工作全面启动。加快嘉峪关、金昌、白银、天水4个老工业基地调整改造步伐，兰州市七里河区纳入全国城市老工业区整体搬迁改造试点。报请省政府出台化解产能严重过剩矛盾的实施意见，对淘汰类高耗能企业严格执行差别电价、阶梯电价政策，全省淘汰铁合金2.36万吨、电石10万吨、水泥80万吨、平板玻璃60万重量箱，关闭退出小煤矿76座，完成国家下达的任务。加快发展现代服务业。加快健康与养老服务工程建设，推进天水、张掖全国综合养老示范基地建设，加快开展酒泉国家服务业综合改革试点。加强经贸流通基础设施建设，实施7个粮食仓储扩建项目，建设5个物流业转型升级、12个农产品冷链物流、3个农产品批发市场升级改造项目。争取国家下达甘肃省小麦、棉花等农产品进口配额2.75万吨。

【价格调控监管】扶持建设747个蔬菜、肉食直销店，建立蔬菜、猪肉和食盐储备制度，完善社会救助和保障标准与物价上涨挂钩联动机制，预计全年居民消费价格上涨2.1%，低于年度调控目标。公布全省行政事业性收费和涉企行政事业性收费项目目录，取消、放开22项收费项目，降低18项医疗服务基准价格。推进生产领域建立差别化价格制度，修改完善直购电交易细则，调整水资源费标准和火电上网电价。开展商业银行收费等5项专项检查，查处价格违法案件497件，涉及金额4265万元。开展成本调查和定调价前的成本监审，加强价格监测和价格认证工作。

【重点领域改革】编制《经济体制和生态文明体制改革规划（2014—2020）》，制定2014年改革工作要点和实施方案，建立专项改革小组工作台账。省级发改部门取消行政审批事项5类86项，下放市州或部门行政审批事项5类26项，保留的6项行政许可事项全部进驻省政府政务大厅；报请省政府修订印发政府核准投资项目目录和管理办法、政府投资项目管理办法；牵头制定同步下放建设项目审批核准权限加强部门协同监管的意见，简化前置性审批；落实国家涉外体制改革措施，制定外商投资项目核准和备案管理办法、境外投资项目备案管理办法。推进资源性产品、交通、医药和医疗服务价格改革，居民用水、用气、用电阶梯价格制度加紧建立健全。初步建成公共信用信息交换共享平台，启动编制全省社会信用体系建设规划；报请省政府即将出台《甘肃省促进市场公平竞争维护市场正常秩序工作实施意见（2015-2020年）》，提出10个方面54项改革任务。其他改革方面，正在编制全省公务用车制度改革总体方案；庆阳市国有林场改革试点顺利推进；推进69家代管县级供电企业产权划转工作，将归属省电力公司管理。

【保障改善民生】建设改造各级各类学校291所、医疗卫生机构810个、地级三馆3个，实施4个旅游景区、8处国家文化遗产地保护项目，建设社区、养老和县级体育场等设施55个。敦煌莫高窟保护利用工程投入使用，甘肃科技馆主体工程完工，实施省人民医院、省佛学院搬迁项目，甘肃中医药大学、省图书馆扩建项目开工建设，推进兰州新区职教园区前期工作。争取国家资金支持，建设张家川等12个县基层就业和社会保障服务中心。报请省政府出台《甘肃省易地扶贫搬迁实施规划（2013—2018年）》，全年易地扶贫搬迁投资总规模达60.6亿元，安排102个项目，建设集中安置点546个，搬迁群众4.68万户23.34万人。安排以工代赈资金3.2亿元，支持乡村道路、河道治理等项目建设。农村安全饮水工程加快实施，全年将解决180万农村人口和28.9万农村学校师生饮水安全问题。争取国家补助资金12.2亿元，对14万户农村危房进行改造。采取独立光伏供电和大电网延伸两种方式，分别解决8.8万、2.8万无电人口用电问题。争取中央预算内投资15.4亿元，推进实施“十二五”支持藏区经济社会发展规划。

【循环经济与节能减排】召开全省循环经济白银现场会。推进“四位一体”循环体系建设，七大循环经济基地加快建设，35个省级以上开发区全部实施循环化改造。开展“十百千”示范工程，兰州经济技术开发区红古园区入选国家城市矿产示范基地，定西市、甘南州入选国家生态文明先行示范区。落实节能目标责任制，实行能耗强度和总量“双控”，对节能目标进度滞后地区报请省政府进行督办。发展节能环保产业，向社会发布2批《甘肃省节能环保产品推广名录》。兰州市入选节能减排财政政策综合示范城市。兰州新区甘肃省节能环保产业园完成选址。争取中央预算内投资8.8亿元，支持156项节能重点工程、城镇污水垃圾处理设施等项目；安排省级十大重点节能工程配套和循环经济发展专项资金9060万元，支持实施49项节水、资源综合利用等项目，带动投资64亿元。全省单位生产总值能耗、能耗总量、单位生产总值碳排放指标完成国家下达的目标任务。

省发展和改革委员会领导班子成员名录

主　任　赵　春

副主任　陈春明　王泉清　孙晓文

刘　剑　包东红　陈　江

贠振荣　王　砚　曹天民

省西部地区开发领导小组办公室主任

孙晓文

纪检组长　冯　旭

省以工代赈易地搬迁办公室主任

杨　虎

能源局局长　孟　开

（供稿：郭晓冬）

国有资产监督与管理

【国有资产保值增值】2014年，产成品库存下降30.07%，经济效益持续改善，超额完成省政府下达的10%增长目标。37户省属监管企业全年完成营业收入5，046.19亿元，同比增长13.80%；实现利润总额82.46亿元，同比增长12.27%；上缴税金140.36亿元，同比增长30.69%；完成工业总产值2557亿元，同比增长13.16%；实现工业增加值509.11亿元，同比增长6.59%；资产总额达8，164.62亿元，同比增长8.65%；所有者权益3，018.39亿元，同比增长4.90%。

【国有企业改革】省委省政府出台《关于进一步深化国资国企改革促进企业发展的意见》(以下简称意见)。成立由黄强副省长任组长、省直13个部门为成员单位的国资国企改革推进工作领导小组，统筹推进改革任务落实。出台21项意见、办法和方案等配套制度，其中省政府办公厅出台3项，省国资国企改革推进工作领导小组出台2项，省国资委出台16项。确定5户企业进行改革试点。其中，省公航旅集团、省机场集团重点探索功能类和公共服务类企业理顺管理体制、分类监管的改革路径，省国投集团重点探索“国资委—国有资本投资运营公司—实体企业”三级架构国有资本管理运营模式，酒钢集团重点探索竞争类企业提质增效升级的新方法，八冶集团重点探索规范员工持股、转换经营机制的新路径。起草《省属企业负责人履职待遇业务支出管理办法》，制定《省属监管企业副职负责人业绩考核和薪酬支付过渡管理办法》。持续推进厂办大集体企业改革、解决企业职教优教退休教师待遇问题。

【国有资本运营】10月9日，兰石重装上市发行，成为省政府国资委成立以来甘肃省第一家首发上市的省属企业；白银公司、陇神戎发等企业首发上市通过证监会预审核；金川集团、华龙证券正在进行上市辅导。其余12户进入上市准备阶段的省属企业，推进规范管理、上市辅导、申报发行等各项工作；对暂不具备上市条件的省属企业，加快推动股份制改革，纳入全省上市后备企业资源库；华龙证券股份有限公司正式成立，推进天马物流股份制改革。省国投集团完成100亿元中期票据兑付；靖远煤电35亿元定向增发获证监会审核通过；甘肃电投21.8亿元定向增发进入报审程序。2014年省属监管企业完成融资1405.37亿元，其中间接融资1069.57亿元，直接融资335.8亿元，融资规模不断扩大。向社会发布首批《省属企业引进非公资本招商引资投资项目名录》，推出60个项目吸引非公资本参与合作，引入民营资本28.07亿元；央企签约项目累计开工108个，建成投产27个，累计到位资金1860.02亿元。

【国有资产监管】省政府出台《省直部门管理企业改制脱钩工作实施方案》，明确直接脱钩、改制后脱钩、改制后退出国有序列、关闭注销退出市场、委托监管等5种脱钩方式，要求按照“谁主管、谁负责”的原则，2017年前全部完成改制脱钩。确定的14个省直部门中，3个部门管理的企业移交省政府国资委统一监管，其余11个部门正在制定完善改制脱钩方案。出台《省属监管企业分类监管的意见》。清理国资监管规范性文件，废止25份、修订13份，制定18项配套制度，联合省监察厅、省审计厅出台《甘肃省省属国有企业重大事项监督管理暂行办法》。制定《省政府国资委履行出资人职责审批事项清单（试行）》，明确22类45项出资人职责事项。修订完善企业章程。

【产业结构调整】13个省列重点项目中有5个建成投产，15个省政府国资委跟踪督导重点项目中有3个建成投产，成为企业新的经济增长点。推进酒钢集团1000万吨煤炭分质利用项目，金川公司200兆瓦光伏发电项目投产，省电投公司风电项目运行正常，兰电股份公司民勤县红沙岗49.5兆瓦试验风电场项目风电机组现陆续吊装，兰石集团装备制造产业园建成投产，兰州兰电、三毛集团等企业进入设备安装阶段。酒钢集团与新疆广汇集团合作组建甘肃宏汇新能源科技有限公司，共同投资煤炭分质利用项目；甘肃稀土与包钢稀土签订合作框架协议，北方稀土整合重组方案经国家工信部备案；甘肃电投辰旭生物科技公司与乐山市瑞和祥生物制药公司重组，兰州电机与中国北车永济电机寻求战略重组；兰石集团重组兰驼集团、金川控股重组甘肃稀土、省保障房投资公司重组省扶贫棚改公司，酒钢集团、甘肃电投等加大亏损业务清理、低效无效资产处置力度。金川集团与全国20所高等院校、科研院所建立协同创新中心。白银公司“铜冶炼废渣资源化循环经济系统的关键技术集成研究及示范”通过验收。稀土集团成功研发一批具有国际先进水平的重大技术成果，获得8件发明专利授权，8项科技成果中1项达到国际领先水平、4项国际先进水平、3项国内领先水平。兰州电机股份公司2兆瓦风电机组研发项目列入国家高技术研究863计划，完成风场调试和部分安装；长城电工完成核电1E级开关设备等26项新产品开发项目；金川集团开发羰基镍粉、高纯阴极铜等新产品，新产品销售收入占比超过20%。

【对外合作交流】白银公司成功收购南非斯班—黄金公司20%股份，成立中外合资融资租赁公司。金川集团南非思威铂矿等海外项目进展顺利，白银公司与哈萨克斯坦铜业公司签订63万吨铜金属量、10万吨锌金属量精矿长期供货合同。兰石集团在青岛、新疆开工建设大型钻采设备，与土库曼斯坦国家天然气康采恩、国家地质集团康采恩签订价值5.4亿元出口合同，长城电工通过配套央企境外项目将产品销往乌孜别克斯坦、塔吉克斯坦等中西亚国家，八冶公司、三毛集团相继开拓俄罗斯、南非、缅甸等新兴市场。

省政府国资委领导班子成员名录

主　任　马艾武（11月止）

　　　　李沛兴（11月任）

纪委书记　吴万华

副主任　赵小明　车　洪
　　　　姚国庆　颜富强

（供稿：闫志恒）

财政预算与管理

【财政预算执行】2014年，全省一般公共预算收入672.2亿元，完成预算的101.9%，同比增长13.6%，其中：省级196.2亿元，完成预算的100%，同比增长13%。全省收入主要项目情况为：税收收入490亿元，完成预算的101.7%，增长17.3%，非税收入182.2亿元，完成预算的102.5%，增长4.1%。全省一般公共预算支出2538.4亿元，完成预算的96%，同比增长9.9%，其中省级589亿元，同比增长24.6%。全省政府性基金预算收入359.5亿元，完成预算的116%，下降4.1%。其中省级118.4亿元，完成预算的109.8%，增长9.9%。全省政府性基金预算支出363.7亿元，完成预算的75.7%，下降5.8%，其中省级75.8亿元，完成预算的62.2%，下降16.7%。全省国有资本经营预算收入7.4亿元，其中省级7.36亿元。全省国有资本经营预算支出4.9亿元，其中省级3.8亿元。全省社会保险基金预算收入预计527.1亿元，其中省级174.4亿元。社会保险基金预算支出预计443亿元，其中省级134.4亿元。

【财税体制改革】出台《进一步加强财政管理的意见》。出台《深化预算管理制度改革的实施意见》《加强政府性债务管理的实施意见》《省级财政专项资金管理办法》《政府向社会力量购买服务的实施意见》和清理规范税收优惠政策、加强预算绩效目标管理等制度办法。省市县三级公开政府预决算、部门预决算和"三公"经费预决算。严格执行各级人大批准的预算。清理、规范、整合专项资金，严格控制新增专项。2014年，省级预算专项数量由2013年的557项压减到227项。清理收回结余结转资金23亿元，用于义务教育、创新驱动发展等重点方面。规范政府性债务管理，建立风险预警和考核机制，开展存量债务清理甄别工作。出台省级党政机关差旅费、会议费、培训费、公务接待、办公用房维修改造、政府集中采购管理办法，以及全省因公出国经费、行政事业单位转企业办公用房等8个制度办法。2014年，全年全省"三公"经费支出比2013年下降30.1%，会议费下降42%。营改增试点进展顺利，范围扩大到交通运输、邮政、电信以及部分现代服务业，全省试点企业达到2.74万户，减免企业税负10.3亿元，减负面达到98%；全面实施进一步支持小微企业发展的增值税、营业税和企业所得税优惠政策，惠及企业12.4万户，全年减免税10亿元。落实调整成品油等部分产品消费税、停征成品油价格调节基金政策。启动煤炭资源税从价计征改革，清理规范涉及煤炭、原油、天然气的收费基金。调整完善财政管理体制。健全县级基本财力保障机制。调整完善省与市县资源税分成比例。

【支持经济发展】2014年，中央财政下达甘肃省各类补助资金1777亿元，增加132亿元。其中均衡性、生态功能区、民族地区和县级基本财力保障转移支付508亿元，增加49.4亿元。中央代理发行甘肃省地方政府债券113亿元，增加21亿元，并以较低利率在全国首期发行。经国务院批准再次提高全省省干部职工津贴补贴标准。争取到易地搬迁财力补助20亿元、兰州市节能减排财力补助15亿元、兰州市大气污染治理财力补助2.6亿元。争取中央将甘肃省列入全国市场化发展养老服务产业试点，财政补助资金3亿元；武威保税物流区、兰州新区综合保税区顺利获批。争取管道运输业税收政策以及原油储备库分开核算问题顺利实施。新增国家级农业综合开发项目县2个。争取中央减免岷县漳县地震灾区国外贷款债务2亿元。

【民生支出】2014年，全省民生支出达到1928亿元，占总支出的76%，其中"十大惠民工程"23件实事省级下达资金339亿元。

教育支出400亿元，增长6.2%；农林水事务支出365亿元，增长5.4%，推进"1236"扶贫攻坚行动计划，完成4.68万户、23.34万人易地扶贫搬迁任务，解决180万贫困人口的安全饮水任务，建设1万公里建制村通沥青（水泥）路，实施1066个贫困村整村推进项目，推进旱作农业示范区建设，开展"美丽乡村"试点等；文化体育与传媒支出49亿元，支持实施华夏文明传承创新区"1313"工程，推进基层公共文化建设、文化资源保护、文化产业发展和文化体制改革，支持大型体育场馆免费或低收费开放等；医疗卫生支出203亿元，增长11.4%，支持提高基本公共卫生补助标准，由每人每年30元提高到35元，新农合和城镇居民基本医保补助标准由年人均280元提高到320元，支持妇幼保健机构、国家级临床重点专科、全科医生临床培养基地、省级临床医学中心建设等；社会保障和就业支出376亿元，增长8.3%，实施城乡居民职业技能培训工程，扶持1万名高校毕业生就业，再次提高企业退休人员基本养老金10%。城市低保月人均保障标准提高到345元，农村低保年人均保障标准提高到2193元。农村五保省级年人均补助标准提高到2510元等；保障性住房建设支出113亿元，增长10.2%，完成农村危房改造20.36万户，实施各类保障性住房和棚户区改造18.89万套；节能环保支出74亿元，增长6.3%，落实节能减排、重点流域水污染治理、企业污染治理、重金属污染防治等政策。支持兰州市大气污染防治。推进能源节约利用和可再生能源项目建设。实施节能降耗和淘汰落后产能奖补政策等。

【项目建设资金】聚焦"3341"项目工程和"丝绸之路经济带"甘肃段建设，筹措资金299亿元，支持交通、水利、城市基础设施等重点项目建设。推动兰州新区重大产业项目、综合保税区、市州"飞地经济"产业园建设。投入93.5亿元，支持循环经济、节能减排、大气污染、水污染和重金属污染防治，天然林保护、退耕还林等重点生态工程建设。拨付57.8亿元，支持文化、旅游、物流等现代服务业发展。整合资金10亿元，设立产业投资引导基金，吸引社会资金投入，支持战略性新兴产业发展。财政贴息31亿元，撬动金融机构发放双联惠农、牛羊蔬菜产业、妇女小额担保、下岗失业人员小额担保等贷款。

【财政监督检查与绩效管理】建立贯穿财政资金运行全过程的监督机制。省财政厅需进行二次分配的专项资金，一律由厅长办公会议集体研究决策，纪检监察全程参与。开展城乡低保、贫困村整村推进、乡镇幼儿园、村卫生室建设等为民办实事资金和政策落实情况专项检查。在全省范围内开展“小金库”专项治理工作。推进财政绩效管理。选择省建设厅、省食药局、省畜牧局、省体育局和省民委等5家单位开展部门整体评价试点。开展市县财政管理绩效综合评价，对生态功能区转移支付、“一事一议”、农业综合开发、科技创新服务等项目开展重点绩效评价，将评价结果作为分配资金、安排预算的重要依据。

省财政厅领导班子成员名录

厅　长　张勤和

副厅长　李秀娟（女）　赵喜泉

张智军　祁建邦　田国林

省属国有金融机构监事会专职主席

范冬菊（女）

省农业综合开发办公室主任　杨之春

纪检组长　焦　石

省外贷办专职副主任　石培文

财政监督检查局局长　谢　德

副地级纪检员　李瑞芳（女）

财政部驻甘肃省财政监督专员办事处

【财政预算监管】组织召开在甘43家中央基层预算单位监管工作会议，通报预算监管和重点检查工作情况，对做好财政预算管理工作提出要求。结合非现场监管情况，对西北民族大学预算资产财务管理情况进行现场检查。对甘肃省地震局预算资产财务检查下达检查结论和处罚决定。结合部门预决算审核情况约谈银监局等单位有关领导，主动介入预算编制事前监管。

【专项检查】对甘肃气象局开展“小金库”专项治理重点检查。开展土地出让收益计提中央教育资金和农田水利建设资金专项检查。对水资源费征管质量检查下达处理决定，查补欠缴多年的水资源费5000万元，对仍未补缴的兰州市威立雅水务集团通过《财政监督》杂志进行专题报道。开展中央非税收入征收工作。开展地方政府存量债务清理甄别核查工作。

【中央财政支出监管】开展企业职工养老保险和医疗保险政策执行专项检查。完成甘肃省政府还贷二级收费公路新增债务余额及里程认定工作，黄强副省长做出重要批示，并主持召开协调会，通报审核中的问题。对流浪乞讨人员救助补助资金管理使用情况进行调查。完成居民医保社保中央财政补助资金审核、国家储备物资审核等8项支出类审核工作。

【会计监督与金融监管】对佛慈制药股份有限公司和为其提供审计服务的瑞华会计师事务所甘肃分所开展会计信息质量检查。对甘肃移动公司会计信息质量检查下达处理决定。对甘肃省农行进行会计信息质量检查，从金融企业财务管理、会计核算、内部控制等方面入手，结合重点关注贯彻落实中央“八项规定”情况。对6个外国政府贷款在建项目进行现场核查，对发现的问题向省财政厅进行通报，提出进一步加强管理的工作建议。对新型农村金融机构定向费用补贴和涉农贷款增量奖励资金进行审核检查，对发现的问题约谈省财政厅和部分申报单位，提出规范申报和加强初审责任的工作要求。

【调查研究】领导带队赴6个市（州）开展调研，关注财政改革及地方预算公开情况，针对调研发现的问题提出推进改革和完善政策的建议。开展甘肃省基层医疗卫生机构补偿机制、药品价格构成专项调查；结合“双联”行动开展农村危房改造补助资金落实情况调研。结合新型农村金融机构定向费用补贴审核工作开展农村资金互助社发展状况调研。

财政部驻甘肃省财政监督专员办事处领导班子成员名录

党组书记、监察专员　杨体军

党组成员　吴伟刚

（供稿：李群芳）

国家税务

【税收收入】全年完成国税收入590.78亿元，完成总局计划571亿元的103.46%，完成省政府追加后计划584亿元的101.16%，同比增长12.33%，增收64.83亿元，增幅在全国国税系统名列第七。

【税收收入特点】税收均衡发展，一季度完成计划的26.27%，上半年达到53.01%，三季度完成76.79%，全年完成101.16%。地方增速突出，中央级增长9.03%，地方级增长29.13%，地方级增速快于中央级20.1个百分点。主体税种全增，增值税、消费税、企业所得税、车辆购置税分别同比增长18.67%、2.91%、17.61%、11.66%。全年税收增长源于五大因素。一是2013年税收收入较2012年基数降低；二是兰州石化公司等省内重点支柱企业的带动作用；三是营改增等税制改革顺利实施；四是部分企业享受税收减免优惠政策到期；五是金川集团公司消化库存、减少购进等特殊原因。

【税收法治】落实行政审批改革，清理确认公开78项审批事项。清理出29个有执法风险的规范性文件，废止全文或部分条款。查处打击涉税、发票违法案件679起，查处违法发票49.67 万份，捣毁假发票窝点8个，打掉犯罪团伙3个。在全省依法行政目标责任考核中，省局连续三年蝉联第一名。

【税收政策落实】完成铁路运输和邮政服务业、电信业营改增试点扩围，全年实现改征增值税20.77亿元。将国家新出台的各项政策调整落实到位，为全省28.54万户纳税人免征增值税4.9亿元；为20093户小微企业减免企业所得税3975万元。落实各项税收优惠政策，全年减免（退）税73.49亿元。

【税种管理】部署开展增值税专项核查，查补税款199.79万元，进项税转出336.86万元。重点加强农副产品收购发票管理和发票代开管理。完成企业所得税汇算清缴工作，参加汇算清缴67786户，汇算面达到100%。加强车购税管理，推进出口退（免）税企业分类管理，构建内控外防预防和打击骗税体系。

【纳税服务】落实国务院简政放权部署，增值税、消费税减免审批权限全部下放到县（区）局，取消初次领购普通发票实地核查等15个进户执法项目。落实《全国县级税务机关纳税服务规范》。推进"便民办税春风行动"。

【税收征管】建立涉及4大类50项税收风险识别指标体系，以及涵盖6大类76项风险特征指标的风险特征库。推送风险任务涉及纳税人20417户，补税4.1亿元。加强和规范纳税评估，全年累计评估纳税人14566户，入库税款35221.12万元。

【大企业税收服务与管理】省、市两级国税局成立大企业税收管理领导小组，8个市局成立直属税务分局。制定列名大企业认定标准并确定首批20户列名管理企业。组建石油化工、电力热力、有色金属等7个重点行业团队。对中国石油、建设银行、农业银行等6户企业集团实施全流程税收风险管理，企业补缴税款1.43亿元。

【国际税收管理】反避税管理，完善反避税案件集体分析、集体审议制度，推进案件调查规范化，全年补税652万元。推进非居民税收管理，全年入库税款7792.97万元。

【税务稽查】全年共查补入库收入67631万元。加大税收违法案件曝光力度，向社会公告公布标准，借助"红黑榜"发布会曝光黑榜企业名单。

【电子税务管理】开发完成《甘肃省国税局单点登录系统》。完成"甘肃国税云平台"的建设。完成"甘肃国税"安卓客户端系统的二次开发，实现12366短信服务平台数据资源的共享。

【执法督察与内部审计】对平凉、庆阳等五市国税局实施税收执法督察。全年共查处58个重点问题，通过执法督察和疑点核查纠正违规税收执法行为5802个，补缴税款700.6万元，追究责任6328人次。全年共组织实施内部审计项目103个，比上年增长28.75%。

省国家税务局领导班子名录

局　长　牟可光（10月止）
　　　　韩月朝（10月任）
副局长　贾曼莹　张　敬　刘　虎
纪检组长　任强华
总经济师　赵应堂
总会计师　向　宇
总审计师　张佩峰

（供稿：李　莉）

地方税务

【税收概况】2014年，全省地税系统共组织各项税费收入757.77亿元，同比增长13.1%、增收87.34亿元。其中：地方税收完成461.46亿元，完成省政府考核计划的101.6%，同比增长14.8%、增收59.44亿元，剔除"营改增"减收的31亿元同口径增长24%，比全国税收8%的平均增幅高6.8个百分点，比全国地税8.5%的平均增幅高6.3个百分点，增幅位居全国地税系统第5位、西部省份第2位，较2013年分别前移1位；社会保险费完成275.83亿元，同比增长10.3%、增收25.81亿元；其他收入完成20.44亿元，同比增长11.4%、增收2.09亿元。

【税收收入特点】地方税收占生产总值（GDP）的比重预计达6.9 %，比2013年提高0.5个百分点；占大口径财政收入的37.4%，比2013年提高2.3个百分点；地方级税收占公共财政预算收入的60.3%，比2013年提高2.1个百分点。落实"营改增"政策减少地方税收31亿元；落实结构性减税政策和税收优惠政策减免地方税收28亿元，其中，减免小微企业和个体工商户税收3.5亿元。中央级、地方级税收均衡增长，分别入库56.07亿元、405.39亿元，同比增长14.1%、14.9%。地方级税收中，省、市、县级税收分别增长17.6%、13.9%、18.1%。营业税、企业所得税、个人所得税、城市维护建设税和教育费附加五项主体税种累计入库353.72亿元，占地方税收总量的76.7%，同比增长13.5%；资源税、房产税、印花税、土地增值税等地方小税种累计入库107.74亿元，同比增长19.1%，比地方税收平均增速高4.3个百分点。第二产业税收增幅由一季度末的9.7%逐渐回升至年末的14.9%，共入库231.44亿元，占地方税收总量的50.2%，与2013年同期持平；第三产业税收始终保持15%左右的增幅稳定增长，共入库230.02亿元，占地方税收总量的49.8%。公有经济入库地方税收184.06亿元，占地方税收的比重为39.9%，增长6.3%，对地方税收的增收贡献率为18.4%，比2013年同期降低20.5个百分点；非公经济入库地方税收277.39亿元，占地方税收的比重为60.1%，增长21.2%，增幅比2013年同期提高0.6个百分点。受项目投资拉动，投资集中度较高的市州地方税收增幅均超过全省平均水平，对全省地方税收的增收贡献率达到40.5%；受工业产品价格持续低位运行影响，税源较为单一的市州地方税收增幅低位运行；税源较为丰裕的地区，抵御波动能力较强，地方税收保持稳定较快增长，对全省地方税收增收贡献率达到60.4%。

【税种管理】开展2013年企业所得税汇算清缴，完成2013年度年所得12万元以上个人所得税自行纳税申报。做好煤炭、原油资源税改革。加强土地增值税清算，开展"以地控税"试点，加强存量房交易、契税、城镇土地使用税、耕地占用税日常管理。

【纳税服务】开展"便民办税春风行动"。加大"12366"纳税服务热线宣传力度，强化窗口服务人员教育培训及纳税人政策培训辅导。开展"优秀办税服务厅"及"办税服务明星"评选工作。

【税收征管】开展税收风险管理机制建设，推广运行财税库银横向联网系统，开展纳税评估、信息化征管质量考核，完成推动非公经济发展相关工作。

【国际税收管理】加强外商投资企业税收分析和非居民税收监控税收管理、关联交易监控力度，强化加大反避税调查工作。加强外籍个人所得税管理、国际税收宣传。开展外商投资企业联合年检，2014年全系统共年检外商投资企业205户，占应检户数的100%。

【税务稽查】全省安排企业自查1163户，自查收入26346万元；实施检查2244户，结案1937户，查补税款21624万元、滞纳金1471万元、罚款4598万元，共计27694万元。开展税收专项检查、高风险重点税源企业风险分析检查、税收秩序专项整治。打击发票违法犯罪活动，及时受理和查处举报案件。建立稽查协作机制，开展总局部分定点联系企业税收风险分析和税收检查工作。

【信息化建设】推进"涉税事项办理电子档案管理系统"、数据监控分析平台、数据共享平台、网上纳税服务平台建设。做好网络安全、运维基础工作，2014年科技信息处被甘肃省信息协会评为"全省信息化工作先进单位"。

【执法督察与内部审计】认真履行领导干部经济责任审计、系统内财务审计工作，2014年完成对4个市州局7个县区局2013年度税收执法重点督察、2个市州局跟踪督察和后续审计、3个市州局原局长离任经济责任审计、3个市州局2014年内部财务审计。

省地方税务局领导班子成员名录

局　长　吴仰东

副局长　白继成　郭晓霭（女）

　　　　邢　军　董建平　师学礼

纪检组长　万凌云（女）

（供稿：徐明霞）

工商管理

【反不正当竞争执法】全年共查处各类经济违法案件14639件，案值11685.74万元，收缴罚没款3863.51万元。立案查处各类不正当竞争案件843件，案值6.64亿元，罚没款243.82万元。开展不正当竞争行为集中整治专项执法行动，制定下发《甘肃省工商行政管理局集中整治不正当竞争突出问题专项行动实施方案》。各级工商局以互联网领域、汽车及配件销售维修、家具建材装修装饰、公用企业等行业和领域为重点，集中整治社会关注度高、反映强烈的仿冒、虚假宣传、限制竞争、商业贿赂等突出问题。开展打击"傍名牌"执法行动，各级工商机关重点查处人民群众反映强烈的家用电子电器、日用百货、食品、建筑装修装饰材料、涉农产品等商品上发生的"傍名牌"行为。加大工程建设、土地出让、产权交易、医疗购销、政府采购和教辅资料等领域和行业商业案件的查办，坚决打击在市场交易活动中给予、收受回扣和假借促销费、广告费、科研费等各种名义的商业贿赂行为，特别是加强对药品、医疗器械生产经营企业和医疗机构的监督检查，严查医疗购销领域商业贿赂案件。

【打击传销活动】会同省综治办、公安厅等13个部门联合部署在全省范围内组织开展严厉打击整治传销集中行动。与公安厅共同研究确定传销案件多发的天水、平凉、金昌、武威、兰州、白银、庆阳七个城市，作为重点地区进行集中整治。集中查处以1040"工程、"爱心互助""慈善""宗教""改革创新"等为幌子从事传销的违法犯罪行为，全省工商机关共查处传销案件18件，其中移送公安机关13件，捣毁传销窝点96个，清查遣返传销人员1890人。

【直销市场监管】下发《甘肃省工商行政管理局关于开展直销市场检查和直销企业履行责任督导工作的通知》，召开直销企业在甘分支机构座谈会，安排部署直销市场检查的有关事宜，各市、州工商局先后对16家直销企业在甘设立的分支机构和345个加盟店、服务网点、87个专卖店进行全面检查。与直销企业在甘分支机构签订《规范经营责任书》，对16家申请直销（含扩区）企业进行核查，有16家直销企业在甘肃省设立分支机构。

【消费维权】全年共受理消费投诉14925件，挽回经济损失1546万元。推动《甘肃省消费者权益保护条例》修订工作。制定《消费维权行政约谈制度》，首批对汽车4S店强制搭售商业保险、通讯运营商包月套餐月底清零等开展行政约谈。制定《举报销售假冒伪劣商品违法行为奖励办法》，设立100万元举报奖励资金。坚持12315投诉举报信息定期分析发布和向市州政府通报制度。组建消协律师团和消费维权志愿者队伍。指导消协组织针对自来水苯超标、供暖不达标、房屋中介服务不透明、银行和保险业服务不规范、移动运营商侵害用户个人信息等问题，开展商品和服务社会监督。围绕卫生用品、食品质量等问题，开展比较试验、问卷调查和消费体验，引导理性科学消费。加强与传统媒体和新媒体的合作，宣传解读新消法。创办《消费维权在身边》电视栏目。开展"消费安全进校园"活动。

【打击虚假违法广告】2014年实现广告审批业务的网上办理，广告登记的办理由7个工作日缩短到3个工作日。全年开展4次虚假广告专项整治。向兰州市经济检查分局移交19起非法集资广告案件，截至2014年底，全省工商系统共查处广告违法案件568件，罚没款217.39万元。省局广告处全年立案查处10件虚假违法广告案件，罚没款8.35万元。全年召开媒体集体约谈会3次，个别媒体约谈10次，现场检查指导2次，收到媒体单位整改保证书6份。

【商标监管】推进"商标兴省"战略实施，全省新增注册商标2852件。其中中国驰名商标57件，地理标志证明商标54件，甘肃著名商标881件。组织举办高层次《商标法》培训班。组织开展甘肃省著名商标续展认定工作。续展和认定甘肃省著名商标213件。加强商标监管行政指导工作。指导和帮助企业建立健全商标权管理制度，规范商标使用行为，指导开展商标权质押融资等工作，组织企业参加第六届中国国际商标（品牌）节及2014中国商标年会。全年向总局商标局推荐认定12件驰名商标，认定4件。

鼓励和引导广大农民特别是农村合作经济组织、农业产业化重点龙头企业申请注册商品商标、服务商标。全年向商标局申请地理标志证明商标9件，成功注册5件。严厉打击侵犯注册商标专用权行为。跨省、市协调保护"条山""大禹"等中国驰名商标和"雪顿""滨河九粮液"等著名商标专用权。加强对商标代理机构的监管服务。全省共备案商标代理机构35个，新增3个。配合省委宣传部开展"绚丽甘肃"标识和管理制度制定工作。开展对"第二届青奥会"专有标志标识的宣传和保护工作。

【市场抽查监管试点】启动流通领域商品质量抽查检验工作，全年抽检商品4大类24个品种1898个批次，抽检结果及时向社会公布，并依据抽检结果组织开展不合格商品市场清理工作。在全国率先开展以市场主体随机抽查和重点检查为特点的抽查监管改革试点，共抽查市场主体23535户，抽查率为5.6%。集中开展为期3个月的对投资公司非法集资的清查整治，查处案件60起，涉嫌犯罪移交公安机关案件16起，变更登记事项的260户，对超范围经营、发布虚假广告、地址不符或查无下落的企业列入经营异常名录，实施重点监管。

【专项执法行动】开展农资打假保春耕、"双打"行动、"2014红盾网剑行动"及钢材市场、保险市场等一系列专项整治行动，查处不正当竞争案件1558件、农资违法案件551件、侵犯知识产权和假冒伪劣商品案件488件。常态化开展对重点消费领域合同格式条款的规范监管和对霸王条款的整治力度，深入推进"守重"企业推荐公示工作，39户企业被公示为全国"守重"企业，644户企业被确定为全省"守重"企业。

【市场主体注册登记】报请省政府印发《甘肃省注册资本登记制度改革实施方案》。清理行政许可及行政备案管理事项，取消和下放行政审批及备案事项6项，只保留17项，并将2001年以来清理的84项及执法主体向社会公示。实现工商登记业务100%在网上流转，行政许可、行政审批100%在网上运行，开通"企业名称自主查询系统"，推行《企业名称预先核准通知书》就近属地领取制度，探索实行"独任登记制"，办证时限缩短到3至5个工作日。免收登记类、证照类等各种行政性收费，取消个私协会团体会费。推出企业名称自助查询、网上核准等便利措施，办证时间由15个工作日缩短至3-5个工作日，取消所有工商收费。3至12月，全省新增市场主体17.96万户，新增注册资金2797亿元，同比分别增长96.5%、81.07%。其中，新增私营企业4.05万户，注册资金1614亿元，同比分别增长100.8%、166.5%。

【非公经济】起草并提请省政府印发《关于贯彻落实党的十八届三中全会精神推动非公有制经济跨越发展的实施意见》。组织召开全省服务小微企业发展现场会，参与制定省政府《关于进一步优化中小微型企业发展的意见》，搭建政银企协调联系平台，帮助解决融资难、融资贵问题。2014年全省"个转企"2126户，是前3年总和的1.5倍。参与和开展"民企陇上行""千名陇商回家乡"等招商引资活动，第二十届兰洽会工商系统组织的非公企业签约项目251个，金额达到380.73亿元，占指导计划300亿元的114%。

【信用监管】构建以信息公示、信用监管为核心的新型监管体系，建成运行统一的市场主体信用信息公示系统，11.5万户企业公示年报信息，占到75.33%，居全国首位，比全国平均水平35.04%高出近40个百分点。完成省、市、县、所四级网络的升级扩容和设备更新改造。

【改革改制】在全国率先完成流通领域食品安全监管职能划转工作，共划转人员编制1625人，占总数的14.8%，机构102个，资产经费2007万元。完成市、县工商部门的分级管理改革任务，成为全国工商系统最早取消垂直管理的省份之一。

【法制工商】建立与法院、财政、民政、农牧等部门的信息共享机制。开展法治工商规范化建设试点工作。对全省系统执行的法律依据、行政审批事项、行政强制措施、执法主体和人员进行全面清理确认，编制行政职权目录，绘制行政职权流程图。清理废止或修订规范性文件23件。制定《工商行政管理机关行政处罚自由裁量权实施规则》。制定《关于进一步规范执法办案行为的意见》。探索行政处罚案件异地交叉核审工作方式。落实案件指定管辖、大要案件挂牌督办、立消案审批、行政执法与刑事司法衔接、典型案例通报及规范自由裁量权、案件评查等方面的制度。推行廉政风险防控电子监察管理系统。在省局网站公布执法主体、法律依据、执法职权、监督举报电话以及投诉途径和方法；在所有服务窗口全面实行挂牌亮证上岗、"限时办结制"和"一站式"服务；在全省行政单位率先开展工商所和窗口单位执法人员向市场主体和服务对象代表述职述廉活动，被测评单位平均满意率达到97.76%，个人平均满意率为97.17%，工商部门在2013年政风行风47个参评部门中列第五，其中民评代表测评列第一。

【"双联"行动】牵头制定《甘南州牦牛产业发展规划》。对省局联系的5个村确定不同帮扶方式，帮助改善水、电、路、教育、养老等基础设施条件，重点发展旅游、种植、养殖、劳务等相关产业，全年共为双联村引入资金1127万元，发展项目21个。荣获全省"联村联户 为民富民"行动"民心奖"。

省工商局领导班子成员名录

局　长　郭承录

副局长　刘为民　苏文辉　邓晓龙

　　　　陈其寿　秦　玮　宋金圣

纪检组长　李平安

经济监督

审计监督

【审计成果】2014年，全省共审计和审计调查项目6869个，查出违规资金

159.66亿元，损失浪费资金1.13亿元，核减工程投资13.57亿元；通过审计处理，已上缴财政资金25.38亿元，促进增收节支81.62亿元；向各级党委、政府和上级审计机关提交综合报告、专题审计报告、调研、信息4569篇次，被采用和批示2269篇次；向被审计单位提出审计建议10520条；向司法和纪检监察等部门移送案件线索41件，涉案人员19人；向有关部门移送事项85件。

【跟踪审计】成立全省稳增长促改革调结构惠民生政策措施落实情况跟踪审计工作领导小组，抽调省直相关部门业务人员和有关市州审计人员组成9个审计组，对省本级和酒泉等9个市州本级及所属12县区进行跟踪审计。截至2014年12月底，共审查部门、单位512个，审核项目资金102.06亿元，实地检查重点项目和企业529个。第三季度审计查出问题222个，整改193个；项目审批环节多时限长等21个涉及行政体制改革的问题正在逐步整改落实，对项目未开工建设、未招投标等8个问题正在督办问责、加强和改革管理。

【财政审计】全省共对1126个部门和单位的预算执行情况进行审计，省审计厅重点对华亭等6个省直管县财政收支及转移支付情况、兰州等3市6县区交警等4部门罚没收入情况、省地税局税收征管和省财政厅组织的省级预算执行情况、大中型水库库区基金征缴及提灌电费补助资金使用情况、惠农贷款贴息及其他财政贴息资金落实情况等进行审计，代表省政府向省人大常委会提交《2014年度省级预算执行和其他财政收支情况的审计结果报告》及审计整改情况的报告，并对社会进行公告。

【民生项目审计】全省审计机关普遍开展对社保、教育、医疗、住房等民生项目及交通、能源、资源、环境等基础设施建设项目的审计和审计调查。下发《关于进一步加强财政专项扶贫资金监督管理的通知》。经省政府同意，在静宁县先行试点设立城关、界石铺两家乡镇审计办事机构。截至12月底，完成三合乡等四个乡镇2013度财政财务收支全面审计工作。审计资金总额12333万元，查出违规违纪资金257万元，管理不规范资金1764万元，收缴财政资金27万元，处以罚款1.5万元，提出审计建议29条。

【经济责任审计】研究制定《甘肃省党政机关主要领导干部离任经济责任审计交接办法》和《关于贯彻落实党政主要领导干部和国有企业领导人员经济责任审计规定实施细则的意见》。按计划推进市州、县区党政主要领导干部履行经济责任和管理机构编制情况“双审”工作，审计厅对白银等3市和会宁等20个县进行审计。全省共对1810个党政部门、事业单位和国有企业的1942名领导干部进行经济责任审计，查出违规资金105.52亿元，损失浪费资金1769万元。与省纪委、省委组织部、监察厅建立经济责任审计联合约谈问责机制，对2013年实施审计的23个县区46名领导干部进行约谈。

【投资审计】加大对交通、能源、资源、环境、灾后重建等重大项目的审计力度，全省共对2476个项目进行审计，项目投资额271.03亿元，核减投资额13.15亿元，查出问题金额41.19亿元。省审计厅对省引洮供水一期工程项目概算情况进行审计，对石羊河流域重点治理项目建设及绩效情况审计调查，对东乡县地质灾害灾后恢复重建、岷县“5·10”特大冰雹泥石流灾害灾后恢复重建及岷县漳县“7·22”地震灾后恢复重建等项目进行跟踪审计，对康临高速公路、金昌机场、引大入秦工程、两当起义纪念馆及旧址改造建设项目、甘肃省妇幼保健院保健医疗综合楼工程、甘肃省肿瘤医院门诊住院综合楼工程、甘肃会展中心建筑群项目能源中心及市民广场工程、甘肃黄河剧院拆除重建项目等重大项目进行竣工决算审计，并对全省铁路建设配套资金管理使用情况进行专项调查。对全省国家级经济技术开发区建设运营情况进行审计调查。

【其他审计】重点对酒泉钢铁（集团）有限责任公司等6户省属国有控股企业2012至2013年度有关经营情况的专项审计调查。完成对省工信委2012年至2013年度专项资金管理使用和效益情况的审计调查，并对白银、天水等市县200多个中小企业进行延伸审计调查。根据审计署授权和省政府交办，共审计国外贷援款项目17个，共审计项目单位60个，延伸审计单位14个，出具无保留意见的审计报告15份。对甘肃天一永信会计师事务所等10家社会中介审计机构出具的26份审计报告质量进行调查和核查，向省政府报送《2013年社会审计报告质量核查综合报告》；加强内部审计业务指导。

【交办事项审计】完成省委、省政府和有关部门交办、委托的省委组织部党员干部培训基地、省政府驻天津办事处等20多个项目审计。会同省机关事务管理局，开展省住建厅等30多个省直部门及所属单位经营性房产管理和经营收支情况的审计调查。

【“双联”行动】2014年，多渠道争取资金931.785多万元，实施村社道路硬化、梯田改造、田间道路、危房改造等项目8个，大力推进双联村基础设施建设。筹措资金227万元，为联系村社群众赠送地膜种籽、优质种羊、新疆核桃大枣树苗，引进山东济宁百草中药材有限公司实施中药材试验种植，推广种植药用芍药、桔梗、金银花、党参等药材，帮扶引导群众积极发展增收致富产业。据初步统计，2014年联系村人均收入达到3506.8元，比上年增长25%。两次请省肿瘤医院27名专家到联系村开展义诊活动，协助村“两委”积极排查调处各类矛盾纠纷，组织开展“星级文明户评选”等活动，开展劳动力技能培训，完善乡村文化活动设施。

省审计厅领导班子成员名录

厅　长　武　毅

副厅长　边　恺　成荣生　张　冰

纪检组长　王建设

总审计师　李洁丽

经济责任审计工作办公室主任

苏　琦（回族）

（供稿：梁馨玉）

审计署驻兰州特派员办事处

【审计成果】2014年，共完成审计项目16个，查出问题金额2406.62亿元，其中查出违规金额183.56亿元、损失浪费金额28.26亿元、管理不规范金额2194.8亿元；审计处理处罚金额104.04亿元，其中应上缴财政21.23亿元、应归还原渠道资金9.41亿元、应调账处理金额72.88亿元、应缴纳其他资金0.52亿元；审计发现非金额计量问题477个；审计促进整改落实有关问题金额25.34亿元，其中增收节支0.42亿元、调账处理金额24.92亿元，审计促进拨付资金到位1.75亿元。移送司法部门及相关单位案件线索18起。提出审计建议31条，提交审计信息73篇，被审计署采用71篇，被中办、国办采用及国家领导人批示137篇次。参与实施的中国石油天然气集团公司原法定代表人任期经济责任审计、西电东送工程建设运营管理情况审计（国家电网公司）、中国投资有限责任公司原法定代表人任期经济责任审计等3个审计项目同时被评为审计署优秀审计项目。

【财政审计】某县2011年至2013年虚增财政收入8.47亿元的问题，被作为典型案例列入审计署2013年度审计工作报告。在某县农林水事务专项资金审计项目中共向公安机关移送违法案件线索3起，其中2起被立案查处。密切关注财政、金融、投资等领域政策措施执行情况，深入分析研究，揭示农业保险保费补贴、保障性安居工程、工商登记制度改革、房地产市场调控等政策措施贯彻落实中存在的不适应、不衔接、不配套的问题，促进被审计单位建立健全规章制度27项，促进拨付资金到位1.75亿元。

【金融审计】实施某政策性银行下属3家子公司的审计和国有商业银行新增贷款跟踪审计。在某政策性银行审计项目中，针对该行“投资、贷款、债券、租赁、证券化”协同融资业务超常规发展特点，重点揭示其绕开信贷监管变相为违规项目提供过渡性资金等问题。审计发现某行下属公司与某市新区共同成立的城市发展基金，将26.24亿元取得的国有建设用地，通过转让项目公司股权方式，以53.63亿元变相倒卖给民营房地产企业，基金管理团队通过跟投和收取管理费获取1.91亿元，部分领导干部涉嫌利益输送的问题线索；某证券公司高管利用职务之便操纵本公司在银行间市场的债券交易，非法获得巨额利益，涉嫌职务犯罪的问题线索。

【资源环保审计】在某自治区矿产资源审计中，发现3家企业在未取得采矿许可证的情况下，累计非法开采煤炭，获取巨额非法收入；某地相关单位和企业违规征收、管理、使用巨额矿产资源相关资金；某市政府违规无偿将煤田转让给民营企业，造成巨额国有资产流失等问题。

【社会保障审计】实施某计划单列市保障性安居工程审计。发现该市9名党员干部违规享受住房保障待遇、某市政府将本应用于保障性安居工程的企业债券用于财政支出等问题。审计报告出具后，审计组与该市相关部门保持沟通联系，及时督促有关部门落实审计发现问题的整改。截至2014年10月底，审计督促该市对纳入审计工作报告、审计结果报告和审计公告的问题整改91%以上，涉及项目35个，金额48252.70万元，住房5471套，土地67.64亩。主动协调该市纪委、公安局等部门，跟踪了解移送案件线索的立案查处情况和结果。截至2014年12月5日，两起移送的案件线索均有了处理结果。

【外资运用审计】在某铁路亚洲开发银行贷款项目审计中，重点关注各类超标准建设、超标准支出问题，查处重大项目建设过程中存在的安全和质量问题，注重从资金管理、财经纪律执行入手，查处项目建设中存在的损失浪费和违法犯罪问题。发现某弃渣场存在不按设计要求施工和管理，从而对周边环境和安全造成较大隐患。某施工单位无发票支出和假发票支出造成国家税收损失。某施工单位违法向不具备资质的个人和单位分包工程劳务、某市违规用铁路项目征地拆迁资金给财政供养人员和领导干部发放奖金补助等问题。

【企业审计】在中国储备粮管理总公司和国家电网公司企业领导人经济责任审计中，重点关注重大投资决策、重大物资采购和招标投标、证券交易、国有资产和股权转让、土地和矿产资源交易等关键环节，查出某公司因项目投资决策可行性研究不充分，造成巨额亏损等问题，发现某研究所所长等私分国有资金和受贿等10起案件线索，查出的某公司总经理滥用职权低价处置国有资产等重大违法违纪案件线索以《审计要情》上报后，国家领导人批示，有关部门立案查处。

【土地审计】将来自兰州办及北京、甘肃两地审计机关的760余名审计人员混合编组、深度整合，适时抽调业务骨干对重大问题攻坚突破。审计共查出领导干部滥用职权、玩忽职守、贪污受贿导致巨额国有权益损失的重大案件线索40起，涉及厅局级干部9人，处级干部24人。1篇信息被审计署《审计要情》单独采用。

【信息化建设】搭建审计数据综合管理平台，实现数据快速查询分析和数据集中管理。通过开展多行业、多部门数据综合比对分析，发现一批公职人员办企业、不符合条件人员骗取保障房、领导干部低价购房涉嫌贪污、违规协议出让和低价倒卖土地等重大案件线索。首次运用空间矢量数据分析、地理图斑对比等方法，发现非法占用耕地、虚报新增耕地面积等24个方面的疑点线索。

【审计现场管理】在大型审计项目中，推行周例会和动态报送制度；抽调业务骨干成立分析研究小组；针对重点单位和重点事项，集中力量，攻坚突破。在审计项目资源整合中，全年实施办内资源整合5次，共计480人次。办领导在审计一线全程督导，异地审计天数平均达195天。采取矩阵式模式组织管理审计组，实现扁平化管理。

审计署兰州特派员办事处领导班子成员名录

党组书记、特派员　胡大华

纪检组长　宋　民
副特派员　景东华　李伟光
　　　　　钱夫中　赵旭东
副司级审计员　张新勇　王平凡
　　　　　　　赵祥顺

（供稿：吴建卓）

质量监管

【质量监管】对农用物资、建筑材料、日用消费品、工业生产资料等6大类76种产品，组织相关质检机构对全省3409家生产（流通）企业的4591批次工业产品实施产品质量监督抽查，3005家生产（流通）企业的4149批次产品质量合格，总体产品质量合格率为90.4%。组织岷县、漳县地震灾后重建物资、妇女儿童用品和液化石油气中添加二甲醚等3次专项监督抽查，其中对灾后重建建材物资中的钢材、水泥、商品混凝土及墙体材料等4种产品开展专项抽查62批次，合格率为43.5%；对儿童服装、儿童玩具、儿童银饰品、纸尿裤等7种妇女儿童用品开展305批次的专项抽查，合格率为91.5%；对液化石油气中添加二甲醚行为开展100批次的专项抽查，合格率为74%。组织有关质检机构对全省建材、机械、冶金3大行业开展质量状况调查和产品质量专项抽查工作，共对全省865家生产企业的1356批次工业产品实施行业质量状况调查和专项抽查，总体产品质量抽查合格率为73.3%。其中：建材行业共对水泥、混凝土外加剂、建筑用外窗、水泥制品等9种产品724家生产企业进行调查，抽查产品1047批次；机械行业共对农用机械、通用机械、机床等6类产品104家生产企业进行调查，抽查产品112批次；冶金行业共对钢铁、铁合金、铜、铝、铅锌等7种产品37家生产企业进行调查，抽查产品197批次。对可能涉及有害化学物质、功能安全、结构安全和可靠性的一次性塑料餐具、移动电话用锂离子蓄电池、絮棉纤维制品、聚苯乙烯泡沫塑料保温板、水泥等5种产品，共监测全省330家生产（经销）企业的435批次产品，355批次产品符合监测项目指标，总体监测项目指标符合率为82.6%。监测结果表明：一次性餐饮具的蒸发残渣项目指标、水泥的水溶性铬（Ⅵ）、移动电话用锂离子蓄电池的热滥用项目指标、聚苯乙烯泡沫塑料保温板的压缩强度和燃烧性能项目指标、絮棉纤维制品的填充物项目指标均存在着不同程度的产品质量安全风险隐患。

【特种设备安全监管】开展特种设备打非治违、隐患排查治理、安全大检查"三项行动"，开展公共安全领域特种设备专项整治、特种设备"六打六治"专项行动及起重机械专项整治等行动。全系统共检查企业4210家，检查设备13631台（套），整治违法违规案件832起，查出隐患2654处，督促整改2601处，整改率98%。启动车用气瓶电子信息化监管工作、起重机械安装监控试点工作及老旧电梯安全评估工作，完成17400余只车用气瓶电子标签的粘贴及数据录入工作，对15台100吨以上的通用门式起重机安装监控装置，制定出台甘肃省地方标准《在用电梯安全评价规范》（DB62/T 2451-2014），对兰州市88台老旧电梯进行安全评估。向总局申报甘肃中石油昆仑燃气有限公司非金属（聚乙烯）PE管焊工考试资格并获得批准，填补省内空白；协调确认省锅检院高压储气井检验项目。全系统共为兰石集团新区基地、"十天高速"陇南标段等20余家重点项目、重点企业提供上门服务。起草完成特种设备安全监管"一岗双责"、重大隐患"挂牌督办"等工作制度送审稿，研究制订《甘肃省特种设备安全监管信息化建设升级改造实施方案》，启动全省特种设备作业人员考试机构核定工作，国家风电设备质检中心、国家节能换热器质检中心筹备工作进展顺利，向国家质检总局和国家认监委提出考核验收申请。修订完善《甘肃省质量技术监督局特种设备应急预案》，并指导全省开展应急救援演练；依法开展特种设备事故调查处理工作，全年未发生特种设备重特大事故，万台设备死亡率控制在国家质检总局下达的控制指标之内。

【计量管理】全省共培育856家具有全行业示范作用的诚信计量自我承诺示范单位，其中商店超市362家、医疗机构291家、配镜行业86家、其他行业117家。开展集贸市场最大称量500公斤（含）以下的在用小型衡器免费检定工作，全省免费检定集贸市场1128家，在用衡器183379台件，其中检定100公斤以下的在用衡器共计152598台件，检定100公斤至500公斤的在用衡器共计30781台件。甘肃省政府于12月5日发布《甘肃省落实国务院〈计量发展规划〉实施意见》（甘政发〔2014〕114号）。会同省工信委在全省范围内开展3户电机生产企业、68户电石和铁合金行业能耗限额标准执行情况监督检查。配合省发改委完成征集甘肃省节能环保产品推广名录（第二批）的通知和审定工作。会同省机关事务管理局开展全省公共机构能源资源计量工作。全年核发计量器具制造、修理许可证11份；核发计量器具型式批准证书12份；核发计量标准考核证书355份，社会公用计量标准68份；核发法定计量技术机构授权证书9套；核发专项计量检定机构授权8套：核发定量包装商品生产企业计量保证能力合格证书15份。省计量院全年投入2300万元项目建设资金，新建高频电刀校准装置、医用注射泵和输液泵校准装置等最高计量标准5项，完成国家型式评价中心甘肃分中心（彭家坪检测二基地）二期建设的初步设计和新区检测基地的立项、选址工作，全年向总局、省科技厅、甘肃省质量技术监督局共计申报科技项目8 项，在省级刊物以上发表论文28篇。

【执法打假】2014年度共出动执法人员17209人次，检查各类生产企业4169余家，查处不合格企业275家，办理各类案件458起，涉案金额1139.32万元，督查督办大案要案14起，移送司法机关12起，捣毁非法加工生产窝点3个，在相关媒体公开行政处罚案件信息16条。组织全省质监系统稽查机构开展烟花爆竹、二甲醚、农资、建材、电视购物、食品相关产品、网络购物、能效标识、农村和城乡结合部等各类专项执法打假13个。联合农牧、工商、公安、商务等有关部门，开展农机具产品、建筑用钢材、学生床上用品、机动车安全隐患大检查、违法生产销售使用“伪基站”等专项整治6个。在春季农资专项整治中，集中15天时间在全省组织开展“质检利剑”化肥重点区域执法打假集中行动，在白银市共同举办“诚信经营、打假护农”全省化肥重点生产企业质量诚信承诺书签字仪式，组成两个督查组，分别对全省7个市州的18家化肥生产企业的23个品种进行抽检，对5个不合格产品的生产企业进行整改。组织和参与全省烟花爆竹专项督查、春季农资打假专项督查、重点业务工作暨行风建设督查和食品药品目标责任考核，通报部分情况。会同法宣处对部分市州依法行政和案卷评审进行专项检查，对全省14个市州和部分县区的依法行政、行政执法、文件落实和信息报送等工作进行全面检查。召开由稽查队长参加的全省系统稽查管理工作会议。公开执法案件，开展全省企业质量信用档案数据库建设相关工作，审核79家企业质量违法信息。印发《甘肃省质量技术监督局关于贯彻〈关于依法公开制售假冒伪劣商品和侵犯知识产权行政处罚案件信息的意见（试行）〉的意见》，9个市州11个县区报送案件信息公开的网址、途径，向省精神文明委和总局报送质量违法企业黑名单4个，在各种媒体公开案件信息16条。指导全省系统内使用由省“双打办”研发的在电子政务专网内运行的“两法衔接”信息共享平台。2014年度12365投诉举报处置指挥中心电话接听消费者咨询、投诉、举报共2179件。其中，业务咨询1017件、产品质量申诉957件，举报96件，移交其他部门处理案件109件。处理9起产品质量争议，为消费者挽回损失259.12万元。共处理总局转办、群众上门举报的案件16件。办理局长信箱投诉举报6起，印发12365信息通报专刊4期。组织全省系统开展国家总局研发12365信息化平台的前期准备工作。

【企业质量信用等级】建设甘肃省企业质量信用档案数据库，完成企业质量信用信息数据的录入和审核；修订印发省质监局《关于印发甘肃省企业质量信用等级评价管理办法的通知》，2014年共有143户企业被认定为质量信用等级A级企业，其中AAA企业9户，AA企业50户，A企业84户。

【品牌战略】全年有146户企业的160个产品（其中：复评产品98个、新评产品62个）获得甘肃名牌产品称号，名牌产品总数累计达到454个，名牌产品对全省经济发展的贡献率超过34%。天水市电工电器、陇西县中药材、武都区油橄榄、兰州市七里河区百合、榆中县高原夏菜等5个产业区获批筹建“全国知名品牌创建示范区”，定西市安定区“全国马铃薯产业知名品牌创建示范区”通过现场验收；有7个园区获批筹建“甘肃省知名品牌示范区”。

【依法行政】制定《甘肃省质量技术监督局关于进一步加强法治质监建设的实施意见》，启动全省质监系统法律人才“三库”建设工作，制定《甘肃省质量技术监督局法律顾问委员工作规定》和《甘肃省质量技术监督系统法制员管理规定》；印发《全省质监系统行政执法文明用语规范》；开展首批依法行政示范单位创建评选活动，临夏、张掖两局被评为全国系统示范单位；妥善处理行政、民事和刑事诉讼4起。

【地理标志产品】开展地理标志资源普查工作；开展《中国地理标志产品大典甘肃卷》编纂工作；新增“环县皮影”“庆阳香包”“庆阳苹果”“民勤羊肉”“成县核桃”5个地理标志保护产品；启动河西走廊葡萄酒国家地理标志产品加贴工作；完成地理标志产品“兰州百合”“文县绿茶”“红川酒”地方标准的修订工作。

【标准化战略】提请省政府印发《甘肃省标准化发展战略纲要（2014—2020年）》。由甘肃省人民政府办公厅印发《甘肃省旅游业地方标准体系建设规划（2014-2020年）》《甘肃省特色优势农产品标准体系建设规划（2014-2020年）》《甘肃省高新技术产业标准体系建设规划（2014-2020年）》。指导酒泉市出台《酒泉市人民政府关于加快推进标准化战略的意见》《酒泉市人民政府关于印发酒泉市标准创新贡献奖管理办法的通知》。全年共审批发布地方标准161项，其中修订地方标准10项；废止地方标准5项，全省累计发布地方标准1969项。落实《甘肃省循环经济地方标准体系建设规划（2010-2015）》，全年批准发布循环经济地方标准20项，累计批准发布循环经济地方标准121项。指导和督促各级各类示范试点项目建设，建立国家级农业标准化示范区108个（在建11个），省级农业标准化示范区164个（在建18个）；建立国家级服务业标准化试点7个（在建3个），省级服务业标准化试点16个；由兰州市再生资源回收公司申报的国家级循环经济标准化试点项目通过国家标准委和国家发改委立项，成为甘肃省首个国家级循环经济标准化试点项目。全年企业产品标准备案452项（包括复审有效标准），确认标准化良好行为为26户，完成“采标”10户31个产品。全年批准成立省级标准化技术委员会2个，甘肃省省级专业标准化技术委员会达到9个。

【工业产品生产许可证管理】截至12月底，全年甘肃省质量技术监督局发放工业产品生产许可证104张证书、生产企业89家；发放省级不予行政许可决定书22家；配合审查部现场审查34家。发放食品相关产品生产许可证企业18家，不予许可1家。将企业提交年度自查报告的受理由市州局下放到县区局，企业可就近向质监部门提交。组织开展2014年度证后监管专项检查，共抽查88家获证企业。将食品相关产品的监管责任纳入全省食品安全目标责任。组织开展食品相关产品的专项整治行动和危化品常压车载罐体、配车用罐体生产企业专项检查，对全省5家获证企业进行现场检查，取消2家企业的车载罐体的生产许可资格。配合省发改委、省工信委等有关单位完成2015年度差别电价企业目录出台、甘肃省产业结构调整负面清单及能效指南修改、化解过剩产能及其他与产业政策相关的工作。将获证企业信息、不予许可的相关信息，分别通过网络、行政许可事项告知书等方式，报告总局、通报市县局和向社会公示。

【认证管理】截至12月底，全省取得资质认定的实验室共576家，证书699张；取得资质认定证书的机动车安检机构65家。共审查、审批申请实验室资质认定的组织139家，通过审查批准131家，未通过审查不予许可8家，发放证书123张，审查批准机动车安检机构资许可15家，发放证书15张。全省共有强制性产品认证证书1196张，企业242家；获得各类管理体系认证证书3136张，各类食品农产品认证证书1541张。

【技术机构建设】全年共投入技装技改经费3790万元，国家风电设备质量监督检验中心（酒泉实验室）竣工，国家节能换热设备质量监督检验中心（甘肃）、国家塑料建材产品质量监督检验中心（甘肃）、项目建设进展顺利，国家计量器具型式评价中心开始办理前期建设手续。新增定西马铃薯及其制品、中药材、酒泉太阳能光伏3家省级质检中心。全省系统拥有国家质检中心5家，省级质检中心7家。全年全省质监系统科技计划项目立项14项，《金属量器大容量自动检定装置的设计》项目获得国家质检总局科技计划项目立项，《桩基静载荷测试分析仪校准方法研究》等2项获得甘肃省科技计划项目立项，《甘肃省制造业质量竞争力对经济结构转型的影响力研究》等11项获得甘肃省质量技术监督局科技计划项目立项。

【"双联"行动】2014年，制定下发《加强和深化"双联"和扶贫攻坚工作要求的意见》。筹措资金106万元用于村级组织活动中心、文化广场、通社道路等基础设施建设，及中药材、食用菌、核桃种植、牛羊养殖等致富产业扶持。安排机关和直属事业单位干部职工561人次进村入户，参与完成核桃嫁接1.01万株、搬运地栽木耳菌棒1.2万袋、安装香菇大棚24座。选派8名优秀年轻党员干部到联系村担任党支部副书记，为基层捐赠电脑12台、打印机1台、沙发6套、茶几4张。

兰州关区2014年业务量统计表

项目		单位	2014年	比去年同期±%
进出口报关单		份	8515	31.5
监管进出口货运量		万吨	152.2	-63.8
其中	进口货运总量	万吨	151.1	-63.9
	出口货运总量	万吨	1.1	-33.5
监管进出口货运值		亿美元	19.6	-51.8
其中	进口货运总值	亿美元	19	-52.7
	出口货运总值	亿美元	0.6	49.2
税收入库		亿元	14.5	-60.4
其中	关税	亿元	0.1	-14.6
	进口环节税	亿元	14.4	-60.6
上缴罚没收入		万元	263	
内销征税		亿元	2.74	222.3
审批减免税		亿元	1.5	28.8
备案加工贸易合同		份	73	-35.4
合同备案金额		亿美元	22.5	58.1
监管进出境航班		架次	998	44.8
出入境人员		万人次	10.8	13
稽查补税		万元	401	-8.0
刑事案件立案		起	1	-50
刑事案件案值		万元	400	-95
行政违规案件立案		起	4	-43
行政违规案件案值		万元	4751.7	448

省质量技术监督局领导班子成员名录

局　长　马　平

副局长　王忠习　周　莹

　　　　张　矛　孙乔玉

纪检组长　魏建宝

（供稿：王泽济）

公共资源交易管理与监督

【公共资源交易】2014年，省市两级交易平台共受理进场项目21657个，完成19946个，项目总概算2215.70亿元，成交金额2069.44亿元，节资率6.60%，节省项目资金146.26亿元。

【体制机制改革】省交易局研究提出18项改革措施，对交易过程中影响工作效率的环节进行改革，对所有进场交易项目实行限时办结制；对省列重点项目和为民办实事项目开辟绿色通道，在立项批复、资金来源已经落实、主要资料齐备的情况下，实行项目前期容缺受理，小型项目简易程序；对为民办实事项目、灾后重建项目、社会公益项目、民营项目减免收费；医药项目择优择强选择供应商，扶持地方产业；全省重大项目实行"一标两约三诺"制，签订诚信承诺书1871份。针对中央巡视组反馈的甘肃省招投标领域存在的有关问题，省交易局主动向省政府建议下发关于全省工业和能源工程建设项目进场交易、建立全省公共资源交易信息共享和诚信记录平台两个意见。18项改革措施完成15项，还有3项涉及行业监管部门。组建省交易局的同时，将原省成套局所属企业剥离，合并组建为甘肃省招标咨询集团，理顺资产、人员关系后，于2014年10月移交省政府国资委管理。

【政策法规】起草省级交易平台7个交易规程和办法；推动公共资源交易地方立法工作，被省人大列入2015年立法调研计划；编印两本《制度汇编》；推行标准化服务。

【电子招标采购】自主研发的电子招投标系统软件连获三届中国国际软件博览会金奖。省交易局将这套系统免费提供给市州，并为8个市州安装该软件。

【兰州新区分局】省交易局按期建成兰州新区分局，率先在全省范围内实现远程异地评标、评标专家资源共享及交易项目档案电子化管理。新区分局与省局之间开展远程异地开评标21次，系统运行良好。

【“双联”行动】围绕林下养鸡、扶贫基金、项目建设，开展双联帮扶，使泾川县党原乡永丰村农民人均纯收入由2011年的2235元增加到2014年的4607元，年均增长27.27%。连续三年考评为优秀等次，连续两年获得“民心奖”。

甘肃省公共资源交易局
领导班子成员名录

局　长　高建国
副局长　陈宏远　吴育红　窦生铭

（供稿：王　兴）

海　关

【业务监管】推进综合监管，优化税收征管，主要业务指标达到总署考核标准。全年监管货运量152.2万吨，货值19.6亿美元，税收入库14.5亿元，加工贸易备案22.5亿美元。强化“四位一体”物流监控体系建设，建成监控指挥中心，规范二次申报管理，全年查验率6.94%、查获率19.39 %，转关核销率100%，报关单结关率100%。强化进出境航班国内段监管，旅客和行李物品100%过机检查，监管航班998架次，增长44.8%；人员10.8万人次，增长13%；征收行邮税16.8万元，查获反宣品83份，出入境航班和旅客人数均创新高。加强加工贸易单损耗、边角料、销毁处置货物监管，规范保税核查和电子账册盘库核查。备案加工贸易手册73份；备案金额22.5亿美元，同比增长58.1%；核销结案手册116本，手册到期核销率100%。开展社会中介机构协助稽查和企业自律管理试点，稽查企业30家，保税中后期核查82起，补税入库401万元。全国海关首起企业自报补税工作得到总署肯定。强化风险信息收集和分析研判，关区风险布控率6.56%，布控有效率23.03%，超过总署考核指标。为6家海关高级认证企业（AEO）授牌。关区在册企业1803家，新注册企业432家。

【税收征管】落实税收质量层级负责制，开展应税报关单抽样考核自查整改，税收入库核销率、归类差异率等业务指标在合理区间。加强报关单规范申报管理，提高申报数据质量，确保应收尽收，应税商品规范申报率达到90%，审价补税3470万元，内销征税2.74亿元。严格减免税审批，规范审批流程，审批征免税证明743份，审批减免税款1.5亿元。

【打私工作】开展“绿风”专项行动，立案侦办走私犯罪案件1起，案值400万元。全年行政案件立案4起，案值总计4751.73万元，涉税529.6万元；调查终结3起，罚没款入库263万元，补缴税款22万元。

【业务改革】与140家企业签约开展无纸化申报，无纸化报关单占报关单总量的73%，完成关区考核指标。实现关区分类通关业务全覆盖，分类通关报关单占关区总量的96.8%。39家企业享受便利，区域通关货运量、货值分别占关区总量的71.6%、63.2%。统一查验指标考核口径，调整“双查率”指标，规范查验作业流程。清理规范行政审批事项，取消4项行政审批事项，下放3项非行政审批事项，简化3项内部审批权限，制订涵盖关税、加工贸易等9个领域62项行政职权权力清单。主动加强与检验检疫部门协调沟通，上线运行“一次申报”系统，协商确定11家企业，对符合条件的报关单实行“三个一”模式试点。开展14项创新制度政策宣讲，确定“仓储企业联网监管”“智能化卡口验放”“集中汇总纳税”及“简化无纸通关随附单证”等4项监管创新制度复制推广，在武威保税物流中心应用“智能化卡口验放”监管方式。

【服务外向型经济】加快海关特殊监管区域和场所的审批和规划建设。兰州新区综合保税区7月15日获批；武威保税物流中心10月13日封关运行，截至12月底，办理2列中欧“天马号”班列通关手续；兰州国储石油保税仓库6月18日挂牌运营，做好原油进口储备前期工作；成立2个项目组，协调推进获批海关特殊监管区域场所项目建设。促进提高兰州机场航空口岸国际客货运能力，国际航线增开至12条；推进敦煌机场航空口岸正式对外开放和马鬃山陆路边境口岸复通关；参与嘉峪关机场航空口岸开放调研论证，支持兰州、嘉峪关、武威国际港务区规划建设；与兰州市政府协商推进国际快件监管库建设，促进地方跨境电子商务发展；协调商务厅、检验检疫局等部门，向省政府提出推进电子口岸建设的意见建议，启动甘肃省电子口岸第一期工作。制定兰州海关支持外贸稳定增长30项、促进进口6项、推动跨境电子商务发展7项措施并抓好落实。畅通货物转关渠道，简化海关监管手续，确保2列中欧“天马号”班列顺利转关出境。落实“节假日预约通关”“特殊货物上门查验”等服务承诺；及时解决企业遇到的疑难问题，自觉接受社会监督。驻中川机场办事处5月份开关运行，金昌海关办公楼基建工程基本完成，推进天水办事处筹建工作。就设立驻兰州新区综合保税区和武威保税物流中心海关监管机构等工作，配合有关部门开展调研论证。

兰州海关领导班子成员名录

关　长　张银喜

副关长　张冀平　李　菁
　　　　柳　伟　张春中
缉私局局长　张冀平
纪检组长　唐永飞

（供稿：汪小钢）

食品药品监管

【行业概况】甘肃省有食品药品监管系统机构1686个，其中食品药品监管机构101个，乡镇街道食品药品监督管理所1343个，食品药品稽查局129个，食品药品检验检测机构113个。人员编制10450名，监管人员占总人口比例达到万分之四。甘肃省食品药品监管局内设机构14个，人员编制112名。甘肃省现有监管服务单位有21万多家。其中，药械生产企业225家，经营使用单位8983家；食品生产企业2026家，经营企业13万家，持证餐饮服务单位5万余家；保健食品生产企业32家，经营企业11390家；化妆品生产企业13家，经营企业12466家。

【政策法规制定实施】2014年1月26日，省委副书记、省长刘伟平主持召开省政府第38次常务会议，审议通过《甘肃省食品安全监管责任问责办法（试行）》《甘肃省食品安全追溯管理办法（试行）》和《甘肃省农产品质量安全追溯办法（试行）》。5月12日，甘肃省食品药品监管局制定出台《关于严格食品安全监督管理的若干规定（试行）》，明确了30条最严格食品安全监管措施。5月17日，甘肃省政府新闻办公室召开关于严格食品安全监督管理的若干规定情况新闻发布会。相继制定实施《甘肃省食品安全信用管理规定》《甘肃省食品监管检查办法》等制度；以建立风险管控机制为重点，制定实施《甘肃省药品质量安全风险评估工作制度》《甘肃省药品生产企业质量控制实验室管理指南》等制度。制定实施《甘肃省食品药品行政处罚案件信息公开制度》《甘肃省食品药品违法行为举报奖励办法》等制度，推进行刑衔接机制有效运行。修订和完善规范性文件，部分市州出台了食品药品安全督查督办制度、约谈制度、集体聚餐管理办法、舆情监测制度。

【食品安全监管】甘肃省在全国率先开展转基因食品专柜销售，全面禁止生产经营使用散装食用油、散装食醋和散装酱油。实施网格化、“痕迹化”监管和“外置化”管理。餐饮环节“明厨亮灶”工程实施率达70.7%，全省有6万多户食品生产经营者加入信息平台，食品追溯率达到70%。全省创建10个示范县（市、区）、20条示范街（区）、50所示范学校（托幼机构）食堂和181家示范店。组织实施国家监督抽检和风险监测2390批次；省级监督4945批次，不合格439个批次，合格率为94.02%。在全国率先开展农村食品市场专项整治，部署开展乳制品、肉制品、白酒、饮料、儿童食品、学校及校园周边、农村“四打击四规范”、节日性食品、“两超一非”、餐用具洗消保洁及餐饮单位使用罂粟壳等各类专项治理。完成“亚洲合作对话—丝绸之路务实合作论坛”等29项重大活动的食品安全保障任务。全省共检查食品生产经营和餐饮服务单位110余万户次，捣毁售假窝点84个，查处案件6227件、案值337万元，查处不符合食品安全标准的食品数量15.5万公斤，查处使用非食用物质和滥用食品添加剂数量915.03公斤，停业整顿912户，取缔无证经营1028户，吊销许可证117户，移送司法机关案件14件，罚没金额1633万元，受理和处理消费者申诉和举报1996件，为消费者挽回经济损失624.09万元。

【药品安全监管】甘肃省食品药品监管局建立药品质量安全风险评估专家库。落实企业药品质量安全主体责任。全省药品制剂生产企业检验项目自检率达到98%，80%的中药饮片生产企业配备高效液相色谱仪。全省地产中药材硫磺熏蒸问题得到全面控制。开展QA、QC人员理论和实践培训。不良反应监测系统注册用户8490个，同比增长92%。上报药品不良反应病例报告19425份，其中新的和严重药品不良反应报告同比增长43.1%，严重病例报告同比增长66.9%。全省共查处案件2388起，罚没款828.3万元，曝光1689起，缴销药品生产许可证3张、医疗机构制剂许可证6张，收回药品GMP证书3张。约谈地方政府和监管部门20人次，约谈生产经营单位40家，通报整改问题300多个。

【医疗器械监管】甘肃省食品药品监管局开展对隐形眼镜、注射用透明质酸钠产品、贴敷类产品的专项治理，强化体验式销售医疗器械行为监管，规范医疗器械广告发布行为。强化无菌和植入性医疗器械高风险医疗器械经营使用监督检查、定制式义齿专项检查、急救室手术室用医疗器械专项检查等专项监督检查。特别是针对急救室手术室用医疗器械开展的专项治理。全省检查单位23768家（次），立案查处违法违规行为447起，结案362起，收缴罚没款291.81万元；没收违法产品31455件（箱、盒、瓶），货值金额49.3（万元）；查处黑窝点13个，案件协查233件，查处违法广告152起；吊销医疗器械经营许可证6家，停产停业整顿11家，责令整改797家，移交卫生部门查处案件2件，联合公安部门查处案件13起。核实近三年注册产品申报资料57个，完成抽验258批次；查扣无注册证隐形眼镜510副，没收无证经营隐形眼镜4472副、隐形眼镜护理液622瓶。联合公安部门现场查扣“场能治疗仪”5台，坐垫24副，多功能理疗仪及超长电磁波理疗仪14台，货值金额12.4万余元。立案查处违法违规生产企业4家，责令停产企业5家，联合公安部门端掉制假窝点4个。对部分医疗机构使用的心电图机、B超、X光机等设备进行了在线检测，共检测286台次。对监测发现的“倍安康腰椎专用治疗仪”“大长今腰椎专用治疗仪”和“唐延腰椎治疗仪”等152起违法违规发布行为移交工商管理部门处理。

【监管能力建设】2014年甘肃省落实中央补助地方能力建设专项资金1.52亿元，实施6个市州食品安全检验检测能力建设项目9600万元，推进县级食品药品安全检验检测资源整合。省财政投入专项经费1.37亿元，主要用于市县检验检测、基层执法装备等能力建设。争取实施省政府为民办实事项目，完成投资4200万元，建成4200家零售药店便民电子查询工程。与中检院签署共建合作协议。完成省市县三级信息化硬件平台和省市两级视频会议系统建设。制定实施全系统教育培训工作指导意见，编发培训资料5.48万册，全系统举办各类培训班（会）300余期（次），培训监管人员1万多人次。

省食品药品监督管理局
领导班子成员名录

局　长　高建邦
副局长　丁永辉　姚念文
　　　　宋保才　王庆邦
纪检组长　罗卫东
副地级纪律检查员　郭秀功

（供稿：郭廷成）

国家能源局甘肃监管办公室

【电网运行】截至2014年12月底，甘肃发电装机容量398735万千瓦，同比增长14.04%，其中火电装机1619.4万千瓦，水电装机831.43万千瓦，风电装机1007.6万千瓦，光电装机516.8万千瓦。甘肃电网统调总发电量1141.66亿千瓦时，同比下降1.05%；全社会用电量1095.48亿千瓦时，同比上升2.07%；年累计最大统调用电负荷1383.3万千瓦出现在12月17日，同比下降4.86%。

【电力安全监管】2014年，开展安全大检查、安全生产打非治违、安全隐患排查治理“三项行动”，落实安全生产责任制，电力安全生产工作总体保持平稳态势，未发生一般及以上人身伤亡事故、电力生产安全事故、环境污染事故和水电站大坝垮坝、漫坝，以及其他造成重大社会影响的事故。

开展电力建设工程质量安全监督工作，调研甘肃电力工程质量监督工作的基本情况印发规范性要求；检查甘肃省电力质量监督中心站及在建的火电、输变电、风电、光伏发电项目等16项电力在建工程，发现各类问题186个，并向受检单位现场通报整改意见。加强燃煤发电厂贮灰场安全监督管理，严格落实相关企业贮灰场管理的主体责任；召开甘肃燃煤发电厂贮灰场安全监督管理座谈会，对21家企业提交的备案材料进行两次审核、两次信息反馈。截至12月底，18家企业完成贮灰场安全评估和备案工作；3家无专用贮灰场的自备电厂将相关管理证明报备。

【电力市场监管】针对酒泉钢铁（集团）有限责任公司自备电厂有关事宜，明确指出新建电厂必须经过电网接入系统审查，并签署并网调度协议后方可并入电网运行；针对武威奥特斯维光伏发电有限公司要求甘肃黄河水电有限责任公司就发电负荷作出承诺事宜，指出任何发电企业接入系统均应以批复为准，其他方均不得另行设置障碍；针对国电系统内四家发电企业电量转移及后期方式安排事宜，要求发电企业严格执行调度运行方式安排，共同维护市场秩序。

【行业监管】开展可再生能源发电并网驻点甘肃专项监管，因电网企业把关不严造成发电企业配套送出工程重复改造的费用，由电网公司全部承担。开展甘肃省新建电源项目投资开发秩序专项监管，核查2013年7月至2014年9月核准的光伏发电项目176个，以存在问题较多的光伏发电项目为切入排查有关问题；监管报告指出，企业违规变更重要事项，不排除存在倒卖项目、非法获利的可能，并提出监管建议，制止新建电源项目投产前的投机行为。

【资质许可监管】开展县调发电企业许可制度执行情况专项监管，排查出5家未取得发电业务许可证企业，对不再符合许可条件、不符合国家产业政策的发电企业实行市场退出；开展500（330）千伏在建项目许可制度执行情况专项监管，排查甘肃省在建的6个330千伏输变电工程项目，规范甘肃省承装修试企业市场秩序以及市场准入和退出行为，对持证企业实现全过程、动态化与非现场相结合的闭环监管。

2014年，共颁发电力业务许可证（发电类）31家；变更电力业务许可证（发电类）登记事项19家，许可事项14家；变更电力业务许可证（供电类）9家；发放承装（修、试）电力设施许可证43家；变更承装（修、试）电力设施许可证登记事项88家，许可事项24家；新发电工进网许可证7638人（其中：高压6639人，低压5人，高压试验344人，继电保护334人，电线电缆306人），续期注册8552人。

【电力稽查】开展电力普遍服务政策落实情况监管，重点围绕居民供电服务质量、偏远薄弱地区供电能力提高及农村春节期间居民用电，促进供电监管常态化、制度化；加强12398热线软硬件建设。通过新闻媒体发布2013年甘肃省解决无电人口用电问题监管公告，督促解决2.4万户、11.6万人无电人口用电问题，组织现场抽查独立光伏供电工程、电网延伸工程，及时反映存在的问题。

【定点扶贫】清水县开展2×1000兆瓦火电、风电、绿色能源示范县建设、城区天然气供气、大型沼气工程、光伏提水灌溉、产业园分布式光伏发电和地源热泵、学校改扩建社会事业等重点项目；通渭县开展陇阳、黑燕山、尖岗山、寺子川等风电场，华家岭风电开发项目三、四期工程，以及马云二级公路、全国小型农田水利重点县、锦屏330千伏变电站等重点项目。

国家能源局甘肃监管办公室
领导班子成员名录

专　员　康安东
专员助理　顾平安
综合处处长　谢　康

（供稿：陈孝健）

国土管理

国土资源

【土地资源利用现状】根据甘肃省第二次全国土地调查、2013年度土地变更调查，截至2013年12月31日，全省土地总面积4258.89万公顷（63883.34万亩），其中含宁夏自治区飞地5322.53公顷。主要地类面积及构成情况为：耕地537.88万公顷（8068.25万亩）占1263%；园地2586万公顷（38795万亩）占0.61%；林地610.35万公顷（9155.17万亩）占14.33%；草地1420.78万公顷（21311.55万亩）占33.36%；城镇村及工矿用地75.09万公顷（1126.39万亩）占1.76%；交通运输用地25.35万公顷（380.32万亩）占0.59%；水域及水利设施用地74.81万公顷（1122.08万亩）占1.76%；其他土地（沙地、裸地等）1488.7 8 万公顷（22331.63万亩）占34.96%。

【耕地与基本农田保护】全省耕地保有量和基本农田保护面积均超过《甘肃省土地利用总体规划（2006—2020年）》确定的6989万亩和5725万亩的目标，连续15年实现耕地占补平衡。建立基本农田图、表、册；设立基本农田保护标志牌；签订基本农田保护责任书；完成基本农田数据库。全年落实基本农田5866.48万亩，比规划目标多141.48万亩。

【土地整理与复垦开发】全年投入土地整理开发资金20.42亿元，其中中央新增建设用地有偿使用费2.83亿元；中央财政支持东部百万亩土地整治重大项目资金3亿元，省留新增建设用地有偿使用费1.5亿元、省留开垦费1.92亿元，共安排土地整理复垦开发项目117个，切块市州新增费5. 8亿元、耕地开垦费5.37亿元。为及时恢复2013年以来因地震、暴洪灾害损毁的耕地，2014年从中央新增建设用地有偿使用费中确定专项资金1亿元，用于安排定西、天水、陇南、甘南、临夏、白银、平凉、庆阳8个市州土地复垦项目29个，复垦面积7.67万亩。

全年验收各类土地整理开发项目323个，完成总投资16.98亿元，建设总规模129.3万亩，新增耕地12.24万亩。完成梯田建设54万亩。与其他部门共同建设高标准基本农田151万亩。

甘肃东部百万亩土地整治重大工程项目，2013年5个子项目全部完工，建设规模5.98万亩，投资1亿元。2014年25个子项目，建设规模41.76万亩，投资7.90亿元，到位资金4.65亿元（含中央资金3亿元）。

【建设项目用地预审与审批】2014年完成用地预审项目126个，其中报部初审项目9个，省级预审项目117个。项目涉及投资2002.11亿元，项目用地总面积10200.34公顷，其中农用地4433.32公顷（含耕地2993.37公顷），建设用地1500.05公顷，未利用地4266.97公顷。

全年审查审批用地项目991个，总面积7216.10公顷，其中农用地4673.83公顷，含耕地3534.89公顷；未利用地1388.88公顷；建设用地1153.39公顷。

【土地供应】全年供应建设用地4142宗，供应总面积16841.23公顷，其中，以招标拍卖挂牌方式供地6019.86公顷；以协议方式供地520.72公顷；以划拨方式供地10299.65公顷；以租赁方式供地1宗、面积1公顷。截至2014年12月底，土地市场动态监测与监管系统显示，全省供地率为73%，比上年度提高近20个百分点，居全国第14位。

全年土地出让合同价款191.79亿元，其中以招标拍卖挂牌方式出让176.94亿元，以协议方式出让14.85亿元。

【矿产资源现状】全省已发现各类矿产119种，新发现海泡石粘土矿。其中，已查明资源储量的75种，占全省已发现矿种的63%，未查明资源储量的44种，占全省已发现矿种的37%。已查明矿产资源以非金属矿产为主，其次是金属矿产和能源矿产。列入《甘肃省矿产资源储量表》的固体矿产96种、矿产地1357处（含共伴生矿产，下同），其中固体燃料矿产地215处，黑色金属矿产地151处，有色金属矿产地296处，贵重金属矿产地362处，稀有稀土分散元素矿产地38处，化工原料非金属矿产地85处，冶金辅助原料非金属矿产地46处，建材及其他非金属矿产地164处。

大型规模矿床116个、中型213个、小型1028个。勘探阶段266个、详查阶段303个、普查阶段788个。

根据《2013年全国主要矿产资源储量通报》，甘肃省资源储量居全国第1位的矿产有11种，分别是镍矿、钴矿、铂族金属、铂矿、钯矿、锇矿、铱矿、铑矿、硒矿、铸型用粘土、凹凸棒石粘土；居前5位的有32种；居前10位的有65种。

【矿产资源勘查】全年开展基础调查项目51个，其中，新开18个、续作33个。投资1.56亿元，其中中央财政出资1.02亿元，地方财政出资5390万元。开展矿产勘查项目535个，投入地勘资金21.77亿元，其中中央财政出资1.09亿元，地方财政出资3.16亿元（省级勘查基金1.8亿元，并带动地勘单位及企业投入7727万元），社会资金投入17.52亿元。全年完成钻探872056米，槽探1101413立方米，坑探46407米。

基础地质调查情况：开展区域地质调查项目7个，投入资金1640万元；区域地球物理调查项目7个，投入资金3 854万元；区域地球化学调查项目2个，投入资金300万元，完成调查面积9000平方千米；其他类地质调查项目3个，投入资金455万元；开展矿产远景调查项目32个，投入资金9350万元，其中中央财政投入3960万元、地方财政投入5390万元。

全年新增查明矿产资源储量的矿种主要有煤、铁、钨、金。其中新增煤炭资源量11.1亿吨，铁矿石资源量0.11亿吨，钨资源量0.9万吨，金资源量为22.6吨。2014年度完成阶段性勘查的矿产地共17个，其中大型1个，中型10个，小型6个；新发现矿产地5个，其中大型1个，中型3个，小型1个；提高规模级别矿产地2个。

【矿产开发利用】全省共有各类非油气持证（采矿许可证）矿山3476个（国土资源部发证21个，省国土资源厅发证473个，市级发证576个，县级发证2406个），其中大型55个、中型76个、小型1298个、小型矿山（生产规模低于小型矿山规模上限的十分之一）2047个。全年开采矿石总量（原矿量）1.25亿吨，实现工业总产值309.59亿元，从业人数16.65万人。全省共设置探矿权1348个，其中，国土资源部发证279个，省国土资源厅发证1069个。

【矿业权价款与补偿费征收】全年探矿权、采矿权价款及使用费入库22.86亿元。矿产资源补偿费征收6.46亿元，省国土厅直接征收5.31亿元，各市州征收1.15亿元。其中石油、煤炭、镍、铅、锌、金等矿种征收额居前列。

【地质灾害防治】全年共发生地质灾害82起（其中达到统计标准32起），受灾人数2398人，直接经济损失3590.8万元。全年发布预警信息43次，其中二级8次、三级33次、四级2次。

地质灾害防治投入资金3.26亿元，其中中央财政2.26亿元，省财政配套资金1亿元。安排地质灾害治理项目22个。编制《甘肃省重点地质灾害综合防治体系建设方案》（2014–2020）获得国家7年专项资金重点支持资格。

舟曲“8·8”特大山洪泥石流灾害灾后重建26个地灾防治综合治理项目，除锁儿头滑坡治理工程正在施工收尾外，其他工程项目全部完成竣工验收并移交地方；东乡族自治县县城特大滑坡灾害灾后恢复重建地质灾害综合治理项目全面完成；岷县“5·10”特大冰雹山洪泥石流灾害防治工程全部竣工；岷县、漳县6.6级地震灾后重建地质灾害治理工程进入施工阶段，资金投入4.8亿元，安排治理项目37个。

【矿山地质环境保护】全省3187家矿山企业建立矿山地质环境恢复治理保证金，专户存储保证金2.65亿元，返还矿山企业保证金2451万元。国家投入1亿元用于白银市平川区资源枯竭城市煤矿塌陷区治理，投入8000万元用于玉门油田地质环境恢复治理。

【地下水勘查】开展全省地下水动态监测和矿泉水调查评价工作。对庆阳、平凉、天水、兰州、定西等地区进行地下水勘查、城市供水现状调查及远景评价，对兰州新区进行浅层地温能调查评价。

【地质遗迹保护】全省共有地质公园32个，其中国家级10个，省级22个。2014年，临潭冶力关和宕昌官鹅沟升级为国家级地质公园。国家下达地质公园建设资金1440万元，用于平凉崆峒山地质公园建设。省级财政全年共安排地质遗迹保护经费2000万元，用于敦煌雅丹、张掖丹霞等7个地质公园的保护与建设。

省国土资源厅领导班子成员名录

厅　长　蒲志强

副厅长　郭玉虎　陈　汉　阎　安　包自吉　陈牧原

省国土资源执法监察局局长　钟　义

纪检组长　房和平

（供稿：刘志广）

测绘与地理信息

【地理国情普查】甘肃省第一次全国地理国情普查领导小组办公室（以下简称“甘肃省普查办”）制定《甘肃省第一次全国地理国情普查实施方案》《甘肃省第一次全国地理国情普查总体设计》《甘肃省第一次全国地理国情普查质量管理办法》。争取国家测绘地理信息局支持完成甘肃省11.08万平方千米的普查任务，无偿提供全省普查区域所需的最新高分辨率航天航空影像数据及150套内业解译软件，直接支持陇南、庆阳两市普查经费2460万元，省财政厅落实普查经费1.47亿元，省、市两级普查部门和普查任务承担单位收集民政、水利、林业、国土、交通等部门大量专题资料数据。省普查办召开业务会议20多次，组织成果质量培训6批次17期，培训普查员2386人次；普查成果检验机构严格执行“两级检查，一级验收”制度，开展11轮过程质量监督检查，组织27次作业现场监督指导和检查。2014年，甘肃省普查办组织17家省内外测绘资质单位2000多名普查人员全面推进普查工作，共完成普查区域的影像底图生产以及兰州、武威、金昌、张掖、酒泉、嘉峪关、庆阳、陇南8市31.5万平方千米内业数据采集与外业调查核查工作。

【地理国情监测】甘肃省测绘地理信息局利用兰州新区20年（1993年—2014年）的5期普查成果，开展区位优势、建设变化动态监测、建设与规划对比等综合分析工作，将最新普查成果及分析报告及时提供给兰州新区管委会，在兰州新区规划和建设中得到广泛应用。重点围绕丝绸之路经济带生态安全屏障的发展战略，启动实施“典型样区冰川与积雪变化监测”“张掖黑河湿地国家级自然保护区湿地资源调查与动态监测”“兰州市城市历史变迁与扩展”“河西走廊绿洲沙漠化动态监测”“黑河流域湿地动态监测分析”“兰州市土地利用与土地覆盖变化监测”等6个首批地理国情监测项目，其中两个项目基本完成。

【数字城市建设】数字天水、兰州地理空间框架建设项目建成并通过国家级验收，项目成果广泛应用于地质灾害防治、气象管理、基本农田保护等领域。嘉峪关完成建设任务并通过省级验收。金昌、张掖、酒泉基本完成建设任务。白银市开展“数字白银”数据库的维护和更新。兰州、天水积极推动数字城市向智慧城市转型升级。数字平凉建设被平凉市政府纳入“智慧平凉”建设总体规划。

【“天地图·甘肃”建设】甘肃省测绘地理信息局推进国家、省、市三级节点数据融合和系统同构，建设成本下降10%，并在全国得到推广应用。嘉峪关、张掖、白银、甘南、陇南、平凉、武威7市完成市级节点建设，并接入国家主节点。“天地图·甘肃”为全省社会治安综合管理以及兰州市民情流水线工程、自行车服务点分布、车辆单行道路段、地铁线路和我喜欢的牛肉面等提供测绘地理信息服务和数据支撑。国家测绘地理信息局将“天地图·甘肃”（兰州、张掖）作为“天地图·中国行”宣传推介活动的重点进行宣传推广。

【市县基础测绘】完成酒泉、临夏和民勤测区航空摄影4.45万平方千米，整合处理1:1万地形图2476幅约6.19万平方千米，更新酒泉测区1:1万数字地形图4600平方千米。兰州市完成1:500数字地形图测绘105平方千米；庆阳、金昌、陇南等市完成航空摄影320平方千米；张掖、酒泉完成全市域数字地形图测绘；定西市完成城区周边发生较大变化区域的补测和修测。

【重大基础测绘项目】争取国家支持藏区基础测绘、2014年度边少地区基础测绘等项目资金1000多万元。完成岷县漳县地震灾后恢复重建项目、新农村建设测绘保障服务示范项目等建设任务。开展“尼江地区”地形图测绘，完成甘南州卓尼县尼巴、江车两村1:500、1:1000、1:5000三种比例尺地形图测绘，为两村建设项目规划提供测绘地理信息支撑。

【现代测绘基准体系建设】完成全省卫星定位连续运行基准站网120个站点建设任务并开通试运行，基准站网向150多家单位1000多个用户提供定位基准和精准位置服务。完成国家现代测绘基准体系基础设施建设一期工程的天祝站、肃北站、阿克塞站、酒泉站、镇原站、天水站等6个基准站的施工建设、设备安装与调试，各单站建筑工程已通过国家现代测绘基准工程项目部的验收，均被评定为优质工程。

2014年3月27日，省委常委、常务副省长罗笑虎（右四）在甘肃省测绘地理信息局视察指导测绘地理信息工作

【地图审核管理】全年受理审核《甘肃省地图》《甘肃省交通旅游图》《甘肃省开发区分布图》《中国西北游出发在兰州地图》等16批件地图，核发审图号16个。利用互联网地图监管系统与全国联动监管，研判地图服务类网站地图图片4674条，研判信息点（POI）5491条，对甘肃省备案的网站涉及的地图进行清查。联合军队、保密等部门及项目单位对“兰州市2.5维电子地图”进行安全评估，对该图的地理信息内容、属性和位置精度进行技术审查和保密审查，审查图域面积达500平方千米，数据量达到100GB。

【地图公共服务】为省委、省政府领导提供各种地图44批次600多幅（册）；为省直各部门、各市（州）政府部门全年免费赠送最新版《甘肃政务专用图集》1100多册；为国土、水利、地矿、地震、交通、城建、规划等部门提供各种比例尺地形图8871幅。甘南州向市县政府部门免费赠送《甘南藏族自治州地图集》3360册，庆阳市为市直各部门提供各种地图2198幅。

【国家版图知识宣传教育】举办“美丽中国”第二届全国国家版图知识竞赛省级比赛，来自12个市（州）、8所高等院校的20支代表队约100名选手参加比赛，兰州市代表队获得一等奖，甘肃矿区等5个代表队分别获二、三等奖。组织参加全国总决赛，获得优胜奖。全省有6家单位34名个人在“美丽中国”第二届全国国家版图知识竞赛和少儿手绘地图大赛中获奖。

【测绘地理信息成果管理】完成2013年测绘成果目录汇交工作，共汇交目录2256项，从中遴选804个项目向社会进行公布。联合甘肃省国土资源厅、省安全厅、省国家保密局对全省地勘行业开展涉密绘成果和地质资料的使用和管理专项检查，抽查9家涉密测绘成果和地质资料使用单位。完成全局保密普查统计工作，对局系统涉密网络及计算机进行专项整改，完成基础测绘和专题地图资料的密级鉴定工作。推广电子地图"数字水印"系统，对涉密测绘成果数字产品提供嵌入水印信息（版权信息和用户信息等）。

【测绘地理信息成果应用】为"3341"项目工程、"1236"扶贫攻坚计划、丝绸之路经济带黄金段建设、甘肃东部百万亩土地整治等重大项目及社会百姓民生提供优质高效的测绘地理信息服务，全年为400多家单位1000多人次提供测绘地理信息成果分发服务，累计提供各种比例尺地形图8871幅，提供测绘基准成果1487个，以及大量的影像数据和高程数据。兰州市为轨道交通项目建设等提供1:2000数字地形图310平方千米；临夏州为临夏县北塬片10万亩高标准基本农田整治项目提供480平方千米航摄影像数据；张掖市为有关单位提供基础测绘成果24次。

【应急测绘保障】向省地震局提供全省1:5万乡界数据资料、1∶1万城区数据和60万条地名地址。白银市为景泰县地震抢险救灾工作编制灾区大比例尺抗震救灾专用地图；庆阳市购买无人机和应急测绘保障车，建成市级地质灾害联合预警预报信息平台；天水市建成地质灾害信息管理系统并在全市国土系统推广使用。

【地理信息产业】组织起草《关于促进全省地理信息产业发展的实施意见》，征求省发改委等53个省直部门、市（州）政府、高等院校和行业单位意见，修改完善后报省政府，12月，经省政府办公厅审核批准后印发实施，为产业发展提供政策保障。

【行政审批改革】依法清理整顿测绘地理信息行政许可项目，取消3项审批项目，保留7项审批项目。把丙级测绘资质审批权下放到已成立测绘地理信息局的天水、庆阳两市，把丁级测绘资质审批权全部下放到市（州）测绘地理信息行政主管部门。在省政府政务大厅设立服务窗口，全年办结涉密测绘成果审批件716件，接受各类咨询49次，办结率100%，被省政府评为"优秀服务窗口"。

【行政执法】全年为1258名市（州）、县（区）测绘地理信息管理人员及国土资源执法监察人员办理测绘地理信息执法证。酒泉市测绘地理信息主管部门和市国家安全局签订《地理信息领域反间防谍协作机制协议》，成立工作领导小组，及时制止3起涉军涉外违法测绘行为；甘南州全年开展行政执法检查63批（次）。

【市场监管】对253家资质单位进行信用评级和公布，其中：信用A级2家、信用B级251家。完成全省测绘资质年度注册和测绘资质复审换证工作，截至2014年12月底，全省共有资质单位330家，其中甲级13家、乙级58家、丙级101家、丁级158家。各市（州）开展永久性测量标志管护和巡查工作，其中庆阳市排查登记各类测绘标志840个，托管380个测量标志，并对受损坏的140个测量标志进行维修保护；临夏州实地查看控制点100多个，水准点5个，维修测量标志12个。联合工商、新闻出版等部门开展地图市场专项治理，重点对民国时期和新中国成立至1975年期间编制、出版、印刷的涉及南海诸岛、钓鱼岛及其附属岛屿等敏感区域的地图进行专项检查，对发现的20多册"问题地图"进行封存处理。对兰州国际马拉松赛、第二十届"兰洽会"等重大活动使用地图情况进行全程监管，共检查各类地图200多幅，查处"问题地图"5处。天水市对涉及地图业务的12家单位138家流动摊点开展地图市场巡查。

【科技创新成果】争取国家测绘科技公益资金236万元，开展科技自主创新，科技创新成果获得省部级以上科技奖7项。"面向信息化测绘的省级基础地理信息服务体系研究与建设示范"科技项目通过国家测绘地理信息局验收，项目成果总体技术达到国内领先水平，项目荣获中国测绘科技进步二等奖。"测绘地理信息档案信息化技术研究与应用示范"国家级公益专项获国家测绘地理信息局批准立项。联合兰州交通大学组建的"甘肃省地理国情监测工程实验室"获甘肃省发改委批准，申报"寒区旱区生态地理信息国家测绘地理信息局重点实验室"。

【行业单位科技创新】甘肃省基础地理信息中心完成的甘肃省公安厅警用地理信息工程荣获2014年全国优秀测绘工程奖金奖；天水三和数码测绘院完成的平凉市崆峒区农村集体土地确权登记发证项目获2014年全国优秀测绘工程奖银奖。全行业共有37个项目获得甘肃省测绘学会科技进步奖或优秀工程奖，其中：科技进步奖14项（一等奖4项、二等奖5项、三等奖5项），优秀工程奖23项（金奖5项、银奖8项、铜奖10项）。

【部门合作】加强和深化测绘与国土部门的衔接，拓宽业务协作领域，开展农村集体土地确权登记发证、地质找矿、国土资源管理、地质灾害防治等重点工作的业务合作。与中国联通甘肃省分公司签署战略合作协议、与总参测绘导航局第三测绘导航基地签署测绘成果无偿提供协议、与兰州市三维数字社会服务管理中心开展合作共建共享。

【"双联"行动】建设甘肃省测绘地理信息局双联点综合信息系统，为大石乡的新农村建设、城镇化建设以及"三农"科学管理提供支撑。筹措400多万元为两个双联村修建硬化村级道路和村委会办公场所；筹措30多万元作为双联帮扶基金，划拨双联基金6万元到村，扶持两村栽种行道树3600株；认真落实干部驻村蹲点制度，全年安排59名双联干部分5批次22组进村入户帮扶。

省测绘地理信息局领导班子成员名录

局　长　缪树德

副局长　苗天宝　陈　钢　牟应录

纪委书记　郭生亮

（供稿：伏黎明）

城乡建设

住房保障

【保障性安居工程建设】2014年，全省开工建设保障性住房和实施棚户区改造18.89万套，开工率为100.1%；

基本建成保障性住房和棚户区改造安置住房13.49万套，基本建成率为113.33%，全面完成保障性住房建设和棚户区改造任务。落实中央和省级补助资金79.12亿元。截至12月底，全省棚户区改造国家开发银行贷款合同签订额度108.58亿元。

【保障性安居工程组织实施】6月5日，刘伟平省长主持召开部分市州保障性住房建设和棚户区改造座谈会，实地考察白银市棚户区改造工作。郝远副省长先后调研酒泉、嘉峪关、金昌、陇南等市的保障性安居工程建设工作，主持召开全省市州长加快推进棚户区改造工作会。省住房和城乡建设厅先后对14个市州的住房保障工作进行多次调研，指导棚户区改造工作。甘肃省召开省保障性安居工程建设领导小组会、领导小组扩大会和棚户区改造国家开发银行贷款项目实施协调领导小组会、棚户区改造联审办公室会议。下发《甘肃省房地产市场调控和保障性安居工程领导小组暨省棚户区改造国家开发银行贷款项目实施协调领导小组会议纪要》《省棚户区改造国家开发银行贷款项目实施协调领导小组办公室会议纪要》。制定下发《关于做好2104年住房保障工作的通知》《关于进一步加强保障性住房廉政风险防控工作的通知》《关于加快推进保障性住房建设和棚户区改造的紧急通知》《关于进一步做好2013年城镇保障性安居工程审计发现问题整改工作的通知》。提请省政府办公厅印发《甘肃省利用国家开发银行贷款开展棚户区改造项目实施办法》（甘政办发〔2014〕111号），会同省财政厅联合印发《棚户区改造贷款项目管理办法》《棚户区改造贷款资金管理办法》。

【保障性安居工程监管】8月7日至17日，分别由省发改委、财政厅、建设厅、国土厅、民政厅和省政府督查室组成6个考核组，对全省14个市州、57个县市区的2014年新建项目和基本建成项目进行检查考核，共检查新建项目231个，占下达项目计划任务549个的43%；检查基本建成项目145个，占下达项目计划任务338个的43%。各市州政府每半月向省保障性安居工程建设领导小组办公室及相关部门上报一次建设进度。省住房和城乡建设厅开展保障性安居工程"百日会战"行动，对14个市州、86个县市区保障性住房建设和棚户区改造进展情况进行专项督查。建立保障性安居工程建设长效巡查机制，住房城乡建设部巡查组历时9个月、先后8次开展专项巡查工作。

【住房保障工作规划研究】会同省发改委、财政厅联合下发《关于加快推进公共租赁住房和廉租住房并轨运行的通知》（甘建保〔2014〕162号）。在白银、武威、平凉等市建立共有产权住房试点，制定《保障性住房共有产权实施方案》。建立省级棚改贷款统借统还平台，成立省扶贫开发和棚户区改造有限公司，做好棚户区改造融资贷款工作。组建棚户区改造联审领导小组，成立棚户区改造项目联审工作小组，建立完善棚户区改造联审工作制度和工作流程，加强对棚户区改造贷款项目的组织领导和统筹协调；参考外省棚户区改造工作先进经验，向省政府报送《关于规范棚户区改造贷款省级融资平台的报告》。

【住房公积金管理】2014年，全省新增缴存人数7.2万人，缴存职工人数达到180.67万人；新增缴存额174亿元，缴存总额1013.88亿元，缴存余额达到637.44亿元，同比增长15.9%；新增住房公积金个人贷款109亿元，个人贷款总额490.48亿元，个人贷款余额达到281.52亿元，同比增长31.5%；个贷发放率为44.16%，同比提高5.35%；个人贷款逾期额为989.51万元，个贷逾期率0.35‰，低于国家控制线1.5‰以下；实现增值收益9.01亿元，增值收益率为1.41%。

2014年，省政府恢复对市州政府住房公积金目标管理责任书考核。制定2014年全省住房公积金业务发展和保值增值目标，并对14个市州进行任务分解，签订目标责任书，要求甘肃矿区和8个住房公积金行业分中心分别与行业集团公司签订目标责任书。将机构上划工作纳入酒泉市政府目标管理责任考核，实现全省各市州住房公积金中心全部实施决策统一、制度统一、管理统一、核算统一的"四个统一"管理。把住房公积金缴存"限高拉低"列入目标考核内容。全省有44个县（市、区）提高缴存比例，平均提高缴存比例2%。职工和所在单位缴存比例达到10%-12%之间的县市区有68个，比2013年增加21个；8%-9%的19个；7%以下的13个，比2013年的39个减少26个。

陪同住房城乡建设部住房公积金督察组对兰州、天水、白银、金昌利用住房公积金贷款支持保障性住房建设试点项目工作进行现场督导。指导协助金昌市调整保障性住房贷款试点项目3个，获批资金贷款额度3亿元。开展试点工作4年，全省利用住房公积金贷款支持保障性住房建设试点项目19个，申请贷款额度17.75亿元，发放贷款12.88亿元，回收贷款6.02亿元，实现利息收入5536. 1万元，已开工建设保障性住房217.03万平方米、13695套。在全省建立住房公积金月分析季通报制度和个人贷款发放情况月通报制度。下发《关于开展住房公积金管理使用情况检查的通知》。对各市州住房公积金目标责任书执行情况进行半年初步考核和年底全面考核。联合省财政厅、审计厅对省住房资金中心经办住房公积金业务的银行进行两次专项考核。2014年全省住房消费提取54.87亿元，同比增长21.6%。召开全省住房公积金管理工作会议。定期向住房城乡建设部公积金监管司报送住房公积金业务统计报表。筹备12329服务热线省级平台建设工作。

房地产业

【房地产开发】2014年，全省房地产开发完成投资721.47亿元，同比下降0.44%，其中住宅完成投资495.95亿元，同比下降8.1%；房地产开发施工面积7660.3万平方米，同比增长11.86%，其中住宅施工面积5644.35万平方米，同比增长6.01%；房地产开发新开工面积2050.36万平方米，同比下降16.35%，其中住宅新开工面积1486.88万平方米，同比下降22.44%；房地产开发竣工面积813.22万平方米，同比下降11.18%，其中住宅竣工面积652.04万平方米，同比下降15.22%；商品房销售面积

1325.51万平方米，同比增长8.65%，其中住宅销售面积1212.6万平方米，同比增长6.85%。

【市场分析研判】下发《关于2014年月报表报送有关要求的通知》和《关于对房地产统计报表报送情况实行通报制度的通知》。组织召开全省2013年度建设部统计年报会审会议，按要求完成《房屋登记情况》《房屋概况》《国有土地上房屋征收情况》《住宅专项维修资金情况》4张年报表的会审，形成分析报告并上报住房城乡建设部。下发《关于抓紧落实省政府下达各项目标任务的通知》。会同省政府金融办组织召开部分房地产开发企业与金融机构座谈会，形成《全省房地产市场运行情况汇报》。

【市场监管】转发《甘肃省打击和处置非法集资工作领导小组关于开展非法集资风险排查活动的函》，对涉及建设行业的非法集资情况进行全面排查；下发《关于进一步做好非法集资风险防范和化解工作的通知》。编制下发《甘肃省建设厅商品住房重大安全质量事故应急预案》。省政府组织召开全省房地产市场调控和保障性安居工程领导小组扩大会议。代拟《甘肃省人民政府关于促进住房消费和房地产市场健康发展的通知》。贯彻落实8月25日全省房地产市场调控和保障性安居工程领导小组扩大会议精神，对14个市州、11个县区进行检查调研；全省各地简化办事流程。全面贯彻落实住房城乡建设部《房屋登记办法》和《房屋登记簿管理试行办法》，完成机构改革后各市州、县房屋产权发证机构的变更核定工作。完成2014年全省房屋登记官培训考核工作，共有311名房屋登记审核人员参加培训和考试。

【国有土地房屋征收与补偿】开展宣传学习《国有土地上房屋征收与补偿条例》和《甘肃省实施〈国有土地上房屋征收与补偿条例〉若干规定》，指导各地加快成立房屋征收部门和房屋征收实施单位，明确征收主体责任。在全省范围开展国有土地上房屋征收工作调研活动。编制印发《甘肃省住房和城乡建设厅国有土地上房屋征收群体性事件应急预案》。

【物业管理】截至2014年12月底，全省物业服务企业1720家、物业管理从业人员65027人、服务项目7186个、管理面积17660.99 万平方米。其中，住宅项目5524个，管理面积13493.89 万平方米（5万平方米以上的住宅小区1203个，管理面积6640.51 万平方米）；办公楼项目1156个，管理面积2835.25 万平方米；商品营业用房项目301个，管理面积700.48 万平方米；工业仓储用房项目39个，管理面积230.69万平方米；其他项目158个，管理面积404.67 万平方米。配合省政府办公厅完成《甘肃省人民政府关于进一步促进物业行业健康发展的实施意见》，3月21日印发全省执行。对全省14个市州和40多家物业企业进行检查调研，召开全省市州长和主管部门领导座谈会，制定《全省物业管理示范项目试点工作实施方案》。联合省发改委、质监局下发《关于开展物业服务工作检查的通知》，在全省范围开展物业服务检查活动。

城市规划

【规划编制】组织完成全省相关部门意见征求和补充调研工作，5月24日报请省政府第47次常务会议审议并原则通过规划纲要。8月26至27日，住房城乡建设部在兰州召开会议审查规划纲要并同意通过。组织对规划纲要进行修改、补充和完善。12月11日，在省政府及住房和城乡建设厅网站对规划成果主要内容进行为期30天的公示。兰州市第四版城市总体规划于8月底经住房城乡建设部复核后呈报国务院待批。张掖市总体规划于4月21日经省人民政府批复实施、敦煌市总体规划已报省政府待批。平凉市、白银市城市总体规划纲要通过省城乡规划建设委员会的审查。定西市、天水市、玉门市启动总体规划修编工作。省域城镇风貌体系规划：按照省委省政府的工作要求，组织编制完成省域城镇风貌体系规划。11月27日，组织省内外专家和有关省直部门对《甘肃省省域城镇风貌体系规划》进行技术论证。名城名镇名村规划：6月24日，敦煌历史文化名城保护规划通过省城乡规划建设委员会正式审查，9月1日通过省政府常务会议审查。分别于4月17日和11月20日，在张掖和天水组织召开全省华夏文明传承创新区建设历史文化名城名镇名村保护利用板块工作座谈会。会议研究讨论《甘肃省省域风貌体系规划》和《关于加强历史文化名城名镇名村和传统村落保护工作的意见》等文件。参与敦煌创建国际旅游文化名城工作，对《敦煌国际文化旅游名城建设规划发展纲要》提出意见建议。向天水市人民政府函复关于《天水市华夏文明传承创新区建设总体方案》和《“丝绸之路经济带”天水旅游大景区建设规划》意见。对全省名城名镇名村传承创新提供示范，优选了12个历史文化名镇，作为下阶段工作的重点扶持对象并拨付专项资金。12月12日，组织对青城镇历史文化名镇保护规划进行审查。协助省电力公司取得“酒泉-湖南±800千伏特高压直流输电工程穿越长江三峡风景名胜区、陕西汉中朱鹮国家级自然保护实验区”湖北、陕西、重庆、湖南四省市的建设项目选址意见书。邀请同济大学建筑设计研究院、甘肃省建筑设计研究院分别开展兰州新区职教园区规划编制工作。

【规划管理】印发《关于进一步加强全省城乡规划工作的意见》（甘政发〔2014〕94号），转发住房城乡建设部《关于城乡规划公开公示的规定》。督促16个设市城市按要求报送总体规划实施评估专题报告。完成25个县城的总体规划和48项城市控制性详细规划的备案工作。加强区域重大建设项目规划管理，共审核发放涉及电力、水利、交通等重大项目规划选址意见书29项，完成建设项目选址意见书延期4项，出具建设项目选址初审意见2项。完成白银市、酒泉市、张掖市、庆阳市西峰区、刘川县、临洮县、漳县及通渭县7个工业园区（工业集中区）发展规划复核，出具复核意见。4月4日，向住房城乡建设部报送《关于兰州新区综合保税区设立有关情况的报告》，6月9日，组织召开兰州新区综合保税区修建性详细规划专家评审会并原则审查通过，7月15日兰州新区综合保税区获批。9月2日向酒泉市出具敦煌市符合城市总体规划的意见。指导各地开展全省历史文化名城名镇名村灾害隐患排查，建立联动机制，及时将排查结果报建设部；指导天水市新阳镇胡家大庄、麦积镇街亭村申报中国历史文化名村并于2月19日获国家批准；4至5月，会同省文物局组织全省中国历史文化街区的申报工作，完成敦煌、张掖、宕昌、两当、秦安5个申报中国历史文化街区资料审核工作，并将相关资料上报住房城乡建设部和国家文物局。起草《甘肃省城乡规划督查暂行办法》。组织市州城乡规划主管部门对《城乡规划法违法违纪行为处分办法》（监察部、人力资源社会保障部、住房城乡建设部令第29号）的贯彻落实情况进行自查。12月，参加住房城乡建设部组织的《全国城乡规划行业统计报表制度》培训班。为全面落实相关统计信息填报规定，12月25日，在兰州举办《全国城乡规划行业统计报表制度》培训班。

【新型城镇化试点工作】省政府成立由30个省直部门和单位参加的省新型城镇化试点工作领导小组，并在省住房和城乡建设厅设立办公室，建立领导小组办公室联席会议制度和联络员制度。各市州和有试点任务的县（市）、镇（乡）成立相应的工作机构。5月4日，省政府下发《甘肃省人民政府关于做好新型城镇化试点工作的指导意见》（甘政发〔2014〕51号）。省新型城镇化试点工作领导小组办公室分别于5月15日、6月27日组织培训，传达学习国家和省新型城镇化的政策要求，邀请有关专家学者作专题辅导。6月，国家发改委等11部门联合下发《关于开展国家新型城镇化综合试点工作的通知》（发改规划〔2014〕1229号），金昌市被初步确定为国家新型城镇化综合试点市。在敦煌、高台、静宁、康县、永昌县、玉门市、华亭县等7个试点县市推开“多规合一”编制。敦煌市、玉门市被确定为国家“多规合一”试点城市。9月29日，省政府在永靖县召开全省新型城镇化试点工作现场会，会上对“多规合一”开展宣贯。参加住房城乡建设部“多规合一”试点工作座谈会，起草《关于有序推进新型城镇化15个试点县（市）“多规合一”编制工作的通知》，转发4部委《关于开展市县“多规合一”试点工作的通知》，对“多规合一”编制工作提出具体要求。组织完成《甘肃省新型城镇化试点“多规合一”课题研究和规划标准体系编制（征求意见稿）》和《甘肃省镇域城乡统筹总体规划暨“多规合一”技术导则（草案）》。对全省重点镇的规划建设及推进城镇化工作进行专题调研。组织召开村镇建设工作及推进城镇化试点座谈会，召集全省各市州建设局和有关建制镇的主要负责人进行座谈讨论。

【城乡规划督察】建立甘肃省城乡规划督察制度。编印《城乡规划督察工作手册》，制定《甘肃省城乡规划督察暂行办法》《甘肃省城乡规划督察工作规程（试行）》《甘肃省城乡规划督察员管理办法（试行）》、甘肃省城乡规划督察专项资金管理办法（试行）》等配套性文件，印发《关于全省实施城乡规划督察制度的通知》。省政府办公厅印发《关于进一步加强全省城乡规划工作的意见》。举办为期5天的城乡规划督察员培训班，向29名培训合格人员颁发督察员证。3月7日，召开全省城乡规划督察工作启动会议。从3月开始，先后对省人民政府批准城市总体规划的15个城市城乡规划情况进行督察，查阅15项城市总体规划、116项控制性详细规划、102项专项规划、16项历史文化名城保护规划、80项修建性详细规划、60项各类专题研究和城市设计及概念规划，检查448项建设项目。

建筑业

【建筑市场服务与管理】印发《关于进一步规范和调整建筑业行业管理事项的通知》（甘建建〔2014〕20号）；再次梳理公开建筑业企业资质办理流程，将办理时限压缩至14个工作日；调整资质审批受理方式，凡属省住房和城乡建设厅直接审批的二级总承包、专业承包及部分一级专业承包建筑业企业资质的申请材料，从2014年1月1日起，一律实行政务大厅集中受理、统一上网向社会公示和公布；企业所有的资质变更事项，均采取网上申报、网上受理、按时办理。督促指导市州改革三级建筑业企业资质审批监管工作，提高行政审批效率。2014年，共初审16家企业报住房城乡建设部申请一级资质，通过审批企业6家；省住房和城乡建设厅审批资质172家，其中总承包升级企业55家、专业承包企业升级25家、新办商砼企业49家；市州新审批企业资质314家，其中三级总承包企业158家、三级专业承包资质119家、劳务资质37家；市州审核并报请省住房和城乡建设厅批准二级总承包资质70项、专业承包116项；市州审批三级企业总承包资质156项、专业承包资质104项；办理资质变更企业179家477项。

适当调整建筑业企业资质三级晋升二级条件，鼓励省外建筑业企业在甘肃设立法人公司，鼓励省内建筑业企业向外拓展建筑经营活动。修订完善《建筑工程施工转包、违法分包待违法行为认定查处管理办法》。组织召开建筑业改革与发展工作研讨会议，多次赴省建总公司等7家国有、民营企业调研。开展建筑业企业资质条件达标情况的动态核查，对存在人员不达标等问题的3家一级资质企业、12家二级资质企业进行了约谈，督导有关市州严肃查处了4起资质申报过程中的弄虚作假行为。组织对兰州市80家商品混凝土生产企业进行了全面检查。转发住房城乡建设部《关于进一步加强和完善建筑劳务管理工作的指导意见》（建市〔2014〕112号）、《关于印发〈建筑工程施工转包违法分包等违法行为认定查处管理办法（试行）〉的通知》（建市〔2014〕118号）。安排各市州从10月起对所有在建的房屋建筑和市政基础设施工程的承发包情况进行全面检查。组织抽查庆阳等地的工程项目情况。配合人力资源和社会保障部门开展农民工工资支付专项检查。全面落实省政府第46次常务会议精神，会同相关部门先后4次举行了建材推荐会。制定《甘肃省建筑市场监管与诚信信息系统建设实施方案》（甘建函〔2014〕409号），转发《住房和城乡建设部关于印发〈全国建筑市场监管与诚信信息系统基础数据库数据标准（试行）〉

和〈全国建筑市场监管与诚信信息系统基础数据库管理办法（试行）〉》，拟定《甘肃省建筑市场信用信息管理办法》。

修订完善省外企业进甘告知性备案管理办法；充分利用综合信息平台将企业资料申报、审核、投标备案通知实行网上办理；与各市州对接，对投标建造师IC卡采取在网上跟踪项目锁定。2014年，审核登记备案的省外进甘各类建筑企业698家，办理年检325家，审核备案省外进甘各类执业和工程技术人员2万余人，为省外建筑企业办理打印各类工程项目投标通知书3695份，为本省企业办理出省施工手续480家次；共受理IC卡申请办理、变更、补办等业务9000余张、IC卡年检5657人，受理一级临时建造师延续注册620人，完成二级临时建造师继续教育和延续注册5932人，三级建造师申请注册、变更、补办等业务3500人次。

【招标投标管理】2014年，由省建设工程招标投标管理办公室监管进入省公共资源交易平台的招标工程共264标段次，工程中标总价120.51亿元。其中依法公开招标工程234标段次，工程总造价107.3亿元；依法邀请招标工程30标段次，工程总造价13.21亿元。组织编写《甘肃省房屋建筑和市政基础设施工程建设监理招标投标评标办法》和《甘肃省房屋建筑和市政基础设施工程建设设计方案招标投标评标办法》。发布《甘肃省建设工程电子招投标数据交换导则（2014版）》和《甘肃省建设工程计算机辅助评标系统工程量清单XML数据标准接口（2014版）》。从8月1日起，启用“甘肃省建设工程招标投标管理办公室建设工程施工合同备案专用章”。办理省内52家招标代理机构申报资格、核查、审定、发证工作。其中申报初始暂定级21家、暂定级升乙级11家、乙级资格延续16家、乙级升甲级2家、甲级资格延续2家。截至2014年底，甘肃省招标代理机构共计135家，其中甲级8家、乙级73家、暂定级54家。

【安全质量监督】2014年，全省共监督工程9595项（同比下降7.4%，其中省列重大项目32项）、建筑面积10685.86万平方米（同比增长11.7%）、市政基础设施工程总长度432.99万延米（同比增长25.8%）、工程造价2752.65亿元（同比增长16.4%），监督覆盖率99.3%。竣工项目2493项，一次性竣工验收合格率99.6%。2014年度甘肃省建设工程“飞天奖”评选出飞天奖54项、飞天金奖5项。

印发、转发、制定《关于推行房屋建筑工程质量样板引路工作的指导意见》《岷县漳县6.6级地震灾后农村重建居住建筑工程施工技术导则》《甘肃省房屋建筑与市政基础设施工程质量典型问题治理手册》《甘肃省住房和城乡建设厅关于加强建设项目施工中城市地下管线保护工作的通知》《甘肃省房屋建筑和市政基础设施安全生产“三项行动”实施方案的通知》《甘肃省住房和城乡建设厅建设工程施工重大及以上安全质量事故应急预案》《2014年建筑施工及市政设施公共安全保障实施方案》《甘肃省住房和城乡建设厅关于贯彻落实工程质量终身责任制的通知》等62份文件。全年共下发质量安全隐患整改通知2696份（同比下降5%）、局部暂停施工通知678项（同比下降18.3%）、行政处罚通知书59份（同比下降11.9%）。下发《安全质量问题整改通知书》17份、《建设行政执法建议书》1份。对兰州、定西、白银三市21项在建工程中查出的72项问题和隐患，下发《安全隐患和问题整改通知书》8份。2014年，全省接受监督房屋建筑和市政基础设施工程共发生施工生产安全一般事故12起（同比下降36.8%），死亡15人（同比下降34.8%）。

贯彻落实《甘肃省保障性安居工程质量管理办法》，组织全省保障性安居工程质量和安全生产情况及其监管工作执法检查。印发《岷县漳县6.6级地震灾后农村重建居住建筑工程施工技术导则》，抽查13项灾后重建工程和7个集中安置点，下发《安全质量问题整改通知书》3份。5月20至22日，会同省安监局对兰州市轨道交通工程1号线6个工区及相关工程进行了检查，发现问题和隐患134项，现场给9家受检单位下发《现场检查记录》和《责令限期整改指令书》各9份。会同省安监局、兰州市建设局和兰州市安监局，从11月12日至21日，对兰州市轨道交通1号线隧道施工工程进行了专项检查，对56项问题和隐患以《兰州市轨道交通工程隧道安全专项检查发现问题和隐患清单》形式进行通报，向兰州市轨道交通有限公司下发《安全质量问题整改通知书》1份。

完成141家监理企业数据统计并上报住房城乡建设部，对118家企业信息进行了审核，取消总监理工程师的培训及发证工作，改由监理单位法定代表人书面任命总监理工程师的方式。2014年，123家检测机构共上传检测报告702296份。启动全省建设工程质量检测人员考核工作，完成4800人次的考核工作。对全省建设工程质量安全监督人员进行培训考核（延期培训考核694人、上岗培训考核526人）。全年依法依规核准检测机构资质17家、预拌混凝土专项试验资质17家、建筑施工企业安全生产许可证278家、安全生产考核合格证书12873人；专项试验室资质延期27家、建筑安全生产许可证延期770家、安全生产考核合格证书延期14343人、监理企业资质延期71家。

【造价监管】完成《甘肃省党政机关办公用房维修改造工程消耗量定额》《甘肃省建筑工程概算定额》《甘肃省安装工程概算定额》及相配套的地区基价编制工作。完成住房城乡建设部交办的《房屋建筑与装饰工程消耗量标准》木结构工程和保温、隔热、防腐工程两章初稿修订和水平测算工作。开展《甘肃省农村建筑工程预算定额》省内外调研并提出编制方案，启动编制工作。下发《二O一四年度工程结算中有关问题的处理意见》。完成甘肃省建设工程造价专业人员培训教材的编写工作。完成甘肃省2014年度工程造价执业人员继续教育集中培训工作。7月16日至9月21日，主办甘肃省2013定额和国家2013清单计价规范宣贯交底培训班27期，参加培训6367人。完成造价人员继续教育登记、初始登记、变更共7500多人，完成甘肃省建筑职业技术学院449名应届毕业生造价员考试资格审查、试卷审查、考试监督、合格名单审查、证书打印发放。组织2014年度甘肃省造价专业人员考试，共4969人参加。其中，甘肃省造价师考试合格846人，全国造价员考试合格1918人。完成2014年甘肃省工程造价咨询企业执业诚信评价活动有关工作。参加评价的咨询企业116家，评出18家优秀、54家良好、40家合格、4家不合格。完成2013年度118家工程造价咨询企业统计报表审核报送工作；完成53家造价咨询企业新申办资质和资质延续的核查、评审，其中上报住房城乡建设部晋升甲级咨询企业3家；完成外省造价咨询企业进甘备案10家。组织专家审核并上报了甘肃省10家咨询企业参加中国造价协会优秀企业评选的材料，其中甘肃省有4家企业被评为中国造价协会先进企业。完成甘肃省建筑业企业规费标准核定，颁发《甘肃省建设工程费用标准证书》五批1278家、颁发外省入甘建筑业企业参加投标的《甘肃省建设工程费用标准证书（临时）》789家、核定外省入甘建筑业企业承揽工程项目规费标准并颁发相应《甘肃省建设工程费用标准证书（外省入甘）》125项。完成《甘肃省建设工程招标控制价备查管理办法》规定工程项目的招标控制价备查31项。完成四个季度人工成本信息和上半年住宅成本信息采集上报工作。

城市建设

【基础设施建设】2014年，全省完成市政公用设施建设固定资产投资376.04亿元，其中16个设市城市完成274.34亿元、65个县城完成101.70亿元。配合省发改委、财政厅争取中央预算内城市污水及垃圾处理资金共9.9611亿元，其中污水处理项目37项，安排预算内投资4.2075亿元；垃圾处理项目18项，安排预算内投资1.3825亿元；污水管网以奖代补资金4.3711亿元。截至年底，全省16个设市城市用水普及率达到94%，增长2%；燃气普及率达到80.22%，增长3.22%；污水处理率达到81.25%，较增长5.87%；生活垃圾无害化处理率达到47%，增长5.32%；建成区绿地率达到28.12%，增长1.74%；人均公园绿地面积达到11.76平方米，增长2.24平方米；人均城市道路面积达到14.02平方米，增长1.46平方米。全省65个县城用水普及率达到89.09%，增长2.06%；燃气普及率达到48.80%，增长3.34%；污水处理率达到41.17%，增长19.32%；生活垃圾无害化处理率达到57%，增长5%；建成区绿地率达到11.87%，增长1.2%；人均公园绿地面积达到6.94平方米，增长1.16平方米；人均城市道路面积达到12.31平方米，增长0.51平方米。全省设市城市（县城）共建设污水处理厂92座，其中已建成运行的污水处理厂55个（污水处理能力154.75万吨/日），已建成试运行的污水处理厂31个（污水处理能力22.1万吨/日），在建污水处理厂6座（分别为定西市新区、兰州市新区、宕昌县、文县、镇原县、酒泉市第二污水处理厂），全省城市污水处理率达到81.25 %、县城污水处理率达到41.17%；全省共建设城市（县城）生活垃圾无害化处理厂86座，其中已建成运行的生活垃圾无害化处理设施共78座（设计处理能力为8550吨/日），在建8座（设计处理能力为2726吨/日）。运营与在建的污水处理厂和垃圾处理厂已全部覆盖16个设市城市和65个县城。全省共有国家园林城市2个、国家园林县城4个、国家城市湿地公园2个、甘肃园林城市10个、甘肃园林县城16个、甘肃园林城区1个；国家级风景名胜区（麦积山、崆峒山、鸣沙山-月牙泉）3处、省级风景名胜区21处。

【城市管理】下发《甘肃省住房和城乡建设厅关于进一步加快城镇污水处理工程项目建设进度的通知》（甘建城〔2014〕388号）、《甘肃省住房和城乡建设厅关于督查城市污水处理设施建设运营情况的通知》（甘建函〔2014〕304号）、《关于全省城镇污水处理设施2014年第三季度建设和运营情况的通报》（甘建城〔2014〕532号），多次对各地的污水处理厂进行督查。会同省发改委下发《甘肃省发展和改革委员会、甘肃省住房和城乡建设厅关于组织申报2014年中央预算内投资城镇污水垃圾处理设施备选项目的通知》（甘发改环资〔2014〕484号），在全省范围组织开展中央预算内投资城镇污水垃圾处理设施建设备选项目上报工作。12月底，配合国家环保部对甘肃省2014年污染减排任务完成情况进行了核查，向省环保厅提供了“十二五”以来全省生活污水处理工作开展的相关情况。

下发《甘肃省住房和城乡建设厅关于开展2014年度供水水质督查工作的通知》，制定《甘肃省城镇供水规范化管理考核办法（试行）》。4月11日，兰州市局部发生自来水苯超标事件后，按照省政府和住房城乡建设部要求，立即启动省住房和城乡建设厅城市供水系统Ⅰ级应急响应，全面展开各项处置工作；4月14日，转发了住房城乡建设部专家组建议，要求全省各地完善水质监测制度、加强设施巡检维护、做好设施调度运行、科学组织施工、做好信息发布、制定保障供水安全的永久措施。下发《〈全省城镇供水设施改造与建设“十二五”规划及2020年远景目标〉中期评估的通知》（甘建函〔2014〕133号），开展《规划》中期评估和“十三五”规划编制前期调研工作。组织各市州开展了2014年全国城市节约用水宣传周活动。对兰州市住房和城乡建设局《关于审核兰州市第十一批节水型企业（单位、居民小区）验收达标的请示》进行审核，批准北车兰州机车有限公司等5家企业（单位）、兰州三环物业管理有限责任公司安宁分公司飞天世纪新城小区等3个居民小区为兰州市第十一批节水型企业（单位、居民小区）。会同省环保厅开展了加强城镇集中式饮用水水源地及供水系统防控污染保障饮水安全工作。会同省卫计委、省水利厅下发《关于开展全省饮用水卫生专项监督检查工作的通知》（甘卫监督发〔2014〕237号），对全省设计日供水千吨以上的城镇公共供水单位、自建设施供水单位和农村饮水安全工程进行专项监督检查。

印发《甘肃省城镇燃气发展规划（2014-2020年）》。根据《住房城乡建设部办公厅关于开展油气输送管线等安全专项排查整治的紧急通知》（建办质电〔2013〕27号）、《国务院安委办关于开展油气输送管线等安全专项排查整治的紧急通知》（安委〔2013〕9号），结合《关于立即集中开展全省城市燃气安全专项检查的通知》（甘建发电〔2013〕46号）提出的整改意见，从1月到3月底，全面开展涉及住房城乡建设系统的油气输送管线等安全专项排查整治。进入供暖期后，对兰州市、临夏州冬天供暖工作进行专项督查，下发《甘肃省住房和城乡建设厅关于切实做好城市供热工作的通知》（甘建城〔2014〕463号）。下发《甘肃省住房和城乡建设厅关于调研城镇供热行业改革情况的函》（甘建函〔2014〕342号）。

4月1日，召开全省城市建设和管理工作会议。8月4日至15日，对全省38个区、县的40座新建生活垃圾填埋场开展无害化等级评定。会同省发改委、财政厅组织开展第四批餐厨垃圾试点城市推荐工作，推荐临夏州为第四批餐厨垃圾试点城市。会同相关部门向住房城乡建设部推荐兰州市为生活垃圾分类处理示范城市。6月6日，对兰州市驰耐餐厨垃圾处理厂、兰州市中铺子生活垃圾处理厂进行实地调研。6月26日，省政府印发《甘肃省人民政府贯彻落实国务院关于加强城市基础设施建设意见的实施意见》（甘政发〔2014〕69号）。8月4日至15日，对全省14个市州的59县（区）城市基础设施工作进行执法督察。编制出台城市供水、燃气、垃圾等12个专项规划编制导则。下发《关于转发住房城乡建设部〈关于报送数字城管推进情况的通知〉的函》（甘建函〔2014〕130号）。组织各地对《关于加强城市基础设施建设的意见》（国发〔2013〕36号）、《关于做好城市排水防涝设施建设工作的通知》（国办发〔2013〕23号）的落实情况开展自查。组织全省各地开展了城市桥梁运行安全管理工作。配合公安部门对各市州（区、市）政府2013年度消防工作完成情况进行考核。组织全省各地做好城市排水防涝工作。根据住房城乡建设部和省政府规定，修订《甘肃省住房和城乡建设厅城市道路（桥梁、隧道）系统重大事故应急预案》等七项预案并印发各地实施。

组织兰州市、嘉峪关市、玉门市、高台县申报国家园林城市、县城。对白银市、肃南县、民乐县申报甘肃省园林城市、县城开展省级评审，其中白银市、肃南县通过了评审。12月，住房城乡建设部颁发了金昌市、敦煌市及两当县国家园林城市（县城）牌匾。完成甘肃省55家园林绿化企业资质延续和21家三级园林企业资质升级工作。组织开展全省城市、县城公园建设、管理情况的专项检查活动。7月28日和9月23日，《甘肃省风景名胜条例》经甘肃省十二届人大常委会十次、十一次会议两次审议，于9月26日获得表决通过，2015年1月1日起正式颁布施行。4月9日，组织专家开展了崆峒山风景名胜区总规评审工作。7月29日，《鸣沙山–月牙泉风景名胜区重点区域详细规划》通过住房城乡建设部审批。7月16日至18日，住房城乡建设部风景名胜区执法检查组对麦积山国家级风景名胜区进行了实地专项执法检查。12月25日，组织召开了《敦煌雅丹地貌申报世界自然遗产预备名录评审会》，对敦煌雅丹地貌拟申报世界自然遗产预备名录的申报材料进行评审论证。

村镇建设

【村镇规划编制】2014年，全省计划新编行政村村庄建设规划2400个，实际完成1760个，完成率73.5%。制定《甘肃省县域村庄规划编制导则》和《甘肃省村庄建设规划编制导则》。截至年底，已完成县域村庄布局规划编制的县共计38个。酒泉市肃州区总寨镇按期完成全国镇规划编制的试点。指导列入中国传统村落第一批名录的传统村落完成规划大纲及纲要的编制，组织编制列入中国传统村落第二批名录的传统村落保护发展规划。开展宜居小镇、宜居村庄示范创建工作，共推荐宜居小镇2个、宜居村庄7个。

【村镇建设管理】推荐10个镇（村）申报第三批全国特色景观旅游名镇（村）。在国家已公布甘肃省13个中国传统村落的基础上，组织遴选上报基本符合条件的自然村、行政村110个，非物质文化遗产76个。向国家四部局上报《关于申请甘肃省中国传统村落保护项目中央补助资金的报告》。开展全省传统民居及建造技术的初步调查工作，成立省级传统民居专家委员会，利用省内建筑设计研究机构和高校的专业技术人才资源优势，对全省传统民居及建造技术进行初步调查，甘肃省传统民居谱系编制工作已经展开。组织开展全国重点镇增补调整工作，对申报全国重点镇的资料进行补充完善，甘肃省全国重点镇从42个增加到142个。

【农村危房改造】截至2014年底，全省危房改造实际开工21.72万户，实际竣工20.36万户，其中争取2014年中央危房改造计划14万户（含建筑节能示范户1.8万户），占全国总量266万户的5.26%；共下达农村危房改造资金165562.2万元，其中中央资金122200万元，省级补助资金46662.2万元。

制定并报请省政府印发《2014年甘肃省农村危房改造工作实施方案》，按照省政府确定的2014年完成20万户农村危房改造任务的工作目标，将任务分解到各市州并由省政府与各市州签订了目标责任书。组织开展全省农村危房存量的摸底调查并全部录入信息系统。组织开展全省“保民生、促三农”专项行动农村危房改造资金管理的专项检查。6月份，采取随机抽样的方式对全省14个市州27个县（市、区）54个乡镇的1080户危房改造户进行检查，同时对各地危房改造工作进行督查。组织召开了全省农村危房改造工作会议和全省农村危房改造暨村庄风貌建设康县现场会。组织开展农村危房改造政策执行情况专项检查。组织开展农村危房改造计划分配、资金管理、质量安全的专项整治、农村危房改造“百日会战”活动。

支持岷县漳县地震灾区农户重建，在2014年农村危房改造计划中安排了13个受灾县危房改造计划3.5万户；先后4次组织灾后重建专项督查、8次召开专题会议研究规划设计；协调督促灾区市州、县和相关设计单位于3月份全面完成了9个小城镇、60个异地安置点、15个重灾村的规划设计；指导督促灾区市州和各县建立灾后重建工程质量、安全生产、行业建设规范等责任体系，严格落实质量安全责任制；8月下旬，对各地城乡居民住房、小城镇灾后恢复重建进度、规划设计执行情况、质量安全监管体系建设、风貌改造等进行了全面督查；9月下旬，对灾后城乡居民住房及小城镇恢复重建工程质量安全再次进行督查；按照省灾后重建领导小组统一安排，分期举办灾后重建管理干部、技术人员、农村工匠的培训班，选配了3名专业技术干部赴灾区县挂职支援灾后重建；指导定西市按期完成了灾后重建白银农场异地安置点新型农村社区的规划和安置点房屋设计工作。截至年底，完成灾区农村居民住房维修加固计划130341户、城镇居民住房维修加固计划5229户；完成农村居民住房重建计划91549户、城镇居民住房重建计划1518户。

建筑节能与科技

【绿色建筑与建筑节能】1月10日召开全省绿色建筑与建筑节能工作座谈会，明确2014年全省绿色建筑工作目标。3月，会同省财政厅印发《关于开展2014年甘肃省绿色建筑专项资金申报的通知》（甘建科〔2014〕104号），启动2014年绿色建筑省级专项资金项目的申报工作。从3月起，会同省发改委对各市州绿色建筑项目情况开展调研摸底。6月25日召开全省绿色建筑工作进展情况汇报会。按照住房城乡建设部规定的程序对各市州申报绿色建筑评价标识项目进行审查，全省有13个项目完成专家评审。组织省内专家编制印发《绿色建筑施工图审查要点》。印发《绿色建筑施工与验收规范》（DB62/T25-3081-2014），组织专家对《绿色居住建筑能耗标准》《绿色公共建筑能耗标准》进行了评审。组织编印《绿色建筑》《甘肃省绿色建筑适宜技术指南》并分发各市州建设、发改部门。全省新建建筑施工阶段执行建筑节能强制性标准比例达到98%，达到省政府目标责任制考核规定的要求。完成2014年既有居住建筑供热计量及节能改造任务375万平方米，拨付国家奖励资金12474万元、省级补助资金4500万元。会同省财政厅印发《关于开展2013年既有居住建筑供热计量及节能改造任务验收工作的通知》（甘建科〔2014〕202号）。7月上旬接受两部核查组对甘肃省2011年、2012年既有居住建筑供热计量及节能改造项目的核查。2月，会同省财政厅印发《甘肃省住房和城乡建设厅 甘肃省财政厅关于明确可再生能源建筑应用示范项目验收期限的通知》（甘建科〔2014〕76号）。6月，会同省财政厅组织验收兰州市九州开发区"九州绿色新区太阳能建筑应用集中示范区项目"、武威市"能源服务综合楼太阳能光电建筑应用示范项目"。5月6日，召开可再生能源建筑应用示范项目评审会，会同省财政厅组织专家对申请省级可再生能源建筑应用示范项目的敦煌市、临泽县的申报材料进行评审，下达示范任务15万平方米。选取榆中县金崖镇高沿坪村、永昌县六坝乡下排村作为"南墙计划"示范点，共安排30户农宅采用太阳能光热技术、加设阳光间（暖廊）及外墙保温技术，12月通过项目验收。8月6日，召开全省农村地区太阳能建筑应用（临潭）现场会。委托甘肃省科学院太阳能建筑设计所编印《甘肃省农村建筑节能"南墙计划"图集》并分发市州建设局。委托甘肃土木工程科学研究院建设的省级建筑能耗动态监测平台数据中心软硬件设备安装已完成。督促西北师范大学、甘肃农业大学、兰州理工大学抓紧高校节能监管平台建设。12月26日，举办全省"十二五"建设领域节能量统计工作培训班，指导各市州建筑节能工作人员掌握测算方法并对"十二五"前四年节能量进行测算。完成全省14个市州、85个县区（舟曲县除外）2013年度的民用建筑能耗和节能信息统计工作。组织全省开展2014年度建筑节能和绿色建筑行动专项检查。调整甘肃省建设工程与建筑节能新技术、新产品备案工作，取消供热计量装置的备案。6月中旬，国家发改委按国务院要求，对甘肃省2013年度节能和控制能源消费总量目标完成情况进行现场评价考核。9月，协助住房城乡建设部建筑节能与科技司、能源基金会在敦煌市举办"第三届建筑节能项目交流会"。组织开展"节能宣传周"建设领域的节能宣传活动。6月8日至14日全国节能宣传周期间，组织编印下发了《绿色建筑与建筑节能常识》宣传册、《绿色建筑与建筑节能小知识》宣传彩页。

【建设科技】新组建成立甘肃省建设科技专家委员会并印发《甘肃省建设科技专家委员会工作规程》（甘建科〔2014〕160号）。2月24日，召开全省建设科技发展创新座谈会。3月，会同省财政厅印发《甘肃省住房和城乡建设厅 甘肃省财政厅关于组织申报2014年建设科技和建筑节能项目的通知》（甘建科〔2014〕111号），首次通过网络组织项目申报。9月，完成2014年度甘肃省科技进步奖的推荐工作，2个项目获得省科技进步二等奖，3个项目获得省科技进步三等奖。

【教育培训】共开展施工企业岗位培训和建设行业职业技能培训鉴定2.2万人次、完成各类执业资格考试报名47588人次、受理各类执业资格人员的注册申报10195人次、核发各类证书及印章共计17742人次、开展造价工程师网络继续教育1461人次。

工程建设

【建设管理】1月21日，制订《住房城乡建设领域全面排查安全隐患实施方案》。1月23日，印发《甘肃省住房和城乡建设厅关于调整甘肃省建设安全委员会组成人员及成员单位职责分工的通知》（甘建工〔2014〕36号），编制印发了14个应急预案。印发《关于转发〈住房城乡建设部办公厅关于切实加强安全生产管理的通知〉的通知》《甘肃省房屋建筑和市政基础设施安全生产"三项行动"实施方案的通知》《关于开展建筑安全专项整治"回头看"工作的通知》《甘肃省住房和城乡建设厅关于做好"元旦"、"春节"及"两会"期间全省住房和城乡建设系统安全生产工作的紧急通知》，组织实施《省住房和城乡建设厅"三项行动"工作方案》《2014年建筑施工及市政设施公共安全保障实施方案》《住房城乡建设领域全面排查安全隐患实施方案》。1月9日，召开全省住房和城乡建设系统质量安全工作电视电话会议。7月7日，组织召开全省建筑工程安全质量工作电视电话会议。5月至

11月，多次组织房屋建筑和市政基础设施质量安全检查，重点检查灾后重建、保障性住房和轨道交通在建项目。6月9日至25日，组织专家成立3个检查组对全省进行执法大检查，共检查99项在建工程，其中保障性住房21项、公共建筑41项、市政基础设施工程10项、轨道交通工程2项、岷县漳县地震灾后重建工程2项、其他建筑工程23项，共下发质量安全隐患整改通知书771份，局部暂停施工164项。9月22日至25日，组织对岷县漳县灾后重建房屋建筑工程质量安全进行了专项检查。10月13日至20日，对兰州、定西、白银三市21项在建工程进行抽查。11月12日至21日，会同省安监局和兰州市建设局、安全生产监督管理局，对兰州市轨道交通1号线一期工程隧道工程施工的三个标段和已进入基础施工阶段的两个标段安全生产工作情况进行专项检查。12月26日至28日，对兰州、白银、定西3市落实《住房城乡建设部关于立即开展全国建筑施工安全生产大检查切实维护建筑工人工伤权益的紧急通知》开展安全大检查行动的情况进行督查。5月20日至22日，会同省安监局对兰州市轨道交通工程进行安全检查。10月14日至16日，陪同住房城乡建设部质量安全司对兰州市轨道交通工程质量安全监督工作进行检查。从6月10日开始，会同省发改委、省国土厅、省建设厅、省林业厅、省重点工程公安局对兰州市等5个市州的重大项目建设情况进行为期十天的集中督查。指导兰新二线、兰渝铁路、西平铁路、天平铁路、中川铁路、宝兰客专等项目征拆补偿标准制定和拆迁指导协调等工作。配合协调解决兰渝铁路桃树坪隧道洞顶住户、企业拆迁问题；天平铁路清水车站拆迁问题；中川铁路涉及甘肃省建一安、兰州铝厂厂房、鑫源机动车检测公司等企业的拆迁问题；宝兰客专天水市安置区的“三通一平”费用、兰州引入段拆迁问题。参与兰州铁路综合货场、干武二线征地拆迁费用的核定。对中川铁路永登段拆迁安置项目建安成本进行审核，对兰新第二双线迁建酒钢自备水源地的方案和概算进行审核。会同省人社厅、财政厅建立省级建设领域农民工工资保证金制度。受理施工许可申请15件，其中已完成审核发证15件，新开工面积90.1万平方米，总投资18.5亿元；办理完成工程竣工备案6件。转发住房城乡建设部新修订的《竣工验收规定》。完成新版《建筑工程施工许可证管理办法》（部令第18号）的宣贯及新版施工许可证、申请表换发工作。

成立工程质量治理两年行动领导小组，出台《甘肃省工程质量治理两年行动实施方案》《关于贯彻落实工程质量终身责任制的通知》，制订建设单位、勘察、设计、施工、监理五方主体《工程质量终身责任承诺书》及相应的法定代表人授权委托书、《工程质量终身责任信息表》。12月30日，对工程质量治理两年行动中发现的兰州市城关区S682#断头路配套给水DN300管道改造工程、白银市白银区城市棚户区改造红星小区项目、白银市白银区泰瑞豪庭住宅小区二期工程、庆阳市合水县南城6号商住楼项目等4起违法违规案例进行通报。

【省级政府投资项目代建】2014年，全省共承担代建项目14项，其中2013年结转项目14项（1项退出代建程序）、新增项目1项，涉及总投资19.49亿元（不含退出代建程序项目投资）；完成建设并交付使用项目6项、在建项目7项、处于停工项目1项；完成项目投资近4亿元，累计完成项目投资约13.07亿元。

修订完善《代建管理办法（试行）》，制定出台《甘肃省省级政府投资项目代建合同管理办法（试行）》《甘肃省政府投资项目代建管理办公室合同评审程序》和甘肃省省级政府投资代建项目代建、勘察、设计、监理、造价咨询、施工、招标代理等合同标准文本。制定出台《甘肃省省级政府投资代建项目合同价款支付办法（试行）》《甘肃省政府投资项目代建管理办公室合同价款支付审批流程》。组织完成“甘肃省省级政府投资代建项目管理系统”（网址http://www.zfdjxm.com）的开发工作。制订《甘肃省省级政府投资代建项目移交管理办法（试行）》。收集整理汇总《甘肃省工程建设其他费收费标准汇总集》（民用建筑部分）。

【勘察设计】制定《甘肃省深入开展全省房屋建筑工程勘察设计质量专项治理实施方案》，组织召开全省勘察设计质量专项治理工作会。组织全省勘察设计单位和施工图审查机构对质量及管理情况进行了自查，对全省施工图审查机构质量管理情况进行检查，抽查部分项目的审查质量情况。制定工程质量治理两年行动勘察设计质量的目标责任和工作任务。完成全省340家勘察设计单位的资质集中检查工作和统计年报的收集、审核和报送工作。对19家勘察设计企业跨省注册人员在岗执业情况提出整改要求。完成特大型重点建设项目的初步设计审批工作。开展既有重要公共建筑和市政基础设施的抗震性能普查；修订印发《甘肃省住房和城乡建设系统地震应急预案》；组织震后房屋建筑应急评估专家队骨干成员参加业务培训。转发《住房城乡建设部关于房屋建筑工程推广应用减隔震技术的若干意见（暂行）》，组织编制《甘肃省建筑隔震减震应用技术导则（试行）》。组织完成兰州名城广场（250米超高层建筑群）、临夏天元商业广场综合体（150米超高层建筑群）超高层建筑的抗震设防专项审查工作。碌曲4.5级地震发生后，组织震害调查组对距震中较近的尕海乡秀哇村、郎木寺镇贡巴村、拉仁关乡则岔村的受损房屋进行入户查勘。景泰4.7级地震发生后，对震中地区寺滩乡新墩湾村、喜泉镇新泉村等地农宅受损情况进行查勘，提出增强农宅抗震性能建议。组织省勘察设计协会免费对全省甲乙级建筑设计单位的业务骨干进行了绿色建筑设计宣贯和教育；组织编制甘肃省绿色建筑施工图设计审查要点。组织2014年度全省优秀勘察设计评选，河西走廊（疏勒河）农业灌溉暨移民安置综合开发项目等61项（含小型项目4项）获奖，其中一等奖4项、二等奖15项、三等奖42项。

【建设标准管理】确定《城市生活垃圾填埋场施工技术规程》等21项标准和《家庭无障碍标准设计》等9项标准设计的编制计划。先后对《非贮压超细干粉自动灭火系统技术规程》等22项标准和标准设计组织召开编制启动会。参与《预拌砂浆应用技术规程》等10余项编制项目的讨论。对《湿陷性黄土地区抗疏力稳定土路面基层技术规程》等16项标准组织进行审查、报批与备案。完成对《湿陷性黄土地区建筑灌注桩》等3标准设计的审查、报批。根据住房城乡建设部标准定额司的安排部署,重点对2009年以前(含2009年)发布的地方标准共计39项进行复审,继续有效的7项、需修订的23项、停止使用的9项。

协调并会同省国土厅、省民政厅、省财政厅、省老龄办等部门转发《住房城乡建设部等部门关于加强养老服务设施规划建设工作的通知》和《住房城乡建设部等部门关于加强老年人家庭及居住区公共设施无障碍改造工作的通知》。贯彻落实国家《无障碍设计规范》等技术标准,加强项目规划、施工图审查、工程竣工验收等环节的监督管理。会同省残疾人联合会启动《家庭无障碍标准设计》的编制工作。实施全省重度贫困残疾人家居环境的无障碍改造,并在改造资金上予以补贴。开展"残疾人社会保障法规政策落实年"活动。完成对全省工程建设企业标准化工作的调研与总结。配合做好《甘肃省村镇市容环境卫生技术导则》编制工作。8月,按照住房城乡建设部办公厅和工业信息化部办公厅"关于开展2014年光纤到户国家标准贯彻实施情况监督检查工作的通知"要求,协调省通信管理局安排布置各市(州)先期开展自检自查工作;联合成立检查工作小组,对兰州市、天水市、白银市、张掖市、山丹县、甘谷县进行重点抽查;配合住房城乡建设部标准定额司和工业信息化部通信发展司联合调研组对兰州、定西部分在建项目实施光纤到户情况进行了调研;与省通信管理局联合举办了全省光纤到户国家标准宣贯培训。编制完成并会同省质量技术监督局组织专家对《甘肃省城市基础设施专项规划编制导则》进行审查。研究制订了甘肃省绿色建筑地方工程建设标准的编制计划;12月,完成甘肃省在编绿色建筑标准的审查、批准。

【法制建设】审查、报审《甘肃省风景名胜区条例》,于2014年9月26日通过甘肃省第十二届人民代表大会常务委员会第十一次会议通过颁布。审查《甘肃省城市生活垃圾及餐厨废弃物处理管理办法》《甘肃省城市建筑垃圾处理管理办法》。审查《甘肃省建设工程质量和安全生产管理条例》。审查《关于进一步加强物业管理促进物业行业健康发展的意见》《甘肃省规划建设督察员管理办法》等规范性文件。审查《国外投资项目在甘审批程序管理规定》等立法草案征求意见共28件。完成厅发规范性文件备案工作。完成17项行政复议案的审理、处置工作。向住房城乡建设部报告2013年6项行政复议典型案例。印发《甘肃省建设行政执法条例》3000册、《甘肃省风景名胜区条例》2000册,向全省各市州和相关行政执法单位发放并组织了学习宣贯。组织有关人员参加住房城乡建设部和甘肃省举办的依法行政研讨班、法制讲座。组织厅系统169人进行依法行政法制知识测试。12月5日,组织相关人员参加了行政执法人员综合法律知识考试,完成第四轮持证执法换证工作。

【精简审批事项】对2008年以来清理、下放、合并、取消、停止执行的项目和转入正常工作的行政审批项目制定规章制度和监管办法及措施,行政审批事项由过去的55项精简为14项,对平凉、庆阳两市推进简政放权政策落实情况进行督查。

【建设稽查执法】1月1日施行《甘肃省建设行政执法条例》,制定《甘肃省建设行政处罚程序规定》等配套办法。制订2014年建设行政执法工作计划。印发《甘肃省建设稽查执法局2014年工作要点》。2014年,共办理各类案件30件(其中住房城乡建设部转办14件),涉及卫星遥感图斑4件、城乡规划和勘察设计15件、质量安全和建筑市场8件、房地产和住房公积金7件,办结20件,对3家责任单位实施了处罚;全省共受理举报1951件,立案调查1763件,结案1688件,罚没金额3390.19万元。全省共开展专项检查650次,发出整改通知书和执法文书4208份。

省住房和城乡建设厅领导班子成员名录

厅　长　杨咏中

副厅长　刘永堂　马育功　郭明卿

梁文钊　蔡林峥

纪检组长　单广宁(回族)

(供　稿:彭　强)

环境保护

【环境概况】按老标准评价,全省14个市州所在地城市环境空气质量达到国家二级标准的8个,占57.1%;达到国家三级标准的6个,占42.9%,影响城市环境空气质量的首要污染物为可吸入颗粒物(PM10),全省平均值为0.097毫克/立方米,同比上升6.6%,在国家年均值二级标准之内;全省监测的49个断面中,有42个按功能区达标,与上年同期持平,占总数的85.7%。黄河9个监测断面水质均优于或达到功能类别,与上年同期相比,污染综合指数除青城桥断面无变化外,其余各断面均略有下降;全省集中式饮用水源地共设监测点位103个,水质情况保持稳定。

【污染减排】省政府下达《甘肃省"十二五"后半期主要污染物总量减排行动计划》《甘肃省2014年主要污染物减排计划》和《甘肃省"十二五"主要污染物总量减排考核办法》等文件。安排1.418亿元省级环保专项资金,对全省465个重点污染减排项目给予资金支持。对全省70多个县区137个年度污染减排重点项目进行专项督查,对工作进展缓慢的地区和59个重点减排工程实施预警监控和限期整改。2014年,全省化学需氧量排放量37.32万吨,比2013年下降1.56%(计划目标下降0.5%);氨氮排放量3.81万吨,比2013年下降2.64%(计划目标下降0.5%);二氧化硫排放量57.56万吨,比2013年增加2.43%(计划目标增加4%以内);氮氧化物排放量41.84万吨,比2013年下降5.55%(计划目标下降5.5%),完成年度目标任务。

【大气污染防治】印发《甘肃省2014年度大气污染防治工作方案》《甘肃省大气污染防治行动计划实施情况考核办

法（试行）》等文件，召开全省大气污染防治工作推进会。下达省级大气污染防治“以奖代补”资金1.5亿元，重点实施工业污染治理、机动车尾气防治、燃煤锅炉污染整治、环境监管能力建设等项目。争取中央专项资金和安排省级大气污染防治专项资金，对重点污染源企业实行驻厂执法、在线监控、视频监视和工况监管，对削山造地、砖瓦窑、小化工、小煤炉、垃圾焚烧等污染源利用无人机进行空中巡查，严厉查处各类环境违法行为。按新标准监测评价，兰州市全年优良天数达到250天，同比增加57天，达标率68.5%，完成年度优良天数目标任务。省政府制订实施《甘肃省重污染天气应急预案》。对全省14个市州空气质量状况进行预警通报，向9个市州下发抄告通知，要求努力完成大气污染防治各项目标任务。全年淘汰燃煤锅炉1653台，完成年度任务的110.2%；淘汰黄标车和老旧机动车7.6万辆，完成年度任务的106.1%。

【生态与农村环境保护】联合省财政厅完成2013年度全省国家重点生态功能区转移支付绩效评估考核工作。调整玉门南山自然保护区功能区划，完成裕河自然保护区晋升国家级的相关工作，启动岷县双燕、阿夏和多儿自然保护区的调整、晋升工作；甘肃祁连山国家级自然保护区经国务院批准调整功能区划。推进国家级生态文明建设示范区创建，庆阳、张掖、平凉市及敦煌市、两当县先后启动并开展创建工作。实施农村环境连片整治，全省农村环境连片整治涉及85个片（线），1655个行政村，占全省行政村总数的10.2%，受益人口约330万人。创建生态乡镇、生态村，共有71个乡镇被环保部命名为国家级生态乡镇，280个乡镇被命名为省级生态乡镇，462个村被命名为省级生态村。

【环境监管执法】内蒙古腾格里工业园区沙漠污染问题发生后，迅速组织对沿沙漠7市（州）21个县（区）的213家排污企业进行“拉网式”排查。省委王三运书记专程开展环境保护工作调研，赴民勤县实地考察工业企业污染治理情况。省政府第60次常务会议审议通过并印发《甘肃省环境保护大检查方案》，召开全省动员部署视频会议，刘伟平省长致信各市州政府主要领导，推动大检查工作开展。郝远副省长带队赴敦煌市进行现场检查，召开现场会研究解决有关问题。组织开展挂牌督办企业行政执法后督察、环境保护专项执法检查、全省饮用水源地及城市自来水厂隐患排查、环保专项行动等执法检查，对违法排污企业采取挂牌督办、集中曝光、约谈和后督察等形式，督促落实地方政府和相关部门的环境监管责任及企业的环保主体责任，逐步解决危害人民群众健康的环境违法问题。2014年，全省共出动执法人员3.39万人，检查企业和建设项目1.07万家，立案查处企业763家，罚款金额1577万元，追缴排污费625万元，停产整治164家，取缔关闭96家。

【环评管理】持续推进规划环评工作，将其纳入省政府环保目标责任书进行考核，协助有关部门开展《全省煤化工产业发展规划》《甘肃省“十二五”综合交通发展规划》等7个重点行业和重点区域的规划环评工作，推进兰州新区规划环评工作进度。兰州石化整体搬迁进入兰州新区项目得到充分肯定与支持，酒泉至湖南特高压直流输变电工程等项目通过审批，国电兰州热电厂异地扩建工程等项目环境影响报告书通过技术评估。推进“3341”项目工程实施，全省重点推进的80个重大项目中，完成环评审批的59个；省上督导、市州重点推进的80个重点项目中，完成环评审批的50个。对城市基础环保设施、农业设施、引水配水工程、110千伏输变电工程等环境影响较轻的项目不论投资规模均下放市州审批，并将市州审批权限扩展到总投资额1亿元的项目。支持兰州市转型跨越发展。制定实施《关于进一步加强建设项目试生产阶段环境监管工作的通知》。

【突出环境问题】严格落实《重金属污染综合防治“十二五”规划》，列入国家规划的32项重点治理项目，建成投运26项，完成率81.3%；城镇集中式地表饮用水水源地水质中，重金属污染物监测达标率100%，地表水国控断面和重点区域水环境、大气环境中重金属污染物监测均达标。抓好《重点流域水污染防治“十二五”规划》实施，纳入规划的153个项目，建成67个。组织各地对乡镇级以上集中式水源地环境情况进行排查，开展县级以上城市集中式饮用水源环境状况评估，逐步建立集中式饮用水水源地环境管理档案。报请省政府出台《关于加强危险废物监督管理的意见》，建成危险废物管理信息系统，危险废物规范化管理督查考核总体抽查合格率79.3%，考核成绩位居西北前列，全国第13位；编制完成《甘肃省土壤环境保护和综合治理方案》，通过专家评审。

【新《环境保护法》落实情况】制定实施《关于印发学习宣传〈中华人民共和国环境保护法〉实施方案的通知》，邀请环境保护部专家来我省进行专题视频讲座，厅级干部带队分别赴14个市州进行专题辅导；对照新《环境保护法》对建设项目环境管理提出的新要求，组织开展“未批先建”项目规范工作，省政府第56次常务会议专题听取有关情况汇报并提出明确要求；组织召开全省依法推进环境保护“三个加快工作”督办会；与省委组织部举办全省新法专题培训班，对各市州和县区政府分管领导、环保部门主要负责人和重点企业负责人进行培训。

省环保厅领导班子成员名录

厅　长　王建中

副厅长　张政民　武德凯　董光国

　　　　孙玉龙　肖　铮

纪检组长　杨　桦（回族）

（供稿：徐延文　陈静荣　闫进锋）

教　育

体制改革与发展

【教育发展】2014年，全省共有幼儿园3471所，在园（班）幼儿62.01万人，较2013年增加7.03万人。民办幼儿园1586所，在园（班）幼儿24.61万人；学前教育毛入园率70%，较2013年增长3.85个百分点。全省共有小学8979所，在校生180.24万人。初中1538所，在校生97.09万人。小学和初中适龄儿童净入学率分别为99.8%、96.73%，小学适龄儿童净入学率比2013年提高0.02个百分点、初中适龄儿童净入学率比2013年下降2.31个百分点，九年义务教育巩固率87%。全省共有普通高中402所、中等职业学校244所，在校生分别为65.44万人、26.26万人，高中阶段毛入学率90%，较2013年提高5个百分点。全省共有高等学校43所，其中普通高校38所（本科16所、高职专科22所），独立学院5所；成人高等学校6所；培养研究生单位14所（普通高校10所、科研机构4所）。普通高校在校生45.23万人，成人高校在校生9.15万人，研究生2.91万人；高等教育毛入学率28%，较2013年提高2个百分点。小学、普通初中、普通高中、中等职业学校生均校舍建筑面积分别为7.48平方米、10.1平方米、12.98平方米、16.21平方米，分别比2013年增加0.28平方米、1.11平方米、0.62平方米、2.01平方米；普通高校教育教学行政办公用房面积572.29万平方米，图书3333.44万册，比2013年增加173.07万册。

【教育综合改革】推进考试招生制度改革，研究制订甘肃省深化考试招生制度改革实施方案、甘肃省教育厅关于开展义务教育学区制改革的指导意见，修订完善全省普通高中学业水平考试方案和综合素质评价方案，制定外来务工人员子女参加高考政策；规范调整高考加分政策、优化征集志愿办法，最大限度满足考生求学愿望；实施招收农村学生专项计划，拓宽农村学生升学渠道；推行义务教育免试就近入学，实行九年一贯对口招生；推行中高职五年一贯制招生，完善“2+2+1”、中职学生对口升学和单独招生制度，普通高职和本科院校录取中职毕业生2.14万人，录取率79.2%。促进城乡义务教育资源均衡配置，通过“全面改薄”，整合教育项目资源，为学校配备必要的教学仪器设备、课桌椅、图书、体育及生活设施，办好必要的教学点，逐步缩小区域、城乡教育差距；研究制订县域内义务教育学校教师校长交流轮岗指导意见，统筹配置城乡教师资源；采取组建教育集团、学校联盟、名校办分校、强校托管弱校等措施，在破解上学难、大班额、择校热等问题上取得重要突破。创新农村学校教师补充机制，统筹实施普通高校毕业生就业项目、基层服务项目和“特岗教师”招聘计划，按学科及专业需求进行精准化招录。全年招聘教师7003名，其中“特岗计划”招录3349名，“民生实事”项目招录3000名，其他项目补充654名。深化人才培养模式改革，试行普通高校学分转换，在兰州市安宁区高校联盟基础上开展高校思政理论课跨校选课试点，实现学分互认、课程互通；深化职业教育人才培养模式改革，强化职业教育学生技术技能和人文素质培养；加强中小学教材管理，成立甘肃省基础教育课程教材专家委员会。推进义务教育育人方式改革，推行中小学生考试成绩等级加评语的评价方式，开展中小学教育质量综合评价改革实验，确定平凉市等七个省级实验区开展实验。

【职业教育改革】积极争取教育部在甘肃设立职业教育助推城镇化国家级改革试验区。研究制定《2015年全省职业教育重点工作实施方案》和《关于整合办学资源优化中等职业教育布局结构的指导意见》。扩大职业院校办学自主权，将全省中等职业教育专业设置权下放学校。积极筹建甘肃资源环境职业教育集团、甘肃电子商务职业教育集团等7个省级行业性职教集团，推进产教融合、校企合作。召开全省职业教育工作会议，出台《甘肃省人民政府关于贯彻落实国务院加快发展现代职业教育决定的实施意见》和《甘肃省现代职业教育体系建设规划（2014—2020年）》，明确甘肃现代职业教育改革发展的目标任务和政策措施。

【兰州新区职教园区建设】研究制定《关于加快兰州新区职教园区建设的实施意见》和职业院校“整合入园”方案，编制《兰州新区职教园区建设需求报告》《兰州新区职教园区各院校实训室（场）规划设计要求》和《有关院校及公共实训中心实训室（场）规划设计要求》。理顺管理体制，启动由省工信委、省卫计委主管的10所职业院校移交省教育厅归口管理工作。积极推动7所高校入园建设，整合省市属24所中职学校出城入园。

教育管理

【教育督导】完成2014年规划实现均衡发展10县区的省级督导评估，对15个县（市、区）政府教育工作进行省级督导评估，对市州政府教育工作进行年度考核。全年下发督评报告和通报近50次，督导追回欠拨公用经费5.7亿元。推进督学队伍专业化建设，开展全省中小学校责任督学挂牌专项督查。组织开展农村义务教育学校基本办学条件、中小学春秋季开学、中小学冬季取暖、教育信息化、高校后勤服务保障及消防安全工作专项督导。

【教育宣传】全年向省委、省政府、教育部报送信息专报20期，全部刊载在《甘肃信息》上，其中4期国办采用、2期国务院领导作出批示，继续加强新闻媒体教育宣传，组织协调主流媒体在《中国教育报》刊发稿件72篇，《甘肃日报》刊发303篇，甘肃电视台播出教育新闻240条。充分发挥《甘肃教育》《未来导报》等教育专业媒体优势，及时报道教育改革发展动态。

【义务教育经费管理】2014年全省农村义务教育投入资金34.24亿元，小学公用经费由560元/生·年提高到600元，初中由760元/生·年提高到800元。公用经费向100人以下的小规模学校和教学点倾斜，增拨补助资金1.55亿元，确保全省农村百人以下“小学校”正常运转。拨付冬季取暖费3.75亿元，由生均135元提高到146元，甘南等12个高寒阴湿地区达到292元。农村义务教育学生营养改善计划标准由3元/生·天提高到4元，补助资金14.7亿元，食堂覆盖率达到65%，201万名学生受惠。下达农村义务教育家庭经济困难寄宿生生活补助专项资金9.56亿元，77.1万名农村学生受益。城市义务教育保障资金投入2.88亿元。

2014年全省各级各类学校校数、教职工、专任教师情况

教育层次与类别	学校数（所）	教职工数（人）	专任教师（人）
一、高等教育		38115	26159
（一）研究生培养机构（不计校数）	14		107
1. 普通高校	10		11
2. 科研机构	4		96
（二）普通高等学校	38	36944	25283
1. 本科院校	16	27453	18389
2. 专科院校	22	9491	6894
其中：职业技术学院	19	7335	5708
3. 其他机构（不计校数）	（5）	3670	2731
其中：独立学院	（5）	3670	2731
（三）成人高等学校	6	603	443
（四）民办非学历高等教育机构	39	568	326
二、高中阶段教育	646	20156	59549
（一）高中	402		43761
1. 普通高中	402		43761
（二）中等职业教育	244	20156	15788
1. 普通中专	91	9760	7189
2. 成人中专	28	1358	786
3. 职业高中	125	8933	7733
4. 其他机构（教学点）（不计校数）	（6）	105	80
三、初中阶段	1538	149961	84844
（一）普通初中	1537	149953	84838
（二）职业初中	1	8	6
四、初等教育	8979	133281	140476
（一）普通小学	8979	133281	140476
五、特殊教育	33	755	671
六、学前教育	3471	37023	26097

【体育艺术教育和语言文字工作】开展“三个千所示范校”（千所中小学德育示范学校、千所快乐校园示范学校、千所省级语言文字规范化示范校）创建活动，各创建完成200所。出台《甘肃省贯彻落实国务院办公厅关于进一步加强学校体育工作的实施意见》《甘肃省学校体育三年行动计划》《省教育厅关于推进学校艺术教育发展的实施意见》。推动青少年校园足球运

动、中小学"一校一品"体育特色建设和每天一小时校园体育活动。重视艺术普及带动，组织"全国农村学校艺术教育实验县"艺术普及活动，推进高雅艺术进校园系列活动。加强社会实践和校外教育，教育部将甘肃确定为校外教育综合试点省份，在13个县（市、区）开始试点。落实2540万元建设127所乡村学校少年宫。组建10529个社区和村家庭教育指导服务点，初步构建覆盖全省的中小学家庭教育指导服务体系。实施全省中小学心理健康教育特色学校争创计划，确定50所学校为首批创建学校，创建A级标准化心理咨询辅导室27个。开展第17届"推普周"活动，举办第二届"中国汉字听写大会"甘肃赛区比赛和"语言文字文化大篷车送教下乡活动"，在三市五县区举办活动25场，150所学校师生受益。

【对外合作交流】西北师范大学与波黑新建一所孔子学院。举办甘肃省第三届国际文化产业大会敦煌论坛、"丝绸之路经济带"主题征文活动。印发《甘肃省教育外事管理规定》和《甘肃省自费留学服务中介管理办法》。全年派出留学人员962人，来甘就读留学生1131人，国际组织志愿者培训英语教师550名。

【信息化建设】加快推进"三通两平台"建设，建成甘肃基础教育资源公共服务平台、甘肃教育管理平台，建成"班班通"班级5000个。为民族地区1032所学校5000个班级配置"畅言智能语音教具"。建成全省中小学生学籍等5个管理信息系统。甘肃被教育部确定为全国第一个"运用信息化教学创新理论促进义务教育优质均衡发展试验研究"项目推广省份。投入3672.41万元，为全省157所中小学和中专学校配备成套教学仪器、图书资料、实验实训等设备。

【教育扶贫工程】制定《关于积极推进教育扶贫工程的实施意见》，启动实施贫困地区残疾学生就学保障工程、技能人才教育培训工程等十大教育扶贫工程。实行集中连片特困地区贫困县免费中等职业教育。扩大农村学生上大学的机会，在58个集中连片特困地区贫困县共录取考生12.78万人，比上年增加8657人。其中，面向集中连片特困地区58个贫困县定向招录本专科学生8057名，比上年增加6133人。"211"以上高校农村自主选拔专项计划录取340人。6所地方高校农村专项计划录取1022人。

【大学生就业】实施大学生就业指导6项行动计划，积极引导高校毕业生面向基层和中小微企业、非公单位和艰苦边远地区就业。成立甘肃省大学生创业指导师专家团队，举办大学生就业创业大讲堂，组织省级招聘会92场、高校招聘会210场。落实城乡低保家庭高校毕业生求职补贴制度，为城乡低保家

2014年各级各类学历教育学生情况

教育层次与类别	招生数	毕业生数	在校生数
一、高等教育	193307	362211	655571
（一）研究生	9870	8637	29080
博士	820	600	3370
硕士	9050	8037	25710
（二）普通本专科	130624	118697	452300
本科	74070	64285	288351
专科	56554	54412	163949
（三）成人本专科	30761	29925	91542
本科	14644	12494	40930
专科	16117	17431	50612
（四）其他各类高等学历教育	22052	204952	82649
1. 在职人员攻读博士、硕士学位		1903	6364
2. 网络本专科生	21557	12957	53499
本科	8974	6265	25540
专科	12583	6701	27959
3. 其他（留学生、自考助学班、			
研究生课程进修班及进修及培训生等）	495	191995	22786
二、高中阶段教育	296321	312741	917032
（一）高中	208136	223828	654430
1. 普通高中	208136	223828	654430
（二）中等职业教育	88185	88913	262602
1. 普通中专	40480	48268	131717
2. 成人中专	7272	5556	19619
3. 职业高中	40433	35089	111266
三、初中阶段教育	309956	351673	970919
（一）普通初中	309956	351673	970919
四、初等教育	280655	319335	1802371
（一）普通小学	280655	319335	1802371
五、特殊教育	1285	818	7635
六、学前教育	348770	243948	620127

庭高校毕业生9019人和残疾毕业生126人发放求职补贴9145万元。2014年，全省普通高校（含研究生培养单位）毕业12.68万人，应届高校毕业生就业率达到89.5%。

【助学工作】为19.93万名家庭经济困难学生发放生源地助学贷款11.04亿元，位列全国第三。拨付国家各类奖助学金951亿元，比2013年增加148亿元，惠及学生43.87万人次。中职教育免学费补助资金4.39亿元，惠及中职生14.45万人。落实学前一年教育资助金1140万元。其他各类资助计划和基金会项目为3.8万名家庭经济困难学生及教师发放资助金8317.5万元，争取香港言爱基金会捐助5000万元。

【社会主义核心价值观教育】实施省委“24字人知人晓工程”，把社会主义核心价值观融入大中小学各学科课程标准、教材编写、考试评价。制订《全面深化基础教育课程改革落实立德树人根本任务实施意见》，纳入省委、省政府未成年人思想道德建设“金种子”工程。组织开展“播撒‘金种子’，立德树新人”“传承华夏文明，书写绚丽甘肃”等主题活动30余项，编发《大学生社会主义核心价值观学习读本》。

【党风廉政建设】制定厅党组落实甘肃省委关于落实党风廉政建设主体责任意见的实施办法，提出“六个一”工作举措，按照“一岗双责”，落实“两个责任”，层层“签字背书”，逐级签订《党风廉政建设目标责任书》。健全党风廉政建设制度体系，制定对下约谈制度、厅管主要领导干部“三述”制度、廉政考试、廉政谈话、廉政档案等18项制度。制定惩防体系规划，修订厅机关、直属单位和省属高校廉政风险防控管理办法，梳理职权133项，查找风险点110个，研究制定防控措施175条。认真落实“三转”，积极推进驻厅纪检监察机构职能转变，建立教育系统纪检监察业务骨干人才库，实现厅系统纪检监察机构人员全覆盖。依法履行审计监督职责，健全财务管理内控制度体系，完成审计项目9项，审计金额14.3亿元。

【党的群众路线教育实践活动】组建成立全省教育系统第二批教育实践活动省教育厅（高校工委）指导组，深入指导16所高职高专和14个市州。市州提出的50项需省教育厅协助整改的具体事项已基本整改完成。加强政风行风建设，严格落实高考招生工作禁令，推进“阳光招生”工程，实现高考违纪数量、涉考信访数量两个“大幅下降”。解决“阳光在线”节目听众反映的突出问题41件，回访满意度100%。将教育乱收费治理工作纳入教育督导和政府考核重要指标，对7类教育乱收费进行专项整治，教育乱收费信访举报量同比下降48%，信访举报实名反馈满意率在80%以上。

【“双联”行动】推进“双联”工作，建设双联县镇幼儿园35所，安排519万元开展双联点中小学教师培训和信息化建设。推进双联点文化建设，投入135万元建成社区学习中心22个，协调74.4万元建设村委基层党组织活动场所。组织开展种植、养殖和劳动技能等专项培训，支持特色产业发展，促进农业增效和农民增收。

【依法行政】全面清理、修订机关行政规章制度，制定《甘肃省教育厅工作规则》《中共甘肃省教育厅党组议事规则》《甘肃省教育厅（高校工委）机关财务管理办法》《甘肃省教育厅（高校工委）机关公务接待管理办法》等51项规章制度，对厅机关政务管理、干部管理、经费管理、作风建设进行全面规范。

【效能风暴建设】落实《首问责任制》等8项岗位管理制度，开展“不作为、慢作为”“小金库”、教育惠农资金管理使用和公职人员违规经商办企业等专项整治。实施“1185”学习计划和“2212”联系群众计划。制定《甘肃省教育厅督查工作办法》，对重点督办事项跟踪督办、限时办结。编制省教育厅（高校工委）重点工作及任务分解方案，将重点工作逐项分解，召开全省市县教育局长会、重点工作季度推进会。提高公文传输和办公办事效率，启用电子公文与信息交换平台，完成电子监察系统建设。加强信息公开和信访工作，对近五年出台的应公开文件全部上网，实行厅领导接访制度，办理群众来信来访216件。召开媒体工作者座谈会，及时回复网络留言，主动回应社会关切。

【基础建设】推进第一批7所国家中职示范校建设，对第二批7所国家中职示范校进行省级验收，并报教育部评审确认。遴选确定并向教育部推荐静宁县等4个县为全国农村职业教育国家级示范县。安排专项资金1.62亿元，用于84所中职学校实训基地和信息化项目建设。

【校园安全管理】制定校园及周边治安综合治理工作要点及工作考评指标，出台《甘肃省中小学幼儿园安全管理办法》。加入“安全教育实验区”，开展平安校园创建活动、“护校安园”专项行动，对高校食堂、学生公寓等后勤设施进行重点排查，整治校园及周边安全隐患。针对性开展安全教育，编发《甘肃省中小学幼儿园安全管理工作手册》等安全知识读本25万余册，制作并发放安全警示牌、温馨提示600套。加强节假日和重要敏感期值班值守，积极应对突发事件。

【教师队伍建设】庆祝第30个教师节，省委、省政府表彰“园丁奖”教育系统先进集体42个、“园丁奖”优秀教师208名、“园丁奖”优秀教育工作者39名。完善“三纳入两渗透一否决”师德师风建设长效机制，开展新教师宣誓仪式等6项配套活动，启动实施“甘肃教师学苑”“陇原优秀教师群英馆”建设活动。推进教师队伍专业化发展，启动实施陇原名师助力贫困县优秀青年教师成长计划、百千万乡村教师素质提升计划、万名乡村校长能力提升计划，教师人文素养提升工程、中小学教师信息技术应用能力提升工程等“三计划两工程”，遴选金色教苑基地26个、金钥匙导师286人，建立陇原名师工作室40个，省、市、县、学区、校五级教师培训管理体系初步形成。“国培”“省培”等教师培训项目培训教师、校长14.3万人次，占专任教师总数58%。落实乡村教师生活补助，实现58个集中连片贫困县全覆盖，惠及乡村教师14.1万人。

综合教育

【学前教育】启动实施第二期学前教育三年行动计划，投入资金5.612亿元，完成省政府为民办实事58个集中连片贫困县316所乡镇幼儿园改造建设任务，实现集中连片贫困地区乡镇幼儿园全覆盖。全省新命名18所省级一类幼儿园，省级示范园达到51所、省级一类园达到105所。成立全省学前教育专业指导委员会。启动“3–6岁儿童学习与发展指南”实验区工作，省、市、县和幼儿园四级联动，开展科学保教实验试点。开展以“落实指南，科学保教”为主题的全省学前教育宣传月活动。制定《甘肃省幼儿园办园行为规范》《甘肃省托儿所幼儿园卫生保健管理实施细则》。部署建成二期学前教育管理信息系统。

【义务教育】嘉峪关市等11个县（市、区）首批通过国家督导检查，实现国家义务教育发展基本均衡县目标。指导各地完善农村义务教育学校布局调整规划。修订《甘肃省义务教育学校办学基本标准（试行）》，制定《甘肃省农村小学教学点办学基本标准》，促进城乡、校际、区域之间教育均衡发展。将随迁子女义务教育纳入当地教育发展规划和财政保障范畴，补助资金0.93亿元，保障进城务工人员随迁子女平等接受义务教育。

编制《甘肃省全面改善贫困地区义务教育薄弱学校基本办学条件实施方案（2014–2018年）》《甘肃省全面改善贫困地区义务教育薄弱学校基本办学条件项目规划（2014–2018年）》，制定“全面改薄底线标准”，落实2014年项目资金56.36亿元（其中中央资金19.42亿元、省级15.5亿元、市级4.39亿元、县级及其他资金17.05亿元），全省完成全面改薄项目1639个、开工项目374个、正在招标采购项目1537个；新建校舍90.5万平方米、维修校舍33.8万平方米，购置课桌椅25.1万套、计算机2.8万台。全省消除中小学D级危房151万平方米，投资13.64亿元，完成岷县漳县灾后教育重建任务308个。

【普通高中教育】落实《甘肃省创建省级普通高中特色实验学校指导意见（试行）》。扩大优质高中教育资源，加大普通高中扩容改造、配置图书和教学仪器设备，投入中央资金2.87亿元，安排连片特困县普通高中改善办学条件项目学校33所，创建特色实验校20所，命名省级示范性普通高中4所，高中阶段毛入学率达到90%。

【高等教育】2014年普通高校招生录取考生22.92万人，高考录取率77.1%。全省高校录取博士、硕士研究生10013人，其中博士研究生797人、硕士研究生9216人。积极推进全省医学人才培养，完成甘肃卫生职业学院向教育部备案工作，5个医学专业招生800人。2014年共有376所省外院校医学类专业在甘肃录取2.09万人，较上年增长38.2%。继续推进高等教育质量工程，实施“卓越工程师教育培养计划”“卓越法律人才教育培养计划”“卓越医生教育培养计划”。评议通过4所高校大学章程。加强高等教育自学考试管理，纪念自学考试制度实施30周年。积极推动张掖医专并入河西学院，定西师专并入甘肃中医学院。推动平凉医专升格甘肃医学院、甘肃中医学院更名甘肃中医药大学、兰州商学院更名兰州财经大学，并获得全国院校设置评议委员会一次性评审通过。围绕丝绸之路经济带、华夏文明传承创新区、3341项目工程等重大战略平台，优化调整专业结构，新设文化产业管理、电子商务、物联网工程等38个本科专业，新增硕士专业学位点22个、博士后科研流动站5个，建立“环境地质与灾害防治”甘肃省联合培养研究生示范基地，护理、林业与审计3个硕士学位点填补甘肃空白。组织高校广泛开展高校互访、高校访企业、访科研院所、访政府“四访”活动。评选教学成果190项，入选长江学者3人、飞天学者51人（特聘教授27人、讲座教授24人）。争取国家自然科学基金项目425项、社会科学基金项目95项；获2014年度甘肃省科学技术奖26项，其中自然科学奖项目4项，占全省获奖总数的80%；立项156个省级高校科研项目；评选科技进步奖132项、社科成果奖269项；高校协同创新中心攻关产业科学技术23项，成立创新战略联盟5个。协调下达省级财政支持高校重大项目、高职院校实训项目经费10.67亿元，支持高校科研创新与成果应用。召开第22次全省高校党建工作会议。召开全省高校贯彻落实党委领导下的校长负责制座谈会，贯彻中央《关于坚持和完善普通高等学校党委领导下的校长负责制的实施意见》。开展高校思政工作“1231”行动。开展全省高校党建和思政工作调研。组织实施马克思主义理论研究建设工程和思政课骨干培训、择优资助、教学展示、精彩一课等。指导全省高校完善党建制度，8所高校召开党代会（党员大会）。对高校基层组织开展集中培训。举办辅导员职业能力培训班，全面加强高校辅导员队伍建设。改革课程讲授形势和内容，编发高校《形势与政策》课教材6.35万册。

【特殊教育】启动特殊教育三年提升计划，累计投资3.6亿元建设特教学校41所，提高“三类”残疾儿童义务教育普及率。完善部门各负其责、社会共同参与的关爱服务体系和工作格局，关爱农村留儿童，最大程度保障残疾儿童受教育权利。

【民族教育】在甘南州建设115所藏汉双语幼儿园，通过与兄弟省区开展对等招生，为民族地区培养双语人才。14所省级示范性高中对口招收400名民族地区高中生，少数民族高层次骨干人才计划招收硕士、博士216名，甘肃—天津藏区“9+3”免费职业教育项目招生880名。推进实施“三区”人才支持计划教师支教专项计划，1400名支教教师全部到岗。制定阿语学校、高中民族班和高校少数民族学生管理办法。加强民族地区师资培训，累计培训970人次。甘南州义务教育寄宿生生活补助标准由

1650元/生·年提高至1915元，部分县区提高到1950元/生·年。

【民办教育】制定《甘肃省普惠性民办幼儿园认定和管理办法》，培训民办幼儿园教师5500人、园长300名，全省民办幼儿园达到1586所。规范民办学校办学行为，积极开展民办学校年度检查、招生简章和广告备案、教育质量督导、依法办学培训。全省新建各级各类民办学校（含非学历培训机构）140所，全省民办学校达到2753所，年培训人数达到55.4万人次。

省教育厅领导班子成员名录

厅　长　王嘉毅

副厅长　王智平　陈保平

旦智塔（藏族）　赵　凯

纪检组长　张　晶（女）

党组成员　贾　宁

总督学　李　晶

（供稿：华　伟　张　金）

部分高校

兰州大学

【人才培养】“本科教学工程”建设持续推进。制订本科专业“主干基础课程教学团队”建设方案。改革自主招生选拔模式。354门课程在数字化学习中心试运行。化学化工虚拟仿真实验教学中心首批进入国家级虚拟仿真实验中心。3种教材入选“十二五”普通高等教育本科国家级规划教材，1门课程获批国家精品视频公开课，3门课程在中国东西部高校课程共享联盟上线。新增国家级教学成果二等奖2项，甘肃省高等学校实验教学示范中心1个、教学团队1个、教学名师奖2项、特色专业2个、精品课程10门。制订研究生招生指标配置办法，实施校内优秀推免生培育计划，单列指标招收校外优秀推免生和二志愿调剂生源并进行专项奖励，改革奖助体系，积极推进以提高生源质量为核心的研究生招生制度改革。加强研究生教学管理，强化导师指导能力培训，启动“海外名师授课计划”，搭建学术交流平台。制订研究生学位论文学术不端行为检测及处理办法，严惩学术不端行为。规范同等学力人员学位申请及授予工作，完善博士硕士学位论文抽查评估，强化学位授予质量监控。以实践环节为突破口，加快推进专业学位研究生培养模式改革。新增博士后科研流动站2个，硕士专业学位授权点2个。10位专家成为国务院学位委员会学科评议组成员。74人入选国家建设高水平大学公派研究生项目。5篇博士学位论文入选甘肃省优秀博士学位论文。“国家级大学生创新创业训练计划”项目立项166项，大学生创新创业行动计划项目立项732项。强化实践教学，建设兰州大学南通基地，首批入驻30名学生。1名学生在2014仁川亚运会上摘得金牌。1名学生获得第十届“中国青年志愿者优秀个人奖”。获得甘肃省第五届大学生创新创业大赛一等奖2项、二等奖1项。继续教育在册学生10107人，网络教育在册学生63117人。

【科学研究】获批国家科技支撑计划项目1项，国家自然科学基金项目182项、国家社会科学基金项目27项，教育部人文社科项目13项，甘肃省科技计划项目70项、社科规划项目22项。获得甘肃省科技进步一等奖3项、二等奖5项，甘肃省高等学校科技进步奖暨社科成果奖一等奖11项、二等奖5项。1篇以学校为主的论文发表在Science。1篇论文荣获中国藏学研究珠峰奖藏文学术论文类一等奖。1位教授主编的文献被作为国礼。授权专利103项。科研经费总计32720.9万元。推进“西部生态安全协同创新中心”和“丝绸之路经济带建设与边疆安全协同创新中心”的培育建设。新增甘肃省重点实验室（培育基地）3个、甘肃省高校重点实验室1个、甘肃省哲学社会科学重大研究基地1个。草地农业生态系统国家重点实验室顺利通过验收。8个甘肃省重点实验室顺利周期性评估。1个教育部长江学者创新团队获得滚动支持。

【社会服务】推动丝绸之路经济带建设研究。在甘肃14个市（州）调研地方经济社会发展过程中需要合作解决的重大问题。与河南省政府、淮安市政府、南通市政府、陇南市政府、甘肃省广播电视网络股份有限公司等签署合作协议，开展产学研合作。签署科技项目合同535份。大学科技园成为“省级创业就业孵化示范基地”。

【学科建设】坚持“强固重点，集成优势，发挥特色，鼓励交叉，突出创新，促进各学科协调发展”的学科建设思路，加大对文科、医学等弱势学科以及新兴交叉学科、特色学科、发展中学科的建设支持。完成“985工程、211工程”项目建设经费90%以上。

【队伍建设】聘任临床医学教授5人、副教授16人。制订青年教授岗位设置及职务聘任办法并开展聘任工作。入选“万人计划”2人，新增“长江学者”特聘教授2人、国家杰出青年科学基金获得者1人、优秀青年科学基金获得者4人。1人获得“全国优秀教师”荣誉称号。实施“萃英人才建设计划”。引进教授6人、副教授13人，选聘博士毕业生91人，聘任萃英讲席教授10人，聘任兼职教授28人。选拔18人攻读博士学位，8人从事博士后研究工作。新入选国家公派项目37人。

【对外交流】签署校际合作协议26份，赴海外进行长短期学习交流学生704人，接收152名校际交流生来校交流学习。派出各类出访人员756人。主办国际会议14项，参会1357人。引进长短期外专、外教1120人。7人受聘为“客座教授”。接待港澳台地区来访978人。在读留学生438人，攻读学位留学生占72.3%，生源国别达到57个。获得“来华留学生教育先进集体”荣誉称号。乌兹别克斯坦塔什干国立东方学院获得“孔子学院开创者”奖。

【校区建设】推进新校区建设各项前期工作。体育馆竣工，医学教学实验楼、医学校区8号学生公寓正在建设。一分部15-22号、二分部17号教职工公寓调配方案已经七届一次教代会讨论，正在修订。完成维修改造项目110

项。教职工住宅产权办理、腾退旧房产权过户交易、购房租房补贴发放、第一批教工公寓住房公积金提取及贷款登记等工作顺利进行。建立学校统一认证、信息门户、数据交换三大平台，完成教务、学生、科研、社科、人事等数据的集成。建立OA协同办公系统。图书馆科技查新工作站升级为教育部综合类查新站。建成兰州大学西北地方边疆文献中心、伊斯兰文献中心并提供开放服务。启动兰州大学机构知识库建设。

【大学内部治理结构】对部分议事协调机构进行调整和撤销。推进《兰州大学"十二五"建设与发展总体规划》和各专项规划实施，与31个学院（研究院）签订工作任务书。《兰州大学章程》获得教育部核准。修订并落实《兰州大学医学教育管理体制改革实施方案》，成立医学院，统筹、协调和规划医学教育发展。实施新的工作调度机制。

【"双联"工作】兰州大学承担临夏州临夏市枹罕镇2个村和平凉市崆峒区12个村的双联任务。2014年，学校通过各种途径筹集资金86.9万元，落实水、电、路等民生工程。开展支教活动120余场次，开展各类宣讲活动近50场次。在临夏市枹罕镇枹罕中学发放双联教育扶助资金20万元，资助贫困生、奖励优秀教师和改善教学条件。

兰州大学领导班子成员名录

党委书记　王寒松
校　长　王　乘
党委副书记　钟福国
郭　琦（6月任）
曹爱辉（6月任）
纪委书记　李正元
副校长　景　涛　何晓东　安黎哲
陈发虎　徐生诚　潘保田
高新才　李玉民　曹　红

（供稿：程亚娟）

西北师范大学

【教学工作】全面落实《西北师范大学教师教育改革推进计划》，推进2个国家教育体制改革试点项目。召开拔尖创新人才工作推进会，改革"云亭班""卓越人才基地班"学生遴选机制。启动实施《西北师范大学教师教育课程方案及修读要求》。组织召开甘肃省教师教育联盟、安宁五所高校联盟合作育人联席会议。获批"卓越语数外中学教师培养改革项目""西部幼教精英计划"两个教育部卓越教师培养改革项目。5门课程被评为"甘肃省高等学校精品课程"，10个项目获省教育厅教学成果奖。体育教育、舞蹈学2个专业被评为省级特色专业。设立专项经费支持48位教师开设课程设计与参与式研讨课。承办甘肃省第二届高校青年教师教学大赛。举办学校第二届青年教师教学技能大赛。组织落实新入职青年教师一年助教制。成立西北师范大学学生学业发展指导中心。举办2015届师范类毕业生教学大赛。举办6期高校教师岗前培训班，开展全省高校教师资格认定教育教学能力测试工作，承办"国培计划（2014）"少数民族双语教师普通话培训班，"中国汉字听写大会"甘肃赛区比赛培训会。圆满完成各类招生考试工作，录取博士研究生85人，硕士研究生1859人，本科生4585人。启动博士研究生招生"申请审核制"。

【学科建设与科研工作】新增心理学博士后科研流动站，金融、法律、会计3个硕士专业学位授权点，西北地方治理和语言与跨文化传播2个目录外博士二级学科，公司财务战略与管理、文化与旅游产业、矿产勘查与地质环境、人力资源管理等4个目录外硕士二级学科。推荐"风沙危害区生态修复与沙产业协同创新中心"为省级协同中心。培育建设"甘肃省特色资源与生态保护协同创新中心""西北边疆治理与国家安全协同创新中心"两个校级协同中心。获批"文化产业与新型文化业态发展研究中心"1个甘肃省哲学社会科学重大研究基地，"甘肃省青少年体质监测与健康促进重点实验室"1个甘肃省高校重点实验室，"有机过氧化物工程实验室"1个发改委省级工程实验室。获得竞争性科研经费5139.23万元。其中社会科学争取各类项目107项，总经费1148.6万元；自然科学争取各类科技项目140项，总经费2962万元；校地校企合作项目47项，总经费1028.63万元。获甘肃省自然科学奖2项，甘肃省科技进步奖2项，甘肃省高校社科成果奖74项，甘肃省体育社会科学研究优秀成果奖8项。举办学术报告234场、体艺展演19场，召开各类学术会议、论坛等24场次。

【学生工作】开展优秀大学生示范群体建设工作和优秀大学生事迹报告会系列活动。表彰奖励38个先进班集体，9639人次获校院奖学金，奖学金总额共计1011万元。447名研究生获得各类研究生奖、助学金347.5万元。设立资助项目22项，资助经济困难学生6308人，发放资助金1869万元。为6021名同学办理国家开发银行生源地信用助学贷款，贷款总金额3314.32万元。成功举办春、秋两季大型就业洽谈会。举办"全省高校创业大讲堂""教师教育专业能力培养训练""创业计划大赛""农村大学生就业创业训练营"等活动。举办首届辅导员职业能力大赛。积极开展"爱·尚"微公益活动。先后组织2000余名志愿者参与2014兰州国际马拉松赛、兰州金鸡百花电影节等大型赛事活动的志愿服务工作。修订出台《西北师范大学研究生国家奖学金评审办法》、《西北师范大学研究生学业奖学金管理暂行办法》和《西北师范大学研究生国家助学金管理实施办法》。开展"西北师大研究生学术讲堂""研究生暑期社会实践活动"和"研究生学术月系列活动"等学术文体活动，做好研究生国家奖学金和研究生"三助"推荐评审工作。

【合作交流】苏丹喀土穆大学、摩尔多瓦自由国际大学两所孔子学院学员人数大幅提升。与波黑萨拉热窝大学达成合作建设第三所孔子学院意向。做好与美国南伊利诺伊州立大学、白俄罗斯师范大学、土耳其法蒂大学等国外高校教师、学生的交流互派工作。依托华文教育基地，招收第二批40名来自吉尔吉斯斯坦和哈萨克斯坦的东干族留学生。完成第十、十一批共36名教师（管理干部）赴北京师范大学对口支援进修、锻炼教师和干部的选派交流工作。出台《西北师范大学对口支援工作管理办法》。承办第三届西北联大与中国高等教育发展论坛。积极落实与张掖市、天水市、定西市、中科院兰州分院、金川公司的合作协议。与省委宣传部签署《共建新闻学院协议》。与敦煌市合作举办西北师范大学敦煌学院，共招收美术学、舞蹈表演、动画3个专业95名本科生。成立内蒙古校友联谊会。与北师大图书馆开展全面合作。完成在线归档4439条，自筹经费出版《国立西北师范学院史料摘编》，接受国家《档案法》行政执法检查。博物馆全年共接待31800人次的参观访问。

【基建与后勤服务保障】完成新校区东大门的建设，附小操场的改造和附小教学楼的维修工程，新校区特教楼主体工程基本完工。完成新校区学生宿舍楼建设项目、文科实验实训中心建设项目前期审批工作。完成校本部核心区景观规划方案优化和校本部教学区校园改造与更新概念规划设计方案的编制工作。566户新建教师公寓住户顺利入住。完成三批近600套腾空房住房调整分配工作。积极办理北校区危旧房改造项目各项报批工作。制定出台《西北师范大学后勤服务质量规范》《西北师范大学后勤服务质量考核暂行办法》。完成部分公房、住宅楼屋面防水修复及涉及学校后勤服务保障方面的道路、路面、水电暖管网、路灯增设等小型维修改造工程项目40余项。完成北环路项目建设占用新校区山坪地和北环路建设项目拆除北山林地部分附属设施的补偿工作。开展办公用房清理工作。完成校园综合安全管理智能系统工程。出台实施《西北师范大学停车收费管理办法》。

【"双联"工作】安排干部驻村开展工作，学校干部分批分次进村入户，为联系村捐赠电脑、桌椅等基础教育设备，组织专家学者深入联系县开展党的群众路线教育实践活动专题辅导报告等工作。积极联系和申请社会资源、政府项目资金90万元支持宕昌县城关镇旧城村道路改造。组织师大附属中学骨干教师开展高考考前辅导，当地2000余名师生参加辅导。为礼县白河镇铨水村、古桃村筹集资金15万元，购买核桃苗16000株。组织开展慰问联系户和考核评估工作。

【队伍建设】共引进38人来校工作。召开长江学者、飞天学者聘任仪式暨人才工作座谈会、"双星"教师座谈会。聘任甘肃高校"飞天学者特聘计划"特聘教授、讲座教授各5人。3名教师获"明德教师奖"，马克思主义学院何继龄教授获"全国优秀教师"荣誉称号。56名专家入选甘肃省领军人才；61位优秀青年教师获学校"双星计划"资助。出台《西北师范大学专业技术人员获得博士、硕士学位直接定职的补充规定》。完成全校教职工的专业技术职务的评聘工作，共有110余人晋升高一级专业技术职务，其中正高（教授、研究员）20人，副高（副教授、副研究员）52人。完成国务院特殊津贴人选、国家"百千万人才"工程人选、甘肃省"园丁奖"先进集体、"全国教书育人楷模"、甘肃省领军人才补充人选、教育部"长江学者奖励计划"人选、教育部"思想政治教育中青年杰出人才支持计划"人选、"陇原创新人才扶持计划"人选、甘肃省高层次人才的信息采集和推荐工作。实施学校第二轮岗位设置与聘用工作。制定新一轮《西北师范大学校内岗位津贴实施方案》，完成在职职工绩效工资和离退休职工补贴的报批、审核和补发工作。

【党建工作】组织学习党的十八大、十八届三中，四中全会精神及习近平总书记系列重要讲话精神。印发《西北师范大学培育和践行社会主义核心价值观实施方案》。召开党的群众路线教育实践活动总结大会。学校领导班子开展教育实践活动情况的民主测评满意度为98.1%。加强干部培训考核工作。共有10人次参加国家教育行政学院、甘肃省委党校相关培训研讨班。举办两期中层干部学习贯彻习近平总书记系列讲话精神集中研讨班，先后有300余名干部参加。承办全省教育管理干部培训班。中央电视台《朝闻天下》栏目播出"校训是什么?——走进西北师范大学"专题。召开学校第六届教职工代表大会暨第二十一次工会会员代表大会，选举产生新一届工会委员会。出台《关于进一步完善校、院两级党员领导干部联系党外代表人士制度的通知》。举行第十一届"敬老月"主题教育系列活动。严格执行中央八项规定和省委"双十条"规定。公共经费统一压缩5%，以学校名义制发的各类公文共297份，与上年相比减少15.1%；全校性会议共召开36次，与上年相比减少21.7%。制定《西北师范大学关于落实党风廉政建设主体责任实施办法》《西北师范大学党风廉政建设若干规定》《西北师范大学贯彻落实〈建立健全惩治和预防腐败体系2013-2017年工作规划〉实施办法》，编印《西北师范大学廉政风险防控管理工作手册》。

西北师范大学领导班子成员名录

党委书记　刘　基（11月止）

　　　　　陈克恭（11月任）

校　长　刘仲奎

党委副书记　于树青（11月止）

副校长　万明钢　刘玉泉　丁虎生

　　　　田　澍　董晨钟

　　　　刘复兴（8月任）

（供稿：牛成春　梁兆光）

兰州理工大学

【党建和思想政治工作】经过认真筹备，学校于2014年4月召开由甘肃工业大学更名为兰州理工大学后的第二次党代会。选举产生新一届党委和纪委领导班子。全年校党委中心组集体学习10次，组织召开校中层领导干部理论务虚会2次。开展干部分类教育培训工作，举办中层干部学习贯彻习近平总书记系列重要讲话精神学习培训班，组织党务干部赴天津大学、院（处）长赴东南大学召开学习培训班；修订完善中层干部年度考核实施办法。建立对二级党组织的分类考核体系，对二级党组织进行全面考核。制定《关于落实党风廉政建设主体责任的实施办法》《贯彻落实建立健全惩治和预防腐败体系2013—2017年工作规划实施办法》。推进“24字人知人晓工程”，启动“1616行动计划”。学校涌现出“全国优秀教师”“全国优秀思想政治工作者”杜永峰教授，“全国优秀大学生”“2014年十大陇人骄子”魏玉川同学等为代表的一批先进典型。

【全面深化改革】出台《中共兰州理工大学委员会关于全面深化改革的意见》，成立全面深化改革领导小组和十个改革专项小组。制定《兰州理工大学关于实施目标责任制的意见》，全面实施目标责任管理。推进各方面专项改革，创新人才培养机制，修订完善本科教学管理、人才培养质量保障等制度体系；制定《后勤集团内部管理体制改革意见》，积极推进新一轮后勤改革；积极深化技术工程学院改革，完善技术工程学院运行机制，形成《关于支持兰州理工大学技术工程学院持续发展的意见》。

【“教风学风建设年”活动】对教学管理制度进行修订完善，建立行之有效的教学规章制度贯彻落实机制。优化教学运行机制，逐步实行理论教学周、考试周、集中性实践环节教学周运行的总体教学安排。落实领导听课制度、青年教师导师制等制度。完善量大面广课程教学质量评价体系，积极推行教考分离和全校联考。启动本科教学工作审核评估工作，发布“本科教学质量年度报告”。

【人才培养】遴选出8个专业开展分类建设，启动专业内部与外部评估，完成全校所有专业的校内评估，土木工程专业第四次通过住建部评估委员会组织的专业评估。道路桥梁与渡河工程、工程造价、物联网工程3个本科专业获教育部备案并于2014年开始招生，俄语专业已通过省教育厅评审并报教育部备案。新能源学院（酒泉）办学条件和专业建设得到加强，在校学生达300余人。获得省级教学成果一等奖2项、二等奖4项，国家级大学生科技竞赛奖励20项。成功申报国家级质量工程项目5项，国家大学生创新创业训练计划项目31项。获得省级特色专业2个，省级教学团队1个，省级教学示范中心1个，省级教学名师1名，省级精品课程5门。召开第三届研究生教育工作会议，开展MBA教育教学创新改革，1篇论文获得2014年度甘肃省优秀博士学位论文。2014年，学校博士招生56人，硕士招生（统招）1109人，本科招生5822人，来华留学生招收78人。2014届本专科毕业生初次就业率为86.6%，截至2014年12月底，全校毕业生就业率为95.6%。

【科学研究】制定省部共建有色金属先进加工与再利用国家重点实验室中长期建设规划和方案；投资约4000万元进行校内5个高水平科技创新共享平台和4个学科方向性平台建设，2个甘肃省高校省级重点实验室、1个甘肃省重大社科研究基地获批建设；“兰州理工大学工业设计中心”成为首批省级工业设计中心；资助“红柳”青年教师15人、杰出人才计划6人。召开“2014年科技创新大会暨产学研合作论坛”，与沈阳金属所、金川公司达成三方战略合作协议；成功申报“西北低碳城镇支撑技术协同创新中心”省级协同创新中心；与温州市人民政府、温州市龙湾区人民政府协议共建兰州理工大学温州科技园；与白银市政府合作共建“白银新材料研究院”；与大连四方电泵、沈鼓集团合作成立“兰州理工大学磁性物理及磁技术研究所实验基地”。国家自然科学基金、国家社科项目等国家级项目立项71项，全年科技进款1亿余元。SCI收录论文193篇，EI收录论文376篇，全国高校排名分别为157位和74位。获科技奖励40项。军工质量体系覆盖范围达到6个专业，签订军工科研合同6项。学校控股企业全年实现销售收入9630万元，实现利润1475万元。

【学科建设】新增法律硕士、艺术硕士、国际商务硕士、工程硕士（纺织工程）4个硕士专业学位授权点。申报目录内二级学科博士点1个，目录外二级学科博士点2个。在5个甘肃省“飞天学者”设岗学科聘任校内外10位“飞天学者”到岗工作，制定完善“飞天学者”的聘期目标任务和考核办法。完成2011-2014年度“红柳”学科建设计划执行情况检查工作。

【师资队伍建设】引进“千人计划”入选者上海交通大学李晔教授，8名教师获“西部项目”留学资格，2名教师获“青骨项目”留学资格。加快教师学历“博士化”进程，2014年引进博士31人。2014年共评定正高级职称24人、副高级职称48人。完成绩效工资改革工作。修订“非事业编制聘用人员管理办法”。

【对外交流与合作】同俄罗斯南俄

2014年1月29日，省委副书记、省长刘伟平，副省长郝远到兰州理工大学参观调研“省部共建有色金属先进加工与再利用国家重点实验室”

国立工业大学签署共同举办孔子学院的协议，启动孔子学院的申报工作。与白俄罗斯国立技术大学签订科技合作协议，与俄罗斯莫斯科动力工程学院签署上海合作组织大学联合培养研究生项目协议；与台湾中正大学、昆山科技大学、静宜大学等签署校际间的合作交流协议。组织本科生赴德国进行暑期实习、研究生赴台湾地区公派学术交流；选派30名学生赴国（境）外留学、29名学生赴国外短期交流学习。举办校友企业家俱乐部论坛，召开学校教育发展基金会一届二次理事会。

【保障服务工作】完成西校区各学院办公用房调配、三号楼办公用房改造和调配工作。顺利解决甲子坪东侧山地土地纠纷问题。西校区图书馆东楼和西楼主体封顶。完成附属中学扩建工程项目的前期论证和立项工作。数字化校园一期工程建设全面推进，初步建成统一认证、统一门户、统一信息服务三大平台及信息标准体系。建成10个标准化实验室，与ABB公司共同投资350余万元联合建成ABB工控实验室，罗克韦尔公司投资1千万元捐建的自动化实验室已进入实施阶段。全年完成19.9万人时数的开放实验。建成材料工程国家级实验教学示范中心、冶金工程虚拟仿真实验室等专业实验室。制定《兰州理工大学大型仪器设备开放共享管理办法》，建立大型仪器设备管理平台和技术档案。多渠道积极筹措资金，2014年教育事业收入比上年增长14.2%，完善财务内部管理机制。与后勤集团公司签订“2014年后勤服务协议书”。

【“双联”工作】兰州理工大学“双联”行动联系点是东乡县果园乡娄子、果园、李坪、努拉芒、石拉泉、红庄、陈何等7个行政村。实现产业互助合作社在帮扶村的全覆盖，贫困户年纯收入增幅达23%以上，在东乡县招收少数民族预科班学生30名。学校双联工作被省上评为“优秀”，并获省委“民心奖”。

兰州理工大学领导班子成员名录

党委书记　李贵富
校　长　王晓明
副校长　邱　平（10月止）　夏天东
　　　　芮执元　俞树荣　韦尧兵
　　　　李仁年　王全进（8月任）
纪委书记　李香枫（女）

（供稿：仝　辉）

兰州交通大学

【教育教学改革】组织申报“阿拉伯语”“机械电子工程”2个本科专业，并对建设满两年的葡萄牙语、动画、风能与动力工程3个新办专业进行中期检查。“机械设计制造及其自动化”“建筑环境与能源应用工程”2个专业被评为省级特色专业。《旅客运输组织》《离散数学》《水力学》《微生物学》4门课程被评为省级精品课程，2部教材入选“十二五”普通高等教育本科国家级规划教材。遴选建设6个校级教学团队，其中工商管理类专业核心课程教学团队被评为省级教学团队。“土木工程实验教学示范中心”成功申报国家级实验教学示范中心，使学校国家级实验教学示范中心增至4个；“轨道交通信号与控制实验教学中心”和“测绘与地理信息实验教学中心”成功申报省级实验教学示范中心，使学校省级实验教学示范中心增至10个。组织学生参加国家级学科竞赛25项，获国家级奖59项（一等奖17项，二等奖26项，三等奖16项）。

【科技创新工作】“寒旱地区水环境保护及水资源利用协同创新中心”成功入选甘肃省第二批高校2011协同创新中心，“轨道交通调度与安全重点实验室”获批甘肃省高校重点实验室，“甘肃省地理国情监测工程实验室”和“甘肃省高精度北斗定位技术工程实验室”获批建设。“寒旱地区水资源综合利用教育部工程研究中心”通过现场考察，“黄河中上游水环境综合整治技术体系研究创新团队”通过验收；成功取得“武器装备科研生产许可证”，使学校成为甘肃省第三家拥有完备军工科研资质的高校。2014年发表各类论文1486篇，其中SCIE、EI以及ISTP检索413篇，申请各项专利56项，其中发明专利13项，实用新型43项。2014年，承担各类科研项目552项，到账经费达1.0174亿元。其中，承担国家自然科学基金项目47项，国家社科基金项目5项，科研项目获省部级奖励6项，厅局级奖励53项。

【学科建设和研究生教育】2014年学校召开兰州交通大学学位与研究生教育工作会议。先后制定《研究生教育综合改革实施意见（讨论稿）》《兰州交通大学学术学位与专业学位研究生指导教师评聘与管理暂行办法》《兰州交通大学学位论文作假行为处理办法》等一系列改革办法。学科专业结构更趋完善，会计、艺术、汉语国际教育3个硕士专业学位点获国务院学位办批准。2014年度共有8名博士研究生，78名硕士研究生获得国家奖学金，289名硕士研究生参加“三助”工作，发放津贴43万元，获得詹天佑专项基金、中天科技奖学金等其他奖励共计172人次。完善博士后出站及基金资助制度，共有2名博士后获得中国博士后科学基金第五十五批面上资助，1名博士后获得校博士后科研基金资助。博士后年度进站4人，出站4人，目前在站博士后总数为15人。

【师资队伍建设】1名教师入选国家中青年科技创新领军人才；1名教师入选2013-2014年度长江学者特聘教授；1名教师获得中组部等四部委联合颁发的全国杰出专业技术人才称号；11名教师获批国家留学基金资助出国项目和“西部项目”；20余位教师获得詹天佑铁道科技奖、甘肃省园丁奖、陇原青年创新人才扶持计划等奖励和资助；27名教师晋升教授、37名教师晋升副教授。

【招生就业工作】2014年共录取全日制学生7930名，其中博士研究生39人，硕士研究生1158人，本科生5569名，预科生30名，高职生1014名，专升本考生120名。理工类最低录取分数超出当地二本线50分以上的省份达到16个；甘肃省理工一本录取最低分高出一本线15分，理工二本录取最低分高出二本线44分。本科生跨省招生计划比例比去年提高3.5%。全年共举办就业指导报告23场，各类招聘会540余场，为2014届毕业生提供1200多个单位30000余个招聘岗位信息。组织承办“甘肃省大学生创业大讲堂”活动，培养学生创新意识和创业能力。学校设立大学生创业基金20万元，对可行性强的毕业生创业项目给予支持。截至2014年12月，硕士研究生就业率为94.03%，本科毕业生就业率为92.83%，高职毕业生就业率为93.25%。

【学生管理工作】全体校领导及百余名处级干部深入100个学生班级开展领导干部联系班级工作，全面了解学生学习生活状态。为2013级5500余名大学生全部建立电子心理档案，心理健康教育服务中心年度累计接待来访心理咨询496人次，实现学生意外伤亡为零的年度工作目标。加大征兵工作宣传力度，有29名大学生应征入伍。更新家庭经济困难学生数据库，实现“奖、贷、助、勤、补、减免”各项资助工作的准确定位，共发放各类奖学金、助学金、助学贷款、困难补助以及勤工助学、学费减免等款项约6400余万元，受奖受助学生达48656人次。

【对外交流与合作】学校成功入选教育部第二批来华留学示范基地。积极加强留学生教育培养工作，获得中国高教学会授予的“来华留学生教育先进集体”荣誉称号。共接待来自瑞士西北应用科技大学等国（境）外团组11团次共计66人来学校交流。组织7个公务团分赴拉脱维亚、吉尔吉斯斯坦等8国，洽谈国际合作事宜。先后与美国特洛伊大学等6所高校签署合作协议备忘录。开拓与美国西密歇根大学2.5+1.5本科阶段双学位联合培养项目，与西班牙萨拉曼卡主教大学、葡萄牙蒙特斯与奥拓杜罗大学3+1学生交流项目。43名学生分赴美国依阿华州立大学、日本福井大学等学校攻读学位或交流学习。

【公共服务体系建设】2014年学校财政收入总计达7.8亿元。制定《兰州交通大学公务接待管理办法》《兰州交通大学会议费管理办法》和《兰州交通大学差旅费管理办法》等制度，加强三公经费、会议费、培训费管理，并在预算制定、经费报销等相关环节严格控制经费开支。投资近千万元，完成各类维修改造及中小基建专项等民生工程50余项。建成“万兆主干、千兆汇聚、百兆桌面”的三层校园网络架构，实现学校教学区、办公区、生活区、学生宿舍区信息点宽带网络全覆盖，实现校园内各种应用的统一身份认证。

【党建和思想政治工作】根据学校《关于2014年中心组理论学习的安排意见》，党委中心组认真组织集体学习贯彻党的十八大精神，先后以贯彻落实习近平总书记系列讲话精神、学习贯彻党的十八届三中全会精神等为主题召开专题会议。制定《兰州交通大学章程》，已经通过甘肃省教育厅核准。以落实群众路线教育实践活动整改方案为契机，着力加强作风建设，深刻查摆“四风”方面的突出问题。修订和完善《兰州交通大学处级单位领导班子和领导干部年度考核工作办法》《兰州交通大学处级干部选拔任用工作条例》和《兰州交通大学科级干部选拔任用工作条例》，完成58个处级单位领导班子和179名处级领导干部的考核工作。按照省纪委关于反腐倡廉工作的总体要求，学校召开兰州交通大学2014年党风廉政建设工作会议，制定出台《兰州交通大学廉政风险防控工作实施方案》。

【“双联”工作】学校积极筹措资金，在乡间道路硬化、村卫生室修建、村中电路升级改造、村小学环境改善等方面开展大量工作；学校为所有联系村中小学教师提供免费培训，免除联系村考入兰州交通大学学生的全部学费、建立爱心图书室、赠送图书和文具；专门出台《兰州交通大学双联行动驻村工作方案》，结合群众路线教育活动，制定《兰州交通大学双联行动群众路线教育活动“双推双促”工作方案》，对轮流蹲点驻村工作提出明确要求和具体实施细则；学校编印《兰州交通大学“联村联户 为民富民”驻村日记选编》。在2014年度全省双联行动考核中，被评为优秀，并获得临夏州双联行动“民心奖”。

兰州交通大学领导班子成员名录

党委书记　王　萍（女）
校　长　杨子江
常务副校长　李引珍
纪委书记　买寿清
副校长　陈兴冲　马军党
　　刘振奎（满族）　高云庆
　　党建武　张国珍

（供稿：蒋晓娟　韩　虎）

西北民族大学

【人才培养】2014年，学校开展本科教学工作自我评估，邀请国内33所高校和行业的69位专家对学校本科教学工作进行全面客观的诊断评估。2014年，社会学、应用数学获批国家民委重点学科；法学、民族传统体育学获批国家民委重点建设学科，国家民委重点学科达到7个，省部级重点学科达到19个；新增阿拉伯语专业和口腔医学专业为甘肃省高等学校特色专业。2014年，资助150个本科生科研创新项目，确定65项国家级大学生创新创业训练计划项目，共12000余人次参加各级各类学科竞赛活动，取得国际三等奖14项、国家级特等奖10余项、国家级一等奖20余项的成绩，美国数学建模竞赛和全国大学生电子设计竞赛都取得新突破。推进教育教学改革和研究，复合应用型农林人才培养模式改革试点项目获批成为第一批卓越农林人才教育培养计划改革试点项目。民族语言文化与教育虚拟仿真实验教学中心获批为国家级虚拟仿真实验教学中心。《民族文化的数字化传承与创作》通过国家精品视频公开课第一阶段评审遴选并在爱课程网上线。民族信息技术研究团队获“全国专业技术人才先进集体”称号。动物医学生物工程创新团队获评国家民委创新团队。1人获甘肃省高校教学名师奖，1人当选为甘肃省“园丁奖”优秀教师；新增基础会计、芭蕾基训等2门课程为甘肃省高等学校精品课程。西北少数民族历史与文化教学团队获评甘肃省高等学校教学团队。工程训练实验教学中心获评甘肃省高等学校实验教学示范中心；"田野式大学英语写作教学模式研究"获批外教社-甘肃省普通高等学校大学英语教学改革重点项目；大学英语舞台式教学模式等教改项目获教育厅教学成果奖；学校设立临床医学专业"整合课程班"并实行导师制；此外，学校还选取新疆、西藏等西部12个省（自治区）和武陵山片区，开展"西部少数民族地区人才需求状况调查研究"。

【科学研究】2014年，学校承担各类项目274项，其中国家级项目36项，省部级项目59项，中央高校项目104项，项目合同总经费达到2822万元，到账总经费2272万元。"藏文历史著作总目提要"获得教育部哲学社会科学研究重大课题攻关项目。"MDCK细胞生物反应器悬浮培养技术平台的建立及四价流感病毒裂解疫苗的临床前研究"获得重大新药创制国家科技重大专项。"新丝路经济带民族特色农产品多语言网络交易展示平台关键技术集成与应用"国家支撑计划项目通过科技部可行性论证。科研平台建设持续推进，"西北民族非物质文化遗产保护研究中心"获批国家民委人文社科重点研究基地；"民族地区经济社会发展研究中心"获批为甘肃省哲学社会科学重大研究基地；省部级人文社科重点研究基地达到7个。甘肃省新型建材与建筑节能重点实验室（培育基地）通过验收，甘肃省民族语言智能处理重点实验室列为省级重点实验室培育基地计划，学校省部级重点实验室、工程中心数量达到8个，环境友好复合材料及生物质利用实验室获批为甘肃省高校重点实验室。学校成为中华多民族文化遗产与文化凝聚协同创新中心的重点协同单位。民族信息技术协同创新中心通过省级"2011协同创新中心"考察论证，"2011协同创新中心"培育建设工作取得实质性进展。2014年，学校教师发表各级各类论文共计1209篇，其中48种权威期刊2篇，三大检索133篇，CSSCI 131篇，CSCD 91篇，出版著作共计129部；获专利授权25项，申报专利13项；获甘肃省科技进步二、三等奖各1项，有38项成果获得地厅级奖，其中，甘肃省高等学校科技进步奖一等奖2项，教育厅科技奖首次达到8项。

【队伍建设】2014年，学校接收引进教职工159人，新聘任正高级专业技术人员36人，副高级104人，学校有专任教师1215人，副高以上716人，占58.93%；具有硕士及以上学位的968人，占79.67%，具有博士学位的252人，占20.74%，毕业于兰外高校的占90%；45岁以下者941人，占77.45%，35岁以下者558人，占45.93%。

【对外交流与合作】2014年学校共获批外专引智项目54项，获得资金496万元，聘请17名长期外专授课，聘请109名短期外专开展学术活动337场次；招收来自13个国家的26名留学生，派出43个批次146名师生员工前往19个国家和地区参会、培训、进行学术访问或交流；学校与意大利罗马美术学院、费拉拉音乐学院等高校建立合作关系。

【管理体制改革】基本完成《西北民族大学章程》（草案）的制定工作；启动《西北民族大学学术委员会章程》的修订工作。完成三、四级职员的首次岗位聘任工作以及2012-2014聘期考核和2014年度教职工考核工作。制订《西北民族大学机构调整方案》《西北民族大学管理岗位设置暂行办法》《西北民族大学2015—2017年管理岗位聘任实施办法》。学校完成甘肃省政务网纪检监察内网建设；对纪委、监察处参与的各类工作领导小组、委员会进行清理。做好学生常规管理工作，积极推进"学生服务中心"建设，学生资助总金额达8400万元。

【党建和思政工作】2014年，新发展党员1549人，学校党员总数达4734人，其中教职工党员1238人，学生党员3243人，离退休党员253人。新成立中共西北民族大学第一临床医学院总支部委员会，经济学院党总支等24个学院党总支升格为学院党委。学校组织学习十八届三中、四中全会和习近平总书记系列讲话、中央民族工作会议、第23次全国高校党建工作会议、国家民委党建工作会议及国家民委有关通知精神。学校组织学习中纪委三次、四次全会精神，组织召开2014年党风廉政建设工作会议。制定《西北民族大学培育和践行社会主义核心价值观实施意见》。组织开展第19个民族团结进步教育月活动。巩固党的群众路线教育实践活动成果，清理改造办公用房，加强会议、差旅管理、严格出国（境）和公务接待的审批管理，规范公务用车，出台《西北民族大学国内公务差旅费管理办法》《西北民族大学会议经费管理办法》等一系列规章制度。

【后勤保障】2014年，学校后勤顺利通过ISO9001质量管理体系第三方监督审核，"节能监管平台"项目通过住房和城乡建设部的检查验收并正式投入使用。锅炉维修改造工程等5个国拨资金项目和中央高校发展长效机制补助经费项目"图书馆、三期食堂楼宇周边绿化配套工程"基本完工。2014年，学校完成榆中校区图书馆古籍阅览室装修工程、西北新村校区图书馆维修加固工程，完成榆中校区发展预留土地规划审批、地勘、环评、地灾可研的评价工作，西北新村校区大礼堂加固维修、舞蹈学院教学楼工程接近完工。

西北民族大学领导班子成员名录

党委书记　金雅声（蒙古族）
校　长　赵德安
常务副校长　马景泉（回族）
副校长　郭郁烈　玉苏甫江（维吾尔族）
　　　　李正元　何　烨
纪委书记　王扎西（藏族）
总会计师　李　辉

（供稿：祁永龙）

甘肃农业大学

【教学工作】邀请省内外高校具有丰富教学和管理经验的知名教授组成评估专家组，对全校本科专业进行全面评估。实施动物科学等5个专业的综合改革项目。拔尖创新型（涉及农学、种子科学与工程、中草药栽培与鉴定专业）、复合应用型（动物医学专业）卓越农林人才教育培养计划改革试点项目获得立项，学校成为首批进入教育部该计划的高校。全面指导学生成长成才，在草业、动科、动医、工学等6个学院开展本科生导师制试点工作。开展“教学主题活动月”活动。举办第二届教师讲课大赛。完善课堂教学质量评价体系，由学生单一评价改为学生、院（部）、教学督导三元评价。农业机械化及其自动化教学团队，农业水利工程、园艺专业，“动物营养学”“分子生物学”“园艺植物组织培养”“食品添加剂”4门课程，葡萄与葡萄酒工程实验教学示范中心分别被评为省级教学团队、特色专业、精品课程、实验教学示范中心。教学成果获省教育厅奖10项。《植物组织培养学》等6部教材荣获全国农业教育优秀教材奖。在美国大学生数学建模、全国大学生英语竞赛等活动中，获得国际奖2项、国家奖16项、省级奖127项。大学生创新工程进展顺利，设立科研训练项目（SRTP）570项，参加学生2425人。2014年，招收本科生4435人，圆满完成招生录取工作。招收各类成人教育学生3322名，各类成人教育在读学生人数达到12764名，新增函授教学点2个。积极开展“一村一名大学生培养工程”，新增2个县（区）培训基地。

【科学研究与社会服务】全年有178项科研项目获得资助，到位科研经费6700多万元。在国内外学术刊物发表论文1116篇，其中SCI论文98篇，授权专利77项，科技成果获得省科技进步二等奖3项、三等奖3项。2014年，新建农业科技专家院7个。紧密围绕地方支柱产业，组建草食畜牧业科研服务团队，在高台、通渭、永昌、安定、灵台5个县（区）开展科技示范点建设工作。扎实推进“舟曲扶贫攻坚”专项行动和“1414”对口支援计划。学校获批建设甘肃省设施园艺工程研究中心、甘肃省肉品加工与质量安全控制工程实验室、甘肃省牛羊肉加工行业技术中心和生态建设与环境保护研究中心。组织召开省部共建甘肃省干旱生境作物学国家重点实验室培育基地学术委员会会议。

【研究生工作与学科建设】2014年，招收研究生643人，其中博士研究生82人，硕士研究生561人。新增林业、中药学硕士专业学位授权点，电气工程及其自动化本科专业获得学士学位授权。实施“飞天学者”特聘计划，遴选5名“飞天学者”特聘教授。完成“创新高校产学研结合专业学位研究生人才培养模式探索”教育体制改革试点项目。制定《甘肃农业大学研究生课程教学管理暂行办法》和《甘肃农业大学研究生奖助学金管理及实施办法（试行）》。实施优秀博士学位论文培育奖励和青年导师扶持计划，分别有3人和6个项目获得立项资助。3篇论文被评为2014年甘肃省优秀博士学位论文。

【人事分配制度改革】新进人员12人（博士3人、硕士9人），晋升教授5人，副教授19人。新增生态学博士后科研流动站，使学校博士后科研流动站达到5个。开展校内津贴分配方案的理顺与规范工作，制定《甘肃农业大学校内岗位津贴分配方案（暂行）》。有1人被评为第五届全国杰出专业技术人才，1人获“甘肃省领军人才”任期考核优秀等次，1人荣获甘肃省“园丁奖”，食品科学与工程学院荣获全国教育系统先进集体。

【学生管理】制定《甘肃农业大学关于进一步加强学生公寓管理的意见》，推行“院管公寓”制度。涌现出37个先进班集体和868名先进个人。全年为9013名学生发放奖助学金及补助2420万元。组织66支实践团队开展丰富多彩的暑期大学生社会实践活动，新建学术科技型学生社团36个，举办各类学术科技活动97次。制定《甘肃农业大学毕业生就业创业促进行动计划实施方案》《甘肃农业大学本科招生就业工作考核办法》《甘肃农业大学本科毕业生校园招聘管理办法》。举办各类校园招聘会130场，参会学生15766人次。

【办学条件】2014年，财政预算拨款1.69亿元，比上年增长7.87%；争取各类财政专项经费2.29亿元，比上年增长3.06%。加强“三公”经费支出管理，实际支出比预算减少102.39万元，降低44.91%。对学生宿舍、伏羲堂、农学楼等等进行维修改造。19号学生公寓楼竣工交付使用，学生住宿条件大为改观。新建6栋教师公寓通过验收，实验教学中心A栋完成主体封顶及外墙装饰、通风、消防等安装工程。

【对外交流与合作】获批引智项目5项，资助经费88万元。举办苏丹畜牧产业体系培训研讨班，学校成为西北地区首家法国VCF品酒师认证培训资质高校。首次招收来校攻读博士学位的留学生3名。7名教师获国家留学基金委西部项目资助，1名外籍专家荣获2014年甘肃省政府“敦煌奖”。

【党建和思想政治工作】举办干部

2014年5月12日，省委副书记欧阳坚（左二）、副省长咸辉（左四）在甘肃农大调研

主题教育培训班。新建5个学生公寓党团活动室；36名机关干部与15个学院的36个学生党支部开展联系共建工作；设立61个"党员承诺践诺岗"。选派14人次参加省委党校等各级各类专题教育培训。制定《甘肃农业大学领导班子和处科级干部谈心谈话办法》《中共甘肃农业大学委员会关于进一步加强党支部建设的意见》《关于大力推进学校教职工健康工作的实施细则》等规章制度。制定《甘肃农业大学党风廉政建设责任制实施办法》和《中共甘肃农业大学委员会关于落实党风廉政建设党委主体责任和纪委监督责任的实施办法》。全年组织开展专题理论学习18次。制定《中共甘肃农业大学委员会关于进一步加强和改进大学生思想政治教育的若干意见》，全面加强大学生思政教育工作。开展"12·4"法制宣传日系列活动。举办"伏羲堂论坛"5期。成立民进甘肃农业大学直属支部委员会并选举产生第一届委员。召开第六届教代会一次会议和第八届工代会，完成"两代会"的换届工作。制定《甘肃农业大学教职工代表大会实施办法》和《甘肃农业大学学院（教学部）教职工大会制度》。

【"双联"工作】安排专项资金105万元，帮助8个联系村修订完善发展规划，开展玉米良种试验和牛羊联户养殖示范，推广玉米秸秆青贮氨化、牛羊疫病预防、粮饲兼用玉米等技术。帮助双联点修建道路桥梁、农家书屋、村卫生所，捐赠电脑、桌椅、文化用品、体育器材等物品。

甘肃农业大学领导班子成员名录

党委书记　王　蒂
校　长　吴建民
副校长　吴建平　赵兴绪　潘　峰
　　　　郁继华　余四九　毕　阳
纪委书记　胡云安

（供稿：王卫红　包正育）

兰州商学院

【教育教学】全面深化"30100"质量工程。全面启动"卓越人才培养计划"。重点推进人才培养模式创新实验区和实验项目建设。举办第三届大学生创业大赛。承办2014年甘肃省高校经济管理类专业实验（实训）教学研讨会暨第十届全国大学生"用友新道杯"沙盘模拟经营大赛甘肃省总决赛。在"创青春"全国大学生创业大赛、2014全国大学生网络虚拟运营创业专项赛、第五届中国大学生服务外包创新创业大赛等多项赛事中获得优异成绩。获评省级"教学名师"1名、省级教学团队1个，获批甘肃省特色专业建设点1个，获得第二届教师教学能力大赛二等奖1项、优秀奖3项。组织申报甘肃高校重大项目实验室专项资金支持项目1项、省级实验教学示范中心项目2项，确定校外实习实训示范基地建设单位6个。

2014年，学院招收普通本科生4827人、预科生160人。根据市场需求及时调整招生专业，停招英语等3个专业，减招绘画等2个专业。坚持"一体多元"的办学思路，完成2014年1100名成人学历教育招生计划，先后与甘肃省地税局、甘肃省知识产权局、甘肃省农村信用联社、白银市人民政府等合作完成有关培训及考务工作，荣获全省高等教育自学考试主考学校工作优秀奖等多项表彰奖励。不断完善国际化办学的体制机制，向美、英等国12所合作院校选送学生23名，成功组建第六期中美大学实验班。先后接待英国胡佛汉顿大学等国外高校的访问团组和专家学者来校开展讲学交流，组织15名科研人员利用暑期赴英参加第二届"中英教育科研研究中心论坛"，圆满完成第28、29期ESEC培训工作。

【科学研究】全年申报11个大类、共计185项科研项目，当年获得纵向科研项目立项58项，其中获准立项国家社科基金项目8项（国家社科基金艺术基金项目立项工作获得历史性突破），教育部人文社会科学项目3项，全国教育规划项目1项，甘肃省社科规划项目14项，甘肃省科技计划项目8项，项目经费总额达到318.3万元。加强项目实施过程管理，组织完成1次教育部人文社科项目、3次科技厅软科学项目、2次省教育厅项目、1次校级项目的结项鉴定工作，协助国家社科基金委、教育部、甘肃省社科规划办等主管部门完成52项课题的结题验收工作。全年刊发表学术论文208篇，出版专著、编著及教材41部，获专利授权3项。获得全国商业科技进步一等奖1项，第七届敦煌文艺一等奖2项，甘肃省高校社科成果奖一等奖2项、二等奖3项、三等奖13项，部分重点研究成果分别获得省委领导批示认可和省直有关部门采纳。《兰州商学院学报》首次进入"中国人文社科期刊2014核心·扩展版"，在全国经济类期刊排名第106位。"中国西北金融研究中心"被确立为甘肃省高校人文社科重点研究基地，并顺利通过省级"2011协同创新中心"专家评审。"电子商务综合重点实验室"被正式确立为省内首个经济管理类高校重点实验室。组织专家赴平凉市泾川县开展"民企陇上行名家讲坛"活动，举办"加快非公经济发展专题研讨班"，先后与甘肃省科学技术情报研究所、中国人民银行张掖中心支行等签署战略合作协议。先后举办学术讲座60余场、国际学术会议4场及国家级学术会议9场，承办"敦煌论坛—丝绸之路的商业文明"国际学术会议、首届"中国西北金融高峰论坛"，协办第三届国际产业文化大会暨第七届甘肃省文博会、全国新闻学高峰论坛。

【学科建设与研究生教育】新增审计、新闻与传播两个硕士专业学位点，部署金融硕士等6个专业硕士学位点专项评估和应用经济学5个一级学科硕士点、经济法学等3个二级学科硕士点合格评估工作，组织省校两级重点学科2014年度检查工作。积极拓展学科交叉融合下的本科专业建设，新增知识产权、商务经济学、国际商务等3个本科专业，组织申报体育经济与管理等新专业，信用管理专业获得经济学学士学位授予权。全面修订各硕士点培养方案。MBA教育中心与长城电工合作开展EDP

项目培训班，在2014中国西北MBA企业案例大赛中取得佳绩，并荣获2014年度"优秀MBA教育中心"荣誉称号。

【师资队伍建设】推进"人才强校"战略，4位知名学者受聘担任甘肃省"飞天学者"设岗学科特聘教授和讲座教授并发挥积极作用，12位甘肃省领军人才顺利通过任期工作考核并获得续聘，6人入选全省宣传文化系统"四个一批"人才，1人入选甘肃省文化系统领军人才，2人入选"陇原青年创新人才扶持计划"人选，1人获得甘肃省园丁奖。引进博士3人，公开招聘教师、教辅、辅导员及管理岗位工作人员46人。推荐评审教授25人、副教授21人，定职副教授8人，接收5名委培博士学成返校工作，委培7名青年教师攻读博士学位，推荐4名青年教师参加国内外访学，分别选派15名骨干教师赴英短训、4名教师参加"1+2+1"中美人才培养计划，组织28名青年教师参加岗前培训和教学能力测试，选派16名教师参加省教育厅组织的哲学社会科学骨干教师培训，并与法律、新闻部门合作开展"双千人才"互聘计划。拟定编制管理、岗位设置等一系列人事管理制度。初步建立起符合高校特点的学校自主聘用、个人自主择业、配套措施完善的人事管理体制。

【学生工作】正式确定发布学校校歌，推进"人信人守"工程和"24字人知人晓"工程，引领社会主义核心价值体系"入耳、入脑、入心"，广泛开展"我的中国梦"主题教育等活动。为毕业生赠送《读者》兰商纪念专刊。组织开展国家传统节日和重大纪念事件纪念活动，先后设立"中国甘肃网"校园记者站、南梁革命纪念馆爱国主义教育基地。重视解决学生实际困难，加大资助工作力度，与华民慈善基金会签订"大学生就业扶助项目"合作协议，修订和完善奖助学金评审办法，确保奖助工作透明、公正、公开。全年发放各级各类奖助金总额1692.95万元，受奖助学生1.5万余人次，1526名新生通过"绿色通道"顺利入学。积极开展"三走""5·25大学生心理健康月"、第八届"寝室文化节""魅力兰商"校园摄影大赛等文体活动。广泛开展大学生"三下乡"社会实践活动。积极组织学生参加第一届"全国商务英语实践大赛"、第三届中国.嘉峪关国际短片电影展、第九届"科讯杯"国际大学生影视作品大赛、第十届中国大学生沙滩排球锦标赛、西北高校议会制辩论赛等多项赛事活动。

【内部管理】根据《高等学校章程制定暂行办法》，完成《兰州商学院章程》的起草工作，已正式呈报省教育厅核准通过。完善校院两级管理体制改革总体方案。长青学院管理体制改制工作正在严格依照教育部"26号令"加快推进。推进绩效工资改革，及时调整教职工缴交公积金缴费基数，全年共筹措2632.6万元用于补发校内津贴、绩效工资及绩效津贴。加强年度经费预算管理，并积极申报"中央财政支持地方高校发展"等各类专项资金1.53亿元，偿还银行贷款本息5600余万元。和平校区水煤浆锅炉筑炉、校园道路整修、室外供暖管网维修等60余项维修任务按期完成。实施教学及科研设备、设施采购项目24项，采购纸质图书15455种、共计60442册，续订、增订电子数据库16个，组织实施学校数据中心、校园网络安全、网站群、校园视频监控（二期）、数字校园、教室多媒体设备改造等一批重大信息化项目。

【党建和思想政治工作】深入学习宣传贯彻党的十八大精神、十八届三中、四中全会和习近平总书记系列重要讲话精神，认真落实全校领导干部"28251"学习计划，共举办党委中心组理论学习会8次，编发《政治理论学习资料》17期，重点开展党委中心组专题学习、党委"1376"主体责任体系构建、处级干部轮训、群众路线教育实践活动成果巩固、双联行动、"两个共同"示范建设等常规活动和专项行动。三项成果被评为全省思想政治工作课题研究优秀成果奖。贯彻落实中办《关于坚持和完善普通高等学校党委领导下的校长负责制的实施意见》，不断完善干部考核评价机制，改进和完善干部选拔任用方式。全年共举办入党积极分子培训班20期，培训积极分子3476人，发展党员2450人，其中学生党员2445人。开展坚持中国特色社会主义政治发展道路教育活动。积极支持民主党派加强自身建设，1人当选甘肃省文联副主席，5人次参加中央、省市社会主义学院及有关培训学习，推荐2名民主党派人士在地方挂职锻炼。支持各民主党派及无党派人士积极参政议政、建言献策，参加各种专题学习研讨、促进经济社会发展调研考察活动30余次。

兰州商学院领导班子成员名录

党委书记　王肃元

党委副书记、校　长　傅德印

党委副书记　邓宁平（3月止）

副校长　巴建坤（女，回族）

王亦达　蔡文浩　王必达

王学军　丁汝俊（回族）

纪委书记　殷国手

（供稿：刘正帅　牟　凯）

甘肃省中医学院

【教学工作】印发《甘肃中医学院关于修订本科专业人才培养方案的指导意见》，安排部署新一轮本科专业人才培养方案的修订工作。完成教育部"卓越医生（中医）教育培养计划"的申报工作。鼓励开展自主性教学、探究式教学。顺利完成中医学、中药学、中西医结合3个一级博士授权学科首届招生工作。与甘肃省医学科学研究院、兰州佛慈制药股份有限公司、兰州军区兰州总医院、奇正藏药等4个基地开始共同培养硕士研究生。中医学科经人力资源和社会保障部审批为博士后科研流动站。根据研究生导师组制度建设，组织2014级218名硕士研究生、10名博士研究生进行师生互选，组建完善的导师组，并对已聘任导师和即将参加遴选导师组织开展培训。新增设本科专业1个、硕士专业学位授权点2个，获评省级特色专业2个。

修订《甘肃中医学院教学成果奖励办法》。资助2014年度教改课题24项，获批教育厅级教学成果奖8项。编写使用校内自编教材12种，完成教材建设的网络化管理。加大各教学环节的检查，全年查处教学事故1起，教学差错1起，比2013年降低50%。完善校、院两级教学质量监控职能，建立广泛利益方共同参与的教学质量保障与评价机制。按照教学环节质量标准进行检查，对教学状态进行实时监控，管理人员听课480余门次，撰写教育教学研究性文章76篇，发布《教学质控通报》7期。获批省级精品课程1门、校级精品课程4门。新建精品课程资源中心，建立涵盖34门课程的公共选修课程库。举办2014年青年教师教学比赛和青年教师教学竞赛，组织参加甘肃省第二届高校青年教师教学大赛、第二届"中医药社杯"全国高等中医药院校教师发展论坛暨青年教师教学基本功竞赛、第一届高等学校中药学类专业青年教师教学设计大赛等。组织申报省属高等学校重点项目建设及实施方案，启动建设"中医类专业后期临床实践教学基地综合训练平台"和"医学类两段式教学示教网络共享平台"。与陕西省宝鸡市解放军第三医院、庆阳市人民医院、甘肃省第二人民医院、兰州大学第一医院、嘉峪关市第一人民医院等达成后期实践教学工作合作意向。组织召开"第三届附属医院联盟论坛""第十二届后期实践教学工作研讨会"，健全校外实践教育联合培养人才新机制。招录成人学历教育新生4099人，招录成人高考新生2818人。承办"中医类别全科医生""西学中""中医学经典"等3个甘肃省中医药管理局培训班，共培训医生281名。举办省级继续教育项目"中医妇科生殖内分泌疾病诊疗策略研讨班"，共培训教职工1233名。协助二级院部承办职业技能培训12次，培训职业技术人员940人。组织召开继续教育"教学点负责人联合办学"工作会议。

【学科建设和科学研究工作】新设立2个校级"2011协同创新中心"，并积极申报第二批省级协同创新中心。开展"四访"活动，全年组织开展访高校活动12次，访政府14次，访企业4次，访科研院所5次。"重大疾病分子医学与中医药防治研究实验室"被确定为甘肃省高校重点实验室、"甘肃省中药方药挖掘与创新转化重点实验室"被确定为甘肃省重点实验室（培育基地）。获得专利授权3项。获批保健品1项，转让专利及保健品1项。组织申报各级各类奖励42项，获奖励28项。设计完成学校"科技展馆"布展。推进学校"科技大讲堂""中青年教师科技创新"等学术活动；承办"第一届当归国际学术研讨会"及"当归产业技术创新战略联盟成立大会"，学校被推举为常设秘书长单位。

2014年10月20日，美国南佛罗里达大学一行来甘肃中医学院访问交流

【社会服务和医疗工作】与陇西县政府、武都区政府、灵台县政府及上海中医药大学等签订合作协议，与甘肃青黛中草药美容研究有限责任公司签署联合建立"甘肃中医学院青黛纯天然化妆品重点实验室"协议，与甘肃农业大学、江西中医药大学、奇正藏药集团有限公司联合成立"甘肃省中药现代制药工程研究院"。甘肃中医学院附属医院2014年门、急诊接诊32.35万人次，同比增长23.41%。收治住院患者1.67万人次，同比增长14.14%。新增北院和西固医院两个院区，2014年底北院正式运行，西固医院门诊业务和体检业务正常开展。门诊外科综合大楼建设基本完成。医院的规模及中医诊疗服务范围进一步扩大，医院总病床数超过1000张。签订成县、礼县、西和、康县、秦安、甘谷、清水、甘州区八个县区新农合直报协议，签订兰州市民政局医疗救助"一站式"服务协议，签订甘肃省直单位工伤保险定点医疗机构协议，完成临夏、陇南重特大疾病筛选工作，铁路医保协议正式实行。完成826名学生的实习、见习教学任务。国家自然科学基金地区基金项目、甘肃省皇甫谧科技奖及甘肃省科技进步奖项进一步增多。心血管科获批国家卫计委临床重点专科，护理学获批甘肃省中医药管理局重点专科。与北京空军总医院进行合作，联合中国医师协会设立睡眠中心西北培训基地。

【"双联"工作】全年在双联点诊断治疗患者1000多人次，进行中医药适宜技术培训100多天，协助、指导建成350亩优质苹果园，8个"双联"行动专项科研项目正在稳步推进，编写发放《农村养生保健手册》800册，向村民发放价值近4万余元米面食品，帮助销售积压苹果1万多斤，搭建大学生志愿者关助空巢老人与留守儿童平台，资助专项资金2万元支援牛庄村基础建设，协助争取到桦林乡牛庄至天局道路建设工程补助资金25万元，协助落实孙堡村文化广场建设资金50万元。推进"两个共同"工作，组织党外人士、民主党派和无党派人士赴庄浪、张家川开展"甘肃中医学院名中医陇上行”义诊活动。组织召开民盟甘肃中医学院委员会盟员集中学习培训会。

【党建与思想政治工作】全年组织召开党委常委（扩大）会议18次，中心组学习10次，工作例会12次；对全校基层党组织开展杏林先锋团队建设、党员组织生活与主题立项活动以及党建工作等情况进行调研，并对中医临床学院党总支“帮扶困难学生党员先锋团队”等三个团队进行表彰；开展党员组织生活主题立项活动。全年全校共确定党员组织生活立项3个重点项目、7个一般项目，同时对上年度立项活动开展情况进行总结验收；完成基层党组织及所属党支部换届改选工作；全年共举办入党积极分子培训班2期，发展党员228名，其中学生党员216名。组织完成学校先进基层党组织、优秀共产党员和优秀党务工作者的评选表彰工作。修订完善《甘肃中医学院中层领导班子和领导干部年度考核工作办法（试行）》。调整任用部分部门的负责人。组织完成6名校级领导参加学习贯彻习近平总书记系列重要讲话精神集中培训工作；5名处级干部参加上级相关部门组织的培训班；组织举办全校处级干部学习贯彻习近平总书记系列讲话精神集中培训暨能力提升专题培训班；组织举办1期全校基层党支部书记培训班，对46名支部书记进行组织理论及业务知识、工作规程等方面的系统培训。推荐1名副高职专业技术人员作为2014年“西部之光”访问学者赴南京医科大学学习；推荐2项科研项目作为学校2014年“陇原青年创新人才扶持计划”上报省委组织部；考察推荐2人为科技副职挂职人选。组织完成学校党的群众路线教育实践活动民主评议工作，及时落实整改任务，36项制度的制定工作已全部完成。开展落实中央“八项规定”、省委“双十条”和反腐倡廉宣传教育工作。

【管理工作】重新制定各院部及部门的业务目标，并明确各目标的考核指标和标准；修订教职工考勤管理办法，落实编制实名制和编制管理台账的建账管理。印发《甘肃中医学院关于进一步深化改革的意见》和《2014年中共甘肃中医学院党委常委会重大调研实施方案》，并就人才培养模式、学生就业工作、内部管理体制改革等三个方面进行先行试点，完成重大调研报告7篇。以制定《甘肃中医药大学章程》为契机，完成学校“十二五”发展规划中期检查工作。积极理顺校、院（部）两级责权利关系，落实二级院部的办学自主权。加强经费管理，健全学院的经费预算管理制度。加强预算执行控制，对学院安排的部门预算资金管理使用情况进行常态化审计。制定《甘肃中医学院差旅费实施细则》，对《甘肃中医学院经费管理办法》进行修订完善，推进公务卡制度改革。年初完成《甘肃医科大学建设规划》的起草工作。7月中旬组织进行更名中医药大学的考察工作，成立更名工作办公室，组织进行全校性的材料收集整理和相关材料起草。8月，学校接受甘肃省高校设置评议委员会专家组对“甘肃中医学院更名甘肃中医药大学工作”的评估。12月21～22日，全国高等学校设置评议委员会专家组对甘肃中医学院更名甘肃中医药大学进行现场考察。“一校四区”的办学格局已初步形成。2014年共引进博士1人，招聘硕士18人，招聘人事代理27人；聘任3名飞天学者特聘教授和3名飞天学者讲座教授；校内定职中高级专业技术职务19人，推荐上报评审高职人员36人；推荐省园丁奖1人；推荐省高校教学名师1人；推荐“省青年教师成才奖”2人。加强综治工作，开展固定资产账、物、卡校对，完成资产基础台账的结转管工作，建立准确的资产基础数据平台。完成办公自动化OA系统和虚拟专用网VPN系统建设。

【校园文化建设】组织开展大学生职业生涯规划设计大赛、创业大赛、学生创业见习计划等大学生创新创业活动，在第二届“远志杯”全国高等中医药院校大学生课外学术科技作品竞赛、甘肃省第九届“挑战杯”大学生课外学术科技作品竞赛、“华龙杯”首届甘肃青年创新创业大赛、甘肃省第四届大学生创新创业大赛中获得佳绩。主办“‘印象·甘中’教职工数码摄影比赛”及“书香‘三八’——‘阳光女性·幸福中国’读书征文活动”。举行第二十九届体育运动会。完成三届一次教代会提案的督办工作。组建教职工羽毛球、乒乓球、合唱团、舞蹈武术、书画摄影、篮排足球等六个体育协会。推进“24字人知人晓”工程。编辑制作宣传橱窗12期，展出图片800多张。悬挂宣传标语50多条。电子显示屏宣传标语播出220余条。上传网络新闻近500余篇，图片600余张，视频新闻40余条。《中国中医药报》《甘肃日报》、甘肃电视台、兰州电视台等媒体对学校进行30余次正面报道。编辑出版校报10期，累计出版文字约29万多字。制作自办节目300多期，播出时间总计500小时。

甘肃中医学院领导班子成员名录

党委书记　王海燕（女）
校　长　李金田
副校长　王安平（8月止）　李应东
　　　　郑贵森　史正刚
纪委书记　范　康

（供稿：李金田）

甘肃政法学院

【教育教学】2014年新增“甘肃省高等学校精品课程”1门，“甘肃省高等学校特色专业”1个。学校现拥有法学、公安学、刑事科学技术3个省级重点学科，甘肃省证据科学技术研究与应用实验室1个省级重点实验室，甘肃省经济法制研究中心、西北民族地区侦查理论与实务研究中心、甘肃省循环经济与可持续发展法治研究中心3个省级人文社科重点研究基地，甘肃省依法推进社会治理研究中心1个甘肃省哲学社会科学重大研究基地，公安技术、法律实验实训2个省级实验教学示范中心；拥有1个国家级法学应用型人才培养模式创新实验区建设项目，法学、侦查学、边防管理3个教育部特色专业建设点，法学、侦查学、边防管理、工商管理、刑事科学技术、社会工作、治安学7个甘肃

2014年7月3日，甘肃政法学院与临夏州人民法院、检察院签订“校院合作”协议书，并为学生校外实践基地、法官检察官培训基地挂牌

省高等学校特色专业建设点，工商管理专业“法商结合”教学团队、诉讼法学实践教学团队、经济法教学团队3个省级优秀教学团队，省级精品课程达到16门。全面启动本科专业评估工作，并在评估的基础上积极开展“卓越法律人才教育培养计划”的各项工作。与临夏州人民法院等实务部门共建“大学生校外实训基地”。

【科学研究】学校全年共申报各级各类科研项目340项，获批各级各类科研项目113项；共申报各级各类科研成果奖118项，获奖92项，其中甘肃省高等学校科技进步奖暨社科成果奖获奖21项。举办“立格联盟”第五届高峰论坛、中国法学会立法学研究会年会等一系列高规格的学术会议。

【学生工作】学校以“立德树人”为宗旨开展学生教育工作，开展以社会主义核心价值体系教育为主题的活动和专场辅导报告。全年共认定家庭经济困难学生4251名，共评审、发放各类奖助学金11207人次，奖助金额达1306.14万元。学校积极外出开拓就业市场、走访用人单位，并赴广东、浙江、上海、云南等地开拓就业市场，联系用人单位，介绍推荐学校毕业生。

【合作交流】开展美中友好志愿者来校任教项目管理工作，外专（外教）聘任和管理工作，拓展与国外高校和机构的教育交流与合作，开展在校学生赴国外“带薪实习”项目，组织国家留学基金项目及“西部项目”的申报工作，邀请和接待外籍专家学者来校进行学术交流，积极参加西北高校外事协作机制会议和“立格联盟”合作框架下的国际交流与留学生培养工作会议，开展校友联谊会工作。

【队伍建设】学校现有享受国务院“政府特殊津贴”专家2人，入选教育部“新世纪人才支持计划”3人，甘肃省领军人才4人，省级教学名师4人，甘肃省优秀专家2人，全国优秀教师2人，兼职客座教授150余人。提高教师层次和专业水平，100名博士的目标已经实现。截至2014年底，学校专任教师中教授、副教授225人，占专任教师比例的44%，具有博士、硕士学位的人数达411人，占专任教师比例的84%。初步修订完成《甘肃政法学院优秀中青年教师评选办法》等20项人事工作制度。

【党建和思想政治工作】全年共废改立制度132件，并制定《关于改进工作作风密切联系群众的实施意见》，加强对公务接待、公务车辆管理使用情况的监督检查。出台《甘肃政法学院关于落实党风廉政建设主体责任的实施意见》，并对2012年以来的财务管理、会计核算等制度执行情况进行全面检查。开展社会主义核心价值观“三进”活动；开展“我的中国梦”系列主题教育活动。

【“双联”工作】学校紧紧抓住8个行政村的示范项目，推进犏雌牛养殖专业合作社、农业机械化耕作合作社等项目的建设与发展；积极教育和引导双联干部开展以“6+1”为主要内容的“双联”行动，开展法律法规及政策解释、矛盾纠纷调处化解等工作。

甘肃政法学院领导班子成员名录

党委书记　宋秉武
校　长　梁亚民
纪委书记　赵　鹏
副校长　肖立民　马　礼（回）
　　　　李玉基　焦盛荣

（供稿：杨　平　王　巍）

兰州城市学院

【教学工作】先后三次召开全体教职工大会，对照评估指标体系，做好评估资料的收集整理、自评报告撰写、迎评工作方案制定、专家进校工作开展的配合等工作。2014年10月底，在教育部本科教学工作合格评估中，专家组对学校本科教学工作给予总体性肯定评价；修订完善涵盖人才培养、教学监管、教学基本建设等在内的80余份教学管理文件，建立较为完备的教学管理制度体系。2014届本科毕业生考研人数1299人，初试上线294人，录取232人，录取率达到17%，考取985、211类院校85人，考取国外高校4人；积极创造条件发展专业硕士研究生教育，与西北师范大学联合培养翻译专业硕士研究生；首次组团参加甘肃省第十三届运动会取得5金4银7铜的好成绩，在全省43个代表团中名列第六；建成省级精品课程1门，省级教学团队1个，有两项成果获甘肃省高等教育教学成果奖，在第十四届全国多媒体课件大赛中，共获得二等奖1个、三等奖3个。在全国大学生数学建模比赛中，荣获一等奖1项，二等奖2项；在全国普通高等学校音乐教育专业本科学生基本功展示大赛中，荣获个人全能二等奖1项。

【科研工作】紧紧围绕省委“3341”项目工程，丝绸之路经济带建设等重大项目需求，充分发挥学科与人才优势，积极开展科技服务、政策咨询、职业培训等社会服务工作。与中国社会科学院合作发布《2014生态城市绿皮书：中国生态城市建设发展报告》；省委宣传部依托学院成立“甘肃文化翻译中心”，中心以文化传承推广为己任，用翻译服务于“华夏文明传承创新示范区”和“丝绸之路经济带”战略；成功申报省委宣传部文化产业发展基金项目，承办第七届甘肃省文博会“敦煌论坛”，承担《“丝绸之路经济带”甘肃段建设总体方案》等英文翻译工作；《甘肃高师学报》被评为“全国优秀社科期刊”。承担“国培计划”等各级各类社会培训91项，培训各类专业技术人员27530人次，2014年“国培计划”培训项目被省教育厅评为优秀。2014年共获批立项国家级省级等各类项目70项，获得科研经费资助248.3万元。其中国家自然科学基金项目3项，国家社科规划项目1项，国家社科基金重大项目子课题1项，教育部青年基金项目2项，国家体育总局重点研究领域项目1项，省委组织部陇原青年创新人才扶持计划项目2项。1名教师读博士期间的论文获得国际埃尼奖2015年度提名。

【学生工作】2014届毕业生就业率达到90.06%。成功举办第二届辅导员职业技能大赛；学生奖、贷、补资助体系逐步健全，先后为4040名学生发放国家级奖助学金。心理教育与健康辅导体系初步形成，举办第六届心理保健周系列活动，全年为5000余人进行心理辅导咨询与健康评测；社团活动和科技创新蓬勃开展，先后举办第八届“美之韵”大学生文化艺术节和第五届社团活动月等活动300余场次；在团中央、民政部等四部委共同举办的“志愿服务广州交流会暨首届中国青年志愿服务项目大赛”上，学校“萤火虫”计划——预防农村留守女童性侵害公益教育项目获金奖。

【师资队伍建设】贯彻落实教育部《关于建立健全高校师德建设长效机制的意见》和高校教师禁行行为“红七条”。通过举办师德论坛等形式，教育引导广大教师努力践行“四有”教师标准，开展师德标兵评选工作；积极推进人才兴校战略，围绕学校重点学科、重点专业，制定优惠政策，引进紧缺人才和高端人才。先后柔性引进中国科学院叶大年院士等一批有卓越贡献的高端人才，聘用选拔一批学校紧缺的应用型专业优秀人才，选派教师境内外研修26人次。

【合作办学】与白银市、兰州市城关区等地方政府签订合作办学协议，白银市政府决定给兰州城市学院无偿划拨2000亩办学用地，用于建设兰州城市学院白银校区（分院）。理顺规范与中职北方智扬（北京）教育科技有限公司的办学关系，重新签订合作协议。与10余所企事业单位共建教育实习和实训基地，实施合作办学、合作育人、合作就业、合作发展，不断拓宽应用型人才培养途径。邀请新西兰、美国、俄罗斯、塞浦路斯等地区的11批29人次来校进行教育合作商谈、访问及学术交流。深化与新西兰奥克兰大学、新西兰克赖斯特彻奇综合技术学院、新加坡国立大学等多所院校的交流与合作。选派36名学生参加国（境）外教育合作项目学习。与兰州大学、俄罗斯人民友谊大学等国内外高校共同举办“生态环境和自然资源管理相关问题研讨会”。

【基础设施建设】完成校本部西大门建设工程和校史馆等主题场馆建设，校本部教师公寓已完成主体结构二十六层，培黎校区教师公寓、实训中心的手续报批已经完成；完成校本部7#学生公寓维修改造工程；汇报兰州市政府主要领导协调解决深安大桥项目建设征地补偿问题，与兰州市城投公司就土地置换达成协议。

【党建和思想政治工作】制定下发《关于开展先锋引领行动的实施意见》。开展“双创双促两服务”“服务型”基层党组织建设，“三树三创”“三严三实”等活动；举办第七届大学生骨干培训班，对全校87名大学生骨干进行培训。在建党93周年之际，对做出突出贡献的先进基层党组织、优秀党务工作者和优秀共产党员进行表彰。全年组织各工作组干部，分36批次进村入户，协调落实帮扶项目，协调帮助立项帮扶项目7个，涉项资金240万元。学校投入50万元，先后新建拓宽寺咀村至马峡村约3000米沙化道路，完成槐庙村文化广场配套亮化工作。举办“双联行动—送教下乡”秦安县幼儿园教师短期集中培训班，来自秦安县29所幼儿园的300余名幼儿教师参加培训。选派8支社会实践小分队，开展“七彩”夏令营社会实践帮扶活动，建成寺咀小学“圆梦书屋”。

兰州城市学院领导班子成员名录

党委书记　阎晓辉

党委副书记、院　长　王汝锋

副院长　刘举科　张兴福

马振林（回族）　梁延堂

姜秋霞（女）　莫　超

纪委书记　王　基

（供稿：陈扶汉）

天水师范学院

【教学工作】初步构建教师教育、商务管理、运动健康服务、文化传媒和工科类五大专业群。申办工艺美术专业。创新实验室建设管理模式，满足专业群建设需要。投入资金685万元，组织完成7个实验室建设工作和6个实验室的招标工作。获批省级特色专业1个，省级精品课程2门，获省教育厅教学成果奖5项。

【转型发展】积极推动专业结构调整和改造，逐步完成转型发展的战略部署。根据学科专业建设和做大做强教学单位的需要，对4个二级学院进行拆分与重组，根据学校转型发展和高层次技术技能人才培养需求，增设部分处、科级机构。截至2014年底，学校有党政管理机构及群团组织26个，教学教辅单位20个。严格按照干部选聘任用工作程序，完成中层干部选聘工作。

【学科建设与研究生工作】以学科方向为重点建设重点学科，遴选并确定6个校级重点学科和10个培育学科。全年共获批国家级项目9项，省部级项目4项，地厅级项目25项，校外科研经费共计430多万元。出版专著、教材60多部；获得发明专利和著作权5项；发表高质量论文130余篇；获地厅级以上科研奖励35项。加强教育硕士专业学位的各项建设工作，建立较为完备的教育硕士专业学位研究生培养与管理体系。

【队伍建设】加大对企事业单位中具有“双师型”资格人员的聘用力度；对青年教师的教学和专业发展进行跟踪评估；选派近20名优秀中青年教学骨干赴重点高校研修；晋升高级职称近40人，支持17名教师考取硕士、博士研究生；公开招聘1名博士、30名硕士；推荐2人为首批甘肃省“飞天学者”特聘教授、讲座教授，推荐1人获甘肃省“园丁奖”优秀教师工作者称号，推荐1人获省政府特殊津贴。

【学生工作】通过开展大学生思政工作“1231”行动等活动践行社会主义核心价值观；开通微博、微信，搭建大学生学习交流及践行社会主义核心价值观的平台；推进“班级建设年”活动；评选首届“校园之星”，树立优秀典型；在顶岗支教编队中设立学生党支部。同时，顺利完成招生计划。本科生累计荣获省级以上奖励55项，教育硕士研究生获全国学科教学比赛语文教学一等奖1项。

【对外合作交流】积极开展合作交流工作。聘请外国文教专家来校任教；顺利完成留学生来我校留学的相关手续；教师与学生出国留学工作进展顺利，全年共派出4名教师和13名学生外出学习；完成2015年出国（境）培训项目计划的申报工作；校际访问顺利进行，组团赴德国高校考察洽谈合作事宜，邀请美国福特海斯州立大学专家一行来校讲学。

【办学条件】围绕学校中心工作，全力构建“大后勤”服务体系。启动校园管网改造工程；改造美化餐厅就餐环境；完成各类体育设施维修建设工程。

【社会服务】以“四访”活动为契机，开展校地校企合作与交流活动。积极与当地和相关行业企业联系，探索校企合作途径，先后与天水市麦积区签订“双联”生态鸡产业项目合作协议，与天水神州绿鹏农业科技有限公司签订合作办学与共同开展科学研究的协议。承担省委组织部乡（镇）干部农技推广能力提升计划项目，培训陇南、天水两市乡镇农技干部580人。

【党建工作】高度重视学习贯彻习近平总书记系列重要讲话精神。开展党风廉政建设工作，认真落实中央八项规定和省委双十条规定，全面落实“两个责任”。坚持党委领导下的校长负责制，制定《天水师范学院章程》。

【“双联”工作】联户干部深入联系村，开展政策法规宣传；积极开展科技培训进村、思想观念转变到户行动；选派农业专家进村入户开展农业技术培训。出资30万元帮扶建设乔庙村综合服务中心工程。争取社会资源，为双联点群众发放助听器和棉衣。

2014年10月21日，天水师范学院举行“飞天学者”聘任仪式

天水师范学院领导班子成员名录

党委书记　陈晓龙
院　　长　马建东
纪委书记　吉建安
副院长　安　涛　汪聚应　王旭林

（供稿人：李鹏旭）

河西学院

【教育教学】坚持“做优基础学科、做大应用学科、做强特色学科”的专业建设发展思路，调整专业结构，加快学校转型，申报获批金融数学、工程管理2个本科专业；种子科学与工程专业获批国家卓越农林人才改革试点项目，学前教育专业获批“省级特色专业建设点”，影视与新媒体实验教学中心被教育厅确定为甘肃省级实验教学示范中心。加强教学评估督导工作，组织开展8个本科专业评估，发布教学质量年度报告。切实加强课程建设，2门课程被评为“甘肃省高等学校精品课程”，立项建设校级精品课程5门、校级重点课程16门。制订暑期小学期教学活动实施方案，在化学、体育、外国语、数统、政法等学院启动实施，开设5个教学班和6个体育训练项目，300多名学生参加学习培训。落实《河西学院教学团队建设与管理办法》，2个教学团队被评为“甘肃省高等学校教学团队”，评审确立2个校级教学团队。举办第七届学校教师教学技能比赛，1位教师获得甘肃省第二届青年教师教学技能比赛三等奖。开展教学研究项目申报及建设工作，获得6项教育厅级教学成果奖、3项专科类奖项。注重公共选修课建设与开发，落实副教授以上职称和博士学历教师开设选修课制度，严格筛选确定选修课，鼓励引进校外专家学者来校开设选修课。积极推进学生学科大赛，组织开展各种校级科学大赛25项，选派学生参加第六届全国大学生数学竞赛、全国大学生数学建模竞赛、“外研社杯”全国英语演讲与写作

大赛、全国大学生计算机设计大赛、第六届全国大学生与研究生物理教学技能竞赛暨自制教具与设计实验展评中等学科竞赛、陕西师范大学首届“西北地区高等院校师范生教学技能大赛”，并取得优异成绩。

【招生与就业工作】圆满完成本年度招生录取工作，共招收学生5692人，其中普通本科生3312人，三校生本科184人，专升本考生95人，预科145人，普通专科1528人，三校生专科428人。积极开展就业指导与服务工作，共毕业3570名毕业生，3252人就业，就业率为91.1%。鼓励毕业生赴新疆就业，共邀请新疆28家用人单位面向毕业生开展招聘，643名毕业生被新疆有关单位录用。

【师资队伍建设】落实“祁连人才工程”等各项人才工作规章制度，实施积极的人事政策，引进并稳定高层次人才，补充引进35名高学历高职称教师；新晋升教授10名，副教授21名。加大教师教辅人员进修培训力度，注重对青年教师的培养，全年选送15人攻读博士学位，派出80名中青年骨干教师分别参加教育部专项扶持计划、复旦专项计划、青年骨干教师访问学者、国外访学进修、短期进修培训等项目，占全校专任教师总数的12%。2人获甘肃省“教学名师”，1人获甘肃省“园丁奖”；1人获张掖市“教学名师”，3人获张掖市“优秀教师”称号。

【合作交流与对口支援】学校与西班牙巴塞罗那大学、台湾首府大学、兰州大学以及张掖市、青海门源县等政府和企事业单位签订合作协议。学校认真履行受援高校义务，积极为复旦大学专家学者在甘肃河西走廊开展学术交流、拓展研究领域提供服务，为复旦大学实施服务国家战略、服务西部搭建平台。2014年，学校54名教师到复旦大学学习深造，9名干部挂职锻炼，52名中层干部赴复旦大学参加“高校内部改革与制度机制创新”研修，7名教师考取复旦大学博士研究生，3名教师通过审核成为复旦大学兼职硕导；复旦大学两名专家挂任学校信息中心主任和复旦—甘肃丝绸之路经济带协同发展研究院院长，指导学校信息化建设和区域经济文化发展研究。复旦大学捐建复旦学者文库，丰富学校馆藏资源。

【科学研究】召开首届学科建设和科研工作会议，明确今后一个时期学科建设和科研工作的奋斗目标与主要任务。加大对项目申报的资助力度，49项科研课题被批准立项，其中国家自然科学地区基金项目7项，国家社科基金项目3项，教育部人文社科项目1项，省社科规划项目5项，省科技计划项目8项，省发展和改革委员会项目2项，其他项目23项，科研经费共计753.45万元。校地合作横向项目14项，获科研经费共计147.84万元。纵向课题和横向课题经费合计901.29万元。落实《河西学院青年教师科研基金管理办法》和《河西学院校长科研创新基金项目申请及管理办法》，25项青年教师基金项目和32项校长基金项目予以立项，资助经费总计50万元。一批科研成果获得奖励，8项科研成果获省高校社科成果二、三等奖，7项科研成果获省高校科技进步二、三等奖。教师共完成教材、专著44部，发表学术论文560篇。

【平台建设】出台《河西学院关于加强重点实验室、工程中心和人文社科研究基地等科研平台建设若干办法》。申报建成河西走廊民俗民族文化研究中心甘肃省人文社科基地；以甘肃省应用真菌工程实验室为基础，申报厅市共建甘肃省食用菌遗传育种重点实验室获批，建成甘肃省高校河西绿洲农业重点实验室。召开复旦—甘肃丝绸之路经济带协同发展研究院第一次工作会和河西走廊民俗民族文化研究中心工作推进会，对平台运行机制、资源配置、制度建设、团队组建、研究方向、项目申报等进行广泛深入的研讨。

【服务地方】学校与新疆维吾尔自治区教育厅共同开展大学生实习支教工作，940名学生参加为期一学期的新疆塔城地区、阿勒泰地区和博尔塔拉蒙古自治州实习支教工作。完成“国培计划”培训任务、心理咨询师职业资格认证考试学员培训任务、乡镇干部农技推广能力提升培训任务等，培训各类人员达3000多人。

【基础设施建设】学校有土地4000多亩，校舍面积48.4万平方米，固定资产总值13亿元，仪器设备总值1.6亿元，馆藏纸质图书119万册，电子图书110万册；校园网功能先进，运行高效；附属医院床位1300多张，年接诊人数达80万人次。有公开发行的学术刊物《河西学院学报》。

【合并张掖医专和张掖市人民医院】3月，教育部正式印发《关于同意将张掖医专并入河西学院的通知》；9月，省政府下发《关于将张掖医专张掖市人民医院整体并入河西学院的实施意见》；12月10日，张掖医学高等专科学校和张掖市人民医院并入河西学院工作会议召开，河西学院医学院、河西学院附属张掖人民医院揭牌成立。两校一院的合并，使河西学院成为拥有土地面积4千多亩、在校学生2万余名、教职员工2千多人、学科门类达到12个的综合性本科院校。

【“双联”工作】组织开展（县、村）联村联户，及时对接沟通，制定2014年“双联”工作方案。50多名干部深入武威茶树沟村、寺掌村、石沟村60多户群众家中开展单位党组织与双联村党支部、党员干部与联系村党员共建活动，选派1名青年干部在石沟村挂任联系村副书记；资助双联村家庭经济困难学生7人次，发放奖助学金累计2万余元；开展调查研究，制定《寺掌村至煤场口道路建设项目资金的请示及项目建议书》《石沟村老年文化活动中心建设建议书》等7个项目方案，协调申请帮扶解决资金58万元，协调“双联”惠农贷款252万元，直接资助资金15万元，建立标准化小区6个；举办农牧业从业人员培训班，接受培训人员200多人次；组织大学生义务支教团，在朵什乡茶树沟村、石沟村、寺掌村开展为期20多天的中小学生课程培训。

【办学条件】学校新征教育发展规划备用地90.56亩，学术交流中心、教师公寓、校园超市等工程按计划完成施工任务，制订《河西学院校园规划和建设方案实施办法》；新增教学科研仪器设备2430万元，投入700多万元开展数字化校园建设工程。

【党建和思想政治工作】组织学习中共中央办公厅《关于坚持和完善普通高校党委领导下的校长负责制的实施意见》。开展群众路线教育实践活动落实整改工作，开展制度作风建设年活动；完成19个二级基层党组织换届选举工作；明确新设部门和二级学院三个办公室的工作职责；开展贯彻八项规定、严肃财经纪律和“小金库”治理“回头看”工作，推进学校党风廉政建设。坚持以社会主义核心价值为统领，广泛开展社会主义核心价值观和“我的中国梦”主题教育和“弘扬社会主义核心价值，学习收获践行成长长才”主题教育实践活动，深入开展养成教育、感恩教育、安全意识教育、文明礼仪教育、理想信念教育、毕业生文明离校教育、“新生入学教育”、“诚信教育”、“校风校训教育”、“职业生涯规划教育”十大主题教育月活动。全年发展党员数380人。

河西学院领导班子成员名录

党委书记　黎志强
院　长、党委副书记　刘仁义
副书记　张晓舟（4月止）
副院长　张汉燚　周均发
　　　　张　勇　张有明
纪委书记　徐德祯

（供稿：宋雯霞）

陇东学院

【学科专业建设】学校申报的护理学、绘画及音乐表演3个本科专业获得教育部批准，完成医学检验技术、地理科学、油气储运工程、信息与计算科学等4个专业的申报工作，本科专业已达54个，基本构架起应用型人才培养的专业体系。停止8个专业的招生，停招9个专业方向。6月25-26日，省教育厅、省发改委、省财政厅联合在陇东学院召开2014年甘肃省高等学校优化专业结构服务区域经济社会发展现场观摩会，教育部、省教育厅领导和16所本科院校、6所独立学院的领导参加会议。制定《陇东学院本科教学工作合格评估整改工作方案》和《陇东学院“教学改革工程”实施意见》，确立专业建设、人才培养模式、课程建设、公共课教学、教学方法、考核方法、实践教学、开放办学、教师培养、素质教育、教学管理等11个方面的改革内容，拟定44个课题，组建项目团队，确定项目负责人，制定实施方案。启动新一轮人才培养方案修订工作，完成48个专业人才培养方案的修订任务。下发《陇东学院关于加强专业核心课程建设的意见》，确定221门核心课程，遴选234名核心课程主讲教师。制定《陇东学院专业核心课程试题库建设方案》，促使“本科标准+职业能力”人才培养模式落地生根。172名学生考取硕士研究生，学生参加省级以上学科技能竞赛获奖108项，其中国家级29项，省级79项，353名学生通过职业技能鉴定获得资格证书，55名学生通过国家司法资格考试。

【人才培养】通过公开招考引进硕士研究生及以上学历人员46名，其中博士研究生2名。1名教师荣获全国“农村科普惠农兴村带头人”称号，1名教师续聘甘肃省领军人才，1名教师荣获甘肃省“园丁奖”，2名教师入选省委组织部“陇原青年创新人才扶持计划”，2名教师入选国家留学基金委和“西部之光”人才项目，1名教师获国家资助赴英国为期1年访学，2名教师荣获全省高校青年教师教学大赛奖，2名教师荣获全省高校物理课程讲课竞赛奖。新增正高级职称限额14名、副高级职称限额10名，6名教师晋升教授，34名教师晋升副教授，18名教师进行职称系列转换。

【科学研究】成立庆阳市荒漠化研究技术开发中心。确定4个第三批校级重点建设学科，顺利通过资源环境与城乡管理专业学士学位授予权评审。发表论文629篇，其中外文期刊发表16篇，SCI、EI、ISTP收录17篇，CSCD收录33篇，CSSC收录16篇。出版专著教材35部。专利授权77件，其中发明专利授权2件。获得各级各类科研奖励项目33项，其中市厅一等奖5项。国家计算机软件著作权登记5件，审定通过甘肃省农作物新品种2个。下达青年科技创新基金项目23项，经费20万元，评审下达紧缺专业博士硕士基金项目18项，经费132万元。学报编辑出版6期，发表论文200篇。

【学生工作】2014年招生人数3868人，其中本科3672人，专科196人。2014届毕业生3137人。继续坚持压缩师范类专业招生规模、扩大工科等应用型专业招生规模的原则，使师范和非师范专业的学生比例下降到3:4，工科类学生的比例提高到35%。全年组织各类毕业生专场招聘会26场次，签约和达成就业意向682人，23名学生光荣入伍。出台就业工作考核办法。为1900名应届师范类毕业生顺利办理教师资格证书，组织开展为期一个月的家庭经济困难学生大走访活动，涉及11个省、76个县区，参与活动老师579人。

【师资队伍建设】通过公开招考引进研究生45名，其中博士研究生2名。选派5名教师外出攻读博士学位，30名教师国内访学和进修，5名青年教师赴行业、企业一线锻炼实践，10名硕士研究生从事专职辅导员岗位工作。6名职工晋升正高级职称，37名职工晋升副高级职称。4名教师荣获省“园丁奖”和青年教师成才奖，2名教师入选省委组织部“陇原青年创新人才扶持计划”，1名教师荣获全国“农村科普带头人”荣誉称号，5名教师在全省高校青年教师教学大赛中获奖。开展全校青年教师实践技能竞赛活动，453名教师参加竞赛。

【后勤保障】2014年，共承担有关后勤设施购置、绿化、维修项目共计59项，投资总金额1747多万元。完成校园污水处理厂、第二教学楼、球类场和田径运动场、锅炉房改扩建、校园北主干道等工程，全面交付使用。完成学生第一餐饮楼、电信楼部分实验室、校园排水排污系统、大学生就业指导大厅、8

幢学生公寓、5号青年教师宿舍、学生公寓门禁系统等50多项建设、维修、改造工程。完成电工电子、电磁场、化工仪表、同声传译、语音、数学实验等13个实验室建设任务。全年新增图书3万余册，购置电子图书1万册，征订报刊1332种。严格执行《学校食堂与学生集体用餐卫生管理规定》等法律法规的规定和要求，确保师生的饮食卫生安全。进一步完善《陇东学院防汛工作预案》《陇东学院防震工作预案》。

【对外合作交流】与波兰波兹南亚当·密茨凯维奇大学、台湾亚洲大学、美国佐治亚西南州立大学、意大利图西亚大学签署校际合作协议。邀请新西兰和日本2名专家来陇东学院作学术报告，聘请9名外国文教专家来校工作。3名教师申请国家留学基金委《国家公派高级研究学者及访问学者（含博士后）项目》《西部地区人才培养特别项目》和《2015年新加坡南洋理工大学高校英语教师进修奖学金留学项目》，录取2人，派出1人赴英国进行为期1年的访学。1名学生申请"1+2+1"中美人才培养计划，被美国宾夕法尼亚州曼斯菲尔德大学录取，赴美学习。

【社会服务】庆阳市和陇东学院签署"苹果产业科技合作协议"，举办苹果苗快速繁育项目培训200余期、果农10000余人，9名科技特派员活跃在农业生产第一线，进行科技支农和技术培训，服务范围辐射庆阳市6县（区）30多个服务点的8个企业和365个农户。招收成人本专科生1205人，在读成人本专科生1738人。完成省委组织部委托的庆平两市277名乡镇干部农技推广能力、700名全省中小学教师国培计划、120名庆阳市高中教研组长、1874名环县宁县西峰中小学教师、300名庆阳市能源化工产业技能人才和28名西峰区审计人员工程预决算培训工作。首次承担完成三期360名庆阳市副县级及乡镇主要领导干部的培训工作。围绕陇东区域文化，主编并出版《庆阳特色文化研究》系列丛书，在《陇东报》（文化专刊）撰写文章20余篇，参与中央电视台六集大型历史文化纪录片《黄土大塬》的录制与创作，承办庆阳市重点文化项目《庆阳人·中国梦》诗文朗诵剧的创作与演出。

【党建和思想政治工作】学习贯彻党的十八届三中全会精神和习近平总书记一系列重要讲话精神，5月9日至30日举办处级干部深入学习贯彻习近平总书记系列讲话精神培训班，安排5次集中辅导，1次专题研讨，1次总结交流。开展党的群众路线教育，和核心价值观教育。2014年3月12日，召开党的群众路线教育实践活动总结暨民主评议大会，根据《陇东学院班子整改方案》《陇东学院整改落实工作台账》《陇东学院"四风"问题专项整治工作方案》和《陇东学院制度建设计划》，开展整改落实和专项整治工作。

【队伍建设】全面加强基层组织建设和干部队伍建设，强化目标管理考核。完成36名处科级干部的选拔聘任工作，完成部分党总支、党支部组成人员的改选和调整工作。新发展党员281名，举办入党积极分子培训班2期，培训青年学生和教师入党积极分子2409名。顺利完成2014年度教学单位业绩考核和机关直属单位年度目标管理考核工作。制定《关于落实党风廉政建设主体责任的实施办法》，召开党风廉政建设工作会，下发党风廉政建设和工作任务分解表，签订责任书和承诺书。对2014年新提拔任用和轮岗交流的处科级干部进行任前廉政审查和廉政谈话。对各类招标验收和采购、询价、市场考察等活动进行监督。

【"双联"行动】"双联"行动专家组有针对性地对联系村开展农村劳动力实用技术培训7场700多人次。举办惠农贷款、劳动保障、医疗保险、土地流转等政策宣讲10场次，发放惠农政策宣传资料700余份。根据庆阳和平凉的地形地貌、气候土壤的实际编写出版《双联行动 产业富民 科技帮扶 简要技术读本》，并送书入户，进行入户指导培训。编订《惠农政策宣传册》，帮助群众用足用好政府的各项惠民政策。为阳洼村小学新修围墙120米，投入2万多元加固孟山村文化舞台。5月至6月学校组织美术学院6名学生为老城镇寺塬村绘制475米的文化墙，共绘漫画1000余幅。组织全校干部围绕合水老城镇500亩标准化示范果园、核桃园建设和庄浪柳梁乡双垄沟播玉米、6000亩果园和覆膜洋芋开展帮扶。

陇东学院领导班子成员名录

党委书记　闫庆生
党委副书记、院　长　郭维俊
副院长　孙立峰　孙鸣超　许尔忠
纪委书记　白生君

（供稿：郭麦霞）

兰州文理学院

【甘肃文化传媒学院筹建工作】2014年，学校内设机构教学单位由12个增设为15个，新设新闻传播学院、数字媒体学院、继续教育学院，人文学院更名为文学院、音乐系更名为音乐舞蹈学院、美术系更名为美术学院、体育系更名为社会体育学院、政法系更名为社会主义学院（马克思主义学院），以文化传媒为主体的办学架构基本完成。2014年，学校完成戏曲专业（4+2）六年一贯制戏曲本科招生，成为甘肃省唯一一所举办戏曲专业人才培养且有本科层次的高校。新增"新闻传播""数字媒体技术"2个本科专业，组织申报"社会工作""学前教育""电子信息工程""财务管理""社会体育指导与管理""旅游管理"6个本科专业，其中5个已上报教育部审核；"音乐表演"专业被评为2014年度省级特色专业；"会展营销与策划"评为2014年度省级精品课程，"经典文学作品的当代解读"选为甘肃省2014年度科学文化素质教育类视频公开课；环境艺术设计和应用化工技术专业被教育部确定为"提升专业服务产业发展能力项目"建设专业。投入1107万元建设音乐技能实训室、影视观摩赏析实验室、新闻实验室、音频处理实验室、虚拟现实作品开发平台实验室、虚拟现实作品展示平台实验室、移动开发游戏设计实验室、三维动画实验室、影视编辑特效实验室、渲染存储多功能服务器室等。全年组织评审、推荐申报厅局级以上科研项目99项，申报数量达到历史新高。立项31项，其中国家社科基金项目2项、甘肃省社科规划项目6项、省教育厅项目20项、甘肃省科技厅项目1项、省教育规划项目1项、甘肃省体育社会科学项目1项，立项数量比去年增加45%。资助经费达72万元，比上年增长22%。

【教学工作】2014年全年共发表学术论文294篇，其中高水平论文学术论文67篇（SCI6篇，EI8篇，核心论文53篇），较2013年增长13.6%。出版著作40余部，获批专利4项。获得省科技进步三等奖1项、省高等学校科技进步奖3项；获甘肃省高等社科成果奖获奖8项、教育厅教学成果奖10项。组织师生参加“高教社”杯全国大学生数学建模竞赛、全国大学生电子设计竞赛、全国高职高专实用英语口语大赛等主要赛事，参赛学生70人，指导教师45人，获本科二等奖两项、专科特等奖一项、专科一等奖三项。组织校内学科竞赛多次，参赛学生超过6000人。成立“西北民族文化与旅游发展研究中心”“甘肃文献学研究中心”“古籍整理研究所”和“敦煌拳艺文化研究所”等省级人文社科重点研究基地、校级人文社科重点研究基地和校级科研创新团队，组织申报“2011戏曲舞蹈人才培养与舞台剧目开发协同创新中心”。其中“敦煌拳艺文化研究所”完成敦煌拳艺文化教学系列丛书之一《敦煌拳》的编撰，录制敦煌拳艺健身套路教学视频并组建“敦煌拳艺”表演队。4部馆藏古籍入选第二批《甘肃省珍贵古籍名录》，民国以前的古籍全部整理入库。完成甘肃地方志、甘肃历史、甘肃宗教、甘肃地理、甘肃文学、甘肃文化、甘肃艺术和甘肃传媒8个数据子库和甘肃地方文化特色数据库27个二级栏目的系统框架设计初步方案。举办承办“中华文化四海行兰州文理学院专场”“两岸名家书画甘肃联展”和“第十二届甘肃省工艺美术‘百花奖’评选”等大型文化艺术活动。国家社科基金项目、甘肃省社科规划项目、省教育厅项目、甘肃省科技厅项目、省教育规划项目、甘肃省体育社会科学项目共立项31项，其中76.9%的研究成果集中在文化、传媒、旅游、艺术四大方向。

【人才队伍建设】全校具有高级职称的教师192人，占教师总数的42%，正高级职称教师53人，副高级职称教师139人，专任教师中具有硕士以上学位的教师占教师总数的68%，师资队伍的学缘结构由2007年的89所院校增加为现在的200多所。实施“雁苑人才”工程，设立驻校专家岗位，引进行业领军人物高金荣先生、何鄂先生为驻校专家；选拔6名责任教授和一批中青年教学科研骨干教师；聘请100多名行业专家、技术骨干担任兼职教师；先后派出20余人赴国外知名大学访学研究，支持30名教师前往国内著名高校访问学习；选派650余人参加各种学术会议和业务培训。

【校企合作】2014年先后举办全国人工智能学会智能传媒专业委员会成立暨学术研讨会、第六届全国数字媒体技术专业建设研讨会、甘肃省高校教育技术协会年会等高规格学术会议。建成以天津福丰达动漫游戏制作有限公司兰州立体影视基地和甘肃省动漫工程技术研究中心为代表的校企合作基地，目前基地已投入运行。新闻传播学院与广州创显光电科技有限公司、庆阳广播电视台、读者出版传媒股份有限公司期刊出版中心、甘肃人民出版社有限责任公司、甘肃教育出版社有限责任公司、甘肃日报社、甘肃少年儿童出版社有限责任公司、甘肃省广播电视总台、甘肃省广播电视总台少儿频道、甘肃省图书馆等单位签订就业实习基地。

【学生工作】全年共评选表彰“省级三好学生”16名；“省级优秀学生干部”6名；“校级三好学生”336名，“校级优秀学生干部”149名，“先进班集体”18个；“优秀毕业生”204名；发放“国家奖学金”7人共计56000元；励志奖学金282人共计705000元；国家助学金3614人共计3700800元。共有2511名学生获得生源地信用助学贷款，金额12，69.19万元，为26.6%的学生解决学费困难。给学生提供勤工助学岗位515个，发放勤工助学资金90600元。学校团委大力培育和发展法学社、计算机服务社、国学社等学术型专业型社团，开展现场文学创作比赛、主持人大赛、英语口语大赛等各类学科专业活动。从校院两级选拔140名优秀学生骨干参加“青年马克思主义者培养工程”培训班。

【招生就业】2014年学校招生计划3400人，省内计划3115人，其中本科1150人，专科1965人；省外计划285人其中本科150人，专科135人。实际录取3823人，其中本科录取共计1370人，专科录取共计2253人。实际报到3455人，报到率90.37%，其中本科报到1263人，报到率92.19%；专科报到1994人，报到率88.50%。全年共引进125家企业进校挑选人才，召开校园专场招聘会70余场次，提供有效工作岗位3000个。

【党建工作】全年共调整处级干部88人、科级干部68人。完成19个基层党总支、62个基层党支部的换届选举工作。选出兰州文理学院第一次党代会代表109名。开展落实中央“八项规定”、省委“双十条”等正风肃纪集中治理行动，先后出台《中共兰州文理学院委员会落实党风廉政建设主体责任实施办法》《干部廉政档案管理实施办法》《新任党员领导干部廉政谈话实施办法》《党风廉政建设责任制实施办法》等8项措施建立形成学校反腐倡廉的基本制度。制定《关于进一步加强和改进学校宣传思想工作的意见》，开展“人知人晓、人信人守”工程。

【“双联”工作】古浪县直滩乡老城村饮水安全工程于2014年9月16日正式开工打井。老城村村委会条件改善项目、新城村体育广场建设项目两项工程10月完工。举办宣传栏6期、图片展3期，通过印发资料、入户谈心等形式，开展政策宣讲。开展电子商务培训、核心价值观宣传、文艺下乡、爱心捐助、古浪县旅游事业编制规划、民歌挖掘整理、百千师资素质提升等活动，协助建设的“古浪县生态农产品移动电商平台”顺利开通并上线。以学校编印的《涉农典型案例法律评析》为普法读本，为村民提供法律咨询和案件代理。学校联系由《读者》集团作为发起人，帮助弱视儿童恢复光彩明天“光明行动”，有52名弱视儿童分两批于9月初、10月去北京接受免费治疗。向联系村赠送农业科技致富方面图书1500册，赠送鸡仔5600余只。“六一儿童节”为联系村154名学生捐赠运动服、运动鞋及篮、排、足球等体育用品。旅游学院为古浪县编制《古浪县城乡融合发展旅游业发展规划（2014–2020）》，对古浪县旅游局实施的《古浪城郊型休闲旅游综合技术集成示范村》项目提供技术支持。圆满完成第三期“百千”师资素质提升项目，本期培训共有230名学员参加培训。

【基础设施建设】2014年9月10日，建筑面积64489平方米的532户教师公寓正式交付使用。新5号学生公寓顺利实现主体封顶。学校学术报告厅、省艺校实验剧场、省艺校练功厅、南校区西侧运动场改造项目均已完成。10月27日，兰州市政府同意将学校南北校区过街天桥项目列入2015年市政项目计划，并以正式批文立项。图书馆馆舍面积扩展至27173平方米，馆藏图书达103.18万余册，电子图书7.5T，购买和试用的数据库30余个，并自建雁苑电子图书。每周开馆时间超过75小时。图书馆有电子资源CNKI硕博论文数据库、新东方英语四六级、AB级考试数据库、超星数字图书馆等30个数据库。

【对外交流】2014年有2名教师分赴美国、加拿大进行访学交流，有2名访问学者学成回国。美国蒙大拿大学代表两次来校洽谈两校间国际交流、合作办学的意向，拟于2015年开展实质性合作；与乌兹别克斯坦、乌克兰相关高等院校接洽，积极寻求在旅游、文化、艺术等专业领域展开实质性合作。学校图书馆与美国蒙大拿大学图书馆、加拿大阿尔伯塔大学图书馆、省图书馆积极开展馆际交流与合作。

兰州文理学院领导班子成员名录

党委书记　史百战

校　长　汪建华

副校长　郑伟强　普登学

纪委书记　杨　扬

（供稿：韩　璐）

甘肃民族师范学院

【党建和思想政治工作】实行党建目标管理。新建2个二级学院；设立继续教育学院党总支，党委统战部独立办公，成立艺术教育委员会和甘南民族风情艺术采风基地等机构。先后选派20多名干部、教授参加国家、省上多种形式的理论学习班；举办处级干部深入学习习近平总书记系列讲话精神集中轮训班，组织党委理论学习中心组学习会5次。组织召开学校首次党代会。会议选举产生党委和纪委两个班子，通过党代会工作报告，规划未来五年发展的蓝图，为“十三五”规划提出框架性的建设思路。2014年共培训入党积极分子700多名，发展党员290名。开展党务公开，对2014年的党费收缴、使用和管理进行公示。开展校务、政务、财务信息公开。开展办公用房清理工作。制定《贯彻落实党风廉政建设主体责任的实施办法》。加强内部监督检查，加大审计力度，共审计项目96项。“双联”行动有序推进，为帮扶村制定年度帮扶工作计划，落实帮扶项目10余项，投入资金近100万元。制定《社会主义核心价值观主题教育实践活动方案》，开展社会主义核心价值观学习活动。在广大教职工中开展师德师风建设活动。建立民族团结进步教育基地和大学生爱国主义教育基地。组建民族团结进步教育宣讲团，在甘南州8县市进行巡回宣讲。

【30年校庆工作】开展百人访校活动、百场学术交流活动、百项师生素质提升活动。9月20日成功举办建校30周年庆典大会，省州领导、省直单位有关负责人以及高校、企事业单位代表、校友代表300余人参加庆典。

【教学工作】完成2014版课程设置方案和教学大纲的修订工作。推进课堂延伸“五个环节”、组织教学技能大赛。在教师队伍中开展“精彩一课”教学竞赛、教学技能大赛、教研组观摩听评课活动。11部教材、3个校级实验示范中心、45门各级各类课程、24项教学成果立项建设，筛选成果，争取更高层次的项目支持。加强实习基地建设，与甘南、临夏两州46所学校的实习基地挂牌签约。聘任实习基地州、县市教育局长和工作人员为兼职实习督导员、管理员，聘任实习学校校长为兼职实习指导教师，探索形成“双导师”培养机制。修订完善教学管理制度20余项，完成本年度学校本科教学基本状态数据信息采集，向社会发布上年度本科教学质量报告。抓好继续教育，共培训学员1175人次，获得各类培训经费600多万元。

【科研工作】成立藏学院和藏汉双语教育学院，挂牌成立西北少数民族教育研究基地、中国藏学研究中心《中华大典》（藏文卷）编纂工作站及甘肃省藏文古籍文献编译中心，编纂工作站获批项目5项，共计83套经籍。整理出版《嘉堪布扎巴坚赞文集》（1–6卷）《嘉堪布扎巴坚赞诗集》《安多藏文化论丛》（第一辑），共计8部藏文古籍文献著作；审译完成国家出版基金重点项目《藏族民间口传文化汇典》（1–60卷）各项工作。安多藏文化学科获批为国家民委重点建设学科。首次组织开展第一批校级重点建设学科评审立项资助工作。确定校级重点学科1个，校级重点培育学科3个。组织教师积极申报科研项目。共获准立项国家自然科学基金项目1项，国家社科基金项目3项，省社科规划项目1项，省教育科学规划项目4项，获得资助经费100多万元。学校获准立项24项校长科研基金项目、7项优秀学术著作，资助经费30万元。全年共发表论文216篇，其中，A类论文6篇，B类论文28篇，C类论文21篇；出版各类学术著作30部；国家发明专利2项，实用新型专利7项；省高校科技进步奖暨社科成果奖10项。

【学生管理】在“莲峰书院”试点基

础上，建成2个书院。全校组建94支实践队开展暑期实践活动，审批立项学生科研项目90多项，组织学生参加全省创新创业大赛。启动大学生"一站式"服务工作，建立大学生事务中心一站式服务窗口。全年发放各类奖学金、助学金1356万元，受助学生11985人次；办理助学贷款5488人，落实贷款2600多万元；参加勤工俭学学生1633人，发放报酬60万元；向384名低保家庭毕业生、残疾毕业生发放求职补贴38.4万元。2014年报考学院第一志愿率达45.4%，较上年提高6个百分点。

【队伍建设】在全校教职工中开展网络课程专题培训和师德师风建设活动。积极争取编制，2014年引进、调入教师25人，外聘教师170多人。2014年，晋升高级职称32人，中级职称3人，1名教师获得"全国模范教师"荣誉。对在岗和离退休教职工组织每年一度的体检；解决学校教职工子女高中阶段兰州上学问题；组织开展丰富多彩的文体活动；积极协调办理7号家属楼房屋产权事宜。

【条件保障】通过多渠道筹措资金，完成年初基本项目建设和实验实训设备、图书资料采购目标任务。争取援藏项目资金5300万元，财政总收入2.58亿元。完成立方书屋、高原动植物认知馆、安多藏区艺术中心等重大工程16项，新田径场、艺术广场等多项工程按进度正在建设之中，改建原有实验（实训）室10个，新建实验室12个。今年购置文献40000多册，征订期刊1000多种，投入经费共计360多万。组织开展首届"超星杯"信息检索大赛、首届大学生校园"读书奖""读书之星"评选和新书推介、文化讲座等一系列活动，图书借阅量较上年增长1.5倍。完成校园光纤进管网的改造。在学校设立甘南隆宝缘医院分院。推进"平安校园"建设，构建起一套较为成熟的校园稳定防范体系。实行校园稳定工作目标责任制，建立对校园及校园周边安全隐患长期排查和边查边改的工作机制；利用消防宣传日、国家宪法日，在师生员工中开展消防知识和法制知识宣传教育。

【开放办学】先后邀请中国人民大学、兰州大学等校外专家教授30余人来我校开展学术交流活动；组织有关负责人赴北京师范大学、中央民族大学等20多所省内外高校进行专题考察学习；兰州理工大学留学生文化考察团、兰州大学暑期社会实践团、兰州大学国际交流与合作处留学生及志愿者来学校考察交流；选派有关人员赴德国参加千名中西部大学校长海外研修计划，赴澳大利亚参加第21期澳大利亚高校行政管理培训。举办河洮岷文化论坛等高层次会议。与合肥工业大学签署产学研战略合作协议，建立产学研战略合作关系。与甘南州、临夏州政府进一步加强地校共建，共建立43个师范专业实习基地，14个非师范专业实训基地，覆盖580多家基层学校或者单位。与北京五洲树人教育投资有限公司初步达成合作办学的有关意向。与临潭县委县政府加强合作，初步达成建设新型的文化园区等5个合作项目。

甘肃民族师范学院领导班子成员名录

党委书记　李维平（藏族）
校　长　张俊宗
副校长　道　周（藏族）
　　杨世宏（藏族）
　　穆文龙（回族）　牟吉信
　　陈正武　高君智
党委副书记　杨士钰（藏族）

（供稿：丁一清）

兰州石化职业技术学院

【党建和思想政治工作】学院深入学习贯彻十八大，十八届三中、四中全会精神和习近平总书记系列重要讲话精神及全国、全省职业教育工作会议精神。扎实开展党的群众路线教育实践活动，聚焦学院服务师生方面的"四风"问题，征集归类整理师生各类意见87条，整改落实73条，教职工满意度为98.13%。严格控制文件、会议、公务接待、出差、办公用品采购等；"三公"经费在2013年的基础上又减少10.1%；规范办公用房33套，共计1129.8平方米。加强干部队伍和基层党组织建设，完善中层干部工作标准、考核办法及请销假等相关制度，实行中层干部两周工作例会制度，召开各党总支（直属党支部）专题民主生活会和各基层党支部专题组织生活会。推进党风廉政建设，认真落实党委的主体责任和纪委的监督责任，完善涵盖学院123个工作岗位的廉政风险防控惩治体系，签订年度干部党风廉政建设责任书，认真落实"一岗双责"，开展述纪述廉述作风活动。严格执行"三重一大"决策制度，全面推行院务公开。

【文明建设】弘扬社会主义核心价值观，建立道德讲堂16个。邀请校内外专家学者、道德模范、优秀校友来校作报告近百场，组织开展学院精神文明先进集体和个人评选表彰活动。为中学生提供科普实践教学服务3000人次；师生参与公益植树造林等各类志愿服务活动120多项12000人次；学院体育馆面向西固区提供服务6000人次。学院被中央精神文明建设指导委员会评为"全国文明单位"。

【深化改革】实施"阳光晨读"等学风建设项目，加强学生管理工作的量化考核。创新校企合作模式，申报的甘肃省石化、汽车职业教育集团获得批准；暑期组织16个调研组赴250多家企业进行走访调研。学习型校园建设与改革。实施《教职工理论学习计划》等六个学习培训计划，并纳入过程考核，推出尔雅网络通识课学习活动，教职工全年课程学习规定总量比上年增加5倍。

【教学工作】校企合作完成2014级招生专业人才培养方案和课程标准的制（修）订；新增热能动力设备等3个招生专业，建成2个省级特色专业。建成3门省级精品课程、22门院级精品课程、11门优质共享课程；主编教材36部，正式出版"十二五"职业教育国家规划教材6部。搭建网络考试平台，推行考教分离，完成34门课程的试题库建设、16门课程的试卷库建设、22门课程的平台考试改革。建成工业水处理等实训基地，全院实训场所总面积达到70000平方米；申报中央、省级财政支持的各类专项资金4000万元。组织职业技能鉴定取证等考试16204人次。积极探索专业拔尖学生培养工作，成立“英华班”等不同专业类别的拔尖班，学生参加技能竞赛获得省级二等奖以上奖项50余项。

【学生工作】建立优质生源基地，全年单独招生1250人；报到新生4703人，报到率90.69%，比上年提高近5个百分点。积极开展毕业生就业推荐及“双选”工作，新增62家就业单位，学院2014届毕业生一次性就业率为94.67%，截至2014年底，2015届毕业生就业率已达到91.78%。毕业生在规模以上企业就业人数占总就业人数的75%。积极探索“三自一主”学生教育管理模式；加强班主任、辅导员队伍建设，坚持并完善班主任巡回检查值班、月考核制度，严格执行一日生活制度，完善学生工作量化考核制度，开展“师生共学规章制度，院系共建先进班级”主题纪律整顿行动。积极开展形式多样的暑期“三下乡”社会实践活动，5支小分队被评为全省优秀团队。

【科研教研和校企合作】加强教科研团队建设和项目管理，各级各类教科研及校企合作课题立项45项，资助金额293.55万元，结题验收通过率比上年增长20%；获省厅级教学成果奖5项；教职工全年公开发表论文354篇，其中SCI和权威期刊论文100篇，比上年增长12.4%；《兰州石化职业技术学院学报》收到校内外投稿337篇，录用省部级基金以上论文33篇，影响因子比上年上升12.8%；获得科研成果7项，其中发明专利5项、省级科技奖励2项。

加强对各系的校企合作指导，新增30多个校企合作单位。提炼并教学化处理校企合作内容60项，新开发实训项目60项。开展校企技术交流30次，参与教师达150多人次；全年实现各类培训15000多人次。校企共建12个“校中所”形式的校企联合技术研发中心；完成20余项校企合作技术服务及研发改造项目；校企合作技术发明专利授权和申请受理达9项，1项成果获第七届甘肃省职工优秀技术创新成果二等奖。

【师资队伍建设】通过公开招聘，新引进教师34名；新增教授12名、副教授12名；聘任专业带头人44名、骨干教师100名、“双师型”教师193名；建成5个院级教学团队，2个被评为省级教学团队。组织371名教师参加暑期技师培训、“双师”素质培训、教学能力培训、企业实践锻炼和调研活动。实行新的教师工作标准及考核办法，推行师德水平一票否决制。3名教师获得甘肃省“青年教师成才奖”；3名教师分别荣获“黄炎培职业教育杰出教师奖”、甘肃省“园丁奖”“甘肃省高等学校教学名师奖”。

【精细化管理工作】重新修订2006版《学院章程》；修订完善154个岗位工作标准、349个工作流程、326个管理制度（预案），第四版制度体系文件颁布实施；实施差错管理法和二级单位月考核制度；开展首次内部教学管理工作水平评估及专业建设质量督查，完善学院教学质量监控与评价体系。强化质量管理意识，严格PDCA循环过程管理，第三次顺利通过ISO9001质量管理体系再认证。改革并完善学院总值班制度，将工作目标确定为“一人一事一问一议一课”。扎实推进6S管理。加强校园安全管理，在大门及校内所有公共楼宇安装门禁管理系统47套，全院监控点数量达到498个。推进节约型校园建设，加强水电暖管理，开展低碳体验日等活动，全年共节约水电暖等费用150万元。

【基础建设】建筑面积8100平方米的第四工业中心顺利投入使用，新增固定资产6000余万元，改善学生实验实训条件；新增大学生活动场所845平方米；完成化工楼、油气储运实训基地、西区图书馆及操场、学生公寓等基础设施维修改造项目100多项；推进无烟化校园建设，加强禁烟管理和健康教育；完成875名教职工的体检；通过“爱心基金”等，对30余名困难职工及家属进行资助帮扶。

【示范引领】全年接待社会各界人士参观访问154批6000人次，其中学生家长4000余人次。学院作为全省五所高校之一，以“陇上名校”身份入选《甘肃教育史话》，并成功承办全省高职高专院校首次互访活动。学院荣获“全国黄炎培职业教育优秀学校奖”、“2014年度全国化工行业职业技能鉴定先进单位”。

【“双联”工作】派出干部26批次120余人次；选派2名学生义务支教3个月；举办焊接技术等培训班3期120余人；开展送文化下乡活动和社会实践活动，为群众义务维修各类家电80余台（件），为留守儿童赠送学习用品等100余件；为两村申请幼儿园等基础建设项目共12个，项目资金达1650万元。全年投入各类资金近25万元，为两村兴办各类实事9件。2014年，榆树村、连柯村人均纯收入比2013年分别增长15.6%、15.8%。学院“双联”工作

兰州石化职业技术学院教学实训场所

被省双联牵头单位和张家川县考评为年度优秀。

兰州石化职业技术学院
领导班子成员名录

党委副书记、院　长　张方明
副书记　周兴中
副院长　孙松滨　黄义仿
　　　　程小红　宋贤钧
纪委书记　蒲卫晖

（供稿：张建祥）

兰州资源环境职业技术学院

【国家骨干高职院校项目建设】在三年的项目建设期内，项目建设4个方面9个子项目、40个一级指标、268个二级指标、2302个验收要点的项目建设任务全部完成，项目建设一级指标达标率100%。2014年5月3日至4日，国家骨干高职院校建设项目省级验收专家组对建设情况进行验收。

【教学和科研工作】开展“六步骤”教学法改革，改革课业评价方式。《基于工作过程需求导向的仿真矿井建设及在教育教学中的应用》课题荣获职业教育国家级教学成果二等奖。《以教学水坝为核心的水利实训基地建设及课程资源开发》等6个项目被评为厅级教学成果奖。《安全技术与管理专业企业实际教学案例库》被确定为教育部专业改革与实践项目。教职工在正刊发表论文146篇，其中SCI收录论文2篇，EI收录论文1篇，在北图中文核心期刊发表8篇。获得2014年甘肃省高等学校科技进步奖三等奖1项，获批职务实用新型专利3项。组织实施教职工科研能力提升计划。立项科研课题27项。

【专业和教学资源建设】新申报空中乘务专业，冶金技术专业被确定为省级特色专业。构建基于信息系统的评价主体多元的专业星级管理系统。新增各类课程教学资源278个，总数达3460个，出版教材18部，新建精品资源共享课程2门。《矿井通风》《矿产勘查实用技术》《地面气象观测》3门课程被评为省级精品课程。新建课程题库198个，试题库课程总数达292门，总题量达56960个，18门课程借助在线考试平台进行考试。

【师资队伍建设】组织海外培训考察1次，组织院校、企业考察学习10次，组织专业教师学习进修5次，举办专业技术讲座16次。1名教师获得省级教学名师荣誉称号，3名教师获得省级青年教师成才奖荣誉称号。7名教师在甘肃省青年教师教学技能大赛和全国高校外语教学大赛甘肃赛区比赛中获奖。

【招生就业工作】招生工作圆满完成。面向全国20个省（自治区）录取新生4595人，报到新生4208人，报到率为91.6%，较去年增长0.6个百分点；定向培养直招士官招生110人，并且首次面向全国招生；单独招生考试录取1100人，报到1049人，报到率为95.4%。积极协调武警甘肃省总队，争取到武警部队培养直招士官计划50名。组织就业指导教师参加校外高层次的就业指导课程培训，2名教师获得“国家职业指导师”资格证。加强对毕业生就业数据的研究、分析，借助麦克斯调研，发布“2014年毕业生就业质量年度报告”。组织校园专场招聘会192场，企业自主招聘301家。2014年毕业生人数3661人，就业3475人，初次就业率94.92%，同比提高6.7%。学院荣获“全国职业院校就业竞争力示范校”称号。

【学生工作】开展“中国梦”和社会主义核心价值观系列主题教育活动，建立促进学生养成教育的长效机制。地质工程系美丽甘肃科普行实践服务团荣获2014年全国大学生社会实践优秀奖，学院被共青团中央评为2014年全国大中专学生志愿者暑期“三下乡”社会实践活动优秀团队。在全国大学生“用友新道杯”沙盘模拟经营大赛、全国大学生广告艺术大赛、全国大学生英语竞赛、全国高职高专实用英语口语大赛中，学院有16名学生获奖，其中全国一等奖1个，省级特等奖2个，省级一等奖2个，省级二等奖2个，省级三等奖1个。在2014年全国职业院校技能大赛选矿技术赛项及第五届全国有色金属行业职业院校技能大赛矿产地质勘查赛项和金属冶炼赛项，学院有35名学生获奖，其中全国一等奖7个、三等奖1个。学院在2014年“挑战杯——彩虹人生”全国职业学校创新创效创业大赛中获二等奖2项，三等奖1项。学院在2014年甘肃省高等职业院校财会技能大赛中获一等奖1项，二等奖3项。认定家庭经济困难学生5612人，发放助学金736.84万元。通过公开招聘，在校内安排勤工助学岗位2031人次，发放勤工助学金76.35万元。资助54名家庭经济困难学生，资助金额20.35万元。评定国家奖学金8人，甘肃省国家励志奖学金252人，学院励志奖学金1945人，共计发放奖学金397.78万元。

【校园基础设施建设】图书馆工程、水利实训中心、新建篮球场、气象科技

2014年6月4日，省长刘伟平在兰州资源环境职业技术学院考察调研

展示平台、校园暖气管网二期、篮球场等工程相继完工并投入使用，门前广场项目中大门主体完成。新建成信管系财会、艺术实训中心，矿井二期工程主体完成。完成学生公寓燃气开水锅炉工程，建成总面积300多平方米的小吃城并投入使用。新增纸质图书16.5万册，完成2014年全年CNKI资源本地镜像，引进和远程托管读秀中文学术搜索平台。档案信息化建设步伐加快，新建档案馆投入使用，实现甘肃工业职工大学、兰州气象学校和兰州资源环境职业技术学院档案的统一保管。购置智能密集架，安装档案管理系统软件。

【党建和思想政治工作】制定并完善《落实党风廉政建设主任责任实施意见》《学院领导干部廉政法规知识考试工作实施办法》《部门主要负责人向学院党委述纪述廉述作风实施办法》及《新任党员领导干部廉政谈话实施办法》等文件。加强学院基层党组织建设，做到每月1次中心组学习，建立党员领导干部“每周2小时”学习制度。学院党委将每年的12月16日（学院成立挂牌日）定为读书节，开展一系列读书活动。在人民网、光明网、中国青年网、每日甘肃网等各大网站和《光明日报》《中国教育报》《甘肃日报》等媒体及时报道学院的重要新闻，刊登专题文章，宣传学院人才培养模式改革、办学体制机制创新的做法。院报月发行量增加到12000份，发行范围涵盖有关厅局、企业行业、全省各县教育局、重点中学、全国中高职院校等单位。

【“双联”工作】按照学院制定的年度帮扶计划，投资31万元对“双联”点下坪村、木湾村小学的操场、教室进行修缮改造；捐赠20台电脑和办公桌椅，建成电脑培训室；投入10万余元在下坪村修建360米长关系民生的排洪连心渠；安排专业教师对两村村民进行电脑、林业种植等技术培训。

兰州资源环境职业技术学院
领导班子成员名录

党委书记　芦维忠
院　长　时宁国
纪委书记　颜鲁信
副院长　祁克顺　刘巧华　郑绍忠
　　　　高　峰　宋元文

（供稿：严昭飞　金志刚）

甘肃广播电视大学

【开放大学建设】新增兰州、嘉峪关、天水3个试点学院，漳县、通渭、民勤、甘谷、敦煌、正宁6个学习中心。分别在平凉、金昌两所分校召开国家开放大学（甘肃）办学体系建设推进会，总结开放大学试点学院工作经验，在全省电大系统宣传推广；积极参与国家开放大学学术及教学督导工作；承担的国家继续教育学分存储、转换、积累与认证制度实践研究项目获得通过。甘肃开放大学建设方案和可行性报告已呈报省教育厅审批。甘肃开放大学建设相关配套方案及专业建设方案已全面启动。积极争取省政府领导和省教育厅领导的支持，学校整合相关教育资源建设一所普通高职院校已列入省职教发展规划，在政府主导下，已完成中川校区建设详规。

【人才培养】修订完善《开放教育质量因子考核办法》，建立与教学改革和人才培养模式创新相适应的质量监控体系。推进“一级一站式网上教学支持服务”和“基于网络的个性化教学支持服务”两个试点项目，在一定程度上解决各教学点师资配置不平衡问题。在全系统组织开展网上教学工作检查评优活动，网上教学稳居全国44所省级电大前列。开展实践教学、课程考核、教学支持服务等多项改革。全方位开展教学督导。

【学历和非学历教育】全年各类学历教育实招生28301人。开放教育招生共计20340人，其中，“一村一”2189人，助力计划135人。残疾人教育31人，成人高职1807人，中职教育2463人，网络和奥鹏教育3660 人。非学历教育开拓新的领域，社会培训项目 37个，全省非学历教育培训21.1万人（次），培训人数较2013年增长25.7 %。2014年，全省电大学历教育在册达到100588人。

【专业和资源建设】机构改革后将开放教育80个专业、1474门课程按照学院设置要求及学科大类归至三个学科学院，对网上课程责任教师按照机构调整后专兼职教师管课要求重新聘任。上半年建设“风能与动力技术”共享专业，实现共享专业零的突破。经过调研论证，下半年又确定护理（社区护理方向）等6个专业为拟建共享专业，并已开始建设。完善学习资源标准体系，制定《多种媒体教学资源建设规范》。14门立项网络核心课程通过初步验收并上线试运行。承担国开课程建设项目13个，校内立项建设10门课程教学资源。3门课程入选国开精品课程。

【师资队伍】对兼职教师业务实行归口管理，106名“双肩挑”人员教学业务考核划归业务部门。2014年，省校有1人晋升教授，5人晋升副教授，7人晋升讲师，有8人获得研究生学历（学位）；制定并实施教师业务能力培训提升计划，加大培训工作力度，2014年省校共有82 人次参加各类进修培训。举办全省电大首届青年教师教学技能大赛，全系统有40位青年教师脱颖而出进入决赛，省校12人获奖。

【科研工作】学校专门下拨30万元科研专项资金用于加强科研工作，全年获批“省高等学校科研项目”1项，国家开放大学课题6项，国家开放大学教研中心重点课题1项。立项校级科研项目10项。5项成果获国家开放大学科研成果奖，46项成果获得省校奖励。出台《科研项目管理办法》，规范各级各类科研项目管理工作。学报由季刊改为双月刊。2014年，刊发论文总数为129篇，比上一年增加21篇。一篇文章被人大复印资料全文转载。

【信息化建设】在全省建设41间云教室，在第一期建设项目的基础上新覆盖16所分校、25个县级工作站，逐步实现分校的全覆盖。启动开放大学门户网站群建设，优化整合省校各二级单位、各分校（站）现有网站，2014年年底已完成主站建设。

【校园文化建设】在学生中开展“我的中国梦五月的鲜花”系列教育活动、

2014年11月28日，省委常委、副省长咸辉出席中国共产党甘肃广播电视大学第二次党员大会

“社会主义核心价值观”演讲比赛、夏季篮球赛、“双联”行动送文化下乡、纪念“12·9”歌咏比赛等系列文体活动。建立“教工之家”，组织教职工开展“健步走”“棋牌比赛”“迎新春·庆元旦”歌咏比赛等文体活动。选派学生参加“绚丽甘肃、梦想传媒”甘肃省第一届大学生主持人大赛并荣获优秀奖。全年共发放资助金518.6万元。重视学生评优工作，260名学生获国家开放大学奖学金，19名学生获国家开放大学“希望的田野”奖学金，222名学生获甘肃电大开放教育奖学金。

甘肃广播电视大学领导班子成员名录

党委书记　朱卫国

校　长　卫孺勤

纪委书记　李彦荣

副校长　纪　平　熊进（女）

　　　　王宏宁

校长助理　王旭强

（供稿：曹向东　常秀芝）

科学技术与社会科学

科学技术

【科技成果】2014年，完成年初确定的“八项改革”和“八项重点工作”目标任务，共登记全省省级科技成果657项，技术市场合同交易额达到115.23亿元；争取国家类科技计划项目899项，获资金11.26亿元；安排省级科技资金3.8亿元；全省专利申请受理12020件，同比增长9.5％；专利授权量5097件，同比增长7.6%；有效发明专利3252件，同比增长19.8%；每万人口发明专利拥有量1.26件；综合科技进步水平排在全国第19位，比2013年上升1位；科技对经济增长的贡献率达到50%。

【科技体制机制改革】2014年，甘肃省科学技术厅明确开展科技工作的目标任务，转变科技计划管理方式，建立科学、合理的项目形成机制和储备机制，在项目承担方式上鼓励以企业为主体的产学研结合，在项目立项和验收上以完成“六个一百”企业技术培育工程为重点任务，加大项目支持强度，立项数较2013年减少15.4%，单项支持强度达到50万元。按照新修订的科学技术奖评审细则，增加企业技术创新示范奖和优秀科技创新企业家奖评审，要求参评项目对全省经济的贡献突出，在科学技术奖获奖项目中，企业主要参与完成的项目占78.4%；8项技术发明奖全部由企业主要参与，6项由企业牵头完成。按照过渡时期省级科技成果管理办法，对科技成果登记进行明确规定，完善科技创新评价机制；对计划内项目全部取消鉴定。在省级工程技术研究中心和重点实验室评估过程中，对28家省级工程技术研究中心和10家重点实验室进行限期整改，对6家省级工程技术研究中心实施摘牌。出台专利权质押融资办法，改革技术类无形资产管理，对专利权质押贷款贴息、担保奖励、评估费补助等做出明确规定。

【科技政策】2014年，出台《甘肃省科技成果管理办法》《〈甘肃省科技奖励办法〉实施细则》《甘肃省科技计划项目公示办法（试行）》《甘肃省中小微企业专利权质押融资办法》《甘肃省专利奖励办法》等一批政策措施。

【产学研用协同创新】力促国家重点实验室的科研成果在甘肃省的应用推广，组织8个在甘国家重点实验室积极参与省级重大科技专项申报；启动首批4项国家重点实验室成果转化项目，在甘肃科技创新公共服务平台和兰州科技成果交易周上进行发布推介。实现中国农科院兰州兽医研究所畜疫病病原生物学国家重点实验室和中农威特生物科技股份有限公司合作的《口蹄疫O型灭活疫苗》成果转化，经济效益达2.05亿元，上缴利税742.11万元。按照省委、省政府项目建设观摩“看高不看低”的要求，推荐备选项目27个，其中《运用核技术辐照甜高粱推广种植项目》《郝氏碳纤维复合材料项目》等入选观摩项目。全省技术市场快速发展，技术市场合同交易额继续保持较快增长，比上年增长15%以上；启动“兰州科技大市场”建设；兰州西北技术交易市场有限公司跻身国家级技术转移示范机构，成为甘肃省第7个国家技术转移示范机构；共发布各类科技成果和转化需求708项。

【科技创新平台建设】2014年，科技部批复同意支持甘肃省开展兰白试验区建设试点。省科技厅组织召开“科技部甘肃省张江示范区三方座谈会”；由甘肃省科技厅与上海张江高新区管委会合作共建“张江兰白科技创新改革试验区技术转移中心”在兰州挂牌成立。省科技厅与兰州、白银、兰州新区分别召开“兰白试验区建设联席会议”，稳步推进兰白试验区建设。围绕8个战略性新兴产业，凝练组织科技项目85项，安排资金1.12亿元；组建2个面向战略性新兴产业发展，开展科技创新活动的创新平台；组建11家服务战略性新兴产业的省级工程技术研究中心；为第一批16户骨干企业编制技术路线图；启动实施“品牌引领工程”和“专利导航工程”。围绕“六个一百”企业技术培育工程的实施，新建省级工程技术研究中心20家，省级重点实验室22家；以提高企业技术创新能力为核心，支持95项具有前瞻性的新技术、新工艺、新产品研发；支持5家科技“小巨人”企业和科技型中小企业开展科技创新，扶持科技中介机构，为中小企业发展提供中介服务。省科投公司与兰州银行、甘肃古德瑞通担保公司等多家金融机构签订《战略合作协议》。全年累计受理科技贷款申请97项，为24家科技型企业贷款1.28亿元；对97家企业进行净值调查，为20家企业提供科技担保金额1.1亿元。省科投公司出资1亿元发起设立兰州新区创新城公司，落实合作意向30多项；兰州银行与创新城正式签订授信协议，首期授信10亿元。科技创新城一期规划总面积445亩，计划投资25亿元，建成总建筑、构筑物面积68万平方米，已正式开工建设，科技创新城建设进展顺利。按照甘肃省温室气体减排目标，启动建立甘肃省碳排放权交易中心（所），开展碳抵消产品补偿交易、排放权配额交易、节能环保技术交易等。

【企业科技创新】全年安排资金3.80亿元，支持企业科技研发的资金，占到当年可用于支持企业科技资金的73.13%。安排资金1.01亿元，对全省经济社会发展具有战略性、关键性、前瞻性的10个重大技术领域组织实施科技重大专项。新建生产力促进中心6家，全省已建成生产力促进中心98家，当年服务企业4753家；新建科技企业孵化器3个，各类科技企业孵化器17个，孵化面积40万平方米，在孵科技型中小微企业978家，白银科技企业孵化器获国家级孵化器认定；新建5个科技创新服务平台，全省总数达到14个；新建10个企业重点实验室（含培育基地），其中，2个属于循环经济领域；组织金川公司、省电力公司风电技术中心等5家企业，积极申报企业国家重点实验室，全省现有国家实验室1个、国家重点实验室8个、省部共建国家重点实验室培育基地2个，省级重点实验室86个。联合省财政厅、国税局、地税局共同公布通过年度认定及复审企业名单。全年受理147家高新技术企业认定申报材料，其中134家高新技术企业通过科技部认定，全省共认定高新技术企业271家。与14个市州签订科技进步和创新工作考核目标责任书，积极指导各市州做好R&D（研究与试验发展）经费投入工作。通过“后补助”方式，加大科技投入，引导社会特别是企业增加科技投入。组织2014年全省科技活动周、第三届中国创新创业大赛（甘肃赛区）、甘肃省第五届大学生创新创业大赛、科技企业孵化器与创业导师进校园以及全省青少年参与科技创新网络知识竞答等活动。引导全省各市州党委政府高度重视科技创新，以推动产业发展为首位目标，研究出台符合当地实际的政策措施。武威市引进创新人才机制；张掖市以工业理念经营农业；酒泉市设立企业技术创新引导专项资金；金昌市走资源型城市创新道路；天水市推进科技研发、服务、孵化创新平台建设；定西市围绕“薯都”、“药都”加快技术创新，开展科技招商活动，取得一大批科技创新成果。

【民生领域科技创新】按照“一县一项目一产业”的要求和布局，重点加强民生领域的科技创新，整合资金1亿元，省、市、县三级联动，在国务院确定的58个贫困县（市、区），共引进新技术150项，组织实施科技惠民示范工程项目60项，完成农作物种植面积24.03万公顷，养殖规模386.91万只（头），推广普及先进适用技术642项，种养殖产值11.96亿元，新技术引进、推广平均完成率达到100%。推进国家科技惠民计划项目实施，取得实效，《甘肃省定西市道地中药材产业化推广及惠民示范工程》项目，提高中药材产量和质量，大幅增加药农的经济收入；《甘肃省民勤风沙危害防治与生态产业培育科技富民应用示范》项目，优化项目区生活燃气和冬季采暖能源供给，稳定项目区生态系统；《敦煌市洪水资源利用和生态农业综合技术示范推广项目》的实施，加速敦煌绿洲边缘重点风沙口防治工程进度，延伸当地区域节水型产业链条，培育一批造林技术骨干和生态产业发展带头人。启动麦积区、金川区、凉州区、庄浪县等四个县（区）建设省级可持续发展实验区；支持兰州新区创建国家可持续发展实验区；全省已有国家级可持续发展实验区2个，省级可持续发展实验区11个。制订《做优做强陇药产业实施方案》《甘肃省促进陇药及保健品产业发展的若干政策》。组织实施《肝素钠系列产

2014年7月11日，省科学技术厅有关人员到省地震局调研防震减灾和科技创新工作

品研发及产业化》《党参不定芽催发技术研究与示范》《河西沿山冷凉灌区黄芪GAP种植技术研究与产业化示范》等一批创新项目。

【农村科技创新创业】出台《甘肃省农业科技园区管理办法》，启动肃州、甘州、永昌、庆城、靖远、榆中、徽县等7个省级农业科技园区建设工作；支持酒泉、张掖申报国家农业科技园区；全省建有国家农业科技园区3个，省级农业科技园区10个。制定《甘肃省现代种业科技发展规划（2014-2020年）》。加强企业为主体的育种创新体系建设，组建“国家种子加工成套装备工程技术研究中心”。组织实施国家级、省级种业及种业装备相关科技重大项目25项。围绕地方特色产业，培育需求重点，申请获批12项国家科技富民强县项目，资助经费2225万元；省级富民强县项目立项28项，资助经费300万元。与省委双联办联合召开“中央在甘和省直科研单位双联工作推进会”，积极做好联系康县、正宁县、古浪县双联工作，编辑《科技特派员服务双联行动实践与探索》《十八届三中、四中全会涉农政策解读》两本口袋书并发放双联户。

【知识产权】培育知识产权优势企业53家，累计89家。制定实施《2014年甘肃省知识产权战略实施推进计划》，首次将知识产权计划项目列入省级科技计划。全年累计出动执法人员471人次，检查各类市场150个、商品3.8万余件（套），处理各类专利案件265起，其中，办理专利侵权纠纷36起，查办假冒专利案件229起。拓展知识产权服务领域和业务范围，新增2家国家级知识产权服务机构；新增专利电子申请注册用户695家；完成专利申请初审24645件；扩大专利代理人资格考试覆盖面，考试报名通过人数比上年增长74.2%。

【人才队伍建设】为解决全省国家级和省级开发区缺乏科技人才、缺乏谋划高科技项目人才短板的问题，配合省委组织部，引进20名国家高层次科技人才来甘挂职。结合省委新农村人才保障工程和双联工作，深入推进科技特派员基层创新创业行动，开展优秀科技特派员巡讲活动，申请获批国家科技特派员创业培训基地2家，国家科技特派员创业链4家，国家科技特派员创业基地5家，全省共有12733名科技特派员服务于基层一线。围绕“三区”（边远贫困地区、边疆民族地区和革命老区）支柱产业，大力引导科技成果的转移和转化，向全省58个贫困县和2个片外县选派“三区”科技人员833名，培养本土科技人才120名。推荐国家创新人才推进计划17项、青年拔尖人才支持计划5项。推荐2014年享受政府特殊津贴人员3名，国家百千万人才工程人选1名，“西部之光”访问学者2名，“陇原青年创新人才扶持计划”4名。

【国内外合作交流】参与“丝绸之路经济带”甘肃黄金段建设。围绕科技部与甘肃省政府召开工作会商会议，提出的共同推动兰白试验区、甘肃生态环境、现代农业和人才队伍建设目标，省科技厅与兰州市政府召开“深化厅市工作会商会议”，重点在推进兰白试验区建设、创业孵化等科技服务业发展、兰州国家级文化和科技融合示范基地建设等方面加强合作。按照丝绸之路经济带科技合作的工作安排，举办“雨水积蓄利用”“生物质能源转化”“干旱区生态恢复”“太阳能应用技术”等4期在甘发展中国家技术培训班，共培训丝绸之路沿线和非洲国家学员78人。推动与以色列、巴基斯坦、吉尔吉斯斯坦等国的务实合作，加强与丝绸之路经济带沿线国家科技合作。积极开展科技援青、科技入滇活动，推进甘肃省和北京大学在科技创新领域的交流合作。全年共获科技部国际合作计划立项19项，获得项目资金3986万元，同比增长78%。推荐3家省属院所、企业积极参与科技部国家国际科技合作基地评审，已有11家机构被科技部认定为国际科技合作基地。

【依法行政】全面推行政务信息公开，健全公众参与、专家论证、风险评估、合法性审查和集体讨论决定的重大事项决策机制。承接国务院下放行政审批项目2项，完善实验动物审批事项相关制度和程序规则，对办理要件、程序和时限等做出明确规定并进行公开发布。严格遵守中央八项规定、省委“双十条”规定，强化内部管理，持续改进作风，坚决杜绝“四风”问题发生。认真开展“不作为、慢作为”专项整治行动，严肃查处科技管理、科技服务、科研开发等过程中存在的质量不高、效率低下等问题。按照省委的安排部署，制定《中共甘肃省科学技术厅党组关于落实〈中共甘肃省委关于落实党风廉政建设主体责任的意见〉实施办法》《甘肃省科技厅党风廉政建设巡查暂行办法》和《甘肃省科技厅廉政约谈暂行办法》，修订完善《甘肃省科技厅行政权力廉政风险点和程序预防措施》。

甘肃省科学技术厅领导班子成员名录

厅　长　李文卿

副厅长　郑华平　毛曼君（女）

巨有谦　朱晓力　王　彬

纪检组长　杨关义

纪检专员　闵玉贵

（供稿：李建兰）

中国科学院兰州分院

【院地合作】协助金川集团与院属单位新启动6项合作，项目技术合同金额875万元；与兰州化学物理所合作的“活性硫化镍法用于镍电解阳极液净化除铜中试实验研究”项目取得重要突破，金川集团投入千万元资金改造年产6万吨电解镍生产线工艺已接近完成，该项目获甘肃省2014年重大专项经费支持。继续深化与甘肃省科学院联盟建设。双方建立联合资金支持机制，省科学院设立300万元、中科院设立75万元专项资金；新设立8个项目；促成深圳先进院与省科学院共建“数字博物馆技术联合实验室”；支持省科学院首次实现全院信息交流数字化平台建设，《甘肃科学学报》进入中科院LoRES集群化数字发行平台；继续互派挂职干部。协调促进寒旱所和省科学院共同承担的“舟曲县自然灾害监测预警与决策指挥系统集成设计研究”在地质灾害预警和减灾防灾方面发挥重要作用。组织专家对祁连山东大河上游水源涵养地生态环境进行考察并形成调研报告。全国人大常委会办公厅专题督办《关于尽快制止在祁连山自然保护区采矿、探矿活动，遏制生态环境恶化》的代表闭会建议。应甘肃省建议，分院协调通过中科院领导和相关部门从各地院属单位选派13名科技人才到甘肃挂职。新选派博士服务团成员1人，期满续任1人。目前在甘青两省在任科技副职达19人。

【监察审计】完成院布置的3个审计项目，审计经费总收支3.57亿元，发现审计问题20条，提出整改意见建议25条。实行分院主要领导当面反馈审计结果，报告由研究所主要领导签收，对整改情况督查通报。督促各研究所加强科研经费审计监督，按照两个“全覆盖”计划推进。各单位新确定13个风险防控重点加入试行。分院机关“三重一大”、经营性国资管理和基本建设等20项风险防控试运行顺利推进；开展廉洁从业风险防控“回头看”。

【院士联系工作】建议并获批实行甘肃省委常委“一对一”联系服务院士制度有效促进相关工作。协同院士工作局举办“中科院院士兰州新区行”活动。4位院士和4位研究员被聘为新区智库专家。与张掖市政府联合举办第五届“绿洲论坛”。举办分院系统部分两院院士事迹展、“科学与中国”报告会等。

【党建工作】学习贯彻十八届三中、四中全会精神。学习贯彻习近平总书记系列讲话精神，尤其是关于科技创新与深化改革和对中科院重要批示精神，结合实际围绕指导、支撑和服务于研究所“创新2020”和落实“一三五”规划。落实对分院班子届中考核和巡视反馈意见以及群众路线教育实践活动整改工作。推进“率先行动”相关工作。举办“中国科学院兰州分院处级以上干部学习贯彻习近平总书记系列讲话精神培训班”；第九期《兰州分院系统入党积极分子培训班》，兰州地区院属各单位学员25人参加学习并圆满结业；选派4人参加中科院京区党委和中科院党校举办的2014年科研一线党支部书记培训班。开展“全民健身日”活动、健步走活动、组织职工参加兰州国际马拉松比赛等活动。举办“文明卫生户”评选等主题活动和帮助争取基础设施建设资金。

【公共事务管理】修订印发分院《岗位设置与聘用管理办法》，据此开展设岗聘用，专业技术职务7人、职员职级8人获聘高一级岗位。提任中层干部1人。新聘职工1人。后勤服务中心8人获聘高一级职员岗位，2人高一级专业技术职务。新聘任技师6人。分院牵头联合研究所实施棚户区改造一期工程已开工建设。组织8个单位共同完成“兰州分院后勤支撑体系规划实施方案（2013—2020）”，为积极推进“3H工程”“大后勤”支撑体系建设及“十三五”基础设施建设奠定基础。完成2个修缮项目、新项目申报和研究所6个项目的验收。创新“西部之光”人才培养计划项目管理方式。完成22名入选者终期评估、23个项目阶段性检查和新立25个项目，资助经费1088万元。参与完成《“西部之光”计划作用和效益的优化对策研究》；启动《西部之光——辉耀甘青蒙》系列图书资料编纂，出版第一册《“西部之光”入选者风采》。协助3个研究所办理房屋过户及职工房屋所有权证等。主办院离研会6组片区会议和分院系统离退休工作研讨会。完成《主动适应转型发展，积极探索社会养老——兰州分院组织离退休人员集体参加虚拟养老院探索社会养老启示》课题等。开展科学传播。结合回顾总结分院60年历程，组织开展征文活动；编撰征文集萃、各单位简史、科技成果、大事记；整理印制《媒体眼中的中国科学院兰州分院》新闻集纳（1980—2013）。

中国科学院兰州分院领导班子成员名录

院　长　王　涛

党组书记　谢　铭

副院长　杨青春

（供稿：宋华龙　王　晶）

甘肃省科学院

【党建工作】先后组织召开党委理论中心组学习会议16次，深入学习党的十八大和十八届三中、四中全会及省委十二届八次全委（扩大）会议、全国（全省）党的群众路线教育实践活动工作会议精神等；修订完善《甘肃省科学院科技计划项目管理办法》、《甘肃省科学院科技计划项目管理实施细则》等规章制度；建立健全《甘肃省科学院青年科技创新基金管理办法》等。先后制定下发《关于持续用力抓好教育实践活动整改工作的通知》、《关于做好教育实践活动深化整改近期有关工作的通知》等。制定下发《院党委关于落实党风廉政建设主体责任的实施意见》。院领导分别与院属各单位、机关各处室签订《甘肃省科学院党风廉政建设责任书》。根据中央和省委相关文件通知精神，班子成员分期在省委党校参加为期1周的学习；2名正处级干部参加为期3个月中青干部培训班；全院23名处级领导干部分2批参加学习贯彻十八大精神轮训班轮训。根据省委组织部《关于做好省管领导班子和领导干部2013年度考核工作的通知》精神，积极配合省委考核组开展工作，圆满完成院领导班子的考核任务。按照《甘肃省科学院处级领导干部考核办法》，完成对全院25名处级领导干部和7个单位领导班子的年度综合性的考核。根据《关于领导干部报告个人有关事项的规定》精神和省委组织部有关要求，完成全院23名处级领导干部的个人有关事项信息管理系统录入工作，并顺利通过省委组织部验收。

【战略合作】制定《甘肃省人民政府与中国科学院共同支持甘肃省科学院发展2014年合作目标任务分解细化表》，明确双方合作任务的分解目标，并由领导小组办公室督促和落实各项合作工作按节点完成。由地质自然灾害防治研究所和中科院寒旱所共同主持与合作的重点项目《舟曲县自然灾害监测预警与决策指挥系统集成设计研究》建立专业监测、半专业监测和群测群防相结合的监测系统，开展地质灾害预警判据研究和预警模型的研发，构建地质灾害预警系统，进行省、州、县三级预警平台能力建设，目前项目运行正常，并已通过舟曲县政府组织的验收。联合中科院各研究所对《舟曲县自然灾害监测与监测预警与决策指挥系统集成设计研究（续）》《甘肃省微生物资源开发利用重点实验室建设》《利用重离子优化工业微生物菌种性能及甘肃典型高得率产品的产业化研究示范》等8个具有合作前景的项目给予重点支持。1名青年科技人员获中科院“西部之光”人才培养计划资助支持。参加由中科院主办的全国科学院联盟理事会第三次全体会议，并从加强资源对接、创新合作模式、加强学术研讨、互派人员交流、共建创新平台、院地合作项目等7个方面，汇报甘肃省科学院与中科院合作的进展情况。在中科院党组和甘肃省委、省政府的大力支持下，兰州分院1名领导继续挂职任甘肃省科学院副院长。院2名领导分别完成上海张江高新技术产业示范区管委会副主任和中科院深圳先进院副院长的挂职任务。1名院领导赴张掖市区就科技合作等事宜进行专题调研。先后到深圳先进院、兰州分院近物所、寒旱所、兰化所、国科图兰州分馆等单位进行互访交流。向省政府上报《2013年中科院与甘肃省科学院开展合作情况总结报告》。派出4名科研人员参加全国科学院联盟光学与精密机械分会“光电科学与技术专项培训班”；传感所和文献情报中心还作为理事单位，参加“全国科学院联盟光学与精密机械分会第二届理事会”和“全国科学院联盟文献情报分会理事会”。

【科研项目申报与立项】2014年度，全院共组织申报各类科研课题（项目）139项。申报国家自然科学基金项目6项。其中，《冻融与干湿循环对无机材料固化硫酸盐渍土的固化反应及强度影响》获准立项，获批经费50万元，其他5项均通过国家自然科学基金委员会初审。申报2014年度省、市级计划项目40项。其中，《生态纳米涂层空气净化技术开发与示范》《超低温环境下基于太阳能—空气源热泵复合系统毛细管网辐射采暖研究》等12项获准立项，获批经费总计276万元。按照省科技厅关于2015年度省科技计划项目实行限项申报的要求，筛选出25项省科技计划项目给予推荐申报，并完成形式审查。组织立项各类院列项目46项，项目总经费为671万元，并审核《青年科技创新基金年度报告》65份。五是邀请中科院及省上有关领域专家组成评审组，对省科学院院列科研条件建设项目、应用研究与开发项目、省院合作项目及青年科技基金项目等共69个项目进行答辩评审。

【科研成果及管理工作】《稀土纳米氧化铈复合材料修饰电极及其生物传感特性的研究》获甘肃省科技进步三等奖。《葡萄糖、乳酸、谷氨酸测试仪的研究与开发》获兰州市科技进步二等奖。《糖类化合物可控合成In2O3、α—Fe2O3三维组装空心/多孔气敏材料》、《百亿级像素超高仿真文史古迹复制系统》等5项通过验收、结题；《复合抛物面光催化反应设备》1项完成新产品鉴定，达到国际先进水平。全年共发表各类论文58篇，其中SCI 6篇，EI 5篇，CPCI 2篇，中文核心23篇。《一种用于处理DMF废水的固定床光催化反应器》和《食用菌液体菌种储存接种一体机》2项获实用新型专利授权，其他14项专利获受理。根据《甘肃省科学院论文、专著、专利、成果匹配奖励办法》，对《干旱区绿洲生态安全与水资源配置理论及应用》等2部著作；《水玻璃固化黏土矿物的试验研究》等2篇EI论文；《基于土拱效应下的地震作用与抗滑桩桩间距关系分析》等8篇中文核心期刊论文；《主动式太阳能采暖系统自动控制方法》等6项专利；《固定化细胞规模制备技术研究》等4项获奖成果；国家自然科学基金项目《甘肃省不同类型黄土滑坡的滑动致灾空间预测研究》等给予表彰奖励，匹配总金额达21万元。六是顺利完成2012—2013年度院列项目中期检查工作；新增省科学院3名专家入库国家国际科技合作专项评审专家库；组织参加2014年全省科技成果登记管理办法培训班。

【特色领域产业化项目】2014年度，全年共完成横向项目68项，横向创收资金达2756万元，同比增长36%。自然能源研究所完成《光伏电站运营与维护规范》等横向合作项目13项，结转完成《张掖市甘州区建筑节能别墅太阳能采暖系统工程施工图》等横向合作工程项目10项；多次派专业技术骨干到榆中、天水、张掖、敦煌、定西等地调研，就太阳能等可再生能源的利用情况进行指导合作。地质自然灾害防治研究所与陇南市国土局合作汇编《陇南市地质环境管理工作法律法规政策文件》；参加省减灾委员会组织的“自然灾害预防、执法监督检查”，并编写减灾委员会成员单位的《三个防灾减灾文件落实情况》；为省国土资源厅系统编写《守护家园—甘肃省地质灾害防治知识手册》5000册，并编写刻印《地质灾害预防科普知识》光盘5000张；为城关区、西固区等地的地质灾害管理人员和群测群防人员进行4次150余人的地质灾害防治知识和监测技术培训；积极对接承担甘肃省地质灾害防治体系建设的相关项目任务。磁性器件研究所参与的国家重大专项课题《高温气冷堆燃料装卸系统关键技术及核心设备》顺利通过验收。同时，该所在石油、化工等行业销售市场萎靡的情况下，依然完成预定产值目标的88%，实现销售收入806万元。生物研究所联合中科院化物所与张掖金泰现代农业科技有限责任公司合作的《功能食用菌栽培与规模化生产技术研究》项目，顺利完成黄芪地上部分样品采集等部分工作，并对该公司的工厂化食用菌栽培技术开展咨询服务与指导；自主研发的中试产品“尾菜处理微生物菌剂”在武山县2014年蔬菜尾菜综合治理项目招标中一举中标；顺利完成与甘肃远洋实业有限公司合作的《固定化酵母糖蜜酒精发酵技术》

项目验收；协助甘南州卓尼县雪域生态食品有限公司开展延长熏肉保质期和生产工艺技术改造等相关技术服务。传感技术研究所与兰州时代佳欣机电设备有限公司合作，成功研发“晶间腐蚀系统”，并在兰石重型设备设备有限公司测试中心成功安装调试；完成中国人民解放军95841部队“飞机称重仪系统”的标定与检修，并签订“飞机重心、重量测试系统”项目开发合同。自主研发的多功能温室大棚控制仪已在白银区科技局现代农业示范园区建成农业信息化示范基地进入示范推广阶段，并逐步实现产业化。

2014年度，全院进一步加强与陇南、平凉、定西、甘南以及“兰白科技创新改革试验区”等地的合作力度，对《新型太阳能空气集热器产业化》《甘肃省地质灾害防治产业化调查预测研究》《甘肃省地质遗迹资源现状及其开发关键技术研究》《室内空气质量检测中TVOC采样管的推广和产业化》《甘肃省工业生物技术成果转化（中试）平台建设》《壁画艺术仿真印制新材料研究与应用》《磁力传动高温介质输送泵》等12项科技含量较高，具有市场化前景的产业化项目予以重点支持实施，合计经费为283万元。

【科技创新】组织申报的“甘肃省传感器与传感技术重点实验室培育基地”和“甘肃省太阳能光伏重点实验室”，经考察评估已正式成为省级重点实验室。自动化研究所与深圳院联合共建成立“数字博物馆技术联合实验室”。地质自然灾害防治研究所获中央补助地方科技基础条件建设专项补助资金420万元；传感技术研究所完成百级洁净实验室建设工程项目的招标和主体工程。全院目前拥有中国工业微生物菌种保藏中心甘肃分中心、工业微生物工程技术研究中心、太阳能工程技术中心、传感技术工程研究中心、环境地质与灾害防治工程技术研究中心、地质灾害防治技术工程研究中心、太阳能光伏重点实验室及微生物资源开发利用重点实验室、甘肃省传感器与传感技术重点实验室（培育期）等9个省级重点实验室和工程技术研究中心；拥有甘肃省工业生物技术产业行业技术中心和甘肃省传感器及应用行业技术中心等2个省级行业技术中心；国家科技图书文献中心（NSTL）管理平台、省级室内环境质量检测中心等在省科学院建成并投入使用；国土资源部授予省科学院三项甲级资质。

【人才队伍建设】上报《引进高层次科技人才来甘挂职需求计划表》，积极向省上争取，从中科院引进2人分别挂职省科学院副院长和生物所副所长。推荐并评审通过正高2人、副高7人；完成2014年度专业技术职务聘任工作，共聘任31人，其中正高3人、副高5人、中级11人、初级12人。至此，全院正高职称人员达到23名；副高职称37名；中级职称110名。面向社会完成公开招聘，在省人社厅和省科学院分级审核下，最终对符合条件的10名人员（博士2人，硕士5人，本科3人）给予录取。推荐1人参评“国家百千万人才”并通过甘肃省初评，已推荐到国家参评；推荐3人遴选“省领军人才”，1人通过评审；推荐2人申报“陇原创新人才计划”，均已通过评审并下拨项目经费；2人申报“西部之光访问学者”，均已通过评审并分别派往成都和山东学习。完成全院15名高层次人才的资料入库工作。派遣1人赴泾川县太平乡挂职副书记；5月份接回挂职在合作市卡加曼乡副书记1人，该同志经合作市挂职考核领导小组考核为优秀。1人参加博士后科学基金业务培训班；1人参加博士后管理人员业务能力培训；完成2014年博士后年报工作；完成地质自然灾害防治研究所博士后人员期中考核。8名科研人员入选2014年“三区”人才支持计划科技人员专项计划，获批资金16万元。顺利完成2014年工资正常晋升，完成全院在职人员259人绩效津贴的核算和补发工作及高温津贴的核算发放工作；完成各类工资审批102人次；完成全院事业离退休干部226人的津补贴规范工作。完成全院医疗保险的正常参保、停保等工作。举办2014年度继续教育公修课培训；顺利完成2014年全院劳动情况及2013年度全院人事、工资、机构编制等统计工作；积极推进人事档案改版工作。组织完成全院领导干部的保健体检工作；组织全院离退休老同志开展秋游活动；办理各类人员退休手续6例。

【学术交流】按照省政府政策研究室深化科技体制改革调研的要求，积极配合完成省政府研究室对省科学院的调研工作；参加在云南昆明举行的科学院第30次院长、书记联席会议，并在大会上作题为《提升省院合作层次，强化院地院企合作，共推地方经济发展》的交流报告；院领导一行赴陇南调研特色经济林产业，学习考察当地核桃产业发展；受省科学院邀请，相继有沈阳科学技术总院等单位来省科学院进行调研考察。自然能源研究所圆满完成国家商务部、科技部的7期“国际太阳能和风能应用技术培训班”，培训来自41个国家的116名学员；出席国内行业论坛、会议会展，并作报告30余场；接待有来自中国、伊朗、塔吉克斯坦、纳米比亚等国及联合国工业组织官员等60余人的来访交流；先后2次应邀赴埃及和新加坡参加新能源和可再生能源会议并作主题报告。地质自然灾害防治研究所参加省委在兰州理工大学举办的“防灾减灾专题研讨班”和中国工程地质学会在延安举办的“第七届全国工程地质高层论坛”；邀请自然灾害领域的相关权威专家和知名专家前来省科学院做专业学术报告6次；派专业人员对外学习交流7批19人次。生物研究所邀请中科院院士邓子新一行考察省科学院“岷县当归黄芪主要病害生物防治示范推广”试验示范基地，并就微生物杀菌剂研制、应用以及未来的合作进行广泛交流；邀请西澳大学自然资源与农业学院陈应龙博士来院进行学术交流活动，并作题为“菌根真菌资源的利用”专题报告；邀请省知识产权讲师团特聘专家为省科学院科研人员进行“知识产权务实运用专题培训”；举办“2014年度生物所学术交流报告会”。选派两名科研人员前往美国和德国参加培训。自动化研究所携自主研发的六轴智能百亿级像素采集系统和文物三维实景采集机器人“敦煌小子”，参加在深圳举行的第16届中国国际高新技术成果交易会和在厦门举办的2014博物馆及相关产品与技术博览会。

【“双联”行动】审批通过“太平乡盘口村”“荒场村山洪及地质灾害调查规划”“泾川县文冠果新品种引进及丰产栽培技术的试验示范”及“太平乡信息平台建设”等3个项目，共计经费22万元。结合两村实际，修订完善联系村奔小康总体规划，把发展优质核桃产业作为惠民增收的新的经济增长点，并提供7万元经费支持和4万元苗木补助资金，助推联系村核桃产业发展。协助联系村做好盘口村整村推进项目（该项目已从省扶贫办争取资金200万元）的全面实施，现已基本完成建设任务；继续通过经费支持、协调推进等帮扶手段，力促联系村村部、文化广场等基础设施建设。深入田间地头和农户，加大对联系村春耕春播的支持力度，协助做好联系村的旱作农业技术推广等工作，并赠送2000斤玉米良种以鼓励两村继续扩大玉米种植规模。完成《黑河至七千关村村道治理工程》收尾工作；协助推进荒场村实施牛棚改造项目；提供经费23.8万元，协助完成小型水利灌溉工程建设，解决联系村蔬菜大棚灌溉等问题。

【宣传工作】《甘肃日报》刊登省科学院学习贯彻党的十八届四中全会精神的情况和“百亿级像素采集机器人‘敦煌小子’问世”的新闻报道；《兰州晨报》撰文对省科学院6个研究所的科研成果进行报道；《西部商报》分别以《三十六载科研路，陇原大地共丰盈》《科技之光照亮陇原大地》和《太阳能技术让世界充满甘肃味道》为题撰文刊登发展前进中的省科学院；《中国科学报》撰文刊登《甘肃省科学院科技成果巡礼》等。全年共编印刊发《科苑动态》35期，出版《科技信息通报》6期。对甘肃省科学院网站的结构布局、板式栏目、内容元素进行重新设计。全新的院网站已建成并投入运行。甘肃科技文献共享平台和中国知网（CNKI）数据库平台为各研究所提供检索和下载各类文献420余篇，其中期刊论文270余篇，硕（博）士学位论文、中外标准与专利等文献150余篇；利用NSTL平台资源，完成各类文献全文传递580篇次。

【后勤保障】院办公室1名同志被评为全省保密工作先进个人。2014年财政预算专项经费增加500万元，使省科学院财政专项资金增加到1600万元；争取中央补助地方科技基础条件建设专项补助资金420万元，省级财政专项资金270万元。支持完成地质灾害防治研究所科研条件建设、生物研究所项目平台建设及后勤配电室的维修改造项目等。完成事业单位“三公经费”报表的汇总和报送并在院门户网站予以公示；对全院多年形成的基建借款进行彻底清理、核查，并对相关单位基建借款逐一进行清偿。组织财务人员参加2014年度的会计继续教育网上学习；参加省财政厅举办的资产管理新系统培训班。完成2014年度事业支出决算报表工作，并荣获省级部门决算三等奖；完成院属各单位在国库集中支付系统的资金审核及支付工作；对2012–2013年项目资金的使用及会计信息质量进行检查、督促，并出具相关整改意见和建议；顺利完成清理党政机关办公用房工作；完成省直预算部门（单位）账户清查等工作。配合完成综合办公楼装修改造工程的审计工作，并完成审计报告。

甘肃省科学院领导班子成员名录

院　长　高世铭

副书记　刘国虹

副院长　周剑平　刘国汉　张　健

纪委书记　李文忠

（供稿：李小波）

甘肃省农业科学院

【项目争取】2014年，省农科院共申报各类项目516项，获准立项190余项，合同经费及到位经费均超过8100万元。其中，国家自然科学基金项目17项、经费830万元，争取到农业部基因资源与种质创制甘肃科学观测实验站和甘肃省马铃薯种质资源创新工程实验室，134人入选“三区人才”支持计划，资助经费268万元；有24人次19个项目入选农业部2015年科研任务专项计划，预算经费4200万元，部分已经启动实施；国家科技支撑计划2015年科技增粮项目相关课题已通过论证入库。

【科研创新及重点领域研究】2014年，省农科院共承担各类科研项目279项，投入科研经费超过4000万元，布设试验示范1800余项，各类试验材料15万余份，试验用地面积超过6000亩。国审马铃薯新品种陇薯7号被农业部推荐为2014年主导品种在全国范围推广。谷子新品种陇谷13号、胡麻新品种陇亚杂3号通过国家品种鉴定，20个新品种通过省级品种审（认）定，5个育成品种的地方标准颁布实施。抗病丰产玉米杂交种陇单8号，两年省区试中平均亩产807.4公斤，比对照增产6.8%，粗淀粉含量达到76.6%，兼抗6种主要玉米病害。马铃薯新品系L0527–4，两年省区试平均亩产1820公斤，比对照增产24.5%，薯形好、商品率高，高抗晚疫病，为优质菜用型新品种。选育的兰天32号、中植3号、陇紫麦1号和陇春32等冬春小麦新品种在区试中丰产性、抗逆性表现突出。选育出紫色马铃薯陇彩1号、紫粒小麦陇紫麦1号、彩色棉陇绿棉4号等一批特用新品种。杂优利用、航天育种、辐射育种、化学诱变育种、单倍体育种、分子标记辅助育种及转基因育种等育种新技术研究取得新进展。

在旱作农业方面，研究出抗旱品种筛选辅助指标和土壤扩需增容技术，筛选出可用于大田生产的全生物可降解地膜2种，提出旱地全膜双垄沟玉米机艺一体化抗逆增产节本种植体系，形成“化控+地膜覆盖”冬小麦和玉米防旱减灾技术。

在中低产田改良方面，集成创新提出水土流失和干旱瘠薄型中低产田改良关键技术，建立黄土高原瘠薄与干旱农田、绿洲盐渍化农田和绿洲沙化农田土壤改良技术体系及其技术示范区。

在土壤肥料方面，研究提出沿黄灌区滴灌水肥一体化技术，建立土壤锌素分级方法，明确土壤有效锌的主要来源及其含量主要影响因子。

在果品产业方面，提出桃园管理生态友好型综合防治和旱地果园起垄、覆膜、保墒、集雨、提质增效技术；创新陇东苹果无袋栽培幼园建园模式，制定无袋栽培病虫害周年防治管理历，建立苹果优质高产轻简化栽培技术体系。

在设施农业方面，研究提出日光温室组装式骨架结构的建造参数、设计出轻质组装式日光温室骨架结构、改进温室水幕主动蓄热和自动控制设备，总结提出非耕地设施双孢蘑菇水分管理与高效立体栽培技术，筛选出玉米芯平菇发酵料高效栽培最佳配方。

在农产品加工方面，苹果白兰地酿造工艺技术研究取得新的突破，研究发现适当添加氮素可激发混合酵母的生理活性、提高可溶性糖与酒精的转化率、显著增加果酒中有益酯类物质含量，进而提高果酒产量和品质，建成2000L白兰地生产线1条。

在循环农业方面，研究提出以玉米秸秆粉处理为基础的马铃薯渣水一体化与分期处理利用技术，筛选研制出高产蛋白菌剂和直投式发酵菌剂；驯化出10个稳定的高温秸秆分解菌群和15株高温氨氧化细菌，畜禽粪便肥料化利用研究取得新进展。

在畜牧养殖方面，研究提出肉牛“玉米秸秆青贮—精料”型高效育肥全混日粮配方、以同期发情和人工授精为主的肉羊快速繁育技术。

在中药材方面，初步探明半夏连作障碍因子；中药材种苗组织培养、秦艽、甘草、枸杞优化栽培及繁育基地建设取得新进展；初步建立当归、党参、黄芪等道地中药材种子种苗生产、规范化栽培、技术培训三大体系。

在植物保护方面，在国内率先监测到小麦条锈病菌新毒性生理小种贵农22致病类群，研制出苹果蠹蛾综合防治技术规程，研发出全膜双垄沟播玉米田土壤封闭除草剂施用关键技术，建立天水地区葡萄霜霉病流行危害预警模型。研制出生物有机肥料GSJ-1，研制出日光温室低成本墙体保温被。筛选出对马铃薯甲虫卵具有较好杀伤效果的植物源农药。

【获奖及鉴定验收成果】2014年，省农科院共获得省科技进步奖11项。其中二等奖6项、三等奖5项；获得省农牧渔业丰收奖4项、兰州市科技进步奖1项。结题验收（鉴定）项目93项，完成省级成果登记42项，获得国家发明专利4项、实用新型专利7项。出版科技专著6部，其中主编2部。发表各类学术论文194篇，其中SCI收录2篇、ISTP收录2篇、CSCD来源期刊收录60篇。

【科技成果推广转化】2014年，省农科院12个研究所在全省47个贫困县建立111个示范点，推广各类新成果200余项，累计发放良种67吨，化肥3100袋（箱），农膜3380公斤，农药6100多瓶（份）。举办各类技术培训169场次，发放技术资料1.9万份，培训农民2万余人次。示范面积累计4.5万亩，辐射带动近40万亩，项目实施及辐射地区新增收益2.1亿元以上。“三百”行动在社会各界引起广泛关注，院专家60人次受邀开展技术培训、产业论证、规划编制与技术指导。

【科研能力建设】全年共争取到财政部和省财政条件建设专项、数字化图书馆、农业部野外观测站等科研条件建设经费1500万元，院所两级共投入条件改善经费2700多万元，购置各类科研仪器设备338台（件），对2个试验站进行修缮。院农业测试中心顺利通过省质监局计量认证评审，省自然资源平台、省农产品贮藏加工工程技术中心、省油用胡麻新品种创新及产业化工程技术中心通过省科技厅评估。

【“双联”行动】2014年，省农科院完善“1256”科技惠农新模式，开展科技培训和基层党组织共建，印发“双联”画册强化宣传。甜高粱养殖的成功典型，在庆阳市得到推广。全院“双联”干部累计进村入户38批次、300余人次，开展培训活动32场次，发放技术资料3700余份，培训农民4000余人次，发放良种18.5吨，化肥等农资6吨。三个行政村2014年人均纯收入5400元以上，较2013年增长17%以上，累计减少贫困人口1493人。

【队伍建设】2014年，省农科院公开招聘工作人员15名，其中博士2名、硕士及以下人员13名。先后争取引进博士服务团成员、紧缺科技人才来院挂职。派遣2013年新进的18名毕业生赴试验场（站）实践锻炼。

甘肃省农业科学院领导班子成员名录

党委书记　魏胜文

副院长　陈　明　郭奇志　马忠明

　　　　李敏权　贺春贵

（供稿：方　蕊）

社会科学

甘肃省社会科学院

【科研项目与研究成果】2014年，全院科研人员共完成各类科研成果424项。主要有：论文168篇，其中《人民日报》《光明日报》等发表3篇，《甘肃日报》发表48篇；中文核心期刊以上24篇，CSSCI来源期刊8篇，CSSCI扩展期刊3篇，国务院《经济要参》论文1篇，《新华文摘》全文转载两篇，人大报刊复印转载8篇。著作类25部，其中专著6部，编著19部。研究报告167项。全年获得各类专业性优秀成果奖项15项。2014年组织申报并获得国家社科基金项目8项；申报并获准立项省软科学项目3项、省社科规划一般项目4项。组织各级各类课题结项工作，共结项国家社科基金课题3项、省社科规划项目7项。院年度项目立项、结项156项。在原有的经济、社会、文化、舆情、县域5本蓝皮书及参编的《西北蓝皮书》的基础上，与甘肃省住房和城乡建设厅、甘肃省民族事务委员会和酒泉市人民政府合作，新增《甘肃住房和城乡建设发展分析与预测（2015）》《甘肃民族地区发展分析与预测（2015）》《甘肃酒泉经济社会发展报告（2015）》蓝皮书，形成《甘肃蓝皮书》"5+3+1"新格局。《陇上学人文存》第三辑正式发布。

【科研合作与学术交流】2014年1月3日，白银分院挂牌成立；2014年4月28日，酒泉分院挂牌成立。协助中国社科院与甘肃省实现第一批干部双向挂职交流；2014年接待中国社科院有关研究所及兄弟省市社科院的专题调研活动约20多批次。继续举办院各季度学术报告会，创立并两次举办青年学术论坛；组织召开"甘肃省敦煌哲学学会"第二次年度学术研讨会；加强对外学术交流，澳门学者同盟和中国前外交官联谊会来院进行学术考察交流；组织科研人员参加中国社科院、部分省市社科院举办的各类全国性、区域性或专题性的研讨会。圆满完成第一阶段省级以上文化资源的申报、登记、汇总，形成《甘肃省文化资源名录初编》《甘肃省文化资源名录初编总汇索引》，汇总包括历史文化、非物质文化遗产等15大类18445项省级以上文化资源。与万维公司合作研发并完善甘肃省文化资源普查录入统计平台软件，2014年5月12日成功举办全省文化资源普查平台上线仪式暨动员大会；制定全省文化资源普查管理办法，编写《甘肃省文化资源普查工作手册》、《甘肃省文化资源普查——分类分级条目说明及填表说明汇总》，印发到各厅（局），市（州）、县（区）操作；通过分批次组织各市州和县区普查办业务人员来兰培训；建立QQ群、开通专线电话等方式，为各市州和县区普查办人员解答疑难，派出人员赴天水、庆阳、平凉、金昌、白银、酒泉等地进行业务培训和专业指导；根据省委宣传部〔2014〕75号文件要求，组织对14个市州进行督导检查。

【智库建设与决策服务】编印提供全面深化改革9本专项参考资料，编写《亚洲合作对话成员国概况》，出版《历代中央政府治藏方略研究》；省委省政府领导批示采纳成果有10项，组织对省政府2012—2014年为民办实事涉农项目的实施情况进行第三方评估；省委办公厅《甘肃信息（决策参考）》专题《专家建言甘肃省明年经济工作》，专版登载院专家对2015年甘肃经济工作的分析和建议；国务院研究中心《经济要参》刊登省社科院的成果"丝绸之路经济带的布局、结构、特点"。在原《要论与对策》基础上，新编《甘肃省社会科学院要报》《专供信息》《思想理论研究动态》等要报。2014年《要论与对策》刊发7期7篇参阅件，《甘肃省社会科学院要报》《专供信息》《思想理论研究动态》已各出4期。

【科研辅助工作】进行建院以来最大规模的一次机构和干部人事制度改革。社科院内设机构由原来的16个调整为11个，研究所9个。实行中层干部竞聘上岗以及中层及正高以下人员进行双向选择。主办的《甘肃社会科学》继续入选"2014-2015版CSSCI来源期刊""全国中文核心期刊""中国人文社会科学核心期刊""RCSSE中国核心期刊"等，刊发的学术论文被全国权威报刊转载总量位列西北第一、甘肃第一；《开发研究》继续入选"中国人文社会科学核心期刊""全国中文核心期刊""RCSSE中国核心期刊"等。建设特色新型智库所需的信息采集分析系统和互联互通信息共享平台，着手启动打造陇原特色新型智库所需要的各项专题数据库建设。积极做好甘肃文化资源普查信息平台迁移兼容的前期准备工作；启动机房搬迁改造、软硬件全面升级、内外网平台建设工作。

【党建与思想政治工作】组织学习十八届三中全会《关于全面深化改革若干重大问题的决定》、四中全会《关于全面推进依法治国若干重大问题的决定》；组织专家撰写学习宣传十八届三中、四中全会和习近平总书记系列重要讲话精神的文章，在《甘肃日报》等媒体发表相关理论文章20多篇；积极参加省委组织的宣讲工作，本院专家先后赴各地进行理论宣讲近20场次；举办处级干部学习贯彻习近平总书记系列重要讲话精神集中培训会，院领导亲自授课专题培训全体党员。调整改选党支部，把原有15个党支部调整为18个党支部，改选产生47名党支部委员，年轻党员支委比重增加至45%。结合年终考核，院纪委对处级以上领导干部廉洁勤政情况进行约谈考核。制定《关于转变工作作风，密切联系群众的实施方案》《规范干部职工操办婚丧喜庆事宜的暂行规定》等8项制度。组织专家学者通过《光明日报》《甘肃日报》、电视电台、院报、院网等各种媒体发表开展群众路线教育实践活动、反腐倡廉等方面的研究成果近30篇。积极配合全国"党的群众路线理论"征文暨理论研讨会活动，及全省党的群众路线理论研讨会工作，策划并组织承担"甘肃省党的群众路线理论征文"评选工作，在全省各地各单位报送的近300篇理论文章中，组织专家最后评选出39篇优秀文章。院领导带队，组织干部职工在帮扶村举行"弘扬社会主义核心价值观"文艺节目慰问演出，"天水在线"对演出活动及时进行宣传报道。

省社科院领导班子成员名录

党委书记　范　鹏

院　长　王福生

副院长　朱智文　安文华　刘进军

纪委书记　陈双梅（女）

（供稿：赵　敏）

文化　卫生　人口与计划生育　体育

文　化

【公共文化服务体系建设】13个市州级图书馆、文化馆、博物馆开工建设，8个市州数字图书馆建成使用，完成5个市级数字图书馆、667个乡镇综合文化站、201个街道社区文化中心设备配备。"乡村舞台"建设取得阶段性胜利，建成6625个。全省112个博物馆，所有公共图书馆、文化馆、美术馆和乡镇综合文化站实行免费开放，受益群众近400万人次。金昌市创建第一批公共文化服务示范区顺利通过国家验收，张掖市创建第二批示范区，酒泉市“图书漂流志愿服务活动”、定西市“百姓舞台”等示范项目创建正在有力有序推进。积极争取国家支持为58个贫困县配送流动图书车，首批29辆流动图书车已经配送到位。同时，全省联动开展“千台大戏送农村”“精品剧目惠民演出年”“百姓文化广场惠民演出日”“银艺合作——文化惠民演出年”等文化惠民活动；全省共举办各类文艺演出900余场次，受益群众达100万余人次。各市（州）组织文化科技卫生“三下乡”活动，服务群众达11万余人次。

【文艺创作演出】歌剧《貂蝉》参加第二届中国歌剧节，获剧目奖、表演奖、优秀舞台奖等6个奖项。话剧《天下第一桥》获国家舞台艺术精品工程重点资助剧目，陇剧《西狭长歌》荣获“五个一工程”奖，秦腔《麦积圣歌》、话剧《天下第一桥》获文华剧目奖。秦腔《大秦文公》获第七届西北五省区秦腔艺术节优秀剧目奖、优秀表演奖、优秀编剧奖。秦腔《轩辕大帝》获第七届秦腔艺术节优秀剧目特别奖。深入实施“敦煌画派”创作工程，开展“朝圣敦煌”系列活动，推出一批艺术特色鲜明的美术作品。“朝圣敦煌”全国美术大展、张芝奖全国书法大赛等美术展览成功举办，甘肃省第二届“梅馨杯”百姓小品艺术节、甘肃省第三届声乐比赛圆满闭幕。

【文物保护】莫高窟崖体加固工程被评为首届全国十佳文物保护工程，莫高窟数字展示中心正式运行，张掖大佛寺、天水玉泉观、武山水帘洞石窟群等18项文物保护工程竣工，夏河拉卜楞寺、榆中青城古民居等20余项文物保护工程开工实施，早期秦文化、河西走廊、冶金遗址等40项考古调查与发掘项目进展顺利，并取得重大成果；丝绸之路申遗圆满收官，麦积山石窟、炳灵寺石窟、锁阳城遗址、悬泉置遗址、玉门关遗址成功列入《世界遗产名录》，大地湾遗址、锁阳城遗址等10处大遗址被列入国家大遗址保护“十二五”专项规划，敦煌、山丹、凉州等7市（县、区）境内重点区段长城保护及防洪工程开工实施或已竣工，嘉峪关文化遗产保护工程进展顺利。

【非物质文化遗产保护】成功申报国家级非物质文化遗产项目7个，申请国家和省级非遗保护专项资金累计3310万元。成功举办第七届“中国原生民歌大赛”，积极推进敦煌文化生态保护区、陇东南农耕文化生态保护区申报，组织非遗传承人参加第三届中国非物质文化遗产博览会、年俗文化展示周、丝绸之路经济带沿线国家旅游文化展等多项全国性非遗展示展演活动，全方位介绍和展示甘肃省非物质文化遗产项目。

【文化产业发展】组织参加深圳文博会、兰洽会、西部文博会、甘肃文博会等平台，推介文化项目和文化产品，全省69个重点文化产业项目入选《2014中国文化产业重点项目手册》。夏河藏文化产业园、卓尼“老坑洮砚”创意文化产业园等8个项目入选2014年度全国文化产业重点项目库。园区基地建设步伐加快，兰州创意文化产业园等7个项目入选国家文化产业示范基地，南特数码等3家动漫企业被认定为国家动漫认证企业。敦煌历史文化名城建设步伐加快，敦煌国家级文化产业示范园区申报成功，旅游实景驻场演出剧目《又见敦煌》涌现出动漫产品《敦煌传奇》、“敦煌行·丝绸之路国际旅游节”节会演出、休闲网吧等一批文化与相关产业融合产品。

【文化市场管理】对行政审批事项进行清理、合并、调整，7项审批事项由前置审批改为后置审批。加强文化市场综合执法队伍建设，通过组织开展文化市场综合行政执法岗位大练兵与技能大比武、执法考评、业务培训等。组织全省文化市场技术监管与服务平台的应用推广，省级和部分市级监管与服务平台已完成上线。推行文化市场“阳光执法”工作，推进执法权运行的公开化、规范化、透明化。

【对外及港澳台文化交流】舞剧《丝路花雨》赴欧洲执行“中华风韵”文化交流活动，先后在英国、法国、德国成功商演7场。以“欢乐春节”活动为平台，张掖市肃南裕固族歌舞团、甘南藏族歌舞团等艺术团组分赴泰国、日本进行演出，在韩国先后举办“甘肃文化周”“甘南藏文化千幅唐卡”展览、“中国文化日—多彩民族风”等文化交流活动，精彩地展现甘肃独特的民族文化魅力。来访活动和学术交流研讨项目频繁，第二届国际鼓文化艺术周、第三届国际文化产业大会等成功举办。2014年，全省组织实施对外对港澳台文化交流出访项目63起，人员266人次，来访7起，198人次。

【文化体制改革】加强行业立法，文化法规体系逐步完善，《甘肃省非物质文化遗产保护条例》通过省十二届人大第12次会议的讨论，《敦煌历史文化名

“我们的中国梦——文化进万家”惠民演出剧照

城保护条例》列入2015年人大立法计划出台项目。积极推动飞天剧院等经营性文化事业单位转企改制。着力解决省直文艺院团转企改制遗留问题，积极协调落实改革政策，推进转企文艺院团内部管理体制和运行机制改革，促进公司管理规范化。培育市场主体，省直八大院团开拓市场能力得到加强，全年演出1617场，其中公益性演出134场。

省文化厅领导班子成员名录

厅　长　孙　伟

甘肃演艺集团党委书记、董事长

　　　　朱玉兰（女）

副厅长　俄　军　周奉真（8月任）

　　　　才　智（藏族）（10月任）

　　　　杨建仁　梁朝阳

　　　　王文全（8月止）

纪检组长　董义平

省文物局局长　马玉萍

省图书馆馆长　郭向东（4月任）

（供稿：魏小平）

图书馆工作

【文献采选】全年入藏印刷型新书60174种163091册，其中地方出版物6062种9239册。订购印刷型报刊4276种，视听资料2314种。收到社会各界赠送图书、期刊、光盘1341种，2213册（张）。全年拍摄民国图书缩微胶片2.1万拍。整理未分编古籍4310部3万册，经版本鉴定，新认定古籍善本500部6000册。

【数字资源】续订中国知网（CNKI）期刊全文数据库、读秀知识库、全国报刊索引、国研网等数据库，新增文化产业、敦煌文献、港澳博硕优秀学术资源、中国金石总录等数据库，共计31个；TPI数据库建设与管理平台完成升级，西北地方文献资源数据库、四库全书研究资源数据库、甘肃地方文献联合目录以及馆藏书目数据库等20多个自建数据库继续进行数据更新，所有数据库通过本馆网站和甘肃省科技文献平台提供读者访问。

【读者服务】全年接待读者164万人次，新增办证8900个，外借图书92.6万册次。在全省建立分馆、流通站达64个，配送图书60万册次。年底RFID自助借还系统投入试运行，初步实现图书自助借还服务。流动图书车继续以固定服务点、流动服务点等形式提供现场借阅服务，24小时自助图书馆年内开通运行。全年举办《周末名家讲坛》53场，公益展览19场，书画专题讲座8期，年内启动的国学讲座举办5期。“阳光工程”继续为盲人读者开通服务热线，配备专车免费接送来馆阅览并免费提供午餐，全年共接待盲人读者1029人次。“农民工之家”全年共接待农民工读者6600人次，少儿图书馆全年举办49次亲子阅读活动。

【RFID自助借还系统】2014年底，甘肃省图书馆RFID自助借还系统投入试运行。为配合自助借还系统的正常运行，甘肃省图书馆同期对原条码借书证进行升级，正式启用新版读者证，除在办证处办理外，读者也可持第二代身份证可在馆内自助借还机及馆外24小时街区自助图书馆网点办理。甘肃省图书馆的自助借还系统采用RFID（无线射频识别）技术，集合智能馆藏管理、自助借还、自助办证、自助查询等自助服务功能，该系统依托RFID智能馆藏资源，由馆外的24小时自助图书馆和馆内的图书自助借还机构成。

【信息咨询】全年为国家社科基金重大项目、省部级社科项目及地方史志、学位论文等项目提供检索咨询服务150多项；年内正式启动中国政府公开信息整合服务平台甘肃分站建设工作，全面采集本地区省级政府机构及市级主要政府机构网站公开信息；完成2013—2014年度国家图书馆与我馆数字资源联合建设编目数据任务22000余条；编辑《决策参考》等专题资料，定期向省委、省政府等领导机关定期寄送；继续编辑《西北研究通讯》《四库全书研究论著提要目录》等二、三次文献，为相关领域的研究者提供服务。

【甘肃省图书馆扩建项目】作为2014年甘肃省文化系统唯一省列重点项目的甘肃省图书馆扩建项目工程于10月26日正式动工。扩建工程占地6600平方米，扩建面积2.5万平方米，地下二层，地上九层，馆内设计读者阅览座位2000个，网络信息点3000个。

【文化共享工程】由文化共享工程省分中心申报的《甘肃红色历史多媒体资源库》等5个2011年度地方特色资源建设全部通过验收；《红色记忆哈达铺多媒体资源库》等5个2012年度地方特色资源建设项目，《会宁会师多媒体资源库》等4个2013年度地方特色资源建设进入实施阶段；《甘肃名城专题片》等4个2014年度地方特色资源建设项目获准立项。开展“大年小戏闹新春”等多种形式的服务宣传活动。

【数字图书馆推广工程】经过两年多的建设和发展，数字图书馆推广工程初步实现覆盖省、市两级公共图书馆的数字图书馆服务体系，省内13家市级图书馆已启动数字图书馆建设工作，并开始逐步为读者提供数字化服务；数字图书馆的资源建设完成2013年度自建资源的征集验收工作，并与国家图书馆联合开展元数据仓储的建设工作；“数字图书馆推广工程”?数字资源掘宝大赛、“图书馆故事随手拍”创意微视频大赛等多项服务活动举办。

【公共电子阅览室建设】面向全省的公共电子阅览室信息管理平台搭建完成，实现与全国公共文化发展中心的数据对接。全省近50个各级公共电子阅览室部署安装公共电子阅览室信息管理系统。

【古籍保护】中华古籍保护计划继续推进，全省42家古籍收藏单位在线提交古籍普查数据4万余条；全省古籍普查阶段性成果《甘肃省藏古代地方志总目提要》由甘肃人民出版社出版。申报评选国家级（第五批）和省级（第三批）《珍贵古籍名录》和“古籍重点保护单位”的组织工作有序开展。西北地区唯一的“国家古籍保护中心人才培训基地”在甘肃省图书馆挂牌，并承办“第十六期全国古籍修复技术培训班”。古籍修复取得新的成绩，全年修复古籍58种182册11158页。经国家古籍保护中心批准，国家级古籍修复技艺传习中心甘肃传习所在甘肃省图书馆设立，这是全国五个古籍修复技艺传习所之一。

【省图书馆列入国家古籍保护中心人才培养基地】7月，国家古籍保护中心公布12家入选“国家古籍保护中心人才培训基地”名单，甘肃省图书馆名列其中。古籍保护人才培养是“中华古籍保护计划”的重要内容，是古籍保护工作科学、持续发展的重要基础。国家古籍保护中心在全国范围内评选“国家古籍保护中心人才培训基地”。甘肃省古籍保护中心设在甘肃省图书馆。2014年，甘肃省图书馆承办“第十六期全国古籍修复技术培训班”。

【设立古籍修复技艺传习所】8月，国家古籍保护中心批准在甘肃省图书馆设立国家级古籍修复技艺传习中心甘肃传习所，选定甘肃省古籍修复中心师有宽同志为古籍修复技艺传承人，在甘肃开展古籍修复师带徒活动。目前，全国共设立5个国家古籍修复技艺传习所，分别设在国家图书馆和山东、天津、辽宁、甘肃。

【学术交流】召开2014甘肃省图书馆学会年会暨甘肃省图书馆学会成立35周年纪念大会，联合举办西北五省（区）图书馆第十二次科学讨论会，组织会员参加2014中国图书馆年会，并成功举办“甘肃省第二届图书馆学情报学学术成果评奖”活动。开展省内上等级图书馆学习交流培训活动，举办“甘肃图书情报界首届书画艺术大赛”作品巡回展活动和“甘肃省第二届图书馆出版社文化论坛及新书现采会”。组织全省各级各类图书馆开展多种形式的全民阅读活动和图书馆服务宣传周活动。全年举办各类培训班、研讨班、报告会、学习考察等7期，培训学员614人次。

【甘肃省第二届图书馆学情报学学术成果奖】由甘肃省文化厅主办，甘肃省图书馆学会承办的“甘肃省第二届图书馆学情报学学术成果评奖”活动，收到申报成果50项。经过初评、终评和公示，有24项成果获得一、二、三等奖，其中一等奖4项，二等奖8项，三等奖12项。

【科研成果】由甘肃省图书馆承担的国家社科基金项目《西部少数民族文献资源建设研究》发表一组阶段性研究成果，甘肃省社科规划项目《甘肃省数字文化服务体系构建研究》和甘肃省科技支撑计划项目《〈四库全书〉书前提要比对系统的研究与开发》完成中期研究任务；《基于互联网的〈金毓黻手定本文溯阁四库全书提要〉数据平台的研究》新获准立项为甘肃省社科规划项目；馆内职工出版专著4部，在省级以上学术期刊发表论文30篇，1项成果获甘肃省科技情报学会科学技术一等奖，8项成果获甘肃省第二届图书馆学情报学学术成果奖，多篇论文获得中图图书馆学会年会、西北五省区科学讨论会和甘肃省图书馆学会年会征文奖；馆办刊物《图书与情报》全年出版6期，刊文149篇，人大报刊复印资料全年转载14篇，年末被评为中国人文社会科学核心期刊，在省级公共图书馆主办的期刊中排名第一。

2014年11月19日，省委书记王三运（左二）视察甘肃省图书馆

【“双联”行动】省图书馆联合省人民医院组织开展以送温暖、送健康为主题的“双联”义诊活动。根据大族村的土地、气候条件，决定发展柴胡等中药材种植，以期形成收益稳定增长的富民产业。开展结对共建活动，举行主题读书比赛，建立图书流动站。选派1名优秀年轻干部到大族村担任第一书记。组织联户干部轮流驻村入户进行帮扶。

省图书馆领导班子成员名录

馆　长　郭向东

党委书记　魏孔俊（1月任）

副馆长　许新龙　李芬林（女）

陈　军（8月任）

（供稿：祁自顺）

文物工作

【党的群众路线教育实践活动】围绕学习贯彻省委《关于落实党风廉政建设主体责任的意见》，制定《甘肃省文物局落实党风廉政建设主体责任实施办法》，按照省文物局2014年党风廉政建设约谈工作计划，结合年终考核，对局机关和在兰省直文博单位处级干部进行集体约谈，对兰外省直文博单位领导班子成员进行个别约谈；局机关新制订或修订规章制度25项，通过建章建制防控廉政风险；廉政风险防控关口前移，在深入排查廉政风险点的基础上，协调驻省文化厅纪检监察部门全程参与监督省直文博单位文物保护工程和建设工程招投标以及直属事业单位人员招考等社会关注度较高的工作，确保程序规范、结果透明，杜绝违纪违规现象；进一步加大省直文博单位项目实施和专项经费管理使用监管力度，按照“监督跟着资金走”的原则，加强对项目财务管理的日常监督，发现问题及时整改；认真耐心接待群众信访问题，配合有关部门及时调查处理信访事项；持续推进效能风暴行动，深入开展双联活动。

【全省文物局长会议】1月19日，省文物局在兰州召开全省文物局长会议，回顾总结2013年全省文物工作，分析研究全省文物工作的新形势和文物系统改革的思路，安排部署2014年的工作。各市州文物行政部门负责人、省直文博单位党政领导、省文物局全体干部共80人参加会议。省文物局分别与各市州文物行政部门签订2014年文物安全目标责任书。

【调研文物工作】4月9日，省委常委、宣传部长连辑一行到敦煌研究院调研，与院领导及部分专家学者进行座谈。省委宣传部副部长、省社会科学院党委书记范鹏及酒泉市、敦煌市相关领导陪同调研。8月25日，连辑参观正在甘肃省博物馆展出的《天地 — 木月摄影作品展》，同时与省博物馆负责人就临时展览的设计、引进等工作进行交流。9月28日，连辑赴北石窟寺文物保护研究所调研，要求北石窟寺文物保护研究所按照申报世界文化遗产的要求，做好考古调查和研究等工作。10月18日，副省长夏红民赴北石窟寺文物保护研究所调研文物保护与开发利用工作，要求北石窟寺文物保护研究所进一步做好石窟防渗水防风化等本体保护工作和文物数字化存储与复原展示工作。11月14日上午，夏红民赴省文物考古研究所和甘肃简牍博物馆进行实地调研后，在省文物考古研究所召开座谈会。12月10日，夏红民到敦煌研究院调研，省政府办公厅副巡视员李景相、省文化厅副厅长周奉真、省文物局局长马玉萍及酒泉市委副书记、市长都伟，敦煌市委副书记、市长贾泰斌等陪同调研。

【华夏文明传承创新区建设】2014年，省文物局按照文物保护和大遗址保护板块分方案及实施意见全力推进重点项目实现重大突破：丝绸之路申遗历时八年圆满收官，麦积山石窟、炳灵寺石窟、锁阳城遗址、悬泉置遗址和玉门关遗址成功列入《世界遗产名录》，全省世界文化遗产地增至7处；以莫高窟数字展示中心为亮点的敦煌莫高窟保护利用工程竣工；嘉峪关文化遗产保护工程中的文物本体保护与遗产监测项目进入收尾阶段，拉卜楞寺文物保护等重点工程稳步推进，敦煌莫高窟崖体保护维修工程入选首届全国十佳文物维修工程。启动全省长城保护规划编制工作，嘉峪关、金塔、山丹等省内重点区段长城加固维修工程陆续竣工或正在实施；大地湾国家考古遗址公园建设各项前期工作基本就绪；大堡子山遗址及墓群展示利用工程获准立项。

【文化遗产“历史再现”工程】省文物局编制完成《甘肃文化遗产“历史再现”工程实施方案》并报请省政府办公厅印发实施。文化遗产“历史再现”工程以文化遗产有效保护为基础，以遗产展示和文化传承为核心，以博物馆建设为载体，全面展现甘肃的历史文化风貌，探索性地提出博物馆分类和设立标准。

【文物保护】经省政府批复同意，省文物局正式公布全省第七批59处全国重点文物保护单位及所有470处省级文物保护单位保护范围；完成全省第七批全国重点文物保护单位记录档案编制和报备工作；全年向国家文物局报送全国重点文物保护单位保护规划工作计划19项。天水玉泉观文物建筑、武山水帘洞石窟群等一批全国重点文物保护单位文物保护维修工程竣工，兰州五泉山太昊宫修缮、景泰永泰城址保护加固等文物保护工程开工实施；编制《甘肃省全国重点文物保护单位集中成片传统村落整体保护利用工作实施方案》，榆中青城古民居保护工程开工实施；省级文物保护单位兰州白塔山白塔纠偏、天水纪信祠保护维修、张掖东仓保护维修、民勤东镇大庙修缮等文物保护工程相继实施。

【考古工作】以早期秦文化考古调查项目为重点的主动性考古项目持续推进，甘谷毛家坪遗址考古发掘获得重大发现；张家川马家塬战国墓地、泾川佛教窖藏遗址、河西走廊早期冶金遗址、马鬃山玉矿遗址发掘工作继续实施，对礼县大堡子山遗址进行补充勘探；省文物考古研究所与中国社会科学院考古研究所合作对马家窑遗址进行首次科学发掘，与中国科学院古脊椎动物与古人类研究所合作开展张家川石峡口旧石器遗址发掘工作。全年配合基本建设开展考古调查53项，勘探面积28万平方米，清理墓葬99座，出土文物781件。

【第一次可移动文物普查】2014年，全省可移动文物普查工作有序开展。根据初步调查结果，全省文物系统国有单位收藏文物600318件（套），非文物系统国有单位收藏文物或疑似文物94956件（套）；省普查办组织专家完成全省非文物系统国有单位收藏文物或疑似文物认定工作，共认定文物26069件（套），其中18113件（套）文物纳入普查范围。截至2014年底，全省采集登录文物信息数据155767条，占总量的24.5%，采集登录量位居全国第三。

【博物馆工作】截至2014年底，全省博物馆纪念馆总数由193座增至201座，成为全国博物馆大省之一。省文物局全年新批准设立8座行业（民办）博物馆，7座博物馆纪念馆新馆建成开放，8座博物馆纪念馆展厅和库房实施改扩建或维修改造；开展全省民办博物馆藏品建账建档工作。省文物局修订印发《甘肃省文博单位陈列展览方案审核办法》，并据此对13座博物馆纪念馆的陈列展览设计方案进行审核论证；全年全省各级各类博物馆共推出新陈列展览10个，改造提升陈列展览11个，举办临时展览53个，接待观众600余万人次，其中青少年观众260万人次。组织开展“四进”（进社区、进校园、进企业、进军营）活动200余次，接待观众1754万人次。全省各级各类博物馆纪念馆以未成年人教育为抓手积极打造公共文化服务品牌，省博物馆“亲子快乐营系列主题活动”入选中国博物馆优秀教育项目示范案例。

【文物科研与科技保护】2014年，设在敦煌研究院的国家古代壁画与土遗址保护工程技术研究中心、古代壁画与土遗址保护国家文物局重点科研基地、甘肃省古代壁画与土遗址保护重点实验室运行顺畅，多场耦合实验室建设项目全面启动。省博物馆与相关高校联合研发的《基于分布式虚拟环境的数字博物馆关键技术研究》项目通过省科技厅组织的成果鉴定，达到国内先进水平。敦煌研究院和省博物馆分别被国家文物局确定为文物保护装备发展平台项目建设单位和全国首批智慧博物馆建设试点单位。敦煌研究院制作完成莫高窟、榆林窟、西千佛洞等14个洞窟的实景虚拟漫游节目，麦积山石窟重点洞窟数字化数据采集工作完成年度任务。一批馆藏青铜器、彩陶、书画和出土文物得到科技保护修复。

【文物安全与法制建设】2014年，全省文物安全形势保持总体平稳，馆藏文物安全无事故，盗掘古遗址墓葬的违法犯罪活动较之上年有所减少。省文物局修订完善《甘肃省文物安全突发事件应急预案》《甘肃省文物局文物安全目标责任考核办法》。加强文博单位安防、消防、防雷设施建设，会同公安部门加大防范和打击文物犯罪力度。省文物局对全省文物保护员情况进行调查摸底，督促各地落实文物保护员报酬并建立文物保护员档案，评选表彰99名全省优秀文物保护员。组织开展古城保护中文物违法与消防安全专项督查工作，针对敦煌市、甘州区、凉州区和麦积区等4个被督察区域在督查中暴露出的安全隐患和违法违规问题，协调当地政府和文物部门进行整改；依法督办发生在敦煌、嘉峪关、肃州、甘州、榆中等市县的9起文物违法违规案件。进一步建立和完善地方性文物保护法规体系，积极配合省人大开展《甘肃长城保护决议》和《甘肃永靖炳灵寺石窟保护条例》立法调研工作并完成法规初稿。

【文物宣传】6月，省文物局配合丝绸之路申遗成功，协调省政府新闻办在兰州召开申遗成功新闻发布会；在《甘肃日报》《中国文物报》等媒体连续刊发专版文章专题介绍甘肃省新增世界文化遗产及其重大意义，与《丝绸之路》杂志共同推出世界文化遗产丝绸之路甘肃专刊；与中国文物学会在敦煌共同主办“丝绸之路文化遗产保护研讨会”，在天水举办“世界文化遗产丝绸之路甘肃论坛”。选调甘肃省精品文物参加文化部、国家文物局和西北五省区政府在国家博物馆联合主办的《丝绸之路展》；纪念早期秦文化考古调查研究项目实施10周年，省文物局与陕西省文物局、北京大学在京联合举办《秦与戎——早期秦文化考古十年成果展》，展出文物613件（套），向社会各界展示早期秦文化考古十年来的丰硕成果。

【对外交流】9月，第四届文化财产返还国际专家会议在甘肃省成功举办，发表《敦煌宣言》；甘肃省文博单位与美国盖蒂保护研究所、日本东京艺术大学、瑞士贝奇基金会、英国诺丁汉-特伦特大学等机构在文化遗产地游客承载量研究、洞窟无损技术分析等方面的合作取得阶段性成果。围绕丝绸之路经济带建设、中法建交50周年、甘肃省与日本秋田县缔结友好关系30周年、敦煌研究院建院70周年组织开展或参与赴法“中国汉代文物展”、赴日“秋田县·甘肃省缔结友好关系30周年纪念文化交流展”、赴蒙古“丝路拾珍——中国敦煌文化艺术展”、赴台湾“光照大千——丝绸之路的佛教艺术特展”、赴香港“敦煌·说不完的故事”等文物外展。9月9日，由文化厅、省文物局和敦煌研究院主办的敦煌研究院70周年座谈会在莫高窟九层楼前广场举行。

省文物局领导班子成员名录

局　长　马玉萍（女）
副局长　肖学智（回）
　　　　白　坚（女）

（供稿：刘木子）

博物馆工作

【文物安全】作为国家一级博物馆和一级风险防范单位，省博物馆继续坚持由馆领导、部室主任与保卫处人员共同参与的二十四小时值班制度，强化治安管理措施，督促安保人员履行岗位职责，确保2014年全年馆藏文物、外联展览文物押运和各类临时性展览及大型活动、重要接待期间的安全保卫工作。坚持日查、周查、月查和每季度及重大节假日、重要活动期间的文物安全大检查，全年两次对一线部门工作人员进行消防安全和反恐防暴知识讲座，并进行防暴及突发事件应急演练。重点对安防系统进行升级，更换报警探测器、报警板、区域控制器、通讯转换器等安保设备85个，调试报警点238个，在文物保护修复中心加装监控设备，为文物在保护修复期间提供安全保障。

【基础工作】开展全国第一次可移动文物普查工作，全年完成历史、革命、民族类文物一万余件的录入工作，并全部上传通过审核。根据国家文物局《关于做好馆藏自然类藏品登录工作有关要求的通知》，对自然类藏品进行清查，对部分古生物化石囊匣进行统一制作，制作700多件囊匣已经全部入库；全年征集社会流散文物229件，包括青铜器、金器、丝织品、陶器、印章等，对新征集的文物进行编目和建档工作。接收非洲石刻等捐赠藏品共计110余件，接收司法部门涉案罚没文物119件；坚持每周库房例行检查，定期对动、植物标本库房进行清洁、整理、熏蒸、补药、消毒灭菌；对网站各模块及时进行内容更新，编辑发布照片700余张、文字20万余字、上传新闻180余条。网站增加“进入展厅”模块，运用视觉变化、声音同步讲解、文物照片展示等手段让观众感受三维的参观体验，为观众提供更为便捷的服务，网站点击率120万次；完善展品二维码手机扫描导览服务系统，扩展展厅wifi无线网络覆盖范围，建立“甘肃省博物馆微信公众平台”，通过网站举办“甘肃汉简”“铜奔马的同室珍宝”等6个网上专题展览；正常开放期刊室、图书阅览室，对全年147种2000余册期刊、图书，11种报纸进行接收登记和归类。清点图书1056本，整理历史图片资料68件1879幅。继续进行“数字图书室资料扫描工作”，扫描图书40册。

【陈列展览】全年共举办并参与展览25个，包括遴选文物参与外展9个，举办原创类展览2个暨“梁雄德艺术精品展”“张邦彦书法作品展”，引进包头市博物馆“草原古韵——内蒙古包头博物馆馆藏文物精品展”、耀州窑博物馆“范金琢玉——耀州窑历代陶瓷精品展”2个精品文物展，引进“非洲艺术展”“阿拉伯文书法作品展”2个国外展览，举办“骁腾万里——中国古代马文化展”“相映成辉——草原丝绸之路文物精华”“迎新接福、一纸万象——中国四川绵竹年画精品展”等10个文化、艺术类临时展览；在推出本土特色展览方面，筹备“甘肃彩陶”“甘肃丝绸之路文物精华展”分别在陕西和包头展出，五省联合“丝绸之路——大西北遗珍”2014年分别在新疆、甘肃和国家博物馆巡展；另外，2014年，完成对“甘肃彩陶”展的全面改造提升，更换展柜增加展板和文物信息说明牌，新增展品34件。对“甘肃古生物化石”展的仿真机械恐龙进行更换安装和调试，更新制作复原场景。

【科技保护】文保人员编制完成《白银市博物馆馆藏书画保护修复方案》《靖远县博物馆馆藏书画保护修复方案》《甘南州自治区博物馆22件彩陶的保护修复方案》3项文物保护修复方案并通过省文物局批准。承担的《甘肃省博物馆馆藏彩陶修复保护项目》《永昌县博物馆馆藏石质文物保护修复》2个项目已全部完成，《甘南州博物馆馆藏彩陶文物保护修复》项目正在进行中。开展实施《甘肃省博物馆可移动文物保存环境质量监控及文物保存环境区域监测中心建设》项目。《甘肃省博物馆馆藏青铜器保护修复》项目已保护修复青铜器44件。全年共保护修复文物40件组，并制作文物保护修复档案。清洗修复丝织品6件，装裱字画129幅。2014年，国家文物局启动“智慧博物馆”项目，甘肃省博物馆馆被确立为首批智慧博物馆建设试点单位之一。该项目已完成《甘肃省博物馆丝绸之路珍贵文物数字化保护方案》《甘肃省博物馆简牍与壁画砖类脆弱不易保存文物数字化保护方案》《甘肃省博物馆彩陶类珍贵文物数字化保护方案》和《甘肃丝绸之路文明展文物数字化保护方案》。其中前三项已获国家文物局审批立项。另外，已开展对馆藏嘉峪关魏晋5号壁画墓的照片数据收集、整理和面积丈量统计工作，为后期数字化制作奠定基础。

【宣传接待】全年累计接待观众161万人次，其中展厅接待观众81万余人次，包括零散观众60.7万、大学生7万、中学生3.6万、小学生3.9万、单位团体0.9万、外国游客0.8万人次。流动博物馆工作31天，观众11万人次。输出展览观众69万人次，观众主要集中在法国、日本、北京、陕西、内蒙、台湾等地。展厅完成讲解1530次，志愿者讲解3165场。

【公共文化服务】组织流动展览“红色甘肃——走向一九四九”赴甘肃武警部队展出，共赴15个武警基层单位，行程2800多公里，讲解200余场次。流动展览还走进两当、成县等革命老区，走进合作市、迭部县、舟曲县等边远山区和民族地区，为当地的群众、少数民族和学校学生带去展览、知识和志愿服务。全年流动博物馆共派出讲解、后勤人员30余人次，展览行程近6000公里，外出31天。策划开展“甘肃省博物馆亲子快乐营系列主题活动”，举办彩陶DIY、简牍书写、恐龙拼接、迷你室内考古、户外考古发掘等主题活动70场，参与儿童1400余人、家长5000余人。以“亲子活动”为中心，举办盲聋哑儿童专场活动，参加学生280名。举办“我心中的博物馆”少儿绘画大赛，征集绘画作品1387幅，展出800幅，评选出一、二、三等奖及优秀奖共224幅。

【基地及社团建设】中国博物馆协会“丝绸之路”沿线博物馆专业委员会在内蒙古锡林浩特召开2014年度主任委员会议，出版《丝绸之路沿线博物馆专业委员会论文集》，11月在厦门召开专委会2014年会暨“寻路中国——丝绸之路”学术研讨会，50余位代表参会。第三届国际文化产业大会暨第七届甘肃省文博会在兰州召开，省博物馆作为分会场，接待来自澳大利亚、俄罗斯、古巴等60多个国家和地区的300余名会议代表。

【学术科研】甘肃省博物馆全年组织学术讲座7次。专业技术人员正在进行的科研课题共计29项，其中国家级课题2项，省级课题12项，馆内课题12项，新申请2014年省级文物科技保护研究课题3项。国家社科基金特别项目《西夏文物·甘肃编》已通过课题组验收；与兰州交通大学合作完成的《基于分布式虚拟环境的数字博物馆关键技术研究》项目，通过省科技厅组织的成果鉴定会，达到国内先进水平；省级科研课题《甘肃出土魏晋十六国文献汇集整理研究》《甘肃临夏盆地晚中新世鸟类系统分类学及古环境研究》《甘肃出土糟朽木器形态与结构分析》已基本结项。全年共计87人次参加文物科技保护、博物馆数字化建设、西夏学研究、社会教育等各类培训及学术研讨会；全馆职工

丝绸之路——大西北遗珍展

2014年在国家级、省级杂志报刊等发表论文111篇，出版《西夏文物·甘肃编》《甘肃省博物馆馆藏书画精品》《敦煌与丝绸之路学术文丛》《丝绸之路沿线博物馆专业委员会论文集（第二辑）》《一任风雨写天真——纪念当代国画大家王天一先生文集》《丝绸之路——大西北遗珍图录》《甘肃出土墓葬壁画与彩绘砖画》、编译《文物收藏品的科学保存——西方文物保存实践文集》等专著9本；《陇右文博》全年出版正刊2期、增刊2期；《志愿者》和《博物馆之友》全年各出版6期。

【党的群众路线教育实践活动】2014年，按照省委、文化厅党组安排部署，向文化厅教育实践活动督导组上报《甘肃省博物馆督导工作内容报告》；年初举行党的群众路线教育实践活动总结暨民主评议大会，省委第十督导组组织民主评议，会后反馈结果，馆领导班子及成员"好"和"较好"的评议结果比例均为97.14%；完成省委教育实践活动办"两方案一计划"的上报工作和厅教育实践活动办《省直文化系统教育实践活动整改方案落实情况统计表》的填报；参加省委教育实践活动领导小组第五工作组调研座谈会，馆长俄军汇报全馆教育实践活动存在问题整改落实情况。

【"双联"行动】2014年，选派干部12批次80人次入"双联"点草垭村开展系列活动，为文县尖山乡举办党的群众路线教育实践活动讲座1次；投资45万元实施草垭村蜜橘园二次提灌工程，项目已全部完工；向草垭村赠送价值2万余元的健身运动器材及乒乓球桌等体育设施；参加2013年度全省双联工作考评、省直联文单位"双联"行动文县现场推进会；完成"省委双联办协同办公系统"单位注册工作；参加并完成2014年度全省"双联"考核工作。

省博物馆领导班子成员名录

馆　长　俄　军

副馆长　王裕昌　贾建成

　　　　史　册（女）

（供稿：黎　李）

甘肃画院

【朝圣敦煌】积极响应省委、省政府的号召，结合实际提出"朝圣·敦煌——甘肃画院美术创作工程"，计划用五年时间完成此项美术创作工程。6月27日，甘肃画院朝圣敦煌多彩民族写生考察团从甘肃画院出发踏上考察写生之行。考察写生团行程3300多公里，先后前往武威、张掖、临夏、甘南等市州民族地区县乡，为完成2014年创作展、出版作品集收集宝贵的资料。12月，中国文化报美术文化特刊专版报道甘肃画院2012年—2014年朝圣敦煌美术创作工程，介绍甘肃画院书画家近年来围绕打造敦煌画派期间开展的美术创作活动与创作成果。

【各类展览】甘肃美术馆全年共举办各类展览35场次，展出作品5000余幅，展期超过300天。比较重要的展览有，"朝圣敦煌——甘肃书法院作品展""中华文化四海行——走进甘肃""湖南省画院作品展——湖湘意韵""春雨工程山东省文化志愿者边疆行——山东名家书画展""文化部全国美术馆馆藏精品展出季——深圳观澜美术馆馆藏版画精品展"等。配合省文联、省美协等单位举办"甘肃美术大展"等多项全省大型美展。

【美术惠民】1月25日，甘肃画院组织甘肃书法院部分院聘书法家赴榆中县送文化下乡，为当地老百姓义务书写春联100余副。由甘肃画院策划举办的"陇山·陇水·陇人——第五届甘肃专业画院作品展"和"朝圣敦煌——甘肃书法院作品展"，先后在临洮、天水、金昌、武威巡回展出。

【合作交流】3月23日，"艺道同心——甘肃画院作品交流展"在珠海画院美术馆举办。6月12日，"甘肃画院朝圣敦煌美术作品交流展"在韩国首尔中国文化中心举办。展览共展出画院书画家以敦煌壁画为元素的32幅美术作品，并印制展览作品集向观众免费发放。中韩嘉宾100多人出席开幕式。7月17日，应甘肃画院邀请，俄罗斯人民艺术家列德涅夫来画院写生交流。列德涅夫教授为画院现场创作油画半身像作品。甘肃画院院长李伟向列德涅夫教授及瓦西里耶娃教授颁发收藏证书。9月22日，"2014首届青岛国际艺术双年展"在青岛当代文化艺术中心隆重开幕。甘肃画院"朝圣·敦煌——艺术特展"作为首届青岛国际艺术双年展的特展板块之一，展出以敦煌壁画为元素创作的近60幅作品。9月25日，"中国梦·翰墨缘——中国国家画院、天津画院、江苏省国画院、山东画院、甘肃画院美术作品展"在天津博物馆隆重揭幕。展览共汇集五家画院近170位画家的中国画、油画作品近400件作品。10月8日，由甘肃画院邀请，俄罗斯圣彼得堡美术家协会主席、原列宾美术学院院长阿尔伯特·谢拉菲莫维奇·恰尔金一行6人来甘肃画院学术交流。甘肃书画家及美术爱好者100多人到场观摩俄罗斯画家现场油画创作。李伟院长向画家颁发收藏证书。其间俄罗斯艺术家参观画院书画家工作室，并与画院画家进行学术交流。

【学术成果】2014年1月3日，文化部在北京召开"2013年度文化部优秀专家颁证会"。文化部领导为甘肃画院副院长李伟颁发"2013年度文化部优秀专家证书"。2014年甘肃画院3件作品入选第十二届全国美术作品展览，11件作品入选全国类美术展览，5件作品获奖，并在国家级刊物上发表论文4篇，出版个人画集5册，各类刊物发表作品200余幅，收藏名家书画作品50余幅。10月经省委、省政府同意，中共中央政治局原常委、中纪委原书记吴官正同志4幅书画作品由甘肃画院收藏。

【"双联"行动】2014年年初甘肃画院开展双联送温暖慰问活动。向王坪村扶贫户送去大米、白面、食用油。搭建书画展示平台。邀请陇南武都区来甘肃美术馆举办展览。通过义务捐献书画作品的方式，换取扶贫资金，帮助解决扶贫点产业项目，即核桃林高接换优工作经费缺口。改善村容村貌，选址修建处垃圾池。同时加大智力扶贫力度，由院

2014年7月，甘肃画院朝圣敦煌多彩民族采风团在玛曲县草原写生

领导牵头，应成县县委、县政府邀请，为拟投资建设的西狭颂书法生态产业园，修订规划方案。

甘肃画院领导班子成员名录

党委书记　安邕江（10月止）

院　长　李　伟（2月任）

　　　　马国俊（2月止）

副院长　毛志成　潘义奎（2月任）

（供稿：王　丹）

卫　生

【概况】2014年，个人卫生支出比重连续四年低于40%，新农合覆盖1922.95万人，参合率稳定在98%以上，人口自增率6.2‰，全省孕产妇死亡率从2013年的22.96/10万降为2014年的19.47/10万，婴儿死亡率从6.48‰降为5.62‰。

【卫生改革】全面落实2014年医改重点，坚持公立医院"315"改革模式，会同五部门制定《关于推进县级公立医院综合改革的意见》。在试点县市建立财政补偿和医疗服务价格调整补偿为主的科学补偿机制。新农合人均筹资水平提高到410元，其中政府财政补助标准从280元提高到320元。在全国率先实现"一卡通"以户为单位全覆盖，发卡率达98%。在省政府指导下，新农合部分住院病种分级诊疗试点工作和大病保险试点工作取得初步成效，大病保险制度惠及25616人次，实际报销比提高13%。分级诊疗和大病保险工作在全省全面推行。完成基本药物品种、常用低价药品的集中招标采购及议价工作，网上集中采购药品平均配送率达90%以上。组织遴选8个住院医师规范化培训基地，招录培训人员988人，配合完成420名免费医学生的录取工作，完成全科医生转岗培训910人。选拔1531名大学生到乡镇卫生院工作，举办10项全省卫生行业技能大赛，2人荣获全省"五一劳动奖章"。选派501名医护人员到国（境）外、近2000名医护人员到省外、近3000名医护人员到省内上级医疗卫生机构进修学习。与省委组织部、财政厅、人社厅联合启动第二轮省市县乡村五级中医师带徒，开展第二轮中医适宜技术培训活动。县级医院重症监护室建成39个重症医学科和26个新生儿重症监护室。开展健康服务"两后生"项目培训，省卫生计生委联合商务厅、工信委、民政厅等培训药膳、家庭护理、推拿等技术1000多人次。打造"陇原月嫂"服务品牌，省妇幼保健院培训月嫂7000多名。支持省二院开展整形美容和毛发移植健康服务，培训市县医护人员305人。

【医疗服务】完善城市医师对口支援机制，全省29家三级医院与69家县级以上医院建立对口支援关系。培训基层医疗卫生人员2.18万人。派出1327名支农队员支援420家县乡医疗机构。全省门诊抗菌药物使用率下降2.1%，住院病人抗菌药物使用率下降1.4%。严查服务收费，对738家医疗卫生机构开展定期督查。

【中医药发展】2014年持续推进中医药发展综合改革试点示范省建设，积极开展中医药先进、示范市县创建活动。陇东南国家中医药养生保健旅游创新区建设稳步推进。

【计划生育】2014年稳妥有序实施"单独两孩"政策，全省共受理4826对，审批4619对。计划生育利益导向示范区建设进一步深化，全省已建成示范市3个、示范县市区51个、示范化陇家福·幸福寓所2884个。启用"两非"案件信息管理系统，初步形成跨省跨区域综合治理出生人口性别比的联动机制。继续开展流动人口计划生育服务管理"双百"推进工程。

【健康保障】2014年在全省开展中医6项保健及食疗技术培训，推进健康文化墙建设和健康沙龙活动，发放健康保健工具包180万个，培训184.5万多人。普及推广健康知识，购买北京养生堂养生节目1000期，免费在县级电视台养生栏目播放。对上年调查的高血压、糖尿病、高血脂症、白血病、肾病等5种大病，发动群众开展大病干预，减少患病人数。将骨质疏松、妇女乳腺疾病、慢性阻塞性肺疾病、痛风和青少年近视等5种大病（症）确定为专题研究病种。

【公共卫生】2014年，常规免疫接种率均在99%以上，艾滋病疫情继续保持低流行状态，6个国家级艾滋病综合防治示范区和2个省级示范区覆盖900万人。建成慢性病综合防控国家示范区3个、省级示范区4个。主动防控大骨节病、克山病，联防联控布病。圆满完成妇幼健康服务年系列活动，甘肃省获得全国妇幼健康大赛团体三等奖。重大公共卫生妇幼服务项目进展顺利，为58万农村妇女进行"两癌"筛查，为18万农村夫妇开展免费孕前优生健康检查，为22.74万名农村住院分娩孕产妇提供补助。组建13支省级卫生应急队伍和1支国家急性传染病防控队伍，妥善处置兰州自来水苯超标等突发事件，有效应对H7N9禽流感等疫情，依法、有序、有效地控制和扑灭酒泉3起人间鼠疫疫情。全面开展地方食品安全标准立项和跟踪评价工作，完成362项企业标准备案工作，食品安全风险监测覆盖80%以上的县级行政区域。推行公共场所卫生监督量化分级管理，累计检查各类公共场所4609家，查处医疗机构违法案件1166件。爱国卫生工作取得新进展，成功创建国家卫生城市2个、国家卫生县城1个，省级卫生城市、村镇和单位504个。农村自来水普及率提高到66.1%，卫生厕所普及率提高到66.8%。

【对外交流合作】2014年，甘肃省被国家卫生计生委和国家中医药局分别确定为唯一中乌（乌克兰）和中吉（吉尔吉斯斯坦）中医药合作执行省份，被商务部和国家中医药局确定为8个中医药服务贸易先行先试重点区域之一。先后在乌克兰、吉尔吉斯斯坦和马达加斯加建立岐黄中医学院，为当地培养中医人员100多名，在马达加斯加建立中医中心注册中药工作。

【卫生计生保障】争取和实施一批卫生基础建设项目，投入10.15亿元，建设2306个医疗卫生项目。建成连接1.8万个医疗卫生机构的甘肃省卫生信息专网。依托省人民医院建成的全省远程会诊系统，覆盖1318家县乡医疗机构和部分村卫生室。配合完成《甘肃省人口与计划生育条例》修订工作，积极推动《甘肃省精神卫生条例》和《甘肃省鼠疫防治条例》立法进程。近三年累计选派700多名医疗卫生人员到藏区开展技术支援，投入专项资金3.45亿元。配合省委组织部开展干部保健工作调研。组织在省内外巡演《百合花开》等6部剧目，电影《甘南情歌》获中宣部五个一工程奖，在央视六台3次播放。电影《记忆6·26》获得第十五届中国人口文化奖。推进双联工作，共投入资金5550.1万元，帮办实事355件，开展义诊活动94次，接诊群众25388人次。

省卫生和计划生育委员会
领导班子成员名录

主　任　刘维忠
副主任　李存文　郭玉芬（女）
　　　　尚裕良　杨陇军　王晓明
　　　　蒋新贵　金中杰
纪检组长　段　巍
党组成员　李玉堂　陈　明　甘培尚
　　　　　王新华　李元春　魏　阳

（供稿：郭汉彪）

健康教育

【居民健康教育】2014年，省健康教育所为贯彻落实2014年省政府工作报告中关于“实施城乡居民健康素养提升工程”的要求，起草并以省政府办公厅名义印发《甘肃省城乡居民健康素养提升工程行动计划（2014—2020年）》（甘政办发〔2014〕92号），明确未来一个时期全省城乡居民健康素养促进目标和任务。按照《健康中国行-全民健康素养促进活动甘肃省实施方案（2013-2016年）》和《健康中国行—全民健康素养促进活动甘肃省2013年活动方案》在全省开展健康素养促进系列活动。

【中医药健康教育】2014年，省健康教育所以实施国家基本公共卫生服务项目和健康素养促进行动项目为契机，以中医药文化宣传为主题，紧紧围绕全省基层健康教育“村级三件事”活动，积极开展人员培训、技术指导、监测与评估工作，努力推进“健康教育进家庭”和“中医适宜技术进家庭”活动。做好健康保健工具包的发放工作。完成第一批38万个、第二批144万个健康保健工具发放工作。截至2014年12月底，全省共发放健康保健工具包约510万个。按照省卫生计生委在全省开展省、市、县、乡、村五级健康保健工具包使用方法培训的要求，省健康教育所从甘肃中医学院附属医院和省第二人民医院聘请10余名专家，组建全省健康保健工具包培训省级专家团队，按照陇中、陇东、陇西、河西和甘南临夏五个片划分责任区域，举办健康保健工具包师资培训班，共培训1500名市县管理人员和中医适宜技术专家。随后又开展乡村两级骨干人员培训和居民培训。截至2014年底，全省累计开展健康保健工具包培训活动22702次，培训人数1969818人。从4月份开始，各片区专家团队陆续对23个县区的100多村进行健康保健工具包培训效果督导评估。截至2014年底，全省建设健康文化墙累计达到75838块，面积达到349166.4平方米。全省基层医疗卫生机构开展健康沙龙活动累计62023人次，参与活动人数1527231人。开展全省中医养生保健素养调查工作。国家于2014年首次将中医养生保健素养调查纳入公民健康素养监测内容。省健康教育所根据国家项目方案要求，制定省级项目实施方案和培训方案，印制培训资料，并于10月份举办全省中医养生保健素养调查培训班，对8个国家级调查点相关人员进行系统培训，在健康素养监测的基础上，8县区完成全省中医养生保健素养调查工作。

【控烟宣传】2014年5月—6月，在全省范围内开展“远离烟草，共创无烟环境”为主题的网络控烟知识竞赛活动，共6776人参赛。组织明查暗访活动。对全省14个市（州）、24个县区的187家单位的控烟工作进行明察。根据检查结果，按照综合得分、不同机构、不同部门等方式排名，以省卫生计生委名义在全省进行通报。同时，委托第三方调查咨询有限公司对委属各单位和兰州市卫生计生机构控烟工作进行暗访，将暗访结果进行通报。组织形式多样的控烟宣传活动。5月份“世界无烟日”前后，省健康教育所组织形式多样的控烟宣传月活动。自5月10日起，省电视台集中一个月播放由省健康教育所拍摄的控烟公益广告片。与兰州大学、西北师范大学、兰州交通大学、西北民族大学等15所高校联合开展“无烟青春，我们在行动”控烟巡讲巡展活动，邀请省上知名控烟专家进行巡讲。对戒烟门诊开设进行技术指导，开设戒烟门诊，为戒烟需求的人员提供帮助。省健康教育所根据国家控烟办戒烟门诊开设指南，在指导基层医院积极开设戒烟门诊的同时，制定《2014年甘肃省戒烟门诊工作方案》，组织兰州市第一、二人民医院，白银市第一人民医院三家项目单位参加国家级培训。各医院安排专人定期坐诊，配备必要的仪器，向社会公布戒烟服务热线。开展控烟知识与技能培训工作。受中国疾控中心控烟办公室委托，在兰州市举办"甘肃省医务人员控烟知识与技能培训班"，各市州卫生计生机构和委直属各单位控烟骨干近200余人参加培训。

【健康巡讲】积极打造"健康陇原行"健康巡讲品牌。根据2013年中央补助地方健康素养促进行动项目和《关于进一步加强健康教育工作的意见》的要求，积极组织策划甘肃省城乡居民健康素养提升工程健康巡讲系列活动。在省政协、西北师范大学、平凉市、肃南县等地区和单位开展"健康陇原行"健康巡讲活动25场，受众人数达1万多人次。省健康教育所印发《关于在全省开展百场健康陇原行健康巡讲的通知》，在14个市州，86个县区开展100场"健康陇原行"健康巡讲活动。截至2014年12月底，天水市、陇南市、平凉市、兰州市、金昌市、张掖市和酒泉市百场健康巡讲活动50场，受益干部群众13960多人。

【健康教育项目】省健康教育所组织业务人员撰写2014年甘肃省项目实施方案报委宣传处正式下发，组织召开2014年甘肃省中央补助地方健康素养促进行动项目启动会暨培训班，扩展18个省级监测点，制定甘肃省健康促进县区创建实施方案，设计制作艾滋病防治、结核病防治、包虫病防治、碘缺乏病防治、饮水性地方性氟中毒防治等5大类重点领域、重点疾病和地域性疾病健康教育传播材料，全省累计发放折页202000张、宣传画30300张、宣传套图5050套（4张/套，共20200张）。为推动2014年母子健康促进项目顺利实施，起草《2014全省母子健康促进项目工作计划》，制作印发《母子保健知识手册》等宣传资料，在合作市组织召开2014年甘肃省母子健康促进项目启动会及培训班，全省五个项目县（市）卫生局健康教育主管人员、妇保站负责人、项目人员及项目重点乡镇卫生院院长共计70人参加会议。

【卫生新闻宣传】拍摄制作甘肃省名老中医访谈系列专题片，已拍摄完成刘宝厚、刘东汉、赵继荣、宋桂杰、王自立、刘国安、裴正学、许自诚等10部专题片。其中名老中医刘宝厚、刘东汉、赵继荣3部成片已在《健康甘肃》栏目播出。拍摄制作《合理用药》《健康保健工具包》《烟草控制》三部公益广告，在甘肃卫视频道《甘肃新闻》前和甘肃公共频道《投资论道》节目中播出。根据委领导的安排，拍摄制作"心脏病"和"打鼾致死"为主题的公益广告。拍摄制作《健康陇原行健康巡讲——安平》《崔龙旺——轻轻松松爱孩子讲座》《健康陇原行健康巡讲-彭国球健康管理的十项要》《尹大奎讲座——健康在你手中主题讲座》《经方论坛——黄煌》《周琴璐健康陇原行》《王燕健康陇原行》《王陇德院士谈健康教育》等健康教育专题讲座13部。制作《新时期卫生计生宣传工作面临的形式和任务——林志波》《主题宣传及突发事件应急新闻处理——昝琦》《网络舆情监控与网络媒体应用及宣传——王芳》专题讲座3部。配合委机关人事处、规划处、财务处、爱卫办、妇社处及省妇幼保健院、省肿瘤医院、省监督所进行双联专题片策划和拍摄工作，多次前往和政、静宁、临洮等地进行现场拍摄和取景，后期剪辑三部成片交委双联办审核。参与拍摄委机关召开的各类大型会议30场次。参与报道委机关组织的各种大型活动38项。配合委机关及各直属单位开展宣传报道活动40次。共拍摄各类活动照片1.2万张，对所需新闻照片进行筛选、裁剪、调整后及时提供给相关处室、单位和媒体，用于新闻发布，其中吉尔吉斯斯坦卫生部长来甘访问期间全程拍摄，并制作相册和光盘。

省健康教育所领导班子成员名录

所　长　鲁培俊

副所长　钱国宏　杨　柳

（供稿：郭汉彪）

卫生监督

【执法办案】截至2014年11月底，全省各级卫生监督机构共查处案件2833起，已结案2826起，给予罚款2073起，罚款金额306.895万元。其中，省所共办理行政处罚案件110起，包括简易程序86起，一般程序24起。并积极指导市、县卫生监督机构开展执法办案工作，于9月份抽调省、市卫生监督业务骨干56人，调配监督车辆14台，历时10余天，组织开展全省卫生监督交叉执法办案工作，检查覆盖到14个市州和甘肃矿区的40个县区，各级卫生监督机构上下联动，相互支持配合，严肃查办一批违法违规案件，检查各级各类医疗机构162家，立案查处216起，涉案金额达49.5万元。组织召开全省卫生监督执法办案工作经验交流会。

【法制稽查】完成省所查办的行政处罚案件的审核与报批，按照《甘肃省卫生厅卫生监督所卫生行政处罚案件档案管理办法》，组织完成各级卫生监督机构执法案例的征集，共征集40个，经初步审核评选，筛选出19件报至卫生监督中心。承办第一期全省卫生监督员计划生育法律法规培训。完成全所110名行政执法人员执法证的办理工作。做好群众投诉举报的处理，按程序完成职权范围内33个投诉举报案件的处理。制定详细的稽查工作方案，组织开展全省层级稽查工作，通过对卫生监督机构和被监督单位的现场稽查，了解基层重点卫生监督工作进展情况。全年共检查市、县卫生监督机构40家，抽查医疗机构94家，下达稽查文书87份，发现案源135个。协助省卫计委组织开展全省卫生监督员资格考试。

【医学考试】2014年，完成14个考点24705名报考卫生专业技术资格考试考生资格审查工作；完成全省14个考点

23238名报考护士执业资格、22445名报考医师资格考试考生资格审核工作；完成卫生专业技术藏医药考试121人次报名资格审核工作。完成甘肃考区各类医学考试共559箱试卷，机考物品8箱的接受、保管、发放工作，回送答题卡120箱，均做到安全保密。协助召开医师资格、护士资格等考务工作会议5次；组织完成医师资格考试19708名考生的实践技能考试考务工作；完成医师资格考试14762名考生的综合笔试考试考务工作。补办各类考试成绩单39人次；修改考生错误信息43人次。

【项目绩效评估】2014年，配合省卫计委举办公卫项目绩效考核和经验交流培训班。完成全省公卫项目绩效考核工作，结合基本公共卫生考核、重大公共卫生考核、三项工作的督导检查，完成上半年"村级三件事"和乡镇卫生院医疗设备使用情况的督导检查。完成对全省支农队员在岗情况的抽查，对分布在13个市（州）的1家委直属单位、34家县级医院、63家乡镇卫生院的305名支农队员在岗情况进行暗查，检查中发现有45名支农队员工作期间不在岗。完成第二轮中医师适宜技术推广及村级三件事、中医师带徒三项工作的监督检查，并按时上报抽查结果。对省妇幼保健院、省疾控中心卫生科研项目进行检查调研，完成《甘肃省卫生科研项目经费使用效果与评估》课题立项工作。完成对全省重大公共卫生10个项目和卫生基础建设项目的监督检查工作，完成2012—2014年度中央转移支付中医药9个项目的绩效考核工作，按要求分别上报督导报告。协助制定《甘肃省实施万名医师支援农村卫生工程工作管理办法》《甘肃省实施基本公共卫生服务项目管理办法》《甘肃省基层医疗机构绩效考核办法》。

【应急保障】承担甘肃省"人大、政协"两会、亚洲合作对话丝绸之路务实合作论坛、2014兰州马拉松赛等重要会议、活动的卫生保障任务，完成卫生保障接待宾馆饮用水和公共场所卫生监督监测，全程驻会监督巡查，及时上报卫生状况评估报告和工作总结，全年保障工作时间80余天。观摩省疾病预防控制中心突发传染病应急处置演练活动；参与讨论全省开展国家卫生应急示范县（市、区）创建评估标准；完成国家《突发公共卫生事件应急条例》修订调查工作。完成现场检测设备的管理、维护，共审批、收集全省14个市、州及76个县级卫生监督机构的上报信息，汇总后按时上报卫生监督中心。为更好地应对"4·11"兰州市局部自来水苯含量超标事件，组织省、市卫生监督和疾控机构相关人员参加水质在线检测系统相关知识的培训。

【传染病防治卫生监督】2014年，对省所直管的24家医疗机构进行传染病卫生监督检查，针对各医疗机构存在的问题下达监督意见，并就省人民医院、省中医院、省第三人民医院等医疗机构存在的医疗垃圾和生活垃圾混放等问题，依据《医疗废物管理条例》给予相应的行政处罚。按时完成国家传染病重点监督检查及医疗废物专项监督检查工作。举办2014年全省传染病防治卫生监督培训班。

【医疗市场、医疗监管及中医监管】对省所直管的23家医疗机构每季度开展医疗市场、医疗服务及中医服务日常卫生监督检查，规范医疗服务和医德医风的同时，配合省卫生计生委开展六部门联合"打非"行动及医疗机构医疗广告专项整治行动，对违法违规发布医疗广告的医疗机构逐一进行监督检查。结合国家工商总局媒体广告监测情况，对医疗机构医疗广告发布情况进行清查，每月按时上报查处结果和工作总结。完成《执业医师法》和《医疗机构管理条例》《医疗事故处理条例》《乡村医生从业管理条例》一法三规落实情况的监督检查。完成直管医疗机构医疗和血液安全重点监督，对全省6家单采血浆站进行日常监督检查。对武威武南兰生单采血浆有限责任公司采集冒名顶替者血浆案进行查处，吊销其《单采血浆许可证》。将不良执业行为积分管理和行政处罚相结合，切实加强医疗监管，对存在不良执业行为的医疗机构和医务人员记录不良执业行为积分，并建立全省医疗机构和医务人员不良执业行为积分管理信息数据库，由省卫计委与医疗机构的床位补贴和医务人员的职称晋升相挂钩。年内共对21家省属医疗机构记录不良执业行为积分68分，对136名医务人员记录不良执业积分164分。

【医疗收费监管】2014年，省卫生厅卫生监督所继续深入开展医疗机构收费监督检查工作，对10家省直医疗机构开展医疗收费专项督查及整改落实"回头看"工作，10家医院抽查病历不合格比例整体下降33%以上。每季度开展一次定期督导，共对10家省管医疗机构开展三轮次，监督覆盖率100%。其间共抽查病历510份，出具分析报告22份并召开全院通报会22次，发现问题病历249份，针对全院及抽查科室共性问题提出整改意见和建议400余条。不定期抽查和调研14个市州二级以上医疗机构24家，召开现场点评会9次。严格落实个人不良执业行为积分管理制度，共下达机构不良执业行为积分9家共22分，个人不良执业行为积分121人共149分。先后向国家和省卫生计生委相关部门上报经验总结材料10余份。

【许可审核】2014年完成公共场所、消毒产品和职业健康检查等75家机构的卫生许可工作，其中公共场所10家、二次供水14家、涉水产品26家；消毒卫生5家、卫生用品4家；母婴保健3家；放射诊疗1家；职业健康检查机构11家、职业病诊断机构1家。办理放射工作人员证1586个，办理健康证件7700个。发放卫生许可检验报告评价72份，整理卫生行政许可档案75卷。

【职业卫生与放射卫生监督】组织修订甘肃省职业病诊断鉴定专家库；对5家新申请及14家续展的职业病诊断机构和职业性健康检查机构资质进行审核，报请省卫计委审批发证；按照劳动者的申请，组织完成1例省级职业病诊断鉴定工作；配合省卫计委完成2014年《职业病防治法》宣传周活动。组织完成兰州肿瘤医院重离子加速器预防性评价审核工作、白银市第一人民医院控制效果评价审核及竣工验收工作。协助省卫计委召开放射卫生视频会议并组织完成全省放射卫生管理培训工作。完成白银市人民医院、天水市人民医院等四家医疗机构放射诊疗建设项目卫生审查工作，并积极指导各市、州开展放射诊疗建设项目的评价和放射诊疗设备的性能检测工作，指导完成38家县级以上医疗机构和民营医疗机构新改扩建放射诊疗场所职业病危害放射防护评价工作，完成全省854台放射诊疗设备防护性能检测和1122个放射诊疗场所放射防护检测。完成省级直管放射诊疗单位的监督检查工作，配合省卫计委制定甘肃省放射卫生技术机构管理办法、甘肃省放射卫生审查管理规定、组建甘肃省放射卫生专家库。完成酒泉、金昌、天水、甘南、临夏及中核404厂放射工作人员放射防护知识培训工作。

【食品安全】2014年，省卫生厅卫生监督所初审各类食品安全企业标准备案资料439份，组织召开标准评审会17次，完成各类企业标准备案377份。组织开展标准追踪评价问卷调查，发放各类问卷461份，回收393份。完成调制乳（粉）、饮料样品的采集和送检等工作，共采集各类样品58份。开展《食品中污染物限量》《食品营养强化剂使用标准》《蒸馏酒及其配制酒》、食品微生物检验方法等四项食品安全国家标准跟踪评价工作。完成《一次性卫生用品卫生标准》《医疗机构消毒技术规范》《医用X射线诊断放射防护要求》评估工作方案的制订。

【宣传教育】编辑发行《甘肃卫生监督报》11期，审核刊发稿件280余篇，发放8800余份，及时宣传和反映省所和基层卫生监督工作动态，对违法案件进行曝光。创办《卫生监督快报》，寄送省卫生计生委领导、相关处室，厅直各单位，市、州卫生监督机构。截至2014年12底，已编发71期，发放7810余份。完成大型法制宣传工作及所内重大活动、各种会议和各项监督工作的贯彻落实情况，以文字、图片的形式，主动通过多种宣传平台进行及时、准确地宣传报道。共散发传单、宣传册2000余份、展板12块次，接受咨询500余人次。在省市新闻媒体、各大门户网站共刊发新闻稿件31篇，被全国各媒体转载达百余次。在《甘肃卫生与人口》杂志投稿刊登4篇、甘肃卫生监督网刊登照片150张，制作横幅11条，更换宣传栏17次。继续开展全所岗位练兵，组织开展岗位练兵培训9次。

【公共场所与生活饮用水卫生监督】检查直管公共场所单位110户次，完成275份公共用品用具和17份室内微小气候样品的采样，合格率分别为94.18%和100%；完成20家场所的量化分级评审，其中A级9家，B级8家，3家场所责令整改。同时，推进全省公共场所量化分级管理工作，协助省卫计委召开全省公共场所量化分级管理工作视频会暨公共场所量化分级管理知识培训，在兰州市组织召开公共场所“五小”行业量化分级管理现场推进会，观摩学习“三到位”、“六统一”的“五小”行业量化分级管理经验。检查二次供管水单位20户次、集中式供水单位28户次、采集二次供水样品12份，合格率83.3%；完成36家涉水产品企业和经营单位的样品采集56份，合格率88.8%。兰州市“4·11水污染事件”发生后，在第一时间深入现场，协助指导兰州市卫生监督机构做好调查，积极应对和处理事件。对全省涉水产品企业开展以主辅料采购、主辅料检验、出入库登记以及卫生管理为重点内容的调查，整理企业整改报告和监管调查表33份。对全省28家涉水产品企业开展专项检查，抽检输配水管材管件13份，完成现场调查表26份。向外地生产商寄送产品样品确认书8份，对2家产品监测不合格的经销商进行处罚，对产品予以全国通报。对全省28个市县卫生监督机构的饮用水工作情况开展督导检查，发现8个地区存在违法事实16起，检查公共供水单位28家，有18家单位存在不同程度的卫生安全隐患。完成日供水百吨以上供水单位的日常性监督检查，各机构共检查各类集中式供水单位455家，其中省级检查42户次，市县级检查970户次。

【消毒卫生监督】全年新办许可证2家，换发许可证7家，对所有28家直管消毒产品生产企业进行两次日常监督检查（兰外一次），监督覆盖率100%，出动监督员150人次，监督48户次，监督抽检样品55份，合格率为89.09%（49/55），书写各类文书250余份。对甘肃省人民医院等17家医疗机构使用的灭菌剂、皮肤黏膜消毒剂、灭菌器械进行监督抽检。完成抗抑菌制剂的国家级抽检工作，共抽检抗（抑）菌制剂64种，标签说明书合格25种，合格率39.1%；同时完成省级消毒产品重点监督抽检计划。对20家直管消毒产品生产企业开展以从业人员健康证为主要内容的专项监督检查，督促400余名从业人员健康体检培训合格后上岗。

【学校卫生监督】2014年，省卫生厅卫生监督所组织举办全省学校卫生综合评价工作培训班，安排部署2014年全省中小学校创建“健康校园”活动和全省学校卫生综合评价工作。组织开展全省中小学校及公立幼儿园现状调查及其内设医疗机构或保健室调查工作。完成原由兰州市管辖的10所学校的移交工作，并进行全面监督检查，对13个二次供水、8所校医室和保健室、11家浴室和3家招待所进行监督检查，监督覆盖率达100%。结合省卫计委加强对埃博拉出血热预防工作的要求，对甘肃农业大学等10所学校进行督查。

【基层与妇幼卫生监督】2014年，省卫生厅卫生监督所按时完成省级直管医疗机构母婴保健技术服务许可现场初审工作。对直管的22家单位母婴保健技术服务工作进行日常监督检查，监督覆盖率100%，监督频次2–3次。完成13家医疗保健机构的《母婴保健技术服务执业许可证》到期换证、现场量化评分、环境卫生学检测和评价工作。

【计划生育监督】摸清计划生育技术服务机构底数，经调查，全省省级发证的计划生育技术服务机构2家，全部为民营机构，市州15家，区县86家，乡镇街道1357家。对照国家试点的监督检查表、规范用语和信息化报送的“三卡三表”，对省属兰州大学第一医院、省妇幼保健院、省生殖保健院（甘肃利民医院），以及兰州市、白银市、武威市、临夏州所辖的9个计划生育技术服务机构和9个开展相关技术服务的医疗机构进行实地监督检查，发现涉嫌计划生育“两非”案件3起，移交地方1起。作为国家计划生育监督信息化建设试点省份之一，积极参与计划生育监督规范的制定，并确定兰州、白银等5个试点市、州，指导开展计划生育监督检查工作。

【“双联”行动】2014年，省卫生厅卫生监督所组织开展“双联对接、送医送温暖”活动，为联系村社捐赠“红十字书库”两套200余本书、化肥36袋，组织4位中医专家开展义诊活动，为80余名群众进行疾病诊治：组织开展送温暖暨文艺下乡活动1次，为村民讲解健康保健知识。组织青年志愿者参加宁卧庄社区“学雷锋，邻里守望科普”的主题宣传活动；积极响应“在职党员到社区”活动，全所78名党员全部进社区。组织年轻干部慰问辖区孤寡老人，为老人送去生活必需品。

省卫生厅卫生监督所
领导班子成员成录

所　长　张吉俊
党委书记　金　颖
副所长　吴永辉　王文军　蒲永杰
纪委书记　张汉伟

（供稿：郭汉彪）

疾病预防控制

【卫生应急】2014年建成投资1500多万元的甘肃省国家突发急性传染病防控队，抽调52名专业人员组成骨干队伍，并在红古区兰州工业技术学校进行为期1周的准军事化训练；组织进行榆中县麻家寺防灾减灾应急演练、玉门市2014甘肃省反生物恐怖暨烈性传染病防控应急演练，玉门演练是继“2009银川卫勤使命”和“2012分水岭卫生应急演练”之后的又一次大型野外实战演练。应急队已通过国家卫生计生委应急办的验收，今后可辐射西北五省开展应急救工作。制订《甘肃省国家突发急性传染病防控卫生应急队伍管理制度》，规范队伍的管理；积极开展“埃博拉出血热”“中东呼吸综合征”“人感染H7N9禽流感”等疫情专题风险评价。

【传染病防控】2014年，通过实时监测，加强流感、菌痢、炭疽、霍乱、出血热、病毒性腹泻、不明因肺炎等重点传染病监测和管理，及时进行疫情分析和预警，全年监测手足口病例13108例，完成流感样病例检测10966份，及时有效的处置甘南州流行性出血热疫情。全年做好新发传染病应对工作，对56名来自埃博拉疫区的人员进行流行病学调查，对12人进行监测；做好归国朝觐人员中东呼吸综合征的应对，加强机场值班和疫情监测，排除感染病例。做好H7N9疫情监测，完成840份环境标本的检测。

【鼠疫疫情处置工作】2014年酒泉市相继发生三起人间鼠疫疫情。酒泉市组织专家亲赴一线开展疫情处置工作。同时，对全省鼠疫监测点的应急队伍建设和物资储备进行督导检查；组织酒泉市相关县区政府、卫生专业人员赴青海进行学习鼠防经验；在全省范围开展鼠疫相关动物分类鉴定、鼠疫流行病学与疫情处理新技术及实验室检测培训。积极撰写全省疫情形势调研报告，将专项经费从150万增加到500万，一次性投入3900万，并计划发布《关于进一步加强全省鼠疫防控工作的通知》和《甘肃省鼠疫防控条例（草案）》。

【免疫规划工作】2014年，先后制订出台《甘肃省一类疫苗管理办法》《甘肃省免疫接种冷链设备管理办法》《甘肃省疑似预防接种异常反应调查诊断实施细则》《甘肃省儿童预防接种信息化管理工作规范》，国家免疫规划疫苗接种率90%以上；设立病毒性脑炎、甲肝的省级监测点。继续维持全省无脊灰状态，消除麻疹工作稳步推进，未出现较大的爆发及流行。投资900万元的“甘肃省免疫规划信息系统”已投入试运行，已收集个案信息364588条。

【艾滋病防控】全年发现艾滋病感染者619例，开展采棉专列宣讲、艾滋病宣传进校园等活动，发放多种宣传品；在全省范围内开展高危人群干预，全年累计干预6559人，月均覆盖率达到57.16%；美沙酮维持治疗8990人，年保持率86.9%。CSW等项目干预指标完成率均在100%以上。

【结核病防治】2014年，全省初诊结核病患者达到56255例。起草上报《关于加快推进甘肃省结核病防治服务体系建设进程的报告》《甘肃省结核病防治服务体系建设指导意见》《甘肃省结核病防治服务体系建设实施方案》等政策性文件，推动全省防治服务体系建设；加大全省人员培训力度，全年累积培训50041人；推进“十二五”重大专项——结核分枝杆菌感染的流行病学调查和队列研究等项目工作进展和实施效果；全年招募志愿者2600多名，开展发微博，进校园，入社区等形式多样的志愿者宣传活动。推动实验室能力研究，实现各市开展药敏试验，62个县开展分枝杆菌培养的目标。

【食源性疾病监测】2014年争取到4项国家食源性疾病监测专项；将食源性疾病监测哨点医院扩大到64所，覆盖全省80%以上的县级行政区；食源性疾病暴发事件监测已覆盖全省各市县；率先在全国设立乡镇、社区卫生服务中心监测点；采用分子溯源技术找到病原食品，成功处置白银平川区食物中毒事件，受到国家风险评估中心的表彰。

【慢性病防控】2014年，开展疾病监测、伤害监测、慢病与危险因素监测、学生营养监测均等化服务等方面的工作，并完成各项目工作的目标任务。慢性病示范区创建工作稳步推进，完成6个县的创建指导，1个县的创建验收。与瑞典卡罗琳斯卡医学院科研合作取得阶段性成果。开展中医治疗艾滋病、结核病项目。

【地方病、寄生虫防治】2014年，国家级克山病联系点正式启动，将2000人纳入监测范围。碘盐、碘缺乏病监测工作开展顺利，完成各市、各县碘缺乏病实验室的考核，加强实验室能力，首次发现甘肃省水源水碘超标。麻风病防治坚持实现信息化管理，加强疫情监测和项目推进。推进寄生虫病防治工作。包虫病项目做到56个流行县全覆盖，2534例病例得到规范治疗，54万元家犬实现月月驱虫，传染源与中间宿主感染率逐年下降；针对输入性疟疾急剧上升的状况，全面开展综合措施，做到二代病例和死亡病例零发生。

【公共卫生】全面推进环境卫生和学校卫生工作，建立覆盖全省的饮用水卫生监测网络，水质检测实验室建设达到60个，盲样考核合格率连续六年达到80%以上。口腔卫生工作进一步扩展，近10万学龄前儿童受益，并延伸到贫困地区儿童。

【社会服务】2014年，完成建设项目职业病危害评价6项，创收84万元；完成从业人员体检5844人次，职业性体检7134人次，创收337.00万多元，比去年增长12%；12320卫生热线完成12356阳光计生热线职能的整合。开展戒烟干预、预约挂号、举报投诉、健康咨询等服务，累计接听群众来电183250件次，顺利通过全国12320卫生热线管理中心的督导评估。全年完成食品、水质、土壤、职业危害因素等多个大类的检测任务，共检测8873份样品，1万多项目检测指标，实现创收68万元，并在“兰州4·11自来水污染事件”中完成检测任务。毒理学评价工作以人才培养和能力建设为基点，开展30天喂养试验，动物生化、血液分析、Ames实验等新业务。

【党建工作】开展对不作为、慢作为问题专项整治活动；建立反“四风”长效机制，加强党风廉政建设；积极开展群众路线教育实践活动，转变四风，修订中心会议、接待及出差的管理办法，取消班子成员的专用车，调整办公用房，严格按级别安排办公室。

【信息化建设】完成OA系统的升级改版和“艾滋病系统”“物资管理系统”“OA系统”和“财务系统”的设备搬迁及数据迁移；通过中心网站共发布各类信息1221条，图片879张；完成中心形象宣传片和甘肃省国家突发急性传染病防控队建设纪实电视片制作拍摄，全面宣传中心工作。

【“双联”行动】共派出5批24人次干部驻村蹲点，深入元明村、选道村。全年投资200多万元，为元明村修建5公里长的村社公路和便民桥；为两村新建文化广场，配置体育设施；为两村建淘宝网店，销售中药材；为两村种植5000株侧柏，增加中药材品种；为元明村委会购置办公家具，改善办公条件；联系锐斯商贸公司投资165万元在元明村建成的商贸办公综合楼投入使用；联系山野牧神养殖有限公司投资200万元在元明村北山建成的牛羊养殖场已经竣工；联系甘肃广厚药业公司投资7000余万元在元明村建设中药材交易城，占地50亩，建成后可容纳300多家经营商户，提供600多人的就业岗位，三至五年成交额将达到3亿元，年税收约3000万元。

甘肃省疾病预防控制中心领导班子成员名录

主　任　王新华（蒙古族）
党委书记　孟　蕾（女）
副主任　孟　蕾（女）王延林
　　格鹏飞（藏族）　李　慧（女）
　　何　健　孙建云

（供稿人：郭汉彪）

红十字事业

【救灾应急和灾后重建】积极向云南鲁甸、新疆于田地震灾区募集款物，救助省内灾害三次。累计投入878.95万元，圆满完成岷县漳县6.6级地震5个卫生和2个教育灾后重建项目任务。组建省红十字会赈济救援队，开展能力培训和拉动演练。陇南市红十字会在全市范围内组建17支专业救援队，并多次组织拉动演练。积极筹建省红十字会备灾救灾中心，建成3个市级、1个县级红十字会备灾仓库。省红十字会储备价值70万元的应急救灾物资，并与省气象局签署防灾减灾备灾救灾合作框架协议。深入广场、社区、学校开展防灾减灾宣传周活动。圆满完成岷县漳县6.6级地震5个卫生和2个教育灾后重建项目任务，累计投入878.95万元，已拨付80%项目资金。

【救助活动及民生项目】在康乐县4个村、临潭县3个村开展联合会博爱家园综合性社区韧性与发展项目，已完成硬件项目建设。全年向中国红十字基金会小天使基金、天使阳光基金申报白血病、先天性心脏病患儿116名，已资助75名，资助金额222万元。中国红十字会总会事业发展中心向夏河县曲奥乡卫生院捐赠1辆急救车。开展艾滋病帮扶与关爱项目，救助艾滋病患者20人。联合省疾控中心、兰州铁路局在赴疆采棉专列开展农民工防艾知识宣传2次。2014年春节前，全省红十字会系统共筹集价值180多万元的棉衣、棉被、大米等慰问物资，在14个市州全面开展博爱送万家活动。深入和政、两当疗养院慰问麻风病休养员。

【红十字应急救护培训】省红十字会深入企业开展救护员培训195人，培训省级师资35人，参加总会师资培训20人，组织开展“世界急救日”宣传活动。支持兰州市红十字会开展应急救护培训进社区活动，成功举办社区居民为主体的应急救护技能比赛，全年共举行应急救护培训、应急演练146场次，11108人次参加培训，1254人获得红十字救护员证。白银市红十字会应急救护普及培训已向规模化、常态化发展，财政专项经费支持，每年在高一新生和党校春、秋季干部培训班以及企事业单位、社区居民中开展应急救护培训，全年共培训43270人次，1262人获得红十字救护员证。庆阳市、临夏州、甘南州红十字会举办救护师资培训班，并积极开展救护培训工作。

【造血干细胞捐献、遗体和器官捐献、推动无偿献血】全年完成3000人份造血干细胞血样采集任务，初筛配型17人，再动员4人；遗体捐献咨询91名，办理登记17名，成功捐献1例；人体器官捐献咨询32名，办理登记11名，成功捐献2例，累计完成器官捐献9例。开展世界无偿献血日宣传活动，省红十字会机关工作人员参加并无偿献血。

【博爱家园项目】印发《甘肃省红十字会博爱家园生计基金项目指导意见》，举办总会第一批博爱家园生计基金项目培训班，完成总会第三批博爱家园、红基会博爱家园项目的申报工作。

【红十字宣传】开展"5·8"红十字博爱宣传周活动，组织防灾减灾知识竞赛及核心业务宣传，推广"红十字掌上急救学堂"。集中开展纪念中国红十字会成立110周年系列宣传活动，《甘肃经济日报》两次刊发专版，中央及省内主要媒体对省红十字会工作报道43条次，组织专访3次，集中报道核心业务工作7次。中新社甘肃分社"甘肃省红十字会频道"播发全省红十字会系统工作动态110篇，主要稿件被多次转载。编辑出版内部刊物《甘肃红十字通讯》，对全省各级红十字会信息报送情况实行量化考评和定期通报。

【红十字志愿服务】实施第三期志愿服务项目培育计划，对全省14个优秀项目给予支持，家庭小药箱、盲人讲电影等项目获得民政部、团中央等部门表彰。召开省直志愿服务队例会、举办红十字青少年骨干训练营、组织特色志愿服务活动。庆阳市红十字会自筹资金为每个县区安排志愿服务项目。

【"双联"行动】2014年，省红十字会投入资金50余万元，扶持3个联系村产业发展和基础设施建设。协调落实村级道路建设、灌溉项目4个，建成3个村博爱文化广场，开展应急演练和救护培训、环境卫生整治及白内障复明手术项目。举办村民趣味运动会暨乡风乡情艺术展，开展星级文明户评选，组织村民代表参观学习其他县区新农村建设经验。省红十字会全年15次深入徽县、镇原县3个联系村，全体干部每人驻村蹲点1个月。

【自身建设】积极宣传贯彻《甘肃省人民政府关于促进红十字事业发展的实施意见》（甘政发〔2013〕110号），积极协调相关部门出台具体配套政策措施。武威、庆阳、金昌、白银、定西及西峰区实施意见已由当地政府印发。根据中国红十字会总会要求，开展省级红十字会核心能力评估，细化评估整改措施。审核确定全省冠名红十字医疗机构共14家。签订廉政责任书，制定加强机关工作作风的意见，建立AB岗工作制度。平凉市、白银市红十字会成立社会监督委员会，定西市红十字会聘请社会监督员。

【信息化建设】完善省红十字会捐赠信息查询平台的各项功能，现已发布汶川地震、舟曲泥石流、玉树地震、岷县雹洪、台湾莫拉克台风及雅安地震、岷县地震、鲁甸地震等8个自然灾害的捐款信息，并逐笔准确对接到每一个项目。中国红十字会总会信息化建设在甘肃省试点。通过省红十字会网站及时发布工作动态及捐赠信息，及时在《甘肃日报》、《兰州晨报》公示岷县漳县6.6级地震、云南鲁甸地震募捐信息。

甘肃省红十字会采棉列车宣传活动

省红十字会领导班子成员名录

名誉会长　陆　浩
名誉副会长　崔玉琴（女）　栗震亚
会　长　成　辉（女，回族）
副会长　张正锋　王泉清
　　旦智塔（藏族）
　　徐亚荣（女）　张智军
　　王晓明　陈卫中
专职副会长　李玉堂　陈　明
秘书长　袁　博

（供稿：刘雪峰）

部分医疗机构

甘肃省中医院

【诊疗业务】全年门诊挂号446927人次，较上年度增长23%。门诊诊疗660028人次，较上年度增长23%。全年收治患者入院38459人次，较上年度增长20.7%。床位使用率104.2%，较上年度增长1%，平均住院日12.6天。开展手术7999台，较上年度增长10.3%。门诊检验79308人次，较上年度增长7.8%。临检178205人次，较上年度增长20%。病理检查8985人次，较上年度增长7.2%。超声检查58688人次，较上年度增长14.4%。放射检查152387人次，较上年度增长35.5%。CT检查22178人次，较上年度增长27.7%。核磁检查16405人次，较上年度增长21.8%。

【综合服务管理】全面运行医院综合运营管理系统，实行精细化管理。制定新绩效评定和质量考核细则。建设新HIS系统。医院被国家中医药管理局确定为中医药骨伤特色救治能力建设项目单位和中医住院医师、全科医生规范化培训基地。成功承办2014年度“皇甫谧杯”全国中医药院校针灸推拿临床技能大赛，来自内地及香港等全国各中医药院校的30支代表队共219名队员参加比赛。医院参赛团队荣获竞赛团体二等奖，2人获得大赛三等奖，医院被大赛组委会授予特别贡献奖。2014年11月，香港艾力彼医院管理研究中心发布“2013中国中医医院·竞争力100强”榜单，医院紧随中国中医科学院望京医院名列第29位，居全国西部地区中医院三甲之列。2014年，甘肃省中医院医疗集团新增榆中分院、永登分院、嘉峪关分院、敦煌社区中医药推广中心、民勤分院、西固分院、宕昌分院和静宁分院，总数达到23家。全年组织安排专家40批289人次赴成员单位交流支援。

【基础建设】康复保健综合楼完成主体封顶。白银科研制剂中心主体建设基本完成。2、3号职工住宅楼完成入住，新建1号职工住宅楼建设主体完成，完成二期分房工作，解决全院85%以上在职职工住房问题。

【人才队伍与学科建设】全年引进各层次人才共46名（含白银分院）。增设外治科、藏医科门诊；肿瘤科、血液病科下设一部、二部；成立针灸三科。全院开放病床增至1393张。全年有63人推荐申报高级职称（正高级19人，副高级44人），完成192名专业技术人员岗位聘用。加大医院“345”人才考核培养力度，对102名“345”人才进行年度考核。三级师承教育方面，确定国家级指导老师3人，继承人6人；省级师承指导老师30人，继承人87人；选拔院级指导老师22人，继承人35人。顺利通过省卫计委对省中医院国家临床重点专科项目和医疗卫生重点学科的考核复评。完成国家中医重点专科建设自评报告和监测指标直报系统数据上报工作。肛肠科、中医护理（脑病科）、白银分院感染性疾病科成为省级中医药重点专科（专病）建设项目。

【中医药特色】加大临床科室中医药特色考核，开展为期10个月的“背方剂、认中药、定穴位”中医药基础知识活动。组织完成学习全国中医药适宜技术推广视频培训课程。举办医院首届“膏方节”。张延昌、李妍怡名医工作室获评为全国名老中医药专家传承工作室建设项目。

【护理服务】开设护理专科门诊，脑病科护理单元成为省级重点专科。做好全省中医护理培训基地建设工作，承办“西学中”护理技能培训班，完成省内各级护理人员200余人培训工作。完成国家中管局“中医护理”中期评估工作。开展“优质服务无差错，护理百日安全行”等活动。

【科研和临床教学工作】2014年科研项目立项49项，其中国家自然基金项目4项，全年组织项目科研鉴定30项，其中鉴定5项，验收13项，结题12项。完成2项国家自然基金项目及国家卫计委课题的结题验收。全年科研获奖13项，甘肃省科技进步奖1项（三等）、甘肃医学科技奖1项（三等）、甘肃省残疾人康复学会科学技术奖1项（一等）、甘肃省药学发展奖5项（一等1项、二等1项，三等3项）、甘肃省情报学会科学技术奖2项（三等2项）、甘肃省皇甫谧中医药科技奖3项（二等2项，三等1项）。承接新药临床试验项目5项。完成国家食品药品监督管理总局食品药品审核查验中心专家组对GCP资格认定复核检查工作。新增院内制剂8种，院内制剂品种增至75种。医院伦理委员会工作通过国家中医药管理局组织的中医药临床研究伦理审查平台CAP评估专家组评估。

2014年接收甘肃中医学院等6所院校11个专业的实、见习生909名，13名各类自费实习生的临床实践教学，较2013年增加124名。“分段式”教学工作持续推进。免费接受省内基层医院进修人员145名。完成全省县级医院骨干医师培训15名学员培训工作。完成国家级继续教育项目11项，省级继续教育项目14项。1人当选中国中西医结合骨科微创专业委员会主任委员，多人当选各级学会副主任委员。承办“甘肃中医学院附属医院联盟第三届论坛”，成功申报“国家中医药优势特色教育培训基地（临床）”“国家中医药优势特色教育培训基地（管理）”项目。配合完成甘肃中医学院博士点创建工作，配合完成甘肃中医学院更名大学教育部专家组相关检查工作。

【对外交流】2014年医院共选派赴国外、境外研修学习人员47人次（其中白银分院12人），国内进修104人。派出万名医师支农队员19名，援藏队员4名，共接收对口支援医院进修人员20名。全年接待国内外来宾18批147余人。选派3名同志参加第二十批援助马达加斯加医疗队赴马工作。与德国巴德魁茨汀中医院签订中医药领域合作意向书；与瑞典卡罗林斯卡大学医院就创伤医学中心项目建设合作进行洽谈；与丹麦哥本哈根大学哈维德夫医院就外科快速康复技术学习及针灸临床科研合作进行洽谈，双方达成初步合作意向。

【医疗应急救援】全年举行应急演练培训两次。圆满完成甘南特大车祸、青海门源车祸等现场救援和病员收治工作。顺利完成埃博拉、H7N9禽流感疫情防治及马拉松、兰洽会等医疗应急保障工作。全年组织各类义诊活动45次。全年完成省民政厅大病救助152人次，减免211万元。

【文化建设】组织开展“中医大讲堂”活动，“中医药进社区”义诊活动。开通甘肃省中医院微信公众平台，扩大网络，电视等传媒宣传，李盛华教授、王自立教授参与甘肃电视台公共频道高端访谈《对话甘肃》栏目《陇原杏林展新姿——甘肃省中医药发展》系列节目。与甘肃经济频道《健康甘肃》栏目合作，录制宣传医院中医特色的节目《举案谈医》30期，创办院刊《陇中医苑》，编印3期。完成《陇中正骨》《传承·跨越》两部电视宣传片的制作。2014年，医院被中华中医药学会确定为中医药文化共建单位。

【党群工作】开展读书活动，医院主要领导除参加党委中心组学习以外，还定期参加省卫生计生委党组组织的集中学习活动；24名副处级以上干部参加省卫生计生委党组举办的处级干部政治理论学习班；全年组织四次集中学习交流，年终组织以医院改革发展为主题的实践课题研讨活动。组织开展庆祝建党九十三周年系列活动，1名党员被评为省直机关工委“优秀共产党员”；第十党支部被评为省卫生计生委系统“先进党组织”，1名党员被评为省卫生计生委系统“优秀党务工作者”，6名党员被评为省卫生计生委系统“优秀共产党员”；27名党员被评为医院“优秀共产党员”和“优秀党务工作者”。在兰州市委宣传部、市文明办组织开展的“凡人善举·和你一起”月评十佳“兰州好人”活动中，1名党员被评选为“敬业奉献”好人。组织党员干部积极参加院内外各项活动，以组织义务献血、重温入党誓词、组织主题演讲、参观爱国主义教育基地形式开展党日教育活动。组织党员聆听柴生芳事迹报告，参加省卫生计生委“先锋杯”主题朗诵比赛，参加省直机关迎新职工书画摄影展。抽调120多名党员志愿者，开展社区卫生服务8次，组织下乡义诊活动14次。开展廉政风险防控工作，完成医院廉政风险防控信息平台建设工作。精简各类文电、会议和简报，将原来每月两次干部会调整为每月一次。“三公”经费下降30%；对违反医院财经纪律的两名党员进行严肃处理。开展创建“无红包无回扣医院”活动，医院与护士长以上干部和全体公职人员签订个人承诺书。开展“不作为、慢作为”专项整治活动。开展公职人员违规经商办企业问题专项整治，组织全院职工签订《不从事不参与经商办企业》承诺书。研究制定《医院党委关于落实党风廉政建设主体责任工作方案》。

甘肃省中医学院承办2014年度“皇甫谧杯”全国中医药院校针灸推拿临床大赛

【党的群众路线教育实践活动】组织医院、省中医药研究院、白银分院2个党总支、19个党支部、520名党员干部开展党的群众路线教育实践活动。组织开展集中学习21次，交流讨论9次，组织52名党员干部做交流发言，邀请专家学者作报告5次，组织观看教育影片6部，开展理论考试1次，主题演讲1次，医院教育办先后深入督导23次，召开征求意见座谈会6次，听取意见谈话会1次，发放征求意见函56份、四风问题体检表910份，先后征求到对院领导班子的意见建议110条，对领导班子成员的意见建议211条，针对存在的各类问题组织7次梳理和讨论会。

【“双联”工作】根据“双联”工作的总体要求和“双联”工作年度计划，组织下乡12次，开展义诊活动9次，为当地群众免费配发价值近6万元院内自制药品及常用药品。接待来兰就诊患者76人次，协调安排住院患者4人。借助国家药监部门GAMP审批，把塄岸村确定为中药材地理性标志产地。联系协调扶正药业补贴化肥1300袋，甘肃九方药业补贴化肥1000袋，两项折合人民币50多万元。第一党支部在双联点开展“手拉手共成长”心理辅导活动；第二、三、六、七、八、九党支部在双联点开展灾后慰问和义诊活动；第四、五、十二支部深入农户家中开展诊疗服务；第十党支部在双联点开展义务植树活动；省中研院党总支为当地村民捐赠400余册图书与200余件衣物。医院筹措10000元资金建立优秀学生奖励基金。组织“金秋助学”活动，为当地考取大学的7名大学生每人资助3000元。为村学校捐赠11幅励志内容的书法作品。协调资金48万元完成塄岸村李家沟、火石沟、朱家坡和塄下四社的6.5公里道路整修。为联系点卫生室配备诊查床常用设备和常用药品。出资6万元，帮助建设村部围墙、自行车棚，接通自来水，为村部和学校送去25个电暖气。双联点发生冰雹灾害以后，医院连续三次组织救灾慰问，给当地受灾群众送去9000斤大米和白面，捐赠10台太阳能灶，组织“送文艺下乡”活动。2014年底，双联组长单位和陇西县委进行双联考核，医院被确定为优秀等次，双联办主任被推荐为全省双联行动先进个人标兵奖。

【中医药研究】甘肃省中医药研究院承办“世界中医药学会联合会信息专业委员会第四届学术年会及大数据与中医药国际信息化发展论坛”等学术会议。举办国家级继续教育项目——“敦煌辅行诀经方组方规律与临床应用研讨班”。完成《甘肃省中医药信息》和《骨伤论坛》定期出刊工作。完成《张仲景研究集成（第二版）》《敦煌医药文献研究集成》《话说国医丛书——甘肃卷》《敦煌医药文献真迹实录》的编写工作，完成《刘一明医学全书》的初期资料整理工作。全年各种项目累计申请到经费759万余元（其中科研经费5128934.72元，正常经费2468862元）。《西部中医药》被国家新闻出版广电总局作为首批认定的学术期刊，入选《国家权威学术期刊参考名录》，全面实行网上投稿。

【白银分院工作】白银分院与甘肃省中医院同步完成党的群众路线教育实践活动。完善内部制度建设，先后印发《关于规范医疗行为与医疗纠纷（事故）处置管理办法》《劳动纪律管理办法》《职工进修学习管理办法》等制度。成立脊柱骨科，在四龙路社区卫生服务中心设立中医科和康复理疗科病区，恢复东区内科。投资2218.79万元完成信息中心、医技楼等共9467平方米建设项目及后勤综合服务楼启运。完善《绩效工资分配制度改革实施方案》，进行绩效分配方式改革。派出75人次外出进修学习，新招聘10名专业技术人员。撰写论文28篇，科研立项6项，完成鉴定课题4项。日门（急）量保持在350余人，门诊人次87894人，同比增长7%，住院病人数7659人，同比增长5%，手术台次1234台，同比下降5%。

省中医院领导班子成员名录

院　长　李盛华
党委书记　谢文生
副院长　马忠祥（回族）
　　　　舒　劲（女）
　　　　李兴勇（3月止）　赵继荣
　　　　邱连利
纪委书记　卫晓雯（女）

（供稿：裴学军）

兰州大学第一医院

【医疗工作】全年共接待门急诊患者96.12万人次，比上年增长2.60%；住院患者60174人次，增长8.75%.各类手术14952例，增长4.86%。床位使用率106.53%，较上年增加1.26%。病床周转次数为45.8，增加4.57%。平均住院日为8.4天，较上年缩短0.3天。

【教学工作】2014年招收博士研究生11 人，硕士研究生136人：新增博导2人，硕导3人，新增护理学硕士点。全年完成本科理论课教学4102学时、见习(实验)课3729学时、实习带教16332学时；临床技能中心组织公开课12次，培训学生20余学时，800余人次，累计开放训练1000余人次；建立教学管理人员听课制度。4名学生在2014年全国大学生临床技能大赛西南西北分赛区的比赛中获三等奖；1名教师荣获“隆基教育教学青年教师教学新秀奖”；获批11项国家级大学生创新创业项目。9月份成功承办“第八届西部地区高等临床医学教育研讨会”。

【科研工作】全年获得各类计划内科研项目147项，各类课题获批经费1044.27万元。科研成果获奖7项；发表论文502篇，其中SCI论文59篇，CSCD论文141篇，CSTPCD论文131篇。完成科研成果鉴定6项。出版专著共15部；申报实用新型专利15项。邀请院内外专家进行科研培训与交流共22场次。

【人才建设】加大选拔培养中坚力量和骨干人才方面力度，获批留学人员科技活动项目择优资助经费；积极申报卫生部突贡专家、2014年度政府特殊津贴人员、长江学者；完成博士中期、终期考核；完成医院翠英讲习教授、兼职教授延聘申请。本年度共计聘任正高级职称13人，副高级职称25人，中级职称59人，初级职称104人；完成新员工的录取、岗前培训工作；选派中青年业务骨干85人赴外地进修学习。

【学科建设】完成国家、省卫生计生委对2010年度国家重点专科建设项目审核验收、2011—2012年度国家重点专科建设项目中期评估；完成省级临床医学中心的考核及现场评估；配合甘肃省卫生计生完成医院10个省级重点学科考核复评工作；组织完成第三方机构评估组对医院两个临床医学中心项目的支出绩效评价。根据省卫生计生委要求对医院临床医学中心、重点学科进行自查，并将自查评估报告上报审核；通过省卫生计生委专家组对医院国家重点学科、省级临床医学中心的检查及现场考核。心血管内科和老年病科获得国家临床重点专科建设批准，甘肃省生物治疗与再生医学重点实验室、甘肃省生殖医学与胚胎重点实验室获得省科技厅培育基地建设项目。

【预防保健】完成2014年度正厅级、正高级专家的健康体查。完成特级、一级随队保障任务共145人次/天。在雁宁路社区上门开展日常巡诊及健康教育工作。抽调中青年业务骨干组成“干部保健医师小组”，承担省、厅级干部医疗保健工作，全年接待门诊患者1138人次，住院患者233人次，检查、取药、出诊、输液、预约挂号等1456人次。配合省委及省保健委员会完成中央巡视组在甘肃的医疗保健任务。承担省内单位健康体检605项，完成健康体检65262人次。医疗保健人员体检3520人次，省直医保职工体检1708人次，职工流感疫苗接预防种2231人次；执行计生目标责任合同书，为职工办理生育指标、独生子女父母光荣证。

【医疗服务管理】全院有24个科室开展临床路径工作，病种102余个，临床路径病例达到7916例；每月通报抗菌药使用指标、对医师用药的合理性进行检查；对运行病历书写时限进行监控。开展超长住院患者专项检查；加强全院病历抽查力度，组织药师点评病历，全院甲级病案率99.62%，比上年提高0.36个百分点，无丙级病例。调整医院感染管理委员会、生物安全委员会，修订完善医院感染管理各项规章制度，每月督查无菌操作、消毒隔离措施的落实、手卫生、医疗废物分类处置等。完成各类法定传染病的管理死因监测及网络直报。完成医院感染病例监测51164人，例次感染率1.33%，感染病例中病原学送检率达95.83%；顺利完成本年度医院感染现患率的调查。举办抗菌药物、输血法规、毒麻药物使用和母乳喂养知识等专项培训、埃博拉出血热防控和鼠疫防治知识全员培训。编写出版《常用护理技术操作规范》，将相关制度、流程、应急预案等内容完善并印刷成册下发。各护理单元建立以护士长为中心的护理质控小组。选派8名护士长赴台湾彰化基督教医院进行为期两周的学习。年初在全院推行护理人员岗位管理。对护理薪酬绩效分配实行有效的动态管理。利用护理网页，护理管理QQ群，微信护理管理平台，搭建护理人员学习的平台。5月份举行第三届护理品管圈成果展示大会中，通过品管圈活动已形成标准化流程36个，发表相关文章近10篇。举办第二届带教老师竞聘活动，140名护理人员获得临床带教老师资质。举办院内护理师资培训班。设计运行“小薇”微导诊微信公众服务平台。实行身份证实名挂号，完善预约软件及自助服务的预约功能。开通补挂号系统。全年通过网络、电话及服务台为患者预约挂号数量达52717人次，较上年增加45.05%。安装PACS及分诊叫号系统，患者在检查半小时后可获得影像资料。安装自助打印系统，患者在放射科检查完后即可在任意的一台自助打印机上打印胶片、报告。

【中医药工作】在全院所有临床科室100%设立中医综合治疗室。开展拔罐、刮痧、理疗、蜡疗、热盐包等中医特色专科治疗和中医适宜技术培训。积极推广中医药参与流感预防治疗工作。研发顺坤袋、益乾包等纯中药外敷制剂，毓麟洗方、保胎洗方、长春洗方等外洗剂。制作中医展板、新设中西医特色门诊，辅助生殖针灸门诊、辅助生殖中西医结合门诊；完善中医与西医临床科室的会诊、转诊工作；开展科间会诊；设置门诊中药煎药室。邀请中医许自诚教授举办专题讲座。

【基础建设】内科综合楼全面进入安装、装饰装修施工阶段；11、12号高层住宅楼交付住户使用；完成综合门诊楼的前期项目审批工作、监理单位招标；完成原体检中心楼加固工程；新建污水处理站工程主体完工；全年完成基建维修工程24项，均已按期完工。后勤“一站式”服务中心接听服务电话1.3万次。加强日常控烟监督力度，及时反馈检查结果、处罚；做好院内物业保洁工作，清运销毁医疗及生活垃圾；各维修班组完成正常维修工作1.3万次，抢修管道5次。车队圆满完成下乡义诊、联村联户、扶贫合作等工作运输保障任务。升级改造现有监控系统，实现全院无死角覆盖的闭路电视监控；在外科楼各护理站安装一键式报警器。修订、优化医用设备维修工作流程，全年维修设备1463次；制定、修订和完善14项设备耗材管理制度、工作流程等；整理、规范医疗耗材资质管理档案并使其电子化，成立专门的设备档案管理室，开展全院设备、耗材基本情况调查。

【基层帮扶】选派18名骨干医师分别赴夏河、通渭、泾川、敦煌四个受援点开展为期1年的对口支援工作；各医疗队累计开展义诊22场，义诊病人3300余人。按照学校支援舟曲县卫生人才培训项目实施计划，组织专家前往舟曲县开展对口支援工作，并制定详细支援培训时间表，分批分专业对舟曲县人民医院进行帮扶。组织医疗队赴秦安县、夏河县、舟曲县、天水路社区和边疆部队进行义诊和讲座，圆满完成2014年甘肃省“服务百姓健康行动”大型义诊周活动。完成约2500余人次重特大疾病民政救助疾病材料的审核、申报工作。完成318余名患者应急救助基金审核、申报工作。

2014年6月9日—13日，医院领导访问日本顺天堂大学、东京女子医科大学、鸟取大学、秋田大学及各大学附属医院

【对外交流与合作】邀请日本顺天堂大学医院教授白泽卓二、丹麦哥本哈根大学哈维德夫医院副院长Mr. Torben Mogensen、瑞典医疗卫生代表团、美国克里夫兰医学中心消化系统疾病研究中心主任Jhon Fung教授、美国约翰霍普金斯医院麻醉医师John Steppen、美国南佛罗里达大学校长Judy Genshaft 博士、南佛罗里达大学医学院国际事务助理副校长Lynette J Menezes荷兰鹿特丹伊拉兹马斯医学中心胃肠病与肝病科主任Marco Burno开展交流访问并就双方专业合作、人员培训等方面进行会谈。与日本京都第二红十字医院正式启动国际远程内镜手术会诊。6月，院领导访问日本顺天堂大学、东京女子医科大学、鸟取大学、秋田大学及各大学附属医院，与秋田大学附属医院签订医院间合作备忘录，探讨双方在癌症治疗、心血管内科、脑神经等领域的合作及医师互访。达成派遣医生赴秋田大学附属医院进行为期2–3个月的研修初步共识。与白银市第一人民医院签订技术协作与双向转诊协议；利用双联、万名医师支援农村卫生工程和支援舟曲等活动，选派业务骨干开展会诊、查房、讲座等。经过近一年的精心筹划，在上级部门的大力支持下，兰州兰电电机有限公司职工医院整体移交兰州大学第一医院院管理，更名“兰州大学第一医院西站院区”。

【党的群众路线教育实践活动】在党的群众路线教育实践活动过程中，医院建立整改落实事项台账58项，截至2014年底，医院整改落实事项台账已完成52项，完成率为89.7%。

【“双联”工作】5月，在联系村进行义诊和学龄前儿童体检等系列活动；举办两村党员大会进行群众路线教育讲座及入户送温暖活动。7月12日抽调16个专业的专家赴武山县中医院开展大型义诊活动，接待诊治来自武山县各个乡村的患者3000余人。8月29日，“兰大一院博士硕士医疗服务队”，前往武山县开展“双联”帮扶工作暨暑期社会实践活动。将北干渠石岭、宋庄段的建设规划报告上报甘肃省水利厅。

【党风廉政】全年共发放医德医风考评表9234余份，参评率达98.5%、医务人员医德档案建档率达100%。全年审计基建工程18项。全年向校纪委和省卫生厅答复结6件，查办群众举报信件11起；受理“小金库”案件3起；开展以“讲党性、重品行、倡廉洁”为主题的廉政宣传教育月活动；召开以“廉洁从医、优质服务，争做党员先锋模范”的专题生活会；召开党风廉政建设专题会，观看警示教育片，举办预防职务犯罪专题讲座；发放宣传小册子和廉政书籍，全面开展廉政宣誓和廉政签名。

【荣誉称号】2014年兰州大学第一医院先后获得全国百姓放心百佳示范医院、甘肃省卫生计生行业重症医学岗位技能大赛团体一等奖、口腔岗位技能大赛团体二等奖、中医正骨技能大赛团体三等奖、病理冰冻切片技能大赛团体三等奖、政务微博建设十大先进单位等荣誉、称号。急诊科获得甘肃省工人先锋号、第二党支部、第十二党支部获得兰州大学先进党支部；药剂科获得中国药学会医院药学专业委员会奖——优秀团队奖；46名职工分别获得甘肃省优秀护士、甘肃省2013年度医德医风先进个人、兰州大学优秀共产党员、优秀党务工作者、甘肃省技术标兵、2014年GPM示范病例演讲比赛、民进全国组织建设先进个人、中华麻醉学杂志论文发表优胜奖、全省卫生行业岗位技能大赛个人一等奖、三等奖称号等奖励与先进称号。

兰州大学第一医院领导班子成员名录

院　长　余　勤
党委书记　郭　琦（女）
副院长　刘晓菊（女）　杨永秀（女）
　　　　周永宁　李　汛　郭顺林
　　　　张　钲　张学红（女）
纪委书记　张毓人
工会主席　王建民

（供稿：田青锋）

省妇幼保健院

【专题研究】2014年3月底，完成新区《甘肃省儿童医院项目建议书》的编制；4月底，参加省卫计委组织的兰州新区卫生人口计划生育事业“十二五”发展规划专家论证会暨新区卫生事业发展模式研讨会。5月，完成甘肃国际健康医学中心项目建设规划报告。6月，美国Smith Group建筑设计公司高级副总裁Mark Patterson受邀专程前往兰州新区及榆中县省物产集团现场考察。8月，完成《甘肃国际健康医学中心项目建议书》的编制并上报。

【妇幼公共卫生】2014年，组织实施重大公共卫生项目24项。全年妇科开展2898例，平均住院日下降1.23天；产科开展1678例，平均住院日下降1.03天。全年立项课题33项，其中横向课题3项，省部级立项7项，厅市级立项8项；获甘肃医学科技二等奖课题1项，甘肃医学科技三等奖课题2项，甘肃省科技进步三等奖课题1项，兰州市科技进步一等奖课题1项。每年协助省卫生计生委举办全省妇女儿童健康状况新闻发布会，及时向全社会发布全省妇女、儿童健康状况及妇幼保健工作的现状。协助省卫生计生委举办“全省妇幼卫生信息工作会议”。同时，组织召开全省孕产妇死亡评审会与新生儿死亡评审会，针对全省孕产妇及新生儿死亡原因及其重要影响因素进行分析讨论，针对性地提出干预对策。2014年安装远程会诊网络端口250余家，会诊25例，死亡病例讨论17例。2014年举办儿童保健适宜技术远程网络培训4期，培训24个市县、368人次；新生儿窒息复苏远程网络培训4期，培训24个市县、622人次；围产适宜技术远程网络培训4期，培训18个市县、358人次；不孕不育的诊治与识别远程网络培训3期，培训17家单位，240余人次。利用“爱耳日”、“三八”妇女节、“六一”儿童节、“5·12”国际护士节等宣传日开展妇幼保健科普知识宣传、义诊、咨询等主题系列活动。同时，继续开展陇原月嫂免费培训，2014年共举办“陇原月嫂”培训班6期，培训人员976人次，累计培训38期，培训人员5397人次。同时，全省14个市（州）建立起“陇原月嫂”培训分基地，累计培训67期，培训人员6740余人次。派出9名医师作为“万名医师支援农村卫生工程项目”医疗队成员赴合作、碌曲、和政开展工作；积极开展援藏工作，2014年外派9名医师分别赴合作市妇幼保健站、碌曲县人民医院、和政县人民医院开展援助医疗工作，1名援藏干部赴甘南州妇幼保健院挂职；援助甘南州妇幼保健院建立起甘南州首个新生儿重症救护中心。

【医疗质量安全管理】2014年，医院加强门急诊管理，多次开展院前急救培训及演练工作。全面使用“一卡通”缴费挂号系统，把挂号、预约、诊疗、排队、结算等各系统整合在一起。继续引入外科快速康复技术等新技术新项目，开展微粒口腔黏膜移植宫颈管成形术、广泛性子宫切除术盆腔淋巴结清扫在治疗宫颈癌中的应用、多学科联合完成满意的肿瘤细胞减灭术在卵巢癌治疗中的应用、经皮肾穿刺造瘘、腹腔镜卵巢肿瘤分期手术、首例近红外荧光动态显像乳腺癌前哨淋巴结活检术、介入治疗（子宫动脉栓塞术）、经支气管镜下的肺介入治疗（镭射、冷冻、坏死组织钳取），消化内镜下的介入治疗（幽门扩张、食道狭窄扩张、息肉钳取）、血浆置换（人工肝）、CRRT（人工肾）、血液灌流、冷光源治疗、过敏原点刺及变态反应试验、新生儿先天畸形疑难复杂手术的开展、小儿电视胸腔镜、小儿膀胱镜治疗等新手术新项目。年度诊断符合率98.7%，治愈率98.7%，抢救成功率94.12%。同时，医院积极落实省卫生厅关于“四个排队”、“八个排队”、检查结果互认及22项制度，开展合理诊疗，2014年省妇幼保健院门诊平均医药费用195.64元，为省属9家医院最低。2014年客户服务中心发放出院患者满意度调查表14351份，总体满意度97.02%。截至2014年底，省妇幼保健院药品收入仅占业务收入的21.88%。

【人才建设】2014年，医院招录各类人员229人，其中正式编制员工32人，人事代理制本科生51人，聘用制护理人员139人，为各专业的发展注入活

2010 年—2014 年省妇幼保健院部分医疗指标增长情况

年度	门诊量		出院患者量		平均住院日		平均床位使用率
	人次	增长率	人次	增长率	天数	缩短天数	
2010	425907	8.8%	19343	20.28%	7.2	0.6	128.5%
2011	448061	5.2%	19756	2.13%	7.5	−0.3	133.7 %
2012	522539	16.6%	27456	38.97%	7.0	0.5	105.8%
2013	598784	14.6%	41735	52.01%	6.7	0.3	87.64%
2014	719151	20.1%	54838	31.4%	6.1	0.6	100.2%

2010 年—2014 年省妇幼保健院部分经济指标增长情况

年份	业务收入		医疗收入		总收入		固定资产投资		总资产	
	万元	增长率	万元	增长率	万元	增长率	万元	增长率	万元	增长率
2010	16260.5	24.67	11814.6	27.3	22259.7	21.9	13997.9	14.14	34623.9	16.65
2011	19871.9	20.48	14624.9	21.54	25264.8	12.36	26139.7	86.74	46332.0	33.82
2012	26002.55	30.85	20244.05	38.42	35691.75	41.27	51838.9	98.32	75149.14	62.20
2013	39844.44	53.23	31421.31	55.21	49779.24	39.46	59231.6	14.26	95677.09	27.31
2014	51836.9	30.09	40492.9	28.87	61101.2	22.74	70998.9	19.87	119078.3	24.46

2010 年—2014 年甘肃省妇幼年报主要指标数据

年份	孕产妇死亡率（1/10 万）			5 岁以下儿童死亡率（‰）			新生儿死亡率（‰）		
	城市	农村	全省	城市	农村	全省	城市	农村	全省
2010	23.37	37.50	33.23	8.86	12.43	11.35	5.90	8.64	7.81
2011	25.09	33.11	30.71	7.97	10.20	9.53	5.17	6.78	6.3
2012	17.03	27.52	24.35	7.49	9.09	8.61	4.75	5.65	5.38
2013	17.67	25.17	22.96	7.06	8.01	7.73	4.21	4.89	4.69
2014	19.37	19.52	19.47	6.52	6.99	6.85	3.81	4.13	4.03

力；新聘正高职称人员5名、副高职称人员17名；新聘主诊医师3名，带组副主诊医师1名，不带组副主诊医师5名。举行兰州大学公共卫生学院2014年度硕士研究生毕业答辩会。

【对外合作与交流】2014年，外派73人次赴美国、德国、法国、意大利、荷兰、丹麦、瑞典、新加坡等国家和台湾地区交流学习。同时，也有吉尔吉斯斯坦卫生部部长及代表团、丹麦哥本哈根大学哈维德夫医院代表团、匈牙利代表团等来院开展访问和交流，美国耶鲁大学张亚玮教授、郑同章教授，南佛罗里达大学朱怡良教授及省妇幼保健院客座教授，瑞典卡罗林斯卡医学院魏丽莎教授，瑞典卡罗林斯卡医学院儿童医院李英华教授等国外专家来院进行学术交流。2014年医院还积极参加"中国妇女、儿童健康学术交流""第29届国际人乳头瘤样病毒会议""欧洲生殖年会""美国医疗信息与管理系统学会年会"等国际学术活动和会议。同时，作为西北地区唯一受邀单位，参加2014年度欧洲围产医学年会。同时，医院与国内的多家医疗机构和兄弟单位也开展积极的交流与合作，省内外兄弟医院及相关机构近40批、500余人次来院参观。

甘肃省妇幼保健院领导班子成员名录

院　长　仇　杰
党委书记、副院长　刘东海
副院长　刘　青（女）
杨　兰（女）　焦万德

（供稿：郭汉彪）

体　育

【群众体育】2014年，全省共成立市级体育单项协会组织239个，比2013年增加21个，全年培训各级社会体育指导员6672名；与国家体育总局群体司共同举办甘肃省2014年群众体育干部培训班；举办10期共计300余名省级布局城市校长和指导员教师培训班；在嘉峪关、武威、定西等9个城市组织开展健身运动培训班，培训健身气功一级社会体育指导员164名、一级裁判员40名、国家一级足球裁判员60名；兰州等12

个市州相继成立健身气功协会，新建气功站点50个，全省达598个；以校园足球活动为重点，积极开展阳光体育科学健身校园活动，校园足球布点扩展到11市256所中小学，注册学生5280名。此外，还开展游泳救生员、游泳、跆拳道、健美操等项目鉴定，鉴定人数311人，获国家职业资格280人。积极开展“全民健身日”及“全民健身在陇原”系列活动。2014年，全省上下积极倡导和推广公园体育、街道体育、广场体育、家庭体育等趣味性体育活动形式，广泛地开展乒乓球、羽毛球、篮球、棋牌等项目群众性体育活动。参加全国露营大会、体育舞蹈、健身秧歌、街舞、轮滑等体育赛事，各级累计开展规模性全民健身活动2500多次，参与人数近700多万人次。举办第十三届省运会“会师圣火”采集传递活动和科技体育航空模型飞行表演活动；与省直机关工委、省总工会等联合举办2014年省直属机关干部职工系列健身体育比赛活动；分别在兰州、定西等6县区开展香港马会助力全民健身社会指导员公益服务西部行活动；组队参加全国首届社会体育指导员素质大赛，获得3金4银4铜、团体总分第12名的成绩，位列西北地区第一，并获“优秀组织奖”；积极落实各级公共体育场馆设施免费开放或低收费开放政策，省体工一大队、二大队和兰州体育馆每天向社会免费开放晨练1小时；张掖、嘉峪关、庆阳、金昌、天水等地，在“全民健身日”及其他重大节日期间，向社会免费开放体育场馆。圆满完成省政府100个乡镇及社区体育健身中心惠民工程，带动各级政府投入1亿多元，新增体育场地面积30多万平方米，直接受益群众100万人以上。全省建成1800个行政村“一村一场”，26个国民体质测试与健身辅导站，15个社区多功能公共运动场，1个全民健身场地和180条健身路径。国民体质测试与健身辅导站实现全覆盖。成功举办第三届金昌国际青少年生存训练营、临潭冶力关中国拔河公开赛、甘南玛曲格萨尔赛马大会、中国汽车越野拉力赛、白银全国汽车场地越野锦标赛、张掖市户外运动节、兰州冬泳、全省第十四届钓鱼锦标赛（高台站、天水站、泾川站）等41项群众体育品牌赛事。组队参加第七届全国健身气功竞赛功法交流比赛大会、全国高等院校健身气功比赛和全国健身气功站点联赛，集体项目获得二等奖1个、三等奖12个，个人项目获得二等奖2个、三等奖6个。组织举办2014年“谁是球王”中国足球民间组织争霸赛甘肃赛区比赛和全省青少年足球冠军联赛。成功举办全省第八届民运会、第九届残运会暨第三届特奥会。与省民委在庆阳市举办全省第八届民族运动会；与省残联在白银市举办第九届残疾人运动会暨第三届特奥会；在参赛韩国仁川第二届亚洲残疾人运动会上，甘肃省乒乓球运动员连浩夺得TT9-TT10级团体金牌。积极开展国民体质监测工作。抽调60名检测人员，在兰州、武威、天水组织开展全国第四次国民体质监测，历时三个月，对6—69岁人群体育健身活动和体质状况抽测9091人，数据全部符合要求，纳入国家数据库。

【竞技体育】8月16日，全省第十三届运动会在白银隆重举行。全省14个市、州和省体校共15个代表团1624名运动员参加青少年组田径、射击、自行车等12个大项的比赛；26个代表团和16支代表队（其中包括12个市州、5所高校和25个企事业单位）的2014名运动员参加成年组田径、游泳、网球等18个大项比赛。共产生金牌608枚，其中青少年组483枚，成年组125枚。兰州市、白银市、省体校和天水市代表团分别位列青少年组奖牌榜前三名，金川集团公司、白银市、天水市代表团位列成年组奖牌榜前三名；29个代表团（队）获得“体育道德风尚奖”，乔德平等393名裁判员和丁芙蓉等131名运动员获个人“体育道德风尚奖”。在第十七届韩国仁川亚运会上，代表国家参赛的甘肃运动员王祯、罗晓玲、李文娟、逯艳、彭娜、叶尔兰别克·卡泰、贾超风、徐睿、孟磊，在自行车、摔跤、曲棍球比赛中，获得1金3银2铜的好成绩。参加全国比赛成绩优异并成功举办多项高水平赛事。在组织参加全国锦标赛、全国冠军赛、亚洲杯等成年组各类国内（国际）比赛中，甘肃省优秀运动员共获得30个第一名，25个第二名，28个第三名。青少年比赛9个第一名，8个第二名，8个第三名（包括亚运会成绩）。2014年，全省举办全国女子曲棍球冠军赛、全国BMX小轮车冠军赛第一、二、三站比赛、第四届兰州国际马拉松赛暨全国马拉松积分赛、全国男子曲棍球冠军赛、敦煌全国沙滩排球巡回赛、第十三届“环青海湖”国际公路自行车赛（甘肃赛段）、嘉峪关铁人三项世界杯赛和全国铁人三项冠军杯赛（第三站）等7项高水平赛事。

【人才培养】举办2014年甘肃省大中专院校中学田径运动会暨“高原人才开发计划”青少年选拔赛、全国青少年户外体育活动夏令营，组队参加第四届田径耐力项目高原地区对抗赛、阳光体育全国青少冰雪冬令营、全国体育传统项目学校比赛、全国青少年“未来之星”阳光体育大会等比赛。创建市级青少年体育俱乐部29个，天水市率先在西部成立青少年体育俱乐部联合会。重新评估命名110所省级体育传统校，首次创建命名21所省级青少年体育俱乐部，兰州一中、金昌市二中、定西一中、天水麦积区区府路小学被国家体育总局和教育部命名为国家级体育传统项目学校。省体校、兰州市体校、嘉峪关体校和靖远县体校被命名为新周期奥林匹克曲棍球单项基地。省体校、兰州市体校和定西市体校被命名为新周期奥林匹克长跑、竞走、投掷单项基地。

【体育文化、旅游】举办“敦煌行·丝绸之路国际旅游节”和华夏文明传承创新区十三板块的临潭冶力关·中国拔河公开赛、敦煌沙滩排球赛、张掖汽车越野拉力赛等体育赛事。在安徽“2014中国体育文化·体育旅游博览会”上，中国张掖祁连山超百公里山地户外挑战赛、临潭“冶力关”中国拔河公开赛、玛曲格萨尔赛马大会、瓜州玄奘之路戈壁挑战赛等7项赛事入选2014中国体育旅游精品线路和精品赛事，其中中国张掖祁连山超百公里山地户外挑战赛获得“2014中国体育旅游十佳精品线路”，甘肃省体育局荣获“优秀组织奖”。

【体育彩票】2014年，全省电脑彩票网点总数达2058个，增加338个，开拓社会渠道网点154个。全年体育彩票累计销售27.39亿元，占全省彩票市场份额的36%，同比增长25.2%，募集体彩公益金超过7亿元。有8个市州超额完成销售任务，兰州、庆阳、陇南、定西、临夏、平凉六市年度销量均过亿元。

【体育产业】召开体育产业发展研讨座谈会，多次征求省直相关部门、市州和专家的意见，代省政府起草《关于贯彻国务院加快体育产业发展促进体育消费的实施意见》。兰州体育馆、体育接待站、体育开发经营公司、体育旅行社、清水训练基地等五家产业单位，全年经营性收入总计达3763万元。

【体育设施】2014年，宁县、阿克塞、舟曲3个“雪炭工程”已开工建设，渭源和华池南梁“雪炭工程”已完成前期设计工作。甘南州体育中心、临夏州奥体中心、定西市体育馆陆续开工，泾川县体育场、崇信县体育馆已完成主体工程，玉门市体育中心、永昌县、夏河县、玛曲县、麦积区、敦煌市体育馆，景泰县、肃北县、灵台县体育场，高台县游泳馆相继建成并投入使用。除完成城乡及村级全民健身场地设施外，甘肃省体育馆前期筹备和规划设计工作正在开展，临洮体育训练基地在完成2块田径场和2块曲棍球场建设的基础上，又动工开建运动员公寓楼和综合训练馆。参加第六次全国体育场地普查工作历时半年，圆满完成实地抽查、数据录入上报等工作。经普查，全省现有各类体育场馆30282个。其中室内体育场总数864个，室外体育场总数29418个。场地面积2891.74万平方米，人均1.12平方米。

省体育局领导班子成员名录

局　长　杨　卫（藏族）

副局长　石生泰　刘新平

纪检组长　钱万杰

（供稿：徐　斌）

新闻出版　广播影视

新闻出版

【舆论导向】统筹省内党报党刊、电台电视台及所属新媒体，大力宣传党的十八大，十八届三中、四中全会和习近平总书记系列重要讲话精神，全面宣传省委十二届六次、八次、九次全委（扩大）会议和全省经济工作会等重要会议精神，紧紧围绕“丝绸之路经济带”甘肃黄金段建设、“3341”项目工程、“1236”扶贫攻坚行动、华夏文明传承创新区建设、“双联”行动等重大决策部署。

【体制改革】严格按照省政府确定的“三定”方案，按期顺利完成省级新闻出版、广电机构整合和职能调整任务。14个市州和甘肃矿区也已全部完成文化、新闻出版、广电机构的整合工作。制定印发《甘肃省新闻出版广电局深化行政审批改革实施方案》，全年共取消、调整减少审批项目7项，承接1项，主动部分下放3项，全局行政审批项目精简为30项，全年共办理行政审批事项5252件。完成局属事业单位分类改革摸底调研，形成初步分类意见。研究制定《局属企业深化改革实施方案》，甘肃新华书店飞天传媒股份有限公司股份制改造进入实质阶段，清产核资工作已全面展开。

【精品创作】积极推进华夏文明传承创新区古籍整理出版工程，全年共整理出版《四库研究书系》等重点图书278种。《甘肃青海四川民间古藏文苯教文献》作为国礼，在李克强总理访问英国时赠予牛津大学波德林图书馆。《读者》荣获“中国最美期刊”称号，与《甘肃社会科学》共同入选“中国百强社科期刊”。制定出台《甘肃省影视剧品牌建设规划纲要（2014—2016）》和《甘肃省影视精品专项资金管理办法》，完成系列“西部片”剧本的征集。数字电影《甘南情歌》荣获中宣部“五个一工程”奖，《腊月的春》荣获第六届澳门国际电影节“金莲花优秀影片大奖”。纪录片《敦煌伎乐天》荣获“2013CCTV年度大奖”，《探秘渭河源》和《北上·长征在哈达铺》被总局评为优秀纪录片，主抓创制的大型纪录片《丝路花雨》《黄土大塬》《西北望崆峒》在中央电视台播出。《红领巾蓝书包》等3档少儿广播栏目获总局广播创新创优节目奖。

【惠民工程】深入全省14个市州开展大调研活动，加快构建覆盖广泛、城乡一体的新闻出版广电公共服务体系。制订广播电视村村通户户通工程长效运维实施方案和监管方案，为群众更换户户通故障设备12763台。省、市州新闻出版广电部门积极协调落实专项资金，及时补充更新农家书屋出版物。完成全省第一批137个藏区藏传佛教寺庙书屋建设任务和129个非藏区藏传佛教寺庙书屋建设前期摸底工作。农村电影放映工程。建成固定放映点72家，在建158家，更新放映设备300套。全年共放映农村公益电影19.67万场次，观众达1946万人次。在全省深入开展“书香陇原”全民阅读活动，举办首届飞天出版传媒杯全民阅读“爱我甘肃、传递文明”征文大赛。甘肃省27个家庭荣获总局首届“书香之家”称号。完成第一期全省高山台站基础设施建设任务和第二期可研、初设招标工作。完成20个台站发射机的补充更新及附属设施建设任务，对地球站和15个广播电视监测点设备进行更新改造，新建广播电视监测点26个。完成西新工程五期中央台藏语广播节目调频覆盖设备的安装，开设甘南州藏语广播频率。基本完成西新工程五期两个实验台选址征地工作。

【产业发展】全年申报各类产业项目24项，争取专项资金4437.4万元。新建县级城市数字影院8个、影厅21个，全省城市数字影院总数达57个、影厅254个，全省城市电影票房收入达2.368亿元，比上年增长45.6%。成功举办第三届中国·嘉峪关国际短片电影展。飞天高新绿色印刷园项目主体框架已基本完成。文化集市实现销售总额3亿元，实现利润8000多万元，带动1.5万农户参与并受益，文化集市建设荣获2014年度全省宣传思想文化工作创新奖。省广电总台产业经营收入达4.49亿元，比上年增长50.93%。读者集团完成营业总收入7.6亿元，“读者”品牌价值继2013年首次突破百亿元后再创历史新高。省广电网络公司实现营业总收入9.2亿元，比上年增长34.02 %。全年省级新闻出版广电产业实现营业收入59.73亿元，较上年增加11.27亿元，增幅达23%。

【行业管理】全年共审读报纸、期刊、图书、电子音像出版物565种，监听监看全省广播电视自办栏目288档（次）。深入开展打击假报刊、假新闻、假媒体、假记者和新闻敲诈专项行动，依法对违规印刷发行企业、记者站给予行政处罚和查处。向省委常委会汇报全省“扫黄打非”工作情况，组织开展全省“扫黄打非·2014”专项行动，全年共查办各类案件99起。省“扫黄打非”办公室、省互联网信息办公室、省邮政管理局等单位被授予全国“扫黄打非”先进集体。开展集中清理整治非法卫星地面接收设施专项行动，收缴、置换非法卫星电视接收设施4900套。全省各级严格执行节目审查制度，全面落实安全播出各项措施，确保广播电视安全播出和传输。积极开展公益广告制作播出宣传活动，省局被评为全国广播电视公益广告优秀组织单位。开展清理网上暴恐音视频专项行动、色情低俗网络剧和微电影集中整治行动。全省政府机关软件正版化任务圆满完成。

【队伍建设】召开省局直属机关第一次党员代表大会。开展“学理论、学政策、学业务”活动，开设“机关讲堂”。出台全系统《行业文化建设实施意见》，制定《甘肃省新闻出版广电局惩治和预防腐败体系建设实施方案》和《落实党风廉政建设主体责任、驻局纪检组监察室监督责任实施方案》，建立约谈、廉政风险防控等机制。严格执行《党政领导干部选拔任用工作条例》。全年共举办各类培训班23期，培训专业人员5045人次。新评定副高级职称以上人员119人，推荐30人入选全国新闻出版行业第四批领军人才、全国文化专家、甘肃省领军人才等7个类别的人才库。

省新闻出版局领导班子成员名单

局　长　管钰年

副局长　赵敏学　拜真忠　佘长江

　　　　范延军　乌恩奇

（供稿：王发存）

广播影视

【新闻宣传】重点围绕“学习贯彻党的十八大及十八届三中、四中全会精神”“深化中国特色社会主义和中国梦宣传教育”“培育和践行社会主义核心价值观”和“3341”项目工程、“1236”扶贫攻坚行动、“双联”行动等内容开展主题主线的宣传报道。圆满组织实施全国全省“两会”、庆祝建国65周年、亚洲合作对话——丝绸之路务实合作论坛、公祭伏羲大典、陇人骄子、兰州国际马拉松赛、第23届金鸡百花电影节等宣传报道。《甘肃新闻》在实施头条工程和快报工程的同时，通过微博、微信平台进行新闻推送，“柴生芳的故事”系列报道、兰州水污染事件、“丝路寻梦·绚丽甘肃”全媒体国际文化交流活动等报道每条日点击转载量达到千次。2014年8月，甘肃省广电总台联合中国国际广播电台等机构在兰州成功举办“4G时代广电媒体发展论坛”和“发现亚洲之美”之“丝路寻梦·绚丽甘肃”全媒体国际文化交流活动。

【央广央视供稿】2014年，上推中央电视台《新闻联播》播出稿件192条，在央视其他各档栏目发稿1495条次；上推中央人民广播电台播出稿件120多条，其中《新闻和报纸摘要》播出34条。

【甘肃卫视发展】与中国国际广播电台结成战略合作伙伴，合力打造甘肃卫视，确定以“新丝路、新财富、新世界、新影像、新媒体”为核心概念的“五新”频道定位，在启用新台标以及对频道进行整体包装升级的同时，相继策划推出《一起回家吧》《边走边看》《行走的力量》《大国文化》《同步世界》《决胜海陆空》等栏目18档。强化板块集群的打造，7月21日起推出每周一至周五晚间920特色栏目带。此外，甘肃卫视依托微博、微信等第三方平台开展宣传、推广、营销和与用户的互动，开设新浪、腾讯官方微博及微信公众平台24个，实现主流新媒体社交平台的全覆盖，甘肃卫视新浪微博粉丝数突破110万，栏目互动最高达到390万人次。与此同时，在腾讯、乐视、爱奇艺、优酷、PPTV、搜狐视频发布节目视频。2014年，甘肃卫视收视增幅达41%，市场份额增幅达40%，全天最高时段收视率由原来的1.49攀升至2.156，晚间收视排名上升4位，特别是“920栏目带”较去年同期收视增长37%，较开播之前收视增长100%。甘肃卫视频道分获“中国电视欣赏指数西部频道成长性第一”和“2014传媒中国年度最具成长性卫视”殊荣。同时，覆盖工作也实现较大突破，全国覆盖人口已达到7.09亿人，同比净增1.06亿人。

【品牌战略】积极推进频率频道制改革，全面转换内部运行机制。电视公共频道着力打造百姓系列品牌和百姓栏目集群，其中《百姓·有话说》栏目于4月份实现直播以后，收视同比去年增幅达到16%；《百姓·中国梦》栏目被中国广播电视协会评为第八届“纪录·中国”创优评析优秀栏目。电视经济频道相继推出系列经济栏目群，展示甘肃经济发展成就，助推区域经济发展，收视率与去年同期相比增幅达242%，市场份额同比增长395%。电视文化影视频道新办节目《喧个关·帮个忙》务实亲民，分钟最高收视率达到2.184；《好剧七点半》平均收视达到2.014；频道本地市场份额达到34%，荣登2014传媒中国百强排行榜，分别获得“2014传媒中国年度十大（省级）竞争力地面频道”“中国品牌媒体百强—省级地面频道10强”殊荣。先后策划组织实施“双联在陇原”“寻找帮女郎”“甘

《一起回家吧》启动仪式现场

肃骄傲——2014年度甘肃十大经济人物评选”等40多项形式多样的大型新闻行动和大型活动项目。

【高清建设】推进以高清制播平台为主的项目建设。在加大对覆盖、技术、装备、安全播出等方面的投入的同时，分步启动高清数字演播室系统、高清非编制作网络、高清摄像机微波系统等项目11项，已完成广播直播间及广播制播网、采编设备、后期编辑设备等3个项目的安装、培训工作，并全面投入使用。便携式应急转播车及应急设备建设、高标清同播新闻资讯直播平台系统、高清新闻直播间电视语音录音间等5个项目已立项，并进入方案起草和招标阶段。

省广播电影电视总台（集团）领导班子成员名录

党委书记、台长　康　坚

总会计师　刘向成

副台长　王晓岚　久喜佳（藏族）

　　　　王　昂　王小枢

纪检书记　景耀奇

（供稿：贺　莉）

气象　地震

气　象

【气温】2014年，全省年平均气温为8.7℃，较常年偏高0.6℃。全省年平均气温最低中心在乌鞘岭，为0.8℃，最高中心在文县，为15.5℃。全省各月平均气温与常年同期相比，12月气温偏低0.7℃，为近九年来最低，1、3、4、7、9和10月偏高，其中1月气温偏高1.8℃，为近四年同期最高，3月较常年同期偏高1.8℃，为1960年以来第三高，仅次于2013年和2008年，10月较常年同期偏高1.7℃，为近八年同期最高，其余各月接近常年。

【降水】2014年，全省年平均降水量为420.2毫米，较常年偏多5%，为近3年最少。各地年降水量，酒泉市中北部为38～100毫米，酒泉市南部，张掖市、武威市、白银市、兰州市、定西市、天水市中西部和陇南市北部为100～500毫米，平凉市、庆阳市、临夏州、甘南州、天水市东部和陇南市东南部为500～736毫米。年降水量最少中心在瓜州，为38.7毫米，最多中心在正宁县，为736.1毫米。与常年相比，张掖市中南部、武威市、兰州市南部、定西市北部、平凉市、庆阳市、临夏州西部、甘南州、陇南市西部偏多1～4成，金昌市、白银市中部偏多4～8成，酒泉市中南部和东北部、陇南市东北部偏少1～4成，全省其余大部地方接近常年同期。

【日照】2014年年日照时数，酒泉和张掖两市为2746～3561小时，武威市为2731～3202小时，白银、兰州、定西、平凉、庆阳五市、临夏州和甘南州为1412～2797小时，天水和陇南两市为1688～2167小时。

【主要气象事件及其影响】暴雨　日数异常偏少，部分地方受灾严重。共有8站累计出现暴雨8站日，较常年偏少12站日，为1994年以来历史同期最少。夏季暴雨次数少，但强度大，部分地方损失严重，出现大范围的强降水和局地暴雨天气过程。年内全省共有19站（次）达到极端降水事件标准，麦积站达到历史极值。暴雨导致的洪涝、滑坡和泥石流等次生灾害频发，给群众财产和基础设施造成重大损失，陇东北部和陇南大部分县（区）的乡镇受灾严重。

冰雹　出现日数偏少，但局地雹灾较重。全省共有27站累计出现冰雹46站日，较常年偏少43站日。主要出现在酒泉、武威、兰州、定西、临夏、甘南和庆阳等地。年内出现1次区域性冰雹。年内局地冰雹灾害频繁，酒泉、武威、兰州、定西、天水、庆阳六市和甘南州部分乡（镇）不同程度受灾，其中兰州市、定西市和庆阳市受灾严重。

干旱　1月，全省大部分地方降水偏少7～9成，酒泉、张掖、武威市部分地方基本无降水。1月全省降水累计日数为61站日，较常年同期偏少247站日，为近22年最少年份。2013年9月18日至2014年1月31日，酒泉市未出现有效降水，旱象明显。东南部伏旱严重，自7月11日全省大范围降雨结束后，到8月初基本无区域性降雨过程，加之气温较高，土壤蒸发量加大，旱象显现。7月中旬至8月上旬，天水、平凉和庆阳市南部连续无有效降水日数为24～27天，加之高温天气偏多，出现较重干旱，受灾较重。

连阴雨　连阴雨和区域性连阴雨次数均偏多。在河西大部和河东（全省75站）年内累计出现367次连阴雨过程，较常年偏多44次，为近6年最多，出现时段为4—11月，主要出现在夏季。河西大部出现1～4次，河东大部出现2～6次，其中陇中南部和甘南高原出现8～11次。与常年相比，河西东部部分地方、陇东北部部分地方、甘南南部个别地方偏少1～3次，省内其余大部分地方偏多1～3次。全年共出现区域性连阴雨天气过程13次，较常年偏多。

高温 高温日数偏多。全省共有46站累计出现日最高气温≥32℃高温日数861天，比常年偏多88天。出现时段为5月中旬—9月中旬，集中出现在夏季（占全年总日数94%，较常年同期偏多89天），主要出现在河西、陇中中北部和陇南南部，其中敦煌全年累计出现日数最多（62天）。与常年相比，河西个别地方、陇中中部部分地方和甘南大部接近常年同期，陇东大部分地方和陇南北部部分地方偏少3～12天，省内其余地方偏多3～12天，其中灵台和宁县分别偏多25天和21天。全省共有19站出现日最高气温≥35℃的高温天气，累计出现104天（均出现在夏季），较常年同期偏少19天，主要出现在河西中西部、陇中北部和陇南南部个别地方。

大风 年内全省共有60站出现大风天气，累计出现526次，较常年同期偏少34次，主要出现在河西、陇中大部、甘南高原和陇东大部分地方。

沙尘暴 全省共有44站出现扬沙天气，累计出现182次，较常年同期偏少365次。年内全省共有71站出现浮尘天气，累计出现401次，较常年同期偏少391次。3月9—14日，全省出现持续大范围浮尘天气。年内全省共有20站累计出现沙尘暴35次（日），较常年偏少68次（日），为连续第12个偏少年份，春季沙尘暴日数为近5年次少（2012年最少），主要出现在河西走廊部分地方和陇东部分地方。年内首次沙尘暴天气出现在1月13日（金塔、玉门镇），末次出现在9月11日（金塔）。年内共出现4次区域性沙尘暴过程，较常年偏少，分别出现在2月24日、3月9日、3月11日和7月30日。

干热风 干热风次数偏少，对农作物影响程度轻。年内（夏季）全省共有28站累计出现干热风352次（日），较常年偏少54次（日），为近6年最少。主要出现河西、陇中北部和陇东北部，其中河西大部出现18～25次，瓜州和敦煌最多，分别为40次和36次。

霜冻 晚霜冻次数偏少，部分地方受灾较重。年内全省各地均出现晚霜冻（4—5月），累计出现2783次，较常年同期偏少506次，为近四年最少。受晚霜冻影响，河西个别地方、陇中北部个别地方和陇东部分地方的农作物不同程度受灾，其中陇东个别地方和陇南北部个别地方受灾较重。

寒潮 寒潮、强降温次数偏少，部分地方出现低温冻害。年内全省有一半地方均出现寒潮和强降温天气（出现站数均为40站），累计出现寒潮29次（日），较常年偏少29次（日）。累计出现强降温107次（日），较常年偏少46次（日）。寒潮、强降温出现时段主要集中在初春3月和仲春4月。

雪灾 2月、4—6月出现不同程度雪灾，对交通运输、农牧业生产造成不同程度影响，河西西部个别地方和陇中部分地方受灾，陇中个别地方受灾较重。

【气象服务】气象工作写入2014年省委1号文件和省政府工作报告。省政府主持召开全省气象防灾减灾暨人工影响天气工作会议，安排部署气象灾害防御工作，对上年度市州政府气象灾害防御工作进行绩效考核。省气象局参加省政府防灾减灾工作落实情况检查，代表省气象灾害防御指挥部，对各市州政府目标任务完成情况进行实地考核。83个市、县（区）成立气象灾害防御指挥部，85个市、县（区）将气象工作纳入对地方政府的绩效考核。组织召开25个部门和单位参加的气象灾害预警服务联络员会议，与省红十字会签署部门合作协议，多部门预警会商机制进一步完善。气象事业"十二五"规划的两个重点建设项目列入省级财政预算。气象事业发展规划纳入全省"十三五"重点专项规划。全省气象灾害造成的损失为历年最少。针对年内出现的"6·18"等4次区域性暴雨、4月23—24日等三次区域性大风、沙尘暴及10月10—12日等三次寒潮强降温、降雪等重大灾害性天气过程，全省气象部门及时向各级党委政府提供决策气象服务，为公众和各行各业提供预报预警服务，共启动重大气象灾害应急响应117次，发布预警信号2010次，报送决策服务材料5373期。各级领导批示381人次，其中省级领导批示15人次。与农牧部门合作开展"直通式"气象服务，全省共纳入"直通式"气象服务对象13054个。建立气候中心与农试站协同开展为农服务机制。依托"三农"服务专项，发挥现代农业气象示范县引领带动作用，提升县级现代农业气象服务能力。建成2个全国标准化气象为农服务县（市、区）、19个标准化农村气象灾害防御乡（镇）。圆满完成"第十三届环青海湖国际公路自行车赛""兰洽会""兰州国际马拉松赛"等重大活动期间预报服务。全年共实施飞机人工增雨作业25架次，增水量约9.833亿立方米。地面作业1364点次，耗弹量37224发（枚）。建设集气象信息共享、人影潜势预报、冰雹灾害预警、人影业务管理于一体的"省级人工影响天气综合业务平台"。自主研发的"冰雹云CINRAD/CC和CINRAD/CD雷达预警及防雹作业指挥系统"获国家版权局《计算机软件著作权登记证书》，系统在甘肃、新疆、云南、吉林、山西、青海、宁夏等省区投入业务应用。开展小陇山林场救火人影增雨、"相约陇南两当 共圆幸福中国梦"西部民歌邀请赛人工消减雨等保障服务。

【气象现代化建设和改革】省政府出台《关于加快推进气象现代化的意见》，成立推进气象现代化建设领导小组，印发《甘肃省气象现代化工作考核指标体系和评价办法》。14个市州政府出台指导性意见，12个市州政府成立领导机构。省局制定《气象现代化工作实施方案》和落实省政府加快推进气象现代化意见任务的分工方案。省局、各市州局成立全面深化气象改革领导小组办公室。各市州局、省局各直属业务单位出台本单位的工作方案。结合甘肃实际，印发《中共甘肃省气象局党组关于全面深化气象改革的实施意见》，下发《贯彻中共中国气象局党组关于全面深化气象改革的意见主要任务分解表》。在专题学习调研的基础上，编制《气象服务体制改革实施方案》《气象业务科技体制改革实施方案》和《气象管理体制改革实施方案》。全省24小时晴雨预报准确率为87.6%，最高和最低气温预报准确率分别为73.4%和76.1%。年度短期气候预测质量位居全国前列。组织开展格点化预报业务试验，完成极端天气气候事件监测业务系统本地化应用。组建西北区域数值预报中心，制订《区域中尺度模式业务化准入实施工作方案》。组织开展“西北区强对流天气预报预警系统”“陇南市自然灾害监测预警指挥系统”“现代天气预报编辑发布与服务系统”和“县级预报预警平台”推广工作，参加全国县级预报综合业务平台推广应用视频会并做典型发言。完成航危报改革和地面高空业务一体化改革，全面完成历史实时数据一体化和高性能计算机系统建设。继续推进山洪地质灾害防治气象保障工程，建成国家级新型自动气象站2套、能见度仪20个、称重式降水、气溶胶、紫外线观测设备各1套。陇南新一代天气雷达完成基础设施建设。完成16市、县（区）暴雨洪涝灾害风险普查工作，建立普查信息数据库，加强中小河流洪水和山洪地质灾害气象风险预警服务。完成81个山洪灾害防治县级非工程措施建设项目的初步验收。扩大农村气象灾害预警信息发布系统——“村村响”大喇叭建设范围，提高预警信息覆盖区域。

【应对气候变化】参与编写“积极应对气候变化，加强气象防灾减灾，推进生态文明建设”的“陇原大讲堂”宣讲报告，完成甘肃省历年气候变化简图和“认知甘肃气候，服务经济社会”宣传册等。向省政府上报“甘肃生态文明建设应高度重视气象防灾减灾和应对气候变化工作的建议”等决策服务材料。向中国气象局提交“在河西内陆河流域生态治理中加强应对气候变化工作”等全国两会提案。发布2013年度《甘肃省气候变化监测公报》。针对兰州新区建设、兰州大气污染治理及甘肃新能源发展提供气候可行性论证和技术支撑。

【科技创新】完善科研管理办法，推进科研项目全程管理。召开全省科技创新驱动现代气象业务发展研讨会。《中国干旱气象科学研究计划实施方案》通过专家论证，行业专项重大项目“我国北方干旱致灾过程及机理”获立项、批复。全年组织申报各类项目93项，获甘肃省科技进步二、三等奖各1项。组织参加“第八届全国气象行业职业技能竞赛暨第四届全国气象行业天气预报职业技能竞赛”。

【人才队伍建设】全年制定修订10项人才管理制度和流程。3人入选“西部优秀人才”，1人入选中国气象局“英才计划”，1人入选人社部“百千万人才工程”专家评委。气象人才综合评估位于全国前列。举办培训班28期，近1500人次参加培训。开展对全省处、科级干部队伍的分析研判。启动处级领导班子后备干部补充工作。开展超职数配备干部和事业单位岗位设置专项检查。严格执行处级干部个人事项报告制度。开展市、县局长轮训。

【气象法规建设与社会管理】《甘肃省气象灾害风险评估管理办法》经省政府第68次常务会审议通过。完成全省气象行政许可项目和省局2000—2013年规范性文件清理工作。开展防雷综合治理，全面推进防雷工作规范化发展。完成三项地方标准的制定并对社会发布。召开全省气象服务工作会议，全面推进气象科技服务的规范化管理。以《气象法》颁布十五周年及第一个国家宪法日为契机，广泛开展气象法律法规宣传。

省气象局领导班子成员名录

局　长　鲍文中（5月任）

副局长　张　强　陶健红　杨兴国

纪检组长　乔小妹

（供稿：李春亮）

地　震

【地震震性】2014年甘肃共发生MS≥2.0级地震100次。其中，2.0～2.9级地震82次，3.0～3.9级地震14次，4.0～4.9级地震4次，最大地震为11月15日发生的景泰4.9级地震。2014年地震活动在时间分布上比较均匀，其中1月、8月和12月地震活动频次相对较高，在10–12次，7月份地震活动水平较低仅4次，其余月份地震频次在6–10次；3.0级地震分布12月份最多为4次，4、5、9、10、11月份均有3.0级地震2–3次，其余月份无3.0级地震发生。地震活动在空间上分布延续以前的格局，2.0级以上地震主要集中分布于祁连山地震带西段、东段和古浪周围及甘东南地区；3.0级地震主要分布在祁连山地震带和甘东南地区。

【监测预报】完善全省地震台网运行管理机制，实施所有强震动台站19次远程检查和部分现场巡检，维修改造地震监测仪器设备40台套。2014年，共速报省内及周边地区39个有感和破坏性地震，满足地震应急工作的实际需求；测震台网、前兆台网、强震动台网、信息网络运行率分别达到96.3%、98.9%、90%、99.%，在全国地震观测资料质量评比中甘肃省有29台项获前三名。2014年初，全省各级地震部门强化地震重点危险区震情跟踪与分析研判，开展持续六个月的短临跟踪，丰富完善临震预报指标，严格执行宏观异常核实规程，注重基层和社会的群测意见，将地矿、气象等部门水位、水井、降水等资料应用于震情研判，组织有关专家开展显著异常落实40次。加强与中国地震局和周边省区信息共享，及时通报重大震情和短临预报意见，强化科研成果应用，组织震情会商80多次、联合会商7次，及时向省委、省政府上报震情趋势意见及15次有感和破坏性地震震后趋势判定意见。

【灾害预防】加强全省重大建设工程抗震设防要求和地震安全性评价监管，开展省内丙级安评资质单位的检查、重新审核、认定工作，注销3个丙级资质，新认定1个丙级资质。加强抗震设防要求行政审批，全年审批确认重大建设工程抗震设防要求110项，各市县地震部门确认一般建设工程抗震设防要求1400项，确保各类建筑达到抗震设防

2014年8月5日，甘肃省地震局现场应急工作组在云南鲁甸地震灾区调查评估灾情

要求。实施农村民居地震安全工程，全省地震系统联合建设等部门组织开展农村工匠培训8000多人次。全年各地区依托灾后恢复重建、危旧房改造、新农村建设等项目，新建抗震安全农居22.4万户。2014年，全省已建成抗震安全农居308.4万户，占全省农居总数的62%。

【应急救援】加强全省地震应急预案动态管理，全年指导修订各级各类地震应急预案700多件，特别是酒泉、嘉峪关、天水、兰州、张掖、平凉等市实现预案城乡全覆盖；加强省地震灾害紧急救援队建设，开展理论实务和操作技术培训，配发2200件（套）救援器材和专用救援车。省测绘地理信息局向省地震局无偿提供全省基础地理信息，省卫生计生委提供全省人口数据，及时更新地震应急救灾基础数据库。省抗震救灾指挥部信息通报系统、微型移动自动指挥平台和应急专题地震自动成图系统已完成搭建以及软硬件测试。全年，兰州国家陆地搜救基地对省消防部队、省军区、省红十字会、省疾控中心等800多名应急人员进行救援技术、理念培训，同时对广东、山东、陕西、海南、河北、云南、青岛及甘肃省消防总队救援技术骨干400多人进行专业地震救援技术培训。对各市州政府和省抗震救灾指挥部成员单位地震应急准备工作进行全面自查和现场检查。分管副省长带队对兰州市学校、医院、社区及企业防震减灾工作进行一次检查；省政府分管副秘书长召集省抗震救灾指挥部主要成员单位，对第一季度落实国务院、中国地震局和省委省政府防震减灾工作部署进行一次督检；配合国务院抗震救灾指挥部工作组对甘南州、省地震应急指挥中心、兰州国家搜救基地、省救灾物资储备中心应急准备工作进行检查；省抗震救灾指挥部组成两个检查组，对应急准备工作进行实地现场检查；酒泉、陇南、张掖、甘南等市州政府开展防震减灾和应急工作检查。

【科技创新】组织国家、省部级各类科研项目申报，20个项目得到资助；在研项目科技成果被及时应用于地震预报、灾后重建、应急救援等领域。依托“西部地球科学与防灾工程论坛”，举办省地震学会学术年会及岷县漳县地震一周年学术研讨会，先后邀请30多位国内外专家作28场学术报告；与希腊地震工程学会、国际土力学和岩土工程学会地震岩土工程技术委员会、清华大学、中科院寒旱所等科研机构开展学术交流活动。全年已发表论文120篇，其中SCI10篇、EI15篇；石窟文物抗震防护技术对策研究项目获甘肃省科技进步二等奖。省科技厅大力推广防震减灾设施技术及产品推广应用，开展防震柜、墙、逃生通道等系列产品并在河西市县建立5个示范点，大力推进科技成果应用于防震减灾工作。

【法制建设和科普知识宣传】省十二届人大常委会第十一次会议对省地震局代省政府和省人大常委会调研组所作的关于全省加强地震重点监视防御区防震减灾工作情况报告、调研报告进行一审。全省地震系统完成第四轮防震减灾

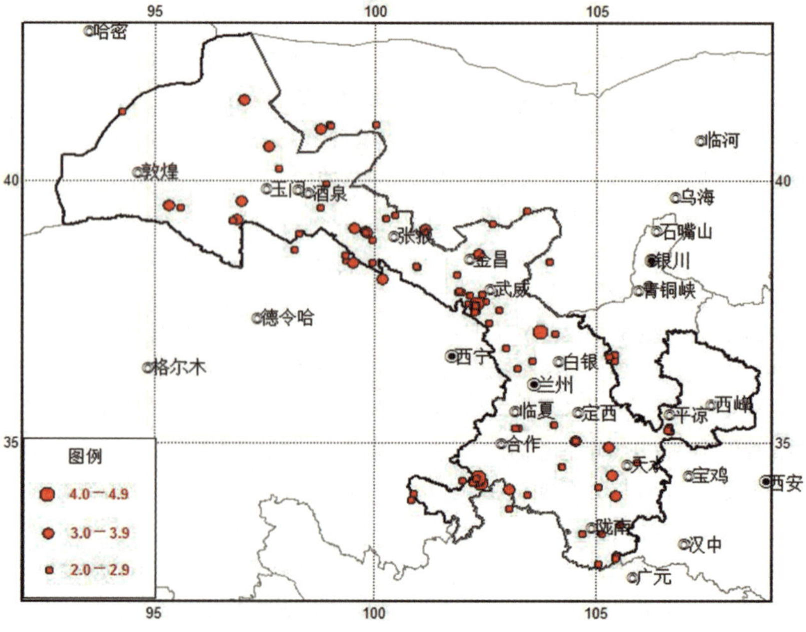

震中分布图

2014年甘肃省地震目录（MS≥3.0级地震）

序号	发震时间						震中位置		震级（MS）	深度（km）	参考地名
	年	月	日	时	分	秒	纬度（°）	经度（°）			
1	2014	2	22	12	56	18	37.65	102.30	4.5	10	甘肃天祝
2	2014	3	12	08	30	49	37.62	102.26	3.6	7	甘肃天祝
3	2014	4	16	03	31	58	35.05	104.54	3.2	6	甘肃陇西
4	2014	4	28	10	08	35	39.25	96.85	3.0	6	甘肃肃北
5	2014	5	29	00	17	30	39.03	99.79	3.0	6	甘肃肃南
6	2014	5	29	00	19	34	39.02	99.81	3.2	7	甘肃肃南
7	2014	5	29	10	42	52	34.93	105.29	3.0	6	甘肃甘谷
8	2014	7	08	06	23	25	39.61	96.97	3.0	6	甘肃肃北
9	2014	9	05	19	31	50	38.59	102.36	3.4	14	甘肃金昌
10	2014	9	08	02	30	46	39.10	99.52	3.3	4	甘肃肃南
11	2014	10	04	23	05	09	39.53	95.32	3.8	10	甘肃肃北
12	2014	10	25	10	26	03	34.25	102.40	4.6	10	甘肃碌曲
13	2014	11	15	07	03	16	37.12	103.74	4.9	9	甘肃景泰
14	2014	11	19	08	38	10	40.65	97.59	3.3	8	甘肃玉门
15	2014	11	22	22	55	31	34.35	102.36	4.5	10	甘肃碌曲
16	2014	12	02	19	18	54	34.01	105.43	3.7	17	甘肃西和
17	2014	12	08	11	43	53	41.54	97.02	3.6	7	甘肃肃北
18	2014	12	22	07	49	36	34.39	105.37	3.5	15	甘肃礼县

行政执法主体资格和执法证书清理换证工作。截至2014年底，全省拥有行政执法人员365人，行政执法监督人员96人，地震及有关部门在地震观测环境保护、地震安全性评价等方面开展联合行政执法150多次，推动防震减灾各项工作规范实施。省委宣传部与省地震局共同举办中央和地方媒体防震减灾情况通报会，省委宣传部、省人大常委会教科文卫委员会分别与省地震局编印出版《地震应急避险手册》和《防震减灾科普读本》。全省宣传、教育、卫计、地震等部门及各新闻媒体，充分利用各种宣传平台，开展防震减灾知识宣传，特别是在省防震减灾宣传周期间开展大型集中科普宣传100多场次、发送手机短信150多万条、电影专场50多场次、刊发稿件900多篇、电视消息500多条、专题新闻70多条、地震应急疏散演练300多场次。全年新命名省级示范学校13个、地震安全示范社区4个，省级防震减灾科普教育基地2个。

【人才队伍建设】强化管理队伍培训，组织60多名处级干部开展5天集中轮训，6位局级、4位处级领导干部参加中央党校、行政学院、中国地震局、省委党校、杭州培训中心政治理论学习及研讨班。强化科技队伍培训，组织500多人次科技人员开展12期业务培训和参加系统业务培训，派出7人国外交流访问学习。组织200多名机关、事业和科技人员参加杭州网络学院培训。全年全局组织各类培训16项、1713人（次）。

【专项工作】省抗震救灾指挥部举行一次省市县三级地震应急演练。省防震减灾工作领导小组各成员单位各负其责，全力完成防震减灾工作任务。省民政厅加强地震应急救援物资储备，投资1000多万元采购8大类物资，充实73个救灾物资储备库；省建设厅组建震后房屋设施及重建工程评估专家队伍100多名，对1000多户农村危房改造质量进行抽查，争取中央财政支持的农村危房改造项目14万户、资金12多亿元；省水利厅组建灾害综合抢险队伍2500多个、26万人；兰州铁路局对地质灾害存在隐患的铁路5000多公里、桥梁1800座、隧道170多座、沿线水库40多座进行排查，投资6000多万元进行整改；省教育厅指导各市州对各类学校安全隐患进行拉网式排查和风险评估，排查和评估学校达到100%；甘肃公安消防总队14个支队、8个轻重型应急救援队，102个普通应急救援队建立覆盖全省的“一键式”指挥调度体系和一处震情、多点响应、共同联动的地震灾害救援体制机制，并与省地震局建立地震信息共享平台；省公安厅建立随时调集200多名交警、120多名特警，以及领导分片包段、民警责任到人，交警为主、特警辅的应对地震灾害交通管治机制；省商务厅建立40家地震应急商品供应企业；省粮食局建立分布11个市州的5000万吨的成品粮油应急储备，确定应急供应网点1300多个、配送中心120多个、加工企业130多个、储运企业120多个；省电力公司在每个市州建立100人的应急抢修队伍，应急中心仓库储配170多种应急物资。

【重点项目建设】省市两级政府投入专项经费1180万元，在天水、金昌分别组建东西部两支区域性省级地震灾害紧急救援队。岷县漳县灾后恢复重建防震减灾项目建设，完成重建区域活动断层调查评价、抗震设防地震动参数区划图编制、异地重建集中安置点场地地震安全评估和成果推广应用等重点工作。中国地震背景场探测工程甘肃分项、国家地震社会服务工程甘肃分项、中国地震科学台阵探测项目甘肃分项、兰州国家陆地搜寻与救护基地配套项目、台站优化改造等重点项目，完成年度计划任务。落实国家地震烈度速报与预警工程、地震电磁监测试验卫星工程、兰州国家陆地搜寻与救护基地二期等重大项目涉及甘肃部分立项工作，并完成立项评估、初步设计以及前期准备工作。中国地震局与甘肃省人民政府共同推进兰州城市圈防震减灾体系建设实施方案已经中国地震局和省发展改革委论证评审通过。成立"十三五"防震减灾规划编制领导和工作机构，完成规划预研究报告编写并上报中国地震局。

省地震局领导班子成员名录

局　长　王兰民

副局长　周志宇　杨立明

　　　　石玉成　袁道阳

纪检组长　王克宁

（撰稿：高菁菁）

档案　文史　地方志

档案工作

【档案馆建设】贯彻中央办公厅、国务院办公厅《加强和改进新形势下档案工作的意见》，省委、省政府办公厅印发《加强和改进新形势下全省档案工作的实施意见》，从建立档案事业现代治理体系、健全覆盖全社会的档案资源体系、创新档案资源开发利用体系、提升档案科学管护安全体系、完善档案事业发展保障体系等方面规范全省档案事业发展。省档案局制定《档案文化建设三年规划》。启动甘肃档案信息中心建设项目，加快构建以省档案局为主导、省档案馆为龙头、市州档案馆为支点的全省档案数字化网络平台，电子文件中心、电子档案中心、数字档案馆"三位一体"建设。

【行政管理与指导】省档案馆征集到两枚汉代官方档案——汉简和一批历史档案，使全国馆藏档案年代提前到汉代；接收省司法厅、省民政厅、省公证处、省新闻出版局等省直部门到期档案5.6万卷（件），整理入库3万卷（件）。全年扫描档案250万幅，录入目录50万条。积极开展数字化档案的查阅利用，全年为5000多人次查档3万多卷次。成立全省档案科技项目评审委员会，完善科技项目评审工作程序。2个项目获得国家档案局立项，1个项目通过结题验收。全年落实县级档案馆项目资金1836万元，国家重点档案抢救保护中央补助资金380万元，省级抢救保护补助费和档案馆库维修费400万元。在全省一般性支出压缩5%的情况下，省档案馆财政预算净增464万，增幅为24%，争取其他项目资金1521万元。省档案局推广华池等地民生档案工作先进经验，精心指导西和县创建全国社会主义新农村建设档案工作示范县，在会宁、武山、景泰等县区开展"双联"行动建档试点，树立119个乡镇、1036个行政村档案工作示范点。积极开展示范档案馆室创建活动，指导兰州市档案馆晋升为国家一级综合档案馆，华池县、皋兰县、永登县、兰州市城关区档案馆晋升为国家二级综合档案馆；指导各地和检察、移动、电投、靖煤等系统树立档案工作省特级单位52个。在全省档案系统开展争创"双十先"活动，推选兰州、酒泉、庆城、临泽、静宁、两当等6个市县档案馆为全国最美档案馆。省档案局制定出台《甘肃省档案网站管理办法》《甘肃省档案网站规范化建设实施办法》；加强与省改革办、省纪委、省发改委、省财政厅、省建设厅、省安监局等部门的合作，规范改革档案、廉政档案、中介组织档案和重大工程项目档案的管理。指导省属国有企业制定文件材料归档范围和保管期限表，加强高校、会计师事务所档案工作的调研和指导。指导14个市州、86个县区市制定档案馆收集档案范围实施细则。推动临夏市宗教档案的规范管理，督促甘南州加强对"尼江事件"等维稳工作文件材料的建档指导。

【档案文化项目】省档案局筹办的《甘肃记忆》《历史将永远铭记》两个主题展览样本正在初审。《党和国家领导人与甘肃》电视专题片已进入后期制作阶段。《近代甘肃政要施政文献选编》《甘肃民族宗教档案文献选编》初稿已经完成。完成省简牍馆《汉简》、镇原县《秦铜诏版》、张家川县《契文砖》3个中国档案文献遗产名录项目的申报，13个文化项目的开发研究稳步推进。省档案局先后认真学习党的十八大、十八届三中、四中全会、习近平总书记系列重要讲话精神等党的最新理论成果和省委十二届八次、九次全委会议精神。围绕深化改革、作风建设、党风廉政建设、依法治国等11个专题，党组中心组集中进行13次学习讨论，达到融会贯通、武装头脑、指导实践的效果。对照习近平总书记"五个坚持"标准和"三严三实"要求，开展"五对照五检查五强化"活动，在全省档案系统开展"学政治、学法律、学业务、学先进"活动。

【队伍建设】省档案局坚持把学习贯彻习近平总书记系列重要讲话精神与弘扬"四特"精神结合起来，开展"五对照、五检查、五强化"活动和"学政治、学法律、学业务、学先进"的"四学"活动。同时，强化干部培训，制定《甘肃省档案干部培训工作规划（2014—2016）》，对1300多名档案人员，特别是市县档案局长进行培训。省档案局机关推荐3名副地级干部人选，有19名干部岗位调整，11名干部得到提拔。省档案局联合省人大科教文卫委、省政府法制办组成4个档案执法检查组，对全省14个市州和100多个单位实施档案法情况进行档案行政执法检查。组织开展“档案与档案法制知识竞赛”活动，省内外参与人员1.8万多人，其中有10个外省（区、市）单位参加竞赛活动。全年会议费用下降44.6%，公务接待费用下降51.3%，车辆购置和运行经费下降25.2%。实施后库太阳能建设和机关节能饮水机项目，严格控制办公经费支出。制定《违反工作纪律教育追究办法》。

【党风廉政建设】先后认真学习党的十八大、十八届三中、四中全会、习近平总书记系列重要讲话精神等党的最新理论成果和省委十二届八次、九次全委会议精神。围绕深化改革、作风建设、党风廉政建设、依法治国等11个专题，党组中心组集中进行13次学习讨论。对照习近平总书记“五个坚持”标准和“三严三实”要求，开展“五对照五检查五强化”活动，在全省档案系统开展“学政治、学法律、学业务、学先进”活动。健全党风廉政建设主体责任制，印发《中共甘肃省档案局党组关于落实党风廉政建设主体责任的实施办法》。局党组承担党风廉政建设主体责任，党组书记承担党风廉政建设第一责任人的责任，党组其他成员承担职责范围内的领导责任，各处室主要负责人承担本处室范围内的党风廉政建设责任，把主体责任落实到处长一级。强化纪检监督责任，纪检组长不再分管人事、老干部、学会等工作，专注党风廉政建设和反腐败工作。坚持组织生活制度，局党组成员全年共参加本支部组织生活会4次，班子民主生活会2次。

【“双联”行动】出资10万余元为三个联系村购买发放优质橄榄树苗3万株，协调汉王镇调拨1.5万株；投资270万元修建的马半山村7公里公路已建成通车，投资35万元修建甘家沟村2.5公里田间道路完工，投资780万元的朱能村通村公路建设也已收尾；出资40万元修建的甘家沟村饮水工程已开工，投资20万元的马半山村饮水工程已投入使用；出资10万元建立助学基金，为3个联系村考上大学的贫困学生进行资助；筹资7万元为3个村的困难户送去米、面、食用油等慰问品，全年共组织11批80余人次进村入户开展工作。

省档案局领导班子成员名录

局（馆）长　赵国强

副局（馆）长　王少华　张　烜

　　赵海林

纪检组长　孙小林

（供稿：梁　鹰）

文史研究

【“中华文化四海行——走进甘肃”活动】6月9日至13日，由国务院参事室、中央文史研究馆和甘肃省人民政府联合主办、省政府文史研究馆和省直有关部门共同承办的“中华文化四海行——走进甘肃”大型系列文化活动取得圆满成功。活动邀请舒乙、马振声、李前宽、尚长荣、梁晓声、田青、姜昆、张大宁、陈来、陈铎、虹云、赵家珍、蔡正仁、刘纪宏、吴玉霞等20多位中央文史馆馆员、文化文艺界知名人士和18省（市、区）文史馆代表共计100多人参加。在活动期间，先后举办1场专题报告会、4场学术讲座、1场中国书画精品联展、1场联谊晚会、1场书画交流笔会，与会代表还深入甘南、临夏等地开展慰问和文化调研活动，并召开座谈会。

【文史论坛】4月，省政府文史研究馆和天水市成功举办“陇东南历史文化创新区建设研讨会”。12月，省政府文史研究馆和省行政学院联合举办“甘肃省丝绸之路历史文化论坛”，馆员、研究员，甘肃行政学院部分教授九十多人出席论坛。

【文史研究和艺术创作】馆员、研究员围绕华夏文明传承创新区建设和丝绸之路经济带甘肃黄金段历史文化进行研究，在《甘肃日报》《香港商报》等国内外报刊和网络上先后发表《因地蓄锐·秦人发祥于陇右》《凉州会盟：西藏纳入中国版图的历史见证》《陇东：中国传统农耕文明的肇始地》《六出祁山三履陇原:诸葛亮与甘肃的不解之缘》《亦真亦幻神奇陇原〈聊斋志异〉中的甘肃故事》《大地湾文化中华文明的曙光》《锁阳城:丝路沧桑的历史见证》《伏羲氏与陇东南伏羲文化》《万国博览会：焉支山下的帝王“盛宴”》《华夏文明的曙光——甘肃彩陶文化》《黄河古象——驮载着陇东沧海变桑田的绚丽画卷》《丝绸古道上的万国博览盛会》等学术论文20余篇。在“甘肃省丝绸之路历史文化论坛”上共收到论文18篇。创作书画作品200余幅，将馆员编著的《宋王朝皇位递嬗与兴亡》、《陇史新探》两部著作纳入文史馆文库，给予全额资助出版。对馆员编著的《王望墨辑选辑》《陇西诗书画选集》《陵谷沧桑—八千年陇文化》《回惊天下》给予部分资助。

【咨政建言工作】向省政府上报《关于建设抗日战争兰州空战纪念馆主题公园》《关于建立敦煌国际大学，使之成为敦煌文化和敦煌学研究的学术枢纽》《关于为敦煌学历史人物建立纪念馆，借助他们的国际影响力彰显敦煌文化的历史地位和学术价值》等建议。

【文化交流】先后组织馆员、研究员参加中央文史馆和各省区、市组织的文化交流活动10多次，书画作品参展20余次。7月，组织馆员在西安参加“丝绸之路文化行西北五省市区文史馆书画联展陕西展”活动。8月，选送8位书画家的作品到北京中国美术馆参加由国务院参事室、中央文史研究馆举办的“文史翰墨——首届中华诗书画展”。9月，参加由省政府文史研究馆与内蒙古自治区文史研究馆共同举办的第二届《草原情·陇原韵》书画联展活动。9月，在银川参加“丝绸之路文化行西北五省区市文史馆书画联展”和第二届“贺兰雅集”活动。10月，组织馆员在乌鲁木齐参加“逐梦天山——丝绸之路文化行走进新疆”活动。12月，赴台进行文化交流活动，实地参访台湾中国文化大学、台湾故宫博物院、台北诚品书店等。组织馆员、研究员赴省内的平凉、甘南、临夏、陇南等地开展历史文化考察和送书画下基层活动。

【对外宣传】全年出版发行《甘肃文史》杂志4期，增加编发《王望专刊》和《中华文化四海行走进甘肃专刊》，共刊发文史和艺术类文章近60余万字，编发《馆讯》18期。9月，组织召开甘肃棋坛巨擘彭述圣诞辰140周年、王和生诞辰110周年座谈会。

【"双联"行动】组织全体干部职工并邀请研究员多次深入灵台县梁原乡东门村开展文化下乡、扶贫义诊、对接帮扶等工作。积极协调有关部门累计投入资金300多万元，实施梁原乡中心幼儿园、东门村水过面桥、危房改造、河道治理、村文化广场等帮扶项目。2014年全村人均纯收入达到4263元，较2013年增长18.5%，省政府文史馆"双联"工作连续三年被评为优秀等次。

【机关建设】开展党的群众路线教育实践活动。7月，在省直机关工委的指导下，选举产生机关党委和纪委。完善选人用人机制，优化中层干部队伍结构，提拔任用4名处级干部。组织开展"党员志愿者服务""道德大讲堂"等活动。

省政府文史馆领导班子成员名录

馆　长　张正锋

副馆长　李汝根　李佩芬（女）

　　　　吴景山（11月止）

（供稿：陆　啸）

地方志工作

【省志编纂】2014年，出版省志《甘肃省志·大事记》《甘肃省志·水利志》《甘肃省志·地方税务志》，3卷，终审省志《甘肃省志·文化志》《甘肃省志·检察志》《甘肃省志·气象志》《甘肃省志·广电志》《甘肃省志·国家税务志》《甘肃省志·教育志》6卷。截至2014年底，二轮修志列入规划的72卷省志专志出版7卷，终审6卷。省地方史志办公室编纂的《甘肃省志·大事记》终审后的修改完善工作基本完成，《甘肃省志·建置志》通过评议。

【市县志指导】指导关口前移，从市县志启动到修志全过程市县处都将全程介入指导，通过参与篇目审定、帮助市县确定大事记、人物、图照、附录等的收录标准，志稿初稿评议到修改完善，全程跟踪，动态指导，与各市县志办紧密配合，认真做好协调与服务工作。借助志稿评审会和实地查看一些县市区志稿篇目、初稿的机会，广泛与市州、县（市、区）志书编修人员交流沟通，共同研究探讨提升二轮市县志质量的途径和办法。针对一些启动较晚，正在制定篇目或进行资料收集的县区，通过寄送有关规范性文件和二轮志书优秀篇目，帮助所属市县区理清思路、打好基础。严格贯彻执行中指组《地方志书质量标准》，在二轮志书编纂指导和评审过程中，从版式设计，人物、图照、文艺作品入志等方面进行标准化规范。在平衡推进方面，对全省市县志编修进展情况整理归类，针对不同的情况分类指导。对已完成终审或评议的志稿，要求各地放慢进度，对征求到的意见建议认真梳理，反复讨论，吸收各方面的意见建议；对报请评议的志稿，根据评审稿的情况，对达到评审要求的志稿，经过认真审读后，如期协调召开评审会并对志稿进行认真评议。对存在问题较多的志稿，通过与市、县志办沟通协调，因志稿差距较大，需要进一步优化篇目结构、补充完善资料，建议推迟召开评审会；对修志工作进展较慢的地方，通过调研督导、电话沟通等方式，督促所属市县区克服困难，积极推动二轮市县志的编修工作。截至2014年12月底，共出版市县志5部：《庆阳市志》《城关区志》《金川区志》《渭源县志》《肃北县志》。终审5部：《武威市志》《七里河区志》《崆峒区志》《平川区志》《民勤县志》。评议7部：《临泽县志》《东乡县志》《崇信县志》《迭部县志》《康县志》《高台县志》《金昌市志》。

【年鉴工作】完成《甘肃年鉴（2014卷）》编辑。对《武威年鉴》《嘉峪关年鉴》《白银年鉴》等市州年鉴进行审核把关，履行对市州年鉴进行业务指导的职能。通过对全省年鉴工作的调研督导，扩大年鉴工作覆盖面。截至2014年底，全省13个市（州）、36个县（区、市）编辑出版年鉴，加上部门、行业、单位编纂的专业年鉴，全省已有近百个地方和单位在连续编辑出版年鉴。

【《舟曲特大山洪泥石流抢险救灾和灾后重建志》编纂】对2014年初各牵头单位报送的相关编章的初稿和资料长编组织编纂人员进行认真的审读修改，对基本成型的稿件，各牵头单位按照修改意见认真修改完善，达到要求后报请所在单位审定盖章后正式报送。对存在问题较多的"抢险救灾编""灾后重建编""图片"等编章，派专人赴承编单位与编修人员共同研究探讨。10月底，正文10个编章初稿经省地方史志办公室审定后报送编辑部。

【"双联"行动】全年积极争取资金50万元，硬化联系村入村道路，完成村文化广场改造工程。积极拓宽帮扶思路，帮助农户增收取得成效。

【相关工作】甘肃地方史志网开通后，加紧进行志书、年鉴及相关地情资料的数字化上网，增强网站的可读性。按时完成《甘肃史志》刊物的编辑工作。兰州、天水、酒泉、白银及金塔、古浪、正宁等市县已建成地方志网站。根据全省文化资源普查工作培训会议要求，对全省史志资源进行普查，形成历史上三部甘肃省志和新编甘肃省志的相关资料。2014年9月下旬，在兰州举办全省年鉴编辑业务培训班，130多人参加培训。

省地方史志办公室领导班子成员名录

主　任　李　虎

副主任　车安宁　钱　旭

　　　　李振宇　孙奇明

（供稿：梁兴明）

民　政

民政事务

【民政专项资金】全省民政事业专项资金达到110.6亿元，比2013年民政事业专项资金103.5亿元净增7.1亿元，增幅达6.87%。其中，争取中央财政安排资金84.8亿元，比2013年的79.2亿元净增5.6亿元，增幅达7.02%。

【救灾与防灾减灾】2014年，甘肃省相继遭受洪涝、风雹、低温冷冻等多种灾害，共造成14个市（州）、85个县（市区）106289万人受灾，遇难失踪9人，倒损房屋2.02万间。下拨救灾资金5.27亿元，其中争取中央救灾资金435亿元，协调省级配套资金9187万元；共调拨帐篷510顶，折叠床350张，棉被5200床，棉衣4500件、防雨布1200条、照明灯200个。争取中央救灾物资，全年争取民政部在全省代储帐篷3000顶、棉被4万床、苫布3000张、场地照明灯50台，调拨甘肃省棉帐篷2000顶、棉被4000床、折叠床4000张。争取省财政列支物资采购经费500万元，向多灾易灾地区代储（调拨）部分救灾物资，在12个市州及25个县市代储帐篷7820顶、折叠床2000床、棉衣被2.2万床、睡袋3000条、防雨条2000条、单衣500件。报请省政府下发《关于切实加强和规范自然灾害救助工作的意见》。与省气象局签订《关于深化气象防灾减灾工作的合作协议》、与省地震局签订《关于防震减灾合作框架协议》，实现信息互联共享。

【社会救助】全省城市低保指导标准达到345元，月人均补助水平达到298元，保障人数为87万人；农村低保指导标准达到2193元，月人均补助水平达到116元，保障人数为330.6万人。农村五保供养省级补助标准达到2510元，市、县配套资金分散供养标准每人每年不低于600元。连续两年在全省开展城乡低保清理规范工作，累计调整或清退的低保对象达到34.91万人次，其中：将家庭人均收入高于低保标准的低保家庭退出保障范围3.12万户8.12万人；对家庭人均收入增加或减少的低保家庭，调整保障类别和补助水平9.05万户23.54万人；清退关系保、人情保等错保对象1.25万户3.25万人：查处违规违纪问题237起，处理直接责任人92人，追缴低保资金55.9万元。省、市、县三级全部成立低收入居民家庭经济状况核对机构，落实全省各级核对机构人员编制278名，累计对29万人新申请低保对象家庭进行核查，其中6668名不符合条件人员退回申请，核查率达到100%。2014年全省实施医疗救助448.06万人次、支出资金9.6亿元。加强和改进临时救助工作，全年全省共支出临时救助资金1.26亿元，累计救助城乡困难群众10.4万户次。

【社会福利事业】报请省政府出台《关于加快发展养老服务业的实施意见》，在临夏州召开全省养老服务现场推进会，截至2014年底，全省各类养老服务机构共有3782家，养老床位增加至8.49万张，每千名老年人拥有床位达到23.4张。报请省政府将“建设1100个城乡社区老年人日间照料中心”纳入为民办实事任务，全省共完成1451个（其中城市100个，农村1351个），超计划完成351个，社区养老服务设施已覆盖45%的城市社区和218%的建制村。出台《关于加快推进全省居家养老服务网络平台建设的实施意见》，全省80岁、90岁、100岁以上老年人每年分别享受300元、720元、1200元的高龄补贴。全年为2.2万多名孤儿下拨基本生活费1.3亿多元。实施重度残疾儿童救助抚养872名。在兰州、武威、庆阳三地试点建立“婴儿安全岛”。开展“神华-爱心行动”“福康工程”“福彩助残”等活动，完成各类手术650多例，配发各种康复辅助器具1600多件。全省126家慈善超市达到规范化标准；为“中华慈善博物馆”征集藏品35件。2014年福利彩票销量达到46.54亿元，同比增加13.54亿元，增幅为41%，筹集公益金11.5亿元。

【双拥优抚安置】组织召开全省双拥工作领导小组第25次全体会议，印发《2014年全省双拥工作要点》。印发《关于分解下达2014年全省“双十工程”任务的通知》，深化军地援建“双十工程”，于11月6日在庆阳召开全省军地援建“双十工程”现场观摩暨双拥办主任会议。推动军地共建兰州新区、华夏文明传承创新区、国家生态安全屏障综合试验区“三大战略平台”；推动军地共创“丝绸之路双拥文明线”。提高部分优抚对象抚恤和生活补助标准，下拨抚恤和生活补助资金4.19亿元。及时下拨医疗补助资金3560万元，将优抚对象全部纳入城乡医疗保障体系，参保参合率达到100%。推行优抚对象医疗费用“一站式”即时结算服务。全年共组织烈士公祭54次、主题教育1712次，参与人次达51.1万。全年共接收2013年冬季退役士兵9863人。开展退役士兵职业教育和技能培训，年度培训5828人，推荐上岗就业4954人。落实退役士兵安置经费，全年争取中央和省级财政安排下拨退役士兵安置经费4513万元，其中退役士兵一次性经济补助2438万元、培训费2075万元。完成年度军休人员的审定和接收安置任务。落实军休人员的各项待遇，全年下拨军休人员经费5.13亿元。

【社会组织管理】2014年全省共新成立社会组织1917个（省级新成立90个），增长率达13.1%；其中直接登记636个（省级直接登记42个），全省直接登记率达33%（省级直接登记率达47%）。将非公募基金会和异地商会审批管理权限下放到县区一级。取消社会团体、基金会分支机构、代表机构的登记审批，由其自主设立、自负其责。取消法律规定自批准之日起即具有法人资格的社会团体及其设立分支机构、代表机构备案。将社会组织登记注册时限从60个工作日缩短为35个工作日，将备案时限从20天缩短为7天。全年评估省属社会组织91家，累计已评535家，占省属社会组织总数的57.5%。

【基层民主政治与社区建设】完成第八次村委会换届选举工作。指导各地健全和完善社区党组织领导下的居民自治机制，推行社区党组织、社区居委会、社区服务站“三位一体”的社区组织体系和管理运行机制。全省新建城市社区综合服务设施41个，同比增长3.4%，社区综合服务设施覆盖率达到94.7%；建成社区服务综合信息平台的地区（县级市）10个，占全省城区（县级市）的47.6%。完成中央社区服务设施建设项目15个，总投资1200万元，其中省级配套资金400万元。推进和谐社区建设示范单位创建活动，对创建的2个示范城区、10个示范街道、35个示范社区进行命名表彰。

【区划地名与边界管理】对全省符合设镇条件的37个乡进行调研，完成对兰州、张掖、陇南、庆阳共29个乡的调研审核。报请省政府办公厅印发《关于开展第二次地名普查的通知》，并组织召开全省第二次全国地名普查电视电话会议。完成40条县级行政区域界线的联检工作。联合四川省召开甘川线第三轮界线联检第一次联席会议，指导毗邻各县（市区）展开界线联检工作。筹备召开甘青平安和谐边界创建活动第三届经验交流会，两省新表彰命名16个平安和谐边界示范县（市、区、行委），示范县总数达到23个。

【婚姻、收养与殡葬服务管理】报请省委办公厅、省政府办公厅出台《关于党员干部带头推动殡葬改革的实施意见》。联合省发改、公安、财政等11个部门出台《甘肃省公墓管理暂行办法》。开展“酷暑送清凉”“寒冬送温暖”活动，全省累计救助流浪乞讨人员3.8万余人次，其中未成年人2600余人次。全省共办理国内结婚登记20万对，离婚登记2.48万对。

【双联行动】继续筹措资金480万元，为8个联系村每村安排60万元用于资助建设村级活动场所及互助老人幸福院配套工程。全力为联系村争取村内主巷道路面硬化、产业路修建、排洪沟整修、解决人畜及灌溉用水等项目，落实项目资金800多万元。为联系的4县8村筹拨300万元妇女小额担保贷款基金，帮助他们发展特色经济。扶持新兴村种植2200亩果树苗，创建300亩民政厅苹果种植示范园。投入资金114.7万元，为联系村220名残疾人免费装配助残康复辅具255件（具），组织专家巡回义诊12场次1234人次，发放宣传单1万余份。

省民政厅领导班子成员名录

厅　长　肖庆平

省老龄办主任　徐亚荣（女）

副厅长　阿　布（藏族）

卢琼华（女、藏族）

郭华峰　张柯兵　崔进泰

纪检组长　窦原坪

（供稿：钟　伟）

老龄工作

【法规政策】甘肃省的《实施〈中华人民共和国老年人权益保障法〉办法》正式列入省人大立法项目，2015年将出台实施。提请省人民政府出台《关于加快发展养老服务业的实施意见》（甘政发〔2014〕50号）。实施意见在金融扶持、土地供给、税费减免、财政投入、人才支撑和老年优待等多个方面给予政策支持，其中财政对社会办养老机构床位补贴的标准为公益性机构每张床位补贴10000元，营利性机构每张床位补贴8000元，此项补贴标准达到全国中等偏上水平。在《甘肃省城乡居民基本养老保险实施办法》中明确建立80岁以上老年人高龄补贴制度，80～89岁、90～99岁、百岁及以上老年人每人每年分别享受300元、720元、1200元补贴。起草《甘肃省进一步加强老年人优待工作的意见》。与省民政厅联合出台《关于加快推进全省居家养老服务网络平台建设的实施意见》。与省民政厅联合出台《关于规范城乡社区老年人日间照料中心设备配置的指导意见》。

【老年优待维权】2014年，全省老年人数达到348万，占人口总数的13.5%。全省80岁以上老年人高龄津贴全部落实到位，白银、甘南、嘉峪关等市州分别提高补贴标准或扩大覆盖范围。全省老年人社会救助覆盖范围不断扩大，共有80.9万城市老年人和10.1万农村特困老年人分别享受城市低保和农村低保。落实新型农村合作医疗制度，全省老年人参合率现接近100%。全省“三无”老人、五保老人、低保老人全部纳入城乡医疗救助范围；多数医院老年人普通挂号费得到减免。全省老年人凭“老年优待证”在汽车站、火车站、机场均享受优先购票、乘车、登机等服务；机场、火车站、公园等公共场所的无障碍设施建设速度加快。嘉峪关市、金昌市60岁以上，庆阳市65岁以上，兰州市70岁以上老年人全部免费乘坐城市公交车，其他市州都为老年人乘坐公交车争取到半价或优惠价等政策。各级司法部门普遍建立老年人法律援助中心、老年法律咨询服务站、涉老纠纷调解小组等老年法律服务组织。全省各类公园、博物馆、图书馆、纪念馆等公共文化服务设施对老年人实行免费开放。多数体育馆、影剧院、旅游景区等经营性单位也为老年人提供各种优惠和便利。

【农村养老】对1000个农村互助老人幸福院建设任务进行周密安排部署，建立"一月一报告"和图像跟踪制度。在酒泉市召开农村互助老人幸福院建设现场推进会议。会同省委督察室、省政府督察室、省民政厅、省财政厅组成督查组对项目落实情况进行督查。9月中旬，会同省政府督察室、省民政厅、省财政厅组成督查组对农村互助老人幸福院建设情况进行考核验收。全年全省农村互助老人幸福院建设共投资4054万元，建成1351所，提供床位1.25万张，超额完成建设任务。截至12月底，全省养老床位达到8.66万张，比上年增加1.36万张，每千名老年人拥有床位23.8张，接近"十二五"规划目标任务要求。酒泉市确定由市、县财政每年向正常运转的城市社区日间照料中心和农村互助老人幸福院分别补助4万元、2万元的运营经费。

【居家养老网络平台建设】与省民政厅联合印发《关于加快推进全省居家养老服务网络平台建设的实施意见》(甘民发〔2014〕120号)，创新实施"12345"工程（打造一个平台即以市州为主，依托互联网、物联网和云计算等现代信息技术建设的居家养老服务信息平台。强化两个支撑即强化线上管理和线下服务两个支撑。抓好三个关键即抓好老年人信息数据库建立、政府购买服务、加盟企业的准入退出机制。提供四项服务即重点提供生活照料、家政服务、健康管理、紧急救援等服务。生活照料包括日托照顾、代购物品、配餐送餐、助洁助急等服务；家政服务包括保姆、钟点工、搬家、管道维修等服务；健康管理包括建立老年人健康档案、开展康复护理、医疗陪护、疾病预防、心理疏导等服务；紧急救援包括老年人出现身体不适或其他情况时，帮助联系家属和相关救助机构，及时实施救援等服务。做到五个统一，即统一服务系统、统一数据格式、统一呼叫流程、统一服务规范、统一结算方式）。与省民政厅共同举办全省居家养老服务专题培训班，并在酒泉、张掖、武威、白银、庆阳等地开展试点。截至12月底，全省居家养老用户达到13639户，接入网络平台达到5600户。指导兰州市老龄办主办第二届老年产业暨健康养生博览会。

【基层老年协会】全省有80%的建制村和85%的城市社区建立老年协会组织。全省大多数基层老年协会会长由村支书、村长或社区负责人担任。各级基层老年协会组织都建立完善"七有四簿三册一档案"制度。省老龄办每年拿出100万元支持基层老年协会建设，各级政府积极协调财政安排基层老年协会建设专项经费。

【银龄行动】全省14个市州、86个县区市全部参与"银龄行动"，新建"银龄行动"示范基地年增经济效益达到5000万元以上。各级政府积极支持老龄事业发展，省、市、县财政分别按照每位老人1元、2元、3元的标准安排老年事业发展经费。

省老龄委领导班子成员名录

主　任　吴德刚

常务副主任　王玺玉

副主任　白文辉　贾廷权　万鹏举　万鹏举　肖庆平　张勤和　徐亚荣（女）

办公室主任　徐亚荣（女）

（供稿：徐力钧）

慈善工作

【慈善募捐】8月3日，云南鲁甸发生6.5级地震后，组织人力开展集中募捐，共募集资金27.2017万元。利用"慈善情暖万家""慈善关爱孤残儿童""慈善迎重阳献爱心活动"等固定救助项目搭建的平台，共募集款（物）153万元，使350多名孤残儿童、孤寡老人得到救助。截至12月底，省慈善总会本级共募捐款10673.11万元其中资金10441.48万元，物资价值231.63万元。

【水窖项目】全年共募集和引进海内外慈善组织援助资金180万元，在静宁、安定、景泰、临洮等区县的干旱缺水山区修建慈善水窖1026眼，蓄水塘坝2座，解决1026户4617人、3078头（只）大牲畜的饮水困难。据统计，全省累计投入资金10747.55万元，修建慈善水窖102748眼，硬化雨水集流场616.48万平方米，解决46.23万人、45.3万头（只）大牲畜的饮水困难。

【助孤项目】"慈善关爱孤残儿童"项目是省慈善总会多年来坚持开展的一个固定救助项目，在"六一"儿童节来临之际，一些爱心企业、爱心人士向孤残儿童捐赠善款及学习、生活用品共113万元。在甘肃省第27个"老人节"期间，爱心企业、个人向孤寡老人捐赠价值40万元的衣被及生活用品。

【助学项目】全年共募集资金269.8万元，资助城乡家庭生活困难的大学生、中小学生1038人；投资103万元新建的山丹县陈户乡中心学校教学楼建成并投入使用；捐赠21.8万元，为山区小学建电脑室2个；捐赠40万元，修建学校体育运动场1个；投入资金11.8万元，为干旱缺水山区学校修建水站13个。

【捐助药品项目】截至12月底，全省"格列卫"项目捐药价值2800万元，救助白血病患者2340人/次；"多吉美"项目捐药价值2410万元，救治肾癌、肝癌患者957人/次；"特罗凯"项目捐药价值97万元，救治肺癌患者220人/次；"易瑞沙"项目捐药价值843万元，救治肺癌患者510人/次；微笑列车"资助195万元，医治患者504人/次。

【地震灾后慈善援建项目建设】截至2014年底，省慈善总会捐资550万元，用于地震重灾区岷县梅川镇永星村272户灾民房屋倒塌恢复重建项目全部完成，并通过检查验收；捐资209万元，用于宕昌县八力乡三个民族村104户灾民房屋倒塌重建项目全部完成，大部分灾民搬入新居；捐资80万元，用于岷县寺沟乡八步川村40户灾民房屋倒塌恢复重建项目全部完成，部分灾民入住新居；捐资51万元，用于秦州区娘娘坝镇敬老院援建项目，做到当年投资、当年建成并入住使用；捐资500万元，用于地震重灾区岷县梅川镇中心敬老院建设项目，完成土地征用、规划设计、工程预算、部门审批等基本程序，有望在2015年开春后动工建设，10月底建成。

【中华慈善突出贡献奖评选】根据中华慈善总会《关于第二届"中华慈善突出贡献奖"的表彰决定》，甘肃省推荐评审的林贤友、李彩芬、万生东、韩庆、金小韦华、黄良俊同志获得中华慈善突出贡献人物奖；甘肃省农村信用社联合社、中国移动通信集团甘肃分公司、甘肃国芳工贸（集团）股份有限公司、甘肃大陆桥投资开发有限公司获得中华慈善总突出贡献奖单位奖；甘肃省慈善总会、甘肃省浙江企业联合会、天水市慈善总会、台湾佛教慈济慈善事业基金会获得中华慈善总会突出贡献奖组织奖；甘肃省"慈善水窖"项目、白银市慈善总会慈善育才助学基金、甘肃省"慈善新村建设"项目获得中华慈善总会突出贡献奖项目奖。

2014年9月，省慈善总会副会长李越、工作人员邵一丹被中华慈善总会、美国微笑列车基金会评为微笑列车唇腭裂修复慈善项目"杰出贡献金奖"，获得表彰奖励。

【合作交流】甘肃省慈善总会、香港恒生伟业集团、干肃祁连葡萄酒业有限责任公司达成合作协议，设立"香港恒生—祁连慈善基金"。基金来源以出口报关单为基数，每出口1瓶葡萄酒捐赠2元人民币。全年共引进慈善项目援助资金8221.98万元。其中：台湾慈济慈善事业基金会援建的靖远县五合乡白塔村二期移民搬迁工程，2014年投资379万元，加上2013年的投资，有234户移民搬迁房屋基本建成。台湾慈济会投入300万元，在五合乡开展向贫困户发放冬令物资慰问救助活动。英国国际咨询与资源企业投入资金247.986万元，在安定、会宁、漳县等区、县开展救助孤儿、孤老和贫困学生等活动，在会宁县与当地农民合作开展脱毒马铃薯的培育和农技服务工作，在会宁、漳县开展慈善义诊、慈善医疗等项目。香港点滴是生命援助资金180.5万元，在安定、静宁等区、县修建水窖900眼，塘坝2座，并开展助学助教、救助孤残儿童等活动。美国视博恩公司投入33.12万元，在景泰县寺滩乡修建水窖111眼、水站13个，并开展捐资助学等活动。世界宣明会投入资金950余万元，在静宁、安定、武山、陇西、通渭等县区开展以儿童为本的区域发展项目，范围涉及特殊教育、农林环保、医疗卫生、孤儿救助等，受益人数9.8万人。

省慈善总会领导班子成员名录

会　长　杜　颖（女）

常务副会长　张瑞堂

副会长　吴锡达　李越　汪同建

吴国英（女，回族）　张忠健

秘书长　贺占明（裕固族）

（供稿：房　超）

人力资源管理与社会保障

人力资源管理

【就业情况】2014年，全省城镇新增就业43.5万人，完成全年目标任务的108.9%，同比增长0.2%；高校毕业生平均就业率89.5%，同比提高1.3个百分点；全省城镇登记失业率2.19%，低于年控制计划2.41个百分点全省就业形势稳中有升。

【职业技能培训】全省共组织开展各类职业技能培训110.1万人，其中就业技能培训36.7万人，完成年计划的184%，当期实现就业28.4万人，就业率77.4%；创业培训5万人，完成年计划的125%，当期成功创业3.8万人，创业率76%；岗位技能提升培训1.7万人；劳务技能培训66.7万人。全省共开展职业技能鉴定35.56万人，同比增长15.04%，获证32.82万人，获证率92.3%。完成城乡居民职业技能培训民生实事任务。开展短期劳务品牌培训4万人，城乡"两后生"职业技能学历教育培训22万人。甘肃省人力资源和社会保障厅自筹资金，在全省75个贫困县举办农村创业和技能带头人示范性培训班450期，培训农村创业和技能带头人4.5万人，其中3.6万人获得职业资格证书，当期实现输转2.8万人。省市联合组建专门工作小组，赴山东等10个省市甘肃籍务工人员较为集中的重点企业和园区开展职业技能培训鉴定上门服务。全年累计上门服务19.25万人，获证17.9万人，获证率93%。全省新增国家级高技能人才培训基地3个、省级高技能人才培训基地2个、国家级技能大师工作室4个、省级技能大师工作室4个，中央及省级财政共投入补贴资金2022万元。

【高校毕业生就业】通过统一考试选聘8000名高校毕业生到基层教育、卫生、农牧、社保、文化、旅游等事业岗位服务；通过双向选择引导2000名城乡低保家庭和就业困难毕业生到市县所属企业服务；选拔7999名高校毕业生到基层服务。全省实名登记应届离校未就业高校毕业生86747人，实现就业75713人；会同省财政、教育等部门，共向全省43所高校的9145名毕业生每人一次性发放求职补贴1000元（其中低保家庭毕业生9019人、残疾毕业生126人）。

【落实就业政策】全省共支出就业资金16.97亿元（含小额担保贷款贴息4.41亿元），共有57.14万人次享受职业培训、社会保险和公益性岗位等补贴；开展就业援助活动，共帮助15.8万名失业人员和5.2万名就业困难人员实现就业；共帮助2380户零就业家庭中的2621人实现就业。截至2014年底，全省企业岗位用工总数345822个，与2013年12月底相比，净减少岗位用工8089个，岗位用工流失率2.29%。

【创业带动就业】新审批认定省级创业孵化示范基地（园区）25个，完成全年目标任务的119%，其中甘肃联创科技孵化园股份有限公司被认定为国家级创业孵化示范基地。白银、张掖、平凉、金昌4市和陇西、临洮2县通过省级创建创业型城市评估验收。推动创业项目库和创业专家库建设，累计收集创业项目2463个，入库专家462人。打造甘肃就业网和甘肃就业微信公众服务平台。全年新发放小额担保贷款49.52亿元，完成年计划的123.8%，共吸纳带动就业21.1万人，其中吸纳安置下岗失业人员8503人。全省市场主体首次突破100万户，达到111.2万户，新增19.27万户，比上年增长20.96%。

【城乡富余劳动力转移就业】累计与16个省市区签订劳务合作协议。全省共输转城乡富余劳动力538.6万人，完成目标任务的107.7%，其中省外输转232.4万人（含境外就业2.2万人），占43.1%，省内输转306.2万人，占56.9%；创劳务收入815.6亿元，完成目标任务的105.9%，同比增长15.1%。

社会保障

【社会保障】全省五项社会保险参保1410.78万人次，综合参保率95.57%，其中：城镇职工基本养老保险参保298.76万人，参保率99.95%；城镇基本医疗保险参保630.88万人，参保率97.96%；失业保险参保162.35万人，参保率90.05%；工伤保险参保175.13万人，参保率98.16%；生育保险参保143.66万人，参保率80.53%。城乡居民基本养老保险参保1240.13万人，参保率97.17%。社会保险基金累计结余586亿元。

全省企业退休人员基本养老金、失业保险金发放标准、企业工伤人员伤残津贴月人均增幅10%。城乡居民社会养老保险基础养老金达到每人每月65元；城镇居民基本医疗保险政府补助标准由280元提高到了320元，全省城镇职工和居民医保住院医疗费政策范围内报销比例平均达到81%和70%，结合大额医疗补助，最高支付限额平均达到22.37万元和8万元。

【社会保障政策】启动全省机关事业单位养老保险制度改革，研究制定《甘肃省城乡居民基本养老保险实施办法》和《甘肃省工伤保险基金省级统筹办法》，推进工伤保险省级统筹；制定出台《甘肃省工伤康复管理暂行办法》《关于进一步加强工伤认定工作的通知》。全省共有13个统筹地区城镇基本医疗保险住院医疗费用实现直接结算，80%以上统筹地区门诊大病、个人账户门（急）诊等医疗费用实现直接结算。推进异地就医结算服务、城乡居民大病保险试点和医疗保险城乡统筹试点工作，1市4县区基本实现城乡一体化管理。

人事人才

【专业技术人才】完成943名领军人才任期考核，组织开展领军人才补选工作。实施国家“新世纪百千万人才工程”、国务院“政府特殊津贴”和“全国杰出专业技术人才和先进集体”评审推荐工作。制定出台《关于支持兰州新区引进高层次人才政策的意见》。推进专项人才开发配置计划实施工作。全年共争取实施国家留学人员及博士后资助项目67项，资助金额486万元。完成人社部“甘肃国家生态屏障综合试验区祁连山生态保护海外赤子科技智力行项目”组织实施工作。中国兰州留学人员创业园新增孵化企业16家，引进博士以上海外高层次人才21人。全省新增博士后科研流动站5个，累计达到80个。全省共有16人入选国家“千人计划”特聘专家。

【公务员管理】组织实施2014年度全省考试录用公务员、高速交警系统人民警察及基层政法机关定向培养招录工作。制定出台《甘肃省省直机关公开遴选公务员实施细则（试行）》和《甘肃省适当降低艰苦边远地区基层单位公务员考录报考条件办法（试行）》。完成2013年度公务员定期考核工作。对全省各级政府工作部门所属参照公务员法管理事业单位进行全面清理。开展公务员四类培训，建成使用全省公务员远程网络培训平台，组织开展以“诚信教育”为主题的远程网络培训，全省参训率98%。

【事业单位人事制度改革】出台《关于进一步完善事业单位人事管理服务工作的意见》，组织开展事业单位公开招聘突出问题专项整治行动，对市州事业单位人事制度改革和人事管理工作进行检查评估。全省共有30582个事业单位实行聘用制，完成核准备案岗位658111个，推行聘用制的单位和签订聘用合同的人员均达到99%。

【工资制度改革】县以下机关公务员职务与职级并行制度试点工作圆满完成并通过国家验收，完成全省机关事业单位工作人员正常晋升工资工作和工人技术等级考核工作。核定省属其他事业单位绩效工资，2013年、2014年绩效工资和离退休补贴全部兑现补发到位。调整提高全省机关事业单位工作人员及离退休人员取暖费补贴标准和津补贴标准。

【职称制度改革】制定《甘肃省乡村医生职称评定办法（试行）》《甘肃省职业院校“双师型”教师职称评审实施办法》和《甘肃省关于进一步拓展文化艺术人才职称评审意见》。研究制定甘肃省引进急需紧缺人才职称评审职称资格的绿色通道。完善基层一线企业、节能环保专业、陇药开发专业、新闻出版藏语专业人员职称评审办法，拓展民营企业人员申报和评审渠道。与业务主管部门协作，调整修订7个专业高级量化评审条件。组织开展正高级工程师资格评审，评审通过155人。

【引智工作】全年共执行引进国外经济技术管理类项目53项，引进国外专家及专家组织负责人173人次；引进外国文教类项目20项，共获资助261.3万元；出国境培训项目14项，派出培训186人次；共受理办结各种外国人工作证件371件；来甘工作外国人451人次。在甘工作的4位外国专家荣获2014年“敦煌奖”、1名荣获国家“友谊奖”。

【军转安置】完成中央下达甘肃省510人的军转安置任务，其中计划安置297人、自主择业213人。按时完成全省3000多名自主择业军转干部退役金核算发放工作，调整提高2014年企业军转干部生活困难补助标准，平均每人每月增加360元。完成第六次全国军转表彰评选推荐工作，甘肃省3名模范军转干部、2个军转安置工作先进单位、2名先进军转工作者受到全国表彰。

【城镇居民可支配收入】研究制定《2014年全省城镇居民增收实施方案》，下发《关于切实抓好政策措施落实促进城镇居民收入持续稳定增长的通知》。会同省国资、妇联、团委、工商等部门对各市州、部分省属国有企业城镇居民增收政策措施落实情况进行督查调研。2014年共落实增收政策措施16项，其中争取国家政策支持1项。全省城镇居民人均可支配收入20804元，增幅9.7%。

【劳动关系管理】2014年全省共检查用人单位4.13万户，涉及劳动者110.36万人，查结投诉举报案件9812

件，结案率98%，补签劳动合同10.55?万人，追发劳动者工资等待遇6.52亿元，督促参保缴费3953万元。推进农民工工资支付专项检查活动，共为4.33万名农民工追缴拖欠工资1.93亿元，清欠比例达到91%。全省劳动合同签订率93%。全省劳动人事争议案件结案率98.3%。

从2014年4月1日起调整全省最低工资标准，各类区最低工资标准平均上调14.9%，一至四类地区分别达到每月1350元、1300元、1250元、1200元。调整发布全省在岗职工工资增长调控目标，2014年度企业在岗职工工资增长上线18%、基准线14%、下线6%。对企业和个体经济组织1997年以来执行的夏季高温津贴标准进行调整，室内和室外作业人员标准分别提高478%和335%，执行时间由3个月延长为4个月，差额拨款和自收自支事业单位参照执行。加强对劳务派遣和企业用工的规范指导，经营劳务派遣的单位由实施行政许可前的1100多家降至123家。推进劳动人事仲裁实体化建设，市州劳动人事争议仲裁院组建率达到86%，县区组建率达到52%。

【综合基础建设】全省“大就业”信息系统完成试运行；“五险合一”社会保险信息系统建设加快推进，编制全省建设工作方案、数据采集方案和采集办法，形成7册近50万字的《需求规格说明书》；全省发放社保卡704.4万张，超额完成人社部下达的640万张发卡任务。完善优化全省城乡居民社会养老保险信息系统。加快推进基层平台项目建设，全年共实施12个县级、42个乡镇就业和社会保障服务中心建设项目，共争取中央和省级基建投资9272万元；新争取2014年中央财政补助地方人力资源市场信息网络系统建设项目1个，每个中央财政补助资金150万元。

【“双联”行动】2014年，加大项目资金投入力度，自筹产业项目发展资金240余万元，争取有关部门支持项目资金1091万元，着力解决13个帮扶村的道路、饮水、教育、医疗等方面的主要困难和问题，帮助特困户改善生产生活条件，增加联系户农民收入，13个联系村农民人均纯收入平均增幅17.1%。

省人力资源和社会保障厅领导班子成员名录

厅　长　贾廷权
副厅长　曹玉龙　吴雄成　李德福　刘　诚
省公务员局局长　李德福
纪检组长　朱学文
省外国专家局局长　缑维藩
副地级纪律检查员　雷友谊（女）
省军队转业干部安置工作小组办公室主任　王合作
省社会保险事业管理局局长　马定保
省政府劳务工作办公室主任　朱国祥
省就业服务管理局局长　康纯梅（女）

（供稿：王露泉）

甘肃行政学院

【教学培训】2014年，累计举办培训班82期、培训学员4568人次，其中完成主体班次19期、培训学员913人次；与省内外有关部门、单位、企业联合举办培训班次63期、培训学员3655余人次。开设“3341”项目工程建设、华夏文明传承创新示范区建设、向西开放、加强金融业发展等专题研讨班。出版《甘肃发展报告2013》等普适性培训教材，印制《丝绸之路经济带政策专家解读》等即时性教材。举办全省行政学院系统首届精品课程评选活动。

【智库建设】组织编写《打造丝绸之路经济带甘肃黄金段报告》和《政策解读》。全年共发表各类文章117篇，其中核心期刊2篇，省部级论文87篇，网络评论31篇；出版著作3部、教材4部，完成省部级课题5项，接受电视台、电台等媒体专题访谈87人次。完成《关于推进全省“双联”行动的对策建议》《甘肃省进一步推进国家级循环经济示范区的对策建议》《进一步深化甘肃省属企业改革对策建议》等咨询成果22项。《提升我省“双联”效益的对策建议》《关于我省发展电子商务产业的几点建议》受到省委副书记欧阳坚的重要批示。向省委办公厅提供十八届四中全会精神解读等理论文章50余篇，编发《决策参考》12期，以文辅政作用取得突破性进展。组团赴上海、江阴开展学习调研，在江阴市行政学院加挂“甘肃行政学院教学科研基地”牌子，签订战略合作协议，形成《加强战略陇沪合作，推进丝绸之路经济带甘肃黄金段建设》等调研成果。

【基础保障】依托局域网建设网上教学评估管理系统，稳步应急培训管理中心教学液晶屏安装项目建设。完成省委组织部远程教育视频教学任务，“甘肃学习中心”被评为2014年十佳优秀远程学习中心。学院被评为“省级公共机构节能示范单位”，学员餐厅荣获“3A级机关食堂”。

【"双联"行动】协调解决“双联”点群众交通换乘等难题，筹资30万元，帮助建设综合服务项目。组织干部下乡入户4批次、96人次。

甘肃行政学院领导班子成员名录

院　长　咸　辉（女，回族）
常务副院长　石玉亭
副院长　马　方　管怀义
纪委书记　夏孝义

（供稿：佘东明）

民族　宗教

民族事务

【民族团结进步示范创建】开展全省第11个民族团结进步宣传月活动。把民族团结宣传教育纳入全省未成年人思想道德建设“金种子”播撒工程，落实民族团结进步教育进学校、进课堂。举办第二届全省少数民族书画摄影唐卡作品展、甘肃少数民族美术作品展、“西域阳光”甘青宁少数民族美术作品联展、“陇原民族情”三下乡活动等。评选推荐出席国务院第六次表彰大会的全国民族团结进步模范集体19个、模范个人26名，出席第七次全省民族团结进步表彰大会模范集体100个、模范个人200名。甘肃省第二批全国民族团结进步创建中获示范街道社区1个、示范学校1所和教育基地1处。指导肃南、阿克塞两县成功举办成立60周年庆典活动，为两县协调落实庆典项目104个资金11.9亿元。制定《甘肃省民族团结进步创建活动实施办法》《甘肃省民族团结进步模范评选表彰办法》《甘肃省民族自治地方逢十周年庆典活动管理办法》，建立甘肃民族工作蓝皮书制度，组建甘肃省民族工作咨询专家库，完善民族团结进步创建的科学谋划和顶层设计。

【民族地区扶贫工作】制定出台贯彻实施“1236”扶贫攻坚意见的方案，着力整合民委资源助推民族地区扶贫攻坚。推进“十二五”民族地区经济社会发展规划及3个民族专项规划的全面实施。开展“十二五”民族规划中期的评估，启动“十三五”规划编制的前期工作。张掖市编制《肃南县裕固族特色村寨保护与发展规划》。制定实施少数民族劳务技能特色培训“出彩工程”，全年完成培训各类技能人才2.2万人。调研并编制上报兰州新区甘肃民族经济产业园建设规划，支持民族地区发展“飞地经济”。组织有关部门在21个民族贸易县审核认定125家民族贸易企业上报国家民委，制定甘肃省“千家培育百家壮大”工程实施方案，有4家企业入选国家民委“百家壮大”企业扶持重点。2014年，全省少数民族发展资金、“兴边富民”等各类专项资金达到2.24亿元，省政府增设少数民族发展配套资金1000万元，36个民族乡（镇）发展资金由每乡（镇）20万元增加到100万元，少数民族文化事业专项补助资金增加到1000万元，省级配套民族贸易企业网点建设和民族特需商品定点生产企业技改专项资金500万元。2014年，全省民族地区农牧民人均纯收入达到4500元，较2013年增加470元，有26.5万人实现稳定脱贫。

【“双联”行动】落实年度联系村帮扶项目5个、资金270万元。完成联系村特困户危房改造28户，建立村级产业发展互助社3个。2014年，三个联系村人均纯收入达到3000元，较2013年增长16.7%。召开协调推进会议2次，对省直“双联”11个单位工作情况进行3次督查，落实张家川县省直联村单位“双联”工作。

【传承少数民族特色文化】推进华夏文明传承创新区民族文化板块工作，指导、协调、督查市州实施一批传承、展示和发展民族文化的重点项目。挖掘民族历史文化资源和重大历史事件，创拍大型人文电视纪录片《凉州会盟》，拍摄项目的投招标、学术本创作等顺利进行。在庆阳市举办全省第八届少数民族传统体育运动会。启动实施甘肃省民族语言类文化资源普查和分类分级工作，推进东乡族古籍手抄本《古兰经》数字化、《中国少数民族古籍总目提要（甘肃卷）》图片增选、词条补轶、编辑校订等工作，指导成立甘肃省保安族文化研究会，编辑出版《藏族文化知识简明读本》，《甘肃省少数民族语言文字条例》列入省人大立法调研规划，《甘肃省涉及民族事务公开出版物相关内容审核办法》报请省政府审定。

【少数民族流动人口服务与管理】组织协调省公安厅、省民政厅、省人社厅、省卫计委、省地税局、省工商局等8个部门，深入全省14个市州对新疆籍少数民族流动人口的服务管理工作进行全面的调研摸底，形成专题报告，并起草《甘肃省新疆籍少数民族流动人口服务管理暂行办法》，召开全省涉疆工作座谈会。同四川、西藏、青海、宁夏、陕西、新疆生产建设兵团和辽宁等共同签署以少数民族流动人口服务管理为主的涉及民族因素矛盾纠纷跨区域联动协作协议。在兰州市召开全国部分省市区少数民族流动人口服务管理体系建设试点工作现场会。会同有关部门制定《甘肃省公墓管理暂行办法》，印发《甘肃省清真餐饮企业准则》等6项地方标准，成立甘肃省清真食品行业协会，组织开展“两节”前后全省清真食品专项整治活动。共检查各类商户1万余家，查处问题商户200余家。

【民族工作调研与督查】在全省范围内组织开展各项大调研活动，形成各类专题调研报告30多篇。牵头开展《国务院办公厅关于进一步支持甘肃经济社会发展的若干意见》贯彻落实情况的监督检查。深入“尼江”地区调研，研究制定《省民委关于配合支持“尼江”两村团结发展工作方案》，编制“尼江”法制教育和民族团结进步创建活动专项规划。关于《伊斯兰教在中国本土化研究》课题获得国家社科基金资助立项，承担的国家民委课题任务《甘肃民族工作概览》《西北城市民族工作问题调查研究》及时完成结项。

省民族事务委员会领导班子成员名录

主　任　沙拜次力（藏族）
副主任　柴生祥　郭奇若（回族）
　　　　马学智（回族）
　　　　秦　耀（藏族）
纪检组长　孙兴辉

（供稿：包玉才）

宗教工作

【佛教、道教工作】开展藏传佛教寺庙反自焚专项斗争，制定《关于进一步做好藏传佛教寺庙管理工作的意见》。在甘南州碌曲县和武威市天祝县开展经师评聘试点工作。指导甘南州和武威市完成任期到届的藏传佛教寺庙寺管会换届工作，指导甘南州5位活佛转世工作及第六世赛仓活佛时轮灌顶法会活动。对全省藏传佛教寺庙管理情况、抵御境外分裂势力利用藏传佛教进行渗透活动、寺庙学经班情况和僧人养老等多个课题进行专题调研。指导金昌和白银两市宗教工作部门做好“净宗学会”非法渗透防范工作，消除不良影响。

【伊斯兰教工作】开展伊斯兰教门宦问题调研，着力解决香源堂和北庄门宦的管理问题。调研起草《甘肃省伊斯兰教教职人员培养办法》和《甘肃省伊斯兰教宗教活动场所经学班管理办法》，试点开展伊斯兰教教职人员任职聘用工作。与云南、贵州、四川、宁夏、青海、新疆建立7省区伊斯兰教协作配合工作机制。引导降低兰州东川拱北、平凉南台拱北等跨地区大型宗教活动规模。抵御“达洼”宣教渗透活动。加强伊斯兰教活动场所及经文班新疆籍人员的排查管控工作。制定《关于进一步加强朝觐培训工作的意见》，圆满完成2014年度穆斯林群众赴沙特朝觐工作。

【天主教、基督教工作】开展地下神职人员教育转化和地下主教、神职人

5月7日，省委常委、统战部部长冉万祥（右二）调研兰州市宗教活动

员的思想稳控工作。妥善处置陇南市西和县天主教堂非法开办幼儿园及兰州市小沟头天主教堂教产事件。开展天主教天水教区地下势力情况调研。有效防范“佘山朝圣”。依法开展对“圣诞节”期间不正常现象的清查治理工作。调查了解天主教教产落实情况，排查宗教领域不稳定因素。实现基督教私设聚会点治理工作常态化。配合有关部门坚决抵御境外利用基督教进行渗透。承办燕京神学院第七届五次董事会。

【宗教工作法治建设】制定完善《宗教内部资料性出版物申请审核程序》《宗教慈善基金会设立申报程序及监管制度职责》《宗教活动场所主要教职任职及跨区域从事宗教教职活动备案程序》《甘肃省开展宗教活动场所和宗教教职人员年度考核工作的意见》《关于进一步加强宗教活动场所财务监督管理工作的意见》和《创建和谐寺观教堂活动考评办法》等6项宗教事务管理制度规定。深化行政审批制度改革，清理下放行政审批项目1项，调整4项非行政许可审批项目为政府内部审批事项，新增国家宗教局下放涉密行政许可项目1项，行政审批项目由原来的25项减少到目前的16项。制定出台《关于进一步加强宗教活动场所财务监督管理工作的意见》。推进全省宗教活动场所“七证一户”（建设工程规划许可证、土地使用证、消防安全合格证、建筑质量验收合格证、房屋所有权证、宗教活动场所登记证、组织机构代码证和银行账户）办理工作，“七证一户”办证率达到88%。推行党务、政务公开和宗教院校、团体收费公开。

【宗教活动场所管理】加大新设立宗教活动场所和改扩建场所的实地检查和审核审批工作，落实《大型宗教活动管理办法》。在陇南市宕昌县召开甘肃宁夏两省区宗教工作联席会议。2014年完成甘南、武威、临夏等市州155处宗教活动场所书屋配套建设。

【信息化建设】完善基础数据库信息，完成与国家宗教局数据库导入工作。与13个市州、18个县区宗教工作部门建立工作网。朝觐报名网站受理报名人数72285人。局政务门户网站公开有关宗教事务方面依法审核、审批、备案等办事流程，公开服务承诺，全年共上传各类信息2500余条，编发信息简报300余期。

【宣传宗教政策法规】制定下发《创建和谐寺观教堂活动考评办法》《关于2014年开展以“发挥正能量，共筑中国梦”为主题的宗教政策法规学习月活动的通知》等文件，印发《宗教政策法律法规文件汇编》1万册，购买《中国特色社会主义宗教理论学习读本》1千册，赠阅省上领导、省直各部门、中央驻甘单位和市州各级宗教工作部门。其中省领导亲自主持起草印发了《不能对十四世达赖和达赖集团抱任何幻想》的宣讲材料，作为藏区开展路线教育活动的必读教材。深入全省宗教工作任务重点地区，宣讲党的宗教工作基本方针。扩大《甘肃宗教》赠阅范围。省佛协在全省藏传佛教寺庙及广大僧尼中开展“崇尚节俭、反对攀比、虔心持戒、利乐众生”倡议活动。开展宗教类非法出版物的清查和普法宣传教育工作，2014年甘肃省宗教局被全国普法办表彰为全国宗教系统“六五”普法中期先进集体。

【宗教院校建设】省佛学院招收30名初级学衔试点培训班学员。兰州伊斯兰教经学院为陕西、海南两省培训52名教职人员。制定《省宗教团体驻会班子成员和事业编制工作人员考核暂行办法》《省宗教团体负责人及事业编制工作人员定期汇报工作及请销假相关规定》，理顺省天主教和省基督教两会事业编制人员与驻会宗教界人士之间关系。

【“宗教慈善周”活动】开展一系列公益慈善活动，共募集善款1233万元。协调澳大利亚国际儿童慈善基金会和香港九龙城基督教浸信会等国际慈善组织来甘肃省开展捐资助学和医疗义诊等活动，资助榆中和镇原等地贫困学生125名。省伊协开展“办实事、做好事”活动，先后“办实事、做好事”181件，筹措资金为东乡县春台乡中心小学捐款20万元。

【“双联”行动】2014年“双联”工作主要落实各类帮扶资金1200余万元，开展通村公路、道路亮化、家庭养殖、危房改造、教职人员培训、北庄小学学生寄宿楼建设等扶贫工作，先后组织局机关干部25批次100余人次赴双联点开展工作。

省宗教事务局领导班子成员名录

局　长　丁军年

副局长　肖玉春（回族）　张耀宇

　　　　李志坚（回族）　吴国生

纪检组长　刘富祯（回族）

（供稿：马文玫）

兰州市

【综述】兰州市地处陇西黄土高原的西部，介于北纬35°34′20″–37°07′07″，东经102°35′58″–104°34′29″之间。北部和东北部毗邻白银市的白银区和景泰县、靖远县；东部和南部与白银市的会宁县和定西市的安定区、临洮县及临夏回族自治州的永靖县相邻；西南部和西部与青海省民和县相连；西北部与武威市的天祝藏族自治县接壤，全市总面积13085.6平方千米。2014年，全市辖3县5区，年末全市常住人口为366.49万人，比上年末增加2.33万人。其中城镇人口294.44万人，占80.34%，比重比上年提高0.63个百分点；乡村人口72.05万人，占19.66%。人口自然增长率为4.97‰，上升0.01个千分点。

境内属青藏高原向黄土高原的过渡地区，大部分地区为海拔1500–2500米的黄土覆盖的丘陵和盆地。石质山地是祁连山的余脉，分布在市境的南北两侧。境内地势西南高，东北低。黄河自西南流向东北，横穿全境，切穿山岭，形成峡谷与盆地相间的串珠形河谷。

2014年，全市完成生产总值1913.5亿元，比上年增长10.4%。其中第一产业增加值53.6亿元，增长6.3%；第二产业增加值829.2亿元，增长9.1%；第三产业增加值1030.7亿元，增长11.8%。按常住人口计算，人均生产总值52378元，比上年增长9.9%。三次产业结构由上年的2.76：46.19：51.05调整为2.80：43.34：53.86，与上年相比，第一产业所占比重上升0.04个百分点，第二产业所占比重下降2.85个百分点，第三产业所占比重上升2.81个百分点。

【农业农村经济】2014年，全市粮食总产量47.23万吨，比上年增产0.8%。其中夏粮产量17.99万吨，增产2.61%；秋粮产量29.24万吨，减产0.3%。粮食作物种植面积12.77万公顷，比上年下降0.31万公顷；蔬菜种植面积6.25万公顷，增加0.36万公顷；中药材种植面积1.1万公顷，增加0.32万公顷。主要经济作物中，蔬菜产量271.3万吨，增产7.84%；中药材产量2.89万吨，增产70.39%；园林水果产量15.35万吨，增产5.93%。年末，全市大牲畜存栏9.07万头（只），比上年末下降3.03%；牛存栏5.01万头，增长0.53%；羊存栏67.3万只，增长8.64%；猪存栏37.2万头，增长1.91%。牛、羊、猪出栏分别为0.82万头、28.68万只和36.18万头，分别比上年增长8.53%、10.16%和4.06%。

【工业建筑业】2014年，全市完成全部工业增加值594.3亿元，比上年增长8.2%。其中规模以上工业企业完成工业增加值565亿元，比上年增长8.1%。规模以上市属工业完成增加值125.9亿元，比上年增长14.5%；轻工业完成增加值155.1亿元，增长8.0%；重工业完成增加值409.9亿元，增长8.1%；战略新兴产业增加值153亿元，比上年增长11.0%，占全市规模以上工业增加值的27%。

全年发电量185.92亿千瓦小时，比上年下降8.85%；原油加工量916万吨，下降12.76%；粗钢产量383.42万吨，增长6.1%；钢材432.08万吨，增长13.6%；水泥1104.31万吨，增长11.6%。

2014年，全市建筑业完成增加值234.96亿元，比上年增长11.6%。全市具有建筑业资质等级的总承包和专业承包建筑业企业完成总产值845.28亿元，增长11.7%。

【固定资产投资】2014年，全市完成固定资产投资1610.68亿元，比上年增长22.31%。其中项目投资1274.14亿元，增长23.70%。按三次产业分，第一产业投资19.24亿元，增长79.71%；第二产业投资409.40亿元，增长12.76%，其中工业投资405.31亿元，增长13.69%；第三产业投资1182.04亿元，增长25.34%。

【交通邮电】2014年，全市交通运输、仓储和邮政业完成增加值140.77亿元，比上年增长2.7%。全年各种运输方式完成货物周转量1737.67亿吨千米，旅客周转量436.56亿人千米。其中铁路运输完成货运周转量1634.31亿吨千米，旅客周转量377.27亿人千米；公路运输完成货运周转量103.36亿吨千米，旅客周转量59.29亿人千米。年末全市民用汽车保有量61.48万辆，比上年末增长21.16%。其中轿车26.25万辆，增长

22.65%；本年新注册汽车9.76万辆，增长36.1%。

全年完成邮电业务总量69.34亿元（按2010年价格计算），比上年增长29.9%。其中电信业务总量64.5亿元；邮政业务总量4.84亿元。年末固定电话用户76.72万户。其中城市73.62万户；农村3.1万户。本年减少固定电话用户6.85万户。年末移动电话用户527.37万户，本年新增35.47万户。其中，3G移动电话用户275.3万户。年末固定互联网宽带接入用户数达73.72万户，互联网宽带接入端口149.7万个。

【文化产业与旅游业】2014年，全市文化产业完成增加值51.3亿元，比上年增长25.5%，占生产总值的2.68%。

全年全市接待国内旅游人数3030.77万人次，比上年增长24.37%：入境旅游人数2.71万人次，下降22.13%。国内旅游收入232.28亿元，增长25.34%。

【商贸流通】2014年，全市完成社会消费品零售总额944.86亿元，比上年增长12.7%。其中城镇完成社会消费品零售总额825.67亿元，增长12.5%；乡村完成社会消费品零售总额119.19亿元，增长13.8%。全年限额以上批发和零售企业实现商品零售额416.81亿元，比上年增长1.6%。其中粮油、食品、饮料、烟酒类零售额30.12亿元，下降0.3%；服装鞋帽、针纺织品类零售额43.32亿元，增长2.4%；中西药类零售额16.41亿元，下降0.4%。

【商业贸易】2014年，全市外贸进出口总值为45.6亿美元，比上年增长12.2%。其中出口总值为40.07亿美元，增长11.4%；进口总值为5.53亿美元，增长17.6%。全年对外承包工程合同项目57个，合同金额2.9亿美元，比上年下降436%，完成营业额316亿美元，增长79%。

【财政金融证券保险】2014年，全市地区性财政收入为467.48亿元，比上年同口径增长18.4%。公共财政预算收入为152.33亿元，增长22.36%。公共财政预算支出为280.14亿元，增长15.61%；全市年末金融机构本外币各项存款余额6639.67亿元，比上年末增长20.22%。金融机构人民币各项存款余额6617.51亿元，增长20.34%。年末，全市金融机构本外币各项贷款余额5932.48亿元，比上年末增长25.75%。金融机构人民币各项贷款余额5612.72亿元，增长27.33%。

2014年年末，全市共有境内股票上市公司16家，比上年增加1家。年末股票市价总值为1868.77亿元，比上年末增长92.65%。发行、配售股票筹集资金37.74亿元，比上年下降36.7%；全年保费收入74.52亿元，比上年增长13.61%。其中财产险收入28.3亿元，增长21.93%；寿险收入38.68亿元，增长5.34%；健康险和意外伤害险收入7.54亿元，增长33.22%。全年赔付额29.93亿元，比上年增长28.73%。

【社会事业】2014年，全市科技成果478项，比上年减少1项。全年获得奖励184项，比上年增加8项。专利申请受理4288件，比上年增长9.8%。授权专利2139件，增长9.0%。授予发明专利权589件，增长4.1%。全年共签订技术合同2605项，减少14.28%。技术合同成交金额37.95亿元，增长18.4%；年末，全市研究生教育招生0.99万人，比上年增长2.39%，在学研究生2.91万人，增长3.52%。普通高等教育招生8.94万人，增长6.91%，在校学生31.63万人，增长1.51%。中等职业教育招生2.08万人，下降13.47%。普通高中招生2.31万人，下降1.65%。初中学校招生3.46万人，下降1.77%。普通小学招生3.54万人，下降0.29%。特殊教育招生0.0036万人，下降33.33%。幼儿园在园幼儿7.34万人，增长9.31%；年末，全市共有文化馆9个（不含省级，下同），公共图书馆8个，博物馆（含纪念馆）22个，国有艺术表演团体4个。广播和电视综合人口覆盖率分别为99.64%和99.70%，分别比上年提高0.25和0.3个百分点。有线电视用户69.7万户，增长5%。有线数字电视用户64万户，增长9%。市级报纸出版4.74亿份，比上年下降8.05%。期刊出版1.10亿册，下降0.43%。图书出版1540万册（张），增长1.32%；全市共有卫生机构2394个，其中医院、卫生院167个，妇幼保健院（所、站）10个，专科疾病防治院（所、站）2个，社区卫生服务中心（站）228个。医院、卫生院拥有床位2.27万张，比上年增长5.72%。卫生技术人员3.09万人，增长7.68%。其中执业医师和执业助理医师1.23万人，增长7.37%。注册护士1.3万人，增长10.58%；全年全市获得各类奖牌247.5枚，比上年增加121.5枚。

【人民生活与社会保障】2014年，全市城镇居民人均可支配收入23030元，比上年增长10.9%；城镇居民人均消费性支出17236元，比上年增长9.5%；城镇居民家庭恩格尔系数（即居民家庭食品消费支出占家庭消费支出的比重）为35%。农村居民人均纯收入8067元，比上年增长13.4%；农村居民人均生活消费支出7297元，同比增长18%；农村居民家庭恩格尔系数为37%。

全市参加城镇职工基本养老保险人数为66.16万人，比上年末增长10.41%；参加城镇职工基本医疗保险人数为84.45万人，增长2.69%；参加城镇居民医疗保险人数为106.84万人，增长3.11%；参加失业保险人数为57.27万人，下降0.16%；参加工伤保险人数为46.18万人，下降0.22%；参加生育保险人数为45.52万人，下降0.2%；城乡居民社会养老保险参保续保人数为74.05万人。年末参加新型农村合作医疗农民人数为113.98万人，参合率为97.99%。全年新型农村合作医疗基金支出总额为4.67亿元，比上年增长11.99%；累计受益128.74万人次。

【安全生产与自然灾害】2014年，全市安全生产事故死亡127人，比上年下降52.79%。亿元生产总值生产安全事故死亡人数为0.067人，下降125.37%。煤矿百万吨死亡人数为0.58人，上升1.72%。全年发生道路交通事故715起，造成225人死亡（其中：生产经营性道路事故死亡93人）、803人受伤，直接经济损失0.025亿元；道路交通万车死亡人数为3.17人，下降28.39%。

全年平均气温11℃，平均降水量200毫米。自然灾害：全年农作物累计受灾面积1.3036万公顷，比上年减少8.4947万公顷。其中累计成灾面积1.0721万公顷，比上年减少4.7844万公顷。

兰州市领导班子成员名录

市　委

书　记　虞海燕

副书记　袁占亭

常　委　李森洙　周丽宁　全祥明　段英茹　张悌先　张建平　李　军　俞敬东　张　星　何向东　周万山

市人大常委会

主　任　牟少军

副主任　王韶珊　胡康生　魏志乐　蒙自福　毛　仁　张淑菊

市政府

市　长　袁占亭

副市长　俞敬东　张　星　何向东　周万山　曹丕玉　戈银生　牛向东　胥　波　戚大明　严志坚

市政协

主　席　王　冰

副主席　魏邦新　滕兴科　孙晓刚　张荫林　苏广林　陈亲恭　魏职勤　范　文　陈卫东　陈　静　王　璇　丁祖全

兰州新区

党工委书记　李森洙

副书记　李　睿　徐大武

主　任　李　睿

副主任　高东生　郭智强　张永平　万　里　李西新　孙庆红　王　慧　杨　忠

纪工委书记　徐大武

秘书长　刘怀君

（供稿：徐 鹏）

城关区

【综述】城关区位于兰州河谷盆地东部，是甘肃省会兰州市的中心区，是全省的政治、经济、科技、教育、文化、交通中心，是全国唯一的省、市、区三级党政军机关集于一地的县区。全区总面积220平方千米，其中城区面积67平方千米。2014年末，全区辖24个街道151个社区（村社区）18个行政村，常住人口约141万人，流动人口约44万人。有回族、满族等46个少数民族。

黄河自西向东穿城而过，流经本区18千米。境内平均海拔1520米。属北温带半干旱大陆性气候特征，市区年均气温11.2℃，年均降水量327.8毫米，蒸发量1437.7毫米，全年日照时数平均为2446小时，无霜期180天以上，年平均相对湿度56%。有五泉山公园、水车博览园、黄河铁桥等自然人文景区。全区大中型商场拥有量占全市的80%以上，兰州东部批发市场等5个大型市场跻身“全国同类市场100强”。区内有兰州大学、中科院兰州分院、中国航天科技集团公司510研究所、中国农科院兰州兽研所等著名科研院所124家。城关区文化底蕴深厚，有《读者》《丝路花雨》《大梦敦煌》及兰州太平鼓等一大批文化艺术成果。

2014年，全区实现地区生产总值662.3亿元，增长9.94%。其中一、二、三产分别完成1.75亿元、112.13亿元和548.41亿元，分别增长6.25%、7.98%和10.44%。完成城镇固定资产投资332.43亿元，增长13%。完成社会消费品零售总额537.74亿元，增长12.64%。全年公共财政预算收入24.7亿元，增长18.53%。居民收入持续增长。

【农业农村经济】2014年，全区实现农林牧渔业产值3.13亿元，增长6.5%。其中种植业增加值1.51亿元，增长5.77%；林业增加值0.09亿元，增长3.23%；牧业增加值0.07亿元，增长20%；农林牧渔服务业增加值0.08亿元，增长6.86%。全年粮食总产量达到724吨，下降0.59%。全年蔬菜播种面积2.52万亩，增长5.26%；产量9.01万吨，增长6.31 %。全年畜产品肉产量578吨，增长3.39%；牛奶产量4400吨，增长10%；鲜蛋产量94.5吨，增长0.96%。新建改建农村公路16.1千米。完成南北两山面山景观改造2530亩，新增造林面积651亩，全区森林覆盖率提升至38.8%。

【工业经济】2014年，全区实现工业总产值201.2亿元，增长2.04%。其中规模以上169.9亿元，增长0.7%。实现工业增加值52.22亿元，增长6.37%，其中，规模以上42.42亿元，增长5%。单位GDP能耗、万元工业增加值用水量分别降低3.2%和6.2%。

【商贸流通】2014年，全区批发零售和住宿餐饮业实现销售额（营业额）1583.14亿元，增长15.9%。全年实现社会消费品零售总额537.74亿元，增长12.64%。全区共有亿元市场14家，全年实现成交额197.92亿元。实施总部经济项目14个，陇星总部产业园引进总部企业28家。建成淘宝甘肃馆线上商城、三维商场等6个电商平台，电子商务市场交易额达到206亿，增长54%，网络零售交易规模突破50亿元，达到51.8亿元。

【房地产业】2014年，全区实现商品房销售面积210.52万平方米，增长62.06%；全年商品房销售额14481亿元，增长84.33%。

【非公经济】2014年，全区非公有制经济增加值389.85亿元，占全区GDP的比重为58.86%。

【文化产业与旅游业】2014年，全区文化产业增加值达到32.17亿元，增长25.43%，占全区GDP的比重为4.86%。

全年全区接待旅游人数约1975万人次，增长25%。全年旅游总收入158亿元，增长25%。新增旅游从业人员7345人，增长13%。创建、提升旅游示范村1个，规范、发展星级农家乐35个。

【招商引资与项目建设】2014年，全区签约引进重大项目295个，到位资金460.8亿元，提高35.3%。本届“兰洽会”引进项目57个，到位资金148.75亿元，当年开工率达到51%。酒钢结算中心等34个项目进入主体施工，居然之家等18个项目竣工投用。全省首个大型城市综合体万达广场开业运营。引进民生银行等“500强”企业9家。

【城镇建设】轨道交通1号线、北环路、“断头路”改造、“上跨下穿”等17

个项目顺利实施。完成路网建设投资9000余万元，910号、915号道路竣工通车。建成过街天桥12座，打通断头路2条。新建停车泊位4000个、公共自行车网点111个、公厕16座，完成人行道改造9条。完成小街巷亮化100条，划设小街巷停车泊位4000个。建成流动公厕16座、标准化菜市场5个、便民菜店20个，改造“三不管”楼院59个。兰山山地生态公园二、三期建设加快推进。完成营盘岭“兰州战役遗址”等绿化项目6个、皋兰山大型泵站改造等水利工程7个。完成雁滩公园改造和4条道路绿化提升，新建改建小游园5个。新增城市绿地80.75公顷，完成南北两山面山景观改造2530亩，新增造林面积651亩，全区森林覆盖率提升至38.8%。

【环境保护】对违反环保规定，超标排放废水的45家企业依法进行严肃处理。完成固定声源监测314家，完成施工工地监测31家，在38 条主次干道布点监测交通噪声105个。对已建成的“环境噪声达标区”进行布点监测，共布点监测区域环境噪声101个，达到国家二类区域声环境质量标准。对全区31家汽车4S店的危险废物处置情况进行检查，确保集中处置率达到100%，工业固体废物处置率达到90%以上，放射性同位素与射线装置辐射安全许可证持证率达100%。完成全区声环境功能区划定与调整工作，区域环境平均值、交通干线平均值均控制在55分贝、70分贝以下。黄河城关段水质达标率稳定保持在100%。

【社会事业】投入6698万元，创建义务教育标准化学校34所。通过国家义务教育均衡发展督导评估认定，成为全省首批全国义务教育发展基本均衡县区。10所中小学改扩建工程竣工4所、完成主体4所、基础施工1所，准备开工1所。全年推荐申报国家级项目16项，8个项目获得立项，争取扶持资金700余万元。甘肃省科技计划项目19项、兰州市科技计划项目73项。区列科技项目44项，项目扶持资金1415.7万元。建立城关区声乐、舞蹈、美术、非物质文化遗产文化艺术人才库，在册专业人员46名。对辖区51支群文队伍进行评审定级工作，实现文化馆免费开放，全年为辖区群众免费举办美术、舞蹈、声乐培训班，共举办各类培训255期，培训人数7200人次，多次参加省市及国际艺术交流大赛，获得金银铜奖20余项。投入390.25万元，建成10家预防接种数字化示范化门诊及7家用于慢性病防治的“社区健康小屋”。国家各类免疫规划疫苗接种率均达到95%以上。组织开展各项青少年体育竞赛活动15项次，为省市体工队、体校输送青少年体育后备人才36名。在雁北街道大教梁社区、安乐村社区、甘肃文理学院、兰州资源环境学院等地为社区居民、教师、学生测试12次，完成国民体质检测3100人。举办社会体育指导员培训班2期，培训合格叁级社会体育指导员145名。30条全民健身路径陆续投入使用。

【人民生活与社会保障】2014年，全区实现城镇居民人均可支配收入24249.65元，增长11.4%。农村居民人均纯收入20919.58元，增长13.5%。全年城镇新增就业人数46273人，农村富余劳动力转移就业人数9717人，城镇登记失业率为1.77%。

全年征缴基本养老保险基金7.26亿元，失业保险费0.24亿元，基本医疗保险基金2.32亿元，工伤保险费597万元，生育保险费689万元。被征地农民养老保险工作有序开展，参保人数达到9668人。参加基本养老保险的企业达到2610户，参加城镇基本养老保险人数达到85900人，参加基本养老保险离退休人员数达到32000人，基本养老金发放额达到5.63亿元，基本养老金按时足额发放率为100%。医保定点医疗机构覆盖面达到80%以上。发放各类救助金6956万元，救助困难群众19.3万余人次。制定出台《虚拟养老院工作方案》，启动虚拟养老院选址重建工程，建成日间照料中心5家。建成城关区重度残疾人托养服务中心，完成200户残疾人家庭无障碍设施改造，为179名残疾人提供免费居家服务。

城关区主要领导名录

区委书记　王　宏

区人大常委会主任　高　星

区　长　张永财

区政协主席　冯广宸

（供稿：葛湘萍）

七里河区

【综述】七里河区地处兰州市中南部，介于东经103° 37′-103° 54′，北纬35° 50'-35° 06'之间。东至雷坛河，与城关区相壤，南与定西市临洮县为邻，东南至银山、铁冶、兰山，与榆中县相邻，西南至七道梁、摩云关、湖滩，与临洮县、临夏州永靖县交界，西至彭家坪、崔家大滩、深沟桥，与西固区毗邻，北濒黄河，与安宁区和城关区靖远路街道徐家湾隔河相望。东西最大距离21千米，南北最大距离33千米，全区总面积397.25平方千米，其中拥有林地12.6万亩，林木覆盖率21.13%；草地面积15.19万亩，覆盖率25.48%。2014年末，全区辖2个乡4个镇9个街道，常住人口58.73万人，人口自然增长率3.01‰。有回族、东乡族等44少数个民族。

境内资源有煤炭、石英石及地热等7种。阿干镇煤矿只剩下0.0348亿吨。另有石灰石储量0.04亿吨，砂子2亿立方米，天然卵石约1亿立方米，路标石有0.5亿立方米，坩泥0.2亿吨，石英矿储藏量1亿吨。探明瓜州路有地热，井深2300米，水温63.5度，富含偏硅酸、氟、铁、偏硼酸等多种微量元素。西部欢乐园地下2500米处，水温60度左右。

2014年，全区实现地区生产总值360.26亿元，增长11.69%，其中第一产业增加值4.89亿元，增长6.35%；第二产业增加值184.72亿元，增长11.03%；第三产业增加值170.65亿元，增长12.64%。完成公共财政预算收入11.22亿元，增长30.17%。完成全社会固定资产投资206亿元，增长16%。完成社会消费品零售总额169.3亿元，增长13.5%。

【农业农村经济】2014年，全区农

业增加值完成4.89亿元，增速为6.35%。全年蔬菜产量23.6万吨，其中百合产量2.79万吨，全年粮食产量1.22万吨。全区畜禽饲养量达到47.79万头只。肉、蛋、奶产量完成3.15万吨。百合种植面积保持在5.26万亩，蔬菜种植面积达到13.2万亩。推广全膜双垄覆盖沟播栽培面积3.02万亩，新增设施农业1011亩。规模养殖户达到562户，全区百合、牛奶的农产品加工量达到18.9万吨，产值达到4.1亿元，特色产业收入占后山农民人均纯收入的70%以上。新发展农民专业合作社38家。全区新增农村土地流转面积2118亩。

争取农机购置补贴资金90万元，办理补贴农户646户，置各类农机具925台，补贴资金89.89万元。发放农机燃油补资金46.9万元，补贴2326台拖拉机。全区农业机械总动力达到18.4万千瓦，完成铺膜1.85万亩，机耕面积3.5万亩，机播1.53万亩。

【工业经济】全区共有在建工业和信息化项目31项，其中新建项目3项，续建项目22项，技改项目4项，扩建项目2项。计划总投资35.61亿元，累计完成投资12.65亿元，当年完成投资3.02亿元。2014年，全区实现规模以上工业增加值144.18亿元，增长11%；单位生产总值能耗下降12%。单位工业增加值用水量下降6%。

【商贸流通】2014年，全区完成社会消费品零售总额166.6亿元，增长12.5%。全区第三产业增加值完成170.65亿元，增长12.6%。限上批发业完成销售额216.5亿元，增长15.79%；限上零售业完成销售额57.68亿元，增长4.5%；限上住宿业完成销售额1.6亿元，下降8.84%；限上餐饮业完成销售额3.9亿元，增长7.71%。2014年，全区外贸进出口总额完成2.15亿美元，增长11.04%。

【非公经济】扶持初创微型企业760户。2014年，全区实现非公经济增加值191.16亿元，增长26.1%。

【招商引资与项目建设】新签招商引资项目101个，开工建设97个，引进到位资金280.05亿元，占年计划的128.46%；联系对接兰州新区招商引资项目7个，引进到位资金6.2亿元，占年计划的103.33%。2014年，全区共实施各类建设项目206个，其中投资过亿元的116个、10亿元以上的15个。

【城乡建设】争取国开行贷款22.6亿元，在华林坪、五星坪等坪台地区和彭家坪、马滩等城中村，实施21个棚户区改造项目。畅交通工程推进深安大桥等重点工程土地征收全面按期完成。宝兰客专集体土地征收全部完成，国有土地房屋征收已完成60%。S129#、B144#等城市道路提升改造已完工。建成上河苑、金港城等3座人行过街天桥。投资7430万元，完成26万平方米未供暖楼院设施改造。3个集贸市场供暖完成煤改电，58处燃煤茶浴炉完成拆除改造。妥善处置存量违法建设10处，拆除新生违法建设29.3万平方米。改造农村危房380户，建设乡村道路58条、86千米，农村公路养护里程达到21796千米。实施人畜饮水和节灌配套等8个水利工程，解决9个行政村、1.4万人安全饮水问题，新增有效灌溉面积600亩。在南出口6个村和水磨沟沿线10个村开展环境卫生连片整治，建成1个省级美丽乡村和2个市级美丽乡村。

【园区建设】成立兰州高新技术开发区七里河园区管委会和相关职能机构，组建两个投资公司。彭家坪片区新征土地2054亩，完成拆迁6.5万平方米，开工建设各类项目20个，已完工12个，在建项目8个。马滩园区新征土地1587亩，完成拆迁35万平方米，开工建设各类项目10个，已完工2个。2014年，全区园区经济总量达到93.6亿元，占全区地区生产总值的比重达到26%。

【扶贫开发】整合投入各类资金1.73亿元，加快贫困村基础设施和公共服务设施建设，加大农民工劳务技能培训和劳务输转力度，扶持贫困村种养殖基地建设，21个贫困村全部实现脱贫。2014年，全区减少贫困人口8017人，人均纯收入达到7500元以上。

【社会事业】全年共申报国家、省、市科技项目30个，获得项目资金1122万元。投资4662万元，完成8所学校排危改造和11所幼儿园改扩建工程，新建40个学校标准化食堂。推动兰州89中和兰州34中联合办学、兰州88中与兰州22中联片办学。建成省级标准化乡镇综合文化站5个、街道文化服务中心5个、农家书屋72家、文化资源共享工程65家，全面完成广播电视“村村通”、“户户通”工程。新建西果园镇湖滩村、阿干镇马泉村、黄峪乡中庄村、魏岭乡晏家洼村4所村级卫生室所。

【人民生活与社会保障】2014年，全区城镇居民人均可支配收入22157.29元，增长11.3%。农民人均纯收入12296.84元，增长13.6%。完成城乡劳动力实用技能培训1.41万人，新增城镇就业1.51万人，城镇登记失业率2.01%。全年劳务输转2.3万人，创收3.38亿元。

筹资1000万元用于灵活就业、低保等困难群体的社保补贴。开工建设保障性住房4391套，建成配售2286套，改造农村危房210户。成立小额贷款担保中心，发放小额贷款5205万元。39名五保老人入住阿干中心敬老院，1085名老人被纳入虚拟养老重点服务范围。实施城乡医疗救助3.37万人次，发放救助金1036万元。实行基本药物零差率销售和基本药物100%网上集中采购，全区新农合参合人数85049人，参合率为99.38%，每人每年筹资标准为350元。城乡居民社会养老保险累计参保51893人，参保率达99.64%。

七里河区主要领导名录

区委书记　石镜如

区人大常委会主任　郑元平

区　长　魏晋文

区政协主席　巴怀亮

（供稿：卫凯红）

西固区

【综述】西固区地处甘肃中部、兰州市西南部，介于北纬35° 58′–36° 13′，东经103° 19′ 103° 41′ 之间。东与七里

改造后的西固区金城公园一角

河区接攘，南连永靖县，西邻红古区，北与永登县、皋兰县、安宁区毗邻。辖区东西最大距离30.2千米，南北最大距离19千米，总面积358.31平方千米。2014年末，全区辖2镇4乡，总人口36.34万人，人口自然增长率2.24‰。

黄河由西向东横穿全境，地势西南高、东北低，南北两山向河谷川区倾斜，海拔在1500米至2000米之间。境内属陇西黄土梁峁区的一部分，梁峁起伏，沟壑纵横，交错分布，成河谷川区、坪台沟坡区、南山梁峁区和北山梁峁沟壑区。属温带半干旱大陆性气候，年平均气温10.3℃。年平均降水量297.1毫米，年平均降雨日数为68.3 天。境内最大河流为黄河，流境全长38千米；一级河有湟水河、庄浪河2条。矿产资源主要为建筑用辉绿岩矿。水利资源丰富，有八盘峡、柴家峡、河口峡三座水电站。有省级森林公园关山、石头坪2个；省级文物保护单位1处。

2014年，全区实现地区生产总值292.96亿元，增长1.58%；其中第一产业增加值3.9亿元，增长6.75%；第二产业增加值193.25亿元，下降2.8%；第三产业增加值95.78亿元，增长12.54%。三次产业所占GDP比重由2013年的1.14%、72.22%和26.64%调整为1.32%、65.88%和32.80%；全社会固定资产投资总额实现201.4亿元，增长14%；社会消费品零售总额实现99.3亿元，增长12.3%；地区性财政收入123亿元，增长15.21%：财政公共预算收入实现8.46亿元，增长28.8%。全区财政总支出20.1亿元、同比增长37.8%。非公经济增加值占GDP比重提高3.6个百分点。

【农业农村经济】2014年，全区粮食总产量达到4800吨，果品总产量达到21588吨，蔬菜总产量达到28万吨。新增设施农业1100亩，特色种植1.9万亩。新增精细蔬菜面积1000亩，双垄全膜沟播面积4160亩。全区新增养殖场（户）20个，建成10个千只规模、1个万只规模肉羊饲养基地。畜禽饲养量114.1万头（只），畜禽存栏量46.5万头（只）。

投资2280万元，建成范坪一级泵站改造等10项农田水利项目建设。实施4项安全人饮工程，解决4851人安全饮水问题。全区农村土地流转4000亩，林地流转6270亩。建成乡村公路5条、村民文化广场12个、村标准化卫生所2个，改造农村危旧房200户。整合资金7300万元，在13个村实施美丽乡村建设和环境联片整治。

【项目建设】全年共签约引进项目94项（新签41项，结转53项），引进到位资金217亿元，占计划的130.5%。项目当年开工率、资金到位率分别达75%和33%。

【商贸流通】发展商贸物流业，实施西固金融广场、西港物流园、天毅汽车城等28项投资亿元以上支撑项目。制定出台《西固区促进电子商务发展扶持奖励政策》，空中易购西固公司等本土企业启动网售业务。

【旅游业】投资9600万元完成金城公园提升改造，于2014年10月1日向市民免费开放。投资5000万元，完成河口古镇修缮保护工程核心区建设，实施周边景点景区规划设计。编制完成《达川三江口城乡一体化总体规划》《河口古镇文化旅游产业发展规划》《十里黄河金岸规划》，并与内蒙古亿利集团签订投资框架协议。

【城乡建设】完成西固东西路、9#路和城区7条规划道路整治改造，范坪路、寺柳公路和S070#路建设顺利实施。天鹅湖环形天桥已建成投入使用，西固城环形天桥和玉门街过街天桥已基本建成。推进西固村等城中村改造项目，新开工建设保障房16.3万平方米，已建成5万平方米。开工建设棚户区2084户，建成廉租住房570套，分配保障性住房1972套。完成11座楼院整治和6座未供暖楼院供热改造。

【环境保护】在10个小区进行垃圾分类收集试点工作，垃圾清运率达到95%；新增环卫专业车辆16台，城区机械化洗扫作业率达到75%；全区绿化面积达到1467公顷，绿地率为33.3%，绿化覆盖面积1533公顷，绿化覆盖率为34.8%。完成生态防护林和经济林建设7400亩，城区新增绿地面积46公顷。全年空气优良天数比去年增加14天，达到313天。推进一级水源保护区治理工程。

【社会事业】全年教育经费投入占财政支出比重的18.7%，实施教育基础设施项目84项，C级校舍危房实现全清零。高考上线率97%。区医院门诊大楼开工建设，区中医院和区妇幼保健院建设项目已完成前期各项手续报批。组织实施32项区列科技项目，申报30项省市科技项目。西固体育场完成改造并向社会免费开放，15个健身场地全部建成并投入使用。

【人民生活与社会保障】2014年，全

区城镇居民人均可支配收入、农民人均纯收入分别达到25502元、13104元，分别增长11%和13.5%。举办各类用工洽谈会26场，组织技能培训5078人，新增就业1.6万人，城镇登记失业率控制在1.73%以内。

全年办理创业贷款4684万元。发放慈善、救助资金884.5万元；资助贫困大学生和城乡困难群众1156多人次，发放各类低保和救助金5183万元，城乡低保再提标15%，分别达到468元和184元。新建8个城乡老年人日间照料中心。开工建设保障房16.3万平方米，改造农村危旧房200户，为1096户低收入家庭发放廉租房补贴355万元；完成6处未供暖楼院供热改造。

西固区主要领导名录

区委书记　张国一

区人大常委会主任　王习军

区　长　钱承文

区政协主席　周建湖

（供稿：王晓蓉）

安宁区

【综述】安宁区地处兰州市黄河北岸，介于东经103° 34′ –103° 47′，北纬36° 5′ –36° 10′ 之间。东起九州台马槽沟一线与城关区相接，西至虎头崖与西固区毗邻，南临黄河与七里河区、西固区隔河相望，北依群山与皋兰县接壤。东西长19.6千米，南北宽2.7–7千米，全区总面积82.33平方千米，2014年末，全区共辖8个街道办事处59个社区，总人口35万人，人口自然增长率1.96‰。有回族、蒙古族等28个少数民族。

安宁区依山傍河，东西两侧高，中间低缓，呈马鞍形，形成狭长河谷平原–安宁平原。海拔1517.3米–2067.2米，相对高差550米。内陆性气候特征明显，年降水量349.9毫米，年蒸发量1664毫米，年平均气温8.9摄氏度，年日照2476.4小时，无霜期171天。区内有西北师范大学等17所大中专院校，有省农科院等2所科研机构，有各类科技人才3万余人。盛产蜜桃，是闻名全国的四大蜜桃生产基地。有天斧沙宫等人文自然景观。

2014年，全区生产总值（GDP）完成135.34亿元，增长11.62%。其中第一产业实现增加值0.34亿元，增长5.99%；第二产业实现增加值73.19亿元，增长9.09%；第三产业实现增加值61.81亿元，增长15.64%。三次产业的比重为0.25∶54.08∶45.67。完成全社会固定资产投资180亿元，增长15%。完成社会消费品零售总额64.5亿元，增长129%；完成地区性财政收入2848亿元，增长22.689%；完成公共财政预算收入10.32亿元，增长15.43%。

【农业农村经济】2014年，全区完成农业增加值0.34亿元，同比持平。农业经济占全区经济总量的0.23%。全年全区完成蔬菜播种面积4309亩，蔬菜产量10858吨，肉蛋奶产量1649.64吨，畜禽饲养量7.7万（只）。实施特色产业发展和制定“插花地”开发利用规划，沙井驿涉农社区亿嘉通现代仓储物流中心项目进展顺利，实施赵家二沟农业综合开发项目，推进桃树“上山进沟”平地种植工程。建成农村康居住宅10万平方米，入住650户。评定星级农家乐35户，新建与改造农家乐厕所10座。

【工业建筑业】2014年，全区工业总产值283.3亿元，占年计划96.3%。规模以上工业增加值50.9亿元，增长8.6%；全区建筑业增加值19.99亿元，增长10.65%。

【非公经济】落实非公经济发展政策，新登记注册非公企业648户，扶持初创微型企业405户。2014年，全区完成非公经济增加值65.7亿元，增长22%。

【招商引资与项目建设】2014年，全区新建、续建招商项目78个，引进到位资金189亿元。新签项目约46个，引进兰州国际义乌商贸中心等十亿元以上项目4个，江能医药电子商务大厦等1亿元以上项目9个。其中第20届兰洽会省、市专场安宁区重点招商签约项目9个，总投资108.93亿元；第20届兰洽会安宁区专场新签约项目5个，总投资10.39亿元；第31届兰州桃花旅游节期间新签约项目共10个，总投资109.65亿元。

【商贸流通】2014年，全区共有限上商贸企业66家，限下商贸企业及个体经营户5472家，商贸销售总额1557.92亿元，增长15.82%。全年批发零售贸易业实现零售额79.89亿元，增长22.1%。汽车零售实现销售额7.73亿元；住宿餐饮业实现零售额10.06亿元，增长16%；医药物流产业完成销售额72亿元，增长20%。

【文化产业与旅游业】2014年，全区文化产业实现增加值4.19亿元，增长33%；从业人数3323人，占全年目标3718人的89.4%。

举办第31届兰州桃花旅游节暨大学生艺术节。创建仁寿山AAA级景区并完成景区旅游资料汇编。2014年，全区接待旅游人数255万人（次），新增旅游就业人数310人，实现旅游总收入19.1亿元，增长25%。现有生态园、旅游山庄以及农家乐95家。

【城区建设】建成502号道路1条，投资1074.23万元整治完成S573号（华兴路）西段等道路3条，开通511号中段等城区道路4条，深安大桥按时建成通车，整治维修市政破损道路29条。建设公共停车场项目8处，完成停泊车位763个，正在修建8458个。建成公共自行车租赁系统网点66个。共建设各类保障房7136套，已安置入住4672套。综合治理8个街道背街小巷63条，安装路灯672盏，总长度达6.7千米。安装梯形花盆4300个、灯杆卡盆274个、摆放各色草花87540盆、制作绿色雕塑8组26个。完成义务植树64.16万株，其中城区39.57万株。完成补植造林1824亩。普查古梨树380株、枣树11159株。投资301.54万元，完成B579#路等8条城区道路绿化，栽植苗木8.97万株。建成小游园一个，林荫化停车场2处。全区绿地面积达806.8公顷，绿地率达32.93%，人均公共绿地面积13.09平方米，通过园林城市创建省级验收。黄河水上公交十里店码头和兰州港对开航班实现通航。投资2559万元，购置环卫设备和车辆，新建移动式公厕30座，垃圾压缩站

2个。严格管理全区158个工地，取缔拆除茶浴炉124台，完成131家重点餐饮企业清洁能源改造和油烟治理。

【社会事业】2014年，全区共推荐申报国家、省、市科技项目40余项。辖区高校及企业获得各项国家专利327项。签约科技对接项目253个，金额7.2亿元。为区属11341名学生免除学杂费221万元，补助公用资金433万元，公用取暖费357.6万。完成沙井驿“五校合一”项目，北京实验二小兰州分校主体建设，建成学校、幼儿园3所，新建、扩建和抗震加固校舍3所，改造中小学厕所3所，消除校舍C级危房3084平方米。开展系列文化活动15余次，创新开展百部正能量好书微信推荐等文化活动17项。投资117万元建成安宁急救中心1所，区属医院基本药品配备和使用额达到63.66%，基本和总采购药品金额分别为507.9万元、227.63万元，配送率与入库率均达到80.47%，基层医疗机构零差率销售覆盖率100%。补助基本公共卫生服务资金达141万元，由人均32元提高到35元。为全区一、二类低保人员和妇女免费专项体检9169名、发放贫困家庭重特大疾病医疗救助金596万元。平均门诊、住院费用分别由上年113.8元、2670元下降到98.6元、2604元，下降率为15.2%、13%，低于35%的市医保规定。建成5个全民健身广场，配备健身器材123件，乒乓球台30副。举办安宁区干部职工运动会，完成兰州国际马拉松安宁段赛事组织工作。

【人民生活与社会保障】2014年，全区城镇居民人均可支配收入达到22540元，增长12%。全区新增就业人员13570人，城镇登记失业率控制在1.70%。安置困难群众就业1255人，完成培训各类劳动力4888人。

全年共发放小额担保贷款294笔3153万元。纳入城市低保户2021户、4053人，新增低保对象966人，发放低保金2424万元，低保标准由人均407元提高到468元。为5228名被征地群众发放养老保险金9710万元，人均由上年每月558元提高到1040元，参保率71.52%。投资300万元，建成社区老年人日间照料中心5个。全年投资约4.2亿元，新建城中村改造安置楼9.4万平方米，基本建成15万平方米，分配1833套。新建廉租房、公租房750套，基本建成980套，分配616套。为1832户租赁家庭补贴资金296.8万元。投资1200万元完成10个老旧住宅小区供热管网改造，建成标准化肉菜市场9个、便民菜店47个。妥善处置“4·11”局部自来水苯污染突发公共事件，市、区共调配矿泉水27370件、656880瓶。

安宁区主要领导名录

区委书记　席飞跃
区人大常委会主任　王永生
区　长　雒泽民
区政协主席　马玲媛（女，12月止）
　　　　　　黄晓玲（女，12月任）

（供稿：陈天军　邹向东）

红古区

【综述】红古区位于甘肃省中部，介于东经102°50′-102°54′，北纬36°19′40″-36°21′之间。东接兰州市西固区，西临大通河，南濒湟水与青海省民和回族土族自治县和甘肃省永靖县相望，北部黄土山岭与永登县毗邻。区境东西长53.7千米，南北宽不过24千米，最狭窄处仅3.3千米，总面积567.6平方千米。2014年末，全区辖1乡3镇，总人口14.3万人。有回族、满族等18个少数民族。

境内北部为黄土山梁、台地区，南部和西部为河谷川地区。地势西北高、东南低，海拔在1580米-2462米之间。为温带大陆季风气候。主要河流有湟水、大通河。矿产资源丰富，已查明的矿藏有煤、石油等11种。矿床、矿点18处。已勘查过远景储量及工业储量的矿种7种。

2014年，全区实现地区生产总值105.28亿元，增长15.5%，其中第一产业增加值8.3亿元，增长6.1%；第二产业增加值68.63亿元，增长17.8%；第三产业增加值28.35亿元，增长13.5%；全社会固定资产投资额63.13亿元，增长20%；社会消费品零售总额22亿元，增长15%；公共财政预算收入2.52亿元，增长19.1%；万元GDP综合能耗下降3.5%，污染减排等约束性指标控制在市上下达的指标之内。

【农业农村经济】2014年，全区投资1.74亿元，建成1000亩新特菜、1000亩优质果品、2000亩竹柳、3000亩核桃等千亩种植基地6个，新建扩建铭瑞小尾寒羊、志华正大生猪、新名汇良种奶牛等标准化规模养殖场39个。新增耕地2550亩、高标准基本农田5300亩、高效节水灌溉面积1万亩，改造加固干渠险段1千米。罗金谷、金砂台2个大型绿色生态农业科技园建设初见成效；花庄镇9个村土地确权颁证工业基本完成，新发展省市级龙头企业14家。

【工业经济】2014年，全区实现工业增加值58.63亿元，增长18.2%。经济区红古园区被批准为国家第五批“城市矿产”示范基地。新引进铝产业链延伸企业6家，实施清真生物、高端玻璃、再生资源等战略性新兴产业项目7个，完成窑街煤电、兰州铝业、方大炭素等企业技改项目4个，新增规模以上企业5家、“两化”融合示范企业5家。

【商贸流通】总投资8亿元东方物流园等一批项目启动建设。总投资1.22亿元的北区农贸物流市场、南区农贸市场、跃进街集贸市场完成新建改造。新增限上商贸和营利性服务业企业18家，落实补贴资金3000万元扶持小微企业600户。2014年全区实现社会消费品零售总额22亿元，增长15%。

【项目建设】2014年，全区实施总投资146.5亿元的产业项目76个，其中亿元以上24个、10亿元以上4个，开工建设62个，完成投资45亿元；新引进各类项目45个，总投资74.41亿元，累计到位资金63.22亿元，完成兰州新区招商引资到位资金3亿元。

【城乡建设】编制城区8.9平方千米控详规划和2个新型城镇化发展规划。实施自来水厂扩容改造，污水处理厂建成投入使用。惠及近2000人的虎头崖、幸福家园等3个棚户区改造项目启动实施。完成滨河路北延等二期工程，改造供热管网1000米。新建商品房9.8万平方米。浩门路、炭洞沟路等5条道路建成通车，拆迁整理荣鑫大道周边沉陷土地250亩，完成沉陷区二期整治绿化860亩。海窑隧道、北环路路基工程全线贯通。完成109国道沿线“穿衣戴帽”3000平方米、绿化硬化2万平方米，新建改造农村公路56.8千米，安装路灯450盏，创建青土坡等3个省市级“美丽乡村”、旋子等6个市级“环境整洁村”。

【社会事业】投资7638万元，实施海石二小教学楼、区职教中心实训楼建设和海石湾幼儿园改扩建等项目。完成18所标准化学校建设任务，改造C级危房3.89万平方米。区体育中心建成投入使用，天韵七彩文化城建设和红古民间艺术馆改造提升工程全面完成。新建体育惠民工程1个、全民健身场18个。举办第三届全区运动会。改造提升乡镇卫生院和村级卫生所，新建标准化村卫生所12个。全面实施“百合计生服务惠民”工程，人口自然增长率控制在3.92‰以内。完成省、市、区为民兴办实事44件。投资700万元，实施帮扶项目40个。

【人民生活与社会保障】2014年，全区城镇居民人均可支配收入达到18700元，增长12.2%；农民人均纯收入达到13208元，增长15%；城镇新增业4800人，完成职业培训2819人。发放小额担保贷款3575万元。输转城乡富余劳动力11977人，城镇登记失业率控制在2.25%以内。

投资1.54亿元，将810名失地农民纳入保险范围。提高城乡居民低保、养老保险、新农合等10个方面社会保障标准。解决上街、大砂等村2831人的安全饮水问题，改造农村危房600户，新建农村互助老人幸福院、社区日间照料中心各4个。筹资7000多万元，兑现行政事业单位离退休干部老龄补贴和中小学班主任津贴。

红古区主要领导名录

区委书记　韩显明

区人大常委会主任　常学明

区　长　武和谦

区政协主席　张玉莲

（供稿：尚　俊）

榆中县

【综述】榆中县地处甘肃省中部，介于东经103°50′至104°34′北纬35°34′至36°26′之间。西靠七里河区、城关区，东邻定西县，西南与临洮县交界，北隔黄河与皋兰县、白银市平川区相望，东北和靖远县、会宁县接壤。南北长92千米，东西宽54千米，全县总面积3301.64平方千米，其中耕地面积103.1万亩，森林面积75.83万亩。2014年底，全县有8镇15乡，总人口444988人，人口自然增长率4.42‰。有回族、东乡族等13个少数民族。

境内地势由西南、东南、东北三面向西北倾斜，南和北部为山区，两山之间为中部川区地带。海拔1400-3700米之间。黄河流经榆中县北部，主要支流有兴隆大河、龛谷河、黑池沟等。气候属温带半干旱性气候，年平均气温6.7℃。境内地形复杂，海拔高差大，降水量少。全年降水量410.4毫米，较上年增加17.1毫米；年平均气温7.5℃，较上年升高0.4℃。境内有明肃王墓、青城古民居两处国家级文物保护地。有青城镇、金崖镇两处国家级历史文化名镇。境内省级文物保护地七处，县级文物保护单位128处。

2014年，全县实现生产总值75.93亿元，增长16.55%。其中第一产业实现增加值14.46亿元，增长6.69%；第二产业实现增加值42.99亿元，增长19.53%；第三产业实现增加值18.48亿元，增长15.72%。三次产业比重由上年的18.0：61.2：20.8调整为19.04：56.62：24.34。人均GDP达到17198元。

【农业农村经济】2014年，全县第一产业实现增加值14.46亿元，增长6.69%。全年农作物播种面积131.21万亩，增长3.09%，其中粮食作物播种面积78.02万亩，下降1.56%；油料作物播种面积4.44万亩，下降24.31%；蔬菜作物播种面积33.69万亩，增长6.37%；药材播种面积13.74万亩，增长43.47%；花卉播种面积0.23万亩，增长29.43%；百合种植面积2.03万亩，增长88.13%；青饲料播种面积0.74亩，增长68.42%。全年粮食总产量达19.02万吨，较上年增长8.26%。其中夏粮5.06万吨，增长51.35%；秋粮13.96万吨，下降1.83%。油料产量0.49万吨，下降28.67%。全年新增中药材种植5万亩，总面积达到14.1万亩，百合种植达到2万亩。

年末生猪存栏12.04万头，增长2.3%；羊存栏13.69万只，增长12.95%；鸡存栏40.33万只，增长4.1%。标准化规模养殖场达到3561家，年出栏各类畜禽231.5万头（只），肉羊养殖突破50万只。完成人工造林4.67万亩、荒山造林2.56万亩、封山育林1.8万亩，建成林业生态村镇9个，森林覆盖率达到10.8%。完成通达通畅工程310千米，实施县城、川东农村饮水安全工程，解决高崖、新营等11个乡镇3.4万人安全饮水问题。兴修梯田2.6万亩，新建高效节水灌溉2.14万亩，改善灌溉面积1.2万亩。新增土地流转10.6万亩。

【工业经济】2014年，全县实现工业增加值34.68亿元，占全年地区生产总值的比重为48.67%，同比增长20.96%。其中规模以上工业实现增加值30.18亿元，增长22.0%。规模以上工业企业中，轻工业实现增加值2.6亿元，同比下降4.66个百分点；重工业实现增加值27.57亿元，增长25.22%。

【非公经济】2014年，全县非公有制经济实现增加值35.96亿元，增长24.07%。其中规模以上非公有制工业企业实现增加值6.32亿元，占全县生产总值的8.32%，增长27.39%；第三产业非公有制经济实现增加值14.38亿元，占全县生产总值的18.94%，增长24.07%。

【项目建设】2014年，全县凝炼、包装项目68项，引进项目28项，到位资金

87亿元。第二十届兰洽会签约项目17项，开工建设14项，到位资金19.8亿元。实施市列、县列重大项目24项，建成13项，开工建设5项，完成投资29.2亿元。全年向上争取资金2.2亿元，实施政策性项目158项。

【固定资产投资】2014年，全县共有开工在建项目138个，完成固定资产投资96亿元，增长22%。其中第一产业实现投资额2.15亿元，增长25.83%；第二产业实现投资额13.36亿元，下降62.66%；第三产业实现投资额80.49亿元，增长94.48%。

【房地产业】2014年，全县房地产开发投资达到38.72亿元，增长1282.42%。全县房屋施工面积217.82万平方米，比去年同期增加198.42万平方米，增长1022.12%；房屋竣工面积13.54万平方米，比去年同期增加4.28万平方米，增长46.28%；商品房销售面积为64.62万平方米，比去年同期增加59.6万平方米，增长1186.11%；商品房销售额37.36亿元，比去年同期增加35.12亿，增长1826.8%。

【商贸流通】兰州国际高原夏菜副食品采购中心完成征地、规划等工作。新建农贸市场5个、乡镇配送中心2个，改造提升"农家店"30家。金星菜库、绿叶餐饮等14家企业成功入库。2014年，全县实现社会消费品零售总额19亿元，增长14.3%。其中批发业实现销售额11.21亿元，增长191.26%；零售业实现销售额4.65亿元，下降46.01%；住宿业实现营业额0.045亿元，增长3.79%；餐饮业实现营业额3.13亿元，下降24.54个百分点。年底，限上商贸企业由上年同期的10家发展到27家，共实现社会消费品零售总额11.55亿元。

【旅游业】编制完成《兴隆山旅游发展总体规划》《青城古镇修建性详细规划》。青城古镇被评为国家4A级旅游景区、全国文物保护单位。举办青城民俗文化节、兴隆山红叶节等节会。2014年，全县共接待游客210万人（次），实现旅游综合收入14.6亿元，分别增长26%和28%。

【财政金融】2014年，全县完成地区性财政收入82107万元，增长34.26%，其中税收收入72718万元，增长34.19%。全年财政支出累计达26.65亿元，较上年增长0.61%。年末，全县金融机构各项存款余额181.95亿元，增长13.91%。金融机构各项贷款余额96.09亿元，增长6.18%。

【交通通信】2014年，全县机动车拥有量达7.32万辆，较上年增长27.3%。全年公路货运总量达1134万吨，增长27.99%。客运总量达1631万人次，增长44．59%；全年完成邮政业务量1536万元，较上年增长33.57%。完成电信业务量32776万元，增长34.57%。程控电话覆盖267个行政村，覆盖率达99.63%。有固定电话用户12814户，较上年下降8.34%。移动电话用户39.28万户，增长5．56%。互联网用户达22799户，增长10.72%。

【教育与医疗卫生】年末有各级各类学校282所，共有在校高、中、小学生44758人，共有教职员工4218人。县中医院门诊楼建成投入使用，县疾控中心业务楼主体完工，建成标准化村卫生室23个。新农合参合率达到97.33%，顺利通过全国基层中医药工作先进单位预审。年末有各类卫生机构366家，卫生技术人员1495人，实际开放床位1513张，增长22.51%。

【人民生活与社会保障】2014年，全县单位从业人员有22935人，较上年增长2.22%。单位从业人员年平均劳动报酬46753元，增长14.07%。全年城镇居民人均家庭总收入16293.57元，增长11.57%，人均消费性支出14146.72元，增长7.68%。农民人均纯收入5557.83元，增长13.2%，人均消费性支出6351.8元，增长15.86%。新增城镇就业3753人，技能培训1968人（次），转移农村劳动力10.8万人（次），创收20亿元。

年末全县参加养老保险人数达257785人，其中城镇职工14586人，城乡居民243199人。城镇居民基本医疗参保37412人，征缴基金254万元；城镇职工基本医疗保险参保18349人，征缴基金5003万元。农村新型合作医疗参保人数364278人，增长0.07%，参合率达到97.33%，提高1.28个百分点，人均筹资390元，增长11.43%，达到农民人均纯收入的7.02%。全年享受低保救济的城乡困难居民达16416户、48248人，共发放救济金8442万元，增长3.29%。其中低保金7695万元，增长12.24%；取暖补贴643万元，增长6.75%；电费补贴104万元。城乡平均低保标准分别较上年增加46元、18元，分别提高15.03%、18.0％。新建农村互助老人幸福院29个，将5711名完全失地农民全部纳入养老保险，征缴被征地农民养老保险金2.83亿元，发放养老金5470万元，城乡养老保险参保率达到97.98%。全面提高低保、五保补助标准，发放低保金7695万元，五保户供养金538.8万元，救助资金850万元，贫困残疾人生活补助204万元。改造农村危旧房1219户，新建公租房100套。

【安全生产】2014年，全县共发生道路交通、生产安全、消防火灾事故58起，造成人员死亡18人，致伤51人，直接经济损失324.18万元。与上年相比，事故减少62起，下降51.67%；死亡人数减少10人，下降35.71%；致伤人数减少28人，下降35.44%；直接经济损失减少442.61万元，下降57.72%。

【城乡建设】编制完成榆中县城市总体规划纲要、金崖等7镇12乡总体规划和控详规划。中心广场改造、环城西路热源厂建成投入使用，投资1.2亿元完成"节能暖房"示范工程。实施兴隆路、环城西路绿化景观工程，县城新增绿地14公顷，绿化覆盖率达到20.9%。完成一悟路改造和东金公路维修，盆地大道一期、环城西路南延段完成路基建设，兴黄路、石垲路、园小路建成通车。在县城主要路段划定临时停车泊位500个，安装隔离护栏1100米。实施孙家岔等9个农村环境整治工程，完成龚家峾、冯家湾等6个美丽乡村建设。

【扶贫攻坚】投入资金2.67亿元，完成整乡整村推进项目11项，实施联扶项目398项，协调发放双联惠农贷款2.09

亿元，惠及农户4157户。开展农业实用技术培训3.17万人（次），青壮年劳动力职业技能培训1.25万人（次），"两后生"培训2070人。完成8.3万扶贫对象建档立卡工作，实现54个重点贫困村整村脱贫，减少贫困人口4.38万人。新注册成立扶贫互助社14个。

榆中县主要领导名录

县委书记　甘培岳

县人大常委会主任　黄宗利

县　长　王　林

县政协主席　谢志明

（供稿：周学海）

皋兰县

【综述】皋兰县地处甘肃省中部，介于东经103° 32′–104° 14′，北纬36° 05′–36° 50′之间。东邻白银市和榆中县，南接兰州市区，西连永登县，北依景泰县。南北长79千米，东西宽59千米，总面积2191平方千米。2014年末，全县总人口144772人，比上年增加354人，人口自然增长率为4.57‰。有回族、壮族等5个少数民族。

2014年，全县完成地区生产总值42亿元，增长24.6%。完成固定资产投资35亿元，增长23%。全县三次产业比例由上年的13.6：58.2：28.2调整为12.7：56.7：30.6。完成地区性财政收入6亿元，增长18%。完成公共财政预算收入2.9亿元，增长20%。完成社会消费品零售总额10亿元，增长18.7%。城镇居民人均可支配收入达到12195元，增长11.8%。农民人均纯收入达到6748元，增长17.2%。

【农业农村经济】2014年，全县新建高原夏菜、兰州白兰瓜等标准化生产基地9000亩，新增设施农业1600亩，建成标准化规模养殖场12个。投资1.1亿元，完成西电大型泵站改造、农业综合开发等6项农业基础建设。创新推广"双杆四膜"等实用技术15项，创建国家级农民专业合作社2个，认证国家农产品地理标志2个。成立树阳、巨润等3家"土地银行"，累计流转土地5.4万亩。投资近1亿元，完成整乡整村扶贫开发项目9个、"双联"帮扶项目136个，减少贫困人口1.95万人。

【工业经济】2014年，全县完成工业增加值19亿元，增长34.7%。编制完成三川口、忠和、九合、什川、黑石5个园区总体规划。"一区五园"入驻企业达到171家。全年完成生产总值30.5亿元，增长18%，对全县经济的贡献率达到73%。

【项目建设】2014年，全县签约引进项目33个，其中投资亿元以上项目19个，合同引资94.5亿元，到位资金50.71亿元。实施各类政策性项目100个，建成75个。推进500万元以上政策性项目、亿元以上招商引资项目90个，完成投资64.3亿元。

【商贸流通】推进4S品牌汽车服务店等16个重点商贸项目，建成北龙口板材市场和酒店用品市场。培育限上商贸企业10家，改造和新建便民服务店35家。着力培育发展电子商务，建成电子商务企业7家，扶持创办网店20家。2014年，全县完成社会消费品零售总额10亿元，增长18.7%。

【旅游业】建成古梨园游客服务中心，什川镇荣获"影响世界的中国文化旅游名镇"称号，什川景区被评为国家4A级旅游景区，什川古梨园被认定为全国休闲农业与乡村旅游示范点。

【城乡建设】投资2.5亿元，完成三川口集中供热站等城建重点工程，县城污水处理厂投入运营，县城西通道路基全线贯通。投资5000万元，建成石洞寺森林公园四期工程和东湖公园、梨花谷二期工程，完成名藩广场等主要街区绿化亮化。全县城镇化率达到47%，较上年提高3.9个百分点。开展城乡环境综合整治，投资1900万元，建成丰登、文山等5个省市美丽乡村，完成9个村环境连片整治和"省门第一道"综合整治。

【社会事业与民生保障】县十七届人大三次会议确定的10件26项实事全面完成。发放粮食、农机等各类补贴1600万元。筹措补助资金8000万元，突破性解决历年被征地农民养老保险。投资3.55亿元，完成55千米农村公路、皋兰一中综合楼、校车全覆盖、县中医院、县艺术馆等36项民生重点工程。永宏太平鼓队在国际非物质文化遗产节上荣获金奖。县档案馆顺利晋升全市首家国家二级综合档案馆。全年新增城镇就业2200人，输转城乡富余劳动力2.72万人次，创劳务收入4.5亿元。全面完成城乡低保提标，清理不符合条件低保对象663户1545人，发放城乡低保金3031万元。

皋兰县主要领导名录

县委书记　宗满德

县人大常委会主任　辛秀先

县　长　杜宁让

县政协主席　魏泽邦

（供稿：魏玉琪）

永登县

【综述】永登县地处甘肃省中部，东南与皋兰县、西固区、红古区相邻，西北与天祝藏族自治县、景泰县接壤，全县总面积6090平方千米。2014年末，全县辖11镇5乡，总人口440280人（不含中川、秦川二镇）。有回族、满族等5歌少数民族。

境内地形由北向南倾斜，海拔在1500–3000米之间。属温带半干旱气候，年降水量在405.8毫米，年均降雨量319.1毫米，年均气温5.5℃，年日照时数2381.8小时，年均无霜期173天。天然林覆盖面积达46万多亩。境内有吐鲁沟自然风景区、石屏山、显教寺、鲁土寺衙门等人文自然景观。已探明的矿产23种，有色金属矿主要有铁、锰、金、铜等，非金属矿产有石灰石、石英石、大理石、白云石等。

2014年，全县生产总值达到96.8亿元，增长14.8%。其中第一产业增加值完成9.9亿元，增长6.2%；第二产业增加值完成47.9亿元，增长18.7%；第三产业增加值完成39亿元，增长11%；社会消费品零售总额完成13.4亿元，增长14.7%；全社会固定资产投资稳定增

2014 年 11 月 19 日，永登县光伏发电基地正式并网发电

长，完成62.2亿元，增长21.1%；全县完成大口径财政收入7.9亿元，增长8.7%；公共财政预算收入完成3.47亿元，增长19.1%；全年一般预算支出完成17.96亿元，比上年净增支出12430万元。全县金融机构各项存款余额130.35亿元，城乡居民储蓄存款80.31亿元，金融机构各项贷款余额81.18亿元。

【农业农村经济】2014年，全县继续做大做强区域性优势产业和地方性特色产品，全县高原夏菜种植面积达到11.91万亩，玫瑰9.5万亩，红提葡萄0.84万亩，马铃薯22万亩，中药材2.2万亩，双垄玉米17万亩；鲑鳟鱼养殖水面达到100亩；全县肉羊存栏数达到60万只以上。

【项目建设】2014年，全县共实施投资1000万元以上的重点项目90项，其中亿元以上项目38项，总投资224.2亿元。全年实际完成投资85.3亿元，占当年计划投资的109.9%，项目开工率达到75%以上。

【招商引资】开展宣传推介和招商对接活动，2014年，在第20届兰洽会上，新签约各类外引内联项目69项，签约总资金102.24亿元。

【城乡建设】公共租赁住房建设项目惠民花苑公共住宅楼开工建设，县城天然气供气工程后续建设顺利进展，永盛花园309户居民已通气。汽车加气工程已全面完工，团结街、胜利街延伸工程完成可行性研究报告评审工作。硬化农村公路281.3千米，完成中堡庄浪河桥、柳树李家湾下桥、柳树龙家湾庄浪河桥3座危桥改造。苦水街和火家台2个省级美丽乡村建设示范村以及柳树、李家湾和临平3个市级美丽乡村建设示范村顺利通过上级验收。民乐乡黑龙村等23个市级环境整洁村和树屏镇东沟村等3个“省门第一道”整治村共投入资金3369.8万元，硬化、砖化、砂化道路51.7千米，安装太阳能路灯598盏，修建文化广场2.04万平方米，绿化植树79万株。完成农村危房改造2000户。农村新型社区建设方面，中堡新村29套住宅楼和大岭直属社81户住房建成。坪城乡横沟、高家湾易地扶贫搬迁项目建成住房110套7161平方米，红城镇永宁新村二期工程完成住房建设180套，河桥镇七里新农村建成6层住宅楼4栋。

【社会事业】全年投资8279 万元，先后开工建设项目91个，修建校舍、厕所、厨房等基础设施58425平方米。小学适龄儿童入学率达到100%，初中阶段入学率达到98.8%，高中阶段毛入学率达到90．8%。高考二本上线人数达到1155人。《永登县县级公立医院医疗服务价格改革试点工作实施方案》获批实施。全县建立健康档案37.4万份，建档率85.3%，合格率91.7%，使用率63.2%。开展健康咨询703场次，开展健康讲座178场次。开展“文化下乡百村行”等文化活动。

【人民生活与社会保障】2014年，全县城镇居民人均可支配收入和农村居民人均纯收入分别达到14884元和6488元，分别增长11%和15%。城镇新增就业3310人，城镇登记失业率控制在2.13%以内。

城乡居民社会养老保险参保率达到99%，新型农村合作医疗参合率达到98%以上。城市低保标准由上年的月人均纯收入306元提高到352元，月人均补差由上年的251元提高到283元。全县共保障城市低保对象1971户4159人，占全县非农人口的6.2%。农村低保标准由上年的年人均纯收入1920元提高到2210元，月人均补助标准由上年的101元提高到116元。全县共保障农村低保对象10895户25812人，占全县农业人口的6%。

【扶贫开发】全年共落实省、市、县专项扶贫资金6570万元，重点支持贫困村富民产业、基础设施、公共服务、村庄环境整治等项目，实现38个贫困村整体脱贫，全年减贫人口4.23万人。12个整村推进项目完成投资1317万元，建设梯田3000亩，修建村组道路13千米里，衬砌渠道40千米，新打机井9眼，铺设输水管线8千米，完成节水灌溉1540亩。

永登县主要领导名录

县委书记　魏旭昶
县人大常委会主任　张礼才（3月止）
县　长　杨　平
县政协主席　保元德

（供稿：柳生昆）

嘉峪关市

【综述】嘉峪关市地处甘肃省西北部，河西走廊中部偏西，介于北纬39° 37′–39° 50′，东经97° 49′–98° 31′ 之间。东接酒泉市，西连玉门市，南与肃南裕固族自治县为界，北与金塔县接壤，全市行政区域土地面积2 935平方千米，其中耕地面积6806.37公顷，林地面积1089.85公顷，草地面积7937.16公顷。2014年末，全市辖3区3镇47个社区，常住人口24.13万人，人口自然增长率为5.72‰。

境内辖域分布于酒泉盆地西沿的祁连山北、合黎山南、讨赖河中游，海拔1500米-1800米，属大陆荒漠型气候。讨赖河横穿境内，年均径流量6.58亿立方米，全市共有12座水库，水库总库存容达量7321.66万立方米。境内已探明矿产资源有21个矿种，产地40多处，其中铁、锰、铜等为嘉峪关市优势矿产。境内有（明）万里长城、嘉峪关关城、魏晋墓地下画廊、七一冰川等人文自然景观，旅游产品有夜光杯、祁连玉雕、嘉峪石砚等。

2014年，全市实现地区生产总值（GDP）243.1亿元，比上年增长10%。其中，第一产业增加值4亿元，增长5.3%；第二产业增加值169.7亿元，增长11.3%；第三产业增加值69.4亿元，增长5.8%。人均GDP为101955元。三产业结构由2013年的172：7556：2262调整为1.63：69.80：28.57，与2013年相比，第一产业比重下降0.09个百分点，第二产业比重下降5.76个百分点，第三产业比重上升5.95个百分点。全市完成大口径财政收入50.86亿元，完成地方财政收入15.82亿元。

【农业农村经济】2014年，全市粮食总产量12499.98吨，比上年增产2.46%。其中夏粮产量2500吨，减产7.41%。粮食作物种植面积1.9万亩，比上年增加0.03万亩，其中：小麦种植面积0.6万亩，比上年增加0.01万亩；油料种植面积0.04万亩，减少0.02万亩；薯类种植面积0.14万亩，增加0.02万亩；蔬菜种植面积2.91万亩，增加0.12万亩。

2014年末，全市大牲畜存栏0.62万头（只），比上年末增长3.73%；牛存栏0.55万头，增长5.19%；羊存栏5.12万只，增长12.75%；猪存栏2.52万头，增长3.2%。牛、羊、猪出栏分别为0.1万头、3.06万只和3.25万头，分别增长4.99%、13.8%和3.7%。全年全市肉类总产量2991.86吨，增长7.6%，其中牛肉下降3.3%、羊肉增长14.15%。绵羊毛产量93.94吨，增长18.84%。全年水产品产量185吨，下降0.12%。主要经济作物中，油料产量87.5吨，下降35.66%；水果产量4664.99吨，减产5.75%；蔬菜产量19.34万吨，增产4.04%。

新城镇、峪泉镇4万亩高效节水项目建成完工，野麻湾农业高新示范园项目进展顺利。新建日光温室162座、养殖小区16个，各类农村专业合作社达到190家。全年农村土地流转面积近1.2万亩。

【工业建筑业】2014年，全市完成工业增加值160.69亿元，比上年增长11.4%。规模以上工业企业完成工业增加值147.84亿元，增长11.3%。其中轻工业完成增加值1.97亿元，比上年增长6.9%；重工业完成增加值145.87亿元，增长11.4%。生铁产量562.5万吨，比上年增长5.4%；粗钢产量687万吨，增长5.1%；钢材产量665.3万吨，增长5.7%；电解铝产量109.4万吨，增长25.9%；铝材产量29.4万吨，增长18.1%；发电量108.3亿千瓦时，增长44.21%；牛奶24428吨，增长0.14%；水泥产量207.8万吨，下降8.1%；铁合金产量31.7万吨，下降7.6%；葡萄酒1453.7千升，下降22.76%。2014年规模以上工业企业实现利润总额13.12亿元，比上年增长19.49%；其中市属规模以上企业实现利润13.03亿元，增长28.63%。规模以上工业亏损企业亏损额3亿元，增长94.81%。

2014年全市建筑业实现增加值8.96亿元，比上年增长11.3%。

【固定资产投资与房地产业】2014年，全市完成固定资产投资125.24亿元，比上年增长21.63%。其中第一产业投资2.11亿元，增长78.32%；第二产业投资72.42亿元，下降1.31%；第三产业投资50.71亿元，增长78.53%。

房地产开发投资22.65亿元，比上年同期增长0.75%，其中住宅投资17.63亿元，下降5.83%。房屋施工面积233.07万平方米，增长10.02%；房屋竣工面积39.16万平方米，增长46.7%；商品房销售面积56.12万平方米，下降33.31%。房地产业增加值7.94亿元，下降10.1%。

【招商引资与项目建设】在第20届兰洽会上，全市签约总额170.5亿元，2014年全市招商引资到位资金增长31.8%。2014年，全市实施重点项目78项。投资1.6亿元，实施农业项目23项。

【非公经济】2014年，全市新增市场主体4008户，“营改增”试点受益企业达到795户，实现直接减税2191万元。全年全市非公经济完成增加值50亿元，增长23%。

【交通通信】2014年全市交通运输、仓储和邮政业实现增加值18.7亿元，比上年增长4.4%。

全市公路运输业实现客运量6029.89万人次，比上年增长16.86%；旅客周转量91553.25万人千米，增长23.71%。货运量7356万吨，增长17.26%；货物周转量119980万吨千米，增长16.24%。年末新建铁路投产里程（高铁）490千米，实现客运量187.64万人次，比上年下降0.3%；货运量890万吨，比上年增长1.6%。民用航空完成旅客吞吐量31.45万人次，下降11.03%，货邮吞吐量1194吨，增长19.4%。机动车保有量48614辆，比上年增长9.13%，个人汽车拥有量36299辆，比上年增长19.62%。

2014年，全市完成邮电业务总量5.86亿元，增长34.4%。其中电信业务总量5.5亿元，增长19.21%；邮政行业业务总量0.36亿元，增长9.69%；邮政行业业务收入0.46亿元，增长11.44%；快递业务量（收寄）51.73万件，增长4405%，快递业务量（投递）28127万件，增长81.41%。年末固定电话用户9.99万户。年末移动电话用户44.24万户，3G移动电话用户21.34万户。年末互联网宽带接入用户达到6.61万户。

【旅游业】2014年，全市实现旅游收入29亿元，增长28.51%。旅游人数450.48万人次，增长26.04%。游客平均停留天数为1.43天，比上年减少0.02天；客房出租率为44%，比上年下降8个百分点。

【商贸流通】2014年，全市实现社会消费品零售总额42.53亿元，比上年增长12.7%。全年限额以上批发和零售业实现零售额22.4亿元，比上年增长8.8%。其中石油及制品类零售额6.78亿元，下降10.1%；汽车类零售额8.25亿元，增长25.6%；粮油、食品、饮料、烟酒类零售额3.72亿元，增长8.2%；家用电器和音响器材类零售额0.15亿元，下降5.8%；中西药品类零售额0.28亿元，增长0.3%。

【商业贸易】2014年，全市完成外贸进出口总值为32762万美元，比上年下降61%。其中出口总值为5969万美元，增长3.54倍；进口总值为26793万美元，下降67%。

【财税金融保险】2014年，全市完成大口径财政收入50.86亿元，比上年增长26.27%。全市公共财政预算收入15.82亿元，增长3.2%。公共财政预算支出22.06亿元，下降2.2%。其中公共服务支出2.88亿元，增长18.6%。社会保障和就业支出3.04亿元，增长13.4%；全年全市金融机构人民币各项存款余额330.87亿元，增长12.04%。全市金融机构人民币各项贷款余额357.32亿元，比上年末增长11.37%；全年完成保费收入51368.8万元。其中财产险收入26139万元，增长8.63%。寿险收入25229.8万元，比上年增长14.74%。

【城乡建设】兰新、昌明小区环境综合改造顺利完成。南市区道路、供排水、停车场等设施不断完善，火车南站及站前广场如期交付使用。新购置公交车24辆，线路达到12条。3所农村中小学教学楼加固改造项目完工。6个城乡标准化社区服务中心、3个农超对接超市项目建成投用，10个体育健身场地建成投用。5万户广电网络双向改造任务顺利完成，新建改造10座公共卫生间投入使用。新建绿地154公顷，建成区绿地率、绿化覆盖率分别达到37.6%和38.8%，人均公共绿地面积达到36.3平方米，比2013年增加2.4平方米。讨赖河南岸输水工程建成使用。

【社会事业】全年组织实施市级科技计划项目53项，获得国家、省立项科技计划项目15项，省级以上科技成果15项，市级科技成果24项，技术合同成交金额39000万元；高等职业教育招生866人，下降2.1%，在校学生2867人，下降11.3%。中等职业教育招生1230人，下降6.1%。普通高中招生2074人，下降1.89%。初中学校招生2837人，下降5.81%。普通小学招生2549人，下降8.8%。特殊教育在校35人，增长2.94%。幼儿园在园幼儿7666人，下降3.81%。成人高等教育（电大）招生1011人，下降12.4%；年末全市共有文化馆1个，公共图书馆2个，藏书24万册，比上年增长0.83%。一千万以上的电视发射塔和转播台1座。广播人口综合覆盖率99.5%，比上年增长0.11%。电视人口综合覆盖率99.45%，比上年增长0.16%；全市共有卫生机构128个，床位1759张，卫生技术人员2489人。乡镇卫生院拥有床位66张，乡镇卫生院卫生技术人员82人；举办全市性体育竞赛活动10次，参加比赛人数11830人。参加省级比赛3次。获得各类奖牌21枚。承办“甘肃银行杯”嘉峪关铁人三项世界杯赛暨全国冠军杯赛、全国业余铁人三项积分赛。

【人民生活与社会保障】2014年，全市城镇居民人均可支配收入26894元，比上年增长10.7%。城镇居民消费性支出17152.95元，增长9.76%；农民人均纯收入13809.4元，增长11.8%。农村居民人均生活消费支出10373.42元，增长10.9%。全年新增城镇就业7500人，城镇登记失业率控制在2.7%以内。

年末全市参加城镇职工基本养老保险6.88万人，增长2.68%；参加城乡居民基本养老保险1.75万人，增长4.97%；参加城镇职工基本医疗保险8.57万人，增长2.2%；参加失业保险5.38万人，增长3.61%；参加工伤保险6.8万人，增长1.43%；参加生育保险7.14万人，增长15.64%；年末领取失业保险金人数1071人，比上年末增加123人。城镇居民得到政府最低生活保障4256人，比上年下降19.57%；农村五保户供养51人，比上年增长15.9%。养老服务机构5个，床位270张，收留抚养各类人员160多人。全市有综合性社区服务中心27个，“12345”民生服务热线公众诉求受理12658次，比上年增长1.61倍；居家养老服务注册老人17580人，比上年增长4.46%；居家养老服务单量455886单，比上年增长23.48%。城乡居民社会养老保险参保率达到97.1%，新农合年人均补助标准高出全省平均水平50元。新建各类保障性住房660套。为1584名重度残疾人发放护理补贴125万元，为200户重度残疾人家庭进行无障碍设施改造。

【环境保护】2014年完成三北五期封滩育林工程1133公顷，完成农村人工造林面积53.7公顷，比上年增长77.9%，其中造林成活面积40.3公顷，开展全民义务植树65.4万株，比上年增长1.5%；全市从事环保工作人员97人，拥有各级环境监测站2个，监测人员58人，噪声功能区类别为4类，噪声功能区面积172.05平方千米，一年内空气质量达标天数296天；全市有气象雷达观测站点1个，卫星云图接收站点1个，年平均气温8.2度，比上年偏高0.7度，年平均降水量72.2毫米，比上年偏少17.7%，气象自动观测站点14个。

【安全生产】2014年，全市发生生产安全事故75起，下降22.68%；死亡19人，下降24%；受伤41人，下降18%；直接经济损失452.94万元，增长32.07%。全年发生道路交通事故37起，造成16人死亡，受伤41人，直接经济损失10.78万元。2014年全市有人值守的地震监测台1个，地震遥测台网1个，全年无5级以上地震。

【自然灾害】2014年，全市发生重大沙尘暴、低温冻害自然灾害2次，农作物受灾面 积0.37万亩，较上年增长0.8%，农作物绝收面积0.16万亩，增长4倍，各类灾害造成直接经济损失989.15万元，增长2.26倍。

嘉峪关市领导班子成员名录

市委

书　记　郑亚军

副书记　柳　鹏　王　锋　魏后凯

常　委　郑亚军　柳　鹏　王　锋
陈春明　杨　伟　梁洪涛（女）
边玉广　张静昌　王　毅
高豫蜀　燕胜三　魏后凯

秘书长　王　毅

市人大常委会

主　任　祁永安

副主任　冯　彪　王增龙
张　英（女）　李　勇　王克勤

秘书长　刘德胜

市政府

市　长　柳　鹏

副市长　杨　伟　王进平　常守远
葛建团　王万平　李相毅

市长助理　赵宝毅　王真智　孟雅奇

秘书长　李亦军

市政协

主　席　焦玉兰（女）

副主席　马国昌　赵建国　李玉杰
曾俊礼　韩淑华（女）
吴英华　魏万林
韩天玉　武永鸣

秘书长　韩天玉

（供稿：杨生宝）

金昌市

【综述】金昌市地处甘肃省西北部，河西走廊东段，祁连山脉北麓，阿拉善台地南，介于东经101°04′35″－102°43′40″，北纬37°47′10″－39°00′30″之间。北东与民勤县相连，东南与武威市相靠，南与肃南裕固族自治县相接，西南与青海省门源回族自治县搭界，西与民乐、山丹县接壤，西北与内蒙古自治区阿拉善右旗毗邻。全境东西长145千米，南北宽135千米，全市总面积8927.6765平方千米，其中有耕地193.08万亩。2014年末，全市辖1县1区，常住人口47.01万人，有蒙古族、回族、藏族、满族等31个少数民族。

境内有色金属矿藏储量丰富，特别是以镍为主的铂族贵金属矿藏得天独厚，总储量仅次于加拿大萨特伯里镍矿，居世界同类矿床第二位，铜的储量仅次于江西德兴，钴的储量仅次于四川的攀枝花，与镍铜伴生的铂、钯、锇、铱、钌、铑等稀贵金属储量居全国之首。农业在全省占有重要位置，是甘肃省重要的商品粮油基地之一。

2014年，全市共实现地区生产总值245.64亿元，按可比价计算，比上年增长7.8%。其中第一产业增加值17.41亿元，增长5.19%；第二产业增加值170.28亿元，增长7.9%；第三产业增加值57.96亿元，增长7.5%。一、二、三产业结构比为7.1∶69.3∶23.6。人均GDP达到52336元（折合8520美元），比上年增长7.5%。全市实现大口径财政收入48.47亿元，增长39.51%；地方财政收入17.99亿元，增长13.4%。全市财政支出50.32亿元，增长30.23%。

【农业农村经济】2014年，全市农作物播种面积达到111.53万亩，增长0.73%。其中粮食作物播种面积69.95万亩，下降2.48%。油料播种面积11.59万亩，增加0.35万亩。药材播种面积2.14万亩，增加0.09万亩。蔬菜播种面积20.35万亩，增加1.45万亩；全市新建标准化养殖小区（场）21个，畜禽总饲养量为252.33万头（只），增长7.53%。其中：羊饲养量为125.42万只，增长10.49%。猪出栏7.69万头，增长3.51%；牛出栏0.89万头，下降5.95%；羊出栏37.16万只，增长10.27%；家禽出栏45.3万只，增长4.38%。

全市完成营造林面积3.55万亩，其中：人工造林面积达到2.25万亩，完成封（山）育林（草）面积1.3万亩。完成义务植树152万株，新育苗木495亩。全市拥有农业机械总动力100.19万千瓦，比上年增长1.95%；农用拖拉机4.77万台，与上年持平。全市年机耕面积97.05万亩，增长0.05%；机播面积75.77万亩，增长0.49%；机收面积68.1万亩，增长1.58%。农机化综合作业水平达到79.24%。

【工业建筑业】2014年，全市实现工业增加值142.5亿元，比上年增长7.64%。其中规模以上工业企业实现增加值139.91亿元，增长7.6%。全市规模以上工业企业实现营业收入2248.02亿元，增长16.3%，实现利税总额28亿元，增长25.8%。

全年建筑业完成总产值106.38亿元，增长0.6%。全部建筑企业签订合同金额137.43亿元，下降7.4%。

【有色金属产业】2014年，金川集团公司生产有色金属及加工材121.3万吨，生产化工产品303万吨；实现营业收入2004.14亿元，完成工业总产值778.7亿元。实现利税总额40.1亿元。公司位列中国企业500强第89位、制造业企业500强第31位、中国100大跨国公司第33位。

【固定资产投资】2014年，全市完成固定资产投资247.16亿元，比上年增

金川机场

长22.54%。共实施投资项目416项，其中：新开工项目212项，本年投产项目203项。

【项目建设】2014年，全市共实施招商项目316项，其中新建项目160项，续建项目74项，已建成项目82项，引进到位资金201.28亿元，增长10.8%。

【房地产业】2014年，全市完成房地产开发投资9.77亿元，同比增长6.84%。商品房销售面积21.47万平方米，下降54.13%，其中住宅14.59万平方米，下降65.23%。商品房销售额6.66亿元，下降41.69%。

【商贸流通】2014年，全市实现社会消费品零售总额64.64亿元，比上年增长12.63%。其中批发业实现销售额58.38亿元，增长9.74%；零售业销售额68.83亿元，增长13%；住宿业实现营业额1.92亿元，增长1.22%；餐饮业营业额16.86亿元，增长15.9%。

【商业贸易】2014年，全市累计实现进出口贸易总额195850万美元，下降48%，占全省进出口总额的23%。其中出口额30822万美元，增长6.22倍；进口额165028万美元，下降55%。

【非公经济】全年个体工商户户数累计19230户，增长0.17%；从业人员35915人，增长7.3%；注册资金12.68亿元。私营企业户数3308户，同比增长36.41%；从业人员44112人，增长22.93%；注册资金133.68亿元。2014年，全市非公有制经济实现纳税额2.64亿元，增长8.62%；全年实现非公经济增加值58.4亿元，增长17.8%。

【文化产业与旅游业】2014年，全市实现文化产业增加值2.24亿元，增长23.96%；2014年，全市接待旅游人数227.48万人（次），比上年增长25.09%。其中一日游游客154.8万人（次），过夜旅客64.19万人（次）。全年实现旅游接待收入11.91亿元，增长29.46%。

【交通通信】2014年，全市公路通车总里程2675.71千米。全年新建改建通村油路10条，共73.04千米。完成公路客运量100.12万人次，比上年增长6.09%，客运周转量5903.25万人千米，增长9.52%；货运量523.01万吨，增长38.06%，货运周转量50762万吨千米，增长38.02%。注册机动车总量61352辆，其中:汽车50297辆，本年新增注册7263辆。

全市完成邮电业务总量4.31亿元，比上年下降12.4%。年末全市固定电话用户4.17万户，其中城市电话用户3.75万户，乡村电话用户0.43万户。移动电话用户47.57万户。年末全市固定及移动电话用户总数达到51.74万户。

【金融证券保险】2014年末，金昌市金融机构本外币各项存款余额300.31亿元，比年初增加29.43亿元，与上年同期相比增长10.86%。金融机构本外币各项贷款余额236.44亿元，比年初增加27.54亿元，同比增长13.18%；全市证券市场各类证券成交额139.59亿元，较上年增长22.05%。托管市值总额为10.1亿元，增长44.45%。2014年新增开户5013户，在册总户数86233户；全市保险业实现保费收入6.7亿元，增长7.2%，其中财产保险保费收入0.85亿元，增长2.4%。机动车险保费收入1.43亿元，下降15.88%。

【社会事业】2014年，金昌市组织实施科技计划项目67项，申报国家（省）级科技项目117项，批准立项13项，受理专利申请541件，已授权373件；年末，全市有各级各类学校114所，基础教育校舍建筑总面积595428平方米，在校学生72836人，教职工5884人。九年义务教育巩固率99.9%，高中阶段毛入学率99.7%，学前三年毛入园率90.6%，“三类”残疾儿童少年入学率93%，全市高中阶段毕业生性别差异系数102.68%。2014年全市参加高考5877人，二本以上上线2401人，上线率46.78%；共有各种艺术表演团体1个，艺术表演场馆1个，文化馆3个，公共图书馆4个。公共图书馆藏书总量49万多册。全年艺术团体表演场次300次。已建成乡镇综合文化站12个，“农家书屋”174个，村文化室138个；全市共有中短波发射台1座，调频发射台4座，电视转播发射台8座。全市有线电视用户7.5万户，已转换数字电视用户7.5万户，数字电视转换率达到100%。广播和电视综合人口覆盖率分别达到98.59%和98.78%。全年城乡共组织放映公益电影1764场；全市共有各级各类医疗卫生机构557个，拥有床位数2420张，卫生专业技术人员3394人。孕产妇、婴儿和5岁以下儿童死亡率分别为59.97/10万、7.5‰和8.4‰。孕产妇住院分娩率100%；国家免疫规划疫苗接种率平均达到98%。婚前医学检查率38.58%。

【人民生活与社会保障】2014年，全市城镇居民人均可支配收入达到26260元，增长10.4%。城镇居民人均消费性支出19912.2元，恩格尔系数为30.93%；农村居民人均纯收入达9900元，增长11.7%。农民人均生活消费性支出7155.8元，恩格尔系数为34.9%。全市城镇新增就业人数26235人，全年共接收应届高校毕业生1799人。城镇登记失业人员4825人，城镇登记失业率2.92%。全年创劳务收入13.52亿元，劳务输转人数8.07万人。

全市参加城镇基本养老保险的职工59954人；参加城镇失业保险人数72794人；参加城镇职工基本医疗保险人数118935人，参加工伤保险人数74027人；参加城镇职工生育保险人数37659人；城乡居民社会养老保险投保人数159881人。城乡居民基本医疗保险参保率分别达到97.57%和96.34%，城乡居民基本医疗保险实现并轨运行。2014年末，全市城市低保对象15438人，发放低保资金6340.4万元；农村低保对象12637人，发放低保金3764.4万元。城市低保标准由每月306元提高到458元，月人均补差由271元提高到312元；农村低保标准达到每年2193元，农村低保月人均补助水平由101元提高到116元。

【资源环境与安全生产】2014年水利年度，东、西两大河流来水量47600万立方米，比上年同期增加4032.28万立方米。其中：东大河来水量28429万立方米，较上年增加2245.74万立方米；西大河来水量19171万立方米，较上年增加

1786.54万立方米。截至2014年12月31日，三大水库蓄水总量14498.15万立方米，较上年同期增加14.4%。全年引硫济金工程引水2420万立方米。建成区绿地率32.39%；建成区绿化覆盖率36.6%；城市人均公园绿地面积19.38平方米；人均城市道路面积24.41平方米。

全市工业废气排放量962.27亿标立方米，较上年增加161.42亿立方米，增加20.16%；二氧化硫排放量10.5109万吨，较上年减少02447万吨，减少228%；氮氧化物排放量2.49万吨，较上年减少0.1958万吨，下降7.29%。工业固体废物产生量1259.32万吨，较上年增加14.49万吨，增长1.16%；化学需氧量排放总量1.31万吨，下降0.55%；氨氮排放总量0.46万吨，下降4.81%；市区环境空气质量达标天数达到283天。城市污水处理厂集中处理率95.85%；城市生活垃圾无害化处理率100%。

全年全市共发生各类事故410起，同比事故起数增加168起，死亡38人，同比减少3人，造成直接经济损失714.834万元。其中工矿商贸企业伤亡事故5起，死亡6人；火灾事故208起，同比事故起数增加152起；道路交通事故194起，死亡32人，其中生产经营性道路交通事故62起，死亡12人；农机事故0起。亿元GDP生产安全事故死亡人数0.15人，煤炭百万吨死亡人数0人，工矿商贸企业从业人员10万人死亡人数2.6人。

金昌市领导班子成员名录

市　委

书　记　吴明明（女）

副书记　张应华　荣志远

常　委　李　银（女）　杨志强
　　　　苏克俭　王春江　周文魁
　　　　李万福　袁敬伟　王同奇
　　　　常家有

秘书长　荣志远

市人大常委会

主　任　方银天

副主任　赵永瑞（女）　汪振祥
　　　　彭　仪　苏天福

秘书长　李兴吉

市政府

市　长　张应华

副市长　王春江　王同奇　魏其奎
　　　　王　旭（女）　马得明
　　　　孟有柱　李春风　盛云峰
　　　　赵　阳

市长助理　顾建成

秘书长　刘　宏

市政协

主　席　李生伟

副主席　石振才　赵明智　亢万柏
　　　　谢剑魁　王广位
　　　　任斌相　董开津

秘书长　王　云

（供稿：郑天水）

金川区

【综述】金川区地处甘肃省河西走廊东段，介于东经101° 34′ 41″–102° 34′ 26″，北纬38° 21′ 30″–39° 00′ 30″ 之间。东北与武威市民勤县接壤，南与永昌县毗邻，西北与内蒙古自治区阿拉善右旗相连，西与张掖市山丹县搭界。东西最长93千米，南北最宽76千米，区域总面积3060.26平方千米。2014年末，全区辖2个镇6个城区街道办事处，常住人口23.11万人，有回族、藏族、满族等27个少数民族。

境域地势西高东低，由西南向东北渐趋倾斜，地形以山地、平原为主。西南部为山地，中部为低山丘陵、山间盆地、绿洲平原，东北部为戈壁、荒漠、半荒漠草原。最高峰成山掌顶海拔3052.4米，最低处张家坑海拔1327米。属温带大陆性极干旱气候，年均降水量119.5毫米，年均蒸发量2722毫米，年均气温9.4℃，年均日照数2991.7小时，无霜期170天。地表水主要由自然降水和金川峡、西大河、皇城水库供给。

2014年，全区全年实现生产总值187.4亿元，比上年增长7.7%；固定资产投资12.74亿元，增长30.66%；社会消费品零售总额45.29亿元，增长12.69%；一般公共预算收入4.06亿元，增长15.37%。

【农业农村经济】2014年，全县实现第一产业增加值3.45亿元，增长5.61%。发放草食畜和设施蔬菜贷款1亿元，全年新建标准化养殖小区5个、家庭农场64个，发展特色农产品种植基地5.28万亩；畜禽饲养量达到82.5万头（匹、只）；农业产业化龙头企业达到17家，农民专业合作社达到236个；中小微企业蓬勃发展，新认缴注册601家。

【工业经济】全年审定入园企业38家，落地建设13家，投产运营5家。2014年，全区实现工业增加值122.57亿元，增长7.52%。

【项目建设】2014年，全区实施各类项目139个，概算总投资24.66亿元。实施重大重点项目55个，完成投资11

金川区传统民俗婚嫁

亿元。签约招商项目110项，开工建设58项，实际到位资金15.2亿

【文化产业与旅游业】"品·广场"等商业综合体启动运营，紫金花卉休闲景区初步建成。2014年，全区完成第三产业增加值37.7亿元，增长7.23%。

【城乡建设】主城区机械化保洁面积扩大，老城区环卫设施陆续改善。区属供暖区全部并入热电联产供暖大网。城镇化率提高1.5个百分点。高岸子新村建成入住，28区城中村改造项目、西坡新村二期工程主体完工，双湾镇全国建制镇和省级新型城镇化试点工作重点项目完成设计论证。陈家沟、古城、新华美丽乡村试点建设、农村环境连片综合整治和扶贫开发工程按计划推进。

【社会事业】城乡义务教育均衡发展通过国家验收。八冶一小校容校貌改造实施完成。双湾镇中心幼儿园、天生炕分场幼儿园、宁远堡镇中牌幼儿园建成招生。与甘农大挂牌成立金昌蔬菜产业专家院，合作承办现代草食畜牧业可持续发展技术支撑与创新国际研讨会，在金源牧业创建中美草食畜金川产业示范园。建成农民工文化服务点15个、"乡村舞台"11个。首轮《金川区志》出版发行。基层公共医疗卫生服务不断加强，计划生育"单独二孩"政策落地实施。

【人民生活与社会保障】2014年，全区城镇居民人均可支配收入28983元，增长10.5%。农民人均纯收入11299元，增长12.3%。全年新增城镇就业1.01万人，城镇登记失业率控制在3%以内。

出台农村低保户、五保户家庭两镇卫生院免费就医政策和特殊困难家庭生活保障实施意见。提高居民医疗保险政府筹资标准、社会养老保险基础养老金标准、农村五保供养标准和最低工资标准。城乡低保提标并轨。重度残疾人护理补贴和残疾人困难家庭生活补贴按政策发放。建成城市社区老年人日间照料中心5个、农村"互助老人幸福院"15个，实现高龄补贴提标扩面。开工新建公租房1690套，分配入住廉租房225套。协调落实各类创业贷款5015万元。

金川区主要领导名录

区委书记　常家有

区人大常委会主任　李发祯

区　长　义战鹰（女）

区政协主席　徐　峰

（供稿：潘丽萍）

永昌县

【综述】永昌县地处甘肃省中部、河西走廊东段、祁连山北麓、阿拉善台地南缘，介于东经101° 04′ –102° 43′，北纬37° 47′ –38° 39′ 之间。东邻武威，北接金川，西迎山丹，南与肃南接壤。东西最长距离约144千米，南北最宽距离约114.8千米，全县总面积为7439.27平方千米。2014年末，全县辖6镇4乡，常住人口23.82万人，人口自然增长率5.41‰。有回族、俄罗斯族、锡伯族等15个少数民族。

境内地势以山地居多，并有川地、平原。最低海拔1452米，最高海拔4442米。气候属温带大陆性气候，冬无严寒，夏无酷暑，年平均气温4.8℃，平均降水量185.1毫米，无霜期134天。年蒸发量2000.6毫米。全县已经探明的矿产资源约60余种，矿产地90多处。金属矿藏有镍、铁等，非金属矿产有花岗石、大理石等。

2014年，全县完成生产总值58.24亿元，增长7.96%，其中第一产业增加值13.95亿元，增长5.06%；第二产业增加值24.04亿元，增长8.82%；第三产业增加值20.25亿元，增长7.97%；完成大口径财政收入6.28亿元，增长13%；公共财政预算收入3.24亿元，增长21%。

【农业农村经济】2014年，全县完成粮食总产量29.63万吨；推广高效农田节水技术42.73万亩，搭建日光温室943座、塑料大拱棚648座、食用菌棚171座、万只羊场6个、标准化养殖小区22个，新改建养殖暖棚3548座，新增规模养殖户2628户。流转土地3051万亩，占家庭经营承包面积的54.82%。新建农民专业合作社434个，申报家庭农场125家，新增农业产业化龙头企业9家。争取扶贫资金2202.35万元，实施扶贫开发项目55项。新改建渠道257千米，建成高标准农田1.32万亩、高产稳产田1万亩。完成人工造林1.54万亩、义务植树82万株，森林覆盖率达到27.22%。

【工业经济】2014年，全县完成工业增加值19.93亿元，增长8.43%，其中规模以上工业增加值18.82亿元，增长8.3%。全年帮助企业融资28.98亿元，新增规模以上企业6家。万元GDP能耗下降4.08%。

【项目建设】全年组织实施重点建设项目98项，完成固定资产投资70亿元，增长29.9%；落实招商引资项目101

2014年7月10日，第三届骊靬国际旅游节在永昌县开幕

项，到位资金30.24亿元。

【城乡建设】完成《永昌县新型城镇化规划》《永昌县城乡总体规划》《县域村庄布局规划》和县城四大街风貌改造单体方案修编工作。县文化中心建成投入使用，西大街及鼓楼四周等道路改造工程建成通车，县体育馆、城投公司写字楼完成主体工程，完成西湖水岸二期、御山庭院二期主体工程，开工建设公租房5704套，改造棚户区3120套，建成商品房37.53万平方米。更新改造路灯663盏、交通指示灯9处。

完成《河西堡镇总体规划》《水源镇总体规划》和30个农村集中居住点风貌改造规划。完成六坝乡下排村、河西堡镇西庄子村、城关镇金川东村3个美丽乡村示范点年度建设任务，开工建设集中居住点30个，建成高标准农宅3454套。建成通村道路68千米，改造升级农村电网143千米，完成8个村人饮工程，实施6个乡镇13个村农村环境连片整治项目，城镇化率达到45%。

【商贸流通与贸易】西关综合集贸市场建成试营业，太西煤物流中心一期基本建成，万祥羊肉美食城二期、同人商厦二期工程进展顺利，新增各类市场主体1508户。2014年，全县实现社会消费品零售总额19.35亿元，增长12.48%。

【旅游业】举办中国·金昌第三届骊靬文化国际旅游节。完善北海子湿地风景区、圣容寺景区基础设施，圣容寺道路建成通车，云庄寺道路完成年度建设任务。新城子油菜花景观获"中国美丽田园"称号。全年接待游客122.7万人（次），实现旅游综合收入6亿元，增长26.1%。

【社会事业】完成职中实训楼、六中公寓楼、西沟小学餐厅、七中操场的修建并投入使用，永昌一小、河西堡二小综合楼正在进行内部装修，朱王堡明德小学宿舍楼开工建设。县级公立医院改革稳步推进，城关、焦家庄等6个乡镇卫生院业务用房及附属设施建成投用。完成9个乡镇文化站评估定级工作，建成民俗博物馆1个、农民工文化服务点10个、乡村舞台50个，实现县电视台节目覆盖全金昌市。建成乡镇及社区体育健身中心2个，实施"一村一场"农民健身工程35个。

【人民生活与社会保障】2014年，全县城镇居民人均可支配收入达到20055元，增长10.1%；农民人均纯收入达到9457元，增长11.4%；居民消费品价格指数涨幅为1.6%；新增城镇就业1.1万人，完成职业技能培训3068人，输转624万人（次），实现劳务收入103亿元。

城乡居民社会养老保险、城镇居民基本医疗保险、新型农村合作医疗保险参保率均达到98.8%以上，城乡居民和企业职工养老金发放率达到100%；完成城乡低保提标扩面和清理规范工作，朱王堡等庄4乡镇实现城乡低保并轨，农村环保供养标准提高510元。发放双拥优抚资金728.6万元、残疾人补贴413万元，建成互助老人幸福院28个、日间照料中心2个。

永昌县主要领导名录

县委书记　马国兴

县人大常委会主任　李福学

县　长　张政能

县政协主席　邓仕章

（供稿：焦玉珍）

白银市

【综述】白银市地处甘肃省中部，介于东经103°33′-105°34′，北纬35°33′-37°38′之间。东部与宁夏回族自治区中卫、海原、西吉县接壤，东南部与平凉市静宁县相连，南部及西南部与定西市通渭县、安定区为界，西部与兰州市榆中、皋兰、永登县毗邻，西北部与武威市天祝、古浪县相接，北部及东北部与内蒙古自治区阿拉左旗及宁夏回族自治区中卫县连接。东西宽147.75千米，南北长249.25千米，全市总面积21158.7平方千米。2014年末，全市辖3县2区，常住总人口170.83万人，人口自然增长率为5.65‰。

境内地处陇西黄土高原西北边缘及祁连山东延余脉向腾格里沙漠过渡地带。境内绝大部是山区，山地与宽谷平原并存。植被在水平分布上自南向北逐渐向草原荒漠过渡，带间过渡不甚明显。为中温带半干旱区向干旱区的过渡地带，年平均气温6-9℃，年降雨量110-352毫米，年蒸发量高达2101毫米，降雨稀少，且多集中在7、8、9三个月。灾害性天气频繁，春季降水少，大风沙暴天居多，夏季多冰雹，春秋季多霜冻。境内日照时数介于2500－2700小时之间。

2014年，全市完成生产总值497.58亿元，同比增长8.9%；规模以上工业增加值161.05亿元，增长10%；固定资产投资428.44亿元，增长21.71%；公共财政预算收入26亿元，增长7.83%；社会消费品零售总额152.35亿元，增长12.8%；三次产业结构由11.62：54.73：33.65调整为11.48：50.45：38.07，三产比重提高4.42%。

【农业农村经济】2014年，全市推广全膜双垄沟播143.4万亩、高效节水示范灌溉94.1万亩，创建粮油高产万亩示范片20个，全年粮食总产量达到83万吨。全年新改扩建日光温室1.04万亩，瓜菜面积达到99.14万亩。生猪、牛、羊饲养量分别达到170.8，规模化养殖比例达到78%。全年新增特色经济林14.75万亩。落实农机购置补贴资金3910万元，耕种收综合机械化水平达到49%。土地流转面积达到93.5万亩；农民专业合作社总数达到6130家，居全省首位；龙头企业总数达到343家，农产品加工转化率达到50%。农作物良种覆盖率、畜禽良种普及率分别达到95%、90%以上。新增无公害农产品产地认定、产品认证33个，"靖远黑瓜籽"获得国家地理标志保护产品认证，"陇郁香"亚麻油、"御液香"梨荣获国家级农产品金奖，"高原宏"枸杞、"条山"早酥梨和苹果荣获国家级绿色食品金奖。

【工业经济】全年煤炭、有色、电力、化工四大行业完成增加值123.7亿元，增长12.3%。规模以上战略性新兴产业完成增加值28亿元，增长21.6%，占GDP比重5.63%。白银工业集中区完

2014年8月16日，甘肃省第十三届运动会在白银市体育馆开幕

成工业增加值150.4亿元，增长9.5%。2014年，全市规模以上工业增加值161.05亿元，增长10%。

【项目建设】2014年，全市在建项目860个，其中新开工项目608个，比上年增加252个。160个市列重点项目完成投资157.78亿元，21个项目建成投运。

【招商引资】第20届兰洽会签约项目169个，开工率828%。与世界500强、国内500强、上市公司企业签约项目11个，签约资金284.3亿元。2014年，全市招商引资累计到位资金373亿元，增长35.87%。

【商贸流通】银西工业园鼎丰物流一期工程投入使用，二期工程启动建设，中进大西北仓储物流园、靖远西北果蔬冷链物流中心动工建设，国芳百货商贸综合体、义乌商贸城建成营运。新建和改扩建农贸市场18个，农家超市260个。电商企业达到41家，网络零售额增长26%。恢复重建基层供销社7家。2014年，全市社会消费品零售总额152.35亿元，增长12.8%。建立外贸促小育新项目库，申请贴息资金1774.2万元，全年实现进出口总额7.47亿美元。

【文化产业与旅游业】加快推进怡园·靖远古城、会宁汉唐二十四节气文化商业街、白银区黄河假日城等文化旅游开发项目，2014年，全市完成文化产业增加值6.25亿元，增长24.05%。

黄河石林列入全省20个大景区建设规划，会宁被评为“中国文化旅游名县”，景泰被评为“中国最具魅力文化旅游名县”。2014年，全市实现旅游收入32.93亿元，增长24.6%。

【非公经济】全年落实全省支持非公经济跨越发展的30项政策措施，拨付非公经济专项扶持资金3409万元，减免非公企业税收1.8亿元，新增非公经济主体1.64万户，比上年增长35.09%，总量突破7万户，非公经济投资占全市固定资产投资53.48%，增加值占GDP比重42.2%，纳税19.77亿元。

【城镇建设】城市总体规划、村镇规划编制完成；广场东路等3条道路和建设北路立交桥改造完成，银西中路、西山路南段等4条道路建设进展顺利；改造失管小区8个；城区新增绿地73.94公顷，成功争创“省级园林城市”；实施城区防洪综合治理、污水处理再生利用和城区供水供热管网改造等工程，全年处理污水982.7万立方米，供水2286万吨，供热1326.75万平方米；启动实施中心街和八号楼什字旧城改造项目。购置环保型公交车41辆，新开通公交线路3条。靖远县、白银区四龙镇、会宁县郭城驿镇纳入全省新型城镇化试点范围。火焰山国家矿山公园建成运行。侯川、柴门、刘川、北滩、正路、中泉、宝积撤乡改镇。全市农业转移人口落户城镇2.67万人。

【新农村建设】建成农村公路通畅工程1030千米，行政村通畅率达到68%。新建、续建集中供水工程22处，解决18.9万农村人口和学校师生饮水不安全问题，贫困地区自来水入户率达到75%。完成靖会、兴电、刘川等5处大型泵站年度更新改造任务，发展有效灌溉面积2.5万亩。兴修梯田14.3万亩，新修高标准基本农田13.6万亩，完成村庄绿化美化4.5万亩，水土保持综合治理148.7平方千米。投入财政奖补资金3000万元，整合项目资金1.2亿元，建成“美丽乡村”示范村10个、环境整洁村138个。

【环境治理】建成白银公司第三冶炼厂废水深度处理回用等4个重金属污染治理和东大沟流域6千米河道综合整治工程，减排重金属废水120万吨；建成工程减排项目15个、规模化畜禽养殖减排项目25个；秸秆饲料化利用率达到60.3%，地膜回收率达到76.3%；完成各类造林32.28万亩；投资1亿元的矿山环境治理工程三期项目开工建设；取缔关停不符合产业政策、污染严重的企业66个，淘汰落后产能353万吨，发展清洁生产企业33户，万元GDP能耗下降到1.51吨标煤；市区空气质量优良天数达到309天。

【人民生活与社会保障】2014年，全市城镇居民人均可支配收入20052.8元，增长9.7%。农民人均纯收入5777.4元，增长12.4%。居民消费价格上涨1.9%。新增城镇就业6.72万人，发放小额担保贷款4.6亿元，帮助1.08万失业人员实现再就业，劳务输转30.5万人，创劳务收入44.35亿元。

企业退休人员养老金标准调高到月人均1549元，城乡居民社会养老保险基础养老金标准月人均调高至65元，参保率达到96.7%，为30.35万名城乡低保和农村五保供养对象缴纳参合、参保金717.76万元，居民医疗保险政府补助标准提高至年人均320元，建成城乡社区老年人日间照料中心78所，新增养老床位960张。城乡低保标准和补助水平提高15%，发放城乡低保资金5.45亿元；发放农村残疾老人和高龄老人补贴

698.7万元，发放孤儿基本生活费1199.8万元，发放残疾人补贴和危房改造资金4289万元，发放城乡医疗救助、临时生活救助资金6746.98万元。争取国开行棚改贷款16.23亿元，开工保障性安居工程6546套，完成农村危房改造9300户。落实扶贫专项资金1.77亿元，实施易地扶贫搬迁5335人，5个乡镇46个村实现整体脱贫，减贫人口7万人。

【社会事业】新改扩建校舍32.2万平方米，消除危房20.9万平方米，改造寄宿制学校32所、薄弱学校37所，建成会宁、靖远特殊教育学校，新建幼儿园22所，改扩建农村小学附设幼儿园100所，投资6.5亿元的白银矿冶职业技术学院新校区建成使用。市第一人民医院住院部开工建设，新改扩建乡镇卫生院14所、标准化村卫生室195个，市儿童医院、市残疾人康复中心主体工程完成；新农合人均筹资标准提高到390元，参合率达到98.04%；为1614例白内障患者免费实施复明手术；为符合条件的372对夫妇落实"单独两孩"生育政策。建成"乡村舞台"69个、"一村一场"农民体育健身工程69个、乡镇社区体育健身中心6个，开通全省市州级首家移动数字图书馆，平川孝和文化中心被民政部命名为弘扬中华孝道示范基地，承办省第十三届运动会、省第九届残疾人运动会暨第三届特奥会。

【生态建设】全年共完成造林绿化32.28万亩，治理草原"三化"119.17万公顷。取缔关停不符合产业政策、污染严重的企业66个，淘汰落后产能353.2万吨，发展清洁生产企业33户。实施城市大气污染治理、城乡清洁能源、城乡安全饮水、城市环境治理等工程，加快东大沟河道整治、重金属深度污染治理步伐，全年城区空气优良天数达到313天。开展环境综合整治，建成10个"美丽乡村"示范村和138个环境整洁村。

【扶贫攻坚】推进"1236"扶贫攻坚和双联行动，5个乡镇46个村实现整体脱贫，稳定脱贫7万人。实施农村道路硬化、饮水安全、危房改造、易地搬迁等重点项目，省上下达的1219户、5335人的易地扶贫搬迁工作任务基本完成，新改建农村公路1030千米，自来水入户率达到78%，建制村实现动力电全覆盖。实施"雨露计划"和致富带头人培训工程，共培训贫困户两后生1万名，就业率达到90%以上。加大金融扶贫力度，累计发放"三项贷款"15.43亿元，新增涉农贷款23.85亿元。

白银市领导班子成员名录

市　委

书　记　张智全
副书记　汪海洲　宋奋吉
常　委　李沛兴　梁蓉兰（女）
　　　　齐永刚　贾承世
　　　　高　鹰　吕林邦　李永春
　　　　郝英杰　赵鹏程
秘书长　吕林邦

市人大常委会

主　任　宁金辉（女）
副主任　刘金保　张智俊　薛香玲（女）
　　　　康星刚　冯彦明　李巨忠
秘书长　李仲孝（2月止）
　　　　刘志刚（2月任）

市政府

市　长　汪海洲
副市长　齐永刚　郝英杰　卜发生
　　　　张　晶（女）　李嘉岩　陈其银
　　　　吴　震　贾汝昌　潘春生
　　　　王文勇　王与君
市长助理　李嘉岩（5月止）
　　　　李　明（5月任）
秘书长　宿俊乾

市政协

主　席　袁崇俊
副主席　白文科　刘　秀　李策一
　　　　李得秾　张得珍　薛秋诗
　　　　张富强　于　萍

（供稿：朱广文）

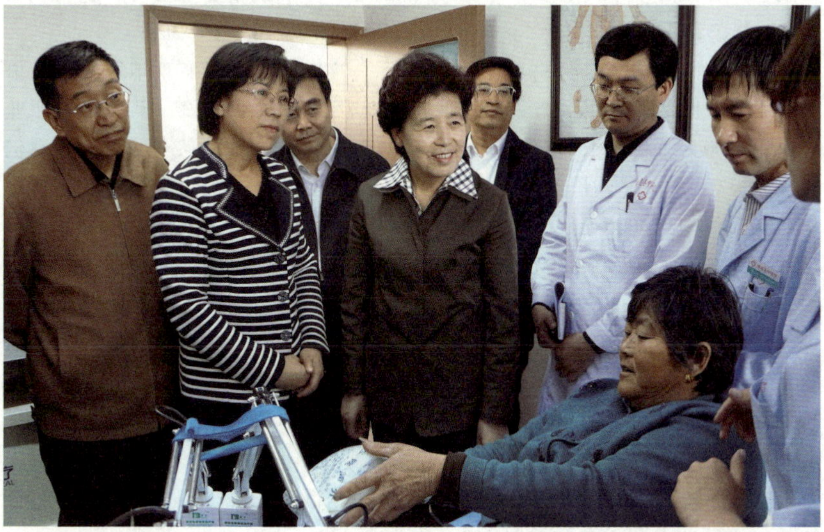

2014年4月9日-10日，省委常委、副省长、省医改领导小组组长咸辉（左三）带领省直相关部门负责人，在靖远县和会宁县调研县级公立医院综合改革工作

白银区

【综述】白银区地处甘肃中部，介于北纬36° 14′ 38″-36° 47′ 29″、东经103° 54′ 24″-104° 24′ 55″之间。西与兰州市皋兰县接壤，南临黄河，与榆中县青城乡及靖远县平堡乡隔河相望，东与靖远县刘川乡毗邻，北与景泰县中泉乡为界。辖区东西长约47千米，南北宽约60千米，总面积1372平方千米。2014年，全区辖2乡3镇，总人口27.78万人。

境内地形总趋势西北高，东南低，平均海拔1946.5米。属中温带大陆性干旱、半荒漠气候区，四季分明，光照充足，干旱多风，降雨稀少。多年平均气温8.07°C，日极端最高气温37.3°C，最低气温-26.00°C，年均降水量198毫米，年均蒸发量1997.1毫米。

2014年，全区实现地区生产总值213亿元，比上年增长9%；固定资产投资147.6亿元，增长22%；公共财政收入6.35亿元，增长13.02%；社会消费品零售总额81.53亿元，增长14.5%。三次产业比例由2013年的2.56∶62.07∶35.37调整为2.86∶57.09∶40.05。

【项目建设】2014年，全区共实施项目225个，其中市列重点项目12个，区列重点项目50个。

【招商引资】2014年，全区新开工招商引资项目33个、续建25个，第二十届“兰洽会”签约项目27个，已开工建设22个，招商引资项目完成投资676亿元。

【农业农村经济】2014年，全区粮食总产量达到2.2万吨，蔬菜产量达到22.96万吨。全年新改建日光温室2000亩，新增有效灌溉面积2000亩。引进蔬菜新品种50个、新技术10项，建立标准化生产示范区2500亩，中药材种植面积达到1500亩，新建农副产品直销店21个。核实水利用户18249户，土地确权35.7万亩并全部发证。

【工业经济】启动实施昌元化工3万吨高锰酸钾项目，开工建设川渝商会60万吨尾矿制酸项目。2014年，全区规模以上工业增加值预计完成95.8亿元，增长8.6%。三大园区当年完成基础设施和各类投资28亿元，累计达到60亿元。

【城乡建设】加强占道经营和流动摊贩管理，依法取缔东山路早市，拆除违章面积2.1万平方米。投资2500多万元，建成日处理100吨的生活垃圾中转站2个，投放1300个垃圾收集容器，采购环卫保洁车辆28辆，改造升级公厕13个。启动五一街、胜利路和文化路3个集贸市场改造提升工程。投资1000万元，改造供水、供电、消防设施等。整合项目资金2600万元，专项列支农村环境卫生经费140万元。完善村社基础设施，硬化路面40千米，安装路灯491盏，改造、新建农宅203户，成立村社清洁清运队伍22支，建成垃圾收集设施51个。完成春季造林绿化2万亩，改造提升诚信大道、长安路、上海路等5条主次干道绿化带11.21千米。新增绿地985亩，城区绿地率达到30.19%。万元GDP能耗下降4.45%，城区环境空气质量优良天数达到313天。

【旅游业】区文化中心、义乌商贸城建成投运，成功举办黄河休闲文化旅游节。2014年，全区累计接待游客164万人次，实现旅游综合收入9.35亿元。

【非公经济】推进工商登记制度改革，降低市场门槛，全年全区新增非公经济市场主体1545户，注册资本1.6亿元。纳入“营改增”试点纳税人387户，减免税收2800万元。

【商贸流通】2014年，全区餐饮、商贸等第三产业完成增加值85.3亿元，增长10.6%。全年社会消费品零售总额81.53亿元，增长14.5%。

【社会事业】全区教育资源整合项目完成投资6603万元，市八中运动场、市十中风雨操场及实践楼等项目顺利实施。新建、改扩建东台、育才、大型、银光、红卫村幼儿园，公办幼儿园由3所增加到8所，启动建设银馨家园幼儿园；市二院儿童专科病区主体封顶，新建5个村级卫生室。区文化中心公共文化服务及设施免费开放，采取以奖代补方式积极开展群众性文艺专场演出；建成乡村舞台15个。

【人民生活与社会保障】2014年，全区直接用于民生方面的支出达到3.7亿元，同比增长31.81%。全区城镇居民人均可支配收入24108元，增长10.7%。农民人均纯收入9500元，增长12 %。全区城镇新增就业2.76万人，城镇登记失业率控制在2.64%以内。

全年发放小额担保贷款、草食畜牧业和蔬菜产业贷款1.83亿元，带动创业就业近7000人。将村干部岗位补贴从8000元提高到1万元，社干部岗位补贴从2400元提高到4800元；环卫和城建自聘人员工资月均提高300元；根据连续任职时间，将离职的居委会主任、副主任每月生活补助分别提高至190元、280元和350元，并建立动态增长机制。

城乡居民基本养老保险参保率达到95%以上；新农合参保率达到97.51%，补偿13.19万人次2376万元；新建城市社区老年人日间照料中心2个、农村互助老人幸福院2个；争取省民政资金支持1200万元，爱心护养院装修完成；性住房6279套，在建2113套、竣工4166套，完成投资7.28亿元；改造失管小区41万平方米，惠及居民2398户6219人。

白银区主要领导名录

区委书记　李兰宏

区人大常委会主任　王青山

区　长　王琳玺

区政协主席　关玉卿

（供稿：王树吉）

平川区

【综述】平川区地处甘肃中部、黄河上游，介于东经104°18′-105°26′，北纬36°10′-37°00′之间。南北大部分与靖远县接壤，东北与宁夏回族自治区海原县毗邻，东南与会宁县为界，西北与景泰县相连。东西长91.5千米，南北宽75千米。全区总面积2126平方千米。2014年末，全区辖4乡3镇4个街道办事处，总人口21.2万人。

地形由东南向西北倾斜，呈一狭长阶梯状多台阶地形。平均海拔1504米。境内最高点为屈吴山南沟大顶，海拔2858米。属温带大陆性季风气候，年平均气温8.2℃。四季分明，气候温和，光热资源丰富，气温日差较大，降水少，干旱多风。陶土储量40亿吨以上，是西北最大的陶瓷建材生产基地。

2014年，全区实现地区生产总值67.7亿元，增长9.9%。其中第一产业2.7亿元，增长5.5%；第二产业49.8亿元，增长11.6%；第三产业15.2亿元，增长2.8%。固定资产投资63.5亿元，增长22.1%。社会消费品零售总额17.1亿元，增长10.5%。大口径财政收入14.79亿元，下降2.2%，公共财政预算收入4.39亿元，增长1.7%。全区金融机构各项贷款余额62.9亿元，较年初增长12.3%；存款余额98.1亿元，增长4.5%，贷存比达到64.1%。城乡居民储蓄存款59.2亿元，增长12.8%。

【农业农村经济】2014年，全区完成

平川城区大水头沙河治理工程

农作物播种面积26.4万亩，玉米、马铃薯两大高产作物播种面积占到53.6%。全年粮食总产量4.02万吨，亩均产出1120元。特色种植面积发展到11.2万亩，特色种植户人均收入3500元，占农民人均纯收入的56.5%。落实草食畜和设施蔬菜产业贴息贷款1.5亿元。争取各级养殖补助资金1738.7万元，新增规模养殖场11个、规模养殖户180户。新增"农"字号龙头企业12家，专业合作社89个。新建改建日光温室1015亩。新增流转土地1万亩。

争取扶贫专项资金2102万元，减少贫困人口3900人。种田乡整乡脱贫目标基本实现，共投入项目资金3600万元。联村联户行动投入各类资金3689万元，实施帮扶项目67个。中央财政小型农田水利设施项目完成投资4800万元。旱平川大型泵站更新改造项目累计完成投资4475万元。

【工业经济】2014年，全区完成规上工业增加值42.8亿元，增长12.2%。原煤产量1090万吨，增长5%。发电量87.3亿度，下降5.4%。墙地砖产量1050万平方米，下降13%，产值2.24亿元。36项重点工业项目完成投资16.7亿元。

【项目建设】14项市列重点项目累计完成投资13.29亿元。159项区级重点项目，建成129项，开工在建17项，完成投资46.94亿元。第20届兰洽会签约项目30个，签约资金85.5亿元，已开工26个，竣工8个，完成投资22.94亿元。

【商贸流通】全省首家中银富登村镇银行即将开业。农家店覆盖率达到80%。华瑞通万吨果蔬保鲜库完成投资3600万元。金地年鲜特色商品交易中心累计完成投资1.88亿元。周家地、万庙、大湾、红会农贸市场改造完成投资1900万元。

【文化产业与旅游业】2014年，全区文化产业实现增加值1.48亿元。屈吴山森林公园完成投资8060万元。

龙凤山旅游景区综合开发完成投资750万元。2014年，全区旅游业接待游客45.8万人，实现收入2.6亿元。其中农家乐接待游客12.2万人。

【城乡建设】环城北路完成投资1亿元，宝水快速通道完成投资1.4亿元，城区东入口改造工程完成投资1200万元，商品一条街道路改造完成投资1830万元，复兴路改造完成投资2500万元。投资1400万元完成5.6万平方米道路修补工作。天然气入户工程完成投资2600万元。完成造林绿化3.1万亩，城区绿地面积达到474.6公顷，绿化覆盖率36.5%。靖煤矿井废水治理工程完成投资2097万元，两个电厂脱硫、脱硝改造完成投资2.82亿元。矿山地质环境恢复治理工程完成投资2.94亿元。

【社会事业】全年投入科技扶持资金678万元，实施科技项目29个。九年义务教育巩固率达到99.4%，高考二本上线率达到34.72%。乡镇公办幼儿园实现全覆盖。投资1800万元完成高清电视置换项目。龙华传媒大厦完成投资9000万元。广电网络宽带建设项目完成投资6000万元。马饮水村、化工社区体育中心和5个"一村一场"建成投入使用。完成省十三运、残运会参赛工作，举办第五届庆"五一"全民健身长跑比赛。墓葬文化专著《忠勇千秋》出版发行。24个标准化村卫生室全部完工。

【人民生活与社会保障】2014年，全区城镇居民人均可支配收入23797元，增长9.5%。农民人均纯收入6162元，增长125%。城镇登记失业率265%。全年输转劳务2.63万人，创收3.78亿元。

新农合参合人数9.2万人，参合率较上年提高1.1个百分点。累计发放城乡低保金6741万元，五保供养金138万元，医疗救助金1072万元，粮食直补、退耕还林等各类补贴3314万元。区级10件惠民实事累计完成投资2.97亿元，大水头沙河治理三期全力推进，平川二中校舍改造、周家地小学幼儿园和种田中学宿舍楼，50千米农村公路通畅工程、12个基层文化大院、1200户农村危旧房改造、290套公租房、1500亩大环境绿化、冯园村饮水安全工程、居家养老服务信息平台和41个村级公益事业"一事一议"财政奖补等项目全面完成。

【群众路线教育实践活动】平川区第二批教育实践活动2014年2月中旬正式启动，共涉及11个乡镇街道、81个区直部门单位、61个村、30个社区和178个"两新"党组织，参与覆盖面达100%。全年文件简报同比下降24%，会议减少30%，调整清理办公用房面积2629.77平方米，"三公"经费同比下降15%。清理取消或停止执行行政审批项目24项，合并行政审批项目18项。办理人大代表建议53件，政协委员提案108件。

平川区主要领导名录

区委书记　高云翔

区人大常委会主任　张　福

区　长　胡建伟

区政协主席　郝进义

（供稿：崔建鹏）

会宁县

【综述】会宁县地处祁连褶皱系秦祁中间隆起带的东南端，西北黄土高原与青藏高原交接地带，介于在北纬35° 24′ -35° 26′ 、东经104° 29′ -105° 34′ 之间。属陇中黄土高原丘陵沟壑区，地势南高北低，由东南向西北倾斜，南部、中部为山地，北部是川塬地，海拔1400-2200米。总流域面积6439平方千米，耕地面积226.06万亩。属温带季风气候带的西北边缘部，气候温凉干燥、南北差异大，降水少且分布不均匀，年际变率较大，年内四季分明，日照时数较长，蒸发强烈，无霜期较短，干旱、霜冻、冰雹等自然灾害频繁。2014年底，全县共辖16个镇、12个乡，总人口为57.2263万人，常住人口53.67万人。

2014年，全县实现生产总值57.22亿元，增长8.2%；固定资产投资65.65亿元，增长33.74%；社会消费品零售总额21.02亿元，增长10.55%；大口径财政收入3.27亿元，增长37.35%；公共财政收入2.14亿元，增长45.68%；公共财政支出28.25亿元，与上年基本持平；金融机构各项贷款余额达到47.5亿元，增长22.2%，存贷比达到59.7%；全县金融机构年末存款余额79.6亿元，增长14.7%。

【农业农村经济】2014年，全县种植全膜作物115.8万亩，旱作农业项目生产粮食5.4亿公斤，增产粮食0.8亿公斤，户均增收2214元，获得国家产粮大县奖励1728万元。牲畜饲养量达到400万个羊单位，蔬菜、中药材、瓜类、林果等规模高效栽种面积21万亩。新增蔬菜3万亩、中药材1.8万亩，栽植苹果2万亩、核桃3万亩，在头寨、河畔建成2200亩甘富有机苹果种植示范基地。实施自来水入户2万户，新修梯田10万亩，硬化村组道路639千米，生态造林20万亩，完成农网改造4331户，改造农村危房4783户。全年全县劳动力技能培训1.65万人次，举办种植、养殖培训1008场次，培训农民10.6万人次。全年输转劳务10.6万人，创劳务收入15亿元。

【工业经济】2014年，全县规模以上工业增加值5.7亿元，增长12.8%；完成工业投资16.2亿元，新增工业企业28户，小微企业升级为规模以上企业4户。华家岭风电完成22个风机主体建设。

【非公经济】联合全省17家企业和8个科研单位，成立甘肃省亚麻油产业联盟。新发展各类市场主体3366户，市场主体总数达到14766户，从业人员5.4万人。

【项目建设】2014年，会宁县启动实施计划项目138个，累计完成投资40.7亿元，增长13.1%。其中投资5000万元以上的项目达到49个，投资亿元以项目达到21个。

侯家川乡特色乌鸡养殖场

【招商引资】2014年，全县启动实施招商引资项目32个，落实投资33.5亿元，增长65%。第20届兰洽会签约项目27个，签约资金86.8亿元。

【文化产业与旅游业】2014年，全县文化产业增加值达到1.9亿元。旅游综合收入达到13亿元，会宁县被评为“中国文化旅游名县”。启动红色文化产业园和汉唐街“六馆一中心”建设，完成会师旧址保护规划、状元历史文化园详规设计，汉唐二十四节气文化休闲商业街、钟鼓楼复建、侯川齐靳自然风光旅游示范区等景点建设进展顺利。

【扶贫攻坚】2014年，全县减贫3.22万人，2乡1镇27个村实现整体脱贫。新建生态移民搬迁集中居住点31个，搬迁1632户6858人。实施贫困村卫生室建设项目33个。发放扶贫支农贷款5.69亿元。投入财政扶贫资金6694万元，新建村级金融服务网点10个。

【城乡建设】完成城市总体规划纲要等37个。北湖水库蓄水210万方，日供水能力达到2.5万方。改造延伸长征北路、广场南路、寨子路5.2千米，新建提升会北桥、寨子桥、范坡桥、文昌桥，新安装、更换中华灯633盏，亮化道路9.1千米、河道4.5千米，配建城市公共厕所12处，建成地上停车场3处，配建地下停车场7处，设置停车位1630个。完成7处公共绿地和6条道路绿化带，绿化面积17.7万平方米。安置棚户区居民1319户，争取国家开发银行棚户区改造贷款2.09亿元。

【社会事业】2014年，全县新建中川等4所乡镇中心幼儿园和40个村学附设幼儿园，消除D级校舍3.7万平方米，建设标准化学校20所。落实教育惠民资金1.4亿元，建成县第四幼儿园，生源地助学贷款享受学生人数达到1.76万人；乡镇卫生院改造提升项目4个。新建白银市第三人民医院和搬迁县妇幼保健院项目开工；建成文化广场12个，乡村舞台覆盖率达到13%。举办村级文化活动1200场次。举办中国流动科技馆会宁巡展活动。县殡仪馆和东岚山公墓建成投入使用。

【人民生活与社会保障】2014年，全县城镇居民人均可支配收入13752元，增长9.6%；农民人均纯收入4500元，增长12.7%；城镇登记失业率2.8%；人口自然增长率6.23‰；居民消费价格总水平涨幅1.9%。全年民生领域支出占全县财政支出的56%，发放各类补贴资金4.5亿元，农民人均846元。新增就业7678人，下岗失业人员再就业1499人，完成职业技能各类培训7.5万人。城乡居民养老保险参保率达到95.8%，养老金发放率100%。新农合参合率达到986%，落实新农合补助资金18亿元。建成保障性住房816套4.5万平方米。

会宁县主要领导名录

县委书记　甘孝礼

县人大常委会主任　刘汉宝

县　长　王科健

县政协主席　宋维平

（供稿：邢　春）

靖远县

2014年11月16日至18日，“贵宾宴杯”全国汽车场地越野锦标赛在靖远举行

【综述】靖远县地处甘肃省中部，介于东经104°18′-105°15′、北纬36°15′-37°15′之间。东与宁夏中卫市沙坡头区、海原县交界，南与会宁县毗邻，西与榆中县、白银市白银区接壤，北与景泰县相连，白银市平川区从中析置，将县行政区域分隔为南北独立的两个部分。辖域东西间隔120千米，南北相距135千米。全县土地总面积5809.4平方千米，其中耕地总面积114.85万亩。2014年末，全县辖5镇13乡，总人口477477人。

为荒漠化草原过渡带，呈黄土高原丘陵沟壑区和干旱草原区地貌。地势东高西低，由南向北逐渐倾斜，分为川区、山塬区和黄河谷地三类地形，平均海拔1398米。属温带大陆型半干旱气候，年最高气温35.3℃，最低气温零下20.8℃，平均气温9.5℃。年无霜期172天，年平均降雨量202毫米，蒸发量1767毫米以上，年日照时间2876.2小时。金属矿藏以金、银、铜、铁、锰为主，非金属矿藏以煤、坡缕石、石灰石、重晶石、高岭土等为主，其中高湾乡已发现大型坡缕石矿，探明蕴藏量超过亿吨。

2014年，全县实现生产总值63.57亿元，比上年增长8.3%。固定资产投资完成73.36亿元。大口径财政收入5.61亿元。县级财政收入完成2.87亿元。社会消费品零售总额完成19.76亿元。

【农业农村经济】2014年，全县粮食播种面积78.03万亩，粮食总产量19.84万吨。创建小麦、马铃薯、玉米万亩高产示范片3个，示范面积4.73万亩。新改建塑料大棚、日光温室8500亩，建成标准化生产小区7个、千亩高原夏菜标准园2个、规模化集中育苗中心4个，全县蔬菜种植面积45.77万亩，蔬菜总产量186.79万吨，总产值14.74亿元，纯收入8.84亿元。新建标准化规模养殖场30个，畜禽饲养量达到812万头（只）。新栽植枸杞、核桃、大枣、文冠果等特色经济林面积5.29万亩，特色林果面积达到32.67万亩。“靖远黑瓜籽”获得国家地理标志保护产品认证。

引进示范推广农作物新品种120个、农机新技术6项，推广全膜双垄沟播技术种植面积13.5万亩，高效农田节水面积39.9万亩，测土配方施肥面积112万亩。新增农民专业合作社439家、家庭农场7家、农业产业化龙头企业11家。全年流转土地1.5万亩。兑现农机具购置补贴1110万元、柴油补贴411.82万元，发放草原生态保护补助奖励资金1246.36万元、农作物良种补贴506万元、能繁母猪补贴231万元，支付各类农业保险保费237.93万元，发放产业发展贴息贷款3亿元。

【工业经济】2014年，全县工业增加值8.56亿元，增长13.8%。新增规模以上工业企业2家，累计达到15家，增加值达到3.5亿元，增长14.5%。实施工业技术改造项目8个，完成投资3.13亿元。

【非公经济】2014年，全县新增非公经济实体3542家，完成增加值43.74亿元，同比增长26.9%。

【项目建设】2014年，全县安排项目前期费用500万元，论证储备重点项目166个，落实到位项目55个，投入资金338亿元。开工建设重点项目136个，完成投资52.2亿元，其中市列重点项目24个，完成投资32.7亿元。

【文化产业与旅游业】2014年，全县文化产业增加值达到7020万元，比上年增长48.4%。全年接待游客57.2万人次，创旅游综合收入3.13亿元。怡园靖远古城、南华山生态文化产业园、鱼龙山红色旅游景区等文化旅游项目付诸实施。靖远腾飞国际越野赛车场和滑雪场建成投入使用。举办全国汽车场地越野锦标赛。

【扶贫开发】帮助农户办实事881件，协调争取项目187个，落实资金2亿元。争取专项扶贫资金3644万元，完成整村推进12个，实施易地扶贫搬迁项目5个，全年减少贫困人口2.58万人，贫困面由29%下降到23%。靖远县创建甘肃省食品安全示范县通过考核验收。

【城乡建设】《靖远县城市总体规划（2010—2030）》《新型城镇化试点建设规划》付诸实施。城镇化水平提高2.5个百分点，达到31%。靖远县新型城镇化建设规划、东湾镇大坝片区新农村规划、北滩乡集镇中心区建设规划和50个村庄、2个美丽乡村建设规划编制完成。城区供水改扩建等工程全面建成。三台九塬道路等续建工程开工建设。整修改造一中南侧人行道等街巷12条，昌泰华源等商品房住宅小区新开工商品房面积43万平方米。新增集中供热面积81万平方米，城区集中供热入网总面积248万平方米。东关新农村二期、东湾新农村建设进展顺利，刘川、北滩改乡为镇。完成造林绿化面积8.1万亩。新增城区绿化面积83.8万亩，城区绿化覆盖率18.46%，人均公共绿地面积14.22平方米。实施通畅工程125千米，4.5万人安全饮水问题得到解决。建成“美丽乡村”示范村2个、环境整洁村36个，创建国家级和市级生态乡镇3个。

【社会事业】新建校舍3.65万平方米，改造薄弱学校21所，新改扩建幼儿园35所，213所农村中小学实现食堂供餐全覆盖，高考二本上线人数2288人。《范振绪书画集》出版发行，纪录片《黄河古渡》拍摄完成。县公共体育场、文化剧场建成投入使用。在甘肃省第十三届运动会、第九届残运会暨第三届特奥会上，靖远县运动员获得金牌21枚。建成“一村一场”15个、基层文化大院12个、乡镇体育健身中心2个。

【人民生活与社会保障】2014年，全县城镇居民人均可支配收入16566元。城镇居民人均消费支出11036元。农民人均纯收入6213元。落实省、市惠民实事30件。全年公共财政用于民生支出达14亿元，占财政支出的60%。发放创业小额贷款2390万元，新增城镇就业7345人，失业人员实现再就业1312人，开发公益性岗位735个，安置高校毕业生及录用公务员513人。

城乡低保补助标准提高15%，农村五保供养标准提高510元，清退调整不符合条件的低保对象2574户7124人，发放社会救助救灾、优抚安置资金1.4亿元。新农合参合率达到98.11%，筹资标准提高为每人390元。建成标准化村卫生室37个。累计完成城乡居民健康档案47.08万人，建档率为98.29%。建成城市社区日间照料中心1个、农村互助老人幸福院21所。县殡仪服务中心、盘龙山公墓一期工程建成投入运营。建成保障性住房643套，实施农村危房改造2800户。

靖远县主要领导名录

县委书记　郑　钰（女）
县人大常委会主任　陈其宝
县　长　刘力江
县政协主席　雒联奎

（供稿：杜树泽）

景泰县

【综述】景泰县地处甘肃中部，甘宁蒙三省（区）交界处，介于东经103°33′—104°43′，北纬36°43′—37°38′之间，全县总面积5483平方千米，其中耕地面积68.6万亩，天然草场522.8万亩。2014年末，全县辖6镇5乡，总人口237204人。

境内海拔1374—3321米。属温带大陆干旱气候，年均气温为9.1℃，无霜期在141天左右。年均日照2713小时，年降水量为185.6毫米，年蒸发量为1722.8毫米。是黄河上游重要的灌溉农业区，列为甘肃省新增50亿斤粮食生产能力建设项目县，国家商品粮基地县和全国A级绿色食品生产基地。矿产资源丰富，主要有石膏、石灰石、煤、石英石、金等，其中石膏储量达3.85亿吨，居全国第二。有国家地质公园黄河石林、五佛沿寺石窟、景电高扬程提灌工程等自然人文景观。

2014年，全县全年实现生产总值53.8亿元，增长7%；全社会固定资产投资77.78亿元，增长7.93%；社会消费品零售总额13.74亿元，增长10.32%；大口径财政收入4.59亿元，增长1.62%；地方公共财政预算收入2.28亿元，增长13.22%；金融机构存、贷款余额分别为60.31亿元和54.13亿元，增长9.81%和18.76%。

【农业农村经济】2014年，全县完成农作物播种面积63.25万亩，实现农业增加值11.05亿元。全年粮食总产量达17.75万吨。建成小麦万亩高产创建示范片3个、高标准农田1.1万亩、旱作农业示范面积13.04万亩。新建改建高标准日光温室2000亩，新建塑料大棚610亩。新增优质梨、枸杞、文冠果、玫瑰、红枣等特色经济林2万亩，发展甘草、黄芪等中药材1.8万亩。新建标准化规模养殖场（小区）33个，羊、猪、鸡、牛饲养量分别达到150万只、54万头、110万羽、9100头，肉蛋奶总产量6.3万吨，水产品产量260吨。全年畜牧业总产值达6.5亿元。

新增农民专业合作组织662个，总数达1722个。新发展农业龙头企业11家，累计达到32家，实现销售收入16亿元。全年农机总动力达到58万千瓦。实施整村推进项目10个，新建扶贫互助协会67家，减贫人口9000人，贫困面下降4.2个百分点。漫水滩乡农村土地承包经营权确权工作顺利完成，红水、上沙沃2个乡镇的试点工作有序推进，流转土地11.34万亩。

【工业经济】“一园三区”完成年度基础设施投资1.5亿元，入驻企业达到63家。实施绿康公司特色农产品加工等重点工业项目48个，完成37个，当年完成投资25.3亿元。2014年，全县规模以上工业增加值13.64亿元，增长8.9%。

【项目建设】实施中凯景泰寺滩风电场、高效农田节水技术推广等重点项目116个，投资总规模168亿元。13个市列重点项目加快建设，落实国家各类项目资金6.8亿元。凝练储备重大项目387个，总投资793亿元。“3341”动态项目库储备项目234个，总投资308亿元。

【招商引资】组团参加各类重大节会和项目推介活动，第二十届兰洽会签约项目40个，签约资金125.55亿元，资金到位率和开工率分别达到32%和90%。2014年，全县实施招商引资项目68个，到位资金60.75亿元。

【非公经济】2014年，全县新增中小企业45家，新增单位2137户。全年非公经济实现增加值38.42亿元。

【文化产业与旅游业】举办第八届黄河风情文化旅游节、白银市第四届乡村旅游节暨首届黄河石林山地露营大会。2014年，全县新增文化企业18家，建立文化产业机构115个。全年实现文化产业增加值0.88亿元，增长23%。

开展黄河石林创建国家5A级景区和世界地质公园及大景区建设。湖南卫视《爸爸去哪儿》、纪录片《地理中国》等影视作品在黄河石林取景拍摄。2014年，全县接待游客132.97万人（次），实现旅游综合收入6.9亿元，增长16.6%。

【商贸流通】五洲购物广场一期工程等项目建成运营，“万村千乡市场工程”改造农家店70家。2014年，全县社会消费品零售总额13.74亿元，增长1032%。农产品出口创汇达460万美元。

【城乡建设】景泰至中川高速公路试验段开工建设，黄河石林景区二级公路建成通车，龙湾至南长滩河段航运工程基本完成，硬化通村道路112千米，衬砌渠道229.3千米。改造农村电网90千米，改造车行道12.8千米。维修改造路灯424盏，新增公共绿地1.88万平方米。增加供热管网9.2千米，新建公共租赁房425套，完成棚户区改造148套、农村危旧房改造1300户。美丽乡村建设扎实推进，建成省级美丽乡村示范村2个、市级环境整洁村22个，城镇化率达到48.17%。新增绿色通道、龙湾景缘区绿化等造林面积6.11万亩，创建市级生态乡镇3个、村（社区）5个，完成4个乡镇10个村的农村环境连片综合整治工作。

【社会事业】组织申报科技项目17项，申请专利75件，签订产学研合作项目35个。新建教师周转宿舍116套、农村薄弱学校食堂12栋、乡镇中心幼儿园2所，维修改造中小学校舍56所，发放教育补助及助学贷款3347.2万元，高考二本上线率为22.97%。新建标准化村卫生室37个，新农合参合率达96.89%。计划生育优质服务水平持续提升，落实奖励扶助资金1028.6万元。建成乡镇文化广场2个、基层文化大院12个，“一村一场”13个举办全国青少年校园足球联赛景泰赛区比赛和“丝路重镇·魅力景泰”全国书画展等活动。

【人民生活与社会保障】2014年，全县城镇居民人均可支配收入16522元，增长10%。农民人均纯收入6748元，增长12.4%。10件惠民实事全面完成，全年用于民生事业的支出达12亿元，占公共财政预算支出的81%。全年完成劳动技能及创业培训1.18万人，城镇新增就业6521人，下岗失业人员再就业1014人。输转劳动力5.5万人，实现劳务收入8.19亿元。

完成城乡低保提标工作，发放社会救助、救济救灾等各类资金8496万元。建成农村互助老人幸福院28所，城乡居民社会养老保险参保率达到99.6%。加大低保清理规范力度，清退不符合条件的低保对象828户2362人，新纳入保障对象799户2353人。落实“双联”帮扶资金797.5万元，帮办实事1592件。

景泰县主要领导名录

县委书记　任文贵

县人大常委会主任　郭永泰

县　长　张世军（7月止）

县政协主席　郭延健

（供稿：姚学礼　俞培强）

天水市

【综述】天水市地处甘肃省东南部，介于东经104°43′-106°34′，北纬34°05′-35°10′之间。东以陇山为界与陕西省毗邻，南跨西秦岭与陇南市相接，西到桦林山、天爷梁与定西市相连，北越葫芦河中游与平凉市接壤。东西长197千米，南北宽122千米，全市总面积1.43万平方千米。2014年末，全市辖5县2区，常住人口330.31万人，人口自然生长率6.91‰。

境内大部分区域属黄土山梁沟壑区，南部、东北部有部分石质山地。地势西高东低，海拔一般在1000-2100米之间。属暖温半湿润、半干旱气候的过渡地带，年平均气温10℃左右，年降水量450-650毫米，气候温和，四季分明，冬无严寒，夏无酷暑。地跨长江、黄河两大流域，黄河流域的渭河境内流长268千米，流域面积1.39万平方千米；长江流域的西汉水境内流长26千米，流域面积791平方千米。保存有全国规模最大的明代建筑群-伏羲庙和伏羲画八卦的遗址卦台山。秦安境内的大地湾原始部落遗址出土各类文物8000余件，大地湾遗址荣列中国20世纪百项考古大发现12名。麦积山石窟被誉为“东方雕塑馆”，已被列入联合国教科文组织世界遗产中心文化和自然遗产预备清单。境内另有胡氏民居、李广墓等景点。

2014年，全市实现生产总值496.89亿元，按可比价格计算，比上年增长8.9%。其中第一产业增加值90.65亿元，增长6.2%；第二产业增加值193.02亿元，增长11.3%；第三产业增加值213.22亿元，增长7.6%。第一、二、三产业增加值占生产总值的比重18.3∶38.8∶42.9。全市大口径财政收入100.18亿元，增长15.75%，财政支出201.34亿元，增长5.19%。固定资产投资537.76亿元，增长21.42%。社会消费品零售总额225亿元，增长13%。

【农业农村经济】2014年，全市实现农林牧渔业增加值90.65亿元，比上年增长6.22%。全年粮食总产量123.81万吨，增长5.13%。全年农作物播种面积686.89万亩，增长0.84%。新增果品面积21.02万亩、蔬菜面积5万亩、标准化规模养殖场（小区）100个，果品总产量、产值分别增长24.84%和34.6%，蔬菜总产量、产值分别增长6.38%和13.2%。全年大牲畜存栏56.52万头，畜禽饲养总量、畜牧业产值分别增长5.3%和12.5%。

全市森林覆盖率35.9%，果园面积125.19万亩。100个农业科学发展示范点完成投资13.92亿元，市级8大农业示范园区完成投资12.1亿元，武山、甘谷蔬菜产业示范园完成核心区建设，清水核桃产业园初具规模。“甘谷鲜辣椒和辣椒面”“甘谷干辣椒丝”“秦安苹果”被国家工商总局认证为“地理标志证明商标”。全年流转土地18.06万亩。新增产业化龙头企业76家、农民合作社567家、家庭农场173家。新建农村公路2200多千米、桥梁26座1568延米，新建户用沼气1254户。完成造林15.13万亩，新修梯田34.03万亩。建成堤防工程127.94千米里，治理水土流失面积360.13平方千米，解决35.16万农村人口和5.53万农村学校师生的饮水安全问题。全年输转劳动力68.91万人，劳务收入97.94亿元、增长17.77%。

【工业建筑业】2014年，全市规模以上工业总产值325亿元，增长9%。规模以上工业增加值113.16亿元，增长10.5%。其中重工业增加值54.01亿元，增长10.3%；轻工业增加值59.15亿元，增长11.6%。规模以上工业企业实现利润总额7.62亿元，增长23.5%。全市企业中新增中国驰名商标3件、甘肃省著名商标16件、甘肃名牌产品10个。

2014年，全市资质以内建筑业总产值94亿元、增加值59亿元，分别增长20%和11%。

【固定资产投资】2014年，全市完成固定资产投资537.76亿元，比上年增长21.42%。其中第一产业投资36.71亿元，增长42.92%；第二产业投资170.7亿元，增长9.97%；第三产业投资330.35亿元，增长26.1%。实施城建项目284个，完成投资70.13亿元。34个市级城建重点项目当年完成投资35.38亿元。

【房地产开发】全年完成房地产开发投资34.99亿元，比上年下降10.28%。其中住宅投资27.08亿元，下降11.27%。房屋施工面积429.2万平方米，下降6.27%；竣工面积71.44万平方米，增长57.63%。商品房销售面积107.91万平方米，下降0.04%。

【招商引资与项目建设】参加节会活动，新签约招商引资项目240项，总投资510.56亿元，到位资金151.59亿元。全年实施招商引资项目360项，到位资金312.78亿元。争取国家和省上投资项目3901项，落实资金65.48亿元。100个市列重大项目完成投资235.05亿元。实施地质勘查项目74个，争取上级勘查资金1.56亿元。

【商贸流通】天水商贸城、清水兴盛物流园、天水城市蔬菜仓储分拣中心等加快建设，甘谷浙江商贸城一期、张家川商业城建成运营。全年新建商品配送中心2个，改造提升农贸市场10个，建成便民蔬菜店50个、农家店230个。2014年，全市实现社会消费品零售总额224.28亿元，比上年增长12.7%。其中批发零售业商品销售额478.18亿元，增长13.7%；零售业销售额253.75亿元，增长13%；住宿业营业额11.95亿元，增长12.9%；餐饮业营业额57.18亿元，增长16%。

【商业贸易】2014年，全市完成进出口总额3.72亿美元，比上年增长1%。其中出口总额2.51亿美元，下降6.84%；进口总额1.21亿美元，增长22.38%。

【旅游业】麦积山石窟“申遗”成功，清水李崖遗址被列为国家级文物保护单位，甘谷毛家坪遗址考古发掘取得重大进展。2014年，全市接待海外游客1703万人次，比上年增长28.05%。全年实现旅游综合收入96.5亿元，增长28.18%。

【非公有制经济】2014年，全市共有个体工商户8.6万户，从业人员18.85万人，注册资金30.96亿元；私营企业0.89万户，从业人员11.2万人，注册资金235.97亿元。全年新增个体工商户1.48万户、增长31%，新增私营企业2235户、注册资金102.04亿元，分别增长32.6%和77%，非公有制经济占生产总值的比重达44%。

【交通通信】2014年全年公路通车总里程1.04万千米。全社会公路客运量4310万人，比上年增长16%；客运周转量17.24亿人千米，增长17.2%。货运量2682万吨，比上年增长23%；货运周转量52.42亿吨千米，增长25.88%。全年完成邮电业务总量19.18亿元，比上年增长13.8%。至2014年末，全市本地固定电话用户30.44万户，比上年增长4.7%；移动电话（包含移动、联通、电信部门）用户258.2万户，增长11.6%。

【财政金融保险】2014年，全市完成大口径财政收入100.18亿元，比上年增长15.75%。财政支出201.3亿元，增长5.19%。年末金融机构本外币各项存款余额898.21亿元，比上年增长13.4%。金融机构人民币各项存款余额897.31亿元，增长13.39%。金融机构本外币各项贷款余额475.1亿元，增长22.44%。金融机构人民币各项贷款余额473.72亿元，增长22.19%。全市实现保费收入12.77亿元，增长17.91%。其中财险收入422亿元，增长1955%；寿险收入855亿元，增长17.12%。

【环境保护】2014年，全市生活垃圾处理率100%，燃气普及率68.75%，建成区绿化覆盖率35.7%，人均公园绿地面积7.19平方米。全年环境空气质量总体水平为良，平均污染指数58，渭河水质达标率100%。

【城乡建设】开展成纪新城等规划和基础设施建设，赤峪路、藉河孙家坪大桥等维修全面完工，城区5条主干道右转弯车道改造竣工使用。改造巷道130条，补修人行道3.2万平方米，新建和改造城区公厕48座。成纪大道等项目建设加快，双桥人行便桥建成使用。中心城区2个音乐喷泉建成使用，渭河北子堤生态公园等项目顺利实施，新增城市绿地45.8公顷。秦州古城西关历史文化片区和伏羲庙等重点文物保护维修加快推进。省、市级40个示范村投入资金7.07亿元，建成整洁村360个。至2014年末，全市城镇化率达到34.06%，提高1.6个百分点。

【机构改革】整合组建市民族宗教委、市文化和旅游局、市卫生和计生委，市政府金融办由挂牌机构变为政府工作部门，市工商局、质监局实行属地管理，政府工作部门由37个精减为34个。县区事业单位改革分类工作全部完成。深化行政审批制度改革，取消行政审批事项53项，承接省上下放事项39项，下放县区事项19项，市级行政审批事项年内削减63项，削减率达28.3%。新成立市公共资源交易中心正常运行。“营改增”范围逐步扩大，减免退税1.28亿元。天水日报社和广播电视台实现经营、采编分离。

【社会事业】2014年，全市共有普通高校5所（包括电大、工学院），在校学生4.54万人。中等职业学校18所（不含技工学校、教师进修学校），在校学生3.37万人。普通中小学校1667所（不包括739个小学教学点），在校学生48.92万人。小学学龄儿童入学率99.49%，初中学龄儿童毛入学率99.42%。新建公办幼儿园33所，实现乡镇公办中心幼儿园全覆盖；全市共组织实施市级以上科技项目329项，取得科技创新成果107项。建成省级工程技术研究中心17家，重点实验室5家，国家、省级创新型企业及试点企业承包11家。高新技术企业承包29家；共有文化艺术表演团体7个，文化馆8个，乡镇综合文化站113个，农家书屋2540家，公共图书馆8个，各类藏书83万册，新建村文化室125个、乡村舞台963个；广播、电视人口覆盖率分别达99.33%和99.04%，有线数字电视用户12万户；共有卫生机构500个，各类卫生技术人员1.08万人（含村卫生室卫生员），床位1.2万张。年内国家免疫规划疫苗接种率稳定在95%以上；建成体育惠民项目8个、村级农民健身项目180个。全市共有全民健身点260个，在校学生施标率、达标率分别达98%和94%，经常参加体育锻炼的约135万人，在省级以上各类比赛中共获得金牌92枚、银牌77枚、铜牌47枚。

【人民生活与社会保障】2014，全市民生支出164.07亿元，占财政支出的81.49%。年末，全市城镇居民人均可支配收入18565元，比上年增长9.9%。农民人均纯收入4982元，增长13.6%。城镇居民人均消费性支出12353元，农民人均消费性支出5204元。城市人均居住面积25.66平方米，农村人均居住面积23.78平方米。全年居民消费价格总水平比上年上涨2.2%。居民消费价格指数102.5%，城镇登记失业率3.2%。发放大学生创业贷款7800万元，帮助3500多名高校毕业生就业，城镇新增就业6.66万人，下岗失业人员再就业1.56万人。全年组织劳务输转68.91万人，创劳务收入97.94亿元。

年末，全市参加基本养老、失业、城镇职工基本医疗、工伤、生育五项社会保险人数分别达11.89万人、14.37万人、27.66万人、9.94万人和10.62万人。离退休人员8.23万人，养老保险基金支出19.13亿元，发放率100%。参加城镇职工基本医疗保险的农民工0.77万人，参加工伤保险的农民工4.02万人。共有城市最低生活保障对象3.81万户、9.55万人，累计发放低保补助资金3.03亿元；农村最低生活保障对象12.49万户、40.32万人，累计发放低保补助资金5.39亿元。农村临时救济1.44万人。争取棚户区改造贷款额度40.6亿元，新开工保障性住房和棚户区改造住房6606套，建成5257套，3934户群众入住保障房，发放廉租住房租赁补贴4492万元。

【扶贫开发】“双联”行动实施帮扶项目842项，落实资金3.7亿元，发放“双联”惠农贷款和妇女小额担保贷款233亿元。争取扶贫专项资金327亿元，实施整乡推进项目7个、整村推进项目142个，异地扶贫搬迁3852户1.97万人，减少贫困人口27万，233个村、13个乡镇实现整体脱贫。实施农村危旧房改造1.28万户，受灾农村居民住房维修加固和原址恢复重建全部完成。

天水市领导班子成员名录

市 委

书　记　王　锐
副书记　杨维俊　宋尚有
常　委　李美华（女）　王光庆
　　　　郭奇若　蒋晓强　赵卫东
　　　　蒲　军　宋德雄　李治林
　　　　李建中　雷　鸣
秘书长　蒋晓强

市人大常委会

主　任　柴金祥
副主任　萧　菡（女）　安　永
　　　　黄孝荣　谢简平　王子生
秘书长　刘来生

市政府

市　长　杨维俊
副市长　郭奇若　雷　鸣　宋德雄
　　　　温利平　霍卫平
　　　　王　钧　徐庆宏　杨小天
　　　　张建杰　许　强
秘书长　逯克宗

市政协

主　席　宋尚有
副主席　宋博华　安志宏　杨发元
　　　　何道华　白晓玲　张克强
　　　　马百龄　马武生　王振宇
秘书长　刘永年

（供稿：张淑艳）

秦州区

【综述】秦州区地处内陆腹地、陕、甘、川要冲之地，介于北纬34°05′–34°40′与东经105°13′–106°01′之间。东接麦积区通应关中，西接甘谷，是通往河西之要道，南连陇南通往川蜀，有“挟陕控蜀，管钥凉雍”之称，总面积2442平方千米，其中耕地面积91.69万亩。2014年末，全区总人口68.62万人，人口自然增长率为5.71‰。有回族等30个少数民族。有宗教场所162处，经政府批准开放的宗教场所84处，未批准开放场所78处，共有教职人员323人，信教群众86538人。

境内地势西南高，东部低。西部为秦岭山地，南部与西部地情相似为秦岭山地。中部平为黄土高原地貌。秦州区是秦人的发祥地，有“羲皇故里”之称。西秦岭横贯全区，是长江、黄河两大流域分水岭.气候温和湿润，四季分明，是大樱桃、苹果等温带水果的最佳生长地。

2014年，全区实现地区生产总值148.64亿元，按可比价格计算，增长

9.2%。其中第一产业实现增加值11.86亿元，增长6.0%；第二产业实现增加值64.49亿元，增长10.5%；第三产业实现增加值72.29亿元，增长8.2%。完成大口径财政收入16.27亿元，增长10.55%。财政支出完成31.01亿元，下降1.13%。财政收支比为1：1.92。国家税收完成4.10亿元，增长21.68%，地方税收完成7.35亿元，增长10.96%。年末各项存款余额达到374.82亿元，增长6.86%；各项贷款余额221.99亿元，增长16.9%。

【农村农业经济】2014年，全区实现现价农业总产值19.64亿元，增长9.7%，其中农业产值17.71亿元，增长10.41%；林业产值0.14亿元，增长7.69%；牧业产值1.73亿元，增长3%，渔业产值0.023亿元。全年农作物播种面积109.13万亩，其中粮食播种面积74.07万亩。全年粮食总产量20.74万吨，其中夏粮总产量6.5万吨，增长12.54%，秋粮总产量14.22万吨，增长1.72%。全年油料作物播种面积18.51万亩，蔬菜播种面积10.83万亩。年末全区果园实有面积17.61万亩，当年造林面积1.62万亩，年末封山育林面积达到5.3万亩。

年末，全区大家畜存栏7.21万头，增长0.72%。水产品养殖面积375亩，全年水产品产量250吨。年末全区实有耕地面积91.69万亩。全年农村用电量5366.95万千瓦时，化肥施用折纯量7038.54吨，塑料薄膜使用量2386.02吨，年末机电井达到433眼。年末农村居民实有房屋面积911.37万平方米，人均房屋面积19.86平方米。通公路的村达到373个，占88.81%。

【工业建筑业】2014年，全区全部工业企业实现增加值41.04亿元，增长11.1%。31家规模以上工业企业实现增加值33.59亿元，增长10.5%。规模以上工业企业实现主营业务收入83.94亿元，增长7.27%，实现利润总额6.18亿元，增长27.7%。

全区共有资质以上建筑企业46家，其中总承包和专业承包单位44家。全年完成建筑业总产值56.86亿元，其中建筑工程产值52.49亿元，安装工程产值4.1亿元。全年完成竣工产值36.55亿元，全部单位年平均从业人员22092人。

【固定资产投资与项目建设】2014年，全区完成固定资产投资141.2亿元，增长20.1%。其中完成项目投资107.59亿元（不含天十高速投资），占总投资额的76.17%，增长24.14%。实施新建续建投资项目239个。

【房地产开发】全区62家房地产开发企业完成投资18.15亿元，下降27.68%，其中住宅完成投资14.03亿元，下降25.09%。全年商品房销售面积72.17万平方米，增长21.01%，实现商品房销售额29.28亿元，增长23.86%。

【商贸流通】2014年，全区实现社会消费品零售总额70.83亿元，增长12.4%。分行业看，批发和零售业实现消费品零售额54.59亿元，占总额的

2014年主要农产品产量情况

产品名称	单 位	数 量
滚动轴承	万 套	5316
高压开关板	面	9327
低压开关板	面	6600
电力电缆	千米	454
集成电路	万块	115.7
试验机	台	405
毛 线	吨	654.08
中成药	吨	542.79
塑料制品	吨	10643
水 泥	万吨	190.4
通信及电子网缆用电缆	千米	364

2014 年主要畜产品产量和牲畜存栏情况

肉类总产量	吨	7710.43	4.7
其中：猪肉产量	吨	6006.49	4.6
禽蛋产量	吨	1731.6	4.3
奶产量	吨	323.63	-8.8
猪饲养量	万头	17.24	3.4
其中：存栏	万头	8.66	2.2
出栏	万头	8.58	4.6
牛饲养量	万头	4.29	3.9
其中：存栏	万头	3.65	3.1
出栏	万头	0.64	8.5
羊饲养量	万只	3.1	2.6
其中：存栏	万只	2.15	0.5
出栏	万只	0.95	7.95
禽饲养量	万只	106.06	4.3
其中：存栏	万只	57.72	4.4
出栏	万只	48.34	4.3

77.1%，增长12.1%。住宿和餐饮业实现消费品零售额16.24亿元，占总额的22.9%，增长13.5%。

【旅游业】2014年，全区接待境内外游客879.1万人次，增长25.1%，实现旅游综合收入54.8亿元，增长26.6%。

【社会事业】实施各级各类科技项目共51项，共组织鉴定验收科技成果20项，完成专利申请量120件，举办各类科技培训班104期。年末区属医疗机构58家，现有床位数1958张（含民营医院床位数），专业技术人员753人。

【人民生活与社会保障】2014年，全区城镇居民人均可支配收入完成19681.84元，增长10.9%。农村居民人均纯收入完成5482.09 元，增长13.8%。全年居民消费价格总水平比上年上涨2.2%，其中食品类上涨4.9%。2014年末全区统计口径内单位从业人员87184人，下降4.3%，从业人员劳动报酬353288.8万元，增长4.6%，从业人员年人均劳动报酬40717元，增长11.1%。全年劳务输转11.06万人，创劳务收入16.29亿元。全年城镇新增就业17589人，城镇登记失业率为3.72%。

年末，全区纳入城乡居民养老保险统筹25.68万人，参保率达97.02%，续保率达94.52%；为全区5.44万名符合待遇享受条件的60周岁以上参保人员发放养老金3868.65万元。为符合条件的141名村干部发放养老保险待遇47.81万元。参加城镇职工基本养老保险统筹18992人，其中在职职工参保9532人，离退休人员9460人；失业保险参保9768人。城镇职工基本医疗保险参保2.72万人，城镇居民基本医疗保险参保12.27万人，工伤保险参保0.56万人，生育保险参保1.54万人。全区最低生活保障对象有24414户、72008人，其中城市低保对象13000户、34624人，农村低保对象11414户、37384人。城镇职工基本养老保险基金征缴收入8357.16万元，失业保险基金征缴收入21396万元，城镇职工基本医疗保险基金征缴收入3905.91万元，城镇居民基本医疗保险基金征缴收入295万元，工伤保险基金征缴收入44.06万元，生育保险基金征缴收入136.16万元，城乡居民社会养老保险参保率97.02%，续保率94.52%。

秦州区主要领导名录

区委书记　张明泰

区人大常委会主任　文月平

区　长　何　东

区政协主席　宋丕林

（供稿：关　蓉）

麦积区

【综述】麦积区地处陕、甘、川之要冲，介于东经105° 25′–106° 43′，北纬34° 06′–34° 48′ 之间。东接陕西省宝鸡市，南邻秦州区、两当县、徽县，西靠甘谷县，北连清水县、秦安县。东西长123千米，南北最宽处50千米，全区总面积3480平方千米。2014年末，全区辖12镇5乡，总人口数635900人，有34个少数民族。

东南部绵亘百余里秦岭山峦叠翠，西北部黄土高原川梁沟峁纵横交错，境内森林覆盖率达68%。属大陆半湿润季风气候，夏无酷暑，冬无严寒，四季分明，日照充足，降水适中。全年平均气温12.2℃，平均降水量817.3毫米，从南向北依次减少。全年无霜期170多天。有麦积山石窟、卦台山、仙人崖、石门等景区。

2014年，全区实现生产总值142.3亿元，比上年增长8.7%。其中第一产业增加值11.8亿元，增长5.95%；第二产业增加值75.6亿元，增长10.6%；第三产业增加值54.9亿元，增长7.0%。全年全区大口径财政收入为12.7亿元，增长36.62%。公共财政预算收入为4.4亿元，增长27.72%。年末全区金融机构各项存款余额191.2亿元，增长28.6%。全区金融机构各项贷款余额99.8亿元，增长15.0%。

【农业农村经济】2014年，全区粮食总产量17.2万吨，比上年增产3.6%，总产值3668335万元。其中夏粮产量5.1万吨，增产14%。秋粮产量12.1万吨，与上年持平。全年粮食作物种植面积63.2万亩，比上年增加0.3万亩。油料种植面积7.7万亩，与去年持平。蔬菜种植面积8.6万亩，增加0.1万亩。中药材种植面积1.2万亩，与上年持平。

年末，全区大牲畜存栏4.6万头，比上年末增长5.6%。其中牛存栏3.5万头，增长6.3%。羊存栏2.7万只，增长5.2%。猪存栏10.6万头，增长1.4%。全年肉类总产量9565吨，比上年增长4%，水产品产量266吨，增长2.3%。

2014年麦积区主要农产品产量情况

单位：吨、%

产品名称	产量	比上年增长
粮食	172021.51	3.6
油料	9323.7	8.3
# 油菜籽	7096.7	9.3
中草药材	3043	12.6
园林水果	230735	9.3
蔬菜	183157	7.5
肉类	9565	4
# 猪肉	7950.18	4.1
牛肉	807.9	4.3
羊肉	170.28	6.3
禽肉	636.38	4.4
水产品	266	2.3

【工业建筑业】2014年，全区规模以上工业企业完成工业增加值54.2亿元，比上年增长8.8%。其中，轻工业完成增加值46.0亿元，比上年增长9.9%。重工业完成增加值8.2亿元，增长3.2%。全年规模以上工业企业实现利润总额1.1亿元，比上年下降19.5%。

2014年，全区建筑业实现增加值10.6亿元，比上年增长12.0%。

【商贸流通】2014年，全区实现社会消费品零售总额69.6亿元，比上年增长10.0%。其中批发业销售额71.0亿元，增长10.8%；实现零售业零售额74.3亿元，增长1.8%；实现住宿业营业额1.5亿元，增长6.3%；实现餐饮业营业额

2014 年麦积区主要工业产品产量情况

产品名称	单位	产量	比上年增长（%）
卷烟	万支	1655432	10.2
金属切削机床	台	2088	-23.1
锻压机床	台	421	25.7
果汁饮料	吨	22625	4.7
商品混凝土	立方米	1395115	44.6
啤酒	千升	41376.2	7.1
水泥	吨	898568	55.5
饲料	吨	21858	30.4
乳制品	吨	11834	81.2
纱	吨	1818	0.9

12.0亿元，增长12.9%。

【旅游业】2014年，全区接待国内外游客689.4万人次，比上年增长28.3%。其中接待国外游客9.3万人次，增长13.4%；创收33.1亿元，增长28.9%。农家乐接待游客270.6万人次，增长25.05%，创旅游综合收入13530万元，增长25.05%。

【项目建设与房地产业】2014年，全区新签约和实施续建项目共139个，涉及资金274.1亿元，实际到位资金58.24亿元，增长36.17%。其中当年新签约项目112个，到位资金35.07亿元，已执行5000万元以上重点产业项目23个（其中亿元以上项目11个）。

2014年，全区房地产业增加值3.9亿元，增长6.4%。

【文化产业与旅游业】全区有文化产业项目34个，总投资约254亿元，启动项目12个，累计投资15亿元。全区现有注册文化市场经营单位191家，从业人员5200人。2014年，全区完成文化产业增加值2.8亿元，增长37%。

【交通通信】2014年，全区交通运输、仓储和邮政业实现增加值13.2亿元，比上年增长8.0%。公路里程达到1739.0千米，与上年持平。全年完成客运量2036万人次，增长24.3%；旅客周转量达到17890.46万人千米，增长19.26%，完成货运量261万吨，增长18.44%。货运周转量达85939.83万吨千米，增长19.96%。

全年完成邮电业务总量1.1亿元，比上年增长11.4%。其中电信业务总量0.8亿元，增长14.5%；邮政业务总量0.3亿元，增长4.8%。互联网上网用户3.9万户，增长23.8%。

【环境保护】2014年，全区二氧化硫、二氧化氮和可吸入颗粒物三项指标监测值均达到国家二级标准。麦积城区空气环境质量达到Ⅱ级空气优良天数为358天，占全年总天数的98%；地表水水质达标率为91.67%，饮用水水质达标率100%；区域环境噪声平均等效声级为54.2分贝，达到居住区60分贝的噪声标准。交通干线噪声平均等效声级65.8分贝，符合国家规定的70分贝道路交通噪声标准。

【社会事业】2014年，全区组织实施科学研究、科技试验示范及推广项目92项，专利申请量321件。全区共有文化馆1个，公共图书馆1个，博物馆1个。广播和电视综合人口覆盖率分别为99.66%和99.21%。全区现有旅游单位286家，各类纪念品10多个系列1000多个品种。2014年，全区接待游客2191.1万人次，旅游收入8.71亿元。建成人口文化大院100多处，印制宣传册页30万张。承办全市“乡村大舞台”大型公益活动启动仪式。有各级各类学校414所，在校学生92114人，在岗教职工7392人。学校占地总面积200.64万平方米，校舍建筑面积66.52万平方米。区境内有省内重点大专院校两所。体育事业经费286万元。区、乡（镇）、村体育场地665个，体育惠民工程5个。全区共有卫生机构603个，拥有床位1790张，卫生机构职工数2146人。

【人民生活与社会保障】2014年，全区城镇居民人均可支配收入18089.44元，比上年增长10.2%。农村居民人均纯收入4964.7元，增长14%。年末，全区城镇登记失业率为3.1%，比上年末下降0.35个百分点。全年居民消费价格总水平比上年上涨2.1%，其中城市上涨2.2%，农村上涨2.1%。全区商品零售价格总水平比上年上涨1.7%。全区劳务输转11.08万人，完成年任务11.06万人的100.18%。

年末，全区参加城镇职工基本养老保险人数为1.63万人；参加城镇居民医疗保险人数为8.0万人；参加失业保险人数为1.22万人；参加工伤保险人数为0.76万人；参加生育保险人数为1.11万人。征缴城镇职工基本养老保险6468.23万元，征缴失业保险费398.19万元，征缴城镇职工医疗保险4335.11万元，征缴城镇居民个人医保307.36万元，征缴工伤保险130.25万元，征缴生育保险133.13万元，城乡居民基本养老保险续保率94.43%，参保率98.04%。

2014年，全区城市低保标准由原来月人均收入306元提高到352元；农村低保标准由原来年人均纯收入1907元提高到2193元；农村五保供养标准由3180元提高到3504元。全区有城乡低保对象22186户61783人，累计发放城乡保障补助资金11933.58万元；农村五保供养对象1984户1848人，发放五保供养金654.2万元。全区共有孤儿74人，发放孤儿保障金41.47万元。全年救助250户1146人，发放救助金96.5万元。全年救助流浪乞讨人员305人次。全年全区大病医疗救助74835人、发放救助金2727.3万元。其中资助住院人数3200人、发放救助金2499.64万元；资助参合人数71635人、拨付资助资金

227.648万元。

麦积区主要领导名录

区委书记　张智明

区人大常委会主任　贾应珍

区　长　成少平

区政协主席　杨续祥

（供稿：吴　霞　赵明霞）

清水县

【综述】清水县地处甘肃省东南部，介于北纬34° 32′-34° 58′，东经105° 45′-106° 30′之间。东西长66千米，南北宽47千米，全县总面积2012平方千米。2014年末，全县常住人口326786人，比上年末增加2409人，人口自然增长率为3.66‰，下降0172个千分点。有5个少数民族，有佛教、道教、伊斯兰教、天主教、基督教五大宗教。

境内属陇山山地向陇西黄土高原过渡地带，全境地势由东北向西南倾斜，略呈长方形，海拔1112-2201米之间。属温带大陆性季风气候，冬季漫长，夏季短促。2014年平均气温9.7℃，较上年增长0.1℃。全年降水量501.1毫米，较上年减少365.7毫米。日照时数2166.5小时，较上年增加35.3小时。全年无霜期173天，较上年减少17天。主要农作物有小麦、玉米、马铃薯、胡麻等。县内有古文化遗存30余处，其中省级文物保护单位2处，有西汉营平侯赵充国陵园、李虎古墓，成吉思汗驾殒地、轩辕谷、彩绘宋墓群等多处旅游景点。

2014年，全县实现生产总值32.95亿元，较上年增长9.6%。其中第一产业10.42亿元，增长6.44%；第二产业5.55亿元，增长7.35%；第三产业16.98亿元，增长10.55%。农业总产值17.50亿元，增长8.22%，农业增加值10.42亿元，增长6.22%。规模以上工业增加值1.71亿元，减少0.58%；社会消费品零售总额6.71亿元，增长17.9%；固定资产投资52.46亿元，增长20.27%；大口径财政收入2.76亿元，增长22.06%；财政总支出17.32亿元，增长5.98%。

【农业农村经济】2014年，全县粮食总产量为18.38万吨，比上年增长6.43%。其中小麦总产量4.59万吨，增长12.25%；玉米总产量0.92万吨，增长3.27%；油料总产量1.82万吨，增长7.18%。全县农业（种植业）总产值17.50亿元，增长8.23%；农业增加值10.42亿元，增长6.52%。粮食作物种植面积67.34万亩，下降0.28%。油料种植12.46万亩，下降4.74%；瓜菜种植12.92万亩，增长16.29%；大麻种植1.68万亩，减少5.67%；中药材种植2.71万亩，下降0.13%；果园17.98万亩，下降1.12%。

年末，全县大家畜存栏11.85万头，比上年末增长4.85%；猪存栏9.61万头，增长4%；鸡存栏9476万只，增长470%；出栏生猪14.43万头、鸡48.58万只，分别增长4%和7.12%和。全年肉类总产量3.62万吨，增长12.06%；鲜蛋总产量1.49万吨，增长10.8%；鲜奶总产量2547.5吨，增长19.6%；水产品产量174吨，增长2.35%。牧业产值、农民人均牧业纯收入分别达5.91亿元和1416元，比上年增长12.8%和13.8%。主要经济作物中，油料作物产量1.82万吨，增长7.52%；中药材产量8632.99吨，增长9.44%；瓜菜产量14.33万吨，增长21%。

【工业建筑业】2014年，全县完成规模以上工业企业总产值9.39亿元，比上年增长15.3%；工业增加值1.71亿元，增长16.4%；完成销售产值9.09亿元，增长16.91%。园区工业总产值占县工业总产值的81.4%，入园企业50余户。

全年建筑业总产值0.89亿元，比上年增长32.8%；竣工房屋面积3.03万平方米，比上年增长5960%。

【固定资产投资】2014年，全县完成全社会固定资产投资52.46亿元，比上年增长20.277%。其中第一产业投资6.96亿元，增长154.18%；第二产业投资11.25亿元，增长47.33%；第三产业投资34.25亿元，增长3.02%。

【城乡建设】新建新居工程47村3048户，部分竣工入住；新建垃圾池185个，改造危墙14093.5米，粉刷涂白64000平方米，改造危房288间，绿化面积14855平方米，栽植绿化树种10.17万株，安装路灯290盏，硬化巷道3.7万平方米；启动实施小泉峡节点绿化工程5处，栽植国槐50株、雪松4棵、柳树230株、红叶小柏和金叶女贞2.5万株，红叶李20株，铺设踏步1200多米，新修板涵1处、排水渠180米，新建文化广场3处2200平方米、舞台1座、休闲亭5个、花坛1个。

【交通通信】2014年末，全县公路总里程达1539.23千米。全年完成客运量221万人（次），比上年增长9.14%；客运周转量13259.91万人千米，增长9.14%。年末，全县汽车保有量6912辆，增长23.96%。完成货运量131.98万吨，比上年增长16.08%；货运周转量11218.57万吨千米，下降4.8%

全年完成邮电业务总量2909.89万元，比上年增长18.29%。其中电信业务总量2100万元，增长27.27%；邮政业务总量809.89万元，与上年持平。中国电信清水分公司年末局用交换机总容量2.56万线，年末电话用户达6.46万户。中国移动清水分公司全年完成业务收入突破5000万元，完成税收130万元，通话市场份额65%以上。

【商贸流通】2014年，全县实现社会消费品零售总额6.71亿元，比上年增长17.9%。其中批发贸易业6219.8万元，增长14.6%；零售业4.67亿元，增长18.7%；住宿业5127.3万元，增长19.4%；餐饮业9069万元，增长14.8%。

【旅游业】2014年，全县旅游人数64.8万人（次），比上午增长28.4%；全年旅游综合收入2.2亿元，增长28.2%。

【财政金融保险】2014年，全县完成大口径财政收入2.76亿元，比上年增长22.06%。财政总支出17.32亿元，增长5.98%。年末，全县金融机构各项存款余额47.71亿元，增长8.64%。全县金融机构各项贷款余额25.24亿元，增长85.17%。全县保险机构各项保费收入2553.4万元；理赔987.04万元，理赔率38.7%。

【社会事业】发展科技示范乡（镇）3个，科技示范村20个，培养科技示范户200户，完成科技成果转化8项。引进推广实用新技术35项，新品种37个。全年上报科技项目9项，其中国家级项目1个。全县有全日制各级各类学校306所，中小学在校学生4.32万人，比上年下降425%。初中入学率、辍学率、完成率分别为98.3%、4.9%、和95.8%。全县普通高校上线人数529人，比上年增长19.14%，本科上线率24.60%，上线率提高0.4个百分点。共有文化馆（站）19个，公共图书馆、博物馆、县剧团、档案馆各1个，电视差转台1座，县、乡广播站19个，乡放映队15个。广播乡通播率96%，电视覆盖率96%。全县有业余体校1所，在校学生60人。年内举办各类体育竞赛活动3次，参赛人数2200人（次）。年末全县有医疗卫生机构387所，卫生人员1060人，病床887张。全年孕产妇系统化管理率97.6798.9%，3岁以下儿童系统化管理率98.7%。

【人民生活与社会保障】2014年，全县城镇居民人均可支配收入16792.3元，比上年增长9.9%；农民人均纯收入4771.77元，增长13.6%。城乡居民消费支出19.64亿元，增长8.7%；其中农村居民支出13.35亿元，城镇居民支出5.49亿元，分别增长8.7%。城乡居民人均消费水平6930元，比上年增长8.3%。

年末，全县参加城镇职工基本养老保险人数4955人，比上年增长34.17%；失业保险人数6711人，减少5.48%；工伤保险4465人，与上年持平，其中农民工参加工伤保险3680人；生育保险人数4465人，与上年持平；城镇居民基本医疗保险人数1.05万人，比上年下降11.76%。城乡居民社会养老保险参保居民146366人，参保率98.5%，续保率98.86%。全县城镇低保对象1939户4489人，占非农业人口的16.75%；农村低保对象13015户48478人，占农业总人口的16.16%，共发放低保资金7373.73万元。全县有60岁以上老人3.63万人，占全县总人口的11.1%，其中90-99岁94人，百岁老人2人。保障五保对象1437人，发放五保供养资金503.26万元。发放城乡医疗救助资金910万元。新型农村合作医疗参合率97.01%，全年报销医药费用46.76万人（次）6168.93万元。

清水县主要领导名录

县委书记　刘天波

县人大常委会主任　阮珠有

县　长　马越垠

县政协主席　陈喜祥

（供稿：石　瑜）

秦安县

【综述】秦安地处甘肃省东南部，介于东经105°20′-106°02′，北纬34°44′-35°11′之间。东接清水与张家川回族自治县，南邻麦积区，西连甘谷和通渭县，北靠庄浪与静宁县。县域东西长约65千米，南北宽约50千米。属陇中黄土高原西部梁峁沟壑区，海拔1120-2230米，全县总面积1601.6平方千米。2014年末，全县共辖5个镇、12个乡，总人口618349人。

境内地势西北高，东南低。地域内山多川少，黄土分布广泛，梁峁起伏，沟壑纵横。最大河流为葫芦河，自北向南纵贯秦安中部，其四大支流清水河和南小河，显亲河和西小河。粮食作物以冬小麦、玉米、洋芋为主。经济作物有胡麻、油菜籽、向日葵、西瓜、白脆瓜、蔬菜等。名优特产主要有蜜桃、苹果和花椒。乔木是构成县域植被的主体。野生药物有甘草、冬花、半夏、地骨皮、柴胡、陈皮、黄芩、土沙参、五加皮等。矿类药物有龙骨、石膏等。矿藏资源有铁、铜、锰、铝等。属陇中南部温和半湿润季风气候区，气候温和，日照充足，降雨量少，干旱频繁，夏湿冬干，大陆性季风气候显著。2014年，年平均气温11.5℃，年极端最高气温为35.4℃，极端最低气温-12.3℃。年平均日照时数为2054.4小时（日照率近30年偏多6%），无霜期年平均230天。常有干旱、冰雹、暴雨、霜冻等自然灾害发生。

2014年，全县实现地区生产总值477934.25万元，按可比价格计算，较上年增长9.2%。其中第一产业完成增加值160252万元，增长6%；第二产业完成增加值115070.94万元，增长13.6%；第三产业完成增加值202611.31万元，增长9.0%。一、二、三产业对经济增长的贡献率分别为0.4%、39.7%和59.9%。全县大口径财政收入累计完成43843万元，占年预算的141.44%，增长62.66%。全县财政总支出完成238430万元，占调整预算219042万元的108.85%，增长9.52%，增支20734万元。

【农业农村经济】2014年，全县实现农业增加值140872.72万元，较上年增长6.3%。农作物播种面积115.12万亩，其中：粮食作物播种面积84.26万亩，经济作物播种面积12.63万亩，粮经比为6.67：1，粮食总产量达216643吨，较上年增长4.12%。全县实现林业增加值171.8万元，较上年增长31.45%。林产品产量达2213吨，其中花椒产量1013吨。全县实现畜牧业增加值19152.04万元，增长3.86%。年末大牲畜存栏6.08万头。猪存栏16.2万头（其中能繁殖的母猪1.82万头），羊存栏3.86万只，鸡存栏87.94万只。

全县新增规模化养殖场11个，新修梯田4.9万亩，推广全膜种植18万亩，解决农村饮水不安全人口7.8万人，完成农村土地承包经营确权登记4659亩，新增土地流转2.6万亩，发展农民专业合作社84家，组建家庭农场25个。全县实现农林牧渔业总产值268152.79万元，增长2.84%。其中农业总产值完成233542.28万元，林业总产值完成1849.30万元，畜牧业总产值完成32554.89万元。实现农林牧渔业增加值160252万元，增长6%。

【工业建筑业】2014年，全县实现工业增加值54521万元，较上年增长14.7%。其中规模以上工业企业16家，实现规模以上工业总产值120205.8万元，较上年增长13.1%。规模以上工业中，轻工业完成产值85619.9万元，增长12%；重工业完成产值34585.9万元，增长16%。2014年，全县新增储备工业项目23个，开工建设22个，新发展中小企业7家。

全县共有资质以上建筑企业4家，从业人数达1083人，实现建筑业总产值27444万元。实现建筑业增加值60549.94万元，较上年增长12.2%。

【固定资产投资】2014年，全县完成固定资产投资398102万元，增长20.15%。其中项目投资完成375052万元，增长19.3%；房地产投资（按统计局注册地统计口径）开发企业完成开发投资23050万元，比上年增长35.99%。

【商贸流通】2014年，全县实现社会消费品零售总额251021.1万元，较上年增长13.6%。按销售单位所在地统计，其中，城镇实现社会消费品零售额122845.1万元，增长12.07%；乡村实现消费品零售额128176.0万元，增长15.2%。

【非公经济】2014年，全县共有市场47处，年成交额达81817万元。全县注册私营商贸企业838个，注册资金274024.5万元。纳入工商部门管理的固定个体户数达11696户，从业人数30186人，注册资金42478.7万元。年末登记在册农民专业合作社287户。改造提升农家店50家。新发展个体工商户、私营企业和农民专业合作社1046户，注册资金14.4亿元。

【交通通信】2014年，全县旅客周转量20760.64万人千米，增长15.19%，全县货物周转量25897.06万吨千米，增长25.87%。全县公路通车总里程达到1467.031千米。共有运输企业26家，各种车辆36537辆，较上年增长4.75%。

全县邮政业务收入1257.16万元，较上年增长12.76%。订阅各种报纸354.52万份，杂志10.77万份。年末互联网用户数达18621户，增长19.04%。固定电话用户3875户，下降90.91%。电信业务收入3482万元，增长10.26%。移动用户27.15万户，增长9.04%，业务收入125亿元，增长87%。联通用户43万户，业务收入1873万元，增长22.34%。

【财税金融保险】2014年，全县金融机构各项存款余额913756万元，较年初增加123218万元，较年初增长13.48%。年末各项贷款余额513368万元，较年初增加163899万元，较年初增长31.93%；全县国税收入完成4272万元，增长122.38%；地税收入完成14812万元，增长5.83%；全县人民财产保费收入1670万元，增长62.7%。全年保险赔付额789万元，增长86.8%。全年人寿保费收入2951万元，较上年增长3.48%，全年保险赔付额8188万元，较上年下降96.8%。

【城市基础建设】城区供水综合生产能力2万立方米/日，日供水总量5052立方米。城区集中供热面积109万平方米。城区道路总长29.16千米，道路总面积92.5307万平方米。排水管道总长度45.1866千米。共有路灯3354盏。城市规划面积21平方千米，城市建设用地面积17.1平方千米。

2014年5月29日，全国第十期贫困村大学生村官培训在秦安县举办

【环境保护】全年废水排放量478.4万吨，废水中化学需氧量排放量2442.32吨，废气中二氧化硫排放量1258.7吨。全县有废水治理设施4套，日处理废水能力2万吨，工业废水排放达标率100%。

【旅游业】2014年，全县共接待国内外游客79.52万人次，实现旅游综合收入2.63亿元。主要有大地湾等9处旅游景点。秦安凤山景区创建国家4A级旅游景区通过甘肃省旅游景区质量等级评定委员会组织现场检查和专家评审。

【社会事业】2014年，全县共组织实施科技项目38项。其中争取省列项目2项，市列项目8项，安排县列项目28项。争取科技经费279.8万元。鉴定科技成果13项；全县有各级各类学校338所，中小学生82842人，公办教职工6078人、代课教师222人。校舍建筑面积55.4万平方米，危房面积12.6万平方米；全县共有文化艺术表演团体3个，图书馆1所，各类藏书5.135万册，文化馆1所，博物馆1所，农家书屋433个。乡村广播电视站17个，广播覆盖率99.89%。电视地面接收站131306座，电视覆盖率达到99.87%，有线电视用户12万户，转播节目193套；全县共有各类卫生机构31家，卫生技术人员965人，共有床位1195张。

【人民生活与社会保障】2014年，全县农民人均纯收入达5041.7元，增长13.8%，人均生活消费支出4722.5元。城镇居民可支配收入17619.5元，增长9.4%，人均生活消费支出16901.7元。全年新增就业8030人，新增小额担保基金130万元，发放小额担保贷款3775万元，开展职业技能培训5904人，创业能力培训933人，城镇登记失业率为2.19%。全年共输转城乡劳动力11.18万人，其中组织输出6.71万人。创劳务收入158956万元。劳务培训3.401万人。

年末，全县参加新型农村合作医疗人数564143人，参合率为98.6%。全年参合农民补偿总人数为1055084人次。养老保险参保人数8365人，征缴养老保险费3957.21万元，为4716名离退休人员发放基本养老金8204.02万元。失业保险参保人数8575人，征缴失业保险费292.32万元，为45名失业人员发放失业保险金52.50万元。参加城乡居民养老保险人数305563人，收缴参保资金2970.6万元，已享受城乡居民养老保险待遇人数79567人，发放养老资金6187.1万元。城镇职工参加医疗保险21301人，保费收入3299万元，共报销医药费3210万元。城镇居民共参加医疗保险20305人，保费收入570万元，共报销医药费584万元。参加工伤保险5252人，保费收入52万元，共报销医药费35万元。参加生育保险9009人，保费收入89万元，共报销医药费60万元。参加大额医疗保险16383人，保费收入196万元，共报销医药费158万元。

全县享受城镇居民最低生活保障的9223人，全年共发放最低生活保障金2871.26万元；享受农村最低生活保障的69443人，全年发放最低生活保障金9624.74万元。全年共享受医疗救助政策人数87737人，发放救助金1586万元。共为2588名重度残疾人发放护理补贴157.8万元，为1700名特困残疾人发放生活补贴204万元。

秦安县主要领导名录

县委书记　王东红

县人大常委会主任　郭海军

县　长　程江芬（女）

县政协主席　高霆钧

（供稿：王广林　焦录生）

甘谷县

【综述】甘谷县地处甘肃省东南部，介于东经104° 58′-105° 31′，北纬34° 31′-35° 03′之间，东接秦安县和麦积区，南邻秦州区和礼县，西靠武山县，北接通渭县。全县南北长60千米，东西宽49千米，全县总面积1572.6平方千米。2014年末，全县辖5镇10乡，总人口63.36万人，人口自然增长率控制在7.06‰以内。有回族、满族等10个少数民族。

境内中部为断陷河谷，渭河自西向东横贯全境，南部为石质山区，海拔较高，北部黄土梁峁沟壑区，山势较低。主要河流有渭河、散渡河等4条。为大陆性季风气候，四季分明，年降水量570.2毫米。主要粮食作物有冬小麦、洋芋、高粱、玉米等，经济作物有胡麻、油菜、药材、花椒、辣椒等。矿产资源有20多种，主要有赤铁矿、黄铁矿等。

2014年，全县实现地区生产总值55.37亿元，增长8.8%。大口径财政收入突破6.13亿元大关，增长41.45%；财政支出24.26亿元，增长9.7%。固定资产投资74.78亿元，增长20.18%。社会消费品零售总额26.51亿元，增长16.20%。

【农业农村经济】2014年，全县推广双垄沟播玉米、地膜穴播小麦39万亩，全年粮食总产达到19.54万吨。新建全钢架无立柱蔬菜大棚1000座，全年种植蔬菜24.64万亩，新发展果品基地5.07万亩，新建标准化规模养殖场14个，蔬菜、果品、养殖业产值分别达到7.5亿元、11亿元、8.3亿元。惠及50村7万余人的东北人饮二期工程实现试通水，十里铺人饮工程主体完工，新建堤防24.5千米。新修高标准梯田6.1万亩，综合治理小流域45平方千米。完成植树造林2.2万亩、公路绿化160千米。示范推广“进棚入园”沼气池68口，在新兴镇雒家村建成大型沼气集中供气站1处。发放补贴303万元，投放各类农机具2392台（套）。全年输转富余劳动力11.08万人次，创劳务收入15.72亿元。

【工业经济】工业园区入园企业达到18户。新增发电指标3.58亿千瓦时。大唐甘谷发电厂、祁连山水泥公司分别上缴利税5039万元、2472万元。2014年，全县规模以上工业增加值643亿元，增长11.2%。

【招商引资与项目建设】2014年，全县新签约汽车商贸城、仿古文化街（西区）等重大项目15个，总投资24.55亿元。招商引资新建续建项目到位资金35.12亿元。全年实施重点新建续建项目133项，其中过亿元项目33项。完成投资68.6亿元，占年度投资计划的100.62%。

【城乡建设】完成城区集中供热二期工程，新增供热能力40万平方米。筹资1200万元，新打城区供水水源井4口。改造渭北片区供水管网，启动城区供水水深度处理工程。完成富强东路等改造工程，完成南滨河路东延段景观绿化工程年度任务，硬化治理城区小巷道52条10万平方米。磐安镇、六峰镇分别列为省、市级新型城镇化试点镇，打造磐安镇十甲坪村等6个省市级示范村，八里湾乡被命名为省级生态文明乡镇。泾甘公路散渡河大桥拆除重建竣工通车，清溪河贯寺大桥完成主体工程。新建通村水泥路71条312千米，全县70%的行政村实现通沥青水泥路。

【扶贫开发】完成扶贫对象建档立卡工作，争取财政扶贫资金5635万元，实施整村推进项目25个，8.35万贫困人口稳定脱贫。农村居民住房灾后重建全部竣工。改造农村危旧房1950户、残疾人危房150户。

【商贸流通】甘肃东部甘谷物流园区建设有序推进，陇东南汽配城、农产品冷链物流中心主体完工，投资10亿元的浙江商贸城建成营业，入驻经营户400多户。大石、六峰、大庄综合市场投入运营，金山、西坪、八里湾综合市场基本建成。全县新登记各类市场主体2062户，新培育限额以上商贸企业3户，新增农家店30个。2014年，全县社会消费品零售总额26.51亿元，增长16.20%。

【旅游业】完成大像山后山山体加固和爱民亭、古建维修等工程，建成旅游专业村2个，新发展规范化农家乐20户。2014年，全县接待游客133万人次，实现旅游综合收入4.45亿元。

【社会事业】实施教育基建项目74个，改造校舍7.78万平方米，建成寄宿生食堂31个。一中教学楼竣工投用，二中实验楼基本完工，新建西坪等5所中心幼儿园，全县公办幼儿园达到24所。高考二本上线2251人。荣获国内科技先进成果9项，省级先进成果3项。毛家坪遗址发掘取得重大进展，累计清理春秋战国时期墓葬199座，发掘大型车马坑5处，出土各类文物1000余件。普查野外文物保护点183处，安远柳城遗址等15处列为县级文物保护单位。新建农村文化大院3处、“乡村舞台”175个，实施“一村一场”体育项目15个。组织民间武术爱好者参加北京国际武术邀请赛、天水伏羲文化旅游节武术大赛等赛事活动。县中医院晋升为二级甲等中医医院，县急救中心全面建成，新兴卫生院迁建加快实施，新建规范化村卫生室30个，引进新办西京医院等民营医院。

【人民生活与社会保障】2014年，全县城镇居民人均可支配收入17726.9元，增长10.2%。农民人均纯收入5043.4元，增长13.4%。666名高校毕业生在县内行政事业单位稳定就业，全年新增城镇就业7719人。

城乡低保、农村五保标准分别提高15%、10%，发放保障金1.4亿元。实施医疗救助、临时救助6356人次，落实专项救助资金2021万元。发放救灾救济资金804万元、孤儿生活保障金272万元、抚恤补助资金1043万元、特困重度残疾人生活及护理补贴235.2万元。建成农村互助老人幸福院33个、城市社区日间照料中心2处。基本建成各类保障性住房626套5.8万平方米，开工新建568套5万平方米，完成棚户区改造96套，为2752户廉租住房家庭发放租赁补贴664万元。

【环境保护】率先在全市完成县环境监测站三级标准化站建设，祁连山水泥公司1号生产线完成脱硝改造，大唐甘谷发电厂电除尘项目建成投运，关停拆除城区小锅炉6处。全年空气质量优良天数336天。渭河甘谷段水质达到国家规定的Ⅲ类水标准，饮用水源地水质达标率为95.7%；区域环境噪声、交通噪声平均值为50.4分贝、61.6分贝，控制在目标值以内。

甘谷县主要领导名录

县委书记　贾忠慧

县人大常委会主任　衡　彬（2月止）

令建明（2月任）

县　长　申君明

县政协主席　王玺卿

（供稿：王赟博　赵永顺）

武山县

【综述】武山县地处甘肃省东南部、天水市西北部，东西长51.5千米，南北宽59.5千米，全县总面积2011平方千米，其中耕地面积63.43万亩，全县森林覆盖率27%。2014年末，全县辖6镇9乡，总人口48万人，其中农业人口39万人，人口自然增长率为7‰。

县域海拔在1340–3120米之间。属温带大陆性季风气候，年平均气温10.3℃，年均日照2331小时，年降水量500毫米左右，夏无酷暑，冬无严寒。境内已探明蛇纹岩（鸳鸯玉）、石灰石等非金属矿产有10多种。金属矿主要有钼、铁等，且其中钼矿已探明储量20万吨以上。河流有渭河，及其5条支流。有水帘洞等国家级文物保护单位3处，省级文物保护单位6处。有4A级景区水帘洞拉梢寺等。

2014年，全县实现生产总值47.1亿元，增长8.7%，其中第一产业17.8亿元，增长6.4%；第二产业10.8亿元，增长13.6%；第三产业18.5亿元，增长7.6%。实现规模以上工业增加值4亿元，增长16.1%。大口径财政收入突破3亿元，增长22.1%；财政支出突破20亿元，增长12.8%。完成固定资产投资68.4亿元，增长20.3%。社会消费品零售总额19.1亿元，增长14.1%。

【农业农村经济】2014年，全县建成市级农业农村科学发展示范点13个，种植全膜玉米13.3万亩、优质马铃薯26万亩、豆类3万亩、中药材3万亩，全年粮食总产达13.9万吨，创历史新高。新建改建设施蔬菜大棚5500多亩，新增蔬菜1.5万亩，总面积达36.5万亩，产值突破20亿元。建成咀头金银、山丹唐沟、温泉赵庄、马力民武等6个千亩果园示范点，新增优质果品生产基地1.5万亩。新建规模养殖场13个，发展规模养殖户75户，全县畜禽饲养总量达270万头（只），全年畜牧业总产值达6.98亿元。通济牧业付门肉牛场被评定为2014年农业部畜禽标准化示范场，东胜养殖专业合作社被授予农业部水产健康养殖示范场，武山县被评为全省动物防疫先进县。

【工业经济】2014年，全县完成工业总产值21亿元，增长15.5%。工业园区引进入园项目13个，总投资3.6亿元。

【项目建设与招商引资】2014年，全县实施各类项目385项，完成投资76.9亿元。争取国家和省级投资项目168项，到位资金7.8亿元。签约招商引资项目25项，到位资金32.74亿元。

【商贸流通】国家级洛门蔬菜批发市场、洛门世纪商贸城、金鑫万吨冷链物流、四门供销商贸中心等重点商贸项目完成主体工程建设，全友家俬城、南方家居城、高楼农贸市场建成运营。新建改造农家店30个，发展电子商务网店20家。新建改建村级金融便民服务点30个，落实各类政策性贷款2.5亿元。2014年，全县社会消费品零售总额19.1亿元，增长14.1%。

【非公经济】全年新登记注册私营企业200户，新增市场主体2319户。2014年，全县实现非公经济增加值21.5亿元，增长26%。

【旅游业】木梯寺石窟、卧牛山森林公园成功创建为国家3A级旅游景区，水帘洞石窟保护设施、木梯寺安防工程等7个重点项目全部建成，新建农家乐50个。2014年，全县接待游客88万人次，创收3.7亿元，分别增长29%和32%。

【城乡建设】武山大道西段景观工程、东关市场片区地下管网和地面硬化工程、洛门镇区“五纵一横”道路全面建成，棚户区改造等项目加快推进，渭河城区段综合治理前期工作取得重大进展。宁远新城等8个住宅小区加快建设，全县新增住房2556套26万平方米。城关、洛门等6镇新型城镇化建设率先试点。完成红峪沟专项治理一期工程，建成新村10个、连片整治村6个，完成造林2.5万亩。新建东顺、沿安2座35千伏变电站，架设送电线路21千米，完成54个村组农网升级改造。开通城区1路公交，新增农村客运线路36条，投入客运车辆60辆。

【扶贫攻坚】全县创建双联示范村36个，各级联村单位落实帮扶资金6900多万元，帮办实事580多件。完成156个扶贫攻坚重点村调查摸底、12.2万贫困人口的识别确认和建档立卡等工作。新建通村水泥路79条276千米，全县86%的行政村通上水泥路。建成农村安全饮水工程13处，解决49村6.8万人的饮水安全问题。完成15个整村推进项目、5村305户易地扶贫搬迁项目和58村“一事一议”财政奖补项目。发展高效节水灌面2.1万亩，新建优质梯田3.92万亩、产业路90多千米、堤防35千米、沼气池100眼。输转劳务人员10.9万人（次），创收15亿元。2014年，全县实现脱贫人口5.68万人。

【社会事业】全年新建校舍5.1万平方米、教师周转房3255平方米、农村学校食堂33个，消除学校D级危房7066平方米，建成乡镇中心幼儿园11所，扶持发展民办幼儿园5所，落实各类补助和助学贷款1.23亿元。完成县急救中心改扩建和洛门等4乡镇卫生院配套设施建设，建成村卫生室92个。获得国家专利40项，评审科技进步奖23项，培育注册商标40件，创建甘肃省著名商标2件。武山旋鼓获全国锣鼓大赛优秀奖，创建“中国民间文化艺术旋鼓舞之乡”。完成五朝梁广播电视台灾后恢复重建、农村气象广播“村村响”二期工程，建成马力、滩歌2个乡镇文化站，创建省级优秀乡村舞台15个。建成村级健身工程15个，武山县在全国武术之乡比赛中获3金7银。

【人民生活与社会保障】2014年，全年县财政民生支出达14.6亿元。全县城镇居民人均可支配收入和农民人均纯收入分别达到16801元和4981元，增长9.6%和13.7%。招考安置高校毕业生649人，新增城镇就业6089人。资助家庭经济困难学生4760人次，完成就业创业培训5.2万人次。城镇居民登记失业率为3.16%。

建设保障性住房698套，发放廉租住房补贴463万元，改造农村危房3000户。建成农村互助老人幸福院20家。城乡医疗保险补助标准提高到340元，27种重大疾病纳入新农合保障范围，为参合群众报销医药费1.39亿元。农村五保供养补助标准提高到3504元，城乡低保标准提高15%，发放养老金1.1亿元。

武山县主要领导名录

县委书记　张建杰（1月止）
　　　　　索鸿宾（1月任）
县人大常委会主任　王永宏
县　长　索鸿宾　（1月止）
　　　　马勤学　（2月任）
县政协主席　颉卫星

（供稿：包永庄）

张家川回族自治县

【综述】张家川回族自治县介于东经105°54′至106°35′，北纬34°44′至35°11′之间。东接陕西省陇县，南邻清水县，西连秦安县，北毗华亭、庄浪县。东西长62千米，南北宽48千米，全县总面积1311.8平方千米，其中耕地面积56.34万亩。2014年末，全县辖3镇12乡，总人口334249人，人口自然增长率7.68‰。有回族、藏族等13个少数民族。

全境地势由东北向西南倾斜，略呈斜三角形。地势以山地为主，海拔在1486米–2659.4米之间。全县地貌大体上由梁峁、沟壑、川台、河谷四部分形成。属温带大陆性季风气候。地形复杂多样，形成明显的地域型立体小气候环境，中西部为温和半干旱区、温凉半干旱区和温寒半干旱区，气候温和，光照充足，无霜期较长，但雨量较少；东北部为温寒半湿润区和温寒湿润区，气候偏冷，光照较差，无霜期较短，雨量充沛。全县气候差异较大，年平均气温7.5℃，无霜期163天左右，全年日照时数2044小时，年平均降水量600毫米。有5条较大的时令河，年均径流量1.68亿立方米。森林覆盖率达20.8%，林地面积达59.14万亩。出产药材、生漆、山货等上百种林副产品，有金钱豹、毛冠鹿等57种野生动物。矿产资源丰富，金属矿主要有铜等6种，非金属矿有花岗岩等7种。

2014年，全县实现生产总值24.41亿元，比上年增长9.4%；规模以上工业增加值完成1.73亿元，增长15.3%；大口径财政收入完成2.07亿元，增长15%；完成财政支出16.78亿元，与上年基本持平；固定资产投资完成42.47亿元，增长20.25%；社会消费品零售总额达到6.47亿元，增长18.3%；城镇居民人均可支配收入和农民人均纯收入分别达到16530元和4272.8元，增长10%和13.1%。

【农业农村经济】2014年，全县粮食总产量达12.38万吨，增长8%。新修梯田2.15万亩，梯田化率达到95.7%。建成马鹿梁农村饮水安全工程，全县跨乡镇、跨流域的集中式农村饮水安全工程达到6处。新增造林3.1万亩，沟壑梁峁林带绿化率达95%。推广种植全膜双垄沟播玉米12万亩、马铃薯10万亩，大麻1万亩，新建钢架塑料大棚300栋，完成标准化果树建园2000亩。申请注册清真餐饮品牌2个，新增餐饮店2977家，宾馆245家，清真餐饮服务业对全县农民人均收入贡献率达到51%以上。县财政投资1250万元，在东部6乡镇25个贫困村建立扶贫互助资金协会，扶持养殖户580户，引进良种母牛2060头。全县各类畜禽饲养量达到166.87万头（匹、只），畜牧业产值达到2.48亿元。累计发展皮毛加工户410户，皮毛贩运户2261户。争取投入各类扶贫资金3109万元，完成龙山镇清水河流域等3个片带13个整村推进项目，减贫2.39万人。发放各类惠农资金73项4.72亿元。加大劳动力输转力度，输转富余劳动力6.8万人，创劳务收入8.2亿元。

【工业经济】编制完成东部工业园区总体规划，中部工业园区完成工业北路项目可研设计，西部工业园区完成园区整体规划测绘论证。太极集团年产900吨阿胶生产线二期工程设备安装调试到位，天源49.5兆瓦风力发电、陇兴矿业公司改造提升、三超矿业花岗岩饰面板材加工、500吨清真明胶生产线项目正在建设。2014年，全县规模以上工业增加值完成1.73亿元，增长15.3%。

【招商引资与项目建设】2014年，全县新签约招商引资项目21项，拟引进资金37.16亿元，到位资金22.11亿元，较上年增长41.28%。

2014年全县共谋划项目106项，总投资72.66亿元。共争取到各类建设项目193项，到位国家省市投资7.17亿元。争取到财政专项和各类资金166项，到位资金4.08亿元。当年开工建设项目104项，累计完成投资20.94亿元，新开工建设项目67项，完成投资6.61亿元。易地扶贫搬迁等一批项目全面建成，县城至恭门火车站二级公路完成工程的90%，富川水源工程等项目完成年度投资建设任务，秦安（莲花）—张家川县—陇县（石槽沟）一级公路、关山水库等重大项目前期工作进展顺利。

【非公经济】2014年，全县完成非公经济增加值11.3亿元，占全县生产总值的46.7%。

【商贸流通】2014年，全县实现社会消费品零售总额6.47亿元，比上年增长18.3%。其中限额以上批发业完成销售额11083万元，增长23.2%；限额以上零售业完成销售额64474.7万元，增长17.7%；限上住宿业完成营业额2657.1万元，增长14.9%；限上餐饮业完成营业额17768.7万元，增长19.6%。

【城乡建设】编制县城总体规划（2011—2030）并通过市政府审定批复，县城控制区面积增加到17.89平方千米。城区生活污水处理厂、南部路网、北滨河路基本建成。城区集中供热工程投入运营，新增供热面积84万平方米，硬化272条小巷道。完成县城北山造林6000亩，绿化城区面积1.2万平方米。2014年，保障性住房844套，分配入住率达到80%。新增商品房供应面积10.5万平方米。实施龙山镇李山村等13村的易地扶贫搬迁工程，建成农村住宅718户，改造农村危旧房1500户。完成木河乡庄河村等4乡镇5村的农村环境连片整治，开展“5村示范，40村整洁”活动。

【财税金融】2014年，全县完成大口径财政收入20728万元，同比增长15%，其中公共财政预算收入11665万元，增长15%，税收收入12455万元，同比增长33%。财政支出168874万元，同比增长17%。财政支出167819万元，同比下降0.6%。全县金融机构各项存款余额达到424315万元，较年初增长17%，其中城乡居民储蓄存款余额达到307224万元，较年初增长19.4%。各项贷款余额126603万元，较年初增长13.9%，存贷款余额差额297712万元，存贷比为3.4：1。

【交通通信】2014年，全县交通运输、仓储和邮政业实现增加值21224万元，比上年增长9.3%。全县公路总里程达到2189千米，旅客周转量280万人千米，增长11.2%；货运周转量3265万吨千米，增长13.8%。全年邮政电信业务收入9332.8万元，增长11.4%，其中电信业务收入9332.8万元，增长11.8%；邮政业务收入1715.6万元，增长9.9%。

【双拥优抚】共慰问县驻军3家，发放慰问金3万元。慰问重点优抚对象160户，发放慰问金4.8万元、面粉320袋。各项优抚政策得到有效落实。共为69名重点优抚对象解决医疗费31万元，为1232名重点优抚对象发放优抚资金435万元。做好60岁以上农村籍退役军人的审查及生活补助金的发放工作，共确定新增对象95人。完成47名退役士兵的接收报到工作，为42名城镇退役士兵发放自谋职业补助金150.6万元，为28名退伍军人提供免费职业技能培训。做好重点优抚对象的动态管理工作。对已死亡的对象进行调整确认，共清理清查出去世人员52人。

【社会事业】2014年，全县新建续建教育基础设施项目48个，新增校舍面积3.2万平方米。为3950名教师提供免费早餐，为3.6万名农村义务教育阶段学生提供标准营养早餐。高考各类本科上线659人。基层医疗卫生单位全部实现基本药物零差率销售。全年累计为61.3万人（次）报销新农合补偿资金1.08亿元。完成6个乡镇卫生院业务用房和职工周转宿舍建设，新建标准化村卫生室30个。各乡镇成立食品药品监督管理所。省市下达的人口控制指标全面完成。张家川“花儿”列入第四批国家级非物质文化遗产名录，完成全省文化资源普查和分类分级评估。排练提升音·舞·诗《关山月》，创作评审大型电视剧《关山魂》剧本，回乡风情园成功创建国家4A级景区。

【人民生活与社会保障】2014年，全县农村居民人均纯收入达4273元，比上年同期增长13.1%，人均生活消费支出2181元，增长8.2%；单位从业人员年均货币收入达到41889元，增长3%；城镇居民可支配收入16500元，增长10%；城、乡居民人均住房面积分别达到26和18平方米。城镇新增就业3570人。扩大城乡居民养老保险保障范围，全年参保12.1万人，发放养老保险金2305.2万元。开展低保对象清理清查，全面成低保提标提补，发放城乡低保资金1.1亿元。开展“一站式”即时结算试点工作，累计为1.56万人（次）发放城乡医疗救助资金1092万元。全年累计下拨救灾资金954万元，救助受灾群众8.36万人。

【双联工作】截至2014年11月底，各级帮联单位共帮办实事155件，落实资金829.98万元；正在办理的25件，计划投入资金527.01万元。其中省级11个单位已帮办实事30件，到位资金506.97万元，正在办理的12件，计划投入资金421.16万元；市级24个单位已帮办实事19件，到位资金85.01万元，正在办理的8件，计划投入资金51万元；县级84个单位已帮办实事81件，到位资金238万元，正在办理的5件，计划投入资金54.85万元。全县三大富民产业不断发展，清真餐饮宾馆服务业从业人员达5.4万人，年创收8亿元。累计加工销售各类裘皮4万余张，销售皮革制品半成品45余万张，成交各类皮张28万多张，皮毛产业销售总额达2.4亿余元。全年各级帮联单位帮助硬化道路11.06千米、新修便民桥8座、水渠1.3千米、河堤1000米，危房改造105户，安装太阳能路灯44盏，全县50%的农户有卫生厕所和洗浴设施。

张家川回族自治县主要领导名录

县委书记 刘长江

县人大常委会主任 李肖锋（回族）

县 长 马中奇（回族）

县政协主席 关春生（回族）

（供稿：张向阳）

武威市

【综述】武威市地处甘肃省中部、河西走廊东端，介于北纬36° 29′ –39° 27′ ，东经101° 49′ –104° 16′ 之间，是丝绸之路自东而西进入河西走廊和新疆的东大门。东靠白银市、兰州市，南部隔祁连山与青海省为邻，西与张掖市、金昌市接壤，北与内蒙古自治区相连。南北长326千米，东西宽204千米，全市总面积33238平方千米。2014年末，全市辖3县1区，常住人口为181.36万人，比上年增加0.34万人，人口自增率为5.33‰。

境内地势南高北低，相对高差3854米，形成南部祁连山区、中部绿洲灌溉区、北部干旱区三个明显的地理带。主要有黄河流域和石羊河流域两个水系。气候总体表现为：太阳辐射强，日照充足，夏季短而炎热，冬季长而严寒，春秋季表现不明显，年、日温差较大，降水少，蒸发量大。

2014年，全市实现生产总值405.97亿元，按可比价计算，比上年增长9.1%。其中第一产业增加值94.7亿元，增长6%；第二产业增加值172.89亿元，增长11.3%；第三产业增加值138.37亿元，增长8.3%。按常住人口计算，人均生产总值22385元，比上年增长12.25%。三次产业结构由2013年的23.4：43.6：33调整为23.3：42.6：34.1。完成固定资产投资549.76亿元，增长22.17%。实现社会消费品零售总额131.7亿元，增长12.7%。完成大口径财政收入36.68亿元，增长15.85%。全年金融机构本外币存款余额704.58亿元，增长16.4%。各项贷款余额527.95亿元，增长32.26%。

【农业农村经济】2014年，全市完成农作物播种面积370.97万亩，增加4.25万亩。其中粮食作物播种面积201.32万亩，增长1.2%，经济作物播种面积169.65万亩，增长1.1%，粮经比由上年的54.2：45.8调整到54.3：45.7。粮食作物中，夏粮播种面积39.86万亩，下降11.7%，秋粮播种面积161.46万亩，增长4.98%，夏秋比由上年的22.7：77.3调整到19.8：80.2。全年粮食总产量105.5万吨，增长2.4%。其中夏粮产量14.2万吨，下降0.3%；秋粮产量91.3万吨，增长2.8%。

全年肉类总产量达14.25万吨，增长5.28%。全年实现畜牧业增加值32.49亿元，增长5.74%，占农业增加值的34.3%。新建设施农牧业19.2万亩，发展特色林果业33.04万亩。新建规模养殖场（小区）358个，新发展规模养殖户1.22万户。申报创建省级畜禽养殖标准化示范场9家。年末机械总动力399.9万千瓦，增长2.3%。大中型、小型拖拉机15.69万台，增长1.29%。农用运输车12.33万台，增长0.3%。

【工业经济】2014年，全市完成工业增加值119.72亿元，按可比价计算，比上年增长11.4%。其中规模以上工业增加值97.05亿元，增长10.8%。轻工业完成增加值48.65亿元，增长9.5%；重工业完成增加值48.4亿元，增长12.1%。规模以上工业经济效益综合指数为202.37%，比上年提高4.91个百分点；实现利润总额4.48亿元，下降5.6%；实现销售产值437.23亿元，增长17.1%；产品销售率达90.35%。全市工业在建项目374项，完成工业固定资产投资272.78亿元，增长23%。

【固定资产投资与项目建设】2014年，全市完成固定资产投资549.76亿元，增长22.17%，其中500万元及以上项目投资525.67亿元，增长25.39%。500万元及以上项目中，第一产业在建项目86项，完成投资40.27亿元，增长120.54%。第二产业在建项目437项，完成投资304.21亿元，增长12.72%。第三产业在建项目430项，完成投资181.19亿元，增长38.23%；全年全市实施500万元及以上在建项目953项，比2013年减少65项，计划总投资1433亿元，比去年同期增加5亿元。其中亿元以上项目311项，比2013年增加34项。

【房地产开发】2014年，全市完成房地产开发投资24.09亿元，下降21.75%。其中，住宅投资15.64亿元，下降38.26%。房屋施工面积182.36万平方米，增长16.97%；房屋竣工面积26.08万平方米，增长51.8%。商品房销售面积20.99万平方米，下降32.34%。

武威—阿拉木图“天马号”国际货运班列

【招商引资】2014年，全市共签约招商引资项目473项，实施招商引资项目760项，落实到位资金810亿元，比上年增长37%。

【交通通信】2014年，全市交通运输、仓储、邮政业实现增加值34.83亿元，比上年增长11.4%。全年完成公路运输周转量101.64亿吨千米，增长22.2%。其中客运量4891.5万人，增长3.4%，客运周转量343332.4万人千米，增长12.3%；货运量3914.94万吨，增长42%，货运周转量982068.76万吨千米，增长22.6%。

全年邮电业务总量达到12.34亿元，增长11.78%。其中邮政业务总收入0.68亿元，增长2.53%；电信业务总量达11.66亿元，增长12.05%。年末固定电话用户17.98万户，比上年减少1.95万户；年末移动电话用户128.75万户，新增8.02万户；年末互联网宽带接入用户达到14.63万户，增加2.37万户。

【商贸流通】2014年，全市实现社会消费品零售总额131.7亿元，增长12.7%，其中批发业销售额97.37亿元，增长11.4%。零售业销售额121.49亿元，增长26.59%。住宿业营业额5.33亿元，增长15.34%。餐饮业营业额35.62亿元，增长20.82%。粮油、食品、饮料、烟酒类销售额比上年增长18.4%。

【商业贸易】2014年，全市实现外贸进出口总额3968万美元，增长69.5%。其中进口755万美元，增长326%；出口3213万美元，增长48.5%。

【旅游业】2014年，全市接待国内外游客631.2万人次，比上年增长23.6%，实现旅游总收入31.75亿元，增长27.35%。

【财政金融证券保险】全年完成大口径财政收入36.68亿元，增长15.85%；公共财政预算收入22.18亿元，增长20.87%。公共财政预算支出149.61亿元，增长12.15%。全年金融机构本外币存款余额704.58亿元，增长16.4%。各项贷款余额527.95亿元，增长32.26%；全年股票交易额达到97.6亿元，增长50.5%；全市保险系统实现保费收入13.19亿元，增长25.26%。其中财产险公司保费收入4.34亿元，增长29.16%。人身险公司保费收入8.85亿元，增长23.43%。累计赔付支出及满期年金给付3.2亿元，增长9.5%。其中财产险公司支付赔款1.58亿元，增长3.3%。人身险公司死伤医疗给付0.36亿元，增长20%。人身险公司满期年金给付1.26亿元，增长14.5%。

【环境保护】全年完成造林面积63.17万亩，其中林业重点工程完成造林面积0.83万亩。森林覆盖率达到19.32%。年末全市达到地表水Ⅲ类功能区标准断面的比例为100%。全市有环境监测站5个，环境监察机构5个，环境监测人员51人，环境监察人员74人。全市城市空气质量优良天数达到329天。年末城市污水处理厂日处理能力达3.34万立方米，城市污水处理率达到98%。城市集中供热面积769万平方米，增长6.95%。城市生活垃圾无害化处理率达99%。城市建成区绿地率达到22.89%。

【安全生产】2014年，全市各类生产安全事故共死亡62人，比上年下降18.42%。亿元生产总值生产安全事故死亡人数为0.15人，比上年下降16.67%。道路交通万车死亡人数为2.99人，比上年下降30.3%。煤矿百万吨死亡人数为0人，与上年持平。境内共发生ML3.0级以上地震10次。

【社会事业】全年全市组织实施科技项目114项，组织鉴定各类科技成果70项，获得省部级奖励1项；年末全市共有各类学校和幼儿园1049所，减少49所，在校（园）学生（幼儿）303839人，减少8322人。小学学龄儿童入学率、巩固率、毕业率均达100%，初中入学率99.9%，巩固率99.97%，毕业率99.97%，初中毕业生升入高中阶段的比率为91.2%。九年义务教育巩固率达99.2%；全市有艺术表演机构2个，文物保护机构13个，乡镇文化站93个，图书馆4个。有广播电视台4个，广播人口覆盖率为99.55%，电视人口覆盖率为99.69%；全市有乡镇以上医疗卫生计生机构2140个，床位8874张，有各类卫生技术人员12614人。全年乙、丙类法定报告传染病发病人数7843例，报告死亡5人。报告传染病发病率429.86/10万，死亡率0.27/10万；在省级以上体育比赛中，荣获奖牌68枚，其中金牌20枚，银牌30枚，铜牌18枚。

【人民生活与社会保障】2014年，全市城镇居民人均可支配收入达19036元，较上年增加1668元，增长9.6%；城镇居民人均消费支出15162元，增长15%。农村居民人均纯收入达7834元，较上年增加871元，增长12.5%；农村居民人均消费支出5077元，增长12.4%。全年居民消费价格总水平比上年上涨1.6%；商品零售价格总水平比上年上涨07%。全年城镇新增就业人员388万人，下岗失业人员实现再就业1.31万人，城镇登记失业率控制在3.3%以内。

年末，全市城镇职工医疗保险参保人数为128428人；城镇居民基本医疗保险参保人数为175965人；企业职工基本养老保险参保人数为78066人，城乡居民社会养老保险参保人数为876156人；参加失业保险统筹人员64761人，收缴失业保险费4695.06万元，领取失业金人数1888人，累计失业保险金支出1565.74万元。年末新型农村合作医疗保险参保人数达142.96万人，参保率达98.7%，比上年下降0.34个百分点。城镇居民得到最低生活保障救济的人数达4.82万人。农村最低生活保障救济的人数达20.38万人，农村五保供养1.041万人。年末，全市有福利院5所，在院人数1069人，民办养老机构3所，拥有床位275张。农村老年福利机构191个，全市各类养老机构拥有床位数6300张，在院人数5447人。全年新建续建新农宅示范点69个，建成新农宅2.65万户，改造农村危房2.28万户；新开工建设城镇保障性住房4.3万套，基本建成2.75套，实施棚户区改造1840户。

【扶贫开发】2014年，全市实施扶贫项目8大类118项，落实扶贫专项资金1.266亿元，同比增加2039万元，增长19%。实施“下山入川”工程，新建天祝南阳山片松山滩、古浪黄花滩生态移民区圆梦新村等移民安置点13个，完成“下山入川”移民2.27万人，近四年累计达6.47万人。2014年，全市减贫12.65万人。

武威市领导班子成员名录

市　委

书　记　火荣贵

副书记　李志勋　李明生

常　委　李世英　曹永建（藏族）
　　　　刘　斌　李学民　周晓红（女）
　　　　郑绍平　杨得中　周　伟
　　　　张柯兵　周小平

市人大常委会

主　任　刘存禄

副主任　万国仁　孟世祖
　　　　许　萍（女）　张承潜

秘书长　蔡多学

市政府

市　长　李志勋

副市长　周晓红（女）　郑绍平
　　　　张柯兵　杨德智　李效龙
　　　　胡细如　卢小亨　张安疆
　　　　冯仁强　陈晓波　张小奇

党组成员　濮传宏（回族）

市长助理　宗瑞谦

秘书长　安虎山（土族）

市政协

主　席　王扎东（藏族）

副主席　贯永英　张祥生　方生元
　　　　张延保（藏族）　施春年
　　　　马国荣（藏族）　范景林

秘书长　李益民

（供稿：刘尧元）

凉州区

【综述】凉州区地处甘肃省西北部，介于东经101°59′-103°23′与北纬37°23′-38°12′之间。东面与内蒙古自治区接壤，西邻肃南裕固自治县，南连天祝藏族自治县和古浪县，北与永昌县和民勤县相接。2014年末，全区辖19镇18乡2个生态建设指挥部，全区总面积5081平方千米，常住人口100.89万人，比上年末增加0.29万人。有回族、藏族、满族等24个少数民族。

属温带大陆性干旱气候，全年日照时数为2967.8小时，日照百分比为67%；太阳辐射量为138.45千卡/平方厘米；气温以7月最高，为29℃，1月最低，为零下14.9℃。多年平均降水量160毫米，年蒸发量2020毫米。平均海拔1632米。

2014年，全区实现生产总值258.67亿元，比上年增长9.3%。其中第一产业增加值54.22亿元，增长6.1%；第二产业增加值114.59亿元，增长11.5%；第三产业增加值89.86亿元，增长8.3%。全年全区大口径财政收入21.39亿元，比上年增长16.49%。公共财政预算收入8.77亿元，增长21.76%。公共财政预算支出54.59亿元，增长20.28%。年末全区金融机构人民币各项存款余额462.03亿元，增长16.51%，比年初增加65.46亿元。年末，全区金融机构人民币各项贷款335.95亿元，增长27.42%，比年初增加72.3亿元。

【农业农村经济】2014年，全区实现农业增加值54.22亿元，增长6.1%。完成农作物播种面积167.82万亩，增加0.95万亩，增长0.6%。其中粮食作物总播种面积106.12万亩，增长1.3%，经济作物播种面积61.7万亩，下降0.7%。全年粮食总产量68.19万吨，比上年增长1%。其中夏粮产量531万吨，减产55%；秋粮产量62.88万吨，增产1.6%。新建设施农牧业7.63万亩，发展特色林果业15.7万亩。新建规模养殖场（小区）60个。实现畜牧业增加值19亿元，增长4.8%，占农业增加值的35%。全年肉类总产量达9万吨，增长4.3%。

年末农业机械总动力157万千瓦，比上年增长1.7%。大中型拖拉机4463台，增长7%，小型拖拉机53659台，增长1.4%，农用水泵12354台，增长1.7%，农村载重汽车7105辆，增长16.2%，农用化肥使用量（实物量）294317吨，增长10.4%。

【工业建筑业】2014年，全区完成全部工业增加值75.32亿元，比上年增长10.4%。规模以上工业企业完成工业增加值62.1亿元，比上年增长9.6%。规模以上工业企业产品销售率91.84%，比上年提高0.9个百分点。非公有制企业完成工业增加值50.02亿元，比上年增长12%，占全区规模以上工业增加值的80.55%。

全年全区建筑业实现增加值39.26亿元，比上年增长27.02%。全区具有建筑业资质等级的总承包和专业承包建筑业企业实现利润总额3.32亿元，增长6.4%。

【项目建设】2014年，全区实施500万元及以上在建项目522项，比2013年减少27项，计划总投资718.83亿元，比去年同期增加42.46亿元。其中亿元以上项目176项，比2013年增加20项。

【固定资产投资】2014年，全区完成全社会固定资产投资427.23亿元，比上年增长22.25%。完成规模以上固定资产投资340.01亿元，增长22.26%。其中第一产业完成投资25.33亿元，增长38.6%；第二产业完成投资177.17亿元，增长13.97%；第三产业完成投资137.51亿元，增长31.74%。

500万元及以上项目完成投资318.78亿元，增长25.15%。

【房地产开发】2014年，全区完成房地产开发投资21.23亿元，比上年下降9.21%，其中住宅投资12.83亿元，下降35.7%。房屋施工面积132.01万平方米，比上年增长30.99%；房屋竣工面积20.7万平方米，增长115.85%。商品房销售面积10.11万平方米，下降29.5%；商品房销售额4.04亿元，下降27.34%。

【招商引资】2014年，全区共签约招商引资项目198项，落实招商引资到位资金293.74亿元，比上年净增71.63亿元，增长32.25%。

【交通通信】2014年，全区交通运输、仓储和邮政业实现增加值30.51亿元，比上年增长8.6%。全年完成公路客运量3176.7万人，增长3.51%，客运周转量216055.8万人千米，增长11.5%；货运量2660.7万吨，增长43.2%，货运周转量690090万吨千米，增长23.2%。

凉州区威龙酒堡地下酒窖

全年邮电业务总量达到7.67亿元，增长11.4%。年末固定电话用户14.37万户，比上年减少0.65万户；年末移动电话用户89.4万户，增加2.1万户；年末互联网宽带接入用户达到9.51万户，增加1.61万户。

【商贸流通】2014年，全区实现社会消费品零售总额77.83亿元，比上年增长12.7%。城镇实现社会消费品零售总额58.41亿元，增长12.84%，乡村实现社会消费品零售总额19.42亿元，增长12.28%。批发和零售业实现商品销售额109.89亿元，增长18.08%。住宿和餐饮业实现营业额26.16亿元，增长24.17%。

【商业贸易】2014年，全县外贸进出口总值为3104.6万美元，比上年增长54.71%。其中出口总值为2434.4万美元；进口总值为670.2万美元。

【文化产业与旅游业】2014年，全区文化产业实现增加值3.3亿元，比上年增长25.02%，占生产总值的1.28%。

全年接待国内游客514.22万人次，比上年增长24.83%；旅游综合收入25.45亿元，增长27.51%，其中接待入境游客1634人次，旅游外汇收入25.73万美元。

【社会事业】全年全区区级以上科技成果21项，比上年增加7项。专利申请受理250件，增长41.2%；授权专利110件，下降8.3%；授予发明专利权2件，下降8.4%。全年共签订技术合同28项；技术合同成交金额3亿元，增长11%。年末共有各类学校和幼儿园543所，减少13所，在校（园）学生（幼儿）159630人，减少1813人。九年义务教育巩固率达99.97%。年末全区共有文化馆1个，公共图书馆1个，乡镇文化站37个。数字有线电视入户率和广播电视无线覆盖率分别达到43%和100%。年末全区共有卫生机构642个，拥有床位2941张，卫生技术人员5760人。全年甲、乙类法定报告传染病发病人数3956例，报告死亡4人；报告传染病发病率495.16/10万，死亡率0.39 /10万。全区有运动场96个，室外全民健身路径59条，新建成农民体育健身工程行政村40个；全年经常性体育锻炼人数达到39万人次。

【人民生活与社会保障】2014年，全区城镇居民人均可支配收入19804元，比上年增长9.6%，净增1728元；农民人均纯收入9404元，比上年增长12.3%，净增1033元。全区新增城镇就业人数2.12万人，城镇登记失业率为3.87%。全年居民消费价格总水平比上年上涨1.6%；全区商品零售价格总水平比上年上涨0.7%。凉州区城镇非私营单位职工年平均工资达到40031元，增长19.9%。

全年新建续建新农宅示范点34个，新农宅10252户，改造农村危房2100户；新开工建设城镇保障性住房24108套，基本建成17867套。年末城镇职工医疗保险参保人数为4.88万人；城镇居民基本医疗保险参保人数为12.14万人，参保率达99.88%；年末新型农村合作医疗保险参保人数达74.38万人，参保率达99.84%。全区城镇居民医疗保险城镇职工养老保险参保人数达4.88万人；新型农村养老保险参保人数为44.1万人；参加失业保险统筹人员2.41万人。城镇居民得到最低生活保障救济的人数达2.71万人。农村最低生活保障救济的人数达5.83万人，农村五保供养4756人。农村老年福利机构40个，在院人数1200人。全年共发放各类城乡低保资金16827.4万元。全区有敬老院9所，集中供养对象463人。

【环境保护与安全生产】全区有环境监测站1个，环境监察机构1个，环境监测和监察人员分别有11人和21人。全年完成环境污染治理项目55个，工业污染企业废水达标率达到87%。城市空气质量全年平均达到I级标准。全区共发生各类事故120起，死亡35人，受伤48人。其中道路交通事故60起，死亡33人，受伤47人；火灾事故58起，无人员伤亡；工业企业事故2起，死亡2人。

凉州区主要领导名录

区委书记　李世英

区人大常委会主任　沈开祥

区　长　洪元涛

区政协主席　唐　祐

（供稿：许建国）

古浪县

【综述】古浪县地处河西走廊东端，居甘肃省中部，介于北纬37° 09′ 至37° 54′，东经102° 38′ 至103° 54′ 之间。境域东接景泰县，南依天祝藏族自治县，西北与凉州区毗邻，东北与内蒙古自治区阿拉善左旗接壤。东西长约102千米，南北宽约88千米，全县总面积5103平方千米，其中耕地面积110万亩。2014年，全县辖9镇10乡，总人口39.32万人，人口自然增长率为5.6‰。有回族、藏族、毛南族、瑶族等9个少数民族。

境内地势南高北低，山、川、沙约各占三分之一，平均海拔2500米。年均气温5.57℃，年降水量300毫米左右，蒸发量2500毫米以上，无霜期142天左右。境内石灰石探明储量为4.5亿吨以上。煤炭、铁、铜、沙金等矿藏富有开采价值。有优质小麦、麻黄草、亚麻、沙漠土鸡等农副产品。

2014年，全县实现生产总值39.76亿元，增长8.2%；全社会固定资产投资106.25亿元，增长21.86%；全部工业增加值9.37亿元，增长14.2%；大口径财政收入3.16亿元，增长18.15%；公共财政预算收入1.83亿元，增长18.36%；社会消费品零售总额15.13亿元，增长12%。

【农业农村经济】2014年，全县农作物播种面积为91.36万亩，比上年实际增长0.07%。其中粮食作物播种面积为56.27万亩，下降4.43%；经济作物播种面积为26.97万亩，增长7.24%。青饲料及其他农作物播种面积为8.12万亩，增长11.64%。粮经饲三元结构稳定为61.6∶29.5∶8.9。2014年，全县粮食总产量1921万吨，比上年增加034万吨，增长1.79%：油料2.71万吨，比上年增加0.07万吨，增长3.83%。年末各类牲畜存栏146.49万头（只、匹），比上年增长5.19%。其中牛存栏5.32万头，增长5.35%；羊存栏56.59万只，增长7.59%；猪存栏19.41万头只，增长1.46%。2014年全县共完成肉类产量1.91万吨，比上年增长4.95%。其中出栏牛1.88万头，产牛肉1880吨；出栏羊28.44万只，产羊肉4266吨；出栏猪17.75万头，产猪肉12426吨。牛奶产量547.33吨。绵羊毛产量830.64吨。

全年全县新建设施农牧业5.46万亩，发展特色林果8.07万亩，推广高效农田节水技术55.31万亩、旱作农业25.43万亩。新发展规模养殖户4200户，农民专业合作组织387个，带动农户5万多户。新增土地流转面积2.09万亩。引进推广新品种60个、标准化种养技术20项，培训农民10.3万人次。全县共造林17.48万亩，比上年增长59.92%；义务植树236万株，增长3.51%；特色林果业8.07万亩。完成治沙造林9.1万亩，封沙封山育林面积10.2万亩；通道绿化410公里，退耕还林补植补造1.3万株，全县森林覆盖率14.94%。

【固定资产投资】2014年，全县争取国家和省市投资11.88亿元，实施投资500万元以上项目121项，其中亿元以上项目43项，完成规模以上固定资产投资80.95亿元，增长21.71%。城镇、交通和水利建设分别完成投资13.7亿元、27.7亿元和1.4亿元。

【招商引资与项目建设】2014年，全县实施招商引资项目74项，落实到位资金109.18亿元，增长42.56%。全年城区地表水供水工程、大海路改建等55个项目全面完工。古浪生态移民扶贫产业基地等79个项目按计划完成年度建设任务。市驾驶人教育训练中心等项目进展顺利。

【城乡建设】城区生活污水处理厂建成投用，保障性住房、集中供热环保除尘改造等项目有序推进，大靖镇新型农村中心社区等项目加快建设。黄羊川镇被确定为全省新型城镇化试点镇，集中实施道路建设、农网改造等基础设施项目，完成投资1600多万元。新建新型农村社区4个2400户，配套建设村级综合服务中心10个。在14个行政村实施农村环境连片整治项目。建立城乡统一户籍制度。全县城镇化率达到21.61%，提高1.35个百分点。

【扶贫开发】推进双联富民和“1236”扶贫攻坚行动，实施精准扶贫，全年减贫2.9万人，完成生态移民1.19万人。通过整合项目、信贷扶持和群众自筹投入资金2.15亿元，全力加快生态移民暨扶贫开发黄花滩项目建设。圆梦新村社区建成入住，平整土地6500亩，完成田间配套工程4000亩，新建设施农牧业3800多座；阳光新村社区新建养殖暖棚1400多座；为民新村社区完成429套住宅主体工程。争取实施双联项目89项，总投资8118万元；各级联村单位兴办实事200件、帮扶资金及实物折价411万元，帮助双联户贷款5483万元、建棚1131座、发展特色经济林3580亩。新改建渠道106千米、农电线路134千米。全年输转劳动力9.2万人，创收13.16亿元。

【生态保护】依托生态功能区建设等重点生态项目，完成治沙造林9.1万亩，封山沙育林草10.2万亩，通道绿化410千米，农田林网建设3100亩，退耕还林补植补造1.3万亩。深化集体林权制度配套改革，完成沙漠生态林承包5万亩，流转林地8000亩，组建1000亩以上家庭林场2个。新增高效节水灌溉面积5.64万亩，治理水土流失面积2.86平方千米。

【财税金融】2014年，全县争取各类专项转移支付资金10.84亿元，一般性转移支付和财力补助11.53亿元。公共财政预算支出达到24.6亿元，发放惠农补贴（补助）资金4.38亿元，民生支出达到18.65亿元，占财政总支出的75.89%。全年金融机构各项存款余额达71.32亿元，较年初增加8.64亿元，同比增长13.78%；各项贷款余额达47.34亿元，较年初增加15.08亿元，同比增长46.74%；月末存贷比66.38%，增量存贷比174.54%。

【社会事业】义务教育巩固率达到97.6%，高中阶段毛入学率达到86.6%，高考二本以上上线率达到23.23%，职业教育中职毕业生就业率达到95.2%。新建中小学校舍4.5万平方米，新改建乡镇幼儿园6所，资助家庭经济困难师生3064人。西路军古浪战役纪念馆主体完工，新建8个乡镇文化体育健身中心。改扩建乡镇卫生院2所，新建标准化村卫生室50所。新农合筹资标准由330元提高到380元，参合率达98.19%。理顺食品药品监管体制，配齐配强乡镇食药所工作力量。落实人口和计划生育优先优惠政策。

【人民生活与社会保障】2014年，全县城镇居民人均可支配收入14589元，增长9.3%。农民人均纯收入4507元，增长14.4%。居民消费价格指数控制在2%

以内。全年认真办理民生实事，省列23件、市列10件实事全部完成。城镇新增就业5863人，城镇登记失业率3.47%。

城乡居民基本养老保险参保率达到98.7%。发放各类救助救济资金1.56亿元。城乡低保保障标准和补助水平比上年提高15%，农村五保集中供养和分散供养年人均标准分别比上年提高27.3%和19.3%。建成古浪县综合养老服务福利中心。加快建设西部绿色农产品交易中心等6个县乡农贸市场和农畜产品交易市场，改造农家店、商品配送中心21个。改造农村危房3050户，新建保障性住房4300套，发放廉租住房租赁补贴200户。新建圆梦新村社区，搬迁安置南部山区群众1000户约5000人。解决3.6万农村人口的饮水安全问题和3个乡镇7800多户群众生产生活用电保障不足的问题。

古浪县主要领导名录

县委书记　李万岳

县人大常委会主任　薛　华

县　长　杨　东

县政协主席　李健斌

（供稿：朱莲花）

民勤县

【综述】民勤县地处河西走廊东北部，石羊河流域下游，介于北纬38° 04′07″–39°27′38″、东经101°49′ 38″–104°11′ 55″之间。南临凉州区，西南与金昌市连接，东西北三面被巴丹吉林和腾格里两大沙漠包围。东西长206千米，南北宽156千米，全县总面积1.6016万平方千米。2014年末，全县辖18个乡镇，常住人口24.11万人，比2013年下降0.04%，人口自然增长率3.87‰。有回族、藏族等14个少数民族。

境内基本地貌由沙漠、低山丘陵和平原组成，其中各类荒漠化土地面积2254万亩，占总面积的94.51%。最低海拔1298米，最高海拔1936米，平均海拔1400米。年均降雨量113毫米，蒸发量2644毫米；年均日照时数3300小时，年均气温8.3℃，昼夜温差15.2℃；年均8级以上大风27.8天、沙尘暴37.3天，是全国最干旱、荒漠化危害最严重的地区之一。粮食作物主要以小麦、玉米和啤酒大麦为主，经济作物主要有黄白蜜瓜、红瓜子、茴香、葵花、枸杞等。野生中药材有甘草、锁阳、苁蓉等。矿产资源主要有煤、盐、石膏等，其中煤炭总储量为5.8亿吨。风光资源丰富，年风资源储量在400万千瓦以上，太阳能可利用总量在600万千瓦以上。

2014年，全县实现生产总值64.05亿元，比上年增长9.1%。其中第一产业增加值22.6亿元，增长6.4%；第二产业增加值21.5亿元，增长12.5%；第三产业增加值19.94亿元，增长8.6%。三次产业结构由2013年的36：33.4：30.6调整为35.3：33.6：31.1。全年完成大口径财政收入41423万元，增长18.56%。公共财政预算收入27508万元，比上年增加4987万元，增长22.14%。其中税收收入13055万元，增加2727万元，增长26.40%；非税收入14453万元，增加2260万元，增长18.54%。公共财政预算支出255949万元，比上年增支47418万元，增长22.74%。

【农业农村经济】2014年，全县实现农林牧渔服务业增加值22.6亿元，比上年增长6.4%。其中农业增加值16.4亿元，增长3.51%；林业增加值0.3亿元，增长144.2%；牧业增加值5.4亿元，增长8.12%；农业服务业增加值0.4亿元，增长84.15%。全年农作物播种面积77.14万亩，比上年增加2.24万亩，粮食总产量13.4万吨，比上年增产1043%。主要经济作物中，棉花产量122万吨，比上年减产25.24%。葵花6.37万吨，增产16.01%。蔬菜32.93万吨，减产10.49%。水果产量5.39万吨，增产16.04%。

年末，全县大牲畜存栏4.84万头，比上年末增长1.17%；牛存栏4.23万头，增长0.59%；羊存栏109.9万只，增长13.62%；猪存栏6.42万头，增长1.9%。牛、羊、猪出栏分别为1.77万头、60.08万只和7.56万头，分别增长6%、11.65%和5.8%。全年肉类总产量1.82万吨，比上年增长9.12 %。牛奶产量665吨，增长2.3%。绵羊毛产量1608吨，增长13.9%。2014年新建日光温室570亩，新建养殖暖棚9273亩，新建特色林果9.56万亩。全年完成特色林果确权颁证面积13.12万亩，颁证发放《林权证》2.87万本。

【工业建筑业】2014年，全县完成全部工业增加值15.21亿元，比上年增长13.3%，对经济增长的贡献率为19%。其中采矿业增长2.36%，制造业增长15.01%，电力、热力、燃气及水生产和供应业增长21.1%。年末规模以上工业企业30户，规模以上工业综合效益指数206.24%，比上年提高4.79个百分点；2014年，全县具有资质等级的总承包和专业承包建筑业企业完成增加值6.29亿元，比上年增长15.34%。

【固定资产投资】2014年，全县完成全社会固定资产投资186.52亿元，比上年增长22.17%。其中第一产业投资10.29亿元，下降5.08%；第二产业投资121.86亿元，增长34.64%；第三产业投资18.83亿元，下降5.42%。

【招商引资】2014年，全县签约招商引资项目112项，实施招商引资项目132 项，落实到位资金184.39亿元，比上年增长29.71%。

【交通通信】2014年，全县交通运输、仓储和邮政业实现增加值1.61亿元，比上年增长10.8%。全年完成货运周转量88850万吨千米，增长47%。公路旅客周转量30019万人千米，增长47%。年末全县民用汽车拥有量16275辆，增长28.5%。2014年新注册汽车2696辆。

全年完成邮电业务总量10385.3万元，比上年下降0.8%。其中邮政业务总量999.3万元，下降3.82%；电信业务总量1551 万元，增长12%；移动业务总量7100万元，下降3.2%；联通业务总量735万元，增长3.5%。年末固定电话用户8475户，比上年下降27.77%；移动电话用户209469户，下降6.5%。年末固定互联网接入用户15526户，比2013年增加4372户。

【文化产业与旅游业】2014年，全县文化产业实现增加值7075万元，比上年增长25.23%，占GDP的比重为1.1%。全年县内接待各类游客20.92万人次，比上年增长25.65 %。全年全县实现旅游收入10600万元，增长30.86%。

【商贸流通】2014年，全县实现社会消费品零售总额18.96亿元，比上年增长13.2%。其中批发零售业实现零售额15.46亿元，增长13.7%；住宿餐饮业实现零售额3.5亿元，增长12.9%。年末全县有限额以上批发企业6家，零售企业10家，餐饮企业4家。

【商业贸易】2014年，全县外贸进出口总额达454.2万美元，比上年增长68.72%，其中出口369.3万美元、进口84.9万美元。

【财政金融保险】2014年，全县金融机构各项存款余额113.29亿元，比年初增长18.93%。金融机构各项贷款余额100.33亿元，比年初增长39.21%。全年完成保费收入11220.86万元，比上年增长8.98%。其中财险公司实现保费收入1700万元，增长9.68%；人寿险公司保费收入6096.7万元，增长5.75%。各类赔款支出3132.55万元，比上年增长8.79%。其中财产险公司赔款支出745万元，下降12.46%；人寿险公司赔款支出1763.1万元，增长20.56%。

【社会事业】年末，全县有各级各类学校58所，教职工3718人。九年义务教育巩固率99.97%。高中阶段毛入学率95.7%，比上年提高0.38个百分点。普通高考中，有2265名考生被本科院校录取，录取率49%；实施科技项目49项，其中国家级6项、省级5项、市级3项、县级35项。完成各项专利150项，其中发明专利25项。开办各类科技培训班37场次，举办各类专题讲座144期；全县有文化馆1个、乡镇文化站18个、村级农家书屋299个。图书馆1个，图书总藏量达5.56万册，增长9.88%。年末全县接装有线电视用户20177户；年末，全县有医疗卫生机构39个，卫生技术人员1016人，医疗卫生机构床位1183张，其中医院700张、乡镇卫生院258张。2014年新建健身站点5个，村级体育场23个。举办各类体育竞赛11次，参加人数10818人。参加省市比赛3次，获得奖牌7枚。

【人民生活与社会保障】2014年，全县城镇居民人均可支配收入16063元，比上年增长9.4%。城镇居民人均消费支出13355.3元，增长9.9%；农民人均纯收入8875元，比上年增长12.4%。农民人均生活消费支出7020.9元，增长12.6%。

年末城乡居民参加养老保险14.72万人，比上年下降1.57%，参保率98.20%，发放养老保险金9053.6万元；参加基本医疗保险3.29万人，增长0.53%；参加失业保险0.8671万人，下降1.42%；参加工伤保险1.71万人，增长18.70%；参加生育保险1.16万人，增长17.39%。年末参加新型农村合作医疗农民21.09万人，参合率98.24%；新农合筹资标准提高到380元/人，筹资总额8014.31万元。年末共有7838人享受城市居民最低生活保障，月人均补助标准277元，月保障标准312元；27954人享受农村居民最低生活保障，月人均补助标准116元，年保障标准2193元。农村五保供养1417人，分散和集中年供养标准分别为3300元和3700元。农村医疗救助2718人次。年末各类社会福利性机构5个，床位1008张，收养和救助各类人员742人。

【环境保护与安全生产】全县有自然保护区1个，面积389882.5公顷。至2014年底完成保护区720千米区界勘界工作、193.34万亩灌木林及区内植被资源管护任务。完成环境污染治理项目22个，当年环境污染治理总投资1747万元。生活废水收集率95%、处理达标率98%。削减化学需氧量287.73吨，氨氮28.83吨。规模以上工业企业能源消费总量比2013年增长8.23%，单位工业增加值能耗下降11.2%。完成人工造林6.62万亩，封沙育林（草）13万亩，通道绿化330公里，义务植树238万株，工程压沙4.03万亩。森林覆盖率12.55%，比2013年提高0.23个百分点。

全年发生生产安全事故24起，比上年减少18起，下降42.86%；死亡9人，减少5人，下降35.71%；受伤14人，减少10人，下降41.67%；直接经济损失11.92万元，增加5.32万元，上升80.6%。

民勤县主要领导名录

县委书记　费生云

县人大常委会主任　潘从学

县　长　黄　霓

县政协主席　张尚忠

（供稿：段志明）

天祝藏族自治县

【综述】天祝，藏语称“华锐”，意为英雄部落，是中华人民共和国成立后第一个实行民族区域自治的地区，是建国后由周恩来总理命名的第一个少数民族自治县，是全国仅有的两个藏族自治县之一。介于北纬36° 31′ -37° 55′，东经102° 07′ -103° 46′ 之间。西邻青海省门源、互助、乐都3县，南接永登县，北靠凉州区、古浪县，西北与肃南县交界。东西宽142.6千米，南北长158.4千米，全县总面积7149平方千米，其中耕地面积31.97万亩，天然草原面积621.19万亩，森林面积410.2万亩。2014年末，全县辖9镇10乡，全县总人口23万人，人口自然增长率控制在5.71‰。有藏族等27个少数民族。

境内地势西北高，东南低，处于青藏高原、黄土高原和内蒙古高原交汇地带，海拔在2040米-4874米之间。地形以山地为主，山脉起伏，沟谷交错，草地广布，河流纵横。以乌鞘岭为界，岭南属大陆性高原季风气候，岭北属温带大陆性半干旱气候。境内有天祝三峡”、天堂寺等生态自然景观和以藏土民俗风情和藏传佛教文化为代表的人文景观。

2014年，全县完成地区生产总值43.49亿元，增长8.4%。完成全社会固定资产投资116.2亿元，增长21.72%。实现工业增加值19.82亿元，增长12.5%。实现社会消费品零售总额19.74亿元，增长124%。完成公共财政预算收入344

亿元，增长19.04%。金融机构各项存款余额达57.7亿元，增长14.1%，各项贷款余额达43.99亿元，增长41.04%。

【农牧业农牧村经济】2014年，全县建成特色农业生产基地49.1万亩，实现产值9.92亿元，占种植业总产值的83.4%。争取支农再贷款2.55亿元，落实惠农贷款贴息资金6645万元，发放双联贷款4.4亿元、双业贷款8.7亿元。新建设施农牧业5.13万亩，总规模达13.7万亩。累计建成规模养殖场1056个，牛羊规模化养殖程度达到70%，良种化程度达到80%以上，重大动物疫病免疫密度达到98%。组建白牦牛核心群6群、岔口驿马保种场4个。引调种兔2万只，獭兔饲养量达到8.84万只。成功创建国家级"平安农机"示范县，农业机械化水平达到40.1%。深入实施"1236"扶贫攻坚行动，争取专项扶贫资金1.84亿元，落实藏区对口帮扶资金3713万元，实施整村推进、"下山入川"等项目52项，脱贫1.53万人，贫困面缩小到24.6%。投资3.16亿元，搬迁移民2495户10170人。开工建设南阳山片2号、3号和6号移民安置点，建成住宅732套，搬迁入住340户，建成设施农牧业1.62万亩。衔接落实帮扶资金1.19亿元，实施双联富民项目202项，受益农牧民2.3万户。

【工业经济】2014年，全县新增规模以上企业7户，达到42户，完成规模以上工业增加值17.51亿元，增长12.4%，工业经济效益综合指数达193%，工业企业上缴税金2.06亿元。

【项目建设】2014年，全县争取国家各类资金16.74亿元，增长10.18%，其中落实藏区专项资金2.86亿元。实施各类项目195项，总投资181亿元，完成规模以上固定资产投资93.99亿元，增长21.8%。筛选上报2015年中央预算内投资项目157个，总投资70.06亿元。

【招商引资】2014年，全县签约招商引资项目36项，签约额达171.1亿元。全县在建招商引资项目156项，落实到位资金150.68亿元，增长32.16%。

【生态建设】实施27个造林绿化重点工程，完成人工造林3.53万亩、封山育林5.15万亩、通道绿化102千米、义务植树101万株、退耕还林补植补造4.08万亩。落实草原生态保护补助奖励政策，兑现和投资年度补奖资金6429万元。投资4800万元，完成小流域综合治理、山洪灾害防治和节水灌溉等一批生态治理工程。开展生态村镇创建工作，天堂镇成功创建"国家级生态乡镇"。完成10家工业企业环境保护标准化建设试点工作。实施农村环境连片整治项目1个、减排项目18个，主要污染物总量控制目标全面完成。

【城乡建设】编制完成武装部南片规划、县域村庄体系规划和南阳山片小城镇规划。投资1.38亿元，城区供水改扩建工程通水运营，集中供热扩建、城北区"三纵三横"市政道路等工程基本建成，武装部南片综合开发项目开工建设。2014年保障性住房开工率达100%。累计分配入住8086户，入住率达69.3%。投资1.6亿元，完成农村文化广场等村镇基础设施建设项目13项。全年完成城镇固定资产投资21.26亿元，城镇化率达到36.97%。

【文化产业与旅游业】发展文化市场网点125家，文化企事业单位59家。2014年，全县完成文化产业增加值4335万元，增长25.02%。开工建设诺布林卡生态文化旅游景区等旅游项目，完成第四届敦煌行·丝绸之路国际旅游节天祝分会场各项活动。2014年，全县接待游客69.48万人次，实现旅游综合收入3.8亿元，增长26.25%。

【商贸流通】建成炭山岭商贸中心和赛什斯镇、松山镇农贸市场等一批商贸流通项目。2014年，全县实现社会消费品零售总额19.74亿元，增长12.4%。全年完成第三产业增加值14.38亿元，增长8%，占GDP的33.07%。

【社会事业】落实义务教育阶段"两免一补"、高中"三免一补"和营养改善计划专项资金4596万元。争取国投资金8596万元，实施教育项目24项。高考录取率达到80.16%。天祝一中被省教育厅命名为省级示范性普通高中，县幼儿园顺利通过省级一类幼儿园市级复评，天祝县荣获全国教育信息化创新应用典范区域特别实践奖。创建全省中医药工作示范县，落实国家政策性补助资金6 792.12万元，县医院门诊医技大楼、藏医院藏药制剂综合楼投入使用。发放计生奖励资金595.3万元。健全食品药品安全监管责任体系，积极推进餐饮远程监管和明厨亮灶工作，顺利通过省级食品安全示范县创建验收。申报省级科技计划项目26项、国家专利93项。注重藏语言文字及古籍整理工作，启动中国藏研中心重点课题《青藏高原环境与山水文化》华锐卷编纂工作。

【人民生活与社会保障】2014年，

天祝县白牦牛

天祝马牙雪山

全县城镇居民人均可支配收入达到18846元，增长9.7%。农牧民人均纯收入达到5050元，增长14.8%。居民消费价格涨幅控制在2%以内。全年新增城镇就业5782人，输转城乡富余劳动力5.2万人次，创劳务收入8.55亿元。

发放再就业小额担保贷款9185万元，落实各类强农惠农资金3.05亿元。全年用于教育、医疗卫生、社会保障等民生的财政支出达到22.46亿元，占财政支出的80.36%。兑现2013年度干部职工科学发展观绩效奖励资金，提高取暖费补助标准，设立藏区特殊津贴。新型农村合作医疗参合率、城乡居民基本养老保险和城镇居民基本医疗保险参保率分别达到98.62%、96.95%、100%。发放城乡低保、五保供养、临时救助等社会救助资金1.38亿元。启动实施“救急难”试点工作。

天祝藏族自治县主要领导名录

县委书记　张发基

县人大常委会主任　王元林（藏族）

县　长　王英东（藏族）

县政协主席 郭兴荣（藏族）

（供稿：东长碌）

张掖市

【综述】张掖市地处甘肃省西北部，河西走廊中段，介于东经97° 12′－102° 20′，北纬37° 28′－39° 57′之间。东屏大黄山（古称焉支山）与金昌市、武威市为邻，西沿走廊与酒泉市、嘉峪关市相望，南依祁连山与青海省的海北藏族自治州门源县和祁连县接壤，北靠合黎山、龙首山与内蒙古自治区的额济纳旗和阿拉善右旗毗连。辖域东西长210–465千米，南北宽30–148千米，全市总面积4.21万平方千米。2014年末，全市辖5县1区，全市常住人口为121.33万人，比上年末增加0.28万人。人口自然增长率为5.26‰，上升0.02个千分点。有37个少数民族。

地处全国地形的第二阶梯中心，在青藏高原与内蒙古高原的过渡地带。境区自南向北分为南部祁连山山地、中部走廊平川、北部合黎山、龙首山山地三大地形区。境内河流有26条，皆为内陆河，属黑河水系。共有冰川988条，面积423.84平方千米，冰储量14.36立方千米。属大陆性温带气候，祁连山地属高寒半干旱气候，具有光能丰富、温差大，夏季短而酷热，冬季长而严寒，干旱少雨，且降水分布不均等特点。植被大体分为荒漠植被、半荒漠草原植被类型、草甸草原三个类型。全市植物达数百种，野生动物志载200多属、1200多种，其中属于国家一级保护的有雪豹、藏野驴等13种。境内已发现的矿种有30种，金属矿产有铁、锰等13种；非金属矿产有萤石、芒硝等16种；能源矿产为煤。矿产地265处。有丹霞地貌、山丹马场、湿地公园等旅游景点。

2014年，全市实现生产总值353.43亿元，比上年增长8%。其中第一产业增加值88.98亿元，增长5.4%；第二产业增加值119.04亿元，增长8.1%；第三产业增加值145.41亿元，增长9.6%。三次产业结构调整为25.2：33.7：41.1，与上年相比，第一产业比重下降0.7个百分点，第二产业比重下降1.4个百分点，第三产业比重上升2.1个百分点。全市完成大口径财政收入48.07亿元，比上年增长19.95%。全年财政支出121.31亿元，增长3.52%。全市金融机构各项存款余额500.51亿元，增加64.05亿元，增长14.7%。各项贷款余额为390.72亿元，增加96.82亿元，增长32.9%。

【农业农村经济】2014年，全市粮食种植面积275.5万亩，比上年减少2.18万亩；油料种植面积38.23万亩，增加1.08万亩；蔬菜种植面积42.98万亩，增加4.69万亩；棉花种植面积2.86万亩，减少0.73万亩；中药材种植面积22.62万亩，增加1.94万亩。全年粮食总产量132.62万吨，增加4.58万吨，增长3.6%。其中，夏粮产量44.11万吨，增长9.5%；秋粮产量88.51万吨，增长0.9%。

年末，全市大牲畜存栏80.77万头（只），比上年末增长4.4%；牛存栏65.91万头，增长5.1%；羊存栏289.06万只，增长9.1%；猪存栏72.88万头，增长1.7%。牛、羊、猪出栏分别为23.29万头、169.96万只和83.35万头，分别增长5.1%、7.3%和3.5%。全年肉类总产量11.69万吨，增长5%；禽蛋产量1.51万吨，增长3.3%；牛奶产量7.76万吨，增长6.2%。

当年新开工投资上千万元的农产品加工重点龙头企业16户，完成投资5.06亿元；年销售收入5000万元以上农产品龙头企业达到52户，农产品加工龙头企业年加工消耗农产品258万吨，农产品加工转化率为58%。全年完成造林面积4.97万亩，封育面积5.5万亩。年末拥有农业机械总动力243.83万千瓦，比上年增长3.3%。拥有各类农用运输车4.09万辆，大中型拖拉机2.96万台，小型拖拉机7.46万台。全年化肥使用量（折纯）10.46万吨，农村用电量4.4亿千瓦小时。

【工业建筑业】2014年，全市完成全部工业增加值85.23亿元，比上年增长6.9%。规模以上工业增加值66.59亿元，增长5.4%。规模以上工业企业实现利润总额4.32亿元，下降51.45%。

全年建筑业实现增加值36.27亿元，比上年增长11.7%。全市具有资质等级的总承包和专业承包建筑业企业实现利润6.98亿元，增长21.4%。

【固定资产投资】2014年，全市完成固定资产投资275.69亿元，增长21.45%。其中第一产业投资26.14亿元，增长123.6%；第二产业投资113.52亿元，增长15.7%；第三产业投资136.03亿元，增长16.1%。民间固定资产投资180.12亿元，增长30.1 %，占固定资产投资的比重为65.3%。

【招商引资】2014年，全市签约招商项目252项，总投资1218.43亿元。落实到位资金338.32亿元，增长40.29%。其中省外资金328亿元，增长40.42%。

【房地产开发】2014年，全市注册资质以上房地产企业完成房地产开发投资46.57亿元，比上年增长2.46%。其中住宅投资33.99亿元，下降9.48%；商业营业用房投资10.1亿元，增长78.08%。全年房屋施工面积507.38万平方米，增长38.28%；房屋竣工面积108.17万平方米，增长7.79%；商品房销售面积116.95万平方米，增长24.13%。

【交通通信】2014年，全市交通运输、仓储和邮政业实现增加值22.42亿元，比上年增长7.5%。全年完成客运量4905万人，旅客周转量199100万人千米，货运量3499万吨，货物周转量235704万吨千米。全年张掖机场年旅客吞吐量5.56万人次，比上年增长32%。年末机动车保有量13.69万辆；汽车保有量11.26万辆，增长16.7%。

全年完成邮电业务收入76248万元，增长2.4%。其中邮政业务收入7734万元，增长6.5%；电信业务收入68514万元，增长2%。快递行业业务总量完成74.06万件，增长88.24%。年末电话用户总数达到146.04万户，固定互联网宽带接入用户15.79万户，比上年增加1.68万户。

【文化产业与旅游业】2014年，全市文化产业实现增加值7.03亿元，比上年增长24.67%，占生产总值的1.98%。

2014年，全市接待国内外游客1100万人次，比上年增长46.2%。实现旅游综合收入58.95亿元，增长50.7%，旅游综合收入占生产总值的比重为16.7%。

【商贸流通】2014年，全市实现社会消费品零售总额118.4亿元，比上年增长12.4%。其中商品零售95.4亿元，增长10.4%；餐饮收入23亿元，增长21.8%。

【商业贸易】2014年，全市外贸进出口总值为2327万美元，与上年持平。其中出口总值2316万美元，增长1%；进口总值11万美元，下降48%。

【财政金融保险】2014年，全市完成大口径财政收入48.07亿元，比上年增长19.95%。全年财政支出121.31亿元，增长3.52%。全市金融机构各项存款余额500.51亿元，增加64.05亿元，增长14.7%。各项贷款余额为390.72亿元，增加96.82亿元，增长32.9%。全年保费收入151700万元，比上年增长10.9%。全年赔付支出34275万元，比上年增长22.2%。

【社会事业】年末全市共有科研机构5个，各类专业技术人员2.25万人。全年共取得市、省级以上科技成果71项，获得奖励项目99项。受理专利申请714件，授权专利199件，授予发明专利权23件。全年共签订技术合同62项，比上年增加15项，技术合同成交金额11.07亿元，比上年增长19.03%。年末学龄儿童入学率为100%，初中入学率100%，初中毕业生升学率90%。2014年，向全国各类高、中等专业院校输送新生14253人，高考录取率为91.15%。年末共有群众文化馆8个，公共图书馆7个，博物馆8个，档案馆7个，乡镇文化站60个，艺术表演团体2个。全年组织文艺演出和群众文艺活动435场，参加群众51.9万人次。年末共有广播电台7座，广播调频发射机29部，电视台7座，电视发射机15部，广播综合人口覆盖率为98.58%，电视综合人口覆盖率为98.65%。有线数字电视有效用户14万户，网络电视用户10.74万户。《张掖日报》全年共发行297期。共有医疗卫生

2014年全市主要农产品产量情况

产品名称	单位	产量	比上年增长（%）
粮食总产量	万吨	132.62	3.6
其中：小麦	万吨	33.19	7.7
玉米	万吨	64.16	1.6
#玉米制种	万吨	38.63	－27.5
油　料	万吨	5.33	11.9
蔬　菜	万吨	160.67	9.2
水　果	万吨	26.34	6.7
棉　花	万吨	0.37	－20.6
中药材	万吨	7.96	13.6

2014 年全市主要工业产品产量及增长速度

产品名称	单位	产量	比上年增长（%）
原煤	万吨	76.71	124.12
水　泥	万吨	242.6	13.17
饮料酒	千升	12517	9.14
饲　料	万吨	11.67	11.59
化　肥	万吨	1.40	59.21
中成药	吨	318.82	－0.97
铁合金	万吨	15.81	－21.25
发电量	亿度	64.20	－0.11
其中：火力发电量	亿度	22.22	－16.64
水力发电量	亿度	38.03	9.75
太阳能发电量	亿度	3.02	42.36

机构1540个，卫生技术人员9667人，医疗卫生机构床位7380张。共有各类体育场地1789个，全年各类体育比赛中获得奖牌52枚。

【人民生活与社会保障】2014年，全市城镇居民人均可支配收入17386元，比上年增长9.5%；城镇居民人均消费性支出15583元，增长10.3%；城镇居民家庭恩格尔系数为31.85%，比上年降低0.09个百分点。农村居民人均纯收入9489元，增长12.1%；农村居民人均生活消费支出8227元，增长12.3%；农村居民家庭恩格尔系数为37.55%，比上年降低0.11个百分点。全年居民消费价格总水平比上年上涨2.6%。其中消费品价格上涨2.4%。全市共有城乡从业人员73.69万人，比上年末增加0.2万人。全年城镇新增就业3.1万人，城镇登记失业率为2.58%。

年末城镇基本养老保险参保14.32万人，比上年末增加3.94万人，其中城镇职工基本养老保险参保10.73万人，城镇居民基本养老保险参保3.59万人；农村社会养老保险参保65.56万人，比上年末增加0.57万人；城镇职工基本医疗保险参保12万人，城镇居民基本医疗保险参保16.79万人；失业保险参保7万人，工伤保险参保7.88万人，农民工参保2万人，生育保险参保7.14万人。各项社会保险基金总收入14.55亿元，各项社会保险基金总支出13.03亿元。年末参加新型农村合作医疗农民人数为95.2万人，参合率为99.62%，新型农村合作医疗基金支出总额34495.02万元。年末城镇居民最低生活保障人数为56521人，城市低保资金支出19863万元；农村居民最低生活保障人数为83295人，农村低保资金支出11603万元。各类收养性社会福利单位收养人数78人，各类收养性社会福利单位床位80张。

【环境保护与安全生产】全年空气可吸入颗粒物年日均值为0.079mg/m³，二氧化硫年日均值0.025mg/m³，二氧化氮年日均值0.019mg/m³，空气质量优良（Ⅰ—Ⅱ级）率为94.0%，区域环境噪声平均值53.6dB，交通干线噪声平均值68.2dB，地面水质达标率100 %，饮用水源水质达标率100%。

全年发生各类生产安全事故488起，死亡87人，受伤149人，直接经济损失184.06万元。与去年同期相比，事故起数增加115起，上升30.83%；死亡人数减少5人，下降5.43%；受伤人数增加4人，上升2.76%；直接经济损失减少834.84万元，下降81.94%。

张掖市领导班子成员名录

市　委

书　记　陈克恭（10月止）
毛生武（10月任）
副书记　黄泽元　万泽刚
常　委　陈　义　卢琼华（女，藏族）
张　健　韩正明　李志强
康　清　苟海龙　关　尧
马立新　唐培宏　姜列友
秘书长　王海峰（8月止）
张稔农（8月任）

市人大常委会

主　任　王开堂
副主任　周双喜　钱英文
陈　华　赵惠琴（女）
秘书长　罗继洲

市政府

市　长　黄泽元
副市长　陈　义　姜列友　王向机
关　尧　余　锋　成广平
王方太　张文池
王海峰　刘海启
秘书长　张稔农（8月止）
阎　仲（8月任）

市政协

主　席　徐永成
副主席　安永红（裕固族）邵志忠
田　伟（女）　王　刚
安想忠　柳延福　袁斌才
副地级领导　周三义　郭梅兰
阎玉海
秘书长　杨登义

（供稿：胡元肇）

甘州区

【综述】甘州区地处甘肃省河西走廊中部，介于东经100° 6′–100° 52′，北纬38° 32′–39° 24′之间。南依祁连山，北邻内蒙古阿拉善右旗接壤。东连镍都金昌，西接古郡酒泉。东西长65千米，南北宽98千米，总面积4240平方千米。2014年末，全区常住人口51.30万人，人口自然增长率为5.19‰，比上年增长0.04个千分点。

境内地势平坦，土壤肥沃，水源充足，黑河、山凡河、酥油口河、大野口河等河流贯穿而过。平均海拔1474米，属温带大陆气候。年平均降水量113–120毫米，蒸发量2047毫米，日照时数3085

小时，无霜期138–179天，具有日照时间长、发行量发行昼夜温差大的特点。

2014年，全区实现生产总值148.16亿元，比上年增长7%。完成大口径财政收入19.06亿元，比上年增长18.34%。全年实现社会消费品零售总额72.48亿元，比上年增长12.3%。全年完成固定资产投资97.02亿元，比上年增长19.76%。

金张掖玉米制种基地

【农业农村经济】2014年，全区实现农业增加值33.81亿元，增长5.5%。粮食作物面积72.16万亩，比上年减少4.34万亩；制种玉米种植面积38.81万亩，减少15.15万亩；油料种植面积1.48万亩，增加0.9万亩；蔬菜种植面积16.78万亩，比上年增加2.78万亩。全年粮食总产量423369吨，比上年下降1.2%。其中夏粮产量53395 吨，增长9.51%；秋粮产量369785吨，下降2.6%。

年末，全区大牲畜存栏34.31万头，比上年增长3.78%。猪、牛、羊、家禽饲养量分别为61.89万头、40.54万头、109万只和696.92万只，分别增长2.7%、5%、17.2%和4%。猪、牛、羊、家禽出栏分别为35.36万头、11.25万头、35.84万只和420.76 万只，分别比上年增长3.3%、4.8%、14.52%和4.21%。全年肉产量49149.38吨，比上年增长4.6%；禽蛋产量9665.6吨，增长3.7%；牛奶产量13470.51吨，增长23.7%。全年完成造林面积0.5万亩，其中人工造林0.3万亩，封山育林0.2万亩；城区绿化覆盖率达到43.3%；全区森林覆盖率达到17.96%。

年末，全区土地流转面积达到21.52万亩。全区农业机械总动力达到73.5万千瓦，比上年增长2.9%。拖拉机拥有量达到17447台（符合管理条件的），全年争取农机具购置补贴资金1760万元。全年化肥使用量（折纯）43072吨，农村用电量17521.9万千瓦小时。全年新增有效灌溉面积5.84万亩。全年输出输转农村劳动力83431人，实现劳务收入11.62亿元。全年农作物受灾面积0.38万亩，其中成灾面积0.28万亩。

【工业建筑业】2014年，全区完成工业总产值101.7亿元，实现工业增加值23.36亿元，增长0.6%。规模以上工业企业完成总产值87.1亿元，实现增加值18.59亿元，下降1.8%。轻工业完成增加值8.8亿元，下降5.6%；重工业完成增加值9.8亿元，增长1.8%。

全年建筑业实现增加值16.57亿元，比上年增长12.3%。具有资质等级的总承包和专业承包建筑业企业实现产值3441亿元，增长1137%；利润428亿元，增长43.14%。

【非公经济】2014年末，全区范围内新增私营企业1415户，注册资金76.57亿元。个体工商户新增4061户，注册资金3.62亿元。全年非公有制经济实现增加值82.97亿元，增长9%，占全区生产总值的56%。

【固定资产投资】全年完成固定资产投资97.02亿元，比上年增长19.76%。其中项目投资76.52亿元，增长25.26%；资质内房地产企业投资20.51亿元，增长2.9%。在固定资产投资中，第一产业投资9.14亿元，比上年增长86.54%；第二产业投资31.87亿元，增长34.21%，其中工业投资23.39亿元，增长26.68%；第三产业投资56.02亿元，增长6.96%。

【项目建设】全年开工建设各类项目200个，比上年增长11.11%，完成投资76.52亿元，增长25.26%。全年续建、新建计划投资上亿元的项目56 项，完成投资44.22亿元，其中新开工建设25项，完成投资15.34亿元。

2014年规模以上工业主要产品产量

产品名称	单位	产量	增长（%）
洗精煤	万吨	12.69	−60.3
饲料	万吨	5.65	33
饮料酒	万千升	0.47	9.3
水泥	万吨	118.8	14.7
化肥	万吨	1.4	59.1
铁合金	万吨	3.28	21.5
发电量	亿度	28.7	−12.5
# 火力发电量	亿度	22.22	−16.7
# 水力发电量	亿度	4.5	10.6
# 太阳能发电	亿度	1.05	−15.3

【招商引资】2014年，全区招商引资签约项目56项，开工建设46项，占签约项目的82%，落实到位资金60亿元。

【房地产开发】全年完成房地产投资20.50亿元，比上年增长2.9%。房屋施工面积262万平方米，比上年增长2583 %。房屋竣工面积3507 万平方米，下降32.85%。全年新开工各类保障性住房866套，竣工586套。全年农村危旧房改造开工1115户，竣工1115户，竣工面积8.34万平方米。

【交通通信】全年交通运输、仓储和邮政业实现增加值11.37亿元，比上年增长8.7%。完成客运量2580.63万人（次），比上年增长18.3%；货运量1355.62万吨，比上年增长18.6%。客运周转量124519.46万人千米，比上年增长37.1%；货运周转量135480.37万吨千米，比上年增长37.9%。全区客运线路82条，公交线路30条，公交车辆189辆，年末全区共有出租车辆1225辆。

全年完成邮电业务收入37644.35万元，其中邮政业务收入2170.25万元；电信业务收入35474.1万元。年末全区固定电话用户达到13.84万户；移动电话用户达到64.51万户；计算机互联网用户达到8.02万户。

【文化产业与旅游】2014年，全区实现文化产业增加值3.16亿元，增长24.18%。

全年接待境内外游客352万人次，增长17.3%。实现旅游综合收入20.87亿元，增长33%。旅游综合收入占GDP的比重为14%。

【商贸流通】全年实现社会消费品零售总额72.48亿元，比上年增长12.3%。其中城镇实现社会消费品零售总额61.6亿元，增长7.7%；乡村实现社会消费品零售总额10.9亿元，增长38.2%。

【商业贸易】2014年，全区外贸进出口总值为769.7万美元，比上年增长53.85%。其中出口总值为763.9万美元，增长54.26%；进口总值为5.8万美元，增长13.73%。

【财政金融保险】全区金融机构人民币各项存款余额280.93亿元，增长14.6%。全区金融机构人民币各项贷款余额220.04亿元，增长28.5%。全年保费收入15.17亿元，比上年增长10.89%。全年赔付额4.7亿元，比上年增长27.37%。

【社会事业】年末，全区拥有科研机构5个，共取得市、省级以上科技成果40项，获得奖励项目65项，全年共签订技术合同26项。学龄儿童、初中入学率均达到100%。全年向全国各类高、中等专业院校输送新生5074人，高考录取率达到89.22%。年末全区共有艺术表演团体2个、文化馆1个，公共图书馆1个，博物馆1个，档案馆1个。广播电视台1座，电视发射机1部，广播调频发射机1部。有线电视用户17万户，有线数字电视用户14.5万户。年末广播节目综合人口覆盖率、电视节目综合人口覆盖率100%。年末全区共有各类医疗卫生机构536个，卫生技术人员4665人，床位2942张。全年在各类体育比赛中获得省级以上奖牌30枚。其中金牌16枚、银牌8枚、铜牌6枚。

【人民生活与社会保障】2014年，全区城镇居民人均可支配收入17904元，比上年增加1546元，增长9.5%。农民人均纯收入10021元，增加1062元，增长11.9%。城镇居民家庭恩格尔系数为30.53%，比上年下降0.02个百分点。农村居民家庭恩格尔系数为37.16%，比上年下降0.47个百分点。全年居民消费价格总水平比上年上涨2.6%。年末城镇登记失业率为2.95%；城镇从业人员91791人，全年城镇新增就业14742人，安置下岗失业人员再就业7100人、困难人员就业1380人。

年末，全区参加城镇基本养老保险人数为69813人，比上年末增长0.8%；参加城镇居民基本医疗保险人数为95084人，增长2%；参加城镇职工基本医疗保险人数为58502人，增长4.1%；参加失业保险人数为35682人，增长2.2%；参加工伤保险人数为43319人，增长3.4%；参加生育保险人数为36998人，增长5.7%。全年各项社会保险基金总收入达到6.8亿元，各项社会保险基金总支出6.63亿元。2014年末参加新型农村合作医疗农民人数为347813人，参合率达到100%。全年新型农村合作医疗统筹基金支出11818.12万元，累积受益126.79万人次。全年城市医疗救助1170人次，农村医疗救助2428人次，民政部门资助农村合作医疗26166人，城市医保22769人。全区享受城镇最低生活保障的居民25152人；发放城市居民最低生活保障资金8908万元。全区纳入农村最低生活保障的居民21651人；发放农村居民最低生活保障资金3030万元。

【环境保护与安全生产】全区现有自然保护区2 个，总面积15677 公顷，占全区土地面积的3.7%.全区空气可吸入颗粒物年日均值0.079mg/m^3，二氧化硫年日均值0.025mg/m^3，二氧化氮年日均值0.019 mg/m^3，区域环境噪声平均值53.6dB，交通干线噪声平均值68.2dB，地面水质达标率100%，饮用水源水质达标率100%。

全年共发生各类生产安全事故357起，死亡42人，受伤62人，直接经济损失91.68万元。与上年同期相比，事故数增加189起，上升110%；死亡人数增加1人，上升2.44%；受伤人数增加5人，上升8.77%；直接经济损失增加51.98万元，增长130%。全区未发生较大或重大安全事故；亿元GDP生产安全事故死亡率为0.28，煤矿百万吨死亡率为0。

甘州区主要领导名录

区委书记　张　健

区人大常委会主任　朱乔正

区　长　张玉林

区政协主席　王洪德

（供稿：黄　杰　张　兰）

山丹县

【综述】山丹县地处甘肃省西部河西走廊中段，介于东经100° 41′ –101° 42′ ，北纬37° 50′ –39° 03′ 之间。东靠永昌县，西邻民乐县，西北与张掖市甘州区接壤，东南与肃南裕固族自治县皇城区相连，南以祁连山冷龙岭与青海省为界，北过龙首山与内蒙古自治区阿拉善右旗相望，素有“走廊蜂腰”、“甘凉咽喉”之称。东西宽89千米，南北长136千米，全县总面积5402.43平方千米，其中林地面积231.39万亩。2014年末，全县辖2乡6镇，总人口20.79万人，人口自然增长率2.48‰。

属大陆性高寒半干旱气候，年平均气温6.5℃，年平均降水量199.4毫米，日照时数2964.7小时，蒸发量2351.2毫米，无霜期165天。主要旅游景点有焉支山森林公园、山丹马场大草原、保存完整的汉明长城等自然人文景观。

2014年，全县实现生产总值412743万元，增长9.6%。其中第一产业增加值86877万元，增长5.5%；第二产业增加值134795万元，增长11.6%；第三产业增加值191071万元，增长9.5%。人均生产总值25291元，增长6.6%。三次产业结构由上年的22：34：44调整为21：33：46。

【农业农村经济】2014年，全县实现农业增加值86877万元（含马场），增长5.5%。全县完成总播种面积63.94万亩，增长1.57%。其中粮食种植面积42.82万亩，增长2.12%；油料种植面积8.57万亩，增长7.85%；其他作物种植面积8.52万亩，增长4.53%。全年粮食总产量192002吨，增长8.57%。油料总产量16859吨，增长8.91%。

全年猪饲养量达6.28万头，增长2.4%，出栏3.52万头，增长2.91%；羊饲养量100.25万只，增长10.55%，出栏35.92万只，增长9.59%；牛饲养量2.3万头，增长5.02%，出栏0.4万头，增长5.95%。全年肉类总产量达8846.55吨，增长6.7%。牛奶产量2093.08吨；绵羊毛产量958.5吨；禽蛋产量789.3吨。全年共完成造林面积0.82万亩，本年实有封山育林面积14.88万亩。全年输转劳动力6.25万人，增长0.64%。劳务收入94942万元，增长6.03%。

【工业建筑业】2014年，全县实现工业增加值74746万元，增长11.7%。规模以上工业增加值47499万元，增长11.5%。按轻重工业分，轻工业完成增加值9328万元，下降5.7%；重工业完成增加值38171万元，增长22.6%。

全县建筑业实现增加值60049万元，增长11.2%。全年具有建筑业资质等级的总承包和专业承包建筑业企业实现总产值101722.5万元，增长11.4%。

【固定资产投资】全年完成固定资产投资362877万元，增长22.66%。按产业分，第一产业完成投资47113万元，增长447.44%；第二产业完成投资164729万元，增长9.48%；第三产业完成投资151035万元，增长10.44%。

【交通通信】2014年，全县交通运输、仓储和邮政业实现增加值37232万元，增长4.9%。全年年完成公路货物周转量62010万吨千米，客运周转量20838万人千米。年末，全县营运客车保有量272辆，营运货车保有辆5901辆。

邮政业务总量742.54万元，电信业务收入7013万元。年末固定电话用户33627户，年末移动电话用户145984户，年末互联网宽带接入用户达到22825户。

【商贸流通】全年实现社会消费品零售总额107189.6万元，增长12.5%。分城乡看，城镇零售额达80928.1万元，增长12.95%；农村零售额达26261.5万元，增长11.14%。分行业看，批发零售贸易业实现零售额88857万元，增长13.92%；住宿和餐饮业实现零售额18332.6万元，下降6.11%。

【文化产业与旅游业】2014年，全县实现文化产业增加值8738万元，增长24.46%，占GDP比重2.09%。

全县共接待境内外游客161.7万人次，增长20.1%。实现旅游综合收入9.61亿元，增长42.2%。

【财政金融保险】2014年，全县公共财政预算收入完成25160万元，增长25.42%，大口径财政收入完成54200万元，增长40.67%。财政支出达到165210万元，增长11.09%。

全县金融机构各项存款比年初增加25012万元，增长45.29%。年末，全县金融机构各项贷款余额比年初增加79164万元，增长105.88%。全年保费收入8259.9万元，增长6.9%。全年赔付支出1567.95万元，下降16.26%。

【社会事业】全县拥有中等专业学校1所，高级中学1所，普通中学5所，小学32所。小学、初中入学率100%。2014年，全县向全国各类高等专业院校输送新生1726名，高考录取率99.25%。幼儿园在园幼儿4786人。有艺术表演团体1个，文化馆1个，公共图书馆1个，博物馆1个，广播电台1座，电视台1座。广播和电视综合人口覆盖率分别为90%和70%。有线电视用户1.9万户，减少12.5%。《西部山丹》全年发行50期。有各级各类医疗卫生机构217个，卫生技术人员1171人，床位1267张。

【人民生活与社会保障】2014年，全县城镇居民人均可支配收入16764.3元，增长9.2%，城镇居民家庭恩格尔系数为37.18%。农民人均纯收入9307元，增长12.6%，农村居民家庭恩格尔系数为38.16%。全县新增城镇就业6114人，安置下岗再就业人员2630名，登记失业率控制在2.32%。

全县6165人参加失业保险，10906人参加城镇基本养老保险，23267人参加职工医疗保险，26494人参加居民医疗保险，103235人参加城乡居民社会养老保险。全年各项社会保险基金总收入14928.71万元；各项社会保险基金总支出17549.68万元。2014年末参加新型农村合作医疗人数为14.1万人，参合率99.56%。全年新型农村合作医疗基金支出总额4899.76万元，下降10.01%；全县抚恤、补助各类优抚对象739人，金额973万元；全县城镇居民得到政府最低生活保障的人数10117人，人数与上年持平，发放城镇最低生活保障金3856.6万元，增长1.8%；农村居民得到政府最低生活保障的人数17455人，人数与上年持平，发放最低生活保障金2587.2万元，增长4%。年末拥有敬老院9所，床位数214张，收养人数167人。

【环境保护】2014年，全县完成环境污染治理项目10个，项目总投资842万元。全县四项主要污染物削减量为：

化学需氧量685.5吨，氨氮36.23吨。规模以上工业企业能源消费总量为27.49万吨标准煤，下降23.95%。万元生产总值电耗2125千瓦时，下降29.34%。

【安全生产】全年共发生各类事故28起，死亡8人，受伤29人，直接经济损失27.6万元，同比事故起数下降39.1%，死亡人数下降27.3%，受伤人数上升45%，经济损失下降85.8%。全年共发生道路交通事故21起，死亡8人，受伤29人；火灾事故7起，无人员伤亡。亿元国内生产总值死亡率为0.19人。

山丹县主要领导名录

县委书记　赵学忠

县人大常委会主任　李仲文

县　长　刘晓云

县政协主席　马得胜

（供稿：王晓敏）

民乐县

【综述】民乐县地处甘肃河西走廊中段，全县总面积3687.32平方千米，其中，耕地面积92.8万亩，林地110万亩，森林覆盖率14%。2014年，全县辖10个乡镇1个社区管理委员会，常住人口22.19万人。

境内地势南高北低，地形分山地和倾斜高平原两大类，海拔1589-5027米。有大小河流14条，年地表水径流量4.2亿立方米，地下水总量2.5亿立方米。有中小型水库7座，总库容7025.8万立方米，年有效灌水面积65.56万亩。属温带大陆性荒漠草原气候，年平均气温4.7℃左右，年平均降水量408.8毫米左右，无霜期140天左右。境内资源丰富，有煤、铬、铁、石灰石、石膏、金、铜等，其中原煤储量约2.6亿吨。

2014年，全县实现生产总值44.09亿元，比上年增长9.5%。其中第一产业增加值13.42亿元，增长5.9%；第二产业增加值15.38亿元，增长12%；第三产业增加值15.29亿元，增长9.7%。全县人均生产总值19886元，比上年增长9.3%。全县第一、二、三产业增加值占生产总值的比重由2013年的30.9：35.6：33.5调整为30.4：34.9：34.7，与上年相比，第一产业所占比重下降0.5个百分点，第二产业所占比重下降0.7个百分点，第三产业所占比重提高1.2个百分点。

【农业农村经济】2014年，全县农作物播种面积96.03万亩，比上年增加4175亩，其中粮食种植面积为64.17万亩。全年玉米播种面积5.03万亩，马铃薯播种面积25万亩；节水灌溉面积30.61万亩，其中垄膜沟灌面积24.52万亩。全年粮食总产量达到28.36万吨。全年肉类总产量15695.23吨，同比增长4.47%，牛奶产量13188.29吨，增长15.92%，绵羊毛产量581.46吨。全年猪、牛、羊出栏分别为17.25万头、0.55万头、14.22万只，分别增长3.09%、529%、929%。全年共完成荒山荒（沙）地造林面积3.78万亩，年末实有封山（沙）育林面积18.7万亩，四旁植树31.3万株，年末实有育苗面积4440亩，其中本年新育面积1200亩。

【工业经济】2014年，全县完成工业产值54.45亿元，增长12.45%，工业增加值12.45亿元，增长12.1%，对全市工业增加值的贡献率为5.15%，拉动全县生产总值增长0.72个百分点。其中规模以上工业企业实现工业增加值961亿元，比上年增长11.4%。规模以上工业企业产品销售率82.8%。其中，轻工业完成增加值72610万元，增长15.9%；重工业完成增加值23455万元，增长32.8%。

【固定资产投资】2014年，全县累计完成500万元以上固定资产投资357427万元，与上年相比，投资总量增加66087万元，增长22.68%。其中第一产业投资完成43621万元，增长72.39%。第二产业投资完成136015万元，增长18.31%。第三产业投资完成177791万元，增长17.68%；2014年包括房地产在内的亿元以上项目18个，完成投资16.1亿元，占投资总额的45%；全年完成房地产开发投资100226万元，增长0.34%。

【交通通信】2014年，全县客运车辆总计419辆，班线客车133辆，比上年减少0.75%。出租客车255辆，比上年增长14.1%。公交客车31辆。公路旅客周转量23238万人千米，比上年增长37%。公路货物周转量34375万吨千米，比上年增长37%。道路运输从业人员5616人，比上年减少5.36%，从业人员从业资格培训40人；全县电信业务总量完成7988万元，增长6.1%。年末全社会移动电话用户达21.86万部，计算机互联网用户1.828万户，比上年增加1180户。邮政业务总量577.8万元，全年订阅报纸218.9万份，杂志7.1万份。

【旅游业】2014年，全县共接待游客134.1万人次，实现旅游综合收入5.6

2014年12月26日上午，兰新高铁民乐站正式开通运行

亿元，分别增长55%和71%。旅游综合收入占全县GDP的比重达到12.7%，比上年提高2.42个百分点。扁都口创建为4A级旅游景区。

【商贸流通】2014年，全县实现社会消费品零售总额163387万元，比上年增长15.9%。其中批发业零售额61542万元，增长12.9%，零售业零售额105321万元，增长18.1%，住宿业零售额8123万元，增长15.7%，餐饮业零售额40311万元，增长11%；全县个体工商户达6174户，增长5.1%，从业人员11286人，增长10.5%。私营企业达667户，增长71.5%，从业人员12793人，私营企业注册资金213411万元。

【财政金融保险】2014年，全县大口径财政收入完成36880万元，同口径增长0.5%；年末金融机构各项存款余额437866万元，增长17.98%。各项贷款余额428459万元，增长54%；全年保费收入7772.7万元，比上年增长17%。其中财险保费收入2645.4万元，比上年增长26.8%。人寿保费收入5127.3万元，比上年增长12.5%。

【社会事业】年末，全县共有高（职）中2所，在校学生8105人。初级中学5所，在校学生9561人。完全小学172所，在校学生16834人。学前及在园幼儿6623人。小学阶段学生入学率、巩固率、毕业率均达100%。15周岁人口初等义务教育完成率100%，初中阶段学生入学率达99.8%，巩固率99.8%，毕业率98%，17周岁人口初级中等义务教育完成率95%；全县有文化馆1个，歌曲文艺演出60场次。公共图书馆1个，藏书量53360册，书刊借阅册数24562册。文化站10个，村文化室203个，图书量294350册。博物馆1个，文物藏品8935件。电影放映机构13个，电影放映2432场次。广播电视台1座，村通播率94%；全县共有卫生机构21个，其中县级医院2个、乡镇卫生院14个，其他卫生机构5个。卫生技术人员589人，其中执业医师192人，执业助理医师46人，注册护士190人，卫生机构床位1206张；全县共有篮球场138个，排球场8个，足球场131个。全年共举办运动会21次。

【人民生活与社会保障】2014年，全县城镇居民人均可支配收入达15724元，比上年同期增加1319元，增长9.2%。城镇居民人均生活消费支出14398.8元，增长9.9%。全县农民人均纯收入达8106元，比上年同期增加904元，增长12.6%。全县居民消费价格总水平比上年上涨2.3%，八大类消费中，交通和通讯下降1.5%，其他各类价格均呈现上涨态势。全县商品零售价格总水平比上年上涨1.9%。农村居民人均生活消费支出6892.3元，增长12.8%。年末城镇在岗职工人数14266人，在岗职工工资总额61470万元，在岗职工年平均工资43088元。城镇化水平达到31.86%。

年末，全县城镇职工养老保险人数达12129人，比上年增加1223人，城镇职工医疗保险参保人数达到11236人，比上年增加330人，年末城镇享受低保户数为2730户，人数为6989人，发放保障金2119万元；年末农村享受低保户数为11154户，人数为22435人，发放保障金3212万元。参加农村合作医疗的人数达194963人，参合率达99.51%。筹集资金7602.7万元，补偿人数达529873人，补偿金额达7834万元，其中住院人数27099人，补偿金额5482万元。参加城镇社会养老保险的人数达4167人，比上年增加226人，参保率达97%，领取待遇人数537人，领取金额4493万元；参加农村社会养老保险的人数达135077人，参保率达97%，领取待遇人数26756人，领取金额2167万元。

【安全生产】2014年，全县共发生各类安全事故11起，死亡12人，受伤6人，直接经济损失1.53万元。与2013年相比，事故起数、死亡人数、受伤人数、直接经济损失分别下降38.89%、7.69%、53.85%、99.29%，安全生产四项指标“全部下降”。分行业看，发生道路交通事故10起，死亡12人，受伤6人，直接经济损失1.48万元，同期相比事故起数下降28.57%，死亡人数持平，受伤人数下降14.29%，直接经济损失下降66.36%；发生火灾事故1起，无人员死亡或受伤，直接经济损失0.05万元，同期相比事故起数下降83.33%，死亡人数、受伤人数持平，直接经济损失下降98.67%。

民乐县主要领导名录

县委书记　杨　君

县人大常委会主任　马多静

县　长　张学勇

县政协主席　韩廷琪

（供稿：李　方　钟佩银　王希瑞）

临泽县

【综述】临泽县地处河西走廊中部，介于东经99° 51′-100° 30′，北纬38° 57′-39° 42′之间。东连张掖市，西接高台县，南与肃南裕固族自治县为邻，北毗内蒙古自治区阿拉善右旗。县境东西长50千米，南北宽77千米，总面积2729平方千米。2014年末，全县辖7个镇，总人口148993人。

境内海拔1380-2278米，地势平坦，土地肥沃，光热充足，主要河流是黑河、梨园河，地表水资源总量12.95亿立方米。已发现的矿产资源主要有凹凸棒、石膏、石英岩、铁、锰、铜、金等。野生植物77种，药用植物21种，野生鸟类有47种。林果品种多、产量高，被誉为“中国枣乡”。

2014年，全县实现生产总值44.91亿元，增长9.3%。全年完成固定资产投资35.1亿元。大口径财政收入完成40028万元，增长32.98%。公共财政预算收入完成20005万元，增长33.35%。财政支出130419万元，增加15092万元，增长13.09%。年末全县金融机构各项存款余额48.21亿元，增长9.42%。金融机构各项贷款余额36.69亿元，增长18.76%。

【农业农村经济】2014年，全县农业总产值22.97亿元，增长2.8%；农业增加值13.78亿元，增长5.8%。全县农作物总播种面积42.68万亩。其中粮食作物播种面积32.06万亩，比上年减少0.51万亩，粮经结构由上年的77.35：22.65

调整为75.22∶24.78。全年粮食总产量15.91万吨，比上年增长3.19%。落实玉米制种20.61万亩，蔬菜7.84万亩，蔬菜总产量达24.77万吨。新发展设施农业2499亩，发展设施葡萄3823亩，露地鲜食葡萄2523亩，酿酒葡萄1000亩；桃、梨、杏、核桃等优质杂果2947亩，肉苁蓉、枸杞等中药材5000亩。新建肉牛养殖小区（场）6个，新发展各类规模养殖大户1208户，全县牛饲养量达17.96万头。

全年完成人工造林3.6万亩，封禁保护沙化土地32.7万亩，退耕还林工程补植补造面积0.12万亩，三北防护林五期工程0.12万亩，新育苗面积0.52万亩。全县拥有农业机械总动力41.61万千瓦，增长3.5%。有拖拉机和农用运输车22442台（辆）。化肥施用量（折纯量）12877.91吨，增加926.63吨，增长7.75%。农村用电量12726.万千瓦时，增长12.03%。新建小康住宅示范点7个，辐射带动新建小康住宅1047户，占年计划500户的209.4%。全县年内输转劳动力2.86万人，其中有组织输出1.48万人，实现劳务收入4.12亿元，同比增长5.64%。

【工业建筑业】2014年，全县完成工业增加值12.13亿元，比上年增长11.3%，拉动经济增长3.8个百分点。其中规模以上工业增加值9.34亿元，增长10.6%。规模以上工业企业实现销售收入29.52亿元，增长4%，实现利润1451万元，产品产销率59.7%。

全县完成建筑业增加值4.55亿元，增长11.8%。房屋建筑施工面积45.82万平方米，竣工面积31.66万平方米，开发商品住宅11.61万平方米；大沙河沿岸闲置土地有序整理开发，城区新建商品住宅228套2.58万平方米，廉租房100套5000平方米，公租房110套4700平方米。

【固定资产投资】2014年，全县完成固定资产投资35.1亿元，比上年增长22.50%，仅重点项目建设就完成投资30.31亿元，增长26.28%。

【交通通信】2014年末，全县车辆保有量19361辆。年内新增小型汽车1367辆，汽车保有量中运营性车辆3239辆。全年完成客运量650万人，增长18.8%；客运周转量32913万人千米，增长37.3%；货运量355万吨，增长18.3%；货运周转量28800万吨千米，增长37.8%。

全年邮电业务总量6905万元，增长6.15%。年末，全县固定电话用户3.56万户，与上年持平。全县移动电话用户18.33万户，增长11.77%。互联网络用户1.98万户，增长9.57%。

【旅游业】新增三星级以上农家乐7家，举办第五届"中国枣乡魅力临泽"旅游文化艺术节，开通临泽旅游微信公众服务平台。2014年，全县接待国内外游客171.6万人次，实现旅游综合收入9.37亿元，与上年相比分别增长73.86%和70.98%；其中丹霞景区接待游客突破70万人次，比上年增长60.9%。

【商贸流通】全年新发展个体工商户852户，新发展私营企业243家。亿元以上商品交易市场1个，年成交额1.4亿元。年内新成立各类农民专业合作社132个。有各类新社会组织97个，入会农户2.7万户。2014年，全县实现社会消费品零售总额9.12亿元，比上年增长12.4%。分行业看，批发零售业8.04亿元，增长12.12%；住宿餐饮业1.08亿元，增长14.53%。

【安全生产】年内全县发生各类安全事故16起，死亡9人，受伤9人。全县亿元GDP事故死亡率0.20，道路交通万车死亡率3.91。

【城乡建设】四中北路、惠民路、三北路等一批绿化美化工程完工，新增绿地10.74万平方米，城区人均占有公共绿地面积29.61平方米，比上年增加2.38平方米，绿化覆盖率达到42.5%，提高0.5个百分点。城区供热面积149.54万平方米，比上年增加23.54万平方米。全年新增自来水入户5413户，新建、改建镇、村道路26.5千米。"一池三改"户用沼气农户12476户，占总农户的36.73%。大沙河流域综合治理工程荣获"中国人居环境范例奖"，是全省2014年唯一获奖项目。

【财政金融保险】全年全县大口径财政收入完成40028万元，比上年增长32.98%。公共财政预算收入完成20005万元，增长33.35%。财政支出130419万元，增加15092万元，增长13.09%。年末全县金融机构各项存款余额48.21亿元，增长9.42%。金融机构各项贷款余额36.69亿元，增长18.76%。全年保费收入10123万元，增长30.69%。全年赔付金额919万元，比上年增长23.19%。

【社会事业】全县有各级各类学校912所，幼儿园81所，全县小学适龄儿童入学率、巩固率均达100%；全县初中适龄少年净入学率达99.3%，巩固率达99.4%。2014年高考录取率98.4%，高于全省21.3个百分点，其中重点本科录取率为11.9%，二本及以上录取率为375%。引进16项新技术和70个农、林、牧新品种，建立各类科技示范点12个。全县有文化馆、图书馆、档案馆、博物馆各1个。有广播电视台1座，广播电视覆盖率100%；全县有线数字电视实现全覆盖，有线数字电视用户17766户，入户率61%；全年放映电影790场（次）。年末全县共有各级各类医疗卫生机构137家，卫生专业技术人员727人，床位778张。参加新农合121200人，参合率99.56%；年内为282801人次参合患者补偿4628.94万元。举办2014中国张掖户外运动节枣乡临泽露营大会、浙商广场杯山地自行车比赛、全县第二届职工运动会、中国户外探险联盟重装徒步穿越七彩丘陵活动等活动。

【人民生活与社会保障】2014年，全县城镇居民人均可支配收入16466元，比上年增加1491元，增长10%；城镇居民人均生活消费支出12686元，增长10.6%；城镇居民家庭食品消费支出占消费支出的比重为38.62%，下降0.3个百分点，城镇居民人均住房使用面积38.8平方米。农民人均纯收入10088元，增1084元，增长12%。年内新增城镇就业4807人，有397名高校毕业生实现了就业，年末城镇登记失业率2.2%。

城市和农村低保对象分别达4340人和7727人，落实城乡低保、五保和重点优抚对象保障金3250万元，为1044户城镇低收入住房困难家庭发放住房租赁补贴142.18万元。98%的农业适龄人口纳入新农保范围，为17703名农村老人发放养老金1509.31万元。参加城镇职工养老保险3303人，发放2074名企业退休人员养老金3599万元；参加失业保险5907人，为579人次失业人员发放失业保险金439万元；参加城镇职工医疗保险11295人，为2073人次支付住院医疗费用1075万元；参加工伤保险7201人，为74名工伤职工支付保险费用385万元；参加生育保险7397人，为141对生育夫妇支付生育保险费用22.5万元。

高台县汉唐遗址骆驼城

临泽县主要领导名录

县委书记　陈　晰

县人大常委会主任　李长喜

县　长　冯　军

县政协主席　韩起祥

（供稿：牛学伟　刘彩花　赵海忠）

高台县

【综述】高台县地处甘肃河西走廊中部，黑河中游下段，隶属张掖市，全县土地总面积4346.61平方千米。2014年，全县辖7镇2乡，总人口157393人，人口自然增长率2.63‰。

境内地势南北高，中间低，形若马鞍。南部为祁连山北麓，北部为合黎山地，中为绿洲平原，黑河纵贯县境。海拔介于1260—3140米。属冷温带大陆性干旱气候，干燥，昼夜温差大，光照丰富，降水稀少。年均降水量112.3毫米，年均蒸发量川区为1923毫米、山区1829毫米。川区年均气温8.1℃（高于山区），无霜期157天（山区少25天左右）。县境内主要有黑河等7条河流。矿产资源有芒硝、原盐、萤石等14种非金属矿产和铁、锰等8种金属矿产。

2014年，全县生产总值完成483309万元，增长9.2%。其中第一产业完成160099万元，增长5.6%；第二产业完成168979万元，增长11.9%；第三产业完成154231万元，增长9.6%；三次产业比重达到33.13：34.96：31.91。固定资产投资完成353596万元，增长22.8%。社会消费品零售总额完成106500万元，增长12.40%。大口径财政收入完成54090万元，增长46.91%；公共财政预算收入完成23429万元，增长39.79%；财政支出完成150199万元，增长21.3%。全县工业用电量达到5394万度，增长12.2%；公路运输周转量同比增长40%；金融机构存款余额487681万元，增长15.17%；贷款余额397469万元，增长29.83%。

【农业农村经济】2014年，全县蔬菜、制种等优势特色产业面积稳定在35万亩左右。发放农业扶持贴息贷款2.2亿元，全县蔬菜产业面积达到15.1万亩。其中高原夏菜12.21万亩，新建日光温室1315座、钢架大棚1346座。绿色蔬菜产业园区累计完成投资3960万元。新建南华镇义和村5000只肉羊养殖小区、合黎镇黎山牧业公司千头牛场、巷道镇东联村3000头奶牛养殖场等各类养殖场区61个，新增养殖大户1195户；全县畜禽饲养总量达405.32万头（只），其中牛、羊饲养量分别达20.18万头、92.46万只。推广各类农业农机实用技术18项、高产优质品种250多个、新型机具1589台（套），建成巷道镇太安村高原夏菜等农业科技示范点28个。建成万亩流转示范区2个，千亩流转示范点8个。全年输转劳动力3.06万人，实现劳务收入2.77亿元。

发放涉农贷款4200万元。争取扶贫资金1764万元，8个贫困村整村推进项目顺利实施，全县减少贫困人口4600人，减贫率达51.1%。农村环境连片综合整治项目深入实施，美丽乡村和新一轮16个新农村“四化”示范村建设进展顺利，完成投资2.38亿元，实施项目143个。建成连片20户以上小康住宅示范点5个，新建小康住宅1664户。

【工业建筑业】2014年，全县规模以上工业企业实现增加值89660万元，增长11.6%。新建、续建各类工业项目26个，其中投资亿元以上的13个，完成工业固定资产投资21亿元，增长21%。

全年建筑业实现增加值47455万元，增长11.6%。全县具有资质等级的建筑企业14家，完成建筑业总产值96744万元，增长13.6%；实现营业利润9754万元。房屋建筑施工面积70.6万平方米，下降27.7%；房屋建筑竣工面积42.29万平方米，增长6.7%；从业人员年平均人数4443人，下降7.8%。

【新能源建设】累计并网发电300兆瓦。总投资5亿元的安徽惠德、上海环保桥50兆瓦光伏发电项目正在建设。高崖子滩光电产业园成为全市入驻项目最多、建设速度最快、并网规模最大的光电产业园，被列为省上督导、市州重点推进的重大项目。

【项目建设】全年共开工建设各类项目94项，完成投资32.07亿元，增长21.3%，其中投资上千万元的重点项目75

项。争取政府投资项目资金11.48亿元，增长15%。全县共引进各类项目122项，落实到位资金72.29亿元，增长43%。

【城乡建设】2014年，全县完成县城总体规划第四轮修编和骆驼驿风情小镇等重点地段、重大项目的建设性详细规划及部分镇村规划。汉唐文化商业街等项目全面建成，科技馆等项目建设进展顺利。新建、续建商品住宅57幢2451套25.7万平方米。完成既有居住建筑供热计量及节能改造10.05万平方米。建成3个便民市场和1个夜市。全县城镇化率达到39.8%，比去年提高2.42个百分点。

西环路面粉厂段等5段2.3千米道路建成投入使用，县府街西延伸段完成桥涵建设及路基铺垫，农村电网改造工程和变电站增容改造工程全面完工，黑泉黑河大桥、元红路大中修项目竣工通车，合黎黑河大桥建设进展顺利，全县新建通村公路132千米，通村公路覆盖率达75.34%。实施土地开发整理项目9个，农田水利高效节水灌溉等水利工程顺利完工投入使用。

【文化产业与旅游业】2014年，全县文化产业增加值完成8387万元，增长24.92%，占GDP的比重达到1.74%。

全年接待县内外游客118万人(次)，实现旅游综合收入6.45亿元，占全县GDP的比重达12.6%，比上年提高3.2个百分点。大湖湾文化旅游风景区晋升为国家4A级景区。

【生态建设】推进国家级生态县创建工作，5个乡镇成功创建为国家级生态乡镇，通过国家园林县城创建初评。巩固退耕还林、重点生态公益林补偿、封滩禁牧保护成果，完成造林2.05万亩、农田林网3133亩。推进湿地公园建设，河桥景观区栽植各类绿化苗木20万株、种植草坪、花卉56亩；景观展示区栽植火炬、新疆杨、荷花等各类绿化苗木25.7万株、种植花卉、草坪95亩；红军纪念林栽植胡杨、红柳等2.6万株。

【社会事业】南苑幼儿园等8个教育项目建成投入使用。通过国务院、省政府县域义务教育发展基本均衡县评估认定。落实教育惠民政策，发放各类补助、补贴资金1882万元。高考二本以上录取率44.86%，比上年提高1.32个百分点。县医院老年康复中心、县中医院、巷道卫生院正远分院和30个村卫生室建成投入使用。基本药物"零差率"销售覆盖率达100%。乡村医生补助标准年增加2400元，达到19000元，省级卫生县城顺利通过复审验收。骆驼城遗址安防二期、许三湾土墩墓加固、许三湾遗址防洪等工程全面完工。建成城乡文化体育广场32个。《文韵高台》《黑水河畔》《丝路明珠·高台》《中国力量》等文学音乐作品结集出版。开展文化志愿服务、数字电影放映、百姓大舞台演出等群众文化体育活动。

【人民生活与社会保障】2014年，全县城镇居民人均可支配收入达到16426元，增长9.95%。农民人均纯收入达到9536元，增长12.04%。全年共发放小额担保贷款5810万元，新增城镇就业人员5710人，城镇登记失业率控制在2.31%。

完成城乡低保、农村五保、企业离退休人员养老金调标及清理规范工作，发放城乡低保金2334.76万元，新农合参合率、城镇居民医疗保险参保率和城乡居民养老保险参保率分别达到99%、99.4%和97.6%。建成保障性安居工程2559套，为728户低收入家庭发放廉租住房租赁补贴147.31万元。人民西路社区日间照料中心和9个农村老年幸福院建成投入使用。

高台县主要领导名录

县委书记　鞠　毅

县人大常委会主任　杨建平

县　长　杨成林

县政协主席　赵　春

（供稿：常登成　万吉刚　赵永全）

肃南裕固族自治县

【综述】肃南裕固族自治县地处河西走廊中部，东邻天祝藏族自治县，西接肃北蒙古族自治县，南与青海省相邻，北与武威、永昌、山丹、民乐、张掖、临泽、高台、酒泉、嘉峪关、玉门等14个县(市)接壤。境域东西长650千米，南北宽120–200千米，全县总面积2.4万平方千米，其中草原面积2677.55万亩。2014年末，全县辖6乡2镇9个国有林牧场，户籍人口38085人，人口比上年增加112人，人口自然增长率为6.18‰。有裕固族、藏族等共14个少数民族。

境内草原广袤、森林茂密，除明花乡属沙漠外，其余均系山地，平均海拔3200米。有100多种中药材和19种主要珍贵野生动物。全年平均气温3.6℃，日照时数3085小时，无霜期83天左右。境内共有大小河流33条，占河西走廊河流数的58.9%，年径流量为43亿立方米，是河西绿洲灌溉的主要水源。全县有草原面积2677.55万亩，是甘肃省牛羊产业大县和甘肃省优质高山细毛羊基地。已探明的金属矿和非金属矿有31种，金属矿产主要有钨、钼、铜、铁、铅锌等，非金属矿有煤炭、萤石等。境内旅游资源富集，已建成4A级旅游景区两个，是全省4个生态旅游示范县之一。

2014年，全县实现生产总值30.14亿元，比上年增长9.8%。其中第一产业增加值4.5亿元，增长5.2%；第二产业增加值19.11亿元，增长10.7%；第三产业增加值6.53亿元，增长9.4%。三次产业结构由上年的14.47∶66.58∶18.95调整为14.94∶63.39∶21.68。

【农牧业农牧村经济】2014年，全县农作物播种面积11.97万亩，比上年增加1.09万亩，其中粮食作物种植面积7.18万亩，比上年增加1.25万亩；油料种植面积0.15万亩；蔬菜种植面积0.93万亩，减少0.29万亩；中药材种植面积0.53万亩，减少0.02万亩；耕地种草面积3.06万亩，增加0.13万亩。全年粮食总产量24752.36吨，比上年增加3659.96吨。其中夏粮产量15318.45吨，增长63.97%；秋粮产量9433.91吨，下降19.7%。油料产量301.61吨；蔬菜产量46632.5吨；中药材产量5216.5吨。年末大牲畜存栏4.45万头，比上年末增长6.12%。存栏牛3.76万头，增长5.1%；年末存栏羊69.49万只，下降1.85%。出栏各类牲畜57.51万头只。家禽饲养量0.96万只，增长5.49%，其中出栏2.33万只，下降0.85%。全年肉类总产量9930.7吨，增长0.39%；绒毛社会产量2262.76吨，下降3.33%，牛奶产量2419.16吨，下降6.8%。

年末，全县拥有农业机械总动力7.75万千瓦，比上年增长0.6%。拥有各类农用运输车761辆，大中型拖拉机1243台，小型拖拉机800台。全年化肥使用量（折纯）2159吨，农村用电量2333.24万千瓦小时。

【工业建筑业】2014年，全县实现工业总产值56.58亿元，增长12.4%。全年新增规上工业企业2户，全县规模以上工业企业达25户。全年完成工业增加值17.66亿元，增长10.7%，规模以上工业企业实现增加值15.33亿元，增长10%。全年规模以上工业企业主营业务收入33.97亿元，比上年增长0.4%。规模以上工业企业实现利润总额3.02亿元，比上年下降2.5%。

全县现有资质以内建筑业企业5户，其中当年新增1户。2014年，全县建筑业实现增加值1.46亿元，比上年增长10.4%，扣除价格因素，实际增长10%。

【固定资产投资】2014年，全县完成固定资产投资36.2亿元，比上年增长21.4%。其中第一产业投资0.48亿元，下降65.77%；第二产业投资21.32亿元，增长44.78%；第三产业投资13.65亿元，增长30.25%。

【交通通信】2014年，全县交通运输、仓储和邮政业实现增加值3674万元，增长5.8%。年末，全县客运线路25条，客运车辆19辆，出租车辆88辆，货车882辆。全年完成客运量21.54万人，货运量41.12万吨。客运周转量2583.6万人千米，货运周转量8609万吨千米。

全年完成邮政业务收入219万元，增长12.89%。年末，全县固定电话用户6200户，移动电话用户达到32467户，互联网宽带用户达到4290户。

【文化产业与旅游业】2014年，全县文化产业实现增加值7072万元，比上年增长27.52%，占生产总值的2.45%。

全年接待国内外游客192.5万人次，增长57.65%；实现旅游综合收入7.37亿元，增长109.38%。

【商贸流通】2014年，全县实现社会消费品零售总额39267万元，比上年增长12.2%。其中城镇实现社会消费品零售总额15680万元，增长11.5%；乡村实现社会消费品零售总额23587万元，增长18.7%。

【社会事业】2014年，末全县事业单位拥有各类专业技术人员达到1106人，全年财政科学技术支出737万元，比上年增长12.9%。全年共取得市、省级以上科技成果1项，科技发明二等奖1项，科技进步三等奖1项。全年受理专利申请38件；授权专利16件。全县共有各级各类学校22所，共有教职工568人，在校学生（含幼儿园）3936人。学龄儿童入学率达到100%，初中入学率为99.2%，初中毕业生升学率为94.5%。2014年，全国各类高、中等专业院校共招生354人，比上年增长0.01%。高考录取率达到95.7%，比上年0.4个百分点。年末全县有艺术表演团体1个，文化馆1个，图书馆1个，博物馆1个，档案馆1个，乡镇文化站8个。广播电台1座，电视台1座，电视发射机2部，广播调频发射机4部。年末，全县在册有线电视用户5324户，在册有线数字电视用户3826户。年末，广播节目综合人口覆盖率为84%；电视节目综合人口覆盖率为93%。年末全县共有医疗卫生机构130个，卫生人员198人，医疗卫生机构床位404张。参加全省少数民族运动会，共获得民族健身操团体一等奖一个，锅庄舞三等奖一个，板鞋竞速1银3铜。

【人民生活与社会保障】2014年，全县城镇居民人均可支配收入17676元，比上年增加1527.7元，增长9.5%；城镇居民人均消费性支出17481元，增长10.8%；恩格尔系数为36.3%，增加0.1个百分点。农民人均纯收入11973元，比上年增加1268.6元，增长11.9%；农村居民人均生活消费支出13354.1元，增长12.5%；恩格尔系数为36.2%，比上年下降0.2个百分点。年末共有城乡从业人员22112人，比上年末增加463人。城镇登记失业率为2.08%，比上年末下降0.27个百分点。年内新增就业人员1536人，下岗职工再就业1291人。

年底征缴城镇职工养老保险1415万元、城镇职工医疗保险1414万元、城镇居民医疗保险30万元、失业保险333万元、工伤保险83万元、生育保险基金69.5万元：支出城镇职工养老保险1867万元、城镇职工医疗保险1273万元、城镇居民医疗保险251万元、失业保险21万元、工伤保险35万元、生育

肃南牧民喜领草原奖补金

保险基金16万元。年底城乡居民参加养老保险18259人，参保率、续保率均达98%。60周岁以上符合待遇领取条件的城乡居民养老金发放标准达到每人每月170元，城乡居民社会养老保险社会化发放率达100%。城镇居民基本医疗保险政府补助标准由人均280元提高到320元，企业退休人员养老金社会化直发率达到100%。

2014年末，全县参加新型农牧村合作医疗农牧民人数24632人，参合率为99.04%。新型农牧村合作医疗基金支出总额为961.42万元，累计受益53154人次。全年对城乡居民患有重大疾病的364人给予了医疗救助，发放救助资金131.3万元。2014年年末全县城镇居民最低生活保障人数731户1542人，城市低保资金支出770.13万元；农牧村居民最低生活保障人数2397户4304人，农村低保资金支出694.51万元。全年对城乡居民患有重大疾病的577人给予了医疗救助，发放救助资金205.19万元。

【环境保护与安全生产】全县现有自然保护站6个，总面积182万公顷，占国土面积的85%。空气可吸入颗粒物年日均值0.112 mg/ m^3，二氧化硫年日均值0.006mg/ m^3，二氧化氮年日均值0.012mg/ m^3，空气质量优良（Ⅰ—Ⅱ级）率为100%，区域环境噪声平均值昼间45.8dB、夜间为37.4dB，地面水质达标率100%，饮用水源水质达标率100%。

2014年，全县共发生各类事故11起，死亡2人、受伤10人，直接经济损失30.09万元。其中发生交通事故6起，火灾事故4起，非煤矿山事故1起。全县煤矿、工贸等行业未发生生产安全事故，事故死亡人数未突破市上下达的控制指标。

肃南裕固族自治县主要领导名录

县委书记　李宏伟

县　长　高林俊（裕固族）

县人大常委会主任　秦学仁（藏族）

县政协主席　安玉冰（裕固族）

（供稿：张晓娟）

酒泉市

【综述】酒泉市位于甘肃省西北部，东接张掖市和内蒙古自治区，南接青海省，西接新疆维吾尔自治区，北接蒙古国。东西长约680千米，南北宽约550千米，总面积19.2万平方千米，其中总耕地面积226万亩，森林81万亩，草原6040万亩。2014年末，全市辖1区2市4县，2014年末，全市常住人口111.19万人，比上年末增加0.36万人，人口自然增长率4.54‰。有蒙古族、哈萨克族等39个少数民族。

属典型的温带大陆性气候。光热条件优越。有黑河、疏勒河、哈尔腾河3大水系，16条河流。粮、棉、油品种多达500个，林果、蔬菜品种300多种，家禽、家畜50多种，鱼类20多种。矿产资源丰富，共有矿产地453处，矿种48种，位于肃北县的塔尔沟钨矿储量居全国第二，大道尔吉铬矿储量居全国第三。境内的玉门油田，是中国最早开发的石油工业基地。境内有莫高窟、榆林窟等古代石窟寺7个，锁阳城、阳关、玉门关等古代城关遗址27个，保存完好的汉长城13段，烽燧100余座，已查明的文物景点达1153个，其中国家级文物景点14处。

2014年，全市实现生产总值620.2亿元，比上年增长7.8%。其中，第一产业增加值81.7亿元，增长5.6%；第二产业增加值292.5亿元，增长8.1%；第三产业增加值246亿元，增长7.9%。按常住人口计算，全市人均GDP为55872元，按2014年平均汇率折算达9131美元。三次产业结构由上年的12.1：53：34.9调整为13.2：47.2：39.6。全市财政收入达93.64亿元，增长9.6%。公共财政预算收入32.23亿元，增长20.7%。全市财政支出117.63亿元，增长5.5%。

【农业农村经济】2014年，全市实现农林牧渔及其服务业增加值81.7亿元，比上年增长5.6%。全市农作物播种面积258.9万亩，增加1.9万亩，增长0.7%。其中粮食种植面积59.5万亩，增长1%。全年粮食总产量33.6万吨，增产0.7%。棉花种植面积35.5万亩，下降6.8%。棉花产量4.1万吨，减产4.9%。油料种植面积5.5万亩，增长27.1%。油料产量1.3万吨，增产30%。蔬菜、瓜类等高效特色产业面积达到158.4万亩，增长1.7%；全市牛饲养量25.2万头，比上年增长5.2%。存栏14.9万头，增长5.2%。出栏10.3万头，增长5%；羊饲养量649.9万只，增长8.5%。存栏388.4万只，增长8.9%。出栏261.5万只，增长8%；生猪饲养量48.5万头，增长3.2%。存栏225万头，增长25%。出栏26万头，增长3.8%；全年全市肉类总产量7.5万吨，增长5.9%。牛奶产量3.6万吨，增长7.5%。禽蛋产量1.1万吨，增长3.6%。

全年完成人工造林面积8.9万亩。水产品养殖面积6.1万亩，增长2.9%。全年水产品总产量22565吨，增长19%。农业机械总动力240.2万千瓦，增长3.1%。农用拖拉机11.1万台，增长2.9%。全年化肥施用量8.6万吨，增长4.8%。农村用电量3.9亿千瓦时，增长4.5%。保灌面积239.2万亩，增加1.3万亩。新增高效节水面积12万亩，比上年增长5.3%。

【工业建筑业】2014年，全市工业增加值达到229.4亿元，比上年增长7.4%。全市规模以上工业增加值达202.8亿元，增长6.8%。分轻重工业看，轻工业增加值7.2亿元，下降6.9%；重工业增加值195.6亿元，增长7.3%。新能源产业中风光电发电企业完成工业增加值143亿元，下降2.3%，发电量达到95.9亿千瓦时，占全市发电量的64%。全年规模以上工业企业实现利税49.8亿元，比上年增长34.7%。

全年全社会建筑业增加值63.1亿元，比上年增长11.7%。全市具有资质等级的总承包和专业承包建筑业企业实现营业收入106.9亿元，与上年持平。全年上缴税金7.53亿元，增长6.9%。实现利润6.93亿元，增长0.9%。

【固定资产投资】全市固定资产投资达到1003.7亿元，比上年增长21%。其中第一产业投资82.4亿元，增长74.7%；第二产业投资614.1亿元，增长

18.7%；第三产业投资307.2亿元，增长15.8%。

【项目建设】2014年，全市开工建设项目1974个，比上年增加813个。其中，亿元以上项目307个，完成投资519.3亿元，增长1.4%；5000万元以上项目791个，完成投资778.4亿元，增长11.3%；千万元以上项目1656个，完成投资941.7亿元，增长20.2%。

【房地产开发】2014年末，全市资质以上房地产开发企业88家。全年共完成房地产开发投资38.5亿元，比上年下降7%，其中商品住宅投资28.1亿元，下降14.1%。商品房施工面积385.5万平方米，下降3%，其中住宅施工面积315.5万平方米，下降7.6%。商品房竣工面积95.9万平方米，下降23.6%，其中住宅竣工面积79.5万平方米，下降32.6%。商品房销售额48.8亿元，增长11.5%，其中，现房销售额24.7亿元，下降21.9%；期房销售额24.1亿元，增长98.6%。

【商贸流通】2014年，全市社会消费品零售总额达到156.8亿元，实际增长9.96%。其中商品零售额141.2亿元，增长13.6%；餐饮收入额15.6亿元，增长4.5%。在限额以上企业商品零售额中，汽车类零售额增长7%，粮油、食品类增长9.6%，服装类增长8.8%，日用品类增长26%。

【商业贸易】2014年，全市外贸进出口企业134个，实现进出口总额7621.1万美元，比上年下降28.8%。其中进口656.4万美元，下降15.3%；出口6964.7万美元，下降29.9%。

【招商引资】2014年，全市新签约招商引资项目455个，比上年减少85个。建成投产项目447个，比上年增加48个。协议引进资金3215.9亿元，比上年增长3%，其中实际到位资金911.1亿元，增长4%。

【交通通信】2014年，全市交通运输、仓储和邮政业完成增加值38.8亿元，比上年增长6.7%。 年末全市公路总里程达16650.17千米，民用汽车保有量121948辆，增长14.7%，其中本年新注册汽车18430辆，增长2.4%。私人轿车保有量43876辆，增长18.7%，其中本年新注册轿车7417辆，增长3.1%。全年公路运输货运量3090万吨，比上年增长6.7%，货物周转量107.63亿吨千米，增长38%；公路客运量7996万人，增长4.5%，旅客周转量51.24亿人千米，增长37.6%。

全年邮电业务总量9.89亿元，比上年增长10.8%。其中，邮政业务总量0.71亿元，增长13.9%；电信业务总量9.18亿元，增长10.5%。邮政业全年完成快递业务量146.71万件，快递业务收入3519.52万元。电信业全年新增移动电话交换机容量85.4万门，达到309.38万门。年末全市电话用户总数达到163.2万户。国际互联网用户达13.14万户，普及率为39.6%。

【文化产业与旅游业】2014年，全市文化产业增加值14.76亿元，比上年增长43.3%。全年旅游接待人数1384.2万人次，增长26%。其中接待海外游客2.36万人次，下降50.8%。全年旅游收入120.5亿元，增长26%；旅游创汇收入531.3万美元，下降54.5%。

【财政金融保险】2014年，全市金融机构本外币各项存款余额840.73亿元，比上年末增长9.7%，其中人民币各项存款余额837.61亿元，增长9.6%。金融机构本外币各项贷款余额585.62亿元，增长25.4%，其中人民币各项贷款余额585.46亿元，增长25.4%。全年保险公司保费收入19.24亿元，比上年增长24.2%。其中财产险收入4.82亿元，增长17.1%；寿险收入14.42亿元，增长26.5%。支付各类赔款及给付6.53亿元，增长1.8%。其中财产险赔付金额2.04亿元，下降8.9%；寿险赔付金额4.49亿元，增长6%。

【社会事业】全市共有各类学校368所，学龄儿童入学率100%，高中阶段教育毛入学率95.4%，初中教育入学率99.8%，普通高校考生本科上线率33.3%；共有各类专业技术人员27790人，比上年增长5.5%。全年引进新技术成果263项，申请专利1507项，授权专利340项。全年签订技术合同60项，技术合同成交额20.16亿元，比上年增长34.4%；共有艺术表演团体3个，剧场、影剧院9个，文化馆8个，博物馆7个，公共图书馆7个，档案馆8个。全市有广播调频转播发射台20座，电视转播发射台13座，广播电视台8个；全年向各类大专院校输送体育人才100名。在省级以上比赛中，全市共获得奖牌89枚。全市举办运动赛会271次，参加人数达42.5万人。全市共有9.8万名适龄学生达到《国家体育锻炼标准》；全市共有医疗卫生机构983个，卫生技术人员6049人，床位5639张。全市共有卫生防疫防治机构8个，卫生技术人员173人。妇幼卫生机构8个，卫生技术人员94人。

【人民生活与社会保障】2014年末，全市城镇居民人均可支配收入24651元，实际增长7.5%，城镇居民恩格尔系数31.5%，比上年下降0.8个百分点。全年农村居民人均纯收入12142元，实际增长9.3%，农村居民恩格尔系数34.7%，下降1.4个百分点。城镇居民人均可支配收入与农民人均纯收入倍差2.03，比上年缩小0.03个百分点。居民消费价格比上年上涨2.4%，其中食品价格上涨4%。全年新增就业岗位34387个，比上年增加459个。城镇新增就业人员3.44万人，比上年增长1.4%。年末城镇人口登记失业率为3.04%。

全年社会保障和就业支出12.3亿元，比上年增长1.5%。年末全市城镇基本养老保险参保人数11.64万人，增加0.69万人；城镇基本医疗保险参保人数27.69万人，减少2.57万人；失业保险参保人数6.52万人，减少0.51万人；工伤保险参保人数8.85万人，增加0.61万人，其中农民工参保人数2.77万人，增加0.21万人；生育保险参保人数6.24万人，增加0.91万人。城乡居民社会养老保险参保率达98.7%。城镇居民医保参保率和新农合参合率均达到98%。全年发放企业离退休人员基本养老金6.28亿元，为城镇参保人员支付医疗保险费3.34亿元，发放失业人员失业保险金1152万元，发放工伤保险金3741万元。全市有社会福利院7个，福利院床位520张。

年末有14.18万城乡居民得到政府最低生活保障救济，发放保障金2.74亿元，比上年增长3.2%。

【环境保护与安全生产】截至2014年末，全市建成烟尘控制区9个，总面积96.3平方千米，覆盖率100%。建成环境噪声达标小区9个，环境噪声达标区面积77.7平方千米，覆盖率100%。酒泉城区空气质量优良天数310天，占全年天数的84.9%。年末城市污水日处理能力10.6万立方米，增长12.8%；城市污水处理率84.2%，比上年提高4个百分点；生活垃圾无害化处理率100%。集中供热面积2381.7万平方米。燃气普及率100%。城市建成区绿地率35.5%，比上年提高1.2个百分点；人均公共绿地面积12.8平方米，比上年增长17.3%。全年全市能源消费总量459.93万吨标准煤，比上年增长3.5%。万元生产总值能耗比上年下降4.25%。主要污染物化学需氧量排放量2.84万吨，下降3.8%；氨氮1252.7吨，下降7.2%；二氧化硫3.48万吨，增长7.97%；氮氧化物2.42万吨，增长4.7%。

全年生产安全事故125起，死亡75人，受伤110人，直接经济损失23.81万元。亿元GDP生产安全事故死亡人数0.121人。全年发生道路交通事故125起，死亡75人，受伤110人，直接经济损失23.81万元。全年发生4级以上地震9起，无死亡人数。

酒泉市领导班子成员名录

市　委

书　记　马光明

副书记　都　伟　朱　涛　张　翼

常　委　马光明　都　伟　朱　涛　张　翼　王喜成　塞力克　石建明　闫沛禄　杨小丽　周学海　詹顺舟　王洁岚　吴基伟　杨焕林　施　询

秘书长　王喜成

市人大常委会

主　任　詹吉有

副主任　张普选　浩　升(哈萨克族)　郎吉忠　黄从光

秘书长　李生亮

市政府

市　长　都　伟

副市长　周学海　吴基伟　施　洵　柴绍豪　王　敏　潘卫东　李永军　李　丽（女）　狄生奎

市长助理　李晓卫　魏兵海

秘书长　贾　洁

市政协

主　席　郭益寿

副主席　李如檀　王见余　卢学国　宋丽文　秀　荣　成茂和　杨浩然

秘书长　赵　锋

（供稿：张志明）

肃州区

【综述】肃州区地处河西走廊西端，介于东经98°15′-99°30′，北纬39°-40°之间。东西长约104千米，南北宽约84千米，全区总面积3386平方千米，其中耕地面积62.64万亩。2014年末，全区辖7镇8乡，总人口41.04万人（不含流动暂住人口），人口自然增长率3.42‰。

境内地势西南高，东北低，海拔1340-2200米，地下水位在10-105米之间。有北大河、洪水河、讨赖河等大小河流17条。是全国重要的对外制种基地、洋葱生产集散中心和畜禽养殖中心。光热资源充足，风能资源总储量达2亿千瓦，可开发利用8000万千瓦以上。主要矿产资源有石油、祁连玉、粘土、石膏等。境内已经发现文物古迹266处，有4A级旅游名胜西汉酒泉胜迹、祁连雪峰等人文自然景观。

2014年，全区生产总值195.87亿元，增长7.8%。其中第一产业增加值27.81亿元，增长6.18%；第二产业增加值91.06亿元，增长7.18%；第三产业增加值77亿元，增长9.30%。三次产业结构比由2013年的13.4：50.2：36.4调整为14.2：46.5：39.3。全年全区完成固定资产投资242.85亿元，增长27.3%。财政总收入13.28亿元，增长27.64%；财政总支出19.47亿元，增长6.19%；金融机构人民币存款余额358.51亿元，增长13.25%；金融机构人民币贷款余额269.18亿元，增长28.73%。

【农业农村经济】2014年，全区实现农业总产值58.35亿元，比上年增长12.1%。全区农业增加值达到27.81亿元，比上年增长6.18%。全区粮食作物播种面积27.94万亩，下降2.85%。粮食总产量16.28万吨，减少2.83%。其中夏粮5.87万亩，产量2.73万吨，减产841.92吨，下降2.99%；秋粮22.07万亩，减少2.3%，产量13.55万吨，减少0.38万吨，下降2.72%。油料1.29万亩，比上年增长11.52%，产量2525.48吨，增长36.69%。蔬菜面积20.28万亩，增长2.56%，产量66.02万吨，增长8.91%。蔬菜制种及其他制种11.64万亩，增长4.55%，产量7147.83吨，增长9.75%。

全区各种畜禽饲养总量861.17万头只，比上年增加41.92万头只，增长5.12%。主要畜禽存栏350.56万头只，比上年增加18.71万头只，增长5.64%。主要畜禽出栏510.61万头只，比上年增加23.21万头只，增长4.76%。肉产量31310.61吨，增加1667.61吨，增长5.62%。蛋产量7344吨，增加285吨，增长4.02%。奶产量26824.6吨，增加2224.6吨，增长9.04%。水产养殖面积8160.3亩，比上年增加1134.8亩。人工造林面积13555.8亩，比上年增加1213.6亩，增长9.83%。农业机械总动力81.84万千瓦，增长2.94%。农村用电量9861.17万千瓦时，增长6.16%。农用化肥施用量7.07万吨，增长3.45%，折纯量2.54万吨，增长8.95%。塑料薄膜使用量6249.24吨，增长3.61%，覆盖面积40.7万亩。机井1994眼，与上年持平。全年输转农村劳动力6.16万人，实现劳务收入8.41亿元。

【工业建筑业】2014年，全区工业总产值338.53亿元，比上年增长1.21%，实现工业增加值73.97亿元，增长6.5%。其中规模以上工业企业完成总产值304.08亿元，增长0.01%，实现工业增加值62.74亿元，增长5.3%。

全区建筑业增加值17.09亿元，增长11.78%。资质内建筑业完成产值35.41亿元，增长10.8%。

【固定资产投资与项目建设】全年全区完成固定资产投资242.85亿元，增长27.3%。其中第一产业完成投资26.6亿元，增长631%，第二产业完成投资9577亿元，增长33.41%，第三产业完成投资120.48亿元，增长17.21%。全年全区开工建设500万元以上项目632个，其中千万元以上项目421个，亿元以上项目88个。

【房地产开发】全年全区房地产开发投资22.45亿元，增长45.38%；房地产开发面积215.63万平方米，增长49.22%。房地产开发竣工面积41.95万平方米，下降20.91%。商品房销售额27.46亿元，增长25.76%。商品房销售面积73.89万平方米，增长32.34%。

【商贸流通】2014年，全区社会消费品零售总额66.3亿元，比上年增长12.6%。其中批发和零售业实现零售额59.4亿元，增长13.9%；住宿和餐饮业实现零售额6.9亿元，下降2.7%。

【商业贸易】2014年，全区有进出口经营权企业达到56户，全年外贸进出口总额达到5917万美元，下降33%。

【文化产业与旅游业】2014年，全区文化产业增加值3.71亿元，增长27.05%。全年全区共接待海内外游客365.49万人次，比上年增长38.29%，其中接待外宾0.5万人次，与上年持平，内宾364.99万人次，增长38.36%；实现旅游收入28.81万元，增长28.46%。全区现有星级宾馆（饭店）14家。

【交通通信】2014年，全区拥有客运营运车辆1340辆，年末公路线路里程1881千米。全年公路客运量5541万人次，比上年增长6.68%；客运周转量176435万人千米，增长9.7%。公路货运量2696万吨，增长15.8%；货运周转量382183万吨千米，增长13.3%。

全区邮电业务总量40958万元，增长10.01%，其中邮政业务总量3075万元，增长9.78%；电信业务总量37883万元，增长10.03%。本地固定电话用户9.66万户，增长1.9%。移动电话用户55.41万户，增长10.69%。国际互联网用户数6.65万户，增长13.29%。

【环境保护与安全生产】全年城区新增绿化面积129.7万平方米，建成区绿化覆盖面积1819顷，公共绿地面积1485顷，绿化覆盖率达到34.8%。城市污水日处理能力4万立方米。2014年亿元GDP生产安全事故死亡率0.112人/亿元，下降11.1%。

【社会事业】辖区内各级各类院校68所，在校学生69972人，各级各类教职工4755人。幼儿园94所，在园幼儿12417人。有各类卫生机构258个，卫生技术人员2187人，床位2378张。申报国家、省、市科技项目33项，评出肃州区科技进步奖16项，荣获市级以上科技进步奖13项，授理专利509件。广播电台和电视台全年播发新闻7258条，制播广播电视专题节目2579期。

【人民生活与社会保障】2014年，全区城镇居民人均可支配收入24858元，增长10.97%。城镇居民人均消费性支出20234元，增长9.91%。农民人均纯收入11748元，增长12.24%。农民人均生活消费支出10344元，增长11.54%。全区居民消费价格比上年上涨2.4%，其中，食品类价格上涨4.0%。全年新开发就业岗位11636个，城镇新增就业10854人，年末城镇登记失业人员2974人，城镇登记失业率3.03%。

城镇基本养老保险参保人数3.09万人，农村社会养老保险参保人数15.32万人；城镇职工基本医疗保险参保人数2.35万人，工伤保险参保人数2.56万人，失业保险参保人数1.22万人，生育保险参保人数1.42万人。城市居民最低生活保障人数12499人，农村居民低保人数21001人，农村五保供养人数1169人；城市低保标准提高到352元，农村低保标准提高到2193元，均提高15%。城镇居民基本医疗保险参保人数6.93万人；农村新型合作医疗年末农民参合率达99%。

肃州区主要领导名录

区委书记　杨克忠（8月止）

区人大常委会主任　王世万

区　长　杨全泉

区政协主席　连德礼

（供稿：李　慧）

玉门市

【综述】玉门市地处河西走廊西端，介于东经96°15′-98°30′、北纬39°40′-41°00′之间。东临嘉峪关、酒泉，西通敦煌，南接肃北蒙古族自治县，北达中蒙边境马鬃山口岸。东西长114千米，南北宽112.5千米，全市总面积1.35万平方千米。2014年末，全市辖3镇9乡，2总人口人。有东乡族、回族、蒙古族等31个少数民族。

主要河流有疏勒河、石油河、白杨河和小昌马河。属大陆性中温带干旱气候，年均气温7.50℃，年均无霜期为135天，年均降水量为66.7毫米。特色农产品有啤酒花、孜然等。风能、光能资源丰富，风能资源理论可开发利用量2000万千瓦，全年日照时数3300多小时，是全省太阳能总辐射量最高的区域之一。矿藏有石油、煤、石灰石等30多种。境内有省级文物保护单位7处，地级文物保护单位42处。

2014年，全市实现地方生产总值123.6亿元，增长4.8%，其中第一产业增加值9.6亿元，增长5.4%，第二产业增加值72.7亿元，增长5.1%，第三产业增加值41.6亿元，增长4.2%。全社会完成固定资产投资240亿元，增长26%。实现社会消费品零售总额23.7亿元，增长12.5%。实现财政总收入9.4亿元、公共财政收入4.5亿元，分别增长15%。

【新农村建设】2014年，全市农作物播种面积56.45万亩（含复种5.6万亩），增长0.75%。其中粮食播种面积10.28万亩，增加0.59万亩。全年粮食总产量5.26万吨，增长10.7%；油料播种面积0.82万亩，下降0.75%。全年油料总产量0.16万吨，增长1.75%。全市蔬菜播种面积12.63万亩，下降10.3%；中药材面积8.4万亩，下降14.1%；制种面积2.64万亩，增长9.1%；瓜类面积达2.64

万亩，下降5%。全市牛饲养量达到1.06万头，减少0.02万头，下降1.9%。存栏0.91万头，出栏0.15万头；羊饲养量达到121.44万只，增加8.22万只，增长7.3%。存栏81.41万只，出栏40.03万只；猪饲养量达到6.26万头，增加0.15万只，增长2.5%。存栏3.18万头，出栏3.08万头。新增流转土地2万亩。赤金镇被农业部授予“全国一村一品示范镇”称号。

【工业经济】浩海焦化项目开炉点火，炼油厂50万吨延迟焦化、70万吨柴油加氢项目建成投产，宇丰风机叶片项目进展顺利。全市规模以上工业企业达到63户。全年全市第一产业增加值9.6亿元，增长5.4%

【招商引资与项目建设】2014年，全市开展招商活动36次，引进项目125个，到位资金152亿元。全年实施重点项目238个，其中，10亿元以上项目10个，5亿元以上项目12个，亿元至5亿元项目59个，麻黄滩风电等115个项目完成建设任务。

【新能源产业发展】2014年，全市重点实施能源项目38个，各类电力总装机达到301万千瓦，其中风电装机240万千瓦，光电装机15万千瓦，水电17.2万千瓦、火电25.8万千瓦，生物质能3万千瓦，初步形成风电、光电、火电、水电、生物质能发电等多能并举、互补开发的多元化产业体系。全年风光电上网电量达到30亿千瓦时。

【城市建设】昌盛大道水系景观带改造等城建“十大工程”完成年度建设任务，玉门火车站建成运营，新建汽车站完成主体工程。天然气入户6000多户，改造建设供热管网5千米里，增设热源站点2个，新增供热面积10万平方米。改造道路3千米，更新5千米路段路灯，新增和改造绿地面积46万平方米，

【旅游业】2014年，全市旅游接待人数达到217.98万人次，增长28.9%；旅游总收入达到19.11亿元，增长31.25%；年末就业人数3970人，增长13.4%；旅游综合收入占全市GDP比重达到15.45%。

【商贸流通】全市共登记注册商贸流通经营户5706户，增长20.1%。新增“万村千乡”市场工程农家店和农贸市场33个，引进各类知名品牌店92个。2014年，全市批发零售业完成增加值6.4亿元，增长4%。

【非公经济】2014年，全市新增非公经济市场主体1466户，累计达到8000户，非公经济比重达到25%。

【扶贫攻坚】铺筑农村公路142千米，农村危旧房改造达到2.24万户，占全市农户总量的89%，新续建百户以上楼居式中心村4个。移民乡户均养羊30只以上，2000元以上高效田人均达到2.1亩，移民脱贫致富“321”目标全面实现，移民人均纯收入增长30%。

【社会事业】投入5500万元实施下西号学校教学楼等教育基础设施建设项目33个，为移民乡幼儿入学给予50%的费用补助，提高农村幼儿教师工资标准，高考二本上线率达到40%以上。建成2个乡镇卫生院和33个村卫生室，落实基本药物制度为患者减少药品支出700多万元。

【人民生活与社会保障】2014年，全市城镇居民人均可支配收入达23975元，增加2062元。农民人均纯收入达11967元，增加1342元。开展职业技能培训，全市新增就业6368人。安置224名高校毕业生就业。

保障困难群众的基本生活，为困难群众发放各类救助金8000多万元。提高养老保险、医疗保险、城乡低保、农村五保标准，建成2所城市社区老年人日间照料中心和8所农村互助老人幸福院。加大惠民菜店建设，惠民菜店达到20个。筹资1.7亿元，为民承诺的10件惠民实事全面完成。发放小额担保贷款5751万元，带动5852人创业就业。

玉门市主要领导名录

市委书记　雒兴明

市人大常委会主任　张　勇

市　长　宋　诚

市政协主席　张家明

（供稿：周仁君）

敦煌市

【综述】敦煌市地处甘肃河西走廊最西端，甘肃、青海、新疆三省（区）交汇地，介于东经92° 13′-95° 30′、北纬39° 40′-41° 40′之间，全县总面积3.12万平方千米。2014年末，全市辖7镇2乡，总人口142762人，人口自然增长率1.97‰。

境内地势南北高、中间低。东有三危山，南有鸣沙山，西面是沙漠，与塔克拉玛干相连，北面是戈壁，与天山余脉相接，绿洲面积约1400平方千米。主要河流党河。属典型的暖温带干旱性气候。全年降水量46.3毫米，蒸发量2064毫米，年均气温10.9℃，无霜期184天。矿产资源已探明有金、银、钒等26个品种，其中，已探明钒资源储量153.86万吨，位居全国第四。境内现存各类文物景点241处，其中国家级重点文物保护单位3处。国家A级旅游景区10处。

2014年，全市实现地区生产总值100.65亿元，增长13.2%。其中一产增加值13.26亿元，增长3.9%；二产增加值31.57亿元，增长21.1%；三产增加值55.81亿元，增长11.7%。产业结构由上年的15.14：29.08：55.78调整为13.17：31.37：55.46。完成财政总收入9.63亿元，增长37.11%。财政支出16.06亿元，增长11.23%。人均生产总值达70486元，比上年增加8726元，增长12.8%。社会消费品零售总额达到34.71亿元，增长12.65%。

【农业农村经济】2014年，全市农林牧渔业总产值完成29.69亿元（现价），增长5.52%；农林牧渔服务业产值9.99亿元，增长15.53%；农林牧渔业增加值完成15.86亿元，增长5.3%。全年农作物播种面积26.35万亩，种植瓜菜10.1万亩。葡萄种植面积达到14.67万亩，培育葡萄专业镇2个、设施瓜菜示范乡镇3个、养羊大乡5个。新建农业产业化龙头项目7个，建成标准化生产示范田10.49万亩、现代农业示范园区6个、示范点24个，培育创建国家、省级、酒泉市级示范社18家。全年流转

土地1.59万亩，建成干支渠82千米，实施田间节水工程5万亩。完成治理河道5.5千米，解决10255人的农村饮水安全问题。实施防沙治沙综合示范区和沙化土地封禁保护试点项目，完成造林绿化8800亩，当年植树47万株。

【工业经济】2014年，全市开工建设工业项目68个，完成投资65.8亿元。全市完成工业增加值21.5亿元，增长25.6%。其中规模以上工业企业实现增加值18.54亿元，增长27.9 %；实现主营业务收入18.03亿元，增长26.36%。

【招商引资与固定资产投资】2014年，全市实施招商项目181个，引进市外资金161.3亿元，增长35.5%。全年完成固定资产投资151.33.亿元，增长39.24%。其中第一产业完成投资6.05亿元，增长35.58%；第二产业完成投资75.63亿元，增长26.36%；第三产业完成投资69.65亿元，增长56.98%。

【财政金融保险金融】2014年，全市完成财政总收入9.63亿元，增长37.11%；财政支出16.06亿元，增长11.23%。全年金融机构本外币各项存款余额189.87亿元，比上年增加13.44亿元，增长7.62%；金融机构本外币贷款余额99.42亿元，比上年增加38.86亿元，增长64.176%。全年累计实现保费收入3.17亿元，增长8.97%。

【新能源产业】累计获批光电项目1110兆瓦，已相继建成663兆瓦（实现并网583兆瓦），在建及开展前期工作项目447兆瓦。8月，由北京首航节能技术股份有限公司投资建设的国内最大10兆瓦熔盐塔式光热发电项目开工建设。建成月牙泉330千伏变电站、光电园区星光330千伏升压站及配套的9个110千伏升压站。2014年生产2MW风电机组50台。

【文化产业与旅游业】全市共有文化产业法人单位325家，增长45.09%；从业人员4647人，增长20.33%；资产总计16.15亿元，增长15.11%；全年实施文化旅游项目35个，其中亿元以上项目22个。敦煌国家级文化产业示范园区通过文化部评审公示。2014年，全市完成文化产业增加值8亿元，增长65.67%。

国家级旅游综合改革试验区申报至国家旅游局，并启动省级试点；玉门关和悬泉置遗址于2014年06月22日成功申报世界文化遗产。年末全市拥有宾馆饭店191家，总床位21000余张。其中：星级宾馆32家。拥有旅行社和驻敦旅行社分支机构70家，取得导游资格的导游人员1155人，翻译语种有日、英、德、法、朝鲜、意大利、韩等7种。建成农家院100家，农家客栈107家。2014年，全市共接待国内外游客506.78万人次，增长26.06%；全年旅游总收入48.05亿元，增长28.82%。

【交通运输】2014年，全市拥有客运车辆1822辆，公路客运总量达到651.5万人次，增长7%；公路客运周转总量41745.6万人千米，增长35%。全年敦煌火车站进站64.7万人次，增长2.54%；出站72.3万人次，增长2.71%。开通至西安等15个城市的航班。

【城乡建设】投资8.2亿元，实施城乡建设项目20个。启动建设飞天大道等4条城市道路，安装设置27栋临街建筑夜景灯光。建成污水处理厂污泥处置项目等4个集中供热换热站，推进太阳能集热应用等12项新能源示范项目。改造提升城市出入口临街建筑、道路照明和配套管网，完成东出口临街建筑物风貌改造，完成北台巷等7个片区65条小巷道的综合改造。实施“三溪五湖百塘”等重点园林绿化项目，新改扩建各类公园、广场、绿地14处，新增城市绿地面积25万平方米，绿地率达到35%。开工建设各类保障性住房775套，实施450户农村危房改造建设。推进阳关镇、月牙泉镇重点小城镇和祁家桥等3个社区化管理示范村建设，改造农村危旧房450户，建成整村环境优美村15个，七里镇、莫高镇被列入全国重点镇。

【社会事业】年末，全市有各类专业技术人员2653人。组织实施23项市列科技计划项目，争取11项国家省市项目。全市申报专利270项，建立酒泉市科技特派员创新创业示范基地8个。全市现有中小学校42所，在校中小学生21709人，中小学校在职教职工1670人。共有幼儿园38所，在园幼儿3942人。城乡幼儿入园率达100%，学前三年教育普及率达98.29%。高考二本以上上线431人。全市共有各级各类医疗卫生机构137个，病床705张，共有卫生技术人员1140人。新型农村合作医疗参合98054人，参合率98.82%。建设完成9个村卫生室和11个村卫生室建设项目。全市新建成肃州镇、转渠口镇、莫高镇3个乡镇综合文化中心，村文化室16个，建成漂流图书点25个，完成“乡村舞台”24个。电视台采编播各类新闻3101条，广播电台采编播各类新闻3101条。举办全国沙滩排球巡回赛等赛事，联合知名媒体推出“心·迹 — 敦煌”行走的力量、“奔跑吧兄弟”、凤凰网知名博主敦煌行等新兴宣传推介活动。

【人民生活与社会保障】2014年，全市城镇居民人均可支配收入25461元，比上年增加2141元，增长9.18%。农民人均纯收入12791元，比上年增加1287元，增长11.19%。城镇居民食品消费支出占消费总支出的26.2%，比上年下降0.93个百分点。农村居民食品消费支出占消费总支出的26.44%，比上年增加0.95个百分点。全市有社会从业人员81901人，比上年末增加365人。全年新开发公益性岗位35个，城镇新增就业人数6926人，城镇登记失业率2.72%。

全市救助各类困难群众4.85万人次，其中五保供养对象368人，城市低保对象5066人，农村低保对象9396人，孤儿62人，春冬救助生活困难群众18152人。发放各类救助资金4285.67万元，其中发放落实城乡低保金3222.48万元、五保供养金149.2万元、医疗救助金462.4万元、临时救助金160.51万元、春冬生活救助金255万元、孤儿基本生活费36.08万元。完善城乡居民社会养老保险制度，参保缴费70676人，参保率达97.1%，征收养老基金1101万元，为1522人发放养老金1511.43万元。

敦煌市主要领导名录

市委书记　詹顺舟

市人大常委会主任　翟福林

市　长　贾泰斌

市政协主席　曹　理

（供稿：夏春亮）

金塔县

【综述】金塔县地处河西走廊中段北部边缘，介于东经97° 58′ -100° 20′、北纬39° 47′- 40° 59′之间。东与高台县毗邻，西与玉门市接壤，南临肃州区和嘉峪关市，北靠内蒙古额济纳旗。全县总面积1.88万平方千米，东西长约250千米，南北宽约400千米。2014年末，全县辖5乡5镇、1个城市社区管委会，总人口150115人，自然增长率为2.6‰，比上年下降0.17个千分点。

境内东南北三面皆山，中间低平，地形略呈斜方。境内东部和东南部属巴丹吉林沙漠边缘和合黎山地带，西部为戈壁荒漠，南部为夹山褶皱带，北部属马鬃山地台东南部的低山地带，中部地势低平，形成金塔盆地，地势南高北低，西南高向东北渐次低下。平均海拔1275米，相对高度500米-1000米。境内最高处四道红山主峰，海拔1924米；最低处金塔盆地北部，海拔921米。属温带干旱大陆性气候，冬季寒冷，夏季炎热，温差大，日照充足。2014年，总日照时数3463.1小时，平均气温9.1 ℃，年极端最高气温384℃，年极端最低气温-209℃，总降水量为47.4毫米，出现大风天气11天，沙尘暴天气2天。境内有鸳鸯池、解放村、大墩门、红沙墩等大小水库14座，总库容量达1.88亿立方米。

2014年，全县实现生产总值69.9亿元，按可比价格计算，比上年增长8.5%。其中第一产业增加值181亿元，增长56%；第二产业增加值22.5亿元，增长8.6%；第三产业增加值29.3亿元，增长10.2%。三次产业结构由上年的25.5：35.7：38.8调整为25.9：32.2：41.9。按常住人口计算，全县人均生产总值达到4.7万元。全年完成固定资产投资86.8亿元，比上年增长8.1%。实现财政总收入3.4亿元，比上年增长8.7%。财政总支出11.5亿元，比上年增长3.9%。

【农业农村经济】2014年，全县实现农业总产值34.92亿元，其中种植业总产值20.36亿元，林业总产值1.53亿元，畜牧业总产值4.9亿元；渔业总产值0.05亿元，农林牧渔服务业总产值8.08亿元。实现农业增加值18.06亿元。其中种植业增加值12.24亿元，林业增加值0.92亿元，畜牧业增加值2.77亿元，渔业增加值0.03亿元，农林牧渔服务业增加值2.1亿元。全县农作物播种面积为45.76万亩，其中粮食播种面积12.21万亩。配套机井达到1599眼，拥有农业机械总动力46.9万千瓦。完成造林面积2.09万亩。其中国营造林0.27万亩，集体造林0.08万亩，个人造林1.74万亩。畜禽饲养总量289.69万头（只），肉类总产量16170.97吨，牛奶产量1134吨，禽蛋产量1461吨，羊毛产量1616吨。全年水产品产量546吨。

【工业建筑业】2014年，全县完成工业总产值52.9亿元，其中规模以上工业总产值39.3亿元。全县实现工业增加值16.2亿元，其中规模以上工业企业增加值11.7亿元。规模以上工业增加值中，股份制企业增加值11.8亿元，增长12.1%。轻工业增加值0.9亿元，下降13.3%；重工业增加值10.9亿元，增长15.1%。规模以下工业完成增加值4.5亿元，增长12.3 %。

全社会建筑业实现增加值6.3亿元，比上年下降0.7%。全县具有建筑业资质等级的总承包和专业承包建筑企业实现工程结算收入4.9亿元，比上年下降36.4%，利润总额0.48亿元，比上年下降51%，上缴税金0.26亿元，下降35%。房屋建筑施工面积6.7万平方米；房屋建筑竣工面积3.5万平方米。

【固定资产投资】2014年，全县完成固定资产投资86.8亿元，比上年增长8.1%，其中500万元以上投资完成86.8亿元，增长8.1%。从投资结构来看，第一产业完成投资额7.7亿元，下降18.9%，第二产业完成投资额70.9亿元，增长21.2%，第三产业完成投资额8.2亿元，下降33.1%。

【项目建设】2014年，全县亿元以上项目13项，比上年减少22项，完成投资49.5亿元，增长1.2%；千万元以上项目109项，增加15项，完成投资额35.1亿元，增长28.1%。投资中房地产项目开发完成投资0.4亿元，下降87.7%。

【城乡建设】2014年，全县加强老城区基础设施建设，在商业步行街修建商业门店4栋1.6万平方米，建成1处小型专业化市场。在泰安家园、金色阳光等棚户区新建商品住房5栋180套。投资4.8亿元实施新城区绿化建设等12项重点项

金塔县万晟500兆瓦晶体硅太阳能电池完整产业链项目

目。在航天镇、金塔镇2个集镇实施5项重点工程建设，完成投资9212万元。

【招商引资】2014年，全县完成招商新签项目49个，协议引进资金442.4亿元，其中实际到位资金90.7亿元。全年出口总额1341.3万美元，比上年增长38.6%。

【商贸流通】2014年，全县社会消费品零售总额10.7亿元，比上年增长12.6%。其中限额以上批发、零售和住宿餐饮业零售额完成8.7亿元，增长13.6%。批发和零售业零售额10.3亿元，增长14.5%；住宿和餐饮业营业额0.4亿元，增长10.4%。分城乡看，城镇消费品零售总额9.2亿元，增长11%，占零售总额的85.9%；农村消费品零售总额1.5亿元，增长25%。

【旅游业】2014年，全县接待海内外游客201.2万人次，增长29.7%；实现旅游收入16.7亿元，增长30.5%；全县旅游收入占GDP的比重由上年的18.9%提高到23.9%。

【交通通信】2014年，全县交通运输、仓储和邮政业实现增加值5.5亿元，比上年增长10%。全县公路里程达到2513.2千米，乡村道路累计2218.6千米，当年新建、改建农村道路63.8千米。完成旅客运输量550万人，旅客周转量42480万人千米。货物运输量484万吨，货物周转量29770万吨千米。客货运输换算总周转量34018万吨千米，比上年增长30%。

全县全年完成邮电业务总量0.78亿元。年末全县固定电话用户1.82万户，年末全县移动电话用户11.09万户，全县国际互联网用户17642户。

【金融保险】2014年，全县金融机构各项存款余额47.73亿元，增长6.6%。年末全县金融机构各项贷款余额43.12亿元，比上年增长5.3%。全年各类保险机构实现保费收入12226万元。

【社会事业】2014年，全县普通高中在校学生2951人，职业中专在校学生1359人，普通初中在校学生5912人，普通小学在校生9300人，幼儿园（班）幼儿3232人。普通高考二本以上上线率达到35.2%；组织实施各类科技项目23项，取得科技成果4项。全年引进各类农林牧渔新品种26个，新建农业科技示范园区13个。开展科技培训94场次，培训干部群众3.8万人次；全县有文化馆1个，公共图书馆1个，博物馆1个，档案馆1个。广播电视台1座，千瓦以上电视发射及转播台1座，25平方米室外全彩电子显示屏1台，广播和电视综合人口覆盖率分别达到98%和99.9%，数字电视入户率达到93%。馆藏图书5.62万册，流通量2.5万册次，流通人数3.2万人次。馆藏文物1395件；2014年，金塔县有卫生机构147个，床位687张，卫生技术人员858人。全县86%的村拥有医疗点，有乡村医生和卫生员111人；全年举办体育运动会7场次，参加运动员1750人次。全县在校学生体质合格率98.4%。

【人民生活与社会保障】2014年，全县城镇居民人均可支配收入24543元，比上年增加2344元，增长10.6%；人均消费支出19270元，增加1659元，增长9.4%。农村居民人均纯收入12120元，比上年增加1248元，增长11.5%；人均生活消费支出10603元，增长11%。城镇居民家庭恩格尔系数为31.2%，比上年下降0.7个百分点；农村居民家庭恩格尔系数为35.3%，比上年下降0.8个百分点。全县城镇居民人均住房面积39.7平方米；农村居民人均住房面积35平方米；城镇登记下岗失业人员1356人，比上年增加111人，较上年增长9%。全年失业人员再就业1506人，年末城镇登记失业人员833人，登记失业率为363%；全年累计输转劳动力31218人，创劳务收入44896万元。

2014年，全县参加城镇基本养老保险的人数为11884人，失业保险的人数为2960人，城镇基本医疗保险的人数为26328人，工伤保险的人数为7040人。全年社会保障部门共筹措基本养老保险金8031万元，失业保险金244万元，城镇职工基本医疗保险金2870万元，工伤保险金306万元。年末全县参加城镇居民医疗保险的人数达到16839人。全年各级共筹集城镇居民医疗保险金802万元，报销医疗费600万元。年末全县新型农村合作医疗参合人数达到114241人，参合率为99.8%。全年各级共筹集新型农村合作医疗基金4455.4万元，报销医疗费达4417.7万元。新型农村养老保险参保人数74427人，参保率达到97.5%。城镇居民最低生活保障对象2640人，发放保障金967.8万元。农村低保有确定低保对象8279人，发放低保金1102.3万元。为550人发放五保供养经费219.4万元。为城乡医疗救助对象发放救助金225.9万元，为11918人发放冬令、春荒救济金141.9万元。新开工建设城镇保障性安居工程住房240套。

【环境保护与安全生产】2014年，全县有省级自然保护区1个，总面积16.34万公顷，占全县国土总面积的8.7%。全县环保投资4491.6万元，城乡饮用水达标率分别为100%和90%。工业废气排放达标率95%，废水排放达标率96%。城区生活垃圾集中处理（填埋）率达到100%。集中供热面积153.4万平方米。建成区绿化覆盖率达到41%，提高1个百分点。城市人均公共绿化面积12.2平方米。全年能源消耗52.79万吨标准煤，万元GDP能耗0.84吨标准煤，比上年下降3.2%。

2014年，金塔县发生生产安全事故7起，死亡1人，直接经济损失59.9万元。全县亿元GDP生产安全事故死亡人数为0.01人。发生道路交通事故13起，死亡6人，直接经济损失1.05万元。

金塔县主要领导名录

县委书记　方学贵

县人大常委会主任　王振宇

县　长　任晓敏（女）

县政协主席　李学年

（供稿：石　磊）

瓜州县

【综述】瓜州县地处甘肃省河西走廊最西端，南望祁连，北枕大漠，南北与肃北蒙古族自治县相接，东连石油城玉门市，西接敦煌市，西北与新疆哈密市相接。县境东西长185千米，南北宽220千米，面积2.41万平方千米。2014年末，全县辖5镇10乡，常住人口14.82万，有回族、东乡族、藏族等20个少数民族。

境内地势南北高、中间低，平均海拔1500米。全年日照总时数3360小时，年均气温8.8℃，年均降水量45.7毫米，年蒸发量3140.6毫米，无霜期138—146天。境内主要河流有疏勒河、榆林河。风能储量超过4000万千瓦，是全国风能储量最大的地区之一。境内文物有国家级文物保护单位4个，省级文物保护单位16个，有唐代名城锁阳城、东千佛洞、榆林窟等旅游景点。

2014年，全县完成生产总值68.7亿元，增长1.4%；全县实现社会消费品零售总额18亿元，比上年增长12.5%；全年完成固定资产投资175.4亿元，下降2.2%；财政收入9.8亿元，增长17.4%。

【农业农村经济】2014年，全县建成枸杞、蔬菜标准化育苗基地2个，日光温室1004亩、塑料大棚4018亩，标准化养殖场64个，牛羊饲养量达到75.89万头只。推广农业高效节水灌溉面积18万亩，完成人工造林2.78万亩，森林覆盖率达到5.24%。改造渠道219千米，建成乡村道路146.5千米。发放设施农业贴息贷款2.56亿元，贫困人口减少1.2万人。

【工业经济】2014年，全县规模以上工业企业达到47家，完成工业增加值25.6亿元，增长16.9%。工业园区新增入园企业12家。单位工业增加值用水量下降7.2%，单位生产总值能耗下降3.2%。

【招商引资】参加兰洽会等省市节会9次，组织县域招商5次，签约项目131项，落实到位资金169.5亿元。

【文化产业与旅游业】举办首届张芝书法艺术节、“玄奘之路”戈壁挑战赛等系列活动。锁阳城遗址申遗成功，玄奘取经博物馆、草圣故里文化产业园、红西路军安西战役陈列馆等17个重点项目完成投资3.6亿元。2014年，全县接待游客245.4万人次，实现旅游收入20.95亿元。

【商业贸易与非公经济】2014年，全县12个商贸流通项目顺利推进，全县实现社会消费品零售总额18亿元，比上年增长12.5%。全年非公经济实现增加值47亿元。

【城市建设】南市街什字、渊泉公园健身广场完成年度建设任务，汉阙广场、张芝文化街等一批汉唐风格建筑顺利完工。新增城区供热面积30万平方米，城市绿地面积27万平方米，城市人均公共绿地面积达到16.8平方米。柳园、三道沟、锁阳城3个中心集镇公共服务设施逐步健全，七工村、中沟村“美丽乡村”示范村建设有序推进，中渠村、六道沟村等15个“万村整洁”试点村建设取得实效。

【民生保障】2014年，全县城镇居民人均可支配收入22694元，增长9%；老乡镇农民人均纯收入达到11828元，增长11.9%；移民乡镇农民人均纯收入5380元，增长30.8%。

发放各类助学补助1110万元，750名农村教师在全市率先享受生活补助。发放再就业担保贷款4810万元，开发就业岗位6350个，城镇登记失业率控制在3%以内。建成城市社区日间照料中心2个、农村互助老人幸福院12个，发放重度、特困残疾人补贴1100户、115万元。新农合全年报销费用13.7万人次、2680万元。

瓜州县主要领导名录

县委书记　马世林

县人大常委会主任　董生录

县　长　张立东

县政协主席　李树生

（供稿：胡　艳）

肃北蒙古族自治县

【综述】肃北蒙古族自治县地处河西走廊西段，是甘肃省唯一的以蒙古族为主体的少数民族自治县，也是甘肃省唯一的边防县。肃北县周边与1个国家（蒙古国）、3个省区（新疆、青海、内蒙古）、10个县市接壤，全县总面积66748平方千米，约占甘肃省总面积的六分之一，是甘肃省面积最大的县。2014年末，全县辖4个乡镇，常住人口1.51万人，其中蒙古族4538人，占户籍人口的38%。人口自然增长率5.04‰。

境内南部祁连山区东与肃南裕固族自治县相连，南与青海省天俊县、德令哈市接壤，西南及西部与阿克塞哈萨克族自治县为邻，北与敦煌、瓜州、玉门三县市相接，东西最长处410多千米，南北最宽处160多千米，面积35118平方千米。地势东南高西北低，东南部属祁连山西端高山区，平均海拔3000米以上。西北部属沙砾戈壁倾斜高平原区，平均海拔2000米左右。东邻内蒙古自治区额济纳旗，南连瓜州、玉门二县市，西接新疆维吾尔自治区哈密市，北界蒙古国，是甘肃省唯一的边境地区，东西长约190千米，南北宽约220千米，面积31630平方千米，平均海拔2000米左右。

属典型大陆型气候，干燥多风、光照充足、降水稀少、蒸发量大、无霜期短、日温差大，但因南、北两地所处纬度不同，地形地貌差异较大，气候又各具特点。南部祁连山区属内陆高寒荒漠草原气候，境内不同地区气候特点悬殊，年降水243.8毫米，蒸发量2273.4毫米，日照3317小时，年平均气温5.7℃，无霜期175天；北部马鬃山区属戈壁荒漠气候，年降水量94.8毫米，蒸发量2018毫米，日照3516小时，年平均气温4.7℃，无霜期152天。

水资源、风能相对丰富，占甘肃省分县自产地表水资源的第六位。境内有党河、榆林河、石油河、疏勒河等四大河流，年径流量达14.27亿立方米。境内有冰川957条。南山四条常年性河流和多条季节性小河的地表水资源量达14亿多立方米。至2014年，全县建成运行的水电站19座，总装机容量16.23万千瓦。风能总储量达2000万千瓦，可开发量1000万千瓦。境内已探明的矿种有30多个，矿点300多处，优势矿种有黄金、铁、铜等。野生动物分布广、数量多，已查明的有174种，占甘肃野生动物分布种类的25%，其中国家重点保护的野生动物有32种之多，主要有野马、野骆驼、白唇鹿等。

2014年，全县地区生产总值（GDP）实现335430万元，按可比价计算同比增长10.1%。其中第一产业增长5.14%，第二产业增长11.05%，第三产业增长5.64%，三次产业比重由上年的1.86：86.6：12.4调整为1.4：81.5：17.1；人均GDP达到222139元；财政收入56691万元，下降11.1%；全社会固定资产投资748299万元，增长34.43%；社会消费品零售总额16863.7万元，增长12.5%。

【牧农业牧农村经济】2014年，全县实现农业总产值9594万元，增长5.14%，其中种植业产值1982万元，增长9.2%；畜牧业产值7250万元，增长4.5%；林业产值9万元，增长8.3%；农林牧渔服务业产值353万元，增长11.5%。农林牧渔业增加值实现4611万元，按不变价计算，增长5.14%，其中种植业增加值1036万元，增长9.25%；林业增加值1.5万元，增长8.4%；牧业增加值3482万元，增长3.83%；农林牧渔业服务业增加值92万元，增长11.53%。

调引种畜2000头（只），扶持林下经济示范户9户，放养草原鸡5万只，千亩李广杏基地初成规模。牧农业科技示范园区养殖小区和54座新建高标准日光温室投入运行，全面完成园区育草基地复垦种植3050亩任务。修建牧区新型试点水窖61座、人畜饮水管线52千米，建成标准化棚圈牧区83座，农村建成66座，党城湾镇集中养殖小区40座棚圈完成主体工程。建成义务植树基地3个，新增林地面积1560亩。发放农资补贴和粮食直补资金128万元，受益农户937户。发放县财政贴息贷款、草食畜牧业和设施蔬菜产业贴息贷款各1000万元。流转林地1.15万亩，新增土地流转面积240亩，草场流转面积50万亩，培育市级示范合作社1个，新建牧农民专业合作社2个。全年牧农村劳动力培训23场（次），输转劳动力1513人（次），劳务创收2170万元。

【工业经济】2014年，全县全部工业实现增加值263288万元，增长11.04%。其中规模以上工业增加值234870万元，增长10.9%，工业主营业务收入333240元，增长3.7%，工业利润总额18364万元，下降58.9%。全年生产铁精粉220.4万吨，下降3.76%；铜精粉5.4万吨，下降14.3%，黄金5101.2千克，增长6.7%。2014年新增规模以上工业企业3家。

【招商引资】2014年，全县参加“兰洽会”“新博会”及酒泉市赴深圳等地招商节会11次，签约项目26个，签约额53.46亿元。

【项目建设】2014年，全县计划实施的138个重点项目，开工98项，争取国家和省级投资项目24项，累计下达资金8160万元。

【财政金融保险】2014年，全县各项存款余额137876万元，下降3.7%。各项贷款余额45254万元，增长47.6%，其中短期贷款19213万元，中长期贷款26042万元。全县金融机构总数4家。全县各类保险机构实现各类保费收入1004万元，增长2.24%。其中财险保费收入521万元，增长1.48%，寿险保费收入483万元，增长3.27%。

【交通邮电】年末全县公路里程达1475千米。全县营运车辆201辆，货运车辆147辆。开通客运班线6条，道路客运站6个，公交车站点26个，行政村运停靠站5个。全年完成公路客运量53万人，客运周转量13250万人千米；完成公路货运量440万吨；货物周转量110000万吨千米。

全年邮电业务总量达到1711万元，增长6.9%。其中邮政业务问题195万元，下降0.3%；电信业务总量542万元，增长21.4%，移动业务总量914万元，增长11.2%，联通业务总量60万元，增长66%。

【文化产业】新建华夏文明创新区肃北县展厅，“四馆合一”完成外墙装饰，搏骏马头琴文化传播研发有限公司演艺综合楼投入使用。对五个庙石窟、玉矿遗址等9个省级以上文物进行初步保护。大型音乐舞蹈诗剧《雪山蒙古人》完成剧本创作、作曲、编导等工作。2014年，全县完成文化产业增加值3300万元，增长17.85%。

【城乡建设】2014年，全县投资2.1亿元，实施重点工程20项，城镇化率提高到56.1%。县城集中供热和污水处理厂投入运行，环城路网基本完成建设，就业和社会保障服务中心及环境监测业务用房等完成主体工程。和硕佳园等小区完成年度建设任务，东环路、肃阿路等工程全部完成。新增城市绿化面积85万平方米，城市绿地率净增1.3%。党城湾镇城关村楼居式住宅主体施工进展顺利，马鬃山镇镇区亮化安装太阳能板发电灯30盏，24户牧民定居住宅楼竣工。石包城乡新区环城路等工程进展顺利，盐池湾乡综合服务中心投入使用，镇区街道等项目完成建设。县城至盐池湾油路全线贯通，七角井至长流水公路、肃石公路34千米油面铺设完成，盐池湾乡35千伏输电线路纳入2015年省级电网投资计划。

【生态建设】争取生态公益林补偿资金603万元，完成退耕还林补植补造120亩。新植和更新改造防护林16千米，绿色通道6.5千米。完成西滩非公造林1600亩，芦草湾节水造林100亩。推广经济林650亩，完成各类造林3500亩，完成义务植树50000株。

【环境保护】2014年，全县规模以上工业综合能源消费量9.45万吨标准煤，产值能耗0.15吨标准煤／万元。全社会用电31526.28万千瓦。全年完成工业污染治理项目2个，完成投资3290.5万元。空气中年平均可吸入颗粒物0.12毫克／立方米，二氧化硫年平均0.006毫克／立方米，空气质量达到国家二级标准以上。全县水系水质达二类标准以上，饮用水源合格率100%。

【社会事业】肃北中学实验楼、石包城乡幼儿园、党城湾镇幼儿园完成年度建设任务，蒙古族学校教学楼及蒙古族传统文化实训楼开工建设，举办八省区蒙古语基础教育研究会第八届园长协作暨骨干教师培训会、中国蒙古语文学会蒙古语言文化与社会语言学学术研讨会。县、乡两级医疗机构普通门诊就诊实行免收挂号费，引进医疗专业技术人员3人，新农合参合率达99.83%。实施免费婚前医疗检查合格率为100%。全年共播发广播电视新闻4559条，制作各类专题片16部。为全县360余户牧民解决有故障“户户通”设备。公益电影放映90场次，农村电影放映252场次，3D数字影院放映1410场次。广播电视“村村响”一期工程、马鬃山调频广播建设、县电视台节目传至马鬃山镇工程全面完成，发放“户户通”设备300套，《首届“出彩肃北人”才艺展示大赛》电视直播12场。

【人民生活与社会保障】2014年，全县城镇居民可支配收入25032.38元，增长10.14%。生活消费支出24692元，增长7.96%，其中食品类支出9567元，增长8.66%；牧农民人均纯收入17999.67元，增长11.02%。生活消费支出17720元，增长5.64%，其中食品类支出8975元，增长8.29%。全县城镇新增就业253人，城镇登记失业率控制在3.57%以内。

全年养老保险收入1420万元，支出415万元；失业保险收入229万元，支出11万元；基本医疗收入1152万元，支出947万元；工伤保险收入408万元，支出365万元；生育保险收入100万元，支出106万元。城镇居民基本医疗保险个人缴费收入17万元，支出132万元；城乡居民养老保险参保收入452万元，支出318万元。全年共为303户602人城市低保对象发放低保金260.34万元，为343户590人牧农村低保对象发放低保金98.01万元，为735户城乡低保户和五保户发放冬季取暖补助44.1万元，一次性门诊救助金22.05万元。全年共救助城乡困难群众366人，发放医疗救助金107.91万元，城乡重大疾病救助32人次、发放救助金13.6万元，出资3.2万元资助958名城乡低保对象参保参合。

肃北蒙古族自治县主要领导名录

县委书记　席忠平

县人大常委会主任　巴图巴依尔（蒙古族）

县　长　胡晓华（蒙古族）

县政协主席　马宗国

（供稿：刘玉娥）

阿克塞哈萨克族自治县

【综述】阿克塞哈萨克族自治县位于甘肃、青海、新疆三省（区）交界处，东接肃北蒙古族自治县，南通青海省，西与新疆维吾尔自治区隔戈壁相望，北邻敦煌市。境内地形狭长，地势东南高，西北低，全县总面积3.1万平方千米。2014年末，全县辖2乡1镇，共8700多人，有哈萨克族、回族等6个少数民族。

2014年，全县完成国内生产总值148543万元，增长14.29%。其中第一产业增加值5181万元，增长5.11%，第二产业增加值101044万元，增长20.62%，第三产业增加值42318万元，增长2.67%。一、二、三产业增加值占国内生产总值的比重分别3.5∶68∶28.5。全县财政收入完成21365万元，增长19.31%；财政支出46884万元，下降12.21%。年末全社会职工人数2753人，增长20.53%。

【农业农村经济】2014年，全县实现农林牧渔及其服务业总产值8445万元，比上年增长15.26%。农作物播种面积达到0.87万亩，增长4.8%，其中粮食种植面积0.1万亩，下降28.57%；青饲料种植面积0.48万亩，增长4.35%；瓜类种植面积0.1万亩，上年同期持平，蔬菜种植面积162亩，增长35%。粮、经、草比例为12∶31∶57。全年粮食产量698.5吨，比上年下降33.98%，其中夏粮产量24.5吨，下降83.73%；秋粮产量674吨，下降25.72%。蔬菜产量660吨，增长2.75倍。

全县牛饲养量1105头，比上年增长0.27%，其中存栏805头，增长0.37%，出栏300头，与上年持平；羊饲养量27.34万只，增长2.82%，其中羊存栏17.14万只，增长1.3%，出栏10.6万只，增长14.35%。全县肉类总产量1760.24吨，增长13.81%。全年完成造林面积0.2万亩，比上年增长32.78%。全年化肥施用折纯量122.4吨，增长32.32%。农村用电量244万千瓦时，下降9.96%。有效灌溉面积0.44万亩，同比增长37.5%。

【工业经济】2014年，全县工业总产值完成319714.6万元，增长28.05%，实现工业增加值94294万元，可比价速度增长22.3%。其中规模以上工业完成工业总产值292014.6万元，增长31.39%，实现工业增加值85266.7万元，可比价速度增长22.3%。

全年建筑业总产值达13313.3万元，增长13%。房屋建筑施工面积达3.8387万平方米，增长1.1%。全年工程结算收入达到5328.9万元，增长2.5%，工程结算成本3429.3万元，增长3.2%，实现利润总额1022.8万元，增长44.7%。

【固定资产投资】全年固定资产投资完成324900万元，增长34.40%，其中500万元以上固定资产投资累计完成32.3亿元，增长34.28%。全年新开工项目12个，投产项目29个。按产业分，一、二、三产分别完成投资2600、300964、19436万元，分别增长-40.99%、39.99%、-5.07%。500万元以上项目投资额达到32.3亿元，增长34.28%、占全社会投资的99%。工业投资完成29亿元，增长39.68%，占全社会固定资产投资的89.37%。

【交通邮电】全年公路货物运输量9.07万吨，比上年增长26.5个百分点；公路货物周转量1153万吨千米，增长5.7%，公路客运量6.15万人，下降3.9个百分点，客运周转量1147.8万人千米，下降7.3个百分点。全年新增公路建设里程184.4千米，公路通达率达75%。

全年完成邮电业务总收入1097万元，比上年同期下降13.3%。邮政业务收入18.2万元，下降77.55%；电信业务总量完成1078.9万元，下降8.87%。

【商贸流通】全年实现社会消费品零售总额16543.9万元，增长12.51%。批发和零售业共实现社会消费品零售额15272.8万元，增长14.2%，占全县社会消费品零售总额的比重为92.3%；城市市场实现消费品零售额14501.5万元，增长12.56%，城市市场零售额占全县社会消费品零售总额的比重高达87.7%。

【文化产业与旅游业】2014年，全县文化产业完成增加值3700万元，增长

15.62%。举办多坝沟旅游景区、柳城子景区徒步穿越等活动。2014年，全县接待游客21.4万人次，实现旅游收入1.6亿元，增长30.7%和30%。

【财政金融保险】2014年末，全县金融机构各项存款余额达到80661万元，下降4.3%。其中城乡居民储蓄存款40442万元，增长13.3%，金融机构各项贷款余额57874万元，增长15.04%。全年保险公司保费收入834万元，增长4.25%。其中财产险收入404万元，比上年增长1%；寿险收入430万元，增长7.5%。

【城市建设】完成县城控制性详规和红柳湾村美丽乡村建设规划，启动城市给排水等专项规划编制。投资1.48亿元，实施城市建设项目25项，完成城市街道人行道砖铺设和民族村油路铺筑，实施沿街单位建筑立面改造和居民住宅楼节能改造，文化中心开馆投入使用，污水处理厂建成运行。城区新增绿地面积5600平方米。实施餐乐园喷灌设施、县庆主会场及附属设施改造和迎宾广场等项目，修补破损路面3900平方米。县城绿化覆盖率达49.6%，人均公共绿地面积达41.8平方米。

【环境保护】建设防护林3条，植树造林1600亩，防沙固沙林930亩，打造绿色通道5千米。50万立方米调蓄水库建成蓄水，建设配套管网4.6千米。化学需氧量、氨氮、二氧化硫、氮氧化物等4项污染物排放总量分别为315.613吨、13.357吨、222.28吨、283.33吨，全部控制在市上下达的指标控制目标范围内。

【社会事业】全县现有完全中、小学各1所，幼儿园1所，在校学生1739人，教职工177人。义务教育巩固率达到了100%，残疾儿童入学率87.2%，高中阶段毛入学率达到99.2%，高考录取率达92.3%，比上年提高1.5个百分点。完成研究和实验发展经费支出2755万元，申请专利32件。投资215万元实施环境监测项目等12项县列科技项目，开展农牧业实用技术培训，累计培训农牧民2600人次。举办动物疫病防治知识讲座4场（次），科技培训5场（次），参加人数约460人次。拥有集文化、图书、博物为一体的综合文化馆一个，总藏书5.7万册。编排演绎哈萨克历史文化剧目，举办各类群众性文化体育活动69场次，开展各类文体活动近50场次。制作《科技之花盛开草原新城》等汇报片10部，制作播出哈语专题节目《曙光下的阿克塞》12部，《纳吾肉孜节》《历史性的跨越从这里开始》《抢救生命之源72小时》等专题在省市媒体播出。现有各级各类医疗卫生机构14个，卫生技术人员105人。建立居民健康档案7192份，城乡居民健康档案率达到90%。出生儿童建卡、建证率达100%，乙肝疫苗、卡介苗第一针及时接种率100%。孕产妇系统管理95.58%，产后访视率95.58%，住院分娩分娩率99.12%，新法接生率99.12%。

【人民生活与社会保障】2014年末，全县城镇居民人均可支配收入25088元，比上年增长9.75%，城镇居民恩格尔系数41.3%，下降0.7个百分点。农牧民人均纯收入达到19250元，增长11.02%，农村居民恩格尔系数38.6%，下降2.2个百分点。城市居民人均居住面积35.2平方米，农村居民人均居住面积41.4平方米。全县城镇新增就业人员263人，城镇登记失业率控制在3%以内。职业技能培训237人，创业能力培训62人。全年劳务输出875人次，实现劳务收入1439.86万元。

新型农村合作医疗和城镇居民基本医疗保险补助标准由人均280元提高到320元。城乡居民低保标准上调17.8%，平均补差达到313元，五保年供养标准在原有基础上提高510元。拓宽城乡居民重特大疾病医疗救助范围，新增救助病种26种。新建公共租赁住房102套，发放公积金贷款1600万元。

阿克塞哈萨克族自治县主要领导名录

县委书记　黄从光

县人大常委会主任　何正军

县　长　银雁（哈萨克族）

县政协主席　塞麦提（哈萨克族）

（供稿：杨　晓　周建忠）

平凉市

【综述】平凉市位于甘肃东部，西（安）、兰（州）、银（川）三大省会城市的几何中心，自古为关中之门户，素有陇东旱码头之称，全市总面积1.1万平方千米。平凉是中华民族的重要发祥地之一，是全国13个大型煤炭基地之一，先后获得“全国双拥模范城市”、“中国优秀旅游城市”、“甘肃省文明市”、“甘肃园林城市”、“浙商（省外）投资最佳城市”等荣誉称号。

2014年末，全市辖6县1区，常住人口209.23万人，比上年末增加0.56万人，全年人口出生率为12.19‰，人口死亡率为6.19‰，人口自然生长率为6‰。年末，全市城镇人口72.12万人，占常住人口的34.47%，比上年末提高1.43个百分点。有回族、蒙古族、满族等33个少数民族。

2014年，全市实现生产总值350.53亿元，比上年增长8%。其中第一产业增加值85.08亿元，增长6.4%；第二产业增加值134.3亿元，增长7.5%；第三产业增加值131.15亿元，增长9.1%。人均生产总值为16776元，比上年增长7.5%。三次产业结构由上年的22.3：43：34.7调整为24.3：38.3：37.4。全市固定资产投资完成537.56亿元，增长21.39%；全市社会消费品零售总额完成152.71亿元，增长12.7%；大口径财政收入完成46.28亿元，同口径增长9.4%；金融机构本外币各项存款624.03亿元，增长5.63%；金融机构各项贷款余额398.36亿元，增长24.63%。

【农业农村经济】2014年，全市粮食播种面积519.69万亩，比上年减少4.6万亩；蔬菜种植面积达89.06万亩，比上年增加4.29万亩；油料种植面积60.29万亩，比上年减少9.19万亩；果园面积达152.48万亩，比上年减少0.15万亩。

全年粮食总产量114.52万吨，比上年增产3.05%。其中夏粮产量40.25万吨，增产8.17%；小麦产量40.06万吨，增产8.33%；秋粮产量74.27万吨，增产0.47%；玉米产量49.38万吨，增产3.24%。主要经济作物中，油料产量6.75万吨，减产11.76%；蔬菜产量134.63万吨，增产7.38%；水果产量110.61万吨，增产9.57%；中药材产量4.1万吨，减产5.31%。

全年完成造林面积24.56万亩，育苗面积7.02万亩；新增梯条田5.99万亩，新增有效灌溉面积0.35万亩。

全年肉类总产量8.54万吨，增长4.53%。牛奶产量1.7万吨，增长4.94%；绵羊毛产量171吨，增长2.4%；水产品产量2024吨，增长8.16%。

大牲畜存栏88.26万头（只），增长3.12%。牛存栏75.8万头，增长5.15%；牛出栏42.61万头，增长5.29%。猪存栏和出栏分别为45.76万头和53.52万头，分别增长2.17%和4.14%；羊存栏和出栏分别达到22.56万只和14.56万只，分别增长4.25%和5.28%。

【工业建筑业】2014年，全市实现工业增加值97.23亿元，增长6.5%。其中规模以上工业增加值83.46亿元，增长5%；规模以上工业企业产品销售率为95.8%，比上年提高10.9%。国有企业完成增加值5.88亿元，比上年增长18.1%；集体企业完成增加值2.71亿元，增长6.9%；股份制企业完成增加值74.51亿元，比上年增长3.5%。轻工业完成增加值9.73亿元，比增长7.3%；重工业完成增加值73.73亿元，增长44%。

全年原煤产量2373.63万吨，增长0.14%；发电量161.78亿千瓦时，下降16.38%；水泥454.1万吨，增长7.76%；机制纸2.92万吨，下降23.97%；纸制品22.86万吨，增长13.85%；牛羊皮革73.37万平方米，增长82.33%；小麦粉17.57万吨，增长21.93%；白酒1060千升，下降0.19%；啤酒12998千升，增长33.66%；棉纱1.25万吨，增长29.85%；铁合金3.38万吨，下降60.51%。

规模以上工业企业实现主营业务收入213.79亿元，下降2.8%；实现利税24.08亿元，下降13.5%；实现利润7.66亿元，下降25.3%。其中煤、电、建材三大行业完成工业增加值67.94亿元，增长1.9%，占规模以上工业增加值的81.4%，实现利税21.49亿元，下降15.9%；实现利润6.07亿元，下降31.7%。

年末，全市建筑业完成增加值37.07亿元，增长11.9%。

【固定资产投资】2014年，全市固定资产投资完成537.56亿元，增长21.39%。实施500万元以上各类建设项目1079项，完成投资499.15亿元，增长23.92%；其中5000万元以上投资项目411项，完成投资374.39亿元，下降1.13%；亿元以上投资项目113项，完成投资173.87亿元，下降40.98%。过10亿元投资项目7个，完成投资49.01亿元，下降27.18%。固定资产投资中，第一产业完成投资44.78亿元，增长93.8%；第二产业完成投资283.57亿元，增长11.11%；第三产业完成投资209.2亿元，增长27.16%。全年房地产开发投资完成38.4亿元，下降4.1%。住宅投资26.86亿元，下降19.84%；办公楼投资1.36亿元，增长403.7%；商品营业用房投资8.92亿元，增长93.53%。

【商贸流通】2014年，全市社会消费品零售总额完成152.71亿元，增长12.7%。其中批发业完成销售额79.36亿元，增长7.4%；零售业完成销售额178.15亿元，增长22.21%；住宿业完成营业额7.95亿元，增长8.6%；餐饮业完成营业额30.13亿元，增长21.42%。

【商业贸易】2014年，全市进出口总额2833万美元，增长51%。出口创汇2770万美元，进口62.8万美元。

【旅游业】2014年，全市接待国内外游客1090万人（次），增长25.6%。其中，国内游客1089.94万人（次），增长25.6%；境外游客627人（次），下降46.3%。旅游综合收入56.2亿元，增长26%.国内收入56.19亿元，增长26%，境外收入63.91万元，下降44.9%。

【交通邮电】2014年，全市交通运输、仓储和邮政业实现增加值18.62亿元，增长14.7%。完成公路客运量3407万人次，客运周转量17.97亿人千米，货运量3887万吨，货运周转量89.68亿吨千米。

年末，全市民用汽车保有量15.83万辆，增长7.94%，其中轿车5.97万辆，增长22.9%；本年新注册汽车2.32万辆，增长8.17%。年末，私人汽车保有量13.17万辆，增长10.78%，私人轿车保有量5.57万辆，增长25.62%。

全年完成邮电业务总量16.52亿元，增长35.74%。其中，电信业务总量15.97亿元，增长37.32%；邮政业务总量5547万元，增长2.61%。年末固定电话用户21.62万户，移动电话用户174.75万户；固定互联网宽带接入用户15.73万户，比上年增加3.65万户；移动宽带用户7.64万户，增加0.03万户。互联网上网人数123.03万人，增加4.42万人。

【财政金融保险】2014年，全市大口径财政收入完成46.28亿元，同口径增长9.4%；公共财政收入24.09亿元，同口径增长19.1%。税收收入17.03亿元，增长6.1%；增值税4.32亿元，增长15.8%；营业税4.56亿元，增长4.9%；企业所得税0.74亿元，下降9.6%；个人所得税0.36亿元，下降30.5%。全年财政支出137.89亿元以上，社会保障和就业支出23.83亿元，增长18.3%；农林水事务支出23.15亿元，增长13.2%；教育支出28.98亿元，下降13.3%。

年末，全市金融机构本外币各项存款624.03亿元，增长5.63%。人民币各项存款余额623.62亿元，增长5.64%。单位存款195.51亿元，下降8.19%；城乡居民储蓄存款402.87亿元，增长15.95%。年末，金融机构各项贷款余额398.36亿元，增长24.63%。人民币各项贷款398.2亿元，增长24.65%。短期贷款140.58亿元，增长31.35%；中长期贷款256.24亿元，增长22.99%。

年末，全市保费收入9.76亿元，增长14.55%.财险收入4.63亿元，增长17.22%；寿险收入4.46亿元，增长9.05%；健康险和意外伤害险收入6684万元，增长37.87%；财产险赔款1.48亿元，下降7.2%；健康险和意外伤害险赔付141.82万元，增长19.91%。

【社会事业】2014年末，全市共有各级各类学校1410所，其中幼儿园261

所，特教学校4所，小学963所，初中121所，九年制学校17所，完全中学17所，中等职业学校11所，独立高中15所，普通高校1所。本年度全市普通高校招生1672人，在校生5917人，毕业生1801人。中等职业学校招生9580人，在校生28200人，毕业生8983人。普通高中招生18188人，在校生57767人，毕业生20640人。初中招生29828人，在校生90967人，毕业生31039人。各类学校在校学生达到38.46万人。其中小学15.21万人，中学9.1万人。小学、初中阶段学生入学率都达到100%，毕业率也都达到100%。全市参加高考考生25642人，上线人数达23956人，上线率93.4%。其中一本上线2849人，上线率11.1%，比上年提高0.5个百分点。二本上线6295人，上线率24.5%；全市共有各种艺术表演团体8个，公共图书馆8个，博物馆8个。全年发行《平凉日报》301期，861.98万份；全市有广播电台8座，有线广播电视传输干线网络总长2460公里。广播电视卫星收转站47.36万座。广播综合覆盖率达99.12%，电视综合覆盖率97.41%。有线电视用户8.74万户。

年末，全市共有卫生机构（包括村卫生室、诊所）2815个，其中医院、卫生院146个，妇幼保健医院8个，疾病预防控制中心8个，社区卫生服务中心（站）46个。卫生技术人员9864人，执业医师和执业助理医师3800人，其中医院和卫生院有执业医师和执业助理医师2565人，注册护士3532人。医院、卫生院拥有床位11516张，医疗机构病床使用率为70.16%；全市运动员参加省级及以上各类赛事获得奖牌77.5枚，其中金牌21.5枚，银牌35枚，铜牌21枚。

【人民生活与社会保障】2014年，全市城镇居民人均可支配收入达19086.1元，增长10%，城镇居民人均消费性支出13057.3元，增长13.5%。农村居民人均纯收入5395.2元，增长12.7%。农村居民人均生活消费支出5149.4元，增长10.3%。居民消费价格比上年上涨1.8%。其中食品上涨3.0%，全市商品零售价格总水平比上年上涨1.3%。全年城镇就业人数25.46万人，比上年增加5057人。本年新增城镇就业人数3.69万人，下岗失业人员再就业1.61万人。年末城镇登记失业率为3.63%。

年末，全市参加城镇基本养老保险9.99万人，比上年末增加1698人。参加城镇职工基本医疗保险11.20万人，增加1717人；参加城镇居民医疗保险17.06万人，增加8802人；参加失业保险8.69万人，同比减少139人；参加工伤保险8.78万人，同比减少4140人；参加生育保险6.4万人，增加1442人；城乡居民社会养老保险参保续保119.36万人。8个县（区）开展了新型农村合作医疗工作，年末参加新型农村合作医疗农民179.57万人，参合率为98.7%。全年新型农村合作医疗基金支出总额为6.57亿元，累计受益386.8万人（次）。全年5.36万城镇居民和21.64万农村居民享受政府最低生活保障。

年末，全市有社会福利院4个，床位320张，在院供养122人；建立城镇社区服务中心14个。

【环境保护】全市6项主要污染物均控制在目标值之内，总控率达到100%。大气环境可吸入颗粒物年日均值为每标立方米0.101毫克，二氧化硫年日均值为每标立方米0.027毫克，二氧化氮年日均值为每立方米0.04毫克。泾河地表水水质达标率为90.9%，饮用水源水质达标率为100%。区域环境噪声和交通干线噪声平均值分别为55分贝和70分贝。全市环保投资达到5.2亿元，其中污染源治理4.6亿元，生态环境建设和农村环保0.52亿元，环保能力建设580万元。

【安全生产】2014年，全市共发生各类生产安全事故132起，同比减少13起；死亡108人，同比减少1人。亿元生产总值生产安全事故死亡人数0.31人，下降0.03%；工矿商贸企业10万从业人员生产安全事故死亡人1.17人，下降0.12%；煤矿百万吨死亡人数为0.29人。全年发生道路交通事故99起，死亡101人、受伤57人，直接经济损失26.5万元；道路交通万车死亡人数6.3人，比上年下降0.09%。

平凉市领导班子成员名录

市　委

书　记　陈　伟（女）

副书记　臧秋华　王奋彦

常　委　高淑美（女）　马晓峰（回族）　周奉真　李雪峰　毛文平　丁巨胜　王大睿　何积明　徐恩毅　曹复兴　高　浪

秘书长　李雪峰

市人大常委会

主　任　赵景山

副主任　张乔英（女）　马社弟　朱同印　张立新　王国安

秘书长　王国安（1月止）　冯宁平（1月任）

市政府

市　长　臧秋华

副市长　徐恩毅　高　浪　曹复兴　杨　军　李生发　张　正　吴镇图　李富君

秘书长　王　锦

市政协

主　席　赵成城

副主席　朱建国　席君忠　宋全科　李应学　陈黎萍　冶彦忠

秘书长　郭林禄

（供稿：安军民）

崆峒区

【综述】崆峒区地处甘肃东部，六盘山东麓，介于东经106°25′-107°21′、北纬35°12′-35°45′之间，全区总土地面积1808.84平方千米。2014年末，全区辖13个乡3个镇3个街道办事处和1个示范区，常住人口47.08万人，人口自然增长率6.04‰。

属陇东黄土高原丘陵沟壑区，境内西北高峻多山，东南丘陵起伏，中部河谷密布，平均海拔1540米。气候属半干旱、半湿润季风型大陆性气候。全年最高气温34.2℃，最低气温-12.6℃，平均气温10.1℃，年降雨量537.5毫米，日照2377.4小时，无霜期193天。地下矿藏有煤、铁、铜等13种12大矿点。地表水可利用量1.1亿立方米，地下水储量12亿立方米。植物资源1300多种，动物资源50多种。境内有仰韶、齐家和商周文化遗址150多处，重点文物保护单位40余处，珍藏文物1300多件。有国家5A级风景名胜区、国家级地质公园、"天下道教第一山"—崆峒山。

2014年，全区实现地区生产总值89.85亿元，增长8.6%。其中第一产业完成增加值14.55亿元，增长6.4%，第二产业完成增加值23.31亿元，增长9.1%，第三产业完成增加值51.99亿元，增长9%，三次产业结构比为：16.2∶26∶57.8。固定资产投资完成110.71亿元，增长22.53%。大口径财政收入完成5.79亿元，增长26.3%。一般预算支出完成21.69亿元，增长4.4%。金融机构存款余额为249.82亿元，下降3.01%。年末，金融机构各项贷款余额174.91亿元，增长23.6%。

【农业农村经济】2014年，全县实现农业增加值14.55亿元，较上年增长6.4%。推广旱作农业28.2万亩，全年粮食产量达到21.2万吨。建成花所段沟等标准化肉牛养殖小区18个，肉牛饲养量达到40.4万头，玉米秸秆青贮转化利用率达到80%以上。新植果树经济林2万亩，新建拱棚2376亩、日光温室180亩。全年累计建成柳湖麻黄湾等16个新村建设、峡门桂井等16个旧村改造示范点和索罗庙后等32个环境整洁示范村。新修小康住宅1507户，改造危旧房900户，建成户用沼气池300户，安装太阳能热水器723台、太阳能路灯300套。全年实施重点农业项目62项，完成投资10.95亿元，增长23.4%。整合"一事一议"、危旧房改造、道路硬化等项目资金1.16亿元。建成安国颉沟等11处农村安全饮水工程，新修通村道路32条160千米。完成造林绿化2.52万亩，新修梯田4.7万亩。

【工业经济】2014年，全区全部工业增加值完成11.3亿元，增长6.4%。规模以上工业增加值完成8.75亿元，增长5%。其中，轻工业完成增加值1.6亿元，下降21.6%。重工业完成增加值7.1亿元，增加11.1%。规模以上工业企业产品销售率为93.6%。

【固定资产投资与项目建设】2014年，全区固定资产投资完成110.71亿元，增长22.53%，其中市、区固定资产投资完成110.44亿元，增长23.51%。

全年实施重点建设项目240项，完成投资82.6亿元。其中新型工业化项目30项，完成投资6.98亿元；现代农业发展项目62项，完成投资10.75亿元；城市规划建设管理项目89项，完成投资57.7亿元；旅游产业项目17项，完成投资5.81亿元；民计民生项目32项，完成投资1.06亿元；社会管理项目10项，完成投资3398万元。

崆峒区弹筝湖水上乐园

【商业贸易】2014年，全区实现社会消费品零售总额56.21亿元，增长12.3%。其中批发业实现销售额52.66亿元，增长5.22%；零售业实现销售额50.65亿元，增长21.5%；住宿业实现营业额4.32亿元，增长7.98%；餐饮业实现营业额15.82亿元，增长21.72%。

【文化产业与旅游业】2014，全区文化产业增加值完成2.4亿元，增长33.7%。全年共接待游客500.85万人（次），增长26.01%。实现旅游综合收入25.3亿元，增长26.06%。

【环境保护】环境污染治理完成总投资766.21万元。二氧化硫排放总量3400吨，化学需氧量排放总量8994吨，氨氮排放总量760吨，氮氧化物排放总量7268吨，均在市上规定的控制指标值以内。完成污染减排化学需氧量200吨、氨氮30吨、二氧化硫400吨、氮氧化物1000吨。大气环境质量指标：可吸入颗粒物日均浓度0.081mg/m3，二氧化硫日均浓度0.027mg/m3，二氧化氮日均浓度0.040mg/m3，城市空气质量优良天317天，地表水水质达标率达到75%（Ⅲ）以上，城市饮用水源水质达标率达到100%，区域环境噪声平均值：55dB（A）以内，交通干线噪声平均值：70dB（A）以内。

【社会事业】全年共争取国家和省上科技项目3项，资金102万元。共有29项科技成果获得市级科技进步奖，共评出区级科技进步奖18项，其中一等奖13项，二等奖5项。全区共有各级各类学校234所，在校学生72477人。九年义务教育巩固率达到88%，高中阶段毛入学率86.01%。高考上线人数3106人。有各种艺术表演团体2个，公共图书馆1个，博物馆1个。有广播电台1座，广播综合覆盖率达97%，电视综合覆盖率达99%。有各级各类医疗卫生机构569个，实有床位3975张，卫生技术人员3775人。

【人民生活与社会保障】2014年，城镇居民人均可支配收入达17853.6元，增长9.9%，城镇居民人均消费性支出为12684.6元。全区农村居民人均纯收入6691.3元，增长11.7%。区属参加城镇基本养老保险人数达到23498人，失业保险人数11997人，职工医疗保险人数16173人，居民医疗保险人数73881人，工伤保险人数9107人，生育保险人数7613人。城乡居民基本医疗保险参保人数为22.91万人。共有10247户23875名城镇居民、8314户22203名农村居民得到政府最低生活保障。全区农村“五保”1273户人，4所农村敬老院集中供养149人。

崆峒区主要领导名录

区委书记　王大睿（8月止）

区人大常委会主任　周永盛

区　长　赵小林

区政协主席　张新平

（供稿：柳改慧　马毅龙）

泾川县

【综述】泾川县地处甘肃东部、陕甘交界处，介于东经107° 15′-107° 45′，北纬35° 11′-35° 31′ 之间。东西长57千米，南北宽36千米，全县总面积1409.3平方千米，其中耕地面积67.8万亩，林地面积316平方千米，草地面积65.2平方千米。2014年末，全县辖14个乡镇1个经济开发区，总人口35.8万人。

境内属典型的黄土丘陵沟壑区，地势自西北向东南倾斜，海拔930-1460米。境内占总面积63.4%的丘陵沟壑区梁峁起伏，沟壑纵横。气候四季分明，冷暖起伏不大，降雨多集中于夏季。年均日照2058.8小时，无霜期163天。年降水总量582.4毫米，日照2274小时，相对湿度69%，常年多东北风，年蒸发量1339.6毫米。自然灾害有干旱、洪涝、冰雹、风雷、病虫害等。探明煤炭储量21.7亿吨，初步测算煤炭地质资源量273.6亿吨，可采储量为118.9亿吨。探明石油储量8000万吨以上，远景资源量达到1.8亿吨以上。有王母宫-大云寺、田家沟生态风景区等人文、自然景观。

2014年，全县完成生产总值51.04亿元，其中第一产业增加值18.11亿元，第二产业增加值12.87亿元，第三产业增加值20.06亿元，分别比上年增长8.8%、6.2%、11.2%和9.1%，三次产业结构比例由2013年的35.5：24.9：39.6调整为35.5：25.2：39.3。人均生产总值达到17999元，公共财政预算收入完成31267万元，财政支出178564万元，金融机构各项贷款余额42.3亿元，存款余额70.77亿元，分别比上年增长8.6%、104.4%、18%、37.8%、9.5%。

【农业农村经济】2014年，全县粮食总产量17.1万吨，粮经比为2.94：1。全年新建果园4.3万亩，全县果园面积达到50.4万亩。全年果品总产量38万吨，总收入13亿元，果品人均纯收入3400元。新建养殖小区46个，全县牛、猪、鸡饲养量分别达到17.9万头、20.6万口、259.6万只，畜牧业总产值达到24亿元。新建日光温室200座、大中拱棚1050座，全县蔬菜种植面积达到16万亩。科学编制完成13个乡镇186个村庄建设规划、19个“千村美丽”示范村修建性详细规划、30个“万村整洁”村整治规划和4条美丽乡村建设示范带建设规划。新修、改建小康住宅3.1万户，全县小康住宅比例达到42%。建成以党原高崖、汭丰郑家沟、王村二十里铺为代表的美丽乡村示范村107个。承办全省现代林果产业建设现场会及全省乡镇（街道）人大工作现场会。

【项目建设】50兆瓦光伏农业发电等重点项目加快实施，全国生态文明示范工程试点县、全省循环经济示范县项目通过国家发改委和省市批复。2014年，全县论证储备重点项目515项，落实国家投资项目155项，争取各类专项资金7.2亿元，完成总投资51.55亿元。

【文化旅游】举办“丝绸之路与泾川”历史文化研讨活动，整理编著《泾川佛教文化论》《西王母民俗志》等著作。大型歌舞剧《女神·西王母》在兰州成功演出，纪录片《大云寺地宫密码》在央视播出。2014年全县接待游客200万人（次），实现旅游业综合收入3亿元。

【城镇建设】加快实施城西商品交易和农产品批发市场、泾州大桥等重点工程，推进街路改造、排洪排污、供水供暖等基础设施建设，城北朝阳东路、朝阳西路、文昌路、建成通车，一中路、泾州街、东大街改造工程和汭河风情线工程全面竣工，城区水源地及县城污水处理厂投入运行，城西集中供热工程建成投用，县城基本实现集中供热全覆盖。启动实施棚户区改造600户，建成公租房650套、限价商品房100套、安置楼主体200户，世纪花园A区住宅小区建成入住、B区加快建设。加快玉都、党原、高平等重点小城镇开发，推进玉都康家、飞云南峪等107个中心村建设。2014年，全县城镇化率达到30.46%。

【扶贫开发】编制完成六盘山特困片区扶贫开发规划，实施扶贫开发整村推进项目。建成通乡通村油路（水泥路）242条747千米，全县油路（水泥路）通村率达到84%，完成农村危房改造4800户、易地搬迁547户。实施荒山造林6.14万亩，建成道路林网456千米。建成北部、南部、东北部三大农村饮水安全工程，全县自来水通村率达到98%、入户率达到96.2%。引进良种牛、配套修建暖棚牛舍、新建果园、新建日光温室等项目扶持，举办以设施养殖、果品贮藏、无公害蔬菜生产等为主的实用技术培训班，农村劳动力受训面达到72%。全年全县72.9%的贫困农户培育增收产业，40%左右的双联村生产生活条件得到明显改善。2014年，全县减少贫困人口3.9万人，贫困发生率降至15.02%。

【环境保护】实施列入省、市环保目标责任书的重点减排项目11个，开展油气污染治理。加强农村环境连片整治项目运行管理，组织申报国家级、省级、市级生态乡镇、村，国家级生态县创建通过验收。2014年末，全县化学需氧排放量4901吨、氨氮排放量169吨、二氧化硫排放量830吨、氮氧化物排放量471吨，分别比2011年下降8.16%、9.48%、7.92%和10.53%。地表水水质达标率为75%，集中式饮用水源水质达标率100%，环保投资指数达到1.65%。

【社会事业】实施农村中小学校安

工程等项目148项，改造各级各类学校83所，乡镇中学、中心小学新建改造面达到94.1%，农村小学新建改造面达到53.8%。2014年，全县高考普本以上上线人数1098人，上线率36.6%。建成县医院医技综合楼、县卫生监督所、54个标准化村卫生所，标准化乡镇卫生院实现全覆盖。科技对经济的贡献率达到40%，荣获"全省科普示范县"称号。全面完成农村"户户通"广播电视全覆盖和城区数字电视改造升级工程。开展计划生育"精细化服务管理年"活动，实施"陇家福"工程，全国人口和计划生育利益导向政策体系示范县创建通过省级考核验收。

【人民生活与社会保障】2014年，全县农民人均纯收入5480.3元，城镇居民人均可支配收入17158.2元，分别比2013年增长12.8%、10.5%。全年安置高校毕业生900人，新增就业岗位3700个，下岗人员实现再就业2100人，登记失业率3.9%。全面落实城乡低保、五保供养、医疗救助、救灾救济等保障政策，全县城乡居民养老保险参保率、医疗保险覆盖率分别达到97.34%和93%，新型农村合作医疗参合率达到98%。

泾川县主要领导名录

县委书记　李全中

县人大常委会主任　贯仁全

县　长　王廷佐

县政协主席　程永忠

（供稿：胡广兴）

灵台县

【综述】灵台县地处陇东黄土高原南缘，介于东经107° 00′-107° 57′，北纬34° 54′-35° 14′之间。东南与陕西长武、彬县、麟游、千阳、陇县接壤，西北与本省崇信、泾川县毗邻。全境东西长78千米，南北宽40千米，全县总面积2038平方千米，其中耕地76.79万亩，林地面积180.1万亩。2014年末，全县辖5镇8乡1个街道办事处，总人口233431人。

属黄土高原沟壑区，地势西北高、东南低，海拔在890-1520米之间。年平均气温10.8℃，最高气温36.5℃，最低气温-16℃；年平均降水量642.2毫米；年平均日照总时数2204.9小时，全年无霜期197天。境内已探明和预测煤炭资源地质储量约37亿吨。有原始先民居住遗址、古墓葬430多处，古城址6处，古生物化石点18处，博物馆文物藏量7629件。主要人文旅游景点有古灵台、皇甫谧陵园等。

2014年，全县实现地区生产总值（GDP）295311万元，占年计划的87.4%，比上年增长6.8%。其中第一产业增加值114975万元，增长6.4%；第二产业增加值80589万元，增长4.9%；第三产业增加值99747万元，增长8.5%。人均生产总值达到16137元，增长6.6%。三次产业结构比例调整为38.9：27.3：33.8。全县完成固定资产投资371327万元，增长17.32%，实现社会消费品零售总额114843万元，增长20.9%。全县大口径财政收入完成14394万元，增长3.1%，公共财政收入完成10125万元，增长5.8%。年末，金融机构各项存款余额487592万元，增长12.1%，各项贷款余额247820万元，增长27.8%。

【农业农村经济】2014年，全县全膜双垄沟播技术覆膜面积达到20.02万亩，农作物播种面积达到105.6万亩。全年粮食作物播种面积74万亩，粮食总产量达到19.43万吨，增长2.27%；建成万头牛乡13个，千头牛村44个，百头牛社225个，十头以上养牛大户3062户，完成肉牛冻配改良4.21万头，牛饲养量达到18.1万头，出栏商品肉牛6.5万头，实现总产值24186.32万元；新植苹果园2万亩，累计达到22.67万亩，挂果面积达到7.36万亩，总产量达到5.37万吨，实现总产值21355.89万元；新建日光温室120亩，塑料大、中拱棚2200亩，设施蔬菜达到0.65万亩，蔬菜种植总面积达到13.6万亩，蔬菜总产量达到18.26万吨，实现总产值36254.86万元。全县肉牛、苹果、蔬菜三大产业实现总产值达到81797.07万元，占全县农业总产值的51.2%。

全县发展订单农业14.7万亩，促销农产品8.6万吨，农产品加工比率提高1.1个百分点。全县新注册成立专业合作社91个，累计达到311个。实施城乡面山绿化2480亩，造林面积达到2.31万亩。实施道路绿化14条150.5千米，其中泾渗公路绿化54.7千米，乡村道路绿化及农田林网建设13处95.8千米。

【工业经济】邵寨煤矿设计年生产能力120万吨，估算总投资29.8亿元，已累计完成投资17.67亿元，其中当年完成投资4.75亿元，主、副、风井触底见煤并实现主副井联络巷道贯通，地面"四大建筑"主体工程及排水、围墙、装修工程全面建成，可望2016年投产；唐家河煤矿、安家庄煤矿投资建矿前期项目顺利实施，分别完成投资0.6亿元、0.9亿元。2014年，全县第二产业增加值80589万元，增长4.9%。

【项目建设】2014年，全县开工建设各类项目97项，完成投资32.74亿元。其中：县上确定的80项投资500万元以上的重点项目开工建设76项，完成投资32.33亿元；列入全市"十大工程"重大项目23项，开工建设22项，完成投资21.34亿元。论证储备前期项目318项，概算投资573.77亿元。

【招商引资】全年实施招商引资项目33项，协议引资292.65亿元，落实到位资金43.02亿元，增长38.64%。

【旅游业】2014年，全县接待旅游人数105万人次，比上年增长26.1%。旅游业总收入52600万元，比上年增长26.1%。

【新农村建设】全县投资1.55亿元，抓建新农村建设示范点10处，旧村庄改造示范点8处，千村美丽示范村2个，万村整洁村20个。新建文明生态家园600户，实施"三清五改"1020户，硬化道路12条8.9千米，新（改）建村部3处，新建文化广场4处，实施自来水入户295户，栽植绿化苗木6.6万株，开展技术培训4502人。

【扶贫开发】实施中台镇许家沟等9个整村推进项目，累计完成投资1.445亿元，实施"五改三建"430户，硬化村社道路11条16千米，建成水过面桥5座，购买基础母牛379头，配套修建温棚牛舍379座，发放扶贫贴息贷款2100万元，筹备建立扶贫互助协会12个，机修梯田3000亩，开展农业实用技术培训1800人（次），开展“两后生”培训940人。各级联村单位投入帮扶资金1.74亿元，实施帮扶项目95个，帮办实事913件，累计发放“双联”惠农贷款1.79亿元。通过项目带动和产业支撑，全县实现减贫0.95万人。

【社会事业】实施城关中学整体搬迁工程等9个续建项目，均已竣工并交付使用。投资2500多万元，实施城南幼儿园、职业中专实训室等新建项目7项。全县高考一本上线310人，二本以上上线953人，上线率分别达到14%和43.2%。新农合参合率达到99.8%，参合群众受益面达到95%以上。投资240万元新建10个标准化村卫生所和1000座卫生厕所。筹办全市第二批中医药师承教育拜师大会、2014皇甫谧杯全国中医院校针灸推拿临床技能大赛获奖代表、专家学者和北京中医药大学代表团拜谒皇甫谧仪式。投资457.6万元，实施县乡广播电视网络覆盖工程并实现全覆盖。对市县有线电视城域网进行双向改造，完成双向网改造5000户。全县建成体育惠民工程2处，乡村舞台71处。举办全县第二届全民运动会。

【人民生活与社会保障】2014年，全县城镇居民人均可支配收入达到15739元，比上年增长10.4%，恩格尔系数为22.9%，比上年下降2.7个百分点；农民人均纯收入达到5403.2元，比上年增长12.5%，恩格尔系数为32.03%，比上年下降2.07个百分点；全县城镇单位从业人员年工资总额为38456.4万元，比上年增长1.8%，人均年工资为44213元，月工资为3684元，比上年增长2.1%。全县新增城镇就业2765人，考录安置高校毕业生419人，城镇登记失业率控制在了3.03%。

全县城镇职工养老、失业、医疗、生育、工伤五大保险参保人数分别达到3561人、6084人、8602人、4089人和3787人；城镇居民医疗保险参保9282人；城乡居民社会养老保险续保131896人，续保率95.29%。为企业离退休人员发放养老金2609万元；为失业职工发放失业金25.6万元；为城镇居民支付医疗保险待遇302万元；为城镇职工支付医疗费1102万元，支付工伤保险待遇13.3万元；支付生育保险待遇29万元；为29630名60岁以上城乡居民发放养老金2316.54万元，发放率100%；为农村低保人员发放低保资金3589.31万元，为城市低保人员发放低保资金966.46万元，为农村五保供养人员发放供养资金271.22万元。全县新续建公租房330套，限价商品房108套，棚户区改造安置房314套，完成农村危房改造2100户，搬迁荆山周边地质灾害危险区群众139户。

【环境保护】争取省、市污染减排资金505万元，在星火等3个乡镇实施畜禽养殖污染治理项目。引导企业实施有机肥生产线、生产废水处理、锅炉脱硝脱硫等项目。全县累计削减化学需氧量2103.7吨，削减氨氮6.85吨。争取国家投资590万元，在独店、上良等6个乡镇10个村实施农村环境连片整治项目，共安装各类设备2221台件，修建农膜收集屋72个，污水处理站2个，拉建水源地围栏788米。县城区空气质量级别属Ⅱ级，空气质量优良天数达到95%以上。区域环境、交通干线噪声平均值为53.7dB（A）和65.6dB（A），低于控制指标55dB（A）和70dB（A）。达溪河灵台段水质符合地表水Ⅲ类水质标准，饮用水水质达标率稳定保持在100%。

灵台县主要领导名录

县委书记　王学书

县人大常委会主任　魏惠琴（女）

县　长　刘　凯

县政协主席　边安玉

（供稿：白新虎）

崇信县

【综述】崇信县位于平凉市东部，介于北纬35° 1′-35° 25′，东经106° 50′-107° 10′之间。东靠泾川、灵台两县，西与华亭县接壤，北连崆峒区，南与陕西省陇县毗邻。东西宽35千米，南北长41.5千米，总土地面积850平方千米。2014年末，全县辖2镇4乡2园区，总人口10.2万人，人口自增率为5.81‰。

境内属暖温、带半干旱大陆性气候，四季分明，年平均气温10.6℃，年降水量546.4毫米，年日照时数1969.5小时，无霜期190天左右。泾河的主要支流汭河、黑河自西向东贯穿全境。是国家15个重点矿区和100个重点产煤县之一，境内已探明含煤面积140.5平方千米，地质储量18.3亿吨。有国家4A级旅游景区龙泉寺、国家级文物保护单位武康王庙等旅游景点。

2014年，全县地区生产总值完成27.86亿元，增长3.7%；固定资产投资完成51.77亿元，增长21.3%；社会消费品零售总额完成6.24亿元，增长12.2%；公共财政收入完成2.65亿元，下降6.6%；财政支出达到9.3亿元，增长12.1%；全县存贷款余额分别达到29.3亿元和17.2亿元。

【农业农村经济】2014年，全县财政列支2000万元资金，扶持农业产业结构调整和农村经济发展。推广种植全膜双垄沟播玉米5万亩，全年粮食总产量达到6.7万吨。协调落实草食畜牧业贴息贷款2521万元，新建肉牛养殖小区7个，创建省部级标准化畜禽养殖示范场2个，全县牛饲养量和出栏量分别达到11.6万头和5万头，玉米秸秆转化率达到85%以上。新植果园2万亩，完成果园综合管理7万亩，创建标准化示范园3.5万亩，挂果园面积达到1.5万亩，果品总产量达到1.8万吨，实现收入6100万元。建成日光温室122亩，蔬菜大棚1980亩，培育于家湾千亩蔬菜示范基地和方盛百万棒香菇生产基地，带动全县种植蔬菜6.5万亩。整合资金2亿元，抓建新农村示范点12个、省列“美丽乡村”示范点1个，新建康居住宅244户，完成农村危房改造700户，安装太阳能路灯

崇信电厂集煤站

367盏。全年输转劳务2.6万人（次），创收5.3亿元。

【工业经济】2014年，全县工业企业累计完成投资20.7亿元。规模以上工业增加值完成13.9亿元。全年生产原煤763万吨，发电50.5亿度。全县万元地区生产总值能耗和主要污染物排放总量分别下降4.1%和2.4%。

【项目建设】2014年，全县共实施各类重点建设项目165项，完成投资52亿元。新论证储备项目467项。五举煤矿等十大过亿元项目、农业综合开发等20个市列“十大工程”项目和县医院住院综合楼等45个县级政府投资项目完成年度建设任务。华煤集团铁路运煤专线等一批重点前期项目取得实质性进展。

【招商引资】2014年，全县共引进实施各类招商项目68项，到位资金55.3亿元，增长25.5%。

【扶贫开发】实施黄寨乡黄土村、新窑镇大兴村等6个省列和黄花乡水磨村等2个县列扶贫开发整村推进项目，投入“双联”帮扶资金781.6万元，完成15个贫困村1.97万贫困人口的识别和建档立卡工作，措办实事1262件，实现减贫5200人。实施全省扶贫攻坚交通先行示范县、农网升级改造及110千伏输变电、土地整治等项目33项，鼻梁山至平头沟公路建成通车，硬化村社道路63千米，新修梯田4.5万亩，新建河堤43千米，造林绿化2.8万亩，治理水土流失58.5平方千米。

【商贸流通】2014年，全县新发展私营企业84户、个体工商户674户，新增从业人员1154人，第三产业增加值达到5.6亿元，增长24.5%。全年全县社会消费品零售总额完成6.24亿元，增长12.2%。

【文化产业与旅游业】2014年，全县文化产业机构达到30个，文化产业增加值完成2560万元，增长28.1%。全县投资1.1亿元，实施文化旅游养生项目6项。龙泉寺文化旅游养生园控制性详规完成文本编制，“文化三馆”、五龙山游客接待中心、中医养生馆建成投入使用，保至善烈士纪念馆完成主体工程，龙泉寺地质公园遗迹保护项目全面建成。龙泽湖被评为国家级水利风景区。

【城乡建设】实施城镇化建设项目32项，完成投资13.6亿元。编制完成县城风貌特色等7个专项规划和柏树乡东风村等4个美丽乡村示范村专项规划。县城新区集中供热中心建成投入使用，公刘园、商业步行街和新区道路基本建成，推进崇信宾馆等建设。世纪花园小区一期开始入住，华煤集团生活区、汭河嘉苑小区开发建设进展顺利。建成限价商品房246套，开工建设公租房200套、棚户区改造安置房45套。新植改造绿化带1.3万平方米，新增城镇人口2040人，城镇化率达到40.4%。

【社会事业】投资6400万元，实施城区第二小学、黄寨中学迁建等校舍建设工程17项，全县新建和改扩建校舍2.3万平方米，县三中体育场和锦屏、铜城、柏树等5所乡镇幼儿园建成投入使用。农村小学“小班化教育”经验在全市推广。高考录取率达到93.3%。发放各类助学资金1422万元。县医院住院综合楼、新窑卫生院门诊住院楼完成主体工程，建成县计生站综合业务楼和新窑、黄花等乡镇卫生院职工周转宿舍，新建标准化村卫生室25个。落实人均35元的基本公共卫生服务经费，推广中医适宜技术，全县基本药物配备率、使用率均达到100%，免费为城乡群众发放健康保健工具包1.8万个，开展妇女“两癌”筛查5189人。柏树乡体育惠民工程、省列有线电视城域网双向升级和6个“乡村舞台”完成年度建设任务。《崇信县志（1991–2010）》通过省级评审。

【人民生活与社会保障】2014年，全县城镇居民人均可支配收入和农民人均纯收入分别达到21682元和5471元，增长9.1%和11.2%。筹资3.8亿元，落实村社道路铺油硬化等十件实事。发放各类惠农资金7237万元，户均受益3800元，民生支出占到全县财政总支出的81%。新增妇女小额担保贷款2015万元、城镇小额担保贷款1005万元，实现城镇就业1946人，城镇登记失业率控制在3.2%。应届高校毕业生就业率达到90%。城乡低保、五保供养标准提高15%，新农合、城镇居民医疗保险政府补助标准由280元提高到320元，城乡居民养老保险基础养老金增加到65元。发放保障救助资金9746万元，征缴各类社保基金4295万元。建成城乡老年人日间照料中心7处。

崇信县主要领导成员名录

县委书记　吕鹏举

县人大常委会主任　章进录

县　长　崔仁杰

县政协主席　刘志仓

（供稿：陈汝泽）

华亭县

【综述】华亭县地处西安、兰州、银川三大城市的几何中心地带，北至平凉55千米，西往兰州395千米，南到咸阳国际机场290千米，距西安308千米、银川490千米。宝中铁路、省道304线、203线贯穿境内。全县总面积1183平方千米，其中耕地面积41.5万亩。2014年末，全县辖5镇5乡1个街道办事处1个省级工业园区，全年常住人口19.49万人，人口自增率6.31‰。有回族、满族12个少数民族。

境内山川兼有，河流交叉纵横。属黄土高原丘陵沟壑区，海拔1226米-2748米。西部有陇山环绕，中部是丘陵，东、南部为沿河平川和川台地，为主要产粮区和蔬菜区。属温带湿润气候，年平均气温7.8℃，降雨量579.6毫米。主要有汭河、汭河等4条河流，年总径流量1.65亿立方米。主要矿藏有煤碳、陶土、坩泥、石灰石、石英砂等，其中，矿区煤炭储量33.74亿吨，占全省已探明煤炭储量的40%，是全国13个重点产煤基地、西北3大产煤矿区之一。

粮食作物以小麦、玉米为主，盛产核桃、大黄、独活，是全省优势农产品产业带重点开发区域之一。有国家级森林公园莲花台等景点。

2014年，全县地方生产总值完成49.43亿元，比上年增长2.4%；大口径财政收入14.06亿元；地方财政收入5.72亿元；全年固定资产投资完成129.7亿元，增长21.3%；社会消费品零售总额17.26亿元，增长11.9%；农民人均纯收入和城镇居民可支配收入分别为6177元和22586元，增长11.6%和8.5%。

【农业农村经济】2014年，全县农业增加值完成7.07亿元，增长6.2%。投资6亿元改造土坯房2.1万间，受益群众4135户1.57万人，建成省级美丽乡村示范村2个，全县土坯房消除面达到40%。村社道路、垃圾处理、绿化亮化、供水沼气等设施配套率达到90%以上。新修梯田1.3万亩，全县粮食播种面积34.52亩。全年粮食产量9.43万吨，增长4.6%。新建润塬、伦源等农业龙头企业4户，组建专业合作组织46个，培育产业大户60户。全县核桃挂果面积突破6万亩。蔬菜、药材产量分别为11.51万吨和2.42万吨。牛出栏6.48万头，增长5.5%。农民人均产业收入达到2483.2元，增长2.7%。年内输转城乡劳动力3.12万人次、创收4.87亿元。

【工业经济】2014年，全县年生产原煤1323.06万吨、甲醇55.64万吨，发电量19.27亿度。规模以上工业企业实现利税、利润分别为14.14亿元和3.26亿元。工业园区入园企业24户。

【项目建设】2014年，全县投资127.37亿元，实施500万元以上项目249个。争取上级财政资金7亿元，增长251%。签约项目121项、总额154亿元，落地招商引资项目81个，到位资金65.6亿元，增长29.1%。

【城乡建设】投资14.8亿元，实施城镇建设项目95个。新建拓建街路14条24.1千米，改造棚户区4个，建成商品房23.8万平方米，县城人均住房面积达到30平方米。配套实施城市综合管网敷设等工程，县城面积新增1.5平方千米。启动安口新型城镇化试点工作，上关等重点小城镇功能日益完善，全县城镇化率达到54.1%。红崖山和安口水厂改造提升工程竣工投用，铺设农村供水管网85千米，解决7000多人的安全饮水问题。新建改造城乡电网22条48.8千米。敷设光缆210千米，宽带和移动4G网络实现县城和小城镇全覆盖。

【文化产业与旅游业】2014年，全县从业人员达到75家1850人，文化产业增加值增长15.5%。组建文艺团体42个，开发刀刻画等文化产品5种。

实施米家沟生态园续建等旅游项目20项。全年游客总量突破115.65万人（次），实现旅游综合收入5.56亿元，增长26.3%。

【商贸流通】上美商业广场等商贸项目进展良好。金融信贷、物流配送、餐饮住宿、休闲养生等服务业蓬勃兴起。全年新增非公经济市场主体1476户、注册资本6.9亿元，分别增长7.4%和69.9%。全县第三产业增加值达到10.5亿元，增长9%。

【社会事业】改造农村学校5所7.8万平方米，西郊小学竣工投用。高考一、二本上线753人。义务教育均衡发展通过国家评估认定，在全省率先达到义务教育发展基本均衡。全省中医药示范县创建通过验收，建成标准化村卫生室35个，120指挥中心和急诊急救培训基地正式投用。实施“单独二孩”政策，全县人口自增率、出生率分别为6.31‰和10.52‰。建成农村文化广场15个、乡村舞台26个。

【人民生活与社会保障】2014年，全县农民人均纯收入和城镇居民可支配收入分别为6177元和22586元，增长11.6%和8.5%。招录262名高校毕业生服务基层和企业，城镇新增就业4705人，城镇登记失业率控制在3.5%以内。

安排73.8%的财力保障民生，建成保障性住房2.1万平方米。105588名农民参加新型合作医疗，参合率99.21%；34554名城镇居民参加基本医疗保险，支付待遇1078万元。建成城乡老年人日间照料中心9所，首次为特困残疾人发放生活补贴，全年发放各类救助资金248.5万元，惠及4.11万人。新增帮扶企业108户，实施扶贫项目7类10个，全年稳定脱贫7600人。

华亭县主要领导名录

县委书记　孟小全

县人大常委会主任　闫学明

县　长　王宏林

县政协主席　冯天祥

（供稿：王小琴）

庄浪县

【综述】庄浪县位于甘肃中部，介于北纬35°03′723″-35°28′726″，东经105°46′715″-106°23′745″之间。东邻华亭县，南与张家川回族自治县、秦安县毗连，西接静宁县，北和宁夏回族自治区隆德县、泾源县错壤。东西长56.37千米，南北宽46.6全年，总面积

1553.14平方千米，其中耕地面积91.65万亩，森林面积40892公顷。2014年末，全县辖5镇13乡，总人口45.07万人。

属黄土高原丘陵沟壑区，河谷、丘陵、高山相间。地势东北高，西南低。最高峰桃木山海拔高度2857米。境内有402道梁峁、2500条沟壑。主要山脉为六盘山。属大陆性季风气候区。2014年，全年无霜期154天。年平均气温8.5℃，最高温32.3℃，最低温-15.8℃。全年降雨423毫米。全年日照1879.6小时。全县共有水库4座。矿产资源主要有铁、铜、铅、锌等。有国家AAAA级旅游景区云崖寺等旅游景点。草编、竹编、马尾荷包、纸织画等民间工艺品独具特色。

2014年，全县生产总值35.57亿元，比上年增长8.5%；全社会固定资产投资完成42.39亿元，增长22.5%；大口径财政收入完成16623万元，增长32.7%；社会消费品零售总额达到15.2亿元，增长13.2%；全年商品销售总额29.21亿元，增长23.2%。年末金融机构各项存款余额60.79亿元，增长12.8%。各项贷款余额30.89亿元，增长32.4%。保险业全年保费收入4524.22万元，全年给付额1956.34。全年全社会消费品零售总额15.19亿元，增长13.2%。

【农业农村经济】2014年，全县果、薯、畜、菜、粮对农业产值的贡献率达到81.8%。全年粮食总产量19.05万吨，增产5.8%；水果总产量15.48万吨，增长8.3%。年末，全县大家畜存栏13.61万头，同比下降2.4%；生猪年末存栏12.77万口，增长1.9%；年末农业机械总动力28.58万千瓦，比上年增长6.3%；农用拖拉机和农用运输车分别达到9090台、9.15万千瓦和4654辆、6.22万千瓦；年末，全县有效灌溉面积6.68万亩，保灌面积5.35万亩，年末水平梯田87.71万亩。全县新植果园11.6万亩，改造老果园1万亩，新增标准化苹果生产基地12.9万亩，新建、扩建气调果库4处，果品产量达到30万吨，实现产值12亿元。发展区域特色产业，种植马铃薯45万亩，脱毒种薯基地12万亩，产值达到10.5亿元。建成标准化养殖小区10处，续建完成规模化养牛场2个，新增养殖大户100户，全县牛猪鸡饲养量分别达到11.3万头、49万头、174万只，畜牧业总产值达到5.4亿元。新建蔬菜日光温室、塑料大棚600亩，示范带动种植蔬菜11.5万亩。完成育苗5000亩，关山乡镇育苗基地面积达到2万亩，推广旱作农业70万亩。

【工业经济】2014年，全县全部工业总产值18.01亿元，增加值5.31亿元。规模以上工业现价总产值12.78亿元；增加值3.6亿元。规模以上工业增加值中，重工业增加值2.36亿元，占65.6%；轻工业增加值1.24亿元，占34.4%。规模以上工业实现产品销售收入10.67亿元；实现利税总额1.34亿元，增长10.4%；实现利润总额0.77亿元，增长14.1%；税金0.57亿元，增长5.9%。限额以下工业总产值5.23亿元，增加值1.70亿元。

庄浪县万泉镇苹果丰产园

【招商引资】年内，引进各类招商项目96个，实际到位资金20.9亿元。与北京振发新能源科技有限公司签订光伏发电项目合作协议，建成20万立方米加气混凝土砌块、10万吨畜禽饲料、5万吨生物有机肥和1万吨马铃薯粉条生产线，新增民营企业133户。

【固定资产投资】全年固定资产投资完成42.39亿元，增长22.5%。当年新增固定资产39.36亿元，增长21.9%。房地产开发投资3.03亿元。房屋施工面积23.1万平方米，其中住宅21.1万平方米。

【项目建设】全年项目建设投资39.36亿元，增长21.9%。实施500万元以上项目148个，其中当年新开工125个，本年投产项目144个。

【文化产业与旅游业】2014年，全县文化产业实现增加值5900万元，增长25.41%；水平梯田先进县纪念馆接待参观1.2万人次。紫荆山、云崖寺全年接待游客14.0万人次，门票收入25.0万元。

【城乡建设】2014年，全县建成通村油路、硬化路183千米，水洛至通化公路改扩建完成铺油8.3千米、拆除重建桥梁9座，庄隆公路改扩建工程立项建设，徐城大桥建成通车，南城区步行桥开工建设，全县道路通畅率达到65%。水洛河川、庄浪河川和阳川人饮延伸工程完成，解决2.7万人的饮水困难，全县自来水实现通村和入户两个“全覆盖”。与省水务投资公司签订水务一体化经营战略合作协议书。新建、改造供电线路116千米，新增和改造配电变压器38台，有效保障城乡用电需求。新修梯田2万亩，整理土地7200亩，建设高标准农田8000亩，治理河堤21千米，综合治理水土流失60平方千米。

【社会事业】2014年，全县社会事业完成投资4.9亿元，新建中小学校舍

庄浪县通化乡韩湾村农业科技试验示范基地

7.6万平方米，县一中体育场改造工程基本建成、图书大楼开工建设，县实验小学和第四幼儿园建成投用，建成乡镇幼儿园21所，完成紫荆中学实验楼工程招投标。2014年，全县有各级各类学校233所，教职工5664人，中小学生78851人。高考二本以上录取2036人，比上年增加306人。新建3所乡镇卫生院业务用房、30个标准化村卫生室，县中医院住院部综合楼完成工程招投标，国家计划生育利益导向政策体系示范县顺利通过验收。完成博物馆文物陈列展示和免费开放。21项科技成果获得市级科技进步奖。图书馆馆藏总量9.76万册，流通2.3万人次。博物馆6806件文物藏品中达级藏品905件。通过实施农村广播电视"村村通"、"户户通"工程，全县广播、电视人口覆盖率均达到98.1%，有线广播电视用户达到10320户。年末，全县共有各级各类卫生机构405个，病床位1750张，卫生技术人员1435人。其中县、乡级医疗卫生机构24个，病床位1750张，卫生技术人员1435人。全部卫生技术人员中，执业医师253人，执业助理医师45人，注册护士316人，药师43人，检验技师26人，影像技师38人，其他人员714人。

【人民生活与社会保障】2014年，全县城镇居民人均可支配收入达到18752.1元，增长10.8%；农民人均纯收入达到4596.9元，增长13.9%。考录安置高校毕业生798名，新增城镇就业人员4235人。年末，全县城镇登记失业率3.34%。全年用于改善民生的投入15.1亿元，占财政总支出的70%。全县输出劳务工11.5万人（次），创劳务收入15亿元。

发放政策性惠农补贴资金2.98亿元，为参合农民报销医药费用1.45亿元，减少绝对贫困人口2.8万人。为4015名乡村教师、423名临时代课教师和6名特殊教育教师发放生活补助补贴。省市县共投资2513.8万元，为8个乡镇干部职工新建住宿楼1.18万平方米。年末全县参加失业保险人数8996人，参加基本养老保险人数9231人，参加基本医疗保险的人数27803人。享受城镇居民最低生活保障4373人，全年发放最低生活保障金1364.1万元；农村低保已保58852人，全年发放保障金8218.5.74万元%。新型农村合作医疗参保39.91万人，参合率98.8%；医疗基金累计支出15460.18万元。城乡居民社会养老保险参保24.93万人，参保率97.7%。为符合待遇享受条件的老人发放养老金4547.18万元，发放率100%。

【环境保护】2014年，全县6项主要污染物均控制在目标值之内，总控率达到100%。大气环境可吸入颗粒物年日均值为0.032毫克/立方米，二氧化硫年日均值为0.017毫克/立方米，二氧化氮年日均值为0.018毫克/立方米。水洛河地表水水质达标率为85%，饮用水源水质达标率为100%。区域环境噪声和交通干线噪声平均值分别为55分贝和65.5分贝。全县环保投资达到5399.58万元，其中污染源治理4740.17万元，生态环境建设和农村环保591.41万元，环保能力建设68万元。

庄浪县主要领导名录

县委书记　陈　铎

县人大常委会主任　陈　亮

县　长　宋树红

县政协主席　王　兴

（供稿：刘新宇）

静宁县

【综述】静宁县地处黄土高原中部，黄河支流渭河上游的葫芦河流域，六盘山之西，华家岭之东，介于东经105° 20′ –106° 05′，北纬35° 01′ –35° 45′。县境南北长81千米，东西宽68.8千米，全县总面积2193平方千米，其中耕地面积147万亩，森林覆盖率为25.9%。2014年末，全县辖5个镇19个乡，户籍总人口49.13万人。

境内属黄土高原丘陵沟壑区，地势由西北向东南倾斜，海拔1340米-2245米。属暖温带半湿润半干旱气候区，四季分明，降雨偏少，光照充裕，气候温和。

2014年，全县实现生产总值37.15亿元，增长9.2%，规模以上工业增加值达到4.5亿元，增长9%；全社会固定资产投资达到63.6亿元，增长21.7%；其中，500万元以上城镇投资项目完成57亿元，比上年增长22.75%。社会消费品零售总额达到21.3亿元，增长12.7%；地方财政收入达到1.46亿元，增长41.6%；年末，全县金融机构各项存款余额69亿元，比上年增加9.7亿元，增长16.37%；其中居民储蓄存款余额48.2亿元，比去年增加7.96亿元，增长19.77%。贷款余额达到44.3亿元，比去年增加9.6亿元，增长27.66%；实现大口径财政收入2.58亿元，增长48%；地方财政收入1.45亿元，同比增长41.6%。

【农业农村经济】2014年，全县农林牧渔业实现总产值30.65亿元，比上年增长13.41%，其中农业产值27.29亿元，林业产值0.34亿元，牧业产值2.61亿元，渔业产值0.40亿元。全县农作物种植面积146.15万亩，比上年下降0.86%。其中粮食作物种植面积120.52万亩，下降0.48%。油料作物种植面积11.18万亩，下降6.83%；全年粮食总产量达到21.35万吨，比上年增产1万吨，增长5%。油料产量13106吨，下降148%。蔬菜产量116万吨，增长5.17%；全年完成造林面积11.57万亩，比上年下降7.44%。年末，全县果园面积52.46万亩，其中苹果园面积51.39万亩。全年水果产量达到48.97万吨，增长10.18%。苹果产量达到48.42万吨，增长10.22%；年末，全县猪存栏11.38万头，增长2.25%。出栏肉猪12.93万头，增长4.27%。鸡存栏75.98万只，增长3.66%，出栏44.75万只，比上年增长4.02%。牛存栏10.23万头，增长6.12%，出栏1.27万头，增长10.05%。全年肉类总产1.12万吨，奶类总产902.46吨；全年人工造林面积11.57万亩。全县共有水窖97265眼。乡村从业人员22.78万人，农民人均纯收入4748元，增长14.20%。

【工业经济】2014年，全县实施重点工业项目7项，完成投资6.1亿元，增长7.9%。全年完成工业增加值5.89亿元，比上年增长9.9%。其中规模以上工业增加值4.51亿元，增长9%。规模以上工业企业产品销售率86.8%，下降3.9%。在规模以上工业增加值中，国有及国有控股企业完成工业增加值5203万元，增长11.2%；股份制企业完成工业增加值3.73亿元，增长8.4%；私营企业完成工业增加值2.48亿元，增长11.1%。轻工业完成增加值2.8亿元，增长10.3%；重工业完成增加值1.7亿元，增长7%。

【项目建设】2014年，全县实施各类重点项目103项，完成投资57.2亿元。争取六盘山片区扶贫攻坚示范试点县等项目资金5.6亿元，油铺硬化道路522千米，建成路基380千米，完成静秦公路改建，新修改造桥梁4座，建成汽车南站主体工程，新建行政村停靠点239个，通村道路硬化率提高33.2个百分点。城区居民供水改扩建二期工程开工建设，甘渭河调水工程和司桥牟沟水源地建成投入使用。建成界石铺北山等农村集中供水工程6处，解决3.5万人的饮水安全问题，全县农村自来水入户率达到93.6%。

【房地产开发】2014年，全县房地产开发投资完成6.58亿元，增长13.19%。全年新开工建设保障性住房2090套，其中，廉租住房90套，公共租赁住房800套，棚户区改造1200套。

【城乡建设】截至2014年底，全县常住人口城镇化水平达到21.5%，拥有城镇常住人口9.14万人，县城建成区规模达到9.6平方千米，城市生活垃圾无害化处理率达到99.5%，城市供水普及率达到98.5%，城市燃气普及率达到46.5%。建成南河景观绿化带、文屏山公园。敷设改造供排水管网75千米，安装路灯677盏。实施城区道路绿化带改造等绿化工程，共栽植各类乔木35万株，花灌木3200万株，低灌木组团绿化30万平方米，完成投资2.6亿元。县城绿地总面积达到259.2万平方米，其中公共绿地面积79.5万平方米。建成滨河花园等宜居小区17个、商住楼253万平方米、各类保障性住房4140套25万平方米。建成城川红旗等美丽乡村示范村8个，甘沟屯堡等新农村示范村50个，改造农村危房3300户。

【环境保护】2014年，全县完成造林12.6万亩，栽植行道树710千米，新增城市绿地4.4万平方米。新修梯田4.2万亩，整理土地2.7万亩，完成流域综合治理42平方千米。全县化学需氧排放量5375.99吨，比上年下降0.04%；氨氮排放量293.45吨，下降32.68%；地表水水质达标率为80%，集中式饮用水源水质达标率100%，环保投资指数达到1.57%。

【商贸流通】2014年，全县实现社会消费品零售总额21.29亿元，比上年增长12.7%。其中批发业实现销售额11.56亿元，增长19.12%；零售业实现销售额36.47亿元，增长24.31%；住宿业实现营业额0.84亿元，增长14.18%；餐饮业实现营业额2.24亿元，增长22.98%。

【文化产业与旅游业】2014年，全县文化产业实现增加值7100万元，增长25.37%，占生产总值的1.91%。编制葫芦河流域金果养生园建设规划，建成伏羲部落生态园一期工程和八里大路、曹务张岴旅游养生示范村，新发展农家乐15户。2014年，全县境内外旅游人数达到85.6万人（次），比上年增长25.9%。全县旅游综合收入达到4.16亿元，比上年增长26%。

【交通邮电】2014年底，全县货物运输总量247.42万吨，比上年增长15.81%。完成货物运输周转量57790.58万吨千米，增长32.50%；客运量528.13万人，增长6.37%；旅客周转量28310.72万人千米，增长13.12%。全年完成电信业务总量3400万元，增长3.2%；邮政业务总量596.35万元，增长6.4%。年末固定电话用户2.12万户，本年减少固定电话用户0.97万户。移动电话用户32.61万户，新增3.62万户，增长12.5%。电话普及率达到76.75部/百人。互联网宽带接入用户达到1.73万户，增长15.3%。新建、改建10千伏及以下线路67千米，建成通信基站180个，4G网络覆盖城区及重点乡镇，新增城乡宽带用户3500户。

【社会事业】2014年，全县共有各级各类学校332所，在校学生80441人，专任教师6187人，适龄儿童入学率100%。全县参加高考考生8168人，上线人数达7567人，上线率92.6%。其中一本上线870人，上线率10.7%，比去年提高0.5个百分点；二本上线1711人，上线率20.9%，有7人被清华、北大录取。建成文屏教育园校舍30幢17.7万平方米，文萃、二中2所高中按期招生。全县共有文化馆、公共图书馆、博物馆各1个，乡（镇）文化站24个，村文化室210个。全县现有医疗卫生机构559个，其中县级医疗机构2个，乡镇卫生院25个（分院2个），社区卫生服务中心1个、服务站2个；有病床1985

张，增长24.30%；卫生技术人员1777人，比上年增长2.36%。其中公立医疗机构1218人，村卫生室401人，个体诊所158人。

【人民生活与社会保障】2014年，全县城镇居民人均可支配收入达到17809.35元，比上年增长9.5%。农民人均纯收入4748元，比上年增长14.2%。从业人员劳动报酬100423.6万元，比上年增长14.09%。全县城镇登记失业率3.19%，城镇新增就业人数4756人，减少16.9%。年末，全县参加城镇职工基本养老保险11569人，较上年增长2.0%；参加城镇职工失业保险11936人，增长7.2%；参加职工基本医疗保险参保18583人，减少2.79%。参加新型农村合作医疗人数40.29万人，下降3.0%，新型农村合作医疗参合率为98.19%。

【双联工作】疗截至2014年底，全县双联帮建活动中，共发展果园2.8万亩，新发展养殖企业25个、养殖大户2500户，新增养牛1.9万头、养猪10.6万头，推广旱作农业65.3万亩，输转劳务10.17万人次，创收15.3亿元，实施基础设施建设项目50项，完成投资24.9亿元，建成农村幼儿园10所，村卫生室30个，村级组织活动场所29个，村级综合服务社2个，县级标准化政务服务中心和24个乡镇便民服务网点，设置办事窗口20个，开展"一站式"审批及公共服务事项54项，帮助群众解决急事难事230件。建成比较规范的乡镇综合文化站22个、农家书屋397家、"乡村舞台"149座、农民健身工程70个。全县依托26所留守流动儿童之家，组建"爱心妈妈、爱心爸爸"等志愿者队伍10支492人，与联村留守儿童结帮扶对子260对，开展各类关爱活动2场（次），捐款捐物总价值1.5万元，各级联村单位为贫困村0-3岁1909名儿童捐赠营养包17181盒，累计捐款19.63万元。

静宁县主要领导名录

县委书记　王晓军

县人大常委会主任　张自杰

县长　徐毅

县政协主席　王智国

（供稿：程海霞）

庆阳市

【综述】庆阳市地处甘肃东部、陕甘宁三省（区）交汇处，介于东经106° 20-108° 45与北纬35° 15-37° 10之间。东接陕西省的宜君、皇陵、富县、甘泉、志丹等县，北邻陕西省吴起、定边及宁夏回族自治区的盐池县，西与宁夏的同心、固原县接壤，南与本省的泾川县及陕西的长武、彬县、旬邑县相连。南北长207千米，东西跨208千米，全市总面积27119平方千米。2014年末，全市辖7县1区，总人口264.56万，常住人口222.35万人，人口自然增长率为7.16‰，有30个少数民族。

境内地形北高南低，海拔在885-2082米之间。有世界上面积最大、土层最厚、保存最完整的黄土塬面-董志塬，面积为136.47万亩。有马莲河等5条河流，较大的支流有27条。为大陆型气候，四季分明，降雨量南多北少。年平均降水量600.9-783.9毫米，降雨多集中于7、8、9三个月。年平均气温9.3℃-11.1℃。

境内能源资源丰富，是甘肃石油天然气化工基地、长庆油田主产区。已探明油气总资源量40亿吨。已探明煤炭资源215亿吨。盛产小麦、玉米、油料及荞麦、小米、燕麦、黄豆等特色小杂粮。是农业部确定的西北黄土高原苹果优生带。是甘肃优质农畜产品生产基地，有早胜牛、环县滩羊、陇东黑山羊、羊毛绒等大宗优质农牧产品。有甘草、黄芪、麻黄、穿地龙、柴胡等300多种中草药。有香包、刺绣、民间剪纸、皮影等独具特色。有南梁政府旧址、抗日军政大学七分校校部旧址等红色旅游景点。

2014年，全市实现生产总值668.86亿元，按可比价计算（下同），比上年增长10.2%。其中第一产业增加值77.74亿元，增长5.7%；第二产业增加值399.79亿元，增长11.6%；第三产业增加值191.33亿元，增长8.9%。完成社会消费品零售总额10亿元，增长18.7%。全市大口径财政收入完成149.25亿元，下降3.2%；一般预算收入完成61.54亿元，下降3.4%。各项税收完成134.45亿元，增长2.0%，占财政收入的90.0%。其中国税收入完成87.20亿元，下降3.9%；地税收入完成47.25亿元，增长15.0%。全年财政支出185.68亿元，比上年增长1.3%。

【农业农村经济】2014年，全市粮食作物播种面积696.65万亩，比上年增长1.1。全年粮食总产量达到164.23万吨，增长3.3%。其中夏粮播种面积186.57万亩，下降0.1%，总产量40.88万吨，增长20.2%；秋粮播种面积517.70万亩，增长1.5%，总产量123.36万吨，下降1.3%。油料播种面积106.58万亩，下降2.5%，总产量14.67万吨，增产4.5%。蔬菜面积124.09万亩，增长1.5%，产量87.27万吨，增长7.1%。果园面积171.77万亩，其中当年新栽17.8万亩；全年水果总产量65.05万吨，增长12.5%。全年全市农业总产值14197亿元，增长53%。

年末，全市大牲畜存栏63.83万头，比上年增长4.9%。其中牛存栏38.56万头，增长5.2%；牛出栏16.56万头，增长5.1%。猪存栏42.56万口，增长1.8%；猪出栏40.62万头，增长3.8%。羊存栏187.14万只，增长7.6%；羊出栏73.83万只，增长8.0%。肉类总产量7.03万吨，增长8.3%。全市水产品产量1174.72吨，比上年增长18.5%。

年末，全市有效灌溉面积达到74.68万亩，增长2.0%，占年末耕地面积的11.0%；保证灌溉面积达到51.73万亩，比上年增长1.9%。农业机械总动力179.06万千瓦，增长9.6%。当年完成造林面积84.78万亩，增长120.4%。全年全市共落实扶贫资金34705万元，比上年增加10477万元，增长43.2%。

【工业建筑业】2014年，全市完成全部工业增加值387.74亿元，比上年增长11.4%。其中规模以上工业增加值完成371.04亿元，增长11.2%。规模以上工业完成销售产值688.26亿元，产品销售率为97.1%，全市规模以上工业企业实现利税总额282.52亿元，增长9.1%。

全市资质以上建筑企业79户，比上年减少1户。2014年，全市建筑企业实现增加值36.44亿元，比上年增长11.8%。

【固定资产投资与项目建设】2014年，全市固定资产投资总额完成1122.57亿元，比上年增长17.8%。其中第一产业投资额29.99亿元，增长2.7倍；第二产业投资额802.08亿元（含长庆油田公司154.30亿元），增长21.4%；第三产业投资额290.50亿元，增长2.1%。

2014年，全市投资500万元以上的施工项目2454个，比上年增长88.9%。其中当年新开工项目2011个，本年投产项目1597个，新增固定资产823.78亿元。

【房地产开发】2014年，全市房地产投资完成39.60亿元，比上年下降40.6%。房屋施工面积433.68万平方米，增长7.7%，房屋竣工面积51.99万平方米，下降40.0%。商品房销售面积57.33万平方米，下降31.3%。建成公租房1016套、5.08万平方米。

【商贸流通与贸易】2014年，全市完成社会消费品零售总额164.00亿元，比上年增长12.6%。其中批发业36.16亿元，增长10.1%。零售业110.24亿元，增长13.9%。住宿业1.53亿元，增长10.4%。餐饮业16.07亿元，增长9.7%。2014年，全市外贸出口创汇7269万美元，比上年下降16.1%。

【文化产业与旅游业】2014年，全市文化产业实现增加值11.03亿元，增长25.4%，占生产总值的1.6%。

全年接待国内外旅游人数449.40万人次，实现旅游收入20.71亿元，分别比上年增长21.7%和25.1%。

【交通通信】年末，全市汽车保有量达到258207辆（包括三轮汽车和低速货车25235辆），其中营运车辆23537辆，非营运车辆234670辆。全年全市货物运输量3102.50万吨，比上年下降32.6%，货物周转量606360.84万吨千米，下降21.9%；旅客运输量2771.15万人，下降25.7%，旅客周转量175198.61万人千米，增长20.4%。

全年完成邮政通信业务总量17.28亿元，比上年增长16.3%。其中邮政业务总量0.99亿元，增长13.0%；电信业务总量5.7亿元，增长22.2%；移动通信业务总量9.4亿元，增长4.4%；联通业务总量1.2亿元，增长12.9%。固定电话用户年末累计达到21.31万户，下降4.4%；移动电话年末累计达到227.22万户，增长3.4%；互联网用户年末达到16.74万户，增长19.6%。年末全市各类电话普及率达到111.8部/百人，每百人比上年增加1.8部。

【财政金融保险】年末，全市金融机构各项存款余额669.31亿元，比上年净增69.33亿元，增长11.6%。各项贷款余额447.54亿元，比上年净增109.76亿元，增长32.5%。全年保费总收入107398万元，下降3.2%。其中寿险保费收入50192万元，下降18.2%；财险保费收入57206万元，增长15.3%。全年支付各类赔款及给付39130万元，增长15.3%。其中，寿险支付11895万元，比上年增长19.8%；财险支付27235万元，增长13.5%。

【社会事业】全市普通高等学校招生4069人，在校学生16330人，毕业3108人；普通中等专业学校招生4731人，在校学生20447人，毕业8775人；普通高中招生18793人，在校学生60106人，毕业22355人。适龄儿童入学率99.83%，13—15岁儿童初等教育普及率达到99.59%，九年义务教育巩固率达到92.45%。全市大专以上高考录取人数22110人，录取率83.19%，比上年提高0.49个百分点。全年共组织实施各类科技计划项目259项，评出市级科技进步奖108项。

全市共有专业文化艺术表演团体9个，全年演出1648场（次）；年末共有公共图书馆9个，藏书68.46万册；博物馆、纪念馆13个，文物藏量4.3万件；综合性档案馆9个，馆藏各类档案51.88万卷、30.17万件，资料7.93万册，照片2.4万张；文化站117个。全市有线电视用户增加到59893户，电视人口覆盖率达到100%。广播人口覆盖率达到100%。全市举办县以上运动会19次，参加运动

2014年8月，甘肃省第八届少数民族传统体育运动会在庆阳市举办

红色南梁景区全貌

员31626人次。在市级以上运动会上共夺得31枚金牌，22枚银牌，22枚铜牌。全市医疗卫生机构总数1840个，比上年减少5个；实有医疗床位8253张，比上年净增343张；共有卫生技术人员8773人，比上年净增654人，增长8.1%。

【人民生活与社会保障】2014年末，全市城镇居民人均可支配收入20637元，比上年增加1876元，增长10.0%；农村居民人均纯收入5499元，比上年增加611元，增长12.5%。居民家庭恩格尔系数城镇为32.4%，比上年下降0.4个百分点；农村为38.74%，比上年下降0.4个百分点。全市城镇登记失业率为1.95%。组织输转富余劳动力60.7万人，劳务总收入109.29亿元，增长22.3%。全年居民消费价格总水平比上年上涨1.9%，其中食品类上涨4.1%。

年末，全市参加城镇企业基本养老保险人数7.46万人，比上年末增加0.18万人。其中，参保职工4.84万人，参保离退休人员2.62万人；参加城镇基本医疗保险人数28.24万人，增加0.16万人。其中，参加城镇职工基本医疗保险人数14.09万人，参加城镇居民基本医疗保险人数14.15万人；参加失业保险人数8.26万人，减少0.01万人；参加工伤保险人数5.81万人，增加0.12万人；参加生育保险人数8.88万人，增加0.23万人；新型农村合作医疗参合率98.18%；新型农村合作医疗基金支出总额7.24亿元，累计受益216.97万人次。全市城市低保21262户、50648人，比上年末减少1873户，减少4873人；农村低保104484户、345379人，减少3141户。

【环境保护】年末，全市共有环境监测机构9个，自动监测设备3台，环境监测人员69人。全市废水中主要污染物化学需氧量排放量15000.90吨，比上年下降3.3%；氨氮排放量1776.76吨，比上年增长1.0%；大气中主要污染物二氧化硫排放量15763.07吨，比上年增加3.9%；氮氧化物排放量15830.46吨，比上年增加4.4%。全市用于环境保护的资金5.74亿元。

【安全生产】2014年，全市共发生各类安全生产事故422起，比上年下降8.3%：死亡109人，下降8.4%；受伤398人，下降13.5%；造成直接经济损失358.60万元，下降8.4%。亿元生产总值生产安全事故死亡率0.16人，下降0.02个百分点。道路交通万车死亡率4.1人，下降2.8个百分点。

庆阳市领导班子成员名录

市　委

书　记　夏红民（10月止）
　　　　栾克军（10月任）

副书记　栾克军　贠建民　任燕顺

常　委　李　银　董建镇　李学宏（女）
　　　　黄正军　章志兼　闫晓峰
　　　　桂泽发　周普生　黄书伴

秘书长　闫晓峰

市人大常委会

主　任　付振伟

副主任　刘秉宁　张栋杰　刘至祥
　　　　吴秉儒　雷沫里（女）
　　　　郭文奎

秘书长　蔡森贵

市政府

市　长　栾克军（11月止）
　　　　贠建民（11月任）

副市长　李　银　桂泽发　辛刚国
　　　　黄继宗　秦　华　田雁青（女）
　　　　白振海　蒋杨贵
　　　　周继军　朱国庆

市长助理　沈结芶

秘书长　贺建宏

市政协

主　席　张文礼

副主席　朱治晖　刘晓利　郭晓霞（女）
　　　　黄国锋　李　伟
　　　　黄占俊　窦宏邦

副地级干部　王宪峻

秘书长　杨静仁

（供稿：施　琨）

西峰区

【综述】西峰区地处甘肃省东部，介于东经107°27′42″–107°52′48″，北纬35°25′55″–35°5′11″之间。北靠庆城县，南接宁县，西和镇原县毗邻，东与合水县相望，南北长约47.7千米，东西宽约34.8千米，全县总面积999平方千米，其中耕地面积65.94万亩。2014年末，全区辖5镇2乡3个街道办事处，总人口37.73万人，其中城市人口约19.17万人。

属黄土高原沟壑区，地形呈扇形，地势由东北向西南倾斜，海拔1421米。年日照2400–2600小时，年降水400–600毫米，年均气温9.9℃，无霜期175天。

2014年，全区地区生产总值实现183亿元，全社会固定资产投资实现239.5亿元，地方规模以上工业增加值实现7.2亿元，大口径和地方财政收入分别完成11.38亿元和6.81亿元，社会消费品零售总额实现53.4亿元，城镇居民人均可支配收入、农民人均纯收入分别达到21140元和7430元。

【农业农村经济】2014年，全区完成农林牧渔业总产值21.12亿元，比上年增长1.1%（现价增速）。全区农作物播种面积84.71万亩，比上年增长0.1%。其中粮食播种面积为49.51万亩，比上年下降2.5%；经济作物播种面积为30.9万亩，比上年增长2.3%；饲料作物播种面积为4.29万亩，比上年增长17.8%。粮、经、饲比例由去年的60.0∶35.7∶4.3调整为58.4∶36.5∶5.1。全年粮食总产量完成12.84万吨，比上年增长2.3%。其中夏粮总产5.81万吨，比上年增产0.88万吨，增长17.7%；秋粮总产7.03万吨，比上年减产0.59万吨，下降7.7%。油料产量完成1.52万吨，比上年下降4.5%；蔬菜产量15.15万吨，比上年增长15.1%；瓜类产量2.69万吨，比上年增长11.9%。年末大牲畜存栏2.08万头，比上年增长1.5%。其中牛存栏1.98万头，比上年增长1.5%，出栏0.68万头，与上年基本持平；猪存栏6.02万头，比上年增长2.4%，出栏6.20万头，比上年增长4.2%；羊存栏11.43万只，比上年增长5.0%，出栏4.30万只，比上年增长7.6%。肉类总产量达到6355.52吨，比上年增长6.0%。奶类产量1164吨，比上年增长20.5%。禽蛋产量631.50吨，比上年增长5.8%。水产品产量150.07吨，比上年增长8.7%。

新建百亩以上集中流转苹果示范园13处，种植瓜菜16.55万亩，新（改）建标准化养殖小区23处，发展规模养殖户536户。全年共完成造林面积6.3万亩，当年出售树苗1885万株，比上年增长57.1%。果品总产量11.39万吨，比上年增长7.9%。农业机械总动力增长到30.01万千瓦。全年全区流转土地1.86万亩。

【工业建筑业】2014年，全区完成全部工业总产值258.5亿元，比上年下降5.4%。实现增加值55.58亿元，比上年下降23.0%。其中规模以上工业完成总产值255.8亿元，比上年下降11.7%。实现增加值55.16亿元，比上年下降18%（可比价）。

全年50户资质以内企业完成建筑业总产值50.09亿元，比上年增长13.9%。实现增加值16.5亿元，比上年增长22.3%。资质以内建筑企业实现利润2.52亿元，比上年增长22.9%；利税总额达到1.99亿元，比上年增长34.5%。

【固定资产投资】全年全社会固定资产投资累计完成239.53亿元，比上年增长20.5%。其中亿元以上项目50个，完成投资106.44亿元，比上年增长85.2%。其中，第一产业完成投资5.99亿元，比上年增长69.8%；第二产业完成投资128.96亿元，比上年增长34.6%；第三产业完成投资104.58亿元，比上年增长5.2%。

西峰区第十二届香包节

【房地产开发】全年68户房地产企业共计完成房地产开发投资30.9亿元，下降20.8%。全年全区商品房新开工面积146.7万平方米，占全部施工面积的41.4%，比去年增长54.3%。全年商品房销售面积43.4万平方米，下降0.7%。全年销售额16.9亿元，下降14.6%。

【交通通信】年末，辖区拥有营运载客汽车1726辆，载货汽车10131辆。客运量达到3644.8万人（次），旅客周转量达到274502万人千米。货运量达到709.4万吨，货物周转量达到108758.8万吨千米。

年末，辖区有邮政局（所）15个，电信局（所）44个。全年邮政业务总量完成3390.0万元，比上年增长0.6%，邮政业务总收入2964.22万元，比上年增长26.9%。电信业务总量完成28892.5万元（2010年不变价），比上年增长25.7%，电信业务总收入15922.8万元，比上年增长9.5%。年末移动电话用户达到17.17万户，固定电话用户7.75万户，电话普及率为65.2部/百人。国际互联网用户为55066户。

【商贸流通】2014年，全县完成全社会消费品零售总额51.5亿元，比上年增长12.2%。其中批发业完成19.6亿元，增长11.7%；零售业完成26.9亿元，增长12.4%；住宿、餐饮业完成5.0亿元，增长12.4%。全年外贸出口创汇2032万美元，比上年增长27.0%。

【文化产业与旅游业】全年净增文化产业法人单位18个，新建文化产业基地10处，研发新产品20种以上，生产香包450件，实现产值6000万元，组织香包公司外出参展10次以上。申报国家、省、市、区级非物质文化遗产名录项目43项，其中国家级2项、省级5项、市级13项。2014年，全区实现文化产业增加值2.8亿元，增速28.3%。

辖区共有国家级重点文物保护单位2处，旅游景点14处，涉外定点星级接待单位4个，旅行社（分公司）31个。2014年，全区累计接待游客178.5万人次，旅游综合收入达到7.6亿元。

【财政金融保险】全年全区财政收入完成11.38亿元，下降6.5%。全年财政支出24.57亿元，增长13.3%。金融机构人民币各项存款余额255.73亿元，增长13.5%。各项贷款余额204.88亿元，增长33.8%。全年保费收入19188.5万元，比上年增长4.5%。支付各类赔款及给付9717.5万元，比上年增长17.6%。

【社会事业】年末，全区申报科技专利294件，其中发明专利228件，其中发明专利占78%。举办各类科技讲座、科技培训80余期，培训群众3000多人。共有各类学校209所，教职工7712人，在校学生92891人。全年学前一年幼儿入园率达到98.0%，适龄儿童小学入学率达到100.0%，初中入学率达到99.3%，高中阶段入学率达92.0%。普通高校录取2946人，录取率82.1%，二本以上进线人数932名（不含市直），进线率26.0%。现有专业剧团2个，影剧院1个，文化馆2个，图书馆2个，博物馆2个，画院1个，文化站8个，农村文化室98个，农家书屋117个，露天剧场21个。拥有卫生机构297个，实有医疗病床3151张，卫生技术人员3087人。将27种疾病纳入重大疾病保障范围，目前共落实保障政策276例695.92万元。共有体育场地11个，举办县级以上运动会18次，参加县级以上运动会运动员人数44415人。年末等级运动员69人，等级教练员89人，等级裁判员880人。体育事业经费支出10422万元。

【人民生活与社会保障】2014年，全区城镇居民人均可支配收入20651.8元，比上年增加1945.7元，增长10.4%。农民人均纯收入6798.6元，比上年增加650.7元，增长10.6%。城镇居民家庭恩格尔系数为30.4%，比上年下降0.2个百分点。农村居民家庭恩格尔系数为39.9%，比上年下降0.4个百分点。全年居民消费价格总水平比上年上涨1.9%。

辖区参加基本养老保险的职工人数为19471人，其中离退休人员16319人；参加失业保险40334人；参加工伤保险27848人；参加职工基本医疗保险47529人；参加城镇居民基本医疗保险53123人。城市低保参保人数达到5511户、13945人，发放保障金5047.3万元，比上年增加150万元，262元。农村低保参保人数达到3933户、12813人，发放保障金1862万元，比上年增加292万元，农村低保月人均补差121元。

【环境保护】城市环境质量7项指标全部在市上下达的控制指标之内。PM10（可吸入颗粒物）年均浓度控制值≤73（微克/标立方米），二氧化氮年均浓度控制值≤40（微克/标立方米），二氧化硫年均浓度控制值≤60（微克/标立方米），集中式饮用水源地水质达标率100.0%，地面水水质达标率≥85.0%，区域环境噪声平均值≤55分贝，交通干线噪声平均值≤70分贝。

【安全生产】全区共发生各类生产安全事故137起，死亡21人，受伤87人，直接经济损失60.35万元。其中道路交通事故81起，死亡20人，受伤86人，直接经济损失9.07万元；火灾事故54起，无人员伤亡，直接经济损失51.28万元；工矿商贸事故1起，死亡1人。亿元生产总值生产安全事故死亡率0.115人；道路交通万车死亡率0.028人。

西峰区主要领导名录

区委书记　章志兼

区人大常委会主任　赵海东

区　长　解　平

区政协主席　罗亚林

（供稿：刘　强　刘小智）

正宁县

【综述】正宁县位于庆阳市东南部，东、西、南三面与陕西黄陵、长武、彬县、旬邑相连，北接本省宁县。县域总面积1319平方千米，其中林区375平方千米、农区944平方千米。2014年末，全县辖7镇3乡，总人口24.23万人，人口自然增长率7.15‰。

境内地形东高西低、东宽西窄，略呈三角形，平均海拔1318米。东部为子午岭山丘林区，中西部为平原沟谷宜农区。主要河流有支党河、嘉峪河、四郎河。年均气温8.7℃，降水量616.7毫米，蒸发量1500毫米，无霜期158天左右。果、烟、菜等特色产业格局明显。煤炭是县域优势矿产资源之一，探明储量19亿多吨。粘土分布广泛，砂石分布于四郎河流域及周家乡车家沟等川区。

2014年，全县实现地区生产总值（GDP）26.92亿元，按可比价格计算，比上年增长8.2%。其中第一产业增加值9.09亿元，增长6%；第二产业增加值2.94亿元，增长14%；第三产业增加值14.89亿元，增长8.4%。按常住人口计算，人均地区生产总值14824元（按年平均汇率折合2414.3美元），增长9.4%。三次产业结构由上年的36：8.4：55.6调整为33.8：10.9：55.3。

【农业农村经济】2014年，全县农林牧渔业总产值15.31亿元，增长7.2%。全年粮食作物播种面积27.61万亩，增长0.9%；烤烟栽植面积2万亩，下降50%；新栽果树2.7万亩；油料面积10.16万亩，增长3.5%；药材5.14，增长2%；蔬菜7.59万亩，增长2.3%。全年粮食总产量90307吨，增长0.3%。其中夏粮20570吨，增长3.07%；秋粮69737吨，下降0.48%；烤烟5100吨，下降48.8%；果品10.18万吨，增长17.6%；油料16249吨，增长4.9%；蔬菜14.18万吨，增长8.8%；

年末，全县大牲畜存栏1.63万头，增长5.8%。其中牛存栏1.57万头，增长5.4%。羊存栏2.52万头，增长4.1%；猪存栏2.82万头，增长1.4%；家禽存栏24.84万只，增长4.9%。全年肉类总产量3208吨，增长42%；禽蛋产量745吨，增长4.9%；水产品产量172吨，增长29.3%。

全年新增农田有效灌溉面积0.15万亩，完成综合治理水土流失面积35.5平方千米。新增农业机械总动力1.11万千瓦，全年农村用电量3604万千瓦小时，增长1.07%。全县造林面积4.46万亩，新育苗木2.69万亩，四旁植树80万株。森林覆盖率达到46.87%。

【工业建筑业】2014年，全县工业总产值56451万元，增长29.9%，增加值16047万元，增长33.4%。规模以上工业总产值29751万元，增长21.6%；规模以下工业总产值26700万元，增长18.3%；万元GDP能耗0.558吨标准煤，下降3.2%；万元GDP电耗740.45千瓦时，下降3.2%；万元工业增加值用水量控制在74.5立方米以内，下降6.6%。

资质以内建筑业实现总产值19389.8万元，增长7.3%；增加值6372万元，增长15.3%。全年房屋建筑施工面积18.87万平方米，增长9.3%；房屋建筑竣工面积10.54万平方米，下降18.2%。

【固定资产投资】2014年，全县固定资产投资完成98.36亿元，增长20%。其中第一产业投资8.67亿元，增长47.65%；第二产业投资60.60亿元，下降3.02%；第三产业投资28.09亿元，增长114.74%。全年新开工项目268个，其中亿元以上项目1个；竣工项目233个。

【房地产开发】全年房地产开发投资10040万元，增长89.8%。商品房施工面积15.66万平方米，下降22.9%。商品房销售面积0.75万平方米，增长3%。

【招商引资】2014年，全县实施各类招商引资项目26个，签约资金42.75亿元，到位资金21.51亿元，增长29.8%。其中：签约亿元以上项目7个（10亿元以上项目2个）。

【商贸流通与贸易】2014年，全年实现社会消费品零售总额11.99亿元，增长12.72%。其中城镇市场消费品零售额7.34亿元，增长12.09%；乡村市场消费品零售额4.65亿元，增长13.73%。批发业21466.8万元，增长12.97%；零售业零售额86283.2万元，增长12.81%；住宿业零售额1490万元，增长7.39%；餐饮业零售额10695万元，增长12.29%。全县实现出口创汇3900万美元，增长31%。

【文化产业与旅游业】2014年末，全县文化产业增加值1.02亿元，资产总额3.17亿元。法人单位机构数达到55家，从业人员达到7404人。

2014年，全县完成旅游项目投资960万元，接待游客7.4万人次，增长7%。旅游收入3200万元，增长3%。全年新增旅游行业就业人员30人，旅游行业从业人员达到350人。

【城乡建设】2014年，全县共开工建设各类工程47处，全县城镇化率29.79%，比上年提高1.8个百分点。完成农村危旧房改造1700户，补助资金2180万元 。建设集中示范点3处72户，分散建设1628户，其中残疾户350户。完成南罗公路升级改造项目前期工作，建成正艾公路、秦家梁至秦凤川公路。争取项目资金1.2687亿元，完成西周四级公路31.8千米建设任务，建成通村公路21条158.2千米，交、竣工验收的24条136.7千米农村公路优良率达到48%，合格率100%。全县行政村通油路（水泥路）率达到90%，通村民小组通油路（水泥路）率达到30%，等级公路密度达到31千米/万人。

【环境保护】环境质量稳中向好，城市空气质量达到国家二级标准，水质达到国家Ⅲ类标准，城区饮用水水源地水质达标率100%。全县10个乡镇、94个行政村均已通过市级生态乡镇、生态村命名；西坡乡、五顷塬乡、湫头镇及西坡乡的西坡村和宋畔村、湫头镇的王郎坡村、榆林子镇的中巷村分别通过省级生态乡镇、生态村命名。2014年完成5个国家乡生态乡镇申报，待省级验收。

正宁县罗川唐台晒烟

【安全生产】2014年，全年共发生道路交通事故28起，死亡7人，受伤37人，直接经济损失7.61万元，与去年同期相比，事故起数持平，死亡人数、受伤人数、直接经济损失分别下降12.5%、13.95%、2.31%。共立刑事案件657起，破案237起，抓获刑事作案人员176人.受理查处各类治安案件1578起，查结1434起，打击处理违法人员1630人。

【交通通信】2014年，全年完成客运量 87.56 万人，旅客周转量 10773.06万人/千米；货运量581.04万吨，货物周转量10889.71 万吨/千米。年末，全县公路总里程为1116千米，全县共有客车116 辆、出租汽车60辆、货车 345辆。有营运线路39条，日发96班次。共有交通运输业从业人员917人。

全年完成通信业务总量7518万元。电话用户数16.9万户。其中固定电话用户0.9万户、移动电话用户16万户。互联网用户数13063户。电话普及率93部/百人。

【财政金融】2014年，全县大口径财政收入20582万元，公共财政预算支出133939万元。年末，全县金融机构各项存款余额49.19亿元，比年初增加4.98亿元，增长11.27%；金融机构各项贷款余额21.97亿元，比年初增加6.8亿元，增长44.79%。全年实现保费收入4870.9万元，下降4.9%。支付各类赔款及满期给付总额1697.5万元，增长72.8%。

【社会事业】2014年，全县共有各级各类学校161所，在校学生34080人，教职工2937人。适龄残疾儿童、少年入学率99.2%，初级中等教育在校生年辍学率1.3%。全县高考进线总人数1872人，进线率80.27%。组织、参加“正宁县2014年迎新春职工越野赛暨群众健康跑及职工乒乓球比赛活动”等活动。全县共有二级裁判员6人。全年体育彩票销售额1108万元，增长54.8%。全年上报省市科技项目16个，论证储备后续科技项目12个。组织举办“唱响青春激扬梦想”青年歌手大赛等系列群众文化活动。全年开展送戏下乡260场次，组织文化下乡158场次，支持乡村开展文体活动80多场次，惠及群众20多万人次。年末有线电视用户3452户，户户通工程普及4.1万套（户）。全年播出广播、电视新闻节目各208期。全县拥有医疗卫生机构16个，床位457张，卫生技术人员495人。

【人民生活与社会保障】2014年，全县城镇居民人均可支配收入19845.7元，增长8.9%；农民人均纯收入5841元，比去年增加581元，增长11%。全县城镇新增就业6480人，城镇登记失业率2.09%；就业技能培训1200人；创业培训400人；输转农村富余劳动力6.354万人，创劳务收入9.621亿元。

为全县745户城镇最低收入家庭2092人发放廉租住房租赁补贴153.13万元，实现人均住房面积10平方米以下的城镇最低收入家庭应保尽保。全年纳入城市低保人员4432人：农村低保人数32723人。为全县2432名80岁以上老年人发放高龄津贴39.9万元。为292名孤儿发放生活费233.04万元。全年累计救助流浪乞讨人员111人次，发放救助金15万元。全县医疗参合人数达到197467人，共计补偿131136人次5827.3万元。

正宁县主要领导名录

县委书记　吴丽华（女）
县人大常委会主任　袁喜言
县　长　张龙杰
县政协主席　梁环平

（供稿：高恒祥）

华池县

【综述】华池县地处甘肃省东部，庆阳市北部，介于东经107°29′-108°33′、北纬36°07′-36°51′之间。东北与陕西省志丹县接壤，东南与本市合水、庆城县相连，西与环县毗邻，北与陕西定边、吴起县接界。东西宽27-84千米，南北长37-110千米，全县总土地面积3791平方千米，其中可耕地面积103.36万亩（2009年二轮土地调查数据）。2014年末，全县总人口13.55万人，有蒙古族、回族、藏族等12个少数民族。

土特产有白瓜籽、黄花菜、小杂粮等。石油资源探明储量8.6亿吨，煤炭资源初步探明储量80亿吨。是甘肃省的红色旅游大县，1934年11月，刘志丹、习仲勋等在华池南梁创建西北地区第一个红色革命政权-陕甘边苏维埃政府。

2014年，全县生产总值（含石油）104.93亿元，增长8.9%；固定资产投资78.08亿元，增长21.6%；大、小口径财政收入分别4.58亿元和2.94亿元，分别增长10%和7.3%：全县各项存款余额34.28亿元，增长9.6%。各项贷款余额18.03亿元，增长42.3%。全县保费收入8621.85万元，增长102.2%。

【农业农村经济】2014年，全县农业总产值达到8.63亿元，增长0.3%。实现农业增加值5.21亿元，增长5.9%。全年共完成农作物播种面积86.94万亩，比上年增加0.72万亩，增长0.8%。全年全县实现粮食总产量13.36万吨，比上年增加0.08万吨，增长0.6%。其中：夏粮1.33万吨，增产43.6%；秋粮12.03万吨，减产2.6%。全年大家畜饲养量7.43万头，增长7.4%，其中羊饲养量达到26.91万只，增长8.2%；猪饲养量7.46万头，增长2.3%；家禽饲养量36.59万只，增长10.1%。

全年种草19.3万亩，造林18.99万亩，增长206.21%。果园面积5.93万亩，水果产量1.84万吨，增长13.6%。森林覆盖率27.86%。全县水平梯田累计达到50.5万亩，化肥施用量1.53万吨，增长1.8%。薄膜使用量0.19万吨，增长26.9%。地膜覆盖面积35.5万亩，增长40.9%，棚膜面积0.81万亩，下降0.2%，日光温室0.11万亩，增长20.0%。

年末，全县农业机械总动力16.2万千瓦，增长9.5%，轮式拖拉机800台，手扶拖拉机172台，旋耕机1089台，农用运输车5330台，脱粒机6074台。农业劳动生产率6.51万元/人。全县通电村111个，村通电率达到100%，通电农户达到26499户，户通电率99.9%。新架设及维修10千伏农电线路34千米，新建0.4千伏线路101千米，新安装配电变压器25台，新增容量3100千伏，投入农网改造资金1336万元。

【工业建筑业】2014年，全县实现全部工业增加值83.65亿元，增长9.4%，其中规模以上工业增加值83.1亿元，增长9.5%（油田工业增加值81.31亿元，增长9.37%；地方规模以上0.54亿元，增长13.7%）；规模以下工业增加值1.8亿元，增长24.3%。

年内5户资质以上建筑企业产值达到11.5亿元，增长3.96%，实现增加值3.79亿元，增长11.5%。房屋施工面积271786平方米，增长11.85%，房屋竣工面积207706平方米，增长12.6%。全员劳动生产率28.42万元，利润达到1.08亿元，实现建筑业营业税0.36亿元，增长3.2%。

【固定资产投资】2014年，全县实施500万元以上固定资产投资项目474个（当年新开工项目426个），完成固定资产投资额78.08亿元，增长21.6%，增幅较2013年下降0.1个百分点。工业固定资产投资完成4.39亿元，下降4.4%。

【招商引资】2014年，全县实施各类招商引资项目25个，下降10.7%，到位资金21.08亿元，增长10.5%。无偿资金（到位资金）争取9.6亿元，增长10.6%。

【房地产业】2014年，全县房地产完成投资0.63亿元，下降94.8%，商品房销售面积4.12万平方米。共建成保障性住房174套，建筑面积1.17万平方米，投资额3501.87万元，其中廉租房114套，建筑面积0.57万平方米，投资额1399.37万元；限价商品房60套，建筑面积0.6万平方米，投资额2102.5万元；全年共实施保障家庭467户，其中分配廉租房74户，兑现租赁补贴393户。

【商贸流通】2014年，全县社会消费品零售总额8.93亿元，增长12.5%。其中批发业0.89亿元，增长11.6%；零售业6.85亿元，增长13.3%；餐饮业1.12亿元，增长10.5%。从构成结构看，批、零、住、餐比重由2013年的9.9∶75.5∶1.1∶13.5调整为10.0∶76.7∶0.8∶12.5。

【文化产业与旅游业】2014年，全县文化产业调查单位达到90户，当年新增企业14户。全年实现文化产业增加值1.2亿元，增长22.1%。

全县共有名胜风景区8个，重点文物保护单位72处，其中国家级7处、省级6处、市级14处、县级45处。2014年，全县接待游客60.03万人（次），增长39.4%，旅游收入达到2.51亿元，增长38.8%。

【交通通信】2014年底，全县公路通车总里程达到1264.2千米，增长1.0 %。年末，全县汽车保有量达到1507辆，其中本年新注册轿车744辆，增长54.0%。年内，全县邮政业务总量达到13.48万元，其中速递物流业务量13.39万元；包裹类业务量0.11万元。年末手机达到15.0万户，新增32万户。互联网和宽带用户达到111万户，互联网普及率25.4%。

【社会事业】2014年，全县组织实施农业省列科技计划项目2项，共投入科技资金135万元。全县共有各类学校141所，教职员工1937人，在校学生21077 人，幼儿在园人数4586人。学龄儿童入学率100%，高中阶段毛入学率89.8%，学前三年毛入学率82.92% 。当年高考录取1261人，录取率90.33%。新建、改建校舍 2.36万平方米。全县有专业文化艺术表演团体21个，乡镇文化站12个，广播电视机构1个，调频转播台1座，卫星地面接收站1座，全县有线数字电视用户3300户。广播电视农村直播卫星用户16000户，村村通17000户，电视综合人口覆盖率达到100%。全县图书藏量达到32620册，馆藏档案54655卷。全县有体育馆1个，乡村体育活动场地64个，全年共举办县级以上运动会10次，学校、乡镇、企业举办各类体育活动20次。全县共有医疗卫生机构27个，卫生技术人员501人，实有医疗床位546张。全县婴儿死亡率2.4‰，5岁以下儿童死亡率3.0‰。

【人民生活与社会保障】2014年，全县城镇居民可支配收入21940.8元，增长10%。农民人均纯收入5348.6元，增长12.1%。城镇居民人均生活消费支出15225.4元，增长7.0%。城镇居民恩格尔系数为30.2%，增长0.1个百分点。农民人均生活消费支出4985.2元，增长7.7%。农村居民恩格尔系数为40.5%，下降2.4 个百分点。

全年全县参加养老保险人数达76809人，其中农村居民和城镇居民（不含职工）73763人，缴费金额592.1万元。城镇基本养老保险3046人（在职职工2466人、离退休人员580人），比上年减少197人，下降6.1%。年末参加城镇居民基本医疗保险10403人，与上年持平，参保率98%，征缴保费24万元，农村居民参合107686人，参合率98.35%，参合缴费861.5万元，增长33.0%；参加失业保险4709人，与上年持平；参加工伤保险2347人；参加生育保险5797人，比上年增加9人，增长 0.2%。农村贫困面为24.5%，落实扶贫资金3049万元，当年解决饮水困难人数4.66万人，农村自来水受益人口3.28万人。全县城镇低保户1638户3565人，与上年同期持平，发放低保金1019.8万元；农村居民低保5525户18976人，发放低保保障金2572.4万元。享受五保人数561人，发放五保金177.04万元，残疾人保障金114.42万元，老年人保障金43.76万元（困难救助金20万元、高龄补贴23.76万元）。全年共有综合性社区服务中心17个，各类收养性社会福利单位床位数571张，比上年增加118张，增长26.0%，孤儿人数119人，发放救助金63.4万元。城乡居民医疗救助495人次，发放医疗救助金409.63万元。

【自然灾害】2014年，全县农作物受灾面积达到3.96万亩，下降88.3%，成灾面积3.16万亩，下降88.0%，绝收面积0.06万亩，下降91.2%。粮食减产9418吨，增长21.5%；油料减产1828吨，增长12.6%，成灾人口0.83万人，下降89.2，得到国家救济0.83万人次，增长32.0%。

【环境保护与安全生产】2014年，全县有环境保护机构2个，系统各类工作人员43人，环境监测站1个，监测人员8人。建成安静小区2 个（花苑小区、东苑小区）。全县废水排放量161.2万吨。废水中主要污染物化学需氧量排放量696.5吨；氨氮排放量113吨；大气中主要污染物二氧化硫排放量592.5吨；氮氧化物排放量113.6吨。

2014年，全县共发生各类生产事故17起，下降32.0%。其中道路交通事故14起，火灾3起。死亡8人，与上年持平，受伤15人，下降46.4%，造成直接经济损失6.47万元，下降22.0%。道路交通万车事故死亡人数0.51人，比上年同期下降0.02个百分点。

华池县主要领导名录

县委书记　赵昌军

县人大常委会主任　王长清

县　长　张万福

县政协主席　张刚宁

（供稿：盖彩凤　姜琳娟）

合水县

【综述】合水县地处甘肃省最东部，踞陕、甘两省交界，东邻陕西省富县，西连庆城县，南接宁县，北靠华池县及陕西省志丹县。全县总土地面积2933.37平方千米，其中耕地35.54万亩，林地346.35万亩，森林覆盖率69.94%。2014年末，全县辖7乡5镇，总人口17.81万人，人口自然增长率7.22‰。

属黄土高原沟壑区，川塬交错，沟壑纵横，地势由东北向西北方向倾斜，平均海拔1298.7米。最高峰子午岭涧水坡岭。全年降水量558.8毫米，平均气温10.2℃，无霜期196天。

2014年，全县完成生产总值54.13亿元，增长11.2%；固定资产投资76.24亿元，增长20%；大口径财政收入3.04亿元，增18.3%；社会消费品零售总额8.79亿元，增长12.96%。

【农业农村经济】2014年，全县种植全膜双垄沟播玉米10.3万亩、马铃薯4.4万亩，全年粮食总产达到10.2万吨。新栽苹果1.38万亩，建成大中型冷藏库11座，苹果总产量达到18万吨，实现产值7.2亿元；种植蔬菜11.85万亩，实现产值1.95亿元；建成标准化养殖场30处，新增规模养殖户420户，实现产值1.67亿元；完成苗林结合培育6.4万亩，流转林地2万亩，建成山地林业经济产业基地4个，实现产值5000万元。新建农民专业合作社73个，发放农机购置补贴387.9万元，投放农机具3070台（件）。培训农民3.2万人次，输转富余劳动力4.8万人次，实现劳务收入6.3亿元。全年流转土地4.2万亩，

【工业经济】新打油水井191口，新增产能42.5万吨，产量达到99万吨；实现石油税收3813万元，新修企地共建道路2条25公里。2014年，建办工业企业16户，全县规模以上工业增加值7300万元，增长3.1%。

【项目建设】全年论证储备项目248个，完成前期43个；争取国家、省市各类项目和补助资金310项6.5亿元。开工实施亿元以上项目13个、500万元以上项目160个。

【招商引资】全年开展招商活动13次，签约招商引资及启动民资项目33个，签约资金50.7亿元，到位资金22.3亿元，增长31.3%。

【非公经济】全年新建私营企业85户，新增“四上”企业3户、个体工商户575户，建成农副产品直销门市和便民蔬菜店12个。2014年，全县完成非公经济增加值9.98亿元，增长22.3%。

【文化产业与旅游业】新增文化企业11户，建成乡村舞台24个、文化集市6处。生产香包、刺绣等民俗文化产品35万件。全年实现文化产业增加值9560万元。完成包家寨子会议旧址布展，陕甘红军纪念园等项目进展顺利。

【城乡建设】推进县城南伸北拓和提质改造工程，实施南区集中供热、中街广场改造等县城重点建设项目48项，完成投资10.35亿元，全县城镇化率达到33%。投资1.2亿元，实施垃圾填埋、街区“五化”等重点小城镇建设项目12项，完成太白、老城、蒿咀铺、板桥4个乡镇街道铺油罩面。投资3.78亿元，新建新农村示范点9处，建成宫合、罗家畔2个美丽示范村，完成20个整洁村和22个环境整治村建设任务，建成小康农宅415户。维修改造国道309线78千米，铺油罩面柔太路28.8千米，建成通村水泥路（油路）16条173.9千米。实施重点水利工程4项，发展节水灌溉1万亩，解决1.02万农村人口的安全饮水问题。投资1307万元，完成农网升级改造134.6千米。荒山造林3.5万亩，补植补造2.5万亩，整修梯田2.25万亩，流域治理35.6平方千米。

【社会事业】全年推广新技术22项，申报专利114件。投资6362万元，实施薄弱学校改造等重点项目8类41处，新增校舍1.8万平方米。发放寄宿生生活补助、学生营养餐改善和困难学生资助资金1381万元，受益学生2.2万人次。完成体育惠民工程和“一村一场”建设任务。全县医疗机构零差率销售药品3516.7万元，为患者让利600万元。发放计划生育利益导向资金182.66万元，为382户计生家庭落实产业发展资金532.19万元。消除安全隐患1726条，调处矛盾纠纷3300起，化解信访案件1605件。

【人民生活与社会保障】2014年，全县城镇居民人均可支配收入19981元，增长9.2%。农民人均纯收入5257元，增长12.1%。新增城镇就业3880人，开发公益性岗位22个，安置高校毕业生142人，城镇登记失业率1.98%。

发放强农惠农资金1.32亿元。将公益性岗位工作人员工资由1020元提高到1200元。支付就业资金150.8万元，发放社会保险资金6983.62万元。为10.4万人次参合农民报销医药费3830.88万元。新建各类保障性住房284套，完成农村危旧房改造1600户、残疾人危旧房改造180户。发放城乡低保等各类保障金5324万元，建成村级互助老人幸福院40个，为75岁以上老人进行免费体检，为90岁以上老人每人发放生活补助1000元，为特困残疾人发放生活补贴175万元。

合水县太白水稻

合水县主要领导名录

县委书记　柴　春

县人大常委会主任　谢守成

县　长　沈文祥

县政协主席　朱克勤

（供稿：李娟娟）

宁　县

【综述】宁县地处甘肃省东部庆阳市南部，介于东经107°41′-108°34′，北纬35°15′-35°52′之间。东依子午岭和陕西省黄陵县，南接正宁县和陕西省长武县，西涉泾河、蒲河，北靠合水县、西峰区。县域东西长80千米，南北65千米，全县国土总面积2653.72平方

千米，其中耕地面积96.3万亩。2014年末，全县辖10镇8乡，总人口55.2万。

境内属黄土高原沟壑区，地势东北高西南低，海拔860至1760米，属暖温带大陆性季风湿润半湿润气候，年日照2375小时，降水量600毫米，平均气温8.7°C，无霜期170天左右。境内有马莲河等9条河流，总径流量17.36亿立方米。盛产特色小杂粮、早胜曹杏、九龙金枣等土特产，有中药材69种列入《中华人民共和国药典》，矿产资源有油、煤等。

2014年，全县地区生产总值63.37亿元，比上年增长10.5%，第一产业增加值14.36亿元，增长6.1%，第二产业增加值27.84亿元，增长14.4%，第三产业增加值19.50亿元，增长11.3%，三次产业结构比为25.1∶41.5∶33.4；固定资产投资185.88亿元，增长22.3%；规模以上工业增加值4.08亿元，增长16.7%；财政大口径收入3.03亿元，小口径收入2.01亿元，分别增长14.6%、15.6%；社会消费品零售总额24.24亿元，增长11%。

【农业农村经济】2014年，全县农业增加值14.36亿元，比上年增长6.1%，农业总产值24.66亿元。粮食播种面积100.71万亩，比上年增加1.27万亩，全年粮食总产量25.85万吨。新增养殖户2456户。全县饲养肉羊110.8万只、肉牛31.6万头、生猪91.8万头。种植设施瓜菜1.69万亩，建成千亩高原夏菜示范点8个，全县种植瓜菜25.1万亩。新栽优质苹果4.23万亩，管护果园21万亩，建成具有全国领先水平的现代矮化密植苹果示范园1141亩，培育苗林14.1万亩。

新修通村水泥路37条253千米，实施农村危房改造2900户、易地扶贫搬迁项目37处。新增有效灌溉面积2100亩，建成集中供水工程23处、小电井3500处，解决8.6万人饮水安全问题。实施15个乡镇电网升级改造工程，改造线路176.2千米。新建村级卫生所36处、综合超市和农资店417个，改扩建村级综合文化活动室、文化广场、村部72处。新建农民专业合作组织154个，扶持建办家庭农场21个，流转土地4万亩。全年补贴农机具2298台、594万元，受益1849户，全县农机总动力28万千瓦。

【工业经济】2014年，全县培育规模以上工业企业2户，规模以上增加值4.08亿元，比上年增长16.7%。实施重点工业项目12个，投资23.05亿元，全年工业固定资产投资71.35亿元，全县新建石油探产井45口，新增产能2.8万吨，原油产量10万吨。规模以上企业万元工业增加值能耗和耗水量分别为0.75吨、74.4立方米标煤，比上年分别降低3.5%和11.2%。

【固定资产投资与项目建设】2014年，全县固定资产投资185.88亿元，增长22.3%。启动实施500万元以上固定资产投资项目264个，投资185.88亿元。新建四川腾中钻采机器设备生产等招商项目18个，续建招商项目到位资金62.02亿元。投资217亿元的煤制油等7个项目正在开展前期工作。

【非公经济】2014年，全县创建小微企业210户、非公经济840户。全年非公经济增加值33亿元，比上年增长28.6%；

【旅游业】2014年，全县接待游客35.3万人次，比上年增长32.2%；新增就业105人，增长16.7%。旅游收入1.72亿元，增长50.4%，占全县GDP的2.58%。

【城乡建设】县城污水处理厂建成投用，建成老城区马莲河东滨河路绿化亮化长廊、“三江两岸”水域景观带、东山和北山文化亭。实施马莲河大桥加固、沙滩道路整修、巷道治理、公厕维修和停车场建设等工程。创建“六化”美丽乡镇4个、“六好”美丽示范村30个，打造北川一线美丽乡村示范带。投资2.2亿元，实施早胜、平子、良平等乡镇街区道路拓宽改造、供排水、绿化、亮化、净化和综合市场、生活垃圾处理场、商住楼建设等工程。新建农村居民点36处、产业基地12处，实施南义、瓦斜和新宁等8乡镇108个行政村农村环境连片整治项目。

【社会事业】全年争取省、市列科技项目7项、项目资金209万元，新储备科技项目12个。实施县列科技计划项目37项，推广农业实用新技术18项，申请专利101件，科技贡献率49.7%。实施校安工程、幼儿园提升改造、农村小学小伙房建设项目220个，幼儿实现100%入园。举办首届农民运动会、“舞动宁县广场舞”和“唱响宁县自乐班”活动。实施和盛医院综合住院大楼等卫生建设项目31个，报销新农合医药费1.41亿元，落实计生奖励资金1320万元。实施就业技能、创业能力和农民工培训1.26万人。

【人民生活与社会保障】2014年，全县城镇居民人均可支配收入1.85万元，农民人均纯收入5467元，比上年分别增长10.9%和11.5%。招考安置高校

宁县春荣乡昔沟中华芥蓝种植基地

毕业生232名，城镇新增就业8644人。全年输转城乡富余劳动力15.83万人（次），创劳务收入29.21亿元。

全年城乡居民基本养老保险缴费2620.7万元，参（续）保32.62万人；发放养老金6.71万人、5220.48万元；发放低保、医疗救助和临时救济等救助资金1.39亿元；征缴城镇职工基本养老、职工医保、居民医保、失业、工伤、生育和大病保险基金8720.8万元，支付企业离退休人员养老金4110万元、失业金3.33万元、医疗保险费1495万元、生育保险费35万元、大病费78万元；推行殡葬改革，新建村级公益性公墓区41处、集中安葬区69处；实施棚户区改造1375户，建设公共廉租房132套。建成宁县社会福利院和18个老年人日间照料中心。

宁县主要领导名录

县委书记　马　斌

县人大常委会主任　李百选

县　长　侯昌明

县政协主席　刘　政

（供稿：于波平　左瑞英）

庆城县

【综述】庆城县地处甘肃省东部，陇东黄土高原中部地带，介于东经107° 16′ 32″ -108° 5′ 49″，北纬35° 42′ 29″-36° 17′ 22″之间。东邻合水，西濒蒲河与镇原县相望，南和西峰区毗邻，北与环县、华池接壤。全境东西长约70千米，南北宽约56千米，全县总土地面积2692.6平方千米，其中耕地面积81.21万亩。2014年末，全县辖5个镇10个乡，总人口33.43万人。

境内呈残塬沟壑与丘陵沟壑地貌类型，海拔1011-1623米。全年平均气温10.0℃，年降水量490.8毫米。无霜期165天，森林覆盖率22.24%。

2014年，全县完成生产总值105.2亿元，比上年增长9.5%；人均39985元。其中第一产业增加值8.87亿元，增长5.8%；第二产业增加值83.5亿元，增长9.9%；第三产业增加值12.83亿元，

庆城县民俗演艺广场

增长8.5%。三次产业结构比由上年的9.0：78.6：12.4调整为8.4：79.4：12.2。规模以上工业增加值完成8.34亿元，增长15.2%；大口径财政收入完成6.6亿元，下降7.1%；小口径财政收入完成3.7亿元，下降4.8%；实现社会消费品零售总额24.87亿元，增长12.3%。

【农业农村经济】2014年，全县粮食作物播种面积84.96万亩，粮食总产量15.69万吨。其中夏粮31.73万亩，总产量6.82万吨；秋粮53.23万亩，总产量8.87万吨。油料15.49万亩，总产量1.73万吨；蔬菜面积29.83万亩，总产量12.73万吨；果园面积30.91万亩，水果总产量14.2万吨，其中苹果面积22.93万亩，产量12.34万吨。全年完成农林牧渔业总产值16.18亿元，增长6.52%，实现农业增加值8.87亿元，按可比价格计算，增长5.8%。大牲畜存栏6.56万头，肉类总产量0.62万吨，水产品产量70吨。全县农业机械总动力23.02万千瓦，增长8.07%。有效灌溉面积6.29万亩，增长7.75%。当年完成造林面积10.11万亩。

【工业建筑业】2014年，全县工业实现增加值77.45亿元，增长10.2%。年末县属规模以上工业企业25家（当年新增2家），完成总产值30.03亿元，增长18.6%；实现工业增加值8.34亿元，增长15.2%；完成销售产值26.97亿元，增长11.68%，产品产销率89.8%；实现主营业务收入25.08亿元，增长1.7%。

全年资质内建筑业完成总产值18.4亿元，实现增加值6.05亿元，按可比价计算，增长4.6%。

【固定资产投资】2014年，全县500万元以上固定资产投资完成82.7亿元，增长21.6%。第一产业完成2亿元；第二产业完成68.8亿元，其中工业完成投资27.9亿元；第三产业完成11.9万元。

【交通通信】2014年，全县完成客运量512.3万人，旅客周转量21324.8万人千米，完成货运量1354.3万吨，货物周转量 58321.45万吨千米。年末，全县通车公路总里程（含村道）937.137千米，其中县道120.18千米，乡道43.66千米，村道773.297千米。

全年完成邮电业务总量4035.4万元，增长10.2%。年末城乡固定电话用户1.9万户，移动电话用户26.3万户，互联网用户2.03万户。

【商贸流通与贸易】2014年，全县实现社会消费品零售总额24.87亿元，增长12.3%。批发零售业实现22.73亿元，增长14.1%；住宿餐饮业实现2.14亿元，下降3.6%。全年外贸出口创汇396万美元。

【旅游业】2014年，全县旅游接待72.18万人次，增长22.3%；旅游总收入2.92亿元，增长24.6%。

【招商引资】全年实施招商引资项

目67个，完成投资42.08亿元，其中，新建项目50个，完成投资28.88亿元；续建项目17个，完成投资13.2亿元。

【财政金融】全年完成大口径财政收入6.6亿元；完成小口径财政收入3.7亿元；财政支出17.27亿元，下降0.9%。年末，全县金融机构各项存款余额75.88亿元，增长1.96%。金融机构各项贷款余额45.72亿元，增长22.6%，其中短期贷款余额21.74亿元，增长10.25%；中长期贷款余额23.98亿元，增长37%。

【社会事业】全年申报国家、省、市各类科技计划项目33个，获国家、省市科技计划项目20个，争取科技项目经费559万元；实施各类科技计划项目20项。申报国家各类专利146件，其中发明专利118件。全县有各级各类学校232所，教职工3083人，在校学生37951名。学龄儿童入学率100%。2014年高考二本进线率39.48%，居全市第一名。实施国家各类资助项目资金1388.105万元。年末图书馆藏书量15.7万册，增加1954册。博物馆（含纪念馆）年接待参观93707人次。艺术团体全年演出260场次。广播和电视综合人口覆盖率均达100%，有线电视用户5015户，增长28.4%。全年新建健身活动场地6个、篮球活动场5个、羽毛球活动场12个、乒乓球活动场地15个，安装室外健身活动器材25件（套）。全民健身10万人（次），开展全民健身活动350（场）次。全县有各类医疗卫生单位30个，病床712张，各类卫生专业技术人员841人。

【人民生活与社会保障】2014年，全县城镇居民人均可支配收入21902.9元，增长10%。农民人均纯收入5439.5元，增长11.2%。全年新增城镇就业人员8812人，年末城镇登记失业率2.28%，控制在预期目标以内。

全年4464人参加基本养老保险，参加基本医疗保险13716人。全县城市居民最低生活保障人数5404人，农村最低生活保障人数34741人，发放低保资金6448.52万元。全县农村“五保”集中供养230人。全县有社会福利机构1个，床位192张。

【环境保护】全县年污水处理量111.77万立方米，日均处理量3000立方米，削减化学需氧量110.38吨、氨氮13.9吨。全年实施6个乡镇7个行政村农村环境连片综合整治项目，总投资462万元。全县建成垃圾屋30座，饮用水源防护围栏290.5米，购置分类式垃圾箱450个、人力保洁车114个、压缩垃圾车配套垃圾箱198个、压缩式垃圾车5辆。年末，获国家级生态乡镇命名1个、省级生态乡镇命名12个、省级生态村命名3个、市级生态乡镇命名14个、市级生态村命名96个。

庆城县主要领导名录

县委书记　葛　宏

县人大常委会主任　刘建民

县　长　辛少波（女）

县政协主席　王　超（女）

（供稿：姜宏涛）

镇原县

【综述】镇原县地处甘肃省庆阳市西南部，介于北纬35° 27′至36° 16′，东经106° 44′至107° 36′之间。东临庆城县、西峰区，西接宁夏回族自治区彭阳县，南界平凉市泾川县、崆峒区，北靠环县。南北长91.24千米，东西宽78.3千米。全县土地总面积3500平方千米，其中耕地面积169万亩。2014年，全县辖7镇12乡，总人口52.08万人，人口自然增长率为7.21‰。有回族、维族等7个少数民族。

境内山川塬兼有，以山地居多，占总耕地的68%以上，平均海拔1500米。属北温带大陆性气候，年平均气温10.3℃，日照率为56%，历年降雨量450-570毫米，无霜期150天左右。全县有考证价值的古城古寨遗址25处，寺庙祠堂遗址69处，历史文化遗址36处，出土文物500多件。农作物主要有冬小麦、扁豆、黄豆等，野生植物资源丰富，约千余种，其中可入药130余种。

2014年，全县实现生产总值62.70亿元，按可比价格计算，比上年增长102%。其中第一产业增加值1497亿元，增长6.4%；第二产业增加值24.28亿元，增长14.7%；第三产业增加值23.45亿元，增长8.8%。三次产业增加值占生产总值（GDP）的比重分别为23.9%、38.7%、37.4%。全县财政大口径收入完成4.59亿元，增长18.89%；公共财政预算收入完成3.24亿元，增长13.45%。税收收入累计完成3.09亿元，增长50.00%；非税收入累计完成1.49亿元，下降16.8%。全年财政支出24.68亿元，比上年增长0.23%。

【农业农村经济】2014年，全县完成农业总产值26.24亿元，增长8.02%。粮食作物播种面积154.63万亩，比上年增长2.33%。全年粮食总产量达到39.1983万吨，增长11.59%。其中夏粮播种面积40.78万亩，增长1.96%，总产量9.4173万吨，增长22.35%；秋粮播种面积113.85万亩，增长2.47%，总产量29.7810万吨，增长8.58%。油料播种面积17.36万亩，下降6.63%，总产量3.01万吨，下降2.09%；蔬菜面积19.21万亩，增长0.41%，产量9.18万吨，增长1.65%；果园面积34.04万亩，水果总产量10.07万吨，增长10.48%。

年末，全县大牲畜存栏21.35万头，比上年增长5.7%。其中牛存栏11.15万头，增长5.1%；牛出栏4.62万头，增长4.23%。猪存栏5.30万头，增长1.8%；猪出栏5.48万头，增长4.01%。羊存栏24.52万只，增长10.52%；羊出栏9.02万只，增长8.01%。全年肉类总产量1.51万吨，增长18.90%。全县水产品产量350吨，增长42.86%。农业机械总动力30.25万千瓦，增长8.04%。当年完成造林面积7.98万亩，增长8.9倍。

【工业经济】2014年，全县完成全部工业增加值27.75亿元，比上年增长14.7%。其中规模以上工业增加值完成10.39亿元，增长9.9%，规模以上工业中地方工业完成增加值1.55亿元，增长13.15%。规模以上工业完成销售产值17.82亿元，产品销售率为99.23%。全县规模以上工业企业实现利税总额0.19亿元，增长5.4%，其中利润总额0.47亿元，比上年增长5.3%。地方规模以上工业实现利润0.15亿元，增长7.3%。

【固定资产投资】2014年全县固定资产投资总额完成1015402万元，比上年增长23.5%。其中第一产业投资额40454万元，增长18.63倍；第二产业投资额865009万元（含华北油田公司730837万元），增长6.74%；第三产业投资额109939万元，增长11.41倍。全县投资500万元以上的施工项目102个，比上年增长88.89%。其中当年新开工项目95个，本年投产项目89个，新增固定资产481690万元。

【房地产业】2014年，全县房地产投资完成29550万元，比上年增长29.81倍。建成公租房144套、0.82万平方米。

【商贸流通与贸易】2014年，全县完成社会消费品零售总额234969.3万元，比上年增长26.97%。其中批发业13719.1万元，增长36.6%；零售业194874.4万元，增长26.32%；住宿业1834.4万元，增长25.33%；餐饮业20983.8万元，增长28.9%。全年全县外贸出口创汇65万美元，比上年下降68.3%。

【交通通信】2014年，全县货物运输量148.5万吨，比上年增长2.34%，货物周转量7365.4万吨千米，增长1.32%；旅客运输量115.6万人，增长2.76%，旅客周转量118154万人千米，增长2.16%。全县年末汽车保有量达到13768辆。

全年完成邮政通信业务总量1.49亿元，比上年增长8.75%。其中邮政业务总量0.18亿元，增长5.88%；电信业务总量0.27亿元，增长12.5%；移动通信业务总量1.04亿元，增长7.76%。固定电话用户年末累计达到3.2万户，增长39.1%；移动电话年末累计达到31万户，增长3.3%；互联网用户年末达到1.61万户，增长24.56%。

【旅游业】2014年，全县接待国内外旅游人数30.02万人次，实现旅游收入1.25亿元，分别比上年增长27%和26%。

【社会事业】全县各类在校学生77355人。适龄儿童入学率99%，13–15岁儿童初等教育普及率达到99%，九年义务教育巩固率达到82.42%。2014年全县大专以上高考录取人数4987人，增长11.07%，录取率84.17%，降低0.98个百分点。全县事业单位各类专业技术人员7328人，全年共组织实施农业、工业等国家、省、市科技计划项目13项，评出市级二等科技进步奖2项。共有专业文化艺术表演团体3个，全年演出500场（次），观众30万人（次）；年末共有公共图书馆1个，藏书5.4万册；博物馆、纪念馆2个，文物藏量3571件；乡镇文化站19个，建成农家书屋215个，文化信息资源共享工程村级服务点215个。全县有线电视用户增加到4064户，电视人口覆盖率达到100%。广播人口覆盖率达到100%。在市级以上运动会上我县体育健儿共夺得6枚金牌，3枚银牌，2枚铜牌。全县医疗卫生机构总数27个，有卫生技术人员1016人，实有医疗床位1116张。

【人民生活与社会保障】2014年，全县城镇居民人均可支配收入19606.6元，比上年增加1607.9元，增长8.9%；农村居民人均纯收入5062.3元，比上年增加566.9元，增长12.6%。居民家庭恩格尔系数城镇为31.1%，比上年下降3个百分点；农村为37.4%，比上年下降1.2个百分点。

全县参加城镇企业基本养老保险人数6653人，比上年末减少38人。其中，参保职工4806人，参保离退休人员1847人。参加城镇基本医疗保险人数30209人，增加2人。其中参加城镇职工基本医疗保险人数17446人，参加城镇居民基本医疗保险人数12763人。参加失业保险人数7883人，减少151人。参加工伤保险人数2952人，增加1人。参加生育保险人数9943人，增加1人。新型农村合作医疗参合率98%。新型农村合作医疗基金支出总额14.04万元，累计受益70.13万人次。

【"双联"工作】年内各帮联单位落实各类帮扶物资7516万元，帮办实事535件，解决群众急事、难事212件；对接项目868个，实施水、电、路、田等基础设施建设项目326个；帮助制定产业发展规划7830份，发展规模养殖户2962户，新栽苹果2.9万亩，苗林结合培育15.6万亩，发展设施瓜菜1.4万亩。建成参与式扶贫示范村32个，全县87个贫困村实现精准扶贫全覆盖。为2017户贫困户落实双联惠农贷款1.07亿元。

【环境保护与安全生产】2014年，全县有环境监测机构1个，自动监测设备5台，环境监测人员1人。2014年主要污染物化学需氧量排放量2167.32吨，比上年下降7.82%；氨氮排放量313.11吨，比上年下降3.73%；大气中主要污染物二氧化硫排放量1743.12吨，比上年下降10.12%；氮氧化物排放量417.65吨，比上年增加12.75%。全县用于环境保护项目的资金604万元。

全年共发生各类安全生产事故24起，比上年下降9.09%，死亡8人，下降11.11%；受伤28人，上升12%；造成直接经济损失1.812万元，上升108.28%。亿元生产总值生产安全事故死亡率0.147人；道路交通万车死亡率2.587人。

镇原县主要领导名录

县委书记　周　伟（1月止）
　　　　　李崇暄（4月任）
县人大常委会主任　薛　渊
县　长　李崇暄（4月止）
　　　　赵培军（4月任）
县政协主席　黄清文（4月止）
　　　　　　慕　瑶（4月任）

（供稿：卢宇伟）

环　县

【综述】环县地处甘肃省东端，陕、甘、宁三省（区）交界处，介于北纬36°01′06″–37°09′10″、东经106°21′40′–107°44′40′之间。东临陕西省定边县和甘肃省华池县，南接庆城县、镇原县，西连宁夏回族自治区固原市彭阳县、原州区和海原县，同心县，北靠宁夏回族自治区盐池县。南北长127千米，东西宽124千米，全县总面积9236平方千米，其中耕地面积23.6万公顷，可利用天然草场57.2万公顷。2014年末，全县辖4镇16乡1个旅游开发办公室，人口35.23万人。

境内属黄土高原丘陵沟壑区，地势西北高、东南低，海拔1136-2089米。属温带大陆性半干旱季风气候，2014年平均气温10.1℃，日照2447.6小时，无霜期233天，降水量569.4毫米，蒸发量1288.4毫米。境内主要河流为环江，水质苦咸，不宜饮用和灌溉。全境水资源缺乏，旱灾频仍，是国家扶贫开发工作重点县。盛产荞麦、糜谷、马铃薯等小杂粮，小杂粮产量居全省之首。经济作物主要有胡麻、葵花等，中药材有甘草等。是驰名的滩羊产区之一，羊只饲养量居全省第二。主要矿产资源有石油、煤炭、石灰岩、白云岩等，石油地质储量5亿多吨，是长庆油田主产区之一。全县煤炭预测储量684亿吨，其中千米以浅整装煤田预测储量51亿吨，探明储量22亿吨，煤层气预测储量3480亿立方米。环县道情皮影被列入首批国家级非物质文化遗产代表性项目名录，作为中国皮影戏的组成部分列入联合国教科文组织人类非物质文化遗产名录。

2014年，全县实现生产总值66.42亿元，固定资产投资完成86.60亿元，增长26.3%；大口径财政收入54601万元，增长2.5%；地方财政收入完成37706万元，增长5.2%；财政支出250143万元，增长2.9%。年末金融机构各项存款余额563940万元，增长14.73%；各项贷款余额382835万元，增长37.24%；金融机构实现盈利11792万元。

【农业农村经济】2014年，全县农业实现增加值8.88亿元，增长5%。全年农作物播种面积206.69万亩，下降0.57%。全年完成全膜双垄沟播种植125.1万亩，增长7.66%。粮食作物种植面积184.78万亩，增长0.44%，全年粮食总产量38.1万吨，增长2.27%。其中，夏粮种植面积17.77万亩，产量1.98万吨，增长15.34%。全年薯类种植面积23.56万亩，增长0.04%，产量2.93万吨，增长18.25%。全年油料播种面积14.06万亩，增长0.07%，产量1.25万吨，增长5.08%。全年蔬菜种植面积6.23万亩，增长0.16%，产量3.3万吨，增长3.7%。年末大牲畜存栏13.85万头，增长1.7%，全年肉类总产量1524905吨，增长73%。全年牛出栏1.74万头，增长5.01%，猪出栏7.01万头，增长3.8%，羊出栏33.31万只，增长8.02%。全年脱贫50个村、2.52万人，贫困人口减少到10.27万人。

【工业建筑业】2014年，全县石油产量突破181万吨，增长27.1%；水泥23.1万吨，增长3.6%；工业用电量1.62亿千瓦时，下降24.3%。全年新培育规模以上工业企业2户，创办小微企业345户，非公经济实现增加值24.5亿元。

年内拥有资质以内建筑业企业2户，全年平均从业人数2033人。2014年，全县完成建筑业总产值27868万元，下降45.4%；实现增加值9314万元，下降38.7%。

【商贸流通与贸易】2014年，全县全社会消费品零售总额13.06亿元，增长13.2%。全年第三产业实现增加值15.55亿元，增长10.1%。全年出口供货总值5200万元，增长10.2%。

【旅游业】2014年，全县共接待游客3702万人次，全年旅游总收入15亿元。

【交通通信】2014年，全县旅客运输量268.6万人，较上年同期增长7%，旅客周转量25396万人千米，增长7%；货物运输量195.7万吨，增长17%，货物周转量31771.8万吨千米，增长17%。全年完成邮政业业务总量821万元，电信业业务总量17707万元。年末全县固定电话用户19902户，移动电话年末用户数299523户，互联网络用户13403户。

【城乡建设】新修、续建通村油路25条568千米，新建漫水桥53座，农村道路通畅率达到44.2%。建成集中供水工程3处，新修集流场（窖）2962处、小电井217眼，解决4.69万人的安全饮水问题。县城集中供热扩大20万平方米，解决1300多户群众的集中供暖问题。建成654套廉租住房主体工程，治理巷道7条，新建公厕8所。东山新增绿化面积2500亩，建成老虎山水景公园。新修梯田15.05万亩，实施扶贫整村推进项目14个，完成农村危旧房改造3000户，帮助370户、1554人实现搬迁。

【社会事业】新建、改建校舍4.8万平方米，消除D级危房2.6万平方米。完成27所幼儿园设备购置和144所村小学附设幼儿班改造。年末全县有各级各类学校304所，教职工4389人，在校学生58055人。学龄儿童入学率为99.5%，全县二本以上院校高考录取人数1347人。县医院门诊医技综合楼和急救后勤保障服务综合业务楼投入使用，完成6个乡镇卫生院和26个村卫生所改扩建，购置大型医疗设备60多件。全县拥有医疗卫生单位29个，卫生技术人员805人，病床740张。广播电视覆盖率为100%，有线电视网络总长67千米。有公共图书馆1所，藏书总量3.5万册。启动实施灵武台民俗文化产业园工程，建成曲子革命纪念馆，完成山城堡战役纪念馆革命史料陈列布展。新建“乡村舞台”62个、“文化集市”5处。

【人民生活与社会保障】2014年，全县城镇居民人均可支配收入21650元，增长9.8%；农民人均纯收入4782元，增长13.2%。全年输转城乡富余劳动力6.1868万人，创收10.24亿元。

年末全县城乡居民社会养老保险应参197465人，实参190433人，参保率达到96.44%，当年累计征缴基金1636.99万元，共为43870人待遇享受人员发放养老金3663.09万元；城镇职工参加社会养老保险人数4253人，累计征收金额3115万元，已享受社会养老保险人数1774人，发放3729万元；享受城镇居民最低生活保障3331人，1573户；享受农村居民最低生活保障86077人，24308户；全年参加新型农村合作医疗保人数298964人，参合率98%，参加城镇居民基本医疗保险人数25271人。全年发放各类社会救助资金1.48亿元。社会养老保险基础养老金提高到70元，城镇居民医保补助提高到320元，参合农民筹资标准提高到380元，全年为16.6万人次报销医疗费9134万元。

环县主要领导名录

县委书记　王　谦

县人大常委会主任　田建堂

县　长　何英禅

县政协主席　朱芳明

（供稿：胡相奕）

定西市

【综述】定西市古称“陇中”，位于甘肃省中部，全市总面积1.96万平方千米，其中耕地面积1218.6万亩。定西市西距兰州98千米，境内海拔1420–3941米，年降水量350–600毫米，年平均气温7℃。2014年末，全市辖6县1区，户籍总人口302万。

2014年，全市完成生产总值267.94亿元，增长9.2%。固定资产投资500.59亿元，增长21.1%。规模以上工业增加值26.8亿元，增长10.2%。社会消费品零售总额92.4亿元，增长12.5%。大口径财政收入38.33亿元，公共财政预算收入21.54亿元，公共财政预算支出180.26亿元，分别增长25.05%、26.38%和1.9%。金融机构存贷款余额分别达到592.1亿元和428.9亿元，增长14.3%和36.1%，存贷比72.4%，较上年提高11.6个百分点。

【农业农村经济】2014年，全市推广旱作农业394万亩，发展高效节水农业61万亩，全年粮食总产量达到158.6万吨。种植中药材136万亩，总产量、饮片加工能力均达到30万吨，种植加工总产值113亿元。中药材静态仓储能力80万吨，年交易量90多万吨，完成交易额249.5亿元。种植马铃薯288.6万亩，总产量、贮藏能力、加工能力分别达到500万吨、350万吨和60万吨，实现总产值120亿元。建成省级以上种薯综合标准化示范区3个，生产原原种7亿粒。全年畜禽饲养总量达到2440万头（只），增长19.4%，肉蛋奶产量达到27万吨，增长17.4%，实现总产值120亿元。扶持发展养羊示范户2.05万户，新建规模养殖场（小区）480个、家庭养殖场2470个，引进500万元以上畜牧企业37家，完成玉米秸秆青贮氨化260万吨。新发展设施农业2万亩，累计达到12.15万亩，蔬菜种植面积达到54.7万亩，实现总产值61.5亿元。流转土地38万亩、林地1.75万亩，新增家庭农场73个。

【工业经济】全年实施千万元以上工业项目215个，其中甘肃招金难处理金精矿冶炼等45个建成投产，天信印务包装纸箱生产等170个完成年度建设任务，完成工业固定资产投资120亿元，增长15%。经济开发区和工业集中区新入驻企业68户，园区完成投资138亿元，实现工业增加值28.5亿元，占全市工业增加值的67.8%。全年新增规模以上工业企业25户、产值过亿元企业8户。

【项目建设】2014年，全市共谋划生成项目5218个，总投资8276亿元。争取国家和省上各类项目资金75亿元。全年实施500万元以上项目1498个，增加130个，其中亿元以上278个，增加87个。宝兰客专、兰渝铁路等16个省列重大项目加快推进，西部国际汽车商贸城等150个市列重点建设项目完成年度投资计划，列入重点前期项目的华盛影视文化旅游创意园开工建设。引洮供水一期工程主干渠全线贯通，定西市支渠、城镇供水及部分农村供水工程同步试通水，解决66.27万城乡群众喝水问题。

【招商引资】第20届“兰洽会”签约项目152个，总投资614.93亿元，到位资金180.36亿元，到位率29.3%。2014年，全市实施招商引资项目420个，到位资金417亿元，增长40.1%。

【非公经济】2014年，全市新增非公企业2512户、个体工商户1.23万户，全市各类市场主体达到9.87万户。全年非公经济完成增加值126.37亿元，占生产总值的46.23%。

【文化产业与旅游业】推进临洮马家窑文化产业园等35个重点项目建设，定西剪纸等3个项目入选国家级非遗项目名录，岷县《巴当舞》获全国民间文艺“山花奖”金奖。2014年，全市文化产业增加值4.98亿元，增长32%。

渭河源、李家龙宫景区分别被纳入全省丝绸之路旅游经济带大景区、重点景区建设规划。举办中国·陇西第三届世界李氏文化旅游节等大型节会。2014年，全市旅游综合收入15.5亿元，增长25%。

【商贸流通】陇西桥南家居建材城等项目建成运营，西北金泽物流园等项目进展顺利，陇西首阳产地药材交易市场等3个大型农产品批发市场完成年度建设任务。建成陇西“药财盈”等电子商务交易平台10个，全市网店发展到800多家，50家企业产品入驻“淘宝网”甘肃馆，实现零售额4000多万元。2014年，全市完成社会消费品零售总额92.4亿元，增长12.5%。

【灾后重建】2014年，全市共组织实施岷县、漳县地震灾后重建项目1177

正在建设中的定西市新城区

项，完工397项，完成投资84.8亿元，占规划总投资的78.3%，年度建设任务全面完成。6.88万户城乡居民住房重建和7.96万户维修加固任务如期完成，靖远异地安置点居民住房主体工程基本建成。建成教育项目158个、卫生项目60个，完工率分别达到87.3%和89.4%，83所帐篷学校全部拆除，灾区学校秋季如期开学。岷县梅川茶埠新区、漳县大草滩等7个小城镇、48个集中安置点及公共服务项目有序推进，水利、交通等基础设施项目启动实施。及时筹措下拨冬春救助资金，妥善安排困难群众生活，灾区学校按期供暖，居住在帐篷里的受灾群众全部搬入新居。对梅川、茶埠、三岔、五竹等公路沿线重点小城镇实施风貌改造，对44个乡镇、98个村庄开展环境综合整治。

【扶贫攻坚】2014年，全市有10个重点乡、139个重点村整体脱贫，减少贫困人口16.5万人，贫困面下降到26%。争取财政专项扶贫资金365亿元，较上年增长33.6%。制定出台配套政策22项，全面完成869个贫困村、83.92万贫困人口调查摸底和建档立卡工作。深化“双联”行动，共有1081个单位、4.15万名干部结对帮扶19.02万贫困户。全市建成农村公路1019.5千米，行政村通畅率达到67%。实施重点水利工程19项，解决10万人的饮水安全问题，农村自来水入户率达到70%。农村电网综合改造率和自然村动力电覆盖率分别达到86%和89%。易地扶贫搬迁贫困群众1.3万户6.8万人，改造农村危房2.39万户，新建农村户用沼气1740户。新增贫困村互助资金协会156个、累计达到480个，资金总量达到9708.5万元。完成贫困家庭“两后生”培训9000人，培训农村劳动力22.3万人，输转劳务68.15万人次，创劳务收入98.5亿元。

【城乡建设】全年实施各类城建项目257个，完成投资109.7亿元。市区实施项目72个，完成投资48.9亿元。新城区电网工程等项目建成投入使用，市文化艺术中心等项目加快推进，市行政中心等单位实现整体搬迁。旧城区西岩新村片区改造等项目完成年度投资计划，市区交通路改造工程建成投入使用。市区新建过街天桥2座、公交站点65处，新开通连接新旧城区公交线路3条，新投放更换公交车75辆。全年各县城实施项目185个，完成投资60.8亿元。全市城镇化率达到29.23%，较上年提高2.07个百分点。实施农村环境连片整治项目47个，申报创建国家级生态乡镇2个、省级7个。新修梯田28.5万亩，新增水土流失治理面积350平方公里。实施重点林业工程26.6万亩，建设优质林果基地9万亩。实施土地开发整理项目21.57万亩，新增耕地2.87万亩。

【机构改革】全年共精简机构22个，精简率11%。共承接省级下放行政审批事项50项，市级分4批调整取消下放行政审批事项90项。新的市政府政务服务中心建成运行，首批入驻单位47个，开展审批服务事项388项。编制《定西市现行保留行政审批项目目录》，制定《定西市行政审批事项目录管理办法》。推进公共资源交易市场化配置改革，市县区财政部门及所有预算单位预决算和“三公”经费信息全部公开。市医院加入兰大二院医疗集团合作办院并迁入新址正式运营，通渭、陇西、临洮三县公立医院改革试点进展良好。

【教育】高考二本录取率29.5%，应届生上线率提高3.57个百分点。改造新建校舍34.9万平方米，消除D级危房28万平方米，乡镇公办幼儿园实现全覆盖。引进重点师范院校毕业生47名，为20119名乡村教师发放生活补助。

【人民生活与社会保障】2014年，全市城镇居民人均可支配收入17216.9元，增长9.5%。农民人均纯收入4599.9元，增长12.6%。居民消费价格涨幅2.4%。新增小额担保贷款3.21亿元，扶持8300多人自主创业，带动就业1.68万人。城镇新增就业3.08万人。城镇登记失业率3.17%。新农合参合率达到97.08%，病人转外就医率为13.5%。为2.07万患者报销医药费8295万元，大病患者实际报销比例由48.12%提高到62.88%。城乡居民社会养老保险实际参保153.67万人，参保率达到95.4%。在全省率先建立被征地农民养老保险准备金制度。投入资金2.13亿元，帮扶6.3万户计生贫困家庭发展。城乡低保标准分别提高15%，发放临时救助和城乡医疗救助1.15亿元。

定西市领导班子成员名录

市　委

书　记　张令平

副书记　唐晓明　马虎成（东乡族）

常　委　郑红伟　陈尊峰　位志荣　王美萍（女）　陈天雄　黄爱菊（女）　寇明春　王　正　袁利华　王国先

秘书长　郑红伟

市人大常委会

主　任　牛兴民

副主任　张敏政　韩中林　张兆祥　孙　铭　马玉莲（女）

秘书长　李宝环（1月止）

市政府

市　长　唐晓明

副市长　位志荣　李　斌　刘富春（回族）　王国先　陈国栋　刘　昇　李永平　张懿笃　陈金亮

市长助理　王全进

秘书长　金　钟

市政协

主　席　成柏恒

副主席　赵新文　丁寿亭　吴丙申　梁笑玉　郭宽宇　杨发升　王　锁　彭双彦（女）　李宝环

秘书长　段习文

（供稿：路建宁）

安定区

【综述】安定区位于甘肃省中部，是定西市市委、市政府所在地。全区总流域面积3638平方千米，其中总耕地面积179万亩。2014年末，全区辖12镇7乡和2个街道办事处，总人口47.02万，人口自然增长率为5.97‰。

境内黄土高原丘陵沟壑区，海拔1750–2580米。年均降水量380毫米左右，蒸发量高达1526毫米，属典型的干旱、半干旱地区。

2014年，全区生产总值完成61.12亿元，增长9.2%。工业增加值完成13.39亿元，增长15%。三次产业结构调整为19.6∶31.9∶48.5。固定资产投资完成109.31亿元，增长21%。社会消费品零售总额31.01亿元，增长12.5%。大口径财政收入达到7.78亿元，增长23.28%。

【农业农村经济】2014年，全区粮食总产达到42.2万吨，被农业部评为"全国粮食生产先进单位"。推广旱作农业技术126.7万亩。完成马铃薯种植100.28万亩，其中黑膜马铃薯84.5万亩。微型薯生产能力达到4亿粒，建立原种扩繁基地2万亩、一级种扩繁基地15万亩，新增贮藏能力3万吨。新增马铃薯加工能力7万吨，总加工能力达到34.6万吨。累计投入资金4.8亿元，完成牧草种植12万亩，青贮氨化饲草65万吨，秸秆转化利用率达到60%。新建养殖专业村和规模养殖场各50个，培育养殖大户1.36万户，基础母羊存栏达到34.2万只、户均4只。畜牧业增加值达到3.5亿元，增长11.1%。新建日光温室107座、塑料大棚4300亩，完成蔬菜种植10.2万亩，实现产值7.5亿元。新修梯田6.1万亩，农村人均高标准农田面积达到4.9亩。

完成造林绿化8.1万亩，治理水土流失62.94平方千米。完成农村供水入户4.43万户，自来水入户率达到70%。争取资金6667万元，改造农村电网836.7千米，改造率达到86%。实施通畅工程183.5千米，通畅率提高12个百分点、达到62.4%。实施农村危旧房改造3000户，在镇村周边和川沿地带新建40个易地扶贫搬迁安置区，搬迁规模2342户1.16万人。

【工业经济】总投资28.7亿元的37个重点工业项目快速推进，2014年，全区工业增加值首次突破10亿元大关、达到13.39亿元，工业对财政的贡献率提高2个百分点、达到17%。

【项目建设】全年争取国家政策性项目307个，到位资金15.16亿元，增长30.7%。开工建设500万元以上项目183个，完成投资117亿元，增长52.3%，其中1亿元以上的重大项目69个。24个市列和50个区列重点项目完成投资84.5亿元，其中16个项目全面建成。落实项目前期费800万元，完成总投资153.5亿元的164个项目可研和方案编制工作。总投资103.6亿元的25个招商引资项目落地建设，当年到位资金51.72亿元。

【非公经济】2014年，全区新增非公企业和个体工商户3285户，实现销售收入32.3亿元，上缴税金3.35亿元，非公有制经济增加值占GDP的比重达到53%。缴税金3.35亿元，非公有制经济增加值占GDP的比重达到53%。

【城乡建设】实施总投资177亿元的城建重点项目60个，完成投资46.2亿元。东河大桥等3座桥梁和南环路东段等3条城市干道建成通车，西关十字、公园路2座人行天桥投入使用。览山国际等16个旧城改造、海旺家园等17个房地产开发项目快速推进，完成投资39.3亿元。筹资681万元，对10个老旧小区供热管网等基础设施进行维修改造。巉口省级新型城镇化试点全面启动，符川镇控制性详细规划和团结镇、宁远镇总体规划及17个村庄规划编制完成，内官商贸中心、香泉农贸市场等重点项目建成运营。依法关停采砂企业51家。整合资金2669.7万元，实施团结高泉等8个农村环境连片整治项目和巉口康家庄、青岚大坪2个省级"美丽乡村"示范工程。

【扶贫开发】10个重点村和香泉镇实现整体脱贫，贫困人口减少2.12万人，贫困面下降5.8个百分点、下降到22.4%。完成135个贫困村、8.43万贫困人口调查摸底和建档立卡工作。落实专项扶贫资金4419万元，实施11个扶贫开发整村推进项目。建立村级金融惠农服务点417个，在15个贫困村实施互助金项目，落实农村小额信贷、"双联"惠农贷款、"中和农信"基金贷款5.9亿元。

【教育文化与医疗卫生】高考本科上线率达到33.5%，提高2.2个百分点。实施薄弱学校改造、学前教育等项目26个，新建、改扩建校舍4.9万平方米。"乡村舞台"等文化惠民工程有序实施，地面数字广播电视农村覆盖工程试点顺利推进。区卫生监督所、妇幼保健站和葛家岔、高峰卫生院改扩建项目进展良好。

【人民生活与社会保障】2014年，全区城镇居民人均可支配收入17829.7元，增长11.6%。农民人均纯收入4620.8元，增长12.5%。安置254名高校毕业生到基层就业，城镇新增就业4669人。输转劳动力10.98万人，实现劳务收入15.87亿元。

全区民生投入达到8.64亿元，占公共财政预算支出的36%，连续4年每年增加1亿元左右。城乡低保和农村五保提标工作全面完成，低保补助标准提高15%，惠及2.5万户7.7万人；五保集中供养和分散供养标准分别提高14%和17.7%，惠及1931户2230人。1674套保障性住房交付入住。筹资287.7万元，落实城乡居民、失地农民养老保险和农业保险配套资金；筹资329.6万元，为2356户城区低收入家庭免费安装有线电视，落实重度残疾人护理和特困残疾人生活补贴；筹资358.3万元，落实边远乡村教师生活补贴、班主任津贴和教师培训经费；筹资204.4万元，提高村社干部报酬和公用经费补助标准；筹资6000万元，提高干部职工地方津补贴和奖励政策待遇。

安定区主要领导名录

区委书记　郭维团

区人大常委会主任　郭景虎

区　　长　赵众炜

区政协主席　景利军（10月止）

贾记贤（10月任）

（供稿：蔺界平）

通渭县

【综述】通渭县地处甘肃省东南部、定西市东部，介于北纬34°55′–35°29′，东经104°47′–105°38′之间。东南、南分别与秦安、甘谷县接壤，西南、西分别与武山、陇西县相邻，西北、北、东北分别与安定区、会宁和静宁县毗连。全境东西长约78千米，南北宽约64千米，全县总面积2908.5平方千米，其中耕地面积183.03万亩。2014年末，全县辖6镇12乡，常住人口40.26万人，人口自然增长率5.63‰。

境内属黄土高原南部边缘地带，为黄土丘陵沟壑区，地势西北高，东南低，海拔高度为2521-1410米。属温带半湿润向半干旱过渡区，年平均风速1.6米/秒，年平均气温7.5℃，年总降水量354.8毫米，年无霜期140天，年总日照时间2157.6小时。主要河流有牛谷河、金牛河、安逸河、清溪河、苦水河。主要旅游景点有鹿鹿山等。矿藏资源主要有花岗岩、硅石矿、汉白玉、高岭土、硫铁矿、煤等。花岗岩仅露地储量在6亿立方米以上，高岭土开采贮量187万吨，硅铁矿总储量300万立方米，地热资源3处。

2014年，全县实现生产总值343894万元，按可比价格计算，比上年增长9.6%。其中第一产业增加值105890万元，增长6.4%；第二产业增加值42410万元，增长15.2%；第三产业增加值195594万元，增长10.1%。全县人均地区生产总值8544元。三产业比率为30.8：12.3：56.9。全年全县大口径财政收入为23580万元，增长45.96%；财政支出达到209581万元，增长6.44%。兑现各类专项补贴30388万元。年末，全县金融机构各项存款余额355166万元，增长19.88%；各项贷款余额212811万元，增长28.43%。

【农业农村经济】2014年，全县农作物播种面积189.51万亩，比上年下降1.99%，其中粮食作物播种面积163.44万亩，比上年下降2.43%。油料种植面积10.83万亩，下降1.16%。全年粮食总产量达到435238.97吨，增长4.82%，其中夏粮52749.32吨，增长23.56%；秋粮382489.65吨，增长2.67%。油料产量14373.22吨，增长10.33%。全年共完成造林面积8.72万亩，增长3.07%。

全年肉类总产量10592.9吨，比上年增长3.95%。大牲畜存栏13.05万头，比上年增长0.55%；牛存、出栏分别为4.67万头、1.04万头，分别增长5.7%、5.21%；猪存、出栏分别为11.22万头、12.17万头，分别增长1.8%、3.9%；羊存、出栏分别为4.23万只、1.97万只，分别增长7.97%、7.83%；鸡存、出栏分别为57.82万只、48.06万只，分别增长3.49%、4.52%。草畜产业落实奖补资金850万元、发放贴息贷款1829万元，新建规模化牛羊养殖场（小区）86个，发展规模养殖户4161户，青贮氨化饲草60万吨。

全年新修水平梯田0.59万亩。新培育农村合作经济组织156个、家庭农场3个，流转农村集体土地5.2万亩。年末，全县拥有农业机械总动力34.9万千瓦，比上年增长5.25%；农业生产用电量1921.73万千瓦小时；化肥施用量（折纯）18385.5吨，下降2.03%；农田有效灌溉面积5.6万亩。

通渭县农村通畅工程

【工业建筑业】2014年，全县规模以上（年主营业务收入2000万元以上）工业企业实现增加值11218.3万元，比上年增长19.8%。分轻重工业看，轻工业实现增加值5922.6万元，重工业实现增加值5295.7万元。

全年全县具有建筑业资质等级的企业6家，实现建筑业增加值25162万元，比上年增长13.1%。实现建筑业总产值140437.3万元。全年完成房屋建筑施工面积89.61万平方米，增长1.1%；房屋建筑竣工面积51.34万平方米，增长11.73%；实现利润总额10873万元，下降25.06%。

【固定资产投资】全年完成500万元以上固定资产投资415984万元，比上年增长21%。本年度内施工项目个数105个，其中新开工项目67个。全年新增固定资产投资134930万元。

【交通邮电】2014年，全县完成货运周转量119091.24万吨千米，客运周转量14731.25万人千米。全年实施农村通畅工程613千米，完成县乡公路维修养护15条448千米。年末全县公路总长度2001.86千米。

全年邮电业务总量29419.47万元（含邮政、电信、移动、联通），年末本地交换机容量320000门，本地电话计次制用户34008户，增长18.1%。互联网络用户10877户（含电信、移动、联通），增长9.44%。

【商贸流通】2014年，全县实现社会消费品零售总额63266.4万元，比上年增长12.6%。按销售地区分，城镇零售额51663.4万元，增长12.9%；乡村零售额11603万元，增长11%。按行业分，批发业15806.5万元，增长13.7%；零售业39779.2万元，增长11.1%；住宿业1509.8万元，增长19.2%；餐饮业6170.9万元，增长18.2%。

【文化产业】2014年，全县共有文

化相关产业机构56个，实现文化产业增加值8424万元，增长25.35%。

【城乡建设】实施城建项目22个，完成投资4.6亿元。北街东段和滨河路东段道路附属工程基本完成，北街西段道路改扩建、西外环路建设完成部分路基和地下管网工程。实施御景华城等房地产开发项目8个，新增住房面积14万平方米。小城镇建设完成投资6246万元，马营被列入全省新型城镇化试点镇。全县城镇化率达19%，增加1.9个百分点。投资3434万元，实施农村环境连片整治项目7个，新建“千村美丽”示范村庄2个、“环境整洁”村庄25个。

【社会事业】全年实施各类科技项目3项，承担实施国家科技项目1项，有1项列入全省科技发展计划。取得科技成果2项，科技成果转化3项。全县共有普通中学52所，在校学生34381人；小学242所，在校学生21184人；幼儿园18所，在园幼儿3782人。义务教育巩固率达81%，高考二本上线率20.7%，向大专及以上院校输送新生4519人。投入资金582.7万元提高乡村教师生活补助和班主任津贴，投资1.07亿元实施教育项目52个。县第二幼儿园建成招生，新建乡镇幼儿园5所，实施薄弱学校改造13所、中小学校舍安全工程18所。为4138名大学生办理生源地助学贷款2205万元，为3.96万名贫困大学生和中学生发放助学金2779万元。共有艺术表演团体1个，文化馆1个，公共图书馆1个（被文化部命名为“国家三级图书馆”），博物馆1个，影剧院1个，档案馆1个，馆藏档案38981卷。电视覆盖率94.5%。全县共有卫生医疗机构（含诊所）450个，病床930张，卫生机构人员数1602人，卫生技术人员1498人。有疾控中心、妇幼保健各1个，食品药品监督机构20个，卫生社区服务中心1个，乡镇卫生院18所，床位数460张。全年共举办县以上体育竞赛活动10场次，参加运动员145人（次），全县中小学学生体育达标率97.2%。

【人民生活与社会保障】2014年，全县城镇居民人均可支配收入16833.7元，比上年增加1474.4元，增长9.6%；城镇居民人均住房面积35.07平方米；城镇居民恩格尔系数为27.5。农村居民人均纯收入4341.7元，比上年增加553.1元，增长14.6%；农村居民恩格尔系数为47.0。城镇新增就业人数4367人，城镇登记失业率控制在2.79%以内。安置高校毕业生360人。

年末，全县新型合作医疗参合农民达359650人，参合率达97.03%，比上年上升1.89个百分点，为422955人报销医疗费13551.11万元，为7721名城乡大病患者发放医疗救助资金2597万元；全县农村低保人数69361人，发放人口保障资金9708.06万元：农村五保户人数2667人，发放保障资金847.88万元；累计发放城镇低保资金2893.55万元，保障对象达到10511人。参加城镇基本医疗保险的人数35106人，其中，参加城镇职工基本医疗保险人数16467人，参加城镇居民基本医疗保险人数18639人。发放企业离退休人员基本养老金5481万元，失业保险金8万元。

通渭县主要领导名录

县委书记　令续鹏

县人大常委会主任　吕裕民

县　长　邵志刚

县政协主席　陈维山

（供稿：马丙辰）

陇西县

【综述】陇西县地处甘肃省东南部，渭河上游，介于北纬34° 50′-35° 23′，东经104° 18′-104° 54′ 之间。东接通渭县，南连武山、漳县，西邻渭源县，北靠安定区。东西宽52 千米，南北长46千米，全县总面积2408平方千米，其中耕地面积165.22万亩。2014年末，全县辖9镇8 乡，总人口51.87万人，人口自然增长率为7‰。

境内属黄土高原地区，海拔1612-2762米。属温带大陆性季风气候，年均气温8.1℃，日照时数2210小时，降雨量415毫米，无霜期160天。

2014年，全县完成国内生产总值52.37亿元，增长7.5%；固定资产投资108.8亿元，增长21.2%；规模以上工业增加值4.13亿元；社会消费品零售总额21.51亿元，增长12.5%；大口径财政收入8.56亿元，增长25.15%；金融机构存贷款余额分别达到106.54亿元和101.1亿元，增长18.35%和29.08%，存贷比达到95.21%。完成农业增加值14.04亿元、增长5.8%，二产增加值14.28亿元、增长5.3%，三产增加值24.06亿元、增长10.5%。

【农业农村经济】2014年，全县中药材种植面积达到35万亩、产量5.98万吨。国家质检总局批复创建“全国中药材（黄芪、党参）种植产业知名品牌示范区”，挂牌组建甘肃陇西中医药产业研究院和甘肃省中药材质量监督检验中心、种子种苗检测中心、中药现代化工程技术研究中心。马铃薯种植面积稳定在42万亩，全年马铃薯产量达到55.24万吨。引进投放基础母牛羊1.83万头（只），发展规模养殖3816户、标准化养殖场97个，玉米秸秆转化率达到48.8%。全年畜禽饲养总量达到560万头（只），肉蛋奶总产量达到4.6万吨。新建日光节能温室50座、菌菜种植面积达到11万亩，推广全膜玉米65.1万亩，发展优质林果基地2万亩。全年输转劳动力13.97万人（次）、创劳务收入20.32亿元。

新增土地流转面积5000亩、流转率达到16.9%，新培育发展农民专业合作社233个。争取农机购置补贴1080万元，补贴农机具4795台，主要农作物耕种收机械化水平达到34%。整合投入涉农扶贫资金33.32亿元，实施整村推进等扶贫项目77个，权家湾乡王金岔村等15个贫困村和柯寨乡实现整体脱贫，全县减少贫困人口2.92万人、贫困发生率下降到26.7%，小康社会整体实现程度达到72.4%、较上年提高0.7个百分点。

【工业经济】开工建设投资额500万元以上工业项目93个、完成投资47.06亿元。中医药精深加工项目46个、总投资45.8亿元。2014年，全县完成工业总产值52.17亿元、增加值9.51亿元，开发区产值达到63.2亿元。

【项目建设】2014年，开工建设投资额500万元以上的项目126个、总投资330.8亿元，完成投资109亿元、同比增长21.2%。建设亿元以上大项目37个、产业深度开发项目28个，高科技、新技术项目涵盖中医药、装备制造、新型建材和农副产品开发等多个方面。城乡固定资产投资分别完成95亿元和14亿元，城乡投资比由去年的89.6∶10.4优化为87.2∶12.8。实施民生社会事业项目25个，完成投资16.1亿元，占完成投资总数的14.8%。总投资5.46亿元的72个灾后恢复重建项目开工57个、完成投资2.95亿元，菜子镇3个集中安置点505户重建户完成主体施工，1792户城乡居民住房重建和5132户维修加固全部完成建设任务，菜子牟河等10所中小学校舍建成投用。

【招商引资】2014年，全县筹措项目前期和招商引资经费817万元，谋划储备入库项目131个、总投资272亿元；争取到位政府性投资项目245个、财政性建设资金9.89亿元，增长17.3%；引进各类项目26个、总投资124.85亿元，到位资金41.88亿元、增长39.92%；第二十届兰洽会签约项目20个102.55亿元。

【非公经济】全面落实企业注册资本认缴登记制和年度报告公示制，新增私营企业399户、个体工商户1332户。2014年，全县非公经济产值达到108亿元。

【文化产业与旅游业】设立250万元文化旅游发展基金，新培育发展大夏多彩等文化旅游企业8家、总数达到40家。2014年，全县文化产业增加值达到7200万元，增长53.2%。举办中国·陇西第三届世界李氏文化旅游节和第七届中国·陇西中医药博览会。2014年，全县接待游客50万人（次），创旅游综合收入2.32亿元。

【城镇建设】实施城建项目49个，完成投资10.4亿元，维修改造东大街等道路3条2.3千米，建成龙宫路三期等道路4条4千米，完成辽河路等道路路基施工3条2千米。总投资5.46亿元的72个灾后恢复重建项目开工57个、完成投资2.95亿元，埋设供排水管网26.54千米，城市供水率和污水处理率分别达到99.1%和87.19%。完成西园路等4条道路路灯安装改造和渭水文化生态风情线李唐盛世景观节点、西城路等绿化任务，城区亮化率、绿化率分别达到98.5%和12.19%。改建换热站4个，改造二、三级供热管网32.6千米，完成小区供热计量节能改造3.2万平方米。铺设各类天然气管道34.7千米，完成居民小区入户6400户，城区燃气普及率达到47.8%。增设开通“7路”、“9路”公交车18辆。2014年，全县城镇化率提高2.58个百分点、达到44.09%。

中国·陇西第三届世界李氏文化旅游节暨2014年全球李氏恳亲大会

【新农村建设】推进菜子镇特色小城镇风貌改造等48个小城镇项目进展顺利，完成投资2.5亿元。引洮供水一期工程建于11月9日实现试通水。改建农村电力中低压配网159.4千米，自然村通动力电率达到94.09%。马云公路、兰海高速渭武段、310国道改造及2014年通畅工程完成建设计划，行政村道路通畅率达到70%。建成农村户用沼气200座，完成通道工程和面山绿化2.2万亩，新修梯田5.55万亩，新增水土保持综合治理面积64.79平方千米。农村环境连片整治取得明显成效，菜子镇被评为省级生态乡镇，首阳等3个乡镇和巩昌镇河那坡等5个村分别被命名为市级生态乡镇、生态村。

【社会事业】总投资2.3亿元的县一中教研综合楼等46个教育项目，完成投资1.47亿元。县一中等5所学校创建为省级特色示范学校，学前儿童一年受教育率、三年入园率分别达到90%和53.8%，九年义务教育巩固率、初中毕业生升学率分别达到91%和97.8%，高考本科上线2716人、上线率39.3%。实施各类卫生项目9个、完成投资2119万元，新建村卫生室45个，妇幼保健院保健综合楼及业务用房完成主体工程。申报国家和省级科技项目22个、专利98件，争创省级名牌产品2个、著名商标4个。总投资43亿元的7个商贸物流市场建设项目完成投资19.97亿元，桥南家居建材城全面建成运营、入驻家居建材行业知名品牌18类、商户300多户。

【人民生活与社会保障】2014年，全县城镇居民人均可支配收入17076元，增长9.3%。农民人均纯收入4989元，增长12.6%。推荐县内企业就业797人，开发公益性岗位1890个，新增城镇就业5055人，城镇登记失业率下降到3.23%。

安排各类民生保障资金12.9亿元，占财政总支出的51.8%。城乡居民基本养老保险、新农保、新农合参保参合率分别达到93.94%、100%和97.25%；城乡低保人均保障标准分别提高到每月285元和每年2193元、保障面达到9.8%和15.1%；为2547名重度残疾人和计生

“两户”家庭8714人代缴养老金112.61万元；发放养老金4925万元，报销医疗费用1.22亿元。提高低收入人员补助报酬，对收费项目取消或核减后工资发放困难的356名财政差额补贴事业单位人员工资实行全额发放，175名自收自支人员工资实行财政30%补贴，2400多名公益性岗位、县聘基层临时人员均达到或高于省上规定的最低工资标准；筹措资金4495万元，对全县机关事业单位正式职工发放科学发展业绩奖，对县聘工勤人员、基层临时工作人员和公益性岗位人员每人发放900元一次性生活补助。发放住房补贴102万元，建成保障性住房1052套、主体完工200套，改造农危房2910户。

陇西县主要领导名录

县委书记　鲁　泽

县人大常委会主任　包志宏

县　长　陈彦吉

县政协主席　张小平

（供稿：任登云）

漳　县

【综述】漳县地处甘肃省中南部，东连天水市武山县，西邻甘南藏族自治区卓尼县，南靠定西市岷县，北与定西市陇西县、渭源县接壤，全县总面积2164.4平方千米，其中耕地面积为46.7万亩，林地面积83万亩，天然草场131万亩。2014年末，全县辖4镇9乡，总人口21万人，

境内海拔1640-3941米，有漳河等3条主要河流。年平均气温7.4℃，无霜期161天，平均日照时数2309小时，平均降雨量500毫米。主要农作物有25科68种。中药材共约440个品种，主要有当归、党参等。全县已发现可供工业开采矿种有25种，其中岩盐、石灰石、红柱石、菱铁矿、萤石矿等储量丰富。有汪氏元墓群、贵清山等人文自然景观。

2014年，全县完成生产总值17.35亿元，增长9.6%。一产、二产、三产增加值分别为5.68亿元、3.77亿元和7.9亿元，增长6.8%、12%和10.3%；固定资产投资37.2亿元，增长21.2%；社会消费品零售总额3.3亿元，增长15%；规模以上工业增加值2.07亿元，增长10.1%；大口径财政收入2.55亿元，公共财政预算收入1.3亿元，公共财政预算支出19.19亿元，分别增长41.92%、38%和16.38%；金融机构存贷款余额分别为37.76亿元和13.67亿元，增长33.1%和36.3%。

【农业农村经济】2014年，全县新建塑料大棚、日光温室2000亩，推广种植高原夏菜5000亩，全年蔬菜总产量达13.7万吨。新组建农民专业合作社41个、规范提升14个。新建规模养殖场40个，新增养殖专业村17个、规模养殖户1200户。青贮氨化饲草3万吨，种植优质牧草2.25万亩。全年建成万亩优质核桃基地二期工程1.05万亩。中药材、蚕豆、蔬菜种植面积达30万亩，占农作物播种面积的64.1%。流转土地7.3万亩，建成各类农业综合示范点30个。

【生态建设】建成县城至佛梁隧道6千米生态长廊，完成城区面山提升改造4000亩、工程造林1.8万亩、封山育林6000亩，高标准栽植文殪路、贵清峡行道树17千米。新增水土流失综合治理面积31平方千米、梯田2万亩，新修堤防24.7千米，完成土地整理复垦1046公顷，清淤疏浚河道32千米，关停非法采砂企业3家。

【工业经济】2014年，全县完成工业增加值2.86亿元，增长11.7%。规模以上工业企业实现税收1.1亿元，工业对财政的贡献率达到44%。

【项目建设】2014年，全县实施各类项目41个，完成投资40.75亿元，增长35.7%。落实项目前期经费800万元，论证储备500万元以上项目160个、总投资270亿元。争取到位国家政策性资金5亿元，增长15%。实施500万元以上项目151个，完成投资40亿元，增长31%。新签约项目26个、总投资99.2亿元，开工建设23个。

【非公经济】2014年，全县新增个体工商户1025户、私营企业205家。全年非公有制经济完成增加值8.5亿元，增长24.1%。

【商贸流通】改造提升农家乐100户，建成乡镇农贸市场4个。2014年，全县社会消费品零售总额3.3亿元，增长15%。

【旅游业】建成遮阳山西溪新山门和检票口，新改建人行步道和仿木栈道5千米、停车场3000平方米，增设环保垃圾箱50个、旅游指示牌30个。2014年，全县接待游客103.5万人次，增长25.1%。实现综合经济收入2.36亿元，增长25.2%。

【城镇建设】完成县城控制性详细规划、县域村庄布局规划和大草滩、殪虎桥新型城镇化试点规划编制。东一路商贸旅游综合开发项目红沟桥开工建设，西二路北段完成路基600米，改造供热管网2.6千米，铺设供排水管网3.2千米，城区生活污水处理厂投入运营。新增城市绿化面积8公顷，城市绿化率提高1.2个百分点。新建保障性住房168套，发放廉租住房租赁补贴48.5万元。在城区主干道设置广告灯箱500个、地埋式果皮箱85个2014年，全县实施城镇建设项目25个，完成投资15.5亿元。城镇化率达到26.27%。

【扶贫开发】争取到位财政扶贫资金2727万元，实施整村推进项目9个，完成马泉乡整乡和7个整村脱贫试点，1.31万贫困人口实现脱贫。整合扶贫贴息资金337.5万元，落实贷款6750万元。实施农村危旧房改造3180户。

【社会事业】武阳中学、武阳三小教学楼、综合楼进行主体施工，武阳幼儿园实现秋季招生。县教育人才发展基金正式启动运行，列支33万元对全县优秀师生进行了表彰奖励。

【人民生活与社会保障】2014年，全县城镇居民人均可支配收入16912元，增长9.7%。农民人均纯收入4430元，增长13.9%。城镇新增就业3086人，城镇登记失业率3.52%。全年培训城乡劳动力3.74万人，输转5.68万人，创劳务收入8.1亿元。

发放“双联”惠农、城乡创业妇女

和城镇失业人员再就业贷款1.2亿元。城乡居民养老保险综合巩固率达到95.24%，发放养老金1840万元。城镇职工退休人员养老金月增资195元。农村五保、城乡低保保障标准分别提高12%和15%，发放保障金8940.5万元。新农合参合率97%，“一卡通”实现全覆盖，累计补偿农民12.59万人次4867.6万元。

【灾后重建】2014年，争取到位7.22地震灾后重建项目309个、总投资26.95亿元，其中开工建设279个、完工116个，累计完成投资20.5亿元。居民住房全面建成，高标准、高质量完成16417户和16481户城乡居民住房重建维修任务。大草滩新联等5个重灾村环境整治基本完工，武当张坪等11个集中安置点道路完成路基工程，自来水入户率和通电率均达到85%，完成三岔、殪虎桥、大草滩小城镇镇区环境整治。规划重建的31所学校全部开工建设，规划重建卫生项目18个，6个乡镇文化站、3个计生服务站和81个村级文化活动室全面建成。同时，基础设施、生态环境、特色产业、防灾减灾等214个项目开工建设183个。

漳县主要领导名录

县委书记　党建中

县人大常委会主任　贾占渊

县　长　刘　静（女）

县政协主席　包早福

（供稿：左亚璋）

渭源县

【综述】渭源县北靠定西、临洮，东接陇西，南连漳县，西与卓尼、临潭、康乐毗邻。东西长60千米，南北宽56千米，全县总面积2065.51平方千米，其中有耕地80.07万亩，林地面积131.45万亩，草场面积81.4万亩，森林覆盖率16.42%。2014年末，全县共辖16个乡镇3个社区居委会，总人口32.67万人，人口自然增长率5.48‰。

境内分为南部高寒阴湿区、中部浅山河谷川（塬）区、北部黄土梁峁沟壑干旱区三种类型，平均海拔2910米。年总降雨量5531毫米，平均气温7.0℃，无霜期166天。主要河流是渭河。盛产当归、党参、红芪、黄芪等中药材，是“中国党参之乡”。有秦长城遗址、首阳山等人文自然景观。

2014年，全县实现生产总值24.27亿元，增长8.6%。其中第一产业增加值9.53亿元，增长5.5%；第二产业增加值3.55亿元，增长12.6%；第三产业增加值11.19亿元，增长10%。完成城镇固定资产投资48.63亿元，增长21%。全县大口径财政收入2.82亿元，增长26.33%；公共财政预算收入1.56亿元，增长25.72%。公共财政预算支出19.26亿元，增长9.32%。年末，全县金融机构各项存款余额494308万元，增长16.58%；全县金融机构各项贷款余额305210万元，增长61.24%。

【农业农村经济】截至2014年底，全县马铃薯种植总面积35万亩，中药种植总面积35.5万亩。推进3个千亩养殖园区和10万头生猪养殖基地建设，全县累计发展养殖企业（合作社）510家，家庭养殖场1104个、规模养殖户1.22万户，牛、羊、猪、鸡饲养量分别达到14万头、78.4万只、35.5万头、451万只。

实施河道治理等水利项目11项，新建河堤22千米，有效灌溉面积14.63万亩。全年新修梯田2.82万亩。实施农村公路通畅工程等道路项目83条，硬化铺油131.8千米、铺砂182千米。植树造林5.29万亩，实施土地整理开发项目，新增耕地2285亩。实施农村环境综合整治项目7个475万元，新建“一池三改”沼气300户，改厕1200户。

【文化产业与旅游业】推进总投资近50亿元的“华夏文明渭河源生态文化旅游发展示范区”建设，举办甘肃渭源大禹公祭大典和“中国名家看渭源”电视高峰论坛，邀请到于丹、易中天等知名学者聚焦渭河源文化举办讲座。与西安行游天下传媒广告公司签订“行游天下自由行游护照”合作协议，开发特色商品七大类30多种。2014年，全县接待境内外游客46.08万人（次），实现旅游综合收入1.79亿元。

【工业建筑业】2014年，全县实现工业增加值1.65亿元，增长11.9%。其中，规模以上工业企业增加值0.68亿元，增长10.7%。全县新增小微企业60家，达到438家，其中工业企业22家，达到131家，完成工业增加值1.32亿元，增长17.1%。

全县社会建筑业实现增加值1.89亿元，增长13.1%。具有建筑业资质等级的总承包和专业承包建筑企业3户，全年房屋建筑施工面积86.8万平方米，竣工面积6.4万平方米。

【固定资产投资】2014年，全县完成城镇固定资产投资48.63亿元，增长21%。其中第一产业完成投资7.15亿元，第二产业完成投资22.48亿元，第三产业完成投资19亿元。

【项目建设】谋划储备项目120个，总投资34亿元，更新录入“3341”项目库项目达到625个，总投资490亿元。组织申报项目214个，总投资32.8亿元，编制项目前期200个，总投资33亿元。实施易地搬迁等项目210个，总投资134.7亿元，完成投资52.5亿元。实施灾后重建项目114个，总投资6.5亿元；开工建设108个，其中竣工70个，累计完成投资5.3亿元。

【招商引资】成功签约湖北九州通医药集团等一批企业集团，新签约现代制药等招商项目22个，签约资金100.9亿元，到位资金49.8亿元。

【城乡建设】实施总投资75.3亿元的67个城镇重点建设项目，完成投资24.9亿元。建成渭虹园和渭河廊桥，新增公共绿地4.6万平方米。首阳路东段、高黑路建成通车，庆坪路、北环路等棚户区改造进展顺利，城市天然气工程开工建设。新增或改造城市道路3.6千米、供热管网1.5千米。全县共实施小城镇建设项目22个，完成投资5.9亿元。编制村庄建设规划39个、风貌改造规划22个，围绕公路沿线完成村庄风貌改造26个3032户，建成元古堆、绽坡2个美丽乡村示范村。

【商贸流通】建成西部中药材网等

网购平台6个、网店73家，开通政务微博微信180个，发展快递物流网点37个。2014年，全县实现社会消费品零售总额5.83亿元，增长12.5%。分行业看，批发业实现销售额6006万元，零售业实现销售额43583万元；住宿业实现营业额1085万元，餐饮业实现营业额7650万元。

【财政金融保险】2014年末，全县金融机构各项存款余额494308万元，增长16.58%；全县金融机构各项贷款余额305210万元，增长61.24%。全县全年保费收入5023.1万元。全年理赔案件5673起，赔付金额2347.2万元。其中财产险赔付1759.1万元；人身险赔付及满期289万元。

【交通通信】2014年，全县拥有营运车辆4573辆。全年完成客运量166.67万人，客运周转量10833.75万人千米；完成公路货运量1146.33万吨，货运周转量97437.65万吨千米，完成公路运输总周转量98521.03万吨千米，增长34.96%。年末，全县固定电话用户6018户，比上年减少73户。全县移动电话用户244335户，年内新增18008户。互联网宽带用户6892户，比上年增加1316户。全县电话普及率74.79部/百人，每百人拥有电话比上年净增5.47部。

【社会事业】2014年，全县共有学校247所，在校学生50933人，专任教师3614人。有幼儿园39所，在园幼儿6303人，专任教师306人。投资1.4亿元，实施县职业中专整体搬迁、县城东区幼儿园等30个教育项目。新建改造校舍6.2万平方米，完成投资8350万元。引进紧缺专业教师46名。年内本科上线人数821人，本科录取率23.9%。全年共申请受理专利15件，实施科技项目9项，选派科技特派员29名。2014年，县博物馆馆藏各类文物1428件，全县共有不可移动文物108处，全县共搜集整理民族民间文化遗产名录10类37项。全县有苏维埃纪念馆1个，艺术团体1个，博物馆1个，图书馆1个，藏书6.2万册，文化馆1个，美术馆1个，档案馆1个。全县有卫星地面转播站11座，有线数字电视用户8000户，广播和电视综合人口覆盖率分别为97.1%和97.4%。投资1.5亿元，实施县中医院整体搬迁、妇幼保健站等19个卫生项目，完成投资4678万元，新建村卫生室103个。共有医疗卫生机构25个（不含个体诊所），村卫生室217个，床位1386张，卫生技术人员771人。新建村文化广场5个、乡镇（社区）体育中心4个、“一村一场”农民体育健身工程30个。共有体育场地253个，全年组织开展各类群众体育活动14次，承办市级赛事2次。组织参加市级以上各类竞技体育比赛12次，年内共为省市体育院校输送优秀体育后备人才6名。

【人民生活与社会保障】2014年，全县城镇居民人均可支配收入16993.4元，比上年净增1474.3元，增长9.5%。农民人均纯收入4535.3元，比上年净增500.3元，增长12.4%。全县居民消费价格比上年上涨2.4%，其中食品价格上涨3.7%。年内新增就业人数3300人，净增就业人数838人，城镇登记失业人数610人，城镇登记失业率3.65%。全县共输出各类劳务人员7.63万人，实现劳务收入10.86亿元，增长15.9%。

城乡低保标准提高到每人每月206元和121元，农村五保标准提高到每人每年4035元（集中供养）和3228元（分散供养）。新建乡镇敬老院3个，农村互助老人幸福院10个，老年人日间照料中心2，当年160套保障性住房全部建成。2014年底，全县城镇职工参加基本养老保险2724人，下降3.3%；失业保险8507人，增长8.6%；城镇职工医疗保险21883人，增长2.2%；工伤保险9189人，增长15.49%；生育保险9939人，增长4.4%。参加新型农村社会养老保险202936人，参保率97.74%。参加新型农村合作医疗291931人，参合率97.12%，共计为505729人（次），报销住院及门诊费用10014.32万元。享受城镇最低生活保障的居民为2300户，共计4212人，全年发放保障金1084.99万元；享受农村最低生活保障的居民25231户，共计79349人，全年发放保障金11466.21万元。

【扶贫开发】重新确定贫困村109个、贫困户10.35万人。实施“1236”扶贫攻坚规划，其中实施财政专项扶贫项目43个，总投资1.3亿元，扶贫资金3874万元。建立县四大班子主要领导和党政领导结对联系计划脱贫村制度，整合项目资金1.2亿元，集中力量支持15个重点村实现整体脱贫。

渭源县主要领导名录

县委书记　吉　秀

县人大常委会主任　张亚农

县　长　蔺红军

县政协主席　杨　谦

（供稿：王枝正）

岷　县

【综述】岷县地处甘肃省南部，介于东经103° 14′ –104° 59′ ，北纬30° 07′ –34° 45′ 之间。东临武山县，北连漳县，南接宕昌县，东南与礼县接壤，西南与迭部县相邻，西北、西南与卓尼、临潭县接壤，东西长约120千米，南北宽约69千米，全县总面积3578平方千米，其中耕地面积64.49万亩，林地面积71.678万亩，草场面积290万亩。2014年末，全县辖9镇9乡，总人口48.94万人，常住人口45.43万人，比上年末增加0.02万人，人口自然生长率为5.72‰。有回族、藏族等6个少数民族。

地处青藏高原东麓与西秦岭陇南山地接壤区，是甘南高原向黄土高原、陇南山地的过渡地带。地势由东南向西北倾斜，海拔2040–3754米。气候高寒阴湿，气温低，无霜期短，多暴雨、冰雹等自然灾害。年平均气温7.1℃，日照时数2230小时，无霜天数123天，总降水量709.9毫米。境内有大小河流22条，已建成水电站8座。盛产以当归为主的中药材238种。已探明的矿藏有金、锑、铅锌等25种。占总土地面积的72.5%。境内有蓝马鸡、麝、苏门羚等10多种国家保护的珍贵野生动物和70多种珍稀野生植物。有国家AAA级景区狼渡滩湿地草原、中共中央西北局岷州会议会址等自然人文景观100多处。

2014年，全县实现地区生产总值(GDP)31.2亿元，比上年增长10.2%。其中第一产业完成增加值9.26亿元，增长5.8%；第二产业完成增加值7.48亿元，增长15.7%；第三产业完成增加值14.46亿元，增长9.9%。第一产业增加值占生产总值的比重为30%；第二产业增加值比重为24%；第三产业增加值比重为46%。按常住人口计算，人均生产总值6869元。实现社会消费品零售总额88587.8万元，增长12.6%。大口径财政收入完成3.59亿元，增长10.66%；公共财政预算收入2.18亿元，增长4.21%；公共财政预算支出32.69亿元，下降18.54%。

【农业农村经济】2014年，全县粮食作物种植面积252266亩，比上年减少100950亩；豆类种植面积13087亩，减少231亩；油料种植面积10053亩，增加8亩；蔬菜种植面积30017亩，增加4827亩；马铃薯种植面积201161亩，减少99697亩；中药材种植面积352609亩，增加96115亩，增长37.47%。全年粮食总产量62153.21吨，比上年减少25.62%；中草药材总产量86245.79吨，增长39.33%；油料总产量1064.34吨，增长5.9%；蔬菜总产量24037.54吨，增长46.51%。年末大牲畜存栏104674头，比上年末增长3.39%；牛存栏95023头，增长5%；羊存栏152699只，增长7.23%；猪存栏161206头，增长1.9%。牛、羊、猪出栏分别为13915头、49499只和146781头，分别比上年增长5.42%、8.55%和4.1%。全年肉类总产量12535.17吨，比上年增长4.5%，其中猪肉、牛肉、羊肉分别增长4.1%、5.4%和8.6%。种植各类农作物64.49万亩，其中中药材35.26万亩，总产值19.8亿元。种植以岷山红三叶、岷山猫尾草为主的优质牧草16万亩，新建养殖场（小区）41个，发展规模养殖户1198户。全县畜草产业增加值3.01亿元。

【工业建筑业】2014年，全县完成工业增加值4.13亿元，比上年增长17.4%，其中规模以上工业企业完成工业增加值2.96亿元，增长18.7%。

全年建筑业实现增加值3.35亿元，比上年增长13.1%。全县具有建筑业资质等级的总承包和专业承包建筑业企业实现利润总额1381.3万元，增长2.01倍。

【固定资产投资】全年完成固定资产投资61.76亿元，增长21.4%。其中第一产业投资3.07亿元，增长20.4%；第二产业投资36.65亿元，增长55.7%；第三产业投资22.04亿元，下降11.1%。

【招商引资】累计引进投资项目102个，投资总额105.27亿元，当年到位资金49.96亿元，增长39.6%，其中新建项目54个，到位资金29亿元，增长38.4%。

【项目建设】年内争取到国家投资项目127项（不含灾后重建项目），到位中央预算内等各类项目资金6.02亿元。开（复）工投资500万元以上重点项目246项，当年完成投资73亿元。

【房地长开发】全年房地产开发投资17558万元，增长68.3%。房屋施工面积190742平方米，增长22.14%；房屋竣工面积52126平方米，增长3.44倍。商品房销售面积28050平方米，增长81.5%；商品房销售额10523万元，增长2.55倍。

【旅游业】岷山国际大酒店建成开业，力源酒店创建为三星级旅游饭店。2014年，全县旅游业实现收入2.31亿元，增长32%。

【城乡建设】加快推进兰渝铁路建设，岷县火车站建设开工。总投资28.7亿元的国道212线殪虎桥至岭峰段改扩建工程等通过评审，岷阳镇至西江镇通乡油路和清水洮河大桥等7座桥梁建成通车，建成通畅工程等农村公路69.3千米。争取下达“7·22”灾后重建农村道路和村内道路988千米，总投资3.47亿元。岷野路等3条52千米县乡油路、10个重灾村和27个集中安置点230公里村内道路开工建设。总投资5.99亿元的堤防、供水、灌溉和水土保持工程进展顺利。建成中古沟、小溪沟等堤防工程19.28千米，建成应急供水工程20处、集中安置点供水工程27处、重灾村供水工程10处。绿化面山1.7万亩，绿化国道212线、316线等通道124千米。二郎山省级森林公园完成建设。综合治理小流域30平方千米，实施土地开发整理项目5个，实施农村环境连片整治项目10个。

【扶贫开发】制定下发《岷县“1236”扶贫攻坚行动实施意见》和《深化双联行动助推精准扶贫的意见》。年内争取财政扶贫资金6214万元，实施扶贫项目27项，培训劳动力1.8万人次，输转劳动力10.09万人，实现劳务收入12.08亿元。加快贫困村水、电、路、房和公共服务设施建设，西寨镇、中寨镇2个乡镇和28个贫困村年内实现整体脱贫，减少贫困人口3.49万人，贫困面由2013年的38.64%下降到30.85%。累计发放双联惠农贷款4782户2.4亿元，建立贫困村扶贫互助协会66个，资金量达到1193万元。培训各类技术人员2.5万多人，其中通过职业技能鉴定2072人。全县243个双联单位及企业的1026名双联干部职工深入重建一线，组织各类工匠1679名，对集中安置点、重灾村的690户建房困难群众进行帮建。

【社会事业】九年义务教育巩固率达78%，高中阶段毛入学率达81.3%。高考二本以上上线612人，上线率为22.1%，中职毕业生一次性就业率达95%以上。全县乡镇中心幼儿园覆盖率达到100%。引进、补充教师322名。上报国家级非物质文化遗产保护项目4项，岷县“青苗会”被列入第四批国家级非物质文化遗产代表性项目名录。举办第十四届百名花儿歌手大奖赛。取得省级以上科技成果4项，专利申请受理41件，增长40%。全年签订技术合同5项，技术合同成交金额1500万元。落实新农合定额付费制度、重大疾病补偿政策、重大疑难疾病异地即时结报政策和新农合“一卡通”，城乡居民电子健康档案建档率达93%。

【人民生活与社会保障】2014年，全县城镇居民人均可支配收入17070.2元，增长9.8%。农民人均纯收入完成4350.7

元，增长14.4%。全年用于民生支出25亿元，占财政支出的59.26%。新增城镇就业4651人，高校毕业生就业1050人。

为1139名代课教师、环卫工人、协警等低收入人员分别增加月工资100至200元。发放各类惠农资金9.2亿元，实施一事一议财政奖补项目34个。新增小额担保贷款3700万元，扶持创业948人。收缴农民工工资保证金1379万元，清欠劳动者工资864人631万元。城乡居民社会养老保险参保率达95.7%，符合享受待遇人员待遇发放率达100%。全县新农合参合率达97%。报销大病患者医药费713人次284万多元。城乡低保保障标准提高15%，农村五保集中供养、分散供养标准分别提高15%、18%。发放重大疾病医疗救助金2480人918.33万元、临时生活救助金1875人104万元。筹措资金489.68万元，对全县1795户受灾困难群众和3130户农村一类低保户分别救助煤炭600斤、新型节能炉具1套，对1940户农村五保户每户安装碳纤维电热炕一座。建成保障性住房500套，配售（租）829套，发放廉租住房租赁补贴678户115.63万元。

【灾后重建】"7·22"灾后重建投入资金43.02亿元，完成45758户住房重建和35950户住房维修工程，建成1510户省内异地安置点住房主体工程；投资6.29亿元，建成标准化中小学、幼儿园106所；投资7800万元，建成卫生院业务楼17栋、卫生室22个，维修卫生院6所。27个集中安置点、10个重灾村住房全部按照设计要求建成，水电全部接通，地质灾害治理基本完成，道路建设进展顺利；梅川、茶埠、寺沟3个小城镇建设有序推进，占地1100亩的梅（川）茶（埠）新区一期工程17栋5万平方米安置楼主体建成，完成投资1.3亿元，新建红店小学主体封顶，道路管网等基础设施建设前期进展顺利；国道212、316线及重灾村沿线环境综合整治取得成效。"5·10"灾后重建项目198项，截至年底建成185项，在建13项。

岷县主要领导名录

县委书记　郭世杰

县人大常委会主任　杨水涛

县　长　梁德铭

县政协主席　梅彦忠

（供稿：王建国）

临洮县

【综述】临洮县地处黄土高原与青藏高原的交汇地带，位于甘肃中部、定西西部，是黄河古文化的重要发祥地之一，全县总面积2851平方千米，其中耕地面积108万亩。2014年末，全县辖18个乡镇，总人口54.79万人，人口自然增长率为5.64‰。有回族、东乡族等18个少数民族。

洮河流经县内9个乡镇115千米，水能资源可开发蕴藏量达32万千瓦。主要矿产资源有高岭土、方解石、萤石等。全县海拔1730-3670米。年平均气温7℃，年降水量317-760毫米，无霜期80—190天。

2014年，全县实现生产总值570808万元，按可比价计算，增长10.8%。其中第一产业增加值138296万元，增长5.5%；第二产业增加值176540万元，增长12.8%；第三产业增加值255972万元，增长12.4%。一、二、三产业比重调整为24.23：30.93：44.84。人均GDP为11158元，比上年增加1567元，增长16.34%。

【农业农村经济】2014年，全县农作物播种面积128万亩，比上年减少0.33万亩，其中粮食作物播种面积88.38万亩，经济作物播种面积38.25万亩。粮食总产量达到23.35万吨，增长3.2%，其中：夏粮4.29万吨，增长0.23%。

年末，全县大牲畜存栏6.51万头，增长1.24%；猪存栏19.26万头，增长1.8%，牛存栏5.07万头，增长4.97%；羊存栏26.8万只，增长5%；鸡存栏101.36万只，增长3.12%。畜牧业增加值达39067万元，占农业增加值的28.25%。

年末，拥有农业机械总动力57.92万千瓦，比上年增长11%。机耕地面积为49.92万亩，占总耕地面积的46.76%。全年新修水平梯田5.32万亩。化肥消耗总量7.85万吨，减少1.9%，化肥施用量（折纯）2.21吨。农村用电量8498万千瓦小时，减少2.98%；地膜覆盖面积37.94万亩，减少5.12%。

【工业建筑业】2014年，全县25家规模以上工业企业完成工业总产值308519万元，增长12.37%；完成工业销售产值281833万元，增长8.16%，产销

主要农产品产量情况

产品名称	2014年（吨）	2013年（吨）	比上年+-%
小 麦	40910	40354	1.38
玉 米	74235	68562	8.27
洋 芋	115900	114539	1.19
油 料	4352	4321	0.72
药 材	24849	13806	79.99
蔬 菜	298063	271250	9.9
水 果	12261	13068	-6.17

主要畜产品产量情况

产品名称	2014年（吨）	2013年（吨）	比上年+—%
肉类总产量	21349	20544	3.92
奶产量	9371	4284	118.74
鲜蛋产量	6082	2949	106.23

率91.4%；实现工业增加值64500万元，按可比价格计算增长15.3%。

全县13家资质以上建筑企业共完成建筑业总产值274868万元，下降19.7%，建筑业完成增加值71992万元，按可比价格计算增长10.1%；房屋建筑施工面积239.9万平方米，房屋建筑竣工面积72.6万平方米；实现营业利润14715万元；从业人员年平均人数13708人。

【固定资产投资】全年完成固定资产投资932081万元，增长21.01%。其中500万元以上投资900115万元，增长30.84%；房地产投资31966万元，下降61.15%。房地产投资中，16家资质以上房地产公司完成投资31966万元，商品房施工面积46.66万平方米，竣工面积0.93万平方米；商品房销售面积5.45万平方米，商品房销售额1.87亿元。

【商贸流通】2014年，全县社会消费品零售额实现170111万元，增长12.5%。其中批发零售贸易业完成零售额142079万元，增长12.3%；住宿餐饮业实现零售额28032万元，增长13.1%。

【旅游业】2014年，全县内旅游人数53万人（次），增长27%，旅游收入27亿元，增长28.1%。

【招商引资】全年签订招商引资合同、协议项目31项，签约总金额1026000万元，比上年增加621128万元，增长153.4%；到位资金126332万元，比上年减少40798万元，下降24.41%；续建项目20项，到位资金219502万元。新签约和续建项目累计到位资金345834万元，比上年增加82276万元，增长31.22%。

【交通通信】2014年，全县有各级公路229条1851千米里。全社会公路客运量339万人次，客运周转量18653万人千米；公路货运量2165万吨，货运周转量140744万吨千米；年末，营运车辆3633辆，其中客运车733辆（客车241辆，出租车492辆），货运车2900辆。

全年邮政业务收入921万元，电信业务收入163290万元。全县基站总数516个，固定电话机拥有量2.56万门；无线市话用户总数达到42.3万门；上网用户15654户。

【财政金融保险】2014年，全县大口径财政收入62557万元，比上年增收12540万元，增长25.1%。公共财政预算收入完成41095万元，比上年增收12184万元，增长42.1%。公共财政预算支出248105万元，比上年增支20936万元，增长9.2%；全年金融机构各项存款余额1084333万元，比上年增加201169万元，增长22.78%。各项贷款余额669618万元，比上年同期增加197835万元，增长41.93%。城乡居民储蓄存款余额839618万元，比上年同期增加128489万元，增长18.07%；全年保费收入23384万元，比上年增加3896万元，增长20%。

临洮县牡丹种植基地

【环境保护】实施减排项目20个，其中工程减排项目16个（包括7个畜禽养殖污染治理项目）、管理减排项目2个、结构减排项目2个（包括淘汰2005年以前注册运营的黄标车）、阶段性减排项目2个，全年减排化学需氧量16.8吨、氨氮24.87吨、二氧化硫7.81吨、氮氧化物985.08吨。单位GDP能耗年度降低率2.53%；规模以上工业单位增加值能耗降低率0.3%。

全年完成退耕还林补植面积0.2万亩，完成退耕还林荒山造林1.71万亩，巩固退耕还林成果建设项目补植补造0.52万亩，薪炭林0.325万亩，后续产业完成0.27万亩；完成三北四期工程造林0.2万亩，封山育林0. 2万亩。

【安全生产】全年发生各类生产安全事故62起，死亡24人，受伤51人，直接经济损失10.74万元。与去年同期相比，事故起数减少14起，下降18.4%；死亡人数持平；受伤人数减少30人，下降37%；直接经济损失减少1.55万元，下降12.6%。亿元地区生产总值安全事故死亡率0.42，下降14.3%；道路交通万车死亡率2.99，下降37.7%。

【社会事业】2014年末，全县有各级各类学校330所，教职工6500人，中小学在校学生79669人。全县小学、初中阶段适龄儿童入学率分别为100%、100%。高考二本以上上线人数2369人，上线率32.4%。申报各类科技项目20项，立项7项，申报专利72项。选派科技特派员101名。有文化馆、图书馆、博物馆、画院（美术馆）各1所，文联组织1个，县级艺术表演团体1个，广播电视台1个、甘肃省广播电视网络有限责任公司临洮分公司1个，群众文化团体30多个。电视覆盖率达到96.26%，广播覆盖率达到97.33%，全县拥有数字电视用户1.428万户。全县有卫生机构27个，实有床位2000张，各类卫生技术人员1663人。参加农村新型合作医疗的人数44.95万人，参合率97.01%，全年为48395位参合农民报销住院医药费10856万元，人均报销2243元。有各级社会体育指导员417人，各类健身活动

洮河景观改造工程

点38个。组队参加甘肃省传统武术锦标赛及全国武术运动大会，获得1等奖20个，2等奖30个，3等奖25个，团体总分在全省排名第四。

【人民生活与社会保障】2014年，全县城镇居民人均可支配收入17190元，比上年净增1477元，增长9.4%；农民人均纯收入4920元，比上年净增539元，增长12.3%。城镇新增就业人数4998人，城镇登记失业率3.01%。全年输出城乡剩余劳动力10.85万人次，实现劳务收入16.19亿元，增长13.22%。

养老、失业、城镇职工基本医疗、城镇居民基本医疗、工伤和生育等6项保险参保人数分别达9100人、14127人、22846人、24803人、15722人和15547人，增长1.2%、4.3%、1.9%、0%、9.1%和4.4%。享受城镇最低生活保障的居民为2000户4341人，发放保障金1430万元；享受农村最低生活保障的居民22027户73373人，发放保障金9484万元；享受五保待遇的2109户2233人，发放保障金778.6万元。全县参加城乡居民社会养老保险的人数309602人。

【双联行动】全年在联系村实施各类项目1090个，投入资金5.1亿元，为联系户帮扶化肥3346袋、地膜70吨，调运马铃薯良种1.8万吨；新建塑料大棚6230亩，扶持农户发展中药材13.92万亩；新发展养殖示范户2450户；帮助联系村硬化通村公路174.4千米，新建村级活动场所23处，卫生室56个，文化活动室30个，互助老人幸福院36个；接通自来水14528户，改造危房2500户；为954户贫困群众发放双联惠农贷款9082万元。

临洮县主要领导名录

县委书记　石　琳

县人大常委会主任　王耀洲

县　长　柴生芳（8月止）

县政协主席　陈永寿

（供稿：杨雁春）

陇南市

【综述】陇南市地处甘肃省东南部，介于东经104° 1′-106° 35′，北纬32° 38′-34° 31′ 之间。东与陕西相连，南与四川对接，西北与甘南藏族自治州和定西、天水市为邻，东西最长处约221千米，南北最宽处约220千米，全市国土面积折合4187万亩，其中森林面积1668万亩。2014年末，全市辖8县1区，总人口282.77万，有回族、藏族、满族、壮族等29个少数民族。

境内属秦巴山地、岷山山脉和黄土高原的交汇地带。海拔最高4200米，最低550米。境内高山峻岭与峡谷盆地相互交错，复杂多变，地域差异明显，气候垂直分布，属亚热带向暖温带过渡区。年平均气温13.2℃，最高温度37.2℃，最低温度-8℃，全年降雨总量627.5毫米，日照1724.2小时，无霜期211天。

生物资源丰富，树种有1300多种，被列入国家重点保护的植物有54种。有国家一级保护动物大熊猫、金丝猴、羚牛、云豹等10种。境内有铅、锌、锑、硅、重晶石等金属、非金属矿34种，矿产地445处。河流均系嘉陵江水系，一级支流有白龙江、西汉水等48条。全市水力理论蕴藏量425.76万千瓦，可开发量260.42万千瓦，可开发量占理论蕴藏量的61.2%。有宕昌哈达铺红军长征纪念馆、成县“西狭颂”摩崖石刻、礼县三国遗址代表景点祁山武侯祠等人文自然景观旅游。

2014年，全市完成生产总值262.5亿元，增长9%；其中一、二、三产增加值分别增长6.2%、10.5%、9.2%；完成固定资产投资532.9亿元，增长21.4%；完成大口径财政收入49.3亿元、公共财政预算收入23.9亿元，分别增长18.2%和25.2%；全市金融机构贷款余额为376.5亿元，同比增长22.8%，存贷比达到60.19%；完成社会消费品零售总额72.3亿元，增长12.7%；完成外贸进出口总额2171万美元，增长102%。

【农业农村经济】2014年，全市粮食总产量达到112万吨。完成核桃高接换优486万株。农民合作社建设步伐加快，“十到社”工作初见成效。土地确权登记颁证试点任务全面完成，土地、林地流转面积进一步扩大。农产品质量安全监管走在全省前列。举办各类特色农产品产销对接洽谈会，在北京举办了油橄榄产业新闻发布会。陇南市被国家林业局确定为全国油橄榄示范基地。民生水利项目全面推进，解决25万农村人口饮水问题。2个110千伏变电站顺利投运，成县农网改造实现全覆盖。

【工业经济】2014年，全市新增规模以上工业企业7户。黄金产业全年产量达到7吨以上。全年完成规模以上工业增加值40.1亿元，增长10%。

【项目建设】1145个“3341”项目工

程加快推进，完成投资580.7亿元。成武高速建成通车，十天高速、渭武高速试验段、成州机场建设进展顺利。武九高速、徽两高速和天平铁路南延线前期工作有序推进。国省干线联网路、国道二级公路改造顺利实施。市区长江大道东西延伸一期工程建成通车。硬化通村公路3000千米。建成武都五马至康县阳坝公路。

【财政金融】全市金融机构贷款余额为376.5亿元，同比增长22.8%，存贷比达到60.19%；涉农贷款、“三权”抵押贷款、双联惠农贷款实现较快增长。启动农村物权抵押贷款交易试点工作，成立首家农村物权抵押贷款交易中心。中药材等信贷扶持政策得到落实。中小微企业融资“资金池”试点工作启动实施，34户企业在甘肃股权交易中心挂牌交易。落实银企对接签约资金7.4亿元。甘肃银行在陇南市9县区设立支行，兰州银行东江支行正在筹建当中。

【商贸流通与贸易】淘宝网“特色中国·陇南馆”开馆运营，全市开办网店5923家，实现销售总额7.71亿元。国务院扶贫办确定陇南市市为全国电商扶贫试点市。2014年，全市完成社会消费品零售总额72.3亿元，增长12.7%；全年完成外贸进出口总额2171万美元，增长102%。

【文化产业与旅游业】举办第六届乞巧女儿节与妇女发展国际论坛等重大活动。古建筑、古民居调查摸底测绘工作顺利完成，乞巧节申报世界非物质文化遗产工作积极推进。2014年，全市完成文化产业增加值4.77亿元，增长24.5%。官鹅沟国家森林公园和礼县大堡子山国家考古遗址公园等重点项目启动实施。新增4A级景区3个，总数达到7个。

【扶贫攻坚】落实“1236”扶贫攻坚行动，启动实施25个特困片区扶贫攻坚工程。整合行业部门项目资金31亿元，争取财政专项扶贫资金4.3亿元，其中93%的专项资金安排在特困片区。120个整村推进项目全面完成。油橄榄、中药材国家级产业化扶贫试点项目申报工作积极推进。易地扶贫搬迁顺利完成。“双联”行动深入推进，建立驻村帮扶工作队。建设生态文明新农村315个。全市预计减少贫困人口20万人。

【城乡建设】市区、八县县城和建制镇规划编制工作全面完成。市区东江新区建设明显加快，全面建成滨江公园等重点项目，快速推进陇南火车站、阶州文化城等项目，加快钟楼滩、吉石坝等新区建设。礼县、康县被列为全省新型城镇化试点县，成县小川镇、宕昌哈达铺镇被列为全省新型城镇化试点镇。设立小城镇综合改革奖补资金1亿元，试点镇重点项目建设进展良好。全市城镇化率预计达到27%以上。全市新建省级美丽乡村17个。全省改善农村人居环境行动现场会在康县召开。传统古村落保护项目申报工作取得积极进展。

【生态保护】“两江一水”治理规划、水生态文明城市建设试点顺利推进。争取到新一轮退耕还林17万亩，占全省65万亩的26.2%。江河干支流、中小河流和山洪沟道治理进展良好，水土保持工程取得新成效。铅锌选矿企业污水治理项目、西和县重金属污染治理示范县项目取得较好进展，矿山、尾矿库专项整治行动取得实效。主要污染物总量减排指标控制在省上下达的指标以内。两当生态示范县创建工作全面展开。陇南山区国家级地质灾害防治管理及监测预警示范区建设顺利推进，水资源实时监控与管理系统进入调试验收阶段。

【社会事业】全年教育专项支出达到10.99亿元。陇南市一中顺利通过省级示范性高中评估验收，成为全市第一所省级示范性高中。职业教育加快发展，学前教育基础设施建设进展良好。科技创新得到加强，科技特派员工作在助推双联行动中发挥积极作用。公共卫生服务项目深入实施，居民健康素养提升工程稳步推进，中医药特色机构创建得到加强。7个体育惠民工程建成投用，全民健身网络体系不断完善，在省第十三届运动会上取得历史最好成绩。

【人民生活与社会保障】2014年，全市完成农民人均纯收入4023.7元，增长13.8%；完成城镇居民人均可支配收入17001.3元，增长9.3%；新增城镇就业3.1万人，城镇登记失业率2.26%；居民消费价格总水平涨幅2.4%。

省上确定的10项23件和市上确定的10件民生实事全部办结。各类民生支出达到135亿元。社会保障和救助工作进一步加强，全市社会保险“五险合一”工作稳步开展，被征地农民养老保险工作进展顺利，城乡居民社会养老保险补助标准进一步提高，农村低保动态管理机制运行良好，城乡低保、农村五保标准有新提升。

陇南市领导班子成员名录

市　委

书　记　孙雪涛

副书记　陈　青　张旭晨

常　委　崔景瑜　张　昉　李旺泽　田广慈　李东新　岳金林　杨秋红（女）　吴雪林　韩太平

秘书长　岳金林

市人大常委会

主　任　杨金社（2月任）

副主任　何兴林　杨海平　辛海生　刘高潮　董　毅　张汉平

市政府

市　长　陈　青

副市长　李旺泽　吴雪林　曹成章　王月成　谢治国　尚　桢　张庆宏　郭建博　梅亚星　李兴华　佘东鹏　王效彤

市政协

主　席　杨金社（2月止）　任跃章（2月任）

副主席　刘应昌　竖义国　张全新　古元章（回族）　马效功　张俊兰　周　洪

秘书长　刘光福

（供稿：马　琳）

武都区

【综述】陇南市武都区是陇南市委、市政府所在地，地处甘肃东南部，白龙江中游，介于北纬32° 47′ -33° 42′，东经104° 34′ -105° 38′ 之间。东与康县、成县、陕西省宁强县为邻；南与文县、四川省青川县接壤；西与宕昌、舟曲县相靠，北与西和、礼县毗连。全区南北极长为100.8千米，东西最宽为76.2千米，全区总土地面积4683平方千米。2014年末，全区辖36个乡镇649村，常住人口58万人，其中城镇人口10万人，农村人口48万人，人口自然增长率5.69‰。

境内属南秦岭山系，地形复杂。地势西北高，东南低，山脉多呈西北-东南走向，境内峰峦起伏，群山环绕，沟壑纵横，山势陡峻，白龙江自区西北入境，向东南流过。境内由于群山丛错，山高谷深，构成了气候、土壤的垂直差异，素称“一山有四季，十里不同天”。海拔600米-3600米之间。属北亚热带半湿润气候，年平均气温14.9℃，年日照时数1911.3小时，年降雨量400毫米左右，无霜期210天-240天。全区有耕地面积70.23万亩，农业生产条件也随平均海拔、坡向的不同，有明显的垂直变化，呈现“立体农业”的特点。“武都大红袍花椒”品质优良，畅销国内外。白龙江河谷地带为全国油橄榄最佳适生地，油橄榄鲜果产量 14000 吨，占全国总产量的91%。水资源总量55.7亿立方米，水能资源蕴藏量73.12万千瓦，可开发利用21.5万千瓦。

2014年，全区国内生产总值 84.9亿元，比上年增长9.3 %。三产业比例为1.5：1.3：5.7 。全社会完成固定资产投资100.5亿元，比上年增长4.2 %。实现财政总收入11.2亿元，增长9.7%。全年金融机构各项存款余额140.12亿元，较年初增长13.5%；全年金融机构各项贷款余额83.47亿元，较年初增长24.8%。社会消费品零售总额19.45亿元，比上年增长17.85%。

【农业农村经济】2014年，全区农林牧渔业实现增加值 14.51亿万元，比上年增长7.13%。全年粮食总产17.81万吨，增长5.26 %；棉花总产13.8吨；油料总产0.3万吨，增长11.11%；水果总产0.81万吨；蔬菜总产10.98万吨；肉蛋奶类总产1.92万吨；水产品总产340吨，增长8.97%。农民人均纯收入达到3835.8元，增长13.4%。农业机械总动力达到30.2万千瓦，比上年增长9.2%。按照新农村建设标准实施28个整村推进项目，当年减少贫困人口2.2万人；劳务输转15.8万人（次），创收13.9亿多元，当年减少贫困人口1.2万人。新建、维修农村公路和桥梁工程90项370.25千米，公路通村率达到96.8%。实施农村供电工程10项，供电通村率达到100%。新修河提1.61千米，新建水利灌溉工程22项，新增有效灌溉面积0.69万亩、节水灌溉面积1.05万亩；实施农村安全饮水工程123项，解决了9.45万多人的饮水困难；新修梯田1.1万亩，治理水土流失47.5平方千米。

武都万象洞

【工业经济】2014年，全区完成增加值4.02万元；规模以上工业实现增加值2.08亿元，比上年增长33.4%。实现主营业务收入62974万元，增长27.45%；实现利税14803.5万元，增长47.2%。

【非公经济】2014年，全区乡镇企业和非公有制企业完成总产值56117万元，同比增长13.5%；新发展乡镇企业和非公有制经济企业925户，新增从业人员2773人。

【招商引资】2014年，全区新签约招商引资项目13个，17.11亿元；到位各类招商引资资金9.41亿元，同比增长2.28%。

【交通建设】国、省干线公路灾后重建全面竣工，拓宽改造县道7条286千米、乡道18条310千米，新建旅游公路5条65.9千米，维修改造乡村公路409条3095千米。兰渝铁路、武罐高速、成武高速公路进展顺利。

【环境保护】城市污水处理率达80%以上；垃圾无害化处理率达95%以上。城市空气质量良好率达100%，水环境功能区达标率100%。森林覆盖率达到35.3%。

【社会事业】2014年，全区有普通高中7所，在校生10431人；普通初中48所，在校生24239人；职业中学3所，在校生2932人；小学296所，在校生45626人；聋哑学校1所，在校生78人。有图书馆1处，文化馆1处，博物馆1处，档案馆1处；广播覆盖率96%；电视人口覆盖率达96%。有卫生机构46所，共有床位1367张，卫生技术人员1262人。全年出生人口6961人，人口计划生育率92.88%，出生率12.5‰，自然增长率5.69‰。

【人民生活与社会保障】2014年，全区城镇在岗职工年平均工资38730元，增长18.86%；农民人均纯收入2958元，增长17%；城镇居民人均可支配收入14076.7元，增长16.11%，其中工资性收入同比增长24.6%，家庭经营收入同比增长6.9%，财产性收入同比增长2%，转移性收入同比增长51.4%。全区累计参加社会养老保险的人数达到11072人，缴纳养老金2696万元，征缴失业金312万元。新增就业2810人，实现下岗人员再就业1058人。发放城镇居民最低生活保障金3694.2万元。

武都区主要领导名录

区委书记　田广慈

区人大常委会主任　景学书

区　长　李平生

区政协主席　曹永先

（供稿：景笑杨）

成　县

【综述】成县位于甘肃东南部，东北与徽县接壤，西与西和县相邻，南以西汉水为界与康县相望，东南与陕西省略阳县毗邻，全县土地总面积1676.54平方千米，其中耕地面积41.03万亩，林地面积118.65万亩，天然草场15.5万亩。2014年末，全县辖12镇5乡，总人口27.04万人，人口自然增长率7.33‰，有13个少数民族。

境内多高山峡谷，地势呈西北高，东南低，海拔在750-2377米之间。属暖温带半湿润气候，年均气温11.7℃，无霜期200天，年日照时数1625.5小时。年均降雨量620.8毫米，相对湿度75%。境有犀牛江、东河、南河、洛河等河流。已知植物种类1958种，动物种类54种。名贵药材有金银花、天麻、茯苓等，珍稀野生动物有梅花鹿、豹、熊等。境内初步探明的金属矿藏有铅、锌、黄金、白银、铁、锰等17种，尤以铅锌储量较大，为全国第二大铅锌矿带。

2014年，全县实现生产总值46.17亿元，增长9.1%。其中第一产业完成增加值8.94亿元，增长6.0%；第二产业完成增加值15.77亿元，增长10.1%；第三产业完成增加值21.46亿元，增长9.5%。第一、二、三产业增加值占生产总值的比重分别为19.3：34.2：46.5。全县完成大口径财政收入8.8亿元，增长12.5%。完成财政支出14.68亿元，增长21.8%。完成固定资产投资65.8亿元，增长39.94%。完成社会消费品零售总额8.26亿元，增长12.7%。金融机构各项存款余额88.79亿元，比上年增长16.5%；城乡居民存款余额56.61亿元，增长16.5%；金融机构各项贷款余额39.09亿元，增长16.7%。

【招商引资与项目建设】2014年，全县签约招商引资项目26个50亿元，到位资金33亿元。全年全县实施总投资249亿元的“3341”项目156项，开工151项，建成77项，完成项目总投资79.8亿元。

【城乡建设】2014年，全县完成十天高速、汽车客运中心等重点项目征地1950亩、拆迁138户。资1.8亿元新建水泥路371千米，全县通村道路硬化率达到85%。完成农村人饮、农田水利、生态林项目17项。实施旧城改造、新城开发、城市天然气供气工程、城乡电网、通讯、广电等基础设施项目，完成世行城区道路建设14千米。

【农业农村经济】2014年，全县粮食播种面积49.32万亩，全年粮食总产量14.90万吨，增长2.83%；全县油料种植面积629万亩，全县油料产量7618吨；完成核桃树嫁接换优205.9万株，核桃坚果产量1.39万吨，产值达3.96亿元。“成县核桃”被国家质监总局认证为“地理标志保护产品”；全县蔬菜种植面积5.56万亩，产量9.67万吨。中药材种植面积3.19万亩，产量1.83万吨；全年肉类总产量1万吨，增长1.7%。

【工业经济】2014年，全县完成工业增加值10.09亿元，比上年增长9.1%，其中规模以上企业完成工业增加值9.58亿元，增长11.5%。全县规模以上工业企业实现利润总额2.18亿元，增长261%；实现利税总额7.1亿元，增长153%。

【扶贫开发】2014年，全县落实双联帮扶资金2.53亿元，为贫困村和农户办实事2300多件。整合各类项目资金2.73亿元，集中投向最贫困的鸡峰、二郎特困片区和其它贫困村，实施75条通村水泥路、3000户危房改造、2万人的安全饮水工程、90个“一事一议财政奖补项目和40余项公共服务项目；整合资金5554万元建成新农村和美丽乡村23个；建立扶贫互助协会12个；全县流转土地达10.4万亩，发展千亩以上土地流转规模化经营示范区7个。全年实现1.78万人整体脱贫，减贫率达31.9%。

【环境保护】2014年末，全县有自然保护区1个，保护面积52440公顷，森林覆盖率43.5%。污水处理厂2个，城区污水集中处理率30%。垃圾处理场2个，垃圾处理站2个。

【交通通信】2014年，全县交通运输、邮电通信完成增加值13723万元，比上年增长10.0%。各种运输完成周转量25610.6万吨千米，增长36.2%；客运周转量7943.1万人千米，下降15.2%。完成邮电业务总量16330万元，增长11.9%，其中：电信业务（包括移动和联通）总量15968万元，邮政业务总量362万元。

【商贸流通】落实引导扶持资金1000万元，发展电商网店627家，新增电商企业4户，发展物流快递、供货商50家，全县农产品电商销售额达1.05亿元。2014年，全县完成社会消费品零售总额8.26亿元，增长12.7%。

【旅游业】2014年，全县旅游总人数达106万人次，比上年增长27%。全年旅游综合收入5.4亿元，比上年增长34.4%。

【社会事业】2014年末，全县学校总数191所，教职工0.26万人，在校学生3.49万人。适龄儿童入学率99.9%。全县普通高考二本上线率16.5%。举办“四国篮球邀请赛”，开展群众性文化演出、体育活动80场次。取得省级科技成果1项。年末有艺术表演团体2个，文化馆1个，博物馆1个，公共图书馆1个，文化广场17个，其中农村文化广场16个。电视人口覆盖率99%。城区有线电视入户率91%。全县共有医疗卫生机构408个，其中医院、卫生院26个。现有体育综合训练馆1座，室内游泳馆1座，全民健身路3条，健身广场1个。

【人民生活与社会保障】2014年，全县城镇单位从业人员年平均工资40292

元，增长8.29%；城镇居民人均可支配收入17146.8元，比上年增长8%；农民人均纯收入5528.6元，比上年增长13.4%。全年民生投入5.9亿元，占全县财政总支出的41%。

年末，全县参加失业保险6810人，参加城镇医疗保险33186人，参加养老保险10612人，参加农村新型养老保险144327人；农民参加新型合作医疗212104人，参合率97%。县财政补贴720万元回购经济适用房200套。落实惠农资金2.55亿元。

成县主要领导名录

县委书记　李　祥

县人大常委会主任　段志俊

县　长　李鹏军

县政协主席　张启仁

（供稿：武旭斌）

两当县

【综述】两当县地处甘肃省东南部，东邻陕西，北靠天水，南通巴蜀，全县总面积1408.73平方千米，其中耕地面积17.65万亩，森林面积149万亩，森林覆盖率达74.1%。2014年末，全县辖3镇9乡，总人口4.9万人，人口自然增长率0.99‰。全县有10个少数民族。

境内地势南北高，中部低，呈马鞍形，平均海拔1400米。属暖温带湿润性气候，气候温和湿润，四季分明。年平均气温11.4°c，平均降水量约700毫米，日照时数1969.2小时，无霜期196天。已开发利用的矿产有煤、铁、陶土、金、大理石等。森林覆盖率达79.9%，常见乔木树种有侧柏油松、华山松等，有银杏、红豆杉等珍稀树种，有国家Ⅰ、Ⅱ级保护动物扭角羚、白唇鹿等十余种。有猪苓、天麻等中药材。境内有嘉陵江、两当河、红崖河等“一江七河”。有张果老登真洞、《王羲之家谱》、“两当兵变”遗址、灵官峡等人文、自然景观。

2014年，全县实现生产总值63166万元，增长8.5%，其中第一产业完成增加值20220万元，增长6%；第二产业完成增加值9770万元，增长9.1%；第三产业完成增加值33176万元，增长10%。全县一、二、三产比重32.01：15.47：52.52，三产比重已超过50%。固定资产投资达到1.9亿元，增长251%。大口径财政收入达到0095亿元，增长30.8%。 全年实现社会消费口零售总额20546.5万元，比上年增长24.8%。

【农业农村经济】2014年，全县粮食总产量达到38100吨，比上年增长5.6%。其中夏粮11900吨，比上年增长0.76%；秋粮26146.5吨，比上年增长7.8%。全年畜禽饲养量达到38.78万头（只），发展烤烟种植5200亩。完成梯田建设1.3万亩，发展有效灌溉面积1.25万亩。开展核桃树高接换优，完成高接换优43.63万株。建成黄波菌业食用菌标准化生产流水线，新发展食用菌栽培609.7万袋。新发展育苗870亩。

全年新增土地流转面积1.51万亩，林地流转6294亩，完成生态林建设3000亩。水平梯田总面积10.78万亩，比上年增长12.7%。建成农村人口饮水安全项目60处。农业机械总动力达到7.28万千瓦，比上年增长10.58%。实施两太路、两云路65千米生态文明长廊建设工程，马家沟水土保持清洁型小流域综合治理工程和9个村的农村环境连片整治项目全面完成。

【工业经济】2014年，全县实现工业增加值0.83亿元，比上年增长8.4%。规模以上工业增加值完成2613.7万元。主要工业产品实现原煤11.03万吨、白酒36吨、黄金198.69千克。

【项目建设】2014年，全县争取到位各类项目140项，到位资金3.92亿元。全年开工项目170项，完成投资19.33亿元。

【招商引资】2014年，全县签约招商引资项目4个，签约资金20亿元，到位资金10.79亿元。

【城乡建设】红崖河蚂蚱河段和权坪河段综合治理工程开工建设。实施西街、316国道香泉段风貌改造及广香路排水管网工程，城区自行车公共服务系统投入使用。实施两当火车站升等改造、两温战备路、两党战备路、云屏至广金至放马坪公路及21项农村公路通畅工程和18项乡村道路硬化工程。全县县乡四级以上公路和行政村通车率达到100%，通村道路硬化覆盖面达到95%。对14个新建和19个巩固提升型美丽乡村示范点进行了以入户路、文化广场和公益设施为重点的建设，全县美丽乡村示范点累计达到95个。

【扶贫开发】全年整合各类涉农项目资金1.18亿元，站儿巷特困片区基本实现建制村水泥路和安全饮水工程全覆盖。实施7个村的整村推进和670户农村危旧房改造项目，完成异地扶贫搬迁42户88人。为218户贫困户发放光伏发电设备，实施农网改造7.28千米。对48个贫困村、3231户扶贫对象进行建档立卡。各级双联单位为联系村帮助购

2014年主要农产品产量情况

指标名称	单位	2014年	比2013年增减（%）
一、粮食总产量	吨	167979.30	3.1
小麦	吨	55383.10	5
稻谷	吨	900.20	−6.8
玉米	吨	75565.10	−2.8
二、药材	吨	15489.40	2.2
三、烤烟	吨	770.80	4.3
四、蔬菜	吨	155308.60	6.2
五、水果	吨	50465.04	−5
其中：西瓜	吨	36045	−7.7

买水泥，实施农户连户路及院落硬化6.5万平方米。

【财政金融保险】2014年，全县金融机构本外币各项存款余额206，888万元，比年初增加12573万元。年末全县金融机构本外币各项贷款余额114510万元，比年初增加18591万元。全年保险业收入1113.87万元，其中财产险收入478.22万元，寿险收入635.65万元。全年赔款213.63万元，其中财产险156.63万元，寿险57万元。

【商贸流通】2014年，全县实现社会消费口零售总额20546.5万元，比上年增长24.8%。其中批发业实现5601万元，增长46.9%；零售业实现12595.5万元，增长13.3%；住宿业实现554.6万元，增长64%；餐饮业实现2591.2万元，增长24.2%。

【旅游业】全年投入1894.56万元，加大景区建设。开展红色文化园区和云屏景区创建国家“4A”级景区工作，实施云屏景区重点节点打造及太阳寺两当兵变部队改编地接待服务设施建设、灵官峡果老洞景区浮雕墙建设工程。云屏河水利风景区被评为国家级水利风景区，成功争创全国休闲农业与乡村旅游示范县。2014年，全县实现旅游收入2.21亿元，增长40%。

【社会事业】全县共有全国红色旅游发展两当兵变纪念馆一个，艺术表演团体1个，文化馆1个，公共图书馆1个，博物馆1个，文物古迹57处。全县有学校44所，教职工603人，在校学生数2144人。学龄儿童入学率100%，初中升学率99.3%，高中升学率88.03%。全县有公立医疗卫生机构16个，床位数247床，专业技术人员146人。

【民生保障】2014年，全县农民人均纯收入3187.6元，增长13.9%。城镇居民最低生活保障对象2061人，农村低保对象6718人。全年发放惠民资金1.25亿元，7个城乡社区日间照料中心及13个农村互助老人幸福院项目建成投用。实施农户连户路及院落硬化6.5万平方米。开展社会保险扩面、小额信贷、城乡居民基本养老保险、职工大额补充医疗保险及团体人身意外伤害保险工作，提高农村家庭财产统保标准。

两当县主要领导名录

县委书记　梁　英

县人大常委会主任　唐启荣

县　长　孙根林

县政协主席　丁考顺

（供稿：汪江华）

徽　县

【综述】徽县位于甘肃省东南部，地处西秦岭南麓，嘉陵江上游徽成盆地，介于东经105° 34′-106° 10′、北纬33° 32′-34° 01′之间。东邻两当县，西连成县，西北与西和县接壤，北接天水市麦积区和秦州区，南接陕西省略阳县。全县总面积2722.9平方千米，其中耕地总面积39.02万亩，森林12.6万公顷。2014年末，全县辖7镇8乡，总人口22.28万人，人口自然增长率5.14‰。

境内南北为山地，中部为浅山丘陵，海拔700-2000米之间。属暖温带向亚热带过渡性季风气候，年平均气温12.1℃，无霜期192天，年降雨量586.7毫米，年均日照时数1772小时。

境内有大小河流600多条。森林覆盖率为46%。有各类野生树种250多种，杜仲、柴胡、天麻等野生药材200多种，羚牛、白唇鹿等10多种国家重点保护的珍稀动物。已探明矿产有铅、锌等4大类22种。盛产核桃、银杏、板栗等林副产品。主产有小麦、玉米、水稻等。

2014年，全县完成生产总值39.08亿元，增长8.8%。其中第一产业实现增加值11.17亿元，增长6%；第二产业实现增加值15.58亿元，增长9.9%；第三产业实现增加值12.33亿元，增长9.7%；三次产业结构比为28.6：39.9：31.5。全年完成全社会固定资产投资47.3亿元，增长30%。全县大口径财政收入完成8.03亿元，增长0.9%；财政支出12.61亿元，增长-4.6%。金融机构各项存款金额62.9亿元，增长15.4%，各项贷款余额45.4亿元，增长43.5%；个人储蓄存款40.3亿元，增长20.1%。

【农业农村经济】2014年，全县农作物播种面积80.23万亩，比上年减少0.7%。粮食作物播种面积54.96万亩，比上年减少0.7%。其中小麦面积17.46万亩，增长1.1%；玉米面积15.96万亩，增长0.6%；豆类面积16.43万亩，减少1.5%；薯类面积4.65万亩，增长3.1%；肉类总产量167979.3吨，增长3.1%。新增育苗2.69万亩，总面积达到6.91万亩，完成核桃高接换优46.5万株，实施经济林综合管护58万亩，核桃产量5441吨。全年禽蛋产量1277.7吨，增长8.7%；牛奶产量1吨，与上年持平。全年劳务输转4.84万人，实现劳务收入7.41亿元。

【工业经济】]2014年，全县完成工业增加值8.84亿元，比上年增长8.7%；全县14户规模以上企业完成增加值6.8亿元，增长7.1%；实现主营业务收入28.4亿元，增长14.6%；实现税金3.9亿元，增长3.6%。

【交通邮电】2014年，全县营运汽车拥有货运车432辆，客运车265辆；货运周转量94140万吨千米；客运周转量30276万人千米。十天高速公路（徽县段）路面工程基本完工。建成23项171千米农村公路通畅工程，村道硬化里程占总里程的48.6%。

全年全县邮政业务总量1364.5万元；城乡固定电话达到1.7万部，移动电话用户达到16.5万户。

【商贸流通】2014年，全县批零贸易业商品销售总额199162万元，增长7.4%，社会消费品零售总额完成56059.8万元，增长12.7%。全县网店数量达到539家，实现电子商务销售总额1.25亿元，线上交易额2450万元。举办2014·中国陇南（徽县）第二届苗木产销对接暨商贸洽谈会，总签约资金18.35亿元。

【文化产业与旅游业】2014年，全县完成文化产业项目投资17203万元，完成文化产业增加值5766万元（含个体户）。

全年接待游客83.84万人次，比上年增长29.08%；实现旅游收入3.89亿元，比上年增长36.97%。

【项目建设】实施灾后重建项目，402户暴洪灾害重建户已有372户建成入住，940户维修户完成维修任务。徽县工业集中区审批入园企业14个。

【城乡建设】完成1万平方米城区人行道改造、34条巷道硬化和3千米西河道治理工程。建成江南城市广场等5个城市广场和东河商贸仿古一条街，在城区地下埋设供热、供气管道，污水处理厂已投入运营。以田河村、青泥村2个省列美丽乡村建设为示范，建成10个精品村和12个达标村。

【社会事业】2014年，全县获得市级成果1项，申请国家专利32件。适龄儿童入学率和初中入学率分别达到100%和98.8%，全县高考录取率达到81.1%。开展百家单位对口帮扶百所学校工作。全县有文化机构54个，固定资产投资29145.3万元，从业人口791人。成立特巡警大队并实现城区24小时无缝隙巡逻。

【人民生活与社会保障】2014年，全县参加基本养老保险177006人，增长30%。其中：城镇职工基本养老保险参保8098人，失业保险参保4005人，城镇职工基本医疗保险参保13946人，工伤保险参保4227人，生育保险参保2988人，城镇居民基本医疗保险参保14211人，城乡居民社会养老保险参保129531人。享受城市低保5893人，累计发放保障金1288.5万元；农村低保25100人，累计发放保障金2417.6万元；特困群众大病医疗救助金965.2万元；抚恤事业费593.9万元；社会临时救济费5202.2万元，五保供养资金197.2万元；开工建设廉租住房72套，入住46户，完成农村危旧房改造1560户。

徽县主要领导名录

县委书记　王　强

县人大常委会主任　王瀚东

县　长　肖庆康（6月止）

王俊强（6月任）

县政协主席　辛晓尧

（供稿：吴　晶）

西和县仇池村伏羲文化广场

西和县

【综述】西和县地处甘肃省东南部陇南市北端，属西秦岭南侧长江流域嘉陵江水系西汉水上中游，全县总面积1861平方千米，其中耕地面积60.5万亩，人均1.5亩。2014年末，全县辖9镇11乡，总人口42万人，人口密度210人/平方千米。

境内地形为山地丘陵交错，大部分地方海拔在1500–1800米之间。属温暖带半湿润气候，四季较为分明，年均气温9.6℃，无霜期180多天，年均降水量533毫米。矿产源有黄金、铅锌、锑等，中药材资源丰富，是“中国半夏之乡”。境内有仰韶文化、马家窑文化、齐家文化和寺洼文化遗址。

2014年，全县生产总值为27.54亿元，增长10.5%；完成全社会固定资产投资66.28亿元，增长19.82%；完成大口径财政收入4.63亿元，增长42.62%，完成公共财政预算收入2.2亿元，增长33.97%；完成规模以上工业企业增加值5.02亿元，增长30.6%；完成社会消费品零售总额5.79亿元，增长12.8%。

【农业农村经济】2014年，全县完成农业增加值6.32亿元，增长6.7%。全年粮食总产量达到17.45万吨。马铃薯、中药材、蔬菜种植面积分别达到41.5万亩、5.61万亩、4.98万亩。新发展经济林果2.01万亩，创建标准化养殖场4个，完成核桃高接换优15.46万株。全年流转土地12.6万亩。

【工业经济】2014年，全县引进各类招商项目33个，到位资金32.34亿元，重点工业项目完成年度投资5.7亿元，石堡工业园区进行道路工程建设，一些停产企业恢复生产。

全年新增规模以上企业1户，新增小微企业94户，完成个体户转企业30户，非公经济增加值12.6亿元。

【文化产业与旅游业】成功举办第六届中国（陇南）乞巧女儿节，开展9项系列活动，网络点击量达到1300万次。新建和提升乞巧传习所6个，表彰命名一批“乞巧世家”和“乞巧之家”。西和县被文化部命名为中国民间文化艺术之乡。组建西和乞巧文化产业旗舰店。

晚霞湖被命名为国家4A级旅游景区。2014年，全县接待游客62.09万人次，旅游综合收入2.82亿元。

【电子商务】成立西和县电子商务管理中心、县电子商务协会和各乡镇电子商务工作站。全县网店总数达到827家，带动就业3000余人，网络销售总额1.36亿元。形成物流企业28家，网店83个。

【财政金融】2014年，全县完成大口径财政收入4.63亿元，增长42.62%；完成公共财政预算收入2.2亿元，增长33.97%。全年财政支出17.8亿元，化解政府性债务7464.3万元。成立县政府金融管理办公室，设立甘肃银行西和支行，启动合作银行农商行改制工作。金融机构各项存、贷款余额分别达到71.67亿元和29.12亿元。发放“三权”抵押贷款1.63亿元。

【城乡建设】城北污水处理厂建成投运，滨河东路全线贯通，城南“两路”拆迁完成，道路和管网工程全面展开，长道镇修建详规及古西城旅游规划完成，“十天高速”公路西和段拆迁完成。姜席镇至礼县雷王公路、西汉水杜河大桥、蒿林乡赵构大桥建成。新修通村水泥路31条175.5千米，改造县乡道路6条。新建防洪河堤47.7千米，新修梯田3.57万亩，新建和改造农网线路13.2千米。

【社会事业】大桥、西峪、马元等三乡撤乡建镇。高考二本上线556人，新建幼儿园10所，启动薄弱学校改造25所。推行金穗惠农“一卡通”，实施普通门诊补偿、住院补偿和大病补偿保障机制。第二轮《西和县志》正式出版。西和县被命名为省级卫生县城和全国社会主义新农村建设档案工作示范县。第三次全国经济普查工作完成。

【人民生活与社会保障】2014年，全县城镇居民人均可支配收入达到16042.9元，增长7.9%；农民人均纯收入达到3667.8元，增长13.5%。兴办惠民实事，年初承诺的12件实事全部完成。新增城镇就业4025人，完成农民工职业技能培训1.8万人，输转城乡富余劳动力11.56万人，创劳务收入18.48亿元。发放保障性住房租赁补贴126万元，新开工保障性住房50套，完成棚户区改造390户，发放医疗救助资金1596.32万元。

【扶贫开发】开展“双联”工作，投入帮扶资金9500万元，兴办实事800余件。实施整村推进、片区开发等扶贫工程，整合资金4.47亿元，减少贫困人口3.16万人。

西和县主要领导名录

县委书记　周子强

县人大常委会主任　宋小平

县　长　郝爱龙

县政协主席　年高龄

（供稿：袁智慧）

礼　县

【综述】礼县地处甘肃省东南部、陇南市西北部、长江流域嘉陵江水系西汉水上游，东邻天水、西和，西接宕昌、岷县，南连武都，北与武山、甘谷接壤，全县总面积4263.58平方千米，其中耕地面积103.23万亩。2014年，全县辖10镇19乡，总人口53.48万人，有回族、藏族等6个少数民族。

境内海拔最高3312米，最低1080米，平均海拔1825米。全年日照1768.1小时，无霜期208天，年均气温11.2℃。年降水量454.8毫米，水资源总量10.8亿立方米。

2014年，全县实现生产总值290549万元，比上年增长10.4%；实现固定资产投资577603万元，增长27.84%；实现社会消费品零售总额72133.6万元，增长12.75%；实现大口径财政收入29528万元，增长20.97%；全县各金融机构贷款余额32亿元，增长34%。

【农业农村经济】2014年，全县粮食总产达到157108.4吨。新发展苹果3.14万亩、核桃3.615万亩、花椒0.6万亩，实施核桃高接换优20.55万株。新发展规模养殖场28个、养殖大户85户，新建大黄标准化示范园3392亩，蔬菜种植面积达7.5万亩。新流转土地5.16万亩、林地3.2万亩，发展农民专业合作经济组织150个，创建农业科技示范点26个。举办以“走向世界的礼县苹果”为主题的2014·中国陇南（礼县）苹果产销对接会，签订苹果购销协议32项、电子商务营销协议4项、招商引资协议6项、银企对接协议54项，签约资金达18.65亿元。

建设县际乡际联网路253千米、农村公路通畅工程554千米，养护主干线道路614千米，新建建制村停靠站80个，全县公路通畅率由2012年的18.5%提高到2014年的66.7%；新建堤防8处53.4千米，新增节水灌溉面积2.2万亩，建成集中供水示范点5处、农村饮水安全工程51处，解决53村5.86万人的饮水安全问题；新发展生态林2.4万亩，新修梯田4.7万亩，治理小流域35平方千米，开发整理土地5038亩；加强能源建设，改造输电线路47千米，开通移动基站105个，新建沼气池1250口，安装太阳灶4613台，实施节柴改灶2250户。

【工业经济】2014年，全县开工建设重点工业项目7项。完成工业增加值67025万元、规模以上工业增加值47713万元，分别增长18%、33.1%。

【非公经济】2014年，全县新注册登记私营企业165户，新设立个体工商户1530户，新增从业人员2120人。全县实现非公经济增加值12.8亿元，增长24.2%。

【项目建设】2014年，全县实施重点管理项目203项，完成投资61.1亿元，15项市列重点建设项目全部开工，完成投资13.97亿元。争取到各类项目资金24.38亿元，其中计划外项目资金9.52亿元，财政专项资金和转移支付256亿元。

【招商引资】2014年，全县签约招商引资项目7项，签约资金48亿元，到位资金26.5亿元。新储备招商引资项目44个，总投资109亿元。

【文化产业与旅游业】2014年，全县完成文化产业增加值4787.55万元，增长24.87%。编制完成《礼县旅游业发展规划》《祁山武侯祠、大香山景区修建性详规》等规划。大堡子山遗址及墓群保护与展示工程已经国家文物局批准立项，甘肃秦文化博物馆顺利通过国家4A级旅游景区评审。2014年，全县接待游客61.98万人次，实现旅游综合收入28231.9万元，分别增长37.6%、38%。

【商贸流通与贸易】新建雷坝、雷王、永坪、石桥4个农贸市场，总投资6亿元的商贸综合体开发项目开工建设，总投资2亿元的盐官果蔬综合交易市场正在进行规划设计。2014年，全县实现社会消费品零售总额72133.6万元，增长12.75%。全年全县实现外贸出口550万美元。

【电子商务】建成礼县电子商务公共服务中心，成功孵化企业5家、网店店主68人。落实专项扶持资金200万元，培训电子商务团队46批次3260人次。全县发展电商应用企业38家，网销商品65个品种，建立直销代销网店592家，实现网上交易额30.9万笔6129万元。

【城乡建设】28个乡镇总体规划实现全覆盖。完成宽川、红河、祁山、永兴、永坪、中坝6乡撤乡建镇工作，编制上报礼县新型城镇化试点工作实施方案。2014年全县实施城乡重点建设项目37项，总投资25.1亿元，南城区滨河路等重点市政项目进展顺利，北城公园等重点城建项目进展良好，罗坝等重点小城镇建设步伐不断加快，全县城镇化率达20.7%。完成盐官镇新城区及盐井祠建设等6项修建性详规和罗堡村等12个美丽乡村建设规划。整合各类资金5.79亿元，建设4个新农村及美丽乡村示范片带，建成美丽乡村63个。开通城区公交线路3条、城乡公交线路5条，投放公交车31辆、小型客车20辆。实施农村危旧房改造2900户，新建保障性住房180套。

【抗震救灾】实施灾后重建项目开工46项，完成投资4.64亿元，5230户地震重建户完工5148户，竣工率98.43%，3810户维修户全部竣工，5个集中安置点建设项目进展顺利。

【社会事业】13所乡镇中心幼儿园完成主体施工，57个义务教育薄弱学校改造计划食堂全面完工，北关小学、一幼改造工程、滩坪乡九年制学校等教育项目进展顺利，高考二本上线率达到23.6%，增长4.7%。沙金、湫山、上坪、洮坪4所卫生院完成主体施工，建成95个标准化村卫生室，新农合参合率达97.15%。新建文化广场51个、乡村舞台109个，农家书屋和文化站实现全覆盖，自筹资金修建乞巧文化传习所。

【人民生活与社会保障】2014年，全县农民人均纯收入3923.1元，增长14.1%；城镇居民人均可支配收入16060.3元，增长7.9%。全县新增城镇就业4438人，公开招考录用高校毕业生496人。实现养老、失业、医疗、工伤等社会保险新扩面1222人。完成2015—2017年棚户区改造规划上报工作和1600户棚户区改造可研编制，目前省国开行已下达棚户区改造贷款指标4.44亿元。

礼县主要领导名录

县委书记　方新生

县人大常委会主任　李　明

县　长　曹　勇

县政协主席　王作斌

（供稿：何红亮）

康　县

【综述】康县地处甘肃东南部，陕甘川三省交界地带，东邻陕西，西接武都，东北与成县接壤，全县总面积2958平方千米，其中耕地面积31.26万亩，森林面积263万亩。2014年末，全县辖8镇13乡，总人口20.2万人。

属亚热带向暖温带过渡区域，温和湿润，雨量充沛，年平均气温在11.5℃，平均降水865毫米，无霜期208天。最高海拔2483米，最低海拔560米。有各类树种1000多种，林木真菌100多种，名贵中药材570多种，农特产品300多种。目前已探明矿种有金、铜、铁等20余种。有白云山森林公园、龙神沟、托河溶洞等旅游景点。

2014年，全县生产总值达到16.98亿元，增长11.7%；规模以上工业增加值4.38亿元，增长20.5%；固定资产投资59.35亿元，增长19.75%；大口径财政收入2.6376亿元，增长12.81%，公共财政预算收入1.3145亿元，增长18.14%；社会消费品零售总额5.72亿元，增长14.6%。

【农业农村经济】2014年，全县实现农业增加值3.46亿元，增长6.7%。全年粮食总产达到7.47万吨，增长5.94%。完成经济林综合管理94.46万亩、核桃高接换优72.34万株，核桃总产量达到8724吨，总产值13086万元。桑叶社会总产量达到61.5万公斤，产值6150万。新建标准化养蚕大棚19座，蚕农茧款收入达到940万元。发展大鲵人工养殖，全县大鲵养殖户达到446户，存塘幼鲵达到8万余尾，总产值达到1.1亿元。年出栏猪牛羊鸡等大家畜65.43万头（只），牧业总产值1.56亿元。食用菌产量达到22.5万公斤，产值4500万元。新发展农民专业合作社95个，农产品“三品一标”省级认证25个。完成土地流转1.65万亩，林地流转3.82万亩。完成水土流失治理面积20平方千米，新修梯田9029亩；完成植树造林3.4万亩，排查地质灾害隐患点328处，推广节柴灶（炉）305个。完成江武路、白望路、康阳路沿线9乡镇12村2196户农村危房改造，新建各类新农村52个，全县已建成美丽乡村211个。

【工业经济】工业园区入园企业已达11户，工业增加值2.63亿元。实施市县列重点工业项目16项，完成投资6.9亿元。2014年，全县规模以上工业企业实现销售收入4.5亿元，利税2.2亿元。

【招商引资与项目建设】2014年，全县新签约招商引资项目35项36.55亿元，到位资金26.2亿元。全年实施市县列重点项目88项，完成投资47.71亿元。

【城乡建设】实施城镇建设项目20项，城区污水处理、孙家院廉租房等一批城镇建设项目竣工，建成一批城区河道水景工程。县城总规修编已通过市政府审查批复，城区控规和33个村庄规划编制完成评审。阳坝小城镇综合改革试点工作取得初步成效，完成投资4265万元。完成12乡镇14个村农村安全饮水和阳坝河、铜钱河中小河流治理重点水利项目工程，开工西汉水二、三期治理项目。实施交通新建项目69项，新建县际联网公路3条50千米，完成通畅工程51条269千米、通达工程5条21千米，建设便民桥10座。

【扶贫开发】完成145个贫困村16562户贫困户6.46万贫困人口建档立卡，启动实施豆坪、阳坝、店子三个特困片区16个贫困村扶贫整村推进项目和阳坝镇干江坝等2个易地扶贫搬迁工程。"双联行动"投入资金4098万元，帮扶实施办实事项目236项。完成农村劳动力赴疆就业输转"双五千"计划，全年劳务输转6.5万人（次），创劳务收入11.6亿元。全年累计减少贫困人口1.65万人，减贫率9.53%。

【文化产业与旅游业】全年新增文化产业企业26家。2014年，全县文化产业增加值达到6350万元。完成阳坝景区水毁恢复重建，创建旅游示范村2个，新发展农家乐24户。2014年，全县共接待游客110.9万人次，创旅游综合收入4.8亿元，增长34.1%。

【商贸流通】新建和扩建了豆坪周家坝等一批农村集贸市场，建成三官物流中心。引导扶持开办网店573家，快递物流15家，网销产品生产加工企业21家，9家网店入驻淘宝网"特色中国·陇南馆"，累计实现销售额6946万元。2014年，全县实现三产增加值7.69亿元，增长12.8%。

【社会事业】投入教育专项资金3000万元，实施10乡镇中心幼儿园建设和7所农村薄弱学校改造项目，办成永兴中学民办学校。2014年，全县高考二本以上上线203人，比上年增加15人。建成120指挥调度中心、30所标准化村级卫生室和21个农民健康示范村，新农合参合率达到97.8%。完成大堡手工造纸国家级非物质文化遗产保护项目申报，建成乡村文艺演出舞台18个。实现广播电视高清转换，全年省市电视台累计播出康县新闻284条。携手央视成功组织"乡村大世界"走进康县拍摄活动。开工建设康县科技馆。

【人民生活与社会保障】2014年，全县民生总支出10.99亿元，占财政总支出的86.2%。全年城镇居民人均可支配收入17038元，增长13.9%；农民人均纯收入4475元，增长30.6%；居民消费价格总水平涨幅控制在2.2%以内。城镇新增就业3200人，安置复退军人56人，登记失业率控制在了4%以内。

新建各类保障性住房114套，发放廉租住房补贴906户103万元，完成520户廉租房配租配售。"6.20"暴洪灾害238户农村居民住房重建基本完成。组织开展城乡低保规范清理和五保供养整治，累计发放城乡低保、五保、大病救助等各类保障资金7688万元。建成老年人日间照料中心11个。

康县主要领导名录

县委书记　李廷俊

县人大常委会主任　杜登芳（女）

县　长　文元旦

县政协主席　黄义成

（供稿：石正杰）

文　县

【综述】文县地处秦巴山地，属陇南南部中深切割中高山地貌。西南与四川交界，西北与甘南相邻，东北与武都相接，全县总面积4994平方千米，其中森林面积249万亩。2014年末，全县辖20个乡镇，总人口24.4万人，人口自然增长率5.7‰。有7个少数民族。

属亚热带向暖温带过渡气候，年平均气温16.0℃，全年日照1736.9小时，全年总雨量586.0mm，无霜期299天，城区海拔高度946米。林木绿化率达61.5%，主要农林特产有纹党、茶叶、油桐、杜仲、核桃、花椒等，特色产业有核桃、草畜、蔬菜、中药材等。境内有"两江八河"共360多条溪（河）流，水能蕴藏量303.16万千瓦。已探明境内储量大、品位高、富有开采价值的金属和非金属矿达20多种，其中黄金储量160多吨、铜5万吨、重晶石矿3200吨、硅矿1亿多吨，阳山金矿是全国最大的金矿。有洋汤天池、白马藏族民俗村、阴平古道、白水江自然保护区等旅游景点。

2014年，全县生产总值达到211345万元，按可比价计算，增长8.8%，其中第一产业增加值49706万元，增长6.8%；第二产业增加值78274万元，增长9%；第三产业增加值83365万元，增长10%。三次产业之间的结构由上年的23.96：37.67：38.37调整到今年的23.52：37.04：39.44；全县人均生产总值达到8648元，比上年增加600元，增长7.6%。

【农业农村经济】2014年，全县农作物播种面积达52.59万亩，比上年增长1.5%，其中粮食种植38.38万亩，增长0.2%；油料种植面积3.01万亩，增长2.4%；药材种植面积5.5万亩，增长3.8%；蔬菜种植面积达到5.6万亩，增长5.7%。粮经比例由上年的73.72：26.28调整到今年的72.98：27.02。全年粮食总产量达到74060.09吨，增长7.1%，其中夏粮产量达到18066.45吨，增长7.8%；秋粮产量达到55993.64吨，增长6.8%。药材产量达到4770吨，增长6.8%；蔬菜产量达到75421.4吨，增长9.3%；油料产量达到3290吨，比上年增长3.1%。全年现价农林牧渔业总产值达到78920.1万元，比上年增长13%。

全年大牲畜存栏5.59万头，猪存栏9.1万头，羊存栏4.57万只，家禽存栏33.43万只；肉类总产量达7983吨，鲜蛋产量达到1003吨；全年水产品产量达到1114吨，增长11.4%。

全年完成造林面积5.1万亩，其中防护林1.45万亩，经济林3.26万亩，薪炭林0.11万亩。全年兴修水平梯田0.37万亩；新增有效灌溉面积0.17万亩。全年完成17个贫困村整村推进建设任务，年内减少贫困人口2.2万人；建成生态文明新农村48个。

【工业建筑业】2014年，全县完成现价工业总产值256382万元，增长15.5%，其中规模以上工业总产值186805万元，增长7%。完成全部工业增加值65960万元，增长11.1%，其中规模以上工业增加值45087万元，增长6%。

全年全县资质三级及以上建筑企业3家，完成建筑业总产值20000万元，增长17%；水环境功能区达标率为72%。

【城镇建设】2014年末，全县人口城镇化率达到22.67%。自来水供水能力达到0.35万吨/日，新建、扩建城区道路面积3.336万平方米，城市乡镇园林绿地1.13公顷，城市乡镇建成区绿化覆盖面积达到25.3869公顷。

主要农产品产量

产品名称	单位	2014 年	比上年增长 ± %
粮 食	吨	74060	7.1
油 料	吨	3290	3.1
药 材	吨	5171	8.4
党 参	吨	3880	9.0
茶 叶	吨	480	2.7
水 果	吨	5165	7.2
蔬 菜	吨	75421	9.3

工业主要产品产量

产品名称	单位	2014 年	比上年增长 ± %
发电量	万度	275827	10.1
其中：规模以上	万度	234461	4.9
黄金	千克	870	25
水泥	吨	786066	-8.9
铁合金	吨	50386	21.5
重晶石	吨	254714	-49.1
重晶石粉	吨	217407	21.1

【交通邮电】2014年，全县公路总里程达到2623千米。全县拥有客车72辆，货车968辆。全年客运周转量达到7537.6万人千米，比上年增长4.7%；货运周转量达到11759万吨千米，增长0.5%。全年完成邮电业务总量11645万元，其中电信业务总量2620万元、移动业务总量7700万元、联通业务总量800万元、邮政业务总量525万元。

【财政金融】2014年，全县完成大口径财政收入36988万元，比上年下降2.2%；完成地方财政收入20177万元，比上年增长9%；财政支出144999万元，比上年减少759万元，下降0.5%。金融机构各项存款余额为512871万元，增长9.4%；居民储蓄存款达到297417万元，增长16.1%；贷款余额为406939万元，增长11%。

【文化产业】2014年，全县文化产业增加值达到6148万元，比上年增长24.8%，占GDP的比重为2.9%。

【社会事业】2014年，全县有幼儿园30个，小学231所，中学24所，其中高中4所。全县适龄儿童入学率达98.5%，中学入学率达98.5%。全县有医院6所，疾控中心1个，妇幼保健站1个，卫生监督所1个，卫生院26所，病床数750张，医生196人，卫生护理员151人。有广播电视室259个，广播覆盖人口19.45万人，广播覆盖率79.7%。有电视发射台1台，通电视的行政村305个，电视覆盖率达97.5%。有体育馆1座。

【人民生活与社会保障】2014年，全县职工年平均工资达到40824元，增长13.5%；全县城镇居民人均可支配收入达到16187.5元，增长7.8%：农民人均纯收入达到3455.9元，增长13.8%。

全县年末参加城镇基本养老保险的人数为6307人，参加城镇基本医疗保险的人数为27726人，参加失业保险的人数为4250人，城镇居民最低生活保障人数8626人，农村居民最低生活保障人数44934人，五保户供养人数1435人，参加农村合作医疗的人数191415人，参加农村社会养老保险的人数110860人。

【安全生产】2014年，全县共发生各类安全事故14起，死亡6人，受伤11人，直接经济损失14.03万元。其中：道路交通事故11起，死亡6人，受伤11人，直接经济损失0.38万元；火灾事故3起，直接经济损失13.65万元。与上年相比，事故起数下降48.2%，死亡人数下降25%，受伤人数下降66.7%，经济损失下降2.2%。

文县主要领导名录

县委书记　苏彦君

县人大常委会主任　韩平松

县　长　张立新

县政协主席　马克武

（供稿：陈　英）

宕昌县

【综述】宕昌县地处甘肃省南部、陇南市西北部，介于东经104° 01′-104° 48′，北纬33° 46′-34° 23′之间。东与礼县接壤，西与甘南州舟曲县、迭部县相邻，南与武都区毗邻，北与定西市岷县相连。

南北长90千米，东西宽74千米，全县总面积3331平方千米，其中耕地面积42.91万亩，森林面积129万亩，森林覆盖率26.41%，草原面积151.76万亩，可用草原面积135.59万亩。海拔1138米至4154米之间2014年末，全县辖6镇18乡1个民族乡，总人口30.95万人，其中非农业人口2.74万人，有7个少数民族。

2014年，全县完成生产总值18.9亿元，增长9.8%。其中一产、二产、三产增速分别达到6.6%、13.4%、9.1%，三次产业结构由上年的26：28：46调整为25：28.4：46.6。全社会完成固定资产投资52.1亿元，增长50.4%。大口径财政收入达到2.73亿元，增长4.01%；公共财政预算收入2.07亿元，增长23.85%；公共财政预算支出20.66亿元，增长9.82%。全年实现社会消费品零售总额6.15亿元，增长12.6%。年末金融机构各项存款余额41.78亿元，14.51%；各项贷款余额19.74亿元，增长33.02%，存贷比达到47%。

【农业农村经济】2014年，全县农作物播种面积50.13万亩，其中粮食作物播种面积28.31万亩。全年粮食总产量为898万吨。中药材种植面积达到40万亩，完成核桃高接换优6.38万株，新发展经济林果2.26万亩。新建规模养殖场7个，全县畜禽出栏达到81万头只。

举办"2014·中国陇南宕昌中药材产销对接洽谈会"，签约项目20个，签约资金6.9亿元。新增农民专业合作社70个，全县农民专业合作社总数达到340个。新增流转土地2.53万亩，全县土地流转总面积达到6.35万亩。实施产业培育等各类项目314项，实施8个易地扶贫搬迁安置点建设。完成27个整村推进项目，全年减少贫困人口2.38万人，减贫率达到20.3%。

【工业经济】2014年，全县完成规模以上工业增加值1.85亿元，同比增长28.1%。全县规模以上工业企业达到6户。

【招商引资与项目建设】2014年，全县签约招商引资项目20个，签约资金45.7亿元，到位资金32.2亿元；全县开工各类重点建设项目150项中竣工93项在建57项，累计完成投资54.8亿元，占年计划的109.2%。争取落实临江铺至礼县白河公路改建工程各类项目120项，总投资9亿元，已下达计划7.6亿元。

【灾后重建】加快7.22地震灾后恢复重建工作进度，全年累计完成投资17.6亿元，其中中央重建资金8.55亿元，占中央灾后重建总资金10.8亿元的79.2%。编制印发农村居民重建住房户型设计方案，按期完成8773户重建和28908户维修加固任务，并通过验收。把农村居民住房重建、维修加固资金拨付与工程进度相挂钩，直接拨付到农户"一折通"账户，累计拨付资金495亿元。编制完成理川镇大舍沟村、庞家乡庄子村2个集中安置点村庄总体规划。累计投入资金5064万元，建成理川镇大舍沟村、庞家乡庄子村2个灾后重建集中安置点。全年计划实施灾后重建项目171项，已竣工127项，在建34项，累计完成投资3.6亿元。

【商贸流通】建成宕昌县电子商务交易中心和县、乡电商服务网点，开办网店685家，实现网上交易8661万元。完成理南阳农贸市场维修加固等项目，实施八力农贸市场等工程建设，加快餐饮业、宾馆、服务业发展，全年非公经济增加值达到10.8亿元，同比增长23%。

【文化产业与旅游业】建成官鹅沟鹿仁羌藏风情园，启动哈达铺红色文化产业园区建设项目。发展中医药养生保健旅游，在中国药膳研究会专家的指导下，制作60道特色药膳配方，建成10家药膳馆。国土资源部批准官鹅沟国家级地质公园创建资格，官鹅沟景区被列为全省重点建设的20个大景区之一。2014年，全县累计接待游客116万人次，实现旅游综合收入6.4亿元。

【城乡建设】开工各类城镇建设项目79项，已竣工43项，完成投资34.65亿元。完成城区东出口畅通工程，城区天然气入户工程已完成加气站建设及城区管网铺设，城区污水处理厂工程已完成厂区主体和设备安装，岷江阳光城、计子川市场已开工建设。硬化城区巷道13条，更换路灯162盏。完成哈达铺大道路面建设等3项工程，新建哈达铺召藏村等22个生态文明新农村，巩固提升城关镇鹿仁村等8个生态文明新农村。

【交通运输】2014年，全县拥有经营性客车310台，完成客运量108.47万人，客运周转量5871.8万人千米；经营性货车80台，完成货运量104.36万吨，货运周转量5472.6万吨千米。实施畅通工程53项210千米，实施通达工程8项44.3千米，建成便民桥11座、建制村停靠站45个，打通狮子至竹院等4条70.2千米联网路。

【社会事业】新建校舍5.2万平方米，完成车拉九年制学校校舍改造工程和21所薄弱学校改造续建项目及哈达铺玉岗等6所幼儿园续建项目，启动实施15所乡镇中心幼儿园建设项目和15个薄弱学校改造工程。全县高考二本上线率15.21%。县中医院门诊大楼和第二人民医院已完成主体工程，23所乡镇卫生院完成附属工程，实现乡镇卫生院全部药品零差率销售。完成高庙山广播电视台维修加固工程、数字电影厅建设项目。新建村文化室15个、文化广场18个；完成了"户户通"接入市县自办台节目。

【人民生活与社会保障】2014年，全县农民人均纯收入达到3234.4元，同比增长14.1%，年净增399.4元。城镇新增就业3009人，城镇登记失业率控制在3.6%以内，居民消费价格指数控制在1.9%以内。开展劳务培训5.2万人次，完成职业技能鉴定4584人。全年输转劳务工10.1万人，创劳务收入15.1亿元。

截至11月底，共收缴城乡居民基本养老保险个人缴费1382.3万元，续保缴费人数达到131510人，续保率为92%，发放养老金人数达到38043人，发放率为100%。全县城乡低保对象共74529人（其中城市4439人、农村70090人）。农村五保供养对象5378人。落实发放全年城市低保保障金1341万元；农村低保保障金8917万元；农村五保供养保障金1421万元。完成哈达铺敬老院建设，实施县老年护理院等项目建设，开工建设县就业和社会服务保障中心和竹院乡就业和社会服务保障中心项目。在计子川开工建设廉租房500套、公租房20套，完成680户棚户区改造任务。

宕昌县主要领导名录

县委书记　李平生

县人大常委会主任　陈社忠

县　长　李建功

县政协主席　孙书诚

（供稿：赵作忠）

临夏回族自治州

【综述】临夏回族自治州地处甘肃中部西南，北邻兰州市，南靠甘南藏族自治州，东连定西市，西接青海省，总土地面积8169平方千米。2014年末，全州辖7县1市（县级市），总人口为218.38万人，人口自然增长率为7.81‰。少数民族人口比例为59.3%，其中保安族、东乡族是临夏独有的民族。

境内平均海拔2000米，最高处4636米，最低处1563米。属温带大陆性气候，年平均气温7.3℃，无霜期170天，年平均降雨量494.5毫米。境内大小河流30多条，有刘家峡、盐锅峡、八盘峡三大电站库区。共有景点107处，其中国家级5处。特色农产品有马铃薯、花椒、蚕豆、双低油菜、中药材、啤特果等。

2014年，全州实现生产总值186.05亿元，比上年增长10.9%。其中第一产业增加值35.23亿元，增长5.9%；第二产业增加值49.64亿元，增长12.5%；第三产业增加值101.18亿元，增长11.8%。全年完成大口径财政收入25.4亿元，比上年增长16%。全年财政支出170.8亿元，增长0.6%，其中公共预算支出155.5亿元，比上年增长3.5%，基金支出15.3亿元，比上年下降25.2%。

【农业农村经济】2014年，全州完成农林牧渔业总产值56.59亿元，比上年增长7.84%。其中农业产值38.16亿元，增长8.77%；林业产值1.34亿元，增长2.55%；牧业产值14.61亿元，增长5.37%；渔业产值0.31亿元，增长17.74%；农林牧渔服务业产值2.17亿元，增长9.33%。

全年粮食播种面积197.61万亩，比上年增长0.06%，其中夏粮播种面积49.68万亩，下降4.75%，秋粮播种面积147.93万亩，增长1.79%。油料种植面积24.57万亩，比上年下降0.04%，蔬菜种植面积1909万亩，比上年增长623%。全年粮食总产量80.5万吨，增长5.61%。夏粮15.36万吨，增长0.52%；秋粮65.14万吨，增长6.88%。

年末，全州大牲畜存栏38.63万头，增长2.61%。羊存栏151.07万只，增长7.69%。全年肉类总产量56225吨，增长5.50%。全年完成造林面积38.78万亩，增长6.3%。新栽植花椒2.35万亩，啤特果5.56万亩，核桃7.94万亩，育苗3.66万亩。

【工业建筑业】2014年，全州全部工业企业实现增加值31.64亿元，比上年增长12.9%。规模以上工业企业实现增加值19.49亿元，增长7.8%。其中轻工业实现增加值5.99亿元，增长11%。重工业实现增加值13.5亿元，增长7.2%。全年发电量1055891万千瓦时，比上年下降5.1%。水泥72.99万吨，增长129%。乳制品8301吨，增长112.6%；2014年，全州建筑业实现增加值18亿元，比上年增长11.5%。

【固定资产投资】全年完成固定资产投资263.73亿元，比上年增长21.66%。其中第一产业投资7.27亿元，增长20.99%；第二产业投资67.8亿元，增长44.65%；第三产业投资188.66亿元，增长15.11%。全年在建重大项目91个，本年完成投资127.77亿元，占固定资产投资的48.45%。

【房地产开发】全年完成房地产开发投资47.36亿元，比上年下降2.52%。全年房屋施工面积612.55万平方米，比上年下降0.97%；房屋竣工面积38.38万平方米，下降41.71%。商品房销售面积87.49万平方米，下降22.16%；商品房销售额28.36亿元，下降14.5%，其中期房销售额19.64亿元，下降13.17%。

【商贸流通与贸易】2014年，全州实现社会消费品零售总额60亿元，比上年增长12.8%。其中批发零售业实现零售额48.7亿元，增长13.6%。住宿餐饮业实现零售额11.3亿元，增长9.5%。全年外贸出口总额达1663万美元，与上年持平。

【文化产业与旅游业】2014年，全州文化产业从业人员达到9238人，比上年增长2.9%。文化产业完成投资10.06亿元。全年完成文化产业增加值4.03亿元，增长25.58%。

全年旅游接待总人数724.55万人次，比上年增长22.53%，其中海外游客245人次。全年旅游总收入30.71亿元，增长26.06%，其中国际旅游外汇收入258万元。

【交通通信】2014年，全州交通运输、仓储和邮政业增加值6.01亿元，比上年增长10%。全年全州公路总里程6694.26千米。全年完成客运量2865万人次，旅客周转量143423.5万人千米，分别增长17%和25%。完成货运量1276.7万吨，货物周转量151330万吨千米，分别增长20%和25%。

全年完成邮电业务总量12.64亿元，比上年增长28.3%。年末本地电话用户15.6万户，移动电话用户154.4万户。全年各类报刊累计发行量839.68万份。

【环境保护与自然灾害】2014年末，全州共有环境监测站9个，环境监测人员91人。境内自然保护区4处，面积达到1177.33平方千米。建成烟尘控制区1个，控制面积23平方千米，城市污水集中处理率59.76%，城市生活垃圾无害化处理率86.47%。全年完成工业污染治理项目13个，工业污染治理总投资5594万元。

2014年，全州农作物受灾面积118.7万亩，其中成灾面积112.4万亩。受灾人口106.3万人次，农村发放救灾款4757万元。

【财政金融保险】2014年末，全州金融机构人民币各项存款余额399.56亿元，比上年增长14.22%。金融机构人民币各项贷款余额310.54亿元，增长35.49%。全年保费收入57008.53万元，增长41.36%。其中，财产险保费收入41647.08万元，增长44.67%。寿险保费收入15361.45万元，增长33.08%。全年赔付额18012万元，增长29.31%。其中，财产险赔付17058.59万元，增长28.33%。寿险赔付953.41万元，下降49.78%。

【社会事业】全年共组织实施各类科技计划项目114项，共取得科技成果25项，申请专利183件，发明专利21件；年末全州共有各类学校1262所，在校学生288676人，专任教师19532人。学龄儿童入学率98.51%，下降1.2个百分点；年末全州拥有州级文化单位民族歌舞团、博物馆、文化馆、图书馆、美术馆、影剧院、民族文化艺术研究所、文化市场综合执法支队各1个。县（市）文化馆8个，公共图书馆8个，博物馆（纪念馆）16个，文物管理所6个，乡镇综合文化站123个，农家书屋1185个。建成文化信息资源共享工程县级支中心8个。全州广播电视转播台11座，千瓦以上广播电视转播台11座，广播人口覆盖率95.9%，电视人口覆盖率96.41%；年末全州共有医疗单位172个，其中县级及以上医院14个，乡（镇）卫生院129个，病床7628张，专业卫生技术人员4597人；共举办各类群体活动650余场（次），参加人数达90.5万人（次）。全省第八届少数民族传统体育运动会中，临夏州代表队参加了7个竞赛项目和2个表演项目，获得8枚金牌、15枚银牌、6枚铜牌，两个表演项目获二等奖。在全省第十三届运动会中，共获得7枚金牌、9枚银牌、6.5枚铜牌。建成省政府体育惠民工程7个，村级体育健身场所90个。

【人民生活与社会保障】2014年末，全州城镇居民人均可支配收入13778元，比上年增加1161元，增长9.2%。农民人均纯收入4127元，增加501元，增长13.8%。城镇居民人均消费支出11055.9元，农村居民人均消费支出4050.6元。

全州参加失业保险的人数41078人，领取失业保险金的人数255人；参加基本养老保险的人数40220人；参加基本医疗保险的人数316032人，其中城镇职工106773人；新型农村合作医疗参合人数1586070人，参合率达98.76%；全社会低保户数187543户，其中农村135728户，城镇51815户；低保人数591346人，其中农村461068人，城镇130278人。

【安全生产】2014年，全州共发生各类生产安全事故178起，死亡69人，受伤105人，直接经济损失150.6万元。其中，发生道路交通安全事故68起，死亡68人，受伤61人，直接经济损失13.57万元；发生火灾事故109起，无死亡受伤人员，直接经济损失137.03万元；工矿商贸事故1起，死亡1人。农机和水上交通领域未发生事故。

临夏回族自治州领导班子成员名录

州　委

书　记　周　强
副书记　马学礼（回族）　戴　超
常　委　王正君　曹正民（回族）
　　　　蔚　俊　马天民（回族）
　　　　赵维国（东乡族）
　　　　者永明（回族）　李宏亚
　　　　黄其翰　施　强
　　　　马正坤（回族）　王国志
　　　　刘富祯（回族）
　　　　马顺军（回族）
秘书长　蔚　俊

州人大常委会

主　任　韩季安（撒拉族）
副主任　陈有霞（女）
　　　　何莲香（女）
　　　　马成功（回族）　杨　龙
　　　　马远志（回族）
　　　　苗逢辉（东乡族）
秘书长　慈延祯

州政府

州　长　马学礼（回族）
副州长　王正君　曹正民（回族）
　　　　施　强　王国志
　　　　马正坤（回族）
　　　　刘富祯（回族）
　　　　马顺军（回族）　王建华
　　　　马明杰（回族）　魏贺生
　　　　马旭林（东乡族）
　　　　苟永平　赏进孝　杨胜跃
秘书长　马　琼（回族，10月止）
　　　　马有信（回族，10月任）

州政协

主　席　吴家白
副主席　沈国伟　马忠祥（东乡族）
　　　　马　俊（回族）
　　　　马志雄（回族）　崔建国
　　　　李云飞　郝献国
　　　　马丽云（女，保安族）
　　　　杨杰芳（东乡族）
秘书长　张顺成（土族）

（供稿：陈光旭）

临夏市

【综述】临夏市地处甘肃省西南部，介于北纬35° 31′–35° 39′ 与东经103° 0′–103° 16′ 之间。东与州内东乡县接壤，南西北与州内临夏县毗邻，区域面积88.6平方千米。2014年末，全市辖4个镇6个街道27个社区，总人口30.92万人，人口自然增长率为4.73‰。有回族、东乡族、土族等17个少数民族，少数民族占总人口的55.3%。

境内四面环山，地势自西向东倾斜，平均海拔1917米。属温带大陆性气候，年平均气温8.1摄氏度，年日照时数2520小时，全年无霜期163天以上，年平均降水量484毫米，蒸发量1343毫米。主要河流有大夏河、牛津河、红水河。土壤以垆土、红土为主，间有黄土。矿产资源稀缺。

2014年，全市完成市内生产总值50.67亿元，增长14.1%；固定资产投资52.14亿元，增长24.3%；社会消费品零售总额30.78亿元，增长13%；大口径财政收入7.85亿元，增长31.01%。

【农业农村经济】2014年，全市完成农业总产值4.34亿元，较上年增长6%；种植业增加值2.62亿元，增长6.5%；粮食播种面积3.3万亩，增长3.1%；粮食总产量2.38万吨，增长1.7%。新建日光温室90亩，完成全膜双垄沟播推广面积3260亩。建成投资90万元植保田间工程、投资300万元的农产品质量安全检验监测站和投资105.6万元的区域农技推广体系等3个建设项目。

全市畜牧业增加值达到10102.5万元，增长12.3%；农民人均牧业纯收入达到1041元，增长17%；全市大牲畜存栏达到1.23万头，增长8.37%；猪存栏2.01万头，增长9.9%；羊存栏2.73万只，增长7.5%；鸡存栏6.16万只，增长50%；蛋类总产量435吨，增长188%；奶类产量14715吨，增长10%；全年肉类总产量5469.2吨，增长10%；新建扩建4个养殖场，发展规模养殖户30户。

全市农业机械总动力64500千瓦，农机经营总收入4550万元，经营纯收入1550万元，完成机耕3万亩，机播1.53万亩，机收1.5万亩，农业综合机械化率达到53.72%。

【工业经济】2014年，全市实现工业增加值47646.5万元，增长21%。其中规模以上工业完成增加值25418.3万元，增长18.8%，实现出口交货值233万元，下降81.8 %。万元工业增加值用水量降低率为4%。

【项目建设】2014年，全市共实施500万元以上各类重点项目106个，总投资达到303亿元，上亿元的58个，其中新开工29个、总投资110亿元，续建77个、总投资193亿元。环城西路北段综合改造等39个项目竣工投入使用。引进百益国际贸易中心等重大产业项目8个，签约资金105.5亿元，累计到位资金40.68亿元。

【交通运输】2014年，全市共有行政等级公路10条、84.54千米。大中型桥梁14座，县乡公路7条40.395千米。全年客运量（包括公交车、出租车）624.8万人，客运周转量69898万人/千米，货运量594.5万吨，货运周转量91371.3万吨/千米。现有公交车155辆，开通公交线路11条。出租车767辆。开通村村通市乡客运线路8条，营运车辆180辆。

【旅游业】启动东公馆商贸文化历史街区建设。挖掘包装州博物馆等10多个精品文化旅游景点，东公馆、东郊公园升级为国家3A级景区。2014年，全市接待游客141万人（次），实现旅游综合收入6.22亿元、增长25%。

【特色产业】全市以清真食品、民族特需用品为主的清真产业发展雏形基本形成。兴强公司机织地毯生产线、八坊清河源熟食品生产线、牦牛骨调味品生产线等总投资2.7亿元的4个新上技改项目进展顺利。全省最大的虫草交易市场开业运营，全年落实扶持资金5291万元。

【城乡建设】全年共实施城市基础设施项目19个，总投资24亿元。完成红园新村6658平方米的分户计量试点工程，实现天然气同城同价。总投资13.3亿元的大夏河南岸保障房等重点项目进展顺利。新开工棚户区改造项目3100套31万平方米。完成农村公路通畅工程项目三条，全长6.53千米，总投资327万元。总投资1.72亿元的G213线临夏市至临夏县公路改建工程（临夏市段），总投资1.56亿元的临夏客运中心项目和临夏市大夏河第二大桥危桥改造、折双路大中修项目通过可研报告，获省交通厅批复，列入2015年建设计划。

【环境保护】完成植树造林1.35万亩、补植补栽2.55万株。投入2100万元完成迎宾大道等17条城区道路绿化美化工作。新增城区绿地面积2.9万平方米。开展大气污染集中整治，整治燃煤锅炉103台，停产砖瓦窑厂44家、彻底拆除4家，排查整顿煤炭经营点35处，完成餐饮单位油烟净化和清洁能源改造235家，注销在册黄标车540辆，完成省上下达的2014年空气环境质量优良天数指标任务。

【社会事业】总投资2.3亿元的第三中学、青少年校外综合实践基地、教师周转房等项目进展顺利，完成职教中心整体搬迁，开工新建10所幼儿园和小学排危改造。全市高中入学率、大学录取率、幼儿入园率分别达到89.8%、75%、89.9%。投资140万元实施20所村卫生室建设。启用2个社区卫生服务中心。实现标准化村卫生室全覆盖和基本药物零差率销售。开工建设村文化活动室、宗教场所书屋等一批文化基础项目。完成丝绸之路藏品展。实现市电视台新闻日播和信号的全州覆盖，市广播电台恢复播出。举办河州好声音等文体赛事活动，开展送文化下乡活动80多场次。

【人民生活与社会保障】2014年，全市城镇居民人均可支配收入13849元，增长9.5%；农民人均纯收入8310元，增长13.9%；居民消费价格指数为101.5%；完成劳务培训9220人、技能培训6010人，新增城镇就业8731人；全年完成劳务输转3.5万人，输转大中专毕业生和两后生1500人，实现劳务收入4.53亿元。

城乡低保提标15%，新农合、新农保参保率分别达到98.13%、94.48%。落

河州民间清真席宴

实医疗救助6749人次935万元。7所敬老院和老年人日间照料中心建成投入使用。落实惠民资金达4.3亿元，惠及群众27万人次。分配入住廉租房408套，发放廉租补贴2028万元。社会综合福利院建成使用。

【扶贫攻坚】整境合各类涉农资金3000多万元，实施农村环整治、道路硬化等基础设施项目。发放双联贷款1485户8886万元、妇女小额贷款532户3830万元，互助社借款1276户2455万元。完成20个贫困村、5892户、2.51万贫困人口的识别录入；全年争取扶贫资金2562万元，实施整乡整村推进等扶贫项目22个。2014年，全市减少贫困人口4600人。

临夏市主要领导名录

市委书记　曹正民（回族）

市人大常委会主任　马　锋（回族）

市　长　吴国峻

市政协主席　边旭东

（供稿：冯丽霞）

临夏县

【综述】临夏县位于甘肃省中部西南面，地处青藏高原向黄土高原的过渡地带，介于北纬35° 15′-35° 48′，东经102° 42′-103° 18′，海拔1735米-4636米之间。东与和政县和东乡族自治县为邻，南以太子山与甘南州夏河县为界，小积石山耸立在县境西部，成为与青海省循化撒拉族自治县的天然分界线，西北与积石山保安族东乡族撒拉族自治县毗邻，北隔刘家峡水库与永靖县相望。县境东西宽53．1千米，南北长60千米，总面积1212．4平方千米，其中耕地面积372287.89亩。2014年末，全县辖19个乡（含2个东乡族乡）6个镇，总人口395544人，人口自增率7.72‰。有回族、东乡族等7个少数民族，是甘肃省少数民族聚居地之一。

县境地貌为青藏、黄土高原参半，多山沟，兼有塬、川，地势东北低、西南高。地处温带半湿润区和高寒湿润区的过渡带，属温带半湿润气候。年均日照时数为2030.5小时，日照率为52%，全年太阳总辐射量128.4千卡/平方厘米，年平均气温7.6℃，无霜期170天左右，年降水量640．5毫米。主要河流有大夏河、牛津河、红水河、老鸦关河、槐树关河等。主要矿产有大理石、石英石、石灰石等。

2014年，全县国民经济生产总值为307023万元，比上年增长15.2%。其中第一产业69497万元，增长6.6%；第二产业48929万元，增长18.2%；第三产业188597万元，增长17.8%。人均生产总值9190元，增长15.28%。社会消费品零售总额55151.9万元，增长13.70%。全县大口径财政收入20737万元。

【农业农村经济】2014年，全县农业生产总值为106971万元，增长7.33%。农作物播种面积51.29万亩，其中粮食面积383683亩，经济作物面积36318亩，其他作物92920亩。粮食总产173443.6吨，油料总产5540.3吨，蔬菜总产64783.42吨。各类造林9.415万亩，花椒产量1977.1吨，核桃产量110.2吨，水果产量8085吨。存栏牛5.95万头（奶牛2.19万头）、羊18.77万只、猪7.66万头、鸡96.79万只；出栏牛1.02万头、羊7.74万只、猪7.70万头、鸡77.39万只；生产肉类9121.22吨、鲜奶17545.92吨、禽蛋2407.2吨。

全县水电站20个，装机容量4.41万千瓦，发电量13945.79万千瓦时，农村生产用电1377.24万千瓦时，农村生活用电1607.7万千瓦时。完成四季灌溉17万亩，衬砌渠道240千米，发展高效节水农业1200亩，改善灌溉面积6.25万亩，解决农村饮水安全14.87万人。全年共输转劳动力9.93万人，创劳务收入12.74亿元。

【工业建筑业】2014年，全县实现工业总产值108144万元，其中规模以上企业工业总产值64326万元，规模以下43818万元。工业增加值27919万元，其中规模以上企业增加值9619万元，规模以下18300万元。

全年全县建筑业增加值21010万元，全年房屋建筑施工面积31.93万平方米，竣工面积10.87万平方米。

【项目建设】2014年，全县共确定重点建设项目130个，计划总投资102.75亿元，其中续建项目58个，计划总投资43.11亿元；新开工项目72个，计划总投资59.64亿元。

【固定资产投资】2014年，全县固定资产投资完成259058万元，其中项目建设完成248024万元，房地产项目完成11034万元。争取到基础设施、社会事业、生态治理、改善民生等方面的资金2.57亿元。争取工业和信息专

临夏县太子山风光

项项目7个，下达专项资金240万元。在“兰洽会”顺利签约承接转移项目3个。共引进招商引资项目43个，总投资65.04亿元。

【城镇建设】2014年，全县实施县城建设项目49个，总投资32.91亿元。其中县城旧区实施建设项目8个，投资2.6亿元；新区实施建设项目38个，投资27.27亿元；东区实施建设项目3个，投资3.04亿元。土桥镇实施重点建设项目19个，总投资15.33亿元。保障性安居工程建设任务6500套。按照人均补助864元的标准，核发2014年城镇租赁补贴162.5万元。农村危房改造1800户，下达补助资金2210万元，县城建成区面积3.27平方千米，绿地面积8.93公顷。

【扶贫开发】2014年，全县共争取到各类扶贫资金3879万元。整合各类资金7500万元实施麻尼寺沟乡关滩的综合开发，整合各类资金2291万元实施“六位一体”的土桥镇重台塬村新农村建设；“双联”行动平台整合各类资金2121万元在新集镇寺湾村实施基础设施等12个项目。

【文化产业】2014年，全县文化产业实现增加值6285.06万元，增速35.86%；全年完成文化产业投资额10116万元，文化产业资产总额40137.1万元。

【交通建设】2014年，全县公路通车总里程951.96千米，国道3条46.932千米，省道2条78.964千米，县道5条109.288千米，乡道19条190.649千米，村道180条523.424千米，村社道路1320千米。高速公路2条26千米，二级公路125.4千米，三级公路55.5千米，四级公路743.52千米，等外公路18.341千米，高等级公路占通车总里程的15.9%。全县25个乡镇全部通等级沥青（水泥）公路，219个行政村通沥青（水泥）路196个，通畅率89.5%。

【环境保护】县级医疗废物集中处理率100%，发放机动车环保标志9884套。实施临夏县兴华养殖小区等废弃物综合利用项目。总投资100万元，实施卧龙沟集中式饮用水源地、山神沟集中式饮用水源地保护项目。总投资510万元，实施2013年农村环境连片整治项目，涉及7个行政村，购置户用垃圾桶2899个，分类式垃圾桶353个，人力翻斗三轮车267辆，可移动式垃圾收集都119个，压缩式垃圾车车3辆，修建垃圾分拣站7处，干清粪堆肥发酵设施8处。

尼日尔国家电视台在临夏县参观学习扶贫开发情况

【社会事业】2014年，全县共有各类学校239所，教职工3365人，在校学生43737人。教育方面建设项目34个，总投资2.3亿元，建筑面积9.08万平方米，义务教育薄弱学校基本办学条件项目学校39个，规划投资5847万元。共有医疗机构36个，床位1326张，卫生技术人员783人。其中乡镇卫生院28所，床位553张，卫生技术人员346人。全县通电户数77782户，占总农村的99.99%；通电话的户数为32664户，占总农户的41.99%。

【人民生活与社会保障】2014年，全县农民人均纯收入4156.8元，增长14.30%，职工人均年工资收入41727元，增长9.0%，城镇居民人均可支配收入现价13774.6元，增长9.10%。全年实现减贫人口3.01万人。

全县参加农村新型合作医疗317830人，发生医疗费用1.88亿元，报销1.17亿元；参合农民住院3.9万人，住院总费用1.65亿元，报销9940.84万元。城市低保对象8708户25152人，农村低保对象29917户98977人，全县五保供养对象4014人。发放城市低保资金5334.27万元，农村低保资金1.08亿元，五保供养金1157.75万元，资助城乡低保、五保对象缴纳参合金218.5万元。全县企事业单位养老保险、失业保险参保人数8055人，城乡居民养老保险222000人。共计征收养老金1894万元，发放企业退休（职）人员养老金2029万元，养老金共计支出2493万元。共计征收失业金128万元，失业金未支出。城镇职工参加基本医疗保险12741人，参保率99%。医疗保险金共计收入2748万元，职工大病保险共收入87万元，报销38人次74万元。城镇居民参加医疗保险21252人，缴费基金收入60万元，共发生住院2038人次，支付住院费用661万元。

临夏县主要领导名录

县委书记　安华山

县人大常委会主任　高建平

县　长　马正业（回族）

县政协主席　王英山（东乡族）

（供稿：卜明成　马雪梅）

康乐县

【综述】康乐县位于甘肃省中南部，地处黄土高原向青藏高原过渡的农牧交汇地带，东临临洮县、南接渭源县和卓尼县、西靠和政县、北连广河县，全县总面积1083平方千米，其中耕地面积34.8万亩。2014年末，全县辖5镇10乡，总人口26.83万人，人口出生率11.26‰，自增率6.78‰。有回族、东乡族等8个少数民族。

境内海拔1898-3908米。森林覆盖率达23.6%。属低温带半湿润地区，年均气温7℃，年降雨量676.8毫米，无霜期173天。

2014年，全县完成生产总值17.54亿元，增长14.6%；大口径财政收入1.52亿元，增长15.14%；固定资产投资18.72亿元，增长22.96%；社会消费品零售总额4.47亿元，增长12%；全县金融机构各项存款33.55亿元，增长18.21%；发放各类贷款22.27亿元，增长38.34%。

【农业农村经济】2014年，全县完成作物播种面积34.24万亩，其中粮食作物26.18万亩，经济作物6.84万亩。投资1000多万元推广旱作农业20万亩，建成万亩以上示范点5个。全年粮食总产量达11.38万吨，比上年增长10.27%。全县新建规模养殖场19个，发展规模养殖户140户。全年肉牛饲养量达20.3万头，增长9.1%，出栏7.81万头。在南部乡镇发展以当归为主的中药材种植，北部乡镇发展以白条党参、柴胡为主的中药材种植，全县种植中药材6.25万亩。全县农村土地流转面积达5.6万亩，流转率17.4%。实施中央财政小型农田水利重点县等项目，在八松、上湾等易发山洪灾害的沟道内修建谷坊10座。兴修梯田1.2万亩，占总任务的106.8%。补贴农机具1972台（套），受益农户1146户，全县农业机械化率达35%。全年实现转移就业1234名，输转农村劳动力6.36万人（次），劳务创收8.04亿元。

【项目建设】2014年，全县实施500万元以上重点项目55项，总投资57.25亿元，其中：续建项目24项，总投资32.7亿元；新开工项目31项，总投资24.55亿元。

【招商引资】2014年，全县实施招商项目29项，到位资金21.91亿元。在二十届兰洽会上签约项目19项，总投资41.03亿元，开工建设9项，总投资8.38亿元，累计到位资金6.78亿元。

【商贸流通与贸易】2014年，全县社会消费品零售总额4.47亿元，增长12%。组织7家企业参加全国名优小吃大赛，改造农家店50家，新建配送中心1个。2014年，全县外贸出口达37万美元。

【旅游业】新开办农家乐8家，全县农家乐增加到48家，其中星级农家乐10家，莲麓镇足古川村成功创建为省级乡村旅游示范村。2014年，全县共接待游客57.5万人（次），旅游综合收入2.33亿元。

【扶贫攻坚】完成五户汪滩、白王苏丰等14个整村推进项目，实施苏集塔关、八松那尼头等23个整村推进项目，硬化村组道路5.7千米，整修拓宽36.04千米，新建标准化暖棚102座。虎关乡吴坪村、胭脂镇大庄村两个易地扶贫搬迁工程建成入住，八丹乡黄家庄村、景古镇秦家河村97户住宅工程全部完工，莲麓镇斜角滩村、地寺坪村等7个易地扶贫搬迁工程开工建设。全县共确定精准扶贫对象17493户，省、州、县三级联村单位和联户干部共为贫困群众捐款捐物折合人民币共计160多万元。双联惠农贷共为833户农户发放贷款1.05亿元，中和农信康乐县农户自立服务社为贫困群众发放贷款1501.9万元，村级产业发展互助社为1.18万户农户发放借款1亿多元。

【城乡建设】编制完成道家片区控制性详规、县域村庄布局和5个村庄规划。实施总投资25.34亿元的城市建设重点项目34项，令牌丽景嘉园等项目建成投入使用，鸿鑫润苑等项目完成主体。筹资1.28亿元对县城北出口等11条11.65千米县城道路及人行道进行提升改造。建设农村通畅公路100.9千米，全县82%的通村道路实现硬化。硬化村内道路36.1千米，修建便民桥5座。新建户用沼气池1500座，安装太阳能路灯640盏。

【环境保护】完成人工造林4.68万亩。在全县范围内开展以大气污染、水污染及农村面源污染治理为主的大排查大整治活动和以集中治理废旧地膜、生活垃圾、乱堆乱放等为主要内容的乡村环境治理大行动。建成美丽乡村示范村2个，万元GDP能耗降低2.62%。

【社会事业】兑现落实各类奖励补助资金4128.82万元，实现从学前教育到高中教育的全程免费。小学适龄儿童全部入学，初中阶段入学率98.6%，普通高考二本上线219人。实施教育项目50项，总投资2.28亿元，白王小学等39个项目竣工投入使用。县乡村三级医疗机构药品零差率实现全覆盖，共销售药品4376.71万元，减免药品费用656.51万元。实施卫生项目6项，总投资5226.75万元，9所卫生院业务楼及附属设施、25所标准化村卫生室全部建成投入使用。共落实各项优惠资金172.65万元，筹资16.8万元为"两户"家庭子女和计生干部办理意外伤害保险。协办"第十三届环青海湖国际公路自行车赛"康乐段赛事，完成第一次全国可移动文物普查和第六次全国体育场地普查工作，建成乡村舞台示范点15个。实施科技项目8项，取得国内先进技术成果1项，申报专利16项，选派21名科技特派员深入企业开展技术服务。

【人民生活与社会保障】2014年，全县农民人均纯收入4173.7元，增长14.2%，城镇居民人均可支配收入1.38万元，增长9.2%。全年新增城镇就业人员5903名，城镇登记失业率3.12%。

全年共为35.73万人（次）补偿医药费用8520.53万元。全县城乡居民社会养老保险参保率57.7%，发放率100%。开展农村低保清理清查，核销不符合条件人员1261人。完成城乡低保及五保补助标准提标工作，共发放各类救助资金1.23亿元。莲花山、扎那山、大山沟农村饮水安全工程建成通水，中部、才子沟、景古、莲麓农村饮水安全工程完成年度建设任务，解决1.13万农村人口饮水安全问题。2890户危旧房改造任务中，2695户建成入住，195户完成主体。开工建设公租房500套，164套棚户区改造安置房完成初设等前期工作。维修加固1834户一般受灾户住房，拆除重建1205户重点受灾户房屋。

康乐县主要领导名录

县委书记　齐跃俭

县人大常委会主任　马学义（回族）

县　长　雍桂英

县政协主席　郭亚林

（供稿：马晓春）

广河县

【综述】广河县地处陇西黄土高原丘陵沟壑地带，甘肃省中部西南方，介于东经103°23′-103°51′，北纬35°25′-35°38′之间。东邻临洮县，西接和政县，南连康乐县，北靠东乡县。地势自西南向东北倾斜，平均海拔1953米。东西长45千米，南北宽13千米，总面积538平方千米。2014年末，全县辖6镇3乡，总人口25.41万人，其中回族、东乡族等少数民族人口占总人口的97.85%，是一个少数民族高度聚居县。

属温带半干旱气候，年平均气温7.5℃，最高极端气温32.4℃，最低极端气温-16.8℃，年降雨量427.7毫米，无霜期155天，平均日照2212.2小时。四季分明，气候宜人。

2014年，全县国内生产总值达15.63亿元，增长17%；其中第一产业完成国内生产总值3.05亿元，增长5.67%，第二产业完成国内生产总值3.68亿元，增长21.45%，第三产业完成国内生产总值8.91亿元，增长19.7%；全社会固定资产投资31.16亿元，增长11.75%；大口径财政收入2.11亿元；社会消费品零售总额达5.52亿元，增长11%；年末，全县存款余额25.80亿元，贷款余额26.27亿元。

【农业农村经济】2014年，全县完成旱作农业推广面积36.11万亩（其中秋覆膜20.06万亩），其中全膜玉米30.51万亩；全膜马铃薯5.6万亩，全膜马铃薯平均亩产达3086.5公斤。建成万亩示范片25个，项目区户均增收6840元，人均增收1286元，全县旱作农业总增效益2572亿元。新栽绿化林2170亩。完成新育苗0.74万亩。新增联户养殖小区（场）15个，规模养殖户新增150户。创建州级畜禽养殖标准化示范场2个，改建标准化牛冻配点1个，冻配改良牛1.3万头，杂交改良羊10万只；全县牛羊存栏达到142万只羊单位，牛出栏9.68万头，增长0.5%，出栏率达到110%；羊存栏达到97万只，增长13%，羊出栏137.6万只，增长29.6%，出栏率达到160%。全年鲜蛋产量7308吨，牛奶产量5040吨，肉类总产量36060吨。完成人工种草3.72万亩，新建青贮窖池5.02万立方米。全年畜牧业增加值达到3亿元，农民人均牧业收入达到1500元。

【工业建筑业】2014年，全县第一产业完成国内生产总值3.05亿元，增长5.67%。

【项目建设】2014年，全县共实施重点项目52项，总投资65.61亿元。其中新开工项目31个，总投资41.7亿元；续建项目21个，总投资23.91亿元。县中医院等21个续建项目进展顺利，完成投资8.09亿元；三甲集皮毛交易中心一期等31个新开工项目，完成 投资23.7亿元；齐家文化博物馆等38个重点项目，总投资21.83亿元。

【招商引资】2014年，全县招商引资引进项目24个，签约资金46.2亿元，到位资金21亿元。

【非公经济】2014年，全县有非公企业1844个，从业人员12670人，总产值31.47亿元，完成增加值7.49亿元，实现利润总额2.66亿元，出口产品交易值达0.2亿元，非公经济固定资产投资达2.31亿元。

【城乡建设】幸福佳苑、伊苑商住楼等续建项目已全部竣工。投资2.38亿元的管道天然气和投资4500万元的三甲集生活污水处理项目，已基本完成前期准备工作。投资8313万元，动工建设廉租房500套，投资1.28亿元，实施棚户区改造800套，整合资金改造农村危旧房1150户。投入资金150万元，回收废旧地膜1700吨，回收率达到86%。

投资3953万元，硬化村社道路34条133.8千米。整治水毁、塌方、翻浆路段45.5千米，清理边沟11万米，修补路面坑槽5000平方米，处治路面翻浆203平方米，清理塌方503立方米，疏通涵洞25道，增设修补减速带12条。投资4891万元的洮河堤防工程，建成堤防13.3千米；筹措资金384万元清淤渠道18条170千米，衬砌渠道25千米，建成提灌工程2处，维修水毁段33处。

【扶贫开发】投资1650万元，完成整村推进项目11个；投资7300多万元，实施易地搬迁562户；发放互助社借款7678户5721万元，发放双联惠农贷款2494户1.18亿元；完成全县5.78万贫困人口的调查登记、建档立卡。全县减贫人口1.6万人，贫困人口下降到4.18万人，贫困面由27.3%下降到19.7%。组织开展职业技能培训839人，向长三角、珠三角地区输转大中专毕业生及“两后生”16批2781人，共创劳务收入7.85亿元。

【社会事业】2014年，全县有各类学校达135所，教职工总数2573人，在校学生3.84万人。总投资1.7亿元的三甲集中学和城关小学教学楼已建成投入使用，6所新建乡镇幼儿园已完成主体。投资596万元的齐家、水泉、官坊乡卫生院完成主体工程，庄窠集卫生院业务用房投入使用。投资175万元，新改建标准化村卫生室25所，村卫生室覆盖率达到100%。全县现有标准化体育场2个，农民体育健身场地9个，篮球场地77个，乒乓球场地10个，晨练点8个；全县有体育工作者71人。甘肃省第八届少数民族传统体育运动会上，县射弩队夺得该项目比赛的5金3银，分别获得男女混合团体金牌。在甘肃省第十三届运动会上运动员马虎参加长跑项目比赛中获得2金。在全省第九届残疾人运动会上，运动员马清忠取得2金1银的好成绩。

【人民生活与社会保障】2014年，全县农民人均纯收入4495元，增长13.7%；城镇居民人均可支配收入达13782元，增长8.5%。

全年共发放城市低保金1372.5万元，农村低保金7107.2万元，农村五保供养金552.1万元，临时救助金33.1万元；为2308名大病患者发放医疗救助金1136.8万元，为农村五保户、城乡低保户、重点优抚对象帮助缴纳城镇医疗保险参保金和新农合参合金171.5万元。新型农村合作医疗参合人数191990人，参合率达到98.3%，筹资标准提高到380元；已补偿163625人次（住院补偿18470人次，门诊统筹补偿141651人次），受益面达85%，总补偿金额达4813.02万元（住院补偿4616.48万元，门诊统筹补偿531.86万元），基金使用率66%。

广河县主要领导名录

县委书记　马宗明（回族，4月止）
　　　　　赵廷林（东乡族，9月任）
县人大常委会主任　马绍先（回族）
县　长　马东升（回族）
县政协主席　马学成（东乡族）

（供稿：罗明生　马明海　马彦俊）

永靖县

【综述】永靖县位于甘肃省中部西南，东连兰州市西固区、定西市临洮县；南濒黄河，与东乡族自治县、临夏县、积石山东乡族保安族撒拉族自治县为邻；西毗青海省民和县；北滨湟水，与兰州市红古区相望。县域总面积1863.6平方千米，其中总耕地面积562114.2亩。2014年末，全县辖10镇7乡，总人口207809人，人口自然增长率5.63‰。

年平均气温9.9℃，极端最高气温35.9℃，极端最低气温-14.8℃，日照时数2284.4小时，年降水量290.5毫米，蒸发量1665.7毫米。境内有炳灵寺石窟、刘家峡水电站、炳灵丹霞地貌、恐龙国家地质公园四个国家级旅游景点和炳灵湖、太极湖、毛公湖三座高峡平湖。

2014年，全县实现生产总值338585万元，比上年增长11.5%。其中第一产业增加值56742万元，增长5.9%；第二产业增加值183945万元，增长11.7%；第三产业增加值97898万元，增长14.3%。全年完成大口径财政收入61241万元，增长0.87%。全年财政支出186934万元，增长17.39%。年末金融机构人民币各项存款余额620894万元，增长8.47%。金融机构人民币各项贷款余额542604万元，增长19.82%。全年保费收入10283万元，增长19.04%。

【农业农村经济】2014年，全县完成农林牧渔业总产值96497.73万元，比上年增长10.24%。其中种植业产值69027.49万元，牧业产值19525.44万元，林业产值2418.3万元，渔业产值2416.5万元。全年农作物播种面积37.39万亩，增长0.4%。蔬菜播种面积5.88万亩，增长1.9%。全年粮食种植面积28.43万亩，下降1.25%。其中夏粮面积3.91万亩，下降3.69%；秋粮面积24.52万亩，下降0.85%。全年粮食产量131227吨，增长4.01%。其中夏粮产量10805吨，下降0.4%；秋粮产量120422吨，增长4.43%。在西部山区建设养羊示范村9个，发展养羊专业户849户，新增羊存栏3.2万只。全年肉类总产量9791.79吨，增长4.89%。

新建高效节能日光温室1500亩，发展高原夏菜1.3万亩。东西山区推广全膜双垄沟播玉米30.56万亩，脱毒马铃薯16.65万亩，种植中药材8000亩，新增百合3000亩。全年共完成植树造林6.05万亩，增长6.51%。育苗面积0.42万亩，比上年下降14.29%。全县年末拥有农业机械总动力19.08万千瓦，增长14.73%。化肥施用量（折纯）18822.39吨，增长1.73%。农村用电量12346.13万千瓦时，增长0.55%。当年新修水平梯田2.09万亩。新增有效灌溉面积0.05万亩。

【招商引资与项目建设】2014年，全县共引进上亿元项目11个，当年完成投资1.35亿元。全县共实施500万元以上国家投资项目47个，总投资82.66亿元，完成投资32.06亿元。

【固定资产投资与房地产业】2014年，全县完成固定资产投资586754万元，比上年增长22.8%。全年房地产完成投资68905万元，下降41.56%，住宅投资43090万元，下降42.08%。全年房地产业增加值5721万元，增长2.1%；

【城镇建设】投资8.5亿元，实施县城主干道提升改造工程，县城至三塬二级公路、中环路、滨河南路、滨河北路改造工程已建成使用。全年新开工建设城镇保障性安居工程住房510套（户），已完成总工程量的65%。省上在永靖县召开了全省新型城镇化试点工作现场会。全县城镇化率44.42%，比上年增长1.58个百分点。

【扶贫开发】实施整乡、整村推进项目，落实扶贫资金4500万元。协调落实帮联项目29个、2877万元，捐款捐物1189万元。协调落实双联惠农贷款、妇小贷、互助金借款2.74亿元。

【商贸流通】2014年，全县实现社会消费品零售总额53161万元，增长12.2%。其中批发和零售业增加值11785万元，增长10.6%；住宿和餐饮业增加值8980万元，增长4.6%。全年完成贸易出口额116.5万美元，增长136.3%。

【交通邮电】2014年，全县交通运输、仓储和邮政业实现增加值9599万元，比上年增长24.8%。公路运输完成客运量433.92万人次，增长31.8%。货运量231.6万吨，增长30.7%。客运周转量21696.35万人千米，增长45%。货运周转量25598.64万吨千米，增长47%。全年水路运输总周转量1750.78万人千米，增长45%。全年铁路运输总周转量2056.7万吨千米，下降27.03%；全年完成邮政业务总量396.01万元，比上年下降2.13%。

【旅游业】动工实施投资5.7亿元的黄河水电博览园建设项目，太阳岛欢乐城、坷坨旅游综合服务区项目已动工建设。2014年，全县共接待游客264.45万人，比上年增长20.31%，实现旅游收入11.47亿元，增长25.2%。旅游业收入占生产总值的比重达33.88%。

【环境保护】年末全县共有环境监

测站1个，环境保护监测人员16人。境内自然保护区面积达到19500公顷。城市污水集中处理率64%，城市生活垃圾无害化处理率87%。全年完成工业污染治理项目6个。

【社会事业】太极初级中学已建成使用，永靖中学迁建项目已完成主体工程。全县共有各级各类学校166所，，在校学生人数22483人，全县适龄儿童入学率100%。2014 年高考上省定二本线考生302人，比上年增加80人。改造乡镇卫生院4所，新建村卫生室39所。年末全县共有医院、卫生院24所，病床数961张，专业卫生技术人员1028人。儿童建卡率98%，单苗单针次接种率98%以上。新建村级体育场16个、文化活动室80个。

【人民生活与社会保障】2014年，全县城镇居民人均可支配收入13821.6元，比上年增长9.4%。农民人均纯收入4118.9元，增长13.8%。全年城镇新增就业6769人，城镇登记失业率为3.99%，失业人员再就业107人。全年输转劳动力4.83万人，实现劳务收入5.22亿元。

年末，全县参加城镇职工基本养老保险人数3614人，参加城镇职工基本医疗保险人数为14789 人，参加城镇居民基本医疗保险人数为20279人，参加失业保险人数为7037人，参加工伤保险人数为7107人。全县参加城乡居民养老保险人数为9.92万人，参保率为96.5%。参加新型合作医疗农民人数14.17万人，参合率为99.59%。全县城市医疗救助333人，农村医疗救助2148人。全县城镇居民得到政府最低生活保障的人数为9372人，农村居民得到政府最低生活保障的人数38160人。年末全县各种社会敬老院5个，敬老院拥有床位196张，供养人员36人。建成城镇廉租房300套，公共租赁房200套，完成农村危旧房、残困户危房改造1700户。

永靖县主要领导名录

县委书记　赏进孝

县人大常委会主任　赵贤章

县　长　尹宝山

县政协主席　康建才

（供稿：党占国）

和政县

【综述】和政县地处于甘肃省临夏回族自治州南部，介于东经103° 5′ –103° 30′ 、北纬35° 7′ –35° 32′ 之间。东与广河、康乐县接壤，南同甘南藏族自治州卓尼县、合作市隔太子山相邻，西与临夏县毗连，北与临夏市、东乡族自治县交界。东西宽37.5千米，南北长46千米，全县总面积960平方千米。2014年末，全县辖6镇7乡，总人口213096万人。

境内地势南高北低，形成4个河谷地带和2个沟谷地带，平均海拔2200米。属北温带大陆性气候，无霜期133天，年均气温6.3℃，年降水量620毫米。农产品资源主要有小麦、玉米、油菜、中药材等，林产品主要有啤特果、大榛子等。矿产资源主要有金、铜、石灰岩、硅灰石等20余种。是“中国花儿传承基地”，有松鸣岩等旅游景点10处，

2014年，全年实现生产总值12.9亿元，增长17.4%，其中第一产业增加值3.78亿元，增长6.1%；第二产业增加值2.7亿元，增长35.4%；第三产业增加值6.43亿元，增长15.7%。固定资产投资32.9亿元，增长23.17%；社会消费品零售总额2.66亿元，增长12.5%。

【农业农村经济】2014年，全县扩大油菜种植基地和新品种推广，带动油菜种植面积达到15万亩以上；依托八八啤特果6万吨果汁饮料生产线及1.5万吨果渣循环利用项目，扩大啤特果苗木种植规模，新建基地1.53万亩；建设2个千亩以上、3个百亩以上的中药材种植基地，带动全县中药材种植达到4.2万亩；新建规模养殖场（小区）17个，全县规模养殖场达97个，规模养殖户达3825户。实施投资1650万元的松鸣镇车巴、达浪乡郑家坪村等11个村的整村推进项目，投资1.3亿元的925户易地搬迁工程；建成牛津河罗家集至马家堡段、小南岔河腰套桥至关滩沟入河口段等防洪治理工程。

【工业经济】2014年，全县工业增加值1.18亿元，增长61.2%，其中规模以上工业增加值0.9亿元，增长122.3%。

【项目建设】全年实施和储备争取项目166个，总投资189.8亿元，完成项目投资47.5亿元。其中：续建项目26个、投资39.2亿元，新建项目88个、投资105.6亿元，储备争取项目52个、投资45亿元。

【招商引资】全年共实施招商引资项目49个，总投资107亿元，占项目总投资的73.9%，占固定资产投资额的78.8%。城区排水防涝等28个项目建设计划或可研已上报国家和省上有关部门。

【文化产业与旅游业】承办第七届中国原生民歌大赛、临夏州第二届花儿艺术节等活动。2014年，全县完成文化产业增加值3160万元，增长27.01%。松鸣岩-古生物化石地质公园大景区被列入全省20个大景区。2014年，全县接待游客183.3万人次、增长21.57%，实现旅游综合收入7.5亿元、增长25.39%。

【城乡建设】完成《和政县县城东区控制性详细规划》、村庄建设规划等编制工作。建成城区主街道改造等工程，开工建设天然气输配工程、滴珠山景区商业步行街等项目，完成投资2.77亿元。推进和合大道综合开发、松鸣小镇综合开发2个集群项目，和政国际家居博览中心已开工建设，松鸣小镇简欧式商铺等工程主体完工，完成投资7亿元。投资3143万元，实施县城北山、二郎岗、园区路、松鸣小镇面山及人工湖周边绿化工程。完成人工造林4.53万亩，新建绿色通道58千米。完成投资3142万元的财政“一事一议”村巷道路硬化105千米，投资3023万元的通畅工程17条60.46千米。建成投资4225万元的农村危房改造3500户，实施投资110万元的县城供水改扩建工程。

【社会事业】免除高中学生学杂费课本费、幼儿保教费课本费，落实班主任补助和边远山区教师补助，发放中小学寄宿生生活补助共计1541.6万元，拨

付中小学生营养餐专项资金1227万元，全县2.5万多名中小学生享受到营养早餐；投资1135万元，实施4所乡镇幼儿园、10所小学校舍改造、新庄学校教师周转宿舍等项目。高考本科硬上线212人，比2013年增加37人。建设3所乡镇卫生院业务用房、30所村卫生室、2个乡镇计生服务站等项目，落实少生快富奖励扶助资金248万元。建成新庄乡槐庄村、罗家集乡小滩社区2个乡镇体育健身中心，实施和政县全民健身中心和24个一村一场项目。

【人民生活与社会保障】2014年，全县农民人均纯收入3873.1元，增长14.1%。城镇新增就业6094人。全年开展技能培训7200人，输转劳务人员5.32万人（次），输转大中专毕业生及“两后生”2353名，创劳务收入7.036亿元。

全年发放民政保障资金1.46亿元，清理不符合条件农村低保对象886户1723人、城镇低保对象140户162人，对符合条件的701户1748人按程序纳入保障范围。建立农民工欠薪应急周转资金和保证金机制，追回农民工欠薪314.58万元。举行第二十四次“全国助残日”活动暨全省残联流动服务车配发仪式，全县各类残疾人受助项目资金共计达到1080万元。城乡居民社会养老金发放率达100%，续保率达96.1%，城镇居民基本医疗保险参保率达98%。

和政县主要领导名录

县委书记　李国辉

县人大常委会主任　马祥辉（东乡族）

县　长　蒋建民（回族）

县政协主席　蔡映山

（供稿：张　蔷）

东乡族自治县

【综述】东乡族自治县地处甘肃省中部西南面，临夏回族自治州东面，介于东经103° 10′-44′，北纬35° 30′-56′之间。东隔洮河与定西地区临洮毗邻，南与广河、和政两县相连，西倚大夏河与临夏市、临夏县为界，北濒黄河与永靖县相望。东西长51千米，南北宽47千米，全县总面积1510平方千米，其中水域面积48千米。2014年末，全县辖5个镇19个乡，总人口298153人，人口自然增长率10.29‰。有东乡族、回族、撒拉族等9个少数民族。

县境呈方圆形，四面环水，中间高突，约呈“凸”字状。最高海拔2664米，最低海拔1736米，平均海拔2610米。属典型的黄土高原干旱山区，气候干燥，冬长夏短，春秋相连，无明显夏季，无霜期年均138天，年日照数2500小时以上，年降雨量200-500毫米，年蒸发量1387毫米，山区年均温度为4.9℃，川区年均温度为8℃。境内植被稀少，主要动植物资源有羊、洋芋、杏、椒树等。土特产品有地耳、大接杏、花椒等。主要旅游景点有东大坡森林公园、唐汪川风光、河滩旅游区、黄土高原第一山城—锁南坝等。境内古生物化石存量丰富，其中出土的猴头骨化石是国内唯一现存的甘肃副长吻猴头骨化石。现珍藏于韩则岭拱北历经千年的牛皮封面《古兰经》手抄本，被省文物鉴定委员会定为国家一级文物。境内出土的一件铜刀，是我国迄今为止发现最早的铸铜器物。

2014年，全县实现生产总值14.47亿元，按可比价格计算，比上年增长13%。其中第一产业增加值41007万元，增长6.5%；第二产业增加值27681万元，增长16.1%；第三产业增加值78214万元，增长17.8%。一、二、三产业的比重为27.91∶18.84∶53.24。实现财政总收入12268万元，增长14.8%。金融机构各项存款余额23.02亿元，增长29.04%。金融机构各项贷款余额19.28亿元，增长81.25%。

【农业农村经济】2014年，全县实现农业总产值7.19亿元，比上年增长6.49%，其中农业服务业2605万元，增长30.54%。农业增加值4.1亿元，增长6.5%。粮食作物播种面积为37.48万亩，其中全膜双垄沟播6.1万亩。全年粮食总产量达到8.82万吨，增长4.11%。油料总产375.7吨，水果总产11391.4吨，水产品总产215吨。肉类总产1.4万吨，增长6.61%。新建规模养殖场15个，新发展养殖大户150户，落实能繁母畜奖补资金489万元，全县羊饲养量达到134万只，种植多年生牧草3.1万亩，培育脱毒苗305万株，新建马铃薯贮藏窖588座。

全年造林面积5.56万亩，机修梯田5.1万亩。全县农业机械总动力16.85万千瓦，增长8.4%。完成造林6万亩，新建绿色通道175千米，完成秋季整地1.2万亩，配套建设上水工程5处。完成机修梯田5.1万亩，建成户用沼气500座；投资1.8亿元实施水利项目9项，改善灌溉面积1.3万亩。

【工业经济】2014年，全县实现工业总产值8.47亿元，比上年增长22.83%。工业增加值1.12亿元，增长19.7%。规模以上工业总产值7.79亿元，增长16.94%。

【交通通信】2014年末，全县共有公路182条，总里程1209千米。全年完成公路客运量241万人千米，比上年增长14.8%，公路货运量193万吨，比上年增长12.2%。公路客运周转量10.9万人/千米，比上年增长23%，公路货运周转量10031吨/千米，比上年增长21%。

移动公司年内新建基站75个，累计共有基站160个，移动电话用户9万户；联通公司年内新建基站13个，累计共有基站54个，联通电话用户11000户：电信用户 3.2万户，新建基站20个，累计共有基站67个。全年完成邮政业务总量189.97万元，增长 32.25 %。

【固定资产投资与项目建设】2014年，全县全社会完成固定资产投资2289亿元，增长20.53%。引进招商引资项目19项，签约资金达到25.45亿元，当年到位8.86亿元。全年共实施500万元以上建设项目91项，总投资89.53亿元，其中新开工项目56项，总投资46.45亿元。续建项目35项，总投资43.08亿元。全年新开工项目完成投资15.09亿元，续建项目完成投资43.08亿元。

【商贸流通】2014年，全县商品销售总额为2.3亿元，增长22.93%，其中批发业销售额.025亿元，社会消费品零售额1.93亿元，增长14.2%。

【文化产业与旅游业】开展东乡民族文化资源的挖掘、整理工作，启动实施"东乡锦绣工程"、韩则岭《古兰经》珍藏馆和民俗村寨保护项目。2014年，全县接待国内外游客 8.5 万人（次），增长36 %。全年实现旅游总收入 3300 万元，增长 37.5%。

【扶贫开发】全县共建成村级产业发展互助社172个，归集互助金1.33亿元，发放借款8747户、7069.7万元。投资1.57亿元，实施整村推进项目21个、易地搬迁项目16个、农业综合开发项目3个。中石化集团以布楞沟流域为重点，投资1亿多元，援助实施农村道路、人饮、教育、旱作农业推广、生态林建设等一批项目。全县贫困人口从2013年底的10.92万人下降到8.36万人，贫困面下降9.08个百分点。

【社会事业】投资8472万元，实施1所高级中学、23所中小学改造、13所幼儿园建设项目。落实高中、幼儿免费教育资金2983万元，落实义务教育"两免一补"、营养餐补助、寄宿生生活补助资金共计1.07亿元。分配充实特岗教师151名，培训教师1900人（次）。年内有823名学生考入高等院校，本科上线276名。落实生源地贷款729.35万元。全县有各级各类学校240所，在校学生50077人。投资8528万元，新建、改扩建乡镇卫生院8所、村卫生室103所。县妇幼保健院建成使用，县医院项目已基本建成。选派359名卫生技术人员参加省州医疗机构培训，为3000名妇女开展免费体检。县城公共图书馆和5处村级文化广场已建成投入使用。有公共图书馆、文化馆、档案馆各1处。共有24所乡镇文化站，农家书屋229个。安装开通户户通41066户，全县广播和电视覆盖率分别达到95.7%和98.2%。有各类卫生医疗机构35个，医务人员507人，病床415张。

【人民生活与社会保障】2014年，全县输转未就业高校毕业生和"两后生"1114人，新开发公益性岗位1064个，新增城镇就业人员5850人，城镇登记失业率为3.01%。各类企事业行政单位从业人员年平均工资达到39927元。年末农民人均纯收入3130.2元，增长13.67%。城镇居民可支配收入13688.1元，增长8.8%。全年完成劳务培训7000人，输转劳务6.7万人（次），实现劳务收入8.11亿元，全县新型农村合作医疗参合率达到98.6%，住院报销比例达到85%。全县确定少生快富项目户1301户，落实奖励金391.1万元。累计发放双联惠农贷款3579户、1.88亿元，妇女小额担保贷款3457户、9000万元。

东乡族自治县主要领导名录

县委书记　高世太（回族，9月止）
　　　　　马生荣（回族，9月任）
县人大常委会主任　马福荣（东乡族）
县　长　张忠学（东乡族）
县政协主席　刘玉源

（供稿：汪佐华　杨先林）

积石山保安族东乡族撒拉族自治县

【综述】积石山保安族东乡族撒拉族自治县地处甘肃省西南部，处于黄土高原与青藏高原交汇地带，全县总面积910平方千米。2014年末，全县辖13个乡4个镇，总人口263611人。有保安族、东乡族、撒拉族等10个少数民族，是全国唯一的保安族聚居地，保安族人口占全国保安族总人数的95%以上。

境内属典型的大陆性季风气候，冬春干燥、夏秋湿润，年降水量467-734毫米。地势西南高、东北低，西南部为高寒阴湿山区，东北部为高寒干旱山区，海拔1735—4309米。

2014年，全县实现生产总值139064万元，比上年增长12.8%。其中第一产业增加值34678万元，增长6.3%；第二产业增加值16358万元，增长20.3%；第三产业增加值88028万元，增长14%。全县人均生产总值5649元，增长13.2%。全县金融机构各项存款余额230412万元，增长7.4%；金融机构各项贷款余额176951万元，增长37%。

【农业农村经济】2014年，全县粮食作物播种面积36.80万亩，比上年增长0.83%，全年粮食产量105830吨，增长2.66%。油料播种面积6万亩，与上年持平，油料产量15900吨。药材播种面积0.55万亩，增长10%。当年造林合格面积6.8万亩，增长15.06%。全年栽植花椒25.64万亩，花椒产量2137吨。核桃9.37万亩，产量421吨。全年肉类总产量4052.41吨，增长6.16%。全县新建规模养殖场14个，发展规模养殖145户，大牲畜存栏7.07万头（匹）。农用化肥施用实物量12432吨，增长0.8%。农村用电量1575.17万度，增长4.43%。保证灌溉面积6.72万亩，与上年持平。有效灌溉面积9.41万亩，增长0.32%。水平梯田27.36万亩，增长1.52%。全年完成劳务培训2.41万人（次），输转劳务6.92万人（次），增长1.76%，其中向东南沿海输送"两后生"1114人。实现劳务收入8.53亿元，增长18.78%。

【工业经济】2014年，全县工业增加值16358万元，比上年增长20.3%，其中规模以上完成工业增加值3357.8万元，增长3.8%。

【招商引资】2014年，全县共签约招商引资项目25项，签约资金11.1亿元，当年到位资金4.81亿元。

【商贸流通】2014年，全县完成社会消费品零售总额44765万元，比上年增长13.3%。其中城镇零售额24382.5万元，增长19%；乡村零售额20382.5万元，增长16.7%。按行业分，批发贸易业2293.2万元，零售贸易业30136.7万元，住宿餐饮业6147.7万元，分别增长14%、13%、14.5%。

【旅游业】2014年，全县文化产业从业人员913人，增长24.05%，建成11个村文化室。全年文化产业投资额10378万元，增长37.59%，实现文化产业增加值2455万元，增长24.56%。

2014年，全县接待国内外游客35.02万人次，增长29%，实现旅游综合收入1.45亿元，增长29.46%。

【固定资产投资与项目建设】全年固定资产完成投资213059万元，比上年增长22%。全年共实施500万元以上的重点建设项目172项，总投资198.02亿元，其中新开工项目119项、续建53项；国家投资项目40项，下达资金5.04亿元。

【交通通信】全年完成客运量90.6万人（次），客运周转量9357.71万人/千米，分别增长14.39%和6%；完成货运量56.4万吨，货物周转量78159.98万吨/千米，分别增长21.55%和6.5%。全年完成邮电业务总量248.54万元，增长11.38%。年末移动电话用户12万户，增长17%，联通电话用户2万户，增长1%。

【社会事业】2014年底，全县适龄儿童入学率达到98.66%，初中阶段入学率为94.82%。九年义务教育巩固率为74.09%，高中阶段毛入学率为50.66%。全县共有学校201所，其中独立高中1所，初级中学9所，小学171所，幼儿园19所，职教中心1个。有教职工3785人，有学生43385人，其中中学学生人数11369人，小学学生人数28337人，幼儿人数3679人。全县共有各级各类医疗卫生机构356个，其中县级机构5个，乡级机构16个，其他机构335个；县、乡两级共有在编在岗医疗卫生人员368名，拥有病床数753张。

【人民生活与社会保障】2014年，全县农民人均纯收入3498.4元，比上年净增413.4元，同比增长13.4%。其中工资性收入1727.4元，家庭经营性收入1393元，财产性收入仅为32.4元，转移性收入345.6元。参加新型农村合作医疗186804人，参合资金1121万元，参合率达到99.25%。医疗参保人数15921人，参保金额1795万元。确定城市低保对象1984户，6065人，发放金额1943万元。农村低保对象18834户，72816人，发放金额10136万元。

积石山保安族东乡族撒拉族自治县主要领导名录

县委书记　马国兴（回族）

县人大常委会主任　喇正彪（回族）

县　长　马邦才（保安族）

县政协主席　李耀林

（供稿：董克义　乔　斌）

甘南藏族自治州

【综述】甘南藏族自治州地处长江、黄河上游，介于东经100°45′45″-104°45′30′、北纬33°06′30″-35°34′00″之间。东与定西、陇南地区毗邻，南与四川阿坝藏族羌族自治州接壤，西与青海省果洛、黄南州相连，北靠临夏回族自治州。东西长360.7千米，南北宽270.9千米，全州土地总面积4.5万平方千米，其中耕地总面积6.73万公顷，牧草地总面积257.9万公顷，林业用地面积94.03万公顷。2014年，全州自治州7县1市。总人口为70.18万人，比上年末增加0.40万人。人口自然增长率为7.88‰，比上年上升0.15个千分点。

境内南部为重峦叠嶂的迭岷山地，东部为连绵起伏的丘陵山区，西部为广袤无垠的平坦草原，版块地势西北高，东南低，由西北向东南呈倾斜状。最高海拔4，920米，最低海拔1，172米。

属大陆性季节气候，光照充裕，利用率低；热量不足，垂直差异大；降水较多，地理分布差异显著。年平均气温在1.6-13.6℃之间，地域差异很大。全州的日照时数分布趋势由东南向西北逐渐递增，变化范围在1，800-2，600小时之间。境内河流众多，主要河流有黄河、洮河、大夏河和白龙江。水能资源蕴藏丰富，全州各河流（段）的理论蕴藏量为458.76万千瓦，可供开发的装机容量为302.26万千瓦。土壤垂直分布比较明显，共分为13个土类，27个亚类，40个土属。林木树种繁多，仅木本植物在400种以上，主要有杉、松、柏、桦、杨等。野生植物蕨菜、蕨麻、羊肚菌、猴头菌、香菇、木耳、沙棘等。药用植物有643种，主要有冬虫夏草、野党参、岷贝、半夏、大黄、丹参等。农作物以小麦、青稞、土豆为主。蔬菜以白菜、萝卜、葱为主，瓜果有苹果、梨、林檎、楸子、樱桃等。境内鸟纲动物有15目33科154种，哺乳纲动物有6目20科77种。主要有藏原羚、黄羊、盘羊、马鹿、雪豹、雕类等。境内探明储量的矿种有22种，优势矿种有铀、泥炭、砷、铅锌、铁、金、镁以及水泥灰岩、白云岩等9种，潜在优势矿种有石膏、锡石、锑、汞。

2014年，全州实现国内生产总值（GDP）114.92亿元，比上年增长6.7%。其中第一产业增加值25.89亿元，增长5.1%；第二产业增加值28.30亿元，增长7.7%；第三产业增加值60.72亿元，增长6.8%。全州第一、二、三产业结构由2013年的22.3∶26.2∶51.5，调整为22.5∶24.6∶52.9。全年完成大口径财政收入16.85亿元，较上年增长5.7%；财政支出总计116.80亿元，增长6.9%；年末全州金融机构存款余额246.85亿元，增长12.1%；全州金融机构各项贷款余额169.61亿元，增长22.1%。

【农牧业农牧村经济】2014年，全州实现农林牧渔业增加值25.89亿元，比上年增长5.1%。全年全州粮食播种面积35，713公顷，增加220公顷，增长0.6%。经济作物播种面积27，433公顷，增加1，380公顷，增长5.3%。全年全州粮食产量88，600吨，增长0.9%：油料产量19.900吨，下降0.3%；药材产量40，000吨，增长14.0%；水果产量9，349吨，增长6.1%；蔬菜产量19，700吨，增长2.0%。全年共完成造林面积6，240公顷，比上年增加800公顷，增长14.7%。

年末各类牲畜存栏381.39万头（只），比年初增加0.43万头（只）。各类牲畜总增数132.74万头（只），比上年增加3.30万头（只），总增率34.8%，提高1.1个百分点；出栏各类牲畜172.36万头（只），增加8.16万头（只），出栏率45.2%，提高2.4个百分点；各类商品畜148.77万头（只），增加7.57万头（只），商品率为39.0%，提高2.2个百分点。全年肉类总产量68，800吨，增加3，400吨，比上年增长5.2%；牛奶产量87，000吨，减少100吨，下降0.1%；绵羊毛产量2，100吨，减少100吨，下降4.5%。

【工业经济】2014年，全州工业企业实现增加值25.10亿元，比上年增长7.3%。其中规模以上工业企业实现增加值11.59亿元，增长1.1%；规模以下工业企业实现增加值13.51亿元，增长13.5%；国有经济实现增加值0.52亿元，增长2.5%：股份制经济实现增加值10.96亿元，增长1.0%；私营经济实现增加值0.11元，下降0.4%。

【固定资产投资与项目建设】2014年，全州完成全社会固定资产投资178.22亿元，增长1.9%。在全社会固定资产投资中，项目投资176.95亿元，增长2.1%。其中第一产业投资7.74亿元，下降34.9%；第二产业投资80.89亿元，增长10.9%；第三产业投资89.59亿元，下降0.6%。全年全社会施工项目648个，同比增加159个，其中新开工378个，增加94个。投产项目509个，增加265个。

【交通通信】2014年，全州完成货运量1，762万吨，增长6.8%，货物周转量334，733万吨千米，增长5.7%；客运量2，361万人次，增长2.5%，旅客周转量101，687万人千米，增长3.0%。年末全州机动车保有量达到86，291辆，比上年增加7，282辆，增长9.2%。

全年完成邮电业务总量5.49亿元，比上年增长15.6%。年末固话用户6.06万户，增加1.01万户，增长20.0%。移动电话用户56.91万户，减少2.37万户，下降4.0%。计算机互联网用户4.04万户，比上年增加0.57万户，增长16.4%。

【财政金融】2014年，全州完成大口径财政收入16.85亿元，较上年增长5.7%。完成公共财政收入10.33亿元，增长10.6%。财政支出总计116.80亿元，增长6.9%。年末，全州金融机构存款余额246.85亿元，增长12.1%。其中个人储蓄存款余额119.19亿元，增长11.4%；财政性存款4.92亿元，下降35.5%。全州金融机构各项贷款余额169.61亿元，增长22.1%。

【商贸流通】2014年，全州实现社会消费品零售总额33.42亿元，比上年增长12.3%。其中批发零售贸易业实现零售额26.10亿元，增长11.1%；住宿餐饮业实现零售额7.32亿元，增长17.1%。

【商业贸易】2014年，全州实现外贸进出口总额7，175万美元，比上年下降50.2%。其中出口总额7，175万美元，下降50.2%。

【旅游业】2014年，全州国家A级景区14处，其中AAAA级4处、AAA级1处、AA级9处。全年共接待国内外游客501.20万人次，比上年增长30.2%，入境游客10.25万人次，增长17.2%。实现旅游综合收入22.58亿元，增长32.4%。

【社会事业】2014年，全州共有各类学校492所，各类学校在校学生114，300人，教职工12，100名。各级各类学校中小学及幼儿园少数民族在校学生和幼儿103，000名，其中藏族学生和幼儿74，400名。小学、初中、高中教师学历合格率分别达到99.8%、99.7%和84.6%。年末，全州共有各种艺术表演团体8个，演出240场（次），观众36万人次。群艺（文化）馆9个，组织文艺活动73次，举办展览63个；公共图书馆9个，总藏量31.05万册（件），接待读者约9.3万人次；博物馆18个，藏品5，891件（套）；艺术表演场所1个，综合档案馆9个。广播和电视人口综合覆盖率分别达到100%和100%。有线电视用户34，000户，增加1，500户。《甘南州年鉴（2014）》出版发行。全年出版发行藏、汉两文报纸332.8万份。其中藏文报纸36.4万分；汉文报纸296.4万分。年末，全州共有各类卫生机构917个，卫生机构实有床位2，317张，拥有卫生技术人员4，125人。有各类体育场地1，230个，场地面积65.33万平方米，人均体育场地0.89平方米。在省第八届少数民族传统体育运动会上荣获3个一等奖，5个二等奖，26个三等奖。在全省第十三届运动会上获得1枚金牌、5枚银牌、1枚铜牌。

【人民生活与社会保障】2014年，全州城镇居民人均可支配收入16，421元，比上年增长9.0%；农牧民人均纯收入4，589元，增长12.2%。城镇居民家庭恩格尔系数36.2%，农牧民家庭恩格尔系数为44.1%。全年劳务输转13.61万人，实现劳务收入18.40亿元。

全州城乡居民参加各项社会保险60.58万人，参保率86.8%。其中：城镇参加各项保险人数24.52万人，参保率92.7%。在城镇各项参保人数中，城镇基本养老保险参保人数1.68万人；城镇基本医疗保险参保人数13.65万人；城镇职工基本医疗保险参保人数6.98万人；城镇居民基本医疗保险参保人数6.67万人；失业保险参保人数2.83万人；工伤保险参保人数3.11万人；生育保险参保人数3.25万人。全年城乡居民社会养老保险参保人数36.06万人，参保率98.53%。全年征缴个人养老保险费0.33亿元，为7.59万60周岁以上人员领取养老金0.64亿元。

年末新型农村合作医疗保险参保人数52.65万人，增长0.6%，参合率99%。全年新型农村合作医疗筹集基金总额1.97亿元，增长10.7%；新型农村合作医疗基金累计支出1.76亿元，与上年持平。新农合补偿79.60万人次。看病、报销“一卡通”正式运行。全州城市低保人数3.86万人。农村最低生活保障人数16.84万人，农牧村五保供养4，310人。全年城市医疗救助16.5万人，临时困难救助1，752人次，救助大病患者3，628人次，救助流浪乞讨人员1，646人次。全年农房保险参保农户、僧舍5.65万户。手术救助唇腭裂儿童和疝气儿童13名。发放孤儿生活补助资金585万元。为五保户、低保户和特殊困难群众提供免费殡葬服务36次。全州集中养育孤儿和重残儿童44名。

甘南藏族自治州领导班子成员名录

州 委

书　记　魏建荣（2月止）
　　　　俞成辉（4月任）
副书记　毛生武（藏族）　俞成辉
　　　　杨继军　赵凌云（藏族）
常　委　冯文戈　才　智（藏族）
　　　　扎西草（藏族）　席必泽
　　　　宋占文（藏族）　徐　强
　　　　范武德　宋　健
　　　　王　勇（回族）　夏杨林
　　　　刘小宇　温　辉　傅　强
　　　　杨　武（藏族）

杨　雄（藏族）
秘书长　赵凌云（藏族，4月止）
杨　武（藏族，4月任）

州人大常委会

主　任　李钰
副主任　郎木赛赤·洛藏南杰·龙仁桑盖（藏族）　周党生
安志英（藏族）
恒　考（藏族）
才让当智（藏族）
李瑞平（女）
秘书长　杜根存

州政府

州　长　毛生武（藏族，4月止）
代州长　赵凌云（藏族，4月任）
副州长　温　辉　傅　强
杨卓玛（女，藏族）
南木卡桑结（藏族）
石占良（藏族）
杨　武（藏族）
刘永革　赵四辈
州政府党组成员　雷和平
州长助理　李　勤　袁新河
秘书长　安旭林

州政协

主　席　安锦龙（藏族）
副主席　车建军　赛仓·洛桑华丹（藏族）
杨加措（藏族）黄新生
丁目迪（回族）
王春华（藏族）
王亚男（女）　赵宏才
丁科仓（藏族）
秘书长　董振国（藏族）

（供稿：孟海霞）

合作市

【综述】合作市地处甘南藏族自治州北部，介于东经100°44′45″－104°45′30″，北纬33°06′30″－35°32′35″之间。东连卓尼县，南靠碌曲县，西接夏河县，北倚临夏回族自治州和政、临夏两县，全市总面积2670平方千米，其中草场面积16.45万公顷，耕地面积1.02万公顷，林地面积1.33万公顷。辖6个乡4个街道办事处。2014年末，全市辖6个乡4个街道办事处，总人口9.2万人，人口自然增长率控制在7.3‰以内。有藏族、回族、撒拉族等10个少数民族。

地势由北向南倾斜，平均海拔3000–4000米。气候高寒湿润，冷季长，暖季短，年均气温零下0.5℃到3.5℃，年均降水量545毫米，无霜期48天，主要自然灾害为霜冻、冰雹和阴雨。主要河流有洮河、大夏河等。有辽阔的草原、丰富的水源、茂密的灌木林和森林，在丰茂的林荫草莽中，矿产主要有金、铜、锑、铅、钨、硫等。旅游景点有米拉日巴九层佛阁等。

2014年，全市完成地区生产总值28亿元，增长8.4%；完成全社会固定资产投资35亿元，下降20.3%；实现工业增加值6.1亿元，增长21.8%；实现社会消费品零售总额11.4亿元，增长12.8%；完成大口径财政收入4.3亿元，增长14.1%；完成一般预算收入1.8亿元，增长22.1%。

【农牧业农牧村经济】2014年，全市农牧业增加值达到1.9亿元，增长5.5%。全市投入资金6871万元，加快推进犏牛繁育、犏雌牛（奶牛）养殖产业带建设，犏牛繁育带存栏适龄母畜4.8万头，能繁母畜比例达到68%，年内繁育出栏犏（公）牛、犏雌牛1.6万头，存栏犏雌牛5.5万头，生产鲜奶6850吨。全年新建养畜暖棚430座，养殖小区4个，成立专业合作社81个。组建犏牛繁育核心群10个，引进基础母畜3380头、黄种公牛785头。年末，各类牲畜存栏28.2万头（只），牲畜总增率、出栏率、商品率分别达到37.9%、47.3%、44.8%。

全年农作物播种面积达12.1万亩，建成优质青稞高产示范田1.5万亩、青稞基地8700亩，种植藏中药材1万亩。完成流转土地2541亩。全年组织农牧民培训7550人次，输转5100人次，创劳务收入8170万元。

【工业经济】加快产业园区建设，6家入园企业建设项目加紧实施，其中燎原乳业、百草生物科技具备试生产条件，累计完成各类投资1.53亿元。2014年，全市实现工业增加值6.1亿元，增长21.8%。全年生产黄金2450公斤。

2014年，全市共实施各类建设项目115个，其中投资亿元以上项目9个、千万元以上90个；完成重点项目前期工作13个，争取重点项目13个；争取落实各类专项资金4.5亿元。

【招商引资】2014年，全市共签约各类招商引资项目9个，签约资金达14亿元，其中岗格尔大酒店、三元宾馆、顺昌贸易大厦等8个项目进展顺利，当年完成投资2.3亿元。

【文化产业与旅游业】培育文化企业77家，2014年，全市实现文化产业增加值3750万元，增长29%。

实施当周草原景区水上景观和植被恢复工程，当周神山藏文化国际生态旅游体验区步行木栈道建设项目全面启动，森林公园格河西南区域环境综合整治项目基本完成。2014年，全市接待游客数首次突破百万人次，旅游综合收入达到4.7亿元，分别增长25%和28%。

【商贸流通】东宏集贸市场、明海商厦、绍玛大酒店、豪门酒店完成主体工程，颐和大酒店、塞纳饭店正式运营。2014年，全市第三产业实现增加值18.8亿元，增长12.6%。全年实现社会消费品零售总额11.4亿元，增长12.8%。

【非公经济】2014年，全市新增私营企业137户、个体工商户749户，注册资金6.2亿元，非公经济增加值达到8亿元。

【城乡建设】编制城东南及交通枢纽区修建性详细规划、城区念钦街街景规划和2个村庄规划。拆除一批违法建筑，建立联合监管制度。投资4200万元新建、改造城区道路4条，卓玛西路、周措巷投入使用，桑曲东路东延、尼玛路基本建成，舟曲、玛曲、卓尼东路东延等道路加快推进。格河沿岸和306线污水收集管网工程开工建设，城东新区州妇幼保健站业务楼、州图书馆等一批建筑相继落成。投入1000万元实施路灯维护、广场维修等一批市政项目。城区垃圾收集清运实现全覆盖，移动式公厕免费开放。

【扶贫攻坚】2014年，全市争取财政扶贫资金2635万元，整合行业部门项目资金7142万元，实施整村推进项目10个，新组建扶贫资金互助社7个，贫困人口减少3500人。累计发放“双联”惠农贷款1.6亿元，各级“双联”单位协调落实帮扶项目98个、物资9958万元，中海油、平凉市落实藏区对口帮扶资金2946万元，发放各类强农惠农补贴资金8178万元。

【生态建设】完成面山造林绿化3000亩、绿色长廊工程1.8千米。实施甘南黄河重要水源补给生态功能区生态保护与建设等国家重点生态项目，完成人工造林2000亩、封山育林1000亩、退耕还林补植补造1074亩、黑土滩综合治理3.3万亩、人工种草2万亩，建设饲草料基地0.4万亩、半人工刈割草场26.5万亩，圈滩种草1.6万亩。加强草原生态保护，核减牲畜2.4万个羊单位，兑现草原生态补奖资金3071万元。加强饮用水源地保护。落实节能减排各项措施，万元生产总值综合能耗、主要污染物排放总量均控制在责任目标以内。

【社会事业】开工建设那吾乡、伊合昂街道等14所“双语”幼儿园，市第二幼儿园等一批教育项目建成投用。落实义务教育阶段“两免一补”、高中免费教育和营养改善计划专项资金2493万元。九年义务教育巩固率达到78.6%，高中阶段毛入学率达到76.6%。新建和维修村级卫生室29个，市中藏医院建设项目开工建设。新农合“一卡通”实现全覆盖，参合率达到98.8%，累计报销医疗费985万元，完成农牧民“三病”普查1.2万人。深入推进国家科技富民强县专项行动计划，文化资源普查和分类分级评估工作顺利完成，实施广播电视“舍舍通”845户。

【人民生活与社会保障】2014年，全市城镇居民人均可支配收入达到1.6万元，增长9.2%。农牧民人均纯收入达到4648元，增长11.6%。安置大中专毕业生176人，城镇新增就业人数565人。

完成城乡居民职业技能培训636人，发放小额创业贷款630万元。清理城乡低保对象571户、2073人，新增低保人员539户、1783人，城市低保月标准最高达到385元、增长15%，农牧村低保标准提高15%，五保供养标准达到每年每人3110元、增长20%。发放城乡低保、五保供养、医疗救助、临时救助、救灾救济、优抚安置等资金6623万元。城乡居民社会养老和城镇居民基本医疗保险参保率分别达到97.8%和95.1%，全年发放养老保险金536万元，报销住院费919万元。建成保障性住房268套，实施城市棚户区改造项目500套，改造农牧村危旧房2100户，为723户城市住房困难家庭发放廉租住房租赁补贴273万元。建成社区老年人日间照料中心1个和农村互助老人幸福院2个，发放高龄老人生活补贴103万元。为300名特困残疾人发放生活补贴43万元。建成农牧村饮水安全工程61处，解决2.1万人的饮水安全问题。投入价格调节基金72万元，建成蔬菜平价直销点6个。

合作市主要领导名录

市委书记　杨　雄（藏族）
市人大常委会主任　党　智（藏族）
市　长　周　梅（女，藏族）
市政协主席　周恒亮

（供稿：南交草）

舟曲县

【综述】舟曲县地位甘肃省南部、甘南藏族自治州东南部，介于东经103° 51′-104° 45′，北纬33° 13′-34° 1′之间。东邻陇南市武都区，北接宕昌县，西、南与迭部县、文县和四川省九寨沟县接壤。东西长99.4千米，南北宽88.8千米，全县总面积3009.98平方千米，其中耕地12148.59公顷。2014年末，全县辖3个镇16个乡，总人口136495人，人口自然增长率6.86‰。全县藏族人口48992人，藏族占总人口的35.89%。

属南秦岭山地，境内山峦重叠，沟壑纵横，岷县山系呈东南—西北走向贯穿全境。海拔在1173米-4504米之间。冬无严寒，夏无酷暑。年平均气温13.7℃，年日照时数1687.9小时。年总降水量492.5毫米，年平均风速2.1米/秒。全年无霜期254天，最大冻土深度11cm。

2014年，全县实现地区生产总值129325万元，比上年增长6.7%。其中第一产业增加值35931万元，增长4.5%；第二产业增加值28236万元，增长6.6%；第三产业增加值65158万元，增长7.8%。一、二、三产业增加值占生产总值的比重由2013年的28.5：21.7：49.8，调整为2014年的27.8：21.8：50.4。全年完成固定资产投资141009万元，比上年下降29.0%。完成大口径财政收入17355万元。

【农业农村经济】2014年，全县粮食总产量33824吨，比上年增长2.13%。其中夏粮产量14674吨，增长4.2%；秋粮产量19150吨，增长0.59%。全年粮食作物种植面积19.55万亩，增加0.58万亩；油料种植面积2.46万亩，增加0.12万亩；蔬菜种植面积0.19万亩，增加0.02万亩；中药材种植面积3.51万亩，增加0.38万亩。全年油料产量4235吨，增产9.05%；蔬菜产量8906吨，增产3.31%；中草药材产量4868吨，增产11.17%。年末，大牲畜存栏4.79万头，比上年末下降1.61%；牛存栏3.38万头，下降1.25%；羊存栏1.85万只，下降21.95%；猪存栏3.78万头，增长2.8%。牛、羊、猪出栏分别为0.64万头、2.19万只和4.95万头，分别比上年增长7.47%、7.83%和3.5%。全年肉类总产量5828吨，比上年增长4.42%。牛奶产量161吨，增长79.33%。绵羊毛产量10吨，下降6.71%。全年农业机械总动力15.87万千瓦，比上年增长3.79%。农村用电量1435万千瓦小时，增长6.12%。农用化肥施用量（折纯）969吨，增长3.96%。

【工业经济】2014年，全县全部工业实现增加值24673万元，比上年增长6.5%。其中规模以上工业企业实现工业增加值2773万元，下降14.3%；规模以下工业企业完成工业增加值21900万元，比上年增长10.6%。

【招商引资】全年新签约招商引资项目8个，合同引资10.2亿元，其中6个已开工建设，完成投资6.91亿元。

【固定资产投资与项目建设】全县列入固定资产投资的项目132项，其中续建项目41项，新建项目91项，全年完成投资14.1亿元。

【非公经济】2014年，全县非公经济增加值增速达到20.1%，占生产总值的比重达41%。

【城乡建设】易址搬迁电网建设和无电户电网建设工程已完工。城关综合农贸市场等4个市场陆续投入使用，丁字河口农贸市场建成对外招商。总投资1.11亿元的37条、222千米行政村公路通畅项目完成进度60%，行政村道路硬化通畅率84%，自然村简易路通畅率80%，自来水入户率86%。

【文化产业与旅游业】2014年，全县文化产业实现增加值1844万元，占生产总值的1.4%。全年旅游人数达21.79万人（次），比上年下降13.4%。全县旅游综合收入达8657万元，比上年下降22.8%。新增旅游就业人数215人，较上年增长16%。

【产业开发】在15个乡镇、61个村新建林果基地8380亩，全县经济林果总面积达到9.8万亩。种植各类药材5.2万亩，其中新增4.5万亩。将江苏省常州市对口帮扶的500万元资金全部用于购置土鸡鸡苗和扶持土鸡孵化专业合作社，为全县3.49万贫困人口按每人10只的标准发放鸡苗。全县养殖土鸡达到51万只、生猪10万头、土蜂0.9万箱。完成1500座塑料大棚提质增效，新建塑料大棚800座。种植脱毒马铃薯、复播荞麦各3万亩，冬播油菜2.5万亩，推广全膜双垄沟播玉米、马铃薯3.05万亩，示范种植品种玉米650亩。狼肚菌在插岗乡亚合村人工试种成功。

【退耕还林】对全县12个乡镇52个行政村历年退耕还林工程保存率较低及不合格面积进行补植补栽，完成4211亩，栽植核桃、刺槐、落叶松、花椒等苗木46.5924万株。在11个乡镇42个行政村，实施经济林果建设任务8380亩，共栽植核桃345万株、梨1.1万株、苹果1.1万株、桃0.74万株、杏0.37万株。

【生态保护】编制完成全县24.39万亩的新一轮退耕还林工程实施方案和新老城区、立节杰迪南北两山造林绿化工程、新区南北两山上水工程、S313线新老城区段景观提升工程方案。完成各类植树造林2.05万亩、育林1.7万亩，兑现造林补助1873万元、草原修复补助1185万元。全年投入生态补偿资金3243万元，占上级下达重点生态转移支付资金的67.7%。落实县人大常委会《关于进一步加强生态植被保护、全面实施封山禁牧的决定》，划定封山禁牧林地72.02万亩、草场50万亩，淘汰土山羊42757只，发放补助213.8万元。投入工作经费85万元，对乱采滥挖矿产资源行为强力整治。丁字河口铁合金厂停产整顿，金钱沟煤矿依法关闭。完成土地整理758亩。推进老城区锁儿头、桥头坡、立节北山等地质灾害治理工程。全县GDP能耗同比下降2.52%，主要污染物排放量均控制在目标值之内。

【社会事业】编制《舟曲县标准化学校建设规划》。发放助学金和奖金34.1万元，完成天津援助“9+3”免费中职教育招生216人。义务教育巩固率81.51%，乡镇中心幼儿园实现全覆盖，高考录取率达到89.95%。与兰大医院签订“支持舟曲县卫生人才”项目合作协议，兰大一院、二院已完成5批次、27名医务人员支医援助。建制村标准化卫生室覆盖率92%，投入计划生育事业费590万元，足额落实各项优惠奖励资金195.29万元。建成寺庙书屋21个，“一村一场”农民健身场所20个，标准村级文化广场7个，免费开放县图书馆、体育馆。扶持组建村级文化社团19个。创作《相约在拉尕山》等一批民族歌舞，编辑出版《白龙江边有人家》等一批本土文学作品，发行《舟曲年鉴（2014）》。将县有线电视台舟曲新闻栏目改版为日新闻，完成各类文化资源数据登记申报723项，认定可移动文物1298件。

【人民生活与社会保障】全年输转劳务4.52万人次，创收6.77亿元。发放各类贷款合计7.64亿元，惠及农户1.1万户。新农合参合率达99.2%，新农保参保率达99.8%。大川、巴藏敬老院建成启用，全县95名有意愿的孤寡老人全部就近入住4个福利养老院。“一卡通”限时结报正式运行，新农合人均筹资标准达到380元，参合率达99.2%，为12.255万人次报销医疗费4552.15万元。

【扶贫开发】易地扶贫搬迁总投资5517万元的博峪乡阿路沟等4村、417户易地扶贫搬迁项目完成投资任务的80%，全县有意愿的存量易地搬迁户实际搬迁率达73%。全县贫困人口减少2.5万人，贫困发生率7.91%。已脱贫贫困人口人均纯收入达到2951元，增长29%。剩余贫困人口人均纯收入达到2761元，增长22%。

【安全生产】全年发生各类生产安全事故16起，死亡2人，受伤2人，直接经济损失277.5万元，各项指标均控制在目标范围内。

舟曲县主要领导名录

县委书记　冯文戈（2月止）
　　　　　石华雄（2月任）
县人大常委会主任　杨永海（藏族）
县　长　石华雄（2月止）
　　　　郭子文（藏族，5月任）
县政协主席　梁吉效（藏族）

（供稿：冯爱芳）

卓尼县

【综述】卓尼县位于甘肃南部，介于东经102°46′-104°02，北纬34°10′-35°10′之间。东与定西地区所属岷县、漳县为邻，南与迭部县相接，西南与四川省若尔盖县毗邻，西与碌曲县、合作市毗连，北与临夏回族自治州所属和政、康乐及定西地区所属渭源县接壤，中部与临潭县环接。全县总面积5419.68平方千米，其中耕地面积164523亩，林地面积360.94万亩，草场面积494.54万亩。2014年末，全县3镇12乡，总人口105154人，人口自增率7.99‰。有藏族、回族等9少数民族。

境内地势西南高，东北低，海拔高度2000–4920米。属高原性大陆气候，年平均气温5.9℃，年日照时数2265.8小时，年降水量563.1毫米，无霜期年平均112天。主要河流为洮河，较大的河流有车巴河等大小26条支流。药用植物有黄瑞香、贝母、冬虫夏草等140多种。食用植物有毛樱桃、李子等。野生动物有黑鹳、金钱豹等。矿产资源已探明的有铁、铜、铅等。主要旅游资源有大峪沟、阿子塘景区等。

2014年，全县完成地区生产总值13.01亿元，增长5.7%；工业增加值3.1亿元，下降9.1%；完成大口径财政收入11470万元，占年计划任务的101.5%。全年各项支出累计达到17.4385亿元，增长9.41%。实现社会消费品零售总额3.02亿元，增长5.2%；固定资产投资23.5亿元，增长26.6%；城镇化率完成20.8%。

【农牧业农牧村经济】2014年末，全县各类牲畜存栏达50.3万头（匹、只），总增率、出栏率、商品率分别达35.14%、47.56%、38.3%，肉产量9800吨，奶产量8390吨，牧业增加值达3.8亿元，增长6.5%。农作物播种总面积达15.87亩，其中粮食作物5.05万亩，油料2.1万亩，药材6.5万亩，蔬菜0.21万亩，青饲料1.96万亩。粮经饲三元比例从2013年的38.1：49.5：12.4调整为31.8：55.8：12.4。全年粮食产量达0.82万吨、油料产量达0.23万吨。完成荒山造林3000亩、义务植树40000亩。九甸峡库区网箱养殖户47户，养鱼规模达2.7公顷，年产量达15吨。

【旅游业】2014年，全县旅游接待人数37.8万人次，增长27.3%；旅游综合收入达1.49亿元，增长27.4%。

【项目建设】2014年，全县共组织实施项目176项，其中续建83项，竣工52项；新建93项，竣工11项。灾后重建项目共计59项，总投资49679.5万元。重建户开工率达100%，竣工率达99%。

【固定资产投资】2014年，全县完成固定资产投资23.5亿元，增长26.6%。合同引资达7.63亿元。

【扶贫开发】全年完成9个整村推进项目。涉农资金和灾后重建资金4.33亿元用于北部6乡扶贫攻坚。全年有效解决绝对贫困人口1万人。筹资3600万元双联贷款担保基金，截至年底发放双联惠农贷款2026户15153万元。

【社会事业】2014年，全县高考录取率达95.61%，共发放补助资金1302万元；营养改善858.57万元，受益学生12507人；717名学生发放生源地助学贷款370.25万元。共建立居民建康档案100736人，建档率达99.3%；新年参合人数84014人。参合率达99%，共收缴医疗基金2679.08万元。编制完成《卓尼县洮砚文化保护传承利用发展规划2014—2020》。《卓尼土司》电影在人民大会堂召开首映仪式。配合完成《绚丽甘肃》《中国国家地理》杂志社等摄制组在卓尼的拍摄工作。

【人民生活与社会保障】2014年，全县城镇居民人均可支配收入达到16978元，增长16%；农牧民人均纯收入达到4476元，净增746元，增长20%；居民消费价格指数103.2。招录事业单位工作人员260人，156名大中专毕业生到15家企业工作。全年劳务输转1.69万人次，劳务创收入达2.18亿元。

全年清理调整城市低保对象538户603人、农牧村低保对象2423户7657人；60岁以上老人发放养老金993.38万元，发放城乡低保金5103.14万元、五保金200.41万元，城乡居民参保率达97.4，城镇职工及城镇居民报销住院费2257万元；2200户农牧村危旧房改造工程全面完成；2000套公共租赁房建设工程全部开工建设；农牧村饮水安全工程修建集中式供水127处，解决20个行政村26129人及4000名学校师生的饮水问题，完成建设任务的70%。

卓尼县主要领导名录

县委书记　杨晓南（藏族）

县人大常委会主任　王　忠（藏族）

县　长　韩明生

县政协主席　朱凤翔（藏族）

（供稿：马永寿　闹尕东主）

临潭县

【综述】临潭县地处甘肃省南部，甘南藏族自治州东部，介于东经103°10′–103°52′，北纬34°30′–35°05′之间。东邻岷县，北接康乐、渭源两县，与卓尼县插花接壤。东西最大距离60千米，南北最大距离83千米，全县总面积1557.68平方千米。2014年末，全县辖3镇13乡，总人口16.02万人，人口自然增长率6.32‰。全县少数民族人口5.79万人，占总人口的36.12%。

境内地形西高东低，大多地区属高山丘陵地带。白石山、莲花山、大岭山为主要山峰。气候属高寒干旱区，干旱、冰雹、霜冻、洪涝等灾害频繁。主要林木有云杉、冷杉等16种，药材有麝香、虫草、贝母等16种，食用类植物有蕨菜、地耳等。野生动物有苏门羚、黑鹳、娃娃鱼等。主要河流有洮河及其支流冶木河、羊沙河、石门河。主要矿藏有铜、铁、金等10种33处。有磨沟仰韶文化遗址、伊斯兰教清真寺、藏传佛教寺院、冶力关AAAA级风景旅游区、莲花山等人文自然景观。

2014年，全县完成地区生产总值15.28亿元，增长7.5%；社会消费品零售总额3.48亿元，增长13.1%；完成固定资产投资25.04亿元，增长20.6%；大口径财政收入11042万元，增长25.08%；完成地方财政收入6594万元，增长28.06%；金融机构存贷款余额分别为30.24亿元和17.06亿元，较年初分别增长10.36%和24.54%。

【农牧业农牧村经济】2014年，全县种植中药材13.8万亩，油菜5.96万亩，脱毒马铃薯1.32万亩，青稞高产示范田1万亩，建设设施蔬菜示范小区2个，粮经饲比达到28：61：11。全年粮食总产量13893吨。全年培育牛羊育肥专业合作社212个，新建养殖小区25个、暖棚816座，发展养殖户1270户，连片种植优质牧草1.32万亩。全县牛羊育肥专业合作社达到337个，养殖小区93个、暖棚8648座，育肥户6500余户，全年育肥出栏牛羊9.8万羊单位，牛羊存栏18.19万头（只）。向农牧业龙头企业、农牧民专业合作社、种养业大户流转土地3.68万亩，全县共注册登记农牧民专业合作社731个，创建国家级示范社2个、省级示范社4个、州级示范社13个。58家农牧民专业合作社及龙头企业注册了产品商标。店子乡周边4500余户农牧民种植当归、红提葡萄、西兰花等，产品远销兰州、杭州、上海等城市。投入1949万元，组织实施土地整理、灾毁耕地复垦项目8个，整理农田1.24万亩。

【工业经济】2014年，全县实现工业增加值24448万元，增长16.8%。其中规模以上企业实现工业增加值4748万元，增速为1.1%；规模以下实现工业增加值19700万元，增速为17.3%。全年实现发电量42044万度；完成供水量156万吨；生产水泥259723吨。

【旅游业】2014年，全县接待游客突破百万人（次）大关，达到112万人（次），创旅游综合收入4.9亿元，分别增长20%和27%。中国第一卧佛、天池冶海入选《中国国家地理》最美观景拍摄点。

【招商引资与项目建设】2014年，在“兰洽会”上签约项目9个，总投资9.02亿元，当年到位资金5.69亿元。引洮入潭等93个重点项目全面开工建设，累计完成投资25.04亿元，占计划任务24.7亿元的101.4%。总投资3.03亿元的7乡镇干部职工周转房等15个项目前期工作全面完成。总投资2.45亿元的长川乡九年制学校宿舍楼等15项重点争取项目已全部列入建设计划，13个项目已下达投资计划。4330户住房重建竣工4115户，10772户住房维修加固全部完成，2个异地集中安置点211户群众安置房屋完成主体建设。石门学校宿舍楼等84个灾后重建项目开工建设，累计完成投资5.39亿元，占计划总投资的76.7%。

【城乡建设】编制完成《冶力关镇控制性详细规划》等15个规划并通过评审。总投资2.67亿元的11项重点市政工程全部开工建设，城区生活污水处理等3个项目已竣工，城区集中供热等4个项目进入收尾阶段，冶力关镇供水改扩建等4个项目正在建设当中。全县城镇化水平达到18.9%，增长2.3%。投入3053万元建设农牧村公路27条66.7千米，总投资1002万元的45个农牧村电网改造项目竣工36个，投入324万元实施农村环境连片整治项目。完成造林绿化1.2万亩，面山绿化和公路绿化1000亩，封山育林和森林抚育1.1万亩。

【水利水电】截至2014年底，引洮入潭工程，项目累计完成投资14625（含前期费用、材料设备款）万元，占总投资的78.4%；农村饮水安全项目工程，全年年解决临潭县13个乡镇54个行政村141个自然村7867户36004人及16所学校7028名师生的饮水不安全问题，完成投资3179万元；羊沙河下河段治理工程，工程新建堤防4.8千米，累计完成投资590万元；“7·22”地震灾后恢复重建水利项目全面完成。

【社会事业】全县九年义务教育巩固率78.6%，小学适龄儿童入学率100%，初中阶段入学率99.3%，高中阶段毛入学率76 .63%。全县义务教育阶段学生全部免费享受到营养早餐，农村学前教育阶段幼儿营养改善计划全面启动，投入1467万元建成卓洛乡幼儿园等9所幼儿园。建成村级文化活动室33个，新建扩建乡村舞台54个，完成“一村一场”农牧民健身工程20个。举办第十六届“洮州”花儿大奖赛，开展“千台大戏送农村”演出活动。建立居民健康档案13.6万人，建档率91.7%。国家免疫规划一类疫苗接种率达到98%，建卡建证率达100%。国家基本药物制度实施后，药品价格同比下降24%。开展食品药品监管领域专项整治行动。

【人民生活与社会保障】2014年，全县城镇居民人均可支配收入15783元，净增1299元，增长8.97%。农牧民人均纯收入4177元，净增458元，增长12.31%。全县城镇登记失业率3.52%，居民消费价格指数控制在103.5以内。全年民生方面支出达10.94亿元，占财政总支出的63.2%。城镇新增就业853人，多渠道招录大中专毕业生540名。

城市低保由月人均303元提高到348元，为5724名保障对象发放资金2044万元；农村低保由年人均1907元提高到2193元，为4.2万名保障对象发放资金6503万元；五保集中供养、分散供养标准分别提高到每人每年3310元、3110元，发放五保供养资金325万元；为10名退役军人发放优待金34万元；为1461名城乡居民发放医疗救助金841万元；为204名城乡孤儿发放生活费161万元；为1090名80岁以上老人发放高龄补贴56万元；为3.1万名困难人员发放救助金1161万元；城乡居民社会养老保险参保人数达到9万人，退休人员基础养老金由70元提高到75元，为1.78万名符合待遇享受条件人员发放养老金1505万元；城镇居民医疗保险筹资标准从280元提高到320元，报销医药费276万元；新型农村合作医疗筹资标准从340元提高到380元，参保人数12.56万人，参合率98.47%，报销医药费3771万元；为1575名学生发放助学贷款850万元；给1271名困难学生落实各类资助金185万元；实施危旧房改造2450户，竣工2415户；为1340户住房困难家庭发放廉租住房租赁补贴627万元；落实宗教界人士生活补助427人85万元，宗教场所成员报酬256人57万元。

【扶贫开发】投入资金1810万元实施术布乡普藏什村等12个整村推进项目，硬化、拓宽村组道路5.78千米，修建养畜暖棚46座，引进良种牛、羊、猪1996头（只），新修河堤2470米，修建农用桥6座。新增村级互助社27处，累计达到71处，互助资金总规模1744万元，向农户发放借款683万元。在古战、新城等4个乡镇7个村实施易地扶贫搬迁工程，总投资7787万元，受益人口651户3832人，已建成搬迁住宅402处。总投资4648万元的8个天津援建示范村的基础设施建设基本完成，完成危旧房改造1105户，硬化巷道34千米。“双联”活动为联系村落实基础设施、产业发展等项目和帮办实事374项，总投资1.47亿元。完成农牧村实用技术培训

3.04万人（次）、职业技能培训2526人、职业技能鉴定2370人，累计有6077名农牧民获得《中华人民共和国职业资格证书》。向省内外输转劳动力4.83万人（次），创劳务收入近6亿元。2014年，全县贫困人口减少1.5万人，贫困面下降至26%。在10月份国务院召开的全国社会扶贫工作会议上，县扶贫办荣获“全国社会扶贫先进集体”荣誉称号。

临潭县主要领导名录

县委书记　宋　健

县人大常委会主任　何子彪（藏族）

县　长　李生文

县政协主席　牛汝霖

（供稿：牛玉安）

迭部县

【综述】迭部县地处甘肃省甘南藏族自治州南部、青藏高原东部边缘，介于东经102°54′54"-104°04′33"和北纬33°39′23"-34°30′02"之间。东邻舟曲，北接卓尼，东北与岷县、宕昌县毗邻，西南同四川若尔盖、九寨沟两县接壤。东西长110千米，南北宽75千米，全县总国土面积51083平方千米，其中，耕地面积0.91万公顷，草场面积15.69万公顷，林地面积30.07万公顷，森林覆盖率为54.4%。2014年末，全县共辖11个乡镇，总人口5.22万人，人口自然增长率为4.01‰。有8个少数民族，藏族占全县总人口的85%以上。

境内地势西北高，东南低，呈东西长、南北窄的地貌特征，大部分地区海拔在1500米至2000米之间。气候温和湿润，四季分明，属高山内陆性气候。年平均气温6.7℃，平均降水量500-730毫米，全年日照数为2242.2小时，无霜期126-210天。主要河流为白龙江，可利用水量约4900万立方米，水量理论蕴藏量为80.74万千瓦。木本植物种类有60科123属314种。已初步探明的矿藏有铁、铜、黄金等17种。野生经济植物和菌类资源丰富，已载入《甘南中药材资源名录》的有702种，全国重点普查的363种主要中药材中全县境内有127种。被列为国家保护的野生动物主要有大熊猫、羚羊、雪豹等27种。有俄界会议遗址、藏传佛教寺院、措美峰等人文自然景观。

2014年，全县完成地区生产总值（GDP）9.269亿元，按可比价计算，比上年同期增长10%；完成固定资产投资23.89亿元，增长8.9%。大口径财政收入1.747亿元，增长21.3%；完成县级财政收入1.035亿元，增长37.18%；全年实现社会消费品零售总额2.66亿元，增长13.14%。

【农牧业农牧村经济】2014年，全县注册成立牛羊养殖、育肥专业合作社67个，各类牲畜存栏预计18.85万头（匹、只），育肥出栏牛羊1.79万头（只），牲畜总增率、出栏率、商品率分别达到42.79%、47.35%和32.22%。全年完成肉类产量3672吨，牛奶产量5184吨。建成4000平方米贮草棚、3800平方米青贮窖和8000平方米暖棚。发放紫花苜蓿草籽15吨，种植牧草1.04万亩，完成任务的104%。全年免疫各类牲畜35.17万头（只），免疫密度达到100%。巩固提高日光温室和塑料大棚172座。全县农村土地经营权流转面积6300亩，占全县耕地承包面积的8.5%，流转土地农户1230户。

【招商引资与项目建设】2014年，全县共签约各类招商引资项目3项，签约金额6亿元。新签约项目当年开工1项，到位资金2900万元。续建项目23项，到位资金6.6亿元。重点推介招商引资项目36个。

【生态保护】完成人工造林、封山育林、中幼林抚育、荒山造林、退耕还林成果巩固和国家级公益林落界工作，成立林业专业合作社15家。完成义务植树40万株，栽植经济林苗木7.1万株。开展3个连片整治示范村，申报国家级生态乡镇1个、省级生态乡镇4个。累计开展环境监察360人次、检查单位78家。开展6次非煤矿山非法开采专项整治行动。开工建设桑坝乡足固滑坡治理和腊子口乡朱立沟泥石流地质灾害工程。

【文化产业与旅游业】摄制红色主题电影《迭部恋歌》、风光宣传片《迭部情》《好山好水好迭部》，与中央电视台联合完成《迭部·卓玛的轮回》微电影拍摄工作，新建“微观迭部”和“迭部旅游”微信平台。2014，全县文化产业增加值达到1504万元。

完成俄界会议遗址和茨日那毛主席旧居保护与修缮项目。茨日那和俄界景区晋升为国家3A级景区。全年接待旅游人数达到37.7万人，旅游综合收入1.66亿元。

【城乡建设】县腊子口路改造项目建成使用，电尕镇排水及道路工程和腊子口西路道路改建工程已完成建设，县滨江路改造工程完成总工程量的90%。县污水处理厂投入运行，城区集中供热工程一、二级管网、热源厂循环泵和1号、2号锅炉及5座换热站进行升级改造。迭宕二级公路基本建成通车。县城中心区综合开发建设项目累计完成投资7216万元，城区污水处理率达75%，供水普及率达80%，城区生活垃圾日处理率达93%，天然气连片燃气供应普及率达7%。迭九三级公路已立项，腊子口至桑坝公路和麻牙至多儿公路开工建设。

【扶贫攻坚】完成4500人的减贫任务，贫困人口人均纯收入预计达到2811元，增长20%。全年共争取扶贫资金4780万元，实施异地搬迁、藏中药材种植、良种引进培育等项目。四级联村单位共帮扶各类项目181个，帮扶资金5335万元，帮办实事409件。

【水利水电】截至2014年底，全县已建成发电水电站21座，总装机容量达30.06万千瓦，总投资29.1亿元。全面建成总投资4847.43万元的白龙江干流迭部县成段治理工程和迭部县成区防洪工程。完成投资502.91万元，建成迭部县2013年牧区节水灌溉示范项目，发展高效节水灌溉面积3561亩。完成投资508万元，新建饮水安全工程52项，解决0.58万人饮水不安全问题。

【社会事业】学生宿舍楼等项目进展顺利，全额落实2014年义务教育保障机制经费，下拨学生营养改善计划资金168万元，发放寄宿生生活补助1507万元，阿夏、多儿2所中心幼儿园完成主体工程。重症监护病房和"120"急救调度指挥系统建成并投入使用，农牧民新农合参合率达到99.92%，对6521名农牧民进行了三病普查，完成计划任务的107.6%。国家级计划生育优质服务先进县顺利通过州级评估验收。

【人民生活与社会保障】2014年，全县农牧业人均纯收入达到4631元，增长12.4%。城镇居民人均可支配收入1.662万元，增长9.5%。全县城镇新增就业人数达509人，城镇失业人员再就业154人，职业技能培训685人。输转城乡富余劳动力6050人次，创收8800万元。

全县城市低保对象达到2882人，保障标准达到月人均348元，月人均补差达到298元，全年发放保障金1030.6万元；农村低保对象13222人，月人均补助水平达到126元，全年发放保障金1999.2万元。为全县63名孤儿累计发放生活补助资金46.8万元，救助流浪乞讨人员265人，发放救助款11.4万元。民房保额由每户1万元提高至2万元。完成700户农牧村危房改造，200套公租房建设已完成项目初设，共发放廉租房租赁补贴177.84万元。投资2414万元完成"7.22"岷县漳县地震灾后就地重建390户、维修加固1708户任务。

迭部县主要领导名录

县委书记　仁青东珠（藏族）

县人大常委会主任　段庆发

县　长　焦维忠

县政协主席　宝　珠（藏族）

（供稿：刘文海）

夏河县

【综述】夏河县地处甘肃省西南部、甘南藏族自治州西北部，介于东经101°54′-103°25′、北纬34°32′-35°34′之间。东南面分别与州属合作市、碌曲县相邻，北依临夏回族自治州临夏县及青海省循化县、同仁县，全县总面积为6274平方千米，其中草场面积502580公顷。2014年末，全县共辖10个乡3个镇，总人口8.8万人，人口自然增长率为7.3‰。有藏族、回族、撒拉族等6个少数民族，其中藏族人口约占总人口的79.2%。

境内大部分地区海拔高度在3000-4200米之间，总体地势由西北向东南部倾斜，最高点为甘加达里加山主峰，海拔4636米。境内河流纵横，溪泉遍布，北、西部为大夏河水系，南东部为洮河水系，众多河流汇入黄河，是黄河上游流域的重要支流。气候寒冷湿润，年平均气温2.6度，极端最低气温零下26.7度，极端最高气温度28.4度，昼夜温差大。冬春多风，夏秋多雨，年均降水量516毫米，平均无霜期56天，全年日照时间2296小时。天然草场类型以灌丛草甸、亚高山草甸、草原化草甸为主体，林木植物为乔木为主，柳、桦、灌次之，已查明的野生植物有73科709种。县境内有五大景区三十六处景点，以"世界藏学府·中国拉卜楞"旅游品牌享誉国内外。

2014年，全县实现地区生产总值15.5亿元，增长6.2%。固定资产投资31.5亿元。大口径财政收入2.04亿元，增长34.4%。财政支出13.6亿元，增长10%。社会消费品零售总额5.3亿元，增长13.2%。城镇居民人均可支配收入16493元，增长14%。农牧民人均纯收入4927元，增长18%。

【农牧业农牧村经济】2014年，全县扶持新建专业合作社106个，全县专业合作社增加到348个，注册资金3.7亿元。年末，存栏各类牲畜86万头（只），畜牧业实现增加值2.8亿元，增长6%。全年肉类产量1.3万吨。安多、雪顿两大园区累计完成投资5.4亿元，接受省委、省政府的重大项目观摩。购置良种公畜和犏雌牛1852头，建设棚圈543座，种植优质牧草7.9万亩。筹措资金1000万元，加大对畜牧产业开发的资金保障力度。整合涉农项目298个，涉及资金4亿元，实施现代农业项目和美丽乡村建设。落实农牧业政策保险县级补贴751万元。加强动物疫病防控工作，投资100万元，设立阿木去乎畜牧兽医分局。

【工业经济】2014年，全县工业增加值3.4亿元，同比增长13.2%。全年水泥118万吨，发电量1.67亿千瓦时，黄金产量320千克。

【文化产业与旅游业】海螺湾文化产业园一期工程交付使用，完成投资8600万元。举办拉卜楞唐卡艺术展，34名唐卡画师分别被认定为唐卡工艺美术大师、美术师、技师称号。2014年，全县文化产业增加值为1483万元。

编制完成拉卜楞—桑科大景区规划以及达尔宗湖、甘加白石崖景区专项规划。参加深圳文博会和西安旅游推介会。2014年，全县接待游客119万人（次），同比增长26%；旅游综合收入达5.2亿元，同比增长30%。

【环境保护】筹措资金3992万元，加大对生态建设项目的资金保障力度。日产2500吨新型干法水泥生产线脱硝项目运行良好。两个无主尾矿综合治理和5个土地开发整理项目完成投资2965万元。投入资金252万元，植树造林5000亩。依法取缔、关闭40家违规开采的砂石料场。开展地质灾害防治、森林草原防火、汛期河道疏通等工作。全县森林覆盖率达到6.8%，草原植被覆盖度达到90%。

【招商引资】2014年，全县新签约7个项目，签约合同金额6.5亿元，到位资金2.5亿元。11个续建项目完成投资3.7亿元。

【项目建设】2014年，全县争取到各类建设项目103项，概算投资3.1亿元，比上年多22项2660万元。对近年来的93个项目进行检查，35个项目通过州级验收。

【城乡建设】完成城区道路及排水工程1.43千米次干路的实施，完成主干路路基换填1.1千米，埋设雨水管网1300米，涵洞一座。完成王府桥至洒乙昂桥花岗岩铺设2.1万平方米，面包砖铺设0.54万平方米，修建桥梁4座，铺设污水管道1450米，雨水管道1300米，太阳能路灯安装100盏，种植各类树木2500余棵。完成扎西奇东路道路及排水建设项目桥涵一座，铺设雨水管网400米，污水管网2千米。完成7个整村推进和扶贫互助社建设任务，完成13条农牧村通畅公路建设任务。投资3483万元，新建饮水安全工程128处。投资2013万元，实施小型农田水利牧区饲草料基地建设项目。投资4839万元，新建易地扶贫搬迁项目7个，安置农牧民332户2020人。

【交通运输】2014年，全县完成旅客客运量25.18万人次，旅客周转量3038万人千米，上升18.21%。完成全社会公路货运量和货运周转量137.54万吨和8312.56万吨千米，同比上升14.6%。

【水利建设】新建饮水安全工程128处，解决14个乡（镇）的128个自然村3890户、23218人饮水不安全问题。完成甘加乡、阿木去乎镇供水工程，解决机关、学校、寺院8022人的饮水不安全问题。完成曲奥乡、唐尕昂乡、扎油乡、拉卜楞四个乡镇的9个自然村供水改迁工程任务。完成投资2013.41万元的甘加乡中央财政小农水牧区饲草料地重点县建设项目，新增节水灌溉饲草料地面积1.05万亩。大夏河干流夏河县（尕寺沟-克芒切沟段）防洪治理项目，工程批复总投资2927万元，已治理河道5.61千米，新建护岸5.38千米、维修加固堤防2.9千米。完成投资83.16万元，实施吉仓乡老斗、麻瑞村护村护田河堤工程，新建河堤842.6米，保护482人、394亩耕地汛期安全。2014年，全县有水电站10座，年发电量1.67亿千瓦时，销售收入3800万元，上缴利税227万元。

【社会事业】给703名贫困大学生贷款351万元。95%的学校建立区域网。拉卜楞小学、藏民小学统一安装录播教室。2014年，全县高考录取389人。中考录取率为100%。完成夏卜丹佛殿的修缮工程，完成嘉木样寝宫4号、3号院工程。拉卜楞寺壁画保护修复通过国家文物局批复。完成藏经楼、宗喀巴佛殿、马头明王殿、德哇仓文殊菩萨殿的安防工程。送戏下乡活动共演出30场，观众近3.2万人次，已完成各类演出场次50余场。增添3台藏语传输设施，直接转播州电视台藏语节目。对全县14个乡镇综合文化站和农牧民书屋的管理运行等情况进行实地督查。出动执法人员230多人次，车辆近31辆次，收缴无版号条码的盗版图书140余册、光碟80张。检查地面卫星接收设施使用户500多家次，清理100余套非法地卫接收器。检修设备1000余台，在达麦乡新装“户户通”设备400余台。

【扶贫开发】2014年，第一批财政扶贫项目中投资1050万元，实施吉仓乡西小村等7个村整村推进项目，已实施完成贫困户危房改造150户、拓宽村组道路4千米、新建护村护田河堤200米。产业增收项目投资826万元，重点扶持贫困户341户，引进犏雌牛1449头；扶持贫困户20户，新建暖棚20座；新建贫困村扶贫互助社6处、种养业贷款贴息125万元。科技培训投资14万元，完成农牧民实用技术培训700人次。种养业基地建设项目共投入财政扶贫资金13.55万元，扶持博拉乡娄来布行政村阿拉自然村贫困户13户，新建养畜暖棚13座。贫困户“两后生”培训项目共投入财政扶贫资金51.45万元，实施贫困户“两后生”培训303人。共投入财政扶贫资金180万元，在扎油乡扎油曼村等9个村建立扶贫互助社9处。2014年第二批财政扶贫资金项目计划资金1729万元，安排整村推进建设项目6个。种养业基地建设项目，投资250万元；“两后生”培训项目，投资8万元；村组道路建设项目，投资80万元；小型水利建设项目，投资10万元；项目管理费30万元。2014年，“双联行动”共捐款捐物折合人民币共计1904.2403万元。

夏河县主要领导名录

县委书记　唐志峰

县人大常委会主任　仁青东智（藏族）

县　长　张志红（藏族）

县政协主席　才　高（藏族）

（供稿：尕藏加）

碌曲县

【综述】碌曲县地处甘南藏族自治州西南部，介于北纬33° 58′ 22″-33° 48′ 48″，东经110° 35′ 36″-102° 58′ 15″之间。北接夏河县，东临卓尼县，西南与玛曲县接壤，西接青海省河南县，南与四川省若尔盖县毗邻。东西长126千米，南北宽93千米，全县面积5298.6平方千米，其中草场总面积39.4万公顷，林地面积有1.78万公顷。2014年末，全县辖5乡2镇，总人口36181人。有9个少数民族。

地势西高东低，海拔3000-4000米之间。年均气温在2.3℃，年降水量在633-782毫米之间。高寒湿润，光照充足，雨量充沛，长冬无夏，雨热同季，春秋短暂，全年有霜，温差大，灾害多。主要河流有洮河、白龙江、黑河。矿产资源有金、铁、汞等。正在开采的矿产有金、煤、锑矿等。野生动植物资源丰富，有国家一类保护动物雪豹、苏门羚，有大黄、党参、冬虫夏草等药材。主要风景区有则岔石林、尕海湖等。

2014年，全县完成大口径财政收入8010万元，下降9.61%。县级财政收入完成5403万元，下降14.36%。全县财政总支出完成83263万元，增长3.89%。实现地区生产总值87049万元，增长9.5%。其中第一产业完成增加值26468万元，增长5.04%；第二产业完成增加值31793万元，增长10.4%；第三产业完成增加值28788万元，增长11.9%。社会消费品零售总额22511万元，比去年增长12.62%。

【农牧业农牧村经济】2014年，全县农林牧渔业增加值26468万元，增长5.04%；各类牲畜年末存栏612265头（只），其中牛195741头、羊407336只、马3735匹、猪5453口，总增率32.18%，增长2.20个百分点；年末出栏各类牲畜总数264147头（只匹），出栏率41.22%，增长4.30个百分点；商品率达到39.27%，增长4.26个百分点。肉总产量7414吨，其中牛肉产量3601吨，增加163吨，增长4.74%；羊肉产量3736吨，增加212吨，增长6.02%；猪肉产量77吨，较上年增加2吨，增长2.67%。牛奶产量15328吨，较上年增加223吨。

【工业经济】2014年，全县实现工业增加值27932万元，增长11.6%。其中规模以上工业企业实现增加值16032万元，增长11.56%；规模以下工业企业实现增加值11900万元，增长11.5%。2014年全县生产黄金1740公斤。完成发电量18319万千瓦时，售电4017万千瓦时。

【招商引资与项目建设】2014年，全县完成固定资产投资105200万元，增长5.1%。新签约各类招商引资项目6个，占年初计划的100%；签约总投资额3.98亿元，占年初计划5亿元的79.6%；新签约项目当年开工1个，当年到位资金1300万元，占年初计划1500万元的8.7%。签约旅游开发项目2个，总投资1.7亿元；签约农牧业产业化项目3个，总投资2.28亿元。共实施各类在建招商引资项目8个，当年到位资金1.19亿元，占年初计划2.27亿元的52.4%。城市气化工程建设等5个续建项目年内完成投资1190万元。

全年开工总投资500万元以上的项目45项，其中续建17项，新建28项，当年竣工项目20个，合格率达100%。争取项目58个，总投资达到5.46亿元，其中下达国家资金2.59亿元。

【城乡建设】修编完善《碌曲县城区总体规划（2014-2030）》《碌曲县双岔乡控制性详细规划》《碌曲县县城村庄布点规划》等城乡规划。2014年计划新建保障性住房500套，其中160套已开工建设。总投资2572万元的洮河干流县城区段防洪工程项目全部竣工。投资327万元的双岔乡机关供水工程已投入使用。建成尕秀、玛艾、唐科三个安置点288户易地搬迁项目，完成投资4032万元，水、电、路等配套设施正在全面建设。实施危旧房改造580户，投资711万元。完成尕秀等6个整村推进项目，建设牧道15千米，修建便民桥2座，排洪水渠、人畜饮水工程各1处。无电地区电力建设项目建成集中光伏电站9座，共投资2144万元。实施18处农牧村人畜饮水安全工程，完成投资4458万元，加仓、贡巴、波海三村人畜饮水问题将得到解决。

【文化产业与旅游业】2014年，全县文化产业实现增加值1410万元，增长28.2%。全县文化产业资产总计2100万元，增长34.6%。

则岔石林申报国家4A级旅游景区已通过终评，郎木寺申报国家4A级旅游景区完成初评。2014年，全县共接待国内外游客54.8万人（次），增长35%，实现旅游综合收入25600万元，增长39.1%。新增就业人员70名。

【生态建设与环境保护】实施退耕还林和天保二期工程，完成63.9万亩天然林的管护任务，管护资金274万元，完成封山育林6000亩、义务植树10万株。公益林保护515400亩，完成荒山造林2505亩，实施面山绿化造林146亩。治理沙化黑土滩5.5万亩，鼠害草场综合治理103万亩，草地补播3.3万亩。建设人工饲草地1万亩、补播改良草地15万亩。

全县二氧化硫排放量控制在129.4吨，化学需氧量控制在203.23吨，氮氧化物排放量控制在52.96吨，氨氮排放量控制在26.5吨，达到污染减排控制指标。

【水利水电】2014年，全县完成总投资2572万元洮河干流碌曲县城区段防洪工程项目，新建防洪堤10.5千米。完成总投资2441.44万元郎木寺镇防洪河堤项目。水电企业年发电5523.45万千瓦时，减少13812.57万千瓦时，下降71.4%。售电企业年售电量5523.45万千瓦时，减少13812.57万千瓦时，下降71.4 %。

【社会事业】实施12年全免费教育。学生营养改善计划累计下达资金374万元，受益学生达6716名。3所县级医院、6所乡镇卫生院和1所社区服务中心实行药品网络采购制度。成功举办首届“尕海湿地杯”全省藏族舞蹈大赛，“南木特”藏戏国家级非物质文化遗产传承保护基地成功挂牌，新华书店、“寺庙书屋”已竣工并投入使用。

【人民生活与社会保障】2014年，全县城镇居民人均可支配收入16542元，人均增收1437元；农牧民人均纯收入5524元，人均增收605元。全年安置大中专毕业生188名，城镇新增就业人员380人；城镇登记失业率控制在3.5%以内。

全年共发放城乡低保金1576.6万元、临时救助金14.3万元、城乡医疗救助金181.7万元、五保供养金61万元、孤儿救助金53.9万元、优扶资金32.8万元。为城乡困难群众代缴参保（合）金9218人54万元，落实高龄老人特殊生活津贴21.9万元，发放救灾救济款164.4万元。全县工伤保险参保职工人数2187人，实际征缴工伤保险基金47.7万元，全县1532名城镇职工纳入到生育保险范围，征缴生育保险基金559万元。全县城乡居民养老保险参保人数16566人，参保率达到99%以上，为3600名待遇享受人员累计发放养老金316.5万元。全县城镇职工基本医疗保险参保人数达3558人，实际征缴医疗保险基金1353万元。全县城镇居民基本医疗保险参保人数达3086人，征缴居民医疗保险基金19.7万元。农牧村新农合参合人数27700人，参合率为99%。

【扶贫开发】2014年，全县累计投入资金1793万元，完成减贫任务3000人，贫困人口下降42%，返贫人口控制在8%以内。贫困农牧民纯收入增幅高于全县平均水平2个百分点。对全县11个贫困村7100人进行精准识别，完成精细化建档立卡工作，精准扶贫565户。开展“双联”帮扶工作，帮扶款物折合人民币294万元。扶持贫困村专业合作社发展，引进藏羊655只、牦牛和犏雌牛602头。发放贫困户“两后生”和“一村一名大学生”补助资金30万元。新成立10个贫困村互助资金协会，注入资金240万元，年内发放“双联”惠农贷款8500万元，扶持农牧民1818户。

碌曲县主要领导名录

县委书记　梁明光（藏族）

县人大常委会主任　张　忠

县　长　杨永华（藏族）
县政协主席　尕藏南杰（藏族）
（供稿：王玉荣　王青玉）

玛曲县

【综述】玛曲县地处青藏高原东端、甘南州西南部、甘青川三省交界处，介于东经100° 45′ 45″-102° 29′ 00″，北纬33° 06′ 30″-34° 30′ 15″之间。东与甘肃省碌曲县，四川若尔盖、阿坝县相邻，西与青海久治县、甘德县、玛沁县相连，北与青海河南蒙古自治县相接。东西长距离160千米，南北约158千米。全县总面积10190.80平方千米。2014年末，全县辖7乡1镇1场，总人口为5.68万，人口自增率为9.82‰。有藏族、回族等7个少数民族，其中藏族人口4.54人，占总人口的75.6%，是一个以藏民族为主体的纯牧业县。

境内草原、高原、河谷相间分布，平均海拔3600米。年平均温度为10℃，年降水量600毫米。畜产、矿产、水利、药材、旅游为优势资源。

2014年，全县实现国民生产总值121805万元，下降6.2%，其中第一产业完成增加值44386万元，增长4.9%；第二产业完成增加值31910万元，下降7.6%；第三产业完成增加值45510万元，下降76.4%。完成大口径财政收入21484万元，下降29.88%；财政支出102537万元，下降1.4%。实现社会消费品零售总额27957万元，增长11%。

【农牧业农牧村经济】2014年，全县新建养殖小区15个，标准化暖棚1600座、储草棚60座，饲草料基地2万亩。新培育专业合作社79个，创建国家级示范社3个，省级示范社3个，流转草场经营权572万亩。全年投入畜牧业基础设施建设资金1.96亿元，落实畜牧保险资金1398万元，发放草原生态奖补资金8010万元。年末，全县各类牲畜存栏达102.63万头（只、匹），总增率、出栏率、商品率分别达到30.42%、33.52%、31.61%，实现牧业增加值4.23亿元。

【工业经济】2014年，全县工业企业实现增加值31549万元，完成目标任务的65.5%，比上年下降7.7%；规模以上工业企业实现增加值23549万元，下降11.4%。全年黄金生产企业生产黄金1900公斤，与上年同期少产301公斤，下降13.67%。规模以上畜产品加工企业生产鲜冻肉4719吨，下降30.9%。

【文化产业与旅游业】2014年，全县文化产业法人机构18个，文化产业从业人员达298人。启动华夏文明传承创新区建设，完成文化资源普查工作，申报国家级文物保护3处，省级文物保护5处，培养非物质文化遗产保护传承人3名。2014年，全县完成文化产业增加值1620元，占GPD的1.33%，增长33%。

编制《天下黄河第一弯忠科娅口旅游基础设施建设项目规划》《阿万仓生态旅游建设项目规划》。发展牧家乐10家，举办第八届格萨尔赛马大会等活动。2014年，全县接待游客27万人次，实现旅游收入1.32亿元。

【生态保护】实施黄河生态项目，完成草原灭鼠69.6万亩，补播改良20万亩，沙化治理3.95万亩，圈滩种草3.8万亩，建立半人工刈割草场93万亩，义务植树6.55万株，草原沙化退化等得到较好遏制。争取设立黄河首曲国家级自然保护管理机构。启动欧拉乡安茂村“美丽乡村”建设。

【招商引资】在兰洽会上签约项目4个，拟引进资金116000万元。共征集到旅游开发、农畜产品加工、藏药材等重点招商引资项目73个。全年新签约项目4项，其中3个省外项目，签约合同金额108000万元。1个省内项目，签约合同金额8000万元。新签约项目到位资金4720万元，完成率100%；续建项目到位资金9560万元，完成率100%。

【项目建设】2014年，全县共组织实施项目108项，总投资38.95亿元，续建59项，新建49项。其中，列入固定资产投资项目58项，完成固定资产投资12.176亿元，完成计划任务的101.5%。

【城乡建设】开工建设尼玛镇、采日玛乡、欧拉乡、欧拉秀玛乡干部职工周转房，曼日玛乡、齐哈玛乡、木西河乡的道路及排水工程基本完工，欧拉乡道路及排水工程已投入使用，杨德小区、扎西小区、尼玛社区、卓格社区的基础设施建设和娘玛寺僧舍建设已完工。新建公共租赁房60套，改造棚户区600套，发放廉租房租赁补贴58万元。农村危房旧房改造2000套，已开工建设1120套。建制村通畅工程已全部交工验收，共计11项102.722千米，总投资6337.57万元。建牧场大口井39处、342眼，新建水源截引工程6处。完成齐哈玛乡贾曲河治理工程。治理河长5.32千米，新建堤防8.64千米，概算总投资2041万元。

【社会事业】全县有普通中学两所，小学12所；普通中学专任教师214人，小学主任教师453人；普通中学在校学生1755人，小学在校学生5598人。适龄儿童入学率达100%，九年义务教育巩固率达80.5%，高中阶段毛入学率达76.8%。全县有医院、卫生院12所，床位216张，医疗机构技术人员339人。全县药品价格下降23%，门诊费下降17%，住院费下降29.6%，新牧合参合率达99.3%，共为16499名患者报销医疗费用708万元。新生儿乙肝疫苗接种率达98.3%，建立个人健康电子档案4.55万份，建档率84%。藏医院医技楼、欧拉秀玛乡、齐哈玛乡、木西河乡卫生院建设均完成主体，阿万仓乡、齐哈玛乡卫生院职工周转房和4个村级卫生室已完工。

【人民生活与社会保障】2014年，全县城镇居民人均纯收入达18502元，增长13.75%。牧民人均收入达5518元，增长15%。新增城镇就业384人，已安置各类大中专毕业生151名。全年完成省州下达的19件民生任务。

发放各项惠农资金1.22亿元。清欠农民工工资115万元。安置老干部、特困户家庭子女就业20人，为83名工作人员办理退休手续。参合牧民人均统筹基金从2006年的60元上升到356元。全年为3840名60周岁以上人员发放养老金344万元，为1831名低保对象发放低保资金555万元，427名五保供养对象发放供养金137.9万元，医疗救助80人，发放救助资金47.6万元，临时救助144人，发放救助资金34.38万元。

【扶贫开发】制定下发《玛曲县2014年率先脱贫实施方案》和具体到乡村的《脱贫计划》。为332户无房户争取易地扶贫搬迁项目332套，每户发放2520元的过渡安置费。为327户无畜户每户投资2万元购买发放基础母畜，共计654万元、1300头。对45户无草场户，整合培训资金115万元。争取专项扶贫资金3280万元，实施整村推进7个。整合涉牧资金1.09亿元，实施扶贫项目8个，新建村道8条，牧道10条，发展扶贫互助社5个。安置贫困家庭就业人员46人。发放双联惠农贷款14850万元，大额154户10590万元，小额853户4260万元。玛曲县的贫困户人口从2013年的6900人下降到3000人，贫困面从17.29%下降到7.1%，扶贫对象人居收入达3900元，增幅达71.8%。

玛曲县主要领导名录

县委书记　张正雄
县人大常委会主任　卢雪梅（女，藏族）
县　长　王　力（藏族）
县政协主席　王永祯（藏族）

（供稿：刘文海）

国民经济和社会发展总量与速度指标

指　标	总量指标						速度指标（%）							
							指数（2014年为以下各年%）					年平均增长速度		
	1995	2000	2005	2010	2013	2014	1995	2000	2005	2010	2013	"十五"时期2001-2005"	"十一五"时期2006-2010"	2011-2014
人口与就业														
人口														
年底总人口（万人）	2437.95	2515.31	2545.10	2559.98	2582.18	2590.78	106.27	103.00	101.79	101.20	100.33	0.24	0.12	0.30
城镇人口	562.06	603.93	764.04	924.66	1036.23	1079.84	192.12	178.80	141.33	116.78	104.21	4.82	3.89	3.95
乡村人口	1875.89	1911.38	1781.06	1635.32	1545.95	1510.94	80.55	79.05	84.83	92.39	97.74	−1.40	−1.69	−1.96
就业														
从业人员数（万人）	1483.32	1476.45	1391.36	1499.56	1504.97	1519.86	102.46	102.94	109.24	101.35	100.99	−1.18	1.51	0.34
#在岗职工人数		201.20	188.49	187.96	225.48	231.88		115.25	123.02	123.37	102.84	−1.30	−0.06	5.39
城镇登记失业人数（万人）	9.13	7.35	9.26	10.72	9.28	9.70	106.24	131.97	104.75	90.49	104.53	4.73	2.97	−2.47
宏观经济														
国民经济核算														
生产总值（亿元）	557.76	1052.88	1933.98	4135.86	6330.69	6836.82	693.28	432.58	259.75	152.75	108.89	10.74	11.20	11.17
第一产业	110.65	194.10	308.06	599.28	844.69	900.76	252.48	220.57	163.88	125.94	105.51	6.12	5.41	5.94
第二产业	256.83	421.65	838.56	1937.39	2745.35	2926.45	789.16	499.90	291.82	160.45	109.23	11.37	12.71	12.55
#工业	226.29	327.60	685.80	1551.59	2155.22	2263.20	753.86	535.25	295.96	161.20	108.66	12.58	12.92	12.68
第三产业	190.28	437.13	787.36	1599.20	2740.65	3009.61	896.64	467.69	265.43	153.26	109.46	12.00	11.61	11.26
支出法生产总值（亿元）	557.76	1052.88	1933.98	4135.86	6330.69	6836.82	693.28	432.58	259.75	152.75	108.89	10.74	11.20	11.17
#最终消费	385.35	635.71	1217.63	2462.03	3708.44	4035.59	632.96	431.39	250.23	149.19	109.00	11.51	10.37	10.52
居民消费	291.08	496.35	893.15	1594.37	2480.71	2761.81	532.76	374.25	232.24	156.09	111.00	10.01	7.53	11.77
政府消费	94.27	139.37	324.48	867.66	1227.73	1273.78	1000.73	633.64	298.19	136.07	104.90	16.27	16.99	8.00
资本形成总额	221.20	453.44	916.96	2343.52	3778.97	4150.35	1103.83	630.09	341.16	166.74	109.60	13.05	15.39	13.64
固定资本形成	146.35	373.90	874.52	2177.89	3649.14	4116.72	1549.95	755.11	355.14	178.15	112.80	16.29	14.80	15.53
存货变动	74.84	79.54	42.44	165.63	129.83	33.63	35.94	34.41	64.57	20.51	26.30	−11.83	25.78	−32.70
固定资产投资														
固定资产投资总额（亿元）	194.67	441.35	874.53	3378.10	6407.20	7759.62	3986.04	175816	887.29	229.70	121.11	14.66	31.03	27.00
第一产业				137.99	232.64	409.09				296.46	175.85	14.66	28.87	51.78
第二产业				1597.61	3245.02	3531.53				221.05	108.83	14.66	25.45	25.20
第三产业				1642.50	2929.54	3819.00				232.51	130.36	14.66	32.92	32.27
财政														

续表1

指　标	总量指标						速度指标（%）							
							指数（2014年为以下各年%）					年平均增长速度		
	1995	2000	2005	2010	2013	2014	1995	2000	2005	2010	2013	"十五"时期2001－2005"	"十一五"时期2006－2010"	2011－2014
财政收入（亿元）	68.41	108.38	254.57	745.25	1144.83	1234.24	1804.18	113881	484.83	165.61	107.81	18.62	23.97	13.44
公共财政预算支出（亿元）	81.39	188.23	429.35	1468.58	2309.62	2541.49	3122.61	135021	591.94	173.06	110.04	17.93	27.88	14.70
物价总指数（上年=100）														
商品零售价格指数	116.5	99.1	99.9	104.6	102.6	101.7								
居民消费价格指数	119.8	99.5	101.7	104.1	103.2	102.1								
工业生产者出厂价格指数	115.0	107.2	109.6	115.0	96.9	96.7								
农业生产资料价格指数	129.6	103.9	109.00	101.7	102.1	99.0								
能源生产与消费（万吨标煤）														
能源生产总量	2276.89	1914.59	3605.12	4631.59	5538.21	5926.50	260.29	309.54	164.39	127.96	107.01	13.49	5.14	6.36
能源消费总量	2737.59	3011.62	4300.88	5829.85	7286.72	7521.45	274.75	249.75	174.88	129.02	103.22	7.72	6.27	6.58
农林牧渔业从业人员（万人）	667.45	697.53	761.37	724.82	678.90	674.52	101.06	96.70	88.59	93.06	99.35	1.77	−0.98	−1.78
农林牧渔业总产值（亿元）	269.45	320.12	549.71	1057.02	1517.74	1618.80	304.13	224.51	162.22	123.86	105.36	6.72	5.54	5.49
主要农产品产量（万吨）														
粮食	626.78	713.48	836.89	958.30	1138.90	1158.65	184.86	162.39	138.45	120.91	101.73	3.24	2.75	4.86
棉花	2.29	5.75	11.05	7.56	7.05	6.47	282.53	112.52	58.55	85.59	91.77	13.96	−7.31	−3.81
油料	31.69	41.68	50.31	64.05	69.72	72.42	228.53	173.75	143.95	113.06	103.87	3.84	4.95	3.12
甜菜	107.01	37.90	14.54	22.02	24.72	27.42	25.62	72.35	188.58	124.55	110.92	−17.44	8.65	5.64
水果	80.36	121.59	172.45	299.46	391.37	425.23	529.16	349.72	246.58	142.00	108.65	7.24	11.67	9.16
肉类	47.33	57.33	69.81	86.78	95.10	99.73	210.71	173.96	142.86	114.92	104.87	4.02	4.45	3.54
猪牛羊肉	44.02	52.77	64.09	80.77	89.12	93.39	212.15	176.98	145.72	115.62	104.79	3.96	4.74	3.69
工业														
规模以上工业增加值（亿元）		263.42	601.80	1376.34	2045.20	2070.00		596.66	312.16	160.95	108.40	13.83	14.17	12.64
主要工业产品产量														
原煤（万吨）	2466.13	1632.71	3619.84	4547.20	4497.30	4691.73	190.25	287.36	129.61	103.18	104.32	17.26	4.67	0.79
天然原油（万吨）	267.83	250.15	304.55	382.14	710.39	771.97	288.23	308.60	253.48	202.01	108.67	4.01	4.64	19.22
发电量（亿千瓦小时）	237.75	280.27	506.17	791.53	1148.60	1129.93	475.26	403.16	223.23	142.75	98.37	12.55	9.35	9.31
粗钢（万吨）	131.95	229.94	458.44	662.25	1024.33	1073.98	813.93	467.07	234.27	162.17	104.85	14.80	7.63	12.85
水泥（万吨）	561.48	732.10	1553.29	2414.11	4412.72	4925.52	877.24	672.79	317.10	204.03	111.62	16.23	9.22	19.52
乙烯（万吨）	7.28	16.72	24.57	69.48	63.16	62.99	865.20	376.72	256.36	90.65	99.73	8.00	23.11	−2.42
卷烟（万箱）	28.75	28.99	71.00	80.00	94.00	100.00	347.83	344.95	140.85	125.00	106.38	19.62	2.42	5.74
建筑业														
建筑业企业人数（万人）		33.17	42.77	45.76	54.81	58.89		177.54	137.69	128.69	107.44	5.22	1.36	6.51
建筑业增加值（亿元）	30.54	94.04	152.76	385.80	607.37	681.34	1050.80	379.43	274.88	157.39	111.64	6.65	11.80	12.01
施工房屋面积（万平方米）	958.98	1914.12	3008.48	5032.63	1031941	11531.10	1202.43	602.42	383.29	229.13	111.74	9.47	10.84	23.03
竣工房屋面积（万平方米）	408.68	1066.18	1455.17	2013.88	3976.67	4172.00	1020.85	391.30	286.70	207.16	104.91	6.42	6.71	19.97
交通运输														
货运量（万吨）	20275	22722	25843	29009	51482	57247	282.35	251.94	221.52	197.34	111.20	2.61	2.34	18.52
#铁路	2555	2885	3274	4926	6394	6450	252.46	223.58	197.02	130.94	100.88	2.56	8.51	6.97
公路	17719	19800	22520	24050	45072	50780	286.59	256.46	225.49	211.14	112.66	2.61	1.32	20.54
空运	1.00	1.09	1.08	1.13	5.55	5.96	596.00	546.79	551.85	527.43	107.39	−0.18	0.91	51.55
客运量（万人）	10547	12907	17803	53776	36934	39852	377.85	308.76	223.85	74.11	107.90	6.64	24.74	−7.22
铁路	942	1039	1230	2178	2522	2672	283.69	257.21	217.27	122.70	105.96	3.43	12.11	5.25
公路	9563	11600	16247	51404	33556	36224	378.79	312.28	222.96	70.47	107.95	6.97	25.91	−8.38
民航	42	76	85	100	771	866	2062.81	113997	1019.27	864.56	112.37	2.26	3.35	71.47
邮电通信业														
邮电业务总量（亿元）	7	42	136	453	210	278					132.41	26.42	27.24	−11.54
函件（万件）	9104	9919	5071	3806	3190	2664	29.26	26.86	52.54	70.00	83.51	−12.56	−5.58	−8.53
报刊期发数（万份）	496	679	175	210	188	210	42.34	30.91	120.00	99.95	111.70	−23.76	3.72	−0.01
移动电话年末用户（万户）	2	65	408	1390	1976	2059	111297.30	316769	504.11	148.13	104.20	44.43	27.76	10.32

续表2

指 标	总量指标						速度指标（%）							
							指数（2014年为以下各年%）					年平均增长速度		
	1995	2000	2005	2010	2013	2014	1995	2000	2005	2010	2013	“十五”时期2001–2005"	“十一五”时期2006–2010"	2011–2014
固定电话年末用户（万户）	43	180	548	412	364	341	787.86	189.43	62.28	82.86	93.68	24.92	–5.55	–4.59
局用交换机容量（万门）			712	439	525	361			50.70	82.23	68.76		–9.22	–4.77
国内商业														
社会消费品零售总额（亿元）	240.65	379.61	638.08	1435.53	2368.83	2668.33	1108.80	702.91	418.18	185.88	112.64	10.95	17.61	16.76
对外经济贸易														
进出口总额（万美元）	30494	56953	263136	736975	1028103	864894	2836.28	151861	328.69	117.36	84.13	35.81	22.87	4.08
进口额	8542	15458	154038	573178	560226	331817	3884.54	214657	215.41	57.89	59.23	58.38	30.06	–12.77
出口额	21951	41495	109098	163797	467877	533077	2428.49	128468	488.62	325.45	113.94	21.33	8.47	34.31
利用外资额														
签订利用外资协议额（万美元）	44199	32250	53996	44015	93662		211.91	290.42	173.46	212.80		10.86	–4.01	
实际利用外资额（万美元）	35854	20122	25639	51921	39129		109.13	194.46	152.62	75.36		4.97	15.16	
金融业														
金融机构人民币各项存款（亿元）	628.28	1402.93	2895.86	7115.37	1202966	13921.36	2215.79	992.31	480.73	195.65	115.73	15.60	19.70	18.27
金融机构人民币各项贷款（亿元）	681.08	1171.14	1923.46	4433.05	8430.08	10681.63	1568.34	912.07	555.33	240.95	126.71	10.43	18.17	24.59
证券交易额（亿元）		745.87	467.68	5229.95	4995.56	7866.58		105469	1682.04	150.41	157.47	–8.91	62.07	10.74
保险公司保费收入（亿元）	6.42	19.05	48.24	146.34	180.15	208.44	3246.69	109416	432.08	142.44	115.70	20.42	24.85	9.25
保险公司赔付支出（亿元）	3.90	6.49	11.83	31.18	67.14	84.42	2164.60	130076	713.60	270.72	125.74	12.76	21.39	28.27
教育、科技、文化														
教育														
专任教师数（人）														
#普通高等学校	6284	7208	14816	20761	24351	25283	402.34	350.76	170.65	121.78	103.83	15.50	6.98	5.05
普通中学	62669	74082	99150	120689	126817	128599	205.20	173.59	129.70	106.55	101.41	6.00	4.01	1.60
普通小学	130032	125172	130841	140381	140436	140476	108.03	112.23	107.36	100.07	100.03	0.89	1.42	0.02
在校学生数（万人）														
#普通高等学校	4.55	8.17	22.95	38.15	44.30	45.23	994.07	553.61	197.08	118.55	102.11	22.95	10.70	4.35
普通中学	91.53	131.47	194.38	203.10	170.25	162.53	177.58	123.63	83.62	80.03	95.47	8.13	0.88	–5.42
普通小学	273.71	316.46	303.58	237.04	186.73	180.24	65.85	56.95	59.37	76.04	96.52	–0.83	–4.83	–6.62
地方财政用于教育的支出（亿元）	14.68	31.15	75.22	228.23	377.06	401.26	2733.76	128819	533.48	175.81	106.42	19.28	24.86	15.15
科技														
R&D经费内部支出（亿元）			19.49	41.59	66.92	76.87			394.38	184.84	114.88		16.37	16.60
文化														
图书（万册）	6180	7218	5895	6737	6573	5312	85.96	73.59	90.11	78.85	80.82	–3.97	2.71	–5.77
杂志（万册）	6214	8064	14766	11082	11038	10871	174.94	134.81	73.62	98.10	98.49	12.86	–5.58	–0.48
报纸（万份）	22556	25661	37900	40714	51548	50982	226.03	198.68	134.52	125.22	98.90	8.11	1.44	5.78
家庭、生活、环境														
家庭														
家庭总户数（万户）	554.3	615.3	682.8	690.0	819.3	828.6	149.50	134.68	121.36	120.08	101.14	2.10	0.21	4.68
城镇居民平均每户家庭人口（人）	3.3	3.1	2.9	2.8	3.0	3.5	106.38	113.64	121.11	126.81	117.45	–1.27	–0.92	6.12
农村居民平均每户家庭人口（人）	5.1	4.7	4.7	4.6	4.4	4.0	76.85	83.51	84.95	85.87	89.77	–0.34	–0.22	–3.74
婚姻														
结婚登记总数（对）	155553	127799	114554	142294	186467	201813	129.74	157.91	176.17	141.83	108.23	–2.16	4.43	9.13
离婚数（对）			22260	27926	38500	42231			189.72	151.22	109.69		4.64	10.89
居住														
城市居民人均居住面积（平方米）	10.74	15.21	24.16	27.89	29.82	30.60	284.92	201.18	126.66	109.72	102.62	9.70	2.91	2.35
农村居民人均居住面积（平方米）	15.64	18.00	18.71	20.96	24.66	28.60	182.86	158.89	152.86	136.45	115.98	0.78	2.30	8.08
生活														
城镇居民人均可支配收入（元）	3153	4916	8087	13189	18965	20804	659.92	423.17	257.26	157.74	109.70	10.47	10.28	12.07
农村居民人均纯收入（元）	880	1429	1980	3425	5108	5736	651.57	401.48	289.70	167.49	112.29	6.74	11.58	13.76
城乡储蓄存款余额（亿元）	380	819	1587	3598	5878	6675	1755.71	815.22	420.67	185.50	113.54	14.15	17.79	16.70

续表3

指　标	总量指标						速度指标（%）							
							指数（2014年为以下各年%）					年平均增长速度		
	1995	2000	2005	2010	2013	2014	1995	2000	2005	2010	2013	“十五”时期2001–2005"	“十一五”时期2006–2010"	2011–2014
工资														
在岗职工工资总额（亿元）	136.70	179.98	290.22	560.63	1110.53	1247.26	912.41	693.00	429.76	222.47	112.31	10.03	14.07	22.13
在岗职工平均工资（元）			14939	29588	44109	48470			324.45	163.82	109.89			13.13
卫生														
卫生机构数（个）	4131	7191	11849	10267	26528	27902					105.18	10.50	−2.83	
#医院、卫生院	1843	1867	1741	1728	1800	1805	97.94	96.68	103.68	104.46	100.28	−1.39	−0.15	1.10
卫生机构床位数（张）	56378	59441	63638	94883	116087	122375	217.06	205.88	192.30	128.97	105.42	1.37	8.32	6.57
#医院、卫生院	52788	56557	59856	82422	107958	114313	216.55	202.12	190.98	138.69	105.89	1.14	6.61	8.52
卫生技术人员（人）			66926	97387	116319	126294			188.71	129.68	108.58		7.79	6.71
#执业（助理）医师			29701	38249	43442	47791			160.91	124.95	110.01		5.19	5.73

注：1.2010年度以前（含2010年）固定资产投资数据为全社会口径，全社会口径中包含农户投资和跨区域项目投资，与2011年以后数据不可比（下表同）。

2.从2011年起，固定资产投资的起点标准从计划总投资50万元提高到500万元，500万元以下项目不再纳入固定资产投资统计范围（下表同）。

3.从2011年开始，规模以上工业统计范围的工业企业起点标准从年主营业务收入在500万元提高到2000万元（下表同）。

4.邮电业务总量2010年按2000年可比价格计算，2011年按2010年可比价格计算。

5.2011年起，取消原“各项存款”下的企业存款、农业存款等存款分类项目，重新设置了具有主题分类标志的单位存款、个人存款、财政性存款和临时存款等项目，2011年数据与历年数据不可比（下表同）。

6.从2011年起卫生机构包括村卫生室。

国民经济和社会发展结构指标

单位：%

指　标	2000	2005	2010	2011	2012	2013	2014
人口与就业							
人口							
城乡结构							
城镇	24.01	30.02	36.12	37.15	38.75	40.13	41.68
乡村	75.99	69.98	63.88	62.85	61.25	59.87	58.32
性别结构							
男	51.83	51.44	51.08	51.05	51.09	51.07	51.06
女	48.17	48.56	48.92	48.95	48.91	48.93	48.94
就业							
产业结构							
第一产业	59.64	63.67	61.61	61.26	60.45	59.26	58.02
第二产业	18.95	14.66	15.36	15.43	15.64	16.05	16.10
第三产业	21.41	21.67	23.03	23.31	23.91	24.69	25.88
国民经济核算							
生产总值产业结构							
第一产业	18.44	15.93	14.49	13.57	13.75	13.34	13.18
第二产业	40.05	43.36	46.84	46.07	44.91	43.37	42.80
第三产业	41.52	40.71	38.67	40.36	41.34	43.29	44.02
投资							
固定资产投资结构							
产业结构							
第一产业			4.08	4.58	3.37	3.63	5.27
第二产业			47.29	48.63	53.67	50.65	45.51
第三产业			48.62	46.79	42.96	45.72	49.22
资金来源结构							
国家预算内资金	12.33	9.62	16.41	17.99	14.68	12.77	11.30
国内贷款	26.37	19.90	18.36	12.02	12.78	12.34	12.69
利用外资	1.74	1.65	0.53	0.43	0.30	0.42	0.46
自筹资金	44.67	55.31	52.54	59.29	62.08	63.33	64.97
其他投资	14.89	13.52	12.16	10.25	10.16	11.05	10.31
产业经济							
农业							
农林牧渔业产值结构							
农业	69.60	66.01	71.67	71.43	72.47	72.77	72.58
林业	3.48	2.89	1.75	1.45	1.48	1.48	1.58
牧业	21.50	20.80	17.20	17.73	17.06	16.70	16.58
渔业	0.37	0.19	0.11	0.13	0.13	0.13	0.13
农林牧渔服务业		10.11	9.27	9.25	8.86	8.92	9.13
工业							
规模以上工业总产值结构							
轻工业	24.03	18.77	14.09	12.57	14.43	16.35	15.85
重工业	75.97	81.23	85.91	87.43	85.57	83.65	84.15
建筑业							
建筑业总产值结构							
国有经济	42.13	37.22	17.33	24.44	23.48	15.68	15.53
城镇集体经济	27.43	11.97	7.72	8.04	7.92	7.22	7.33
其他	30.44	50.81	74.95	67.52	68.61	77.10	77.14

续表1

指　标	2000	2005	2010	2011	2012	2013	2014
运输业							
货运量结构							
铁路	12.70	12.67	16.98	15.67	13.77	12.42	11.27
公路	87.14	87.14	82.91	84.23	86.18	87.55	88.70
国内商业							
社会消费品零售总额构成							
城镇			80.55	80.28	80.25	80.34	80.30
#城区			59.82	60.20	62.49	59.02	59.45
乡村			19.45	19.72	19.75	19.66	19.70
对外经济贸易							
进出口总值构成							
进口	27.14	58.54	77.77	75.03	59.84	54.49	38.37
出口	72.86	41.46	22.23	24.97	40.16	45.51	61.63
教育、科技							
教育							
普通学校在校学生结构							
大学生	1.79	4.40	7.98	8.91	9.93	11.04	11.66
中学生	28.82	37.32	42.46	42.71	42.52	42.43	41.89
小学生	69.38	58.28	49.56	48.38	47.55	46.53	46.45
普通学校专任教师结构							
大学	3.49	6.05	7.37	7.70	8.06	8.35	8.59
中学	35.88	40.50	42.82	42.96	43.30	43.49	43.69
小学	60.63	53.45	49.81	49.34	48.64	48.16	47.72
科技							
R&D经费内部支出结构							
基础研究			13.58	14.10	13.72	13.41	14.51
应用研究			21.05	18.93	19.80	14.95	15.10
试验发展			65.37	66.97	66.48	71.64	70.39
生活							
农村居民消费结构							
食品类	48.45	47.20	44.71	42.24	39.76	37.09	37.56
衣着类	5.58	5.07	6.26	6.73	7.31	7.27	7.33
居住	15.79	13.23	18.75	16.28	16.46	16.37	16.75
家庭设备用品及服务	3.90	4.07	4.99	5.40	6.04	6.24	6.14
交通通讯	4.04	8.52	8.73	10.00	10.52	12.34	11.89
文教娱乐用品及服务	13.27	14.17	8.09	7.99	7.89	7.56	7.87
医疗保健	6.51	6.26	6.90	9.26	9.60	10.58	10.05
其他商品和服务	2.46	1.48	1.57	2.10	2.42	2.55	2.41
城镇居民消费结构							
食品类	37.63	36.04	37.41	37.38	35.82	36.82	36.83
衣着类	12.53	12.35	12.69	13.14	12.70	12.46	12.41
居住	7.33	10.43	9.20	10.19	10.03	11.38	11.48
家庭设备用品及服务	9.74	5.61	6.04	5.90	6.49	6.70	7.24
医疗保健	6.60	7.54	8.37	7.81	8.17	7.97	7.67
交通通讯	6.43	9.78	10.88	11.53	12.26	10.72	10.64
教育文化娱乐服务	13.65	14.44	11.49	10.35	10.81	11.04	10.84
其他商品及服务	6.09	3.82	3.92	3.69	3.73	2.90	2.90

续表2

指　标	2000	2005	2010	2011	2012	2013	2014
卫生							
卫生机构人员结构							
#执业医师		28.65	27.14	22.82	23.10	22.43	21.61
执业助理医师		7.99	6.02	5.29	5.34	4.78	5.10
注册护士		27.64	25.70	23.05	24.43	25.47	25.26
药师（士）		6.20	4.38	3.63	3.67	3.64	3.38
检验技师（士）		4.27	4.79	3.97	3.81	3.78	3.59
医院床位结构							
#医院	73.20	73.97	64.25	66.57	68.14	72.80	73.95
卫生院	21.95	20.09	22.62	22.03	20.26	20.20	19.46

国民经济和社会发展比例及效益指标

指　标	2000	2005	2010	2011	2012	2013	2014
人口与就业							
出生率（‰）	14.38	12.59	12.05	12.08	12.11	12.16	12.21
死亡率（‰）	6.41	6.57	6.02	6.03	6.05	6.08	6.11
自然增长率（‰）	7.97	6.02	6.03	6.05	6.06	6.08	6.10
城镇登记失业率（%）	2.70	3.26	3.21	3.11	2.68	2.35	2.19
国民经济核算							
全社会劳动生产率（元/人）	7047	13284	27681	33351	37938	42253	45205
第一产业	2102	3468	6489	7366	8573	9419	10157
第二产业	18433	34326	84696	99808	109678	115635	120366
第三产业	12787	24346	46779	58095	66424	75272	78700
人均生产总值（元）	4129	7477	16172	19525	22075	24539	26433
固定资产投资							
全社会房屋建筑面积竣工率（%）	61.00	45.82	25.59	23.65	21.16	17.22	16.93
财政							
财政收入相当于生产总值比例（%）	10.29	13.16	18.02	18.66	19.03	18.08	18.05
公共财政预算支出相当于生产总值比例（%）	17.88	22.20	35.51	35.81	36.29	36.48	37.17
农业							
人均耕地面积（公顷）	0.14	0.13	0.14	0.14	0.14	0.14	0.14
每公顷耕地用电量（千瓦小时）	605	687	789	828	862	896	884
每公顷耕地化肥施用量（千克）	188	222	244	249	261	268	275
每公顷耕地生产的农业产值（元）	9324	16068	30254	33907	38465	42899	45641
农业从业者人均农产品产量（千克）							
粮食	1022.9	1099.2	1322.1	1418.2	1590.6	1677.6	1717.7
棉花	8.24	14.51	10.43	10.62	11.61	10.38	9.59
油料	59.75	66.08	88.37	88.79	96.04	102.70	107.37
猪牛羊肉	75.65	84.18	111.44	115.31	123.53	131.27	138.45
每公顷播种面积农产品产量（千克）							
粮食	2550	3235	3423	3581	3908	3984	4076
棉花	1657	1728	1578	1585	1682	1731	1699
工业							
总资产贡献率（%）	5.10	8.37	11.01	10.61	10.03	8.93	8.75
资产负债率（%）	65.05	58.70	62.32	64.04	62.34	64.16	63.49
流动资产周转次数（次/年）	1.08	1.96	2.05	2.19	2.21	2.19	2.22
成本费用利润率（%）	1.35	3.49	4.73	4.38	3.89	3.64	2.73
产品销售率（%）			95.15	95.48	93.14	93.30	93.93
建筑业							
技术装备率（元/人）	4748	9018	7814	9465	11287	9199	
产值利税率（%）	5.52	3.80	8.10	7.40	8.07	7.49	7.68
全员劳动生产率（元/人）(按总产值计算)	38234	73456	164323	183754	261487	295330	296865
对外经济贸易							
进出口总额相当于生产总值比例（%）	4.48	11.16	12.06	11.30	9.90	10.06	7.77
金融							
金融机构存款相当于生产总值比例（%）	133.25	149.74	172.04	167.80	176.79	190.02	203.62
金融机构贷款相当于生产总值比例（%）	111.23	99.46	107.19	109.32	120.34	133.16	156.24
教育							
学龄儿童净入学率（%）	98.83	98.87	99.46	99.56	99.68	99.78	99.80

续表1

指　标	2000	2005	2010	2011	2012	2013	2014
小学升学率（%）	90.98	96.67	95.67	95.41	94.29	90.20	97.06
初中升学率（%）	33.48	48.58	48.31	48.35	51.08	52.00	59.18
学校师生比（教师人数=1）							
普通高等学校	12	15	18	19	19	18	18
普通中等学校	12	20	23	21	21	15	17
普通中学	18	20	17	16	15	13	13
普通小学	25	23	17	15	15	13	13
科技							
R&D经费内部支出相当于生产总值比例（%）		1.01	1.01	0.97	1.07	1.06	1.12
卫生							
每万人口执业（助理）医师（人）	15	14	15	16	17	17	18
每万人医院、卫生院床位数（张）	23	25	32	35	38	46	44
婚姻							
离婚率（‰）	0.43	1.72	2.18	2.38	2.55	2.98	3.27

甘肃国民经济主要指标占全国比重（2014）

指　标	全　国	甘　肃	"甘肃省占全国%"
年底总人口（万人）	136782	2591	1.89
就业人员（万人）	77253	1520	1.97
国内生产总值（亿元）	636139	6837	1.07
第一产业	58336	901	1.54
第二产业	271765	2926	1.08
第三产业	306038	3010	0.98
固定资产投资（亿元）	502005	7760	1.55
财政收入（亿元）	140350	1234	0.88
公共财政预算支出（亿元）	129092	2541	1.97
在岗职工平均工资（元）	57346	48470	-8876元
城镇居民人均可支配收入（元）	28844	20804	-8040元
农民人均纯收入（元）	10489	5736	-4753元
主要农产品产量（万吨）			
粮　食	60703	1159	1.91
棉　花	618	6	1.05
油　料	3507	72	2.06
肉　类	8707	100	1.15
主要工业产品产量			
农用化肥（万吨）	6887	49	0.71
原　煤（亿吨）	38.7	0.5	1.21
天然原油（万吨）	21143	772	3.65
发电量（亿千瓦小时）	56496	1130	2.00
粗　钢（万吨）	82270	1074	1.31
水　泥（万吨）	247614	4926	1.99
邮电业务总量（亿元）	21846	278	1.27
社会消费品零售总额（亿元）	271896	2668	0.98
进出口总额（亿美元）	43030	86	0.20
#出口额	23427	53	0.23
普通高等学校在校学生数（万人）	2732	45	1.66
医疗卫生机构数（万个）	98	3	2.84
医疗卫生机构床位数（万张）	660	12	1.85
执业（助理）医师（万人）	289	5	1.65

各地区生产总值（2014）

单位：万元 （10 000 yuan）

地区	地区生产总值	第一产业	第二产业	工业	建筑业	第三产业	#交通运输、仓储和邮政业	#信息传输、软件和信息技术服务业	#批发和零售业
兰州市	20009389	524407	8248834	5942700	2349564	11236148	1194462	398957	1949347
嘉峪关市	2306881	38683	1626761	1537387	89374	641437	83833	21238	156107
金昌市	2561027	171495	1694741	1425000	277772	694791	41381	42546	98396
白银市	4476423	565222	2256197	1797165	463769	1655004	183954	68148	331313
天水市	5228228	904711	1858433	1321100	609055	2465084	278819	164806	530394
武威市	4085293	936633	1704248	1197208	531662	1444412	199598	57876	223126
张掖市	3617771	889823	1195137	852220	362656	1532811	220370	44820	219600
平凉市	3505533	847611	1260440	882879	377915	1397482	103097	51418	155888
酒泉市	6105496	712141	2921010	2293600	631392	2472345	441535	37612	436940
庆阳市	6688607	777386	3997929	3764948	364356	1913292	84023	104619	298594
定西市	2901643	736134	704548	424100	280448	1460961	84990	69643	215113
陇南市	2894472	659403	693794	439100	254694	1541275	86891	76051	208654
临夏州	2029732	346687	496398	316400	179998	1186647	29514	49673	152541
甘南州	1246932	257823	283018	251100	31918	706091	21136	23408	59062

续表

单位：万元 （10 000 yuan）

地区	#住宿和餐饮业	#金融业	#房地产业	#科学研究、技术服务和地质勘查业	#水利、环境和公共设施管理业	#教育	#卫生、社会保障和社会福利业	人均生产总值（元）
兰州市	506318	1404656	806587	550473	84736	771056	290556	54771
嘉峪关市	23630	79211	55936	8218	8903	28077	23283	96771
金昌市	32344	91165	38520	8536	5258	45288	31399	54565
白银市	91391	165113	101095	20260	28727	165146	100852	26174
天水市	121693	162045	207645	37520	15765	246205	84788	15852
武威市	56187	136040	117724	27306	27194	152888	71814	22526
张掖市	94930	139500	116700	15810	40970	128040	53657	29852
平凉市	86016	224588	161568	24712	10332	130271	57945	16777
酒泉市	139811	228859	273546	50847	72001	129674	143225	55000
庆阳市	160421	175928	131301	19697	15308	256166	57271	30087
定西市	80986	149146	160522	79066	6465	161398	64241	10470
陇南市	106098	182672	231777	18782	15516	164958	72952	11214
临夏州	91238	117247	108818	8877	8840	114667	35721	10166
甘南州	69556	81950	32599	5710	3634	76411	28758	17818

固定资产投资

指　标	2011	2012	2013	2014	2014年比上年增长（%）
固定资产投资（亿元）	4180.24	5040.53	6407.20	7759.62	21.11
项目投资	3817.36	4479.51	5682.55	7038.15	23.86
房地产开发	362.88	561.02	724.65	721.47	−0.44
按隶属关系分					
中央项目	280.95	289.93	329.51	360.92	9.53
地方项目	3899.29	4750.60	6077.69	7398.70	21.74
按构成分					
建筑安装工程	3077.78	3694.21	4935.80	6266.45	26.96
设备工具器具购置	716.34	900.37	935.26	1027.50	9.86
其他费用	386.12	445.95	536.14	465.67	−13.14
按产业分					
第一产业	191.45	169.94	232.64	409.09	75.85
第二产业	2032.99	2705.18	3245.02	3531.53	8.83
第三产业	1955.80	2165.41	2929.54	3819.00	30.36
本年实际到位资金					
国家预算资金	731.12	780.90	928.50	844.49	−9.05
国内贷款	488.68	679.61	897.31	948.56	5.71
债券	0.56	0.41	6.45	20.40	216.07
利用外资	17.63	15.80	30.32	34.48	13.71
自筹资金	2410.08	3301.78	4605.80	4856.44	5.44
其他资金	416.64	540.49	803.86	770.54	−4.14
按登记注册类型分					
内　资	4127.66	4976.58	6384.51	7706.92	20.71
国　有	2186.61	2323.71	3009.49	3219.82	6.99
集　体	128.88	144.05	199.35	301.68	51.33
股份合作	11.12	26.00	38.37	62.19	62.06
联营企业	9.13	29.12	30.05	54.63	81.84
国有联营	0.50	3.98	8.13	34.70	326.90
集体联营	3.25	0.92	6.14	10.74	74.94
国有与集体联营		5.47	2.38	1.95	−18.30
其他联营	5.39	18.76	13.40	7.25	−45.86
有限责任公司	861.87	1063.12	1277.60	1680.05	31.50

续表1

指　标	2011	2012	2013	2014	2014年比上年增长（%）
国有独资公司	48.57	57.15	115.72	293.68	153.78
其他有限责任公司	813.30	1005.97	1161.87	1386.37	19.32
股份有限公司	295.40	287.59	329.45	265.43	−19.43
私　营	498.96	752.98	1120.17	1616.39	44.30
其　他	135.67	350.01	380.03	506.73	33.34
港澳台商投资	19.28	9.11	7.27	17.05	134.60
外商投资经济	19.52	26.69	10.44	16.37	56.87
个体经营	13.79	28.15	4.98	19.28	286.39
房屋建筑面积（万平方米）					
施工面积	9980.70	11527.59	14188.96	14988.35	5.63
#住　宅	6686.04	6810.18	7436.90	7826.99	5.25
竣工面积	2360.92	2438.95	2443.43	2537.50	3.85
#住　宅	1496.24	1403.04	1260.17	1322.98	4.98

注：2011年起，固定资产投资的起点标准从计划总投资50万元提高到500万元，500万元以下项目不再纳入固定资产投资统计范围（以下相关表同）。

人民物质文化生活情况

项　目	2010	2011	2012	2013	2014
就　业					
每一农村劳动力负担人数（人）	1.56	1.54	1.54	1.59	1.60
每一城镇就业者负担人数（人）	2.01	2.07	2.04	2.07	1.84
城镇登记失业率（%）	3.21	3.11	2.68	2.35	2.19
收　入					
农村居民家庭人均纯收入（元）	3425	3909	4507	5108	5736
城镇居民家庭人均可支配收入（元）	13189	14989	17157	18965	20804
在岗职工平均工资（元）	29588	32906	38440	44109	48470
消费水平（元）					
全体居民	6234	7493	8542	9616	10678
农村居民	3126	3977	4563	5245	5661
城镇居民	11881	13574	15048	16327	17925
储　蓄					
城乡居民年底储蓄存款余额（亿元）	3598	4231	5050	5878	6675
人均储蓄存款余额（元）	14070	16515	19643	22786	25806
住房面积（平方米）					
农村居民人均居住面积	20.96	23.70	24.10	24.66	28.60
城镇居民人均居住面积	27.89	28.04	28.45	29.82	30.60
文　化					
城镇每百户有彩色电视机（台）	110.0	106.7	108.2	100.6	102.2
农村每百户有彩色电视机（台）	104.0	104.4	106.3	105.9	109.8
广播人口覆盖率（%）	93.47	93.70	96.89	97.69	97.89
电视人口覆盖率（%）	93.72	94.05	97.56	98.04	98.35
教　育					
学龄儿童入学率（%）	99.46	99.56	99.68	99.78	99.80
每万人口中在校大学生数（人）	149	158	168	172	175
卫　生					
每万人口医院、卫生院床位数（张）	32	35	38	46	44
每万人口执业（助理）医师数（人）	15	16	17	17	18

注：由于国家统计局实施城乡一体化住户调查改革，为保持与历史数据的衔接，2014年城乡居民收支数据为推算数。（以下相关表同）

规模以上工业企业工业增加值

单位：万元 (10 000 yuan)

项 目	2010	2011	2012	2013	2014	2014年比2013年增长（%）
工业增加值	1376.3	1782.9	1931.4	2045.2	2070.0	8.4
#国有及国有控股	1098.6	1450.5	1488.4	1502.2	1544.6	7.1
按登记注册类型分						
内 资	1347.3	1752.3	1902.0	2014.6	2038.3	8.4
国有企业	319.1	472.7	450.2	486.5	621.6	9.9
集体企业	34.4	39.7	43.7	38.6	22.7	-6.7
股份制企业	968.4	1213.8	1355.8	1433.2	1335.1	8.0
其他企业	25.4	26.1	47.1	56.3	49.4	8.5
外商及港澳台商投资企业	29.1	30.6	29.4	30.6	32.2	10.4
按企业规模分						
大型企业	805.2	1090.4	1298.1	1292.2	1335.4	7.1
中型企业	251.1	328.4	249.9	269.5	241.8	3.9
小型企业	320.0	364.0	377.9	470.8	482.6	15.1
按轻重工业分						
轻工业	194.0	224.1	278.8	334.4	328.1	8.1
重工业	1182.3	1558.7	1652.6	1710.8	1741.9	8.5
工业增加值指数（可比价）(上年=100)	116.6	116.2	114.6	111.5	108.4	

注：1.工业增加值中含长庆油田甘肃部分。
2.从2011年起，规模以上工业统计范围的工业企业起点标准从年主营业务收入500万元提高到2000万元。
3.工业增加值增长速度按可比价计算。

社会消费品零售总额

项　目	2010	2011	2012	2013	2014
社会消费品零售总额（亿元）	1435.53	1772.94	2064.43	2368.83	2668.33
按城乡分					
城镇	1156.31	1423.29	1656.76	1903.16	2142.65
#城区	858.70	1067.30	1290.00	1398.04	1586.40
乡村	279.22	349.65	407.67	465.67	525.68
按消费形态分					
#商品零售	1219.62	1528.33	1736.91	1993.15	2253.47
餐费收入	215.91	244.61	327.52	375.68	414.86
构成（%）(总额=100）					
按城乡分					
城镇	80.55	80.28	80.25	80.34	80.30
#城区	59.82	60.20	62.49	59.02	59.45
乡村	19.45	19.72	19.75	19.66	19.70
按消费形态分					
#商品零售	84.96	86.20	84.14	84.14	84.45
餐费收入	15.04	13.80	15.86	15.86	15.55

注：表中数据依据第三次经济普查数据进行了调整。（以下相关表同）

年度人物

新任副省级以上党政领导干部简介

黄 强

黄强，男，汉族，1963年4月生，浙江东阳人，1983年7月参加工作，1985年6月入党，西北工业大学管理学院管理科学与工程专业，研究生工学博士。1979.9—1983.7 西北工业大学航空自动控制系航空电气 工程专业本科学生；1983.7—1994.10 航空工业部西安飞机设计研究所特设研究室设计员、专业组长、副主任、主任（其间：1994.3—1994.8中国航空技术进出口深圳公司挂职锻炼）；1994.10—2000.4 中国航空工业总公司西安飞机设计研究所所长助理、副所长兼科技实业总公司总经理、常务副所长（1999.3—1999.7 中央党校地厅级干部进修班学习）；2000.4—2003.4 西安飞机设计研究所所长；2003.4—2005.6 第一飞机设计研究院院长、党委副书记兼上海飞机设计研究所所长；2005.6—2006.1 第一飞机设计研究院院长、党委书记兼上海飞机设计研究所所长、党委书记；2006.1—2008.6 国防科学技术工业委员会秘书长（2007.3—2008.1中央党校一年制中青年干部培训班学习）；2008.6—2014.1 国家国防科技工业局副局长、党组成员；2014.1 任甘肃省副省长。

夏红民

夏红民，男，汉族，湖北省监利县人。1961年12月生，1981年5月加入中国共产党，1982年8月参加工作，农学学士，高级农艺师。1978.10—1982.07 华中农学院植物保护专业学习1982.08—1989.08 农牧渔业部农业局、办公厅科员、副处级秘书、农业部武陵山区扶贫开发领导小组办公室副主任、农艺师（其间：1987.04—1988.04 挂职湖北省鄂西土家族苗族自治州政府扶贫办副主任）；1989.08—1993.10 农业部综合计划司区域开发处、办公室、投资基建处负责人、副主任、主任、处长，农业部高等农业院校基本建设学会常务理事；1993.10—1998.07 农业部动植物检疫总所（局）党组成员、副所长（副局长），高级农艺师（其间：1996.03—1996.07 中央党校地厅级进修班第26期第8支部学习）；1998.07—2000.12 国家出入境检验检疫局动植物监管司司长（其间：2000.05—2000.12 第二届农业部农业生物基因工程安全委员会委员）；2000.12—2001.03 国家出入境检验检疫局党组成员、副局长；2001.03—2001.08 国家质量监督检验检疫总局党组成员；2001.08—2004.09 国家质量监督检验检疫总局党组成员兼动植物检疫监管司司长(其间：2002.04—2006.05 第一届中国进出境动植物检疫风险分析委员会常务副主任委员；2002.05—2005.05 第一届国家农业转基因生物安全委员会委员；2004.03—2007.03 全国植物检疫标准化技术委员会主任委员）；2004.09—2006.05 国家质量监督检验检疫总局党组成员（其间：2005.09—2006.01 中共中央党校省部级进修班第38期B班第2支部学习）；2006.05—2006.06 甘肃省人民政府党组成员；2006.06—2010.10 甘肃省人民政府党组成员、省长助理；2010.10—2012.08 甘肃省人民政府党组成员、省长助理，省舟曲灾后重建前方协调指导小组组长；2012.08—2014.07 甘肃省人民政府党组成员、省长助理，中共庆阳市委委员、常委、书记，庆阳军分区党委第一书记；2014.07—2014.11 甘肃省人民政府党组成员、副省长，中共庆阳市委委员、常委、书记，庆阳军分区党委第一书记；2014年11月起任甘肃省人民政府党组成员、副省长。第十二届全国人大代表，第十一届、第十二届甘肃省委委员。

受表彰的先进人物

人社部表彰

全国气象工作先进工作者

陈昌平 甘南藏族自治州气象局局长

（人社部发〔2014〕2号）

全国税务系统先进工作者

王培陇（女） 白银市国税局车购税征收分局副分局长

华　桑（藏族） 玛曲县地税局社保费征收管理分局局长

（人社部发〔2014〕10号）

全国钢铁工业劳动模范

何增录 腾达铁合金有限责任公司热电厂厂长

许　波 方大炭素新材料科技股份有限公司加工厂车间主任

谢生瑞 甘肃酒钢集团宏兴钢铁股份有限责任公司镜铁山矿树沟作业区铲运机班长

郝元靖 甘肃酒钢集团宏兴钢铁股份有限责任公司焦化厂二炼焦焦炉乙班班长

王军汉 甘肃酒钢集团宏兴钢铁股份有限责任公司运输部车辆作业区站修班班长

（人社部发〔2014〕47号）

第二次全国土地调查先进工作者

王晟军 省国土资源厅地籍管理处主任科员

杨晓东 东乡县国土资源局副局长

宋田彪 陇南市国土组员局地籍管理科科长

（人社部发〔2014〕101号）

全国自强模范和全国残联系统先进工作者

自强模范：

刘大铭 西北师范大学附属中学北辰人文实验班学生（肢残）

刘文新 兰州市七里河区盲人按摩中心主任（盲）

晓　梅 甘肃田地农业科技有限责任公司总经理李（肢残、女）

王旭东 省社会科学院社会政策与救助研究中心主任（肢残）

王珺玲 省残疾人艺术团指导老师（聋、女）

先进工作者：

苏兰萍 省康复中心医院白内障复明中心主任（女）

（人社部发〔2014〕35号）

全国文化系统先进工作者和劳动模范

先进工作者：

史　勇 甘肃省文物局办公室主任科员

彭德明 甘肃省歌剧院院长

顾善忠 甘肃省文化艺术研究所所长甘肃省杂技团有限责任公司董事长

（人社部发〔2014〕92号）

全国审计机关先进工作者

冯天成 天水市秦州区审计局局长

（人社部发〔2014〕94号）

全国模范教师全国教育系统先进工作者

模范教师：

马　兰 东乡族自治县五家乡马场小学一级教师（女、东乡族）

王玉贵 瓜州县梁湖乡中心小学一级教师

吕转芳 会宁县中川乡老鸦小学高级教师（女）

朱怀堂 永昌县新城子中心小学（西湾小学）高级教师

张惠霞 平凉市崆峒区柳湖乡纸坊沟小学高级教师（女）

郭改粉 合水县西华池小学高级教师

于景兰 舟曲县峰迭新区中学高级教师（女）

张　林 榆中县来紫堡学区高级教师

赵耀直 嘉峪关市实验中学高级教师

吴佩禄 张掖市第二中学高级教师

马宗义 天水市第一中学高级教师

杨文仁 民勤县第四中学一级教师

姚志忠 甘肃省岷县第一中学高级教师

郭清云 甘肃省礼县第一中学一级教师

徐富平 甘肃省庆阳林业学校高级讲师

高蓉晖 兰州理工中等专业学校高级教师（女）

张筱兑 甘肃民族师范学院教授

先进工作者：

曹　新 敦煌中学校长

王幼华 张掖市青西中学校长

（人社部发〔2014〕57号）

全国粮食系统先进工作者和劳动模范

先进工作者：

张建祥 永靖县粮食局副局长

劳动模范：

杨虎林 甘肃省酒泉粮油储备库有限公司党委书记、董事长、总经理

（人社部发〔2014〕99号）

省委表彰

岷县漳县6·6级地震抗震救灾先进个人

市州、县区市

郭世杰 岷县县委书记

祝兴中 岷县中寨镇党委书记

於鸣铎 岷县公安局副局长、县交警大队大队长

杨瑞文 岷县工商行政管理局局长

杨旭平 岷县梅川镇纪委书记、监察室主任

包供同 岷县梅川镇永星村党支部书记

李学彦 岷县禾驮乡拉路村农民

吴堂星 中国移动岷县分公司线路维护工人

包世权 漳县县委常委、组织部部长

包国栋 漳县石川乡三条沟村村委会

副主任
杨蓬湖 陇西县卫生局副局长、卫生监督所所长
王成祥 陇西县公安局副局长
杨新龙 临洮县公安局副局长
董振锋 通渭县公安局指挥中心情报中心主任
张帅平 渭源县公安局侦察大队教导员
朱世荣 渭源县五竹镇郭家沟村王二沟社社长
满涌泉 定西市民政局党组书记、局长
柴成明 定西市民公安消防支队漳县大队副指导员
杨柳根 定西市民公安消防支队安定中队班长
王金生 定西市广播电视台记者
朱春生 定西市地震局工程师
毛诚好 中国移动甘肃有限公司定西分公司党委书记、总经理、高级经济师
何俊生 中石油甘肃定西销售分公司经理、高级政工师
华克庆 兰州市公安消防支队特勤大队一中队班长
樊国元 天水市公安消防支队特勤中队中队长助理
赵　坤 天水市公安局秦州分局娘娘坝派出所所长
马学文 天水市地震局局长
张想福 陇南市公安消防支队武都中队班长
王　辉 陇南市公安局交警支队巡逻大队教导员
吴建新 陇南市徽县公安局麻沿派出所所长
宁学辉 甘南州卓尼县藏巴哇乡政府乡长
段　兴 临夏州公安局交警支队宣传教育科科长
陈进华 临夏州康乐县莲麓镇党委书记
洪志杰 68062部队二营营长
李晓飞 68070部队直属工作科助理员
祁永祯 兰州军区总医院院务部军务科参谋
高　岩 69008部队15分队中队长
韩　帅 68212部队71分队副政治教导员
王庆超 68222部队65分队连长
贾晓东 68202部队10分队参谋
曹　刚 68206部队10分队参谋
马亚宏 68231部队政治处副主任
张　擎 68211部队57分队营长
李元琦 68307部队保障部军运油料科科长
吴文忠 96376部队队部长
王　金 96363部队副参谋长
高传余 93808部队大队长
安书杰 第四军医大学第一附属医院医教部副主任
张财富 省军区司令部情报处参谋
朱誉琳 省军区政治部宣保处干事
赵培战 岷县人民武装部部长
杨立昌 甘肃陆军预备役高炮师四团卫生队预任士兵
高国宝 天水陆军预备役步兵旅司令部兵种科科长
苏　伟 武警甘肃省总队第三支队支队长
刘　凯 武警甘肃省总队第三支队工化救援中队班长
白晓林 武警甘肃省总队定西市支队参谋长
段晓辉 武警甘肃省总队定西市支队漳县中队指导员
罗耀洲 武警甘肃省总队定西市支队第四大队教导员
陈志勇 武警甘肃省总队甘南支队十二中队中队长
李　萍 武警甘肃省总队医院内三科护士
何代全 武警8672部队政治处副主任
贺鹏飞 武警8672部队通信连连长
张清强 武警8672部队58分队教导员
艾忠昌 武警甘肃省森林总队政治部副主任
杨万奎 武警甘肃省森林总队陇南市支队天水大队教导员
王俊海 武警交通第一总队第一支队支队长
李卫旭 武警黄金第二总队第五支队二大队副大队长
刘旭亮 武警黄金第二总队第五支队九中队副班长
古小冬 省委总值班室综合信息处主任科员
赵永生 省委组织部组织处副处长
李嘉春 省委外宣办互联网新闻中心主任
昝　琦 省委宣传部新闻处处长
滕继国 省政府办公厅综合处处长
朱虎明 省发改委重建办主任科员
罗卫东 省财政厅社保处处长
王福泰 省农村饮水安全管理办公室副主任、高级工程师
兀　征 省动物卫生监督所副所长、高级兽医师
贺　钧 省粮食局监督检查处处长、经济师
钱元灵 省建筑设计研究院副总工程师
景天孝 省地震局应急救援处副处长
郭　刚 新华社甘肃分社记者
屠国玺 新华社甘肃分社记者
张　磊 中央人民广播电台甘肃记者站记者
刘龙龙 中央电视台甘肃记者站站长

甘通字（2014）2号

全省见义勇为英雄和先进分子

"甘肃省见义勇为英雄"荣誉称号

韩　英 男，撒拉族，1973年9月出生，中共党员，大专文化，积石山保安族东乡族撒拉族自治县公安局交警大队协警，牺牲。

尹发宝 男，汉族，1965年9月出生，陇南市武都区枫相乡亚滩村迷厂社农民。

魏玉川 男，汉族，1993年12月出生，古浪县黄羊川镇一棵树村人，兰州理工大学能源与动力工程学院学生，牺牲。

“甘肃省见义勇为先进分子”荣誉称号

魏万国 男汉族，1991年2月出生，皋兰县什川镇上泥湾村农民。

郝　峰 男，汉族，1991年3月出生，共青团员，礼县盐官镇新合村人，西北师范大学体育学院学生。

宋大江 男，1953年12月出生，中共党员，大学文化，兰州军区联勤部司令部退休军人。

杨国海 男，汉族，1969年2月出生，皋兰县委政法委司机。

王宝平 男，汉族，1977年9月出生，金昌市中铁现代物流有限责任公司硫酸管道输送作业部工人，牺牲。

王中林 男，汉族，1959年9月出生，金塔县古城乡头号村农民。

杨发其 男，汉族，1950年2月出生，民乐县洪水镇单庄村农民。

蔺富裕 男，汉族，1953年2月出生，中共党员，陇西县马河镇马河村农民。

曾　鸿 男，汉族，1987年9月出生，白银市白银区水川镇金峰村农民。

张琐琐 男，汉族，1969年9月出生，静宁县灵芝乡张堡村农民。

周　维 男，汉族，1992年3月出生，天水市麦积区马跑泉镇胡王村农民。

樊　家 男，汉族，1993年1月出生，共青团员，宁县湘乐镇瓦窑村人，兰州理工大学技术工程学院学生。

邢东敏 男，汉族，1967年7月出生，中专文化，镇原县屯字镇中心卫生院医生。

汪宝成 男，藏族，1989年9月出生，大专文化，迭部县尼傲乡兽医站干部。

“甘肃省见义勇为先进群体”荣誉称号

1. 杜崇汉、刘小平、史朝钧群体

杜崇汉 男，汉族，1951年2月出生，康县原服务公司工人。

刘小平 男，汉族，1960年3月出生，康县子寅房地产开发有限公司员工。

史朝钧 男，汉族，1971年12月出生，康县民康食品公司员工。

2. 马奴海、马登奎、马黑麦、马哎布群体

马奴海 男，回族，1974年11月出生，康乐县上湾乡吓庄村农民，在兰务工。

马登奎 男，回族，1972年3月出生，康乐县附城镇高丰村农民，在兰务工。

马黑麦 男，回族，1975年7月出生，康乐县上湾乡吓庄村农民，在兰务工。

甘委（2014）51号

党管武装好书记

郑亚军 嘉峪关市委书记、军分区党委第一书记

张令平 定西市委书记、军分区党委第一书记

周　强 临夏州委书记、军分区党委第一书记

陈　伟 平凉市委书记、军分区党委第一书记

甘委（2014）58号

省政府表彰

甘肃省“园丁奖”优秀教师

姜　越（女） 中国科学院兰州分院中学

王　芳（女） 兰州市第十一中学

敦　莉（女） 兰州市第十九中学

刘瑞平（女） 兰州市第三十三中学

马永福 兰州市第五十九中学

陈　英（女） 兰州市第八十一中学

乔新军 兰州市女子中等专业学校

葛向祖 兰州新区中川镇中心学校

苏兰芳（女） 西北师范大学附属小学

褚占辉 西固区庄浪路第二学校

崔承惠（女） 城关区静宁路小学

高　云（女） 城关区南河小学

李加东 七里河区西果园中心校青岗小学

田　燕（女） 七里河区七里河小学

刘素坚（女） 安宁区孔家崖第二小学

魏武兴 红古区红古中心小学

马新玉 永登县第二中学

胡万林 永登县第八中学

马志鸿（回族） 永登县祁连山学校

安延芳 皋兰县第四中学

金玉成 榆中县恩玲中学

火克勤 榆中县和平学区

李有存 榆中县中连川学区

孙伟民 嘉峪关市第六中学

王新军（女） 嘉峪关市大唐路小学

杨艳艳（女） 嘉峪关市酒钢三中

殷大文 酒泉中学

马秀玲（女） 酒泉市第二中学

仲卫民 酒泉市实验中学

王孝书 玉门市第一中学

王国志（土族） 敦煌市第三中学

贾丽娟（女） 阿克塞哈萨克族自治县中学

肖国兵 金塔县中学

吴新国 瓜州县第三中学

董志新 张掖中学

杨　莉（女） 甘州区南关学校

王岩锁 甘州区金安苑学校

屈　军 肃南裕固族自治县第一中学

王发家 民乐县第一中学

徐茂生 民乐县第四中学

张耀祖 山丹县第二中学

韩永新 临泽县五三小学

赵海英（女） 高台县西街小学

潘　银 周金昌市第四中学

许国鹏 金川区双湾中学

高发仁 永昌县红山窑中心小学

潘竟中 武威第一中学

王湘瑜（女） 武威第二中学

王生龙 武威市第五中学

赵尔增　武威市第六中学
丁帆武　威市第十中学
王兴堂　武威第十五中学
邵永龙　凉州区发放镇九年制学校
张　魁　凉州区双城镇双城小学
张永安　天祝藏族自治县新华中学
刘银德　天祝藏族自治县天堂学校
胡克林　民勤县第三中学
吴有平　民勤县第五中学
冉多海　民勤县蔡旗乡完全小学
崔改存　古浪县第六中学
马彩云（女，回族）　古浪县直滩初级中学
吴春香（女）　白银矿冶职业技术学院
李光成　白银市第三中学
赵万里　平川区第二中学
李晓霞（女）　平川区黄峤乡玉湾小学
贾秀琴（女）　白银区第二小学
张　谦　会宁县第四中学
谢继禄　会宁县职业技术教育中心学校
李勤会　宁县党家岘乡初级中学
苏钰碧　会宁县平头川乡中心小学
庞云霞（女）　会宁县第二幼儿园
杜进福　靖远县第三中学
马智靖　远县第七中学
路延东　靖远县东升中学
刘银英（女）　靖远县刘川乡华富光彩小学
王兴国　景泰县第一中学
李桂春　景泰县第四中学
蔚泽军　定西市第一中学
梁玉安　定区中华路中学
周爱兰（女）　安定区西关小学
魏小琴（女）　安定区福台幼儿园
杨作德　临洮中学
边天龙（女）　临洮县洮阳初级中学
王　伟（女）　临洮县第一实验小学
陈自明　陇西县文峰中学
王咏莲（女）　陇西县巩昌中学
王菊彩（女）　陇西县城关第一小学
邓成香（女）　岷县蒲麻初级中学
王俊霞（女）　岷县秦许学区中心小学
董建昌　漳县第一中学
成　玲（女）　漳县幼儿园
潘进福　通渭县第一中学
王黎明　通渭县什川初级中学
马　军　通渭县寺子川小学
许学华（女）　渭源县会川学区
牟凤英（女）　渭源县清源镇第一小学
朱小星（女）　平凉市第一中学
马文恩（回族）　平凉市第二回民中学
陈海霞（女）　平凉市第四中学
徐焕福　平凉师范学校附属小学
杨旭蓉（女）　崆峒区西大街小学
姚得亮　崆峒区四十里铺镇郿岘小学
王海燕　灵台县第一中学
朱伍德　灵台县上良中学
田新泰　庄浪县第一中学
张　骅　庄浪县良邑中学
胡小春　泾川县飞云乡中学
郭玲玲（女）　泾川县东街小学
杨武学　静宁县甘沟中学
田逢春　静宁县阿阳实验学校
马克林（回族）　崇信县柏家沟小学
刘　娟（女）　华亭县皇甫幼儿园
夏德恩　陇东学院附属中学
秦　铎　庆阳第六中学
赵正委　庆阳长庆中学
惠浩川　西峰区肖金中学
郭　瑛（女）　西峰区黄官寨实验学校
任耀恒　华池县第二中学
王胜利　镇原县第二中学
赵　鑫　镇原县孟坝中学
孟学蕴（女）　镇原县幼儿园
侯振华　正宁县第三中学
王　鹏　环县环城初级中学
王亚峰（女）　环县南关小学
罗毅庆　城县桐川初级中学
石廷华　合水县西华池初级中学
陈玉平　宁县第二中学
南春宏　宁县和盛小学
黄永锋　宁县金村小学
周春萱（女）　天水市第一中学
左晓珍（女）　天水市第五中学
张　红（女）　天水市第八中学
王卫红　天水市实验小学
姚军林　秦州区石马坪中学
韩　博　秦州区天水学区
王文章　麦积区向荣学校
李芳君（女）　麦积区马跑泉中心学校
安永红　清水县第一中学
朱晓英（女）　清水县西关小学
王万平　秦安县第三中学
冯耀军　秦安县莲花中学
李保平　秦安县郭嘉镇元川小学
张彦军　甘谷县第一中学
程莉萍（女）　甘谷县康庄路初级中学
汪建平　甘谷县模范初级中学
何永晨　武山县渭北初级中学
车红云（女）　武山县城关初级中学
张　睿（女）　武山县城关中心小学
马志成（回族）　张家川回族自治县第一中学
王金辉　张家川回族自治县张川镇中学
吴玉白（女，回族）　张家川回族自治县幼儿园
周兰林　陇南师范高等专科学校附属实验学校
王　馨　陇南市第一中学
雷晓宏　武都区滨江学校
李一家（女）　武都区西关小学
牟丽红（女）　宕昌县第一中学
王　俊　宕昌县阿坞九年制学校
剡步芳　西和县十里乡初级中学
王文华　礼县石桥镇初级中学
赵儒强　礼县三峪乡九年制学校
侯晓红（女）　两当县香泉初级中学
刘征兵　成县第一中学
台占青（女）　成县支旗初中
王　萍（女）　康县城关第一小学
姬小文　文县中寨初级中学
廖志军　徽县泥阳镇中心小学
鲁可陶（女）　临夏回民中学
冯　兰（女）　临夏市建国小学
王国淑（女）　临夏县新集学区
汪佐山（东乡族）　东乡族自治县民族中学
马春清（回族）　康乐县附城初中
苏雪琴（女）　康乐县新治街小学

潘世俊　和政县罗家集学校
魏　芳（女，土族）　积石山保安族东乡族撒拉族自治县石塬乡肖红坪小学
马　丽（女）　广河县城关小学
桑吉扎西（藏族）　合作市中学
尤文清　临潭县扁都九年制学校
闹尕东主（藏族）　卓尼县藏族中学
毕　涛　舟曲县峰迭新区中学
贡保杰布（藏族）　夏河县牙利吉乡寄宿制小学
张文煜　兰州大学
朱悦梅（女）　西北民族大学
王小鹏　兰州交通大学
陈年来　甘肃农业大学
赵　锋　兰州商学院
宋　敏　甘肃中医学院
马　进（回族）　甘肃政法学院
刘子江　兰州城市学院
李艳红（女）　天水师范学院
何茂活　河西学院
吴晓红（女）兰州工业学院
孙国君　兰州石化职业技术学院
张学文　甘肃工业职业技术学院
刘宗波　甘肃建筑职业技术学院
纪光兰（女）　甘肃交通职业技术学院
敬淑燕（女）　甘肃农业职业技术学院
蒲明兰（女）　武威职业学院
冯黎成　酒泉职业技术学院
郭亚琴（女）　甘肃钢铁职业技术学院
马　涛（女，回族）　甘肃机电职业技术学院
张宏奎　甘肃省商业学校
马立本　甘肃省医药学校
刘开明　甘肃省建筑材料工业学校
韩守玺　兰州电子工业学校
柴　彬（女）　甘肃省经济贸易学校
徐洲元　甘肃省水利水电学校
陈胜利　甘肃省理工中等专业学校
柳维红　甘肃省兰州实验小学

甘肃省“园丁奖”优秀教育工作者

张宝明　兰州市第五十六中学
魏从林　皋兰县教育局
白军志　榆中县第九中学
吴金玉（女）　嘉峪关市实验小学
李振葆　酒泉育才学校
徐　选　张掖市第一农业中学
万占虎　高台县第一中学
谢伯仁　永昌县第一高级中学
袁青年　武威职业学院
王富民　古浪县第一中学
张广立　靖远师范学校
杨文辉　白银区第一小学
王英健　景泰县芦阳学区
张立京（女）　定西市幼儿园
张新强　岷县第一中学
师加祥　临洮县椒山初级中学
景小琴（女）　陇西县巩昌幼儿园
朱怀太　平凉市教育科学研究所
王林虎　平凉市第二中学
王　刚　静宁县第一中学
徐彦雄　环县教育体育局
朱永海　庆城县陇东中学
白东升　正宁县山河初级中学
林　栋　武山县郭家庄九年制学校
赵建明　清水县第五中学
杨春茂（回族）　张家川回族自治县新建小学
刘红伍　陇南市卫生学校
李世勋　白龙江林业管理局中学
唐兴平　康县阳坝中学
祁文南　永靖县第四中学
蒲　晴　和政县陈家集学校
陈慧源　甘南州教育局
周天林　陇东学院
石善儒　定西师范高等专科学校
高鸿斌　兰州资源环境职业技术学院
任　晖（女）　甘肃省卫生学校
王　瑞　甘肃省高等教育自学考试办公室
杨晓健　甘肃省电化教育中心
宋增林　甘肃省保育院

甘政发〔2014〕85号

先进单位

人社部表彰

全国气象工作先进集体
甘肃省武威市天祝藏族自治县乌鞘岭气象站
（人社部发〔2014〕2号）

全国税务系统先进集体
敦煌市国家税务局
天祝藏族自治县国家税务局炭山岭分局
岷县地方税务局
永昌县地方税务局
（人社部发〔2014〕10号）

全国钢铁工业先进集体
酒钢集团宏兴钢铁股份有限责任公司选烧厂
（人社部发〔2014〕47号）

全国供销合作社系统先进集体
甘肃省甘谷县供销合作社
（人社部发〔2014〕48号）

第二次全国土地调查先进集体
甘肃省国土资源规划研究院、临洮县国土资源局
（人社部发〔2014〕101号）

全国审计机关先进集体
酒泉市审计局
张掖市审计局
（人社部发〔2014〕94号）

全国教育系统先进集体
凉州区丰乐镇丰乐小学
高台县解放街小学
天水市实验小学
陇西县南二十铺九年制学校
华池县列宁学校
宕昌县第一中学
瓜州县第二中学
靖远县第五中学
永登县第八中学
甘肃煤炭工业学校
庄浪县职业教育中心
甘肃农业大学食品科学与工程学院
（人社部发〔2014〕57号）

全国粮食系统先进集体
甘肃省皋兰粮油储备库有限公司
（人社部发〔2014〕99号）

省委省政府表彰

省委表彰

岷县漳县6·6级地震抗震救灾先进集体
市州、县区市
岷县梅川镇党委
岷县公安局党委
岷县住房和城乡建设局
岷县教育体育局
岷县梅川镇永光村党支部
岷县人民医院
漳县公安局
漳县民政局
漳县石川乡党委
漳县大草滩乡党委
渭源县人民政府
兰州市公安消防支队
定西市公安消防支队
陇南市公安消防支队
中国人民解放军
68070部队汽车营
68202部队16分队
68206部队55分队
68231部队15分队
68315部队80分队
五三六医院
漳县人民武装部
甘肃预备役高射炮兵师第三团
天水陆军预备役步兵旅炮兵团
中国人民武装警察部队
武警甘肃省总队定西市支队
武警陕西省总队第二支队工化救援支队
武警青海省总队第二支队工化救援支队
武警宁夏回族自治区总队直属支队工化救援支队
武警8672部队
武警甘肃省森林总队陇南市支队
武警交通第一总队第一支队
省直部门和中央在甘单位
省科技厅社会发展科技处
省民政厅救灾处
省地质灾害应急中心
省疾病预防控制中心
省定西公路总段
省青年志愿者指导中心
甘肃日报社机动新闻部
省广电总台电视新闻中心
省地震局地震应急中心
兰州中心气象台
人民日报社甘肃分社
中央电视台甘肃记者站
国家电网甘肃省电力公司应急办公事
岷县供电局
甘通字（2014）2号

省政府表彰

2013年度推动非公有制经济跨越发展先进市和优秀非公企业

一、先进市名单
兰州市

定西市
天水市

二、优秀非公企业名单

甘肃宏良皮业股份有限公司
金徽酒股份有限公司
方大炭素新材料科技股份有限公司
甘肃成纪生物药业有限公司
兰州国芳百货购物广场有限责任公司
天祝县千马龙煤炭开发有限责任公司
甘肃华尊立达房地产开发有限公司
甘肃达利食品有限公司
兰州阳光炭素有限公司
成县毕家山矿业有限责任公司
兰州天庆房地产开发有限公司
耐驰（兰州）泵业有限公司
瓜州广汇能源物流有限公司
腾达西北铁合金有限责任公司
肃北县瓯南矿业劳务有限公司
肃南裕固族自治县宏实矿业有限责任公司
天水华天科技股份有限公司
兰州顶津食品有限公司
天水华建混凝土工程有限公司
甘肃新星瑞迪石化科技有限公司
兰州黄河（金昌）麦芽有限公司
皋兰兰鑫钢铁有限公司
庆阳市甘庆房地产开发有限公司
甘肃红川酒业有限责任公司
甘肃省文县万利铁合金有限责任公司
甘肃京兰水泥有限公司
甘肃恒信房地产开发有限公司
张掖市金达房地产开发有限责任公司
甘肃澳德资源股份有限公司
安利（中国）日用品有限公司甘肃分公司
兰州天居房地产开发有限公司
如新（中国）日用保健品有限公司甘肃分公司
甘肃新周煤业有限责任公司
张掖市晋昌源煤业有限公司
陇西一方制药有限公司
兰州赛福汽车销售服务有限公司
甘肃泓畅工程机械有限公司
甘肃大冶地质矿业有限责任公司
兰州惠仁堂药业连锁有限责任公司
武威荣华工贸有限公司
环县新艺地毯工贸有限责任公司
白银市第一建筑工程有限责任公司
天水昌盛食品有限公司
甘肃忠恒房地产开发集团
天水天宝塑业有限责任公司
甘肃古河州酒业有限责任公司
天水市天祥水泥（集团）有限责任公司
山丹水泥集团

2013年度省长金融奖获奖单位

一、银行业金融机构

甘肃省农村信用社联合社
国家开发银行甘肃省分行
甘肃银行
中国工商银行甘肃省分行
中国农业银行甘肃省分行
兰州银行

二、保险业金融机构

中国人民财产保险股份有限公司甘肃省分公司
中国人寿保险股份有限公司甘肃省分公司

三、融资企业

甘肃省公路航空旅游投资集团有限公司
酒泉钢铁（集团）有限责任公司

四、资产管理公司

信达资产管理公司甘肃省分公司

五、市州人民政府

武威市人民政府
张掖市人民政府
临夏州人民政府
甘政发〔2014〕48号

2014年甘肃省“园丁奖”教育系统先进集体

兰州市实验幼儿园
七里河区敦煌路小学
西固区西固城第二小学
红古区窑街学校
嘉峪关市实验中学
酒泉卫生学校
甘州区北街小学
金川集团公司中小学总校第一高级中学
武威市第八中学
武威第十八中学
古浪县第三中学
民勤县职业中等专业学校
白银市第八中学
平川区第四中学
安定区新集初级中学
陇西县第一中学
渭源县清源镇第二小学
华亭县第一中学
泾川县第二中学
庄浪县南湖小学
庆阳第六中学
西峰区温泉（齐楼）初级中学
宁县早胜小学
天水市第三中学
麦积区琥珀中心学校
秦安县第一中学
甘谷县第二中学
清水县第三中学
武都区城关中学
文县第二中学
宕昌县南阳中学
临夏中学
临夏市第一中学
积石山保安族东乡族撒拉族自治县吹麻滩中学
临夏县土桥镇尹王中心小学
迭部县初级中学
碌曲县西仓乡中心小学
玛曲县第二寄宿制藏族小学
部属省属高等院校（3个）
西北师范大学历史文化学院
兰州资源环境职业技术学院采矿工程系
兰州理工大学附属中学
部属省属中等职业学校（1个）
甘肃省中医学校
甘政发〔2014〕85号

重要文件辑存

地方立法

甘肃省农村能源条例

2014 年 7 月 31 日省第十二届人大常委会第十次会议通过

第一章 总 则

第一条 为了促进农村能源合理开发、科学利用，加强农村能源建设和管理，根据《中华人民共和国农业法》《中华人民共和国可再生能源法》等有关法律、行政法规，结合本省实际，制定本条例。

第二条 在本省行政区域内从事农村能源开发利用与节约、生产经营、产品使用、技术服务、监督管理活动的单位和个人，应当遵守本条例。

第三条 本条例所称农村能源，是指沼气、秸秆、薪柴等生物质能和用于农村生产生活的太阳能、风能、地热能、微水能等能源。

本条例所称农村能源产品，是指沼气及其他生物质燃气、生物质成型燃料等农村能源制成品和农村能源的开发利用与节约所使用的设备、器材等。

第四条 开发利用与节约农村能源应当坚持因地制宜、多能互补、综合利用、讲求效益和开发与节约并举的方针，与村镇基础设施、畜禽规模养殖、现代农业设施建设相结合，遵循政府扶持、市场引导、社会参与的原则。

第五条 县级以上人民政府应当将农村能源产业发展纳入国民经济和社会发展规划，在政策制定、资金扶持、项目安排、创新奖励等方面支持农村能源的开发利用与节约和服务体系建设，促进农村能源事业可持续发展。

第六条 省农业行政部门是农村能源建设及其管理的主管部门。

县级以上人民政府农村能源管理机构负责本条例的具体实施，并履行下列职责：

（一）宣传和贯彻实施农村能源法律、法规；

（二）编制农村能源发展规划，报同级人民政府批准后，组织实施；

（三）组织实施农村能源试验、示范和技术改造项目，会同有关部门组织农村能源新技术、新产品的检测及成果鉴定；

（四）负责农村能源资源调查与评价、农村节能工作监督管理及宣传教育；

（五）负责农村能源技术推广、教育培训、咨询服务、职业技能鉴定以及国内外技术合作与交流；

（六）指导农村能源社会化服务体系建设，监督农村能源建设项目的实施；

（七）依法查处违反本条例的行政案件；

（八）法律法规规定的其他职责。

第七条 县级以上人民政府发展和改革、科学技术、城乡建设、安全生产监督管理等有关部门，应当在各自的职责范围内做好农村能源建设和监督管理的相关工作。

乡镇人民政府负责做好本行政区域内农村能源开发利用与节约的组织、推广和安全生产宣传教育工作。

第二章 开发利用与节约

第八条 各级人民政府应当发挥本地资源优势，优化用能结构，提高新能源和可再生能源在农村能源消费中的比重；加大节能技术推广力度，提高能源利用效率，减少农村地区能源消耗和污染物排放。

第九条 各级人民政府应当鼓励引进外资及社会资金开发利用农村能源，创新节能技术，研发节能产品，提供技术服务。

第十条 鼓励科研机构、大专院校、企业等单位和个人，通过技术转让、入股、咨询与服务等形式开展农村新能源和可再生能源新技术、新产品的研究开发和成果转化；支持用能单位和个人引进、开发、使用农村能源新技术、新产品。

第十一条 鼓励开发利用下列农村能源技术、产品：

（一）大中型沼气集中供气、沼气沼渣沼液综合利用、农村生产生活污水净化和粪污的厌氧发酵处理；

（二）秸秆等生物质的气化、液化、固化、炭化；

（三）能源作物的种植及其合理利用；

（四）高效低排节能炉、炕、灶；

（五）太阳能热水、采暖、干燥、种植、养殖以及太阳能光伏电源利用；

（六）地热能、微水能和风能利用；

（七）其他先进适用的新能源、可再生能源。

第十二条 各级人民政府应当引导和支持乡村兴建沼气集中供气工程、生产生活污水沼气净化工程，因地制宜开展户用沼气建设。

鼓励单位和个人利用农村生产生活污水、畜禽养殖场（区）排放的有机废弃物、秸秆等生物质原料，建设沼气集中供气、沼气发电工程。

县（市、区）农业行政主管部门应当组织沼气生产单位和个人对沼渣、沼液实行综合利用，生产无公害、绿色和有机农产品。

第十三条 各级人民政府应当制定扶持政策，支持秸秆能源化利用，推广秸秆气化、固化、炭化等技术。

禁止在田间地头焚烧秸秆。

第十四条 风、光、热等资源富集地区的各级人民政府，应当将风、光、热等能源的开发利用与节约纳入现代农业设施建设、村镇规划。

牧区、林区以及林缘地区的各级人民政府，应当重点推广节能设施，利用太阳能、风能、水能、地热能和沼气等能源，解决农牧民生产生活用能。

第十五条 新建、改建、扩建农村住宅、校舍、医院等建筑，应当优先采用建筑节能技术、太阳能利用技术、新型节能建筑材料、节能炉和节能炕灶等设施。

第三章 保障与服务

第十六条 县级以上人民政府应当在年度财政预算中安排资金支持农村能源建设发展，并逐年增加。

第十七条 乡镇、农村集体经济组织进行农村能源和农村能源产品的开发利用与节约，需要使用集体土地的，按照国家关于集体建设用地的规定办理。

农村集体经济组织可以通过土地使用权入股、联营等方式，与其他经济主体、个人合作进行农村能源和农村能源产品开发，所需土地按前款规定办理。

农村居民利用住宅院落空闲地建设户用沼气池，不需要办理建设用地审批手续。

第十八条 农村居民利用太阳能供水供热或者购买高效低排节能炉具的，按照国家和本省有关规定享受优惠政策。

利用沼气、秸秆气集中供气、发电以及应用固化、炭化、液化技术开发利用生物质能所购置的设备，可以享受农机具购置补贴。

第十九条 利用畜禽养殖废弃物、秸秆等原料制取沼气并向农村居民集中供气的，按照国家和本省有关规定减免相关费用，并对产品给予补贴；其工程设施运行用电执行农业用电价格。

利用畜禽养殖废弃物进行沼气发电的，享受国家规定的税收优惠政策。

第二十条 县级以上人民政府农村能源管理机构应当建立和完善农村能源开发利用信息系统，为农村能源生产者、经营者和使用者提供市场供求、新产品及新技术推广、科研成果和农村能源管理等信息服务。

第二十一条 县级以上人民政府应当支持组建农村能源利用服务平台，鼓励社会力量向农村能源用户提供物资、技术及劳务等服务。

第二十二条 省发展和改革部门会同省农业行政部门建立农村温室气体排放管理制度，省农村能源管理机构组织开展农村能源碳排放交易工作。

第四章 监督与管理

第二十三条 本省农村能源工程和产品的技术标准由省质量技术监督部门会同省农业行政部门制定。

农村能源产品应当符合国家标准、行业标准、地方标准。无以上标准的应当制定企业标准，并报所在地的县（市、区）质量技术监督部门和农村能源主管部门备案。

第二十四条 引进推广农村能源新技术、新工艺，应当持有国家或者本省有关部门出具的评价证书。

生产、销售农村能源产品，应当持有法定的产品质量检验机构出具的质量检验合格证明。

从事农村能源工程设计、施工、监理、物管、维修的单位和个人，应当具有相应的资质、资格证书和技术等级证书。

第二十五条 从事农村能源工程建设、产品生产经营、技术推广服务的单位和个人，对其工程或者产品质量、技术安全负责。

使用农村能源产品及其设施的单位，应当建立健全并严格遵守有关安全管理、使用制度。使用农村能源产品及其设施的个人，应当严格遵守相关安全使用规程与制度，定期检查维护，确保使用安全。

第二十六条 生产经营规模化沼气、秸秆气供气，坚持谁经营、谁受益、谁管理的原则。生产经营单位和个人应当制定沼气、秸秆气安全事故应急预案，加强对维护人员沼气、秸秆气安全知识和技能的培训，并定期组织演练；应当定期对供气设施维护维修，对用户用气设施进行安全检查。

沼气、秸秆气用户应当遵守安全用气规则，使用合格的沼气、秸秆气燃烧器具和管件，及时更换国家明令淘汰或者使用年限已届满的沼气、秸秆气燃烧器具、管件。

第二十七条 兴建农村能源工程，应当按照国家和本省有关基本建设项目的规定执行，其工程的设计和施工应当符合相应的标准和规范。

第二十八条 农村能源生产、使用单位和个人，应当如实向农村能源管理机构提供有关数据和资料。

第五章 法律责任

第二十九条 违反本条例规定，未持有国家或者本省有关部门出具的评价证书引进推广农村能源新技术新工艺的，责令停止违法行为，可并处五千元以下罚款。

违反本条例规定，未持有法定的产品质量检验机构出具的质量检验合格证明销售农村能源产品的，责令停止违法行为，可并处五千元以下罚款。

第三十条 违反本条例规定，未取得相应的资质、资格证书和技术等级证书从事农村能源工程设计、施工、监理、物管、维修的，责令停止违法行为，对单位可并处一万元以上三万元以下罚款。

第三十一条 违反本条例规定，农村能源工程和产品不符合标准或者质量要求的、农村能源技术不符合安全要求的，从事农村能源工程建设、产品生产经营、技术推广服务的单位和个人应当依法承担相应责任。

违反本条例规定，使用农村能源产品及其设施的单位和个人，未严格遵守相关安全使用规程与制度造成安全事故的，应当依法承担相应责任。

第三十二条 违反本条例规定，生产和经营规模化沼气、秸秆气供气的单位和个人未定期对供气设施维护维修、未对用户用气设施安全检查的，责令改正，可并处五千元以上一万元以下罚款；造成安全事故的，应当依法承担相应责任。

违反本条例规定，沼气、秸秆气用户未遵守安全用气规定或者使用不合格的沼气、秸秆气燃烧器具和管件，未及时更换国家明令淘汰或者使用年限已届满的沼气秸秆气燃烧器具和管件，造成安全事故和他人伤亡、人身财产损失的，应当依法承担相应责任。

第三十三条 违反本条例规定的其他行为，法律法规已有处罚规定的，从其规定。

第三十四条 农业行政主管部门和农村能源管理机构工作人员，在履行监督管理职责中，滥用职权、玩忽职守、徇私舞弊，尚不构成犯罪的，由其所在单位或者上级主管机关依法给予行政处分；构成犯罪的，依法追究刑事责任。

第六章 附 则

第三十五条 本条例自2014年10月1日起施行。1998年9月28日甘肃省第九届人民代表大会常务委员会第六次会议通过，2004年6月4日甘肃省第十届人民代表大会常务委员会第十次会议第一次修正，2005年9月23日甘肃省第十届人民代表大会常务委员会第十八次会议第二次修正，2010年9月29日甘肃省第十一届人民代表大会常务委员会第十七次会议第三次修正的《甘肃省农村能源建设管理条例》同时废止。

甘肃省民兵预备役工作条例

2014年7月31日省第十二届人大常委会第十次会议通过

第一章 总 则

第一条 为做好民兵、预备役工作，加强国防后备力量建设，根据《中华人民共和国国防法》《中华人民共和国兵役法》《民兵工作条例》和有关法律、行政法规，结合本省实际，制定本条例。

第二条 本省行政区域内与民兵、预备役工作相关的活动适用本条例。

第三条 民兵是中国共产党领导的不脱离生产的群众武装组织，是中华人民共和国武装力量的组成部分，是中国人民解放军的助手和后备力量。

预备役部队是以现役军人为骨干，以预备役军官、士兵为基础，按照军队统一编制组建起来的、战时实施快速动员的武装力量，是中国人民解放军的重要组成部分。

预备役人员是指经过登记，预编到现役部队、编入预备役部队、编入民兵组织服预备役或者以其他形式服预备役的人员。

第四条 民兵、预备役工作应当适应国防建设要求和经济社会发展需要，坚持平战结合、劳武结合、军民融合和注重质量的原则。

第五条 县级以上人民政府领导本行政区域的民兵、预备役工作，将民兵、预备役工作纳入国民经济和社会发展规划及政府目标管理责任考核体系，制定民兵、预备役工作的政策措施，统筹安排民兵、预备役工作，组织和监督完成民兵、预备役工作任务。

第六条 省军区、军分区（警备区）、县（市、区）人民武装部是同级人民政府的兵役机关，在上级军事机关和同级人民政府的领导下，负责本辖区的民兵、预备役工作，并履行下列职责：

（一）组织开展国防动员潜力调查；

（二）组织兵役登记，建立和巩固民兵、预备役组织；

（三）组织民兵、预备役人员进行教育训练和战备执勤；

（四）动员和组织民兵、预备役人员参战支前、参与应对重大突发事件；

（五）按权限考察、任免、管理专职人民武装干部、预备役军官；

（六）按照要求管理民兵组织、预备役部队的武器装备；

（七）领导基层人民武装部开展民兵、预备役工作；

（八）法律、行政法规规定的其他职责。

第七条 预备役部队按照国家和本省有关规定，负责组建区域内所属预备役人员的编组、教育、训练和管理等工作。

第八条 乡（镇）、街道和企业事业单位人民武装部，负责本区域、本单位的民兵、预备役工作，其设置和撤并按照国家和本省有关规定，由省人民政府和省军区批准。

不具备设立人民武装部条件的企业事业单位，应当确定机构，指定专人负责民兵、预备役工作。

第九条 机关、团体、企业事业单位以及其他组织应当按照人民政府和军事机关要求，完成民兵、预备役工作任务。

第十条 依法参加民兵、预备役组织或者以其他形式服预备役是适龄公民应尽的义务，其合法权益受法律保护。

第十一条 各级人民政府、军事机关和预备役部队，对在民兵、预备役工作中作出显著成绩的单位和个人，应当给予表彰和奖励；对做出特殊贡献的人员，按照国家和本省有关规定，给予记功、晋级或者授予荣誉称号等奖励。

第二章 专职人民武装干部和预备役军官

第十二条 专职人民武装干部由军分区（警备区）、县（市、区）人民武装部按照人事管理权限任免，其他单位或者个人无权任免。

预备役军官的编配、任免按照国家有关规定执行。

第十三条 专职人民武装干部队伍应当保持稳定，因工作需要调整交流时，应当先征求有任免权限的军分区（警备区）或者县（市、区）人民武装部的意见；兼任预备役部队预备役军官的，还应当征求预备役部队的意见。

在预备役部队任职的预备役军官需要调整交流时，应当征求所在预备役部队的意见。

第十四条 专职人民武装干部任职年龄年限、预备役军官服役年龄按照国家有关规定执行。

第十五条 专职人民武装干部履行下列职责：

（一）贯彻落实国家有关人民武装工作的方针、政策和法律制度；

（二）组织指导民兵思想政治教育、组织整顿、军事训练；

（三）组织带领民兵维护社会秩序、参加抢险救灾、执行战备勤务、参加防卫作战；

（四）组织实施本行政区域和本单位兵员和预备役人员普查、登记、统计等征召动员工作；

（五）协助预备役部（分）队做好兵员管理、动员集结和战备演练等工作；

（六）协助统计调查国防动员潜力、征用民用资源、组织国防勤务等有关工作；

（七）协助保护军事设施、管理民兵武器装备；

（八）协助组织国防教育和学生军训工作；

（九）协助开展军人抚恤优待、退役军人安置工作，维护军人军属合法权益；

（十）完成当地人民政府和军事机关赋予的其他任务。

预备役军官履行国家法律法规赋予的职责。

第十六条 省军区、军分区（警备区）、县（市、区）人民武装部和预备役部队按照管理权限，应当每年会同省、市（州）、县（市、区）有关部门和企业事业单位，组织对专职人民武装干部、预备役军官履职情况进行考核，考核结果作为预备役军官、专职人民武装干部调整、晋级和任免的主要依据。

第三章 组织建设

第十七条 民兵组织分为基干民兵组织和普通民兵组织，国防动员专业队伍属于普通民兵组织。

乡（镇）、街道、行政村和适龄兵员在三十人以上具备编兵条件的企业事业单位，应当建立民兵组织。不具备编兵条件的企业事业单位由所在乡（镇）、街道人民武装部按照属地原则统一组建民兵组织。

预备役部队的组织建设按照国家和本省有关规定执行。

第十八条 按照国家法律规定，凡本省十八周岁以上三十五周岁以下符合服兵役条件的男性公民，经当地县级人民政府兵役机关确定，可以预编到现役部队，也可以编入预备役部队或者民兵组织。

根据军事需要，可以吸收十八周岁以上女性公民、三十五周岁以上男性公民参加预备役部队或者民兵组织。

第十九条 民兵、预备役编组实行户籍所在地与经常居住地相结合择优选编的方法。

根据需要，可以将户籍不在本编组行政区域但在所编组行政区域内连续居住一年以上符合条件的公民，编入预备役部队或者民兵组织。编入后，编组县级人民政府兵役机关应当及时函告其户籍所在地县级人民政府兵役机关。

第二十条 民兵、预备役编组任务由省人民政府和省军区下达，军分区

（警备区）、县（市、区）人民武装部和预备役部队组织实施。

军分区（警备区）、县（市、区）人民武装部应当统筹安排预备役部队、基干民兵和国防动员专业队伍的编组任务、编组范围等，同一单位、同一人员不得重复、交叉编组。

预备役部队、基干民兵组织和国防动员专业队伍每年进行一次组织整顿。

第二十一条 机关、团体、企业事业单位以及其他组织，每年应当在规定时间内向当地乡（镇）、街道人民武装部提供本单位符合编入民兵组织、预备役部队适龄公民的相关信息。

符合服兵役条件的适龄公民应当按照规定时限到当地县级人民政府兵役机关指定地点参加预备役登记。

第二十二条 兵役机关应当按照政治、身体和技能等条件要求，及时对参加预备役登记的适龄公民进行兵员确定。

当地公安机关应当配合兵役机关做好民兵、预备役人员入队前的政治审查和入队后的政治考察工作。

第二十三条 预编到现役部队人员、编入预备役部队人员和基干民兵，其工作（学习）单位、住所和联系方式等发生变更的或者离开预备役登记地一个月以上的，应当向其预备役登记的兵役机关报告，接到召回通知必须按时归队。

民兵、预备役人员所在单位和当地公安机关应当协助兵役机关做好民兵、预备役人员动态管理工作。

第二十四条 各级人民政府、街道和企业事业单位应当按照国家和本省规定的标准和要求，加强民兵、预备役部队基层建设，保证民兵、预备役部队基层工作需要。

县级以上人民政府应当将预备役部队、民兵组织的应急队伍和国防动员专业队伍纳入本级应急力量体系统一建设，并参照现役部队建设标准和要求，加强市（州）和县（市、区）直属民兵应急队伍建设，提高常态化、专业化、规范化水平。

第二十五条 民兵、预备役人员参加军事演习、军事训练和执行任务期间，专职人民武装干部工作期间，应当按照规定着装，佩戴国家统一的符号、标志。

第四章 教育训练

第二十六条 民兵、预备役人员的思想政治教育，应当结合公民思想道德教育和全民国防教育开展。

民兵、预备役部队的思想政治教育，应当根据任务要求和人员特点，主要结合组织整顿、军事训练和执行任务等时机，采取以连（分）队为单位集中教育与其他教育相结合的方式进行。

基干民兵和编入预备役部队人员的思想政治教育时间，每年不少于十六课时。民兵、预备役人员集中训练期间，思想政治教育时间不少于训练总天数的百分之十。

第二十七条 民兵、预备役人员的思想政治教育应当结合教育内容，创新教育方式方法。

报刊、广播电视、网络等新闻媒体应当配合兵役机关和预备役部队开展相关教育宣传，提供公益服务。

第二十八条 民兵、预备役人员的军事训练，由省人民政府和省军区逐级下达。因特殊情况需要减少、免除或者调整当年训练任务的，应当报经省人民政府和省军区批准。

第二十九条 民兵、预备役人员军事训练一般在训练基地集中开展，由组织训练单位根据训练内容和标准分类分层组织实施。

少数民族地区的民兵、预备役人员军事训练，应当结合所担负军事任务和当地民族语言、习俗等特点组织实施。

第三十条 组织训练单位应当合理选择军事训练时机，在训练展开前三十日通知民兵、预备役人员所在单位。

民兵、预备役人员应当按要求参加军事训练，完成训练任务，其所在单位应当给予支持并提供便利条件。

第五章 执行任务

第三十一条 民兵、预备役人员平时担负下列任务：

（一）配合驻军对边防、重点战备地区实行联防；

（二）协助驻军和有关部门守护重要目标；

（三）担负战备勤务，协助维护社会稳定；

（四）参加经济社会建设、抢险救灾；

（五）法律、行政法规和人民政府、上级军事机关赋予的其他任务。

战时，民兵、预备役人员依法担负参军参战、支援保障作战、协助维护社会秩序等任务。

第三十二条 动用民兵组织执行任务，必须经县级以上人民政府和同级军事机关按照规定权限批准。

动用预备役部队执行任务按照国家有关规定执行。

第三十三条 民兵、预备役人员按照要求执行任务，任何单位和个人不得阻止。

第六章 武器装备和设施管理

第三十四条 民兵、预备役部队武器装备的配备、调整、维修和保管按照国家和本省有关规定执行。

第三十五条 民兵、预备役部队应急队伍所需的、按规定属于地方保障的装备器材，应当由所在地县级以上人民政府配备。

民兵、预备役部队所需的军民通用装备，县（市、区）人民武装部和预备役部队平时做好预征预储。执行任务时，由当地县级以上人民政府按照国家规定组织征用。

第三十六条 县级以上人民政府应当按照国家和本省有关规定，将县（市、区）人民武装部、预备役团以及民兵、预备役部队的武器装备仓库、训练基地纳入当地基本建设规划，搞好建设和日常维修，配备工作人员和基本设备，落实相关经费。

第三十七条 民兵、预备役部队武器装备仓库、训练基地属于军事设施，任何单位和个人不得非法侵占、买卖或者转让。

公安机关应当将民兵、预备役部队武器装备仓库列为重要安全保卫目标。

第七章　保障措施

第三十八条　县级以上人民政府应当根据工作任务需要，安排民兵、预备役工作经费，纳入财政预算，与国防费统筹列支。其增长应当与民兵、预备役建设和发展需求以及本省经济发展水平相适应。

第三十九条　民兵、预备役工作经费使用范围包括：

（一）民兵、预备役组织建设、教育训练、专职人民武装干部培训；

（二）民兵、预备役部队应急装备器材的购置，军民通用装备器材的征用补偿，民兵、预备役部队武器装备的维修；

（三）民兵、预备役人员服装购置费、补贴、伙食费、差旅费、通信费；

（四）基层人民武装部相关工作费用和民兵、预备役基层建设费用；

（五）民兵、预备役部队的武器装备仓库、训练基地的管理和维修；

（六）民兵、预备役人员执行任务必要性保障；

（七）其他民兵、预备役工作事项。

民兵、预备役工作经费应当专款专用，严格管理，接受上级军事机关和同级人民政府财政、审计等部门的监督。

第四十条　机关、团体、企业事业单位开展民兵、预备役工作的日常性开支和自行组织的民兵、预备役活动所需经费，由本单位解决。企业开支费用列入企业管理费用，据实在税前扣除。

第四十一条　专职人民武装干部和有工作单位的民兵、预备役人员，在参加军事演习、军事训练或者执行任务期间，原单位照发工资和奖金，福利待遇不变。

第四十二条　专职人民武装干部和民兵、预备役人员参加军事演习、军事训练、执行任务和战时参战支前享受的相关补助和补偿，按照国家和本省有关规定执行。

第四十三条　各级人民政府应当对无固定收入、家庭生活困难的民兵、预备役人员，在就业培训、扶贫开发、社会救助等方面给予照顾。

第四十四条　专职人民武装干部和民兵、预备役人员因参战支前、参加军事演习、军事训练和执行任务时发生伤亡的，所在地县级人民政府负责医疗救治和相关保障，并按照《工伤保险条例》或者参照《军人抚恤优待条例》和国家、本省有关规定给予抚恤优待。

第八章　法律责任

第四十五条　应当服预备役的公民违反本条例规定，有下列行为之一的，由县级以上人民政府责令限期改正；逾期不改的，由县级以上人民政府强制其履行义务，并可处一千元以上五千元以下罚款：

（一）拒绝、逃避预备役登记的；

（二）拒绝、逃避参加民兵组织、预备役部队的；

（三）拒绝、逃避参加军事训练和执行任务的；

（四）拒绝、逃避参战支前的。

战时有前款第（二）、（三）、（四）项行为，构成犯罪的，依法追究刑事责任。

第四十六条　机关、团体、企业事业单位违反本条例规定，有下列行为之一的，由县级以上人民政府责令改正，并可处一万元以上三万元以下罚款；对其主要负责人和直接责任人员可处一千元以上五千元以下罚款：

（一）应当建立民兵和预备役部队组织而拒绝建立的；

（二）应当设立基层人民武装部而拒绝设立或者擅自撤并的；

（三）拒绝完成民兵、预备役工作任务的；

（四）违规调整任用专职人民武装干部、预备役军官的；

（五）阻止民兵、预备役人员参加军事训练或者执行任务的；

（六）降低或者减少民兵、预备役人员参加军事训练或者执行任务期间应当享受的工资、福利待遇的。

第四十七条　国家机关及其工作人员在民兵、预备役工作中玩忽职守、滥用职权、徇私舞弊的，由其主管部门或者行政监察机关给予行政处分；构成犯罪的，依法追究刑事责任。

第四十八条　县级以上人民政府对违反本条例的单位和个人的处罚，由县级以上人民政府兵役机关会同监察、公安、民政、卫生、教育、人力资源和社会保障等部门具体办理。

第九章　附　则

第四十九条　本条例自2014年10月1日起施行。

甘肃省预防职务犯罪工作条例

2014年9月26日省第十二届人大常委会第十一次会议修订通过

第一条 为预防职务犯罪，促进国家工作人员依法、公正、廉洁履行职责，依据国家有关法律法规的规定，结合本省实际，制定本条例。

第二条 本省行政区域内的预防职务犯罪工作适用本条例。

第三条 本条例所称职务犯罪是指国家工作人员的贪污贿赂犯罪，国家机关工作人员的渎职犯罪和利用职权实施的侵犯公民人身权利、民主权利的犯罪。

本条例所称国家工作人员，是指国家机关中从事公务的人员，国有公司、企业、事业单位、人民团体中从事公务的人员，国家机关、国有公司、企业、事业单位委派到非国有公司、企业、事业单位、社会团体中从事公务的人员以及其他依照法律规定从事公务的人员。

第四条 预防职务犯罪工作贯彻标本兼治、综合治理、惩防并举、注重预防的方针，坚持教育、制度和监督并重的原则，实行内部预防、专门预防和社会预防相结合。

第五条 预防职务犯罪工作实行国家机关、国有公司、企业、事业单位、人民团体及有关单位各负其责、公民和社会各界共同参与的工作机制。

第六条 预防职务犯罪工作应当纳入各单位各部门廉政建设责任制考核，并作为主要负责人年度述职述廉内容。

国家机关、国有公司、企业、事业单位、人民团体的主要负责人对本单位的预防职务犯罪工作负总责，其他负责人根据分工负直接领导责任。

国家机关、国有公司、企业、事业单位、人民团体应当确定相关机构或者部门具体负责本单位预防职务犯罪工作。

第七条 预防职务犯罪工作的重点是：

（一）工程建设、项目审批、招标投标、土地出让、征地拆迁、产权交易、政府采购、医药购销等领域和环节；

（二）社会保障、扶贫救灾和教育等涉及人民群众直接利益的领域；

（三）资金高度密集领域和垄断性行业；

（四）存在重大安全生产责任事故隐患的煤炭、石油、化工、交通和食品药品安全等行业；

（五）国有企业兼并重组、重大投资和担保等活动；

（六）国家工作人员的招聘、录用和选拔任用；

（七）司法机关的司法活动；

（八）行政审批和其他行政执法活动；

（九）财政资金和其他公共资金的管理使用及国有公司、企业、事业单位、人民团体的财务管理。

预防的重点对象是担任领导职务的国家工作人员和易发、多发职务犯罪的行业、部门、岗位的工作人员。

第八条 省、市（州）、县（市、区）预防职务犯罪工作领导机构，负责领导、组织、协调本行政区域内的预防职务犯罪工作。其主要任务是：

（一）研究预防职务犯罪工作，提出预防措施和建议；

（二）召集预防职务犯罪工作联席会议，分析预防职务犯罪形势，通报情况，提出预防对策；

（三）协调解决与预防职务犯罪工作有关的问题；

（四）督促检查辖区单位的预防职务犯罪工作制度建设和履行职责情况；

（五）定期通报预防职务犯罪工作制度落实情况。

预防职务犯罪领导机构的日常工作由设在同级人民检察院的办事机构具体负责。

第九条 国家机关、国有公司、企业、事业单位、人民团体应当依照其职责做好下列预防职务犯罪工作：

（一）坚持和落实警示教育、述职述廉评议、审计监督、任职回避等与预防职务犯罪有关的制度；

（二）制定预防职务犯罪工作方案，建立健全工作制度，落实预防措施，通报工作情况，交流工作信息；

（三）坚持和完善预防职务犯罪教育制度，对本单位工作人员经常进行法制、纪律、道德教育，提高遵纪守法意识；

（四）对易发职务犯罪岗位的工作人员定期交流或者轮岗；

（五）选拔任用领导干部和重点岗位工作人员应当严格按照程序和条件进行，采取查询行贿受贿犯罪档案等方式，对被选拔的人员进行廉政考评，建立考评责任制，对考评失察的要追究责任；

（六）发现职务犯罪隐患要及时采取措施，进行提醒和戒勉谈话；

（七）接受预防职务犯罪领导机构及其办事机构的监督、指导，如实提供有关情况和资料。

第十条 各级人民政府及其职能部门应当做好下列预防职务犯罪工作：

（一）有审批权的部门对受理的事

项要公开其内容、程序和结果，依法实行公示、首问责任、限时办结、听证等制度；

（二）有行政执法权的部门应当按照法定程序和权限履行职责，提高行政执法水平和效率；

（三）对公共投资建设项目、政府采购、经营性土地使用权出让和产权交易等其他公共资源项目实行招标或者拍卖等竞争性交易方式；

（四）对财政预算执行、政府投资项目预决算、国债资金、专项资金（基金）和其他财政性资金收支情况、国有企业的财务收支情况，加强审计监督；

（五）对探矿权、采矿权出让、转让等活动加强监督和管理。

第十一条　各级人民检察院应当做好下列预防职务犯罪工作：

（一）依法履行法律监督职能，指导、监督本行政区域内的预防职务犯罪工作；

（二）健全与监察机关、审计机关和行业监管等部门的工作联系制度；

（三）建立与职务犯罪易发、多发行业以及重点工程建设项目单位的预防工作协作机制，共同开展预防工作；

（四）建立预防职务犯罪调查、咨询机制，研究分析职务犯罪发生的原因、特点和规律，提出预防对策和措施；

（五）开展预防宣传和警示教育，提供与预防职务犯罪有关的法律咨询；

（六）收集、处理预防职务犯罪的工作信息；

（七）建立与预防职务犯罪工作相适应的信息查询系统，为预防职务犯罪工作提供服务；

（八）实行警示提醒、训诫督导和责令纠错等预防工作措施；

（九）依法做好预防职务犯罪的其他工作。

第十二条　国有公司、企业、事业单位应当做好下列预防职务犯罪工作：

（一）建立健全资本运作、资产处置、物资采购、资金管理、企业改制、人员分流、利益分配和其他重要经营活动决策、执行的监督管理制约机制；

（二）实行厂务公开制度，企业的财务活动和企业负责人的经营管理行为要接受职工大会、职工代表大会和监事会的监督；

（三）加强对人事、财务、物资供销、工程建设等重要岗位人员的管理和监督；

（四）不得任用、聘用法律禁止的人员担任法定代表人、财务负责人和财会人员等岗位工作人员。

第十三条　检察机关、审判机关、监察机关、审计机关在开展预防职务犯罪工作中，按照各自职权，采取下列措施：

（一）要求有关单位和人员如实、及时地提供与预防职务犯罪事项有关的文件、资料、财务账目，进行查阅或者予以复制，涉及国家机密和商业秘密的应当保密；

（二）要求有关单位和人员就预防职务犯罪事项所涉及的问题做出解释、说明；

（三）建议有关单位对有违反法律、法规或者严重违反纪律嫌疑的人员暂停其执行职务。

第十四条　司法行政、文化教育、新闻宣传等部门应当做好预防职务犯罪的宣传教育工作，增强全社会的预防意识。

第十五条　鼓励和支持有关社会团体、城市社区、农村基层组织、非公企业、学校、家庭等共同参与预防职务犯罪工作。

第十六条　各级人民代表大会常务委员会要加强对预防职务犯罪工作的监督检查，有计划地听取和审议本级人民政府、人民检察院、人民法院有关预防职务犯罪的专项工作报告。

第十七条　检察机关、审判机关、监察机关、审计机关在依法行使职权中，针对有关单位存在的职务犯罪隐患，应当及时提出书面检察建议、司法建议、监察建议和审计建议，并会同被建议单位的上级机关或者主管部门监督落实。

有关单位在收到建议书后应当及时整改，将整改情况在三十日内书面回复建议机关，并报上级机关或者主管部门。

第十八条　担任领导职务的国家工作人员应当严格执行廉洁自律的各项规定和重大事项报告等制度，自觉接受法律监督、群众监督和舆论监督。

第十九条　公民、法人和其他社会组织，有权对预防职务犯罪工作提出建议、意见和批评，对涉嫌职务犯罪的行为进行控告、举报。新闻媒体应当依法对国家工作人员的职务行为进行舆论监督。

有关单位对建议或者批评应当及时研究，对涉嫌职务犯罪的控告、举报依照法律规定及时办理。

任何单位和个人不得泄露举报内容，不得对控告人、举报人打击报复。有关机关对举报有功人员应当予以奖励。

第二十条　县级以上人民政府应当将预防职务犯罪工作经费列入本级财政预算。国家机关、国有公司、企业、事业单位、人民团体及有关单位应当保障预防职务犯罪工作所需经费。

第二十一条　有关单位在接到检察机关、审判机关、监察机关、审计机关提出的建议书后，无正当理由拒不采纳，且在三十日内没有提出异议、不回复建议机关的，由其上级主管部门责令限期改正，逾期不改的由监察机关或者上级主管部门，对直接负责的主管人员和其他直接责任人员给予行政处分。

第二十二条　违反本条例规定有下列行为之一的，由主管部门或者监察机关责令改正；情节严重的，对负有直接责任的主管人员和其他直接责任人员给予行政处分；构成犯罪的，依法追究刑事责任：

（一）对涉嫌职务犯罪等行为隐瞒不报的；

（二）泄露举报内容或者打击报复控告人、举报人的；

（三）提供虚假材料和情况或者隐瞒事实的；

（四）对检察机关、审判机关、监察机关、审计机关就有关预防职务犯罪工作提出的问题拒绝做出解释和说明的；

（五）无正当理由拒绝提供有关文件、资料、财务账目和其他有关材料的；

（六）其他妨碍预防职务犯罪工作的行为。

第二十三条 从事预防职务犯罪工作的人员在开展预防职务犯罪工作中有滥用职权、徇私舞弊、玩忽职守和贪污贿赂、泄露国家机密等行为的，由其所在单位或者主管部门依法给予行政处分；构成犯罪的，依法追究刑事责任。

第二十四条 本条例自2014年12月1日起施行。2007年3月30日省十届人大常委会第二十八次会议通过的《甘肃省预防职务犯罪工作条例》同时废止。

甘肃省风景名胜区条例

2014年9月26日省第十二届人大常委会第十一次会议通过

第一条 为了加强对风景名胜区的管理，有效保护和合理利用风景名胜资源，根据国务院《风景名胜区条例》和有关法律、行政法规的规定，结合本省实际，制定本条例。

第二条 本省行政区域内风景名胜区的设立、规划、保护、建设、利用和管理，适用本条例。

第三条 风景名胜区实行科学规划、统一管理、严格保护、永续利用的原则。

第四条 县级以上人民政府应当加强对风景名胜区管理工作的领导，将风景名胜资源的保护和利用纳入国民经济和社会发展规划，对规划、保护和管理所需的经费由同级财政予以保障。

第五条 省人民政府建设行政主管部门负责本省风景名胜区的监督管理工作。市（州）、县（市、区）人民政府建设行政主管部门负责本行政区域内风景名胜区的监督管理工作。

县级以上人民政府发展和改革、城乡规划、财政、国土资源、宗教、交通运输、环境保护、旅游、文物、林业、水利、工商、公安等部门，按照各自职责，做好风景名胜区的相关监督管理工作。

乡镇人民政府、街道办事处应当按照规定职责，协助上级人民政府、有关部门以及风景名胜区管理机构，做好相关工作。

第六条 国家级、省级风景名胜区所在地县级以上地方人民政府确定的风景名胜区管理机构，负责风景名胜区的保护、利用和统一管理工作，并履行下列职责：

（一）宣传贯彻国家相关法律法规；

（二）保护风景名胜资源和生态环境，维护风景名胜区的自然风貌和人文景观；

（三）协助编制总体规划和详细规划并组织实施；

（四）建设、维护、管理风景名胜区基础设施和公共设施，规范设立风景名胜区标志、安全警示等标牌；

（五）制定风景名胜区管理制度和应急预案，建立安全事故、突发事件的预防机制，负责风景名胜区的游览者安全、环境卫生、治安和服务业管理等工作；

（六）做好风景名胜区监管信息系统建设和管理工作；及时发布风景名胜区天气、能见度以及游客流量控制等与旅游相关的信息；

（七）按照规划组织和扶助风景名胜区居民发展具有地方特色的生产和服务事业，保护民族民间传统文化，制止破坏景观、污染环境的生产、生活和服务事项；

（八）法律、行政法规规定的其他职责。

第七条 风景名胜区所在地县级以上地方人民政府和风景名胜区管理机构应当对风景名胜区内原住居民的生产、生活给予扶持。

第八条 鼓励社会各界按照风景名胜区规划，参与风景名胜资源的保护和利用，引导社会资本投入风景名胜区的开发和建设。

第九条 风景名胜区的门票收费标准由价格主管部门核准并公布。

风景名胜区的门票收入和风景名胜资源有偿使用费，应当专门用于风景名胜资源的保护和管理以及风景名胜区内资源、财产的所有权人、使用权人损失的补偿。

第十条 风景名胜区批准设立并公布后，风景名胜区管理机构应当在风景名胜区主要入口建立入口标志并按批准的范围设立界桩，标明区界。

国家级风景名胜区的入口标志内容和标徽图案，按国务院建设行政主管部门审定公布的内容和图案设置。

省级风景名胜区的入口标志内容和标徽图案，按省人民政府建设行政主管部门审定公布的内容和图案设置。

第十一条 风景名胜区规划分为总体规划和详细规划。

风景名胜区总体规划应当根据风景名胜资源的保护和利用要求，明确风景名胜区总体规划的编制范围。

风景名胜区详细规划应当符合风景名胜区总体规划。

风景名胜区应当自设立之日起两年内编制完成总体规划。规划期届满前两年，规划的组织编制机关应当组织专家对规划进行评估，作出是否修订规划的决定。总体规划的规划期一般为二十年。

第十二条 编制风景名胜区总体规划应当与国民经济和社会发展规划、城乡建设规划、土地利用规划、自然保护区规划、旅游发展规划等相衔接，并符合国家有关技术规范和标准。

风景名胜区内的乡镇、村庄规划应当与风景名胜区规划相协调。

第十三条 风景名胜区总体规划和详细规划的编制，应当符合国家有关规定并遵循下列原则：

（一）统筹局部建设与整体建设、近期发展与远期发展；

（二）根据资源禀赋和环境承载能力，科学合理地利用风景名胜资源，促进旅游产业发展；

（三）保持景区自然景观、人文景观的原有风貌和民族特色，景区各类设施应当与周围环境相协调；

（四）严格维护风景名胜区的生态平衡和环境质量；

（五）科学评价风景名胜资源的特点和价值，突出风景名胜区特点。

第十四条 编制风景名胜区总体规划和详细规划应当依法通过招标等方式选择具有相应资质等级的单位承担。

国家级风景名胜区总体规划和详细规划，应当选择具有甲级城市规划或者风景园林资质证书的单位编制；省级风景名胜区总体规划和详细规划，应当选择具有乙级以上城市规划或者风景园林资质证书的单位编制。

第十五条 编制风景名胜区总体规划和详细规划，应当征求有关国家机关、社会团体、企业事业单位、社会公众和专家的意见；涉及重大公共利益或者与他人有重大利害关系的，应当进行听证。

第十六条 风景名胜区总体规划和详细规划的审批依照《风景名胜区条例》的规定执行。经批准的风景名胜区规划未经法定程序不得修改。

第十七条 禁止违反风景名胜区规划，在风景名胜区内设立各类开发区和在核心景区内建设宾馆、招待所、培训中心、疗养院、游乐设施以及与风景名胜资源保护无关的其他建筑物、构筑物；已经建设且不符合风景名胜区规划的，应当逐步拆除或者迁出。应当给予补偿的，依法补偿。禁止出让风景名胜区资源和风景名胜区。

第十八条 风景名胜区管理机构应当会同风景名胜区所在地人民政府有关部门，对风景名胜区内的古建筑、古园林、古村落、历史文化街区、遗迹、遗址、古树名木、野生动植物资源、特殊地质地貌等进行调查、登记、监测，并采取建立档案、设置标志、限制游客流量等措施进行严格保护。

第十九条 风景名胜区管理机构应当会同风景名胜区所在地人民政府有关部门，按照有关法律、行政法规的规定，做好护林防火工作，建立、健全防火机制，完善防火设施；做好造林绿化和防治病虫害工作；做好泥石流、滑坡等地质灾害的防治和抗震防灾工作。

第二十条 风景名胜区内的林木严禁采伐，确需进行抚育和更新性质采伐的，应当征求风景名胜区管理机构的意见，并按照国家有关法律、行政法规的规定办理审批手续。

第二十一条 风景名胜区内限制采集物种标本、野生药材和其他林副产品。确需采集的，应当经风景名胜区管理机构同意，并按照国家有关法律、行政法规的规定办理审批手续；采集国家重点保护野生植物的，应当依法办理采集证，并在指定的地点限量采集。

第二十二条 在风景名胜区内禁止进行下列活动：

（一）非法占用风景名胜区土地；

（二）采伐、毁坏古树名木；

（三）在禁火区域内吸烟、生火；

（四）猎捕、伤害各类野生保护动物；

（五）敞放牲畜，违法放牧；

（六）其他损害景观、生态和环境卫生的行为。

第二十三条 风景名胜区管理机构应当落实保护措施和管理责任，加强风景名胜区内环境卫生管理，妥善处理生活污水、垃圾，改善环境卫生条件。风景名胜区内的单位、居民、经营者和游客应当遵守风景名胜区的各项管理规定，爱护景观设施，保护环境。

第二十四条 风景名胜区内的河溪、湖泊应当按风景名胜区规划要求进行保护，不得破坏和过度利用风景名胜区内的水体。禁止任何单位和个人擅自改变水系自然环境现状和水体功能。

第二十五条 保护风景名胜区生物物种资源，维护风景名胜区生物多样性和特有性。需要引进外来生物物种的，应当按照国家有关法律、行政法规的规定办理审批手续。

第二十六条 风景名胜区内的建设活动应当按照风景名胜区总体规划和详细规划进行。

符合风景名胜区总体规划和详细规划的建设项目应当经风景名胜区管理机构审核，按照国家有关法律、行政法规的规定依法办理规划、用地、环境影响评价等审批手续。

第二十七条 风景名胜区管理机构应当配合风景名胜区所在地人民政府建设行政主管部门做好建设项目的建筑工程安全质量监管和竣工验收备案等工作。

第二十八条 风景名胜区建设项目按照下列规定实行审批：

（一）在国家级风景名胜区内修建符合风景名胜区总体规划要求的公路、索道、缆车和文化、体育、游乐设施以及宗教活动场所、宾馆酒店、设置风景名胜区徽志的标志性建筑等重大建设项目的选址方案，由风景名胜区管理机构提出审核意见，报省人民政府建设行政主管部门初审，按规定程序报国务院建设行政主管部门审批同意后，办理立项等有关手续；

（二）在省级风景名胜区内修建公路、索道、缆车和文化、体育、游乐设施以及宗教活动场所、宾馆酒店、设置风景名胜区徽志的标志性建筑等符合规划的重大建设项目的选址方案，由风景名胜区管理机构初审，报省人民政府建设行政主管部门审核批准；

（三）省级风景名胜区符合风景名胜区总体规划的其他建设项目，其选址方案由风景名胜区管理机构与当地县（市、区）人民政府提出初审意见，报市（州）人民政府建设行政主管部门审核批准。

第二十九条 风景名胜区内的居民住宅建设的选址定点和建筑设计、施工方案，应当经风景名胜区管理机构审核，符合风景名胜区总体规划和详细规划的，依法办理规划建设许可证。

第三十条 风景名胜区内宗教场所的维修、改建和扩建，应当符合总体规划和详细规划。

第三十一条 在风景名胜区内建设施工，必须采取有效措施，保护植被、水体、地貌；工程结束后应当及时清理场地，恢复植被。

第三十二条 风景名胜区管理机构依照有关法律、行政法规和风景名胜区总体规划，采用招标等公平竞争的方式确定项目经营者，并签订经营合同，明确开展经营活动的期限、区域和范围。

在风景名胜区内从事经营活动的单位和个人，应当按照规定向风景名胜区管理机构缴纳风景名胜资源有偿使用费。未取得风景名胜区内项目经营权的任何单位和个人，不得在风景名胜区内从事经营活动。

第三十三条 进入风景名胜区的车辆、船只等交通工具，应当遵守风景名胜区管理机构的相关规定，按照规定的线路行驶并在规定的地点停放、停泊。

第三十四条 违反本条例第二十二条第（三）项、第（五）项规定的，由风景名胜区管理机构责令停止违法行为，并处二百元以上二千元以下罚款。

违反本条例第二十二条第（一）项、第（二）项、第（四）项、第（六）项规定的，由风景名胜区管理机构责令停止违法行为、限期恢复原状或者采取其他补救措施，没收违法所得，并处五万元以上十万元以下罚款；情节严重的，并处十万元以上二十万元以下罚款。

第三十五条 违反本条例规定，未取得风景名胜区内项目经营许可的单位和个人擅自在风景名胜区内从事经营活动的，由风景名胜区管理机构责令停止违法行为，没收违法所得，并处二千元以上二万元以下罚款；情节严重的，并处二万元以上十万元以下罚款。

第三十六条 违反本条例规定，风景名胜区管理机构有下列行为之一的，由设立风景名胜区管理机构的县级以上地方人民政府责令改正；情节严重的，对直接负责的主管人员和其他直接责任人员给予行政处分；构成犯罪的，依法追究刑事责任：

（一）对符合招标条件的项目，未经招标确定经营者的；

（二）擅自制定或者提高门票和风景名胜资源有偿使用费收取标准的；

（三）滥用职权、玩忽职守行为造成严重后果的。

第三十七条 违反本条例的行为，其他有关法律、行政法规已有处罚规定的，从其规定。

第三十八条 本条例自2015年1月1日起施行。

甘肃省河道管理条例

2014 年 9 月 26 日省第十二届人大常委会第十一次会议通过

第一章 总 则

第一条 为加强河道管理，保障防洪安全，保护河道生态环境，发挥河道综合功能，根据《中华人民共和国水法》《中华人民共和国防洪法》《中华人民共和国河道管理条例》和其他有关法律、行政法规，结合本省实际，制定本条例。

第二条 本省行政区域内河道的保护、治理、利用和管理等相关活动，适用本条例。

本条例所称河道包括江河、湖泊、水库库区、人工水道、行洪区。

第三条 河道的保护、治理和利用，应当服从防洪总体安排，遵循全面规划、严格保护、综合治理、合理利用的原则。

第四条 县级以上人民政府应当将河道保护和治理纳入本级国民经济和社会发展规划；将河道保护、治理和管理经费，列入同级财政预算。

第五条 河道管理实行按流域统一管理和区域分级管理相结合的体制。

流域管理机构在其管辖范围内行使法律、法规规定的和水行政主管部门授予的河道监督管理职责。

县级以上人民政府水行政主管部门负责本行政区域内河道的监督管理工作，其所属的河道管理机构负责日常工作。

县级以上人民政府有关部门按照各自职责，做好河道管理的相关工作。

第六条 乡（镇）人民政府、街道办事处应当加强河道管理的宣传教育，普及河道保护的相关知识，引导公众自觉遵守河道管理的相关规定。

村（居）民委员会可以制定村规民约或者居民公约，引导村（居）民自觉维护河道整洁。

第七条 县级以上人民政府水行政

主管部门应当组织编制河道整治、河道采砂、水域岸线保护等规划，由同级人民政府批准实施；流域管理机构管理的河道，由流域管理机构负责编制，征求当地人民政府意见后，报省水行政主管部门批准实施。

编制航运、水力发电、渔业养殖等相关规划时，应当征求有管辖权的水行政主管部门或者流域管理机构的意见。

第八条 县级以上人民政府水行政主管部门应当建立和完善河道管理档案，加强河道管理信息化建设。

第二章 河道保护与治理

第九条 有堤防的河道，其管理范围为两岸堤防之间的水域、沙洲、滩地、行洪区及两岸堤防、堤防背水面护堤地。无堤防的河道，其管理范围根据历史最高洪水位或者设计洪水位确定。

根据堤防的重要程度、堤基土质条件等，可以在河道管理范围的相连地域划定堤防安全保护区。

河道的管理范围和堤防安全保护区，由县级人民政府按照本省水利工程土地划界的有关标准划定，向社会公告并设立标志。流域管理机构直接管理的河道由流域管理机构会同当地国土、水行政主管部门提出划定方案。

第十条 县级以上人民政府水行政主管部门和流域管理机构应当根据河道管理和防洪的需要，组织河道清淤、疏浚，保持河道畅通。

第十一条 不得填堵、占用或者拆毁江河的故道、旧堤、原有工程设施等；确需填堵、占用或者拆毁的，应当科学论证，经有管辖权的水行政主管部门同意。

城乡建设不得降低河道水系功能，不得将天然河道改为暗河（渠），不得擅自填堵、缩减原有河道沟汊、贮水湖塘洼淀和废除原有防洪堤岸；确需填堵、缩减或者废除的，应当科学论证，经有管辖权的水行政主管部门同意，报同级人民政府批准。

第十二条 城乡建设不得占用河道滩地，不得将河道滩地作为基本农田或者占补平衡用地。对于长期居住在河道滩地的群众，当地人民政府应当有计划地组织外迁。

第十三条 河道管理范围内拦水、蓄水工程，应当按照调度方案运行，保证河道合理生态流量，保护河道生态环境。

第十四条 航道整治应当符合防洪安全和供水安全要求，并将航道整治方案或者疏浚计划送有管辖权的水行政主管部门征求意见。

第十五条 在界河河道内修建取水、引水、排水、阻水、蓄水、排渣工程及河道整治工程，应当经毗邻各方协商一致，报上级水行政主管部门批准。

第三章 河道利用

第十六条 河道管理范围内的河道资源利用应当经有管辖权的水行政主管部门或者流域管理机构同意。

第十七条 县级以上人民政府渔业管理部门应当加强对河道水产养殖的管理，合理确定水产养殖规模和布局，减少水产养殖污染。河道水产养殖不得妨碍行洪安全和水利工程运行安全。

第十八条 在河道管理范围内新建、扩建、改建开发水利、防治水害、整治河道的各类工程和其他跨河、穿河、跨堤、穿堤、临河、拦河的建筑物、构筑物及设施，建设单位应当将工程建设方案报经有管辖权的水行政主管部门或者流域管理机构审查同意后，方可按照基本建设程序履行审批手续。

对需要占用河道管理范围内土地，跨越河道空间或者穿越堤防、滩地、河床的建设项目，有管辖权的水行政主管部门或者流域管理机构应当对项目位置和界限进行审查，项目施工应当按照审查批准的位置和界限进行。

各级水行政主管部门和河道管理机构应当加强河道管理范围内建设项目位置、界限及相关措施落实的现场监督管理，并组织专项验收，专项验收合格后，建设项目方可投入运行。

第十九条 占用河道管理范围内水利工程设施的，应当采取功能补救措施，造成损失的，依法予以补偿。

第二十条 下列河道管理范围内的建设项目，由省水行政主管部门审查：（一）黄河干流及湟水、大通河、渭河（泾河）干流河道管理范围内的建设项目；（二）除湟水、大通河、渭河（泾河）外的黄河一级支流和嘉陵江、白龙江、西汉水、黑河干流河道管理范围内的大中型建设项目；（三）市（州）边界河道管理范围内的建设项目;（四）跨市（州）的同一线性工程河道管理范围内的建设项目；（五）大型水库及下游有城市的中型水库管理范围内的大中型建设项目。

石羊河、疏勒河、讨赖河干流河道管理范围内的大中型建设项目，由流域管理机构审查。

前两款规定外的其他河道管理范围内的建设项目，由市（州）水行政主管部门审查。

第四章 河道采砂管理

第二十一条 河道采砂规划应当与流域综合规划和防洪、河道整治及航道整治等相关规划衔接。河道采砂应当按照批准的规划进行，并保证防洪、通航、渔业生产安全。

河道采砂规划中划定的禁采区、禁采期应当向社会公告。禁止任何单位和个人在禁采期、禁采区进行河道采砂活动。

在可采区、可采期内因度汛、供水、航运安全调度及应对河道管理紧急情况不宜采砂的，县级以上人民政府水行政主管部门或者流域管理机构可以临时采取禁采措施。

第二十二条 河道采砂许可证由县级以上人民政府水行政主管部门或者流域管理机构统一发放。

河道采砂应当按照河道采砂许可证规定的开采地点、期限、范围、深度、作业方式进行。

第二十三条 从事河道采砂活动的单位和个人应当向县级以上人民政府水行政主管部门或者流域管理机构申请领取河道采砂许可证。

河道采砂涉及其他部门的，由其他部门办理相关手续后，报水行政主管部门或者流域管理机构申请领取河道采砂许可证。

在界河河道内未经毗邻各方达成协议，不得单方面发放河道采砂许可证。

第二十四条 河道采砂应当随时转运或者清除砂石料、弃料堆体，随时复平采砂坑道，运输砂石的车辆按指定进出场路线行驶。汛期不得在河床堆放砂石料。河道采砂结束后应当及时清理、平整河道。

在通航航道进行河道采砂活动应当服从航道行政主管部门制定的通航安全要求。

第二十五条 从事河道采砂活动的单位和个人应当缴纳河道采砂管理费。河道采砂管理费征收管理办法和收费标准由省财政部门会同省物价、水行政主管部门制定。

第五章 法律责任

第二十六条 违反本条例规定，拦水、蓄水工程未按照调度方案运行保证河道合理生态流量的，由县级以上人民政府水行政主管部门或者流域管理机构依据职权，责令改正；逾期不改正的，处以五万元以上十万元以下的罚款。

第二十七条 违反本条例规定，将天然河道改为暗河（渠）的，由县级以上人民政府水行政主管部门或者流域管理机构依据职权，责令停止违法行为、限期恢复原状；逾期不恢复原状的，依照法律程序强制恢复原状，所需费用由违法者承担。

第二十八条 违反本条例规定，擅自在边界河道修建取水、引水、排水、阻水、蓄水、排渣工程及河道整治工程的，由县级以上人民政府水行政主管部门或者流域管理机构依据职权，责令停止违法行为，限期补办有关手续；逾期不补办或者补办未被批准的，责令限期拆除违法建筑物、构筑物，并处一万元以上十万元以下的罚款。

第二十九条 违反本条例规定，在河道管理范围内新建、扩建、改建开发水利、防治水害、整治河道的各类工程和其他跨河、穿河、跨堤、穿堤、临河、拦河的建筑物、构筑物及设施，其工程建设方案未经审查同意或者建设项目未按照审查批准的位置、界限进行施工的，由县级以上人民政府水行政主管部门或者流域管理机构依据职权，责令停止违法行为，限期补办有关手续；逾期不补办或者补办未被批准的，责令限期拆除违法建筑物、构筑物；逾期不拆除的，强行拆除，所需费用由建设单位承担，可处一万元以上十万元以下的罚款。

第三十条 违反本条例规定，擅自在河道采砂的，由县级以上人民政府水行政主管部门或者流域管理机构依据职权，责令停止违法行为，没收违法所得，并处五万元以上十万元以下的罚款。

第三十一条 违反本条例规定，未按照河道采砂许可规定的要求采砂的，由县级以上人民政府水行政主管部门或者流域管理机构依据职权，责令限期改正；逾期不改正的，吊销河道采砂许可证，并处三万元以上十万元以下的罚款。

第三十二条 违反本条例规定，河道采砂结束后未及时清理、平整河道的，由县级以上人民政府水行政主管部门或者流域管理机构依据职权，责令限期改正，并处一万元以上五万元以下的罚款。

第三十三条 违反本条例规定的其他行为，法律、法规已有处罚规定的，从其规定。

第三十四条 县级以上人民政府水行政主管部门、流域管理机构及河道管理机构工作人员滥用职权，玩忽职守，徇私舞弊的，根据管理权限对主要负责人和直接责任人依法给予行政处分；构成犯罪的，依法追究刑事责任。

第六章 附 则

第三十五条 本条例自2014年12月1日起施行。

省政府令

甘肃省石羊河流域地下水资源管理办法

（第 107 号）

《甘肃省石羊河流域地下水资源管理办法》已经2014年1月3日省人民政府第35次常务会议讨论通过，现予公布。自2014年3月1日起施行。

省　长　刘伟平

2014年1月6日

第一章　总　则

第一条　为加强石羊河流域地下水资源管理，保护生态环境，科学利用和有效保护地下水资源，巩固流域治理成果，根据《中华人民共和国水法》《取水许可和水资源费征收管理条例》《甘肃省石羊河流域水资源管理条例》等法律法规，结合流域实际，制定本办法。

第二条　石羊河流域内地下水资源的开发利用、节约保护，适用本办法。

第三条　流域内地下水资源管理坚持保护优先、合理开发、科学配置、采补平衡的原则，压减农业用水、节约生活用水、增加生态用水、保证工业用水，促进内陆河生态安全屏障建设。

第四条　石羊河流域管理委员会统一管理流域内的地下水资源工作。省水利厅石羊河流域管理机构负责流域地下水资源统一管理的具体工作。

流域内市、县（区）水行政主管部门按照各自职责做好本行政区域内的地下水资源管理工作。

第五条　流域内实行最严格的水资源管理制度。流域内相关规划要与地下水资源承载量相适应，严格控制地下水开发利用，禁止非法取用地下水。

第六条　流域内各级人民政府要积极采取有效措施，节约和保护地下水资源，防止地下水污染。

第七条　凡涉及取用地下水的项目，未取得取水许可审批的，项目主管部门不得审批或者核准。

第八条　流域内任何单位和个人都有义务保护地下水资源，有权对违法开采和破坏地下水资源的行为进行监督和举报。

流域管理机构和市、县（区）水行政主管部门依法查处违法行为时，有关部门应当予以配合。

第二章　开发利用

第九条　流域内地下水的开发利用要严格执行石羊河流域重点治理规划，逐步减少地下水开采量，鼓励用地表水替代部分地下水供水。

流域内地下水资源的开发利用为经济社会和生态文明建设提供支撑。

第十条　流域内各级人民政府在新建建设项目和移民搬迁安置时，应当经科学论证，在已有地表水或者地下水供水条件的区域内合理布局。

第十一条　实行总量控制与年度用水计划管理相结合原则。流域管理机构以省人民政府批准的水量控制指标为依据，监督落实市、县（区）用水总量及削减量。流域内市、县（区）人民政府应当编制各自区域内的水量分配方案和地下水开采削减量计划，报流域管理机构备案。

特殊情况下调整用水总量的，需由流域管理机构同意并组织论证，经省级水行政主管部门审核同意后报请省人民政府批准。

第十二条　流域管理机构应当指导流域内市、县（区）人民政府科学制定用水定额、合理确定行业用水比例，完善水权转让制度，加快水权市场建设。鼓励采用先进节水技术和水权置换等方式解决用水矛盾。

第十三条　流域管理机构应当开展地下水资源调查评价和功能区划分，经科学论证，划定地下水禁止开采区和限制开采区，报省人民政府批准后公布。

地下水禁止开采区内禁止新打机井并严格控制旧井更新，人畜饮水和生态用水机井更新的除外。

第十四条　本办法所称旧井更新是指取水井干涸或水量过小及井壁坍塌等原因造成该井不能使用，在以原井位为中心，半径60米范围内新打机井。

旧井更新凿井作业时，旧井应当提前回填。人畜饮水机井因水量过少更新时不能提前回填的，需经流域管理机构批准。但更新井运行后旧井应当回填。

第十五条 流域管理机构应当加强地下水监测，市、县（区）地下水的开采量和削减量年度完成情况，以省水行政主管部门确认的为准。

第十六条 流域内地下水取水应当安装智能化计量设施，并保证计量设施正常运行。

第十七条 流域内禁止新增地下水用于火力发电、景观工程等高耗水行业。禁止取用地下水用于水源热泵或冷却降温项目。

第三章 取水许可

第十八条 在石羊河流域取用地下水，应当申请地下水取水许可。

申请新打机井的单位或个人，应当向所在地县（区）水行政主管部门提出取水许可申请，经市水行政主管部门审核后，报流域管理机构审批。申请旧井更新的，可由县（区）水行政主管部门直接报流域管理机构审批，并报市水行政主管部门备案。

第十九条 流域内地下水实行区域限批。对取水总量接近总量控制指标的县（区），限制审批该区域新增取水；对取水总量达到或超过用水总量的，不得新增取水。

第二十条 实行地下水水位控制管理。以县（区）为单位，在一定区域内地下水水位年下降1米以上且持续下降达3年以上的，暂停该区域新增取水，并严格控制旧井更新。

第二十一条 新增取水实行机井指标控制管理。以流域管理机构核定的机井数量为基数，各县（区）不得新增机井数量指标。符合条件新增取水的，通过关闭现有机井取得指标。

第二十二条 符合下列条件之一的，可以申请新打机井：

（一）已列入农村人饮工程规划，地表水无法解决供水，以整村或多村为单位集中解决人畜饮水的；

（二）新农村示范点或重要移民搬迁安置点，集中居住人口200人以上，再无其他供水条件的人畜饮水；

（三）规模化设施养殖小区（场），圈舍建筑面积1万平方米以上，主体工程已完成，周边无其他供水条件的人畜饮水；

（四）重大民生项目、生态项目或市级以上人民政府批准，国家鼓励发展的新型产业或符合流域产业结构调整及循环经济发展要求的规模以上工业项目，无其他供水条件的；

（五）重大自然灾害应急人畜饮水；

（六）其他特殊情况确需新打机井的。

前款第（三）、（四）项水量应当在县（区）总水量中通过水权置换解决。

第二十三条 需要申请取水的建设项目，年取地下水在10万立方米以上的，申请人应当委托具备相应资质的单位编制水资源论证报告书；年取地下水在10万立方米以下，且对周边环境影响较小的建设项目，申请人应当填写建设项目水资源论证表。

水资源论证报告书（表）由流域管理机构组织审查。

第二十四条 新打机井取水许可量应当根据水资源论证报告书（表）确定的水量在县（区）用水总量内从严控制。总量已达控制指标的县（区），新增取水通过关闭已有机井置换水权。

第二十五条 申请取水许可应当提交下列材料：

（一）取水许可申请书；

（二）申请人的法定身份证明文件；

（三）县（区）水行政主管部门提供的现场勘查报告；

（四）取水项目水资源论证报告书（表）；

（五）流域管理机构要求的其他材料。

申请旧井更新的，申请人应当提交取水许可证复印件及前款第（一）至（三）项材料。

第二十六条 县（区）水行政主管部门接到新打机井和半径超过60米旧井更新申请的，应当在10日内报市水行政主管部门。市水行政主管部门在5日内审核并报流域管理机构。流域管理机构5日内对申请材料进行审查，符合条件的予以受理，20日内做出批准或不批准决定；原址旧井更新的，县（区）水行政主管部门应当在5日内上报，流域管理机构应当在10日内审批；不符合申报条件或者申报材料不全的不予受理，并书面形式告知市、县（区）水行政主管部门，县（区）水行政主管部门及时通知申请人。

第二十七条 流域管理机构应当会同市、县（区）水行政主管部门对已有的小型自备水源井普查登记，核定水量，严格管理。禁止新打小型自备水源井。

本办法所称小型自备水源井是指井管内径不超过20厘米的取水机井。

第二十八条 申请人在接到取水许可批准文件后，6个月内应当施工。逾期未施工的，应当重新审批。凿井施工单位施工前应当到流域管理机构进行登记。

第二十九条 新打机井成井后15日内申请人向所在县（区）水行政主管部门提出验收申请，由流域管理机构10日内组织验收。验收合格后，由流域管理机构根据批准的水量发给取水许可证。

旧井更新的验收，由流域管理机构以县（区）为单位，定期集中验收。

第三十条 新打机井和旧井更新验收的内容包括：

（一）计量设施安装情况；

（二）是否在批准的位置成井；

（三）机井质量、出水量是否达到要求；

（四）取水用途是否与批准文件一致。

第三十一条 机井所有权发生改变的，应当及时向审批机构申请变更登记。申请变更时应当提交当事人身份证明、变更协议或者证明文件。

第三十二条 水资源费征收及征收标准按照国家和本省有关规定执行。

第四章 节约保护

第三十三条 流域内各级人民政府要制定本区域内地下水节约与保护规划

和年度实施方案，并组织实施。推广使用地下水节水新技术、新工艺、新设备，鼓励地下水循环利用。

第三十四条 有下列情形之一的，关闭取水设施，禁止取用地下水。确需保留的，经所在市、县（区）人民政府同意后报流域管理机构批准：

（一）公共供水管网覆盖区域内自备水源井取水的；

（二）地下水受到严重污染的；

（三）地质水文状况不适宜取用地下水的；

（四）法律、法规规定禁止取用地下水的其他情形。

第三十五条 流域内因重大项目征地拆（搬）迁，原区域内机井应当关闭。因特殊情况保留的，需经流域管理机构同意。

县（区）水行政主管部门应当在30日内将已关闭的机井报流域管理机构登记备案，注销取水许可证，不得重新启用。机井指标和水权2年内可用于置换符合条件的新增取水。未登记备案的，机井指标作废。

第三十六条 加强高耗水行业用水计量管理。单井年取水20万立方米以上或者年取水量超过50万立方米的企业，逐步实现流域管理机构和市、县（区）联网实时远程监控管理。

第三十七条 在进行勘查、采矿、建设地下工程等活动时，应当采取防护性措施；对报废、闲置或者未完工的取水井，机井所有人应当采取封填等有效措施，防止污染地下水和安全事故发生。

禁止采用渗井（坑）、无防漏设施的沟渠、坑塘排放污水或者有毒有害物。

第三十八条 流域管理机构应当统一规划、合理布置一定数量的监测井，对地下水水位、水质进行监测。

市、县（区）人民政府应当对饮用水源地的水质定期监测。

第五章 法律责任

第三十九条 有下列情形之一的，由流域管理机构或者市、县（区）水行政主管部门予以处罚：

（一）未经批准擅自启用已关闭机井取水的，责令回填，并处2万元以上10万元以下罚款；

（二）未依照批准的取水位置凿井取水的，对申请人处2万元以上10万元以下罚款；

（三）未经批准擅自改变取水用途的，责令限期改正，并处2万元以上10万元以下罚款，逾期不改正的，吊销取水许可证；

（四）机井未经验收投入使用的，处5000元以上2万元以下罚款。

第四十条 违反本办法的其他行为，法律、法规已有处罚规定的，从其规定。

第四十一条 流域管理机构和市、县（区）水行政主管部门及其工作人员，有下列行为之一的，由有关部门按照管理权限对主要负责人和直接责任人依法给予行政处分；构成犯罪的，依法追究刑事责任：

（一）对符合条件的不予受理或者不按时审核上报的，对不符合条件，弄虚作假上报的；

（二）越权批准取水许可的；

（三）对违法行为不立案查处的；

（四）收受贿赂的；

（五）隐匿、篡改、拒绝上报机井取水数据和监测数据的。

第六章 附 则

第四十二条 本办法自2014年3月1日起施行。

取水许可和水资源费征收管理办法

（第110号）

《甘肃省取水许可和水资源费征收管理办法》已经2014年6月20日省人民政府第50次常务会议讨论通过，现予公布。自2014年8月1日起施行。

省　长　刘伟平

2014年6月21日

第一条　为了加强水资源管理和保护，促进节约用水、计划用水和水资源合理开发利用，根据国务院《取水许可和水资源费征收管理条例》，结合本省实际，制定本办法。

第二条　本省行政区域内取用水资源的单位和个人（以下简称取用水人），应当遵守本办法。

第三条　县级以上水行政主管部门按照分级管理权限，负责取水许可和水资源费征收的组织实施和监督管理。

省水行政主管部门所属的流域管理机构，受省水行政主管部门的委托，负责流域范围内取水许可的审核和监督管理。

市州、县市区水行政主管部门负责本行政区取水许可的日常监督管理。

第四条　下列情形不需要申请取水许可：

（一）农村集体经济组织及其成员使用本集体经济组织的水塘、水库中的水的；

（二）家庭生活和零星散养、圈养畜禽饮用等年取水量少于2000立方米的；

（三）为保障矿井等地下工程施工安全和生产安全必须进行临时应急取（排）水的；

（四）为消除对公共安全或者公共利益的危害临时应急取水的；

（五）为农业抗旱和维护生态与环境必须临时应急取水的。

前款第（三）项、第（四）项规定的取水，取水人应当在取水后5个工作日内，报所在地县级水行政主管部门备案。

第五条　取水许可实行总量控制与定额管理相结合的制度。

省水行政主管部门或者所属流域管理机构应当根据水资源条件，依据水资源管理控制指标、水资源综合规划、开发利用规划以及主要河流水量分配方案，确定市州取水许可总量控制指标；市州水行政主管部门应当依照省水行政主管部门或者流域管理机构确定的取水许可总量控制指标，确定所辖县市区的取水许可总量控制指标，并报省水行政主管部门和流域管理机构备案。

各级水行政主管部门应当根据国家和本省行业用水定额核定取水单位许可水量。审批的取水量不得超过本行政区域的取水许可总量控制指标。

第六条　县级以上人民政府应当依据水资源管理控制指标，按照地下水资源采补平衡原则，确定本地区地下水可开采量指标，定期核定并公布地下水超采区，明确禁采和限采范围。

县级以上水行政主管部门许可的地下水取水量，不得超过可开采量指标。

地下水超采地区，有管辖权的水行政主管部门应当依据地下水可开采量指标，制定地下水超采区逐年核减取水量方案，报同级人民政府批准后组织实施。

第七条　需要申请取水的建设项目，申请人应当委托具备相应资质的单位编制建设项目水资源论证报告书。有管辖权的水行政主管部门或者流域管理机构应当组织有关专家对建设项目水资源论证报告书进行审查，并提出书面审查意见，作为审批取水申请的技术依据。

对未进行水资源论证或未经水行政主管部门前置审批（核）同意的，有管辖权的水行政主管部门不得批准取水许可申请，项目审批（核）部门不予审批或核准项目。

年取地表水20万立方米、地下水10万立方米以下，且对周边环境影响较小的建设项目，申请人可不编制建设项目水资源论证报告书，但应当填写建设项目水资源论证表。

第八条　在初始水权明晰的基础上，逐步建立市场配置、政府调控相结合的水权转让制度。在水行政主管部门的监督指导下，区域、行业、取用水人之间进行水权交易。

第九条　本区域取水已经达到取水许可总量控制指标，确需新增取水的，应通过水权转让方式调剂解决用水。

通过水权转让方式申请取水的，取水人应当委托有资质的单位编制水权转让可行性研究报告，经有管辖权的水行政主管部门审查同意后方可办理取水许可。

利用再生水、矿井排水、苦咸水和集蓄雨水等非常规水资源不受用水总量控制指标和年度用水计划限制。

第十条　取水许可实行区域限批制度。取水总量接近用水总量控制指标的地区，有管辖权的水行政主管部门应当对该区域内新建、改建、扩建项目取水许可申请限制审批。

取水总量达到或者超过用水总量控制指标的地区，除通过水权转让方式获得用水指标外，有管辖权的水行政主管部门应当对该区域内新建、改建、扩建项目取水许可申请暂停审批。

第十一条 对取水人提出的取水许可申请，由有管辖权的水行政主管部门依据水资源管理控制指标、水资源综合规划、开发利用规划以及主要河流水量分配方案进行审批。

第十二条 水行政主管部门在办理取水许可事项时，需要征求取水口所在地水行政主管部门或者流域管理机构意见的，被征求意见的单位应当自收到征求意见材料之日起15个工作日内提出书面意见，逾期未提出意见的，视为同意。

第十三条 地表水取水许可管理权限：

取水人用于工业、服务业、商业、建筑业、火力发电循环式冷却和城镇生活的年取水量不足100万立方米，由县市区水行政主管部门审批；年取水量在100万立方米以上、不足500万立方米，由市州水行政主管部门审批；年取水量在500万立方米以上，由省水行政主管部门审批。

农业用水年取水量不足500万立方米的，由县市区水行政主管部门审批；年取水量在500万立方米以上、不足2000万立方米的，由市州水行政主管部门审批；年取水量在2000万立方米以上，由省水行政主管部门审批。

河道外渔业取用水许可由县市区水行政主管部门负责。

第十四条 城市景观、生态绿化要优先使用再生水和集蓄利用雨水，确需取用地表水的，取水许可按照本办法第十三条分级管辖权限执行。

第十五条 地下水取水许可管理权限：

取水人年取水量在100万立方米以下的，由县市区水行政主管部门审批；年取水量在100万立方米以上，200万立方米以下的，由市州水行政主管部门审批；年取水量在200万立方米以上或取用地热水、矿泉水的，由省水行政主管部门审批。

在地下水严重超采地区，经市州或者省人民政府批准，可以由上一级水行政主管部门行使地下水取水审批权限。

取水人在同一水文地质单元取水井的数量在2眼以上的，取水许可水量应当累计计算。

石羊河流域内取用地下水的，依照石羊河流域水资源管理的有关规定执行。

第十六条 采煤取（排）水许可管理权限：

采煤取排水量可计量的煤矿，按照本办法第十五条地下水管理权限执行；采煤排水量无法计量的煤矿，按照采矿量确定取（排）水许可管理权限，具体为：

（一）单矿井设计年产量在150万吨以下的，由县（市、区）水行政主管部门负责审批；

（二）单矿井设计年产量在150万吨以上（含150万吨）、300万吨以下的，由市（州）水行政主管部门负责审批；

（三）单矿井设计年产量在300万吨以上（含300万吨）的，由省水行政主管部门负责审批。

同一企业所属单矿井应累计计算确定分级管辖权限。

第十七条 其他采用井工方式开采矿产资源取（排）水的，由县市区水行政主管部门管辖。

第十八条 水力发电取水许可管理权限：

（一）装机容量在10兆瓦以下的，由县市区水行政主管部门审批；

（二）装机容量在10兆瓦以上（含10兆瓦），50兆瓦以下的，由市州水行政主管部门审批；

（三）装机容量在50兆瓦以上的（含50兆瓦），由省水行政主管部门审批。

第十九条 省人民政府或者省政府投资主管部门审批核准的建设项目的取水，跨市州或在市州边界河流上的取水，由省水行政主管部门审批；跨县市区或在县市区边界河流上的取水，由市州水行政主管部门审批。

利用多种水源，且各种水源的取水审批机关不同的，应当由其中最高一级审批机关审批。

第二十条 在已建成的渠道上修建水电站或取水口截引水资源的，按照实际取水用途，根据本办法规定的地表水或水力发电取水许可管辖权限执行。

第二十一条 县市区水行政主管部门应当在每年1月15日前向市州水行政主管部门报送上年度实际取水总量统计报表；市州水行政主管部门应当在每年1月31日前，将本区域的上年度实际取水总量统计报表报送省水行政主管部门。设流域管理机构的，同时报送流域管理机构。

第二十二条 县级以上水行政主管部门应当对取水许可实施动态管理，及时核发、注销、延续取水许可证，对取水用途发生改变或实际用水量未达到许可水量的取水许可证进行变更或核减。建立取水许可统计台账，及时更新取水许可信息，并定期向社会发布。

第二十三条 水资源费由取水审批机关负责征收。国家流域管理机构审批的取水，水资源费由省水行政主管部门代为征收。

石羊河流域管理机构审批的地下水取水许可，水资源费由市、县区水行政主管部门征收。

省水行政主管部门审批的地下水、地热水和矿泉水以及地源热泵取水水资源费由市州水行政主管部门负责征收。

第二十四条 工业、服务业、商业、建筑业、火力发电循环式等工商业用水按照实际取水量征收水资源费，标准为：地表水0.15元/立方米，地下水0.20元/立方米。

第二十五条 城镇公共供水按照实际取水量征收水资源费，标准为：地表水0.20元/立方米，地下水0.30元/立方米。

第二十六条 农业生产用水按照实际用水量征收水资源费，标准为：地表水0.005元/立方米，地下水0.01元/立方米。

第二十七条 火力发电贯流式冷却用水按照实际发电量征收水资源费，标准为0.001元/千瓦·时。

水力发电用水按照实际发电量征收水资源费，标准为：装机容量在5万千瓦以上的大中型水力发电用水0.005元/千瓦·时，其他发电用水0.003元/千瓦·时。

第二十八条 洗浴、洗车、滑雪场等特种行业直接取用水的按照实际取用水量征收水资源费，标准为：地表水1.00元/立方米，地下水2.00元/立方米。

第二十九条 其他取用水水资源费征收标准为：

（一）开采原油和进行冶炼加工的石油生产按照实际用水量征收水资源费，标准为：地表水0.50元/立方米，地下水1.00元/立方米；

（二）采煤排水水资源费按疏干排水量计征，标准为：河西地区1.00元/立方米，其他地区0.80元/立方米。采煤排水量无法计量的，按照采煤量征收水资源费，标准为：河西地区0.70元/吨，其他地区0.50元/吨；

（三）其他采用井工方式开采矿产资源取（排）水的水资源费征收标准，参照采煤排水水资源费征收标准执行。开采地热水、矿泉水按照实际用水量征收水资源费，标准为3.00元/立方米。

第三十条 水资源费征收标准如需调整，由省发展改革、财政、水利部门核定并报省人民政府批准后执行。

第三十一条 水资源费计入取用水人成本。

县级以上价格主管部门应及时按不同供水对象或用途将水资源费核入供水水价。

第三十二条 县级以上水行政主管部门应当按照集中供水企业（单位）的不同供水对象核定实际取水量，分类征收水资源费。

第三十三条 各级水行政主管部门应当按照实际取水量或发电量征收水资源费。若实际取水量或发电量无法计量，可根据有关标准和取用水企业制水损失或实际自用电量情况进行核定。

第三十四条 取水人应当依据批准的年度计划取水量取水，超过批准取水量的，按下列标准累进加价征收水资源费：

（一）超过批准的年度用水计划取水量10%—30%的，对其超取的水量加价1倍征收水资源费；

（二）超过批准的年度用水计划取水量30%—50%的，对其超取的水量加价2倍征收水资源费；

（三）超过批准的年度用水计划取水量50%以上的，对其超取的水量加价3倍征收水资源费。

第三十五条 水行政主管部门征收水资源费，应当向同级价格主管部门申领收费许可证，并使用省财政部门统一印制的票据。

第三十六条 水资源费按季度征收。水行政主管部门应当按季度向取水人送达水资源费缴费通知书，财政部门应将所征水资源费按照1∶9的比例上缴中央和地方国库。

任何单位和个人不得减收或者免收取水人应当缴纳的水资源费。

第三十七条 水资源费全额纳入财政预算管理。专项用于水资源的节约、保护和管理，也可用于水资源的合理开发。任何单位和个人不得平调、截留或挪作他用。

省以下水资源费分配比例由省财政部门会同省水行政主管部门另行制定。

第三十八条 水资源费应当足额征收并按规定上解。对应当征收而未征收、未足额征收或者未按规定上解的，由有关部门依法处理并由上级水行政主管部门相应核减该区域下一年度用水控制指标。

第三十九条 违反本办法的行为，按照国务院《取水许可和水资源费征收管理条例》等法律法规的规定处理。

第四十条 本办法自2014年8月1日起施行。2010年5月26日省人民政府第67号令发布的《甘肃省取水许可和水资源费征收管理办法》同时废止。

省委省政府重要意见

甘肃省人民政府关于化解产能严重过剩矛盾的实施意见

甘政发〔2014〕21号　2014年2月27日

各市、自治州人民政府，省政府各部门，中央在甘有关单位，省属有关企业：

为积极稳妥推进全省钢铁、水泥、电解铝、平板玻璃等行业化解产能严重过剩矛盾，加快产业结构调整，促进产业转型升级，引导产能严重过剩行业健康持续发展，根据《国务院关于化解产能严重过剩矛盾的指导意见》(国发〔2013〕41号，以下简称《指导意见》)精神，结合实际，制定本意见。

一、充分认识化解产能严重过剩矛盾的重要性

我省是全国重要的能源、原材料基地，钢铁、水泥、电解铝、平板玻璃等行业是全省国民经济的重要基础产业。经过多年发展，这些行业的产业技术水平和产能大幅提升，成为我省原材料工业的支柱行业。近年来，由于受国内产能严重过剩影响，这些行业市场持续低迷，行业利润大幅下滑，部分企业亏损严重；一些地方和企业对市场预期过于乐观，在招商引资和承接产业转移过程中，仍存在一定的盲目性，重复投资、产能过剩呈加剧之势。如不及时采取措施加以化解，势必会加剧市场恶性竞争，造成行业亏损面扩大、企业职工失业、生态环境恶化等问题，直接危及产业健康发展，甚至影响到民生改善和社会稳定大局。按照《指导意见》精神，深化体制改革和机制创新，积极稳妥做好产能严重过剩矛盾的化解工作，有利于发挥资源、能源和环境优势，科学有序的承接东部地区产业转移，加快产业结构调整，促进产业转型升级，培育新的经济增长点，推进经济转型跨越发展。

二、总体要求和主要目标

以邓小平理论、“三个代表”重要思想、科学发展观为指导，坚持以转变发展方式为主线，把化解产能严重过剩矛盾作为产业结构调整的重点，认真贯彻国务院关于化解产能严重过剩矛盾的总体部署，按照尊重规律、分业施策、多管齐下、标本兼治的总原则，坚决遏制产能盲目扩张；着力发挥市场机制作用，“消化一批、转移一批、整合一批、淘汰一批”过剩产能；坚持尊重市场规律与加强宏观调控、开拓市场需求与产业转型升级、严格控制增量与优化存量、完善政策措施与深化改革创新相结合，建立化解产能严重过剩矛盾长效机制，推进产业转型升级。

通过5年努力，全省钢铁、水泥、电解铝、平板玻璃等行业产能利用率达到合理水平，产业布局基本合理，产业结构得到优化，产业发展质量和集聚水平明显提升，资源综合利用水平进一步提高，经济效益明显好转，产业规模和竞争力明显增强，化解产能严重过剩矛盾的长效机制初步建立。

三、主要任务

(一)坚决遏制产能盲目扩张。各地、各部门要严格执行国家投资管理规定和产业政策，加强产能严重过剩行业项目管理，不得以任何名义、任何方式核准、备案产能严重过剩行业新增产能项目，相关部门和机构不得办理土地供应、能评、环评审批和新增授信支持等相关业务。对违法违规建设产能严重过剩行业项目监管不力的，按照国家有关规定追究相关责任人的责任。各市州政府、省发展改革委、省工信委、省国土资源厅、省环保厅要对未按土地、环保和投资管理等法律法规履行相关审批、核准、备案手续或手续不符合规定的违规项目，进行全面清理。未开工的违规项目，一律不得开工建设；凡是不符合产业政策、准入标准、环保要求的违规项目一律停建；对确有必要建设的项目，在符合布局规划和环境承载力要求，以及等量或减量置换原则等基础上，由各市州政府和企业上报省发展改革委和省工信委，经论证并报经省政府同意后向国家相关部门申请认定和依法依规补办相关手续。对国家未予认定的在建违规项目一律不得续建，由各地自行妥善处理；对隐瞒不报在建违规项目，一经查实，立即停建，金融机构停止发放贷款，国土资源、环境保护部门依据土地管理法、环境保护法等法律法规予以处理。同时，按照谁违规谁负责的原则，做好债务、人员安置等善后工作。所有在建违规项目的处理结果均应向社会公开。

(二)清理整顿建成违规产能。各市州政府依据法律法规以及能源消耗总量控制指标、产业结构调整指导目录、行业规范和准入条件、环保标准等要求清理建成违规产能。清理工作完成后，报省发展改革委和省工信委。省发展改革委、省工信委会同省国土资源厅、省环保厅对产能严重过剩行业建成违规项目提出整顿方案并向社会公示，经省政府同意后报国家发展改革委、工信部、国土资源部、环境保护部等部委备案。各市州政府要加强对建成违规产能的规范管理。工信部门加强行业规范和准入管理，国土资源、环保部门严格监督检查，质监部门进行质量保障能力综合评价，依法颁发产品生产许可证。对工艺装备落后、产品质量不合格、能耗及排放不达标的项目，列入淘汰落后年度任务予以淘汰。

（三）淘汰和退出落后产能。扎实推进落后产能淘汰工作，按时完成国家下达的产能严重过剩行业淘汰落后年度目标任务，妥善做好相关企业资产处置和职工安置等工作。严格执行差别电价、惩罚性电价、阶梯电价和水价等差别价格政策，加大执法处罚力度，加快淘汰落后产能。通过提高财政奖励标准、落实等量或减量置换方案等措施，建立健全激励和约束机制，促使企业主动退出产能严重过剩行业。钢铁淘汰400立方米及以下炼铁高炉和30吨以下炼钢转炉；电解铝2015年前淘汰16万安培以下预焙槽，对吨铝液电解交流电耗大于13700千瓦时，以及2015年底后达不到规范条件的产能，用电价格在标准价格基础上上浮10%；水泥淘汰全部机立窑，逐步淘汰日产1000吨以下干法生产线；淘汰工艺装备落后、产品质量不合格、能耗排放不达标的平板玻璃。

（四）以科技创新推动产业转型升级。利用市场机制和经济杠杆倒逼企业增强技术创新的内在动力，推动企业转型和产业升级，提升以产品质量、标准、技术为核心要素的市场竞争力。加大钢铁、水泥、电解铝、平板玻璃等行业重点骨干企业的产品结构调整和技术改造，全面提升行业生产技术水平。着力构建以企业为主体、市场为导向、产学研相结合的技术创新体系，发展钢铁、电解铝下游产品，延伸产业链，优化产品结构，提高资源综合利用水平，实现循环发展。深化国有企业改革，引导国有资本从产能过剩行业向战略性新兴产业和公共事务领域转移，提升有效供给，创造有效需求。

（五）调整优化产业布局。在控制产能总量的前提下，按照产业发展规划推进产业布局调整和优化。充分发挥资源能源禀赋、环境承载力、产业基础、市场空间、物流运输等方面的优势，鼓励企业通过跨区域产能置换，承接产业转移。鼓励上下游企业、高耗能企业与发电企业以多种方式联合，优势互补，提高整体竞争力。支持重点企业跨地区、跨行业进行兼并、联合重组，引导省内有效产能向优势企业集中，形成分工合理、优势互补、各具特色的区域经济和产业发展格局。

（六）努力开拓省内外市场需求。适应工业化、城镇化、信息化、农业现代化深入推进的需要，进一步挖掘市场潜力，消化部分过剩产能。推广钢结构在建设领域的应用，提高公共建筑和政府投资建设领域钢结构使用比例。实施保障性住房建设、农村环境整治、建材下乡等惠民工程，稳步扩大钢材、水泥、平板玻璃等市场需求。实施绿色建材工程，发展绿色安全节能建筑，提高建筑用钢、混凝土以及玻璃等产品使用标准，带动产品升级换代。推动节能、节材和轻量化，促进高品质钢材和铝材的应用，满足先进制造业发展和传统产业转型升级需要。

（七）探索建立长效机制。完善市场机制，提高产业准入的能耗、物耗、水耗和生态环保标准，切实发挥市场配置资源的决定性作用，以资源环境承载力上限，倒逼超标产能退出，节能减排达标和自然环境改善。保障各种所有制经济依法平等使用生产要素、公平参与市场竞争、同等受到法律保护，营造有利于创新创业的市场环境。各市州在招商引资、承接产业转移项目中要严格执行国家产业政策，从源头杜绝产能严重过剩行业盲目建设。加强土地、环保、金融、质量、安全、进出口等部门的协调配合，强化监督管理，坚持银行独立审贷，形成法律法规约束下责任清晰的市场监管机制。加强对产能严重过剩行业动态监测分析，建立产能严重过剩信息预警机制。探索建立生态环保补偿责任制。

四、保障措施

（一）加强组织领导。省政府成立化解产能严重过剩矛盾工作领导小组，负责化解产能严重过剩矛盾方面的政策措施、协调重大问题、审定清理整顿方案和监督检查工作落实等。领导小组办公室设在省发展改革委，负责日常工作。各市州政府负责本地区化解产能严重过剩矛盾工作，组织实施本地区化解产能严重过剩矛盾和推进产业转型发展工作，切实处理好化解产能严重过剩矛盾过程中可能出现的社会问题。

（二）落实相关财税政策。省级财政专项资金要加大对产能严重过剩行业实施结构调整和产业升级的支持力度，各市州财政结合实际予以支持。积极争取中央财政支持淘汰落后产能奖励资金，加快淘汰落后产能步伐。完善促进企业兼并重组、资源综合利用的税收优惠政策。落实金融有保有控政策，加大对产能严重过剩行业兼并重组、市场开拓的信贷支持，对未取得合法手续的建设项目一律不得发债、上市融资。

（三）完善和规范价格政策。继续实施并完善非居民用水超定额加价和环保收费政策。完善差别电价政策，对产能严重过剩行业优惠电价政策进行清理，禁止自行实行电价优惠和电费补贴。对钢铁、水泥、电解铝、平板玻璃等高耗能行业，能耗、水耗和污染排放达不到行业标准的产能，实施差别电价和惩罚性电价、水价。落实国家要求，对能耗不达标的电解铝企业实行阶梯电价政策。

（四）加强协调配合。省发展改革委、省工信委要严格产能严重过剩行业新增产能项目审批，会同各市州做好在建和建成违规产能清理工作。省国土资源厅要进一步加强用地管理，把好土地关口。省环保厅要继续强化环境监管，管好环保门槛。省人社厅要指导市州制定化解产能严重过剩矛盾中企业下岗职工安置政策和方案，确保社会和谐稳定。各有关部门要按照《指导意见》和本实施意见的要求，根据职责分工抓紧制定配套文件，完善工作措施，确保各项任务得到贯彻落实。

（五）强化监督检查。加强建设项目信息公开和服务，推动发展改革、工信、国土资源、环保、金融等系统信息互联互通，形成协同监管机制。加强对本实施意见贯彻落实情况的监督检查，落实市州政府主体责任，对推进化解产能严重过剩矛盾工作不力的地方和部门，予以通报批评，建立健全责任延伸制度。对违法违规建设产能严重过剩行业项目监管不力的，按照国家有关规定追究相关责任人的责任。将遏制重复建设、化解产能严重过剩矛盾工作列入市州政府政绩考核，及时公开化解产能严重过剩进展情况，保障本实施意见各项任务的顺利实施。

附件：

序号	工作任务	负责单位	时间进度
1	严格执行国家投资管理规定和产业政策，加强产能严重过剩行业项目管理，不得以任何名义、任何方式核准、备案产能严重过剩行业新增产能项目，相关部门和机构不得办理土地供应、能评、环评审批和新增授信支持等相关业务。对违法违规建设产能严重过剩行业项目监管不力的，按照国家有关规定追究相关责任人的责任。	各市州人民政府、省发展改革委、省工信委、省国土资源厅、省环保厅、省政府国资委、省政府金融办	按年度落实
2	对未按土地、环保和投资管理等法律法规履行相关手续或手续不符合规定的违规项目，进行全面清理。未开工的违规项目，一律不得开工建设；凡是不符合产业政策、准入标准、环保要求的违规项目一律停建。	各市州人民政府	2014 年 3 月市州完成清理上报工作
3	对确有必要建设的在建项目，由省发展改革委、省工信委等部门论证并报请省政府同意后，向国家发展改革委、工业和信息化部等部门申请取得认定意见后，依法依规补办相关手续。	省发展改革委、省工信委、省国土资源厅、省环保厅	2014 年 5 月完成论证和上报工作
4	对国家未予认定的在建违规项目一律不得续建，由各地自行妥善处理；对隐瞒不报在建违规项目，一经查实，立即停建，金融机构停止发放贷款，国土资源、环境保护部门依据土地管理法、环境保护法等法律法规予以处理。同时，按照谁违规谁负责的原则，做好债务、人员安置等善后工作。	各市州人民政府、省监察厅、省发展改革委、省国土资源厅、省环保厅	按年度落实
5	对已建成违规项目，清理工作完成后，报省发展改革委和省工信委。省发展改革委、省工信委会同省国土资源厅、省环保厅对产能严重过剩行业建成违规项目提出整顿方案并向社会公示，经省政府同意后报国家发展改革委、工信部、国土资源部、环境保护部等部委备案。	各市州人民政府、省发展改革委、省工信委、省国土资源厅、省环保厅	2014 年 6 月前完成公示和向国家有关部委备案工作
6	要加强对建成违规产能的规范管理，工信部门加强行业规范和准入管理，国土资源、环保部门严格监督检查，质监部门进行质量保障能力综合评价，依法颁发产品生产许可证。对工艺装备落后、产品质量不合格、能耗及排放不达标的项目，列入淘汰落后年度任务予以淘汰。	各市州人民政府、省工信委、省国土资源厅、省环保厅、省质监局	按年度落实
7	扎实推进落后产能淘汰工作，按时完成国家下达的产能严重过剩行业淘汰落后年度目标任务，妥善做好相关企业资产处置和职工安置等工作。	各市州人民政府、省工信委	按年度落实
8	严格执行差别电价、惩罚性电价和阶梯电价、水价等差别价格政策，加大执法处罚力度，加快淘汰落后产能。	省发展改革委、省工信委、省环保厅、省质监局、省电力公司	按年度落实
9	通过提高财政奖励标准、落实等量或减量置换方案等措施，建立健全激励和约束机制，促使企业主动退出产能严重过剩行业。利用市场机制和经济杠杆倒逼企业增强技术创新的内在动力，推动企业转型和产业升级，提升以产品质量、标准、技术为核心要素的市场竞争力。	省财政厅、省工信委省发展改革委、省工信委、省政府国资委、省科技厅、省质监局	按年度落实按年度落实

续表：

序号	工作任务	负责单位	时间进度
10	加大钢铁、水泥、电解铝、平板玻璃等行业重点骨干企业的产品结构调整和技术改造，全面提升行业生产技术水平。着力构建以企业为主体、市场为导向、产学研相结合的技术创新体系，发展钢铁、电解铝下游产品，延伸产业链，优化产品结构，提高资源综合利用水平，实现循环发展。	省发展改革委、省工信委、省科技厅	按年度落实
11	深化国有企业改革，引导国有资本从产能过剩行业向战略性新兴产业和公共事务领域转移，提升有效供给，创造有效需求。	省政府国资委、省发展改革委、省工信委	按年度落实
12	鼓励企业通过跨区域产能置换，承接产业转移。鼓励上下游企业、高耗能企业与发电企业以多种方式联合，优势互补，提高整体竞争力。支持重点企业跨地区、跨行业进行兼并、联合重组。	各市州人民政府、省发展改革委、省工信委、省政府国资委	按年度落实
13	推广钢结构在建设领域的应用，提高公共建筑和政府投资建设领域钢结构使用比例。实施保障性住房建设、农村环境整治、建材下乡等惠民工程，稳步扩大钢材、水泥、平板玻璃等市场需求。实施绿色建材工程，发展绿色安全节能建筑，提高建筑用钢、混凝土以及玻璃等产品使用标准，带动产品升级换代。	省建设厅、省交通运输厅、省环保厅、省发展改革委、省工信委	按年度落实
14	完善市场机制，提高产业准入的能耗、物耗、水耗和生态环保标准，切实发挥市场配置资源的决定性作用。以资源环境承载力上限，倒逼超标产能退出，节能减排达标和自然环境改善。	省发展改革委、省工信委、省环保厅	按年度落实
15	保障各种所有制经济依法平等使用生产要素、公平参与市场竞争、同等受到法律保护，营造有利于创新创业的市场环境。	省工商局、省发展改革委、省监察厅	按年度落实
16	在招商引资、承接产业转移项目中要严格执行国家产业政策，从源头杜绝产能严重过剩行业盲目建设。	各市州人民政府、省发展改革委、省政府国资委、省工信委	按年度落实
17	加强土地、环保、金融、质量、安全、进出口等部门的协调配合，强化监督管理，坚持银行独立审贷，形成法律法规约束下责任清晰的市场监管机制。	省国土资源厅、省环保厅、省政府金融办、省质监局、省安监局、兰州海关	按年度落实
18	加强对产能严重过剩行业动态监测分析，建立产能严重过剩信息预警机制，探索建立生态环保补偿责任制。	省发展改革委、省工信委、省环保厅、省统计局	按年度落实
19	省级财政专项资金要加大对产能严重过剩行业实施结构调整和产业升级的支持力度，各市州财政结合实际予以支持。	各市州人民政府、省财政厅	按年度落实

甘肃省人民政府关于支持兰州新区引进高层次人才政策的意见

甘政发〔2014〕28号　2014年3月21日

兰州新区管委会，各市、自治州人民政府，省政府有关部门，中央在甘有关单位：

为进一步加强兰州新区高层次人才引进和服务工作，打造“人才高地”，推动兰州新区建设中国高新技术产业基地、创新基地、成果转化基地，根据《甘肃省中长期人才发展规划（2010—2020年）》（甘发〔2010〕17号）和《甘肃省人民政府关于支持兰州新区开发建设政策的意见》（甘政发〔2012〕135号），结合兰州新区人才现状和需求实际，特提出如下支持政策意见。

一、引进对象

（一）引进的高层次人才主要是指以兰州新区范围内企事业单位为主体（包括各类产业园区、非公有制经济组织和其他社会组织），经兰州新区管委会认定，从兰州新区以外引进的兰州新区经济社会发展急需紧缺、与兰州新区签订3年以上工作合同的副高级及其以上专业技术职称的各类创业创新、经营管理和实用技术人才。

（二）引进的高层次人才团队主要是指以兰州新区范围内企事业单位为主体（包括各类产业园区、非公有制经济组织和其他社会组织），经兰州新区管委会认定，从兰州新区以外引进的由高层次人才领军、具有自主知识产权、在兰州新区独资或合资创办企业并有望形成兰州新区新的经济增长点的创新创业人才团队，以及能够在兰州新区重点产业发展、关键技术创新方面实现突破的实用型和经营管理类人才团队。

二、安居政策

（三）为引进高层次人才提供专家公寓或发放住房补贴。与用人单位签订5年以下劳动（聘用）合同的高层次人才可享受200平方米的专家公寓。与用人单位签订5年及以上劳动（聘用）合同的高层次人才，可每人一次性给予200万元的安家补助。

（四）根据兰州新区总体规划和社会需求，引入优质教育资源，建设适应兰州新区发展和服务高层次人才的各类中小学、幼儿园，解决高层次人才子女入学问题。高层次人才子女需在兰州新区入学的，由兰州新区教育主管部门协调安排优先入学，不得收取教育收费政策规定以外的费用。

（五）按照双向选择原则，解决高层次人才配偶就业问题。高层次人才配偶愿意在兰州新区就业的，由高层次人才用人单位积极帮助安排工作；用人单位确有困难的，兰州新区组织人社部门可推荐到公益性岗位就业。

三、科研政策

（六）在兰州新区设立的国家级工程技术研究中心和重点实验室，经兰州新区管委会审核批准，一次性给予500万元奖励；设立的省级企业工程技术研究中心，一次性给予200万元奖励；对新建的院士专家工作站，一次性给予100万元资金支持，并按进站院士人数人均每年给予5万元工作经费；对重点产业领域的骨干企业组建博士后科研工作站、博士后创新实践基地，一次性给予10万元资金支持，并按进站博士后科研人员人数人均每年给予5万元工作经费。

（七）对由高层次人才主持的兰州新区重点产业科技创新项目，经兰州新区管委会审核确认，可给予300万元科研启动经费；对由高层次人才主持并获得国家及国家部委、甘肃省科技计划资助的重大科研项目，兰州新区按国家、省上规定比例配套资助。在项目研发过程中需使用国内公共技术服务平台大型仪器设备的，给予实际使用费用30%的资助。

（八）对高层次人才科研成果转化为社会产品且属于全省各级政府采购目录的产品，在同质同价的基础上优先采购使用。

四、创业政策

（九）兰州新区要设立科技人才创业园，搭建微型企业、中小企业孵化平台，为高层次人才到兰州新区创业提供办公场所和政策咨询、风险评估、人员培训、技术研发、投融资等相关配套服务，大力发展科技金融、科技保险，降低创业风险，提高创业成功率。

（十）兰州新区要设立科技创新创业政府引导性基金，支持各类高层次人才携带科技成果和高新技术项目来兰州新区创业发展。对高层次人才创办高新技术企业所发生的固定资产投资贷款利息，经兰州新区管委会审核批准，可按贷款基准利率计算的贷款年利息的25%给予补贴，同一企业累计贴息总额不超过100万元。

五、培训政策

（十一）用人单位要每年资助高层次人才参加国内外专业技术培训，并给予培训费用60%的资助；鼓励企业开展内部培训，积极为高层次人才参加短期培训、专题讲座、考察学习、远程教育、进修深造等创造条件。

（十二）高层次人才在一年内可向

用人单位申请享受1次研修。研修地在国外的，用人单位按每人1万元给予补贴；研修地在国内的，用人单位按每人5000元给予补贴。

六、激励政策

（十三）支持引进人才团队广泛开展与行业协会、中介组织等机构的合作，整体引进的具有高端研发、产品试制、产业化运作能力和先进技术、管理、营销水平的一体化高层次人才团队，经兰州新区管委会认定，可给予不低于200万元的项目转化扶持资金。

（十四）探索推行股权、期权激励制度，创新业绩考评、人才评价机制。鼓励各类企业将高层次人才或团队的专利、发明、技术和管理等生产要素作为企业的前期投资，按产生效益和贡献参与分配。同等条件下，省直相关部门对兰州新区在职称申报、课题立项、项目评审、评先选优、经费申请等工作方面，可简化程序，优先受理、优先推荐、优先审批。支持兰州新区各类高层次人才申报科技项目、参加人才项目评选。

（十五）兰州新区管委会要适时对兰州新区开发建设做出突出贡献的高层次优秀人才给予奖励，具体奖励标准和办法由兰州新区管委会研究确定。在此基础上，对获得国家级人才奖项的，再给予10万元奖励；对获得省级人才奖项的，再给予5万元奖励；同时获国家级和省级人才奖项的，按就高奖励和不重复原则执行。

七、税收政策

（十六）对引进的高层次人才按照国家统一规定取得的一次性安家补助免征个人所得税；对高层次留学人员和海外科技专家到兰州新区工作、进境合理数量的生活自用物品，按照国家现行政策规定执行。（十七）高层次人才创办的企业，经认定为国家需要扶持的高新技术企业的，减按15%税率征收企业所得税；从事技术转让、技术开发以及与之相关的技术咨询、技术服务所得，符合国家税收法律法规规定的，免征增值税；在一个纳税年度内，从事技术转让所得不超过500万元的，免征企业所得税；超过500万元的部分，减半征收企业所得税。

八、保障政策

（十八）对进入兰州新区党政机关和事业单位工作的高层次人才，在编制上予以特殊保障，在职位上可设置特殊岗位；需担任专业技术职务的，不受岗位数额限制；外语和计算机应用能力可不作为晋升职称否决条件；有突出贡献的，可破格提拔或晋升专业技术职务。对引进到党政机关专业技术岗位的高层次人才，可实行聘任制，岗位职务、薪酬可由用人单位与本人协商确定；对引进到企事业单位和各类经济、社会组织的高层次人才，经协商可采取岗位绩效工资制、年薪制、协议工资制、效益工资制、项目工资制、成果工资制等办法给付薪酬。

（十九）积极培育优质医疗资源，保障各类高层次人才就医需求。引进的高层次人才参加兰州市医疗保险的，发放专门医疗保健证，作为医疗照顾人员，享受医疗照顾政策。每年为兰州新区开发建设做出突出贡献或取得显著科研成果和经济效益的高层次人才，在定点医院进行一次免费健康体检。

（二十）实施高层次人才疗养制度，兰州新区管委会每年为高层次人才提供不少于15个工作日的省外疗养。

（二十一）建立高层次人才意外救助机制，在高层次人才遭遇重大突发事件或重大变故挫折时，由兰州新区管委会会同用人单位进行特殊救助帮扶。

（二十二）建立健全法律服务机制，优先为高层次人才提供法律咨询、法务代理、纠纷维权等法律服务，营造良好法治环境。

（二十三）设立兰州新区人才发展专项资金。主要用于高层次人才引进、培养、资助、奖励等。吸引国内外各类组织和个人对人才发展进行投入，形成多元化的人才开发投入机制。

（二十四）加强人才交流服务、人才实训鉴定等平台建设，大力发展人才招聘、档案托管、用工登记、就业培训以及人事代理、人才派遣、薪酬设计、人才猎头等业务，为引进人才和用人单位提供优质服务。

九、有关要求

（二十五）本意见所涉及的各项资金，由兰州新区管委会在省政府和兰州市政府每年给予兰州新区的开发建设专项资金中统筹安排。政府投入高层次人才和团队的资金占用人单位相应股份，从产生效益的第3年起，参与利润分红。

（二十六）引进重点产业领域急需紧缺人才或重大人才项目可采取一事一议的方式研究确定。

（二十七）本意见与现有其他人才政策不一致的，按就高原则执行，同一项目不重复享受同一类优惠政策。

（二十八）本意见适用于兰州新区范围内各级党政机关、各类企事业单位和各类经济社会组织，由兰州新区管委会制定实施细则并组织实施。

附件：

序号	工作任务	牵头部门	配合部门
1	安居政策	省建设厅	省教育厅、省财政厅、省人社厅、兰州市政府、兰州新区
2	科研政策	省科技厅	省财政厅、省人社厅、兰州市政府、兰州新区
3	创业政策	省科技厅	省财政厅、省人社厅、兰州市政府、兰州新区
4	培训政策	省教育厅	省财政厅、兰州市政府、兰州新区
5	激励政策	省科技厅	省财政厅、省人社厅、兰州市政府、兰州新区
6	税收政策	省地税局	省财政厅、省人社厅、省建设厅、兰州市政府、兰州新区
7	保障政策	省人社厅	省司法厅、省财政厅、省卫生计生委、省政府国资委、兰州市政府、兰州新区

甘肃省人民政府关于贯彻落实党的十八届三中全会精神推动非公有制经济跨越发展的实施意见

甘政发〔2014〕45号　2014年4月23日

各市、自治州人民政府，兰州新区管委会，省政府各部门，中央在甘有关单位，有关企业：

省委、省政府出台《关于推动非公有制经济跨越发展的意见》（省委发〔2012〕19号）以来，全省非公有制经济（以下简称“非公经济”）发展环境显著改善，非公经济初步呈现出快速发展的良好态势。但是，在非公经济发展中，一些行业和部门政策障碍和隐性壁垒仍然存在，资金、人才、技术等要素制约仍然突出，影响和制约了我省非公经济跨越发展。为了贯彻落实党的十八届三中全会和省委十二届六次全委扩大会议精神，进一步深化改革，消除障碍，保障非公经济发展权利平等、机会平等、规则平等，激发非公经济活力和创造力，推动非公经济跨越发展，特制定本实施意见。

一、完善公共资源配置机制

（一）切实消除行业垄断和壁垒。按照“法无禁止即可为”原则，鼓励引导非公经济进入法律法规未明确禁止准入的行业和领域。在各类公共资源配置方面，彻底取消所有制限制，保障各类所有制经济公平竞争，享有平等获得公共资源的权利和机会（省发展改革委牵头实施）。

（二）推进公共资源市场化配置改革。加强公共资源交易管理，建立健全招投标、拍卖、挂牌出让等市场化配置机制。严格实行公共资源配置进场交易，杜绝公共资源交易中各种形式的“暗箱”操作。对市场化条件尚不成熟或者因客观条件限制难以通过招标、拍卖、挂牌等方式交易的公共资源，可采用竞争性谈判、询价和单一来源采购等方式进行交易（省公共资源交易局牵头实施）。

（三）全面推进公共资源配置信息公开。建立涉及非公经济市场准入行政审批事项公开制度，行政审批事项应向全社会公布，以便于查询和监督。各级各部门应公开经济社会发展规划、城乡规划、土地利用总体规划和行业发展规划，以及政府管理的土地、矿产资源、产业项目、投资政策等公共资源领域的信息，涉及公共资源配置的行政审批事项应由省级主管部门通过门户网站及有关媒介向社会全面公开信息，切实保障各类市场主体的知情权、参与权、选择权和监督权（省审改办牵头实施）。

（四）积极推进市场准入制度改革。根据《甘肃省注册资本登记制度改革实施方案》（甘政发〔2014〕22号），依法放宽经营范围、市场主体住所（经营场所）登记条件，实行注册资本认缴登记制，推行企业、个体工商户和农民专业合作社年度报告制度。逐步实行“先照后证”，创造条件逐步削减市场准入前置审批事项。所有行政审批事项，除法律法规有明确规定外，政府主管部门不得随意附加审批条件、提高准入门槛，破除各种形式的行政垄断（省工商局牵头实施）。

（五）推进特许经营竞争性市场准入。对需经特定程序获得有限资源开发利用、公共资源配置以及直接关系公共利益的特定行业的市场准入，各级政府应依法、科学管理，规范设置准入条件，明确进入途径、运行方式和监管办法，不得单独对非公经济设置附加条件，保障非公经济平等获得特许经营资源的权益。特许经营权的实施应坚持合理布局、有效配置资源以及公开、公平、公正的原则，建立公众参与机制，采取市场化资源配置方式，保障各类市场主体公平竞争。特许经营权的出让，实施机关应在出让方案批准之日起20日内，将特许经营权出让方案信息向社会公开发布（省工商局、省发展改革委、省财政厅牵头实施）。

二、支持和引导非公经济拓展发展领域

（六）支持非公经济进入基础设施领域。允许和鼓励具备相应资质条件的非公经济进入交通运输领域，参与公路、桥梁、隧道、车站、码头、综合运输枢纽、物流园区、运输站场等交通基础设施的建设、养护、运营和管理，及交通运输新兴业务领域（交通信息化、交通智能业务、科技创新业务、节能减排、绿色交通建设）的投资、建设和经营（省交通运输厅牵头实施）。鼓励非公经济进入水利工程建设领域，以独资、合资、合作、捐赠及村民“一事一议”筹资筹劳等方式参与水利工程建设，投资建设农田水利、跨流域调水、水资源综合利用、水土保持等水利项目（省水利厅牵头实施）。

（七）支持非公经济进入市政公用事业建设领域。按照公平竞争的原则，支持和鼓励非公经济参与市政基础设施项目建设经营。允许非公经济通过出资入股、收购股权、参股、控股、租赁或购买服务等形式参与城镇供水、供暖、供气、生活污水垃圾处理设施及配套管网等市政基础设施建设和经营。通过招商引资方式，积极鼓励非公经济参与城镇燃气经营管理（省建设厅牵头实施）。按照国家税收政策，非公企业从事《环境保护节能节水项目企业所得税优惠目录（试行）》（财税〔2009〕166号）规定的城镇污水处理、生活垃圾处理项目的投资经营所得，自项目取得第一笔生产经营收入所得纳税年度起，第一年至第三年免征企业所得税，第四年至第六年减半征收企业所得税（省国税局、省地税局牵头实施）。

（八）支持非公经济进入能源开发领域。鼓励和引导非公资本投资太阳能、风能、地热能、生物质能等新能源产业建设。支持非公经济参与煤炭资源的开采、经营和投资煤炭洗选和深加工产业。鼓励非公经济以多种形式投资煤层气、页岩气等非常规油气资源勘查开发项目，支持非公经济建设天然气支线管道工程、城市燃气管网项目、液化天然气生产装置、天然气储存转运设施、加气站、加油站。鼓励非公经济进入能源基础设施领域，建设汽车充电站。鼓励有实力的非公企业投资建设原油商业储备库、城镇天然气应急调峰储配设施和成品油商业储备、天然气分布式能源供应系统。允许非公经济以独资、控股或参股形式参与水电站、火电站、热电站、天然气发电、余压余热发电等项目建设及电力服务有关业务，鼓励非公经济参与特定区域供电线路、微电网建设，支持符合条件的非公企业向大用户直供电力，并在具备条件的地方开展发电竞价上网试点（省发展改革委牵头实施）。

（九）支持非公经济进入矿产资源开发领域。鼓励非公企业自主组建勘查单位，依法申请取得勘查资质，开展地质勘查。鼓励非公企业参与整装勘查区找矿突破工作，推进非公资本与找矿技术有机结合。非公企业开发尾矿和低品位矿产资源的，依法减免矿产资源补偿费。鼓励非公企业研发先进技术，对矿产资源节约与综合利用中采用、推广先进技术工艺取得显著成效的非公企业纳入中央和省上有关奖励补助政策申报范围（省国土资源厅牵头实施）。

（十）支持非公经济进入社会事业领域。支持非公经济兴办各类医疗机构，参与公立医院转制改组（省卫生计生委牵头实施）。鼓励和引导非公经济进入学前教育和学历教育领域。鼓励发展民办职业教育，积极支持有特色、高水平、高质量民办高校发展（省教育厅牵头实施）。鼓励非公经济进入养老服务领域，通过用地保障、信贷支持和政府补助、购买服务等多种形式，以独资、合资、合作、承包、联营等方式投资兴建老年公寓、老年养护院、社区老年人日间照料中心、农村互助老人幸福院和敬老院等各类社会养老服务机构（省民政厅牵头实施）。

（十一）支持非公经济进入文化和旅游产业领域。鼓励和引导民间资本以独资、合资、合作、联营、特许经营等多种方式，参与文化、旅游产业发展。鼓励非公经济投资演艺、娱乐、网络文化、动漫、游戏、文化旅游、文化会展、创意设计、数字文化服务等行业和领域（省文化厅牵头实施）。鼓励非公经济进入旅游领域，参与旅游资源开发、景区项目建设和旅游基础设施建设。民间资本投资运营的旅游基础设施享受同等税费减免政策（省旅游局牵头实施）。支持非公经济参与出版经营活动，投资设立印刷复制企业，从事出版物、包装装潢印刷品及其他印刷品、可录类光盘生产和只读类光盘印刷复制经营活动。支持非公经济投资设立出版物批发、零售、连锁经营企业，从事图书、报纸、期刊、音像制品、电子出版物等出版产品发行经营活动。支持非公经济从事数字出版经营活动，投资设立网络出版包括动漫出版、游戏出版、手机出版、电子书出版、电影电视剧制作和产品开发等数字出版企业（省新闻出版广电局牵头实施）。

（十二）支持非公经济进入物流业重点领域。支持非公经济进入肉食品冷链物流、城市配送（含冷链）、医药物流、再生资源物流、特种货物运输、大宗物资物流、多式联运、集装箱、供应链管理、国际物流和保税物流等重点物流领域。鼓励非公经济参与物流标准化体系建设，促进物流企业网络化经营，扶持发展现代物流企业集团。积极支持非公经济投资从事社会化物流服务。支持非公经济进入物流基础设施领域，投资运输、仓储、配送、分拨、物流信息化以及物流园区等领域的物流基础设施建设，鼓励非公经济投资参与公铁联运、水铁联运、公水联运等转运中心设施建设（省商务厅牵头实施）。

三、大力发展混合所有制经济

（十三）积极探索非公经济通过参股、控股或并购等多种形式，依法参与国有企业的改制重组，推动国有企业股权多元化或股权社会化（省政府国资委牵头实施）。

（十四）积极引入非公经济参与国有企业改制重组。结合省属国有企业产业结构调整、改制重组、厂办大集体改革、商贸流通企业改革、招商引资、股权投资、上市融资等具体项目，通过省级公共资源交易市场、媒体和互联网等渠道，不定期面向社会广泛发布信息，保障非公经济的知情权和参与权。支持非公经济主体通过出资入股、收购股权、认购可转债、融资租赁、收购闲置资产等多种形式参与国有企业重组上市或国有控股上市公司增发股票。支持非公经济主体与国有资本共同出资设立股权投资基金。积极引入股权投资基金参与国有企业改制上市、重组整合、企业并购，共同投资战略新兴产业、创新性和孵化期等高收益、高风险业务（省政府国资委牵头实施）。

（十五）非公经济主体参与国有企业改制重组可以用货币出资，也可以用实物、知识产权、土地使用权等法律、行政法规允许的方式出资。允许关键岗位的经营管理者、核心技术人员和业务骨干以现金、技术等出资参与企业改制。支持混合所有制经济实行企业员工持股，形成资本所有者和劳动者利益共同体（省政府国资委牵头实施）。

（十六）积极利用政府性资金引导非公经济参与国有企业改革发展工作。支持符合条件的非公经济项目按规定申请各类财政专项建设资金、政府补助性资金。探索建立非公经济参与国有企业改革发展的制度机制，鼓励非公经济主体参与国有企业重大改制重组、重大改革创新、重要产业提升及重点关闭退出等项目（省财政厅、省政府国资委牵头实施）。

四、加大财税金融支持力度

（十七）加大对中小微企业的支持力度。市县政府要落实中小微企业属地化管理责任，制定完善支持中小微企业发展的具体措施，逐步加大财力投入，转变支持方式，为中小微企业营造公平、公正的发展环境。用足用好中央和省级中小微企业专项资金，优先支持中小微企业科技创新，改善中小微企业融资环境，完善中小微企业服务体系。省级相关中小微企业管理部门要建立中小微企业发展协调推进机制，加强沟通、完善制度、简化程序，确保各项扶持政策、资金投入协调互补，形成合力，充分发挥应有效益（省工信委牵头实施）。

（十八）创新中小微企业资金投入方式。充分划分政府与市场界限，更多运用贴息、基金、购买服务、业务补偿和奖励、股权投资、代偿代补等间接方式，降低政策门槛，扩大扶持范围，吸引和撬动信贷和民间资金投入，助推全省中小微企业加快发展（省工信委牵头实施）。

（十九）政府采购货物、服务和工程，对各类所有制企业同等对待。面向小微企业的采购项目不低于年度预算总额30%，采购评审中对小微企业产品可给予6%—10%的价格扣除。鼓励大中型企业和小微企业组成联合体共同参与非专门面向中小企业的政府采购活动，小微企业的合同金额占到联合体协议合同总金额30%以上的，可给予联合体2%—3%的价格扣除（省财政厅、省公共资源交易局牵头实施）。

（二十）充分发挥税制改革及税收优惠政策减免效应。按照国家统一部署，扎实开展“营改增”试点推进工作，最大程度发挥其减轻小微企业税负的试点效应。认真落实财政部、国家税务总局《关于暂免征收部分小微企业增值税和营业税的通知》（财税〔2013〕52号）及其他税收减免政策，对增值税小规模纳税人中月销售额不超过2万元的非公经济，暂免征收增值税；对营业税纳税人中月营业额不超过2万元的非公经济，暂免征收营业税。严格执行财政部、国家税务总局《关于小型微利企业所得税优惠政策有关问题的通知》（财税〔2014〕34号）精神，将小微企业减半征收所得税优惠政策实施范围的上限，由年应纳税所得额6万元提高至10万元（省财政厅、省国税局、省地税局牵头实施）。

（二十一）支持非公经济进入金融服务业。在加强立法、规范准入、严格监管、有效防范金融风险的前提下，支持非公经济参股城市商业银行、农村商业银行和村镇银行。支持非公企业发起设立小额贷款公司，支持符合条件的非公企业发起设立金融中介服务机构。支持发展地方金融机构，争取开展设立民营银行试点工作，支持发展村镇银行、小额贷款公司、融资担保公司、典当行以及各类资金互助组织等，按照现行国家已出台的相关税收优惠政策执行（省政府金融办、省工信委、省商务厅牵头实施）。

（二十二）加快完善融资担保体系。加强与政策性担保公司的合作，并通过多方参股的方式，逐步建立省市县三级融资担保体系，提高省市各级担保公司资本金，不断提高对非公企业重点是中小企业的贷款担保能力，降低非公企业融资难度和成本（省工信委、省财政厅牵头实施）。

五、创新人才和科技支持政策

（二十三）鼓励非公企业吸纳高校毕业生就业。非公企业当年新招收登记失业普通高校毕业生达到企业现有在职职工总数超过30%（超过100人的企业达到15%）以上，可按规定申请小额担保贷款，并由所在地政府给予财政贴息支持。对非公企业招收就业困难的普通高校毕业生、签订劳动合同并交纳社会保险费的，按规定给予社会保险补贴。非公企业对其招收登记失业的普通高校毕业生进行职业技能和创业培训的，按规定享受补贴政策。对各地人社部门认定为高校毕业生就业见习基地的非公企业，接纳普通高校毕业生的，按规定给予就业见习补贴。支持知识密集型、劳动密集型和社会服务型等就业潜力大的非公企业发展，鼓励企业在新增就业岗位时优先聘用高校毕业生。对符合贷款条件、接收高校毕业生达到当年新增就业总人数20%的中小企业和非公企业，各级政府予以政策支持（省人社厅牵头实施）。

（二十四）坚持对非公经济组织的人才一视同仁。在面向社会的资助、基金、培训项目、人才信息库等公共资源运用上对非公经济组织人才平等开放，在改善创业环境和工作生活条件上积极提供服务。重视非公经济组织专业技术人才培养，适当放宽非公经济组织技术人员申报各级各类职称中外语和计算机考试成绩、学历、专业工作年限、业绩条件等资格评定条件。非公经济组织专业技术人员职称评审可通过个人档案所在单位、档案托管部门、工商注册的个体（私营）协会等渠道申报。对专业人员集中，对当地经济社会发展贡献较大，影响和带动力较强的大型非公经济组织，由人社职改部门直接提供职称评审服务。把非公经济人才纳入全省人才长远规划，根据非公企业发展需要，编制人才需求计划，帮助非公企业引进紧缺急需人才，根据非公企业的不同需求，开展多种形式的企业家培训。将非公经济组织的高层次专业技术人才纳入各级人才工程的选拔和管理范围，享受相应奖励和科研项目资助。在全省急需紧缺高层次人才引进工作中，非公经济组织享受同等的政策待遇（省委人才办、省人社厅牵头实施）。

（二十五）大力支持非公经济的创新活动。支持非公企业与高校、科研机构联合开展产学研合作项目、联合建立研发机构。鼓励支持非公企业建立工程技术研究中心，支持科技成果向非公企业转化。实施“科技小巨人企业”培育计划，优先支持从事符合产业发展政策的高新技术产业和战略性新兴产业领域的科技型企业。落实鼓励企业创新的优惠政策，支持企业加大研发投入。制定非公经济技术支持培训计划，加强对非公经济科技创新的咨询、引导和培训。继续开展高新技术企业认定工作，使更多科技型非公企业享受税收优惠政策。允许企业科技保险费计入高新技术企业研究与开发费用核算范围，享受国家规定的税收优惠政策（省科技厅牵头实施）。

六、加强对非公经济的引导和服务

（二十六）引导非公企业建立现代企业制度。鼓励引导重点非公企业体制机制创新，支持重点非公企业按照《公司法》要求，加快公司制改造步伐，完善法人治理结构，向科学化、现代化管理方向发展。鼓励、引导、支持重点非公企业改组、改制、改造，通过参股、相互参股、控股、职工持股、整体或部分收购、吸引外资等多种形式，促进投资主体多元化（省工信委牵头实施）。建立重点推荐上市非公企业后备库，加强上市辅导工作，引导、鼓励、支持重点非公企业境内外上市（省政府金融办牵头实施）。

（二十七）加强对非公经济的权益保护。切实维护非公企业合法权益，未经法定程序，不得查封、扣留、冻结企业财产和资金。完善产权保护制度，健全归属清晰、权责明确、保护严格、流转顺畅的现代产权制度，依法保护非公经济财产权不受侵犯（省工商联牵头实施）。加强对专利权、著作权、商标权等知识产权的保护，支持驰名商标和著名商标的认定和保护，重点鼓励争创国家免检产品，支持申报地理标志、无公害食品、绿色食品、有机食品等资格认证。加强知识产权运用和保护，积极开展对非公经济主体的知识产权专题培训，支持非公经济主体开展知识产权管理标准化示范创建和知识产权试点示范工作，支持非公经济主体开展知识产权优势企业培育和认定工作（省科技厅牵头实施）。

（二十八）切实提高政府服务效能。推进政府机构改革和政府职能转变，进一步清理和减少行政许可事项，重点减少投资和生产经营活动审批事项。市场机制能有效调节的经济活动，一律取消审批。完善主要由市场决定价格的机制，凡是能由市场形成价格的都交给市场，政府不进行不当干预（省编办牵头实施）。公开审批程序，完善行政审批服务中心“一站式”项目联合审批机制，行政许可项目逐步推行网上审批、能同步办理的同步并联办理。对重大项目、重大事项一事一议、特事特办，建立健全重大项目审批绿色通道，实行全程服务制度（省政府办公厅牵头实施）。

（二十九）建立健全投诉查处机制。除法律、法规、规章另有规定外，5个工作日内回复投诉事项处理情况。严肃查处服务机关“门难进、脸难看、事难办”和“吃拿卡要”等问题。对故意刁难、妨碍企业生产经营造成严重影响的单位和个人，要依法依规严肃处理（省监察厅牵头实施）。

（三十）健全完善企业信用约束机制。加快建设企业信用信息公示平台，方便公众和政府管理部门及时、全面了解企业相关信用信息，扩大社会监督。建立有违规行为市场主体“黑名单”制度，逐步提高企业“失信成本”。强化企业自我管理、行业协会自律和社会组织监督，促进形成诚信、公平、有序的市场秩序（省工商局牵头实施）。

各市州、各部门要按照本实施意见及责任分工，紧密结合工作实际和各自职能，认真制定本地区、本部门的具体实施办法。

甘肃省人民政府关于深入推进行政审批制度改革的意见

甘政发〔2014〕58号 2014年5月26日

各市、自治州人民政府，兰州新区管委会，省政府各部门，中央在甘各单位：

为深入贯彻党的十八大和十八届二中、三中全会精神，加快政府职能转变，提高行政效能，根据《中共甘肃省委关于贯彻落实〈中共中央关于全面深化改革若干重大问题的决定〉的意见》（甘发〔2013〕19号）精神，结合实际，现就深入推进行政审批制度改革提出如下意见。

一、充分认识深入推进行政审批制度改革的重大意义

行政审批制度改革是深化行政体制改革、加快政府职能转变的重要抓手，是创新政府管理方式的内在要求，是建设法治政府、廉洁政府、服务型政府的重要途径。当前，我省正处于努力与全国一道全面建成小康社会、建设幸福美好新甘肃的重要战略机遇期，经济社会加速转型升级对进一步深化行政审批制度改革提出了新的更高要求。各地、各部门要深刻认识进一步推进行政审批制度改革的重要性和紧迫性，把思想和行动统一到党中央、国务院和省委、省政府的部署要求上来，勇于担当，攻坚克难，乘势而上，顺势而为，采取更加有力的措施，大力简政放权，深化行政审批制度改革，最大限度减少政府对微观事务的管理，激发各类市场主体的创造活力，增强经济社会发展内生动力。

二、深入推进行政审批制度改革的主要任务

（一）全面清理行政审批事项。按照项目法定、客观真实、分级负责、分类清理的原则，对现行行政审批事项、行政收费事项和评比达标表彰评估项目等进行全面清理核实，摸清底数、锁定项目、公布权力清单，接受社会监督。进一步完善规范性文件合法性审查、备案监督、适时评估和定期清理制度，及时修订相关地方性法规和政府规章，防止变相设置审批事项或增加审批条件的行为。

（二）继续削减行政审批事项。继续取消调整和下放行政审批事项，加大简政放权力度。对国务院决定取消的事项，我省对应的行政审批项目一律取消。按照《国务院关于严格控制新设行政许可的通知》（国发〔2013〕39号）要求，对不符合行政许可设定标准和阻碍我省经济社会发展的行政审批事项一律取消；除法律法规规定外，对行政机关实施行政许可以及监督检查被许可人从事行政许可事项的活动，一律取消收费；各地、各部门自行设立的评比达标表彰评估项目一律取消。按照《国务院关于清理国务院部门非行政许可审批事项的通知》（国发〔2014〕16号）精神，取消和调整非行政许可审批事项。按照能放必放、重心下移、就近管理、方便办事的原则，逐步下放审批权限，对下放管理层级的，一次放到位，要接住管好，确保承接落实到位。推进投资体制改革，进一步理顺政府与市场、省与市县、投资主管部门与前置审批部门的关系。推进工商登记制度改革，将“先证后照”改为“先照后证”，将注册资本实缴登记制改为认缴登记制，放宽工商登记其他条件。

（三）切实规范行政审批行为。严控新设行政许可，今后一般不新设行政许可，确需设立的，必须严格按照《行政许可法》的规定设立，同时防止行政审批事项边减边增、明减暗增。对保留的行政审批事项，严格规范审批行为，提高行政审批效率和服务水平。不涉密的行政审批事项，都要向社会公开，推行“阳光审批”。制定并实施《甘肃省行政审批事项目录管理办法》，实行目录管理，未列入目录的，一律不得审批。

（四）推进行政审批方式改革和管理体制机制创新。按照应进必进的原则，将保留行政审批事项、与企业和人民群众密切相关的政务服务类事项全部纳入政务大厅，实行集中受理。对涉及两个及以上部门的审批事项，实行并联审批。探索建立“绿色通道”审批机制，对省政府确定的重大投资项目等事项，试行快速审批。完善行政审批网络平台，大力推行网上审批，并逐步扩大网上审批范围。积极培育和规范社会组织，加快形成政社分开、权责明确、依法自治的现代社会组织体系。逐步建立健全政府向社会力量购买服务机制。

（五）健全完善行政审批长效机制。建立健全行政审批事项监督管理、专家评审、新设行政审批事项审核论证等配套制度。积极探索建立行政审批制度改革综合评价机制和考核指标体系，定期进行考核评估。强化行政审批责任追究和监督检查，完善电子监察系统，确保行政审批制度改革各项工作任务落实到位、规范到位、监管到位、追责到位。

三、保障措施

（一）加强组织领导。行政审批制度改革责任重大、任务艰巨。各地、各部门要高度重视，加强领导，精心组织，

狠抓落实，建立健全行政审批制度改革工作领导体制和工作机制，充实工作人员，提供经费保障。市州审改工作领导小组组长由市州长担任，市州长要切实履行好第一责任人的职责，亲自协调解决改革中的重大问题。审改工作领导小组成员单位要各司其职，协调配合开展工作。各市州及县市区要结合本地实际，制定改革配套措施和办法，确保上下衔接、整体推进。

（二）加强协调推进。各地、各部门要明确目标任务，加强衔接沟通，对涉及本地、本行业、本系统的审批事项，提出衔接的具体意见和办法。行政审批制度改革领导小组办公室及机构编制、监察、法制等部门要充分发挥职能作用，加强协作配合，做好指导服务。

（三）加强督促检查。各地、各部门要围绕行政审批制度改革的热点、难点问题开展调查研究，有针对性地提出深入推进行政审批制度改革的新措施、新办法，增强改革的前瞻性、主动性。要认真开展自查自纠，发现问题及时纠正。省审改办要加强工作指导和督促检查，对发现的问题要督促有关地方和部门切实整改，确保各项改革措施落到实处。

甘肃省人民政府关于抢抓机遇加快推进铁路建设的意见

甘政发〔2014〕68号　2014年6月23日

各市、自治州人民政府，兰州新区管委会，省政府各部门，中央在甘有关单位：

铁路是国家重要的基础设施和民生工程。加快铁路尤其是中西部铁路建设，是党中央、国务院应对当前经济下行压力采取的重要举措，也是我省加快发展的重大机遇。为认真贯彻落实《国务院关于改革铁路投融资体制加快推进铁路建设的意见》（国发〔2013〕33号），加快推进全省铁路建设，完善铁路路网结构，促进经济社会持续快速发展，现提出如下意见：

一、统一思想，充分认识加快铁路建设的重大意义

近年来，全省认真贯彻落实党中央、国务院关于加快铁路建设的决策部署，先后开工建设了兰州至重庆铁路、兰新铁路第二双线、宝鸡至兰州客运专线等一批重大铁路项目，有力支撑了全省经济社会发展和民生改善。但与中东部地区相比，我省路网密度仍然很低，仍有部分市州没有通铁路，这与构建“丝绸之路经济带”甘肃黄金段、实现交通网络互联互通的要求还存在很大差距。加快推进铁路建设，有利于扩大有效需求、拉动投资、促进建材等相关产能释放，有利于推动新型城镇化、改善群众生活条件、加快扶贫攻坚步伐，也有利于深入实施西部大开发战略、构建“丝绸之路经济带”亚欧铁路交通大动脉、加快富民兴陇进程，对我省努力与全国一道全面建成小康社会具有重要意义。各市州、各部门要统一思想认识，进一步增强加快推进铁路建设的责任感、使命感和紧迫感，抢抓机遇，振奋精神，奋发努力，下更大气力加快推进全省铁路建设，力争到“十二五”末，全省铁路建设及营运里程达到6000公里以上，实现14个市州全部通铁路的目标。

二、加强组织领导，强化责任措施

铁路建设涉及范围广、协调任务重。各市州、各有关部门要建立强有力的工作机制，加强组织领导，密切协作配合，形成工作合力，加快推进全省铁路建设。

（一）加强组织领导。省政府成立省铁路建设工作领导小组，加强对铁路项目前期及建设中政策措施和阶段性重点工作任务的研究，及时协调解决项目建设中存在的突出问题和矛盾，推动全省铁路重大项目建设。相关市州也要成立相应工作领导小组。省铁路民航建设管理办公室要强化工作职能，完善工作机制，加强对市州的业务指导。相关市州要建立健全相应的铁路建设管理工作机构，形成上下衔接、高效运行的工作平台，为全省铁路建设提供有力的组织保障。

（二）明确部门责任。各有关部门要按照职责，加强指导，提前介入，主动服务，简化审批手续，合理平行交叉作业，做到铁路项目及时受理、及时评估、及时核报，确保按照时限要求完成审批工作。省发展改革委负责协调推进铁路项目前期工作、拟定资金需求计划、协调解决建设过程中出现的问题。省财政厅和省投资集团铁路公司负责做好省级配套资金筹措工作。省国土资源厅负责做好铁路项目建设用地报批及征地等相关工作。省建设厅负责做好铁路项目规划选址和指导城市规划区内各类房屋及构筑物拆迁、企事业单位搬迁等相关工作。省环保厅负责做好铁路项目环境影响评价的报批和审批工作。省林业厅负责做好重大铁路项目涉及林业系统自然保护区审批事项和征占林地的审核报批工作。其他有关部门根据各自职责做好水土保持、养老保险、治安管理、文物

保护、生产安全、省内建筑材料供需对接、劳务人员聘用等相关工作。

（三）靠实征地拆迁主体责任。项目所在地政府作为铁路项目征地拆迁及协调服务的责任主体，要认真做好本行政区域内铁路项目的规划衔接、征地拆迁及安置、矛盾纠纷化解等工作，确保按时完成征地拆迁各项任务。

（四）严格项目管理。项目业主作为铁路建设项目的组织实施机构和实现建设目标的直接责任人，要严格执行国家基本建设程序，及时组织项目审批前置性资料，为项目按期审批提供保障。按照国家有关工程建设法律法规，组织设计、施工、监理等单位按照批准的建设规模、技术标准、建设工期和投资概算进行铁路项目建设，并对工程质量安全、工期、环保等全过程负责。

（五）科学开展设计。设计单位要本着与我省经济社会发展水平及铁路发展目标相适应、与经济效益和社会效益及环境效益相统一的原则，在铁路设计上坚持节约集约利用土地，科学合理节省投资。要严格工程地质勘察监理制度、设计咨询制度和设计文件审查制度，优化设计路径，推荐先进适宜技术标准，出具最佳设计方案。

（六）强化施工管理。施工单位要按照合同约定组建现场管理机构，严格落实责任制，科学安排工期，推行标准化工地建设，完善安全质量管理体系，文明施工，及时消除安全和质量隐患。

三、积极推进铁路投融资改革，拓宽融资渠道

我省铁路建设正处于高峰期，资金需求量大，筹措任务重，预计“十二五”期间国铁干线建设还需省级配套资金120多亿元。推进铁路投融资改革、破解资金瓶颈制约是加快全省铁路建设的重中之重。

（一）省级财政。从2014年起，省级财政将铁路重大项目建设征收的建安营业税全额用于铁路省级配套资金。研究制定铁路项目省级配套资金管理办法，规范省级配套资金管理，切实提高省级配套资金使用效益。研究设立甘肃省铁路发展基金，为铁路建设拓宽融资渠道。

（二）省级铁路投融资平台。通过银行贷款、发行企业债券、中期票据、短期融资券或联合银行、金融机构发行保值且收益率较高的理财等附加金融产品，以参股、租赁、合伙等形式，开展多元化融资，着力落实国铁干线等项目资本金省级出资。省级铁路建设融资平台在融资活动中发生的利息支出，利息收入不足以支付的，由各融资主体通过其他收益垫付。省投资集团铁路公司按合资铁路公司股权获得的运营收益，用于铁路还本付息和资本金投入。鼓励省投资集团公司按照市场化、集约化原则，参与地方政府对铁路沿线主要城市和车站周边的土地综合开发，收益全额用于铁路建设省级配套。

（三）金融机构。鼓励银行等金融机构提前参与并开展铁路重大项目建设贷款调查，提高审贷效率，确保资金及时足额到位。

（四）社会资本。鼓励民营企业、社会法人或境外企业等社会资本以多种模式参与我省铁路建设。鼓励在甘电力、煤炭等资源开发和大型物流运输企业投资铁路等重大交通基础设施建设。

（五）地方政府。相关市州政府结合实际，研究设立铁路建设投资公司、综合开发性融资平台，大胆探索地方铁路建设资金筹措新模式。铁路沿线地方政府要在符合土地利用总体规划和城市规划的前提下，支持国铁企业对其所属车站及线路周边用地进行综合开发。

（六）国铁干线。省级配套资本金由省级财政性资金和省投资集团铁路公司等省级融资平台共同承担，通过地方政府债券、重大交通项目建安营业税、中期票据、省级预算内资金、国有企业资本收益、企业投资等渠道筹措。项目资本金中由我省承担的征地拆迁费用，由省国土资源厅会同省建设厅、省发展改革委、省财政厅、省投资集团铁路公司、项目业主及项目沿线市州政府，根据初步设计批复核定征地拆迁费用总额，实行包干使用，超出部分由市县政府承担。因建设方案调整引起的新增费用，由省发展改革委会同相关部门按照“一事一议”原则提出意见报省政府研定。

（七）地方铁路。省级规划批复实施的地方铁路，资本金原则上由市州政府筹措解决。项目投资大、区域带动作用明显、地方筹资困难的铁路建设项目，省级财力将给予适当补助，补助资金计入省级股份。

（八）企业专用线。按照“谁受益、谁投资”的原则，由项目业主自行筹措建设资金，有关部门按程序予以核准，项目所在市州政府积极协助办理相关手续，做好协调服务工作。

四、规范征地拆迁管理工作，为铁路项目建设创造良好条件

相关市州、各有关部门要进一步加强和规范铁路项目征地拆迁管理，依法依规做好征地拆迁工作，确保铁路项目建设顺利实施。

（一）严格征收程序。铁路项目建设中因设计变更确需征收的土地，须由项目所在市州政府报省发展改革委、省国土资源厅、省建设厅共同确认并报省政府批准后，纳入征地拆迁范围，征地拆迁费用计入项目资本金；零星土地据此征收。未按此程序征收的征地拆迁费用由业主单位自行承担。

（二）严格补偿标准。严格执行《甘肃省实施国有土地上房屋征收与补偿条例若干规定》（甘肃省人民政府2011年第86号令）和省政府公布的征地补偿区片综合地价及征地补偿统一年产值标准，地方政府不得随意提高补偿标准。地方政府未经省政府同意擅自提高补偿标准的，要严肃追究责任。沿线地方政府在铁路项目征地拆迁工作中，对被拆迁人实施奖励补偿的，补偿费用由地方政府承担。企事业单位和被拆迁户房屋拆迁安置的过渡标准，应按项目所在地市州政府公布的辖区内统一标准执行。凡是地方政府对铁路项目

单独制定和批复拆迁安置过渡标准，所产生的费用由地方政府自行承担。地方政府造成的超过拆迁安置方案确定过渡期限所产生的过渡费用，由地方政府承担。设计单位对铁路项目工程地质勘测不准确引起过渡期限延长所增加的过渡费用，由地方政府与设计单位协商后按比例承担。

（三）妥善安置被拆迁农户。地方政府对被拆迁农户的集中安置，按照《甘肃省实施〈中华人民共和国土地管理法〉办法》规定的农村村民住宅用地标准，制定集中安置点安置方案，报省国土资源厅征地事务办公室审定后实施。要严格执行我省关于铁路项目拆迁农户集中安置点“三通一平”工程建设费用解决的相关规定，做好相关工作。

（四）临时征用耕地复垦。地方政府制定项目临时用地土地复垦方案，报省国土资源厅审定后，按照“谁损毁、谁复垦”的原则，由项目业主督促施工单位进行复垦，并按方案中确定的复垦成本向项目所在地政府交纳土地复垦保证金，土地复垦费用由项目业主承担。地方政府要做好临时用地复垦的监管和验收工作。

（五）边角地和夹心地。铁路项目建设中造成的边角地和夹心地原则上按永久用地总量2%以内的比例控制。征用夹心地、边角地的补偿费用，经省国土资源厅商项目业主共同确认后，纳入项目资本金。其中，面积较大的，施工单位要按设计要求保证原有耕作条件；无法利用的由省国土资源厅牵头负责移交地方政府；可以利用的由省投资集团铁路公司统一管理，置换盘活，所得收益全部用于铁路建设。

（六）临时占用使用土地。铁路项目施工临时占用使用道路实行质保金制度，即由施工单位与公路所有权部门、项目所在地交通部门签订协议并缴纳道路恢复保证金，待铁路工程完工、施工单位修复毁损道路后予以退还。施工单位无力修复的，支付公路损坏补偿费由公路养护管理单位修复。补偿费额度由铁路施工单位与项目所在地交通部门根据实际损坏情况，共同委托有资质的咨询设计部门评估后审核确定。铁路项目建设中电力、通信、广电、水利设施和地下管网改移需征用的土地纳入统征范围，改移工程费用由项目业主承担。

（七）受损房屋补偿及其他事项审批。施工单位进场施工前，项目所在地政府联合施工单位对可能引起振动的房屋进行全线录像，对确因铁路项目施工造成损坏的房屋，在项目业主、施工单位和项目所在地政府三方共同委托有资质的机构，进行受损房屋评估认定后，由项目业主负责督促施工单位对受损房屋进行维修或补偿。项目所在地政府要采取有效措施，杜绝在铁路建设红线范围内抢栽、抢种的行为。地方政府和有关部门要停止铁路项目规划所经区域的规划、用地、采矿权、探矿权审批。

（八）农民养老保险。铁路项目所在地政府负责铁路项目建设中被征地农民养老保险工作，按时限要求使用已下拨的省级被征地农民养老保险补助资金，提高补助资金使用效率。足额落实铁路项目被征地农民养老保险地方配套补助资金，确保被征地农民及时参保、应保尽保。严格执行《甘肃省被征地农民养老保险办法》（甘政发〔2011〕141号），不得随意调整铁路项目被征地农民养老保险缴费基数、扩大参保范围，不得在未足额缴费前发放养老金，不得截留或挪用。国家干线铁路建设被征地农民养老保险费用按照4∶6的比例由个人和政府共同承担，其中政府承担费用的70%由省级财力承担，项目所在地政府承担30%。

五、加强监督检查，完善奖惩机制

相关市州、各有关部门要进一步完善铁路建设项目监督检查制度，建立健全奖惩机制，确保责任落实到位。

（一）建立专项督查制度。省政府每年组织督查组，对铁路项目进行专项督查。省政府重大项目办要定期不定期组织开展督查工作，对项目推进不力的地方和部门，及时下达督办文件，责令限期整改，确保项目顺利实施。项目所在地政府要把属地范围内的铁路项目督查工作摆在突出位置，及时发现问题和化解矛盾，实现铁路项目的监督检查常态化、制度化。

（二）加强审计监督。省审计厅要组织力量，定期对建成或在建铁路项目省级配套资金进行跟踪审计，对审计发现的问题严肃追究责任，确保资金使用安全。

（三）加大奖惩力度。各地对铁路项目建设工作成绩突出的单位和个人要通报表彰，对工作不力、协调服务不到位、不能按要求完成任务的单位或个人通报批评，严肃追究相关责任。

甘肃省人民政府关于贯彻落实《社会救助暂行办法》的意见

甘政发〔2014〕72号　2014年6月27日

各市、自治州人民政府，兰州新区管委会，省政府有关部门，甘肃矿区办事处：

《社会救助暂行办法》（国务院令第649号，以下简称《办法》）已于2014年5月1日起正式施行。为认真学习贯彻《办法》，进一步规范社会救助工作，完善社会救助体系，结合我省实际，现提出如下贯彻意见：

一、充分认识贯彻落实《办法》的重大意义

社会救助制度事关困难群众基本生活和衣食冷暖，是一项托底线、救急难、可持续的制度安排。《办法》首次将社会救助各项制度统一到一部行政法规之中，为社会救助事业长远发展提供了法律遵循，对于进一步完善社会救助体系，切实维护困难群众生存权益，不断促进社会和谐稳定和公平正义，具有十分重要的意义。

省委、省政府高度重视民生改善，加强社会救助制度建设，大力实施民生实事，有力地保障和改善了困难群众基本生活。但我省社会救助工作仍然存在保障不完善、体系不完整、制度"碎片化"等问题。特别是我省城乡低保、特困人员供养、灾害救助、医疗救助、教育救助等各类救助对象年度人次数接近全省总人口的一半，基层社会救助工作力量薄弱，实现社会救助公平公正的任务十分艰巨。

各地、各有关部门要从全省经济发展和社会稳定的大局出发，把贯彻落实《办法》作为保障困难群众基本生活、维护困难群众生存权益和人格尊严的重要举措，作为全面深化改革、健全社会保障体系的有效手段，作为维护社会公平正义、加快全面建成小康社会进程的重要措施，切实加大工作力度，创新工作机制，完善政策体系，推动我省社会救助工作健康持续发展。

二、完善和落实社会救助制度政策

（一）落实最低生活保障制度政策。各地、各有关部门要认真落实《甘肃省农村居民最低生活保障办法》（省政府令第98号）、《甘肃省城市居民最低生活保障办法》（省政府令第102号）和《甘肃省人民政府办公厅关于进一步做好农村低保清理和规范工作的通知》（甘政办发〔2013〕146号）、《甘肃省人民政府办公厅关于进一步做好城市低保清理和规范工作的通知》（甘政办发〔2014〕73号）的有关要求，切实强化县乡两级政府的主体责任，严格审核把关，加强动态管理，着力解决好群众反映强烈的突出问题。

（二）建立特困人员供养制度。各地、各有关部门要在认真落实《甘肃省农村五保供养办法》（省政府令第30号）的基础上，按照统筹城乡发展的要求，立足我省省情，深入调研论证，及时制定出台符合当地实际的特困人员供养办法，切实保障他们的基本生活。

（三）完善受灾人员救助制度。各地、各有关部门要认真落实省政府办公厅出台的《关于切实加强和规范自然灾害救助工作的意见》（甘政办发〔2014〕10号），进一步完善救灾准备、应急救助、灾后救助、灾后重建相衔接的自然灾害救助制度，确保自然灾害发生后，受灾群众有饭吃、有衣穿、有干净水喝、有临时住所、有病能得到及时诊治。

（四）创新医疗救助机制。各地、各有关部门要认真落实《甘肃省城乡医疗救助试行办法》（省政府令第62号）和《甘肃省人民政府办公厅关于进一步加强城乡重特大疾病医疗救助工作的意见》（甘政办发〔2013〕145号），并在救助程序、制度衔接等方面积极探索，创新救助模式，不断提高医疗救助水平。各级人社、卫生计生部门要在做好城镇居民基本医疗保险和新型农村合作医疗、大病保险的同时，积极配合民政部门做好医疗救助工作。

（五）推进教育救助工作。教育部门要按照《办法》要求，结合我省实际，加强调研论证，不断完善义务教育阶段、高中教育阶段（含中等职业教育）、普通高等教育阶段就学的最低生活保障家庭成员、特困供养人员减免相关费用、发放助学金、给予生活补助、安排勤工俭学的具体救助政策。

（六）健全住房救助政策。建设部门要按照《办法》要求，结合我省实际，加强调研论证，进一步细化符合规定标准的住房困难的最低生活保障家庭、分散供养特困人员有关配租公共租赁住房、发放住房租赁补贴、农村危房改造等方面的具体救助政策。

（七）强化就业救助工作。人社部门要认真落实《甘肃省就业促进条例》，按照《办法》要求，会同有关部门，进一步完善贷款贴息、社会保险补贴、岗位补贴、培训补贴、费用减免、公益性岗位安置等促进就业方面的相关政策，加大对最低生活保障家庭中有劳动能力且处于失业状态人员的就业救助力度。

（八）规范临时救助工作。民政部门要认真落实《甘肃省城乡居民临时救助试行办法》（省政府令第63号），进一步科学规范临时救助具体事项、对象范围、审核审批程序、评议公示、救助标准、经费筹措以及资金使用管理等操作办法，抓紧修订我省临时救助制度，争取尽快提交省政府审定并颁布《甘肃省临时救助办法》。同时，要切实抓好《甘肃省人民政府办公厅关于进一步加强流浪乞讨人员救助管理工作的意见》（甘政办发〔2013〕140号）的贯彻落实，改进救助工作，变自愿救助为主动救助，切实保障生活无着的流浪乞讨人员的合法权益。

三、紧紧抓住贯彻落实《办法》的关键环节

（一）着力破解社会救助“碎片化”问题。破解“碎片化”、推进“一体化”是社会救助制度改革发展的必然要求。各地、各有关部门要尽快出台配套政策，完善相关措施，逐步解决部门之间和民政部门内部的救助“碎片化”问题，使社会救助各项制度在目标、政策、对象、程序、措施上相互衔接，形成“一体化”合力。

（二）扎实开展急难救助工作。救急难是《办法》的重点内容，必须统筹规划，合力施救，持续推进。要有效发挥临时救助和医疗救助针对性强、操作性强、救急难快的功能特点，及时解决困难群众面临的突发性、临时性、紧迫性的急难事项，切实兜住困难群众生活底线。要以社会救助经办机构为依托，充分利用县市区、乡镇人民政府（街道办事处）综合服务窗口等平台，年内建立“一门受理、协同办理”机制，畅通救助申请和受理渠道，优化工作流程，及时受理、转办申请救助事项，确保困难群众求救有门、受助及时。

（三）不断健全信息核对机制。我省省、市、县三级居民家庭经济状况核对机构已全面建立，各地要通过内部调剂、政府购买服务、设置公益性岗位等多种形式，配强工作人员，设立办公场所，配备办公设施，落实工作经费，使核对机构尽快运转起来，切实发挥作用。民政部门要按照甘肃省社会救助部门联席会议制度相关规定，协调社会救助各有关部门，尽快建立分类别、跨部门、多层次的居民家庭经济状况核对机制，细化核对措施、规范核对程序，确保核对信息的准确性、时效性，为社会救助各管理部门科学施救提供依据。

（四）加强基层救助能力建设。各地要按照乡镇人民政府（街道办事处）所辖常住总人口数及社会救助工作任务需要，配齐工作人员，确保事有人办、责有人负。县级人民政府要按照所辖上年度城乡最低生活保障对象、农村五保对象每人不少于10元的标准专项列支工作经费。

四、切实加强对贯彻落实《办法》的组织领导

（一）健全工作机制。各地政府要将社会救助纳入国民经济和社会发展规划，建立健全政府领导、民政部门牵头、有关部门配合、社会力量参与的社会救助工作协调机制。要完善联席会议制度，定期召开会议、通报有关情况、研究解决问题，及时有效地保障好特殊困难群众的基本生活。要建立健全社会力量参与机制，充分发挥社会组织、社会工作者和志愿者等社会力量救助方法灵活、救助形式多样的特点，广泛动员社会力量参与社会救助工作，不断满足社会“多元化”的救助需求。

（二）细化任务分解。根据国务院有关精神，省政府将对贯彻落实《办法》重点任务进行细化分解。各有关部门要结合自身职责，抓紧制定具体落实措施，合力推进社会救助制度改革发展。各地政府要准确把握《办法》规定，切实将贯彻落实《办法》列入重要议事日程，专题研究部署，精心组织实施，全面抓好《办法》的贯彻落实。

（三）严格落实责任。各地政府及其社会救助管理部门要加强对社会救助工作的监督检查，完善相关监督管理制度，适时组织财政、监察、审计等部门依法对社会救助资金、物资筹集、分配、管理使用等情况进行监督。社会救助各管理部门要分类建立监管制度，对职能内救助情况进行经常性监管。要公开救助条件、标准、程序以及受助对象等信息，自觉接受社会监督。要严格落实社会救助责任追究制度，确保社会救助阳光透明、公平公正、科学规范。

（四）加强宣传培训。各地、各有关部门要通过广播、电视、报刊和网络等媒体和采取发放宣传单、明白册，政策解读、现场解答等群众喜闻乐见的方式，大力宣传《办法》的各项制度规定，让党和政府的惠民政策深入人心，家喻户晓。要采取灵活有效的方式，对领导干部和工作人员进行培训，使他们领会精神实质、掌握重点内容、明确工作方法，不断提高履职能力，确保社会救助各项政策落到实处。

甘肃省人民政府关于加快电子商务产业发展的意见

甘政发〔2014〕78号　2014年7月29日

各市、自治州人民政府，兰州新区管委会，省政府有关部门，中央在甘有关单位：

电子商务是战略性新兴产业与现代流通方式的重要组成部分。加快发展电子商务，对我省转方式、调结构、扩消费、促就业、惠民生，提高经济发展质量和效益具有重要意义。为贯彻落实《国务院关于促进信息消费扩大内需的若干意见》（国发〔2013〕32号），加快我省电子商务产业发展，现提出如下意见：

一、指导思想和发展目标

（一）指导思想。抢抓电子商务迅速发展的政策机遇和有利时机，以带动三次产业转型升级为重点，以扩大消费为目标，以促进创业就业为导向，坚持市场主导与政府推动、示范引领和整体推进、借力发展和本土培育相结合，壮大经营主体，培育电商平台，完善支撑体系，强化政策支持，提高电商企业（网店）组织化、专业化、规模化程度，推动我省农产品和特色产品外销，促进物流、金融等现代服务业加快发展，带动传统产业和实体经济转型升级、拓宽就业渠道、增加城乡居民收入，努力把电子商务培育成我省经济发展新的增长点。

（二）发展目标。引进培育一批知名电子商务企业，形成若干电子商务平台和产业集聚区，逐步建成满足电子商务发展需求的物流配送体系，电子商务应用领域进一步拓展，服务产业链日益完善，交易规模持续扩大，竞争力不断增强，对全省经济社会发展的贡献率显著提高。

—2015年底，全省电子商务交易额年均增长30%，网络零售额年均增长35%，占全省社会消费品零售总额的比重达到9%以上。规模以上企业应用电子商务比率达80%以上。

—2017年底，全省电子商务交易额和网络零售额年均增长35%，网络零售额占全省社会消费品零售总额的比重达到11%以上。规模以上企业应用电子商务比率达90%以上。

二、扩大网络交易

（三）强力推动我省产品外销。实施"精品陇货网上行"促销工程。依托全国农产品商务信息公共服务平台、甘肃新农村商网和"万村千乡"农家店，探索采取"企业+基地+网店"或"协会+基地（合作社）+网店"模式，发挥协会和专业合作社作用，大力发展农产品网络营销和订单农业，进一步拓展我省特色农产品的销售渠道，扩大特色农产品销售规模，促进农民增收。不断扩大中药材、清真食品、民族民俗工艺品、文化旅游产品等特色产品网络营销规模，促进我省特色优势产业发展。

（四）鼓励传统商业发展电子商务。加快推进商品交易市场网络销售，支持大型商品交易市场和重点县乡农贸市场推行网络销售。鼓励商贸企业发展网络零售，开展线上线下一体化创新应用，优先扶持规模以上商贸企业开展电子商务业务，引导鼓励超市、便利店等零售网点开展网络销售，鼓励餐饮、娱乐、生活服务类商家加入网络团购业务，促进传统零售业与网上零售协同发展，扩大便利消费。

（五）壮大电子商务经营主体。支持本土电子商务龙头企业做大做强。推动企业信息平台向交易平台转变。引导有条件的企业和金融机构提供电子商务交易服务、第三方支付、物流配送等支撑服务和互联网金融、电子商务代运营等衍生服务。鼓励个体工商户、下岗职工、农村致富带头人、大学生、"两后生"等开设网店，实现创业就业。积极推广"一村一电"模式，鼓励大学生村官开设网店，到2017年底网店村级覆盖率达到50%以上。大力引进国内外知名电商企业、区域总部或营销中心、数据中心、研发中心等落户甘肃，壮大电子商务经营主体规模。

（六）充分利用第三方平台。大力推进淘宝网"特色中国—甘肃馆"建设，打造甘肃特色产品集散地、文化旅游目的地和"不落幕"的"兰洽会"。利用淘宝网、腾讯网、京东商城等开设网络旗舰店、专卖店，推动移动电子商务发展。

（七）着力培育自营电商平台。支持企业建设具有地方特色的电子商务自营平台。依托区域性企业集群和产品市场，着力在装备制造、新材料、新能源等重点领域发展一批行业电子商务平台。支持有条件的大型龙头企业电子商务平台向行业平台转化。通过培育电商综合平台、专业平台、公共服务平台和建设产业基地、孵化园，增强集群聚合效应，提高电商企业、网店的组织化程度和联合发展能力，变松散型经营为有组织发展，将小规模经营整合成大规模发展。规范发展钢铁、有色冶金、稀有贵金属等大宗商品电子交易平台，实现实体购销渠道和网络购销渠道互动发展，提高网络集中采购和销售水平。

（八）积极推进跨境电子商务。落实跨境电子商务的优惠政策和便利措施，积极为跨境电子商务企业提供通关、商检、结汇、退税等“一站式”服务。贯彻落实《“丝绸之路经济带”甘肃段建设总体方案》，依托甘肃外经贸服务网络平台，建立我省向西开放项目及贸易数据库，积极与中西亚国家开展电子商务合作，打造甘肃向西开放“网上丝绸之路”。加快推动兰州新区综合保税区、武威保税物流中心等海关特殊监管区开展跨境电子商务服务。在香港贸发局“贸发网”建立甘肃海外馆，推动甘肃产品走向国际市场。

三、建设支撑体系

（九）强化基础设施建设。积极实施“宽带中国”行动计划，加快推进“百兆光纤工程”、“百县宽带乡村工程”和数字企业项目，大力推广物联网、互联网、云计算、大数据的应用，加快宽带网络建设，提高城乡宽带网络普及和接入能力。重点加强农村地区信息基础设施建设，改善上网条件，促进农村电子商务发展。提升三大传统电信服务企业的融合度，推动我省“三线机房”建设，为我省电子商务企业提供优质接入服务。

（十）加快物流配送体系建设。建立跨区域分拨中心、公共配送中心和末端配送三级网络体系，推动解决物流配送“最后一公里”问题。支持重点企业建设物流配送系统，支持社区开设网络购物投递场所，引进品牌快递物流企业，在我省设立西北仓储配送中心。优化物流配送布局，整合物流资源，大力发展第三方物流。通过电子商务高效集约的流程再造，实现信息流、物流、商流、资金流“四流合一”。推动农村流通设施和农产品批发市场信息化提升工程，鼓励和支持电商企业参与农产品流通和农村物流体系建设。

（十一）推进在线支付体系建设。鼓励省内金融机构为用户提供支付产品和支付系统解决方案，支持建设依托于电子商务网站并提供担保功能的第三方支付公司，打造功能完善、特色突出、安全易用的电子商务交易第三方支付平台，形成金融机构、支付机构、清算组织等共同参与的支付服务体系。

（十二）加强人才培训和引进。加强对省市县三级领导干部电子商务知识培训。办好淘宝大学（甘肃）等专业培训机构，支持有条件的电子商务企业与省内科研院所、高等院校合作建立教育实践和培训基地，推进实用型电商人才培养。鼓励和动员社会力量组织开展面向农民和下岗职工的电子商务职业技能培训，利用社会力量探索建立电子商务网络学校，开展网上培训。研究制定电子商务职业认证制度，建立后备人才资源库。大力引进电子商务高层次人才和优秀团队，努力构建国内领先的电子商务人才集聚地。

（十三）加快电子商务示范工程建设。积极推进兰州市国家电子商务示范城市、酒泉市国家电子商务示范基地建设。到2017年力争打造2—3个国家级电子商务示范基地，培育4—6家国家级电子商务示范企业。开展省级电子商务示范城市、示范县、示范基地和示范企业的创建工作试点。

（十四）推进监管体系建设。加大网络市场监管力度，加快建立网络经营主体数据库和网络商品交易监管平台。严厉打击制假售假、价格欺诈、不正当竞争等行为，维护市场秩序，努力营造诚信经营、放心消费的良好环境。

四、保障措施

（十五）加强组织领导。省促进电子商务产业发展领导小组要充分发挥职能作用，加强统筹协调，及时研究解决电子商务发展中遇到的困难和问题。各地各部门要按照职责分工，协同推进，抓紧制订实施方案，切实抓好各项政策措施的贯彻落实，推进我省电子商务产业快速发展。

（十六）加大财政投入。各级政府要统筹安排人才培养资金、就业资金、产业扶持资金，重点支持电子商务公共服务平台建设、传统企业电商化转型升级和电子商务应用普及推广。各级财政要进一步加大资金支持力度。

（十七）加大政策扶持。商务、扶贫、共青团等相关部门和组织要认真落实大学生村官、农村青年致富带头人、“两后生”、进城务工青年技能培训补助政策。人社部门要将电子商务人才培训纳入全省城乡职业技能培训范围，及时落实引进人才政策，对促进产业进步的项目给予扶持。工商部门要认真落实注册资本登记制度改革的政策规定，鼓励支持中小微企业和自然人从事网上经营。税务部门要落实国家税收优惠政策，扶持行业发展。海关、检验检疫、外汇管理等部门要落实跨境电子商务的优惠政策和便利措施，解决好通关、商检、税收、收付汇等方面的具体问题。

（十八）创新金融扶持。金融机构在利用传统信贷业务支持电子商务企业发展的基础上，扩大电子商务企业贷款抵质押品范围，缓解电子商务企业融资难的问题，提高中小企业信贷审批和发放效率。

（十九）制定发展规划。遵循产业发展规律，坚持分类施策，编制我省电子商务发展三年规划（2015—2017），将重点电商项目纳入全省重大项目实施范围，统筹平台建设、重点项目和物流企业布局等工作。鼓励和支持市州政府在城市规划、仓储设施建设等方面，为电子商务企业提供配套服务，保障开展电子商务所需的仓储配送用地。

（二十）建立激励机制。省商务厅、省财政厅研究制定具体奖补办法，对网上销售业绩突出、促进就业和带动经济发展作用明显的电商企业给予以奖代补，资金从现有渠道中解决。

（二十一）完善统计体系。研究建立电子商务统计制度，将电子商务带动物流发展、消费增长、农民增收、就业增加纳入统计体系，进行日常监测、分析，客观准确反映电子商务发展实际，切实为电子商务健康发展提供决策依据。

（二十二）加强舆论宣传。加大电子商务相关法规政策宣传和舆论引导，总结推广在发展电子商务方面的典型经验和做法，努力为加快推进电子商务发展营造良好环境和氛围。

甘肃省人民政府关于进一步加快农民合作社发展的意见

甘政发〔2014〕75 号　2014 年 7 月 26 日

各市、自治州人民政府，兰州新区管委会，省政府有关部门，中央在甘有关单位：

为认真贯彻落实党的十八届三中全会和省委十二届六次全委会议精神，大力培育新型农业经营主体，加快构建新型农业经营体系，推进我省现代农业发展，现就加快农民合作社发展提出如下意见：

一、目标任务

深入贯彻落实科学发展观，把扶持农民合作社发展作为稳定和完善农村基本经营制度、创新农村经营体制机制的重要途径，坚持以农民为主体，以增加农民收入为目标，按照“积极发展、逐步规范、强化扶持、提升素质”的要求，紧紧围绕全省“365”现代农业发展行动计划，突出产业发展，从产、加、销、服务等各个环节，引导扶持农民发展合作社。到2016年，全省入社农户达到总农户数的40%以上，入社成员收入比当地同类型农户收入高出25%以上；各级示范社达到5000家以上，其中省级示范社1000家以上。到2020年，全省入社农户达到总农户数的60%以上，各级示范社达到10000家以上。

二、重点工作

（一）实施示范社创建行动。围绕提升农民合作社运行质量和市场竞争力，开展示范社创建活动。重点健全规章制度，完善运行机制，规范利益分配，增强服务功能，提高市场竞争力。创建一批产权明晰、章程具体可行、“三会”制度健全、财务制度规范、收益分配合理、运行机制良好的示范社。省、市、县要分级建立示范社名录，定期考核、动态管理，有进有退、从严把关。

（二）创新农民合作社发展模式。鼓励同业农民合作社或产业密切关联的农民合作社在自愿前提下组建农民合作社联合社，引导农民合作社建立跨区域、跨行业的联合社，提高组织化和规模化水平，提升市场竞争力。引导农民以各类承包经营权、资产、资金、技术等多种生产要素作价入股建立农民股份合作社。鼓励有条件的农民合作社成立党支部、团支部，发挥党支部、团支部凝聚人心、全心全意为群众服务的作用。

（三）提升农民合作社加工销售能力。支持农民合作社开展无公害农产品、绿色食品、有机农产品及地理标志农产品“三品一标”认证，鼓励农民合作社注册商标；扶持农民合作社开展“农社对接”“农批对接”“农超对接”“农企对接”和“农校对接”，进行冷链系统和加工能力建设。对开展产品认证、产地认定、商标注册、冷链系统和加工能力建设的合作社给予优先扶持。大力推进电子商务应用，促进农产品网上销售，指导农民合作社利用信息服务平台及时了解市场信息，发布本社产品生产和服务信息，提升农民合作社信息化建设水平。到2016年，每个县至少扶持建成20个信息基础设备、销售能力和服务方式比较完善的合作社。

（四）加强农民合作社人才队伍建设。鼓励返乡农民工、大中专毕业生创办农民合作社，对大学生创办的农民合作社优先给予扶持，吸引普通高校毕业生到农民合作社工作。各级农业管理部门要制定农民合作社人才培训规划，组织开展多形式、多层次的业务培训，着力培养懂法律、善经营、会管理、有热情的带头人和懂制度、会理财、精核算的财会人员。

三、政策措施

（一）加大财政扶持力度。各级财政部门要进一步调整优化支出结构，将促进农民合作组织发展资金纳入财政预算，支持农民合作社改善生产经营条件，增强发展能力。中央和省级财政资金重点扶持省级以上农民合作示范社建设，用于储藏加工、产销对接、产品认证、产地认定、商标注册和贷款贴息、保险补贴、培训指导等支出。财政项目资金可直接投向符合条件的合作社，财政补助形成的资产可转交合作社持有和管护，有关部门要建立规范透明的管理制度。

（二）鼓励农民合作社参与农业项目实施。支持合作社作为申报实施主体参与扶贫、水土保持、产业基地、农业综合开发、农业产业化等项目建设，提高合作社的综合生产能力，加快发展现代农业。各级发展改革、财政、国土资源、水利、农牧、林业、扶贫、农业综合开发等部门，要对合作社申报实施项目给予支持，在政策允许范围内予以重点倾斜，并简化项目申报审批手续，为合作社实施项目创造有利条件。

（三）落实税收优惠政策。税务部门要不断完善对农民合作社的纳税服务措施，在税务登记、免税申报、发票领用等环节，为农民合作社提供优质、便捷的服务。同时要及时做好有关农民合作社各项税收优惠政策的宣传辅导，切实落实好农民合作社各项税收优惠政策。

（四）完善工商登记政策。工商部门要按照程序规范、简便易行的要求，创新服务方式，开展申请、受理、审批一站式服务，及时办理农民合作社设立、变更等手续。准许农村沼气服务、手工业、休闲农业、土地流转信息服务等行业建立的农民合作社予以登记；准许以土地承包经营权入股等各种股份合作形式登记成立农民合作社；准许农民以实物、知识产权、土地承包经营权、林权等向农民合作社作价出资。加快制定完善农民合作社联合社登记管理办法，农民合作社自愿联合成立联合社，要根据设立登记申请发放营业执照。

（五）加强金融支持。各银行业金融机构积极支持农民合作社发展，在信用评定基础上对农民合作社开展联合授信，将信用等级作为授信额度的重要依据。支持农民合作社以成员林权、土地承包经营权、固定资产等办理抵押质押贷款，鼓励金融机构大力开发适应农民合作社的信贷产品。有政策性担保机构的县市区要将符合条件的农民合作社纳入贷款担保服务范围，并优先提供担保服务。规范农民合作社信用合作，选择具备条件的农民合作社开展资金信用合作试点。保险机构要优先为农民合作社办理生产保险，并适当降低保险费率。

（六）保障用地需求。支持农村土地向农民合作社流转，发展适度规模经营。落实设施农用地管理政策，农民合作社农产品生产设施用地和辅助农产品生产的附属设施用地按照《国土资源部农业部关于完善设施农用地管理有关问题的通知》（国土资发〔2010〕155号）作为农用地管理。农民合作社兴办加工企业等所需的非农业建设用地，在符合土地利用总体规划、城乡规划和农业相关规划的前提下，由市、县人民政府优先安排用地计划，及时办理用地手续。修建林木种苗生产和林产品采集、运输、贮存等设施需要占用林地的，由县级以上林业主管部门依法审批。

（七）配套用电和农产品运输等政策。农民合作社从事种植业、养殖业生产等非大工业生产用电，执行农业生产电价标准。对农民合作社运输列入国家规定的鲜活农产品目录，且符合整车合法装载认定标准的车辆，按规定享受国家和省绿色通道政策，免收车辆通行费。

四、保障机制

（一）加强组织领导。各地要建立由农业部门牵头，发展改革、财政、水利、林业、税务、工商、银监、供销社参加的联席会议制度，加强对农民合作社的指导和服务，协调落实国家对农民合作社发展的扶持政策，制定农民合作社示范社评定监测管理办法，研究解决农民合作社发展中的重要问题。各有关部门要根据本意见，结合各自职责，制定具体的扶持措施和办法，并做好相关指导、扶持和服务工作，形成促进农民合作社发展的工作合力。

（二）提升业务指导能力。各级农业部门要认真履行对农民合作社的指导和服务职责，建立健全省、市、县、乡四级合作社辅导员队伍，县、乡两级农经部门至少要设立2名辅导员。同时，要加大辅导员业务培训力度，提高辅导员素质，努力培养一支懂理论、精业务、有责任心的辅导员队伍。各级财政部门要安排辅导员培训经费，支持辅导员培训。

（三）加大宣传力度。各地、各有关部门要充分利用新闻媒体，采取有效形式，加大《中华人民共和国农民专业合作社法》及相关配套政策的宣传力度，推介一批先进，树立一批典型，做到学有榜样、赶有目标，为农民合作社健康有序发展营造良好的发展氛围。

甘肃省人民政府关于加快推进气象现代化的意见

甘政发〔2014〕83号　2014年8月25日

各市、自治州人民政府，兰州新区管委会，省政府有关部门，中央在甘有关单位：

为全面落实国务院关于加快气象事业发展的要求，建立适应需求、结构完善、功能先进、保障有力的气象现代化体系，进一步提高对经济社会发展的保障能力，现提出如下意见。

一、总体要求

（一）指导思想。深入贯彻党的十八大和十八届三中全会精神，坚持公共气象发展方向，以气象防灾减灾为主线，以促进经济社会发展和保障改善民生为宗旨，以全面深化气象改革为动力，加快推进气象现代化，不断增强气象防灾减灾、气象预报预测、应对气候变化、开发利用气候资源能力，为我省经济社会发展和生态文明建设提供优质气象保障。

（二）主要目标。到2020年，建成科学有效的气象防灾减灾体系、覆盖城乡的公共气象服务体系、功能先进的气象预报预测体系、布局科学的综合气象观测体系、可持续发展的气象事业支撑保障体系，使我省气象事业整体实力居全国先进水平。

二、加强气象防灾减灾体系建设

（三）健全气象灾害防御机制。制定气象灾害防御规划，将气象防灾减灾纳入国民经济和社会发展规划。加强气象防灾减灾政府绩效考核和责任体系建设。建立健全气象灾害预警社会应急联动响应机制。加强农业气象服务体系和农村气象灾害防御体系建设。探索城市气象灾害防御机制，推进城市气象防灾减灾示范社区建设。

（四）加强基层气象防灾减灾能力建设。健全基层气象防灾减灾机构，构建覆盖城乡、规范标准的气象灾害防御组织体系和服务体系，实现村级气象信息员全覆盖。开展气象灾害防御应急准备认证工作。加强气象防灾减灾基础设施建设，将防雷工程建设纳入政府民生工程。充分发挥乡镇（街道）气象协理员、村（社区）气象信息员和部门应急联络员职能作用。强化气象科普宣传，提高全民防御气象灾害的意识和能力。

（五）完善预警信息发布及传播体系。继续推进“甘肃省农村气象灾害预警信息发布系统（村村响）”建设。完善我省“国家突发公共事件预警信息发布系统”运行机制。建立气象灾害预警信息传播“绿色通道”和手机短信“全网”发布机制，充分发挥广播电视、报刊、互联网等各类媒体的作用，及时发布气象灾害预报预警信息，扩大气象信息的公众覆盖面。加强人员密集区和重点区域气象信息接收设施建设。

三、加强综合气象观测和信息装备保障体系建设

（六）完善综合气象观测网。完善乡镇气象观测系统，实现全省乡镇气象监测全覆盖。建设强降水监测系统和局地警戒天气雷达系统。完善专业气象观测系统，建设交通、新能源、雷电等气象专业观测网，建设以雾、霾、沙尘和重污染天气观测为重点的环境气象监测系统。

（七）增强气象信息网络支撑和装备保障能力。改造升级全省气象通信网络系统，实现省、市、县气象数据高速传输共享。建成省内县级气象台站基于北斗卫星通讯系统的气象应急通信系统。逐步实现气象与应急、环保、水利、农牧、国土资源、交通、林业等相关部门的数据共享和应急会商。探索建立社会化保障机制，建设省、市、县三级气象装备保障体系。建设省、市两级气象设备运行维修平台。开展市、县气象计量检定标校系统试点建设。推进市级移动气象装备保障系统建设。完善气象装备运行实时监控系统。

（八）加强气象探测环境保护。各地政府要将气象探测环境保护专项规划纳入城乡建设总体规划。建立和完善相关的探测环境保护备案制度。各市、县气象局要进入当地规划委员会，参与城乡建设规划中涉及气象探测环境保护的相关工作。

四、加强气象预报预测体系建设

（九）加强气象预报预测系统建设。加快天气气候预报预测系统研发。加强灾害性天气预报预警及强对流天气短时临近预报业务系统建设。建立气象信息共享和天气预报预警业务平台。发展高分辨率的西北区域中尺度模式、干旱气候预测模式和沙尘暴预报模式等数值预报系统，建立数值天气预报产品应用平台。建立各类预报产品检验评估系统。

（十）提升气象预报预测水平。建立和完善等级降水预报、定量降水预报、中尺度天气分析业务；强化高分辨率的灾害性天气诊断分析和短时临近天气预报业务；发展延伸期天气预报。推进集合预报业务应用，开展精细到乡镇的短期精细化要素预报和临近预报、

精细到市州的延伸期逐日预报。加强预报预测产品质量的评估检验。

五、加强公共气象服务体系建设

(十一)提高公共气象服务水平。各地政府要进一步强化气象公共服务职能,将公共气象服务纳入政府基本公共服务体系,积极探索政府购买基本公共气象服务的机制和方式。改革气象服务业务体制,健全新型公共气象服务运行机制,发挥气象部门在公共气象服务中的基础作用。积极培育气象服务市场,改进公共气象服务提供方式,发展气象服务相关产业。激发社会组织参与公共气象服务的活力,引导社会力量参与公共气象服务。

(十二)推进气象为农服务体系建设。围绕我省"365"现代农业发展行动计划和农业产业布局,加强农业气象服务体系和农村气象灾害防御体系建设。加快农业气象观测站网建设,推进高效农业和特色农业的气象服务基础设施建设,加强农业气象灾害预警评估。完善部门联合为农服务机制,强化面向新型农业生产经营组织的"直通式"气象服务。

(十三)强化专业专项气象保障服务。提升生态环境、国土资源、水利、林业、交通、旅游等重点领域的专业气象服务能力。开展生态安全屏障综合试验区建设气象保障服务;推进高速公路交通气象监测预警服务网络建设;加强城市环境气象服务和城市高影响天气精细化监测预报预警服务;加强旅游气象监测站网和旅游气象服务系统建设;做好航天工程及重大社会活动的气象保障服务。积极探索针对保险行业的气象服务,增强气象灾害风险管理能力。

(十四)加强人工影响天气工作。健全省、市、县人工影响天气工作指挥协调机制,落实人员,完善投入保障机制。组织实施"西北区域人工影响天气能力建设"和"祁连山人工增雨(雪)体系工程"项目,加强省级人影作业指挥中心、飞机增雨基地和市级人影作业指挥分中心建设。加强标准化作业点建设,改善人工影响天气基础条件,提高作业指挥能力。积极开展人工增雨雪作业和防雹作业,为国家生态安全屏障综合试验区建设、缓解水资源紧缺和防灾减灾服务。开展人工影响天气科学试验和效果检验评估。高度重视人影作业安全。

(十五)增强应对气候变化和气候资源开发利用能力。开展气候变化对农业、水资源、生态环境等方面的影响评估,提高应对气候变化决策咨询水平。将应对气候变化工作纳入生态恢复与保护、新型城镇化及工程建设,发挥其在重大项目建设方面的保障作用。加强风能、太阳能等气候资源监测评估,促进气候资源开发利用。

六、加强科技支撑和人才体系建设

(十六)加强气象科学关键应用技术研究。面向气象科技发展前沿和气象现代化建设需要,选择重大关键技术问题,发挥我省地学科技资源优势,联合高校、科研院所等,加强科技攻关和技术研发。重点实施中国干旱气象科学试验研究项目,大力推进区域干旱气候模式、区域中尺度数值预报模式以及强对流天气预报预警技术等方面的攻关研究。

(十七)优化科技资源配置。充分发挥甘肃省干旱气候变化与减灾重点实验室、中国气象局干旱气候变化与减灾重点开放实验室及中国气象局兰州干旱气象研究所野外试验基地等科技平台作用,优化科技资源配置,搭建高效的科研业务计算平台,提升干旱研究能力。

(十八)创新科技管理机制。建立以业务发展实际贡献为核心的气象科技分类评价体系。建立健全气象科技项目立项、成果管理、经费投入、创新激励、人才交流等机制,增强气象现代化建设的科技支撑能力。积极推进气象部门与相关部门、高校、科研院所、企业之间的科研合作。建立成果业务准入制度,加强气象科技成果的业务试验,构建科技成果转化平台。

(十九)完善人才工作体制机制。各地政府要完善气象人才发展政策环境,加强人才培养与科技资源的统筹协调,与高校和科研院所联合建立人才培养基地,有目的、有重点、有针对性地培养气象人才。气象部门要建立以聘用制和岗位管理为主要内容的人事管理制度,科学设置岗位,全面推行基本业务岗位持证上岗制度。

(二十)推进人才队伍建设。各地政府要按照发展气象事业的要求,将气象干部纳入干部培训计划,支持气象领军人才进入"领军人才工程",将基层气象协理员、信息员队伍建设纳入"新农村建设人才保障工程"。加强气象创新团队培育,加强博士后工作站建设。

七、保障措施

(二十一)加强组织领导。成立各级气象现代化议事协调机构,协调解决气象现代化工作中遇到的重大问题。完善气象灾害防御、人工影响天气等工作的部门联动机制,加强对气象现代化工作的考核检查。

(二十二)加强依法行政和监督管理。加快推进地方性气象法制建设,健全气象制度体系。建立机构健全、制度完善、管理规范的气象行政执法体系,提高气象行政执法的能力和水平。规范气象行政审批制度程序,完善并联审批机制。加快标准化工作进程,提高气象标准在科研业务工作中的应用率。加强重点工程项目气候可行性论证、预报预警发布、气象服务市场等方面的监督管理。

(二十三)加强政策支持。各地政府、各有关部门要认真落实加快气象事业发展的各项政策措施,主动承接中央、地方气象事权划分和支出责任。将气象现代化建设项目纳入经济社会发展规划,切实加大对重大气象工程、气象科学研究和技术开发项目的投入力度。

甘肃省人民政府关于进一步加强全省城乡规划工作的意见

甘政发〔2014〕94号　2014年9月30日

各市、自治州人民政府，兰州新区管委会，省政府各部门，中央在甘有关单位：

为全面贯彻落实《甘肃省城乡规划条例》，进一步加强和改进城乡规划工作，充分发挥城乡规划在优化城乡空间布局、提升人居环境质量、推进新型城镇化进程中的科学引领作用，现提出如下意见：

一、充分认识加强城乡规划工作的重要性

城乡规划是指导调控城乡建设发展、统筹城乡空间布局、合理集约利用土地等自然资源、有效保护生态环境、维护社会公平公正的一项基本公共政策。近年来，我省城乡规划工作取得了长足进展，在促进城乡经济社会和环境协调发展方面发挥了积极作用。但同时，城乡规划体系不够完善，规划管理体制和决策、监督机制有待健全，编制经费保障不足；城乡规划、土地利用规划和产业发展规划等统筹协调有待强化；一些地方城乡规划编制相对滞后，控制性详细规划和专项规划缺失、乡村规划编制率偏低，规划实施随意性大、违反城乡规划的行为时有发生；基层规划管理人员素质有待提升，特别是乡镇缺乏必要的规划管理人员，管理上存在空白，统筹城乡发展的能力不足；对历史文化的保护挖掘和塑造不足，重开发、轻保护，城乡建设普遍缺乏风貌特色等方面的问题依然存在。

各地、各有关部门要充分认识做好城乡规划工作的重要意义，深入贯彻落实党的十八届三中全会、中央城镇化工作会议和全省经济工作和城镇化工作会议精神，紧紧围绕全面推进新型城镇化，坚持“先规划、后建设”的原则，不断提升城乡规划编制水平，健全城乡规划管理体系，加强城乡规划监督，完善城乡规划保障措施，充分发挥城乡规划在城乡建设中的战略导向、统筹协调和空间资源配置方面的作用，为促进全省经济社会又好又快发展提供有力的平台支撑和策略引导。

二、目标任务

全面实现省域城镇体系规划、各城市及镇的总体规划、控制性详细规划、重要专项规划、乡规划和重点村规划应编尽编，为城乡建设科学化、法制化创造条件。全面落实规划管理依法行政理念，进一步强化规划管控措施，加大规划工作层级监督力度，基本杜绝随意调整法定规划和违法建设的现象，为城乡建设活动提供有力的规划服务与保障。以华夏文明传承创新区创建为目标，以历史文化名城名镇名村保护发展为引领，以城乡环境综合整治为突破口，以城乡风貌塑造为抓手，以改善农村人居环境为平台，不断提升全省城乡特色形象，全面完成村庄布局规划。

—到2015年底，实现城市、县城、国家和省级重点小城镇总体规划确定的规划区范围内控制性详细规划全覆盖，其他镇及各类开发区控制性详细规划覆盖率达到90%以上，全面完成历史文化名城名镇名村保护规划的制定工作。

—到2020年底，将所有城市和重点镇基本建设成为发展理念先进、空间布局合理、城市功能完备、生态环境良好、文化及建筑特色鲜明的特色风貌城镇，美丽乡村建设取得显著成效。全省建成1000个以上的美丽乡村示范村庄、60%以上的村庄达到环境整洁、全省基本实现安全饮水、通行政村道路硬化、危房改善的全覆盖，农村生产生活环境和条件得到明显改善。

三、加强城乡规划管理

（一）完善城镇规划编制体系。各地要切实转变城乡规划编制理念，注重优化大中小城市及小城镇的体系结构，形成结构合理的生产、生活、生态空间布局。在省域城镇体系规划指导下及时编制城镇体系规划及城市、县城、镇的总体规划、乡规划和村庄规划，积极推进经济社会发展规划、城乡规划、土地利用规划、生态环境保护规划等“多规合一”的规划体制改革，在全省形成层级清晰、相互协调的城乡规划体系。

（二）提高城镇控制性详细规划覆盖率。各地要依据城镇总体规划要求，完善控制性详细规划备案管理制度，加快组织编制控制性详细规划，进一步提高控制性详细规划的覆盖率和编制水平，在城镇近期规划建设用地范围内做到控制性详细规划的全覆盖，在2015年前逐步实现城镇总体规划区建设用地范围内的控制性详细规划全覆盖。根据城镇旧城改造的需要加强修建性详细规划的编制工作，依法实现凡未完成控制性详细规划编制、审批和备案的地段不得出让、转让土地和开发建设的工作目标。

（三）加快编制重要专项规划。各地要在编制完成城镇总体规划、控制性详细规划的基础上，结合其他部门规划，及时编制各类专项规划，特别是综

合交通、各类城镇基础设施、地下管网以及地下空间利用等重要专项规划。要积极开展城市重要地段修建性详细规划、城镇风貌规划及近期建设规划的编制工作，并抓紧组织实施，切实以城乡规划为指导，科学有序地推进城乡建设。

（四）加快编制历史文化名镇名村保护规划。各地要按照《历史文化名城名镇名村保护条例》和《甘肃华夏文明传承创新区总体方案》的要求，落实对历史文化名城名镇名村的申报、保护责任，健全保护机制，加快编制历史文化名城名镇名村保护规划，划定历史文化保护区和文物保护单位的范围，建设控制地区，提出规划分期实施和管理的措施，努力将文化资源优势转化为城乡特色发展的动力。

（五）统筹编制乡村规划。各地要把努力与全国一道全面建成小康社会的总体要求和统筹城乡发展、推进特色新型城镇化进程有机结合起来，以突出乡土特色和民族特色、严格保护具有历史文化价值的古村落和古建筑为原则，加快编制乡村规划和村庄布局规划，进一步加强对农村房屋、基础设施、产业发展、生态环境、生产生活服务设施和公益事业建设的引导和调控，构建合理的乡村空间布局，努力实现生产发展、生活方便、生态优良。

（六）依法理顺城乡规划管理体制。各市县政府要对所辖行政区域范围内的城乡规划工作实行统一管理，依法实施建设项目规划许可制度，不得随意下放城乡规划管理权。设区城市及各类开发区原则上不设区级规划管理机构，确需设置的，可由市县政府城乡规划主管部门在市辖区及各类开发区设置派出机构。各级城乡规划委员会应认真履行工作职责，不替代城市政府日常的规划行政决策，不干预城乡规划管理部门的行政许可事务。

（七）强化城乡规划管控作用。各地要进一步强化城镇体系规划在区域发展中的调控作用，根据资源环境条件，科学确定城镇开发强度，划定城镇增长边界和生态保护红线，确保所有城乡建设活动严格依据已经批准的城乡规划进行，没有制定法定城乡规划的区域不得进行建设活动。遵守城市总体规划划定的城市建设用地拓展边界，严格控制建设用地总规模，严格执行土地年度计划，不得在城市、镇总体规划确定的建设用地范围以外，设立各类开发区和城市新区，防止各类开发区建设无序蔓延，杜绝任何形式的破坏性开发。建设活动要严肃认真执行城乡规划的强制性内容和控制性详细规划确定的用地性质、容积率、建筑密度、高度和间距等规划控制指标要求，切实维护控制性详细规划的法定地位。坚守各类保护底线，对已经纳入水体蓝线、绿地绿线、市政公用设施黄线、历史文化保护紫线等"四线"管制空间的区域，应依法加强控制。依法落实城乡规划中建设场地灾害防御要求，使各类建设项目避开不安全的场地或采用有效的抗御措施。

（八）规范建设项目规划许可程序。各地要将规划许可工作的重点从审批建筑方案向依据控制性详细规划等要求科学制定和落实规划条件等方面转移，杜绝擅自设立规划许可的前置条件、将与规划许可无关的收费或要件作为规划许可的捆绑程序的行为。严格执行城乡规划许可程序和权限，需要国家和省政府有关部门批准、核准的建设项目，以划拨方式提供国有建设用地使用权的，应依法向省建设厅申请核发建设项目选址意见书；未按规定取得建设项目选址意见书的，相关部门不得批准或核准该项目建设；以出让方式提供国有建设用地使用权的，应先取得用地规划条件通知书，未依法确定规划条件的地块，不得出让国有建设用地使用权；未取得建设工程规划许可证的建设项目，不予办理施工许可或开工批准手续；未通过规划验收的，不予工程竣工验收备案，不得办理房屋权属登记。

（九）严格执行城乡规划编制审批和修改程序。城乡规划一经批准，必须严格执行，坚持"一张蓝图干到底"，确保城乡规划的连续性和严肃性。因国家和省重大项目建设确需修改城市、镇总体规划的，或市、县重大建设项目确需调整控制性详细规划的，规划编制机关要对原规划的实施情况进行总结和评估，并向原审批机关提交总结报告，对拟修改和调整的内容作出说明，经原审批机关同意后，方可进行规划修改工作。修改涉及规划强制性内容的，要报原审批机关同意后，再编制具体修改方案。

（十）加快乡村规划管理体系建设。各地要按照中央和省委、省政府关于新型城镇化建设、新农村建设及美丽乡村建设的要求，加快乡村规划管理体系建设，全面落实乡村建设规划许可证制度，着力解决乡村规划建设管理薄弱或空白的问题，切实履行好政府在乡村规划建设管理方面的法定职责。对于规模较大、有条件的镇要设立村镇规划管理机构，其他乡镇要通过聘任城乡规划专业技术人员的方式，为乡村规划建设提供必要的技术支撑，确保乡村建设活动有序进行。

（十一）深入推进城乡规划政务公开和公众参与。各地要完善城乡规划政务公开制度，加强规划批前公示、批后公开，通过建立城乡规划展馆、政府城乡规划网站、新闻媒体报道及建设项目现场公示牌等多种形式，公开展示经依法批准的城乡规划，推进阳光规划。积极搭建公众参与城乡规划的平台，畅通社会公众参与城乡规划的渠道，确保公众对规划的知情权、参与权和监督权落到实处。充分发挥街道办事处、居民委员会和物业管理企业等的监督作用，及时发现和制止违法建设，积极营造全社会共同关心和支持城乡规划实施的良好氛围。

四、保障措施

（一）切实加强组织领导。各级政府要充分认识城乡规划在经济社会发展中的重要地位和引领作用，建立政府主要领导负总责、分管领导具体负责、部门分工抓落实的组织领导和协调落实机制，完善城乡规划编制体系，健全科学民主的城乡规划决策机制，强化城乡规划监督管理，依法在机构建设及规划编制经费方面予以保障，进一步提高城乡规划编制水平。省发展改革委要把城乡规划馆建设纳入国民经济社会发展规划和年度基本建设投资计划给予支持。各级财政部门要根据推进新型城镇化试点地区的工作实际，保障试点地区规划编制和研究经费。

（二）健全行政层级监督机制。建立全省城乡规划督察员制度，依法依规对政府及其城乡规划主管部门在城乡规划制定、实施、修改和监督过程进行监督检查，及时发现、制止和查处违法违规行为。要积极利用卫星遥感监测辅助城乡规划督察，认真做好图斑核查和图斑中涉及违法问题查处工作，不断提升规划督察效能。同时，加快完善城乡规划责任追究制度，按照权责一致的原则，依法严厉追究和惩处违法干预或随意修改城乡规划等各类违法违规行为，切实维护好城乡规划的严肃性。

（三）完善城乡规划管理信息化建设。各地要根据城乡规划工作特点和工作任务要求，结合“多规合一”试点工作，积极推进城乡规划管理信息系统建设，不断提高城乡规划管理工作信息化水平，实现城乡规划成果报送、存储、使用的信息化、数字化，逐步实现规划许可的网上办理。要积极培育城乡规划编制和研究专业机构，为城乡规划的编制、实施和信息化管理提供技术支撑。

（四）强化城乡规划队伍建设。省建设厅要建立相应的城乡规划管理干部培训制度，组织市县主要负责人和分管负责人及各级城乡规划管理人员进行轮训，不断提高全省城乡规划编制、管理水平。省、市党校和行政学院也要把城乡规划基本法规和知识列为国家公务员培训必修课，进一步加强对广大公务员在城乡规划编制、管理等方面的培训。

甘肃省人民政府关于加快发展对外文化贸易的实施意见

甘政发〔2014〕98号　2014年10月27日

各市、自治州人民政府，兰州新区管委会，省政府有关部门，中央在甘有关单位：

为贯彻落实《国务院关于加快发展对外文化贸易的意见》（国发〔2014〕13号），加快推动文化大省和华夏文明传承创新区建设，大力发展我省对外文化贸易，提升我省文化产品和服务的国际竞争力，现提出如下实施意见：

一、发展目标

加快发展传统文化产业和新兴文化产业，扩大文化产品和服务出口，力争到2020年，培育一批具有国内影响力、国际竞争力的外向型文化企业，形成一批具有核心竞争力的文化产品，打造一批具有国际影响力的文化品牌，在兰州、敦煌等地建设一批对外文化贸易集聚区，使核心文化产品和服务贸易逆差状况得以扭转，对外文化贸易额在对外贸易总额中的占比大幅提高，我省文化整体实力和竞争力显著提升。

二、重点任务

（一）大力扶持文化出口重点企业和项目。鼓励和支持国有、民营、外资等各种所有制文化企业从事国家法律法规允许经营的对外文化贸易业务，并享有同等待遇。科学制定我省文化出口重点企业及重点项目评价体系，推动我省更多文化企业和产品进入《国家文化出口重点企业目录》和《国家文化出口重点项目目录》，加大对入选企业和项目的扶持力度。（责任单位：省商务厅、省科技厅、省文化厅、省新闻出版广电局）

（二）培育对外文化贸易优势行业。深入挖掘和整理文化资源，鼓励文化企业开发具有自主知识产权的原创性产品，加快发展创意设计、移动多媒体、动漫游戏等新兴文化产业，重点扶持艺术编创、创意设计、外文翻译、影视配音、市场推广、产品营销等体现核心内容、附加值较高的对外文化贸易新兴行业。以国家级、省级文化产业园区、基地建设为基础，鼓励开展对外文化贸易，对产品和服务符合国际市场需求，具有一定出口规模、出口潜力较大、出口配套条件较好的园区、基地，授予“甘肃省文化出口园区”、“甘肃省文化出口基地”称号，结合其结构调整实际贡献和宣传推广、完善功能等情况给予政策扶持。加大对文化旅游产品的推介力度，形成我省独特的旅游线路和品牌。（责任单位：省科技厅、省工信委、省商务厅、省文化厅、省新闻出版广电局、省旅游局）

（三）积极开拓国际文化市场。充分利用国际文化产业大会、中国兰州投资贸易洽谈会等交流平台，加大对外文化贸易推介力度，重点推动文化产品和服务在丝绸之路经济带沿线国家出口交易。支持文化企业参加境内外国际性知名展会和对接洽谈活动，对重点文化产品开展面向国际市场的广告、宣传、产品论证、自主知识产权保护、参展等费用给予扶持。鼓励文化企业与国际著名文化制作、经纪、营销机构合作，采用共同投入、收益分账、保底分成等形式，在境外建立文化产品营销网点，不断巩固和拓展文化市场。扶持我省文化企业开展跨境服务，生产制作以外需为导向的文化产品。支持我省广播电视在境外落地，甘版图书、数字报纸境外发行，鼓励在境外购买媒体播出时段和报刊版面、开办广播电视频率频道。（责任单位：省商务厅、省科技厅、省工信委、省文化厅、省政府外事办、省新闻出版广电局）

（四）支持文化企业科技创新。加强文化企业技术集成创新与模式创新，以先进技术支撑文化装备、软件、系统研发，提高重点文化领域重点文化企业的技术装备水平，增强文化企业自主创新能力。鼓励文化企业增加研发投入，积极开发具有自主知识产权的关键技术和核心技术，推进文化与科技融合发展。支持文化企业引进用于文化产品和服务创新的先进技术与设备，提升消化、吸收和再创新的能力。（责任单位：省科技厅、省商务厅、省文化厅、省新闻出版广电局）

（五）开发对外文化贸易品牌产品。支持文化企业深入挖掘我省特色文化资源，运用高新技术，开发国外受众易于接受的文化产品，提升我省文化产品的表现形式和质量。集中力量打造《读者》等知名文化品牌系列产品，丰富对外文化贸易市场。（责任单位：省文化厅、省科技厅、省商务厅、省新闻出版广电局）

三、政策支持

（一）加大财政资金支持力度。充分发挥财政资金的杠杆作用，加大文化产业发展专项资金的支持力度，综合运用多种政策手段，对文化服务出口、营销渠道建设、市场开拓、公共服务平台建设、文化贸易人才培养等方面给予支持。（责任单位：省财政厅、省文化厅）

（二）落实税收优惠政策。认真落实财政部、国家税务总局《关于支持文化企业发展若干税收政策问题的通知》（财税〔2009〕31号）要求，对文化企业从事国家鼓励发展的文化项目，进口项目自用且国内不能生产的设备，以及按照合同随设备进口的技术及配套件、备件，根据有关规定免征关税。对国家重点鼓励的文化服务出口实行营业税免税。结合营业税改征增值税改革试点，逐步将文化服务行业纳入“营改增”试点范围，对纳入增值税征收范围的文化服务出口实行增值税零税率或免税。（责任单位：省财政厅、省地税局、省工商局、省国税局）

（三）强化金融保障。认真落实文化部、财政部、中国人民银行《关于深入推进文化金融合作的意见》（文产发〔2014〕14号），鼓励和引导银行业金融机构发挥各自比较优势，建立针对文化企业或文化项目融资的信用评级制度，完善文化贷款利率定价机制和风险管理机制，全面推动文化金融服务模式创新。在有效控制风险的前提下，拓宽文化企业贷款抵质押物的范围，开发适合我省文化贸易企业特点的金融服务特色产品，优先对符合条件的国家和省上文化出口重点企业和项目提供融资支持和金融服务。建立无形资产评估抵（质）押登记、交易平台，探索开展无形资产抵质押贷款业务。支持符合条件的文化企业通过短期融资券、中期票据、资产支持票据以及集合债券、区域集优债券、企业债券等债务融资工具扩大直接融资。支持符合条件的文化企业通过境内外资本市场上市融资、再融资和并购重组。（责任单位：省政府金融办、人行兰州中心支行、甘肃证监局）

（四）完善信用担保体系。鼓励保险机构创新保险品种和保险业务，开展知识产权侵权险，演艺、会展、动漫游戏、出版物印刷复制发行和广播影视产品完工险和损失险，团体意外伤害保险、特定演职人员人身意外伤害保险等新型险种和业务。根据我省文化出口实际，研究制定文化产业保险保费补贴政策，引导对外文化贸易企业积极投保文化产业保险。鼓励融资性担保机构和其他各类信用中介机构开发符合文化企业特点的信用评级和信用评价方法，建立健全我省文化企业出口信用体系，通过直接担保、再担保、联合担保、担保与保险相结合等方式为文化企业提供融资担保服务，多渠道分散出口风险。尽快培育国家文化出口重点企业成为海关高信用企业，享受海关便捷通关措施。（责任单位：省政府金融办、甘肃保监局）

（五）提高出口便利化水平。海关、检验检疫等相关部门在有效监管的前提下，为文化产品出口提供24小时预约通关服务等便利措施，对境内文化企业出国（境）演出、进行影视节目摄制和后期加工所需暂时进出境货物提供通关便利，按照规定加速验放，提高通关效率，降低企业成本。对图书、报纸、期刊等品种多、时效性强、出口次数频繁的文化产品，经海关批准，实行集中申报管理。对国有文化企业从事文化出口业务的编创、演职、营销人员等，不设出国（境）指标，简化因公出国（境）审批手续，出国一次审批、全年有效。完善文化出口收汇管理，加快企业出口收汇资金结算速度，改进出口收汇核销方式，简化出口核销手续，为文化企业出口收汇开辟“绿色通道”。对暂时出境货物使用暂准免税进口单证册（ATA单证册）向海关申报的，免于向海关提供其他担保。对面向境外市场生产销售外语出版物的民营文化企业，经批准可以配置专项出版权。（责任单位：甘肃出入境检验检疫局、兰州海关）

四、保障措施

（一）加强组织领导。建立由分管副省长担任召集人，省政府办公厅、省委宣传部、省发展改革委、省工信委、省财政厅、省商务厅、省文化厅、省政府外事办、省地税局、省工商局、省新闻出版广电局、省统计局、省政府金融办、兰州海关、省国税局、甘肃出入境检验检疫局、人行兰州中心支行等部门分管领导为成员的省对外文化贸易联席会议制度，加强统筹协调，整合资源，推动相关政策措施的落实，依法规

范对外文化贸易工作。(责任单位:省政府办公厅、省文化厅)

(二)加大知识产权保护力度。加大知识产权保护的宣传力度,引导文化企业经营者自觉树立知识产权保护意识,遵守《专利法》《商标法》和《著作权法》,依法保护文化产品品牌和专利。开展文化知识产权价值评估,及时提供海外知识产权、法律体系及适用等方面咨询,支持文化企业开展涉外知识产权维权工作。提供商标、专利、商业秘密、反盗版等方面的服务,确保文化产品和服务出口安全有序。(责任单位:省工商局、省版权局、省知识产权局)

(三)支持对外文化贸易中介组织发展。积极培育对外文化中介机构,鼓励中介机构开展国际市场调研、咨询和营销业务,为文化企业走出去提供信息、人才和服务支撑。鼓励和支持文化企业在自愿基础上注册成立文化贸易协会,研究有关国家文化市场和政策环境,整合资金、人才和资源,组团发展。(责任单位:省工商局、省民政厅、省商务厅、省文化厅)

(四)健全对外文化贸易统计体系。加强全省对外文化贸易统计工作,构建完整有效的文化贸易统计分析体系,逐步形成科学、统一、全面、客观的统计调查制度、信息管理制度和数据发布制度,不断提高对外文化贸易统计数据的科学性、准确性和权威性。加强对外文化贸易信息平台建设,做好文化出口重点地区、重点行业、重点商品、重点企业及文化出口收汇的统计分析,及时掌握全省文化贸易发展态势和特点,为有效推进对外文化贸易发展工作提供参考。结合《文化及相关产业分类(2012)》,修订完善文化产业和服务进出口统计目录。(责任单位:省统计局、省文化厅、省商务厅、兰州海关、国家外汇管理局甘肃省分局)

(五)加强人才培养和人员培训。鼓励和支持省属高校加强文化贸易学科和专业建设,建立文化贸易经营人才培养基地,加大国际化文化贸易人才培养力度。积极借助省属高校及科研院所对外交流的平台,与国外相关机构进行合作交流,选派文化产业国际运作和文化创意专业人才赴国外学习,提高策划设计、市场拓展、成本管控等方面的能力。各级商务、文化等相关部门要协调配合,通过联合举办各类培训辅导班,提高对外文化工作者的综合素质和业务水平。

(责任单位:省教育厅、省人社厅、省商务厅、省文化厅)

甘肃省人民政府关于推进文化创意和设计服务与相关产业融合发展的实施意见

甘政发〔2014〕99号　2014年10月27日

各市、自治州人民政府,兰州新区管委会,省政府各部门,省属有关企业,中央在甘有关单位:

为深入贯彻落实《国务院关于推进文化创意和设计服务与相关产业融合发展的若干意见》(国发〔2014〕10号),不断满足人民群众日益增长的物质生活和精神文化需求,进一步提升文化产业发展水平和质量,促进经济社会转型跨越发展,现提出如下实施意见。

一、指导思想

以邓小平理论、“三个代表”重要思想、科学发展观为指导,深入贯彻党的十八大、十八届三中全会和省第十二次党代会精神,围绕推进华夏文明传承创新区建设和构建文化产业体系,以改革创新和科技进步为动力,以知识产权保护利用和创新型人力资源开发为核心,坚持统筹协调、重点突破,市场主导、创新驱动,文化传承、科技支撑的原则,依托我省丰厚的文化资源,推进文化创意和设计服务与相关产业融合发展,促进文化创意和设计服务产品的生产、交易和成果转化,为我省经济社会全面、协调、可持续发展做出贡献。

二、目标要求

到2020年,在全省认定100家品牌优势突出、组织体系完善、设计效益显著的企业工业设计中心,培育50家业务规模大、设计能力强、管理水平高的工业设计示范企业,发展10家辐射力强、服务体系完善、带动作用明显的工业设计示范园区,建成10家示范作用强、发展规模大、集约化程度高的国家级文化产业示范园区基地,培养一批融合型高素质人才,形成一批拥有自主知识产权的产品,打造一批国内具有影响力的文化品牌,使文化创意和设计服务的先导产业作用更加凸现,与相关产业全方位、深层次、多领域的融合发展格局基本建立,相关产业文化含量显著提升,文化创意和设计服务增加值占文化产业增加值的比重、相关产业产品和服务的附加值明显提高。

三、重点任务

（一）与制造业融合。围绕实施甘肃工业跨越发展“六大行动计划”“六个一百”企业技术创新培育工程、兰白科技创新改革试验区和“兰州新区科技创新城”建设，鼓励文化企业与制造企业深度合作，使文化创意和设计服务融入装备制造、石油化工、有色冶金、新能源、新材料、电子信息、日用轻工等领域。引导企业设立工业设计中心、实验室和协同创新中心，加大新技术、新工艺、新装备、新材料的设计应用研究，通过文化元素渗透，促进工业设计向高端综合设计服务转变，推动工业设计服务领域延伸和服务模式升级。推动在生活消费品制造中引入创意设计元素，增加多样化供给，引导消费升级，推动生活日用品、礼仪休闲用品、家用电器、服装服饰、家居用品、数字产品、食品、文化体育用品等消费品工业向创新创造转变。加强传统文化与现代时尚融合，创新管理经营模式，加强广告营销策划，以创意和设计引领商贸流通业创新，增加消费品的文化内涵和附加值，形成一批综合实力强的自主品牌，提高整体效益和竞争力。（省工信委牵头，省科技厅、省商务厅配合）

（二）与科技数字内容产业融合。全面实施文化科技创新工程，依托数字技术、互联网、软件资源，将我省各种文化资源与最新数字技术相结合，大力培育发展以数字技术为载体的文化产业，以高端技术带动传统产业，实现数字化更新换代，支撑文化内容、装备、材料、工艺、系统的开发和利用，加快文化产品和服务数字化、网络化进程。大力发展互联网新媒体，推动传统媒体和新兴媒体融合发展。推动动漫游戏产业优化升级，促进动漫游戏与虚拟仿真技术在设计、制造等产业领域中的集成应用。加大智慧城市、智慧社区、智慧家庭建设力度，推进兰州市国家级三网融合试点，支持多媒体广播电视、互联网电视等产业发展，引导国内电商和企业与我省合作，加强通讯设备制造、网络运营、集成播控、内容服务单位间的互动，推动下一代广播电视网和交互式网络电视等服务平台建设。提高数字版权集约水平，健全智能终端产业服务体系，推动产品设计制造与内容服务、应用商店模式整合发展。推进数字电视终端制造业和数字家庭产业与内容服务业融合发展，提升全产业链竞争力。推进数字绿色印刷发展，引导印刷复制加工向综合创意和设计服务转变，推动新闻出版数字化转型和经营模式创新。（省工信委、省科技厅、省新闻出版广电局牵头，省发展改革委、省财政厅、省文化厅、省政府新闻办配合）。

（三）与人居环境建设融合。坚持以人为本、安全集约、生态环保、传承创新的建筑设计理念，完善优化功能，提升文化品位，提高城乡规划、建筑、园林和装饰等设计水平。贯彻节能、节地、节水、节材建筑设计理念，推进技术传承创新，积极发展绿色建筑，鼓励装饰设计创新，突出文化内涵，不断创造舒适优美的个性化家居环境。加强城市建设设计和景观风貌规划，突出我省地域和民族特色，提高园林绿化、城市公共艺术的设计质量，建设功能完善、布局合理、形象鲜明的特色文化城市。推进“美丽乡村”建设，加强村镇建设规划，培育村镇建筑设计市场，实施改善农村人居环境行动计划，建设环境优美、设施完备、幸福文明的社会主义新农村。在城市和农村开发建设中，注重对文物保护单位、历史文化名城名镇名村和传统村落保护。推进文化生态保护区建设，保持乡村原始风貌、文化特色和自然生态，保护有历史、艺术价值的传统村落和民居。因地制宜融入文化元素，修订或更新相关建筑标准规范。重视文化内涵审查，不断建立各类设计方案竞选制度。鼓励装饰设计创新，引领装饰产品和材料升级。（省建设厅牵头，省民政厅、省文物局配合）

（四）与旅游业融合。围绕树立“精品丝路、绚丽甘肃”文化旅游新形象，积极开发康体、养生、运动、娱乐、体验等多样化、综合性旅游休闲产品，建设一批休闲街区、特色村镇、旅游度假区，打造便捷、舒适、健康的休闲空间。坚持保护第一、合理开发，加强自然、文化遗产地和非物质文化遗产的保护利用，大力发展红色旅游和特色文化旅游。围绕全省大景区建设，加快智慧旅游发展，利用第三方知名电子商务平台，建立甘肃特色网络营销平台，宣传甘肃地域风光、特色旅游文化、重点旅游线路，开展数字旅游营销和在线旅游服务。推进文化资源向旅游产品转化，培育文化旅游骨干企业，支持开发具有地域特色和民族风情的旅游演艺精品和旅游商品，打造文化旅游产业园区，鼓励发展积极健康的特色旅游餐饮和主题酒店。提升旅游产品开发和旅游服务设计的人性化、科学化水平，促进发展特色文化旅游以及参与式、体验式旅游等新型业态，满足广大群众个性化旅游需求。（省旅游局牵头，省工信委、省文化厅、省体育局、省文物局配合）

（五）与特色农业融合。积极推进农业与文化、科技、生态、旅游融合，围绕全省休闲农业发展布局，强化休闲农业与乡村旅游经营场所的创意和设计，重点在河西走廊绿洲农业区、黄土高原农耕文化区、民族风情体验区、山地生态绿色度假区、黄河风情休闲区，建设集农耕体验、田园观光、教育展示、文化传承于一体的休闲农业园。注重农村文化资源和农业文化遗产的挖掘利用，借鉴农业文化遗产的丰富内涵，加快发展农村文化集市，不断丰富农业产品、农事景观、环保包装、乡土文化等创意和设计，在全省打造一批休闲农业示范园区、农家乐、休闲农庄和休闲农事体验区等经营实体，着力培育一批休闲农业知名品牌，提升农产品附加值，促进创意和设计产品产业化。鼓励引导发展楼宇农业、阳台农艺，进一步拓展休闲农业发展空间，陶冶市民文化生活。支持专业农产品市场建设特色农产品展览展示馆（园），推进特色农产品文化宣传交流。建立健全地理标志的地方性技术标准体系、质量保证体系与检测体系，扶持地理标志产品，加强地理标志和农产品商标的注册和保护。支持农业企业申报和推介绿色环保产品和原产地标记，鼓励利用信息技术创新具有地域文化特色的农产品营销模式。（省农牧厅牵头，省商务厅、省质监局、省工商局、省知识产权局配合）

（六）与体育产业融合。大力发展体育休闲旅游、健身服务、竞赛表演等项目，开拓体育文化衍生产品创意和设计开发，推进相关产业发展。丰富传统节庆活动内容，围绕实施“甘肃丝绸之路体育健身长廊”工程，支持市州根据当地自然人文资源特色举办体育活动，打造嘉峪关国际铁人三项洲际杯赛暨全国赛、兰州国际马拉松赛等精品赛事，推动体育竞赛表演业全面发展。吸引社会资本兴建体育户外营地、主题公园、攀岩、滑雪基地、赛马场等高端体育场地设施。鼓励发展体育服务组织，以赛事组织、场馆运营、技术培训、信息咨询、中介服务、体育保险等为重点，逐步扩大体育服务规模。加强体育产品品牌建设，利用数字信息技术，建立体育设施、人才、法规数据库和信息发布平台，开发科技含量高、拥有自主知识产权的体育产品。加大对体育用品制造业扶持力度，鼓励民间资本投资体育用品制造，鼓励支持本土企业发展，积极引进国内外知名品牌企业落户甘肃，培育甘肃体育用品知名品牌。促进体育衍生产品创意和设计开发，推进相关产业发展。（省体育局牵头，省工信委、省科技厅、省商务厅、省新闻出版广电局、省知识产权局、甘肃保监局配合）

（七）提升文化产业整体实力。结合甘肃文化特色，注重创意创新，努力提升文化产业各门类创意和设计水平及文化内涵，不断提高创意设计能力。规范新兴网络文化业态，创新新兴网络文化服务模式，繁荣文学、艺术、影视、音乐创作与传播。推广手机（移动终端）动漫行业标准，鼓励面向新媒体渠道的动漫游戏创作。提高游戏产品的文化内涵，培育我省动漫游戏知名品牌，增强游戏产业核心竞争力和影响力。通过政府购买服务、原创剧目补贴、以奖代补等方式，扶持演艺企业创作生产面向国内国际市场的演艺精品，增强面向市场、服务群众的能力。加强舞美设计、舞台布景创意和舞台技术装备创新，丰富舞台艺术表现形式。坚持保护传承和创新发展相结合，促进艺术衍生产品、艺术授权产品的开发生产，加快工艺美术产品、传统手工艺品与现代科技和时代元素融合。坚持固强补弱，推动创意类新兴业态发展，加快构建现代文化产业体系，推动我省文化产业快速发展。（省文化厅牵头，省科技厅、省工信委、省新闻出版广电局、省质监局配合）。

四、政策支持

（一）坚持改革创新。围绕知识产权保护，开展知识产权宣传周、知识产权战略宣讲企业行等活动，加强商标法、专利法、著作权法、反不正当竞争法等知识产权保护法律法规宣传普及。加强数据保护等问题研究，完善网络环境下相关法律法规运用，形成有利于创意和设计发展的产权制度。优化知识产权申请与审查环境，建立完善专利优先审查和软件著作权快速登记通道，健全便捷高效的商标注册审查体系。促进专利技术的交流合作、成果转移和技术保护，合理配置和利用知识产权资源，完善知识产权入股、分红等管理制度，健全创新、创意和设计激励机制，促进知识产权合理有效流通。提升企业知识产权综合能力，在全省培育一批知识产权优势企业。加强知识产权监督执法，完善维权援助机制，有效发挥省打击侵犯知识产权和制售假冒伪劣商品工作机制作用，加大对侵权行为的惩处力度。鼓励企业、院校、科研机构成立战略联盟，引导创意和设计、科技创新要素向企业和园区基地聚集，推行知识产权集群式管理。（省知识产权局牵头，省发展改革委、省教育厅、省财政厅、省科技厅、省工信委、省新闻出版广电局、省工商局、兰州海关、中科院兰州分院配合）

（二）加大人才培养力度。建立以市场需求为导向、以能力建设为核心的文化创意和设计人才培养机制。鼓励各类院校、科研院所按市场需求和地域民族特色设置专业，支持民营资本兴办各类文化创意和设计类培训机构，制定出台普通高校、职业培训、继续教育相互衔接的人才培养配套政策。支持有条件的高校和创意设计企业建立博士后工作站、流动站，扶持和鼓励相关行业和产业园区、重点企业与普通本科高校、职业院校及科研机构共同建立人才培养基地，逐步形成学历教育与职业培训并举、创意和设计与经营管理结合的人才培养新模式。鼓励各类文化创意和设计人才到我省各类文化产业园区、兰州高新开发区等各级各类经济开发区开展各种形式的合作开发，兼职从事技术咨询等活动。创新民间文化艺人的保护、继承和推广模式，鼓励企业与民间文化艺人合作，培养民间文化传承人和接班人，支持将非物质文化遗产代表性传承人才培养纳入职业教育体系，鼓励有条件的职业学校开设民族文化传承创新专业。加大对核心人才、高层次人才的扶持和急需紧缺人才的培养引进力度，加强对各级干部电子商务相关知识和实用技能培训，建立健全创意和设计人才使用、流动、评价和激励体系，落实国有企业、院所转制企业、职业院校、普通本科高校和科研院所创办企业的股权激励政策，鼓励文化创意和设计人才开展创作、学习交流、参加竞赛、成果展示活动。积极推荐有突出贡献的文化创意和设计人才参加“甘肃省领军人才工程”“甘肃省优秀专家”等评选，引进人才享受省上各类人才优惠政策。推进职业技能鉴定和职称评定工作，加强人才科学管理。（省教育厅牵头，省人社厅、省科技厅、省工信委、省建设厅、省农牧厅、省文化厅、省民委、省工商局、省新闻出版广电局、省旅游局、省文物局、中科院兰州分院配合）

（三）积极培育市场主体。发挥文化产业园区基地的孵化、服务功能，支持专业化的创意和设计企业向专、精、特、新方向发展，着力打造中小企业集群。挖掘、保护、发展民间特色传统技艺，培育特色创意和设计企业，支持设计、广告、文化软件工作室等各种形式中小企业发展。推动创意和设计优势企业跨地区、跨行业、跨所有制业务合作，打造跨界融合的产业集团和产业联盟。鼓励国有企业引进资本，实行股份制改造，积极引导民间资本投资文化创意和设计服务领域。支持有条件的企业"走出去"，扩大产品和服务出口，通过海外并购、联合经营、设立分支机构等方式积极开拓国际市场。推进文化等服务业领域有序开放，放开建筑设计领域外资准入限制。围绕提升产业竞争力，建立健全文化创意和设计服务与相关产业融合发展地方性技术标准体系。鼓励行业组织、中介组织和企业参与制定国际标准，支持自主标准国际化。（省工信委牵头，省商务厅、省科技厅、省建设厅、省文化厅、省新闻出版广电局、省旅游局、省工商局、省质监局、省文物局、兰州海关配合）

（四）运用创意和设计引导消费。加强全民文化艺术教育，提高人文素养，推动转变消费观念，激发创意和设计产品服务消费，扩大文化消费规模。加大政府对创意和设计产品服务的采购力度，鼓励企业开展设计服务外包，扩大设计服务市场。提升省内交易平台信息化和网络化水平，规范交易秩序，促进产品和服务交易。鼓励省内电子商务平台针对创意和设计提供专项服务，帮助小微企业、创意和设计创业人才拓展市场。通过国家许可，建设行业性文化交易市场。在商贸流通业改造升级中，运用创意和设计促进专业市场和特色商业街发展。鼓励批发、零售、住宿、餐饮等生活服务企业在店面装饰、产品陈列、商品包装和市场营销上突出创意和设计，注重节能环保，顺应消费者需求。（省商务厅牵头，省科技厅、省工信委、省建设厅、省工商局、省新闻出版广电局、省旅游局、兰州海关配合）

（五）引导企业集约发展。依托省内文化创意和设计园区基地，加强公共技术、资源信息、投资融资、交易展示、人才培养、交流合作等服务能力建设，促进各类园区基地提高效益，完善创新创业服务体系。根据各地资源条件和产业优势，分区域明确发展重点，科学规划建设融合发展集聚区，打造区域性创新中心和成果转化中心。落实《甘肃省工业设计中心认定管理办法》，在工业聚集区培育发展设计中心，积极引进国内外知名工业设计机构、著名高校工业设计中心，在省内创办研发设计中心和分支机构。分行业在全省建立区域协调机制与合作平台，加强产业集群内部的有机联系，形成合理分工与协作、优势互补、相互促进的区域发展格局。充分发挥部门职能，组织实施基础性、引导性重大工程和重点项目，提升产业整体实力，增强发展后劲。（省工信委牵头，省发展改革委、省农牧厅、省文化厅、省质监局、省工商局配合）

（六）加大财税支持力度。鼓励从事文化创意和设计服务的企业申报高新技术企业，对经认定为高新技术企业的文化创意和设计服务企业，减按15%的税率征收企业所得税；被认定为省级工业设计中心，一次性奖励50万元，认定为国家级工业设计中心，一次性奖励100万元。文化创意和设计服务企业发生的职工教育经费支出，不超过工资薪金总额8%的部分，准予在计算应纳税所得额时扣除。企业为开发创意和设计发生的研究开发费用，未形成无形资产计入当期损益的，在按照规定据实扣除的基础上，按照研究开发费用的50%加计扣除；形成无形资产的，按照无形资产成本的150%摊销；一般纳税人销售自行开发生产的软件产品，按17%的法定税率征收增值税，其增值税实际税负超过3%的部分实行即征即退政策。对国家重点鼓励的文化创意和设计服务出口实行营业税免税。落实营业税改增值税试点有关政策，对纳入增值税征收范围的国家重点鼓励的文化创意和设计服务出口实行增值税零税率或免税，对国家重点鼓励的创意和设计产品出口实行增值税零税率。（省财政厅、省国税局、省地税局牵头，省工信委、省科技厅、省商务厅、兰州海关配合）

（七）不断加强金融服务。鼓励和引导金融机构发挥自身优势，推动文化创意金融服务模式创新，拓宽贷款抵（质）押物范围，开发适合文化创意和设计服务企业特点的信贷产品和服务方式。建立无形资产和收益权抵（质）押权登记公示制度，完善文化创意和设计服务企业无形资产评估体系，推动金融机构积极开展专利权、著作权、商标权、"版权+票房收益"等无形资产质押贷款业务。拓展甘肃省文化产业发展集团业务，不断完善文化资产评估和文化产权交易体系，发展文化经纪、投资保险等文化市场中介服务机构，构建投资主体多元、方式多样、风险可控的文化产业投融资体系，努力开拓融资租赁、风险投资和私募股权投资等融资渠道，促进金融资本、社会资本与文化资源有效对接。支持符合条件的企业上市，鼓励企业发行公司债、企业债、集合信托和集合债、中小企业私募债等非金融企业债务融资工具。支持保险机构开展保险产品和服务试点，鼓励各类担保机构提供融资担保和再担保服务，探索设立专业文化产业保险组织机构，建立文化产业保险承保和理赔的便捷通道，支持为文化产业保险市场提供服务的中介机构发展，推进保险业与文化创意和设计服务深度融合，促进文化产业保险发展。积极引导私募股权投资基金、创业投资基金及各类投资机构投资文化创意和设计服务领域。（省发展改革委、人行兰州中心支行牵头，省政府金融办、省工信委、省科技厅、省财政厅、省工商局、省知识产权局、甘肃银监局、甘肃证监局、甘肃保监局配合）

（八）提供便捷高效服务。深化行政审批制度改革，公开审批标准，简化审批手续，精简审批流程，缩短审批时限，降低准入门槛，不断提高审批效率。合理确定文化创意和设计服务业用地规模、布局和范围，为加快发展留出用地空间。支持以划拨方式取得土地的单位利用存量房产、原有土地兴办文化创意和设计服务，在符合城乡规划前提下土地用途和使用权人可暂不变更，连续经营满一年，符合划拨用地目录的，可按划拨土地办理用地手续；不符合划拨用地目录的，可按照有关规定办理用地手续。建立公开、透明的定价制度，鼓励和推行优质优价，取消各类不合理收费，凡省委、省政府及价格主管部门、财政部门制定的行政事业性收费标准，有上下限规定的，一律按省级制定收费标准下限执行；法律法规明确的行政事业性收费标准，按照相关规定执行；国务院及其相关部门制定的收费标准，按照国家规定执行。严格限定广告领域文化事业建设费征收范围，费用只在广告媒介单位和户外广告经营单位征收，推动落实文化创意和设计服务企业用水、用电、用气、用热与工业同价。加强行政事业性收费、政府性基金的管理，规范行业协会、商会收费行为。（省发展改革委、省财政厅、省国土资源厅、省编办牵头，省工信委、省建设厅、省农牧厅、省文化厅、省工商局、省新闻出版广电局、省旅游局、省文物局配合）

五、保障措施

（一）加强组织领导。省政府建立文化创意和设计服务与相关产业融合发展联席会议制度，负责组织协调、统筹规划和政策制定，协调解决重大问题，加强政策落实、评价考核和监督工作。联席会议办公室设在省文化厅。省政府各有关部门和单位要按照全省统一部署，加强协调配合，认真履行职责，积极开展工作。各市州政府也要建立相应工作机制，推动本地区文化创意和设计服务与相关产业融合发展。

（二）强化政策落实。各地、各有关部门要把文化创意与设计服务与相关产业融合发展作为促进全省经济社会转型跨越发展的重要工作，细化分工，靠实责任，编制专项规划或具体意见，制定相关配套文件，切实把已有的各项政策落到实处。联席会议办公室要充分发挥协调作用，做好发展目标落实与考核、政策措施制定和督促检查等具体工作。要加强宣传和舆论引导，大力宣传企业技术创新工作的重要意义、政策措施、进展成效和先进经验，营造有利于工作顺利推进的良好社会氛围。

（三）注重知识产权保护。把文化产业优势项目纳入知识产权保护范围，加强对文化内容、装备、材料、工艺、系统等开发创新内容的知识产权保护，提高社会公众对文化创意和设计服务的知识产权保护意识，并注重与国际知识产权保护通行惯例接轨，提高我省文化产业在国际市场上的竞争力。

（四）完善文化统计。加强对文化创意和设计服务类产业统计，在我省现有文化产业统计体系的基础上，将文化创意和设计服务类产业逐步纳入文化产业统计范围，建立完善的文化产业统计数据库，为文化创意和设计服务产业发展提供真实依据。

（五）发挥行业作用。充分发挥各级各类产业协（学、商）会、中介组织、研究机构作用，积极向企业提供政策咨询，制定行业标准，促进行业发展，维护企业合法权益。鼓励各类商会和协会经常性地组织开展宣传教育、培训学习、融资服务等活动，加强与企业、银行及政府部门间的联系沟通，积极推动文化创意和设计服务与相关产业融合发展。

甘肃省人民政府关于加快全省公路建设的意见

甘政发〔2014〕105号 2014年11月12日

各市、自治州人民政府，兰州新区管委会，省政府有关部门：

为贯彻落实党的十八届三中全会和省委十二届八次全委（扩大）会议精神，加快全省公路建设步伐，为全省经济社会发展提供交通运输保障，现提出如下意见：

一、主要目标和重点任务

（一）主要目标。

全面落实《国家公路网规划（2013年—2030年）》《交通运输部集中连片特困地区交通建设扶贫规划纲要（2011—2020）》《甘肃省国民经济和社会发展第十二个五年规划纲要》《甘肃省"十二五"交通运输发展规划》《甘肃省高速公路网布局规划（2009年调整）》，深入实施"3341"项目工程和"1236"扶贫攻坚行动，加快推进全省公路建设，形成布局合理、功能完善、覆盖广泛、安全可靠的公路运输网络。

到2016年，基本建成省内高速公路主骨架，通车里程突破4000千米，建设、改造普通国省干线公路6000千米以上，普通国省干线二级及以上公路比重达到60%以上。实现全省100%的乡镇和80%的建制村通沥青（水泥）路。

到2020年，高速公路通车总里程达到6000千米以上，实现县县通高速，普通国省干线公路二级及以上公路比重达到80%以上，到2018年提前两年实现所有建制村通沥青（水泥）路。

到2030年，力争高速公路通车里程达到8000千米，实现全省高速公路网规划目标。普通国省干线公路除交通量小、地形困难路段外，基本建成二级及以上公路，通车里程达到20000千米。农村公路达到15万千米。

（二）重点任务。

1. 高速公路建设。重点建设纳入《国家高速公路网规划》的省内路段，加快国家高速公路规划调整增加的省内路段和省内地方高速公路规划路段建设进度。

2. 普通国省干线建设。加快列入国家"十二五"规划重点改造的G212、G213、G310等普通国道建设进度，积极推进G309、G312、G316等现有国道和纳入省级规划调整范围的省道提等升级，加大危桥、涵洞、防护等构造物改造力度。

3. 农村公路建设。加大县乡公路提等升级和联网改造力度，加快农村公路通畅工程建设。2014年至2018年，每年建设建制村沥青（水泥）路10000千米。

4. 瓶颈路、接头路建设。加快普通国省道通行能力差、交通拥堵严重的瓶颈路段扩容改造。加强协调沟通，与相邻省份同步规划建设国省干线省际接头路。改造提升区域干线路网，加快区域中心城市连接路和过境路建设，疏通城市出入口"卡脖子"路段。加快实施乡村道路连通工程，支持建设矿区干线路、产业发展路和重点旅游景区道路。

二、加快项目前期工作

（三）实行项目前期报批工作建设单位负责制。计划实施的公路建设项目要组建项目建设单位，全面负责工可研、初步设计、施工图设计等文本的编制报批工作。国家高速公路、普通国道项目建设单位由省交通运输厅负责组建；地方高速公路、普通省道项目建设单位由市州政府负责组建；农村公路项目建设单位由县市区政府组建。

（四）实行项目前期审批工作部门负责制。属于国家审批的项目，由各对口部门确定专人到国家相应部委跟踪衔接，直至完成审批。属于省上审批的项目，相关部门要实行"绿色通道"政策，加快审批进度。省发展改革委负责国家高速公路工可研的报批，以及地方高速公路、普通国道、省道的审批。省交通运输厅负责高速公路、普通国道、省道工可研的审查上报和国家高速公路初步设计的报批，以及地方高速公路、普通国道、省道施工图设计的审批。省国土资源厅负责指导各地将公路建设项目用地纳入各级土地利用总体规划，落实建设用地指标，并督促做好耕地占补平衡、项目地质灾害危险性评估、项目矿产资源压覆调查、勘测定界、土地复垦方案编制等工作，加快推进项目用地预审和用地报批。省建设厅负责核发高速公路、新建国省干线公路建设项目的选址意见书（国省干线维修改造建设工程不再出具选址意见书）。省环保厅负责需国家审批的公路建设项目环评以及涉及国家级、省级自然保护区调整的协调报批工作；对属省环保部门审批的项目环评，纳入绿色通道，加快审批。省水利厅负责协调属国家审批的公路建设项目水土保持方案报批工作；对属省水利部门审批的公路项目水土保持方案报告、公路项目防洪影响评价报告和河道内建设项目的施工许可加快审批。省林业厅负责进入林业自然保护区的项目许可和征占用林地的预审、勘测定界、审核及报批工作。省农牧厅负责项目征占用草地的前期预审、勘验定界、审核及报批工作。省文物局负责组织开展公路项目的考古调查、勘探、发掘工作，对建设单位编制的文物保护方案进行审核报批。市州政府负责辖区内项目建设用地、规划许可、环保预审、林地、草地征用、矿产压覆、社会稳定风险评估等前置性工作。

（五）简化审批程序。省政府有关部门要根据公路建设项目实际，一事一议，简化审批程序。国省干线旧路改造、灾后重建项目、养护维修工程等项目可直接批复实施方案。

三、深化建设和投融资体制改革

（六）改革公路建设管理体制。省交通运输厅负责国家高速公路和国道建设，市州政府负责地方高速公路和省道建设，县市区政府负责农村公路建设。鼓励有条件的市州和县市区政府参与国家高速公路、普通国道建设。有条件的公路建设项目可实行代建制、设计施工总承包等建设模式。

（七）改革公路投资体制。坚持投资主体多元化、建设模式多样化，积极推进高速公路、二级以上收费公路按照“贷款修路、收费还贷”方式建设。国省干线公路由省、市两级政府共同投资建设。农村公路主要按“国省为主，市县补助”的投资方式建设。

（八）改革公路融资体制。发挥政府交通融资平台作用，保障公益性较强的公路项目建设资金需求；发挥省公路航空旅游投资集团公司市场融资作用，保障全省重点公路项目建设的资金需求；培育省交通投资管理公司的融资功能，保障交通扶贫攻坚公路项目资金需求；支持市州政府加快推进地方公路交通融资实体建设，保障地方公路项目建设资金需求；鼓励和引导社会资本投资公路建设。

四、加大政策支持力度

（九）加大财政资金支持力度。省级财政可通过争取中央转移支付、预算安排、地方国债等，每年安排一定资金作为公路建设重点项目资本金补助。按照《甘肃省农村公路条例》规定，建立健全省、市、县三级农村公路养护资金投入机制，县市区按每年每千米县道14000元、乡道7000元、村道2000元，省、市州各按每年每千米县道7000元、乡道3500元、村道1000元的标准分别筹措养护资金。省级筹措部分纳入成品油价税改革转移支付返还资金预算安排，市县两级纳入本级政府财政预算安排。

（十）保障土地供应。公路建设用地以划拨方式供给，根据项目总体设计要求，建设用地可一次性申请报批，分段分期施工。在项目立项和发布征地公告之后，公路建设征地范围内新建的建筑物、构筑物，抢种的植物一律不予补偿。征地范围内需拆迁的通信、电力、管道、水利、房屋等地上地下建筑物和构筑物，主管部门和产权单位应在商定的时间内自行拆除或迁移，拆迁费用按恢复其同等标准的工程造价予以补偿。

（十一）地方政府包干负责征地拆迁。各市州政府对本辖区公路建设项目征地拆迁工作负总责，实行任务包干、责任包干。各级政府应严格执行征地拆迁补偿相关法律法规，按照统一标准，签订征地补偿协议，按时交付公路建设用地。要做好被征地群众的工作，及时足额落实征地拆迁补偿，严禁截留、拖欠征地补偿款，妥善解决被征地群众的生产生活问题，维护被征地农民的合法权益。

（十二）规范和减免相关税费。涉及公路建设的相关税费，严格按国家规定的项目和标准收取，对省政府权限范围内的行政事业性收费，标准有上下限的，按下限收取。省级以下政府不得出台针对公路建设的收费项目。

五、加强公路建设管理

（十三）加强组织领导。省政府成立由省政府分管领导任总指挥、省交通运输厅主要负责同志任副总指挥、相关部门分管同志为成员的公路建设指挥部，负责协调解决公路建设中的具体问题。各级地方政府应成立相应的组织机构，建立部门联席会议制度，定期召开会议，研究和协调解决项目建设中遇到的重大问题。

（十四）强化责任考核。公路建设指挥部要建立健全考核机制，完善考核措施，加强对各地、各有关部门公路建设目标任务完成情况进行考核，确保按期完成各项目标任务。对工作成效突出的市州，省政府将在项目和资金安排给予倾斜。

（十五）严格建设管理。各地、各有关部门要对项目用地预审已批复、征地拆迁合同或协议已签订并补偿到位、土地已交付可供使用的项目，要抓紧推进控制性工程开工建设。各地、各有关部门要严格落实项目法人制、招标投标制、工程监理制和合同管理制，推行设计、施工标准化，强化质量检测，加强安全生产管理，确保工程质量和施工安全。要积极运用新技术、新材料、新工艺，采取有效的水土保持措施，减少对生态环境的影响，打造质量可靠、技术领先、景观优美的公路工程。

甘肃省人民政府关于进一步优化中小微型企业发展环境的意见

甘政发〔2014〕111号　2014年11月25日

各市、自治州人民政府，兰州新区管委会，省政府有关部门，有关单位：

为认真贯彻落实《国务院关于扶持小型微型企业健康发展的意见》（国发〔2014〕52号）和2014年9月17日、11月15日国务院常务会议精神，进一步优化中小微型企业发展环境，推动创业创新，促进中小微型企业快速健康发展，提出以下意见：

一、营造中小微型企业政策环境

（一）进一步加大简政放权力度。加快清理不必要的证照和资质、资格审批，为中小微型企业降门槛、除障碍。凡没有明确规定必须由省、市州级行政主管部门承担的行政审批事项，一律下放到县市区。坚持“非禁即准、非限即许”原则，除法律法规明确禁止或限制的行业外，市场主体可依法平等进入各类投资领域。投资项目实行告知备案、审批事项限时办结制度，凡涉及审批事项的部门要向社会公示办结流程及时限，并在规定期限或承诺期限办结。（牵头部门：省审改办、省发展改革委，配合部门：省政府有关部门）

（二）实行收费清单制度。加强涉企收费管理，建立中小微型企业减负长效机制，出台全省统一的涉企收费清单，严格控制收费项目和数量，进一步提高收费政策的透明度，对保留的行政事业性收费、政府性基金和实施政府定价或指导价的经营服务性收费，实时对外公开，清单外的收费一律取消。（牵头单位：省财政厅、省发展改革委，配合部门：省政府有关部门）

（三）不得实行垄断干预。不得强制指定涉及中小微型企业财务审计、法律咨询、安全评价、节能评估、环境影响评价、消防安全、卫生等方面的第三方服务机构，除国家有明确规定必须指定购买的特种产品外，不得指定中小微型企业购买任何相关产品和有偿服务。支持中小微型企业以银行承兑汇票缴纳水、电、燃气等费用。（牵头单位：省发展改革委、人行兰州中心支行，配合部门：省政府有关部门）

（四）政府采购向中小微型企业倾斜。负有编制部门预算职责的单位，在满足机构自身运转和提供公共服务基本需求的前提下，应当预留本部门年度政府采购项目预算总额的30%以上，专门面向中小微型企业进行采购，其中预留给小型和微型企业的比例不低于60%。鼓励大中型企业与小微型企业组成联合体共同参加政府采购活动，联合协议中约定小微型企业的协议合同金额占到联合体协议合同总金额30%以上的，可给予2%—3%的价格扣除。（牵头单位：省财政厅、省公共资源交易局）

二、营造中小微型企业融资环境

（五）落实企业融资服务优惠政策。对于直接与贷款挂钩、没有实质性服务内容的收费项目，一律予以取消。严禁“以贷转存、存贷挂钩”等变相提高利率、加重中小微型企业负担的行为。进一步规范企业融资过程中担保、评估、登记、审计、保险等中介机构的收费行为和工作时限。金融机构要加快受理审批中小微型企业贷款申请，不断优化信贷流程，简化审批程序，缩短审批时间，提高贷款办理效率；在审慎经营的原则下，开展对评估机构的考察筛选，对操作规范、信誉良好的评估机构，要建立合作准入的名单制管理。中小微型企业在银行贷款、直接融资需要进行抵押质押登记时，可自主选择符合金融机构准入条件的评估机构，金融机构不得指定评估机构对抵押物进行评估。（牵头单位：甘肃银监局、人行兰州中心支行、省政府金融办，配合部门：各金融机构）

（六）实行差别化审批监管。加大对中小微型企业贷款支持力度，在风险总体可控的前提下，确保中小微型企业贷款增速不低于当年各项贷款平均增速，增量不低于上年同期水平。加强中小微型企业综合金融服务覆盖率、贷款覆盖率和申贷获得率的考核。进一步优化商业银行对中小微型企业贷款管理，通过提前进行续贷审批、设立循环贷款等方式，对达到标准的中小微型企业直接进行滚动融资。通过实行年度审核制度等措施，减少企业高息“过桥”融资。对中小微型企业贷款实行差别化监管，不良率容忍度可比一般贷款不良率高出2—3个百分点。（牵头单位：甘肃银监局、人行兰州中心支行、省政府金融办，配合部门：各金融机构）

（七）加快发展中小金融机构。鼓励大型国有银行充分利用机构和网点优势，加大对中小微型企业金融服务专营机构的建设力度，单列中小微型企业信贷计划。积极推行民间资本发起设立中小银行等金融机构，稳妥发展面向小微型企业和“三农”特色的中小金融机构。（牵头单位：省政府金融办，配合部门：甘肃银监局、人行兰州

中心支行）

（八）建设中小微型企业信息服务系统，促进中小微型企业信用体系建设。通过信息公开共享，利用大数据、云计算等现代信息技术，推动政府部门和银行、证券、保险等专业机构提供更有效的服务。定期发布诚信企业信用等级评价结果，对诚信度较高的中小微型企业，各金融机构根据信用贷款发放条件，直接授予相应的信用贷款额度。逐步增加适合中小微型企业特征的动产、存货、应收账款、知识产权等弱担保方式比重。（牵头单位：省工信委、人行兰州中心支行，配合部门：甘肃银监局）

（九）大力发展中小微型电子信贷。依托各金融机构，搭建针对中小微型企业的电子融资平台，拓宽资金募集渠道，为中小微型企业提供"金额小、期限短、随借随还"的金融服务。（牵头单位：人行兰州中心支行、省政府金融办，配合部门：省商务厅、省工信委、各银行业金融机构）

（十）落实中小微型企业融资担保相关税收政策。对符合条件的中小微型企业信用担保（再担保）机构免征营业税，融资担保机构在办理抵押登记时按同金融机构平等对待。2015年12月31日前，对符合条件的中小微型企业信用担保机构，按照不超过当年年末担保责任余额1%的比例计提担保赔偿准备，允许在企业所得税税前扣除，同时将上年度计提的担保赔偿准备余额转为当期收入；按照不超过当年担保费收入50%的比例计提的未到期责任准备，允许在企业所得税税前扣除，同时将上年度计提的未到期责任准备余额转为当期收入；其实际发生代偿损失，符合税收法律法规关于资产损失税前扣除政策规定的，应冲减已在税前扣除的担保赔偿准备，不足冲减部分据实在企业所得税税前扣除。（牵头单位：省国税局、省地税局、省财政厅）

三、营造中小微型企业创业环境

（十一）鼓励创办中小微型企业。积极推进企业登记制度改革，依法放宽市场主体住所（经营场所）登记条件，实行注册资本认缴登记制，实行"先照后证"。取消或暂停征收依法合规设立、但属于政府提供普遍公共服务或体现一般性管理职能的收费，包括企业、个体工商户注册登记费等12项收费。自2015年1月1日起，对小微企业免征组织机构代码证书费等42项行政事业性收费。2015年1月1日至2017年底，对月销售额或营业额不超过3万元的小微企业，自登记注册之日起3年内免征教育费附加、文化事业建设费等5项政府性基金。鼓励中小微型企业进入工业园区，各工业园区在规划中要预留中小微型企业的用地用房。对中小微型企业项目用地在年度用地计划指标中优先给予安排，对符合《甘肃省优先发展目录》和《农产品初加工项目目录》且用地集约的工业项目，在确定土地使用权出让底价时，按照《全国工业用地出让最低价标准》，以不低于所在地土地类别相对应的70%执行。（牵头单位：省工商局、省发展改革委、省国土资源厅，配合部门：省财政厅、省工信委）

（十二）简化个体工商户转型升级为企业的程序。按照"一注一开"的原则和程序办理，可保留原个体工商户的字号及行业特点。在经营场所（住所）不变并在有效期内，原登记前置许可的有效证件、经营场所证明可以继续使用；因"个转企"而发生的土地、房屋权属名称变更，不视为交易。对"个转企"的小微企业给予不低于5年的过渡期，在过渡期内企业社会保险保持原有缴费方式不变。（牵头单位：省工商局，配合部门：省国税局、省地税局、省人社厅）

（十三）促进创业带动就业。2016年12月31日前，对持《就业失业登记证》（注明"自主创业税收政策"或附着《高校毕业生自主创业证》）人员从事个体经营的，在3年内按每户每年9600元为限额依次扣减其当年实际应缴纳的营业税、城市维护建设税、教育费附加、地方教育附加、价格调节基金和个人所得税；对商贸企业、服务型企业、劳动就业服务企业中的加工型企业和街道社区具有加工性质的小型企业实体，在新增加的岗位中，当年新招用在人力资源社会保障部门公共就业服务机构登记失业一年以上且持《就业失业登记证》的人员，与其签订1年以上期限劳动合同并依法缴纳社会保险费的，在3年内按实际招用人数予以定额依次扣减营业税、城市维护建设税、教育费附加、地方教育附加、价格调节基金和企业所得税优惠，定额标准为每人每年5200元。税收优惠政策在2016年12月31日未享受满3年的，可继续享受至3年期满为止。对安排残疾人就业未达到规定比例、在职职工总数不超过20人的小微企业，自登记注册之日起3年内免征残疾人就业保障金"。对养老和医疗服务机构建设减免土地复垦费、房屋所有权登记费等7项收费。继续对高校毕业生、登记失业人员、残疾人和复转军人自主择业创业，免收管理、登记和证照类行政事业性收费。（牵头单位：省财政厅、省人社厅、省国税局、省地税局、省残联、省国土资源厅、省建设厅）

（十四）加大财政支持力度。逐年增加省级中小企业发展专项资金规模，其中用于小微企业的比例应不低于80%，重点支持中小微型企业创业孵化基地建设、融资、服务体系建设和技术改造。对吸纳就业困难人员就业的中小微型企业，按相关规定给予社会保险补贴。（牵头单位：省财政厅、省工信委，配合部门：省人社厅）

（十五）落实税收优惠政策。2014年10月1日起，月销售额或营业额不超过3万元的小微型企业，暂免征收增值税、营业税。2014年1月1日至2016年12月31日，将享受减半征收企业所得税优惠政策的小型微利企业范围由年应纳税所得额低于6万元（含6万元）扩大到年应纳税所得额低于10万元（含10万元）。对小微企业从事国家鼓励类项目，进口自用且国内不能生产的先进设备，免征关税。自2014年11月1日至2017年12月31日，对金融机构

与小微型企业签订的借款合同免征印花税。（牵头单位：省国税局、省地税局、省财政厅、兰州海关）

（十六）支持中小微型涉农企业创业发展。凡从事畜牧业、种植业、林果业等特色优势产业生产、加工、营销的中小微型企业，落实财政、税收、金融、土地、水电等扶持政策。鼓励和引导工商资本到农村发展适合企业化经营的现代种养业，向农业输入现代生产要素的经营模式。对进行陇药种植和精深加工的中小微型企业，给予优先扶持。（牵头单位：省农牧厅、省工信委）

（十七）加快中小微型企业公共服务体系建设。到2015年，全面建成1个省枢纽服务平台、14个市州综合窗口平台和7个产业集聚区综合窗口平台，形成具有创业、信息、技术、培训、人力资源、法律、融资等特色服务功能，互联互通、资源共享、服务协同、功能完善，覆盖全省的中小微型企业公共服务网络。（牵头单位：省工信委、省财政厅）

四、营造中小微型企业创新环境

（十八）加快企业设备更新和科技研发创新。对生物药品制造业，专用设备制造业，铁路、船舶、航空航天和其他运输设备制造业，计算机、通信和其他电子设备制造业，仪器仪表制造业，信息传输、软件和信息技术服务业等行业企业，2014年1月1日后新购进的固定资产，可缩短折旧年限或采取加速折旧的方法。对上述行业的小型微利企业2014年1月1日后新购进的研发和生产经营共用的仪器、设备，单位价值不超过100万元的，允许一次性计入当期成本费用在计算应纳税所得额时扣除；单位价值超过100万元的，可缩短折旧年限或采取加速折旧的方法。对所有行业企业2014年1月1日后新购进专门用于研发的仪器、设备，单位价值不超过100万元的，允许一次性计入当期成本费用在计算应纳税所得额时税前扣除；单位价值超过100万元的，可缩短折旧年限或采取加速折旧的方法。符合上述条件的企业最低折旧年限不得低于企业所得税法实施条例第六十条规定折旧年限的60%，加速折旧方法可采取双倍余额递减法或者年数总和法。对所有行业企业持有的单位价值不超过5000元的固定资产，允许一次性计入当期成本费用在税前扣除。（牵头单位：省财政厅、省国税局、省地税局）

（十九）鼓励企业建立技术研发机构。企业开发新产品、新技术、新工艺所发生的研究开发费，未形成无形资产计入当期损益的，在按照规定据实扣除的基础上，按照研究开发费用的50%加计扣除；形成无形资产的，按照无形资产成本的150%摊销。（牵头单位：省国税局、省地税局）

（二十）加强产学研协同创新。鼓励支持科研机构、高等院校和重点企业作为开放科研设施机构，为中小微型企业实施创新提供研发设计、检验检测、大型共用软件、人才培训等服务。组建一批产业技术联盟，开展行业关键共性技术研发，解决中小微型企业发展中的技术难题。（牵头单位：省科技厅、省工信委、省教育厅）

（二十一）鼓励支持科研机构、高等院校的科技人员创办科技型中小微型企业或离岗到中小微型企业创业。经本单位同意，离岗创业期间允许在一段时间内保留原专业技术职务资格、人事关系和其他待遇，具体内容可由其本人与原单位以合同形式约定，但离岗时间最长不超过2年。离岗期满或者离岗期间，本人不愿意回原单位的，按有关政策规定办理辞职、解除合同约定及相关手续。辞职、解除合同约定后，个人档案转入人才市场统一管理。辞职前原单位按国家规定未开展养老保险统筹的工作年限视为社会保险缴费年限，所需养老保险个人账户补助资金部分按相关政策规定的经费来源渠道解决。高校毕业生到中小微型企业就业期间，相关公共就业人才服务机构免费保管档案。（牵头单位：省人社厅、省科技厅）

（二十二）实施股权激励。对有突出贡献的科技人员和经营管理人员，通过科技成果入股、科技成果收益分成、科技成果折股、股权奖励、股权出售、股票（份）期权等方式进行激励，推动科技成果转化和产业化。（牵头单位：省工信委、省科技厅）

（二十三）鼓励制造企业分离发展生产性服务业。分离后的生产性服务企业在不改变土地权属关系、符合土地利用总体规划和城镇规划的情况下，经批准建设的生产性服务业项目，符合规定的减免城市基础设施配套费。（牵头单位：省发展改革委、省建设厅、省工信委）

（二十四）推动中小微型企业两化融合，提高中小微型企业生产制造、运营管理、市场开拓的信息化应用水平。依托全省中小企业公共服务平台网络体系，搭建全省电子商务公共服务平台和特色产业电子商务交易平台。根据市州产业特点、区域优势，扶持电商企业加快发展，重点打造一批电子商务功能区。利用电子商务平台在各县市区布局建设电子超市，形成属地化的购物门户；支持电商物流企业在全省建设消费品物流周转库，为全省消费品生产企业提供高效储存、配货、快递、收件等物流服务。（牵头单位：省工信委、省商务厅）

甘肃省人民政府关于加快多层次资本市场发展的指导意见

甘政发〔2014〕113号 2014年12月4日

各市、自治州人民政府，兰州新区管委会，省政府有关部门，中央在甘有关单位：

为贯彻落实《国务院关于进一步促进资本市场健康发展的若干意见》（国发〔2014〕17号）精神，加快全省多层次资本市场体系建设，充分发挥多层次资本市场服务实体经济、促进经济转型升级的作用，提出以下意见。

一、总体目标

按照“政府主导、市场化运作，科学规划、风险可控”的基本原则，以上市公司及其后备资源建设为重点，以充分利用国家多层次资本市场体系为支撑，组织推动省内企业实现在不同层级市场间的挂牌、转板、上市、交易、融资，科学构建省内企业利用多层次资本市场的运行机制，初步建成层次分明、基础雄厚、功能完备、优势互补的区域性资本市场运行体系。到2020年末，力争全省境内外市场上市公司达到50家，全国中小企业股份转让系统挂牌50家以上，甘肃股权交易中心挂牌1500家企业，直接融资规模比2014年翻一番以上，全省证券化率达到全国平均水平。

二、大力实施企业上市培育工程，加快企业上市步伐

根据全省经济发展战略和产业发展规划，用市场化的手段，从特色经济、优势产业、战略性新兴产业等重点领域和行业，中小企业和工业园区（产业集群）中遴选一批符合国家产业政策、主营业务突出、经营管理规范、具有较高成长性和核心竞争力的重点企业，纳入全省企业上市后备资源库。制定上市企业后备资源库管理办法，明确企业入库标准、动态管理机制及政策支持措施。建立以企业需求为导向、政府引导、中介机构参与的培育机制。按照“集中力量培育，集中政策扶持，集中资金支持，优先给予增信担保，优先提供信贷扶持，优先介绍股权融资，优先推荐辅导上市”的原则，加强上市企业后备资源的重点跟踪与动态管理。省级相关部门优先安排、支持重点培育企业申请国家各类专项基金；省级各类专项资金，优先支持全省拟上市重点培育企业。贷款项目符合有关政策规定的，优先推荐重点培育企业享受国家及地方财政贴息。各级政府和相关部门要制定配套政策，针对涉及企业上市的募投项目、土地、环保等事项，建立“绿色通道”制度。

三、着力提升上市公司质量，支持上市公司做大做强

引导上市公司通过资本市场完善现代企业制度，建立健全市场化经营机制，规范经营决策。支持上市公司进一步提高科技创新能力，努力开拓国内外市场，不断增强企业核心竞争能力。鼓励上市公司采取增发、配股、发行优先股、公司债券、中期票据、短期融资券、可转换债券等方式扩大再融资规模。引导省内大型企业、省属金融机构对失去融资功能或面临退市风险的上市公司进行兼并重组。鼓励上市公司实施跨地区、跨所有制收购兼并，延伸优势产业链条，带动产业集群发展。深化国企改革，鼓励国有（控股）上市公司通过引进战略投资者、交叉持股、资产置换等方式实现投资主体多元化。加快推进大型国有企业集团整体上市。

四、推进企业改制上市，全力支持企业多渠道融资

推动各类企业引入战略投资者，实现股权多元化，通过改制上市建立现代企业制度。支持资产规模较大、盈利水平较高的企业在主板上市；支持具有发展潜力的特色企业和高新技术企业在中小企业板上市；支持符合战略性新兴产业发展方向的企业在创业板上市；扶持科技型企业和优势中小企业在全国中小企业股份转让系统挂牌交易；鼓励和支持中小微企业在区域性股权交易市场挂牌交易。引导和支持具备条件的企业在境外市场上市融资。支持我省优势产业和新材料、新能源、生物产业、信息技术、先进装备制造、节能环保、新型煤化工、现代服务业等八大战略性新兴产业企业通过资本市场做大做强。推动符合条件的城市商业银行、证券公司等地方法人金融机构上市。支持农业产业化龙头企业和文化企业改制上市。

五、全面培育壮大各类发债主体，扩大债券融资规模

鼓励支持企业综合运用公司债、企业债、超短期融资券、短期融资券、中期票据、私募债、集合债券（票据）等债务融资工具，扩大债务融资规模。建立省市县三级政府和企业分担的债券（票据）融资风险补偿（缓释）基金。积极申请地方政府自行发债试点。支持企业结合新型城镇化改革、保障房建设和棚户区改造发行债券（票据）。引导地方性法人金融机构、非金融企业、企业年金基金、信托理财产品等加

入全国银行间债券市场从事债券业务。支持地方性金融机构发行金融债券。积极推进资产证券化改革，为“三农”、小微企业等实体经济发展以及基础设施、重大项目建设、交通、能源、水务、园区、景区等建设提供资金支持。争取各类债券创新产品在我省先行先试，探索并推广债贷组合、可续期债券、项目收益票据等债券创新品种。

六、积极引入培育各类投资基金，促进资本要素集聚

制定推动各类投资基金发展的支持政策。大力引进、培育、发展各类产业投资基金、创业投资基金、股权投资基金、中小企业债券投资基金、企业并购基金等机构投资者。鼓励省内大型企业、政府投融资公司、政策性银行、商业银行、证券公司、保险公司等机构设立符合我省发展需要的各类投资基金。鼓励各级政府、兰州新区和产业园区通过财政投入、吸收社会资本和自身循环等方式，设立并逐步扩大省级各类投资引导基金规模，引导社会资金加大对优势产业、中小微企业、创新创业型企业的投资力度。

七、加快区域股权交易市场发展，助推企业多层次融资

出台促进区域性股权交易市场建设发展的具体政策措施，支持甘肃股权交易中心创新发展机制，拓宽经营思路，通过组织银行、信托、担保、资产管理等机构开展业务合作，为登记托管和挂牌企业开展提供多元化、多层次、高效率、低成本的金融服务。积极引导全省企业通过在甘肃股权交易中心挂牌、登记托管，推进企业建立现代化企业制度，完善公司治理结构，加快股份制改造。整合省级财政用于支持企业发展的各种专项资金，逐步将财政拨款改为以股权投资形式注入企业，并吸引社会资金跟进投资。市县也要积极以股权投资等市场化方式加大对完成股份制改造的企业的支持力度。引导甘肃股权交易中心充分发挥省战略性新兴产业专项资金管理人的职责与作用，提高资金的投资运作管理效力。省级相关部门要根据甘肃股权交易中心发展的需要，加强协调，形成合力，及时制订和完善宣传推介、财政扶持、工商变更、挂牌培育等政策措施，为中心健康发展营造良好的环境。各级政府要积极鼓励和引导辖区企业通过甘肃股权交易中心进行股权登记、托管、挂牌交易、投资、融资、结算、过户。

八、打造“丝绸之路经济带”区域金融中心，推动要素市场体系发展

以打造“丝绸之路经济带”区域金融中心为重要目标，优化金融资源配置，促进生产要素流动，加快我省金融基础设施建设，逐步建立健全登记、托管、评估、增信、结算等金融交易服务机构，为区域金融市场建设提供必要的组织、技术支撑。制定推动各类交易场所规范发展的指导意见和管理办法，积极推进大宗商品、农村产权、知识产权、文化产权、能源矿产、排放权交易场所的建设发展。到2020年末，力争形成以股权交易、债券融资、知识产权、生产要素为主体，以资产证券化为手段的功能齐备、体系完整、运作优良的要素市场体系。积极引入期货经营机构，鼓励期货机构扩大资产规模，提高盈利水平。鼓励有条件的期货公司开展业务创新，拓宽经营范围，走特色化经营之路。加大与相关期货交易所的沟通协调力度，加快推进交割库的申报进程，争取相关期货交易所在我省设立现货交割库。

九、有效拓宽其他直接融资渠道，合力扩大直接融资

鼓励资产管理公司充分运用资产证券化手段，盘活存量资产，筹集企业发展资金。支持资产管理公司为上市后备资源企业开展综合金融服务业务，以注入资本金、承销企业债、发放信托理财计划等方式加大投资，参与企业并购、重组。加快省属金融租赁、融资租赁机构设立步伐。积极引进省外、境外金融租赁、融资租赁公司在我省设立分支机构，开展金融租赁、融资租赁业务。支持、鼓励信托机构不断开发、创新金融产品，探索开展房地产信托投资基金、资产支持信托、中小企业集合信托债权基金、可转换信托股权基金等直接融资型创新业务，加大对省内企业融资的支持力度。

十、大力发展中介服务机构，不断完善资本市场服务体系

鼓励华龙证券公司增强企业资本实力，进一步拓展业务范围，强化流动性管理，增强创新发展和风险防控能力，加快上市步伐。积极引进具有较强实力的大型券商在我省设立区域总部或分公司。支持我省实力雄厚、业绩良好的会计师事务所、律师事务所、信用评级机构、增信担保机构等中介组织进行兼并重组，提升在全国同行业的影响力。积极引进会计、审计、律师、资产评估、信用评级、金融咨询服务等机构，鼓励其将总部迁至我省或在我省设立区域性总部。政府相关部门要加大对金融中介服务机构参与多层次资本市场建设的政策支持力度。

十一、促进资本市场区域均衡发展

加强分类指导，逐步改善我省资本市场发展区域不平衡格局。兰州市要加大上市和直接融资企业培育力度，打造资本市场发展高地。已有上市企业的市（州），要加大工作力度，增加上市、挂牌企业数量，扩大直接融资规模；尚无上市企业的市（州）要加大政策支持力度，重点推动企业到场外市场挂牌融资，力争尽快实现企业上市零突破。

十二、加强组织领导，强化宣传培训

充分发挥省金融创新发展协调推进领导小组的职能作用，加强政策协调和工作指导，全面推动全省直接融资工作快速健康发展。组织开展大规模、广范围、多形式、多层次的资本市场知识的宣传和培训，帮助企业经营者树立资本运作的观念和信心，增强利用资本市场的积极性和主动性。将资本市场知识作为各级领导干部教育培训的重要内容，不断提高各级领导干部发展资本市场的意识和能力，努力营造加快多层次资本市场发展的良好环境。各级政府要不断强化服务资本市场建设职能部门的专业队伍建设，建立政府与金融机构的双向人才交流机制，大力引进省内急需的金融人才，充分发挥金融挂职干部的作用，为我省加快多层次资本市场发展提供人才智力支撑。

十三、防范化解金融风险

加强资本市场诚信体系建设，加大对失信行为的惩戒力度。建立政府部门和金融监管机构定期协调机制，形成良性互动、信息共享、风险控制的监管体系，增强市场风险防控和处置突发事件的能力。依法打击证券期货违法违规行为，保护投资者特别是中小投资者合法权益。强化舆论引导，加强对各类投资者的宣传，增强投资者的风险防范能力和风险自担意识，努力营造良好的金融生态环境，实现资本市场的可持续发展。

加快我省多层次资本市场建设发展工作由省政府金融办、人民银行兰州中心支行、甘肃证监局牵头负责，省金融创新发展协调推进领导小组其他成员单位配合。

甘肃省人民政府关于加强政府性债务管理的实施意见

甘政发〔2014〕123号　2014年12月25日

各市、自治州人民政府，兰州新区管委会，省政府各部门，中央在甘有关单位：

为规范和加强我省政府性债务管理，促进经济社会持续健康发展，根据《国务院关于加强地方政府性债务管理的意见》（国发〔2014〕43号）精神，结合我省实际，现提出以下实施意见。

一、指导思想和基本原则

（一）指导思想

以邓小平理论、“三个代表”重要思想、科学发展观和习近平总书记系列重要讲话精神为指导，全面贯彻落实党的十八大、十八届三中、四中全会精神，按照党中央、国务院和省委、省政府决策部署，建立“权责利相结合，借用还相统一”的政府性债务管理机制，有效发挥各级政府规范举债的积极作用，切实防范化解财政金融风险，促进经济社会持续健康发展。

（二）基本原则

1.疏堵结合。赋予各级政府依法适度举债融资权限，建立规范的政府举债融资机制。同时，坚决制止各级政府违法违规举债。

2.明确责任。明确政府和企业的责任，政府债务不得通过企业举借，企业债务不得推给政府偿还，谁借谁还、风险自担。政府与社会资本合作的，按约定规则依法承担相关责任。

3.规范管理。对政府债务实行规模控制，严格限定各级政府举债程序和资金用途。各级政府（含政府部门和机构，下同）及其事业单位的债务要分门别类纳入全口径预算管理，实现“借、用、还”相统一。

4.防控风险。建立风险预警机制，牢牢守住不发生区域性和系统性风险的底线，切实防范和化解财政金融风险。

5.稳步推进。在加强和规范管理的同时，妥善处理存量债务，确保在建项目有序推进。

二、建立规范的政府举债融资机制

（一）明确地方政府依法适度举债权限。经国务院批准，省级政府可适度举借债务。市县级政府确需举借债务的，由省级政府代为举借。政府债务只能通过政府及其部门举借，不得通过企事业单位等举借。

（二）规范地方政府举债融资方式。政府举债采取政府债券方式。没有收益的公益性事业发展确需政府举借一般债务的，通过发行一般债券融资，主要以公共财政预算收入偿还。有一定收益的公益性事业发展确需政府举借专项债务的，通过发行专项债券融资，以对应的政府性基金或专项收入偿还。政府举借债务要遵循市场化原则。建立政府信用评级制度，完善政府债券市场。

（三）实行政府债务规模控制。政府债务规模实行限额管理，各级政府举债不得突破批准的限额。省本级和分市县的一般债务和专项债务可举借额度由省财政厅在国务院批准的限额内，根据债务风险、财力状况和融资需求等因素测算并报省政府批准。各级政府在批准的限额内，合理确定当年债务举债额度，报本级人大或其常委会审查批准。

（四）推行政府与社会资本合作模式。鼓励社会资本通过特许经营等方式，参与城市基础设施等有一定收益的公益性事业投资和运营。政府通过特许经营权、合理定价、财政补贴等事先公开的收益约定规则，使投资者有长期稳定收益。投资者按照市场化原则出资，可以通过银行贷款、企业债、项目收益债券、资产证券化等市场化方式举债并承担偿债责任。政府对投资者按约定规则承担特许经营权、合理定价、财政补贴等相关责任，不承担投资者的偿债责任。

三、实行政府债务预算管理

（一）将政府债务纳入预算管理。各级政府要将一般债务收支纳入一般公共预算管理，将专项债务收支纳入政府性基金预算管理，将政府与社会资本合作项目中的财政补贴等支出按性质纳入相应政府预算管理。各部门、各单位要将债务收支纳入部门和单位预算管理。

（二）严格债务资金使用范围。各级政府举借的债务，只能用于公益性资本支出和适度归还存量债务，不得用于经常性支出。

四、建立政府债务风险管控和化解机制

（一）建立风险预警机制。省财政厅根据财政部发布的债务风险评估结果，细化测算债务率、新增债务率、偿债率、逾期债务率等指标，评估分析市县政府债务结构和风险状况，向债务高风险地区发布风险预警。列入风险预警范围的高风险地区，要积极采取措施，通过控制项目规模、调整支出结构、压缩公用经费、处置存量资产等方式，加大偿债资金筹措力度，逐步降低债务风险。债务风险相对较低的地区，要合理控制债务余额的规模和增长速度。

（二）建立债务风险应急处置机制。市县政府对其举借的债务负有偿还责任，省政府实行不救助原则。各级政府要强化预算约束，防范道德风险，制定应急处置预案，建立责任追究机制。要全面掌握资产负债、还本付息、财政运行等情况，及时跟踪风险变化，切实防范风险演变。市县政府难以自行偿还债务时，要及时上报，本级和上级政府要启动债务风险应急处置预案和责任追究机制，切实化解债务风险，并追究相关人员责任。债务风险应急处置预案由各级财政部门牵头制定，经本级政府批准后报省财政厅备案。

（三）严肃财经纪律。建立对违法违规融资和违规使用政府债务资金的惩罚机制，加大对政府债务管理的监督检查力度。各级政府及其部门不得在预算之外违法违规举借债务，不得以支持公益性事业发展名义举借债务用于经常性支出或楼堂馆所建设，不得挪用债务资金或改变既定资金用途；对企业的注资、财政补贴等行为必须依法合规，不得违法为任何单位和个人的债务以任何方式提供担保；不得违规干预金融机构等正常经营活动，不得强制金融机构等提供政府性融资。各级政府要进一步规范土地出让管理，坚决制止违法违规出让土地及融资行为。

（四）强化债权人约束。金融机构等不得违法违规向各级政府提供融资，不得要求政府及其部门违法违规提供担保。对购买政府债券的，要符合相关监管规定。对违法违规提供政府性融资的，应自行承担相应损失，并按照商业银行法、银行业监督管理法等法律法规追究相关机构和人员的责任。

五、完善相关配套制度

（一）建立政府债务统计分析报告制度。各级政府要完善政府债务统计报告制度，加快建立权责发生制的政府综合财务报告制度，全面反映政府的资产负债情况。财政部门要认真做好本级政府债务的统计分析工作，定期对政府债务的规模、结构、发展趋势和风险程度等进行综合评价，并向本级政府和上级财政部门报送债务统计报表及债务分析报告。

（二）建立监督评价机制。各级政府要定期向社会公开政府性债务及其项目建设情况，自觉接受社会监督。各级审计、财政等部门要加大对政府债务管理工作的审计和专项检查力度。对于政府及其部门过度举债、违法违规举债或提供担保、违规使用债务资金、恶意逃废债务、风险防控不力、提供虚假信息等行为，以及存在绩效评价结果较差、审计和专项检查中发现问题较多、整改落实不到位等情况的，要进行约谈和问责，并依法依规追究相关单位和责任人的责任。

（三）建立考核奖惩机制。政府债务管理要作为各级政府领导班子和领导干部政绩考核的一项硬指标，重点考核任期内防控债务风险、落实偿债责任、化解存量债务等情况，纠正不正确的政绩导向，防止政府行为短期化。对信用级别高、防控和化解债务风险整体效果好的市县政府，通过举借债务额度倾斜或以奖代补等方式给予适当奖励；对到期债务偿还不及时、风险化解措施不得力、存在违法违规行为的，视其情节轻重，分别采取停止核定新增政府债务规模、扣减转移支付增量等措施予以处罚，将扣减资金直接用于偿还债务，并督促其限期整改。

六、妥善处理存量债务和在建项目后续融资

（一）认真清理甄别存量债务。以2013年政府性债务审计结果为基础，结合当前债务增减变化情况，经债权人与债务人共同协商确认，对地方政府性存量债务按照审计口径进行甄别。对各级政府及其部门举借的债务，相应纳入一般债务和专项债务。对企事业单位举借的债务，凡属于政府应当偿还的债务，相应纳入一般债务和专项债务。对政府负有担保责任的债务，要按照《预算法》《担保法》有关规定，纳入或有债务监控范围。对政府可能承担一定救助责任的债务，要按照“权责利相一致”的原则，明确政府和企业的责任，切实做到谁借谁还、风险自担；确需政府承担救助责任的债务，偿债资金要纳入预算管理，相应的资产、收入或权益等要一并划转。对甄别后的政府存量债务逐级汇总上报国务院批准后，分类纳入预算管理。纳入预算管理的债务原有债权债务关系不变，偿债资金要按照预算管理要求规范管理。

（二）妥善处置存量债务。

1.加大预算统筹力度。对政府负有偿还责任的到期债务，各级政府要统筹各类资金，加大偿债力度。新增一般公共预算、政府性基金预算、国有资本经营预算财力，以及结余资金、超收收入等，原则上要优先用于偿还到期政府债务。各部门、单位要优化调整支出结构，大力压缩经常性支出和专项支出用于偿还债务。

2.合理降低存量债务利息负担。对甄别后纳入预算管理的政府存量债务，各级政府可在批准的限额内申请发行政府债券置换，以降低利息负担，优化期限结构，腾出更多资金用于重点项目建设。

3.分类化解存量债务。处置到期存量债务要遵循市场规则，减少行政干预。对项目自身运营收入能够按时还本付息的债务，应继续通过项目收入偿还。各级政府要依法依规落实原协议各项条件，督促债务人落实偿债资金来源，确保按期足额偿债。对项目自身运营收入不足以还本付息的债务，可以通过依法注入优质资产、加强经营管理、探索公私合作模式等措施，提高盈利水平，增强偿债能力。对融资成本过高、期限结构不合理的未到期债务，鼓励债务单位与债权人协商按照合理回报水平和期限重新签订协议。有关债务举借单位和连带责任人要切实履行协议规定，明确偿债责任，落实偿债资金，按时还本付息，不得单方面改变原有债权债务关系，不得转嫁偿债责任和逃废债务。对确已形成损失的债务，债权人应按照市场化原则承担相应责任和损失。

（三）确保在建项目后续融资。各级政府要结合存量债务清理甄别工作，逐笔审核并锁定政府举债的在建项目，实行名录管理。要统筹各类资金，优先保障符合条件的在建项目续建和收尾。对使用政府债务资金的在建项目，财政部门要会同有关部门核算后续融资需求，原贷款银行等要重新进行审核，凡符合国家有关规定的项目，要继续按协议提供贷款，推进项目建设；对在建项目确实没有其他建设资金来源的，应主要通过政府与社会资本合作模式和地方政府债券解决后续融资。在建项目举债规模纳入年度债务限额管理。

七、规范融资平台公司管理

剥离融资平台公司政府融资职能，融资平台公司不得新增政府债务。各级财政部门要会同人民银行分支机构、银行业监管部门、审计部门，清理融资平台公司，锁定融资平台公司政府债务，逐级上报财政部门备案。

八、加强组织领导

（一）落实政府管理责任。全省政府性债务管理工作由省政府统一领导，市县政府对其辖区内政府性债务管理工作负总责。各级政府是本级政府性债务管理的责任主体，政府主要责任人是本级政府性债务管理的第一责任人。各部门主要负责人是本部门政府性债务管理的第一责任人。

（二）强化财政监管责任。各级财政部门是政府性债务的归口管理部门，要成立专门债务管理机构，充实管理力量，完善管理制度，做好控制债务规模、规范举债程序、强化预算管理、管控债务风险和加强统计分析等工作。

（三）明确相关部门责任。各级政府要建立政府性债务管理协调机制。发展改革部门要加强政府投资计划管理和项目审批，从严审批债务风险较高市县的新开工项目；金融监管部门要加强监管、正确引导，制止金融机构等违法违规提供融资；审计部门要将政府债务管理情况纳入预算执行及决算审计、领导干部经济责任审计范围，依法加强对各级政府性债务的审计监督；监察部门要及时查处政府投融资活动中的违法违纪行为。

各级各部门要深刻领会党的十八大、十八届三中、四中全会精神实质，把思想和行动统一到省委、省政府的重大决策部署上来，坚持依法行政，牢固树立责任意识和风险意识，切实转变政府职能，创新预算管理方式，加强协调配合，不折不扣地抓好防控和化解政府性债务风险长效机制建设，全面做好加强政府性债务管理的各项工作。

各级各部门要根据本实施意见，结合自身实际，制定贯彻落实的具体意见、措施和办法，并报省财政厅备案。

省政府重要通知

甘肃省人民政府关于发布政府核准的投资项目目录（2014年本）的通知

甘政发〔2014〕23号 2014年3月5日

各市、自治州人民政府、兰州新区管委会，省政府各部门，中央在甘有关单位：

为进一步深化投资体制改革和行政审批制度改革，使市场在资源配置中起决定性作用和更好发挥政府作用，现发布《政府核准的投资项目目录（2014年本）》，并就有关事项通知如下：

一、企业投资建设目录内的固定资产投资项目，须按照规定报送有关项目核准机关核准。企业投资建设目录外的项目，实行备案管理。事业单位、社会团体等投资建设的项目，按照本目录执行。

二、法律、行政法规和国家制定的发展规划、产业政策、总量控制目标、技术政策、准入标准、用地政策、环保政策、信贷政策等是企业开展项目前期工作的重要依据，是项目核准机关和国土资源、环境保护、城乡规划、行业管理等部门以及金融机构对项目进行审查的依据。

对于钢铁、电解铝、水泥、平板玻璃、船舶等产能严重过剩行业的项目，各市、自治州政府、兰州新区管委会和省政府有关部门要严格按照国务院和省政府关于化解产能严重过剩矛盾的意见要求执行。

三、项目核准机关要改进完善管理办法，提高工作效能，认真履行核准职责，严格按照规定权限、程序和时限等要求进行审查。有关部门要密切配合，按照职责分工，相应改进管理办法，简化审核内容，同步下放核准前置条件审批权限，依法加强对投资活动的监管，建立纵横协管联动机制。对不符合法律法规规定以及未按规定权限和程序核准或者备案的项目，有关部门不得办理相关手续，金融机构不得提供信贷支持。

四、按照规定由国务院投资主管部门核报国务院核准的项目、国务院投资主管部门核准的项目，由省政府投资主管部门按程序上报；由国务院行业管理部门核准的项目，由对口行业管理部门按程序上报。由省政府投资主管部门核准的项目，事前须征求行业管理部门的意见。由市州政府、兰州新区投资主管部门核准的项目，核准权限不得下放。

五、法律、行政法规和国家有专门规定的，按照相关规定执行。

六、本目录自发布之日起执行，《甘肃省政府核准的投资项目目录（2005年本）》即行废止。

政府核准的投资项目目录

（2014 年本）

一、农业水利

农业：涉及开荒的项目，100公顷及以上的由省政府投资主管部门核准，50公顷及以上100公顷以下的由市（州）政府核准，50公顷以下的由县（市、区）政府核准。

水库：在跨界河流、跨省（区、市）河流上建设的项目由国务院投资主管部门核准；省内其他河流库容1000万立方米及以上的项目由省政府投资主管部门核准，库容1000万立方米以下的项目由省级行业管理部门核准。

其他水事工程：涉及跨界河流、跨省（区、市）水资源配置调整的项目由国务院投资主管部门核准；涉及跨市（州）水资源配置调整的项目由省政府投资主管部门核准；其余项目由市（州）政府投资主管部门核准。

二、能源

水电站：在黄河干流、渭河、白龙江、白水江、洮河、大通河主要河流上建设的项目由国务院投资主管部门核准；在省内其他河流上建设的纳入《甘肃省非主要河流水电开发规划》的项目，装机容量2万千瓦及以上的由省政府投资主管部门核准，装机容量2万千瓦以下的由市（州）政府投资主管部门核准。

抽水蓄能电站：由国务院行业管理部门核准。

火电站：分布式燃气发电项目由省政府投资主管部门核准，其余项目由国务院投资主管部门核准。

热电站：燃煤背压热电项目由省政府投资主管部门核准，其余燃煤热电项目由国务院投资主管部门核准；其余热电项目由省政府投资主管部门核准。

风电站：纳入国务院行业管理部门年度核准计划，接入电网电压等级35千伏以上的项目由省政府投资主管部门核准，接入电网电压等级35千伏及以下的项目由市（州）政府投资主管部门核准。

核电站：由国务院核准。

电网工程：跨境、跨省（区、市）±400千伏及以上直流项目，跨境、跨省（区、市）500千伏、750千伏、1000千伏交流项目，由国务院投资主管部门核准；非跨境、跨省（区、市）±400千伏及以上直流项目，非跨境、跨省（区、市）750千伏、1000千伏交流项目，由国务院行业管理部门核准；非跨境、跨省（区、市）500千伏及以下、220千伏以上电压等级的交流电网工程由省政府投资主管部门核准；220千伏及以下电压等级的交流电网工程由市（州）政府投资主管部门核准。

煤矿：国家规划矿区内新增年生产能力120万吨及以上煤炭开发项目由国务院行业管理部门核准，新增年生产能力120万吨以下煤炭开发项目由省政府投资主管部门核准；其余一般煤炭开发项目由省政府投资主管部门核准。国家规定禁止新建的煤与瓦斯突出、高瓦斯和中小型煤炭开发项目，不得核准。

煤制燃料：年产超过20亿立方米的煤制天然气项目，年产超过100万吨的煤制油项目由国务院投资主管部门核准。

原油：油田开发项目由具有石油开采权的企业自行决定，报国务院行业管理部门备案。

天然气：气田开发项目由具有天然气开采权的企业自行决定，报国务院行业管理部门备案。

液化石油气接收、存储设施（不含油气田、炼油厂的配套项目）：由省政府投资主管部门核准。

进口液化天然气接收、储运设施：由国务院行业管理部门核准。

输油管网（不含油田集输管网）：跨境、跨省（区、市）干线管网项目由国务院投资主管部门核准，其余项目由省政府投资主管部门核准。

输气管网（不含油气田集输管网）：跨境、跨省（区、市）干线管网项目由国务院投资主管部门核准，其余项目由省政府投资主管部门核准。

炼油：新建炼油及扩建一次炼油项目由国务院投资主管部门核准。

变性燃料乙醇：由省级行业管理部门核准。

三、交通运输

新建（含增建）铁路：跨省（区、市）项目和国家铁路网中的干线项目由国务院投资主管部门核准，国家铁路网中的其余项目由中国铁路总公司自行决定并报国务院投资主管部门备案；其余地方铁路项目由省政府投资主管部门核准。

公路：国家高速公路网项目由国务院投资主管部门核准，国家高速公路网外的干线项目由省政府投资主管部门核准；地方高速公路项目由省政府投资主管部门核准；普通国道、省道和跨市（州）的一级公路项目由省政府投资主管部门核准，其余项目由市（州）政府投资主管部门核准。

独立公路桥梁、隧道：跨境、跨大江大河（三级及以上通航段）的项目由国务院投资主管部门核准，其余项目由市（州）政府投资主管部门核准。

煤炭、矿石、油气专用泊位：年吞吐能力1000万吨及以上项目由国务院投资主管部门核准，其余项目由省政府投资主管部门核准。

集装箱专用码头：由省政府投资主管部门核准。

内河航运：千吨级及以上通航建筑物项目由国务院投资主管部门核准；跨市（州）的航道项目由省政府投资主管部门核准；其余项目由市（州）政府投资主管部门核准。

民航：新建机场项目由国务院核准，扩建军民合用机场项目由国务院投资主管部门会商军队有关部门核准。

四、信息产业

电信：国际通信基础设施项目由国务院投资主管部门核准；国内干线传输网（含广播电视网）以及其他涉及信息安全的电信基础设施项目，由国务院行业管理部门核准。

五、原材料

稀土、铁矿、有色矿山开发：已查明资源储量5000万吨及以上规模的铁矿开发项目，由国务院投资主管部门核准；稀土矿山开发项目，由国务院行业管理部门核准；其余项目由省政府投资主管部门核准。

钢铁：新增生产能力的炼铁、炼钢、热轧项目由国务院投资主管部门核准。

有色：新增生产能力的电解铝项目，新建氧化铝项目，由国务院投资主管部门核准。

石化：新建乙烯项目由国务院投资主管部门核准。

化工：年产超过50万吨的煤经甲醇制烯烃项目，年产超过100万吨的煤制甲醇项目，新建对二甲苯（PX）项目，由国务院投资主管部门核准；新建二苯基甲烷二异氰酸酯（MDI）项目由国务院行业管理部门核准。

化肥：钾矿肥、磷矿肥项目由省政府投资主管部门核准。

水泥：由省政府投资主管部门核准。

稀土：冶炼分离项目由国务院行业管理部门核准，稀土深加工项目由省级行业管理部门核准。

黄金：采选矿项目由省级行业管理部门核准。

六、机械制造

汽车：按照国务院批准的《汽车产业发展政策》执行。

船舶：新建10万吨级及以上造船设施（船台、船坞）项目由国务院投资主管部门核准。

七、轻工

烟草：卷烟、烟用二醋酸纤维素及丝束项目由国务院行业管理部门核准。

八、高新技术

民用航空航天：民用飞机（含直升机）制造、民用卫星制造、民用遥感卫星地面站建设项目，由国务院投资主管部门核准。

九、城建

城市快速轨道交通项目：由省政府投资主管部门核准。

城市供水：跨省（区、市）日调水50万吨及以上项目由国务院投资主管部门核准。跨市（州）城市调水项目由省政府投资主管部门核准，其余城市调水项目由市（州）政府投资主管部门核准。

城市道路桥梁、隧道：跨重要海湾、跨大江大河（三级及以上通航段）的项目由国务院投资主管部门核准。

其他城建项目：由市（州）政府投资主管部门核准。

十、社会事业

主题公园：特大型项目由国务院核准；大型项目由国务院投资主管部门核准；规划（或实际）总占地面积200亩及以上600亩以下，规划（或实际）总投资2亿元及以上15亿元以下的中小型项目由省政府投资主管部门核准；其余项目由市（州）政府投资主管部门核准。

旅游：国家级风景名胜区、国家自然保护区、全国重点文物保护单位区域内总投资5000万元及以上旅游开发和资源保护项目，世界自然和文化遗产保护区内总投资3000万元及以上项目，由省政府投资主管部门核准。上述限额以下的项目，由市（州）政府投资主管部门核准。

其他社会事业项目：按备案制管理。

十一、金融

印钞、造币、钞票纸项目：由中国人民银行核准。

十二、外商投资

《外商投资产业指导目录》中有中方控股（含相对控股）要求的总投资（含增资）3亿美元及以上鼓励类项目，总投资（含增资）5000万美元及以上限制类（不含房地产）项目，由国务院投资主管部门核准。《外商投资产业指导目录》限制类中的房地产项目和总投资（含增资）小于5000万美元的其他限制类项目，由省政府投资主管部门核准。《外商投资产业指导目录》中有中方控股（含相对控股）要求的总投资（含增资）3亿美元以下、5000万美元及以上的由省政府投资主管部门核准，5000万美元以下的由市（州）政府投资主管部门核准。

前款规定之外的属于本目录第一至十一条所列项目，按照本目录第一至十一条的规定核准。

外商投资企业的设立及变更事项，按现行有关规定由商务部和省政府核准。

十三、境外投资

中方投资10亿美元及以上项目，涉及敏感国家和地区、敏感行业的项目，由国务院投资主管部门核准。

前款规定之外的中央管理企业投资项目和地方企业投资3亿美元及以上项目报国务院投资主管部门备案；省内管理企业投资3亿美元以下项目由省政府投资主管部门备案。

国内企业在境外投资开办企业（金融企业除外）事项，涉及敏感国家和地区、敏感行业的，由商务部核准；其他情形的，中央管理企业报商务部备案，地方企业报省政府投资主管部门备案。

甘肃省人民政府关于机构设置的通知

甘政发〔2014〕24号　2014年3月11日

各市、自治州人民政府，兰州新区管委会，省政府各部门，中央在甘各单位：

根据《中共中央办公厅、国务院办公厅关于印发〈甘肃省人民政府职能转变和机构改革方案〉的通知》（厅字〔2014〕11号），现将调整后的甘肃省人民政府机构设置通知如下：

一、甘肃省人民政府办公厅

二、甘肃省人民政府组成部门

甘肃省发展和改革委员会

甘肃省教育厅

甘肃省科学技术厅

甘肃省工业和信息化委员会

甘肃省民族事务委员会

甘肃省公安厅

甘肃省国家安全厅

甘肃省监察厅

甘肃省民政厅

甘肃省司法厅

甘肃省财政厅

甘肃省人力资源和社会保障厅

甘肃省国土资源厅

甘肃省环境保护厅

甘肃省住房和城乡建设厅

甘肃省交通运输厅

甘肃省水利厅

甘肃省农牧厅

甘肃省林业厅

甘肃省商务厅

甘肃省文化厅

甘肃省卫生和计划生育委员会

甘肃省审计厅

甘肃省人民政府外事办公室

三、甘肃省人民政府直属特设机构

甘肃省人民政府国有资产监督管理委员会

四、甘肃省人民政府直属机构

甘肃省地方税务局

甘肃省工商行政管理局

甘肃省质量技术监督局

甘肃省新闻出版广电局

甘肃省体育局

甘肃省安全生产监督管理局

甘肃省食品药品监督管理局

甘肃省统计局

甘肃省旅游局

甘肃省宗教事务局

甘肃省粮食局

甘肃省人民政府法制办公室

甘肃省人民政府研究室

甘肃省人民防空办公室

甘肃省扶贫开发办公室

五、甘肃省人民政府部门管理机构

甘肃省人民政府参事室

甘肃省人民政府金融工作办公室

甘肃省机关事务管理局

甘肃省监狱管理局

甘肃省公务员局

甘肃省文物局

甘肃省人民政府设置工作部门40个，其中，办公厅和组成部门24个，直属特设机构1个，直属机构15个。监察厅和纪律检查委员会机关合署办公，挂预防腐败局牌子，列入省政府工作部门序列，不计入政府机构个数；发展和改革委员会挂物价局、能源局牌子；工业和信息化委员会挂国防科技工业局、中小企业局牌子；人力资源和社会保障厅挂外国专家局牌子；环境保护厅挂核安全局牌子；外事办公室挂侨务办公室、港澳事务办公室牌子；新闻出版广电局挂版权局牌子；食品药品监督管理局挂食品安全委员会办公室牌子；扶贫开发办公室挂两西建设指挥部牌子。设置部门管理机构6个：参事室、金融工作办公室、机关事务管理局由省政府办公厅管理；监狱管理局由司法厅管理；公务员局由人力资源和社会保障厅管理；文物局由文化厅管理。部门管理机构除参事室、金融工作办公室仍按现有规格逐步过渡外，其余均为副厅级规格。

甘肃省人民政府关于印发战略性新兴产业发展总体攻坚战实施方案的通知

甘政发〔2014〕87号　2014年9月15日

各市、自治州人民政府，兰州新区管委会，省政府有关部门，中央在甘有关单位：

现将《战略性新兴产业发展总体攻坚战实施方案》印发给你们，请认真组织实施。

战略性新兴产业发展总体攻坚战实施方案

战略性新兴产业是经济结构调整的战略基点，对于稳增长、调结构、增后劲具有重要的带动作用。近年来，省委省政府高度重视，从拓宽投融资渠道、支持人才培育和技术服务、提升企业自主创新能力、推进自主创新成果转化、扶持园区建设等方面出台了一系列支持政策和措施，有力推动了全省战略性新兴产业发展。2013年，全省战略性新兴产业实现增加值452亿元，占全省生产总值的比重达到7.21%，“十二五”前三年年均增幅达18.68%，正在迈入全面推进的新阶段。但同时，产业发展还存在起步晚、规模小，创新能力弱，市场制约因素多等问题。为积极适应经济发展的新形势和新要求，加快推进战略性新兴产业发展步伐，省政府决定实施战略性新兴产业发展总体攻坚战，以新材料、新能源、生物产业、信息技术、先进装备制造、节能环保、新型煤化工、现代服务业等8个领域为重点，扩展产业覆盖面，优化推进机制，聚焦政策措施，力争进一步提升全省战略性新兴产业发展水平和层次。为深入组织实施好战略性新兴产业发展总体攻坚战，特制定本方案。

一、总体思路

贯彻落实党的十八届三中全会和省十二次党代会精神，加快实施创新驱动发展战略，把加快培育和发展战略性新兴产业放在推进产业结构升级和经济发展方式转变的突出位置，注重与传统产业转型升级、生态文明建设等紧密结合，按照“加快发展、提升质量、提高比重”的总体要求，坚持深化改革、总体推进、突出重点、集中攻坚、分类指导、分步实施的原则，聚焦政策措施，突出要素保证，营造良好发展环境，推进战略性新兴产业快速健康发展。

二、目标和任务

通过总体攻坚，力争到2017年全省战略性新兴产业增加值突破1000亿元，占生产总值的比重达到13%以上。到2020年，战略性新兴产业增加值占生产总值的比重达到16%。

（一）做强优势行业。按照“重点突破、发挥优势、龙头带动、聚集发展”的要求，分阶段在战略性新兴产业8大领域分别选择1—2个优势行业进行集中攻坚。重点开发一批拥有自主知识产权的新产品，打造一批掌握关键核心技术、市场需求前景广、带动系数大、综合效益好的新兴产业链。到2020年，新材料、新能源和先进装备制造业成为全省支柱产业，生物和信息技术产业成为全省先导产业，节能环保、新型煤化工和现代服务业成为全省经济新的增长点。（省发展改革委牵头，省科技厅、省教育厅、省工信委、省财政厅、省商务厅、省环保厅、省农牧厅、省统计局等负责）

（二）做优骨干企业。按照企业申报、部门推荐和专家评估相结合的方式，在战略性新兴产业8大领域的优势行业中分别优选2—3家技术先进、行业领先、竞争优势明显的骨干企业，整合政策和资金，分阶段、分步骤动态扶持，使其尽快进入国内同行业优势企业的行列，并争取在证券市场上市融资。培育100家配套协作关系紧密、具有发展潜力的科技型中小企业。扶持一批优势中小企业在新三板挂牌上市。（省发展改革委牵头，省科技厅、省教育厅、省工信委、省财政厅、省商务厅、省环保厅、省农牧厅、省国税局、省地税局、省统计局、省政府金融办等负责）

（三）打造创新平台。以企业为主体，坚持产学研相结合，创建10个国家或国家地方联合工程（技术）研究中心（工程实验室），10个国家企业技术中心，100个省级企业技术创新平台、公共技术服务平台和检测验证服务平台，10个以企业为主导的产业技术创新联盟。通过创新平台建设，不断提升产业自主创新能力。（省发展改革委、省教育厅、省科技厅、省工信委负责）

（四）强化项目建设。围绕发展重点和方向，建立开放动态的省级战略性新兴产业重点项目库。每年遴选100个具有引领性、支撑性和带动性的省级重点项目整体推进建设。依托省级以上产业园区，以产业链建设为重点，促进一批战略性新兴产业领域重点项目签约落地。实施"创新团队+创新项目"引进计划，建设一批科技创新型项目。（省发展改革委牵头，省科技厅、省教育厅、省工信委、省财政厅、省商务厅、省环保厅、省农牧厅、省统计局等负责）

（五）促进产业聚集。加快有色金属新材料和生物医药国家战略性新兴产业区域聚集发展试点工作。建设特色鲜明、产业链完善、引领带动作用强的15个国家级和省级新兴产业聚集发展基地。加快二次电池及电池材料、太阳能热利用、生物质材料、微电子和有色金属新材料等5个创新创业示范园建设。对有一定基础、发展较快的地区，加大资金投入力度，推动战略性新兴产业加快聚集发展。（省发展改革委牵头，部门协调会议各成员单位配合）

三、政策措施

（六）土地政策。

1.确保项目用地。在年度新增建设用地计划中，优先安排省里确定的战略性新兴产业重点项目，并从每年国家下达的计划指标中为重点项目预留部分指标。对未纳入土地利用总体规划的战略性新兴产业重点建设项目，要按程序及时调整土地利用总体规划，将相关重点项目纳入规划，保障项目用地。（省国土资源厅负责）

2.优化预审程序。加快战略性新兴产业建设项目用地预审工作进度，缩短预审时限，为建设用地审批开辟"绿色通道"。（省国土资源厅负责）

3.下放审批权限。对战略性新兴产业建设项目全部占用国有未利用土地的，除应报国务院审批的外，由市县政府审批。（省国土资源厅负责）

（七）财政政策。

1.争取国家支持。鼓励和引导企业申报国家各类专项项目，积极争取国家专项资金支持。（省财政厅、省发展改革委、省科技厅、省工信委、省教育厅、省商务厅、省环保厅等负责）

2.整合财政专项资金。按照"渠道不乱、统筹安排、各记其功"的原则，优化整合财政资金，重点支持战略性新兴产业骨干企业发展。（省财政厅牵头，省发展改革委、省科技厅、省工信委、省教育厅、省商务厅、省环保厅等配合）

3.发挥财政资金引导和杠杆作用。设立甘肃省战略性新兴产业创业投资引导基金，带动社会资金用于创业投资，完善市场化运行机制，以股权投资的形式支持成长期的创新型中小企业发展。（省财政厅、省发展改革委、省政府金融办负责）

4.鼓励企业自主创新。财政科技资金向战略性新兴产业倾斜，支持战略性新兴产业企业从事研发活动的科技经费比重达到30%以上。对获批建设的国家级和省级创新平台，按照新增研发设备投资给予科技专项资金支持。通过"引智引才"引进的项目视同省重点项目予以资助，并给予"一事一议"特别支持。（省科技厅、省财政厅牵头，省发展改革委、省工信委、省人社厅等配合）

5.完善风险补偿机制。研究制定装备制造业重点领域"首台套"产品认定和扶持办法，鼓励和支持高端装备、重大装备的创新及产业化，完善"首台套"风险补偿等政策配套体系。建立战略性新兴产业领域企业信贷风险补偿机制，将金融机构知识产权质押贷款业务纳入科技信贷风险补偿机制。（省科技厅牵头，省发展改革委、省工信委、省财政厅、省政府金融办、甘肃保监局等配合）

6.加大政府购买服务力度。对于应当由政府提供的、适合社会力量承担的战略性新兴产业重点领域的服务项目，通过政府购买服务的方式交由社会力量承担。将属于政府采购范围的战略性新兴产业新产品列入政府采购目录。（省财政厅牵头，省发展改革委、省科技厅、省工信委、省公共资源交易局等配合）

7.新增国有资本向战略性新兴产业领域倾斜，鼓励和引导社会资金、民间资本投资入股战略性新兴产业领域的省属国有企业。（省政府国资委负责）

（八）金融政策。

1.强化信贷支持。鼓励金融机构围绕战略性新兴产业骨干企业、产业链上下游企业开展供应链融资创新。进一步完善适应战略性新兴产业特点的信贷管理和评审制度，简化贷款审批手续，缩短贷款审批时限。（人行兰州中心支行牵头，省发展改革委、省科技厅、省工信委、省环保厅、省政府金融办、甘肃银监局等配合）

2.推进金融产品创新。探索银行、企业、信用评级机构三方联动机制，创新仓单质押贷款、保理保函及信用证抵押贷款、应收账款抵押贷款等融资产品，提高中小企业的融资能力。（人行兰州中心支行牵头，省发展改革委、省科技厅、省工信委、省环保厅、省政府金融办、甘肃银监局等配合）

3.拓展融资渠道。推动银行、信托、担保、财务、融资租赁、创投等机构业务合作。鼓励符合条件的各类企业通过银行间市场发行短期融资券、中期票据、中小企业集合票据等债务融资工具。鼓励符合条件的中小微企业到股权转让中心挂牌融资。支持金融机构开展知识产权质押贷款业务。（人行兰州中心支行牵头，省科技厅、省财政厅、省政府金融办、省知识产权局等配合）

4.优化金融服务。灵活运用差别存款准备金和再贷款、再贴息等货币政策工具。支持符合条件的地方法人金融机构发行金融债券。（人行兰州中心支行牵头，省发展改革委、省财政厅、省工信委、省政府金融办、甘肃银监局等配合）

5.促进银企合作。建立战略性新兴产业项目融资信息平台，促进银企对接合作。设立针对战略性新兴产业企业的专业性担保服务公司。（省政府金融办、省工信委牵头，省发展改革委、省财政厅、人行兰州中心支行、甘肃银监局等配合）

（九）税收政策。

1.落实有关增值税优惠政策，进一步下放增值税减免税审批权限，简化办理程序和相关文书，从注重事前审核审查，向加强事中、事后后续监管转变，最大限度使纳税人享受优惠政策。（省国税局负责，省地税局配合）

2.全面落实符合西部地区鼓励类产业目录企业和高新技术企业的企业所得税优惠政策。（省国税局、省地税局负责）

3.企业从事符合国家重点扶持的公共基础设施项目和环境保护、节能节水及资源综合利用项目，自取得第一笔生产经营收入所属纳税年度起，第一年至第三年免征企业所得税，第四年至第六年减半征收企业所得税。（省国税局、省地税局负责）

4.企业为开发新技术、新产品、新工艺发生的研究开发费，未形成无形资产计入当期损益的，在按规定据实扣除的基础上，按研究开发费用的50%加计扣除；形成无形资产的，按无形资产成本的150%摊销。对企业在一个纳税年度内，取得符合条件的技术转让所得不超过500万元的部分，免征企业所得税；超过500万元的部分，减半征收企业所得税。（省国税局、省地税局负责）

5.企业以《资源综合利用所得税优惠目录》规定的资源做主要原料，生产国家非限制和禁止并符合国家和行业相关标准的产品取得的收入，减按90%计入收入总额。企业以自有资金购置并使用《环境保护专用设备企业所得税优惠目录》、《节能节水专用设备企业所得税优惠目录》和《安全生产专用设备企业所得税优惠目录》规定的环境保护、节能节水、安全生产等专用设备，该专用设备投资额的10%可以从企业当年的应纳税额中抵免；当年不足抵免的，可以在以后5个纳税年度结转。（省国税局、省地税局负责）

6.自2014年1月1日 至2016年12月31日，对年应纳税所得额低于10万元（含10万元）的小型微利企业，其所得减按50%计入应纳税所得额，按20%的税率缴纳企业所得税。（省国税局、省地税局负责）

7.对国家规划布局内的重点软件企业和集成电路设计企业，如当年未享受免税优惠的，可减按10%的税率征收企业所得税。集成电路线宽小于0.8微米（含）的集成电路生产企业，经认定后，在2017年12月31日前自获利年度起计算优惠期，第一年至第二年免征企业所得税，第三年至第五年按照25%的法定税率减半征收企业所得税，并享受至期满为止。（省国税局、省地税局负责）

（十）科技政策。

1.鼓励协同创新。发挥高等院校、科研院所协同创新和产业研发的作用，促进产业链与技术链的融通，优先支持以企业为主体产学研相结合的科研项目。（省科技厅牵头，省发展改革委、省教育厅、省工信委、省财政厅等配合）

2.强化创新平台建设。进一步突出企业创新主体地位，激励企业增强创新动力，支持企业建设和完善高水平的研发平台，推进企业成为产业技术进步的生力军。（省发展改革委、省教育厅、省科技厅、省工信委、省财政厅负责）

3.力实施知识产权战略。完善知识产权申请与审查制度，建立专利审查、商标审查和软件著作权登记的“绿色通道”。加快推进知识产权信息查询、评估交易、咨询服务、维权援助等公共服务平台建设。（省知识产权局牵头，省科技厅、省教育厅、省财政厅、省商务厅、省政府金融办等配合）

4.深入实施创新驱动发展战略。加快推进兰（州）白（银）科技创新综合改革配套试验区建设。采取政府引导、市场运作和社会参与的方式，建设兰州新区科技创新城，深入推进中小企业孵化器建设和创新创业、投融资、公共服务和科技成果转化平台。（省科技厅牵头，省发展改革委、省教育厅、省工信委、省财政厅、省国土资源厅等配合）

5.加快科技成果转化。引导金融机构与政府部门设立科技成果转化引导基金，加大融资力度，加速科技成果转化。推进科技成果使用、处置和收益管理的改革试点，通过允许科研人员持有股权、期权，切实释放科研人员创新创造活力。鼓励高等院校、科研院所等单位支持科研人员在不侵害本单位经济技术权益的前提下，创办和领办科技型企业。（省科技厅牵头，省发展改革委、省教育厅、省财政厅、省工信委、省人社厅、省卫生计生委等配合）

（十一）人才政策。

1.完善人才培养机制。推进高等教育与急需紧缺人才培养的有机结合，鼓励省内高等院校与企业共建战略性新兴产业紧缺学科专业。（省教育厅牵头，省工信委、省人社厅配合）

2.深化职业教育改革。鼓励和引导职业院校围绕战略性新兴产业调整专业设置，突出产教融合、校企合作。加快兰州新区职业教育园区建设，聚集职业教育资源。（省教育厅牵头，省发展改革委、省工信委、省人社厅、省建设厅、兰州市政府、兰州新区管委会配合）

3.制定综合性吸引人才优惠政策。对单位急需的高层次人才分专业领域，坚持一事一人一议，减少审批周期，落实引进人才项目扶持、财税扶持、配偶子女安置、住房保障、“服务绿卡” 等措施。建立引进高层次人才职称评聘的“绿色通道”，申报人可不受资历、岗位等限制，直接由相应专业评委会评审。支持科研成果参与收益分配。（省人社厅牵头，省教育厅、省科技厅、省工信委配合）

（十二）环保政策。

1.压缩审批时限。开通全省战略性新兴产业项目环境影响评价“绿色通道”。建设项目环境影响评价报告书审批时限由60工作日压缩至30工作日，环境影响报告表审批时限由30工作日压缩至20工作日。（省环保厅负责）

2.优化环境容量配置。从严推进污染减排，腾出一定环境容量，优先满足战略性新兴产业发展需求。（省环保厅负责）

3.开展节能环保产品推广。采用成熟一批、推出一批、分批推广节能环保产品，制订全省节能环保产业优先发展目录和节能环保产品推广名录。（省发展改革委牵头，省工信委、省财政厅、省环保厅配合）

（十三）开放合作政策。

1.促进企业进出口。支持国家级和省级科技兴贸创新基地建设。鼓励企业运用电商平台、跨境电商等新型商业模式，开拓营销渠道。鼓励企业进口先进设备、先进技术和关键零部件以及战略性原材料，以进促出。（省商务厅牵头，省发展改革委、省财政厅、省科技厅、省工信委等配合）

2.加快“走出去”步伐。引导有实力的企业在境外设立研发机构和国际营销网络，积极申请国际专利、参与制定国际标准，提升核心竞争力。积极利用国家建设丝绸之路经济带的契机，开拓中西亚、中东欧等国际市场。（省商务厅牵头，省发展改革委、省财政厅、省科技厅、省卫生计生委、省质监局、省知识产权局等配合）

3.落实海关特殊监管区域政策。依托兰州新区综合保税区和武威保税物流中心，深化国际合作，引导国际资本和先进技术投向战略性新兴产业重点领域。（省商务厅负责）

（十四）其他政策。

1.提高审批效率。建立和完善节能评估、安全评价审批“绿色通道”和“直通车”制度。（省发展改革委、省工信委、省安监局负责）

2.缩减企业登记时间。压减、调整行政审批事项，对战略性新兴产业领域企业设立登记和变更的办结时间分别由15个和10个工作日压缩为5个工作日。（省工商局负责）

（十五）服务机制。

1.完善省促进战略性新兴产业发展部门协调会议制度。省促进战略性新兴产业发展部门协调会议办公室设在省发展改革委，办公室负责攻坚战的日常协调工作，并对政策贯彻落实进行监督检查。部门协调会议各成员单位要按照职责分工，加强沟通合作，强化协调服务，认真抓好各项政策措施的组织落实，合力打好攻坚战，加快推进全省战略性新兴产业发展步伐。（省发展改革委牵头，部门协调会议各成员单位配合）

2.建立战略性新兴产业攻坚战监督考核机制。省促进战略性新兴产业发展部门协调会议办公室要研究制定全省战略性新兴产业攻坚战工作目标任务考核办法，强化督促检查，确保攻坚战取得实效。（省发展改革委牵头，部门协调会议各成员单位配合）

3.完善绩效考核。建立和完善对省级投融资平台的考核机制，鼓励省属金融机构和省级产业投融资平台加大对战略性新兴产业的支持力度。在国有企业的经营业绩考核中，要依据战略性新兴产业发展特征，将当期考核与长远考核相结合，充分发挥好绩效考核的导向作用。（省政府国资委牵头，省财政厅、省政府金融办配合）

4.开展战略性新兴产业监测分析。每半年召开一次形势分析会，通报战略性新兴产业发展情况，分析产业发展趋势，及时发现和解决倾向性和苗头性问题，全面推进我省战略性新兴产业快速健康发展。（省发展改革委、省统计局牵头，部门协调会议各成员单位配合）

5.加快建立战略性新兴产业统计体系。做好战略性新兴产业统计与国家战略性新兴产业目录对接工作，加大战略性新兴产业统计数据的评估评审力度。（省统计局牵头，省发展改革委、省科技厅、省工信委等配合）

甘肃省人民政府关于印发《甘肃省普惠金融发展规划（2014—2018年）》的通知

甘政发〔2014〕101号　2014年10月31日

各市、自治州人民政府，兰州新区管委会，省政府有关部门，中央在甘有关单位，有关金融机构：

现将《甘肃省普惠金融发展规划（2014—2018年）》印发给你们，请结合实际认真组织实施。

甘肃省普惠金融发展规划（2014—2018年）

为深入贯彻党的十八大和十八届三中全会精神，积极构建更具竞争性和包容性的金融服务体系，不断扩大金融服务覆盖面和渗透率，充分满足农村地区，特别是贫困地区金融需求，根本改善小微企业融资环境，让金融改革与发展的成果更多更好惠及人民群众，让社会所有阶层和群体都能享有现代、安全、便捷的金融服务，特制定本规划。

一、发展基础与条件

（一）金融服务经济社会发展能力持续提升。截至2013年末，全省共有银行业金融机构128家；法人证券公司1家，证券分公司6家；法人期货公司1家，期货营业部6个；保险分公司23家。全省各项贷款余额由2009年的3739.90亿元增加到2013年的8822.23亿元，年均增长23.94%；存款余额由2009年的5903.13亿元增加到2013年的12070.64亿元，年均增长19.59%。

（二）小微企业融资难题得到有效缓解。各银行业金融机构落实国家政策，盘活存量、用好增量，切实加大小微企业信贷投入，兰州银行成功发行50亿元小微企业专项金融债，专项用于小微企业贷款。集中财力支持政策性担保公司增资扩股，增强信用担保能力，推动小微企业贷款抵押担保方式创新，实现了专利权质押贷款零的突破。2013年末，全省小微企业贷款余额达到1839.94亿元，同比增长43.39%。

（三）农村金融服务体系不断完善。工商银行、农业银行、邮政储蓄银行、农村信用社在全省实现县域分支机构全覆盖，农村信用社乡镇金融服务实现全覆盖，邮政储蓄银行在全省803个乡镇延伸金融服务，覆盖率64.6%；农业银行依托新农合代理、新农保代理和万村千乡工程设立便民服务点，金融服务覆盖率在全省行政村达87%。全省村镇银行16家，市（州）覆盖率71.4%。小额贷款公司513家，分布在全省82个县区，县区覆盖率95.3%。组建了4家农村资金互助社，2933家贫困村资金互助组织，金融服务便捷性得到有效提升。农村信用体系建设深入推进，全省已评级授信农户360.4万户，授信面90.53%，授信总额达到1170亿元。全省涉农贷款余额由2009年的1187.43亿元增加到2013年的3331.71亿元，年均增长29.42%。

（四）支农惠农资金投入显著增加。发挥财政贴息、政策性担保、风险补偿等杠杆作用，带动各银行业金融机构加大对民生领域和弱势群体资金投放力度。截至2013年末，全省共发放“双联惠农贷款”11.49万户、76.56亿元；下岗失业人员小额担保贷款余额191.73亿元（其中，妇女小额担保贷款余额157.81亿元）；助学贷款余额34.36亿元；保障性住房贷款余额58.80亿元；草食畜牧业和设施蔬菜贷款余额87.81亿元。推出涉农信贷产品和服务方式50余种，受益企业885家，直接和间接受益农户203.35万户。

（五）发展普惠金融的政策基础基本形成。近年来，国务院办公厅先后下发《关于金融支持小微企业发展的实施意见》（国办发〔2013〕87号）、《关于金融服务“三农”发展的若干意见》（国办发〔2014〕17号），省委、省政府先后出台《关于加快金融业发展的意见》（甘发〔2012〕7号）、《关于加快推进农村金融创新发展的意见》（甘政发〔2013〕35号）等一系列文件，进一步细化完善了金融对“三农”、小微企业、民生领域的具体扶持政策和措施，为发展普惠金融奠定了良好的政策基础。

二、总体要求、基本原则和发展目标

（一）总体要求。

在充分发挥政府引导扶持作用的同时，坚持市场导向，立足省情实际，不断优化金融资源配置，以金融改革发展成果惠及全省人民为宗旨，以实现城乡金融服务均等化为目标，以增加广大群众对基础金融服务的可获得性为核心，进一步健全金融服务体系，丰富金融产品，加强政策支持力度，优化金融生态环境，提高金融支农支小支弱覆盖面，努力为低收入人群、小微企业等弱势群体和社会薄弱环节提供全方位的金融服务，促进区域经济转型升级和全面小康社会建设。

（二）基本原则。

1.创新原则。坚持创新谋发展的理念，加快金融体制改革，全面推动金融业管理创新、技术创新和体制机制创新，发挥创新对普惠金融发展的持续推动力，拓展金融服务的广度和深度。

2.公平原则。坚持向社会各阶层提供差异化、公平化的金融服务，以农村和小微企业、弱势群体为重点，实现金融资源在社会各领域、各阶层公平合理配置，降低金融服务门槛，惠及广大群众。

3.扶贫扶弱原则。坚持民生优先，引导金融资源和金融服务重点向农村下沉，向弱势群体、小微企业和"三农"领域倾斜，提高基础金融服务的可获得性，促进金融资源根据实体经济需求合理流动。引导金融机构承担更多的社会责任。

4.系统性原则。坚持直接融资与间接融资并重，政策性金融与商业性金融、合作金融相结合，构建与本地经济社会发展相适应的多元金融服务体系，最大限度地满足社会所有阶层和群体的多元化金融服务需求。

5.可持续原则。坚持普惠金融发展与风险防控相结合，遵循金融发展规律，探索多元化、可持续的普惠金融业务经营模式，确保普惠金融安全稳健发展，着力增强普惠金融主体和服务对象的"造血"功能，实现经济金融良性循环。

（三）发展目标。

1.普惠金融总量目标。到2015年末，全省涉农贷款余额达到5000亿元左右，年均增长23%，小微企业贷款余额达到2800亿元左右，年均增长25%；到2018年末，全省涉农贷款余额达到8600亿元左右，年均增长21%，小微企业贷款余额达到5000亿元左右，年均增长22%；妇女小额担保贷款、助学贷款、下岗失业人员小额担保贷款、保障性住房贷款等民生领域贷款余额达到700亿元左右，年均增长20%左右。2015年全省县及县以下金融机构存贷比达到70%以上，实现全省县域内银行业金融机构新增存款可贷资金75%以上用于支持当地经济发展，2018年达到80%，使有信贷需求的农户贷款率达到70%以上。五年内帮助"三农"和小微企业实现直接融资120亿元以上。中央政策性农业保险品种承担风险保障金额年均增长20%。

2.普惠金融体系目标。2015年，在贫困地区建设2500家村级便民金融服务站，让农牧民在2.5公里半径之内均能享受到基本金融服务。鼓励大型商业银行恢复或增设服务功能齐全的县域分支机构，引导股份制商业银行和城市商业银行向县域和重要集镇延伸机构。到2018年，再引进银行机构3—5家，保险机构3家。筹备组建民营银行1家，地方法人保险机构1—2家，村镇银行50家。小额贷款公司实现县（区）全覆盖，逐步引导其业务向中心乡镇延伸。农村资金互助组织实现贫困村全覆盖。发展网络银行、电话银行、手机银行等现代金融服务方式，扩展现代化支付系统在农村地区的辐射范围。

3.普惠金融综合目标。贫困县（区）每年至少推出2至3项有特色、效果好、可复制、易推广的金融扶贫产品和服务方式，有效缓解贫困地区"三农"贷款难、贷款贵的问题。探索建立农村产权评估、收储、流转、处置服务平台，发起设立甘肃省农村资产交易中心，办理农村资产交易、"三权"交易、"三农"和中小微企业股权及债券交易等业务。开展农村土地承包经营权、集体建设用地使用权抵押贷款试点。设立甘肃省融资再担保平台，积极引导和扶持融资担保机构拓展小微企业担保业务，强化服务中小微企业的能力。做好中药材产值保险试点工作，并积极稳妥地向条件符合的县区推广。

4.普惠金融生态目标。建立健全适合农户和小微企业特点的信用信息征集和信用评级体系。大力推进信用乡（镇）、信用社区、信用企业、信用村、信用户建设，拓展企业、个人征信系统覆盖面。力争2015年末将全省小微企业、农民专业合作社、种养大户全部纳入信用评级体系，对信用评定为高等级的主体给予无抵押、无担保的信贷资金支持。提高金融债权胜诉案件的执行率，发挥司法诚信对信贷增长的促进作用。坚决打击和取缔非法经营、非法集资、高利贷、地下钱庄等违法活动，开发全省金融生态环境监测评价系统，建立金融生态环境基础数据库。

三、主要任务

（一）构建多层次普惠金融组织体系。

1.鼓励支持国有商业银行和股份制商业银行到县域增设分支机构。农业银行省分行要坚持面向"三农"的定位，力争"三农"贷款增速高于全行贷款平均增速。引导邮储银行利用在农村的服务网络优势，拓展农村金融业务，加快推动邮储资金回流，加大对富民增收产业和经济社会发展薄弱环节的支持力度，稳步发展涉农信贷。其他商业银行特别是大中型商业银行要发挥专长，建立适应"三农"和小微企业发展的专营机构和运营机制，健全向"三农"业务倾斜的绩效考核和激励约束机制，优化农村地区机构网点布局，稳定现有县域网点，拓展乡镇服务网络，严格限制现有乡镇网点撤并，适度提高农村地区网点覆盖水平。

2.发挥政策性金融在扶贫攻坚中的优势和作用。鼓励国家开发银行省分行利用开发金融优势，支持贫困县扶贫开发、现代农业、新农村建设、棚户区改造和新型城镇化发展。农业发展银行省分行要加大对农村基础设施建设、农业综合开发等领域的支持力度，为贫困县"三农"发展提供期限长、成本低的政策性资金支持。

3.继续深化农村信用社改革。充分发挥其农村金融主力军和联系农民的金融纽带作用，坚持市场化原则和股份制方向，坚持服务"三农"、中小企业和县域经济的市场定位，进一步深化产权制度和管理体制改革，完善法人治理结构，着力推进现代银行制度建设，支持符合条件的农村信用社组建农村商业银行。力争通过5年的努力，把全省农村信用社打造成为产权明晰、治理完善、服务优质、特色鲜明，具有较强市场竞争能力和可持续发展能力的现代农村金融机构。

4.做大做强地方法人银行。坚持“服务地方经济，服务中小企业”的市场定位，从优质项目推介、网点增设等方面支持甘肃银行、兰州银行加快发展，增强其资本实力和可持续发展能力，争取2015年底实现县区网点全覆盖。引导地方法人银行与省外金融机构建立长期合作伙伴关系，引进省外资金推动地方经济发展，做好中小企业和“三农”金融服务。力争用5年的时间，把两家地方法人银行培育成全省金融体系的骨干力量。

5.大力发展村镇银行等新型农村金融机构。鼓励民间资本依法发起设立民营银行，引导社会资本和当地优质企业、种养大户发起设立农村中小金融机构，发展社区银行、村镇银行、农村资金互助组织、金融租赁公司、自助银行等贴近“三农”、小微企业和低收入群体的小微金融机构。为家庭农场、农民专业合作社、农业产业化龙头企业等新型农村规模化经营主体提供专业化金融服务。

6.有序发展合作金融。加强农村便民金融服务点和贫困村扶贫互助资金组织建设，引导农民专业合作社、供销社规范开展信用合作，在生产合作和供销合作的基础上，坚持社员制、封闭性、民主管理原则，在不对外吸储放贷、不支付固定回报的前提下，推动社区性农村资金互助组织健康发展。

7.稳步构建多层次的资本市场体系。加大与上海证券交易所、深圳证券交易所的战略合作，签署战略合作协议，促进更多涉农企业上市和涉农上市公司再融资。加强与中小企业股份转让系统的深度合作，努力对接上交所推出的“中小企业万家培育工程”和“战略性新兴产业板块”，做好甘肃上市企业后备库建设。引进培育农业种子基金、农业风险投资基金、涉农私募股权基金、“三农”并购基金、农业产业投资基金，组建地方金融租赁公司、资产管理公司、大宗农产品交易中心等机构。

8.完善多种形式的农业保险体系。加大中央政策性保险资金的争取力度，提高各级政府的投入力度，建立投资项目库，发展中介服务机构和信息发布平台，适时举办“保政企”项目对接会。加强与保险资产管理机构对接，扩大保险资金在我省的投资渠道，引导保险资金向城镇化建设、“三农”和小微企业投资，提高农村地区就业率。增强保险服务保障能力。大力引进专业化、特色化的保险法人机构。积极引导保险机构稳步推进县域分支机构和服务网点建设，优化省内各地区保险机构网点布局。培育和发展农村保险市场，形成覆盖农村地区、多层面、多形式的保险业发展格局。

9.构建专业化农村金融中介服务体系。在农村地区大力引进培育会计、审计、法律、资产评估、资信评级、证券咨询、保险经纪等服务组织。鼓励发展面向农村的商业保理机构、第三方支付机构，引进培育金融软件企业开发农户理财和小微企业融资模式服务软件，支持金融服务外包企业在农村开展业务。

（二）完善全方位普惠金融市场体系。

1.发挥信贷市场融资主渠道作用。加大政策争取力度，积极争取人民银行总行提高我省地方金融机构的信贷规模和支农再贷款额度，与全国性银行总行全面建立紧密型战略合作关系，积极争取对我省扩大信贷投放和资金配置。支持银行业机构开展跨业跨区合作，综合运用信托、融资租赁、资产证券化等金融产品，不断增强资金投放能力。发挥中国扶贫基金会“中和农信”公益性小额贷款在金融扶贫中的积极作用，争取2018年实现“中和农信”小额信贷对贫困县的全覆盖。

2.努力扩大资本市场融资规模。鼓励有条件的涉农上市公司进行战略性并购重组。选择政府资产权属清晰、资产优质的市州逐步展开标准资产证券化试点工作，盘活存量资产，把实体经济优势转化为资本竞争优势。支持小微企业在全国中小企业股份转让系统和区域性股权交易市场等场外市场挂牌。采取“政府牵头、企业自愿、集合发行、统一担保、市场运作”的融资模式，支持符合条件的中小企业发行短期融资券、中期票据、中小企业集合债券（票据）等债务融资工具。鼓励商业银行发行涉农和小微企业专项金融债。支持甘肃省股权交易中心提升功能，发展壮大，成为助推我省中小企业发展的多功能融资平台。积极推动金融资产交易、土地交易、能源交易等平台筹建工作，努力构建较为完善的要素市场体系。积极探索期货市场与“三农”和地方特色优势产业对接，增加农产品和特色优势产业期货市场交割品种和数量，开发马铃薯、肉牛、肉羊和中药材等期货品种。

3.积极培育和发展农村保险市场。完善农业保险制度，加强农业保险基层服务体系建设，扩大政策性农业保险范围和品种，推进全省城镇居民大病保险，开展农产品目标价格保险试点。探索建立重大自然灾害风险保险和农业大灾风险保险分散机制，健全保险经营机构与灾害预报部门、农业主管部门的合作机制。重点发展关系国计民生和全省粮食安全的农作物保险、主要畜产品保险、重要“菜篮子”品种保险和林果、森林保险。创新农业保险产品，在不增加保费负担的前提下，合理提高农业保险赔付水平。稳步开展主要粮食作物、生猪、蔬菜和中草药价格保险、农村小额信贷保险、农房保险、农机保险、农业基础设施保险以及农民养老健康保险、农村小额人身保险等新型试点险种。

4.发展政府扶持、多方参与、市场运作的信用担保体系。鼓励政策性担保公司增资扩股，吸引民营资本参与政策性担保，切实加大各级政府对贫困地区、涉农、小微企业融资担保机构发展的支持力度，形成稳定的担保基金补充机制。规范发展民间金融，引导民间资本更多地服务弱势群体和小微企业，不断扩大普惠金融的融资渠道。

(三)建立广覆盖的普惠金融服务体系。

1.加强金融基础性服务体系建设。实施金融服务“村村通”工程，依托新农合、新农保代理渠道和电子化平台，通过在乡村卫生所（室）、便利店、村委会、电信移动网点等设立惠农服务点，2018年前完成搭建覆盖县（区）、乡、村三级的服务网络，为持卡农户提供查询、转账、取现、自助还贷等基础金融服务。完善支付清算体系，推进支付清算系统在农村地区延伸，2015年实现银行卡支付乡镇全覆盖、票据支付方式县域全覆盖。确保符合条件的涉农金融机构网点全部接入支付系统，畅通农村地区支付清算渠道，运用现代科技手段，改进账户开立、支付结算、存款类产品、外汇兑换等基础型金融服务，扩大POS机、ATM机布设范围，大力推广网银支付、手机支付等新兴电子支付方式，有计划、有步骤地实现重点市场非现金支付业务全覆盖。加快村镇银行和各金融机构在农村地区的网点接入征信系统步伐，扩大农村征信系统覆盖面。

2.创新符合普惠金融服务对象需求的金融产品和服务方式。推动财政、国土、农业、林业等部门建立并完善农村资源的确权登记、资源评估与产权流转交易市场等平台，有效盘活农民实际拥有的担保物权和资产收益权，激发更多的信贷产品创新。积极探索涉农企业商标权、专利权等无形资产抵质押贷款业务。鼓励金融机构积极开展农村土地承包经营权、集体建设用地使用权、农民住房财产权抵押贷款业务试点，探索开展土地信托业务，大力推广订单农业与供应链融资、大型农机具抵押贷款、仓单质押贷款、联保贷款、“信贷+保险”等成本低、可复制和可持续的普惠金融产品和服务。推广应收账款质押、动产质押等适合小企业融资特点的金融产品和服务。积极探索提供包括保险、证券、理财、租赁、信托、期货、黄金及外汇交易等全方位、综合性的普惠金融服务，满足弱势群体投资、消费等方面的金融需求。积极稳妥地促进互联网金融发展，探索推进网络金融服务和网络投融资平台建设，延伸金融服务半径，有效增强互联网金融对传统金融的补充作用。

3.提高经济社会薄弱环节的金融服务水平。鼓励农业发展银行、农业银行、邮政储蓄银行和农村信用社等涉农金融机构探索新型农业经营主体主办行制度，选择农业生产重点县（区），每个机构在每个重点县（区）各支持一家新型农业经营主体，作为主办行为其提供全套金融服务。引导和调动更多信贷资源投向国家级农业示范区、六大特色优势产业、农村基础设施建设、农业设施装备和科技创新等重点领域。继续加大对双联惠农贷款、妇女小额担保贷款、扶贫贴息贷款、草食畜牧业和设施蔬菜等贴息贷款的支持力度，努力扩大覆盖面，进一步简化审批手续，降低门槛，引导金融机构加大对小额信用贷款和民生领域的资金投放。按照风险可控、商业可持续的原则，为保障房建设和棚户区改造提供依法合规、操作简捷、成本适当、来源稳定的融资渠道。

(四)健全综合性普惠金融政策体系。探索设立面向“三农”和中小微企业融资的政府引导基金，吸引企业和民间资本注资，做大资金规模，放大资金效应，为“三农”和中小微企业融资提供增信担保等金融服务，引导更多的金融机构到县域、乡镇和偏远民族地区提供普惠金融服务。落实支农、支小再贷款和再贴现考核政策，鼓励金融机构设立小微企业贷款专营机构，进行单独考核。完善以财政、税收、货币和产业政策有机结合的长期化、制度化的农村金融和小微金融政策扶持体系。创新财政资金投入方式，加强财政与金融合作推进扶贫开发工作力度，切实改进对农民工、农村妇女、少数民族等群体的金融服务。建立有利于促进普惠金融发展壮大的金融宏观调控政策和监管政策，充分利用优惠存款准备金率、再贷款、再贴现等措施增加普惠金融资金来源。适度放宽涉农、小微企业、扶贫等普惠贷款风险考核监管的容忍度，提升金融机构参与普惠金融的积极性。

四、保障措施

(一)完善财税支持政策。完善涉农贷款财政贴息，实行差异化的补贴政策；对农村金融机构实行税收优惠政策，在2015年12月31日前，对农村信用社、村镇银行、农村资金互助社、由银行业金融机构全资发起设立的法人机构所在地在县及县以下地区的农村合作银行和农村商业银行的金融保险业收入减按3%的税率征收营业税；完善农户小额贷款税收优惠政策，对农业银行各县（区）支行三农金融事业部提供农户贷款取得的利息收入减在2015年12月31日前按3%的税率征收营业税；落实农业保险税收优惠政策。

(二)建立健全风险补偿机制。建立省市县三级政府分担的风险补偿（缓释）基金，由省市县财政根据“三农”和小微企业贷款和债券（票据）融资的一定比例在财政预算中设立普惠金融风险补偿（缓释）基金，按照“专款专用、结余留成、滚动使用、超支不补”的原则，对各类金融机构服务“三农”和小微企业的贷款、债券（票据）融资按一定比例进行补偿。

(三)大力培养金融人才。创新金融人才培养模式，努力建设一支高素质的金融管理人才队伍。通过选派经济管理部门和省属金融机构管理人员到专业金融院校集中培训，到金融机构总部和发达地区金融机构挂职工作等多种途径，深化甘肃与中央金融机构战略合作，继续做好中央金融机构干部在我省挂职工作。鼓励各级政府与金融机构开展双向挂职交流。

(四)优化普惠金融生态环境。加强现代金融知识的宣传和普及，发挥“金融惠民工程”“金融知识送下乡”等项目的作用，积极开展对各级干部的教育培训和贫困地区特定群体的金融知识宣传活动，努力在全省上下形成重视金融、学习金融、运用金融、发展金融的浓厚氛围。积极推进信用乡（镇）、信用村建设，努力构建功能完备、分工明确、运行高效、监管有力的社会信用体系，培育诚实守信的社会文化，推进信用信息有序规范开放。

（五）及时防范和化解金融风险。坚持金融创新与风险防范协调发展，进一步完善以政府为主导、金融监管部门为主体、执法部门密切配合的金融风险处置化解工作机制，严格落实“谁审批、谁监管”的风险处置责任，不断强化风险监管，坚决打击骗贷、骗保和恶意逃债行为，严守不发生区域性金融风险的底线。

甘肃省人民政府关于印发《甘肃省人民政府工作规则》的通知

甘政发〔2014〕104号 2014年11月11日

各市、自治州人民政府，兰州新区管委会，省政府各部门：

修订后的《甘肃省人民政府工作规则》已经2014年11月7日省政府第61次常务会议通过，现予印发。2013年3月29日印发的《甘肃省人民政府工作规则》（甘政发〔2013〕22号）同时废止。

甘肃省人民政府工作规则

（2013年1月30日省政府第1次常务会议通过，2014年11月7日省政府第61次常务会议修订）

第一章 总 则

一、第十二届甘肃省人民代表大会第一次会议选举产生的新一届省政府，根据《中华人民共和国宪法》《中华人民共和国地方各级人民代表大会和地方各级人民政府组织法》和《国务院工作规则》，按照党的十八大和十八届三中、四中全会精神及中央和省委改进工作作风密切联系群众的一系列规定，制定本规则。

二、省政府工作的指导思想是，高举中国特色社会主义伟大旗帜，以马克思列宁主义、毛泽东思想、邓小平理论、“三个代表”重要思想、科学发展观为指导，深入贯彻习近平总书记系列重要讲话和党的十八大精神，按照省第十二次党代会决策部署，解放思想，改革开放，凝聚力量，攻坚克难，全面正确履行政府职能，建设职能科学、结构优化、廉洁高效、人民满意的服务型政府，加快幸福美好新甘肃、努力同全国一道全面建成小康社会的进程。

三、省政府工作的准则是，执政为民，依法行政，实事求是，民主公开，务实清廉。

第二章 组成人员职责

四、省政府由下列人员组成：省长、副省长、省长助理、秘书长，省政府组成部门主要负责同志。

五、省政府组成人员要模范遵守宪法和法律，认真履行职责，为民务实，严守纪律，勤勉廉洁。

六、省政府实行省长负责制，省长领导省政府的工作。副省长协助省长工作。省长助理协助省长、副省长工作。

七、省长（省政府党组书记）召集和主持省政府全体会议、省政府党组会议、省政府常务会议、省长办公会议和省政府专题会议。省政府工作中的重大事项，必须经会议讨论决定。

八、副省长、省长助理按分工负责处理分管工作。受省长委托，负责其他方面的工作或专项任务，并可代表省政府进行外事活动。

九、秘书长在省长领导下，负责处理省政府的日常工作。

十、省长出国访问和离省期间，由负责常务工作的副省长主持政府工作。

十一、省政府组成部门的主要负责同志领导本部门的工作。

省政府各部门根据法律、法规和省政府的规章、决定、命令，在本部门的职权范围内履行职责。

审计厅在省长和上一级审计机关领导下，依照法律规定独立行使审计监督职能，对省政府和上一级审计机关负责，不受其他行政机关、社会团体和个人的干涉。

第三章 依法全面履行政府职能

十二、省政府要全面履行经济调节、市场监管、社会管理和公共服务职能，形成权界清晰、分工合理、权责一致、运转高效、法治保障的机构职能体系，创造良好发展环境，提供基本均等公共服务，维护社会公平正义。

十三、加强经济发展趋势研判，充分运用经济、法律手段和必要的行政手段引导和调控经济运行，转变经济发展方式，调整和优化经济结构，注重开放开发，推动经济转型跨越升级、社会和谐稳定、民族共同繁荣和生态绿色可持续。

十四、依法严格市场监管，推进公平准入，完善监管体系，规范市场执法，建立健全社会信用体系，形成统一开放、公平诚信、竞争有序的现代市场体系。

十五、加强社会管理制度和能力建设，完善基层社会管理服务，形成源头治理、动态管理、应急处置相结合的社会管理机制，维护社会公平正义与和谐稳定。

十六、更加注重公共服务，完善公共政策，健全政府主导、社会参与、覆盖城乡、可持续的基本公共服务体系，增强基本公共服务能力，促进基本公共服务均等化。

第四章　坚持依法行政

十七、省政府及各部门要带头维护宪法和法律权威，创新执法体制，完善执法程序，推进综合执法，严格执法责任，建立权责统一、权威高效的依法行政体制，加快建设职能科学、权责法定、执法严明、公开公正、廉洁高效、守法诚信的法治政府。

十八、省政府根据经济社会发展的需要，适时向省人大及其常务委员会提出地方性法规议案，制定政府规章，修改或废止不适应改革要求的政府规章、行政措施或决定。

提请省政府讨论的法规草案和审议的规章草案由省政府法制机构审查或组织起草，规章的解释工作由省政府法制机构承办。

十九、健全法规规章草案公开征求意见和公众意见采纳情况反馈机制，起草法规规章草案，要坚持从省情实际出发，准确反映经济社会发展要求，充分反映人民意愿，使所确立的制度能够切实解决问题，简明易行。

政府规章实施后要进行后评估，发现问题，及时完善。

二十、省政府各部门制定规范性文件，必须符合宪法、法律、行政法规、地方性法规和政府规章，并征求相关部门的意见，报省政府法制机构审查备案。其中，涉及群众切身利益、社会关注度高的事项及重要涉外、涉港澳台侨的事项，应当事先请示省政府；部门联合制定的重要规范性文件发布前须经省政府批准。

省政府法制机构要严格合法性审查，规范性文件不得设定行政许可、行政处罚、行政强制等事项，不得违法增加公民、法人和其他组织的义务。

二十一、省政府各部门要完善执法程序，明确具体操作流程，重点规范行政许可、行政处罚、行政强制、行政征收、行政收费、行政检查等执法行为，坚持严格规范公正文明执法，依法惩处各类违法行为，做到有法必依、执法必严、违法必究，维护公共利益、人民权益和社会秩序。

严格执行重大执法决定法制审核制度。推行行政执法公示制度。建立健全行政裁量权基准制度，细化、量化行政裁量标准，规范裁量范围、种类、幅度。

全面落实行政执法责任制，严格确定不同部门及机构、岗位执法人员执法责任和责任追究机制，加强执法监督，坚决排除对执法活动的干预，防止和克服地方和部门保护主义，惩治执法腐败现象。

第五章　实行科学民主决策

二十二、省政府及各部门要健全依法决策机制，把公众参与、专家论证、风险评估、合法性审查和集体讨论决定作为重大行政决策的法定程序，确保决策制度科学、程序正当、过程公开、责任明确。

建立重大决策省政府法制机构合法性审查机制，未经合法性审查或经审查不合法的，不得提交讨论。

积极推行政府法律专家咨询委员或法律顾问制度，充分发挥其在制定重大行政决策、推进依法行政中的积极作用。

二十三、制定贯彻落实党中央、国务院及省委重要决议、决定和工作部署的实施意见。国民经济和社会发展中长期规划及年度计划、财政预算、经济调控和改革开放的重大政策措施、社会管理重要事务、地方性法规草案和政府规章等涉及全局性工作，由省政府全体会议或省政府党组会议、省政府常务会议讨论决定。

二十四、省政府各部门、各市州提请省政府研究决定的重大事项，都必须经过深入调查研究，并经研究、咨询机构等进行合法性、必要性、科学性、可行性和可控性评估论证；涉及相关部门的，应当充分协商；涉及地方的，应当事先征求意见；涉及重大公共利益和公众权益、容易引发社会稳定问题的，要委托第三方或联合第三方进行社会稳定风险评估，并采取听证会等多种形式听取各方面意见。

在重大决策执行过程中，要跟踪决策的实施情况，了解利益相关方和社会公众对决策实施的意见和建议，全面评估决策执行效果，及时调整完善。

二十五、省政府在作出重大决策前，根据需要通过多种形式，直接听取民主党派、社会团体、专家学者、社会公众等方面的意见和建议。

二十六、省政府在事关全面建成小康社会的经济建设、政治建设、文化建设、社会建设、生态文明建设方面的重大决策部署，须先提出意见，报经省委同意后部署实施。

二十七、省政府各部门必须坚决贯彻省委、省政府的决定，及时跟踪和反馈执行情况。省政府办公厅要加强督促检查，确保政令畅通。

第六章　推进政务公开

二十八、省政府及各部门要把公开透明作为政府工作的基本制度，坚持以公开为常态、不公开为例外原则，推进决策公开、执行公开、管理公开、服务公开、结果公开。

深化政务公开，向社会全面公开政府职能、法律依据、实施主体、职责权限、管理流程、监督方式等事项。重点推进财政预算、公共资源配置、重大建设项目批准和实施、社会公益事业建设等领域的政府信息公开。

二十九、省政府全体会议、省政府党组会议、省政府常务会议讨论决定的事项，省政府及各部门制定的政策，除依法需要保密的外，应按照政府信息公开要求和程序予以公布。

三十、凡涉及公共利益、公众权益、需要广泛知晓的事项和社会关切的事项以及法律法规规定需要公开的事项，均应通过政府网站、政府公报、新闻发布会以及报刊、广播、电视、网络等方式，依法、及时、全面、准确、具体地向社会公开。

第七章　健全监督制度

三十一、省政府要自觉接受省人大及其常务委员会的法律监督，认真负责地报告工作，接受询问和质询，依法备案政府规章和规范性文件；自觉接受省政协的民主监督，虚心听取意见和建议；接受社会各界的监督，不断改进工作。

对财政资金分配使用、国有资产监管、政府投资、政府采购、公共资源转让、公共工程建设等权力集中的部门和岗位实行分事行权、分岗设权、分级授权，定期轮岗，强化内部流程控制，防止权力滥用。完善政府内部层级监督和专门监督，改进上级机关对下级机关的监督，建立常态化监督制度。

三十二、省政府各部门要依照有关法律的规定接受人民法院依法实施的监督，做好出庭应诉工作，支持法院受理行政案件，尊重并自觉执行人民法院的生效判决、裁定，同时要自觉接受监察、审计等部门的监督。对监督中发现的问题，要认真整改并向省政府报告。

三十三、省政府及各部门要严格执行行政复议法，加强行政复议指导监督，纠正违法或不当的行政行为，依法及时化解行政争议。

三十四、省政府及各部门要接受社会公众和新闻舆论的监督，认真调查核实有关情况，及时依法处理和改进工作。重大问题要向社会公布处理结果。

三十五、省政府及各部门要重视信访工作，进一步完善信访制度，强化法律在维护群众权益、化解社会矛盾中的权威地位，建立健全社会矛盾预警机制、利益表达机制、协商沟通机制、救济救助机制，畅通群众利益协调、权益保障法律渠道，引导和支持人们理性表达诉求、依法维护权益，解决好群众最关心最直接最现实的利益问题。

省政府领导同志及各部门负责同志要亲自阅批重要的群众来信，督促解决重大信访问题，保障合理合法诉求依照法律规定和程序得到合理合法的结果。

三十六、省政府及各部门要推行绩效管理制度和行政问责制度，加强对重大决策部署落实、部门职责履行、重点工作推进以及自身建设等方面的考核评估。

完善纠错问责机制，健全责令公开道歉、停职检查、引咎辞职、责令辞职、罢免等问责方式和程序。建立重大决策终身责任追究制度及责任倒查机制，对决策严重失误或者依法应该及时作出决策但久拖不决造成重大损失、恶劣影响的，严格追究负有责任的领导人员和相关责任人员的法律责任。

第八章　会议制度

三十七、省政府实行省政府全体会议、省政府党组会议、省政府常务会议、省长办公会议和省政府专题会议制度。

三十八、省政府全体会议由省长、副省长、省长助理、秘书长，省政府组成部门主要负责同志组成，由省长召集和主持。省政府全体会议的主要任务是：

（一）传达贯彻党中央、国务院和省委的重要指示、决定；

（二）通报重要工作情况；

（三）部署省政府的重要工作；

（四）讨论其他需要全体会议讨论的重大事项。

省政府全体会议根据需要可安排有关部门、单位主要负责同志及省政府副秘书长、办公厅副主任列席会议。

三十九、省政府党组会议由省政府党组成员参加，由省政府党组书记召集和主持。省政府党组会议的主要任务是：

（一）传达学习党中央、国务院和省委的重要指示、决定，研究贯彻落实的措施；

（二）研究省政府加强自身建设的措施；

（三）研究需要报请省委审定的事项；

（四）研究其他需要党组会议讨论决定的事项。

省政府党组会议根据需要可安排非党员副省长、省政府副秘书长、办公厅副主任列席会议。

四十、省政府常务会议由省长、副省长、省长助理、秘书长组成，由省长召集和主持。省政府常务会议的主要任务是：

（一）研究贯彻落实国务院重大决策部署的措施；

（二）讨论决定省政府工作中的重要事项；

（三）讨论地方性法规草案，审议政府规章草案；

（四）听取省政府部门和有关单位重要工作汇报；

（五）决定人事任免；

（六）通报和讨论其他重要事项。

省政府常务会议组成人员提出的议题要着眼改革发展稳定大局，立足解决突出问题，不涉及全局、没有实质内容、没有明确意见的议题一律不上会；对涉及多部门工作且意见不一致的议题，要在提交会议讨论前，先行召开专题会议进行协调，形成一致意见后再提交会议审议，切实提高议事的针对性和决策质量。

省政府常务会议原则上每月安排3次。根据需要安排有关部门、单位主要负责同志及省政府副秘书长、办公厅副主任列席会议。

四十一、省长办公会议由省长或省长委托副省长召集和主持，秘书长或相关副秘书长、办公厅副主任，相关部门、单位主要负责同志参加。省长办公会议的主要任务是：

（一）研究不需要提请省政府常务会议研究讨论的专项事宜或分管工作范围内的重大事项；

（二）研究其他需要省长办公会议讨论的事项。

四十二、省政府专题会议由省长或副省长召集和主持，相关副省长、秘书长、副秘书长、部门和单位主要负责同志参加，主要研究专项工作事宜。

四十三、省政府全体会议、省政府常务会议的议题由省长确定，省政府党组会议的议题由省政府党组书记确定，省长办公会议的议题由省长或省长委托的副省长确定，省政府专题会议的议题由省长或副省长确定。

省政府全体会议、省政府党组会

议、省政府常务会议、省长办公会议和省政府专题会议的组织工作由省政府办公厅负责，文件和议题于会前送达与会人员。

四十四、省政府领导同志不能出席省政府全体会议、省政府党组会议、省政府常务会议和省长主持的省长办公会议、省政府专题会议，向会议主持人请假。省政府全体会议其他组成人员和省政府党组会议、省政府常务会议、省长办公会议和省政府专题会议列席人员不能参加会议，向会议主持人请假。

参加省政府常务会议，除议题汇报单位主要负责人可带1名助手外，其他单位与会人员不带随员。

四十五、省政府全体会议、省政府党组会议、省政府常务会议、省长办公会议和省政府专题会议形成的纪要，由会议主持人签发。

四十六、对省政府及各部门召开的工作会议，要严格审批，减少数量，控制规模。应由各部门召开的全省性会议，不以省政府或省政府办公厅名义召开，不邀请市州人民政府负责同志出席，确需邀请的须报省政府批准。省政府领导同志一般不出席部门的工作会议。全省性会议应尽可能采用视频会议形式召开。各类会议都要充分准备，提高效率和质量，重在解决问题。

第九章　公文审批

四十七、各地区、各部门报送省政府的公文，应当符合《党政机关公文处理工作条例》的规定。除省政府领导同志交办事项和必须直接报送的绝密事项外，一般不得直接向省政府领导同志个人报送公文。各部门报送省政府的请示性公文，凡涉及其他部门职权的，必须主动与相关部门充分协商，由主办部门主要负责同志与相关部门负责同志会签或联合报省政府审批。部门之间有分歧的，主办部门主要负责同志要主动协商；协商后仍不能取得一致意见的，主办部门应列明各方理据，提出办理建议，与相关部门负责同志会签后报省政府决定。

四十八、各地区、各部门报送省政府审批的公文，由省政府办公厅按照省政府领导同志分工呈批。

四十九、省政府向省人民代表大会或省人民代表大会常务委员会提出的议案，制定的规章，发布的命令，人事任免，由省长签署。

五十、以省政府名义制发的上行文，经秘书长、分管副省长审核后，由省长签发；以省政府名义制发的平行文和下行文，由分管副省长签发，如有必要，报省长签发；省委、省政府联合发文，根据内容由省长或分管副省长会签；省政府和其他省区市或国家部委联合行文的，由与联合方签发人对应职务的省政府领导同志签发，由副省长、秘书长签发的须报告省长。

以省政府办公厅名义发文，根据内容由秘书长或副秘书长签发；如确有必要，可由分管副省长签发或报省长签发。省委办公厅、省政府办公厅联合发文，根据内容由秘书长或办公厅主任会签；如有必要，可由省长或分管副省长会签。

控制减少发文数量。能通过电话、面谈或小范围会议等方式协调、安排部署工作的，省政府或省政府办公厅不发文件；工作要求涉及个别部门的，省政府办公厅通过《抄告通知》“一对一”解决问题，不发普发性文件。

属部门职权范围内事务、应由部门自行发文或联合发文的，不再由省政府批转或省政府办公厅转发。

凡国家法律法规已作出明确规定的，一律不再制发文件。没有实质内容、可发可不发的文件简报，一律不发。

五十一、省政府及各部门要建立健全电子公文传输制度，有序推进电子公文传输，逐步减少纸质公文数量。

第十章　工作纪律

五十二、省政府组成人员要坚决贯彻执行党和国家的路线方针政策和国务院工作部署，严格遵守纪律，有令必行，有禁必止。

五十三、省政府组成人员必须坚决执行省政府的决定，如有不同意见可在省政府会议上提出，在没有重新作出决定前，不得有任何与省政府决定相违背的言论和行为；代表省政府发表讲话或文章，个人发表涉及未经省政府研究决定的重大问题及事项的讲话或文章，事先须经省政府同意。

五十四、省政府组成人员要严格执行请销假制度。省长出差、出访，离开本省休假、学习，按中央要求报备。副省长、省长助理、秘书长出差、出访，离开本省休假、学习，须提前3天向省长、省委书面报告。省政府各部门主要负责同志出差、出访，离岗休假、学习，请假报告须提前3天送省政府办公厅，由省政府办公厅向省政府领导同志报告，经省政府领导同志同意后报省委。

五十五、省政府各部门发布涉及政府重要工作部署、经济社会发展重要问题的信息，要经过严格审定，重大情况要及时向省政府报告。

五十六、省政府组成人员要严格遵守保密纪律和外事纪律，严禁泄露国家秘密、工作秘密或因履行职责掌握的商业秘密等，坚决维护国家的安全、荣誉和利益。

第十一章　廉政和作风建设

五十七、省政府及各部门要严格执行改进工作作风、密切联系群众和廉洁从政的各项规定，依纪依法反对和克服形式主义、官僚主义、享乐主义和奢靡之风，形成严密的长效机制，切实加强廉政建设和作风建设。

五十八、省政府及各部门要从严治政。对职权范围内的事项要按程序和时限积极负责地办理，对不符合规定的事项要坚持原则不得办理；对因推诿、拖延等官僚作风及失职、渎职造成影响和损失的，要追究责任；对越权办事、以权谋私等违规、违纪、违法行为，要严肃查处。

五十九、省政府及各部门要严格执行财经纪律，艰苦奋斗、勤俭节约，坚决制止奢侈浪费，严格执行住房、办公用房、车辆配备等方面的规定，严格控制差旅、会议经费等一般性支出，切实降低行政成本，建设节约型机关。

严格控制因公出国（境）团组数量和规模。改革和规范公务接待工作，不得违反规定用公款送礼和宴请，不得接受地方的送礼和宴请。严格控制和规范会议、论坛、庆典、节会等活动。各类会议活动经费要全部纳入预算管理。

六十、省政府组成人员要廉洁从政，严格执行领导干部重大事项报告制度，不得利用职权和职务影响为本人或特定关系人谋取不正当利益；不得违反规定干预或插手市场经济活动；加强对亲属和身边工作人员的教育和约束，决不允许搞特权。

六十一、省政府组成人员要做学习的表率，省政府及各部门要建设学习型机关。

六十二、省政府领导同志要深入基层，调查研究，指导工作，注重研究和解决实际问题。

到基层考察调研，要轻车简从，减少陪同，简化接待，减轻地方负担；市县负责同志不到机场、车站及辖区分界处迎送。除工作需要外，不去名胜古迹、风景区参观。

六十三、省政府领导同志不为部门和地方的会议活动等发贺信、贺电，不题词，因特殊需要发贺信、贺电和题词，一般不公开发表。省政府领导同志出席会议活动、到基层考察调研的新闻报道和外事活动安排，按有关规定办理。

六十四、省政府直属特设机构、直属机构、部门管理机构、直属事业单位适用本规则。

甘肃省人民政府关于印发《甘肃省标准化发展战略纲要（2014—2020年）》的通知

甘政发〔2014〕109号　2014年11月15日

各市、自治州人民政府，兰州新区管委会，省政府有关部门，省属国有企业，中央在甘有关单位：

现将《甘肃省标准化发展战略纲要（2014—2020年）》印发给你们，请结合实际认真组织实施。

甘肃省标准化发展战略纲要（2014—2020年）

为全面推进我省标准化发展工作，充分发挥标准化在服务全省经济社会转型升级发展中的技术支撑作用，特制定本纲要。

一、充分认识实施标准化战略的重要意义

标准化是国民经济和社会发展的重要技术支撑，是地区竞争力和软实力的核心要素，是调整产业结构、转变发展方式、推进国家治理现代化的重要手段。实施标准化战略，有利于更好地创造市场需求，引导社会资源，推动技术进步，促进产业发展；有利于保护和发展我省特色优势产业，提升产业核心竞争力；有利于优化调整产业结构，快速形成新的经济增长点。截至目前，全省已累计发布现行有效地方标准1864项，在服务全省经济社会转型升级发展中发挥了重要作用。但同时，标准创新能力较弱，科技创新、专利技术与技术标准的结合不紧密，实质性参与国家和国际标准化活动能力不足，标准化工作保障机制尚不健全等问题依然存在。各地、各部门要充分认识实施标准化战略工作的重要意义，切实将加强和推进标准化工作作为推动经济社会发展重要的基础性、全局性和战略性工作抓紧、抓实、抓好。

二、指导思想和总体目标

（一）指导思想。以党的十八大和十八届三中、四中全会精神为指导，围绕经济建设和社会发展的中心任务，以服务全省经济社会转型升级发展为主线，以科技创新为动力，以优势技术领域和特色产业为突破口，切实提高标准化工作整体水平，充分发挥标准化在提升发展质量水平、促进优势产业发展、增强技术创新能力中的重要作用。

（二）总体目标。到2020年，我省标准化工作达到西部地区先进水平，重点领域达到国内先进水平。建立与全省经济社会发展相适应的标准化工作体制机制；初步形成结构合理、内容完善，涵盖农业、工业、服务业及社会管理和公共服务等领域，满足全省经济社会发展需求的地方标准体系；实质性参与国家、国际标准化活动的能力明显增强；建成满足社会各界需要的标准化公共服务平台；建立高素质标准化人才队伍。

三、主要任务

（一）重视标准化工作基础，增强我省标准化发展后劲。

1. 促进标准化与科技的紧密结合。发挥标准在科技创新中的导向作用，以“成果专利化、专利标准化、标准产业化”为原则，加强标准研制与技术创新、产业发展的衔接配套。把标准列入

省级科技计划项目立项评价指标。加强标准化基础科研工作。

2．积极参与国内外标准化活动。鼓励和支持全省各行业、各部门、各单位积极组建省级专业标准化技术委员会，承担全国专业标准化技术委员会（TC）、分技术委员会（SC）秘书处和工作组（WG）工作，主持或参与国际标准、国家标准和行业标准制修订工作，开展标准化项目研究，参与国内外标准化交流合作。

3．建立标准化信息服务平台。建立标准信息网络服务平台，加强信息共享，完善标准数据库，为全社会提供便捷的标准信息服务。建立出口产品标准文献数据库，加强主要贸易国和地区、重点产品的技术贸易措施和市场准入等信息的采集、通报和应对研究。

（二）强化农业标准化工作，服务现代农业和社会主义新农村建设。

1．完善农业标准体系，推广现代农业生产技术。以草食畜、设施蔬菜、特色林果、中药材、马铃薯、现代制种和酿酒原料等六大特色优势产业为中心，旱作农业技术为重点，建成结构合理、层次分明、重点突出、特色明显，满足农业生产、加工、储存、包装、运输和流通等各个环节需要的现代农业标准体系。

2．推行农业标准化生产，提升农业现代化生产水平。按照"统一生产、统一技术标准、统一产品质量"的要求，加大标准的实施力度，努力实现农业生产全过程的标准化。以大宗作物区域化布局、园艺产品集约化生产、畜牧水产规模化养殖、农业产业化经营、特色林果产业、林下经济产业、生态保护为重点，加快农业综合标准化示范区建设。到2020年末，建成国家级农业综合标准化示范区120个以上，省级农业综合标准化示范区180个以上。

3．实现现代农业与第二三产业有机结合，创新农业发展方式。加快农产品深加工标准化生产和农产品标准化批发市场建设力度，促进农业生产经营专业化、标准化、规模化、集约化。积极探索标准化服务于旅游观光休闲农业、农村现代经营体系和新农村建设的模式。

（三）提升工业标准化水平，助推工业强省战略实施。

1．加强传统优势产业领域标准研制，抢占标准制修订主导权。围绕石油化工、有色冶金、建材、煤炭、装备制造、生物制药、电子信息、中药材等产业，加快构建技术标准体系。树立"科研—标准—产业"同步理念，着力推进我省优势产业的技术标准研制，争取在国家标准或行业标准的制修订中取得主导地位。引导和支持产学研相结合的技术创新标准联盟建设。

2．推进战略性新兴产业标准化，助推产业科学发展。以新能源和新能源装备制造、新材料、信息技术、生物产业等战略性新兴产业为重点，加强具有自主知识产权、可形成产业或增强产业竞争力的技术标准研究。通过建设示范试点项目，加强标准的实施，形成掌握关键核心技术标准的战略性新兴产业集群。

3．夯实企业标准化基础，提高企业标准化工作水平。增强企业标准化责任意识，建立企业执行产品标准登记制度，严格按标准组织生产和经营。积极开展标准化良好行为企业创建，引导企业建立以技术标准为主体，包括管理标准和工作标准在内的企业标准体系。鼓励企业采用国际标准和国外先进标准组织生产。

（四）拓展服务业标准化领域，推动现代服务业大发展。

1．建立现代服务业标准体系，扩大标准覆盖范围。建立覆盖金融、物流、商务服务等生产性服务和旅游、居民服务、文化产业等生活性服务领域的标准体系，为服务业规范发展提供技术支撑。

2．开展服务业标准化试点示范，提升服务质量水平。以"政府引导、行业协调、企业运作"为原则，在旅游、商贸、交通、电信、金融、保险等领域开展服务业标准化试点，带动服务业标准化工作整体发展。到2020年末，培育国家级服务标准化试点项目20个以上，省级服务业标准化示范单位50个。

（五）加强循环经济、节能减排、环境保护标准化工作，助力生态文明省建设。

1．深入开展循环经济标准化工作，服务循环经济发展。建立与国家标准和行业标准相协调、与全省经济社会发展相适应、以循环型农业、循环型工业、循环型社会为主体，涵盖全省循环经济产业体系，具有甘肃特色的循环经济地方标准体系。积极组织建设国家和省级循环经济标准化试点。

2．加快节能减排和环境保护标准化，不断完善环境质量标准体系的建设。结合全省"十大节能工程"建设，在工业、建筑、交通运输、农业和农村、商用和民用、公共机构等六大领域组织制定以低碳经济为特征的节能、节水、节地、节材、污染物排放控制等标准。开展环保产业相关标准的研究，加大节能减排和环境保护等方面标准的实施力度。

3．推进生态保护和环境综合治理标准化，为生态文明建设提供技术支撑。按照《甘肃省加快转型发展建设国家生态安全屏障综合试验区总体方案》的总体要求，逐步建立包括生态环境综合治理保护、自然保护区生态补偿、生态产业在内的生态保护标准体系，促进生态环境质量提升。

（六）加大社会管理和公共服务标准化力度，推进和谐社会建设。

1．推进社会管理和公共服务标准化，提高民生保障能力。针对我省城乡发展特点，按照创新社会管理，推进基本公共服务标准化、均等化的要求，建立社会管理和公共服务标准体系，提高社会管理与公共服务水平。选择有条件的行业、地区和单位开展社会管理和公共服务标准化建设试点工作。

2．探索城市建设管理标准化，丰富城市综合服务功能。围绕新型城镇化建设，建立协调统一的市政基础设施建设与运行管理标准体系。加强重大基础设施建设和市政管理的标准化工作，全面提升城市建设管理水平。

四、主要工作措施

（一）加强组织领导。各地、各部门要结合实际，制订本地区、本部门实施标准化发展战略的具体方案，并采取有效措施，积极推进标准化发展战略实施。各市州、县市区政府要相应成立实施标准化发展战略的工作机构。同时，要建立行之有效的标准化工作考核机制。

（二）建立标准化工作经费保障机制。各地、各有关部门要积极引导鼓励企业和社会加大对标准化工作的资金投入，逐步形成多渠道、多元化、共同支持标准化建设的经费保障机制。各级财政部门要将标准化建设经费纳入预算并予以保障，确保标准化发展战略的顺利实施。

（三）建立健全激励机制。设立"甘肃省标准化创新贡献奖"，对在标准化工作中做出重要贡献的组织和个人予以奖励。各地、各有关部门要结合实际制定支持自主创新技术标准、重大产业技术标准研发等激励政策，鼓励和扶持企事业单位积极参与标准化活动。

（四）完善政策法规体系。深入贯彻落实《中华人民共和国标准化法》《甘肃省标准化条例》等法律法规，进一步建立完善以国家法律法规为主体、地方法规政策为补充的适应我省经济社会发展的标准化政策法规体系。

（五）加强标准化宣传和人才培养。充分利用多种形式，积极开展标准化知识"进企业、进校园、进社区、进机关"等活动，增强社会公众标准化意识，形成"人人学习标准、人人遵守标准、人人执行标准"的良好氛围。建设结构合理的标准化人才队伍。加强标准化岗位培训、继续教育和学历教育。建立专业齐全、满足需求的标准化专家库。

科学技术获奖名单

甘肃省获国家科技奖

自然科学奖

二等奖

沙尘对我国西北干旱气候影响机理的研究

主要完成人：黄建平

推荐单位：兰州大学

科技进步奖

一等奖

上海光源国家重大科学工程

参与完成单位：中科院近物所

二等奖

中国西北干旱气象灾害监测预警及减灾技术

主要完成人：张　强

推荐单位：中国气象局兰州干旱气象研究所

干酪制造与副产物综合利用技术集成创新与产业化应用

参与完成单位：甘肃农业大学，甘肃华羚生物科技有限公司

高混凝土面板堆石坝安全关键技术研究及工程应用

参与完成单位：甘肃省水利水电勘测设计研究院

干旱内陆河流域考虑生态的水资源配置理论与调控技术及其应用

参与完成单位：甘肃省水利厅石羊河流域管理局、武威市水利技术综合服务中心、武威市农业技术推广中心

湿陷性黄土地区高速铁路修建关键技术

参与完成单位：中铁西北科学研究院有限公司

甘肃省自然科学奖

一等奖：

2013-Z1-001新型有机半导体材料的合成与性质研究

推荐单位：兰州大学

主要完成人：张浩力、刘一阳、张永辉、高　非、师自法

2013-Z1-002风沙-水沙相互作用过程与机理

推荐单位：中国科学院兰州分院

主要完成人：拓万全、潘保田、吴保生、师长兴

二等奖：

2013-Z2-003雷暴及其雷电过程的观测和理论研究

推荐单位：中国科学院兰州分院
主要完成人：郄秀书、赵　阳、袁　铁、孔祥贞、张廷龙

三等奖：
2013-Z3-004知识获取与信息融合的数学理论及其应用模型研究
推荐单位：甘肃省教育厅
主要完成人：巩增泰、郭晓斌、史战红、邵亚斌、肖志勇
2013-Z3-005高性能超级电容器电极材料相关基础研究
推荐单位：甘肃省教育厅
主要完成人：孔令斌、康龙、郎俊伟、张　晶
2013-Z3-006甘肃叶蜂种类调查及分类研究
推荐单位：天水市科技局
主要完成人：武星煜、魏美才、辛　恒、范　慧、李永刚

甘肃省技术发明奖

一等奖：
2013-F1-001农业有机固体废弃物资源化产品开发技术研究与应用
推荐单位：酒泉市科技局
主要完成人：闫治斌、秦嘉海、赵芸晨、肖占文

二等奖：
2013-F2-002碳基功能复合材料的研究及应用
推荐单位：甘肃省教育厅
主要完成人：莫尊理、郭瑞斌、张　春、缑　浩、张　平、冯　超
2013-F2-003烷基水杨酸盐系列产品的开发及其在发动机油中的应用
推荐单位：中国石油兰州润滑油研究开发中心
主要完成人：姚文钊、付兴国、徐小红、魏存荣、汤仲平、张白玲

三等奖：
2013-F3-004甘肃电网降损节能关键技术支持平台的开发及应用
推荐单位：甘肃省电力公司
主要完成人：秦　睿、郑　伟、刘福潮、郑晶晶、周喜超、拜润卿
2013-F3-005软测量技术和硫化物形态分析技术在轻烃分析中的研究与应用
推荐单位：中国石油天然气股份有限公司兰州石化分公司
主要完成人：刘双明、刘海生、邢龙春、李　延、何之源、王　豪
2013-F3-006地下滴灌防根系入侵滴头生产工艺与农用废塑料再生技术
推荐单位：酒泉市科技局
主要完成人：王栋、谢永生、薛瑞清、田小红、茹凤虎、侯学清

甘肃省科技进步奖

一等奖：
2013-J1-001固定化细胞规模制备技术研究
推荐单位：甘肃省科学院
主要完成人：周剑平、王治业、杨　晖、季　彬、沈思远、周桂玲、魏甲乾、陆　栋、祁宏山、曾　杨、祝　英
主要完成单位：甘肃省科学院生物研究所
2013-J1-002CH61220车铣复合加工机床研发
推荐单位：天水市科技局
主要完成人：李维谦、张海强、黄玉明、王　宏、杨建龙、徐艳莉、展海瑜、刘克林、刘亚洲、丁建明、杨彦君
主要完成单位：天水星火机床有限责任公司
2013-J1-003多芯片堆叠（3D）封装技术研发
推荐单位：天水市科技局
主要完成人：李习周、徐冬梅、慕　蔚、王永忠、刘定斌、王治文、赵耀军、周朝峰、雷育恒、温莉珺、周建国、成　军、代　赋
主要完成单位：天水华天科技股份有限公司
2013-J1-004农牧区动物寄生虫病药物防控技术研究与应用
推荐单位：中国农业科学院兰州畜牧与兽药研究所
主要完成人：张继瑜、周绪正、李　冰、史万贵、吴培星、廖建维、李剑勇、吴志仓、牛建荣、杨　勤、魏小娟、李金善、杨亚军
主要完成单位：中国农业科学院兰州畜牧与兽药研究所、甘肃省动物疫病预防控制中心、浙江海正药业股份有限公司、永靖县动物疫病预防控制中心、甘南藏族自治州畜科学研究所
2013-J1-005复杂硫化矿冶炼烟气清洁治理及过程余热综合利用技术
推荐单位：甘肃省冶金有色工业协会
主要完成人：杨志强、刘玉强、常全忠、黄海丽、孙治忠、宋　莹、贾小军、刘　克、杨汝芸、裴英鸽、郭　伟、杨振杰、孙胜利
主要完成单位：金川集团股份有限公司
2013-J1-006地震资料相对保真处理技术及应用
推荐单位：中国石油天然气股份有限公司勘探开发研究院西北分院
主要完成人：王西文、王宇超、王小卫、苏　勤、吕　彬、陈启林、田彦灿、刘秋良、吕　磊、刘文卿、蒋春玲、肖明图、张巧凤

主要完成单位：中国石油天然气股份有限公司勘探开发研究院西北分院

2013-J1-007甘肃省杂交玉米种子生产及质量控制关键技术研究与示范

推荐单位：甘肃省农牧厅

主要完成人：常 宏、师 祎、赵康平、吕小瑞、王玉萍、郑 琪、白万金、王宏康、马明清、刘 风、李友强、车 卓、李晓迎

主要完成单位：甘肃省种子管理局、甘肃农业大学、张掖市玉米原种场

2013-J1-008新型白银铜熔池熔炼炉（BYL-3）的研发及应用

推荐单位：甘肃省冶金有色工业协会

主要完成人：杨成渊、李沛兴、余智艳、席 斌、朱 军、黄文华、胡忠东、廖文江、汪金良、李贵宁、王 栋、余旦新、张铁峰

主要完成单位：白银有色集团股份有限公司、中国瑞林工程技术有限公司、西安建筑科技大学、江西理工大学

2013-J1-009油橄榄叶的基础与应用研究和产业化

推荐单位：陇南市科技局

主要完成人：邸多隆、董兰、刘晔玮、赵致臻、李 辰、王晓飞、刘永峰、裴 栋、白万明、黄新异、柳军玺、孙小明

主要完成单位：陇南田园油橄榄科技开发有限公司、中国科学院兰州化学物理研究所、兰州大学

2013-J1-010铀同位素分离离心机专用400kW中频电源系统

推荐单位：甘肃省冶金有色工业协会

主要完成人：徐金榜、段东权、吴之卓、杨 君、王树林、韩国栋、沈安文、李乡伟、叶 杰、张应祥、李 胜、童群涛、闫金锁

主要完成单位：甘肃兰核电控有限公司、华中科技大学

2013-J1-011间充质干细胞细胞生物学特性研究及应用

推荐单位：兰州军区联勤部卫生部

主要完成人：白 海、王立生、王存邦、马晓慧、吴 涛、王 华、杨月峰、吴 冰、潘耀柱、葸 瑞、王晓靖、张 茜、徐淑芬

主要完成单位：兰州军区兰州总医院、军事医学科学院放射与辐射医学研究所

2013-J1-012整体悬挂式烟囱钢内筒退锚换点法液压提升施工技术研究与应用

推荐单位：甘肃省建筑总公司

主要完成人：牛昌林、崔清、贺军平、吴永强、程宏斌、宋爱平、胡修春、田振庆、王 刚、余 辉、董晓宾

主要完成单位：甘肃第一建设集团有限责任公司

2013-J1-013三聚氰胺致婴幼儿泌尿系结石研究

推荐单位：甘肃省医学会

主要完成人：岳中瑾、张 伟、尚攀峰、李文辉、常 宏、马文强、聂 芳、石晓峰、史葆光、包军胜、陈一戎

主要完成单位：兰州大学第二医院、中国人民解放军第一医院、甘肃省医学科学研究院、甘肃省人民医院

二等奖：

2013-J2-014节水型高产优质春小麦新品种甘春24号的选育及应用

推荐单位：甘肃省农牧厅

主要完成人：王化俊、石建国、马小乐、梁玉清、李葆春、华和春、孟亚雄、师桂英、杨轲

主要完成单位：甘肃农业大学、甘肃省干旱生境作物学重点实验室、甘肃省富农科技有限公司

2013-J2-015甘肃南部云、冷杉外生菌根真菌种类多样性研究

推荐单位：甘肃省林业厅

主要完成人：曹秀文、付作霖、郭全平、黄 昆、何 华、汤 钰、杨萌萌、车宗全、谷兆勇

主要完成单位：甘肃省白龙江林业管理局林业科学研究所

2013-J2-016抗除草剂谷子新品种陇谷11号

推荐单位：甘肃省农业科学院

主要完成人：杨天育、何继红、董孔军、王天宇、任瑞玉、豆新社、刘多商、王宗胜、马 宁

主要完成单位：甘肃省农业科学院作物研究所、中国农业科学院作物科学研究所

2013-J2-017苹果蠹蛾综合防控技术研究与应用

推荐单位：甘肃省农牧厅

主要完成人：刘卫红、罗进仓、姜红霞、魏玉红、陈 臻、周昭旭、徐 婧、闫海基、张建朝

主要完成单位：甘肃省植保植检站、中国科学院动物研究所、甘肃省农业科学院植物保护研究所

2013-J2-018花椰菜温敏型雄性不育系研究及新品种选育

推荐单位：甘肃省农业科学院

主要完成人：胡立敏、陶兴林、侯 栋、朱惠霞、叶德友、杨海兴、岳宏忠、张东琴、王 萍

主要完成单位：甘肃省农业科学院蔬菜研究所

2013-J2-019防沙治沙新材料和新技术的研究与应用

推荐单位：甘肃省林业厅

主要完成人：刘世增、刘虎俊、尉秋实、满多清、张锦春、马全林、张德魁、严子柱、袁宏波

主要完成单位：甘肃省治沙研究所、民勤县林业技术推广站、甘肃金海阻沙固沙新材料有限公司、金塔县治沙研究试验站、临泽县小泉子治沙站

2013-J2-020 基于现代药学的五种甘肃地产中药应用于畜禽生产的关键技术研究

推荐单位：甘肃省教育厅

主要完成人：魏彦明、赵兴绪、华永丽、苏军虎、魏旺明、郭延生、曹广益、陈智华、曲亚玲

主要完成单位：甘肃农业大学、武威红牛农牧科技有限公司

2013-J2-021 动物防疫整村推进模式研究与示范

推荐单位：甘肃省农牧厅

主要完成人：吴志仓、张俊文、胥元鹏、王烈花、张元峰、杨生娟、林学仕、田猷良、李淑平

主要完成单位：永靖县动物疫病预防控制中心、甘肃省动物疫病预防控制中心、永靖县玉丰养殖有限责任公司

2013-J2-022 秦艽、羌活人工驯化栽培技术集成研究与示范推广

推荐单位：甘肃省教育厅

主要完成人：陈　垣、方子森、郭凤霞、何士剑、郑秀芳、黎　天、陈　杰、高　宏、史小平

主要完成单位：甘肃农业大学、临潭县农业技术推广站、陇西中天药业有限责任公司

2013-J2-023 元胡止痛滴丸深度开发及产业化升级

推荐单位：兰州市科技局

主要完成人：张喜民、康海军、邓月婷、任一杰、张建利、越庆鑫、卢英、康永红、张金德

主要完成单位：甘肃陇神戎发药业股份有限公司

2013-J2-024 先天性耳聋的筛查诊断研究

推荐单位：甘肃省医学会

主要完成人：刘晓雯、张哲文、程世红、丁文娟、段　磊、徐百成

主要完成单位：兰州大学第二医院

2013-J2-025 结直肠癌中EGFR分子通路基因突变的生物学意义及靶向治疗的研究

推荐单位：甘肃省医学会

主要完成人：刘宏斌、李洪涛、韩晓鹏、苏　琳、赵青川、朱万坤、张贤坤

主要完成单位：兰州军区兰州总医院、第四军医大学西京消化病医院

2013-J2-026 藏药镰形棘豆总黄酮抗氧化及防紫外线辐射作用的基础与应用研究

推荐单位：甘肃省药学会

主要完成人：李茂星、尹　强、陈锦珊、钱　江、贾正平、张泉龙、胡永狮、邱建国、刘延彤

主要完成单位：兰州军区兰州总医院、解放军第175医院

2013-J2-027 模拟拔伸按压手法对腰椎运动节段三维有限元模型生物力学作用研究

推荐单位：甘肃省中医药学会

主要完成人：张晓刚、杨学锋、李具宝、李延红、刘太运、潘建西、董建华

主要完成单位：甘肃中医学院附属医院、甘肃中医学院

2013-J2-028 华亭煤矿强矿压危险性预测及动压巷道支护与防治技术研究

推荐单位：华亭煤业集团有限责任公司

主要完成人：谢俊文、卢　熹、徐元强、上官科峰、张拴才、李　铁、李守锋、李　俊、史春德

主要完成单位：华亭煤业集团有限责任公司、北京科技大学

2013-J2-029 提高低品位难选铜镍矿选矿指标的技术研究与应用

推荐单位：西北矿冶研究院

主要完成人：师伟红、马　进、周　涛、李宗白、刘守信、唐从高、吉鸿安、余江鸿、吴　斌

主要完成单位：西北矿冶研究院

2013-J2-030 高性能系列化丁腈橡胶制备关键技术的开发与应用

推荐单位：中国石油天然气股份有限公司兰州石化分公司

主要完成人：孙延军、钟启林、张守汉、桂　强、周　健、李树毅、徐　斌、宫　健、高志兴

主要完成单位：中国石油天然气股份有限公司兰州石化分公司、中国石油兰州化工研究中心、中国石油西北化工销售公司

2013-J2-031 二硝基甲苯加氢合成甲苯二胺无溶剂工艺技术开发与应用研究

推荐单位：白银市科技局

主要完成人：马建军、郑世清、李晓明、李玉刚、李贵贤、谭心舜、张　伟、孔令启、张景川

主要完成单位：甘肃银光聚银化工有限公司、青岛科技大学

2013-J2-032 聚合物接枝改性纳米微粒的新型室温酯缩合法制备研究及应用

推荐单位：甘肃省教育厅

主要完成人：冯利邦、强小虎、王彦平、张军平、徐卫军、赵彦华、刘艳花、王顺花、杨姝娟

主要完成单位：兰州交通大学

2013-J2-033 5000T级大管径高压钢管水压试验机

推荐单位：甘肃蓝科石化高新装备股份有限公司

主要完成人：解庆、李秀全、张永红、张新宇、胡三恩、赵国相、毕群泗、牛文录、刘金荣

主要完成单位：甘肃蓝科石化高新装备股份有限公司

2013-J2-034H500系列大型板式热交换器研制

推荐单位：兰州兰石集团有限公司

主要完成人：张永德、李治国、朱海舟、周　瑞、金雪梅、王义翠、陈业莲、王　强、张　涛

主要完成单位：兰州兰石换热设备有限责任公司

2013-J2-035CRH3高速动车组外部压力效应数值模拟和应用

推荐单位：甘肃省机械工程学会

主要完成人：梅元贵、许建林、周朝晖、沈玉琳、徐峻、李明高、贾永兴、李　明、刘文波

主要完成单位：兰州交通大学、甘肃省计算中心、长春轨道客车股份有限公司、唐山轨道客车有限责任公司

2013-J2-036基于虚拟仪器的节能高效型振动时效控制系统

推荐单位：甘肃省教育厅

主要完成人：孟建军、祁文哲、罗冠炜、杨姝娟、张军平、陈晓强、余蕾、胥如迅、朱正凯

主要完成单位：兰州交通大学

2013-J2-037高烈度地震区超高层混合结构屈曲约束支撑设计应用研究

推荐单位：甘肃省住房和城乡建设厅

主要完成人：张举涛、孙玉萍、张　柱、白小军、米宏图、费正力、郑世钧、孙　平、崔继付

主要完成单位：甘肃省建筑设计研究院、兰州理工大学、甘肃投资集团云天酒店有限公司

2013-J2-038大跨度复杂曲面网壳整体分析关键问题及现场实验研究

推荐单位：甘肃省住房和城乡建设厅

主要完成人：王秀丽、梁亚雄、吴　长、王大军、张顺尧、陈　明、孟维华、韩喜莲、崔　宏

主要完成单位：兰州理工大学、甘肃省建筑设计研究院

2013-J2-039750kV可控并联电抗器关键技术研究及工程应用

推荐单位：甘肃省电力公司

主要完成人：王维洲、王　多、王永平、杜　宇、徐向东、王海涛、曹银利、秦　睿、胡来林

主要完成单位：国网甘肃省电力公司电力科学研究院、中国电力科学研究院、中电普瑞科技有限公司

2013-J2-040i-AY1A-12/T1250-31.5铠装型移开式交流金属封闭开关设备

推荐单位：天水市科技局

主要完成人：刘　伟、刘　鸿、侯　英、于庆瑞、王　雷、李菊红

主要完成单位：天水长城开关厂有限公司

2013-J2-041MPA-400系列有源电力滤波器的研制

推荐单位：天水市科技局

主要完成人：王有云、马保慧、高正峰、党怀东、王兴亮、杨　勇、杨凌波、戴恒阳、段鑫

主要完成单位：天水电气传动研究所有限责任公司、西安梅英格能源科技有限公司、甘肃省变频调速系统及技术重点实验室

2013-J2-042玉米新杂交种武科2号选育及示范推广

推荐单位：武威市科技局

主要完成人：冯宜梅、李永德、王晓武、何雁龄、张　德、张　平、李元力、严维汉、韩　梅

主要完成单位：武威市农业科学研究院、武威甘鑫种业有限公司、武威市武科种业科技有限责任公司

2013-J2-043旱作农机具转化与关键技术集成研究应用

推荐单位：甘肃省农牧厅

主要完成人：孟养荣、张陆海、刘鹏霞、张荣稌、张　勇、王　赟、张中锋、雷明成、盛国成

主要完成单位：甘肃省农业机械化技术推广总站、兰州农源农机有限公司、定西市三牛农机制造有限公司、敦煌市祥农农业机械有限责任公司、甘肃昌泰农业机械制造有限公司

2013-J2-044猪用新型分子免疫佐剂的创制与应用

推荐单位：中国农业科学院兰州兽医研究所

主要完成人：景志忠、才学鹏、房永祥、陈国华、蒙学莲、窦永喜、高世杰、曾　爽、何小兵

主要完成单位：中国农业科学院兰州兽医研究所、中农威特生物科技股份有限公司、中国动物疫病预防控制中心

2013-J2-0455GDZ1500大型高效节能果蔬绿色干燥装备

推荐单位：甘肃省机械工程学会

主要完成人：寇明杰、张得俭、韩少平、李晓康、曲芃屹、范仲民、段宗科、柯贞东、陈广军

主要完成单位：甘肃省机械科学研究院

2013-J2-046岷山红三叶异黄酮生产及其对动物钙磷代谢的作用和机理研究

推荐单位：甘肃省农牧厅

主要完成人：俞联平、程文定、孟祥君、金加明、冯　今、陈兴荣、李新媛、王汝富、徐正辉

主要完成单位：甘肃省草原技术推广总站、甘肃省岷县草原站、甘肃省定西市饲草饲料站

2013-J2-047胚胎植入前遗传学诊断技术（PGD）在防止遗传病患儿出生中的应用

推荐单位：甘肃省医学会
主要完成人：张学红、刘　琨、赵丽辉、薛石龙、任育宏、石　馨、张爱萍、马晓玲、贾学玲
主要完成单位：兰州大学第一医院

2013-J2-048抗缺氧复方制剂Ⅰ号对高原低氧环境脑体作业能力影响的机理研究

推荐单位：兰州军区联勤部卫生部
主要完成人：徐　文、罗　芳、王　枫、徐　强、刘　虹、缪　珊、左　晶、高丽莉、辛　鑫
主要完成单位：兰州军区疾病预防控制中心

2013-J2-049甘肃省感染性腹泻病原谱监测研究

推荐单位：甘肃省医学会
主要完成人：于德山、孟　蕾、张广业、马文瑛、许亚宁、汪　鹏、康　倩、杨建军
主要完成单位：甘肃省疾病预防控制中心

2013-J2-050急倾斜高瓦斯特厚煤层走向长壁综采放顶煤技术研究

推荐单位：甘肃省安全生产监督管理局
主要完成人：李俊明、李作泉、邵嗣华、高小明、汉宁明、丁振武、张　勇、厚贵林、高维国
主要完成单位：甘肃靖远煤电股份有限公司宝积山煤矿

2013-J2-051陇东长7致密油水平井体积压裂技术与应用

推荐单位：中国石油天然气股份有限公司长庆油田分公司
主要完成人：赵振峰、杨　华、徐永高、慕立俊、李宪文、彭惠群、王希靖、王晓东、马新仿
主要完成单位：中国石油天然气股份有限公司长庆油田分公司、低渗透油气田勘探开发国家工程实验室、兰州理工大学、中国石油大学（北京）

2013-J2-052新型重油高效转化催化裂化催化剂的研制与工业应用

推荐单位：中国石油天然气股份有限公司兰州化工研究中心
主要完成人：谭争国、郭　健、刘从华、崔文广、侯凯军、陈小龙、李维明、李　荻、马燕青
主要完成单位：中国石油兰州化工研究中心、中国石油兰州石化公司

2013-J2-053钛带材热轧及冷轧技术开发

推荐单位：甘肃省冶金有色工业协会
主要完成人：李岩、潘吉祥、喻大刚、高仁强、彭正全、田娇健、任培东、石旭麟、赵保利
主要完成单位：酒泉钢铁（集团）有限责任公司

2013-J2-054铷原子钟气室制作技术研究及应用

推荐单位：中国航天科技集团公司第五研究院第五一〇研究所
主要完成人：崔敬忠、张伟文、翟　浩、冯　浩、刘苏民、梁耀廷、陆　昉、张　俊、王世伟
主要完成单位：中国航天科技集团公司第五研究院第五一〇研究所

2013-J2-055甘肃电力监管信息管理平台开发

推荐单位：甘肃省发展与改革委员会
主要完成人：田茂君、李玉杰、温志伟、顾平安、张　驰、张永泰、丁春莉、管瑞华
主要完成单位：甘肃电监办资质管理中心、甘肃省电力公司信息通信公司

2013-J2-056数字兰州卫星定位连续运行参考站系统与似大地水准面精化研究

推荐单位：甘肃省测绘学会
主要完成人：魏忠邦、王汶铨、雒喜平、郭春喜、张永忠、程传录、齐建勋、杨正华、张　勇
主要完成单位：兰州市勘察测绘研究院、国家测绘地理信息局大地测量数据处理中心

2013-J2-057湿陷性黄土湿陷变形计算方法研究

推荐单位：甘肃省住房和城乡建设厅
主要完成人：王雪浪、董建华、刘亚龙、梁　曦、李社生、于鹏祖、魏　钢、边　鑫、李　斌
主要完成单位：甘肃建筑职业技术学院、兰州理工大学、甘肃建苑建筑设计院有限公司、甘肃第七建设集团股份有限公司

2013-J2-058沙尘暴发生机理及监测预报和影响评估集成技术研究

推荐单位：甘肃省气象局
主要完成人：张　强、郭　铌、陶健红、马鹏里、赵建华、王金艳、刘治国、李岩瑛、陈旭辉
主要完成单位：中国气象局兰州干旱气象大气科学学院、西北区域气候中心、甘肃省干旱气候变化与减灾重点实验室

2013-J2-059民勤沙漠化防治与生态修复技术集成试验示范研究

推荐单位：中国科学院兰州分院
主要完成人：肖洪浪、段争虎、李新荣、冯　起、杨文斌、赵文智、纪永福、贺访印、苏永中
主要完成单位：中国科学院寒区旱区环境与工程研究所、中国林业科学研究院林业研究所、甘肃省治沙研究所

2013-J2-060甘肃省河西走廊高产农田水肥资源高效调控技术研究与示范

推荐单位：甘肃省农业科学院
主要完成人：马忠明、杨君林、吕晓东、杨蕊菊、连彩云、张立勤、唐文雪、王智琦、崔云玲
主要完成单位：甘肃省农业科学院土壤

肥料与节水农业研究所、甘州区农牧局、凉州区农牧局、高台县农业技术推广中心、临泽县农业委员会

2013-J2-061 籽瓜风味西瓜甜籽1号品种的选育与推广

推荐单位：甘肃省农牧厅

主要完成人：张建农、张桂芬、秦舒浩、陈年来、曲亚玲、李 青、徐秉良、师桂英、满艳萍

主要完成单位：甘肃农业大学、甘肃农业职业技术学院

2013-J2-062 石窟文物抗震防护技术对策研究

推荐单位：中国地震局兰州地震研究所

主要完成人：石玉成、王兰民、王旭东、陈永明、王爱国、卢育霞、高 峰、付长华、秋仁东

主要完成单位：中国地震局兰州地震研究所、敦煌研究院、兰州交通大学

2013-J2-063 甘肃干旱内陆区特色经济作物节水综合技术研究与示范

推荐单位：甘肃省教育厅

主要完成人：张仁陟、陈年来、安进强、张 军、陈佰鸿、曾爱国、杨义荣、颉建明、康立军

主要完成单位：甘肃农业大学、武威市农业技术推广中心、甘肃省农垦农业研究院

2013-J2-064 燕麦种质资源收集评价与新品种创制应用

推荐单位：甘肃省教育厅

主要完成人：赵桂琴、慕 平、刘 刚、刘 欢、柴继宽、姚 拓、刘永刚、马雪琴、王树茂

主要完成单位：甘肃农业大学、甘南藏族自治州草原工作站、定西市畜牧兽医局、山丹县祁连山牧草专业合作社、天祝藏族自治县畜牧兽医局

2013-J2-065 钻机电传动与柴油发电机组智能动态负荷分配系统的研制

推荐单位：甘肃省机械工程学会

主要完成人：石建龙、侯忠奎、袁 杰、邓月婷、蔡 振、程 浩、巩勤达、何小英、赵朝阳

主要完成单位：天水电气传动研究所有限责任公司

2013-J2-066 EVH1-40.5/T2500-31.5户内高压交流真空断路器

推荐单位：天水市科技局

主要完成人：马炳烈、杨敬华、王振军、贾宏兴、廉 洁、裴冠辉、吴粉蕊、王志宏

主要完成单位：天水长城开关厂有限公司

2013-J2-067 西北灌区绿肥高效农作体系及地力提升技术创新

推荐单位：甘肃省农业科学院

主要完成人：包兴国、张久东、卢秉林、王建成、王 婷、曹卫东、鲁天文、杨文玉、周 俊

主要完成单位：甘肃省农业科学院土壤肥料与节水农业研究所、中国农业科学院农业资源与农业区划研究所、西北农林科技大学、青海省农林科学院土壤肥料研究所、新疆农业科学院土壤肥料与农业节水研究所

2013-J2-068 九甸峡面板堆石坝变形性态及其云模型监测预警研究

推荐单位：甘肃省水利厅

主要完成人：吕生玺、沈振中、徐力群、马 明、吕 飞、王振强、杨旭东、张世杰、张文华

主要完成单位：甘肃省水利水电勘测设计研究院、河海大学

2013-J2-069 甘肃省村镇集雨饮用水安全保障适用技术研究

推荐单位：甘肃省住房和城乡建设厅

主要完成人：张国珍、武福平、杨 浩、孙三祥、刘亚龙、任学昌、刘建林、张洪伟、王宝山

主要完成单位：兰州交通大学

三等奖：

2013-J3-070 抗旱丰产胡麻新品种陇亚11号选育及配套技术示范推广

推荐单位：甘肃省农业科学院

主要完成人：张建平、赵 利、王利民、赵 玮、党 照、李闻娟、王兴荣

主要完成单位：甘肃省农业科学院作物研究所

2013-J3-071 种子质量追溯系统与综合服务平台研究

推荐单位：甘肃省农业科学院

主要完成人：钱加绪、秦春林、王恒炜、刘 君、汪建国、晏国生、刘强德

主要完成单位：甘肃省农业科学院农业经济与信息研究所、廊坊市思科农业技术有限公司

2013-J3-072 优质高产杂交谷子新品种引进及配套栽培技术研究与示范推广

推荐单位：甘肃省农牧厅

主要完成人：陈其鲜、周德录、刘祎鸿、张小红、李小燕、吴恩平、赵 谦

主要完成单位：甘肃省农业技术推广总站、会宁县农业技术推广中心、榆中县农业技术推广中心、环县农业技术推广中心、通渭县农业技术推广中心

2013-J3-073 蔬菜根结线虫病综合防控技术研究及应用

推荐单位：甘肃省农业科学院

主要完成人：杜 蕙、曹素芳、吕和平、漆永红、申培增、张广荣、王春明

主要完成单位：甘肃省农业科学院植物保护研究所、白银市农业技术服务中心、靖远县农业技术推广中心、武威市农业技术推广中心

2013-J3-074 高海拔干旱冷凉地区优

质鲜食杏产业化技术研究与示范
推荐单位：甘肃省农牧厅
主要完成人：张文利、邵旭平、吴步梅、徐秉良、王有琪、张俊龙、彭志云
主要完成单位：兰州市农业科技研究推广中心、甘肃农业大学、兰州市城关区农业技术推广服务中心、永登惠民大接杏专业合作社

2013-J3-075 固相微萃取技术在检验检疫食品农、兽药残留分析中的标准化研究
推荐单位：甘肃出入境检验检疫局检验检疫综合技术中心
主要完成人：周　围、张雅珩、周小平、王　波、高黎红、刘红卫
主要完成单位：甘肃出入境检验检疫局检验检疫综合技术中心

2013-J3-076 黄河首曲荒漠化草地恢复与重建
推荐单位：甘肃省林业厅
主要完成人：李广宇、陈文业、魏　强、王　芳、刘振恒、朱　丽、马　和
主要完成单位：甘肃省林业科学研究院、玛曲县草原站

2013-J3-077 鸽新城疫F基因的真核表达及其生物活性的研究
推荐单位：甘肃省农牧厅
主要完成人：杨　明、贺洞杰、孟林明、陈伯祥、哈　利、常　亮、张登基
主要完成单位：甘肃省畜牧兽医研究所

2013-J3-078 猪链球菌（2型）病防治新技术研究与应用
推荐单位：中国农业科学院兰州兽医研究所
主要完成人：柳纪省、李学瑞、白银梅、李宝玉、殷相平、王超英、李志勇
主要完成单位：中国农业科学院兰州兽医研究所、中农威特生物科技股份有限公司

2013-J3-079 有机蜂蜜、有机蜂王浆标准化生产技术体系的研究
推荐单位：天水市科技局
主要完成人：章定生、马丽萍、章　琦、张振中、陈风华、王百玲
主要完成单位：天水西联蜂业有限责任公司

2013-J3-080 多抗高产广适冬小麦新品种陇育1、2号选育与应用
推荐单位：庆阳市科技局
主要完成人：张　成、施万喜、孟建军、刘自成、杨　娓、乔　岩、郑秀芳
主要完成单位：陇东学院、甘肃镇原县天地源种业有限公司

2013-J3-081 马铃薯主要病虫害研究与综合防治技术示范推广
推荐单位：定西市科技局
主要完成人：魏周全、陈爱昌、邓成贵、漆文选、刘小平、季绪霞、孙兴明
主要完成单位：定西市植保植检站

2013-J3-082 芰白品种引进筛选及示范项目
推荐单位：甘肃省农牧厅
主要完成人：张学斌、刘　华、樊东隆、王福国、祁复绒、顾淑琴、李建华
主要完成单位：甘肃省经济作物技术推广站、靖远县农业技术推广中心、白银成泰农科开发有限公司、甘州区经济作物技术推广站

2013-J3-083 小麦全膜覆土穴播系列农机具研制与示范推广
推荐单位：甘肃省农牧厅
主要完成人：李城德、刘广才、马　彦、孟养荣、王　生、刘风军、张　静
主要完成单位：甘肃省农业技术推广总站、甘肃省农业机械化技术推广总站、酒泉市铸陇机械制造有限责任公司、定西市三牛农机制造有限公司、甘肃洮河拖拉机制造有限公司

2013-J3-084 花椰菜废弃茎叶的综合利用研究与产品开发
推荐单位：兰州市科技局
主要完成人：汪建旭、冯炜弘、王永林、杨道兰、谢小冬、尹　燕、张　艳
主要完成单位：兰州市农业科技研究推广中心、甘肃华羚生物技术研究中心、兰州大学

2013-J3-085 大型泵站压力管道流激振动分析与损伤识别研究
推荐单位：甘肃省水利厅
主要完成人：徐存东、何玉琛、樊建领、康德奎、侯慧敏、王　静、王　燕
主要完成单位：甘肃省景泰川电力提灌管理局、华北水利水电大学、兰州理工大学

2013-J3-086 优质苜蓿品种引选示范及产业化开发研究
推荐单位：庆阳市科技局
主要完成人：曹　宏、刘运发、刘万里、马生发、陈　红、韩霁光、张　慧
主要完成单位：陇东学院、甘肃省庆阳绿鑫草畜产业开发有限责任公司、宁县畜牧兽医局、庆阳市前进机械制造有限公司、环县草原工作站

2013-J3-087 平凉市蔬菜及产地污染对人体健康和生态风险评估研究
推荐单位：平凉市科技局
主要完成人：秦志前、张军钱、涂国良、田耿智、白新明、陈永军、张艳丽
主要完成单位：平凉市农业技术推广站

2013-J3-088 甘肃抗旱乡土树种种质利用技术开发
推荐单位：甘肃省教育厅
主要完成人：李　毅、种培芳、苏世平、马彦军、唐　红、单立山、焦　健
主要完成单位：甘肃农业大学、兰州市林木种苗繁育中心

2013-J3-089 新药宣肺止嗽合剂的研制及其产业化
推荐单位：甘肃省农垦事业管理办公室
主要完成人：何宗仁、李成义、师玉琦、

孙百贞、李竹兰、宋敏平、宋月红
主要完成单位：甘肃普安制药有限公司

2013-J3-090新的气体信号分子硫化氢的中枢心血管效应和应用研究

推荐单位：兰州军区联勤部卫生部
主要完成人：鲁　彦、李晓云、甄英丽、柴　琛、周　荣、吴景玲、黄　玮
主要完成单位：中国人民解放军第一医院、兰州大学第一医院

2013-J3-091治疗气管炎复方中药制剂的研制及临床应用研究

推荐单位：兰州军区联勤部卫生部
主要完成人：张建春、王　川、程东升、李晓云、吴永胜、王海燕、乔　彬
主要完成单位：中国人民解放军第一医院

2013-J3-092基于PCR-HRM技术的临床快速基因分型检测体系建立与应用

推荐单位：甘肃省医学会
主要完成人：尤崇革、潘云燕、郜莉娜、王芳芳、王丽萍、李菲菲、郭心灵
主要完成单位：兰州大学第二医院

2013-J3-093COX-2启动子区基因多态性与乙肝相关肝癌易感性关系研究

推荐单位：甘肃省医学会
主要完成人：何建宏、黄建军、夏　玮、巩爱霞、李忠国、冶兆军、李树刚
主要完成单位：兰州大学第一医院、敦煌市医院

2013-J3-094急性缺血性脑血管病治疗策略的研究

推荐单位：甘肃省医学会
主要完成人：石向群、罗红波、汪　泳、张志强、尹　榕、侯雪湄、杨金升
主要完成单位：兰州军区兰州总医院

2013-J3-095病毒性乙型肝炎发病机制及治疗的系列研究

推荐单位：兰州市科技局
主要完成人：曾　钢、吴　斌、李彩东、李惠军、田鹏飞、段正军、张　伟
主要完成单位：兰州市第二人民医院

2013-J3-096新生儿缺氧缺血性脑病心肌损伤及免疫功能的研究

推荐单位：甘肃省医学会
主要完成人：林丽星、安彩霞、王　洁、钟永荣、王育哲、张志玲、康曦光
主要完成单位：兰州大学第一医院

2013-J3-097低品位难选硫化铜镍矿选矿工艺优化与应用

推荐单位：甘肃省冶金有色工业协会
主要完成人：王玛斗、崔忠远、程少逸、李金智、欧晓玲、李军富、赵一光
主要完成单位：金川集团股份有限公司

2013-J3-098柴达木盆地煤型气大气田形成条件及有利勘探方向研究

推荐单位：中国石油天然气股份有限公司勘探开发研究院西北分院
主要完成人：袁剑英、万传治、李红哲、黄成刚、张正刚、田光荣、马　峰
主要完成单位：中国石油勘探开发研究院西北分院

2013-J3-099鄂尔多斯盆地西南部长3油藏富集规律及高效开发技术

推荐单位：中国石油天然气股份有限公司长庆油田分公司
主要完成人：冯胜斌、韩永林、牛小兵、周树勋、王成玉、黄锦绣、辛红刚
主要完成单位：中国石油天然气股份有限公司长庆油田分公司、低渗透油气田勘探开发国家工程实验室

2013-J3-100高应力动压软岩巷道破坏机理及其锚注支护技术研究

推荐单位：甘肃省安全生产监督管理局
主要完成人：高小明、李虎林、马忠元、任建喜、马志鹏、奚家米、陈新年
主要完成单位：甘肃省靖远煤电股份有限公司魏家地煤矿、西安科技大学

2013-J3-101甘肃省坡度分级数据生产项目

推荐单位：甘肃省国土资源厅
主要完成人：胡燕凌、米成林、刘　军、汪延彬、宋启全、靳　军、刘金环
主要完成单位：甘肃省国土资源规划研究院

2013-J3-102高强耐候节能保温装饰板的开发与应用

推荐单位：兰州市科技局
主要完成人：李明杨、杜雷升、李军杰、刘凤奎、孙建琴、刘　韧、田　存
主要完成单位：兰州志摩建材科技有限公司、兰州飞扬节能建材有限公司

2013-J3-103Φ800mm普通功率石墨电极研制

推荐单位：甘肃省冶金有色工业协会
主要完成人：黄　涛、余　东、李长平、吴世锋、祁松义、徐立宏、杨华东
主要完成单位：方大炭素新材料科技股份有限公司

2013-J3-104微晶蜡封闭高效脱漆剂的研制

推荐单位：甘肃省教育厅
主要完成人：郭军红、包雪梅、赵秋萍、崔锦峰、杨保平、周应萍、李敏睿
主要完成单位：兰州理工大学

2013-J3-105超细碳酸钙的制备技术研究

推荐单位：甘肃省住房和城乡建设厅
主要完成人：王　农、施　琪、栾　红、刘宝勇、陈　英、王兴权、杨利娟
主要完成单位：兰州交通大学

2013-J3-106航空锻铝结构件钎料的研制

推荐单位：甘肃省冶金有色工业协会
主要完成人：路文江、俞伟元、汤富领、梁文生、王艳红、张庆堂
主要完成单位：兰州理工大学、国营长风机器厂

2013-J3-107不锈钢除尘灰中镍铬还原再生技术开发与产业化

推荐单位：甘肃省冶金有色工业协会
主要完成人：夏锋山、李春雷、张小平、

何振生、张军山、邹春弟、李向东
主要完成单位：嘉峪关大友企业公司、兰州理工大学

2013-J3-108刀具磨损在线监测关键技术的研究与应用

推荐单位：甘肃省教育厅
主要完成人：徐创文、程仲文、刘　哲、穆玺清、范　昕、李宝栋、林小军
主要完成单位：兰州工业学院、兰州广成机电制造有限公司、兰州一特机械制造有限公司、兰州工专机电设备厂

2013-J3-109桁车式刮泥机失效分析及结构优化应用研究

推荐单位：兰州市科技局
主要完成人：姚　昕、俞树荣、桂　芳、余　龙、闫晓涛、余建平、王建新
主要完成单位：兰州威立雅水务（集团）有限责任公司、兰州理工大学、兰州泽锐供水装备有限公司

2013-J3-110电子政务中的网络行为监控预警管理系统

推荐单位：甘肃省教育厅
主要完成人：党小超、李　焱、郝占军、马满福、贾向东、蔺想红、马　威
主要完成单位：西北师范大学、甘肃紫光智能交通与控制技术有限公司

2013-J3-111一种基于虚拟数据库的新型连续核心数据防护及访问控制装置的研发

推荐单位：甘肃省电力公司
主要完成人：马志程、杨　鹏、张　驰、张　磊、郭　伟、梁瑞艳、郑　毅
主要完成单位：甘肃省电力公司信息通信公司

2013-J3-112磁力泵耐高温转速传感器的研制

推荐单位：甘肃省科学院
主要完成人：韩根亮、卢启海、杨旭辉、刘国汉、李工农、宋玉哲、马莉萍
主要完成单位：甘肃省科学院传感技术研究所、兰州创力测控技术有限公司

2013-J3-113野营冷暖风机智能控制系统的开发与应用

推荐单位：甘肃省机械工程学会
主要完成人：孙　伟、林小军、李宝栋、罗文翠、严慧萍、钱九阳、徐创文
主要完成单位：兰州工业学院、兰州创源科技有限公司

2013-J3-114甘肃省科技计划项目关联分析与立项决策支持系统研究

推荐单位：甘肃省科技情报学会
主要完成人：施韶亭、杨生举、赵昕晖、赵　凡、蒙　杰、李建伟
主要完成单位：甘肃省科学技术情报研究所

2013-J3-115基于H.323协议的网络视频评审系统的开发及应用

推荐单位：甘肃省科学技术厅
主要完成人：张其斌、者建武、徐惠萍、王　娜、白瑞俊、田全红、刘光明
主要完成单位：甘肃省计算中心

2013-J3-116电气化铁路专用复合材料过电压保护器研究与应用

推荐单位：兰州铁路局
主要完成人：张建柏、钮承新、谢　宣、陈文岩、刘建伟、杜晨晖、李　立
主要完成单位：兰州铁路局机务处、上海坤友电气有限公司

2013-J3-117铁路站段生产调度与检修质量控制系统

推荐单位：甘肃省教育厅
主要完成人：蒋兆远、王焕民、张　伟、李小平、闫　军、李　晶、何　蓉
主要完成单位：兰州交通大学、兰州正远科技有限公司、兰州致中远信息科技有限公司

2013-J3-118甘肃主要农业环境问题分析、评价和生态保护技术研究与应用

推荐单位：甘肃省环境科学学会
主要完成人：唐文雪、王智琦、薛　亮、吕晓东、郑　荣、王鹤龄、杜少平
主要完成单位：甘肃省农业科学院土壤肥料与节水农业研究所

2013-J3-119工业废弃氟石膏无害化处理及应用技术研究

推荐单位：甘肃省建筑材料工业协会
主要完成人：冯启彪、邵继新、田斌守、李文斌、杨树新、王军辉、袁　静
主要完成单位：甘肃省建材科研设计院、景泰县金龙化工建材有限公司

2013-J3-120GSD1-6/40、120电动机智能保护器的研制

推荐单位：天水市科技局
主要完成人：王秀华、阎武林、李生民、杭军政、白庆生、李伟全、邓杰
主要完成单位：天水二一三电器有限公司

2013-J3-121利用微切、真空低温五段干燥技术生产蔬菜粉的产业化研究

推荐单位：金昌市科技局
主要完成人：马鸿贵、赵　煜、朱世昭、彭　涛、路宏科、陈兴叶、殷　欣
主要完成单位：金昌源达果品有限责任公司、甘肃省轻工研究院

2013-J3-122优质黄芪新品种陇芪2号选育及推广

推荐单位：定西市科技局
主要完成人：刘效瑞、荆彦民、尚虎山、李应东、徐敬珲、王春明、颉红梅
主要完成单位：定西市农业科学研究院、甘肃中医学院、中国科学院近代物理研究所

2013-J3-123非解乳糖链球菌发酵黄芪转化多糖的研究与应用

推荐单位：中国农业科学院兰州畜牧与兽药研究所
主要完成人：李建喜、王学智、杨志强、张　凯、张景艳、孟嘉仁、冯　霞
主要完成单位：中国农业科学院兰州畜

牧与兽药研究所

2013-J3-124甘肃中北部黄土丘陵沟壑区水土流失特征及防治工程体系研究

推荐单位：甘肃省水利厅

主要完成人：费喜亮、景凌云、张新民、刘 敏、费璐旸、刘彩霞、岳红琴

主要完成单位：甘肃省水土保持科学研究所

2013-J3-125陇中Ⅰ号-汽雾透皮疗法对膝骨关节炎相关因子及临床疗效的研究

推荐单位：甘肃省中医药学会

主要完成人：赵道洲、张晓岚、邓强

主要完成单位：甘肃省中医院

2013-J3-126侧颅底的影像解剖及临床应用

推荐单位：甘肃省医学会

主要完成人：杨晓萍、邱明国、张绍祥、牛娟琴、宦 怡、谭立文、赵海涛

主要完成单位：兰州军区兰州总医院、第三军医大学、第四军医大学第一附属医院

2013-J3-127ERCP联合早期EN治疗急性重症胆源性胰腺炎的临床应用研究

推荐单位：甘肃省医学会

主要完成人：周文策、张 辉、李 琼、李 汛、何明彦、张 磊、孟文勃

主要完成单位：兰州大学第一医院

2013-J3-128高功率大容量型磷酸铁锂正极材料的制备技术研究

推荐单位：白银市科技局

主要完成人：罗绍华、朱来东、田 勇、李 辉、胡 平

主要完成单位：甘肃大象能源科技有限公司、西北矿冶研究院

2013-J3-129精炼镍取样方法研究与应用

推荐单位：甘肃省冶金有色工业协会

主要完成人：闫文彬、张兰生、张发志、李文博、吴亚辉、韩庆东、赵永善

主要完成单位：金川集团股份有限公司、中国有色金属工业标准计量质量研究所

2013-J3-130数控U型钢辊弯机的研制

推荐单位：甘肃省冶金有色工业协会

主要完成人：王希靖、赵云天、张忠科、王世卓、袁子洲、张俊宝、张昌青

主要完成单位：兰州理工大学、金昌镍都矿山实业有限公司

2013-J3-131工程地质地学要素遥感自动解译应用系统

推荐单位：甘肃省教育厅

主要完成人：杨树文、冯光胜、张立峰、刘 涛、李轶鲲、高 山、孙建国

主要完成单位：兰州交通大学、中铁第四勘察设计院集团有限公司（地路处）

2013-J3-132新建西平铁路80m跨钢-混凝土组合桁梁施工技术研究

推荐单位：甘肃省住房和城乡建设厅

主要完成人：黄四钊、贾清江、张建科、王广锋、朱大河、王爱民、赵少强

主要完成单位：中铁一局集团有限公司、中铁一局西平铁路工程指挥部

2013-J3-133饱和黄土中打入式沉管夯扩桩的工程应用研究

推荐单位：甘肃省建筑总公司

主要完成人：苏海明、王跃军、肖 军、董建华、马永炯、王永胜、戴少军

主要完成单位：甘肃第三建设集团公司、兰州理工大学

2013-J3-134易滑地层的工程地质性质研究

推荐单位：甘肃省科学院

主要完成人：吴玮江、谌文武、宋丙辉、冯乐涛、宿 星、叶伟林、杨 涛

主要完成单位：甘肃省科学院地质自然灾害防治研究所、兰州大学

2013-J3-135基于大规模新能源送出的电网降损关键技术研究及应用

推荐单位：甘肃省电力公司

主要完成人：刘福潮、刘文颖、周喜超、张建伟、路民辉、罗 凡、郑晶晶

主要完成单位：国网甘肃省电力公司电力科学研究院、华北电力大学

2013-J3-136基于阀岛技术的隔离开关群控制系统的研制

推荐单位：甘肃电器科学研究院

主要完成人：李 平、魏凤杰、胡新明、康志林、颉定文、张双荣、林 杰

主要完成单位：甘肃电器科学研究院

2013-J3-137超级计算机机房空调系统优化技术研究与应用

推荐单位：甘肃省科学技术厅

主要完成人：白瑞俊、张正权、田全红、张其斌、赵志威、屠晓光

主要完成单位：甘肃省计算中心

2013-J3-138风电功率预报预测集约化系统开发推广应用项目

推荐单位：甘肃省公共气象服务中心

主要完成人：杨瑜峰、杨振斌、陶树旺、王和平、曲曙光、薛 冰、王小勇

主要完成单位：甘肃省公共气象服务中心、华电新能源发展有限公司甘肃分公司

甘肃省人民政府机构设置表

组成部门

- 办公厅
- 发展和改革委员会
- 教育厅
- 科学技术厅
- 工业和信息化委员会
- 民族事务委员会
- 公安厅
- 国家安全厅
- 监察厅
- 民政厅
- 司法厅
- 财政厅
- 人力资源和社会保障厅
- 国土资源厅
- 环境保护厅
- 住房和城乡建设厅
- 交通运输厅
- 水利厅
- 农牧厅
- 林业厅
- 商务厅
- 文化厅
- 卫生和计划生育委员会
- 审计厅
- 外事办公室

直属特设机构

- 国有资产监督管理委员会

直属机构

- 地方税务局
- 工商行政管理局
- 质量技术监督局
- 新闻出版广电局
- 体育局
- 安全生产监督管理局
- 食品药品监督管理局
- 统计局
- 旅游局
- 宗教事务局
- 粮食局
- 法制办公室
- 研究室
- 人民防空办公室
- 扶贫开发办公室

说明：

甘肃省人民政府设置工作部门40个。其中，办公厅和组成部门24个，直属特设机构1个，直属机构15个；监督察厅和纪律检查委员会机关合署办公，挂预防腐改牌子，列入省政府工作部门序列，不计入政府机构个数；发展和改革委员会挂物价员、能源局牌子；工业和信息委员会挂国防科技工业局、中小企业局牌子；人力资源和社会保障厅挂外国专家局牌子，环境保护厅挂被安全局牌子；外事办公室挂侨务办公室、港澳事务办公室牌子；新闻出版广电局挂版权局牌子；食品药品监督管理局挂食安全委员会办公室牌子；扶贫开发办公室挂两西建设指挥部牌子。

此外，设置部门管理机构6个。其中参事室、金融工作办公室，机关事务管理局由办公厅管理；监狱管理局由司法厅管理；公务员局由人力资源和社会保障厅管理，文物局由文化厅管理。